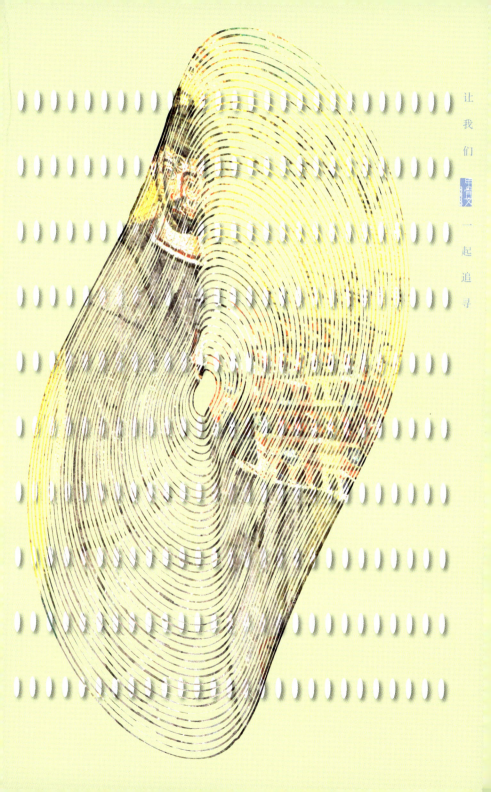

让我们 一起追寻

[美] 彼得·布朗 = 著

刘 寅 包倩怡 等 = 译 李隆国 吴彤 = 校

穿过针眼

PETER BROWN

THROUGH THE EYE OF

A NEEDLE

Wealth, the Fall of Rome, and the Making of
Christianity in the West, 350-550 AD

财富、西罗马帝国的衰亡和基督教会的形成

「上」

350—550年

社会科学文献出版社

SOCIAL SCIENCES ACADEMIC PRESS (CHINA)

献给贝齐（Betsy）

耶稣说：“你若愿意作完全人，可去变卖你所有的，分给穷人，就必有财宝在天上，你还要来跟从我。”

那少年人听见这话，就忧忧愁愁地走了，因为他的产业很多。

耶稣对门徒说：“我实在告诉你们：财主进天国是难的。

我又告诉你们，骆驼穿过针的眼，比财主进神的国还容易呢！”

门徒听见这话，就希奇得很，说：“这样谁能得救呢？”

耶稣看着他们说：“在人这是不能的，在神凡事都能。”

——《马太福音》19：21－26（和合本）

目 录

· 下 ·

第三部　危机时代

图 目

导　读[*]
古代晚期史家彼得·布朗以及
"穿过针眼"的一些线索

　　1958 年，在伦敦的瓦堡中心（Warburg Institute），时任伦敦大学古代史讲席教授的莫米利亚诺（Arnaldo Momigliano）组织了一轮系列讲座。八位受邀的欧美学者就"公元 4 世纪多神教和基督教的冲突"这一主题，进行了自选题目的演讲。这些演讲后来结集出版，由莫米利亚诺另补一序言。在这篇名为"基督教与罗马帝国的衰落"的序言中，莫米利亚诺指出，把基督教的兴起当作罗马帝国衰亡的重要成因，始于 18 世纪的爱德华·吉本。但 19 世纪兴起的民族主义史学在解释从罗马帝国向中世纪的历史转折时，把过多的注意力集中在了"日耳曼蛮族入侵"这一问题上。20 世纪最有成就的史家，如亨利·皮朗（Henri Pirenne）、道普施（Alfons Dopsch）和罗斯托夫采夫（Mikhail Rostovtzeff），在讨论晚期罗马帝国社会变迁时，同样未能把这些变迁中最重要的一项——基督教的兴起，有效地纳入讨论。基督教会对罗马帝国的影响在当时是一个停留在观念层面上的历史神学学术话题，如哈纳克（Adolf Harnack）对"教义"（Dogma）和特洛尔奇（Ernst Troeltsch）对"社会学说"（Soziallehren）的研究。"迄今为止，还无人就基督教对多神教

---

　　* 本导读的主体内容基于导读作者的论文《彼得·布朗与他的古代晚期研究》，刊行于《史学史研究》2021 年第 2 期。

社会结构的影响给出一个现实层面的评估。"[1]

这本文集出版于 1963 年。这一年，莫米利亚诺在牛津任教期间指导过的一名学生，彼得·罗伯特·拉蒙特·布朗（Peter Robort Lamont Brown），在牛津万灵学院（All Souls College）获得了他的第一份教职。在此后的半个世纪里，布朗成为西方史学界最多产、最有学术创造力、最具感召力的学者之一。正是在布朗的引领下，莫米利亚诺当年呼吁的那种针对晚期罗马帝国和后帝国时代的"现实层面的评估"，发展成了一门独立的学科——"古代晚期"（Late Antiquity）。这里为汉语读者译介的《穿过针眼：财富、西罗马帝国的衰亡和基督教会的形成，350～550 年》（以下简称《穿过针眼》）是布朗 2012 年的作品。这本书从如何看待和使用财富的角度出发，通过极其细腻的笔触，描绘了在罗马帝国政体瓦解前后的两个世纪内，地中海西岸的世俗社会与基督教会之间复杂的互动，以及各自所发生的影响深远的变迁。布朗在这部篇幅庞大的著作中展示了大师级的分析史料和铺展叙事的史学技艺。可以说，《穿过针眼》是迄今为止从宗教－社会的视角考察西欧由古代迈向中世纪的历史进程的最全面、最透彻的著作。

这篇导读将对布朗本人的学术生涯和重要作品，以及《穿过针眼》书中的若干史学线索，做一番检讨。希望本文提供的学术语境，能够有助于读者更深入地理解这本重要而富有魅力的史学著作。

彼得·布朗与古代晚期

彼得·布朗 1935 年出生于爱尔兰都柏林的一个新教家庭。

他的父亲是一个铁道工程师，幼年时，因其父海外工作的需要，布朗曾被带到苏丹等非洲国家短暂生活。他后来对中东和近东地区的学术兴趣或许与这段儿时经历有关。不过，对布朗的学术取向真正有着重大影响的，是一种对基督教传统内部的多元性的敏感。这种敏感来自一名成长在爱尔兰天主教环境中的非天主教徒的经验。根据布朗自己的说法：

> 爱尔兰的新教教会和英国公教会完全不是一码事。前者对那种接续中世纪的浪漫主义迷思并不感冒。我们觉得，"罗马"天主教徒们大可守着中世纪。爱尔兰的新教徒则有意识地透过"罗马"天主教色彩主导的当下，穿过爱尔兰在中世纪和近代早期的坎坷命运，把目光投向中世纪之前、今天被称为"早期基督教"爱尔兰的荣光——一个和中世纪罗马的常见意象之间保持了足够距离的基督教爱尔兰，令即使是信奉新教的基督徒也颇有兴趣。[2]

中世纪大公教会（以"罗马"为象征）在西方定型之前的种种更具地方性、更多元的基督教社会和精神样态，正是布朗一生致力研究的"古代晚期"学科最核心的议题。

在什鲁斯伯里公学（Shrewsbury School）读中学期间，因为成绩优异，布朗被建议选择希腊语作为学习方向。在当时的英国教育中，古典文化依然被当作精英教育的基础。不过，布朗所倾心的并非古典传统，而依旧是早期基督教。据他自己后来回忆，学习希腊语的最初动机是想要读《约翰福音》。此外，罗斯托夫采夫的《罗马帝国社会经济史》让布朗对充满变故的晚期罗马帝国着迷。罗氏在这本名著[3]中提出，罗马帝国的崩溃始于 3 世纪时乡村普罗大众和军队这两股"反动"力量的联合，及其导致的城市中产阶级的凋敝。布朗后来的学术研究的一大立足点，就是修正这位"沙俄遗老"关于晚期罗马帝国的悲观论断。

在 1953 年进入牛津大学新学院（New College）后，布朗选择了"近代史"（Modern History）作为自己的本科专业。在牛津的学制体系里，3 世纪之后的西方历史都被统称为"近代史"。与之相对，古典学方向（Literae Humaniores）的教学内容，基本以图拉真皇帝的时代（98～117 年）为下限。这背后的意思是，真正的西方古典文化在罗马帝国的 3 世纪危机和君士坦丁皈依基督教（312 年）之前截止。布朗一生的学术努力就是要对抗这种"古典学的傲慢"。夹在"真正的古典时代"和中世纪之间的 3 世纪到 8 世纪，在布朗看来，是西方文明史中一个具有鲜明特点和高度成就的时代。在这个时期的地中海世界里，古典传统和革新元素同时迸发出极高的活力，社会结构和精神生活在这两种力量交织的牵引作用下，表现出了强烈的开放性和创造力。就是这个非古典的古代世界，布朗后来称之为"古代晚期"。

布朗对这个历史时段的研究，是从一个具体的历史人物着手的，他就是基督教历史上最重要的思想家之一的奥古斯丁（354～430 年）。"奥古斯丁的时代"（the Age of Augustine）是布朗在本科阶段选择的一个研修专题。1956 年毕业后，布朗先后从梅伦学院（Merton College）和万灵学院（All Souls College）获得研究基金，后（如上文所述）于 1963 年于万灵学院获得教职，得以在牛津继续从事围绕奥古斯丁和他身处的晚期罗马帝国社会的研究。最终的成果是出版于 1967 年的

《奥古斯丁传》。为这位伟大的思想者作传，布朗不是第一个，也不是最后一个。法国宗教史大家马儒（Henri-Irénée Marrou）在名著《圣奥古斯丁与古代文化的终结》[4] 中所塑造的站在垂死的古代文化和新兴的基督教文化十字路口的奥古斯丁的形象，依旧对战后学者（包括布朗本人）影响巨大。但布朗的关怀更进一步。他关心的不仅是作为思想家的奥古斯丁，而且是作为"历史中的人"的奥古斯丁：

> 奥古斯丁不仅生活在一个急速剧变的时代，他本人也在一直改变。研究中衰的罗马帝国的史家，能够通过追随他的生平来把握那些历史进程：是这些进程使奥古斯丁从一个在安全的行省（阿非利加）里为狄多和埃涅阿斯的老故事哭泣的学生，成长为一个当时正被来自瑞典南部的部落武装（汪达尔人）封锁的北非港口（希波）的大公教主教，并以此身份离世……通过写作，通过行动，通过对越来越大群体发挥影响，他在身边世界加速变化的进程中也占有一席之地，这种外部的变化和他自己内心的转变一样迅猛。[5]

整个古代晚期，没有人像奥古斯丁那样通过数量惊人的作品——"声称读过你所有作品的人一定在撒谎"，这句话刻在早期中古西班牙塞维利亚主教教堂图书馆盛放奥古斯丁作品的书架上——给后世留下了那么多的"写作"和"行动"，也没有人像奥古斯丁那样敏于观察自我和他人。布朗从奥古斯丁那里（按他自己的说法）"借来了一种语言"，[6] 用以抓住"后君士坦丁时代"罗马社会的变迁节奏。布朗无与伦比的文字魅力也在他的首部专著中尽显无遗。时任牛津大学钦定皇家近代史讲座教授的休·特雷弗-罗珀（Hugh Trevor-Roper）在一份私人书信中表示：

> 我觉得彼得·布朗关于圣奥古斯丁的书写得棒极了，我把它选入了我为《星期日泰晤士报》列的年度书单。我正在试着从艺术协会为它争取一项文学大奖。除了有高度的学术性和思想性，这本书文笔极佳。现在在英国，就连尝试去写这么漂亮的学术著作的学者也已经很少了。当然啦，美国学者更糟。[7]

但奥古斯丁的世界（公元 400 年前后的北非和意大利）远不是布朗学术视野的全部。1969 年和 1970 年，布朗在万灵学院先后开设了两门讲座课程："拜占庭、波斯与伊斯兰的崛起"和"从马可·奥勒留到穆罕默德的社会与超自然世界"（以下简称"社会与超自然世界"）。这两门课，尤其是后一门，成为重要的学术史事件。挤在万灵学院狭小的霍凡登室（Hovenden Room）中旁听"社会与超自然世界"的学者均是当时和未来的古典与中世纪史研究的栋梁人物。[8]一位当时的本科听众如此回忆道：

> "社会与超自然世界"系列讲座极受欢迎。绝大多数听众是挤坐在休闲椅、窗台和地板上听课的。这和学校里的一般讲座课程大相径庭。后者的模式是，学生坐在维多利亚风格的教室中规整的座椅上和书桌前，教师站在讲台上授课。与此不同，在布朗的这门课上，门徒们在霍凡登室里围坐在老师的脚边。这种形式，再加上课程内容的异

域色彩和演讲者本人具有魅惑性的演说风格，把听众们从
牛津潮湿、阴暗的夜晚带到了一千五百年前鲜亮的地中海
世界。[9]

　　这两门讲座的核心内容构成了布朗的第二本专著——出版于
1971 年的《古代晚期的世界：从马可·奥勒留到穆罕默德》（以
下简称《古代晚期的世界》）——的主题。这是一本在形式和风
格上全然不同于《奥古斯丁传》的作品。全书篇幅仅 200 多页，
还包括 130 幅穿插于文间的插图。这本书是布朗受他的牛津同事
巴勒克拉夫（Geoffrey Barraclough）之邀，为泰晤士 - 哈德逊出版
社的"欧洲文明馆藏系列"（Library of European Civilization）所写
的分册。这套书的定位是面向大众。布朗在这本书里用的"古代
晚期"这个术语，在那之前主要被用在德语艺术史学界，如奥地
利艺术史学者阿洛伊斯·李格尔（Alois Riegl）对"晚期罗马"
（spätrömische）工艺美术、德国文艺理论家埃里希·奥尔巴赫
（Erich Auerbach）对"拉丁古代晚期"（Late Latin Antiquity）修
辞学的研究。根据布朗后来的回忆，大概是熟稔德国史学的巴勒
克拉夫，把古代晚期（Spätantike）的概念推荐给了他。[10]这是一
个具有学科史意义的书名选择。这本小书出版后，学界反应相当
热烈。作为一个史学领域的"古代晚期"正式浮出地表。
　　尽管有着通俗读物的外表，但任何读过《古代晚期的世
界》的读者都会承认，这是一部学术性极强的作品，它可能
是布朗所有著作中最难把握的一部：

　　　　这本书是一项关于社会和文化变迁的研究。我希望读
　　者读完本书后能够在这些问题上有所心得：古代晚期的世

界（大约从公元 200 年到 700 年）在什么意义上不同于
"古典"文明；造成这种不同的原因是什么；以及这个时
代发生的迅猛变革又是如何决定了西欧、东欧和近东之后
的不同演进路线。

　　研究这个时代，必须时刻留意这个以地中海为中心的、
历史和传统极其悠久的世界中变迁与延续之间的张力……[11]

　　相比《奥古斯丁传》，《古代晚期的世界》涉及更大空间
和更长时段。整个地中海和美索不达米亚都被纳入"变迁的
舞台"。从奥勒留到穆罕默德，是从由罗马和萨珊波斯
（Sasanian Empire）两个帝国主导的古典世界，向日耳曼蛮族
国家主导的西欧、拜占庭帝国主导的东欧和伊斯兰帝国主导的
近东中古世界的变迁。以奥勒留皇帝的时代为叙事起点，能让
人联想到吉本的《罗马帝国衰亡史》；以伊斯兰阿拔斯王朝
（Abbasid Caliphate）的崛起为终，则暗合 20 世纪早期的比利
时史家亨利·皮朗关于欧洲中世纪起源的"没有穆罕默德就
没有查理曼"的命题。不过，既不同于吉本的政治 - 军事主
题，也不同于皮朗的经济 - 贸易主题，布朗的"古代晚期的
世界"首先是一个宗教 - 文化的世界。但是，布朗是在最广
义的政治和社会语境之下观察精神世界的变迁的：

　　没有人能否认古代晚期的社会革命和精神革命之间的
紧密联系。然而，正因为它们如此紧密相关，这种联系不
能被化约成一种肤浅的"因果关系"。很多时候，历史学
家只能说，某两种变迁同时发生，以至于不论及其中之
一，就无法理解另一个。一部只有皇帝、蛮族、士兵、地

主和税吏的古代晚期的世界的历史，给出的只能是有关这个时代质地的一幅无色彩的和不真实的画面；而一个只涉及这个时代获得安顿的灵魂（the sheltered souls）——僧侣、神秘主义者和杰出神学家——的叙述也是一样。[12]

布朗潜在批评的这两种"无色彩的和不真实的"古代晚期图景，在当时的英国学界均有典范作品。史学大家琼斯（A. H. M. Jones）篇幅超过 1500 页的三卷本巨著《晚期罗马帝国（284 ~ 602 年）：一项社会、经济和行政调查》[13] 出版于 1964 年。从副标题就可以看出，琼斯关心的是晚期帝国的政治经济系统的运转状况。布朗为这本书写了一篇充满溢美之词的长篇书评，但他也暗示，琼斯提供的历史图景过于静止和平面。[14] 几乎同时问世的另一部影响很大的著作，是古典学者多兹（E. R. Dodds）的《焦虑时代的多神教徒与基督徒》。这本带有浓郁精神分析色彩的小书考察了从奥勒留时代的 2 世纪到君士坦丁时代的 4 世纪，罗马帝国的思想界中普遍兴起的"物质意义上和道德意义上的不安全感"、在超验宗教中逃遁现实的风尚，以及"一种内生的神经质和一系列兼具强度和广度的罪感"。[15] 在多兹看来，这种积累了两个世纪之久的时代氛围，为 4 世纪君士坦丁的皈依和随后基督教在罗马帝国的彻底胜利提供了精神土壤。在为这本书写作的书评中，布朗批评多兹所塑造的"困陷在神经质的孤独"的古代晚期人格带有太强的现代性的投射（"焦虑时代"的说法本身就是借自诗人 W. H. 奥登的一首同名诗），而没能看到这种看似"遁世"的思潮从 4 世纪开始发挥的社会建构功能：最能干的政治家和群体领袖本身都有很强的苦行主义倾向。只有一种结合社会学和心理学视野的历史研究，才能解释"让如此多的罗马帝国成员渴望成为'新'人的那种不断增加的迫切感中的多条重大脉络"。[16]

《古代晚期的世界》的主角就是这些在政治经济和精神文化中都渴望"更新"的人。这本著作的最大冲击力在于，布朗让读者最大限度地直面这些古代晚期的人的生活和内心。130 幅插图中，有 117 幅是当时的艺术作品留下的人像。同时，布朗有意识地通过大量的史料文献引述，直接呈现文字背后的生活经验。这种"让文献自己说话"的写作策略，后来成了布朗写作的惯用技巧。

对于布朗的古代晚期研究来说，"以人为本"不只是一个方法论选择。社会权力的人格化本身，被布朗看作古代晚期不同于之前的古典时代和之后的中世纪的重大特征。这个命题在与《古代晚期的世界》同年发表的论文《圣人在古代晚期的兴起和功能》中得到了集中处理。这是一篇具有范式意义的论文。[17] 如其标题所示，这篇论文的主题是，在 5 世纪和 6 世纪，地中海东部涌现出大量离群索居、实践苦行生活的基督教圣人（holy men），并出现了社会各阶层尊敬和崇拜他们的现象。可以预见，布朗并不将这种"圣人"看作孤立的宗教现象，满足于诸如民间信仰、精神慰藉和宗教生活的"民主化"这样的解释。这篇论文从圣人在古代晚期地中海东部地区的社会和政治功能切入，其论点可以简单概括如下：在小地产趋于主流的东部省份，尤其是叙利亚，圣人代替撤向城市的大地主，充任村庄和小农的庇护人（patron），在"小世界"的内部作为仲裁排解纠纷，同时承担与外部世界沟通的职责（如协商税额）。在政治生活中，圣人直接来自上帝而非通过教会系统获得的宗教权威，在政权与教权尚未厘定的时代，充当了世俗权力与教会能够顾全颜面、实现妥协的中介（intermediate）。对于普通的市民来说，圣人是"职业基督徒"，是能够提供可信的具体生活指导的导师。在一个社会高速变化、各种制度性规则（农业生产中的庇护关系、政教合一的政治制度、占卜体系、父权制家庭等）严重动摇的时代，脱离了家族和经济关系的圣人，作为"身边的陌生人"或"身边的他者"，以神圣人格的形态集各种角色于一身，协调了各种相互冲突的利益和传统，成为串联古代晚期社会的铰链：

> 因此，圣人的卓越地位让古代晚期成为一个宗教史上独特的时段。古典时代唤起的是大型庙宇的意象，中世纪则是哥特风格的教堂。在两者之间的时代，激发想象的则是肖像：圣人的圣像、哲学家严峻的面容、壁画和镶嵌画上成排的凝视前方的面庞。长达若干世纪，超自然的"位置"（locus）被认为着落在个体的人的身上。正如我们看到的，圣人的兴起和古典制度的销蚀同时发生；圣人的衰落——或者说圣人上升轨迹的趋平——和一种新的共同体权威意识的重新确立同时发生。后者的预表，在东部帝国，表现为 5 世纪晚期和 6 世纪城市的集体意识和风纪的显著复兴；在西部，表现为西欧城市中围绕着古老死者的墓穴形成的修道院和教会等级体系的最终形式……这些非人格化的代理成了人们中超自然的承载者。从这个角度看，基督教在晚期罗马社会的胜利并不是唯一神对多神的胜利，而是"人"对他们的过去的那些制度的胜利。中世纪教宗、拜占庭修道院（lavra）、俄罗斯修会长老（starec）和穆斯林哈

里发：所有这些都是以不同方式在一个高远的神之下尝试实现人对人的统治的直接结果。[18]

功能主义社会人类学对布朗"圣人"命题的影响十分明显。具体来说，主要是玛丽·道格拉斯（Mary Douglas）的影响。1967 年底，布朗曾就晚期罗马帝国的巫术问题和道格拉斯有过一次长谈。而之后阅读道格拉斯的《自然符号》带来的启发，被布朗描述成"不亚于万有引力的发现"。引起作为史学家的布朗的共鸣的，是作为人类学家的道格拉斯对"仪式化"宗教的同情。和所谓"精神化"的"高级宗教"一样，常被贬为民间信仰和迷信的"低级宗教"（niedere Glaube），同样需要作为一种连接社会经验和宇宙观的符号语言被严肃对待和解读。"我们应该可以根据社会关系的形态，说出什么样的宇宙有可能被建构出来。"[19]

在整个学术生涯中，布朗对把其他人文社会科学对人性和社会的理解引入具体的历史研究，抱有非常积极的态度。但是，布朗心目中跨学科的借鉴是思维方式的消化，而非生搬硬套：

（在探究人类行为时，）我们会遭遇成见和惯例的铜锈，这些铜锈如此有效地掩盖了人类行为的真正性质，以至于我们无法理解我们的邻人和我们自己，就像我们无法理解 4 世纪的人一样。

这种附着在人类行为上的以"显而易见"的面目出现的铜锈，是历史学家最大的敌人。历史学家需要心怀感恩地调用每一种可用的技能，来教自己如何移除这种铜锈。

这是一笔重债。历史学家要想还债，只能通过以希望自己被对待的方式来对待其他学科——要抱有谦逊之心，也就是带着审慎的敬重看待科学传统的特质，这些传统在发展过程中经历了很多特别的演变，就像史学一样。学科间直接的"移植"不能替代对看待世界的新方式的缓慢消化。历史学家能从精神分析、社会人类学和社会学理论的众多现代阐释者那里学到很多，但如果只满足于把他们当作理解过去的很多"工具"，就永远学不到他们的洞见。[20]

记录圣人或圣徒事迹的圣徒传作品（hagiography），因为记载的都是在现代科学看来荒诞不经的奇迹故事，在传统历史科学中往往不被当成有效的史料。正是通过对社会人类学视野的引入，布朗赋予了圣徒传文学以揭示社会心态和社会结构的全新历史价值。我们之后还会看到，对哲学人类学的吸收，如何帮助布朗在 20 世纪 80 年代分析古代晚期的身体问题。回到 20 世纪 70 年代，关于布朗的"圣人"，还有一点需要注意：这个命题针对的是东罗马帝国治下的地中海东岸，特别是小亚细亚、叙利亚和埃及；在 5 世纪经历了蛮族王国取代罗马帝国的政权鼎革的地中海西部的拉丁世界（包括西欧和北非）只被一笔带过。这种"重东轻西"的倾向，同样见于《古代晚期的世界》。这一方面是因为布朗已经在《奥古斯丁传》中做了对拉丁西方世界的考察。但更为重要的是，布朗认为古代晚期地中海东、西部在变迁节奏和路径上的差异需要分别处理。事实上，"东西分途"本身正是古代晚期最重要的历史主题之一。从古典时代到中世纪，西方文明发生的最重大的变化，是东西差异（拉丁西欧 vs. 拜占庭和穆斯林的东方）对南北差异（南部地中海地区 vs. 北方内陆）的替代。亨利·皮朗是对这个历史现象最早做出集中阐述的学者。根据著名的"皮朗命题"，在 5 世纪日耳曼蛮族入侵中得以保全的地中海古代文明，在 7 世纪的穆斯林扩张中遭到了彻底的打破；西欧由此被迫向北部内陆发展，成就了查理曼的欧洲帝国，而西欧从此走上了独特的发展道路。[21]

作为一名经济史学者，皮朗思考这一问题的出发点，是地中海远途贸易的兴衰。"皮朗命题"的问题意识对应到基督教史中，则是拉丁大公基督教世界（Catholic Christendom）形成的问题。布朗在他 1996 年的著作《西方基督教世界的兴起》中对此进行了全面的探究，但他最早介入这个问题是通过讨论东西部世界中神圣性位置（locus of the holiness）的差异。与东部世界对尚在人世的圣人的崇拜不同，几乎同时在西部世界兴起的，是对死去圣徒的坟墓和遗骨的崇拜。布朗对后者的研究成果，集中体现在他 1981 年出版的《圣徒崇拜在拉丁基督教的兴起与功能》（以下简称《圣徒崇拜》)[22]一书中。在这本书中，布朗进一步系统地批判了学术研究对精英与大众宗教经验的二分，并以休谟《宗教的自然史》为起点，梳理了宗教研究中这种的"双层模式"（two-tiered model）的知识谱系。在布朗看来，4 ~6 世纪在拉丁世界兴起的圣徒连接天堂和尘世并提供赎罪机会的观念，以及相应的圣徒崇拜的实践，并非"双层模式"所理解的愚昧大众的迷信，而是由宗教精英引领大众塑造的一种宗教 - 社会生活形式。这里的"宗教精英"特指拉丁教会的主教们。与帝国得以延续的罗马东部世界不同，帝国在 5 世纪中叶的灭亡引发了西部世界共同体生活的真空。这种真空无法被政治上取代了帝国的日耳曼蛮族国家完全填补。古代晚期拉丁教会的主教，有很大比例来自原来的帝国元老院成员阶层。在与外生的蛮族政权抗争、博弈乃至最终合作的过程中，是这些集社会、宗教和文化资源于一身的"贵族主教们"，承担了城市/教区的领导人和庇护人的角色。这些主教们通过对圣徒坟墓和遗骨的控制、对年度圣徒纪念日游行的组织，和对相关教会法（canon law）和宗教仪礼（liturgy）的推行，在拉丁基督教生活中确立了圣徒崇拜的必要，并对圣徒崇拜的方式进行规范，使自己成为天上的圣徒在人间的代理。对圣徒的崇拜，实现了教区共同体意识的塑造，稳固了教会系统的权威，也使教会获得了一种独立于世俗政治的超自然性的权力。与东部世界中与政教制度保持距离的圣人截然不同，西部世界中圣徒的神圣性是一种被最大限度地结合进了教会制度的超自然力量。套用韦伯的概念，是一种高度例行化了的卡里斯马权威。

在《圣徒崇拜》中，布朗把握拉丁基督教独特性所围绕的基本命题，是传统社会精英（元老－大地主阶层）在帝国系统崩坏后转入教会所引发的拉丁教会的"贵族化"（aristocratization）。它部分地反映了在帝国的基督教化进程中，教会的自身性质所发生的改变。在这一视角下，罗马社会的"皈依"体现为社会领袖从原有的公共空间（城市）向新公共空间（教会）的转移，以及这些社会领袖的自身认同的变化。因此，晚期罗马帝国的社会领导权（leadership）问题构成了20世纪80年代之后布朗多项研究的主题。这个问题涉及社会精英的养成理念［从古典教化（paideia）到基督教教义］、表达政治意见的话语形态（修辞术的基督教化）、对民众的庇护和领导方式（从城市公益事业到基督教会的救济）等多向度上的变化。布朗后来的两本小书《权力与说服：迈向基督教帝国》和《晚期罗马帝国的贫困与领导权》，就是以这些变化为主题的。[23] 在《穿过针眼》中，我们可以看到布朗对这个问题多年研究成果的综合和推进，以及对"贵族化"命题缺乏对社会中层群体的关注的局限性的反思和修正。

《圣徒崇拜》一书的内容基于布朗于 1978 年在芝加哥大学所做的哈斯凯尔讲座（Haskell Lectures）。同样在这一年，布朗选择接受加州大学伯克利分校古典系的教职，离开英国，来到了美国学界。在此之前，布朗于 1973 年在牛津晋升为教授（reader），之后又在伦敦大学做了三年的近代史讲席教授（1975~1978 年）。西游美国的选择应该和对学术环境的考虑有关。在牛津求学和任教的经历被布朗事后略带戏谑和怀旧感地描述为"反对有关罗马帝国衰亡的支配性的夸张观念的顽强的游击战"[24]。北美学界更为开放的文化氛围和更丰富的学术资源为布朗发挥学术影响提供了更大空间。最直接的成果，是由他担任主编、加州大学出版社推出的"古典遗产的转化"（Transformation of the Classical Heritage）研究系列。这套丛书以"对西方古代世界的转化的多学科、跨地域视野"为标志，涵盖对"北非、中东、古代晚期欧洲、罗马、拜占庭、伊朗萨珊王朝和墨洛温高卢"的"考古、视觉艺术、政治史、社会 - 经济史、宗教史、哲学与宗教思想、文学与文本研究"，截至 2018 年，它已推出 59 本专著，成为近三十年来推动布朗式的古代晚期研究的重要策源地。昔日的"游击队"成了有规模的"正规军"。可以说，是北美高度发达的学术产业催生了"布朗学派"。这个学派的学术内核在于"转化"二字：古代世界没有如吉本所言那样衰亡，而在时代变迁中实现了承继性的"转化"。这种学术风潮的蔚然成风，特别是"转化"范式本身渐渐出现的教条化倾向，使一些学者（基本都是欧洲学者）开始发声质疑古代晚期研究"只见转化，不见衰亡"的缺陷。[25]

　　公允地说，这一批评更多适用于"布朗学派"的整体倾向，而较少适用于布朗本人的研究。布朗是一位极善于吸收多种学术传统的学者。对强调"衰亡"的吉本的史学遗产，最体贴的当代评论文章之一正出自布朗之手。[26]此外，布朗跟进新研究的速度让最勤奋的年轻学者也会汗颜。史学界中也极少有人像他那样高频率、大幅度地修正自己过去的见解。布朗习惯于借旧作重印的机会，通过长篇的新序或补记，结合新的学界研究成果和自己的反思，对过去的研究进行订正。[27]作为极度高产的学者，布朗的每一本著作都既是对自己最初关心的问题的回归，也是对先前探索的推进。一个似乎被所有《穿过针眼》的现有书评忽视的现象是，"罗马的衰亡"（Fall of Rome）出现在该书的副标题中。从某种意义上说，正是对"古典遗产的转化"的多年思考，让布朗最终找到了更有效地讨论"罗马的衰亡"这一问题的史学方式。

　　同时，布朗也在不断拓宽"古代晚期"的时空范围。他曾提出，要把公元250～880年视为一个"自成一体并具有决定意义的时期"[28]。他也曾表示，"从不列颠到幼发拉底河"的原罗马帝国影响所及疆域，连同"整个西亚、向东穿过伊朗高原直到中亚，北抵高加索山，南到也门和埃塞俄比亚，外加中欧、斯堪的纳维亚和黑海的草原走廊（steppe-corridor）"，都应当被纳入古代晚期研究的考察范围。[29]在一次被问到"古代晚期究竟何时终结"时，布朗的回答是："总比你认为的更晚。"（Always later than you think.）此外，与很多从事"大历史"写作的史家不同，布朗不满足于通过译文阅读史料。伴随着研究视野的不断扩张，他发展出了阅读阿拉伯文、希伯来文、波斯文、叙利亚文和土耳其文的能力。

在20世纪80年代初的伯克利，布朗从美国"开放式"的学术文化活力中，也感受到了束缚性的压力。如果说，跨学科研究在英国史学界是一种选择的话，在美国它则成了必须。布朗在回忆他初到美国的经历时表示：

> 与同事第一次就我的专业进行交流，是在一个讨论我的《圣徒崇拜》书稿的研讨课上。他们很有礼貌，但非常坚定地批评我没有用到"阈限"（liminal，注：英国文化人类学家特纳的理论概念）这个词。他们当然是对的。我回家后乖乖地读了维克多·特纳。

> 但我不禁注意到，在这个新环境里，理论洞察是以一种很不同的方式被吸收的。这不是（英国学界）的"多点聚焦"的世界。在保持了些许距离的情况下，来自"外部学科"的好想法对牛津的鸿儒们（Oxford dons）也会产生触动和启发——在这儿，这种情况不被允许发生。它们必须以尽可能快的速度被引进，并在大学结构内部获得表达。我很快注意到，"跨学科"这个词能让教务长的嘴角泛起微笑，也被用来让学术资助方动心。我也注意到，在评估竞争的候选人或研究课题时，"理论化程度不够"（under-theorized）这个词在反对者口中会产生决定性的效果……[30]

有趣的是，在这种追求理论化的大环境中，布朗写作了"理论"面目很淡的著作《身体与社会：早期基督教的男人、女人与性弃绝》（以下简称《身体与社会》）[31]。这是最能体现布朗解读思想文本功力的一部作品。书的主题是基督教诞生之后四个世纪内，各位基督教作家（从圣保罗到奥古斯丁）对身体、性、性别、守贞和婚姻等问题的不同看法。布朗选择了一种朴实的行文结构：以单个或成组的作家为单位分章，逐一考察每位早期基督教思想家的观点，以及该观点在其整体思想中的位置。《身体与社会》以细描的方式，呈现了早期基督教关于身体和性的问题的"多歧"的思想理路。

缺少理论面目并不意味缺少理论素养。就提出的问题本身而言，布朗受到了法国哲学家皮埃尔·阿多（Pierre Hadot）"哲学活动作为生活方式"思路的启发（布朗很自豪自己在英译文出现之前就"发现"了阿多）。这个思路使布朗能够把早期基督教思想与不同形式的自我转化（transformation of self）的诉求相关联。这种自我转化的想象和实践构成了基督教神圣性的内核。如果我们借用《理想国》中的比喻，《身体与社会》可以说是布朗从对神圣性的"大字"转向对神圣性的"小字"的研究。

塑造了早期基督教伦理的苦行主义，是自我转化落实在身体层面的形态。《身体与社会》尤为关注的是，对身体和性的不同态度在何种意义上对应了对世界秩序与人在其中位置的理解。在这里，东、西方基督教的分途，具体体现为对身体与性以及与之相关的人类堕落教义的不同看法。在东部基督教思想中，如在奥利金（Origen）和尼撒的格利高里（Gregory of Nyssa）的思想中，对性的摒弃和对身体感官的超越所指向的是，在上帝设定的宇宙秩序中对坠落前人类原初状态的回归。与之形成对比的是，在西部基督教中，尤其是对中世纪产生了决定性影响的奥古斯丁的思想，在性本身和原罪之间建立了直接的关联；性弃绝中包含的不是拯救的契机，而是对属灵意义上的死亡的恐惧；身体成了"自我"内部的一种绝对异己的、但在此世生活中又无法脱离的元素；真正的慰藉不能在宇宙秩序中实现，而只能求助于对超越性彼岸的热望。

尽管时代语境获得了强调（例如，早期基督教时代的高死亡率、女性边缘化的社会地位），在布朗的诸多著作中，《身体与社会》相对来说不那么"社会派"，而是更"本格"。美国学界火热的性别研究风潮，很可能是促成布朗写作这本专著的背景之一。布朗选择了一种最适合历史学家的方式介入讨论：悬隔现代的偏见，以"同情之理解"对今天看来怪异甚至不人道的身体态度加以耐心体察，还原早期基督教禁欲主义背后丰富但充满张力的人生理想。与《身体与社会》几乎同时面世的另一本宗教史经典——卡罗琳·拜纳姆（Caroline Walker Bynum）以晚期中世纪女性的绝食为主题的《神圣的宴飨与神圣的禁食：食物对中世纪女性的宗教意义》[32]，选择了非常类似的立场和史学方法。在对时代学术风尚的回应上，这两部大作颇有不谋而合之处，适宜参照阅读。

在《身体与社会》正式出版时，布朗已经离开了伯克利，前往美国东海岸，成为普林斯顿大学历史系的讲席教授，他在那里一直待到 2011 年退休。根据布朗自己的说法，普林斯顿至少在两个方面拥有更好的学术资源：藏书更丰富的图书馆（包括高等研究所图书馆在内），和更多前往近东旅行考察的机会。[33]

在普林斯顿岁月里，布朗出版了《西方基督教世界的兴起：胜利与多样性，公元 200～1000 年》（1996 年初版，以下简称《兴起》）。这是他最被广泛阅读的著作之一。这本书的主题是古代晚期和早期中古欧洲的基督教化历程。《兴起》是雅克·勒高夫（Jacques Le Goff）主编的"欧洲的形成"（the Making of Europe）丛书系列中的一本。整套丛书由欧洲五国的出版社联合发行，每本分册以五种欧洲语言（德、英、法、西、意）出版，主打的概念是"欧洲经验"和"欧洲意识"。用勒高夫在丛书主编前言的话说，此套丛书关于"我们的欧洲"的历史和文化，关于"我们是谁？我们来自何处？我们将向何处去？"这些欧洲的问题。然而，打开《兴起》一书，读者立刻就会明白，在他们面前的可不是一部传统叙事的欧洲教会史。全书从公元 3 世纪初的一部叙利亚语对话体文学开篇。这个文本的主题是一位名叫巴戴桑（Bardaisan）的哲人的思想。巴戴桑生活在埃德萨（今天的土耳其乌尔法），供职于罗马帝国属国奥斯若恩（Osrhoene），擅长射箭，以希腊人自居。他还是一名基督徒。这部名叫《诸国律法》的文献议论了包括北印度、布哈拉（位于今天的乌兹别克斯坦）、撒马尔罕、北阿富汗、伊朗、阿拉伯、不列颠和罗马帝国在内的各地的风俗法律。书中的对话者表示，基督徒"无论身处何处，地方性的律法不能强迫他们放弃弥撒亚的律法（即基督教）"。这个极具陌生化效应的开篇，显然是布朗刻意选择的：

> 任何以基督教在 200～800 年西欧的形成中所扮演的角色为主题的著作，都必须从巴戴桑的视野开始。这本书（《兴起》）研究的对象，仅仅是巴戴桑的作品中描绘的大片地域中多种基督教形态中的一种。我们应该时刻铭记，"欧洲的形成"涉及的是在这片地域最西北角上发生的一系列事件。在这本书涵盖的时间段内，在构成了地中海和西亚古代世界的"不同地区、不同气候"的整块地域中，

基督教仍然存在，而且依旧活跃。[34]

布朗是要告诉读者，在西方最终得以确立的大公基督教，既不是唯一的基督教形态，在任何意义上也不是"最正确的"基督教形态。任何形式的历史目的论在他的故事里都没有位置。大公基督教在古代晚期和早期中世纪的形成，只能在最具体的"变化的情势和变化的环境"中加以理解。

《兴起》出版六年后，布朗推出了修订版。他不但重写了部分篇章，还增加了一个关于方法论的序言。在序言中，布朗提出一系列中层概念，来帮助读者理解书的副标题中"多样性"与"胜利"的具体含义。所谓"多样性"，不仅因为"西欧处在古代晚期世界这个更大的地理空间之中"（western Europe in a wider world），而且因为罗马帝国灭亡之后的地中海西部本身就是一个"去中心化的世界"（a world without a center）。20 世纪上半叶的英国天主教文化史家克里斯多夫·道森（Christopher Dawson）曾把欧洲的早期中古历史理解为"第二次罗马化"（second Romanization）的历程：各个日耳曼蛮族向罗马教宗和教廷的皈依。在道森看来，以罗马教廷为中心的基督教会与日耳曼蛮族政治军事势力在早期中古时代的结合，为独特的"西方历史道路"奠定了基础。[35] 布朗认为道森错了。他认为，在 5~8 世纪，罗马并不是欧洲基督教世界的绝对中心或信仰标尺。基督教的教义、实践和组织模式，在历史、政治与社会条件差异巨大的不同地区（西班牙、高卢、意大利、英格兰、爱尔兰等）经历了因地制宜的发展，形成了多个遍地开花、自成一体的"迷你基督教世界"（micro-Christendoms）。这些多样化的西方基督教传统要等到 9 世纪的加洛林帝国时代才开始经历整合，形成一体多元的西方基督教世界。

布朗把西方基督教世界在早期中古时代的兴起称作"胜利"（triumph），意在针对这样一种传统史观：相比早期基督教，中古基督教缺乏原创思想，同时还掺杂了大量迷信元素。在布朗看来，蛮族王国时代的基督教虽然缺乏教父时代那样的文化高音，但却并不缺乏"背景噪声"（background noise）：手稿传抄等形式的文化传承和积累以低调但持续的方式暗涌不止。而且，正是在早期中古时代，随着洗礼、忏悔等基督教实践的规范化，基督教从一种思想和信仰选择，转变成一种文明形态。西方基督教由此演变成为一种"应用型基督教"（applied Christianity）。

布朗曾开玩笑称，《兴起》是对《古代晚期的世界》中被忽略的西部世界的一次"公开致歉"（amende honorable to the West）[36]。事实上，20 世纪 90 年代之后，布朗的研究兴趣开始向拉丁西方世界偏移。他退休后出版的这部《穿过针眼》，就是继《兴起》后关于西方基督教的形成这一主题的又一部大部头力作。

基督教会"穿过针眼"的时代剧

与《兴起》一书的长时段和大空间相比，篇幅更长的《穿过针眼》是一本视野非常集中的作品。书中处理的时间段从 4 世纪中叶到 6 世纪中叶，超过三分之二的篇幅（第 5 ~ 24 章）聚焦在 370 年和 430 年之间；地理空间则主要是意大利、北非与高卢。在这本书里，布朗又回到了他第一本著作中的那个奥古斯丁的时代。不过，这一次布朗带给读者的并非传记，而是一场社会变革的时代剧。他想讨论的问题是，4世纪中期尚处在罗马社会、经济和政治生活边缘的基督教会，如何在一个多世纪的时间里成了聚集财富和权威的中心。这个古代晚期"权势转移"的故事，像福音书中基督说给阔少的譬喻（本书正标题的出处）一样具有戏剧性。要搞清楚骆驼是如何穿过针眼的，就必须考察（用布朗书中的话说）"350～550年这段不平静的岁月里整部拉丁基督教的社会史"（第157页）。

这里，我们不妨效仿中世纪圣经注疏中的一种套路，分别从"时间"（tempus）、"地点"（locus）、"人物"（persona）和"事情"（res）来对布朗描绘的这场时代戏剧做一番解析。关于西方基督教会的崛起，传统上认为存在两个决定性的时间点。一个是君士坦丁大帝312年的皈依。一种至少从吉本以来就很流行的观点认为，君士坦丁的皈依，以一种自上而下的方式把基督教从受迫害的地下信仰变成了罗马帝国官方认可乃至支持的"台面上"的宗教。教会就此开始在帝国政治力量的协助下逐步扩张权力和资源。另一个时间点是476年西罗马末代皇帝罗慕路斯·奥古斯都鲁斯（Romulus Augustulus）的废黜，这意味着政体意义上罗马帝制在拉丁西方世界的消亡。常见的看法是，教会的崛起是对帝国消失后西部世界权力和秩序真空的填补。西欧从此进入了神权的中世纪。

正如布朗所言，这些日期都夹带了"具有欺骗性的目的论"（第40页）。在布朗讲述的这个教会走向胜利的戏剧中，没有任何具体的时间点具有足以让人放心按下历史"快进按钮"的决定性意义。"君士坦丁革命"并没有一举让教会走到罗马帝国政治和社会生活的前台，基督教依旧是带有边缘色彩的"亚文化"。476年帝制的中断只是意大利北部地区的一个局部政治事件，甚至没有改变罗马城中的社会权力和财富关系。作为财富和权威中心的西方教会的形成，在布朗看来，是思想和社会的各种滚雪球式变动累积的结果。这就是为什么布朗选择用把大量反映一时一事的历史快照（体现为 29 个章节之下的近百个小标题）相叠加的方式写作这本书。这种写法尊重了历史进程中的"多歧性"。

近几十年来，有一种较新的学术观点认为，教宗格雷戈里一世（Gregory the Great）的任期（590～604 年）标志着基督教会在西欧社会的彻底胜利。与布朗有亲密学术和私人交往的英国基督教思想史学者马库斯（Robert A. Markus）就持这一主张。在名著《古代基督教的终结》（马库斯把这本书题献给布朗）中，马库斯从思想史的角度指出，介于神圣（sacred）和渎神（profane）之间的中性的世俗领域（saeculum）和世俗价值在以奥古斯丁为代表的古代基督教中仍保有一席之地。在公元 600 年前后，随着时空观念的全面基督教化与圣经文化的兴起，世俗价值彻底丧失了正当性，西方基督教从古代进入中世纪。[37] 比布朗稍小、同样出身牛津大学古典学专业的阿芙利尔·卡梅隆（Averil Cameron）的研究描述了同一时期发生在东罗马帝国的类似思想史进程。[38] 在《兴起》一书的修订版中，布朗借用了马库斯的命题。但在他看来，在实践层面上，"古代基督教的终结"在欧洲的真正实现比马库斯所认为的要更晚，大概要到 8 世纪中叶，以家庭教会的消失、教区墓地的兴起等现象为标志。但在《穿过针眼》中，布朗选择把自己的故事结束在 6 世纪中叶。这是因为，在这本书的考察中，4 世纪之后，经过两个世纪的酝酿（400 年前后的几十年的转变尤为关键），一种全新的教会和财富关系的理念和现实，在

550 年的西部世界扎下了根。对于史学研究来说，任何形式的断代都不自动具有意义，而只是承载特定历史诠释视角的工具。《穿过针眼》中布朗选择的断代方式也不例外。

再来看"地点"。如前所述，意大利、北非与高卢是《穿过针眼》的戏剧发生的剧场。更进一步看，书中主要考察的高卢地区是南部的阿奎丹和普罗旺斯，北部高卢其实也少有触及。换句话说，《穿过针眼》的舞台是环绕地中海的帝国西部的核心地带。这也是在 5 世纪蛮族入侵带来的危机中遭遇变故最大的区域。4 世纪时，这些地区依然被牢牢掌握在罗马政权的统治之下。地方精英为帝国征收税赋，同时从帝国获得地位和声望。5 世纪，伴随着西哥特人从潘诺尼亚的不断西进（410 年攻陷罗马、418 年定居南高卢），汪达尔人、阿兰人和苏维汇人的南下（406 年跨过莱茵河，最终进入西班牙；汪达尔人 429 年进入北非），东哥特人入主北意大利（493 年拿下都城拉文纳），整个世界完全改头换面了。

在《穿过针眼》中，地中海西岸整体构成了 4 世纪到 6 世纪思想和社会变革的剧场。但整体性不意味着同质性。正相反，社会条件和思想传统的巨大差异造就了教会与财富关系、不同地区的现实中的多样性和思想上的"众声喧哗"。布朗带着读者在这些不同的地域之间移步换"景"——既是物质的风景（不同的农业生产状况、城市建筑的风貌），也是社会的风景（不同的社会结构和财富分布模式）和思想的风景（对财富、政治、信仰和教会的不同立场）。另外，这又是一个充满了"交互关联性"（interconnectivity）的世界。不同区域间流动的不仅是财富（通过国家税收和贵族跨地区的地产所有），也是人和思想。譬如，伯拉纠的思想跨过地中海到达北非，最终与奥古斯丁的思想"正面对决"，就是 410 年西哥特人劫掠罗马城所引发的南下难民潮的结果（参见第 19 章）。地中海西岸也绝非一个封闭的世界。无论是北方边疆的帝国都城特里尔（参见第 12 章中奥索尼乌斯的例子），还是远在东方的圣地耶路撒冷（参见第 16、17 章中哲罗姆的例子），都与这个西地中海的世界不断发生着财富和思想的交流。

接下来是"人物"。谁是《穿过针眼》故事的主角？这个问题并不容易回答。与布朗之前的作品不同，《穿过针眼》处理的并非单个群体，如圣人、圣徒、主教、早期基督教思想家，而是勾勒了社会的群像。这是《穿过针眼》之于布朗本人的最大学术突破之一。在大部分篇幅里，布朗带领读者透过若干名人的文字和事迹来看待财富问题，这些人往往是晚期罗马帝国最突出的思想精英。但正如布朗在前言中所说：

> 我所关注的这些作家在何种程度上算是具有代表性呢？人们尽可以争辩说，他们并没有什么代表性：他们的作品代表的是某个神经过敏的智识精英群体，与财富和贫困等贴近现实的问题相去甚远。这种论证无法说服我。就宗教而论——尤其是在对重要的宗教运动的研究中，比如基督教会的形成——"精英"这个词可能会构成误导。它诱使我们假定，居于领导地位的思想与围绕着这些思想的、更为广泛的意见和信众之间缺乏联系。这是一个错误的假定。我倾向于接受路易·热尔内的判断。他在论及希腊古典宗教时说："精英群体并不发明什么，他们只是将其他很多人的想法明确地表达出来。"（第 42~43 页）

"其他很多人"中首要的是布朗称之为"中间阶层"的社会群体。"二战"后罗马史研究最突出的进展之一，就是证明了晚期帝国中间阶层消亡、两极分化日趋严重这种传统观念（以罗斯托夫采夫为代表）并不符合历史事实。《穿过针眼》进一步证明，在晚期罗马帝国中，这些既非"田连阡陌"也非"无立锥之地"的中间阶层，不但大量存在，而且在社会的"权势转移"中扮演了重要的角色。在非基督教的城市生活中，这些中间阶层构成了市议会的主体，承担着为帝国征收税赋的职责。他们同样是具有城市公民身份的"市民"，是极富的寡头需要通过城市公益活动（如组织竞技表演）笼络的群体。另外，来自中间阶层的成员也构成了4世纪基督教会的中坚力量。他们在宗教问题上的折中主义态度（即不在罗马传统习俗和基督教信仰之间、个人的公民身份和基督徒身份之间建立绝对对立）决定了基督教会在4世纪末之前的罗马社会中低调的社会地位。教会的社会地位在4世纪后期之后的上升，着重体现在新兴的宗教精英在思想和实践中完全"征服"了这个中间阶层，基督教徒的认同覆盖了他们其他形态的共同体意识（城市、帝国），这使教会得以在地中海西岸建立全方位的领导权。

《穿过针眼》书中大书特书的安布罗斯、奥古斯丁、保利努斯、哲罗姆、勒兰岛修道圈出产的"模范主教"和若干位有作为的罗马教宗，就是这个领风气之先的新时代的宗教精英的代表。他们面对的情势、掌握的资源、持有的理念和采取的行动均不相同，但都以各自的方式参与了4~6世纪教会与世俗社会、教会和财富的新关系的重塑。与以往用"贵族化"的理论（详见前文）来理解这个新基督教领袖群体不同，《穿过针眼》更加突出了这个群体内部在社会来源和思想倾向上的多元性，以及他们的想法和实践是如何以曲折的方式最终获得了中间阶层群体的接受。

处在中间阶层的社会等级之上的人群，是人数有限但却垄断了绝大部分社会财富的罗马贵族。他们出自世家大族，往往有元老院成员的政治身份。这个群体，无论在心态还是利益上，都和帝国"旧秩序"休戚相关，因而对教会的社会权威的扩张持怀疑甚至敌视的态度。这个"保守"群体的样板人物就是"今之古人""最后的多神教徒"西玛库斯（参见第5、6章）。在布朗的故事里，"罗马帝国的衰亡"特别体现为，这个原本处在社会塔尖、罗马认同最根深蒂固的大贵族阶层在400～500年的动荡时代中的瓦解。他们要么以散尽家财的形式向基督教"华丽转身"，如保利努斯（参见第13、14章）和小梅兰尼娅夫妇（参见第19章）的选择，要么在蛮族入侵的浪潮中丧失了原有帝国体系里的经济和政治地位。这个群体的皈依和消隐，意味着基督教会在争夺社会领导权和社会财富主导权方面最大的对手不复存在。

相对来说，处在罗马社会金字塔最顶端的皇帝与宫廷（以及后来的日耳曼蛮族君主和宫廷），和处在最底层的乡村农业生产者，是故事的配角。《穿过针眼》观察古代晚期西部地区社会变革选取的视野，是落在顶层政权的变动和经济基础的变迁之间的"中间立场"。

最后的问题是：在4～6世纪地中海西岸的历史舞台上，究竟发生了什么变化，最终导致了"西罗马帝国的衰亡"和"基督教会的形成"？相信读毕此书的读者都会同意，布朗给出的并非一个解释，而是一簇彼此纠缠的思想和社会的解释线头。把这些线头拧在一起的，是关于财富使用和理解的变化。维持罗马帝国的是一套财富分配和使用的"规矩"，包括：由皇家宫廷、元老院和地方市议会通力合作实现的年度征税，以及周转粮食以补贴军队和罗马城的食物配给；贵族阶层在城市中为稳固名声和庇护者的地位、赢得市民支持而慷慨捐赠或烧钱，在乡下则用奢侈的生活方式来彰显自己的阶级属性；在观念中，财富具有超自然的神秘属性，谷物的丰盈被认为反映了自然之神的赐福，人间由财富区分的等级被认为对应着更高的宇宙秩序。

罗马帝国在西部的灭亡，表现为所有这些与财富有关的制度和非制度的"规矩"的瓦解。取而代之的是，以基督教会为轴心的新的财富原则。教会不但仍旧是穷苦大众的施舍者和代言人，还代替了原先的市议会和帝国，成为市民的领导者和公共生活的维持者；向教会遗赠、使整个家族和神圣空间永久相连，成了贵族处置大宗财富的重要选择；信众向教会的定期捐献被认为是宗教赎罪的必要环节；主教作为教会财富的"法人"，以代表穷人的名义保存资产和经营土地；教士主持的仪式和修士的祈祷，被认为是地上的财富转化成"天上的财宝"的重要枢纽。这些变化的发生绝非一蹴而就，也并不存在一个预先设计好的发展轨道。然而，在 350～550 年的两个世纪中，在不绝如缕的大小事件和相互碰撞的思想的积累效应中，这些变化切实地发生了。西部世界由此从帝国的时代走向了教会的时代。同时，教会本身也发生了彻底改变，从边缘性的社会团体"穿过针眼"成为整个社会的脊干。西方独特的大公基督教走向成型。

在 2011 年一篇纪念本导读开篇提到的 1958 年瓦堡中心系

列讲座的短文中，布朗提出："我们仍然需要对晚期罗马帝国进行更微妙的社会学研究。"[39]《穿过针眼》所呈现的地中海西岸关于财富的恢宏戏剧，就是布朗心目中的"晚期罗马帝国社会学"的一次史学实践。当然，要领略布朗标志性的维多利亚小说式的叙事魅力和历史洞见，唯一的方式就是打开此书，直面他的文字。此外，有必要补充说明的是，《穿过针眼》面世三年后，布朗又连出两本专著，延续了关于早期基督教与财富问题的思考。2015 年的著作《灵魂的赎金：西方早期基督教的死后生活与财富》集中讨论了通过此世的财富来换取灵魂救赎这一西方基督教特有的观念，这本新书为《穿过针眼》的社会视角提供了神学角度的补充；2016 年的作品《天上的财宝：早期基督教中的神圣穷人》则把视野从西方转移到了东方，特别是从幼发拉底河到尼罗河的中东地区，它是对《穿过针眼》的主题的空间扩展。这两部著作可以被视作《穿过针眼》的姊妹篇[40]，有兴趣的读者不妨找来参读。

　　最后，希望中文读者通过阅读这本《穿过针眼》，能够感受到古代晚期世界充满可能性和创造力的历史魅力。用布朗在前言中引用的格言来说：

　　　　历史的魅力也正在于此；学生发现他遭遇了一种强大到手头的任何工具都无法衡量的力量。（第 50 页）

刘　寅

2015 年 11 月 9 日初稿于南本德

2018 年 1 月 15 日修改于南京

注　释

[1]　"Introduction：Christianity and the Decline of the Roman Empire，" in Arnaldo Momigliano（ ed. ），*The Conflict Between Paganism and Christianity in the Fourth Century*（ New York：Oxford University Press，1963），p. 6.

[2]　Peter Brown，"Report in ' So Debate：*The World of Late Antiquity Revisited*，' " *Symbolae Osloenses* 72（1997），pp. 7 – 8.

[3]　M. 罗斯托夫采夫著，马雍、厉以宁译：《罗马帝国社会经济史》（全两册），商务印书馆，1985 年。

[4]　*Saint Augustin et la fin de la culture antique*（ Paris：De Boccard，1938）. 在 1949 年出版的第 2 版中，马儒增补了一篇《更正》（Retractatio），修正了原书的部分论点。

[5]　*Augustine of Hippo：A Biography*，New Edition with an Epilogue（Berkeley：University of California Press，2000），p. ix.

[6]　"Religion and Society in the Age of Saint Augustine，" in Peter Brown，*Religion and society in the age of Saint Augustine*（ New York：Harper and Row，1972），p. 10.

[7]　Richard Davenport-Hines and Adam Sisman，eds. ，*One Hundred Letters from Hugh Trevor-Roper*（ Oxford：Oxford University Press，2014），p. 143.

[8]　颜·伍德在最近的一篇回忆文章中罗列了该课程的听众，包括古典学者 Tony Honoré、Fergus Millar、Cyril Mango、Kallistos Ware、Alan Cameron、Averil Cameron、John Matthews、Philip Rousseau、Sabine MacCormack、Ewen Bowie、David Hunt 和 James Howard-Johnston，中世纪史学者 Henry Mayr-Harting、Karl Leyser、Thomas Charles-Edwards、Patrick Wormald 和 Paul Hyams，阿拉伯学专家 Alfred Beeston，以及当时尚是本科生的 Chris Wickham、Roger Collins、Rosemary Morris、Margaret Mullett、Oliver Nicholson、David Ganz 和他本人。Ian Wood，" ' There Is a World Elsewhere'：The World of Late Antiquity，" in

Jamie Kreiner and Helmut Reimitz（eds.），*Motions of Late Antiquity：Essays on Religion，Politics，and Society in Honour of Peter Brown*（Turnhout：Brepols，2016），pp. 18 – 19.

［9］ Roger Collins，"Oxford 1968 – 1975：A Crucible of Late Antiquity?" in N. Klvllclm Tavuz and Richard Broome（eds.），*Transforming the Early Medieval World：Studies in Honour of Ian N. Wood*（Leeds：Kismet Press，forthcoming）.

［10］ Peter Brown，"Report," p. 17.

［11］ *The World of Late Antiquity：From Marcus Aurelius to Muhammad，AD 150 – 750*（London：Thames and Hudson，1971），p. 7.

［12］ 同上，p. 9。

［13］ *The Later Roman Empire，284 – 602：A Social，Economic and Administrative Survey*（Baltimore：Johns Hopkins University Press，1986）.

［14］ Peter Brown，"The Later Roman Empire," *The Economic History Review*，New Series 20（1967），pp. 327 – 343.

［15］ *Pagan and Christian in an Age of Anxiety*（London：Cambridge University Press，1965），p. 36.

［16］ Peter Brown，"Approaches to the Religious Crisis of the Third Century A. D.," *The English Historical Review*，83（1968），pp. 544 – 547.

［17］ 1997 年，加州大学伯克利分校召开了专场学术会议纪念这篇论文发表 25 周年。次年的《早期基督研究》期刊用一整期的篇幅组织了对布朗"圣人"命题的再探讨，见 *Journal of Early Christian Studies* 6：3（1998）。

［18］ "The Rise and Function of the Holy Man in Late Antiquity," *The Journal of Roman Studies* 61（1971），p. 100.

［19］ Mary Douglas，*Natural Symbols*（London：Routledge and Kegan Paul，1996），pp. viii – ix.

［20］ Peter Brown，"Religion and Society in the Age of Saint Augustine," p. 19.

［21］ 亨利·皮朗著，王晋新译：《穆罕默德和查理曼》，上海三联书店，2011 年。

［22］ *The Cult of the Saints*： *Its Rise and Function in Latin Christianity*（Chicago：University of Chicago Press，1981）.

［23］ *Power and Persuasion*： *Towards a Christian Empire*（Madison：University of Wisconsin Press，1992）；*Poverty and Leadership in the Later Roman Empire*（Hanover：University Press of New England，2001）.

［24］ Peter Brown，"Report,"pp. 9 – 10.

［25］ J. H. W. G. Liebeschuetz，"Late Antiquity and the Concept of Decline,"*Nottingham Medieval Studies* 45（2001），pp. 1 – 11；Bryan Ward-Perkins，*The Fall of Rome and the End of Civilization*（Oxford：Oxford University Press，2005）.

［26］ Peter Brown，"Gibbon's Views on Culture and Society in the Fifth and Sixth Centuries,"*Daedalus* 105（1976），pp. 73 – 88.

［27］ 包括：2000 年出版的《奥古斯丁传》修订版，增补了近百页的"结语"，更新了新材料和新研究动向；1997 年针对《古代晚期的世界》出版 25 周年所做的报告，回顾了该书的发生史，总结了之后的学术研究动向和自己新的思考（Brown，"Report"）；1998 年针对"圣人"论文发表 25 周年发表的学术史论文（"The Rise and Function of the Holy Man in Late Antiquity，1971 – 1997,"*Journal of Early Christian Studies* 6（1998），pp. 353 – 376）；2002 年出版的《西方基督教世界的兴起》修订版，重写了部分内容，并增补 30 余页序言，介绍自己的方法论；2008 年出版的《身体与社会》的二十周年纪念版，新增近 40 页序言，澄清方法论，并修正原论点；2013 年出版的《西方基督教世界的兴起》修订版十周年纪念版，另增 30 余页序言，更新学术动态和对原有命题的修正；2015 年出版的《圣徒崇拜》增订版，增补 20 页序言，补充学术动态并修订原有命题。

［28］ Glen Bowersock，Peter Brown and Oleg Grabar，eds.，*Late Antiquity*： *A Guide to the Postclassical World*（Cambridge：Belknap Press of Harvard University Press，1999），p. ix.

［29］ "What's in a Name? A talk given at the opening of the Oxford Centre for Late Antiquity on Friday 28 September 2007," ocla. history.

ox. ac. uk/pdf/brown_what_in_name. pdf, p. 2.

[30] Peter Brown, "A Life of Learning: The Charles Homer Haskins Lecture," *American Council of Learned Societies Occasional Papers* 55 (2003), pp. 9 – 10.

[31] *The Body and Society: Men, Women, and Sexual Renunciation in Early Christianity* (New York: Columbia University Press, 1988).

[32] *Holy Feast and Holy Fast: The Religious Significance of Food to Medieval Women* (New York: Columbia University Press, 1987).

[33] Brown, "A Life of Learning," pp. 15 – 16.

[34] *The Rise of Western Christendom: Triumph and Diversity, AD 200 – 1000*, 2nd edition (Cambridge: Blackwell, 2002), pp. 40 – 41.

[35] Christopher Dawson, *The Making of Europe: An Introduction to the History of European Unity* (London: Sheed and Ward, 1932).

[36] Peter Brown, "Report," pp. 32.

[37] Robert A. Markus, *The end of ancient Christianity* (Cambridge: Cambridge University Press, 1990).

[38] Averil Cameron, *Christianity and the Rhetoric of Empire: The Development of Christian Discourse* (Berkeley: University of California Press), 1991. 阿芙利尔·卡梅隆和她的丈夫、古典学者阿兰·卡梅隆(Alan Cameron)都是当年布朗的"社会与超自然世界"讲座课的听众。

[39] "Back to the Future: Pagans and Christians at the Warburg Institute in 1958," in Peter Brown and Rita Lizzi Testa (eds.), *Pagans and Christians in the Roman Empire: The Breaking of a Dialogue, 4th – 6th Century A. D.* (Wien: Lit Verlag, 2011), p. 22.

[40] *The Ransom of the Soul: Afterlife and Wealth in Early Western Christianity* (Cambridge: Harvard University Press, 2015); *Treasure in Heaven: The Holy Poor in Early Christianity* (Charlottesville: University of Virginia Press, 2016).

前　言

　　在本书中，我希望考察在罗马帝国的最后几个世纪以及后帝制时代的第一个世纪里，财富对拉丁西方基督教会的影响。时间上大致是从 4 世纪中叶开始，直至后罗马时代的蛮族国家定型为止，也就是习惯上被称为"罗马帝国衰亡"的这一时期。

　　我将在开篇四章中交代背景。第 1 章描述 4 世纪的罗马社会。第 2 章考察从 312 年君士坦丁的皈依至 4 世纪 70 年代有钱人愈加大规模入教的这一时期内，基督教会的社会地位。随后的两章意在并置两种理念，即把财富贡献给城市的传统理念，以及通过给教会和穷人的捐赠而实现的、置财宝于天堂的新兴的基督教理念。这两种理念的对比所引发的各种问题会在本书余下的部分里始终伴随我们。

　　背景之后的十三个章节将为读者引介一系列著名人物。每位人物都身处特定的历史图景之中。在财富的使用和财富观的形成问题上，他们各有不同。我们会在当时的罗马和意大利南部遇见伟大的多神教徒昆图斯·奥勒留·西玛库斯。之后我们会向北转，前往和他同时代的基督徒米兰的安布罗斯所在的米兰城和意大利北部。之后的三章里，我们将跟随青年奥古斯丁——这位与前两位相当不同，就出身而言他是更为平凡的人物——从非洲①前往意大利，而后返回非洲。他具有独特的人

---

　　①　指罗马非洲，也就是现在的北非，或阿拉伯语所称的马格里布。见本书页边码第 326 页。后文出现的"非洲"均为此意。——译者注

生和思想轨迹，参加过一系列的宗教社团，而其中每一个社团的成员在财富使用问题上都有鲜明的立场。我们会在 397 年，即奥古斯丁刚刚就职希波主教并出任一个修道院的领导时，与他暂别，继而向北移动，前往波尔多的奥索尼乌斯所在的高卢。我们会在高卢及其毗邻行省中领略有钱的地主和廷臣们的财富，他们的庄园遗迹至今令人感叹。这么做是为了感受财富的神话，以及在这些人中间流行的对于自然界的态度。而诺拉的保利努斯在 394 年正式摒弃的就是这样一种财富。我们将会看到保利努斯如何做到这种摒弃，如何看待自己主动选择的贫困，又如何最终把自己的财富用于建设工程。这项工程是位于意大利南部诺拉市镇中的圣菲利克斯的圣陵，他本人对于这整个过程的叙述使他成了一位因摒弃财富而赢得天上宝藏的诗人。在这之后我们将返回罗马，只不过这次是基督教会的罗马。我们会考察君士坦丁时代以来，罗马的教会是在何种环境中获得财富和地位的。这种缓慢的积累所造成的局势解释了一种紧张感。这种紧张感伴随着哲罗姆于 382 年来到罗马，又在 385 年突然离开，也伴随着由他而起的有关财富、贫困和庇护关系的争议。这些争议多半因他在 4 世纪末和 5 世纪初的激烈文字而为我们所知。

　　本书的节奏在哲罗姆之后有所变化。我们已然进入一个危机不断升级的时代。一对年轻贵族夫妇（皮尼亚努斯和小梅兰尼娅）对财富惹人眼球的摒弃，恰逢西哥特人挺进罗马之时。罗马在 410 年的失陷迫使另一位激进的基督徒伯拉纠，连同他的罗马庇护人作为难民来到非洲海岸。还在意大利时，伯拉纠的追随者们就曾进行过对财富的激烈批判。他们坚持要求对财富的完全摒弃。随后奥古斯丁和伯拉纠之间的神学论争堪

xx

称意大利和非洲之间一场思想上的布匿战争。但它又并不只是理念之争。对奥古斯丁来说，此事关乎整个基督教世界固有的虔敬方式。因此，我们需要后退一个世纪去体察那种强烈的自主意识：正是这种意识使非洲教会能够借助信徒的赠礼，为自身在非洲社会中找到一个位置。我们将进而关注奥古斯丁于 5 世纪在非洲诸城进行的布道中所体现出的对财富和宗教的立场。奥古斯丁就是凭借这些立场，来阻击伯拉纠支持者所持的摒弃财富的激进诉求。非洲方面给出的信息是坚定的：财富不应当通过轻率的摒弃被抛在一边；它应当被用于教会。尤为重要的是，它应当被用于赎罪。在随后的所有世纪里，奥古斯丁有关罪和宗教赠予之间亲密关联的观念给拉丁教会的赠予实践抹上了阴郁的色调。在奥古斯丁的晚年，他的观点已经传布到整个拉丁西方世界。此时已是大一统帝国的最后岁月了。如第 24 章所示，到 430 年时，一切争论都被席卷进了西部帝国的普遍危机之中。这场危机骤然终止了前一个世纪的富足，并为这场风暴的幸存者的财富设置了全然不同的评价基准。

xxi 我们此时面对的是一个暴力性失序后的贫穷社会。罗马世界的不同地区已经分崩离析。各个地区际遇悬殊，一些地区比另一些要好上不少。因此就有了依旧繁荣的普罗旺斯飞地所孕育的活力惊人的智识生活，这种生活催生了约翰·卡西安有关修道贫困的纲领性论述，这可以被看作对勒兰岛上诸位让人惊叹的卡里斯马式领袖的承继；马赛的萨尔维安对最后岁月里西部帝国痼疾的那令人难忘的诊断也因此产生了。在意大利，旧世界的很多东西似乎得到了延续，但这种延续掩盖了深层的变动。罗马的教宗们在 5 世纪末已经取代了元老院，成为罗马城中低下阶层的庇护者，罗马教会的财产第一次足以匹敌世俗贵族的财富。

在最后两章里，我们将把西欧作为一个整体去看待。我们会关注基督教会以何种方式管理和处置其财富。最后，我们会看到用于宗教目的的财富所造成的具体压力（既对主教们也对平信徒捐赠者们而言）如何改变了基督教自身的性质。我们也随之站到了另一个世界的门槛上，它完全不同于我们故事开头里的那个古代世界。到 600 年时，教会的结构以及平信徒的期望已推动了时代的缓慢转变。终于，在漫长的三个世纪之后——也只有到了这个时候，欧洲的基督徒们才开始面对西方中世纪的大公教。

对本书何以采用目前这种面貌进行说明，可能会有助于读者理解。

首先是地理范围。本书并非关于整个罗马世界，而是只涉及拉丁西方：从西巴尔干到不列颠，从特里尔到撒哈拉的边缘。我如此选择主要是考虑到两点：一是著名的拉丁作者们所提供的丰富材料，二是本人对罗马西部世界特有的社会结构和历史进程的固有兴趣。不过，我如此选择同样是因为晚期罗马研究整体学科的良好发展允许我专注于一个区域，并同时相信，无论是现在还是未来，都会有很多别的学者有能力处理好帝国东部省份中教会、财富和社会之间的关系这样一个具有同等吸引力的主题。

其次是年代跨度的问题。正如本书标题所明示的，我选择专注于 350 年到 550 年这个时段。从许多角度来说，这都是一个随心所欲的选择，而我本人其实也并未严格遵守这个时限。但我如此选择是为了提醒自己，同时也是为了提醒我的读者一个重要的事实：很多有关罗马帝国晚期的基本日期并不像我们想象的那么重要。如果我们的叙述自君士坦丁 312 年的皈依而始，以 476 年西罗马帝国的正式终结或是 603 年教宗格雷戈里一世的去世为终点，这似乎看起来能够直截了当地与传统叙事时期一致。然而，使用这些日期会夹带一种具有欺骗性的目的论，这种目的论会怂恿我们按下快进按钮，做出如下假定：君士坦丁的皈依几乎是作为一种先定的结论，预判了罗马帝国的消逝和教宗格雷戈里一世时代终成正果的教会在西方社会的胜利。

在这个意义上，我们无论如何都需要避免此种简化历史的诱惑。教会财富的增长过程并非如传统叙述所暗示的那样一蹴而就。君士坦丁在 312 年的皈依并没有直接致使基督教会变得富有，变化是随后在 4 世纪的最后二十五年里发生的。格雷戈里一世出任教宗也并非标志着凯旋中的教会已到达了巅峰状态，并能够随时接管对后罗马时代的西方的统治。还要等上足足半个世纪，欧洲的教会才会略感意外地开始感受到其财富的沉重分量。这种重量感发生在这样一个世界中：主教们已经变成了大人物的合作伙伴，但还远没有成为他们的主人。

这就涉及本书面貌的第三个方面。自始至终，我所关心的都是如何平衡地处理历史进程的节奏和多样性。这些进程与多样性无法被简单地纳入政治史和教会史的传统叙事里。在很大程度上，我尝试着专注于身处其独特的历史图景中的一系列著名人物。在每一个图景中，历史都在以一种独特的节奏前行。

随着故事的展开，我们会按照大致的时间顺序遇见这些人物。（只是在基督教罗马和基督教非洲，我们需要回到一整个世纪以前，来为诸如哲罗姆和奥古斯丁这样的人物铺陈背景。）

　　我这么做是因为我对教会财富研究得越深入，就越相信罗马帝国各具特色的区域构成。每个区域里的基督教会——复数的而非单数的教会，尽管它们之间有频繁的联系，而且理论上也都属于一个统一的建制，即大写的教会（the Church）——除了具有罗马世界的其他特征之外，也在同等程度上是地方传统的产物。一部有关拉丁基督教的真正的历史要求一种坚定的地方性意识。每个基督教地区都有属于自身的图景，在描绘它独有的特征时，越是详尽具体越好：对原址的考古、有关硬币和陶器流通的证据、题献和墓碑上的铭文的风格以及地方作家的作品——总而言之，历史学家能够找到的一切——都必须被纳入我们对一个特定图景的勾画之中。每个西部世界的地方教会都有自己的发展节奏，它们并不是沿着唯一的大道、朝着一个清晰的目标胜利进军。它们常常并不了解毗邻教会发生的事情。所有的教会也都对它们自己的未来一无所知。我深深地觉得，只有对这些教会一一单独处理，并以代际为单位逐步分析，才能更好地表述罗马晚期西部世界基督教会的多样性，以及它们在罗马社会最终崛起的不可预见性。

　　因此，我选择在我自己的叙事中把每个图景与一个或一群人物建立关联。读者需要知道，专注于个体作者（西玛库斯、安布罗斯、奥古斯丁、保利努斯等）实在是我不得已的选择，我只是在已逝的过去留给我们的有限材料中尽力而为。如此多的证据都未能留存下来；而保存下来的证据的分布虽然反映了这些证据所体现的地区本身的重要性，但也同等程度上反映了史料留存的随机性。作为教会教父的那些作者——如安布罗斯、奥古斯丁以及哲罗姆——在后世的赫赫声名确保了他们大量而且事无巨细的作品得以流传下来，照亮了米兰、非洲和罗

xxiii

马的基督教世界。对于这一点，我们无论如何感激都不为过，尤其是这些作者的作品照亮了晚期罗马世界的核心区域。但是，那终究是个辽阔的世界。我们必须意识到，在其他地区（甚至在我们所依靠的主要作者所处的地区）曾有过很多别的作者——包括基督徒和多神教徒，他们的作品只是没能留存到今天罢了；我们也需要意识到，有很多地区至今依旧出奇地沉默。

去设想一部别样的西罗马教会的历史要容易得多。我常常自问：这部历史会是什么模样？比方说，一个拥有希波的奥古斯丁那样的能力和丰富经历的作者，在西班牙南部或者多瑙河沿岸出现过；或是特里尔的主教们成为类似于《教宗名录》（*Liber Pontificials*）里的主角们；或者，如果不列颠南部的圣奥尔班（今圣奥尔班城的维鲁拉米恩）产生过一位圣徒传作者，而他充满鲜活地方性资料的奇迹编年作品又恰巧从后罗马时代的不列颠幸存至今，从而能够与图尔的格雷戈里的作品相互参读。

作为一种假想，这既非闲来无聊，也不必然就仅供人扼腕。甚至对于像奥古斯丁这样似乎早就被我们熟识的人物，对之前不为人知的布道词和书信的新发现，以及他一度涉身其中的摩尼教运动的新文件的问世，都告诉我们有多少材料还有待被发现。通过进一步的文本发现以及对其他形式的证据的调用，我们能够更好地理解整个基督教西方的图景。[1]

但是，问题依然存在。我所关注的这些作家在何种程度上算是具有代表性呢？人们尽可以争辩说，他们并没有什么代表性：他们的作品代表的是某个神经过敏的智识精英群体，与财富和贫困等贴近现实的问题相去甚远。这种论证无法说服我。

就宗教而论——尤其是在对重要的宗教运动（如基督教会的形成）的研究中——"精英"这个词可能会构成误导。它诱 xxiv
使我们假定，居于领导地位的思想与围绕着这些思想的、更为广泛的意见和信众之间缺乏联系。这是一个错误的假定。我倾向于接受路易·热尔内的判断。他在论及希腊古典宗教时说："精英群体并不发明什么，他们只是将其他很多人的想法明确地表达出来。"[2]

我选择关注基督教会的财富这一主题也有鉴于此。财富作为一个主题在每个人的头脑里都是有分量的。仿佛一条辫状河流过，有关财富的问题涉及诸多教会和整个罗马社会。财富不只关于预算和租金簿，这条巨大而多变的河流分出的溪流拍打了很多河岸，而当我们想到罗马帝国的经济时，我们并不是立刻就想到了所有这些河岸。仅举几例：每年一度的丰收奇迹触及人和自然之间的关系、上帝抑或诸神和自然的丰沛之间的关系等问题；相较而言没那么受欢迎的一项"奇迹"，则是把帝国的征税者和收租人带到遍及整个罗马世界的商铺和村舍的行政措施。这就涉及财富自身的合法性以及榨取财富的帝国的合法性问题。每至岁末，几乎没有哪个与财富相关的议题——无论是社会的还是个人的，世俗的还是宗教的——不被人谈及。

因此，财富问题在基督教会中受到关注是件很自然的事。部分原因比较明显。对晚期帝国的基督教共同体而言，《新约》提到了耶稣对年轻的富人的挑战，以及他对于那位年轻人没能成功应战而给出的同样令人不安的评论："我又告诉你们，骆驼穿过针的眼，比财主进神的国还容易呢！"（《马太福音》19：24）一旦真正的有钱人在四五世纪之交进入教会，这些话就骤然有了新的现实意义。我忍不住把这个时期称作

"骆驼的时代"。具有苦行气质的基督徒们满怀期待地观望着，在他们所处的时代，是哪些庞大的骆驼准备通过摒弃自己的财富来穿过针眼。那些真的这么做了的骆驼立刻就得到了喝彩，并旋即欣然被人研究学习。与这些摒弃财富的男女英雄相比，选择保留财富的基督徒属于沉默的大多数。他们寂寂无闻。我们向来倾向于假定，他们对于自己没能做到"变卖你所有的，分给穷人"（《马太福音》19：21）而心安理得。但是这些后进分子有待我们研究。我们接下来会用一种多少有些反讽的语气，描述那些很有世俗智慧的主教如何为有钱的普通基督徒提供一系列妥协方案，包括施舍、教堂建设和遗赠。对那些没能通过"穿过针眼"的基本测试的人来说，有那么多安慰奖存在。我们大概还会进一步指出，恰恰就是这些对"世界"——也就是罗马的社会规范——的不光彩的妥协，催生了教会财富异常成功的增长。

xxv

　　我写作本书的部分原因就在于我对这种解释问题的方式不甚满意。把财富的摒弃者们看作有"真正"基督教精神的英雄，而把其他形式的宗教赠予都或多或少地视为对基督教运动激进本质的背叛，这种思路不过是苦行运动的高尚话语在现代的回响罢了。很多当代学者讨论教会财富增长的问题时，用的都是哲罗姆用过的语调。对哲罗姆这位苦修出世的坚定推崇者来说，基督教会的历史是一部衰落的历史，从最初属于使徒们的英雄时代降格为"属于我们的余渣般的时代"，教会"增长了权力和财富，却在精神力量上萎缩了"。[3]

　　采纳这样一种不满的态度，意味着对一个重要事实的忽略。在我们面对的那个社会里，无论对于多神教徒、犹太人还是基督徒来说，宗教赠予都被认为是一种宗教交易。对财富的摒弃并非唯一被上帝护佑的行为。向穷人的施舍、给教会的捐赠、每周的奉献、为实现誓言的奉献——这其中每一项都连接了天堂和尘世。正是因为这些关联方式更深地嵌在基督教信徒的意识中，它们反而没有被透彻地分析。对于基督教信众来说，这样一种戏剧性不足的虔敬赠予所实现的财富，从地上达至天堂，和偶尔在少数人之中发生的财富摒弃行为一样重要。那些规避或者没有严格遵守耶稣对年轻的富人的训诫的基督徒并不只是后进分子。实际上，不同于激进的"摒弃财富"的鼓吹者，他们赋予财富的使用一种富有想象力的职责。这种职责赋予他们日常的善举和慷慨以权利。正是在这片肥沃的、对富人和穷人一样适用的思想土壤上，教会的财富猛增。

因此，重构宗教赠予的思想内容（也就是财富从尘世到天堂的转移）与关注财富在尘世的流通（通过确定由摒弃的壮举、捐赠和教会里每日的奉献，而募集到的财富各自的相对价值），对我来说有同等的重要性。这个问题我会求教于做犹太研究的朋友们。因为他们也在研究中关注一种低调但持久的赠予习俗，这一赠予习俗贯穿整个罗马时代，赠予的焦点从以希腊风格的巨型庙宇（即耶路撒冷圣殿）为中心，转向散布整个罗马世界的会堂和犹太社区。这一宗教赠予上的变故对应着一种颇为可观的认识转变。基督教会的财富增长的方式与犹太教的这种认识的转变似乎正好相反。对基督教而言，开始时宗教赠予只有很小的规模——就像我们将在 4 世纪的阿奎利亚和几代人之后的意大利北部的教堂地面上所看到的。最终，我们会在 6 世纪的高卢和意大利看到围绕圣所进行的庙宇式的宏大建设工程。对于犹太教和基督教二者而言，一部有关宗教赠予的认知背景的历史依然有待被书写。当前的这本书能够提供

xxvi

这部认知史的一部分，限于宏大而绵延的基督教"星云"中的一个特定的时期和一个特定区域。这片"星云"从不列颠直到中亚，而且几乎在每个区域里都有犹太社区在旁伴随。某种同源的、和前者之间具有比较性的想象模式推动了后者的宗教赠予。[4]

这还不是故事的全部。笼统说来，财富问题触及罗马帝国及其之后的西欧社会生活的方方面面。因此，财富问题可被用作一种诊断工具。如此看待财富有助于我们深入罗马社会内部，去研究 4 世纪时财富的创造与分配，去追述——在多神教和基督教两方面的史料中——财富积累在 4 世纪和 5 世纪的罗马晚期社会中造成的焦虑和争端，去感受一度凝聚统治阶级——由多神教徒和基督徒共同构成——的财富神话，去探索 5 世纪和 6 世纪蛮族入侵、内战以及区域性政治权力的建设过程中财富的消散与重构：从事以上工作不只是为了再写一部晚期帝国的社会和经济史，而是像医生使用听诊器那样使用财富这个主题。通过关注财富问题，我们能够窃听到在西罗马帝国的最后一个世纪，以及帝国消失后的第一个世纪里的整个西欧的声音，这么做就仿佛是在听一艘被困在外海风暴里的大船发出的吱呀声。

这意味着，这本书是我所完成的作品中最为困难的一部。因为只有通过搜集这段时间内的多神教和基督教文献中有关财富的丰富话语，配以对罗马和后罗马社会中财富现实的感知，我才能够把财富问题用作一种诊断工具，来测量我称之为"基督教在西罗马帝国的形成"这一历史过程的脉动。我明确地拒绝把晚期帝国的宗教和文化史与其社会史相分离。对这一时期社会和经济的研究正处在一个井喷阶段；对罗马世界具体情境的研究正发生戏剧性的转折，这个转折已经改变了我们对晚期罗马社会整体的认知，以及对基督教在这个社会中所发挥作用的认知。

一切都与之前不同了。让我使用一系列"如果"和"那 xxvii 么"，来稍加总结其中的一些突破如何直接影响了拉丁基督教的历史。如果君士坦丁的改宗并没有最终赋予基督教会在罗马社会中的优势地位，那么我们必须在别处，即4世纪末，探寻这个进程的发生。并且只有在4世纪末，基督教才敢于自我定位成一种潜在的主流宗教，而这在很大程度上是因为它得到了富人们的支持。如果能证明晚期西罗马世界的城市中产阶层的活力和多样性曾被严重低估了，那么基督教社区在这些城市的历史就需要大幅重写，其中包括有关这些城市的主教和神职人员的招募和他们的社会视野的历史。如果西罗马社会并不只是被少数大地主稳稳地把持，在帝国灭亡前后，基督教在拉丁社会中的角色就需要被大规模地修正。首先，我们需要重新思考圣安布罗斯反对意大利北部地主的激烈布道的现实内涵。这些地主可能并非像他暗示的那样残忍和无所不能。我们需要发掘小人物扮演的角色，例如罗马或行省的小贵族，而不是只关注少数处于顶层的富有的元老。前者在捐助、教堂建设，以及庇护基督教神职人员和教师方面发挥了关键的作用。更进一步来说，如果元老贵族阶层并没有像很多学者认定的那样彻底而迅速地占据了意大利和高卢教会的上流阶层，那么有关教会财富积累和主教地位在5世纪和6世纪上升的整个议题，都会变得更为复杂、更为矛盾，而且（感谢上帝！）更为有趣。

这些为数不多但十分关键的主题在过去的十年里改变了我的认识。在指出它们之后，我相信读者将通过注释紧跟我的思路。我希望在那些晦涩的书目背后，你们能够体会到这些著作曾在我的脑中激起的兴奋。其中的每一部都曾为我打开了一扇窗户，让我看到了未曾预想到的东西——一幅晚期罗马社会的图景。很多一度统治晚期罗马研究图景的通俗地标要么退出了这幅图景，要么变得不再像以往那么重要。鉴于古代晚期研究的爆炸，对当下的研究文献和新发现保持更新并非易事。在这本书里，我尝试把这种更新截至 2010 年末。举个著名的例子，布伦特·肖对 4 世纪和 5 世纪早期的非洲的大师级研究——《神圣的暴力：奥古斯丁时代的非洲基督徒与宗派仇恨》［*Sacred Violence*：*African Christians and Sectarian Hatred in the Age of Augustine*（Cambridge：Cambridge University Press，2011）］，他曾好心地把初稿给我看，这本书不久前才出版。它描写了一幅奥古斯丁时代非洲的肖像，无与伦比地丰富、生动并且颇具原创性，我在此将它推荐给读者。我同样需要提及一本更为晚近的著作：凯尔·哈珀的《晚期罗马世界的奴隶制》。这本书为我们对 4 世纪罗马社会的看法提供了一个全新的视角。我充分意识到（事实上我对前景满怀期待），现如今通过欧洲和英语世界的出版社而遍地开花的新作品——其中的一些是被我忽视的——会挑战读者去进一步修订对于在这一充满激烈争论的时期中，基督教与世俗社会之间的关系的看法。

此种历史图景的变化是个艰难的成就，其中很多是通过对经典文献的再阐释而实现的，但新风向来自晚期罗马考古这个领域。我相信我已经在注释里很清楚地表明了我对这个领域的借重。就本书而言，相较于新材料，考古发现带来的新启发更多在于解读这些材料的新路径。很多年轻考古学家已经不满足于仅仅把考古材料作为对已知事件的进一步佐证，他们开始探

xxviii

索不为人知的历史图景。他们业已发现的图景常常震慑人心地不同于我们对晚期罗马社会和晚期罗马基督教的通常理解，仿佛由空间探测器发回地球的、某个遥远星球表面的第一批图像。对于研究基督教会的历史学家来说，这种震慑在于曾经熟悉的图景——例如最为他们熟知的罗马地下墓穴——被赋予了令人不安的陌生性。对考古材料娴熟的再阐释所带来的对基督教基本实践行为的再阐释——例如基督教对死者的关照、基督教还愿虔敬的性质、基督徒的纪念铭文以及基督教仪礼场所的创制——揭开了教士话语的面纱。时至今日，我们对基督徒日常生活的了解还是以文本为基础，而这在很大程度上还在依靠教士阶层的话语。考古学家的阐释技艺提供了一个陌生化的世界，通过进入这个世界，我们与本书中那些被埋没的"男女英雄"之间的距离被极大地拉近了，我们得以和那些男女平信徒面对面，而正是他们的赠予习俗为基督教会提供了根基。与教会教父们的文字相比，是他们的坟墓以及他们在教堂地面和圣徒墓穴上的涂鸦，让我们更清楚地聆听他们的虔敬实践和盼望。

在本书中，我试图把宗教研究和如今常被（以要求确定无疑地为之正名的语气）称为"物质文化"的研究相结合。保持这种学科的结合正渐渐变得困难。晚期罗马研究惊人的扩张带来了一种过度专门化的危险。专门化在很多层面的意义上都是受欢迎的，但过度专门化给综合性的探索以及全方位研究社会的尝试（即同等地对待社会的宗教、文化与物质基础）带来了危险。

然而，我们必须努力维持这种统一的视野。不同学科间的泾渭分明毫无益处可言，这种区分和古代晚期领域的实际研究

xxix

经验关系不大。我们很快就能意识到,晚期帝国历史的每个方面都很难讨论。从看起来最缥缈的神学文本到看起来最具体的考古调查,每一项证据都在不同的意义上搭建了一座通向过去的脆弱桥梁。没有哪项证据能够提供毫不含混的结果。即使是付出全部的努力,我们也只是停留在深渊的边缘,眺望深渊下不可想象的遥远世界。我们应该意识到这样一种内在于我们职业的思想晕眩。我听说,当法国的登山者们一起到达一个特定的海拔高度时,他们把正式的称呼语"您"换成更为亲密的"你"。这是一种可敬的行为。在一个高处求生的团队中——这一点和我们不无相似——它营造出一种正确的团结精神。因为高处总会有震慑感。无论我们通过何种路径迫近晚期罗马时代——通过教父文本、史书、法律文件、铭文、考古发掘、绘制陶器的分布图所揭示的贸易模式——我们都直面这样一个事实:基督教在西方的兴起是一个艰巨无比的主题。

> 但是历史的魅力也正在于此;学生发现他遭遇了一种强大到手头的任何工具都无法衡量的力量。[5]

如果我给这本书的读者带来了些许这种魅力,我也只是传递给了他们一种学习的乐趣。在我写作这本书的年月里,是我在这个领域里如此多的朋友和同事把这种乐趣传递给了我。

出于这个缘故,我感到从我的朋友和同事那里受惠良多,我实在是幸运。回望本书的写作,我发现整个过程能够被标记为一系列罕见的智力上的慷慨。本书的多份修改稿承蒙多位读者的批阅。在一个奇迹之年里,高等研究所迎来了我自己的天堂里的两位名人——丽塔·特斯塔和亚鲁斯·巴纳吉。他们给我的初稿提供了慷慨的关注和批判性的评论。我没法期望更警觉的读者了。不久之后，约翰内斯·哈恩来普林斯顿校园访学，他定期给出的敏锐而准确的评论，给学术友谊的概念提供了一个新的维度。朱丽娅·斯密斯和汉米·司各特通过他们真诚而执着的阅读进一步强化了我的坚持。从头到尾，肯贝里·鲍斯和艾迪·瓦特的评论都让我保持生气并受到指引，在时常发生的生动对话中，我们一起进入过那些对古代晚期研究尚未完全开启的风景，他们透彻而带有暖意的阅读让我时刻处在学术的单纯欢愉中。当本书内容进入早期中世纪时，同时也是全书在数不清的疏于编辑的文档中趋于成形时，赫尔穆特·海米茨和杰米·克莱纳引领了这部书稿（既在思想上也在控制论的意义上），对于这种用心，以及如此具有感染性的热忱，我再怎样感激也不为过。很多其他人也在不同的时间读到过书稿的某些章节或部分，接受他们的评论对我来说既是一种鼓励也是一种督训。就算只是为了表达一种超越本书写作的感激，我也要提及格伦·鲍尔索克，多年来，他这个榜样对我来说构成了一种鼓舞。最后同样重要的是，我在写作本书时所处的学术环境让我倍感幸运。我觉得普林斯顿大学的"希腊研究项目"像是一个温暖的壁炉，在每年的一场场活动中，多亏了迪米特里·贡迪卡斯的才能和精力，那么多我长期喜爱的史学家和地区研究专家被聚在了一起。

最后，我想要感谢普林斯顿大学出版社相关的工作人员——詹妮弗·巴克、茱莉娅·列维斯通和黛比·缇加登。她们高超的专业技能和好脾气，让这部我必须承认有点儿像骆驼的书稿得以穿过了针眼，并达到了"普林斯顿出品"的工艺和美观标准。

xxx

一直以来，我的夫人贝齐居功至伟。从头至尾，她都毫无保留地支持着我。她一直腾出时间来客观地阅读每一轮草稿，挑出晦涩的或者不恰当的表达和结构。她还常常贡献自己丰富的历史知识储备，以及对于人性是如何在过去的年代中发生作用的（既悲悯又反讽的）独特感受。

我们曾一起到这段历史发生的很多地区旅行过。我把这本书献给她，在了结了一桩誓愿的那种老派而实在的意义上。这种誓愿，我在为数众多的帝国晚期犹太教和基督教铭文上读到过：我给予她的与她曾给予我的相比，何其微小。

于普林斯顿

2011 年 3 月 24 日

注　释

[1] 我特别想到的是说拉丁语的巴尔干人，特别参见 S Ćurčić, *Architecture in the Balkans from Diocletian to Süleyman the Magnificent* (New Haven, CT: Yale University Press, 2010)。在 Danny Ćurčić 完成他那勇往直前、包罗万象的学术杰作时，能有机会通过和他反复交流来探索这个被忽略的世界，对我来说既是一种愉悦，也是一种荣耀。把被忽略的大量史料集在一起，另请参见 M. Handley, "Two Hundred and Sixty - Four Addenda and Corrigenda to *PLRE* from the Latin - Speaking Balkans," *Journal of Late Antiquity* 3 (2010): 113 - 57；关于位于匈牙利的索皮亚纳（佩奇）的 4 世纪的精美陵墓，参见 K. Hudák and L. Nagy, *A Fine and Private Place: Discovering the Early Christian Cemetery of Sopiane/Pécs*, Heritage Booklets 6 (Pécs: Örökség Ház, 2009)。

［2］ L. Gernet, *Le génie grec dans la religion* （Paris： Renaissance du Livre, 1932）, 370.

［3］ Jerome, *Vita Malchi*： *Patrologia Latina* 23： 53C.

［4］ 关于犹太教社群的性质和这些社群中虔敬献礼的意义，我大量参考了 S. Schwartz, *Imperialism and Jewish Society*, *200 B. C. E. to 640 C. E.* （Princeton： Princeton University Press, 2001）；及同一作者的 *Were the Jews a Mediterranean Society? Reciprocity and Solidarity in Ancient Judaism* （Princeton： Princeton University Press, 2010）；以及 J. Niehoff‑Panagiotidis, "Byzantinische Lebenswelt und rabbinische Hermeneutik： Die griechischen Juden in der Kairoer Genizah," *Byzantion* 74 （2004）： 51–109 at pp. 88–100 中关于施舍的独特意义的论述。

［5］ W. K. Lowther Clarke, *Saint Basil the Great*： *A Study in Monasticism* （Cambridge： Cambridge University Press, 1913）, 14.

第一部

古代末期的财富、基督教与捐献

第1章 "黄金时代的财富"

从"小农民"到"市政要员"：财富、特权与权力

我们将用一些总结性的内容开启这一章。首先，我们将讨 3
论罗马社会中财富和社会地位相辅相成的独特方式。随后，我
们会考察财富是如何从土地上被汲取出来的。在此之后，我
们将专注于一个世纪：我们会尝试勾勒 4 世纪拉丁西方地区
中上层社会的结构，尽管篇幅上难免简短；我们会考察一个
新的社会从多个方面看是何种模样——作为罗马帝国深刻的
秩序重构的结果，这个公元 300 年之后的新社会中出现了新
的阶层形式和新的财富展示方式。

让我们以提出第一个问题开始：晚期罗马社会中的"财
富"究竟指的是什么？对这个时期的有钱人有过观察的人倾
向于给出一个简单的回答。在绝大多数例子里，财富就是可以
将劳动转化成食物的土地。对于有钱人来说，食物可以进一步
转化成金钱，进而兑换成特权和权力。

我们能在社会的多个层面上看到这一进程在起作用。一个
发生在 4 世纪非洲内陆的发迹故事能够很好地把它阐释清楚。
一段来自马克塔尔（位于突尼斯西南部内陆高原边缘的一座
城市）的铭文讲述了一个真正意义上的"穷人"是如何赢得
财富和特权的。他的名字并没有出现，学者们都称他为"马
克塔尔的收获者"。他用一长段铭文记录了自己的一生。他从

不曾完全没有土地。在度过了依靠自己的土地勉强维生的日子后，他发家成了一个劳工群体的工头。这个群体中的很多人是没有土地的，与他相比贫穷得多。作为收获时节的劳力，这些劳工将会遍布东努米底亚（位于今天的突尼斯和阿尔及利亚之间）。"在毒日头之下"十二年的劳作，让"马克塔尔的收获者"最后成为"一家之主"，也就是一个不错的农场的拥有者。最终，来自产业的收入使他有资格成为马克塔尔市议会的成员。

> 我坐进了市议会的庙宇里（指的是马克塔尔"神圣的"议会大厅），我从一个"小农民"变成了一位受人尊敬的公民、一位检察官。

他辛劳的一生就此"收获了地位的果实"[1]。

通过加入市议会，我们的这位"收获者"跨越了罗马世界最重要的社会门槛。它并非现代意义上贫穷和富裕的门槛，而是罗马世界中最为关键的、在寂寂无闻和品位之间的门槛。成为如马克塔尔这样的罗马城市的统治成员，使"收获者"得以通向特权和权力，他不再只是一介小农。作为一位市议员［即一位 curialis——curia（公民群体）中的一员，或者 decurio，即市议会的一个成员］，他成了一个更有地位的人。例如，他不能被鞭笞或者拷打，这不是个可有可无的特权，在这个以残忍闻名的帝国里，一般的老百姓没法享有这种特权。"收获者"在市议会中的席位，连同他代表市议会参加活动带来的"地位"，足以让他在其所在地区成为一个小贵族了。[2]

仅仅在非洲就有 500 个像马克塔尔这样的城市。它们像一张细网，覆盖在今天突尼斯东北部的土地上。离马克塔尔最近的城市与其相距只有 10 英里。大多数非洲城市的人口都在 2000～5000 人，放在今天，它们可能会被称作"农业镇"。可这些城市并不这样看自己。严格来说，每一座这样的城市都是一个受罗马帝国大伞庇护的自治的政治体。[3]

对于现代人来说，这可能看起来有点怪。就好像法国和意大利的基层结构是由许多摩纳哥小公国与圣马力诺共和国构成的。然而，这些从那个属于小公国和城邦的世界遗留下的残余，在我们的时代里成了税务的庇护所。它们出了名地不情愿法国和意大利的税务官插手存在它们那里的钱。与之相比，罗马帝国的情况截然相反：正是在征税上与帝国权威的合作，使这些城市变得重要，同时也把这些城市的精英收束在帝国的体系里。

我们必须始终记住，以现代的标准来衡量，罗马帝国是一个"真正意义上的小政府"[4]。除了对高等司法和军队的控制，它把几乎所有的政府职能都下放给了地方性群体。警力、道路维护、防御工事，以及最为重要的税收，都被下放给了约 2500 个城市的市议会，这些城市如仙女的魔法水一般散落在庞大帝国的地表。帝国非常倚重这些市议会的成员。作为交换，帝国允许他们尽其所愿地压榨其他人。一个市议员进入了那个品位的世界，也就变成了一个小僭主，他的基本义务就是以帝国的名义巧取豪夺。

和其他众多罗马城市一样，马克塔尔把它的市议会称作"辉煌无比的统治阶层"。[5] 它统治的区域以城区为中心，延伸至方圆 5 英里。这些市议员，而非罗马政权的代表（除非在紧急状态下），承担了每年从这片小区域各个角落的居民那里榨

5

取赋税的任务。根据国家要求，这些赋税的形式包括货币、劳动、食物、牲口以及其他有用物资。

帝国官僚系统向每座城市下达一个赋税和劳力要求的总额。市议员在自己中间分派这个总额，然后从他们的迷你王国的所有居民那里征收。因此，对马克塔尔和各个行省里数不清的小城来说，一个人数在30~100人的群体所做的决定，通过税收负担的分配和每年一度的征收，直接影响了几千人的命运。

罗马帝国的这种把权力委任给城市的系统，确保了帝国的权力不会被局限在顶层，而是下渗至最小的城市。市议会的议员代表帝国管辖城市民众。在城市之外，市议员会去小农民们居住的乡下巡查，"马克塔尔的收获者"所摆脱的就是这个阶层的命运。议员们从这些小农民身上，以租金和实物的方式获得他们自己的收入。同时，通过在小农民那里为皇帝收税，市议员向他们展示了罗马政权的力量。

因此，在晚期罗马帝国，有钱人始终有钱，因为他们受到公共权威的保护。就算是像我们的"收获者"这样的卑微农民，一旦跻身市议会，也期待着能够用帝国的权威包装自己。他辛勤积累的财富领着他往这个唯一的方向走。中国古代那种能被称许为"素封者"的人——就像太史公司马迁对汉帝国极端富裕的商人和行业垄断者的称许——在罗马帝国里并不存在。[6]财富和"地位"是被归于一处的，没有其中之一，另外一个也没法被获得或者维持。因此，在处理晚期帝国（以及罗马史的其他大部分时期）的财富问题时，我们必须有根本性的思想转变，即"从一个权力在很大程度上依赖于金钱的（现代）思维世界转变为一个金钱……在很大程度上依赖于权力的思维世界"[7]。

对一个现代人来说，这个情况带来了视野上一些奇怪的小 6 麻烦：很难判断晚期帝国的社会差距。那些看起来被不可跨越的财富鸿沟分隔的人和制度，常常比我们预想的更接近彼此。我们的"收获者"大概并不比他出身其中的小农阶层的很多人富裕太多。成为市议会议员的要求是拥有 300 索里达（金币）的资本。这个数目可以折合成 25 ~ 30 索里达的年收入。[8]但是马克塔尔市议会成员所带来的"地位"，把他（很可能还包括他的后代，如果他成功了的话）置于罗马社会的最顶端。一旦我们的"收获者"成为市议会的一员，在法律和制度的双重意义上，就所共享的特权而言，他和一个元老院元老的相似度要大过他和他曾经的邻居（后者的肉体依然处在罗马政权的恩威之下）之间的相似度。

我们需要始终铭记这种情况所产生的效果。各个城市自身的情况是差异极大的。马克塔尔远不是一个基于某种唯一的、一刀切的模板的罗马城市，它有自己可以上溯五百年的复杂的认同。在公元前 3 世纪，马克塔尔曾是某个努米底亚王国的首都。在 2 世纪之前，它的市议会一直保留着古迦太基人的民政职位称谓。在 4 世纪，迦太基语很可能还在大街上和乡下被使用。然而，通过一种不同寻常的权力委派制度，这些多样性都被裹进了一个更广大的帝国结构之中。[9]

如果在晚期罗马帝国中存在一种所谓"政治民族"的东西（就像刘易斯·纳米尔爵士在他对 18 世纪英国议会成员出身背景的研究中所勾勒的），那么它并不只存在于拥有神圣庄严的过去和有约 600 名成员的罗马元老院。它同样存在于由 65000 名市议员（我们称之为"市议员阶级"，它由市议会的成员构

成）构成的庞大的人才储备之中。这些市议员散布在西部帝国
的各个城市，更不用说，城市化程度更深的罗马帝国东部行省
里还有这个阶层数以万计的成员。[10]

晚期罗马社会以城市为本的性质，决定了这个"政治民
族"的地理范围。让我们暂时想象一幅展示罗马西部世界里
各地区相对城市密度的地图。在非洲行省的东北角（迦太基

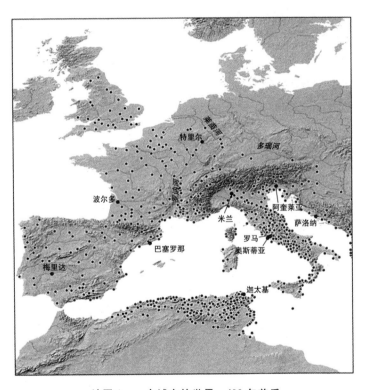

地图 1　一个城市的世界，400 年前后

读者需要认识到，这幅拉丁西方地区 400 年前后的城市总体分布图来
源于一幅 600 年前后的基督教主教教区图。罗马帝国的城市得以幸存下来，
在很大程度上是因为它们为中古早期欧洲大部分地区的主教教区网络提供
了基础。

向内陆延伸 125 英里左右）、西西里、意大利中部，以及位于最西端的西班牙南部，城市之间的距离不超过 10 英里，也就是半天的路程。与这种密集区域相毗邻的，是一个更大的区域，其中的城市相距 25 英里。这个区域包括意大利的北部和南部部分地区、达尔马提亚海岸、地中海沿岸的高卢地区、今天的西班牙和葡萄牙的大部分区域，以及离海岸线 60 英里的北非大部分地区。这片活跃的核心地区之外，在包括大部分的高卢、不列颠、多瑙河沿岸以及非洲内陆，城市相隔更远。这些城市与众不同的结构所带来的影响，被广泛延伸的村落、农庄和乡村圣所掩盖。[11]

本书的主要人物，无论是否为基督徒，几乎无一例外都生活在前两种区域里。除了一些出身于元老阶层的，几乎我们将要遇到的所有作者都来自市议员阶层。事实上，直到本书讨论的这段时期的末尾，伴随着基督教在罗马西部世界的兴起而出现的恐慌和兴奋，都只发生在古代城市这一灯光闪耀的舞台上，从超级大都市罗马，到像米兰、迦太基、波尔多、巴塞罗那和阿尔勒这样的城市，再到数不清的像马克塔尔这样的北非小镇和其他地方的小镇。在 4 世纪，只有在奥古斯丁的非洲，我们才能听到乡下基督徒的声音。直到 5 世纪后，在高卢、西班牙和意大利的乡下，一种乡村基督教才从一种彻底的沉默中爆发。

更广的视野：帝国变革中的有钱人，100～400 年

现在让我们在时间上暂时后退一大步，在罗马社会的整个景观里考察有钱人。

我们注意到的第一件事是，我们的"马克塔尔的收获者"

在有钱人里属于很低的级别。即使在他本人所处的地区，很多市议员都远比他富有。在他之上伸展着一座陡峭的金字塔，有令人眩晕的高度和一个狭窄的顶部。位于金字塔最顶端的财富之巨，长期不见于之后的欧洲，直到工业革命时代的百万富翁才足以与之媲美。

我们必须记住，与帝国的总人口相比，这是一个很小的金字塔。从顶端到底部，所有的有钱人加在一起，不过构成了全部帝国人口中"幸运的十分之一"——为罗马帝国经济建模的现代研究者们带着值得赞美的道德克制这么称呼他们。"马克塔尔的收获者"和他的同类所享有的那种相对的繁荣，百分之九十的帝国人口都没有享受到。大多数人过着悲惨的生活，其生活标准从来没有超过其他前工业时代帝国民众的生活水平，比如莫卧儿帝国的印度。和莫卧儿印度一样，罗马帝国的生活是多姿多彩的。但如果沿社会阶梯向下，色彩很快就褪去了。我们必须记住这一点。有关财富和贫困的生动的基督教话语所产生的喧嚣（出自市议员阶层成员之手，而且大都是在向城市居民发声），只影响了总人口的一小部分。这种喧嚣需要被放置在一个更广阔世界的辽远沉默中。一种"适度的经济增长"让我们的"收获者"和很多像他一样的人，得以进入类似马克塔尔这种城市的市政大厅，而那个沉默的世界"甚至没能开始分享这种经济增长"。[12]

在一种更开阔的罗马史视野之下，很多学者不禁认为，与前几个世纪的帝国成就相比，4世纪是一个渺小的时代。4世纪的罗马人常常被呈现为一个严重贫困化的帝国里的居民，在先前伟业的废墟中奔忙，忙于绝望而激烈地去阻止——哪怕只有片刻——开始于200年的无法避免的衰落进程。一个曾被广

泛接受的观点是，西部帝国在 410 年哥特人洗劫罗马之后的数　9
代里的衰亡，只不过标志着一个逐步走向崩溃的故事的结局。
破坏早就已经发生了。在社会、经济和文化的意义上，古代世
界在 3 世纪的危机中走向了终结。4 世纪已经是欧洲中古时代
的不祥序幕。

　　这种肥皂剧式的观点曾在 20 世纪上半叶统治史学界。读
者们将很快意识到，这不是本书作者的立场。自 1940 年代开
始，针对 4 世纪的文化、经济和社会的各个方面的研究发生了
井喷。它们表明，4 世纪就其自身而言是一个拥有别样的奇异
活力的时代。[13]

　　但也不能就此撇开比例的问题。4 世纪不是 2 世纪。在
前两个世纪中，伴随着罗马统治的巩固而产生的经济上的爆
发式增长，是一项非凡的成就，它在地中海留下了印记。那
里的海底至今还堆积着罗马时代船只的残骸，其在数量上高
于之前的所有世纪，也高于之后前现代历史中的任何世纪。
在瑞典的湖泊和格陵兰的冰层中，这个时期铅的沉积量也出
现激增，几乎可以肯定它是源自前所未有的大气排放总量，
产生自罗马帝国治下西班牙极大规模的采矿和对银的提
炼。[14]与 2 世纪相比，4 世纪远离财富的巅峰。但它究竟向坡
下滚了多远？下滑了那么远，它又在什么意义上还能被认为
依旧是一个罗马社会？通过何种机制，人要付出怎样的代价，
才能避免进一步下滑？

　　简而言之，答案或许是，需要被解释的并不是 4 世纪，而
是 2 世纪。2 世纪被恰当地称为"欧洲历史上最不寻常的时
期"[15]。我们不应当把它视为一个黄金时代，并以之为标准度
量之后所有世纪的成就和变通。事实上，2 世纪是一个代价高

昂的侥幸成就。在一个和平的世纪之后，2世纪的特点是发生在多个地区的广泛的过度建设。新的地方精英竞相变得比罗马人更罗马。生态枯竭的迹象已经在2世纪的莱茵兰边疆出现。[16]2世纪70年代之后，瘟疫的冲击很有可能引发了长期的人口下降。缓慢的下降溢出了罗马帝国史通常的断代期限。[17]总之，2世纪的社会竭力推进到了任何前工业帝国可能承受的极限。

从3世纪始，罗马帝国不得不面对任何一个帝国都常见的局限性。因此，它经历了被我们称作"3世纪危机"的时期。不过，这个时期最好被看成在一段异常好运的时期之后的对现实的回归，而不是一场灾祸。在200年之后，帝国面对着所有伟大的帝国都不得不面对的问题。它发现自己面对着不再能够被轻松控制的敌人。帝位曾经通过相对和平的方式转移，即从一个超级富裕的意大利家族到另一个。如今，这种方式被一系列军事政变取代，这些政变继而引发了内战，后者以一种不可预期的方式耗尽了行省的物资，却无法通过新的征服加以补偿。篡位、内战和严重的军事失利从顶端动摇了帝国，帝国的芸芸众生专注于日复一日地艰难谋生。

绝大多数帝国在绝大多数时候都面临如何存继的问题。但对罗马帝国而言，2世纪异乎寻常的繁荣的光芒，容易让罗马帝国的所有之后的世纪看起来都像是衰落期。但是，相比不可逆转的灾难性的世纪，3世纪和4世纪更应当被视为一个艰苦奋斗的时代，为的是调动一个依旧具有令人惊讶的活力的社会中的资源，以期持久地存继下去。[18]

多少有些吊诡的是，罗马行省社会的地区主义在3世纪的危机中拯救了帝国。帝国的辽阔疆土和多样性缓冲了罗马宫廷和边疆地区重复出现的危机。这些危机都被地方化了，在构成帝国的广大地区中，总能找到更安全、更繁荣的行省来为帝国提供资源。通过在各个城市间的运作，罗马的税收系统借用而非破坏了这种地区主义。

地区都维持得很稳，很多行省在很大程度上毫发无损地度过了 3 世纪的危机。我们倾向于忘记这一点，因为幸存是件缺乏魅力的事。幸存带来的是沉默，只有当事情变糟的时候，沉默才会被打破；一切持续向前时，沉默就会出现。举例来说，行省炫耀过罗马城市生活带来的好处，例如西班牙诸城的情况。如今，它们依旧牢牢地把利益抓在手里，城市依旧，但那种新生事物带来的激动心情已经褪去了，不再有人觉得有必要竖立研究 2 世纪的历史学家们所喜爱的那种积极向上的铭文碑刻，来铭记城里的慷慨事迹和新建公共建筑。[19]

非洲受到的内战和大规模蛮族入侵的影响尤其少。在马克塔尔、其周边以及其他地区，贯穿 3 世纪和 4 世纪，农业聚集区的建筑鳞次栉比，好似珊瑚礁。生产精制器具的陶瓷窑厂遍布乡村。[20]铭记公共工程和慷慨义举的铭文在非洲的城市中依旧继续。但就算是在非洲，在 3 世纪末，建设的步伐也放缓了。[21]

造成这种现象的部分原因是，在很多西部地区的省份，公共建筑方面的优先选择发生了显著的风向转移。在高卢和西班牙的很多地区（最终甚至是在罗马城本身之中，奥勒留墙在 3 世纪70 年代建立），城墙代替了剧院、浴场和庙宇，成为公共建筑工程的典范。我们不应该着急地把这些城墙仅视为面对蛮族的逼近而慌忙建起的防御工事。它们设计仔细，修筑规模巨大，所传递的信息是一种深思熟虑的意图：即使是在一个与两个世纪前相比安全感更少的世界里，也要和罗马的伟业一起存继下去。[22]

11

存继下来的是帝国本身。皇帝和他们的仆役在这一点上超乎寻常地直言不讳。在 3 世纪，帝国通过了忠诚的关键考验。在很多地区，人们普遍感到，罗马之外的唯一选择就是混乱。从这个考验中幸存下来是不小的成就。一个世纪之后，在 405～406 年的蛮族入侵和 410 年罗马的失陷后，西部帝国将不再能够唤起同样的忠诚度了。在一个世代的蛮族入侵和内战之后，罗马不可逆转地分崩离析了，尽管这一次的内忧外患并不比 3 世纪时帝国所经历的那次更严重。

因此，我们需要留意帝国是在何种条件下从 3 世纪的危机中幸存下来的。它之所以能做到这一点，是通过对古罗马制度进行了很多紧急状况下最为大胆的创新。经过数世纪的积累，那些制度的能量绝没有终结。比如说，税收被严厉地理性化了。它延伸到了所有省份，并以一种前所未有的决心被实行。[23] 但开始于罗马统治初期的城市和帝国的协作，依旧为征税提供了运行的机制。这就是为什么任何有关 4 世纪西部地区社会轮廓的叙述都必须从财富的根源谈起，包括收获、税收，以及在 4 世纪税收、收获和市场是以何种不同寻常的方式一起改造罗马有钱人的生活的。

收获的震荡

让我们从那些与从前相比几乎没变的事情着手。财富主要来自土地上的劳作。这意味着，每一年，罗马帝国超过百分之六十的财富是靠超过总人口百分之八十的劳动力在收获时节积累的。每年基础农作物的收获涉及整个罗马世界，从中东地区开始，绕着地中海，在不列颠和莱茵河收尾。谷物的丰收在中东地区开始于春季，直到夏季在北欧结束。整个地中海地区，葡萄和油在晚秋和早春被生产出来。只有埃及，靠着裹挟着红土的尼罗河洪水在 6 月和 9 月的涨落，奇迹般地处在季节步调之外。[24]

收获时节之前，富人和穷人都一样得等着。因为不稳定的气候状况，地中海地区收获情况的差别是出了名的。精心照料的田地也免不了诸多威胁，例如摧毁性的暴雨、肆虐的冰雹、（在东部和南部海岸地区）始终存在威胁的延续干旱，以及内陆高原地带干旱的冬季（没有降雪因此没有水分的冬季）——特别是在安纳托利亚。不曾预见的粮食减产所造成的"收获的震荡"是常态。在除埃及之外的所有地区，年收成的波动可以达到百分之五十以上。[25]

因此毫不奇怪，人们普遍认为财富掌握在诸神手中。好收成是自然景观中上帝或诸神的微笑。在 311 年，最后的多神教皇帝之一（东部帝国的皇帝马克西敏·达亚）告知推罗的公民，他对基督徒的迫害已经让诸神感到高兴。天气本身变得更好了：

> 让他们看看，那些挺立的作物在广阔的田野上摇摆着脑袋欣欣向荣；多亏了充沛的雨水、温和气候的回归，以及柔和的空气，那些牧场上的植物和花儿正闪闪发光。[26]

基督徒们也没有心存侥幸。他们也诉诸超自然的手段来保护和培育他们的土地，其程度和非基督徒不相上下。和其他所有人一样，他们也召唤在这方面享有成功声誉的仪式专家。在4 世纪早期，一次在西班牙南部召开的宗教会议禁止基督徒地

12

主招来犹太人为土地祈福，"免得他们使我们（基督徒）对这片受自上帝的土地上所结果实的祈福失效"[27]。有法术咒语的例子被保存下来了，在突尼斯的瓦德西雷恩，俯视田地的山丘上放着一块石头：

> 奥莱奥贝扎格拉（Oreobezagra）、阿布拉克萨斯（Abraxas）、摩克塔尔（Mokhtar）……上帝、各位上主和诸神，让冰雹、霉变、暴风的怒气和蝗虫群远离这片地产和上面生长的果实，远离葡萄树、橄榄树以及播种了的田地，不让任何瘟疫袭击这片地产和上面的果实。只要这铭刻了神圣名号的石头依然在这片土地周围，就保护它们，永远健康无损。[28]

从一月开始，人们持续一整年都在仔细搜寻下一个收获的预兆。岁首节以相同的方式凝聚了多神教徒、犹太人和基督徒的想象，因为很清楚，它就是一个关于当下财富和未来财富的节日。[29]在岁首的这一天，普罗旺斯的居民会在他们的桌上堆满好东西。通过这种在阴冷的深冬对丰腴的古怪展示，他们期望下一个收获时节能有丰盛的奇迹。[30]

巴勒斯坦的拉比们知道对地中海周围及以外地区来说什么是最紧要的。他们指出，犹太教新年的大祷告是为了雨露，"最终为的是，上帝的子民不至于像奴隶一样互相依靠"[31]。在当时的人看来，社会分层的主要原因是，富人和穷人在面对收获震荡的危险时，存在严重的不对等：富人能够抵御这种冲击，贫穷农民的全部资源都危险地处于天气的控制之下。这些收获震荡打破了平衡，给农村人口带来悲惨、债务和依附，因为他们不得不产出足够多的粮食才能换得支付租金和赋税的钱。

　　对所有人来说，收获都是一个终结的时刻。集中在打谷场的一堆堆谷物就是这个结局的全部意味。那些谷堆里，只有一小部分会留在农民手里。因为早在一月，远方的皇帝就决定了一年的税赋预算，申明各个行省赋税义务的文件复本会在那时下传给行省内的每一个城市。每个市议会的成员负责从他们城市的辖域内征收给定的数额的税，身负帝国的权威，市议员来到他们城市辖内的村庄和农场。[32]

　　之后，他们会再次前往，并非以收税人的身份，而是以收租地主的身份。总的来说，收税人和地主（两者常常是同一个人）离开后，留给农民的已经不多了。一种通常的算法是，除去地租和税收，农民只剩下低于三分之一的收获产品来应对来年。农民家庭能够靠这些余粮为生，但由于整个地中海地区收获震荡的盛行，如果来年的气候没有足够温和的话，农民们面对风险几乎没有缓冲的余地。[33]

　　更甚的是，复杂的收租系统使很多居住在城市的地主（尤其是大城市的居民）像皇帝一样，他们是远方的人物，极少或者完全没有体验过农民阶层的生活。领主是土地的最终拥有者，在地方上其被一个小"领主"阶层代表，后者是野心勃勃的大土地承租者和地产管理人。是他们而非遥远的地主，构成了地方上的小统治者。[34]在这个意义上，地产管理人与以皇帝的名义欺压农民的市议员不无相似。管理人为他们的主人屏蔽了土地上的暴力和征敛的直接经验。在希波城外（今阿尔及利亚的波尼/安纳巴），一位低等地区行政官曾强暴了一个去地产上购买羊毛的修女。作为希波主教，奥古斯丁对这次暴行无计可施。我们知道这个事件是因奥古斯丁写给地主的一封信，而这位地主不住在此地。对

14

地主来说，这种事儿一定看起来好似月球背面那般遥远。[35]

对实物地租方式的坚持，不应当被看作罗马世界退回到一种原始经济的征候，好像经济被简化成了食物的物物交易（20世纪早期的学者一度这样认为）。[36]事实刚好相反：用食品支付的要求预设了一个食品的市场，农民们能够把他们的出产带进最近的城镇里。但富人的特权让他们能够进入更广、更有利可图的市场。只有他们能够战胜距离，他们能够长距离地移动他们的货物，从而为大城市和饥饿的军队提供补给。同样，只有富人能够战胜时间。他们把丰盛的收获储存起来，待价格最高时出手。即使是在丰年，在下次收获来临之前的几个月里存货不足时，谷物的价格会缓慢上升到原价的两倍。那些有能力通过存粮来储存收获剩余的人，每年都能从这种价格的上扬中受益。进一步的收获震荡可能会把寻常的谷物售卖变成一场短缺时节的"杀戮"。[37]

因此，毫不令人惊讶的是，粮仓和古代世界的经济恶棍是一起出现的。就好像现代的工厂向大气喷吐有毒废气的景象，大粮仓也非常近似地构成了一种注定会在晚期罗马人的心里触发焦虑感的景象。通过建在结实的粮仓之上并配有沉重的上锁的大门，罗马的庄园炫耀着其主人的财富。[38]在葡萄牙南部，圣古古法特地区 4 世纪大庄园粮仓的废墟依旧矗立在 10 英尺的高处，俯视着阿连特茹平原，毗邻粮仓的是一些巨大的圆柱体重物，它们是庄园榨油机的残留。[39]当然，最大的粮仓是属于皇帝的。每一年，君士坦丁堡的皇帝都会领导一场朝向城外巨大皇家粮仓的庄重游行，目的是观看第一批征收自埃及的谷物入仓，这些谷物高高地堆过了粮仓的台阶。[40]君士坦丁堡的居民把这个仓库直白地称作"下巴"。[41]

新的"黄金"时代

自赫西俄德的时代和青铜时代巨大的谷物筒仓以降,储藏和售卖食品是地中海风景的不变特征。在 4 世纪发生显著变化的是,罗马帝国的税收系统如何创造出了一种机遇,使有钱人能够把食物换成黄金,并从中获得巨大的好处。

对这个复杂的过程一言以蔽之:君士坦丁以降,罗马国家在经济领域注入了大量黄金。金币索里达变成了新制度的标志。正如它的名字所暗示的,索里达是一块结实的金子。在君士坦丁统治时期,一磅黄金能生产 72 个金币。就是靠这些金币,皇帝通过令人惊叹的慷慨举动,在顶层巩固了忠诚。他向他的军队和高级官员支付这种结实的新货币。遵循此例,整个帝国的官僚系统都坚持尽量用黄金收税。其结果是这样一种状况:那些能够搞到金币的人,比那些财富只能由贬值的铜币或自己土地上的未售产品构成的人处于更高的社会阶层。银币在整个 4 世纪都还存在,但它逐渐被新出现的、具有权威性的金币挤在一旁。[42]

4 世纪末,当时人的社会想象中已经出现了一条"贫困线":一边是流通着大量金币的社会区域,另一边是没有金币或金币难以获得的荒凉的社会僻壤。一位匿名作者在 4 世纪 60 年代写就了一部名为《军事论》(*De rebus bllicius*)的小册子。用他的话说:

> 在君士坦丁的时代,过度的赏赐对鸡毛蒜皮的小事也是用金而不是铜……(因此)随之而起的是对花费黄金

更为奢侈的热情，金子被认为是更珍贵的物质……这意味着，富人的宅子里堆满了（黄金），而它们的光彩越发加深对穷人的损害——那些家境贫寒的人在（官方的）暴力之下趋于破产。[43]

正如这位作者指出的，古人所梦想的"黄金时代"——在历史的黎明时期没有金钱的乌托邦——变成了一个崭新的、骇人的"黄金的时代"，其标志是暴力，以及就算以罗马帝国的标准来衡量也是前所未有的社会差异。罗马政权最低等的公务人员如今发现，他们能够用金币收费，获得薪水。市政议员尽其所能地从纳税人那里压榨金钱，如无法实现，就把从乡下征到的食物储存起来，然后换成黄金。在社会顶层，皇帝和元老们开始以整个儿的百磅的纯金锭为单位来表达他们的收入。[44]所有富人和准富人都努力把一个原始的税收和市场体系推到极限，为的是年复一年地施展一项魔术，即自然产品——一个压倒性的农业社会的资源——作为税收到达他们手里，却是以金币的形态。

可能并非巧合的是，基督教对"天上财富"的传道，在当时的地中海诸城和基督徒地主的地产上，产生了强烈的认知反响。在这样一个时代里，以金币的形态，那么多的财富向人们展示——带着一种只有珍贵的钱币方能承载的、对无限可能的暗示：因为〔用豪尔赫·路易斯·博尔赫斯在他的惊悚小说《扎伊尔》（*The Zahir*）里的话说〕"任何钱币……都包含……多个可能的未来……钱就是将来时"[45]。

让我们暂时追踪一下黄金在4世纪罗马社会顶层的轨迹。

在晚期罗马社会，和在罗马历史上的其他时段一样，财富需要被看见才能被相信。在社会的顶层——尤其但并不只是在罗马——财富以一种近乎不可置信的方式被期待。哥特于 410 年攻陷罗马整整十年后，一个名叫奥林匹罗多斯的希腊外交家访问罗马。在他的著作《历史》（*History*）中，他描绘了一个浸淫在对新近荣光记忆中的城市：

> 每个罗马的大宅子都包含了……一个中等城市能够拥有的一切东西……很多罗马家庭每年在产业上就有 4000 磅黄金的收入，还不包括谷物、葡萄酒和其他产出。这些产物如果都售卖的话，能值黄金收入的三分之一。第二等的罗马家庭的收入是 1000 磅或 1500 磅黄金。（423 ~ 425 年）当奥利布里乌斯的儿子普罗布斯庆祝他出任大区官时，他花费了 1200 磅金子（用于和这个场合相关的华丽的公共赛会）。在（410 年）罗马城失陷之前，演说家西玛库斯（一个多神教徒元老，我们会在之后的章节多次遇见他）花费了 2000 磅用于庆贺他的儿子出任大法官。一位有钱人，马克西穆斯，在他的儿子出任大法官时，花了 4000 磅。大法官们的庆贺竞技（仅仅！）持续七天。[46]

我们应该对这组数字表示感激，它们是我们从晚期罗马世界里能够获得的少数统计数字的一部分；但我们也必须小心，就像其他所有的古代统计数字一样，这些庞大数额的可信度并不高。[47] 假定奥林匹罗多斯给出的这些数目既不是被严重地夸张了，也没有被后来的流传版本所篡改，我们看到的，就是属于被克里斯·威克姆恰当描述为"古往今来最有钱的地主"的一批人。[48]

对奥林匹罗多斯和他的读者来说，关键问题是个别元老在竞技上令人难忘的花费。竞技活动展示了每个家庭的财富。因而，像昆图斯·奥勒留·西玛库斯这样的元老花出去的总额达到了 14.4 万金币，这个数额，比东部帝国的任何元老预期花费在君士坦丁堡的竞技活动的费用高出 30 倍之多。罗马元老的收入来自地租和地产的出售。奥林匹罗多斯对他们收入的记录可能没有对竞技花费记录得准确。在庞大的宅邸和肆意的表演中，透过花销可以略窥其收入。每年 28.8 万金币——重要的罗马元老们的收入——足以匹敌一整个行省的税收，或者是为罗马城补给一整年粮食的花费。[49]

17

我们非常了解这笔财富的光辉，但并不了解其来源。当事人想告诉我们的是光辉。毫不奇怪，当基督徒罗马贵族阶级开始放弃家业时，他们的传记作者提供了统计数据，它们和奥林匹罗多斯所提供的一样令人惊愕。比如，年轻的女继承人小梅兰尼娅，在 405 年前后，享有 12 万金币（约合 1660 磅黄金）的年收入。[50] 三十年之后，已经暮年的梅兰尼娅在圣地主持一座女修道院。她告诉她的传记作者一个诡异的故事。她曾在她宅邸的内堂以金币和金锭的形态储放了她的部分财富，在分发给穷人之前，这些金子闪烁着一种怪异的光亮，一个来自魔鬼的念头在那一刻掠过她的头脑：怎么会有任何王国——甚至就算是天上的王国——能够匹敌这笔财富？[51]

对于财富和权力的关系，当时的人看得很清楚。权力伴随着财富，并大口大口地把更多的财富汲取到自己身边。在 390年前后，最后一位杰出的罗马历史学家阿米阿努斯·马尔切利努斯，从刚刚过去的时代里抓住了一个卓然超群的人物，塞克图斯·佩托尼乌斯·普罗布斯（在 388 年前后去世）：

那时候（368 年），普罗布斯被召到罗马出任大区长官。在整个罗马世界，他都因显赫的家室、政治影响力、巨大的财富而闻名。他所拥有的地产散布在帝国的各个角落。这些地产究竟是不是通过正道取得的，"非吾辈所能言之"。[52]

毫不奇怪，对晚期西罗马帝国的有钱人的描述，指向的都是巨富。奥林匹罗多斯出于直率的敬仰，给出了一些元老的收入和花费的惊人数目。他很高兴地看到，那么多旧世界的荣耀在 410 年哥特人的攻陷之后依旧在罗马幸存了下来。[53]与之形成鲜明对比的是，阿米阿努斯·马尔切利努斯对普罗布斯的贪婪的描述则是一种批判。阿米阿努斯·马尔切利努斯有他自己的打算：他本人是个多神教徒，而普罗布斯则是个基督徒元老领袖。[54]但社会史学者向来倾向于综合这两段论述，从而塑造了关于腐败要人的令人难忘的经典印象。用多梅尼科·韦拉的话说，普罗布斯（确切地说是阿米阿努斯·马尔切利努斯笔下的普罗布斯，而非我们从其他材料里了解的普罗布斯）成为"一个神话人物，同时也是整个阶级的理想类型"[55]。我们现在要做的是沿着社会阶梯下行，去见一见行省里的有钱人，在那里，我们会认识财富不及罗马巨富的人，但他们比我们所想象的要更有活力得多。

"维塔利斯过得好，图里撒就兴旺"：
行省中的有钱人

只着眼古代晚期罗马社会最顶端的倾向造就了一种极其顽

固的典型印象，它妨碍我们对西部地区的晚期罗马社会形成一种整体性理解。我们一直以来满足于假定 4 世纪的社会毫无例外地被大地主阶级所统治，就如我们想象中的佩托尼乌斯·普罗布斯的样子。伟大的俄国历史学家 M. 罗斯托夫采夫带着他特有的活泼和自信，在他 1926 年出版的《罗马帝国社会经济史》的最后一章里，就是这样描绘这个阶级的：

> 收购、出租、庇护……借此元老阶层成为最出众的大地主阶级，拥有散布于各个行省的、类似小公国的大型地产。这个阶层中鲜有人居住在都城或城市里，他们大部分住在乡下建造的巨大而美观的设防庄园中。那里还有他们的族人、奴隶、由武装门客组成的名副其实的扈从，以及上千的乡村农奴和依附者。因为奥索尼乌斯、佩拉的保利努斯（以及其他作者）的描述……他们庄园的遗迹，以及庄园的地板上描绘城堡美景的镶嵌画……我们对他们的生活模式非常熟悉。因此，社会在一种前所未有的程度上分裂成了两个阶级：一部分人越来越贫穷匮乏，另一部分人则瓜分残破的帝国、铸就自己的繁荣——他们是真正意义上的寄生虫，以其他阶级的血汗和劳作为生。

为进一步佐证他的论断，罗斯托夫采夫在下一页配上了一幅来自北非的晚期罗马镶嵌画的插图。这幅画展示了一位身着"蛮族"狩猎服（飘扬的斗篷和刺绣束腰外套）的地主正从一座庄园骑马而出。庄园的外观看起来像是一座被围墙围着的堡垒。[56]

我们有必要再稍做停留。因为通过矫正罗斯托夫采夫对西部地区大地主的看法，我们能够衡量自他的时代以来，晚期罗马的学术研究所取得的进展。

首先,很多地区的考古发现有效地推翻了"大地产的黑 19
色神话"[57]。极少有实质性的证据能证明"类似小王国的"
大地产的存在,即使是最大的庄园所在的地区也点缀着小地
产。[58]多梅尼科·韦拉的研究告诉我们,在很多地区,有钱人财
富中的很大一部分来自数不清的小农场,小地产而非大地产,才
是晚期罗马乡村最显著的特征。[59]此外,几乎没有证据能证明,
在 4 世纪的这一百年里,农业劳动者"越来越贫穷匮乏"。[60]

其次,罗斯托夫采夫谈到庄园的劳动力时,把他们描述成
"乡村农奴"。他心里想的是中古农奴,或是他的故乡俄国的
现代农奴。但这并不必然符合 4 世纪的情况。在 4 世纪,佃农
并没有被与大地主勾结的罗马政府束缚在土地上,就像 17、
18 世纪的东欧农民那样。让-米歇尔·卡里耶的研究严重质
疑了此种有关晚期罗马农民的观点,他论证说,所谓"晚期
罗马帝国隶农制"并非如同我们曾经设想的那样分布广泛且
具有强制性,也没有把农民变成农奴。[61]

自卡里耶对隶农制开创性的研究以降,对于是否真的存在
强制依附于土地的制度,以及如果真的存在,这种制度是不是
全国性的,学者们意见不一。分歧的要害并非一个纯粹的法律
问题,争论的焦点是,在何种程度上晚期帝国的农业生产基于
强制劳动,以及如果确实如此,又是何种类型的强制劳动。地
主是否通过国家强制来确保稳定的劳动力?或者,他们是否自
行使用粗暴的方法来确保他们的佃户留下来,以使得每年的收
获时节总有足够的劳动力?

即使地主和农民的关系采用的是地主和佃户之间的自由合
同这种法律形式,似乎也有某种强制性因素笼罩着它。暴力的

威胁（既包括肉体上的暴力和收债带来的暴力效果）常常被加诸农民阶层。因此，晚期帝国的地产都很脆弱。一支军队在内战中被消灭，或是蛮族入侵造成的紊乱，可能就意味着对乡下控制力的失去。这些事件可能会成为农民大规模迁徙的信号，他们将在别处找寻自由和更好的生存条件。农民阶层并没有被法律禁止迁移，然而，对他们的潜在迁徙的恐惧，以及地主们希望束缚他们的意愿，在当时人心中颇为普遍。[62]

20　　总之，在很多地区，地主和他们的农民之间产生了一种紧张关系。地主所面对的佃户不能够被随便当成"乡村农奴"来对待。然而，这些佃户也并不是自足的小农，只用向远在天边的地主付地租。4 世纪的"黄金热"使农业人口遭受的残酷压迫，比起古代历史上的其他时期，是有过之而无不及的。用安德烈娅·贾尔迪纳的话来说——在立场上，她激烈地捍卫把罗马隶农制看作一种强制制度的传统观点——"丰产和苦难很可能是结伴而来的"[63]。

　　5 世纪的危机给这个残酷的体系带来了考验。帝国西部地区的地主，无论大小，发现他们再也不能想当然地觉得农民都在自己的控制之中，再也无法依靠一个被削弱了的罗马政府来强行实现他们的需要。因此，面对暴力的升级以及内战和蛮族入侵造成的紊乱，地主们不得不更使劲儿，以维持对劳动力的控制。从有防御工事的避难所，到在地产上建造教堂，地主们采用的众多招数展示了一种新的用心，目的是加强农民和地主间的上下联系。这种用心在 4 世纪"黄金时代"的无忧无虑的日子里并不存在。那些实实在在地巩固了与农民之间联系的地主更容易幸存下来；与此同时，对于人不住在乡下的巨富（这个阶级在很大程度上依赖一个强大而统一的帝国）来说，他们分散的地产很容易就败落了。

再次，罗斯托夫采夫（以及他之后的很多学者）坚定地认为，晚期帝国的地主都住在乡下。他们认定，3 世纪的危机已经不可挽回地造成了罗马帝国城市的衰竭。晚期罗马帝国的贵族被认为成批成批地往乡下迁移。作为一个阶级，他们被"乡村化"了。他们在土地上施行的权力，预演了后世封建领主的权力。在过去半个世纪里，令人兴奋的学术推进之一是，意识到在 4 世纪和 5 世纪早期并没有发生过这样的事。拥有土地的贵族阶层从没有抛弃过城市。从不列颠到迦太基，他们的庄园通常坐落在距离城镇不远和距离通向城镇的道路不远的地方。他们在城镇里的宅邸和他们在乡下的庄园几乎一样壮丽。[64]就算是罗斯托夫采夫选择的那幅镶嵌画——用来展现晚期帝国设防庄园那种类似于城堡的隔离感——也已经令人信服地被重新解读为富有截然相反的信息。画中背景的围墙是罗马城墙。这幅镶嵌画宣传的是地主对城市的自豪感，它并不是用来庆祝从城市撤到乡野深处的要塞居所。[65]

最后，罗斯托夫采夫描绘的经典印象，让我们把晚期罗马帝国的所有地主都想象成与佩托尼乌斯·普罗布斯和梅兰尼娅属于同一层次，但他们还到不了那种级别，大部分地主是富裕的市议员，但并非巨富。在任何地区，他们不会把自己看作无可争议的乡村主人。每个地主都会发现自己需要和人竞争，对手通常是行省社会中的同侪。在绝大多数地区，和像普罗布斯与梅兰尼娅那样不住在该地的大地主相比，行省地主也过得有声有色。

对晚期西罗马帝国庄园的考古能够印证这一点。一些 4 世纪的庄园规模巨大，例如位于西西里的皮亚扎阿尔梅里纳

21

或位于西班牙的卡兰克。它们好比庄园建筑领域的佩托尼乌斯·普罗布斯。就像佩托尼乌斯·普罗布斯因他的财富和贪腐而臭名昭著，这些庄园因它们无与伦比的宏伟而闻名于世。[66]但并非全部的庄园都像它们一样。在不列颠、西班牙、高卢和意大利，已经有多得多的庄园被发掘。它们的规模更小，常常扎堆出现，彼此距离不远。它们并不像孤零零的城堡那样突出，没有像中古封建领地的中心那样去统治一片地区。事实上，它们被设计成具有吸引眼球的效果；它们做工华丽且精巧，很适合用作彪炳成功人生的纪念物；它们散发着一种高级的品位，以及在祥和的土地上享受到的奢华；它们并非原封建领主的作品，而是具有高度竞争性的地方城市贵族阶层的产物，这个阶层的人怀有强烈的野心，但他们的视野常被限制在本城或是本省的范围之内。[67]

但是，很多这种地主真的获得了成功。在西班牙东北部的地中海沿岸，一幅晚期罗马帝国的庄园镶嵌画展示了一顶城墙形状的桂冠。通常情况下，这种形象是一个城市的好运之神的象征。然而，在这个案例中，它代表了这片土地的好运之神，也带着土地拥有者的好运。铭文写道：

维塔利斯过得好，图里撒就兴旺。

维塔利斯应灵了。地主们的细心关照使图里撒繁荣。该城直到今天还存在，现在叫作滨海托萨（位于西班牙的赫罗纳）。[68]

但是，这段轻快铭文中相当重要的一点是，图里撒的维塔利斯并非巨富。据我们所知，他也不是大地产的拥有者，尽管罗斯托夫采夫斩钉截铁的描述，长期以来鼓励我们把他想象成那样。图里撒庄园的拥有者是个"小号的大人物",一个行省地主,可能出身于某个地中海沿岸城市(比如巴塞罗那)的城市贵族阶层。

新"黄金时代"的新精英

图里撒的维塔利斯的例子让我们意识到,在晚期帝国,就像在古代历史的其他时段一样,大地主尽管光芒四射,但并不会单独存在。他们并不是他们所在世界的唯一主人。沃尔特·沙伊德尔对很多社会史学家的观点有着很中肯的批评。他指出,我们被一种"二元管状视野"误导了。这种视野把罗马社会粗暴地分割成很富的和很穷的,没有中间人群。沙伊德尔正确地坚持认为:"存在相当的可能性,用一个庞大的中间阶层来调和一个拥有不成比例的大量财富的精英阶层的统治。"[69]

让我们暂且把视线从大人物身上往下移,朝向沙伊德尔所谓的"庞大的中间阶层"。我们会发现,在帝国西部地区的各个行省,充满了有活力、有韧性的人物。在 4 世纪西部帝国的社会中,未来并不属于普罗布斯这样的大人物,而是属于像图里撒的维塔利斯这样的行省地主。

这源于西部地区上层阶级的一次大洗牌。君士坦丁的多年统治(306 ~ 337 年)被证明是很关键的。就像罗马共和国内战之后奥古斯都的"罗马革命"时期一样,在君士坦丁统治时期,皇帝转向了比之前更广泛的社会群体,来为新帝国寻找支持力量。君士坦丁和他的继任者们向一个分布广泛的"政治民族"示好,其代表就是行省里的市议会精英。很多被君士坦丁招募和封爵的人，不只是他们各自城市的领袖人物，财富和联姻把他们变成了整个行省社会的领袖。他们远非暴发户，他们中很多人出身于根基深厚的家庭；他们的收入能够达到数千金币；他们不是佩托尼乌斯·普罗布斯那种巨富——普罗布斯的地产跨越意大利南部、北非和地中海的其他地区，就好像现代"跨国"公司。从君士坦丁以降，皇帝把权力天平向行省精英倾斜，向他们开放元老院的成员资格。[70]

和行省贵族一样得到提升的，还有为帝国统治提供服务的群体，包括廷臣、官僚和军事人员。结果是，一个由新人构成的、遍布全帝国的阶级使传统的罗马元老阶层相形失色。这个新阶级的成员被授予元老级别的头衔——"名士"，而他们的妻子和女儿也相应被授予了"名媛"的头衔。至少有 2000 人带着元老等级的特权回到地方上定居。因此，那些老派遗老虽然和元老院有源远流长的联系，却不得不与由相继的几位"新拿破仑"——皇帝君士坦丁、君士坦提乌斯和瓦伦提尼安一世所创设的"帝国男爵"一起竞争品位、权力和财富。[71]

这种新局势带来的结果是，和罗马元老院密切相关的一小撮贵族发现，甚至就在罗马城中，他们身边也挤满了外省人和政府公务人员。面对这种局面，居住在罗马的贵族表现得非常顽固。尽管他们自 312 年君士坦丁皈依后就生活在基督徒皇帝的统治下，但经过整个 4 世纪，很多贵族依旧是坚定的多神教徒。他们绝没有被挤出权力中心。他们的巨额财富和继承特权使其得以进入统治圈。佩托尼乌斯·普罗布斯并非唯一一位在 4 世纪的政治领域依然活跃的罗马元老。[72]

在这个新构建的帝国精英阶层中，罗马贵族代表了一种"家底"。很多贵族家庭都可以上溯若干个世纪，而且，他们是在一个经济异常繁荣的地区居住了若干个世纪。我们必须始终记住，意大利南部和北非（而不是意大利北部、高卢或西班牙）是晚期罗马西部地区的经济重心所在。[73]在这些地区，我们可以发现这些有"家底"的罗马家庭。然而，尽管这些人享有优势，涌入的新人还是为罗马贵族的权力设定了一个比之前的世纪更多样化的背景。普罗布斯之流的巨额财富，不再能够保证他们对于整个罗马西部社会的统治。

提姆嘉德名册：4 世纪帝国西部地区的身份和特权

对于晚期罗马经济急速货币化的程度和成因，经济史学家和社会史学家还在争论之中。争论的核心问题是，晚期罗马政府扮演的角色。一些学者认为，前工业时代的帝国像罗马一样受到距离和原始农业耕作方式的局限，没有哪一个能够创造出一套国家机器，单单通过税收需要达到对整个经济的刺激效果。4 世纪的罗马政府可能并不像新近一些学者相信的那样有效。很多学者认为，4 世纪的帝国至多也不过是见证了国家权力的一次展示，不寻常但也注定不长久。[74]

这些都是合理的质疑。而我们不能否认，4 世纪最显著的特征就是，皇帝和宫廷以一种特定的方式在决定罗马社会的阶层结构上发挥了主导作用。财富的分级也更为直接。那些获得帝国特权的人脱颖而出。在大众心目中，新的分层关联着获得万能的索里达，而要获得索里达，首选就是为帝国服务。

在描绘后君士坦丁时代"黄金热"的影响时，《军事论》一文的作者接着指出，新近贫乏者的怨恨心态得为他所在时代的犯罪和政治上的不稳定负责。我们不能被他所用的"贫乏 24

者的"一词误导。他所说的"贫乏者的"并非农民阶层或居住在城里的穷人的那种"贫穷"。关键不是"贫穷"而是"贫穷化",是那些之前不把自己看作穷人的人的贫穷化和权力的丧失。这位作者所针对的是罗马社会中的一个部分(甚至可能包括传统元老阶层的成员)。这部分人群怨念于他们错过了新的黄金时代。[75] 接下来让我们看看,罗马社会的重构是如何在基层,即在各个城市展开的。

在 367~368 年,努米底亚的塔姆嘉德城(今阿尔及利亚南部的提姆嘉德)壮观的市政大厅竖起了一座碑刻。上面列有市议员的名单,以地位高低为序。这篇习惯上被称为"提姆嘉德名册"的铭文,相当于一份后君士坦丁帝国行省社会的图表。[76] 10 位"名人"(即新晋元老)列于最顶端,其中至少有 5 位是本地人;还有 30 位议员是提姆嘉德市议会的领导,他们构成了真正意义上的统治寡头;之后出现在铭文上的是议会的成员。在提姆嘉德,这个群体由 150 名左右的市议员构成。

这些市议员是普通的议员(就像"马克塔尔的收获者"那样),他们因公务而享有品位,并单单因这种品位,就得以在地位上超越乡下的"卑微农民"和城里的民众。然而,这个群体受到了最严重的"贫困化"沉重打击的威胁。他们既需要负责地方治理的枯燥工作,又需要承担为帝国征税这项在财务上充满风险而又残酷的任务。他们需要对城市所控制的地区出现的任何税收短缺负责。如果他们没能完成任务,他们先前所享有的免于酷刑和鞭笞的特权就有可能被收回。然而,尽管饱受困扰,这个群体绝不只是由小人物构成的。在提姆嘉德,一些市议员的家族姓氏可以上溯至少一个半世纪。[77]

最为有趣的是，有 70 名曾经的提姆嘉德市议会成员不用在市议会服务，尽管他们出生于本地家族。这是因为他们已经成了官员，在提姆嘉德以及整个非洲作为公务员为政府服务。他们现在服务的对象不再是城市，而是帝国。这意味着，一个最初由 60~70 个家族构成的集团，在过去的至少两个世纪里曾统治着有一万人口的城市和地区。通过转化为帝国官僚，这个集团被新的黄金时代打散了。通过为帝国服务而获得的帝国特权，决定了市议会中的特权群体和特权较少的群体之间的分野。由于为帝国服务，一部分人被豁免了城市对他们的钱财和时间的索求，另一部分人则不幸被"搁浅"了，他们被束缚在家乡的狭窄视野中。他们可能很有钱，但面对那些因抓住了机会而成为帝国仆人从而更为成功的同辈，他们有充分的理由感到缺乏安全感，并心生怨恨。[78]

总之，提姆嘉德名册和其他相关铭文让我们能够生动而准确地一窥某个行省社会，也有助于正确看待巨富们的财富。从基层向上看，罗马元老阶层——更不必提像佩托尼乌斯·普罗布斯一样拥有传奇性财富的人——是很遥远的人物。通常情况下，真正要紧的人，是地主、政府公务员以及在类似于提姆嘉德这样的城市里享受帝国特权的人，他们散布于整个罗马帝国的西部地区。[79]

"身居高位的朋友"：庇护与权力

这个社会系统奖励向上的社会流动。就像一个规章明确的庞大组织（即南极探险家斯科特时代的英国海军），晚期罗马帝国的社会的构成决定了"野心并非一个选项……而是一种必须"[80]。对市政会议中的次要成员而言，想要跳出无聊的、时不时受到帝国权威羞辱的生活，唯一的方式就是在一个与为帝国服务挂钩的新的品位系统中，通过追求财富、权力和特权向上爬。因此，一种非常古老的罗马制度——庇护制，在这个时代就变得极其重要。新近的研究显示，在晚期帝国，庇护制的强度不弱于其他任何时候，并且，庇护制依然保持了它古老的罗马面目。[81]庇护关系是生活中无法回避的现实。就像《354 年日历》（*Calendar of 354*）明确显示的，一位罗马人理应注意到，当月亮处在金牛座、狮子座、天蝎座和水瓶座的位置时，就到了"去求人帮忙，去找有权力的人活动"的时候了。[82]

让我们暂时去看看一位鼎鼎大名的市议员之子、未来的希波主教奥古斯丁的事业轨迹。从 4 世纪 70 年代初到 386 年他皈依基督教之时，奥古斯丁的事业的每个阶段都有赖于他人的荫庇。作为一名年轻的教师，奥古斯丁得到了故乡塔加斯特的庇护人罗马尼亚努斯的支持。罗马尼亚努斯给奥古斯丁提供了财政支持。而且几乎可以肯定，多亏了罗马尼亚努斯的干预，奥古斯丁被豁免了作为市议员之子对塔加斯特城应尽的义务。[83]就是这项豁免权让奥古斯丁能够向社会的更上层攀登。

26　从一个庇护人换到了另一个，奥古斯丁不断上升，远远地超出了艾赫拉斯城。384 年在罗马，一位摩尼教朋友的荫庇让他结识了著名多神教徒和老派元老西玛库斯。可能正是西玛库斯的支持，让他得以北上米兰任教。[84]一年以后，奥古斯丁故技重施，希望通过"身居高位的朋友"的帮助获得总督的职位，因此，尽管有繁重的教学任务，他还是坚持定期参加这些大人物每天接见门客和请愿者的招待会。[85]

奥古斯丁的朋友阿利比乌斯也不例外。不像奥古斯丁这个资产单薄的市议员之子，阿利比乌斯出身于提姆嘉德城的核心精英阶层，但他也采用了和奥古斯丁相同的策略寻求仕进。在迦太基学习时，阿利比乌斯不辞劳苦地定期参加一位居住在迦太基的元老的招待会，只为了和他认识。[86]到达罗马后，阿利比乌斯很快就看到了庇护制更邪恶的一面。他的工作是一名高官的法律顾问：

> 那时候有一个极有权势的元老。很多人都因为他的贿赂或恫吓屈从于他的权力。他想像往常一样动用他的影响力去获得一些不合法的东西。阿利比乌斯选择抗拒。元老承诺了贿赂，但他不为所动……于是元老开始威胁。他不被这些威胁所阻。人们对这样一个不同寻常的人物很是惊奇，因为他既不愿意和一个有权势的人做朋友，也不怕得罪对方……这个人可是有数不清的方法，让人受惠或是让人受伤。[87]

然而，我们下一次遇见阿利比乌斯是在 385 年的米兰，那时他已经丢了工作。这位正直的外省青年，看起来是得罪了不该得罪的人。

如果存在一种传统罗马的机制能够把分裂的精英阶层捏在一起，这种机制就是久经考验的庇护制。只需要看看罗马元老昆图斯·奥勒留·西玛库斯的书信，我们就能了解到一个大庇护人是如何工作的。西玛库斯四分之一的书信都是举荐信。通过书信，西玛库斯得以编织一张关系网，使他从他在罗马的宅邸通向西部帝国上层阶级的各个阶层，其中既有毛里塔尼亚的主教，又有西班牙的马匹饲养员；他还为汲汲营营的修辞家和医生给高阶廷臣和令人生畏的蛮族将军们去函。西玛库斯的书信展示了一个高度分化的精英阶层的微观世界。[88]然而，西玛库斯努力用书信罩住的社交圈所表现出的彻底的多样性，造成了这个机制的一个弱点。在 4 世纪，存在太多的庇护人，他们来自彼此间有潜在冲突的群体。不再存在一个单一的庇护链，能够从上到下地满足一个单一、固定的群体。因此，对于很多追求成功的人来说，现实已不再是"条条大路通罗马"了。

"绚烂"：地方富人的绚烂

27　　　对于晚期罗马帝国中分属不同富裕层级的成员来说，一个显著而鲜明的特征是，在很大程度上，为帝国服务的共同经验给他们施加了一种在穿着和生活风格方面十分罕见的同质性。他们代表了一种新的社会秩序，因而也得满足一种社会预期。

比如，新兴的有钱有势的阶层共享了一种极端新潮的衣着模式。晚期罗马帝国的服装打破了传统罗马衣着的古典限制。精英阶层的新衣把宫廷和军队的价值元素带到了各地，基于军事制服，他们刻意淡化了军事的和民政的、罗马的和蛮族的之间的区别。一种紧身的束带上衣——饰有编织丝绸的大片镶饰，被穿在带有精致刺绣的裤子上面；一件同样绣有亮眼的彩色条纹和斑点的厚重的披风，被披在身上，用一个蛮族工艺的领针别在右肩上。

伴随着这种服饰风格的，是一种表达社会区别的新方式。然而，有精致褶皱的罗马外袍须配合一种古典的仪态。外袍强调了——在这样一个纵然是热衷于战争的社会中——公民价值的至高地位，这体现了古典教育在精英培养中的重要性。这些精英在公共场合的自控力和仪态维持着优雅的平衡，就像他们已经彻底吸收的古代作者的句子。披挂在昂贵但简单的布料外面的罗马外袍的褶皱，反映了一种相似的处变不惊的仪态。[89]

穿着新式服饰的人可不是这样。这种服饰表现了那些步入艰巨角色的新人的能量，它包括有强烈对比性的不同层次。束带上衣和紧贴身体的裤子，把身体裹在厚重的质地里；但大披风扣在领针上，以一种毫无约束感的幅宽从肩上垂下；披风在追逐中的猎手的身后飘扬，当大人物掠过荫庇在他们之下的门客时，它也飘扬在大人物的周身，像帆布全张的帆船一样向外面的世界展示漂浮的刺绣丝绸织成的"大画壁"。[90]

这种服饰确保了无论是在外省还是在罗马，有钱人都会看上去和别人不同。这种想要模仿军队的蛮族趣味的欲望是男性特有的，上层妇女的服装并没有受其影响。事实上，她们的服饰突出的是炫目的珠宝和对珍贵织物的使用——吊坠耳环、手镯、项链，以及落在色泽鲜亮的丝绸和金线布料上的沉重金链。考虑到女性在支配财产上的限制，对于妇女来说，最易于利用的财富形态就是包裹其身体的绚烂衣饰。在这个意义上，妇女代表了一种可支配财富，这种财富处在最令人担忧的流动状态中，即便是那些有意逢迎基督教女性庇护人的教士也对此有所批评。妇女把流动的财富携带在自己的身上，并把财富储藏在自己闺房的大箱子里。出身贵族阶层的基督教女性，她们的私人衣橱里的织物就能为一所教堂提供足量的丝绸罩布和祭台布；一个贵族女性单单通过变卖她的珠宝，就足以资助在罗马城中央修建一整座方形教堂。[91]

总而言之，不分男女，有钱人被期待在外观上出众，就好

28

像天堂鸟在一群八哥中一样。看一看6世纪拉文纳城镇居民的动产清册，就能够立刻以晚期罗马帝国的标准来辨别谁有钱谁没钱。斯蒂芬努斯有一件丝绸和棉线质地的衬衫（深红和鲜亮的葱绿色）、一件丝绸的花绿长袍、亚麻裤子、两个织毯，还有一个名叫"被抛弃者"的奴隶。与之形成鲜明对比的是一个名叫古戴利特的被释奴。他有一件老旧的染色衬衫、一件有装饰的衬衣，以及一件厚布质地的老旧的短外套。古戴利特可不是个乞丐，他拥有少量的财产，在罗马这个大城市也有一个住所，但他是一个缺乏色泽的人。晚期罗马帝国在穷人和富人之间有一条明白无误的边界，古戴利特是属于色彩灰暗的那一面的。[92]

然而，我们需要记住，服饰和其他惹眼的财富标志并不只被看作对私人财富的宣扬。奢侈和戏剧性的表演是满足公共需求的。从3世纪开始，辉煌的庆典趋于取代大型公共建筑。当民居连同其影响力趋于衰弱的时候，公共演出依旧在继续。自皇帝——他那嵌满珍珠的王冠和紫色长袍像教会用的法衣一样，负载了宗教般的威严——向下，那些执掌公共权力的人把这种权力浓缩在自己的身体之上。相比那些在之前的世纪里簇拥而起的、展现了城市荣耀的沉默的古典建筑群，皇帝、总督和城市领导们的公共外观不过是纳秒量级的展示。但是，这些高级的庆典场合被看作"绚烂"的爆发，它们以一种彻底公共的方式展示了城市和帝国的威严，目的就是让旁观者震惊。[93]

同样重要的还有，晚期罗马帝国的财富标志能够根据其拥有者资产的多寡来调节。晚期罗马帝国的服饰趋于俗丽。它有一些显著的特征——宽大的镶边，以及被缝进厚重衣料中的圆形饰物、衣用珠宝做成的胸针和花式衣带。然而，恰恰是因为如此艳丽，这种服饰能够用并不贵重的材料仿制。在行省的小贵族当中，精心染色的羊毛和亚麻被用来替代真正有钱人使用的丝绸和金线。[94]以同样的方式，在外省显贵的庄园和城内宅邸里，精致的粉刷、饰有壁画的墙面以及精心铺就的地板镶嵌画，是对真正有钱人那闪耀着难以想象的财富的宅邸中装饰炫目的黄金和大理石的模仿。[95]非洲的陶器——4世纪欣欣向荣的制造产业的杰作——廉价但做工精巧，展示了大人物所用银器上古典神话的精彩场景。在外省城市的显贵台面上，象牙和贵金属牌匾的陶制仿件构成了对罗马贵族专属的显赫和激动人心的大型竞技的回响。[96]贵重材料使用上的差异，使富人阶层能够容纳不同的层级。尽管远离权力中心，但身处今天的葡萄牙南部地区的地主或许也在建造精美、装饰着优雅的小型雕塑的大厅里进餐。但他们进餐用不着展示。他们满足于使用地方陶器，这些陶器都是照着考究的非洲陶具的样子细心塑模的。[97]

　　关于4世纪帝国西部地区的地方精英，一个令人惊异的事实是，帝国宫廷绝没有从他们的视野里消失。在碎片化和高度党派化的状态下，地方家庭竞相展示他们新获得的财富。在这种炫富竞赛中，他们采用的是一种帝国范围内通用的语言，其通用程度令人吃惊。在帝国首都或庞大的帝国庄园发展出来的建筑风格，在各个行省中被采用，并流传开来，还常常被巧妙地迷你化，以适合地方客户的钱包。这种借用给市内宅邸和乡下庄园带去了"皇家的"庄严感和考究的建筑工艺，尽管有些庄园不过是扩展的农舍罢了。[98]

　　这种模仿效应在极微小的细节、极偏远的地区都有体现。

在不列颠，某位皇后可能会以胡椒罐的形式出现在一位罗马军人的桌上（这位军人掩埋的器皿和囤藏的硬币在东盎格利亚的霍克斯尼被发现）。它由亮色的白银制成，黄金质地的薄涂层突出了皇后的皇冠和珠宝。[99]

事实上，正是在不列颠南部，我们能够最好地体会在4世纪帝国影响力的波及范围。赛伦塞斯特向西15英里，在伍德切斯特的一个大庄园，一座造型优美的神话主题的雕塑被发现。它矗立在一座宏伟的大厅之内，位于画有俄耳甫斯的大幅镶嵌画旁边。[100]伍德切斯特庄园可能曾是西不列颠行省总督的官邸。这个行省从科茨沃尔德穿过塞文河地区，直到几乎尚未罗马化的威尔士山区。因此，这位总督在伍德切斯特的宅邸就坐落在由君士坦丁确立的晚期罗马帝国社会秩序的最远端。而那座在庄园发现的有精确古典风格的大理石塑像是从地中海东岸一路被运来的，可能来自狄奥多西一世皇帝380年之后在君士坦丁堡开设的作坊。[101]如果事实的确如此，那这座伍德切斯特的塑像就提供了一张极不寻常的即时照片，让我们看到贵重物品跟随帝国治理人员从帝国的一端到另一端的迅速移动。

像伍德切斯特这样的庄园的荣光愈加让人感伤，因为我们知道这种荣光在若干年之后就走到了尽头。在半个世纪之内，不列颠就不再是罗马帝国的一部分了。罗马的帝国政府在410年之后撤出，那种在4世纪由国家创制的鲜明的阶层区分随着"后帝国"的不列颠社会迅速且粗暴的平均化而消失了。[102]在欧洲大陆，5世纪蛮族入侵带来的帝国权威的危机，以一种与不列颠的处境相比或许不那么戏剧化和不可逆的方式终结了黄金时代。在这本书之后的部分里，从5世纪20年代往后，我们将进入一个不同的、没那么活力四射的时代。因为 5 世纪重演了 3 世纪的危机，但区别是帝国这次没能再从中恢复。

但这些都属于预想。在 4 世纪中叶，即我们的故事开始的时候，没有人能预见到如此激烈的发展。在那个时候，来自上层社会的信息很直白：他们的服饰、他们精心装饰的家居，甚至是把他们与位于财富和权力最顶端的人物和礼仪连在一起的器皿与贵重艺术品——这一切都暗示了，有钱人是和其他人不一样的。他们之所以不一样，在于他们都在以各自的方式为一个强大的帝国工作。

因此，就像我们已经看到的，4 世纪的黄金时代同样也是一个帝国的时代。让财富和有钱人如此与众不同的，是两个因素的组合——以金币计算的巨额的可支配收入，和因为帝国服务或是皇帝的眷顾而获得的帝国特权。以此为背景，我们现在应该转而去考察 4 世纪社会中一个新兴群体的地位——在君士坦丁如此慷慨地向他的支持者派放特权的受益者中，这个群体最与众不同（自然也最令人意想不到）。让我们来看看基督教会的领导人物和他们的会众。作为著名的 312 年皈依的结果，君士坦丁决定赋予他们和平与特权。

注　释

[1] H. Dessau, *Inscriptiones Latinae Selectae*, no. 7457（Berlin：Weidmann, 1916）, 3：781 – 82. 我的同事布伦特·肖证明了这段铭文属于 4 世纪，参见 Shaw, *Bringing in the Sheaves：Economy and Metaphor in the Roman World*（Toronto：forthcoming）。

[2] P. Brown, *Power and Persuasion in Late Antiquity: Towards a Christian Empire* (Madison: University of Wisconsin Press, 1992), 52 - 54; 又见 P. Garnsey, *Social Status and Legal Privilege in the Roman Empire* (Oxford: Clarendon Press, 1970); 以 及 R. Rilinger, *Humiliores - Honestiores: Zu einer sozialen Dichotomie im Strafrecht der römischen Kaiserzeit* (Munich: Oldbourg, 1988)。

[3] F. Jacques, *Le privilège de liberté: Politique impériale et autonomie municipale dans les cités de l'Occident romain (161 - 244)*, Collection de l'école française de Rome 76 (Rome: Palais Farnèse, 1984); H. Inglebert, *Histoire de la civilisation romaine* (Paris: Presses Universitaires de France, 2005), 73 - 75; P. Gros, "La ville comme symbole: Le modèle central et ses limites," in Inglebert, *Histoire de la civilisation romaine*, 155 - 232. 英语中最好的简短综述依旧是 A. H. M. Jones, *The Later Roman Empire: A Social, Economic and Administrative Survey, 284 - 602* (Oxford: Blackwell, 1964), 2: 722 - 57。

[4] P. F. Bang, "Trade and Empire—In Search of Organizing Concepts for the Roman Empire," *Past and Present* 195 (2007): 3 - 54 at p. 13.

[5] G. Charles - Picard, "*Civitas mactaritana*," *Karthago* 8 (1957): 1 - 156; C. Lepelley, *Les cités de l'Afrique romaine au Bas - Empire*, vol. 2, *Notices d'histoire municipale* (Paris: Études Augustiniennes, 1981), 289 - 95.

[6] *Records of the Grand Historian of China*, translated from the *Shih Chi of Ssu - ma Ch'ien*, trans. B. Watson, Columbia Records of Civilization 65 (New York: Columbia University Press, 1961), 499; Ying - shih Yü, *Trade and Expansion in Han China: A Study in the Structure of Sino - Barbarian Economic Relations* (Berkeley: University of California Press, 1967).

[7] J. Lendon, *Empire of Honour: The Art of Government in the Roman World* (Oxford: Oxford University Press, 1997), 30.

[8] *Novella of Valentinian III* 3. 4 (A. D. 439). 这条规定定了加入市议会所需资产的最低限，参见 Jones, *The Later Roman Empire*, 2: 738 - 39。

[9] Charles – Picard, "Civitas mactaritana," 40.

[10] 我的数据来自 W. C. Scheidel and S. J. Friesen, "The Size of the Economy and the Distribution of Income in the Roman Empire," *Journal of Roman Studies* 99 (2009): 61 – 91, at p. 77。

[11] 地图参见 Inglebert, *Histoire de la civilisation romaine*, 72 – 73, and map 1, p. 7。

[12] Scheidel and Friesen, "The Size of the Economy," 91.

[13] 经典的表述参见 F. Lot, *The End of the Ancient World and the Beginnings of the Middle Ages* (New York: Knopf, 1931); 以及 M. Rostovtzeff, *The Social and Economic History of the Roman Empire* (Oxford: Clarendon Press, 1926)。更详尽的书目, 可参见曾对本书作者产生影响的学术作品, 见于 P. Brown, "The World of Late Antiquity Revisited," *Symbolae Osloenses* 72 (1997): 5 – 90。无可置疑, 关于这个议题的论辩现在依旧活跃, 与我不同的观点请参见 J. W. H. G. Liebeschuetz, *The Decline and Fall of the Roman City* (Oxford: Oxford University Press, 2001), 以及 A. Giardina, "Esplosione di tardoantico," *Studi Storici* 40 (1999): 157 – 80。

[14] F. de Callataÿ, "The Graeco – Roman Economy in the Super Long – Run: Lead, Copper and Shipwrecks," *Journal of Roman Archaeology* 18 (2005): 361 – 72; B. Ward – Perkins, *The Fall of Rome and the End of Civilization* (Oxford: Oxford University Press, 2005), 87 – 104.

[15] G. Halsall, *Barbarian Migrations and the Roman West, 376 – 568* (Cambridge: Cambridge University Press, 2007), 69.

[16] 同上, 72; J. Haas, *Die Umweltkrise des 3. Jahrhunderts n. Chr. im Nordwesten des Imperium Romanum*, Geographica Historica 22 (Stuttgart: Steiner, 2006)。

[17] R. P. Duncan – Jones, "The Impact of the Antonine Plague," *Journal of Roman Archaeology* 9 (1996): 108 – 36; M. McCormick, *Origins of the European Economy: Communications and Commerce, A. D. 300 – 900* (Cambridge: Cambridge University Press, 2001), 30 – 41.

[18] 我认为最好的现代叙事是 J. - M. Carrié and A. Rousselle, *L'empire romain en mutation*: *Des Sévères à Constantin*, 192 – 337 (Paris: Du Seuil, 1999), 49 – 126, 651 – 718。D. S. Potter, *The Roman Empire at Bay*, A. D. *180 – 395* (London: Rout – ledge, 2004), 85 – 298. 同样参见 K. Strobel, *Das Imperium Romanum im "3. Jahrhundert"*: *Modell einerhistorischen Krise?* Historia Einzelschrift 75 (Stuttgart: F. Steiner, 1993); C. Witschel, "Re – Evaluating the Roman West in the 3rd Century A. D.," *Journal of Roman Archaeology* 17 (2004): 251 – 81; *Deleto paene imperio Romano*: *Transformazions – prozesse des römischen Reiches im 3. Jahrhundert und ihre Rezeption in der Neuzeit*, ed. K. – P. Johne, T. Gerdhardt, and U. Hartmann (Stuttgart: F. Steiner, 2006)。

[19] 关于西班牙和不列颠，参见 C. Witschel, *Krise – Rezession – Stagnation? Der Westen des römischen Reiches im 3. Jahrhundert n. Chr.* (Frankfurt: M. Clauss, 1999), 239 – 74。新的研究参见 P. Reynolds, *Hispania and the Roman Mediterranean*, A. D. *100 – 700*: *Ceramics and Trade* (London: Duckworth, 2010), 24 – 32, 69 – 74。

[20] R. B. Hitchner, "The Kasserine Archaeological Survey, 1982 – 1985," *Africa* 11 – 12 (1992 – 93): 158 – 259; 以及同一作者的 "The Kasserine Archaeological Survey, 1982 – 1986" and "The Kasserine Archaeological Survey, 1987," *Antiquités africaines* 24 (1988): 7 – 41 and 26 (1990): 231 – 59; D. P. S. Peacock, F. Bejaoui, and N. Ben Lazreg, "Roman Pottery Production in Central Tunisia," *Journal of Roman Archaeology* 3 (1990): 59 – 84。

[21] C. Lepelley, *Les cités de l'Afrique romaine*, vol. 1, *La permanence d'une civilisation municipale* (Paris: Études Augustiniennes, 1979), 59 – 120. 意大利方面，参见 B. Ward – Perkins, *From Classical Antiquity to the Middle Ages*: *Urban Public Building in Northern and Central Italy*, *300 – 850* (Oxford: Oxford University Press, 1984), 1 – 48。

[22] Halsall, *Barbarian Migrations and the Roman West*, 83 – 85; J.

Crow, "Fortifications and Urbanism in Late Antiquity," in *Recent Research in Late Antique Urbanism*, ed. L. Lavan, Journal of Roman Archaeology: Supplement 42 (Portsmouth, RI: Journal of Roman Archaeology, 1996), 89 – 105; P. Garmy and L. Maurin, eds., *Enceintes romaines d'Aquitaine: Bordeaux, Dax, Périgueux, Bazas* (Paris: Editions de la Maison des Sciences de l'Homme, 1996); H. Dey, "Art, Ceremony and City Walls: The Aesthetics of Imperial Resurgence in the Late Roman West," and B. S. Bachrach, "The Fortification of Gaul and the Economy of the Third and Fourth Centuries," *Journal of Late Antiquity* 3 (2010): 3 – 37, 38 – 64; C. Fernández Ochoa and A. Morillo Cerdán, "Walls in the Urban Landscape of Late Roman Spain: Defense and Imperial Strategy," in *Hispania in Late Antiquity: Current Perspectives*, ed. K. Bowes and M. Kulikowski (Leiden: Brill, 2005): 299 – 340; R. Rebuffat, "Enceintes urbaines et insécurité en Maurétanie tingitaine," *Mélanges de l'école française de Rome: Antiquité* 86 (1974): 501 – 22.

[23] J. - M. Carrié, "Dioclétien et la fiscalité," *Antiquité tardive* 2 (1994): 33 – 64. 精彩的新研究, 参见 G. Bransbourg, "Fiscalité impériale et finances municipales au IVe siècle," *Antiquité tardive* 16 (2008): 255 – 96。

[24] D. Bonneau, *La crue du Nil, divinité égyptienne, à travers milles ans d'histoire (322 av. −641 ap. J. - C.)* (Paris: Klincksieck, 1964). 在 6 世纪, 尼罗河仍被冠以 "最神圣" 的称呼, 参见 C. Kreuzsaler, "*Ho hierôtatos Nilos* auf einer christlichen Nilstandsmarkierung," *Journal of Juristic Papyrology* 34 (2004): 81 – 86。

[25] P. Erdkamp, *The Grain Market in the Roman Empire: A Social, Political and Economic Study* (Cambridge: Cambridge University Press, 2005), 322 – 25; P. Horden and N. Purcell, *The Corrupting Sea: A Study of Mediterranean History* (Oxford: Blackwell, 2000), 152; P. Garnsey, *Famine and Food Supply in the Graeco – Roman World: Responses to Risk and Crisis* (Cambridge: Cambridge University Press, 1988), 8 – 16.

[26] Eusebius, *Ecclesiastical History* 9. 7. 10.

[27] *Council of Elvira*, canon 49, ed. E. J. Jonkers, in *Acta et symbola conciliorum quae saeculo quarto habita sunt* (Leiden: Brill, 1954), 16.

[28] P. A. Février, *Approches du Maghreb romain : Pouvoirs, différences et conflits*, vol. 2 (La Calade: édisud, 1990), 17; A. Mastrocinque, "Magia agraria nell'impero cristiano," *Mediterraneo antico* 7 (2004): 795 – 836.

[29] M. Meslin, *La fête des kalendes de janvier dans l'empire romain : Étude d'un rituel de Nouvel An* (Brussels: Latomus, 1970).

[30] Caesarius of Arles, *Sermon* 192. 3.

[31] *Jerusalem Talmud : Yoma* 5. 2, trans. M. Schwab, *Le Talmud de Jérusalem* (Paris: Maisonneuve, 1932 – 33), 3: 218.

[32] Jones, *The Later Roman Empire*, 1: 451 – 60.

[33] 同上, 1: 462 – 69。

[34] D. Vera, "Forme e funzioni della rendita fondiaria nella tarda antichità," in *Società romana e impero tardoantico*, vol. 1, *Istituzioni, ceti, economie*, ed. A. Giardina (Bari: Laterza, 1986), 367 – 447 at pp. 441 – 43; 以及同一作者的 "L'altra faccia della luna: La società contadina nella Sicilia di Gregorio Magno," *Studi Storici* 47 (2006): 437 – 61。也参见 C. Wickham, *Framing the EarlyMiddle Ages : Europe and the Mediterranean, 400 – 800* (Oxford: Oxford University Press, 2005), 68。

[35] Augustine, *New [Divjak] Letter* 14 * and 15 *. 3, in Bibliothèque Augustinienne 46B, *Lettres 1 * – 29 ** (Paris: Desclée de Brouwer, 1987), 262 – 69, trans. R. B. Eno, in *St. Augustine : Letters : Volume VI (1 * – 29 *)*, Fathers of the Church 81 (Washington, DC: Catholic University of America Press, 1989), 112 – 16.

[36] J. Banaji, *Agrarian Change in Late Antiquity : Gold, Labour, and Aristocratic Dominance* (Oxford: Oxford University Press, 2001), 16.

[37] Erdkamp, *The Grain Market*, 324.

[38] Horden and Purcell, *The Corrupting Sea*, 205, 214.

[39] J. Alarcão, R. Étienne, and F. Mayet, *Les villas romaines de São*

Cucufate (*Portugal*) (Paris：Boccard, 1990), 149 – 55.

[40] M. McCormick, “Bateaux de vie, bateaux de mort：Maladie, commerce et le passage économique du bas – empire au moyen – âge,” in *Morfologie sociali e culturali in Europa fra TardaAntichità e Alto Medioevo*, Settimane di Studi del Centro Italiano di Studi sull'Alto Medioevo 45 (Spoleto：Centro di Studi sull'Alto Medio Evo, 1998), 35 – 118 at pp. 35 – 37.

[41] J. Haldon, “Comes horreorum—Komès tès Lamias,” *Byzantine and Modern Greek Studies* 10 (1986)：203 – 9.

[42] Banaji, *Agrarian Change in Late Antiquity*, 39 – 88 大力发展了在 S. Mazzarino, *Aspetti sociali del quarto secolo* (Rome：Bretschneider, 1951), 47 – 216 中提出的观点。新的研究参见 F. Carlà, *L'oro nella tarda anrichità：Aspetti economici e sociali* (Turin：Silvio Zamorani, 2009), 117 – 57。

[43] *Anonymus de rebus bellicis* 2. 1 – 2, ed. and trans. E. A. Thompson, *A Roman Reformer and Inventor* (Oxford：Clarendon Press, 1952), 94；Banaji, *Agrarian Change in Late Antiquity*, 46 – 49；以及 A. Giardina, ed., *Anonimo：Le cose della guerra* ([Milan]：Mondadori, 1989) 附有对这个文本的可能断代及语境的评注和充分讨论。新的研究参考 Carlà, *L'oro nella tarda anrichità*, 125 – 31。

[44] J. – P. Callu, “Le ‘centenarium’ et l'enrichissement monétaire au Bas – Empire,” *Ktèma* 3 (1978)：301 – 16. 有关边境之外囤藏的索里达金币所揭示的黄金在帝国内的流转情况，特别参见 P. Guest, “Roman Gold and Hun Kings：The Use and Hoarding of Solidi in the Late Fourth and Fifth Centuries,” in *Roman Coins outside the Empire：Ways and Phases, Contexts and Functions*, ed. A. Bursche, R. Ciolek, and R. Wolters, Collection Moneta 82 (Wetteren：Moneta, 2008), 295 – 307。关于在特里尔行宫附近发现了一个壮观的索里达囤藏，新的研究参见 *Moselgold：Der römische Schatz von Machtum*, ed. F. Reinert (Luxembourg：Musée national d'histoire et d'art, 2008)。感谢 Johannes Hahn 提醒我注意这项研究。

[45] Jorge Luis Borges, *A Personal Anthology*, ed. A. Kerrigan (New

York: Grove Press, 1967), 131.

[46] Olympiodorus, *History: Fragment* 41. 1 – 2, ed. R. C. Blockley, *The Fragmentary Classicising Historians of the Later Roman Empire: Eunapius, Olympiodorus, Priscus and Malchus*, vol. 2 (Liverpool: Francis Cairns, 1983), 204 – 6.

[47] W. C. Scheidel, "Finances, Figures and Fiction," *Classical Quarterly* 46 (1996): 222 – 38.

[48] C. Wickham, *The Inheritance of Rome: A History of Europe from 400 to 1000* (London: Allen Lane, 2009), 29.

[49] Jones, *The Later Roman Empire*, 2: 537 – 39.

[50] *The Life of Melania* 15, ed. D. Gorce, *Vie de sainte Mélanie*, SC 90 (Paris: Le Cerf, 1962), 156, trans. E. A. Clark, *The Life of Melania the Younger* (New York: Edwin Mellen, 1984), 38.

[51] *Life of Melania* 17, Gorce, p. 160, Clark, p. 40.

[52] Ammianus Marcellinus, *Res gestae* 27. 11. 1, ed. and trans. J. C. Rolfe, *Ammianus Marcellinus*, Loeb Classical Library (Cambridge, MA: Harvard University Press, 1952), 3: 72 –74; 另见 trans. W. Hamilton, *The Later Roman Empire*, A. D. 354 – 378 (Harmondsworth, UK: Penguin, 1986), 345 –46。

[53] A. Gillett, "The Date and Circumstances of Olympiodorus of Thebes," *Traditio* 48 (1993): 1 –29.

[54] T. D. Barnes, *Ammianus Marcellinus and the Representation of Historical Reality* (Ithaca, NY: Cornell University Press, 1998), 117 – 19.

[55] Vera, "Forme e funzioni della rendita fondiaria," 412.

[56] Rostovtzeff, *Social and Economic History of the Roman Empire*, 475 – 77 with plate IX. 2.

[57] Summary: *Du latifundium au latifondo: Un héritage de Rome, une création médiévale ou moderne?* Publications du Centre Pierre Paris 25 (Paris: Boccard, 1995), 460. 在意大利考古中，另有一个类似的案例动摇了有关"奴隶庄园"和其所暗示的大地产的传统叙述，参见 A. Marzano, *Roman Villas in Central Italy: A Social and Economic History*, Columbia Studies in the Classical

Tradition 30（Leiden：Brill, 2007）, 125 – 53。

[58] P. Sillières, "Approche d'un espace rural antique：L'exemple de Vila de Frades en Lusitanie méridionale," in *Du latifundium au latifondo*, 21 – 29.

[59] D. Vera, "Massa fundorum," *Mélanges de l'école française de Rome：Antiquité* 111（1999）：991 – 1025.

[60] 特别参见 P. Van Ossel, "Rural Impoverishment in Northern Gaul at the End of Antiquity：The Contribution of Archaeology," in *Social and Political Life in Late Antiquity*, Late Antique Archaeology 3：1, ed. W. Bowden, A. Gutteridge, and C. Machado（Leiden：Brill, 2006）, 533 – 65。

[61] J. – M. Carrié, "Le 'colonat du Bas – Empire'：Un mythe historiographique?" *Opus* 1（1982）：351 – 70; C. Grey, "Contextualizing Colonatus：The *Origo* of the Late Roman Empire," *Journal of Roman Studies* 97（2007）：155 – 75.

[62] 特别参见 J. Banaji 的有力论证，见于 "Lavoratori liberi e residenza coatta：Il colonato romano in prospettiva storica," in *Terre, proprietari e contadini dell'impero romano：Dall'affitto agrario al colonato tardoantico*, ed. E. Lo Cascio（Rome：Nuova Italia Scientifica, 1997）, 253 – 80; 以 及 同 一 作 者 的 "Aristocracies, Peasantries and the Framing of the Early Middle Ages," *Journal of Agrarian Change* 9（2009）：59 – 91 at p. 67。关于依附农民与蛮族入侵造成的紧急状态，参见 S. Schmidt – Hofner, *Reagierenund Gestalten：Die Regierungsstil des spätrömischen Kaisers am Beispiel der Gesetzgebung Valentinians I*, Vestigia 58（Munich：C. H. Beck, 2008）, 269 – 87, esp. 276 – 80。另有 K. Harper, "The Greek Census Inscriptions of Late Antiquity," *Journal of Roman Studies* 98（2008）：83 – 119 at pp. 105 – 6，尽管这项研究基于的是东部省份的证据，但它极好地揭示了奴隶和依附佃农在富人的劳动生产中扮演的角色。

[63] A. Giardina, "The Transition to Late Antiquity," in *The Cambridge Economic History of the Greco – Roman World*, ed. W. Scheidel, I. Morris, and R. Saller（Cambridge：Cambridge University Press,

2007）, 743 – 68 at p. 752.

[64] J. Wacher, *Roman Britain*, 2nd ed. （ Stroud, UK: Sutton, 1998）, 131 – 36; Marzano, *Roman Villas in Central Italy*, 141. 引领此种修正的标志性作品包括 Mazzarino, *Aspettisociali del quarto secolo*; L. Cracco Ruggini, *Economia e società nell'* " *Italia annonaria* ": *Rapporti fra agricoltura e commercio dal IV al VI secolo d. C.* （Milan: Giuffrè, 1961; 2nd ed., Bari: Edipuglia, 1995）; and Lepelley, *Les cités de l'Afrique romaine*。

[65] N. Duval, " Deux mythes iconographiques de l'antiquité tardive: La villa fortifiée et le ' chasseur vandale, ' " in *Humana sapit*: *Études d'Antiquité Tardive offertes à Lellia Cracco Ruggini*, ed. J. - M. Carrié and R. Lizzi Testa, Bibliothèque d'Antiquité Tardive 3 （Turnhout: Brepols, 2002）, 333 – 40.

[66] 皮亚扎阿尔梅里纳庄园的宏大气魄尤其容易诱导我们对晚期罗马庄园作为权力展示的场所这种角色做过分戏剧化的诠释, 特别参见 S. Ellis, " Power, Architecture and Décor: How the Late Roman Aristocrat Appeared to His Guests, " in *Roman Art in the Private Sphere*: *New Perspectives on the Architecture and Decor of the Domus, Villa, andInsula*, ed. E. K. Gazda （Ann Arbor: University of Michigan Press, 1991）, 117 – 34。

[67] 特别参见新研究 K. Bowes, *Houses and Society in the Later Roman Empire* （London: Duckworth, 2010）, 77 – 82, 95 – 98。 我们应当注意, 在所有区域性的考察里展现出的庄园大小和财富程度是有很大差异的, 特别参见 C. Balmelle, *Les demeures aristocratiques d'Aquitaine*: *Société et culture de l'Antiquité tardive dans le Sud – Ouest de la Gaule* （Bordeaux and Paris: Ausonius and Aquitania, 2001）; A. Chavarría Arnau, *El final de las* " *villae* " *en* " *Hispania* " （ *siglos IV – VIII* ） （Turnhout: Brepols, 2007）; S. Scott, *Art and Society in Fourth Century Britain*: *Villa Mosaics in Context*, Oxford School of Archaeology Monographs 53 （Oxford: Oxbow, 2000）。

[68] I. Rodá, " Iconografía y epigrafía en dos mosaicos hispanas: Las villas de Tossa y de Dueñas, " in *VI Coloquio internacional sobre*

mosaico antiguo (Palencia／Mérida: Associación Españoldel Mosaico, 1994), 35 – 42 at p. 35.

[69] W. Scheidel, "Stratification, Deprivation and Quality of Life," in *Poverty in the Roman World*, ed. M. Atkins and R. Osborne (Cambridge: Cambridge University Press, 2006), 40 – 59 at p. 54.

[70] 关于非洲，特别参见 P. Leveau, *Caesarea de Maurétanie: Une ville romaine et ses campagnes*, Collection de l'école française de Rome 70 (Rome: Palais Farnèse, 1984), 477 – 85；关于高卢，参见 Wickham, *Framing the Early Middle Ages*, 167 – 74。

[71] P. Heather, "New Men for New Constantines? Creating an Imperial Elite in the Eastern Mediterranean," in *New Constantines: The Rhythm of Imperial Renewal in Byzantium, 4th – 13th Centuries*, ed. P. Magdalino (Aldershot: Variorum, 1994), 11 – 34; and idem, "Senators and Senates," in *The Cambridge Ancient History*, vol. 13, *The Late Empire, A. D. 337 – 425*, ed. A. Cameron and P. Garnsey (Cambridge: Cambridge University Press, 1998), 184 – 210; Schmidt – Hofner, *Reagieren und Gestalten*, 103 – 15.

[72] R. Lizzi Testa, *Senatori, popolo, papi: Il governo di Roma al tempo dei Valentiniani* (Bari: Edipuglia, 2004), 209 – 305；以及同一作者的 "Alle origini della tradizione pagana su Costantino e il senatoromano," in *Transformations of Late Antiquity: Essays for Peter Brown*, ed. P. Rousseau and M. Papoutsakis (Farnham, UK: Ashgate, 2009), 85 – 127 at pp. 120 – 23。

[73] Alan Cameron, "The Antiquity of the Symmachi," *Historia* 48 (1999): 477 – 505; and F. Jacques, "L'ordine senatorio attraverso la crisi del III secolo," in *Società romana e imperotardoantico*, 1: 81 – 225, 以及第 110 页的地图。罗马经济这种决定性的南移已在一系列杰出的意大利语研究中被揭示。对意大利的这个学术传统的精彩总结，参见 C. Wickham, "Marx, Sherlock Holmes and Late Roman Commerce," *Journal of Roman Studies* 78 (1988): 183 – 93；以及同一作者的新作 *Framing the Early Middle Ages*, 708 – 12。

[74] B. Shaw, "After Rome: Transformations of the Early Mediterranean World," *New Left Review* 51 (2008): 89 – 114, 一篇对 Wickham

的 *Framing the Early Middle Ages* 提出令人敬佩的个人见地的书评。

[75] *Anonymus de rebus bellicis* 2. 3, p. 94.

[76] C. Kelly, *Ruling the Later Roman Empire* (Cambridge, MA: Harvard University Press, 2004), 107 – 13, 148 – 58.

[77] 同上, 145 – 48; Lepelley, *Les cités de l'Afrique romaine*, 2: 468 – 70。

[78] Kelly, *Ruling the Later Roman Empire*, 138 – 45. 有关整个晚期帝国范围内市政议员的困境, 最好的两种叙述依旧是 Jones, *The Later Roman Empire*, 2: 737 – 57 以及 Lepelley, *Les cités de l'Afrique romaine*, 1: 243 – 92。

[79] Halsall, *Barbarian Migrations and the Roman West*, 79 – 96 对晚期西罗马帝国精英的区域性差异, 进行了精彩的考察。

[80] D. Crane, *Scott of the Antarctic: A Life of Courage and Tragedy in the Extreme South* (New York: Harper Percival, 2006), 45.

[81] J. - U. Krause, *Spätantike Patronatsformen im Westen des römischen Reiches*, Vestigia 38 (Munich: C. H. Beck, 1987), 20 – 67; P. Garnsey, " Roman Patronage," in *From the Tetrarchs tothe Theodosians: Later Roman History and Culture, 284 – 450 CE. For John Matthews on the Occasion of His 70th Birthday*, Yale Classical Studies 34, ed. S. McGill, C. Sogno, and E. Watts (Cambridge: Cambridge University Press, 2010), 33 – 54 at pp. 47 – 53.

[82] *Calendar of 354*, ed. T. Mommsen, *Chronica Minora*, MGH: Auctores Antiquissimi 9 (Berlin: Weidmann, 1892), 1: 47.

[83] Augustine, *Contra academicos* 2. 2. 2; see Lepelley, *Les cités de l'Afrique romaine*, 2: 176 – 82.

[84] Augustine, *Confessions* 5. 13. 23; 新的研究参见 J. V. Ebbeler and C. Sogno, " Religious Identity and the Politics of Patronage: Symmachus and Augustine," *Historia* 56 (2007): 230 – 42。

[85] Augustine, *Confessions* 6. 11. 19.

[86] Augustine, *Confessions* 6. 9. 15.

[87] Augustine, *Confessions* 6. 10. 16.

[88] J. F. Matthews, " The Letters of Symmachus," in *Latin Literature of the Fourth Century*, ed. J. W. Binns (London: Routledge,

1974), 58 – 99; R. B. E. Smith, " 'Restored Utility, Eternal City': Patronal Imagery at Rome in the Fourth Century AD, " in "*Bread and Circuses*": *Euergetism and Municipal Patronage in Roman Italy*, ed. K. Lomas and T. Cornell (London: Routledge, 2003), 142 – 66; C. Sogno, "Roman Matchmaking, " in *From the Tetrarchs to the Theodosians*, 51 – 71 at pp. 63 – 66.

[89] M. Harlow, "Clothes Maketh the Man: Power Dressing and Elite Masculinity in the Later Roman World, " in *Gender in the Early Medieval World: East and West, 300 – 900*, ed. L. Brubakerand J. M. H. Smith (Cambridge: Cambridge University Press, 2004), 44 – 69 at pp. 44 – 54; 针对略晚时段的研究, 参见 P. von Rummel, "Habitus Vandalorum? Zur Frage nach einer gruppen – spezifischen Kleidung der Vandalen in Afrika, " *Antiquité tardive* 10 (2002): 131 – 141。"蛮族"服饰是廷臣和狩猎者的服饰, 不限于汪达尔人。参见新的研究 P. von Rummel, *Habitus barbarus: Kleidung und Repräsentation spätantiker Eliten im 4. und 5. Jahrhundert*, Reallexikon der germanischen Altertumskunde, Ergänzungsband 55 (Berlin: de Gruyter, 2007), 401 – 7。

[90] R. MacMullen, "Some Pictures in Ammianus Marcellinus, " *Art Bulletin* 46 (1964), 后收入 *Changes in the Roman Empire: Essays in the Ordinary* (Princeton: Princeton University Press, 1990), 78 – 106; F. Morelli, "Tessuti e indumenti nel contesto economico tardoantico: I prezzi, " *Antiquité tardive* 12 (2004): 55 – 78。

[91] *Life of Melania* 19 and 21, Gorce, pp. 164, 172, Clark, pp. 41, 44; *Liber Pontificalis* 42: *Innocent I*, trans. R. Davis, *The Book of Pontiffs (Liber Pontificalis): The Ancient Biographies of the First Ninety Roman Bishops to AD 715* (Liverpool: Liverpool University Press, 1989), 31.

[92] *Pap. Ital.* 8. III. 7 – 13, ed. and trans. J. – O. Tjäder, *Die nichtliterarischen Papyri Italiens aus der Zeit 445 – 700*, Skrifter utgivna av Svenska Institutet i Rom 4. 19 (Lund: Gleerup, 1955), 242.

[93] C. Witschel and B. Borg, "Veränderungen im Repräsentationsverhalten der römischen Eliten während des 3. Jhrdts. n. Chr. , " *Inschriftliche*

Denkmäler als Medien der Selbstdarstellung in der römischen Welt, ed. G. Alföldy and S. Panciera (Stuttgart: F. Steiner, 2001), 47 – 120 at pp. 97 – 99.

[94] H. Maguire, "The Good Life," in *Late Antiquity: A Guide to the Postclassical World*, ed. G. W. Bowersock, P. Brown, and O. Grabar (Cambridge, MA: Harvard University Press, 1999), 238 – 57 at pp. 242 – 43.

[95] 参见 M. Kulikowski, *Late Roman Spain and Its Cities* (Baltimore: Johns Hopkins University Press, 2004), 137 – 47, 关于斗牛场庄园（科尔多瓦）的当地砂岩和粉刷做工，与卡兰克（托莱多）用真正的皇家方式打造取自东部的大理石之间的对比。

[96] J. W. Salomonson, "Late Roman Earthenware with Relief Decoration Found in Northern – Africa and Egypt," *Oudheidkundige Mededelingen* 43 (1962): 53 – 95; J. Spier, "A Lost Consular Diptych of Anicius Auchenius Bassus (A. D. 408) in the Mould for an ARS Plaque," *Journal of Roman Archaeology* 16 (2003): 251 – 54. 关于克里斯·贾里特在伦敦的德雷珀花园（Draper's Gardens）发现的包括 19 个黄铜 – 铅合金餐具的囤藏，参见 G. Cleland, "Unearthed after 1, 600 Years, Dinner Set Hidden by Fleeing Romans," *Daily Telegraph*, December 7, 2007。

[97] M. J. de Almeida and A. Carvalho, "*Villa* romana da Quinta das Longas (Elvas, Portugal): A lixeira baixo – imperial," *Revista Portuguesa de Arqueologia* 8 (2005): 299 – 368. 感谢我的学生 Damian Fernández 提醒我注意这条新闻。

[98] I. Baldini Lippolis, *La domus tardoantica: Forme e rappresentazioni dello spazio domestico nelle città del Mediterraneo* (Imola: University Press of Bologna, 2001), 73.

[99] R. Bland and C. Johns, *The Hoxne Treasure: An Illustrated Introduction* (London: British Museum Press, 1993), frontispiece.

[100] J. T. Smith, *Roman Villas: A Study in Social Structure* (London: Routledge, 1997), 182 – 83.

[101] L. M. Stirling, *The Learned Collector: Mythological Statuettes and Classical Taste in Late Antique Gaul* (Ann Arbor: University of

Michigan Press, 2003), 128 – 33, 190.

[102] S. E. Cleary, *The Ending of Roman Britain* (London: Batsford, 1989); Wickham, *Framing the Early Middle Ages*, 306 – 10.

第2章 "本分得体"：拉丁教会的
社会形象，312～约370年

过渡时代

　　这一章的主题是罗马帝国的基督教，时间上大致从312年君士坦丁的皈依到374年安布罗斯当选米兰主教。处理这个时段并非易事，因为这是一个迷人的过渡时代。

　　与之相比，我们熟悉的是4世纪晚期和5世纪早期的拉丁基督教。它更耀眼，也更咄咄逼人。它是安布罗斯、哲罗姆、奥古斯丁和诺拉的保利努斯的时代。罗纳德·塞姆爵士贴切地称之为拉丁文学的"三个古典时代"中的最后一个（从很多方面来看也是最丰富的一个）。[1] 在那个时代，拉丁基督教史无前例地被放到了大量文字作品的弧光灯下。单出于这个原因，370～430年这个闪耀时期就将构成本书的核心。

　　处理它之前的时代，则像是从明亮的日光下步出，走进地下墓穴的阴影。我们必须让眼睛适应一种不寻常的昏暗。然而，就像很多貌似昏暗的时代一样，君士坦丁的皈依和安布罗斯当选主教之间的这六十年为之后耀眼的时代做了铺垫。我们有必要返回那个较早的时代，去理解低调而坚韧的基督教。在370年之后，基督教会开始变得武断而过于自信。

　　因此，本章将会引出拉丁基督教在基调和发展步伐上一次决定性的转变。它将显示，312～370年显著的时代特征在很大程度上源自一个奇怪的悖论。第一位基督徒皇帝把基督教会的主教和教士作为一个特权团体推了出来。但与此同时，他拒绝让他们牢牢抓住西罗马社会的上层。在审视过君士坦丁的政策之后，本章将会考察 4 世纪上半叶教会的社会构成。本章的结尾将会简单地勾勒，当富裕阶层的代表开始缓慢但稳步加入其中之时，基督教社团的社会基调是怎样的。开启中古时期高歌猛进的大公基督教的真正标志，并非君士坦丁 312 年的皈依，而是 370 年之后富人进入基督教会愈来愈快的步伐。

"要么是多神教徒，要么是基督徒"：多神教世界中的基督教

为理解基督教会在本章限定的这段时间内的境况，我们不得不用一节的篇幅，来处理困扰着所有古代晚期学者的两个极其棘手的问题。我们必须对君士坦丁在 312 年皈依的性质和含义给出说法。[2] 之后，我们还必须面对一个同样艰巨的任务，即确定基督教在 4 世纪上半叶拉丁世界的社会地位。

这两个主题是彼此关联的。这是因为如何看待君士坦丁的目的和他想让基督教会在罗马社会中扮演的角色，会影响如何看待拉丁基督教社团的社会结构，以及在当时和随后的代际中富人进入基督教会的步伐和产生的影响。

让我们从 312 年君士坦丁皈依的内在悖论谈起。这个决定的后果对欧洲和中东的历史有如此重大的影响，以至于我们可能会在一开始就大大高估了君士坦丁在皈依时给自己设定的目标。尽管首位基督徒皇帝已经被非常集中地研究过了，但我们

依旧很难发现他当时的动机，尤其是很难确定他支持基督教信仰的决心究竟有多大。下面，我会给出一些相关的基本观察以澄清这个问题。不过因为这个领域高度的复杂性和争议性，对这些观点我还不敢完全确定。[3]

君士坦丁的决定并非出于政治算计。他没有觉得，基督教未来会在他的帝国的任何区域里成为主流宗教——甚至不会在基督化程度较深的东部地区，更不用提在基督教的发展弱得多的拉丁西方地区。[4]如果君士坦丁凭直觉认定基督教会是未来的潮流，其根据也不会是观察到了基督教社团的扩张。[5]事实是，借用詹姆斯·伯里朴素的表达，君士坦丁的皈依是"独裁者置他的绝大多数臣民于不顾，干出的最胆大包天的事情"[6]。

如果君士坦丁确实在算计，他也是在超自然的意义上算计。在他的时代，选择超自然的保护者是件严肃的事情。他皈依基督教是一个极端任性的行为，想来也只有一位有卡里斯马气质的罗马皇帝才干得出来。他把自己放在了基督教上帝的保护之下，他这么做，是特意选择了这样一位和他本人一样又大又新的神祇，选择了一位具有超越性，同时也和过去没有瓜葛的全能神灵。基督教的上帝和那些崇拜他的人不需要其他小神。君士坦丁希望这位上帝保护他本人和他的帝国，能够像在大迫害时代中保护他的教会和他的基督徒教民那样有效。[7]

作为对这种保护的回馈，君士坦丁用适当的特权奖励基督教神职人员。因为熟谙仪式的只有他们，而非普通基督徒。他们最知道如何执行"对最高的神的崇拜"[8]。此外，为了能够从他的新神那里受到持续保护，君士坦丁准备好了付出巨大的努力来确保对这位上帝的崇拜免于错误和分歧。从 312 年到他337 年去世，君士坦丁——以及之后他的儿子君士坦提乌斯二世

（337～361 年在位）——不间断地巡视基督教各主教区，让这些主教确保他们对上帝的崇拜是正确的，且是让其欢喜的。[9]

这几乎就是君士坦丁的全部计划。帝国的非基督徒臣民基本上未被皇帝的皈依波及；罗马帝国西部地区还是一个多神教主导的世界。围绕着君士坦丁堡城——君士坦丁的个人建筑——建立的帝国的东部省份成了一个实验室。在那里，基督教狂热分子策动君士坦丁和他的继任者去开展一个彻底的基督教帝国的宏大试验。但是，这种让君士坦丁堡和黎凡特地区的基督徒们逐渐开始感受到的可能性，在罗马和西部行省依旧处于人们的想象之外。

要想理解君士坦丁的长远计划为何看起来有如此大的缺陷，我们必须搞清楚，在 4 世纪早期的西部地区，基督徒们对自身的预期是怎样的。君士坦丁无疑认为自己是一个基督徒。但他不是中古基督徒，甚至也不是 4 世纪晚期的基督徒。对他来说，能够实现以下三项就够了：基督教的上帝受到认可；基督徒们不再被迫害；尤其是基督教的神职人员应该被赋予特权并受到保护。

君士坦丁时代的基督徒看上去欣然接受这种对未来的有限估计。当他们展望未来时，他们不曾设想基督教能够成为一种主流宗教。他们总是声称基督教是一种"普世"宗教，但他们所说的"普世"，指的是任何人在任何地方都能够成为一名基督徒。对于基督徒遍布世界各地这个事实，他们深感自豪。但这并不意味着他们指望所有地方的所有人都成为基督徒。就像克莱尔·索提奈尔说的：当时的基督徒能够想象的是"一个存在于（社会）世界各个角落的基督教，但并不是一个完全基督教化的社会世界"[10]。后一种意识是在后来才出现的，然而，它的的确确出现了。君士坦丁皈依之后九十年，基督教的拉丁布道者们发现，他们能够为基督教打出"多数主义"的，而不仅仅是普世的牌子。奥古斯丁404年在非洲小镇柏塞特布道时宣称：

> 所有人都惊讶地看到，全人类都在向钉在十字架上的耶稣聚拢，上至皇帝，下至衣衫褴褛的乞丐……不分等级、收入档次和财富形态，各种人都在走向基督教信仰。现在是时候让所有人都进入教会了。[11]

但这是新时代稳固之时的声音。在君士坦丁的时代，这种声音是听不见的。

我们在这一章处理的世界最近被保罗·维尼称为"两级社会"[12]。罗马帝国不是一个基督教帝国，新兴的基督教信仰只是出人意料地在帝国里变得突出起来。在这个帝国里，基督徒也只是期望（其他人也如此期待他们）仅仅作为一个享有特权的少数派而存在。

来自不列颠的生动证据展示了生活在这样一个两级社会是怎样一种光景。在不列颠4世纪的某一天，玛图提娜的儿子安尼亚努斯被偷了一个装着6块银子的钱包。他在位于巴斯的苏利斯·密涅瓦的圣泉奉献了一个用于诅咒的铅板，为的是让女神注意到那个作奸犯科的家伙。这块铅板上有一个用来枚举各种成对范畴的列表，目的是穷尽对所有嫌疑人的描述，包括"男人或是女人，男孩或是女孩，奴隶或是自由人"。这么一个传统的列表却是以一个新的对立项开始的：多神教徒或是基督徒。正如铅板的细心编者罗杰·汤姆林的观察："我禁不住认为，一对新的范畴'多神教徒或是基督徒'被加了进来，作为对苏利斯无限权能的颂扬。"[13]

在 4 世纪巴斯苏利斯·密涅瓦的神龛，"基督教化"仅仅意味着认可另一个广泛的人群范畴。新范畴的人的所作所为都逃不过后君士坦丁时代一个灵验的女神的法眼。这个案例让我们瞥见，当时的基督徒所处的社会依旧挤满了其他的神。

"相比公共服务和体力劳作，我们的国家更要靠宗教维持"：基督教和特权

这样的局面在一定程度上说明了，至少在 4 世纪 70 年代之前，拉丁基督教的社会形象处于不确定的状况。它的确是一种享有特权的宗教，但其领袖在社会上并不居于统治地位。他们缺乏实打实的财富和从祖辈继承下来的身份。而晚期罗马帝国社会中的传统领袖之所以能与其他人形成区别，正是靠这两项。

罗马皇帝通常会给那些推进罗马社会的文化事业和宗教事业的人发放特权。313 年以降，君士坦丁也把这样一种特权赋予了主教和教士们。基督教神职人员只是加入了特权享有者的长长的名单。这个单子还包括多神教司祭（君士坦丁依然让他们免税）、教师、医生，还有犹太会堂的领袖。[14]他们享有的特权是免除多种公共服务，甚至还有（但更加勉强）免除特定形式的个人税赋。[15]

这些特权之所以重要不单是因为经济上的好处；特权还意味着一种珍贵品：闲暇。就像我们已经看到的，罗马帝国一直是一个"小政府"。它的运转是靠把尽量多的管理任务下放给

35

地方——尤其是市议员和城市中的贸易行会（collegia 和 corpora）。[16]他们的职责范围很广：从修建道路和城墙，到为公共浴场收集柴火和为罗马骑兵驱策、运送马群。帝国对劳力的索求侵蚀了市议员的时间——对于需要服劳役的普通市民来说，这甚至侵蚀了他们的身体。其程度之深，堪比帝国税收对他们的钱袋的侵蚀。

能够被豁免这些义务，相当于步入了非常令人羡妒的闲暇绿洲。君士坦丁特地确保每一位基督教主教和司铎都能享受到这种可贵的闲暇，从而全心全意地投入对上帝的崇拜之中。君士坦丁虔诚的儿子君士坦提乌斯二世在 361 年颁布的法令中提到，之所以授予主教和教士豁免权，是因为"相比公共服务和体力劳作，我们的国家更要靠宗教维持"[17]。

这并不是一个广受欢迎的裁决。当基督教神职人员宣称其所获得的豁免权时，他们立刻受到了市民们的挑战。这并不令人惊讶。市议员和贸易行会成员对那些宣称有各种形式的豁免权从而逃避义务的人总是盯得很紧。因为税收和任务是分配给群体的。在每个群体中，享有个人豁免的成员的数量越多，剩下的人承担的"公共服务和体力劳作"就越多。我们面对的是一个极其令人困扰的"零和"处境。我们通过君士坦丁的法令了解到他赋予神职人员特权，但法令也显示出，它们频繁地遭遇挑战，因而需要频繁的界定和重申。

然而，尽管君士坦丁赋予主教和教士的豁免权惹来了恐慌和嫉妒，但他们获得豁免权有一个很严格的上限。凡事分主次，除了在君士坦提乌斯二世统治的最后几年，无论是基督教主教、神职人员，还是他们的教会，都没有获得过帝国的首要税收——土地税——的豁免权。[18]

一个悖论就出现了。这些特权极大地提升了神职人员的社会地位，但就其本身来说，它们并没有让基督教的主教和教士们接近罗马社会的顶层。简单来说，神职人员因为有特权而出众，而与之相比，绝大多数地方社会领袖属于元老和市议员阶级，他们获得特权是因为他们已经出类拔萃了，很多人在进入君士坦丁推行的帝国品位系统之前，就已经是很有实力的大地主了。基督教神职人员则并非如此。这个变化的时代让很多"新人"地位蹿升，基督教神职人员是所有这些"新人"中最新的。因此，在350年前后的拉丁世界中，基督教会处在一个很显眼的尴尬地位，就好像空有一具骨架，而真实的社会权力的筋肉还没在上面生长出来。

这种现象在很大程度上源于这样一个事实，即基督教神职人员依旧只是尚未显示其力量的阶级的头领，他们领导的宗教共同体在罗马城市富人和穷人间的缝隙中成长。我们现在要考察的就是这些低调的人。

"中间阶层"：基督教与市民

早在1958年，晚期罗马帝国社会史的大学者 A. H. M. 琼斯在伦敦的瓦堡中心的一次演讲中指出："基督教的主体力量来自城镇的中低阶层，包括体力劳动者、职员、店主和商人。"[19] 尽管只是以一种略显印象主义的方式一带而过，琼斯的洞见却被之后的研究（尤其是对神职人员的社会来源的研究）证明大体上是正确的。[20]

更难评估的是，这样一些"城镇的中低阶层"在4世纪的罗马社会中处于怎样的位置。关于这个问题，学界观点发生了巨大的变化。曾经的学术主流意见是，晚期罗马帝国城市的一个重要特征是，在少数富人和大多数赤贫者之间存在急剧的两极分化。罗马古典时代贸易行会的富裕生活被认为在 3 世纪危机中不复存在。学者们曾经认为，到 300 年，"中间阶层"已经彻彻底底地从罗马城中消失了。

然而，让 - 米歇尔·凯瑞近年的细致研究清楚地表明，贸易行会的成员依旧在晚期罗马帝国的每一个城镇的组织和社会生活中扮演着非常重要的角色。[21] 他们和古典时代没什么两样，远没有凋零的意思。他们被政府组织起来，提供劳力和金钱的储备，但贸易行会的成员从来不只是财政机器的螺丝钉。他们一起伴宴，一起参与城市游行，并把他们的成员不分宗教归属地葬在共同的墓园里。[22]

基督教团体正是在这些人中发展起来的。我们只须逛逛罗马的地下墓穴，就能对此有所体察。对于那些把基督教想象成"穷人和受压迫的人的宗教"的人来说，这些地下墓穴会令他们感到惊讶。尽管这些墓穴常能激发现代的浪漫联想，但其中只有很少数能追溯到教会受迫害的年代。绝大多数现存的地下墓穴都被断代在君士坦丁皈依之后。罗马地下墓穴揭示的并非一个受压迫者的世界，而是基督徒们生活于其中的生机勃勃的、存在社会分化的 4 世纪的都市社会。

在墓穴的地道里，我们能够发现男男女女的墓志铭文。在这座以奢靡和赛会著称的城市中，有钱人的需要为这些墓主提供了生计来源。[23] 不像那些真正的富人的豪华大理石石棺，这里的坟墓是由凝灰岩质地的简单石板覆盖的，算不上奢侈。用刻在一块这样的石板上的话来说，建造这些坟墓用的是墓主的"微薄财产"[24]。这些石板的主人包括工匠、商人和小吏。我们还遇到了女丝绸织工、制作镜子的男匠人、佩带工具的理发师，以及负责引领骏马的马夫。[25]最令人吃惊的是，我们居然在基督教的墓地里遇见了一位表演哑剧的喜剧演员，他名叫维塔利斯：

> 唉，死亡，我该拿你怎么办……
>
> 你一点儿也不懂得玩乐。
>
> 你不懂欣赏笑话。
>
> 但从这些笑话里我获得了成功。
>
> 我在全世界闻名。
>
> 从这些笑话里我得到了很不错的房子和收入。[26]

在罗马城外阿庇亚大道上的圣塞巴斯蒂安教堂附近，中世纪朝圣的修士很困惑地发现了这个自信满满的 4 世纪残篇。他们认为维塔利斯是"那个时代著名的宫廷小丑加图的儿子"。

作为一个超级大都市，罗马或许能被视为一个例外。但外省小城萨洛纳（今索林，位于克罗地亚达尔马提亚海岸的斯普利特港略北）的基督教石棺展现了一个与此非常相似的由小吏和商人构成的群体。石棺并不便宜：售价是 10～15 索里达，相当于一个拉丁语法教师一年收入的四分之一到三分之一。[27]那些拥有石棺的人一定是处在他们从属的贸易行会金字塔的顶端——雕工、玻璃工匠、烛台匠、商人、律师以及政府部门成员。[28]其中很多人想必是雇主，而不仅仅是工人。[29]但他们依然存在，没有在 3 世纪的危机中消失。

就是这些人在地方上成为基督教社团神职人员的来源。我们知道这一点，是因为就公共服务和体力劳作的问题，城市里发生了最为激烈的"零和"斗争之一。市议员从来不是一个封闭的种姓团体，他们常常从外面招募比较有钱的市民阶层的成员，从而保证有更多人来共同负担税收和承担其他职责。整个帝国的市议会都在搜寻那些处在财富上升期的富裕市民（既包括农村人，也包括市镇居民）。这些人的收入使他们通过选举，被迫进入当地的市议会。尽管这种拔擢可能会让人扬扬自得（就像我们在"马克塔尔的收获者"的例子里看到的），但市议会借此来动员本地区每一个财富拥有者去执行收税、执法和维持秩序等灰色任务。[30]

但市议会并不是对富裕市民感兴趣的唯一群体。基督教社团同样希望把他们变成神职人员。和他们的主教一样，很多神职人员追求神职是为了逃避公共职责。[31]但神职授予也绝不只是为了避税那么简单，它是一种对个人在基督教社团中的地位的认定。基督教社团的很大一部分成员是加入了贸易行会的市民阶层，富裕市民自然而然就是其中的领袖。晚至 5 世纪 20年代，奥古斯丁写道：在非洲的城市中，当行会遇到困难的时候，神职人员也会遇到困难。在好一些的年头，行会乐于让一些成员去地方教会服务，但当税收和公共强制劳役变得沉重时，行会就不再准许成员为地方教会服务了。[32]

总而言之，从社会地位来看，4 世纪早期，基督教会众看起来主要是由中等富裕的市民构成的，他们不觉得自己是有钱人，但他们也绝不是穷人。[33]事实上，他们的欢乐与舒适让巴塞罗那主教感到震惊：380 年前后，会众的一席话使这位主教试图向他们布道——在四旬期需要忏悔和保持谦卑。会众对他说的是：

我们作为普通人挺不错的。我们不住在大理石覆盖的豪宅里，没有黄金傍身，不能身着平滑的丝绸和亮丽的染布，但我们仍然在大街上和海边有自己的小住所，我们有上好的葡萄酒、精致的小宴会，以及与欢悦的老年生活相匹配的一切。[34]

"来自上帝的礼物"：基督教赠予和教会的财富

"普通人"是个开放性的概念。巴塞罗那主教并不一定只用它来指称市民阶层。它同样可以指小地主和市议会中地位较低的成员。但这个词指向一种对比，即在有钱人影响之下的那个世界。我们常常会低估这个世界的复杂性和韧性。要感受这个世界的财力，我们需要前往威尼斯东北方的阿奎利亚，它位于今天离亚得里亚海北端几英里的内陆。对于现在参观阿奎利亚的人来说，在中世纪的方形教堂底下出土的大镶嵌画地板是对那个湮没了很久的基督教世界令人吃惊的沉默见证。镶嵌画覆盖着一个庞大的方形教堂的地面（56 英尺宽，122 英尺长）。这个教堂由提奥多卢斯主教建造，很可能就在君士坦丁皈依之后不久。[35]

在主中殿的上端，一组位于圆环内的镶嵌画上的铭文总结了提奥多卢斯作为阿奎利亚主教的功绩：

啊，有福的提奥多卢斯，在万能的上帝和上天托付给你的会众的帮助下，你有神庇佑，完成了这一切，并光荣地将它们尽数奉献。[36]

中殿中部的镶嵌画清楚地解释了这组铭文的意思。财富流向了教会。八角形的砖板上画着身着晚期罗马服饰的体形丰满的仆人，他们在收获地上的果实。他们忙碌的身影让人不禁想起同时代庄园的镶嵌画上，很多场景展示了带着田园气息的纯真和丰饶。在正中央，一个长着翅膀的胜利女神，头戴桂冠，手持棕榈，身下是两个盛得满满的篮子，它们是平信徒献给教堂的"初熟的果子"。

40　　在中殿的下部，8 个半人高的镶嵌画肖像说明了会众成员的可能的组成。画上是三代男女，他们的衣着显示了元老院议员的身份，或至少是试图模仿这种身份。对"上天托付（给提奥多卢斯）的会众"的慷慨和相对尊贵地位的称颂，再也没有比这更明白的了。[37]

整个地板（以及很可能整个建筑）是由世俗捐赠人协助主教筹资建造的。单单铺就地板上的镶嵌画就得至少花费 400 金币。和元老院议员的巨额财富相比，这只算是小花费，但这并不是个小数目，这笔钱相当于 80 个贫困家庭的年收入，或是 10 位拉丁语法教师一年的收入总和。

因此，在基督教帝国的初期，在阿奎利亚这样的重要港口城市（4 世纪的"亚德里亚海的皇后"）里，教会已经有钱得让人吃惊了。阿奎利亚的经济状况或许可以解释为什么教会会有这么多财富，但它不能解释这些财富被获得和使用的方式。我们面对的是一种来源广泛的财富。很显然，它分别属于主教和地方平信徒精英，这些平信徒中的一些人比神职人员和普通会众的社会地位要突出得多。

对平信徒来说，以这种方式向教会赠予是一种虔诚的行为。在和提奥多卢斯的方形教堂毗邻的地方有另一处镶嵌画铭文，它很可能是在同一时间铺上去的。它说明了一个名叫亚努阿里乌斯的人进行了一笔可观的捐赠：880 英尺长的镶嵌画（816 平方英尺，花费在 50 金币左右）。他用的是"来自上帝的礼物"[38]。这个简练的短语回应的是大卫王为耶路撒冷第一圣殿奉献时的郑重誓言："因为万物都从你而来，我们只是把从你那里得来的献给你。"（《历代志上》29：14）

犹太人和基督徒都使用这种奉献的程式。它也出现在犹太会堂，比如在卡里亚的阿芙洛迪西亚（位于今土耳其西南部），[39]以及稍晚一些时候在撒尔迪斯。[40]和在犹太会堂里一样，富裕的基督教捐赠人宣称，通过向教会奉献，他们将上帝给予他们的大量财富中的一小部分回献给上帝。

尽管很多成员是有钱人，阿奎利亚教会依旧是一个低调得惊人的基督教社团的中心。在最近一项对罗马帝国晚期的阿奎利亚具有决定性意义的研究中，克莱尔·索提奈尔指出，一个显著的不一致存在于提奥多卢斯主教有些超前的富裕的方形教堂——位于河岸之上，把港口尽收眼底——与阿奎利亚城"羞怯的基督教会"之间。我们面对的是一个富裕的基督教社团，但这个教会并不准备占据阿奎利亚社会的高地。[41]

并不只有基督徒在富裕的同时还保持了骨子里的低调。在4 世纪以及之后，整个帝国范围内的犹太会堂以完全相同的方式兴旺发达。[42]基督教会和犹太会堂都为拥有中等财富的人提供了一个空间，使他们能够通过虔诚的捐赠表现自我。在基督教会和犹太会堂的地板铭文上，我们低头就能看到那些由真正的富人提供给整个家乡的惊人花费（我们将在第 3 章进行描述）。与此不同，我们遇到了一种更为谦逊的捐赠方式，捐赠

41

者所属的阶层常常处在一种几乎隐形的社会状态。在类似基督教会和犹太会堂的宗教建筑里，捐赠者奉献的对象是他们的社区。但当他们奉献时，他们明确表示他们同时也是在向上帝奉献——事实上，这层意义是首要的。244 ～ 245 年，杜拉欧罗普斯（位于今叙利亚幼发拉底河河边）的犹太社区领袖，把他们的名字刻在了不久前绘上壁画的巨大会堂的天花板的一排瓦片上。这片天花板高出地面 20 多英尺，上面的名字几乎无法被会众读到。其实，这些铭文是专门为上帝的眼睛准备的。教堂的修建者在上面宣称，他们已经做完了自己的工作，"用他们的钱……出自他们内心的渴盼"。用这个表达，他们响应了先知以赛亚："我们心里所羡慕的是你的名，就是你那可纪念的名。"[43]（《以赛亚书》26：8）

总而言之，在基督教堂和犹太会堂里，由社会地位相对不高的男女们奉献的镶嵌画镶板和铭文是热门的新慈善形式，被自豪地展示在神圣建筑的围墙之内。阿奎利亚的提奥多卢斯的教堂是这种捐赠形式的一个先例，后来被广泛传播。在 400 年前后，当教会能够掌控更多的财富时，这种"来源广泛"的捐赠习惯依旧盛行。从布雷西亚到卢布尔雅那，从阿奎利亚到佛罗伦萨，由捐赠者个人或是他们的家庭奉献的、由镶板构成的镶嵌画地板成为教堂的寻常特征。[44]

与教堂整体的花费相比（可能高达 2000 索里达），地板上的镶嵌画镶板只能算是小物件。[45]事实上，因为铺就的地板通常是唯一遗留下来的东西，我们无法知道教堂的其余部分是通过个人的奉献支付的，还是主教用教会的资金来偿付的，或者是依靠了某一位或一群有钱的庇护人。真正重要的是这些镶嵌画所传递出来的信息。社团的个体成员——无论是平信徒还是神职人员——是作为地方教堂的热心捐赠人被记录下来的，这么做，他们感到"荣耀和喜悦"[46]。

与罗马贵族挥洒在他们的宅邸和演出中的巨款相比，所有这些都是零头。但信徒奉献礼物很频繁，而且虔诚捐赠习惯的传播之广泛令人惊异。在小城杜罗布里维（位于英格兰东部沼泽地带的边缘），基督教社团的繁荣可能和附近的铁矿有关。那里的教会因一盏令人印象深刻的银质圣餐杯而颇为得意，这只圣餐杯来自一位虔诚的捐赠人——"依靠你，我敬拜你的圣坛"。这个教会还拥有一套薄银片，每一个都印着象征耶稣基督的"XP"。这些银片很像不列颠的多神教庙宇里用来还愿的奉献品。即使是在君士坦丁皈依之后的过渡年代里，即使是一个像罗布里维这样远在拉丁西方世界的边陲小城，这样一种虔诚捐赠的稳定模式也已经开始巩固教会，并为其提供一抹荣华。[47]

我们需要注意的是这种基督教捐赠与圣餐之间的关联。在那个时候，圣餐礼最实地地浓缩了此种奉献的理念：献给上帝的奉献会受到他的保佑，进而重新分还给信徒。圣餐的范式确保了教会中不同形式的捐赠被视为同等重要。给教会提供镶嵌画镶板是一种神圣的行为；镶板是给上帝的礼物，因此这一行为和施舍穷人没有分别。作为现代人，我们可能会觉得，基督徒对穷人的慈善活动和他们对地方教会基础设施建设的支持不是一回事。4 世纪的基督徒们很少做这种区分，所有虔诚的礼物都被认为是同等重要的；所有给上帝的奉献都来自他给予人类的美好事物；所有赠予都被认为来自唯一一种奉献的范式——首先是给上帝，其次才是给同伴。圣餐的庄重献祭就是对这种奉献范式的概括。[48]

42

"施舍"：教会中的捐赠，从居普良到君士坦丁

镶嵌画地板展示了基督徒捐赠者给地方教会的切实支持，却无法展示基督教捐献的另一面——在教堂里、教堂门口或信徒家中，接受施舍的穷人聚集着。然而，布施同样是基督教实践中的必要成分。早在君士坦丁皈依前，基督教对穷人的照顾就已经达到了令人印象深刻的规模。[49]在迦太基的居普良主教（248～258年在位）的作品中，"施舍"——向各种各样的处在困顿中的人的布施——是一个关键词。对居普良来说，施舍是教会"活力"的秘诀所在，它展示了，上帝的精神在社区中发挥着作用。[50]虔诚的赠予从来不是同情心的随意表达，教会的领袖们小心地把它导向一个清晰的目的。虔诚赠予被调用来帮助教会挺过大迫害时期——用来支持那些被当局投入监狱的人，以及为来自其他城市的逃难者提供庇护。在其他人放弃信仰时，社团里一些较穷的成员依旧立场坚定。对他们的奖励就是把他们遴选出来，接受从信徒中募得的救济。[51]

像居普良这样的主教同样会意识到，布施有助于弥合基督教社团内部的社会裂缝。除了罗马，迦太基是地中海西部地区最富裕的城市。自3世纪早期德尔图良的时代以来，迦太基的基督教社团就容纳了一些有钱有势的人。[52]作为一个具有毫不掩饰的"集权"性格的主教，居普良致力于像管理牧区中的其他成员一样行之有效地管理那些有钱的成员。[53]为做到这一点，他坚持要求富人完完全全地把钱花在他领导的教会上。他督促有钱的贞女只需要让穷人"感受到她们的财富的分量"，

而不应当把钱用在他的教会之外，她们更不能花钱资助个别的神职人员，这是为了防止在教会内部赞助居普良的竞争对手。[54]他还坚持要求那些在迫害时期放弃信仰的人在他的教会里忏悔，这意味着，在实际行动中，他们应该通过慷慨的施舍来赎罪，方法是只向居普良的穷人布施。[55]

居普良对施舍的看法是极端内向型的。基督徒理应帮助基督徒，而不应或应极少向外延伸，去帮助非基督徒穷人。而恰恰是因为对内部团结的激烈强调，居普良才有能力调动很大一笔钱。有一次，他通过信徒的捐献聚到了 10 万塞斯特斯（sesterce），用来从柏柏尔人那里赎回被俘虏的基督徒弟兄。[56]这笔钱款相当于 3000 名劳力一个月的薪水（或是一位帝国书记员半年的薪水）。他的书信总是提及这种筹款运动，这些书信提供了"实际的证据，证明教会构成了一个社会中的社会"[57]。

在这方面，居普良并非特例。罗马教会是拉丁西方世界中最富裕的教会。251 年之前，罗马主教宣称有能力支持 1500 名寡妇和穷人——这个数量相当于罗马城中最大的工匠行会成员的数量。[58]

"因为有钱人必须承担他们在尘世的责任"：君士坦丁之后穷人的特权和对穷人的关照

因此，当君士坦丁转向基督教时，他看到的不仅仅是一群全能上帝的崇拜者，更是一个由虔诚地向穷人提供施舍的人构成的社群。正是基督教会的这一特征，使他和他的继任们在赋予教会特权时还添加了一条很重要的交换条件。帝国法律清楚地表明，主教和神职人员接受特权不单单是因为他们为帝国祈　44

祷，也因为他们要照顾穷人。[59]

然而，同样明显的是皇帝赐予这一特权时的傲慢语气。主教和神职人员们接受特权，正是因为他们不被认为是有钱人，也不应当通过招募市议员阶级的成员来抬高自身。他们甚至不被允许把富裕的市民吸纳为神职人员。相反，他们的任务是眼光向下，面对穷人。就像君士坦丁在 329 年颁布的一道敕令中解释的："有钱人必须承担他们在尘世的责任，而教会的财富应当用来帮助穷人为生。"诚如《法典》的注释者丽塔·L. 特斯塔所言："神职人员如同穷人，也主要关怀穷人。"[60]帝国西部的绝大多数人，无论是不是基督徒，都应该会同意这个观点。

然而，这个观点很快就过时了。在 4 世纪末（390 年前后），多神教史学家阿米阿努斯·马尔切利努斯（我们就是从他那里获得了对佩托尼乌斯·普罗布斯的不义之财的令人难忘的描绘）在回顾某些基督教主教新兴的荣华时，刻意表达了异议。一个世代前，达马苏斯于 366 年成为罗马主教的那场选举颇有争议，阿米阿努斯对此有一幅令人难忘的速写。选举伴随着骚乱："仅在一天之内，就找到了 137 具被害者的尸体。"对阿米阿努斯和他的读者来说（无论是基督徒与否），这个故事的寓意在于，神职人员已经变得自高自大了。这意味着，甚至在 4 世纪末，神职人员在社会中的理想形象依旧是君士坦丁的法令所设下的——一种不引人注目的形象。就像阿米阿努斯声称的，很多神职人员依旧是这种理念的典范。

达马苏斯和他的对头本应效仿一些外省主教立下的榜样。这些主教们极端节俭的饮食、朴素的穿着和低垂的双眼，为他们在永恒的神祇和他真正的崇拜者那里赢得了赞誉，被看作"纯粹的和本分得体的"人。[61]

这段文字值得特别注意。我们并不常有机会看到由处在局外的非基督徒对基督教神职人员的描述。阿米阿努斯在用词上特别斟酌。对罗马人来说，"本分得体"是一个有着强烈感情色彩的词。它提纲挈领地涵盖了"有自知之明"这样一种罗马的德行。"本分得体"是一种讲究细微得体的德行。像学校教师、文法家和医生这样的专业人士，在面对比他们社会地位高的人时，被认为应当展示出"本分得体"的品性。尽管他们为庇护人提供了不可替代的技能，但与那些真正的社会领袖相比，他们依然"在社会地位上是穷人"，他们不应该汲汲营营。在阿米阿努斯看来，基督教主教们也应当如此。最适合教士阶层的，就是这种"本分得体"，而不是其他更积极主动的德行。[62]神职人员在罗马社会中有一个自己的社会位置，他们就该待在那儿。

45

"谨严的厅堂"：教会里的富人，350 年

在晚期罗马基督教历史的各项发展中，有钱有势的人进入教会这一点从很多角度上讲都是最可预期的。尽管在理论上，基督教自我认同于穷苦和受压迫的人，但基督教社团在社会构成上从未是铁板一块。它们对社会的两端都保持了开放性，一端是那些比富裕市民——基督徒会众的主体——远为贫穷的人，另一端是比他们远为有钱有势的人。到 350 年，有钱人已经做好了准备，要在教会中发挥影响。

343 年，拉丁主教们在塞尔迪卡（今保加利亚索非亚）集

会。集会表达了对一种现象的关切："有钱人，或律师，或一位前任行政官员"竟可以在没有神职经历的情况下被会众选为主教。这些主教反对这种"速成式"神职任命的裁定。这反映了"普通人"群体的警觉。这个群体经历了在一个低调组织中服务多年的资历的积累，他们担心未来会被来自社会上层的势力接管。[63]他们的忧惧有充分的理由。仅仅一个世代之后，安布罗斯——一位元老院议员和代理总督——将在毫无准备的情况下直接成为米兰的主教。但是，那些不曾追求神职的有钱的平信徒是怎样的人？他们是哪一类有钱人？他们又想在教会中获得什么？让我们以试着回答这些问题来结束本章的讨论。

从大视角来看，有钱的基督徒在 4 世纪的持续增加丝毫不令人感到奇怪。君士坦丁对多神教信仰的"不干涉"政策本身与他本人所促成的社会革命之间存在完全对立的矛盾。就像已经讨论过的，这个社会革命无异于对传统精英的一次重构，其方法是确保指向宫廷的道路前所未有的多，而指向传统的社会权力中心的道路前所未有的少。撇开多神教皇帝"叛教者"尤利安骇人的短暂统治（361～363 年）不谈，罗马世界的统治者一直都是基督徒。就算当时的皇帝在政策上（以及对公务人员的选择上）倾向于不考虑宗教因素，我们也不应该低估一个基督教宫廷的持续存在施加给上层社会的"温和压力"。越来越多的廷臣对旧宗教毫不感冒，而靠近宫廷则意味着被这些廷臣包围。

46　　米歇尔·萨尔兹曼对 4 世纪西罗马帝国精英的宗教选择的统计研究，以图表的形式反映了西部世界的基督教化。她得出的结果与常识判断一致。萨尔兹曼在那些因为工作而靠近皇帝的人中发现了很多上等阶层的基督徒。同样有很多基督徒出身外省精英。在那里,为皇帝提供服务和皇帝发放的特权在重塑传统社会方面有决定性影响。正如我们已讨论过的,相比之下,在罗马城及其周边地区,在非洲部分地区,皈依基督教的现象要少得多。在这些地方,正如我们之前所讨论的,祖上的家底依旧是支配性的力量,传统阶级及其门客的社会根基非常深厚。[64]

我们应该设想这么一幅西欧地图:在不列颠、高卢、西班牙和巴尔干的大片地区,基督教都被局限在城市中,它在以多神教信仰为主的乡下的映衬下就显得很渺小。在罗马和意大利的很多地区,尽管基督教很活跃,旧宗教依然占主导地位。在其他地方,地方精英在宗教忠诚度方面和他们在其他所有事务方面一样,并不一致。但是,他们对宫廷的基督教的态度更为开放,因为相比罗马城的贵族,他们更加依赖皇帝的恩宠。

这样一幅常识性的地图有很多值得推崇之处。但是,用来描绘上等阶层所投身的罗马西部世界的基督教会的宗教画面多少显得过于扁平。它没有解释上等阶级的成员(无论他们是皈依的,还是有基督教家庭背景的)在教会里找到了什么而让他们感到愉悦甚至兴奋。让我们试着重现成为基督教社团的成员对这些上等人来说究竟有何吸引之处。

很多基督徒作家和思想家都强调,基督徒不是那么好当的。基督教方形教堂自身被表达为"正义之所"和"谨严之厅堂"。[65]来自各个阶层的成员共聚于此,敬拜一位"不能与罪和解"的神;他的双眼不被"皮相所障",能看透内心;他的命令"容不得任何违逆之意"。[66]这些话出自拉克唐修,一名非洲的基督教修辞家,他同时也是君士坦丁儿子的导师。这是一幅严苛和威严的画面,出自一位集权君主的孩子的家庭教师之口也算在意料之中。

但教会不只被认为是道德零容忍的地方，它还被看作宽恕之地，意味着打破边界。在居普良的传统里，从罪的桎梏中的解放，被生动地具体化为日复一日、通过面向穷人而实现的对社会边界的打破。殉道者们惊人地不为死亡所动，这证明死亡这个终极边界也已经被抹除了。除此之外，不断增长的对殉道者的崇拜在很大程度上基于一项前设的基督教信念，即死者依旧和生者离得很近。[67] 当然，富人和穷人之间、生者和死者之间、英雄人物（殉道者）和普通信众之间的边界并没有被彻底取消。但在 4 世纪基督徒的想象中，这些边界被美好地悬置了起来。这种消弭界限的想象和关于他们周遭那个粗粝的、分割化的世界的常识之间存在矛盾。

总的来看，道德上的严苛与一种从常规世界的重负中获得解脱的感觉的结合，确保了基督教会被一些人看作慰藉之所。在这个意义上，基督教可以被视为罗马社会为上层社会成员提供的一系列"逃生舱口"的最后一个。正如赛思·史华兹近期的研究所指出的，各种形式的反主流文化社团曾在很长时间里构成了罗马富裕阶层的慰藉之所和安全闸。这些人觉得生活的节奏太过高速和昂贵，因为对面子的顾及和对礼尚往来的考虑总在无情地压迫着他们的神经。[68]

这类反主流文化社团中最著名的，就是古典希腊和早期罗马帝制时期聚集在哲学家身边的志同道合的小团体。这些团体的存在，使疲惫乃至幻灭的精英阶层成员能够尝试各种形式的"换种活法"。友谊、对智慧无功利的共同探索、松弛的等级感以及对与钱有关的事情的冷漠，这些理念在这些团体中盛行。我们不应该低估这类团体在古典罗马和罗马帝国晚期的吸引力。

但哲学圈子总是很小,而且在社会阶层的延展性方面很有局限。它们中的大多数都致力于非超自然的治愈方式。相对的,基督教会宣称在一个更广的范围内提供这一切,其方式方法结合了所有阶级,同时对天上和地上都有所顾及。[69]事实上,到350年,基督教会已经成为整个古典世界历史上最大的逃生舱口。被认为由高尚、"纯洁"和毫不虚伪的人领导的——刻意与世俗权力相区分——教会提供了一种高贵的、道德上令人振奋的,甚至是令人激动不已的反主流文化生活试验的氛围。

君士坦丁的革命需要这样的反主流文化。因为革命带来的社会巨变造成了对上等阶级普遍而生硬的破坏与重构。无论是以成功者还是失败者的姿态进入教会,4世纪中后期的富裕基督徒在很大程度上都是这场革命的产物。通过成为基督教社团的一员,他们应该找到了一种社会和道德的都市绿肺。

我们仔细考察就能发现,教会所提供的慰藉的蛛丝马迹不仅在文本里(可能会被认为不过是愿景而已),也在现实中。著名的基督教工艺和遗址(例如罗马的地下墓穴和意大利北部的镶嵌画地板)中的各种捐赠和下葬模式的总体印象大概可以最恰当地表达为"等级感松弛的氛围"。这并不是19世纪研究早期教会的浪漫主义史学家们所想象的那种乌托邦式的平等关系,我们面对的也并非一种革命性的民主主义。但是,这一发现依旧意义重大。这是一个温情脉脉的晚期罗马社会。

在一项晚近针对罗马地下墓穴的空间和纪念碑分布的精彩研究中,约翰·波德尔指出,当时的基督徒的纪念碑不存在明显的社会区分,尽管社会区分绝没有被彻底抹除。到350年,地下墓穴中也存在基督徒家庭的穹形墓穴，有绚丽的图绘、大理石镶嵌和大型石棺。但是，不同墓穴之间的差别没有被强调。不像很多多神教徒的陵墓和骨灰堂那样，基督徒的穹形墓穴并没有从其他墓穴中孤立出来。在多神教徒的骨灰堂中，为家庭的附属人员准备的大排墓穴像鸽房的狭槽一样从地面升起，被清晰地用界石或篱笆——"罗马世界中传统的地界标"——分隔出来；[70] 相对的，基督徒家庭的穹形墓穴没有被私人化的标记包围，走过它们是为了到达环绕着它们的更简陋的墓穴，就像走过毗邻拥挤小巷的敞开的宅邸，进入一座基督教主导的地下墓穴，就好像进入了一个"异样的、有点令人迷惑的世界"[71]，其特征是：

> 一种在财富和地位上相异的人群的异质的混合，（看上去）对特权和等级的表征没有明确统一的观念。[72]

镶嵌画地板给出的是相同的印象。这些镶板在不同的城市中不尽相同；其中一些比另一些更为直接地表现了等级感。例如，在维琴察，由菲利克斯——一个"名人"，元老院荣誉成员——和他的女眷们奉献的镶板有着不容置疑的重要地位。它被放在教堂的中心位置，正对着入口的门。[73] 然而，与之相比，在维罗纳，儒菲努斯——一个类似的"名人"——所奉献的长达 300 英尺的镶板并不位于中央位置；另两位同样级别的捐赠人甚至没有炫耀他们的头衔。[74]

这也适用于其他的基督教工艺品。马尔提雅·罗马尼亚·切尔萨——君士坦丁时期的基督徒执政官亚努阿里努斯的妻子——的石棺在阿尔勒被发现，和其他很多由不太出名的人从罗马购买的石棺相比，它没有什么不同之处。一个勉强算是完工的石棺构成了对切尔萨的身份多少有点压抑的陈述。而在 3世纪，同样阶级的多神教徒用在石棺的大理石雕刻堪称充满自信的华丽杰作。这两者之间的对比是惊人的。[75]

这些都是小线索，但它们指向的是一种与众不同的社会基调。在进入教会时，有钱人很可能找到了一种反主流文化的社会位置，在晚期罗马社会体制的生硬现实中，稍稍向旁挪动了一些。我们不应该低估这种处境的吸引力。一个基督教会就像一个墓葬群，能够构成"一种对脱离于不堪的生活现实的理想社会秩序的隐晦表达"[76]。

在这个充满了竞争性和仪式化的时代，一个等级感没有被废除但被消音的地方有很可观的吸引力。同时，对殉道者的崇拜带来了象征性地表达异议的机会。与之相伴随的危险的兴奋感——在罗马先前的哲学性反主流文化中就存在——同样不能低估。在一个绝对主义的时代，基督教对殉道者的崇拜为创造一个与既存权力保持内在疏离的小区域提供了可能。尽管帝国的体系始终没有被直接地对抗，但这种权力被相对化了。它被仅仅视为一种"此世的权力"。殉道者为之牺牲的上帝，被认为有更高的权力。这样一种带有慰藉性的意识，瓦解了帝国权力原本拥有的压倒性力量的神话。

但这样的教会面对着一些问题，其中很显著的一个是，基督教会绝非唯一为基督徒提供更舒适的社会关系的场所。如果教会（以一种反主流文化的方式）将自身呈现为一个大家庭，那么一个大家庭同样能够把自己呈现为一个教会。如果认为，在君士坦丁的时代，成为一名基督徒就意味着不可避免地成为某个特定的基督教社团的一员，进而要服从那些比更富的会众

49

社会地位更低的司铎和主教的管辖，那么，这一想法是在犯时代颠倒的错误。

书写一部晚期罗马帝国平信徒和神职人员关系的历史，涉及不为人知的第一步。平信徒必须在严格意义上成为平信徒——一个身在教会，同时属于教会的人群（laos）。他们必须在与神职人员休戚相关的特定建筑的围墙之内与神职人员发生关联。我们不能把这一步看作理所当然。晚近学者的作品——如肯贝里·鲍斯关于城镇和乡下家庭宗教的研究[77]、凯特·库珀关于罗马贵族家庭的研究[78]，以及克莱尔·索提奈尔关于阿奎利亚基督教社团性质的研究[79]——指向的是有关这些教堂的别样的历史。

原本看来清楚明了的 4～6 世纪的主教、神职人员和平信徒之间关系的历史，在一种隐晦的、另类的基督教社团秩序中不再成立。这是一种以家庭为基础的基督教，主教和神职人员在其中发挥的作用比他们所期望的要小。在君士坦丁时代明亮的新黎明中，这种基督教作为一种顽固的另类并没有消失。在基督教会及其领袖被官方认可、主教权力随即得到加强之后的很长时间内，私人的基督教崇拜以各种形式继续存在。从在有钱人的殿宇和庄园中聚集在私人教师周边的虔信团体，到设立在大地产深处的家族陵墓旁的小礼拜堂，这种基督教有各式各样的形态。在本书中，我们会注意到，直到 6 世纪末，有一种持久而低沉的对话存在于公共教会和各种更私人的、"非教会"的基督教形式之间。

"有趣的时代"：君士坦丁体制在西部世界的终结

终结是可以预见的。在很多方面，君士坦丁的体制为基督教社团抵制了它们的富裕成员。君士坦丁鼓励神职人员向皇帝，而非向社会上的地方领袖寻求保护和时常惊人的捐献，但这是一个昂贵的体制，它要求帝国有足够的经费，皇帝有无穷的意愿，为其治下所有区域内的教会事务提供细致的管理。

这种体制注定无法持久。363 年，尤利安皇帝在波斯灾难性的失败之后，能够提供的资金变少了。帝国给教会的拨款被削减，教会在税收上的豁免也受到了更严格的限制。

帝国变弱了，也被切分了。[80]西部帝国的皇帝瓦伦提尼安一世是个抠门的军人。他把钱优先花在了莱茵河和多瑙河沿岸的帝国边境上。他真心致力于维持教会内部的共识，但他并不愿意花大力气强制实现这种共识，更不愿意把钱花在主教身上。[81]这种做法让先前被君士坦丁的体制抑制的一群人——受到有钱庇护人支持的、好斗的宗派主义者——有了活动的空间。

有钱的庇护人和迄今为止低调的基督教社团之间权力平衡的转移，在很大程度上是一个无声的过程。我们只能通过零星的线索加以把握。但是，在一系列基督教社团内部的尖锐的地方性冲突中，这种转移造成的结果变得很明显。这些冲突和一个神学宗派的胜利有关。我们今天把它称作"阿里乌斯派论争"。简短地说，在君士坦提乌斯二世的努力斡旋下，一项公认的单一信条曾得以达成。如今，围绕着这个信条实现的、帝国范围内的主教的共识受到了挑战。君士坦提乌斯二世支持的信条在其敌人看来沾染上了"阿里乌斯派"异端。这项指控本身是一种嘲弄，但它也是一种战斗口号，使主教们的新卫士能够作为正统教义的捍卫者和"阿里乌斯派"异端的高调反对者接管关键的教区。

51　　这些人是极端分子，他们以毫不妥协地忠诚于《尼西亚信经》——在 325 年的尼西亚会议上产生的基督教信仰的原初声明——而闻名，他们准备好要除掉由君士坦丁和他的儿子君士坦提乌斯二世所设立的教会建制，他们视之为陈旧的和狂妄的专政。[82]

　　尼西亚极端派担得起以这样一种专横的方式去除君士坦丁体制。尽管他们的人数很少，但他们以与有权有势者联系密切而著称。出于多种原因，我们会在随后的章节里关注其中三位。马丁曾在皇家卫队中服役，371 年，马丁被选为图尔主教，尽管这有违行省的主教和他们那些非常本分得体的城市神职人员的意愿。事实上，马丁得到了有实力的地主们构成的人脉网络的支持。[83]374 年，安布罗斯以总督的身份直接成为米兰主教，支持他的不是别人，就是我们在第 1 章中遇到的、拥有传说中的巨额财富和全面影响力的罗马大亨佩托尼乌斯·普罗布斯。[84]383 年，在遥远的西班牙，百基拉（Priscillian）成了阿维拉主教，靠的仍然是有钱的狂热分子的支持。[85]

　　就像我们将要看到的，这些极端分子的胜利不是完全的。尽管努力建立了自己独特的正统教义，他们推行的其他方面的极端计划并没有那么成功。这些活跃分子在大城市中的出现所造成的影响，在很大程度上没有波及拉丁西方世界的很多区域。对马丁、安布罗斯、百基拉上位之后的一代人来说，时代的部分剧本是：尽管这些极端分子奋力推行改革计划，没那么善辩的大多数拉丁基督徒并没有退缩，他们依旧在教会里表达自己的观点。

　　因此，这种局面导向了冲突和激烈的论辩。在百基拉的例子里，对他的晋升的反对，最终导致了若干地方主教集中针对百基拉和他的上等阶层支持者之间关系的一系列责难。这些责难致使他被当作巫师处死。并非每一个新派主教都有这么戏剧性的结局，但他们都遭遇了很多无声的反对。马丁的修道主义让他被高卢地区庄园主贵族们视为英雄，但这种修道主义受到了很多高卢城市中更为本分得体的神职人员的长期厌恶和抵制。安布罗斯在他的作品中提出的模范神职人员的强势形象，就算是在米兰教区影响范围之内的很多城市里也不过是一纸空文，但这种领袖的出现，表明时代不同了。马丁、安布罗斯和百基拉这些人物浮出水面所引发的冲突，标志着"本分得体"作为拉丁教会主导特征的开始终结。

中国有一句诅咒是这么说的："下辈子投个好胎吧！"在 4 世纪 70 年代之后，西部世界就进入了这样一个有趣的时代。对那些在被君士坦丁和他的继任者们所接受的两极分化的社会中成长起来的人来说，新的时代是令人震惊的。西罗马帝国的大多数人——多神教徒、犹太人，以及绝大多数基督徒——对像安布罗斯这样的领袖表现出的异常尖锐感到不适，同样难以适应的，是他们为支持自己的事业所能动用的社会力量。52

但是，在逐时逐地地探索这个转变之前，我们必须退回来，用一个更宽广的视野去考察有钱人在基督教会之外的生活中所习惯的赠予形态。之后，我们将考察在基督教会内部，赠予的与众不同的特征。最后，同样重要的是，我们必须试着描绘，在 4 世纪末和 5 世纪初，当有钱人发现自己被期望不仅在所在的城市还在基督教会中扮演赠予者的角色时，那种在创新和传承之间富有挑战性的混合。

注 释

[1] R. Syme, *Ammianus and the Historia Augusta* (Oxford: Clarendon Press, 1968), 210.

[2] 在数不胜数的研究中，我认为对君士坦丁的统治及可能动机最可靠的叙述是 T. D. Barnes, *Constantine and Eusebius* (Cambridge, MA: Harvard University Press, 1981), 以及更新的研究 *Constantine: Dynasty, Religion, and Power in the Later Roman Empire* (Oxford: Wiley – Blackwell, 2011). R. Van Dam, *The Roman Revolution of Constantine* (New York: Cambridge University Press, 2007), 它很恰当地处理了君士坦丁非宗教方面的用心程度和复杂性。同时参见 *The Cambridge Companion to the Age of Constantine*, ed. N. Lenski (Cambridge: Cambridge University Press, 2006); and T. D. Barnes, "Was There a Constantinian Revolution?" *Journal of Late Antiquity* 2 (2009): 374 – 84。新的研究参见 K. W. Wilkinson, "Palladas and the Age of Constantine," *Journal of Roman Studies* 99 (2009): 36 – 60, 以及同一作者的 "Palladas and the Foundation of Constantinople," *Journal of RomanStudies* 100 (2010): 179 –94。以上两篇重要的论文，如果接受其论证的话，可以看到它们把君士坦丁对东部省份多神教的冲击描绘得更为剧烈。

[3] 熟悉相关文献的读者会看到，对于君士坦丁在支持基督教信仰上的动机及其产生的影响，我倾向于"最小化"而非"最大化"的理解。对这个学术争论的总结参见 E. D. Digeser, *The Making of a Christian Empire: Lactantius and Rome* (Ithaca, NY: Cornell University Press, 2000), 167 – 71。另外，P. Veyne, *Quand notre monde est devenu chrétien (312 – 394)* (Paris: Albin Michel, 2007), 最近被翻译成英文 *When Our World Became Christian, 312 – 394* (Cambridge: Polity Press, 2010), 这本书表达了十分有力并带有鲜明矛盾性的观点，非常值得思考。

[4] 对比 Barnes, *Constantine and Eusebius*, 191 和 R. Lane Fox, *Pagans and Christians* (New York: A. Knopf, 1987), 265 – 335。

［5］ K. M. Hopkins, "Christian Number and Its Implications," *Journal of Early Christian Studies* 6 (1998): 185 – 226. 关于君士坦丁之前的基督教的扩张, 参见新的研究 M. – F. Baslez, *Comment notre monde est devenu chrétien* (Tours: éditions CLD, 2008), 127 – 200, 它是对 Veyne, Quand notre monde est devenu chrétien, 35 – 91, *When Our World BecameChristian*, 17 – 45 的回应。

［6］ J. B. Bury, *History of the Later Roman Empire from the Death of Theodosius I to the Death of Justinian* (A. D. 395 – A. D. 565) (London: MacMillan, 1923), 1: 366.

［7］ N. H. Baynes, *Constantine the Great and the Christian Church*, 2nd ed. with preface by Henry Chadwick (London: Oxford University Press for the British Academy, 1972), 9 – 10, 29 – 30; Veyne, *Quand notre monde est devenu chrétien*, 33, *When Our World Became Christian*, 16.

［8］ Letter of Constantine (of 313) to the bishop of Syracuse: Eusebius, *Ecclesiastical History* 10. 5. 21.

［9］ Barnes, *Constantine and Eusebius*, 208 – 44; 同一作者的 *Athanasius and Constantius: Theology and Politics in the Constantinian Empire* (Cambridge, MA: Harvard University Press, 1993), 165 – 75。新的研究参见 P. Just, *Imperator et Episcopus: Zum Verhältnis vom Staatsgewalt und christlicher Kirche zwischen dem 1. Konzil von Nicaea (325) und dem 1. Konzil von Konstantinopel*, Potsdamer Altertumswissenschaftliche Beiträge 8 (Stuttgart: F. Steiner, 2003); P. Barceló, *Constantius II. und seine Zeit: Die Anfänge des Staatskirchentums* (Stuttgart: Klett – Cotta, 2004); and Veyne, *Quand notre monde est devenu chrétien*, 141 – 58, *When Our World Became Christian*, 73 – 84。

［10］ C. Sotinel, "La sphère profane dans l'espace urbain," in *Les frontières du profane dans l'antiquité tardive*, ed. é. Rebillard and C. Sotinel, Collection de l'École française de Rome 428 (Rome: École française de Rome, 2010), 319 – 49 at p. 344; Veyne, *Quand notre monde est devenu chrétien*, 78 – 91, *When Our World Became Christian*, 39 – 45.

［11］ Augustine, *Dolbeau Sermon* 25. 25. 510, ed. F. Dolbeau, *Vingt – six sermons au peuple d'Afrique* (Paris: Institut d'études Augustiniennes, 1996), 266, trans. E. Hill, in *Sermons (Newly Discovered) III/11*, The Works of Saint Augustine: A Translation for the 21st Century (Hyde Park, NY: New City Press, 1997), 382；参见 P. Brown, *Augustine of Hippo: New Edition with an Epilogue* (Berkeley: University of California Press, 2000), 459 – 61。

［12］ Veyne, *Quand notre monde est devenu chrétien*, 159, *When Our World Became Christian*, 84.

［13］ R. S. O. Tomlin, "The Curse Tablets," in *The Temple of Sulis Minerva at Bath*, vol. 2, *The Finds from the Sacred Spring*, ed. B. Cunliffe (Oxford: Oxford University Press, 1988), 323 – 24.

［14］ 关于崇拜仪式从业人员所享有的豁免权的一般观念，参见 R. M. Grant, *Early Christianity and Society: Seven Studies* (New York: Harper and Row, 1977), 44 – 65；以及 M. Weinfeld, *Social Justice in Ancient Israel and in the Ancient Near East* (Minneapolis: Fortress; Jerusalem: Magnes, 1995), 16 – 17, 79 – 80。执行仪式的个人同样有权享有豁免权，参见 J. Alvar, *Romanising Oriental Gods: Myth, Salvation and Ethics in the Cults of Cybele, Isis and Mithras*, trans. and ed. R. Gordon, Religions of the Greco – Roman World 165 (Leiden: Brill, 2008), 266, 关于一个人以"为了皇帝的安康"的名义实施了牛祭 (taruobolium)，从而获得了豁免权。关于君士坦丁为犹太会堂的领导颁布的豁免权，参见 *Codex Theodosianus* 16. 8. 2, 16. 8. 4；A. Linder, ed. and trans. , *The Jews in Roman Imperial Legislation* (Detroit: Wayne State University Press; Jersusalem: Israel Academy of Sciences andHumanities, 1987), 131 – 38；以及 M. Jacobs, *Die Institution des jüdischen Patriarchen*, Texte und Studien zum Antiken Judentum 52 (Tübingen: Mohr Siebeck, 1995), 274 – 84。关于老师作为"灵魂的医生"，参见 *Syro – Roman Law Book* 116, ed. and trans. J. Furlani, *Fontes Iuris Romani Anteiustiniani*, ed. S. Riccobono (Florence: G. Barberà, 1968), vol. 2, part 1, p. 794。

[15] 特别参见 *Codex Theodosianus* 16. 2. 1 – 16, from 313 to 361 A. D. , with the edition with notes by R. Delmaire, *Le code Théodosien: Livre XVI*, SC 497 (Paris: Le Cerf, 2005), 122 – 55. K. L. Noethlichs, "Zur Einflussnahme des Staates auf die Entwicklung eines christlichen Klerikerstandes," *Jahrbuch für Antike und Christentum* 15 (1972): 136 – 54; R. Lizzi Testa, "Privilegi economicie definizione di status: Il caso del vescovo cristiano," *Rendiconti dell'Accademia Nazionale dei Lincei: Classe di scienze morali, storiche e filologiche*, ser. 9, no. 11 (2000): 55 – 103; C. Rapp, *Holy Bishops in Late Antiquity: The Nature of Christian Leadership in an Age of Transition* (Berkeley: University of California Press, 2005), 234 – 60; R. Van Dam, "Bishops and Society," in *The Cambridge History of Christianity*, vol. 2, *Constantine to c. 600*, ed. A. Casiday and F. W. Norris (Cambridge: Cambridge University Press, 2007), 343 – 66 at pp. 345 – 47。读者需要知道，这些法令中的很多依旧不能确定其颁布时间。

[16] 特别参见 Jones, *The Later Roman Empire*, 2: 734 – 37, 858 – 59，这本书提供了关于这些义务的程度和多样性的描述。

[17] *Codex Theodosianus* 16. 2. 16 (361).

[18] Lizzi Testa, "Privilegi economici e definizione di status," 91 – 96; Jones, *The Later Roman Empire*, 1: 118.

[19] A. H. M. Jones, "The Social Background of the Struggle between Paganism and Christianity," in *The Conflict between Paganism and Christianity in the Fourth Century*, ed. A. Momigliano (Oxford: Clarendon Press, 1963), 17 – 37 at p. 21.

[20] 关于意大利，特别参见 C. Sotinel, "Le personnel épiscopal: Enquête sur la puissance de l'évêque dans la cité," in *L'évêque dans la cité du IVe au Ve siècle: Image et autorité*, ed. é. Rebillardand C. Sotinel, Collection de l'école française de Rome 248 (Rome: école franäaise de Rome, 1998), 105 – 26, esp. at pp. 125 – 26, reprinted as "The Bishop's Men: Episcopal Power in the City," in *Church and Society in Late Antique Italy and*

beyond (Farnham, UK: Ashgate/Variorum, 2010), article VII;
同一作者的 "Le recrutement des évêques en Italie aux IVe et V^e
siècles," in *Vescovie pastori in epoca Teodosiana*, Studia
Ephemeridis Augustinianum 58 (Rome: Institutum Pontificium
Augustinianum, 1997), 193 – 204, reprinted in *Church and
Society*, article VI; 同一作者的 "Leséveques italiens dans la
société de l'Antiquité tardive: L'émergence d'une nouvelle élite?"
in *Le trasformazioni delle " élites " in età tardoantica*, ed. R. Lizzi
Testa (Rome: Bretschneider, 2006), reprinted as "The Bishops
of Italy in Late Antique Society: A New Elite?" in *Church and
Society*, article VIII; G. A. Cecconi, "Vescovi e maggiorenti
cristiani nell'Italia centrale fra IV e V secolo," *Vescovi e pastori in
epoca Teodosiana*, 205 – 24。关于东部省份，参见新的研究
Rapp, *Holy Bishops*, 172 – 88, 205 – 44; S. Hübner, *Der Klerus
in der Gesellschaft des spätantikenKleinasiens* (Stuttgart: F.
Steiner, 2006)。新近面市的 *Prosopographie chrétienne du Bas
Empire*, vol. 3, *Diocèse d'Asie (325 – 641)*, ed. S. Destephen
(Paris: CNRS, 2008) 将会极大地丰富我们关于东部省份的教
士的社会地位的知识。

[21] J. - M. Carrié, "Les associations professionnelles à l'époque tardive:
Entre munus et convivialité," in *Humana sapit*, 309 – 32.

[22] É. Rebillard, *Religion et sépulture: L'Église, les vivants et les
morts dans l'Antiquité tardive* (Paris: Éditions de l'école des Hautes
Études en Sciences Sociales, 2003), 51 – 71, 最近被译成英文:
The Care of the Dead in Late Antiquity (Ithaca, NY: Cornell
University Press, 2009), 37 – 56。

[23] C. R. Galvão - Sobrinho, "Funerary Epigraphy and the Spread of
Christianity in the West," *Athenaeum*, n. s., 83 (1995): 421 – 66.

[24] *Inscriptiones Latinae Christianae Veteres*, ed. E. Diehl (Zurich:
Weidmann, 1970), no. 666.

[25] *Inscriptiones Latinae Christianae Veteres*, vol. 1, nos. 602, 604A,
668. D. Mazzoleni, "Il lavoro nell'epigrafia Cristiana," in
Epigrafi del mondo cristiano antico (Rome: Lateran University

Press, 2002）, 39 – 48 收集了证据，配有插图，还有关于基督教圈子里劳动的尊严这一主题的有启发性但并不充分的讨论。

[26] *Inscriptiones Christianae Urbis Romae Septimo Saeculo Antiquiores*, ed. Giovanni Battista de Rossi and Angelo Silvagni, n. s., vol. 5, *Coemeteria reliqua viae Appiae*, ed. A. Ferrua（Vatican：Pontificio Istituto di Archeologia Cristiana, 1971）, no. 13655, p. 133.

[27] J. Dresken – Weiland, *Sarkophagbestattungen des 4. – 6. Jahrhunderts im Westen des römischen Reiches*, Römische Quartalschrift Supplementband 55（Rome：Herder, 2003）, 78.

[28] 同上, 73 – 75。

[29] P. Veyne, *L'empire gréco – romain*（Paris：Seuil, 2005）, ch. 3, "Existait – il une classe moyenne en ces temps lointains?" 117 – 62 at pp. 126 – 29.

[30] *Codex Thedosianus* 12. 1. 53（361）提供了概括的说法。反对富裕市民晋铎的最著名的法律是 *Codex Theodosianus* 16. 2. 3（320）and 16. 2. 17（364）。

[31] Athanasius, *Historia Arianorum* 78. 1.

[32] Augustine, *New* [*Divjak*] *Letter* 22 ＊. 2, p. 348, trans. Eno, *St. Augustine：Letters* VI, 156.

[33] Veyne, *L'empire gréco – romain*, 119.

[34] Pacianus of Barcelona, *Sermo de Paenitentibus* 10. 3, ed. and trans. C. Granado, *Pacien de Barcélone：écrits*, SC 410（Paris：Le Cerf, 1995）, 138.

[35] *I mosaici della basilica di Aquileia*, ed. G. Marini（Aquileia：CISCRA Edizioni, 2003）, 24 – 27 中有这些镶嵌画极好的照片和折页图，但其中的评注没有学术价值。特别参见 C. Sotinel, *Identité civique et christianisme：Aquilée du IIIe au VIe siècle*, Bibliothèque des Écoles françaises d'Athènes et de Rome 324（Rome：École française de Rome, 2006）, 72 – 89；以及 J. – P. Caillet, *L'évergétisme monumental chrétien en Italie et à ses marges d'après les pavements de mosaïque*（*IVe – VIIe s.*）, Collection de l'École française de Rome 175（Rome：Palais Farnèse, 1993）, 123 – 41。新的研究参见 A. Zettler, *Offerenteninschriften auf den*

frühchristlichen Mosaikfußböden Venetiens und Istriens（Berlin：de Gruyter，2001），138 – 43；特别参见 V. Vuolanto，"Male and Female Euergetism in Late Antiquity：A Study on Italian and Adriatic Church Floor Mosaics，" in *Women，Wealth and Power in the Roman Empire*，ed. P. Setälä etal.，Acta Instituti Romani Finlandiae 25（Rome：Finnish Institute，2002），245 – 302。

［36］因为语法糟糕，这段铭文的意思很模糊。Caillet，*L'évergétisme monumental chrétien*，139 讨论了这段铭文可能的含义。

［37］Caillet，*L'évergétisme monumental chrétien*，141.

［38］同上，410 – 11；and Zettler，*Offerenteninschriften*，73 – 75，155 – 56。我接受了 Caillet 的观点，即这段铭文和提奥多卢斯的房型教堂是同时代的。

［39］W. Ameling，ed.，*Inscriptiones Judaicae Orientis*，vol. 2，*Kleinasien*，Texts and Studies in Ancient Judaism 99（Tübingen：Siebeck Mohr，2004），no. 19，pp. 229 – 22.

［40］同上，no. 90，pp. 261 – 62；T. Rajak，"The Gifts of God at Sardis，" in *Jews in a Graeco – Roman World*，ed. M. Goodman（New York：Oxford University Press，1998），119 – 39。撒尔迪斯会堂的断代还有争议：其铭文连同其特别的程式可能比阿奎利亚方形教堂的铭文和程式要晚很多，参见 J. Magness，"The date of the sardis synagogue in the Light of the Numismatic Evidence，" *American Journal of Archaeology* 109（2005）：443 – 75 at p. 443。

［41］Sotinel，*Identité civique et christianisme*，89 – 99.

［42］Schwartz，*Imperialism and Jewish Society*，284 – 88. 这个主题已被出色地描述，并依据所有已知的犹太会堂的证据被充分地讨论了，参见 *Inscriptiones Judaicae Orientis*，vol. 1，*Eastern Europe*，ed. D. Noy，A. Panayatov，and H. Bloedhorn，Texts and Studies in Ancient Judaism 101（Tübingen：Siebeck Mohr，2002）；vol. 2，*Kleinasien*；and vol. 3，*Syriaand Cyprus*，ed. D. Noy and H. Bloedhorn，Texts and Studies in Ancient Judaism 102（Tübingen：Siebeck Mohr，2004）。关于东部地区基督教堂里相似的镶嵌画镶板，参见 R. Haensch，"Le financement de la construction des églises pendant l'Antiquité tardive et l'évergétisme antique," *Antiquité tardive* 14 (2006)：47 – 58。

[43] *Inscriptiones Judaicae Orientis*, 3：139 – 46.

[44] Sotinel, *Identité civique et christianisme*, 270 – 74.

[45] Caillet, *L'évergétisme monumental chrétien*, 416, 432 – 33, 451 – 59.

[46] Caillet, *L'évergétisme monumental chrétien*, 372：一座位于艾莫娜（卢布尔雅那）的洗礼堂的镶嵌画铭文。

[47] I. Schrüfer – Kolb, *Roman Iron Production in Britain：Technological and Socioeconomic Landscape Development along the Jurassic Ridge*, British Archaeological Reports 380 (Oxford：Archaeopress, 2004); R. E. Leader – Newby, *Silver and Society in Late Antiquity：Functions and Meanings of Silver Plate in the Fourth to Seventh Centuries* (Aldershot：Ashgate, 2003), 82 – 88.

[48] E. Magnani, "Almsgiving, *donatio pro anima* and Eucharistic Offering in the Early Middle Ages of Western Europe (4th – 9th Century)," in *Charity and Giving in Monotheistic Religions*, ed. M. Frenkel and Y. Lev, Studien zur Geschichte und Kultur des islamischen Orients, n. F. 22 (Berlin：de Gruyter, 2009), 111 – 21; 以及同一作者的 "Du don aux églises au don pour le salut de l'ame enOccident (IVe – XIe siècle)：Le paradigme eucharistique," in *Pratiques de l'eucharistie dans les églises d'Orient et Occident (Antiquité et Moyen Âge)*, ed. N. Bériou, B. Caseau, and D. Rigaux (Paris：Institut d'études Augustiniennes, 2009), 1021 – 42.

[49] P. Brown, *Poverty and Leadership in the Later Roman Empire*, Menahem Stern Jerusalem Lectures (Hanover, NH：University Press of New England, 2002), 16 – 26.

[50] Cyprian, *De ecclesiae catholicae unitate* 25; *De lapsis* 6 and 35; *De opere et eleemosynis* 2. 9 and 26.

[51] Cyprian, *Letters* 22. 2, 5. 1, 7, 10. 5, 14. 2. 对这些书信很好的翻译和评注参见 G. W. Clarke, *The Letters of St. Cyprian of Carthage*, vol. 1, Ancient Christian Writers 43 (New York：Newman Press, 1984)。

[52] G. Schöllgen, *Ecclesia Sordida？Zur Frage der sozialen Schichtung*

frühchristlicher Gemeinden am Beispiel Karthagos zur Zeit Tertullians, Jahrbuch für Antike und Christentum: Ergänzungsband 12 (Münster: Aschendorff, 1984).

[53] M. M. Sage, *Cyprian*, Patristic Monographs Series 1 (Cambridge, MA: Philadelphia Patristic Foundation, 1975), 329; H. Chadwick, *The Church in Ancient Society: From Galilee to Gregory the Great* (Oxford: Oxford University Press, 2001), 106. See now J. P. Burns, *Cyprian the Bishop* (London: Routledge, 2002), 16 – 20; C. García Mac Gaw, *Le problème du baptêmedans le schisme donatiste*, Scripta Antiqua 21 (Bordeaux: Ausonius, 2008): 46 – 49; and P. Bernardini, *Un solo battesimo, una sola chiesa: Il concilio di Cartagine del settembre 256* (Bologna: Mulino, 2009), 65 – 125.

[54] Cyprian, *De habitu virginum* 11.

[55] Cyprian, *De dominica oratione* 32; *Letter* 24.1.

[56] Cyprian, *Letter* 62.

[57] Clarke, *The Letters of St. Cyprian* 1: 165.

[58] Eusebius, *Ecclesiastical History* 6.43.11.

[59] 例如，*Codex Theodosianus* 16.2.14 确认了教师阶层享有交易税豁免是合法的。特别参见 Brown, *Poverty and Leadership*, 29 – 32; C. Corbo, *Paupertas: La legislazione tardoantica* (Naples: Satura, 2006), 114 – 38; and C. Freu, *Les figures du pauvre dans les sources italiennes de l'antiquité tardive* (Paris: Boccard, 2007), 174 – 77。

[60] *Codex Theodosianus* 16.2.6; Lizzi Testa, "Privilegi economici e definizione di *status*," 71.

[61] Ammianus Marcellinus, *Res gestae* 27.2.15, Rolfe, 3: 20, Hamilton, 336.

[62] R. A. Kaster, *Guardians of Language: The Grammarian and Society in Late Antiquity* (Berkeley: University of California Press, 1988), 133.

[63] *Council of Serdica*, canon 13 [Latin] = 10 [Greek], trans. H. Hess, *The Early Development of Canon Law and the Council of*

Serdica（Oxford：Oxford University Press, 2002）, 220, 232. 新的研究参见 P. - G. Delage, "Le canon 13 de Sardique ou Les inquietudes d'évêques d'origine modeste," in *Les Pères de l'Église et la voix des pauvres*, ed. P. - G. Delage（La Rochelle：Histoire et Culture, 2006）, 55 - 74。

[64] M. R. Salzman, *The Making of a Christian Aristocracy：Social and Religious Change in the Western Roman Empire*（Cambridge, MA：Harvard University Press, 2002）, 69 - 137, 178 - 99. 对这些结论的统计学基础的异议，尤其是这些结论对妇女在贵族阶层皈依中所扮演的角色的影响，参见 R. W. Mathisen, "The Christianization of theLate Roman Senatorial Order：Circumstances and Scholarship," *International Journal of the Classical Tradition* 9（2002）：257 - 78 at pp. 265 - 67, 连同 12（2005）：123 - 37 中 Salzman 的反驳，以及 14（2007）：123 - 47 中 Mathisen 的回应。同样参见 T. D. Barnes, "Statistics and the Conversion of the Roman Aristocracy," *Journal of Roman Studies* 85（1995）：135 - 47；以及 Veyne, *Quand notre monde est devenu chrétien*, 185 - 97, *When Our World Became Christian*, 98 - 106。

[65] *Inscriptiones Latinae Christianae Veteres*, no. 1753. 1.

[66] Lactantius, *Divine Institutes* 5. 19. 32, 6. 24. 14, trans. A. Bowen and P. Garnsey（Liverpool：Liverpool University Press, 2003）, 323, 385.

[67] S. Diefenbach, *Römische Erinnerungsräume：Heiligenmemoria und kollektive Identitäten im Rom des 3. bis 5. Jahrhunderts n. Chr.*, Millennium - Studien 11（Berlin：de Gruyter, 2007）, 38 - 80.

[68] Schwartz, *Were the Jews a Mediterranean Society？* 18, 31n19.

[69] 例如，M. T. Griffin, *Seneca：A Philosopher in Politics*（Oxford：Clarendon Press, 1976）, 315 - 66；J. A. Francis, *Subversive Virtue：Asceticism and Authority in the Second - Century Pagan World*（University Park：Pennsylvania University Press, 1995）, 1 - 19；Veyne, *L'empire gréco romaine*, ch. 11, "Passions, perfection et ame matérielle dans l'utopie stoïcienne," 683 - 712 at pp. 693 - 95。

[70] J. Bodel, "From *Columbaria* to Catacombs: Collective Burial in Pagan and Christian Rome," in *Commemorating the Dead: Texts and Artifacts in Context. Studies of Roman, Jewish, andChristian Burials*, ed. L. Brink and D. Green (Berlin: de Gruyter, 2008), 177 – 242 at p. 219.

[71] 同上, 220。

[72] 同上, 224。

[73] Caillet, *L'évergétisme monumental chrétien*, 91, 95; 同样参见 M. Humphries, *Communities of the Blessed: Social Environment and Religious Change in Northern Italy, AD 200 – 400* (Oxford: Oxford University Press, 1999), 84 – 85。

[74] Caillet, *L'évergétisme monumental chrétien*, 80.

[75] Dresken – Weiland, *Sarkophagbestattungen*, 94; *Repertorium der christlich – antiken Sarkophage*, vol. 3, *Frankreich, Algerien, Tunesien*, ed. B. Christern – Briesenick (Mainz: P. Zabern, 2003), no. 21, p. 21, and plate 11.

[76] Bodel, "From *Columbaria* to Catacombs," 222.

[77] K. Bowes, *Private Worship, Public Values, and Religious Change in Late Antiquity* (Cambridge: Cambridge University Press, 2008).

[78] K. Cooper, *The Fall of the Roman Household* (Cambridge: Cambridge University Press, 2007).

[79] Sotinel, *Identité civique et christianisme*, 67 – 71.

[80] 特别参见 Potter, *The Roman Empire at Bay*, 441 – 581。

[81] Ammianus Marcellinus, *Res gestae* 30.9.1, Rolfe, 3: 368, Hamilton, p. 407. 对瓦伦提尼安的行政系统实际作为的精心研究, 参见 Schmidt – Hofner, *Reagieren und Gestalten*。

[82] 特别参见 H. C. Brennecke, *Hilarius von Poitiers und die Bisch of sopposition gegen Konstantius II: Untersuchungen zur dritten Phase des Arianischen Streites (337 – 361)*, Patristische Texte und Studien 26 (Berlin: de Gruyter, 1984); D. H. Williams, *Ambrose of Milan and the End of the Arian – Nicene Conflicts* (Oxford: Oxford University Press, 1995)。

〔83〕 J. F. Matthews, *Western Aristocracies and Imperial Court*, *A. D. 364 –*
425 (Oxford: Clarendon Press, 1975), 145 – 59.

〔84〕 N. B. McLynn, *Ambrose of Milan: Church and Court in a Christian*
Capital (Berkeley: University of California Press, 1994), 1 – 52.

〔85〕 V. Escribano, "Heresy and Orthodoxy in Fourth Century Hispania:
Arianism and Priscillianism," in *Hispania in Late Antiquity*, 121 – 49.

第3章 "对城市的爱"：古代世界的财富及其使用

赠予之争

53   在本章和下一章，我会尝试把非基督徒和基督徒对财富和赠予的态度放在一起来考察。在这么做时，我将努力避免把这两个群体完全对立起来。这种对立建立在纯粹抽象的思辨之上。与之相反，我一开始就会指出，基督徒和非基督徒在财富观上有大量交叉之处。我们会看到，对于财富，两个群体都可以说是有所疑虑的。两者都坚持认为，对财富的占有需要通过慷慨来获得合法性，至少慷慨能让拥有财富显得更加温情一些。

不过，在有关慷慨大方该通过何种方式表达的问题上，两个群体的态度似乎有显著的差异。每一种慷慨的形态都凝聚着一种非常不同的社会类型。基督教的主教们常常抱怨，富人们花在大型建筑和华丽的赛会上的钱，本应花在穷人身上。前者的驱动力仅仅是对炫富的热衷，而基督教的慷慨（按照这些主教的说辞）背后的驱动力是同情。

然而，我们必须记住，两种不同风格的赠予指向的两种社会类型之间的冲突——尽管在之后的认识里显得清晰而富有戏剧性——并不必然是日常行为层面的冲突。并不是所有信仰多神教的有钱人都把钱挥洒在了大型赛会上，也不是所有基督徒都只把钱花在穷人身上。

因此，下一章（第 4 章）将分成两个部分。我们一开始会在针对城市的传统慷慨形态与针对穷人和教会的基督教的慷慨形态之间做一个清楚的区分。从长远来看，这种分歧意味着一种有决定性意义的想象性差异。这种差异不仅仅体现在基督教礼物的理想受众（穷人）不同于城市慈善活动的传统受众（公民——其中有不少人绝对算不上贫穷），赠予的想象性功效方面同样有着根本性的不同。基督教向穷人布施的理念的背后是一种新鲜的观念，即向穷人的赠予（以及为其他虔诚的事业实施的赠予）涉及财富从此世向来世的转移，这可以总结为一种"置财宝于天堂"的理念。

但第 4 章最终会回到地上的世界。我们会描述，在 4 世纪 70 年代之后关键的几十年中，当财富和财富的持有者开始进入教会时，从不同的传统和不同的社会环境中产生的不同形式的赠予如何助推了拉丁基督教的"起飞"。

关于财富的常识

我们首先必须弄明白，在看待周遭的社会时，基督徒和非基督徒在哪些方面态度相近。最能揭示这一点的，莫过于当时的主流基督教布道者的话语。我们可能期待他们说的话总有新意，但事实上并非如此。那些听众对他们听到的大部分内容应该不会感到特别惊讶。事实上，他们的主教们也不期待他们感到惊讶。有一次，希波的奥古斯丁在以"贪婪"为题做长篇布道时，开门见山地把这个问题讲得很明白。我们知道，奥古斯丁不是一个缺乏原创思想的人，但是，就贪婪这个主题，他坚称自己没有什么新东西可讲：

> 我不知道为什么，贪婪对人心有如此强的效果，以至于所有人（更确切地说，是几乎所有人）都希望在言语上称贪婪是一种罪过；但他们的实际行动表明，贪婪是他们特别的软肋。反对贪婪的意见很多，它们都是非常好的、很有分量的观点，而且全都正确。诗人、史学家、演说家、哲学家、每种类型的作家和每个专业人士都在反对贪婪这个问题上说了那么多。[1]

当论及财富时，奥古斯丁和其他布道者们是作为一个很古老的世界的继承人在说话。他们的那些意见早已在过去一千年的时间里被接受为共识。因此，当奥古斯丁直接从多神教经典中搬出关于社会的观点时，我们不应该认为，他是在有意识地努力向多神教徒们炫耀知识，或是通过引据他们钟爱的作家来把他们引向教会。奥古斯丁引据这些古人时不假思索，就像我们今天会不假思索地说地球是圆的、万有引力的法则是普世的。对于奥古斯丁和其他思想家们共同生活于其中的那个社会来说，这些观点是绝对真理。奥古斯丁所表述的关于贪婪的话题（以及其他很多有关财富的话题），多是他不得不说的常识。

55　　让我们来思考一下这意味着什么。三十多年前，人类学家克利福德·吉尔兹指出，一个特定社会的常识总是依赖于"一种稍加规整化的、经过考量的思想"。但这种思想是以一种特别的方式呈现的。正如吉尔兹在他的论文《作为文化系统的常识》（*Common Sense as a Cultural System*）中所说的：

常识智慧毫不掩饰地具有一种即时性。其形式包括警句、格言、"附评"、笑话、逸闻等——一串精辟的话——并非正式的信条、公理化的理论或成体系的教理。[2]

这种智慧也就是一种对常识判断的无声的确定感。这种常识判断宣称自己并不仅仅代表知识精英的精妙且严密的观点。事实上，它们宣称自己是在代表一个由有头脑的人组成的、想象性的、大众的浑厚声音。常识判断并不像"公理化的理论或成体系的教理"那样轮廓清晰。相反，它们往往并不一致，具有民俗或谚语智慧的那种多义性。

如果把"有关财富的话语"读成一种"常识"的话，在坐下来阅读古代晚期多神教徒和基督教徒作家的作品时，我们就能避免很多错误的预期。我们不需要期待从这些作品中发现一种单一的、连贯的有关财富的信条，无论是古典的还是基督教的。我们所能够发现的，对于史学家来说可能更有意思。着重把有关财富的话语看作一种常识的形态——看作一种观念的大量沉积，而不是一种信条——能够帮助我们拓展晚期罗马帝国文化中社会想象的视野。我们既能够描绘这种文化的资源，也能描绘它的盲点——这种文化擅长思考的，以及它情愿忽视的。让我们先来看其盲点。

首先，对于生活在晚期帝国的人来说（甚至也包括晚期帝国的知识分子，如奥古斯丁），财富不是一个被以系统化的方式分析的话题，如同 17 世纪以来我们现代人所做的，或是少数杰出的古代希腊人——如亚里士多德——在古典时代的最开端所做的。这样一种对理论化的抗拒需要被解释。它不意味着晚期帝国的人对经济现象无知或者无感。[3] 但他们的想法并不指向对社会本质的自由而深入的探询。

　　一个很残酷的原因能解释这种空白。罗马帝国不是一个自由的世界，财富及其密不可分的阴影——权力——都是不得不谨慎处理的话题。很多个世纪以来，有教养的人都是威权主义政权下的属民，尽管这个政权宣称自己是罗马社会秩序的保护者。用一个现代学者的挖苦话来说，奥古斯都皇帝"让世界对寡头统治来说很安全"[4]。在这一点上，4世纪的贵族，无论是元老院贵族还是地方贵族，和他们的前任几乎没有差别，他们不愿意质疑一个有四百年历史的帝国体系，他们觉得能够拿来随便议论的并不太多。

56

　　就算是对最有勇气的人来说，很多话题也是禁忌。比如，阅读如米兰的安布罗斯那样的主教的激动人心的布道让人感到，对富人泛化的谴责是用来替代针对宫廷政策的批评的。在像米兰这样的宫廷城市，这是个切实的议题。安布罗斯曾为一位因忤逆的罪名而马上要被处决的人求情。这个人获罪仅仅是因为他曾说过，当时的皇帝（年轻的格拉提安）配不上他的父亲瓦伦提尼安一世的名声。[5]因此，社会批评倾向于泛化和刻意模糊。我们不禁猜想，邪恶的富人——在短论和布道里被一成不变地呈现为贪婪和奢靡的典型怪物——是公共意见的替罪羊，因为更具体的不满（例如对重税和欠妥的公共决策的怨恨）在那个世界里不能够被表达。

　　但我们不应该太着急下结论，把这种对政治议题的退缩仅仅归因于恐惧或是智力上的怠惰。受古代晚期修辞学教育的人在某些议题上极其严肃。但这些议题并不触及社会的整体结构。相反，修辞学教育的重心完全在有关个人行为举止的议题上。简单地说，对古代人来说，个体该如何行事，要远比他们行事于其中的社会结构重要。[6]在这种世界观中，富人和穷人并不作为两个相互关联的阶级，在一个更广的社会范围中发生互动；相反，他们是两个相互区别的人群，各自对应一套特定的社会期待。对富人的社会期待是慷慨和心地善良；对穷人的则是低三下四和心存感激。[7]

因此，社会关系几乎总是以特写的方式显现为个体之间的不对等关系。这并不奇怪。我们面对的是一个高度等级化的社会，数不清的依附链条把这个社会捏合在一起，这个链条的环节可以是皇帝、公务员、庇护人或地主，个人的命运悬系在这些链条环节性人物的青睐之上。所以，在这个链条上，人们建立联系的行为举止很关键。[8]由此而生的，是社会关系的高度个体化。很多关于富人和穷人的议论所预设的情境，几乎是在照搬民间故事的逻辑。在民间故事里，两位主角完全支配了每个事件；他们都不被看作从属于某个团体。有关财富和贫穷的话语以相同的方式趋向于聚焦在单次的遭遇和单次的赠予中，这样的赠予发生在一个富人和一个穷人之间。[9]穷人"总是盯着富人的指头"[10]，富人则被期待以施恩和赦免的有力姿态展开双手。从精心铸造的、展示了尼禄皇帝伸出手向罗马人民派放供给的硬币，[11]到《354年日历》上皇帝君士坦提乌斯二世以执政官的身份散发金币的图像，[12]整个罗马社会秩序的凝聚力浓缩在了这些大人物的手部动作上。

这是一个高度程式化的社会情境，表现为一系列施予者和恳求者的相遇。在其中，说服成了最重要的——实际上也是最要紧的——行动手段。对于主教或修辞学家来说，当他们布道、向皇帝请愿以及称颂并恳求总督时，他们要做的可不是提出"正式的信条、公理化的理论或成体系的教理"。因此，思

57

辨活动可能要放一放。相反，他们的任务是撬开挂在有权有势者心坎上的大锁。他们必须确保这些锁被打开，这样会带来慷慨和仁慈的行为。在说服的艺术中，发挥作用的是常识（而非精致的理论）。

"古时的节制"

这不意味着晚期罗马帝国的人们放弃了对他们身处的社会的批判力。事实远非如此。无论是多神教徒还是基督徒，都追溯一种悠久传统——对财富和有钱人毫不留情地怀疑。这个传统既存在于希腊文献中，也存在于拉丁文献中。

尤其在拉丁世界，一个对罗马的集体记忆长期以来非常鲜明且突出。这就是罗马共和国的缔造者们被认为曾经过着一种高蹈的，甚至是英雄主义的贫困生活。对于那些回溯罗马历史的古典叙述的人来说，财富的来临被认为标志着罗马德行终结的开端。它曾造成了罗马共和国的衰落；它可能还会造成帝国的衰落。这样一种对罗马历史的呈现方式，尽管高度程式化，却给罗马帝国晚期的拉丁作者提供了探讨自身所处时代的弊病的语言。[13]

以非基督徒史学家阿米阿努斯·马尔切利努斯的观点为例。在罗马军队 378 年在亚得里亚堡战役中被西哥特人打败之后，阿米阿努斯于 390 年前后对他所处时代的危机提出了一个解决方案。这个方案就是呼吁有钱人重返"古时的节制"。他向他的读者保证，罗马曾遭受更严重的灾难，但都一一挺了过来：

> 这是因为古时的节制还没有被柔弱懈怠的生活方式浸

染，还不存在对铺张宴饮和不正当的痴迷：上下一心，共同怀揣为国英勇捐躯的热情，将赴死看成前往某个平静安宁的港湾。[14]

阿米阿努斯这种看似平凡的观点，具有某种不同寻常的尖 58
锐性。这是因为上述追念对他来说并非怀旧。阿米阿努斯说得很清楚，他认为节制在有钱人中决定性的丧失就发轫于不久之前，他毫不留情地把这种公民德行的衰落溯源到基督徒皇帝君士坦丁和他的基督徒继任们的宫廷那里。堕落就是从新的"黄金时代"的有钱人那里开始的。这就有了他对著名的基督徒贵族佩托乌斯·普罗布斯——所有腐化的有钱人的最生动的代表——那令人印象深刻的刻画。我们会在本书中不断遇见这个人物。[15]

阿米阿努斯的观点清晰地描绘了罗马人在看到他们之中有人聚集巨额财富时一向的不安。但我们必须记住，关于财富的这种话语是在同一阶层中产生的。我们是在通过有钱人的眼睛打量有钱人。问题的关键从来不是有钱人应不应该有钱，而是有钱人之间应该如何相处。如果有钱人伤害了他人，受害者也不被认为是穷人：他们和伤害者一样是有钱人。在面对和他们同属一个阶级的、有极大势力的人物时，有钱人害怕在任何时候被迫感到"穷困"，也就是无助。晚期罗马世界的有钱人紧紧盯着彼此，并认定别人过度积累的财富会让自己首先受害。他们几乎不会考虑，危险的财富积累会以何种方式影响隔得很远、寂寂无闻的穷人。

因此，像阿米阿努斯他们所接受的时代常识，并不是对财富本身的焦虑，它是一套关于有钱的坏人的成见，就像一套讽刺画那样带着恶意。对财富的思考，倾向于落实在对邪恶有钱人的奢侈、做作和贪婪的抨击上。还需要补充的是，对很多作家来说，邪恶的有钱人通常是新富群体（阿米阿努斯所斥责的那些青云直上的廷臣和过分雄心勃勃的元老院成员）。这些人在4世纪的崛起，被认为威胁到了有深厚家底的人更为审慎的晋升。

然而，恰恰就是这种坏富人和好富人的模式化二分，给有钱人提供了重获侪辈青睐的机会。对有钱人的抨击通常都结束于提出一项针对可疑财富的解决方案，这个方案所有人都同意，它就是慷慨——以隆重的给予姿态打开心扉和手掌。

礼物的帝国：从庇护到"人道"

罗马帝国曾被称作"品位的帝国"（empire of honor）[16]，但它同样可以很恰当地被称作"礼物的帝国"（empire of gifts）。和古典时代一样，在古代晚期，罗马帝国是通过个人纽带维系的，而这些个人纽带又通过大量的赠予来表达和巩固。元老院成员小普林尼的遗赠和礼物，足以构成这种恩惠的流动的著名例子。[17]这在晚期帝国没有改变。君士坦丁的赏赐行为具有传奇色彩，而在他的批评者眼中，这则是灾难性的。[18]有钱有势的人以皇帝为榜样，他们用礼物团结追随者，这正是佩托尼乌斯·普罗布斯在4世纪70年代和80年代所做的。据阿米阿努斯·马尔切利努斯的描述，普罗布斯"通过派送礼物获得了极大的权力"[19]。在普罗布斯死后，一位宫廷诗人专门赞美了他的慷慨：

他不在黑暗的地窖里藏匿他的财富，也不把钱财贬到黑暗的地下，而是挥洒他的财富，比大雨还充沛，让数不清的人变得富足。他的慷慨好似厚厚的云层，盛满了礼物。一波波的门客如海浪涌进他的宫殿，进去时是穷人，转眼就变得富足。他的手用力地挥洒金子，其力度胜过（因泥沙而色泽金黄的）西班牙的河流。[20]

对普罗布斯敞开的门庭和敞开的双手的记忆，被认为足以洗白这位著名的元老院成员那来路可疑的巨额财富。用伊利亚斯·比科尔曼简洁的话语来说："在维吉尔的地狱里没有强盗贵族，但有吝啬的百万富翁。"[21]这个论断适用于包括 4 世纪在内的整个罗马历史。

当然，问题的关键是，这种慷慨该如何展现、社会中的哪些群体（包括穷人）可能从中获益，以及这种慷慨背后的动机是什么。此处，我们应该避免预设某种完全的对立，即基督教与犹太教鼓励对穷人表达仁爱，而多神教徒那里则没有这种意识。

学者们已经习惯于谈论希腊罗马世界"严酷的道德风气"[22]。我们将会看到，这是因为古典社会不像犹太人和基督教徒那样，在慷慨行动中注入那么高的意识形态元素。但多神教时代和基督教时代之间的这种对比在某种意义上是被强加的。一个没有基督教"慈善"理念的社会，在很多场合下同样为当时被希腊人称为"博爱"的行为留有空间。[23]富人们觉得自己对一些可辨识的人群类别负有某种义务，例如门客、附庸、亲戚以及同城的公民。只要符合这些类别，穷困的人就有机会进入富人庇护的范围。

正如安娜丽斯·帕尔金在论及古典罗马世界给穷人的捐赠

时所指出的,"我们无论如何,也无法回避有关施舍的史料"[24]。乞丐集聚在庙宇周围接受钱币,分享食物供品,吃献祭的肉,他们并没有被完全忽视。[25]但是,这里欠缺一种感觉,即在犹太教和基督教救济穷人的方式中,人道是在一种纯然不对等的关系中获得体现的。施舍意味着照顾低下者,事实上,施舍行为本身就强调了接受者的无助。

不过,无论是在多神教徒中,还是在基督徒中,施舍从来就不是赠予的唯一形态,地位平等者之间的礼物和恩惠的交换同样重要,"博爱的"赠予为朋友和邻人提供了一张安全网。举例来说:在一个极少存在银行机构的世界中,为同侪提供的小额个人借贷常常起到了施舍的作用。[26]并非所有仁慈的举动都采用礼物的形式。在乡下尤其如此,地主们通过给租金打折和延长还债期限来展示慷慨,尽管他们这么做与其说是出于仁慈,不如说是通过延长佃户的债务来维持对佃户的控制。[27]

最重要的是,根据一个人在社会中的位置,慷慨的方式是多种多样的。由于有门客和管理人员组成的"保护罩",穷人可能难以接触到非常有钱的人。[28]但就像我们已经看到的,晚期罗马的社会中存在这样的空间,其中能够容纳一个由相对富裕的人构成的广大阶层。这些人中的相当一部分和周边的穷苦人生活得很近。[29]不是所有人都铁石心肠。医生应该接待贫穷的病人。[30]商人协会集资给乞丐(只求他们远离店铺)。[31]孩童会被收容抚养。[32]如果一位有钱的寡妇照顾和她一样身为寡妇但非常贫穷的妇女,她会因为这种"虔敬"行为而受到赞扬。[33]好客之情也能够让陌生人感受到。一个贫穷的渔夫曾有一次遇到了一位海难的幸存者:

左侧页边：60

看到是一位拥有不凡容貌的人，他受到了同情心的触动……进而顺应自己的怜悯心，他脱下了自己破烂的小斗篷，裁下一半，分赠给了这位年轻人。[34]

这可不是圣马丁在亚眠城门外切下一半斗篷给一位乞丐穿上的著名场景。这个场景出自一部 3 世纪的小说。它提醒我们，怜悯的剧情绝非仅仅属于基督徒的想象。[35]

甚至可怕的奴隶制度也被认为应当偶尔加以软化。[36]在帝国境内，上层阶级的社会给此种反主流文化留有空间，即奴隶和主人能够被想象成一起快乐地生活，就像一个家庭般，形成一首田园诗，这很像 19 世纪俄国地主和农奴间的理想关系。[37]哲学家反对对奴隶施加暴力，[38]但是他们的建议没能推动人道情感的传播。在对待奴隶的问题上出现的些许"人道主义化"，其背后有着一个令人战栗的原因：罗马政府很清楚地讲明，它不打算让奴隶们分享它所垄断的残忍和不寻常的惩罚权。皇帝们规定，奴隶不应当被处以公法中规定的可怕酷刑。通过这种立法，皇帝们宣布，他们，且只有他们，打算用同等的野蛮手段压迫奴隶和"卑微的"自由民。奴隶和"卑微的"自由民构成了帝国臣民的大多数。[39]尽管存在这些举措，奴隶主和奴隶间的暴力依然在继续。300 年前后，在西班牙南部的艾尔维拉宗教会议上，基督教主教们审理了基督徒女奴隶主殴打奴隶致其死亡的案件。[40]总的来看，奴隶制的残酷逻辑就好像一块沿边缘罩在晚期罗马社会上的巨大冰盖，保证了人道主义情感（既在基督徒中也在多神教徒中）始终处在冷冻状态。

但是，抛开奴隶制不谈，我们处理的这个社会在道德上并

61

不像基督教作家们认为的那么冷漠。在很多地区，社会价值体系从多神教时代无中断地延续到了本书所处理的时段的末尾。我们不应该简单地给它们贴上虚伪的标签而不予理会。"仁慈""有耐心""仁慈地对待奴隶""可敬的善意""充满值得称赞的人道精神"，载有这些短语的铭文被粗糙地刻在 7 世纪早期的罗讷河谷的墓碑上，使用的是非常朴素的拉丁语。这些赞美语言的渊源可以向前追溯若干世纪。[41] 这些语言说明，罗马社会直到终结都一直保留着待人友善的理念，这是希腊和罗马文明中传播最广、最不容忽视的方面之一。[42]

基督教的护教者们可能会将基督教的仁爱与多神教的冷酷无情对照而观。但经验丰富的基督教布道者，如奥古斯丁，会理所当然地认为，犹太人和多神教徒也有慈善行动，而且，他们中的很多人在慈善方面比基督徒还要热心。[43] 在一篇新近发现的、以"基督教礼物"为题的布道词中，奥古斯丁甚至表示，慷慨的人道行动在教会之外是常见的。这些行动出自"人道主义"，一种被基督徒和非基督徒所共享的德行："他们采用了人道的对待方式，这源于共享的人类本性带来的共同纽带。"[44]

"如此多、如此大的恩惠"：向城市的赠予

唉，很少有史学家关注人格尊严。这并不仅仅是因为当时的人将其视为理所应当，还因为人格尊严的体现往往很零碎。在罗马世界，它也遵循了所在社会的法则。就像我们已经看到的，罗马社会把社会关系理解成无数个恳请者和施予者的正面相遇。施恩者做出自己的安排，以减少不幸的发生——无论遭遇不幸的是朋友、亲戚、门客、邻人，还是不具名的悲惨命运

的受害者。正是由于被打碎成了无数个小小的善行，非基督教的人道实践缺乏一个明确的聚焦。广义的人道的理念广为传播，但由此理念衍生出的行动无规律地分散在整个社会之中。对穷人的施舍在犹太人和基督教徒的圈子里被持久地颂扬为最高级的虔诚行为，能够囊括每一个人将慷慨和人道结合在一起的理想。多神教徒的人道行动却从未凝结成类似的独特社会行为。

正因如此，当时的人在别处寻找慷慨的完美情节，他们发现这些情节触手可及。多个世纪以来，最鲜活、最至高无上的赠予形式被认为发生在这样的场合，即一位有钱人在公众激昂的欢呼声中毫不吝啬地向本城赠予，其方式是修筑新建筑、维修旧建筑，或是向市民提供炫目的赛会。

我们今天所说的城市公益捐赠，是对所在城市做"好事"的传统。这种公益被当作一种涵盖整个城市文明的、表达慷慨的方式。个别的善行，即使是在很大范围内施行，也只是像一场轻柔的细雨。与之相比，城市公益是强力的电闪雷鸣，照亮了传统社会图景的主要特征，让小规模的赠予形态（其中很多很可能源自同情心）黯然失色。

城市公益紧紧抓住了当时人们的注意力，也紧紧抓住了现代史学家们的注意力。他们正确地将之视为希腊罗马世界最惊人、最特殊的特征之一。[45] 同样重要的是，在整个 4 世纪和 5 世纪，它也紧紧抓住了基督教主教们的注意力。事实上，他们对这种活动直言不讳的反对（因为其中没有同情穷人的元素）多少起到了夸大当时的城市公益程度的效果。

主教们这么关注城市公益是有道理的。他们看到了一个争夺有钱人财富的竞争对手。愿意听从主教们的有钱人日益增多，但这些人从小就习惯于认为针对城市的慷慨行为既是义务，也是令人愉快的事。位于沃尔西尼（今博尔塞纳，在罗马以北大约 70 英里）的圣克里斯汀基督教地下墓穴里，墓碑的年代可以追溯到 4 世纪的最后二十五年。其中一位（他在 376 年埋葬了他的妻子）曾是城市的财政官。另一位是马提乌斯·帕特尔努斯，他也曾做过财政官，并负责监督城市对军队的物资供给。他还用自己的钱修复过公共浴场（被称作图斯奇阿努斯浴场，以纪念一位先前的恩主）。"在所有人的认可下"，他曾接受过"城市庇护人"的称号。毫无疑问，他曾筹办过赛会和筵席。这些公职和荣誉被充满自豪地列在基督教徒的墓志铭上。铭文的结尾是"愿你和圣徒一起享有安宁"[46]。无论是基督徒还是非基督徒，地位高的人属于一个给予的阶级。他们不应回避对所在城市的慷慨，就像一位中古时期的骑士不能体面地回避骑士阶级的职责。

其中的意味从一个世代之前的一篇铭文中可以看得很明白。在 347 年，帕埃斯图姆（位于罗马以南 170 英里的城市，如今因耸立在僻远海岸上的恢宏的希腊庙宇而闻名）市议会的公民聚在一起，把"城市庇护人"的荣誉授予了一个地方家族中一位年轻的男性。这个称号曾属于他的父亲：

> 如此巨额、伟大而炫目的恩惠，来自正直的年轻人阿奎利乌斯·聂斯托里的家庭。这些恩惠装点了我们的城市，我们公民中的每一个人都看在眼里、记在心中，特别是当公民们环顾四周，看到这个家族建造的公共工程的时候。他们让我们城市的外观变得如此恢宏，以至于城中的人们都决意要授予这位帝国司铎这一荣誉，以回馈他带来

的这种福泽城市的大工程和他的其他慷慨行为……

作为对这种授予他的荣誉的回馈,阿奎利乌斯·聂斯托里总是屈尊向我们公民展示特别的情感;而他的儿子阿奎利乌斯·阿佩尔一定也会向我们展示类似的情感……公民们都乐意授予他"城市庇护人"的称号。[47]

作为君士坦丁带来的这个两极分化的世界的典型产物,基督的符号"XP"被放置在献给阿奎利乌斯·聂斯托里的饰板的顶端。我们不知道阿奎利乌斯家族是否有基督徒。重要的恰恰是,这并不重要。这份文献(在 1990 年被发现)揭示了,一个小城依然在深深地呼吸着和基督教无关的古老世界的空气。

"对城市的爱"

城市公益现象在希腊罗马世界传播得如此广泛,其表现是如此有活力——事实上,是如此绵绵不绝——以至于我们很容易在考察它在 4 世纪的持续表现时丧失分寸感。让我们更清楚地分析这里面到底涉及哪些东西。我们面对的不是一个从有钱人到城市的、无差别的、单向的财富流动,而是一个在城市和有钱人之间经过刻意形成的二重奏,其形式就是敬意的交换。 64
阿奎利乌斯·聂斯托里的家族通过把城市装点得炫目,来向帕埃斯图姆城表达敬意。帕埃斯图姆市议会和公民用司铎身份和"城市庇护人"的荣耀地位作为反馈性荣誉来回报这种敬意。[48]

这种二重唱十分强调双方的全情投入。阿奎利乌斯家族向帕埃斯图姆城显示了"特别的情感"。正是期望着这种情感能够在下一代中延续，城市才用同样自然的热情授予他荣誉。赠予关乎一种十分特殊的爱——对城市和公民的爱。展示出这种爱的有钱人被称颂为"热爱故乡的人"。这是一个有钱人所能展示的最高贵的爱。[49]

"对城市的爱"被书写在各个地方，遍布庙宇、广场、公共建筑、拱桥、柱廊，以及公共娱乐的巨大场所——包括剧院、圆形剧场和像运动场一样的马戏场。在西欧和北非的几乎所有罗马遗址上，这依然让游客惊叹。在有钱人看来，罗马的城市全靠这种最受欢迎的热情：一个公民领袖对自己家乡的爱。

那么多城镇的广场上和庙宇前的塑像证明了这一点。这些塑像非常逼真，很多都经过漆刷，并会在纪念之时被小心地冲洗。它们相当于给一个慷慨的死者立的蜡像。一家家、一代代，这些雕像的密集队列把广场和其他公共场所变成了一个"对城市的爱"的露天陈列馆。[50]塑像的底座上刻有容易辨读的铭文，我们今天的学者从这些铭文中获得了有关古典和晚期罗马城市公益的充足证据。例如，在卡拉马（今阿尔及利亚的盖勒马，坐落在罗马努米底亚高原边缘的塞布斯河的上游河岸），安妮娅·A. 瑞斯提图塔获得的个人塑像多达五个，外加一个她父亲的塑像，它们被用来"感谢她在给自己的家乡增添威严时所表现出的对同城公民无与伦比的慷慨"[51]。

城市慈善全盛期的大量证据出自 2 世纪和 3 世纪早期，但此现象并不局限在这个时段。关于古代晚期罗马帝国的重大学术进展之一就是，我们如今认识到了，在何种程度上，对城市的爱的古老驱动力从帝国全盛时期的蓬勃发展一直延续到 4 世纪和 5 世纪。针对罗马非洲的研究尤其成果显著，包括克劳德·利佩里对晚期罗马帝国非洲城市的开创性巨著，[52] 以及克里斯托弗·胡戈尼约特针对（在晚期罗马非洲的）这些城市中依然受到赞助的表演活动的新近研究。[53] 学者们（例如乔万尼·切孔尼）的细致研究也揭示了这种对城市的慈善在意大利中部和南部的广泛程度。[54]

在这些延续所发生的那个世界里，其他很多方面都已经改变了，世道和以前不同了。学者们发现，描绘一幅城市公益在 4 世纪西部帝国的黯淡画面是一件很容易的事。他们强调与先前的时代相比，4 世纪的城市公益无论在规模还是在辐射范围上都是缩了水的。他们指出，城市公益的式微不完全源自经济的衰退。在非洲，经济衰退没有发生，但即使在那里，市政建筑也凋零了。就像我们在第 1 章里看到的，这是因为城市生活本身发生了改变。行省社会核心集团的成员如今感到，他们不再需要通过展示他们对城市的爱来崭露头角。对他们来说，在遥远的宫廷中获得的皇帝的爱比家乡的同城公民的欢呼更值得被看重。[55] 就算他们还在装点城市，其动机也是自上而下的——作为帝国的总督，他们用帝国的资金来修补他们的城市。[56]

此外，对城市的爱被持续表达的地区，缩水到了若干特定区域，不出地中海的核心地区。[57] 非洲成了古代公民价值的堡垒。在 4 世纪，传统的对城市的爱在非洲维持了活力，其中表现出的了不起的韧性，最清楚不过地显示了非洲作为西部帝国经济重心的地位。但就算是在非洲，建筑工程的节奏也严重地放缓了。很明显，2 世纪和 3 世纪早期展现出的城市公益的高峰已过。[58]

晚期帝国最惊人的特征，恰恰就是这种城市公益传统的坚韧。在西部帝国最富庶的地区，富人们在表达和他们所在城市的关系时，完全沿用了表达对城市的爱的语言。作为慷慨之举的模范形态，城市公益的样板可能在尺寸上缩小了，但它独特的形状并没有改变。尽管是在更小的规模上实践，但对城市的爱远非明日黄花，它保持了一种不同寻常的能力，即浓缩一个特定社会秩序的独有特征。为什么会是这样呢？

"有钱就是这样！"：民众与赛会

我们绝不能低估在晚期罗马城市中的历史遗留物。在如非洲这样的行省中，公共建筑的兴旺发生得相对较晚，是在 3 世纪上半叶。市民——例如奥古斯丁，不管是在他还是个孩子时，还是在他成了希波主教之后——厕身其间的纪念性建筑并不只是对与当下遥遥相望的遥远的黄金时代的浪漫提示。对古代晚期的人来说，很多这种建筑并不比欧洲兴建于 19 世纪的大剧院、银行和华丽的地铁站在我们今人眼中更古老。它们是古老的，但它们未被宣判为历史遗迹。事实上，就像米兰歌剧院、圣潘克鲁斯车站和大英博物馆一样，这些建筑标志着"现代"的开端——在 4 世纪的人看来，这个"现代"毫无断裂地一直延续至当下。[59]

基督教布道者，比如奥古斯丁，希望这些宏伟的建筑群沦为过去。奥古斯丁甚至很欣然地暗示说，它们正在崩塌。[60]但事实上，它们没有。它们不曾崩塌，而且很多依然在被修复——负责修复的通常是那些在一个多世纪前最初建造它们的人的族人。它们还在被持续整修。[61]

它们还在被整修的原因是，民众在城市里也颇有势力。我们很难全面估量民众——公民体——在晚期罗马城市中扮演的角色。相比他们的恩主们活跃的自我展示，这些公民们更少被全面记录。但他们一直都在那里。民众是每一个城市政体结构的内在部分。正如我们已经看到的，西部帝国的罗马城市是一个个"共和国"。每座城市都是一座微型的罗马城；每一个都有自己的"统治层"，即那些在市政大厅的"庙堂"中集会的市议员和显要所构成的法律意义上的阶级；每个统治层都面对其永恒的对立面——民众。[62]

民众会在剧院、圆形剧场和竞技场中聚集。[63]我们倾向于认为这些宏伟的建筑起初都是娱乐场所，但对罗马人来说，它们充满了政治意涵。赛会是开心的场合，但并不止于此。共同分享愉悦，是公民体的特权。就像之前在广场上一样，那些坐在剧场里或竞技场周围的人同样是公民伙伴的集合。

在剧场和竞技场里，公民体很清楚地表明，他们有资格在城市事务中发声。在晚期帝国，民众绝不是被动的，他们很善于使用剧场和竞技场来施展手段，给居于他们之上的人施压。在这个时期的帝国各处，群众在剧场里咏唱式的欢呼都可见于记载。欢呼的形式是咏唱的口号。对这种口号有节奏的咏唱，让呼喊者得以保持匿名的身份。此外，这种咏唱赋予了民众意愿某种惊人的集体力量。有节奏的欢呼似乎古怪地负载着带有某种神启色彩的众志成城。[64]

就是在这样一种完全暴露于民众目光的环境下，城市的显要们学会了慷慨的艺术。在表演和竞技中，我们能最清楚地看到他们所接受的关于给予的教育。这包括任何能够攫取民众注意的东西，从相对廉价的产品，例如戏剧、歌节、哑剧、脱衣舞表演和拳击秀，到昂贵且无比残忍的演出，例如战车竞赛和斗兽。关键是，它们是一个有钱人给民众——公民体——的礼物。[65]

67

演出和竞技的上演赋予了对城市的爱一种明显的个人化色彩，它们也因此在4、5世纪有不同寻常的重要意义。就算是在帝国全盛之时，建造公共建筑也异常昂贵。建造工程往往得通过集体的努力才能实现，在其中，个人的赠予得靠整个市议会的市政基金加以补充。在非洲和其他地方，无论是在古典时期还是晚期罗马，从自己的口袋掏钱来修筑公共建筑一向是一种极端慷慨的姿态。对私人恩主来说，在整个公共建筑上留下自己的名字是一种最高的境界，只有非常富有的人才有可能实现。[66]

与之相比，大型演出的花费尚在个人经济承受能力的范围之内，它们能够由一个人单独提供，并且产生直接和生动的影响和效果。此外，就像我们已经看到的，晚期帝国的有钱人总体上趋向令人炫目的个人化展示。大型演出在4世纪很能契合这种大趋势。[67]正是在赛会中，我们可以最清楚地看到，有钱人的内心明白无误地伴着"对城市的爱"的共鸣，而正是民众使它们发出这种鸣响。

一则3世纪中叶的镶嵌画铭文揭示了这一点。马格里乌斯，一位哈德鲁门图（今突尼斯苏塞）西南部小城的显要，送给他的同城公民们一场赛会。这并非什么大事。一个由斗兽师——相当于罗马时期的"斗牛士"——组成的专业团队的成员们击杀了豹子，不过总共也只有四头。但马格里乌斯特地庆祝了这个事件，甚至专门在一幅镶嵌画上展示自己的慷慨。这幅镶嵌画是在斯米拉德村被发现的，它被用来装饰马格里乌斯在城里的居所的会客大厅，其画面捕捉了斗兽师以脚尖作支撑，正把他们的长矛刺进体态轻盈的野兽的动态场景。然而，同样重要的是，马格里乌斯还在镶嵌画上记录了民众的欢呼。望着苏塞博物馆里的这幅镶嵌画，我们几乎可以听见民众用鲜有文字留存的拉丁口语发出的大声吼叫，他们正在与马格里乌斯就慷慨进行对话。斗兽师先是向聚集的民众要求一份足够慷慨的奖励，在提出这个请求时，传令官称呼民众为"我的主人"，作为演出的"主人"，民众接着要求马格里乌斯赐给斗兽师足量的奖赏：

> 让你的所有后来者效法你的范例！让你的所有前辈们　68
> 如是听！是你赐予了这场配得上罗马财务官（元老身份
> 的超级富裕的成员）的经济表演。你用自己的财富支持
> 了这场表演。多美妙的一天！都拜马格里乌斯所赐！有钱
> 就是这样！钱就该这么花！就该如此！[68]

人民和穷人：公民资格

以上简要地概括了城市公益在晚期西罗马帝国最富裕、最平安地区的持续重要意义。它清楚地说明了一件事：当主教们劝导富人向穷人捐赠时，他们并非仅仅打破富人的惰性，让他们投身一项值得投身的新事业。一种历史悠久并且受到高度尊敬的赠予习惯已经比基督教慈善的鼓吹者占了先。这种赠予习惯宣称来自一种根深蒂固的爱。很多前去聆听主教讲道的有钱基督徒，都已经非常乐意成为给予者——通过数代的家族传统，这种认同几乎像是嵌在基因里的。但他们同样只乐意以一种方式给予。正是通过这些人，"对城市的爱"的肾上腺素依旧在起作用。安布罗斯和奥古斯丁等主教们的急切训导，就是为了驯服这些人的赠予欲望，并将之重新定向。我们将会看

到，他们常常不能如愿。为何会如此呢？

要了解这些主教们遭遇的困难，我们需要进行一次社会想象力的大跳跃。我们需要进入一个世界，在其中，穷人自身缺乏他们后来获得的那种鲜明的社会形象。社会的首要区分并非在富人和穷人之间，而是在公民和非公民之间。城市中恩主们的赠予对象是他们的"公民伙伴"，而非穷人。这些公民中可能有一些很贫穷，但穷困本身并不能让他们获得任何资格。他们接受娱乐活动、公共性的享乐（例如大型浴场），以及（在很多城市里）规模可观的食物救济，但他们并不是因为需求才接受这些。他们接受这些是因为他们是一个特权群体的成员，他们是城市的公民或平民，这是城市共同体强有力的想象的核心。爱一座城市也就意味着怀着一种"独特的情感"爱它的公民——而不爱其他人。

这种对公民核心特权的持久的资格意识，是古典时代留给晚期帝国城市的一份具有决定性意义的遗产。它的基础并非一种对"拥有"的模糊情感，而是一种受人妒忌地存留下来的对居民权利的感受。每当一次大规模的慈善（例如一次谷物救济）被给予一座城市时，居民们都需要出来证明自己是长期居民，并且是公民的后代，这样才能够从赠礼中分得一份。[69]

身处变革的时代，这个公民核心体拼命维持他们的公民认同资格。作为罗马帝国的公民还不够，他们还想要被认作他们的家乡——微型罗马——的公民。有这种特权支撑，他们拒绝被归为寂寂无闻的一般穷人。他们希望从城市中灰暗的赤贫人群中，从周边庞大、面目模糊的乡下世界中超脱出来，哪怕只是超脱出一点点。接受食物和娱乐活动不只让他们感到舒服，还让他们感到与众不同。热爱城市的人关心他们，且只关心他们。

就算是在小城，公民体也不等同于城中的所有居民。总是存在外乡人和非公民的穷人（通常是来自乡下的移民），但公民们的社会位置很边缘。去一座位于非洲或其他地方的城市剧院，意味着接受教育，以便了解自己在传统城市秩序中的位置，这个秩序在数个世纪中未曾改变过。公民们坐在一起。在一些城市，他们被分成不同的职业协会，每个协会坐在属于他们的标记的长凳上。没有权利的穷人和外乡人没有被排斥，但他们挤在后排，而"民众"则坐在下面，靠近演出，挨着市议员们的座席以及当日的恩主的位置。[70]

在罗马这座巨型城市中，我们能最清晰地看到公民资格的严酷逻辑是如何运作的。在罗马，罗马公民大概不到城市总人口的一半，在全城 50 万人口中，公民大约有 20 万人。[71]这些罗马公民的特权地位想来是很惹眼的。这是因为在罗马，很要紧的一项特权是能够获得由著名的公民食品配给制提供的食物——专为罗马公民保留的谷物和其他食物救济。[72]

在这样一个收获不稳定且对饥荒的恐惧横行的世界，是否有公民特权事关生死。很多罗马居民穷得可怜。对大型坟场的发掘表明，他们遭受着疾病和营养不良的蹂躏。只有属于罗马公民的成员才有资格享受免费的谷物，并以折扣价购买其他食物。罗马的公民食品配给不足以支撑一个家庭度过全年，但能够让他们挺过饥荒。[73]

尽管有些公民非常穷，但就算是罗马人民中最贫困的人，也是作为公民——而非乞丐——领受食物。毫不奇怪，罗马公民对他们的特权有强烈的认同感。在饥荒年月，人民全心全意地配合元老院把外乡人驱逐出城，他们这么做是为了保证有足

70 够的粮食供应。罗马是他们的城市，而非其他任何人的。[74]他们去食物发放站点时，会随身携带一个铅质或是铜质的符牌（相当于身份证或护照），来证明他们是"有资格领取谷物的公民"。[75]能够位列城市食品配给的接受者名册，是一种值得被骄傲地写上墓碑的殊荣。这是因为在罗马以及其他很多晚期帝国的城市中（尽管在一个相对较小的规模上），接受食物救济不会让人成为乞丐，而是会让人成为公民。[76]

总而言之，民众并不等于穷人，也不希望被当作穷人对待。对一个城市的恩主来说，越过"民众"，向成千上万的乞丐或游荡在城市边缘的移民显大方，并不是一种慈善的行径。这是对公民体的冷落，只有最倨傲的人才会威胁要这么做。阿米阿努斯·马尔切利努斯记录了这样一位令人厌恶的疯子——元老兰帕迪乌斯（365 年时是城市法官）以罗马贵族的姿态出现：

> 他的虚妄到达了如此这般地步，以至于如果不赞美他吐痰的姿势里有一种特别的机敏，他就会感到不快。在他以财务官的身份（也就是在他年轻的时候，大概330 年）支持了一场华丽演出的举办，并以一种极其慷慨的规模分配赠予物时，他不能忍受民众要求他向不够格的红人（明星演员）赠送礼物。因此，为了展示他的慷慨和他对人民的蔑视，他从梵蒂冈召集来乞丐，赠予他们厚礼。[77]

那个时候，梵蒂冈还没和基督教著名的圣彼得圣地发生关联。那里是一个无人地带，是一片墓区，只有乞丐在那里生活。但兰帕迪乌斯乖戾的举动表明，在没有任何基督教含义的情况下，在罗马，民众和穷人被看作截然不同的群体。

我们需要记住，在很多地区，这种对共同体的古老观念在整个 4 世纪甚至之后都依旧很有活力。即使在有了基督教会后，这种观念还是保持不变。以"后见之明"回顾，呼吁把慈善广泛地扩展向穷人的基督教布道，似乎表征了新的人道情感的涌现。但它也有阴暗面。它模糊了传统的界限，把贫穷作为要求富人慷慨的唯一诉求。这种新观念贬低了成千上万个人的地位，他们首先把自己看作公民，其次才是穷人。和乞丐、无家可归者以及挤进每座城市的移民一样，他们被视为与之同属困苦泥潭的一个部分。一个如此宽泛、不加区分的视野破坏了体制化的群体——恩主、市议员和人民——之间微妙的平衡。数个世纪以来，罗马帝国城市的生命力正依赖这种平衡的维持。在这种仅在穷人和富人之间二分的、灰白的、普世的全球视野，在欧洲范围内替代由公民团体的蜂巢构成的古典社会观念之前，这个世界上一定得发生一种翻天覆地的转变（就像那些世纪里确实发生的那样）。

对很多生活在 370 年前后的人来说（不单单是对有钱人），这个前景令人恐惧。本书通篇都能看到，从一种社会模式向另一种社会模式的转变，是从古典城市的时代转变为近年常说的"后罗马时代的古代晚期"。在后一个时代中，古典城市的模式最终丧失了它对社会想象的控制。[78] 让我们转向下一章，来看看这种巨大转变的开端，看它的出现如何通过以下方面获得了准备：关于穷人的基督教布道、基督教共同体为穷人提供的新角色，以及基督教对面向穷人和教会的虔诚赠予的超越此世的效用的强调。

注　释

［1］Augustine, *Sermon* 177. 1.

［2］C. Geertz, "Common Sense as a Cultural System," in *Local Knowledge*: *Further Essays in Interpretive Anthropology* (New York: Basic Books, 1983), 73 – 93 at p. 90.

［3］J. – M. Carrié, "Pratique et idéologie chrétiennes de l'économune (IVᵉ – VIᵉ siècle)," *Antiquité tardive* 14 (2006): 17 – 26 at p. 18.

［4］J. C. Mann, review of *Roman Government's Response to Crisis*, *A. D. 235 – 337*, by R. MacMullen, *Journal of Roman Studies* 69 (1979): 191.

［5］Sozomen, *Ecclesiastical History* 7. 25.

［6］Brown, *Power and Persuasion*, 41 – 61; Lendon, E*mpire of Honour*, 15.

［7］Freu, *Les figures du pauvre*, 19. 中世纪对社会"等级"的描绘也是一样的。O. Brunner, *Land and Lordship*: *Structures of Governance in Medieval Austria*, trans. H. Kaminsky and J. van Horn Melton (Philadelphia: University of Pennsylvania Press, 1992), 329 – 33。

［8］Rilinger, *Humiliores – Honestiores*, 278 正确地坚持认为，这些纵向的联系要比更广义的横向的区分［例如在有功名的人（honestiores）和没有功名的人（humiliores）之间的区分］更有力量。

［9］M. Lüthi, *The European Folktale*: *Form and Nature*, trans. J. D. Niles (Bloomington: University of Indiana Press, 1982), 56 – 58.

［10］Libanius, *Oratio* 7. 12.

［11］C. Ando, *Imperial Ideology and Provincial Loyalty in the Roman Empire* (Berkeley: University of California Press, 2000), 26.

［12］M. Salzman, *On Roman Time*: *The Codex – Calendar of 354 and the Rhythms of Urban Life in Late Antiquity* (Berkeley: University of California Press, 1990), figure 13.

[13] R. Osborne, "Introduction: Roman Poverty in Context," in *Poverty in the Roman World*, 1 - 20 at p. 13; E. Gabba, *Del buon uso della ricchezza: Saggi di storia economica e sociale delmondo antico* (Milan: Guerini, 1988), 19 - 26.

[14] Ammianus Marcellinus, *Res gestae* 31. 5. 14, Rolfe, 3: 416, Hamilton, p. 420.

[15] Barnes, *Ammianus Marcellinus*, 175 - 80.

[16] Lendon, *Empire of Honour*. 一项很有启示性的比较研究，参见 M. E. Lewis, "Gift Circulation and Charity in the Han and Roman Empires," in *Rome and China: Comparative Perspectives on Ancient World Empires*, ed. Walter Scheidel (Oxford: Oxford University Press, 2009), 121 - 36。

[17] R. Duncan - Jones, "The Finances of the Younger Pliny," *Papers of the British School at Rome* 33 (1965): 177 - 88; S. Mratschek, *Divites et praepotentes: Reichtum und soziale Stellung inder Literatur der Prinzipatszeit*, Historia Einzelschriften 70 (Stuttgart: F. Steiner, 1993).

[18] Zosimus, *Historia nova* 2. 38. 1, ed. L. Mendelssohn, *Zosimi comitis et exadvocati fisci Historia nova* (Leipzig: Teubner, 1887), 96, trans. R. T. Ridley, *Zosimus: New History* (Canberra: American Association of Byzantine Studies, 1982), 40; *Anonymus de rebus bellicis* 2. 1.

[19] Ammianus Marcellinus, *Res gestae* 27. 11. 2, Rolfe, 3: 74, Hamilton, p. 345.

[20] Claudian, *On the Consuls Probinus and Olybrius* 42 - 47, ed. and trans. M. Platnauer, in *Claudian*, Loeb Classical Library (Cambridge, MA: Harvard University Press, 1956), 1: 4 - 6.

[21] E. Bickerman, *Four Strange Books of the Bible* (New York: Schocken, 1967), 163.

[22] P. Veyne, *Le pain et le cirque: Sociologie historique d'un pluralisme politique* (Paris: Le Seuil, 1976), 45, trans. B. Pierce, *Bread and Circuses: Historical Sociology and Political Pluralism* (London: Allen Lane Penguin, 1990), 20.

[23] G. Arena, "Il 'potere di guarire': L'attività medica fra politica e cultura nella tarda antichità," in *Poveri ammalati e ammalati poveri: Dinamiche socio - economiche, trasformazioni culturali e misure assistenziali nell'Occidente romano in età tardoantica*, ed. R. Marino, C. Molè, and A. Pinzone (Catania: Edizioni del Prisma, 2006), 387 - 424 at p. 422; J. Kabiersch, *Untersuchungenzum Begriff der Philanthropia bei dem Kaiser Julian*, Klassisch - Philosophische Studien 21 (Wiesbaden: Harassowitz, 1960).

[24] A. Parkin, " 'You do him no service': An Exploration of Pagan Almsgiving," in *Poverty in the Roman World*, 60 - 82 at p. 65.

[25] 同上, 68; Libanius, *Oration* 2. 30, 30. 20。

[26] Veyne, "Existait - il une classe moyenne en ces temps lointains?" in *L'empire gréco - romaine*, 117 - 62 at pp. 142 - 48.

[27] Veyne, *Le pain et le cirque*, 16, 164n2, English trans. , p. 6.

[28] G. Woolf, "Writing Poverty in Rome," in *Poverty in the Roman World*, 83 - 99 at pp. 84 - 85.

[29] Parkin, " 'You do him no service' ," 69 - 70.

[30] M. Albana, "Archiatri... honeste obsequi tenuioribus malint quam turpiter servire divitibus (CTH 13, 3, 8)," in *Poveri ammalati e ammalati poveri*, 253 - 79 at pp. 264 - 66.

[31] Libanius, *Oration* 46. 21.

[32] L. Robert and J. Robert, "Bulletin épigraphique," *Revue des études grecques* 97 (1984): 419 - 522, no. 468 at p. 500.

[33] G. H. R. Horsley, *New Documents Illustrating Early Christianity* (Sydney, NSW: Ancient History Documentary Research Centre, 1982), 2: 55 - 56.

[34] *The Story of Apollonius King of Tyre* 12. 9, trans. G. N. Sandy, in *Collected Ancient Greek Novels*, ed. B. P. Reardon (Berkeley: University of California Press, 1989), 744.

[35] W. Robins, "Romance and Renunciation at the Turn of the Fifth Century," *Journal of Early Christian Studies* 8 (2000): 531 - 57 at pp. 548 - 54.

[36] B. Shaw, " 'A Wolf by the Ears': M. I. Finley's *Ancient Slavery*

and Modern Ideology in Historical Context," introduction to M. I. Finley, Ancient Slavery and Modern Ideology (Princeton: M. Wiener, 1998), 3 – 74 at pp. 43 – 49.

［37］ E. M. Shtaerman and M. K. Trofimova, *La schiavitú nell'Italia imperiale: I – III secolo* (Rome: Riuniti, 1975), 199.

［38］ Porphyry, *Letter to Marcella* 35, ed. A. Nauck, *Porphyrii philosophi Platonici opuscula selecta* (Leipzig: Teubner, 1886), 296.

［39］ S. Knoch, *Sklavenfürsorge im Römischen Reich: Formen und Motive*, Sklaverei—Knechtschaft—Zwangsarbeit 2 (Hildesheim: G. Olms, 2005), 240 – 50. 新的研究参见 Y. Rivière, "Une cruautédigne des féroces barbares? À propos du De emendatione servorum (c. Th. IX. 12)," in *Le Code Théodosien: DiversitÉ des approches et nouvelles perspectives*, edited by Sylvie Crogiel – Pétrequin and Pierre Jaillette, Collection de l'École française de Rome 412 (Rome: École française de Rome, 2009), 171 – 208。

［40］ Council of Elvira, canon 5, in *Acta et symbola conciliorum quae quarto saecula habita sunt*, 6.

［41］ *Recueil des inscriptions chrétiennes de la Gaule*, vol. 15, *Viennoise du Nord*, ed. F. Descombes (Paris: CNRS, 1985), 197 – 98, 特别参见 7 世纪早期来自布里奥尔 (Briord) 的群体: nos. 263 – 69, pp. 676 – 99。

［42］ A. J. Festugière, *La révélation d'Hermès Trismégiste*, vol. 2, *Le Dieu cosmique* (Paris: Belles Lettres, 1981), 301 – 9 关于希腊时代的"博爱"。

［43］ Augustine, *Enarrationes in Psalmos* 83. 7.

［44］ Augustine, *Erfurt Sermon* 4. 5, ed. I. Schiller, D. Weber, and C. Weidmann, "Sechs neue Augustinuspredigten: Teil 2 mit Edition dreier Sermones zum Thema Almosen," *Wiener Studien* 122 (2009): 1 – 34 at p. 104.

［45］ 经典观点参见 Veyne, *Le pain et le cirque*; 特别参见 O. Murray, introduction to the English translation, *Bread and Circuses*, vii – xxii at pp. xx. 和希腊 – 罗马程式相关联, 公益捐赠在所谓"人类有史以来发明的最成功和最持久的社会组织形态"中扮演了非常重

要的角色。

[46] *Inscriptiones Christianae Italiae*, vol. 1, *Volsinii: Regio* VII, ed. C. Carletti (Bari: Edipuglia, 1985), nos. 2 and 18 at pp. 3 and 20.

[47] *L'Année épigraphique* 1990, no. 211, at pp. 65 – 67，令人佩服的评论参见 J. Harries, "*Favor populi*: Pagans, Christians and Public Entertainment in Late Antique Italy," in "Bread and Circuses," 125 – 41 at pp. 126 – 27。

[48] Harries, "*Favor populi*," 128.

[49] A. Giardina, "*Amor civicus*: Formule e immagini dell'evergetismo romano nella tradizione epigrafica," in *La terza età dell'epigrafia*, ed. A. Donati (Faenza: Fratelli Lega, 1988), 67 – 87; P. Le Roux, "*L'amor patriae* dans les cités sous l'empire romain," in *Idéologies et valeurs civiques dans le monde romain: Hommage à Claude Lepelley*, ed. H. Inglebert (Nanterre: Picard, 2002), 143 – 61.

[50] C. Witschel, "Statuen auf spätantike Platzanlagen in Italien und Afrika," in *Statuen in der Spätantike*, ed. F. A. Bauer and Witschel (Wiesbaden: Reichert, 2007), 113 – 69, esp. p. 124.

[51] *Corpus Inscriptionum Latinarum*, vol. 8, ed. G. Wilmanns and T. Mommsen (Berlin: G. Reimer, 1881), no. 5366.

[52] Lepelley, *Les cités de l'Afrique romaine*.

[53] C. Hugoniot, *Les spectacles de l'Afrique romaine: Une culture officielle municipale sous l'empire romain* (Lille: Atelier National de Réproduction de Thèses, 2003).

[54] G. A. Cecconi, *Governo imperiale e élites dirigenti nell'Italia tardoantica: Problemi di storia politico – amministrativa (270 – 476 d. C.)* Biblioteca di Athenaeum 24 (Como: New Press, 1994); E. Savino, *Campania Tardoantica (284 – 604 d. C.)* (Bari: Edipuglia, 2005).

[55] Liebeschuetz, *The Decline and Fall of the Roman City*, 29 – 103.

[56] Cecconi, *Governo imperiale e élites dirigenti*, 141 – 56. 关于在东部帝国平行出现的演进，参见 D. Slootjes, *The Governor and His Subjects in the Later Roman Empire*, Mnemosyne Supplements 275

（Leiden：Brill, 2006）, 77 – 97。

[57] 参见 V. Malineau, "Le théatre dans les cités de l'Italie tardo – antique," in *Les cités de l'Italie tardo – antique (IVe – VIe siècle)：Institutions, économie, société, culture et religion*, ed. M. Ghilardi, C. J. Goddard, and P. Porena, Collection de l'École française de Rome 369（Rome：École française de Rome, 2006）, 187 – 203 关于意大利剧场的急剧衰退。

[58] Lepelley, *Les cités de l'Afrique romaine*, 295（包括一个建筑和修缮的不充分的列表）。

[59] Hugoniot, *Les spectacles*, 590 – 92.

[60] Augustine, *Sermo Denis* 24. 13；*Dolbeau Sermon* 6. 13. 222 – 26, in *Vingt – six sermons au peuple d'Afrique*, 466 – 67.

[61] Hugoniot, *Les spectacles*, 113 – 18.

[62] Inglebert, *Histoire de la civilisation romaine*, 63 – 67 是关于这个议题最犀利的简短总结。

[63] Gros, "La ville comme symbole," 187 – 209；Jacques, *Le privilège de liberté*, 379 – 434.

[64] C. Rouché, "Acclamations in the Late Roman Empire：New Evidence from Aphrodisias," *Journal of Roman Studies* 74（1984）：181 – 99；C. Hugoniot, "Les acclamations dans la viemunicipale tardive et la critique augustinienne des violences lors des spectacles africains," in *Idéologies et valeurs civiques*, 179 – 87.

[65] Hugoniot, *Les spectacles*, 97.

[66] A. Zuiderhoek, "The Icing on the Cake：Benefactors, Economics and Public Building in Roman Asia Minor," in *Patterns in the Economy of Roman Asia Minor*, ed. S. Mitchell and C. Kaksari（Swansea：Classical Press of Wales, 2005）, 167 – 86；Hugoniot, *Les spectacles*, 825.

[67] Borg and Witschel, "Veränderungen im Repräsentationsverhalten," 97 – 99.

[68] Hugoniot, *Les spectacles*, 393 – 95；K. M. D. Dunbabin, *The Mosaics of Roman North Africa：Studies in Iconography and Patronage*（Oxford：Clarendon Press, 1978）, 67 – 68, with plate

xxii, figure 53.

[69] R. J. Rowland, "The 'Very Poor ' and the Grain Dole at Rome and Oxyrhynchus," *Zeitschrift für Papyrologie und Epigraphik* 21 (1976): 69 – 73; J. – M. Carrié, "Les distributions alimentairesdans les cités de l'empire romain tardif," *Mélanges de l'École française de Rome: Antiquité* 87 (1975): 995 – 1101.

[70] Hugoniot, *Les spectacles*, 196 – 200.

[71] 开创性的研究依旧是 Mazzarino, *Aspetti sociali del quarto secolo*, 217 – 47。

[72] 关于罗马食物配给制的演进，参见 Garnsey, *Famine and Food Supply in the Graeco – Roman World*, 218 – 68。

[73] P. Garnsey, "Mass Diet and Nutrition in the City of Rome," in *Cities, Peasants and Food in Classical Antiquity: Essays in Social and Economic History* (Cambridge: Cambridge UniversityPress, 1998), 226 – 52; L. V. Rutgers et al. , "Stable Isotope Data from the Early Christian Catacombs of Ancient Rome: New Insights into the Dietary Habits of Rome's Early Christians," *Journalof Archaeological Science* 36 (2009): 1127 – 34.

[74] Ammianus Marcellinus, *Res gestae* 28. 4. 32, Rolfe, 3: 158, Hamilton, p. 63; Ambrose, *De Officiis* 3. 45 – 51.

[75] C. Virlouvet, *Tessera frumentaria: Les procédés de la distribution du blé public à Rome à la fin de la République et au début de l'Empire*, Bibliothèque des écoles françaises d'Athènes etde Rome 296 (Rome: Palais Farnèse, 1995), 243 – 62; D. Vera, "Giustiniano, Procopio e l'approvvigionamento di Costantantinopoli," in *Politica, retorica e simbolismo del primato: Roma e Costantinopoli (secoli IV – VII)*, ed. F. Elia (Catania: Spazio Libri, 2004), 9 – 44.

[76] G. Woolf, "Food, Poverty and Patronage: The Significance of the Epigraphy of the Roman Alimentary Schemes in Early Imperial Italy," *Papers of the British School at Rome* 58 (1990): 197 – 228 at p. 215; C. Virlouvet, *La plèbe frumentaire dans les témoignages épigraphiques: Essai d'histoire sociale et administrative du peuple de Rome antique*, Collection de l'École française de Rome 414

（Rome：école française de Rome，2009），187 – 270.

［77］ Ammianus Marcellinus，*Res gestae* 27.3.5，Rolfe，3：14 – 16，Hamilton，p. 335；新的研究参见 Lizzi Testa，*Senatori*，*popolo*，*papi*，77 – 85。

［78］ Inglebert，*Histoire de la civilisation romaine*，483.

第4章 "天上的财宝"：基督教会中的财富

"因为民众并不叫嚷说穷人应该获得些什么"：赛会、民众和穷人

在重构4世纪晚期拉丁西方世界中基督教对财富和贫穷的态度时，我们常常发现自己置身于基督教布道词的世界里。这毫不奇怪。在开创性的研究《基督教与帝国修辞》中，阿芙利尔·卡麦隆把基督教布道文称作基督教社区生活中"隐匿的冰山"[1]。一周复一周，一个社区接着一个社区，常规性的布道对基督教会来说就好像呼吸空气一般寻常。基督教作家的正式作品如今填满了我们图书馆里那么多的书架，但实际上，基督教布道文创造的口头论述就像巨大且在通常情况下十分隐蔽的大陆架，而我们图书馆里的作品不过是大陆架那偶尔露出海面形成岛屿的部分而已。作为希波的主教，奥古斯丁是这些布道者中最有才华的人之一。根据计算，在他出任希波主教的三十五年时间里，他的布道应该至少有6000次。[2]

就像我们之后会看到的（第21章），奥古斯丁的布道广泛涉及富人和穷人之间的关系。在那些布道文中，十分突出的一点是把针对城市的慷慨行为（如我们之前所描述的）和基督教针对穷人的赠予两相并置。新近在爱尔福特主教教堂图书馆发现的一系列布道文表明，奥古斯丁有就这个主题开展全面

布道运动的计划。布道运动包括面向他自己的教士们的宣讲
会，教授他们如何最好地布道，以反对赛会，支持基督教慈
善。那些支持赛会的有钱会众要被"声讨、谴责，并被要求
改邪归正"[3]。这些对慷慨的野性展示的唯一用途就是，作为
范例激励基督徒做出豪迈的赠予：

> 这些例子能够用来敦促我们教会的懒惰成员行动起 73
> 来，因为他们甚至不会掰下一块面包喂给（穷人之中）
> 饥饿的基督，而那些在剧场上挥金如土的人，甚至都没有
> 留给自己的儿子一块面包。[4]

这些布道发生在希波、迦太基和迈杰尔达河流域的小城
中。身处拉丁西方世界城市化程度最高的地区的中心，也就是
"对城市的爱"的传统被保持得最有活力的地方，奥古斯丁对
城市公益现象迎面发起了挑战。

奥古斯丁在选择目标时很小心。在他的布道文中，批评从
未触及维持罗马民众食物供给的著名的城市配给制度，尽管
（就像我们已经看到的）这个体系直白地揭示了旧世界针对公
民的善行与新兴的基督教针对穷人的慈善之间的差异。这是因
为城市食品配给制是一项帝国事业。它是由最大的城市恩主皇
帝奥古斯都赐予罗马人民的礼物。[5]每一年，为罗马准备的城
市食品配给，其征收和运输工作都使希波和迦太基的码头挤满
了满载谷物和油的船只。城市供给制是 4 世纪非洲大量财富的
秘密所在。[6]但就是鉴于这个原因，罗马的城市食品配给制是
碰不得的。

地方上的赛会就不一样了。在迦太基和其他地方，它们依

旧被充满热情地操办着，这赤裸裸地体现了如此多的钱是以何种机制流向了奥古斯丁眼中错误的方向——远离穷人和教会的方向。每次举办的时候，赛会都清楚地表明，有钱人只听从城市"民众"的声音，而不是他们的主教的："他们充满厌恶地对待穷人，这是因为民众并不（在欢呼中）叫嚷说穷人应该获得些什么。"[7] 如奥古斯丁所见，和大约两个世纪前斯米拉德的马格里乌斯所在的时代相比，世界并没有发生改变：民众依旧是赛会的"主人"；民众不喜欢穷人。

因此，有必要对奥古斯丁的批评的原创性略做分析。在听众看来，他对赛会的许多批评完全是约定俗成的。赛会长期遭受批评，但并非仅仅来自基督徒，它们一直是高调的反文化的批评对象。哲学家们经常批评说，赛会存在感官刺激，蕴藏着暴力，促使资助者格外爱慕虚荣。[8]

只有奥古斯丁和与他同时代的基督徒，才从两种赠予相冲突的角度看待赛会，这是新现象；他们也从两种爱的冲突的角度看待赛会："对城市的爱"和"对穷人的爱"互相竞争。在这一点上，基督教布道者们有意针对城市公益的神话。

74 城市的恩主们用心经营这样一种自我意象：他们戏剧性的慷慨行为出自对城市的深爱。因此，赛会的赞助人可以被塑造成基督教布施者邪恶的复制品。对城市的爱和基督教慈善是一对孪生子，两者都被认为受到强烈的爱的驱使。就剧场本身来说，它并不像很多哲人抱怨的那样仅仅是残酷和堕落之地；它还是联结社会的场所。在这个意义上，剧场是一种"反教会"。用一位东部帝国的作家的话说，剧场在高光的场合召唤出的野性的热情和灼人的团结感，让它成为名副其实的"撒旦的教会"。[9]

教会和竞技场：一场角力？

通过如此布道，奥古斯丁有意设计了两个世界在头脑中的冲突。他把城市和教会并置，将其描述成两种截然不同、看似无法并存的赠予方式。通过这么做，他和与他同时代、以非常相似的方式在帝国的其他区域布道的基督徒，创造了一种关于晚期罗马社会中教会与城市之间关系的"表征"。在这种"表征"中，教会与城市存在经常性竞争。

这种布道引出的生动对比常常误导学者。在论及晚期罗马城市的变化（以及整个帝国的变化）时，学者习惯于描述教会和城市之间为争夺对财富的控制而进行的直截了当的角力。用阿纳尔多·莫明利亚诺明快的语言来说：

> 原本用来修建剧场和水渠的钱，如今被用来修建教堂和修道院。社会平衡发生了变化——变得对修士和司铎的精神与物质条件更有利，而对帝国的古老制度更不利。[10]

但我们需要一直铭记，在晚期罗马帝国中，实际生活的变化并不像基督教布道者们期望的那样迅速。教会和城市为争夺有限的资源而被缚在一种零和争斗中，通过掏空有钱人的口袋而从中渔利，教会最终从斗争中胜出——这样一种观念因为两点而经不起推敲。

第一，到现在为止，我们研究的都只是赛会的自我意象。但我们需要谨慎，不能把这种自我意象混同于它们的实践。对公民生活公开呈现方式的预期是，赛会应当非常昂贵。一位恩主被预期会为了他的城市而耗尽个人财产。但在现实中，这极少发生。赛会往往经过长期的预先筹备，操办时也精打细算，很少像他们声称的那样是"地位的血的洗礼"[11]。在有钱人的总体财务预算里，城市竞技活动的花销相对来说是个小头，最好的类比可能是 18 世纪英国议会候选人选举时的花费。除了少数例子，那些花销不会达到过分的程度。真正关键的是，候选人需要在选举时声称自己已经为了讨好选民而极尽其能事了（就像在晚期帝国的赛会中一样）。这是因为一场争夺激烈的选举（连同与之相关的所有闹哄哄的宴请和赤裸裸的贿赂）和罗马的赛会是类似的。两者都浓缩了社会意象的整体：英国自豪于自己是一个有"自由选举权"的国度——这种"自由选举权"需要拉票；晚期罗马城市自豪于自己是一个自由"人民"的聚集地——这些自由"人民"需要用娱乐招待。[12]

第二，我们越是深入研究全帝国有钱的基督徒的行为（例如我们从博尔塞纳的圣克里斯汀地下墓穴的墓碑上窥见的），越是会意识到他们中很少有人把教会中的施舍和对城市的慈善看成决然对立的，即便教士阶层坚持这种看法。毫无疑问，很多有钱人两样都做。举一个很能说明问题的例子：奥古斯丁时代的非洲宗教会议，谴责了安排赛会的主教之子。作为市议员阶层的成员，他们自然而然地从他们的父辈那里继承了对城市慈善的义务和兴趣。[13] 他们不觉得自己在城市中扮演的公共角色与自己的基督教虔信之间存在什么不协调。他们对教士阶层呈现给他们的"二选一"毫无感觉。这个选择题与他们合乎赠予者阶层成员这一身份的实际生活没什么关系。

75

"在人眼中他们可能没价值，但在上帝眼中他们有"：穷人和社会边界

总而言之，基督教在晚期西罗马世界的崛起，不能简单地归因于施舍取代城市公益。与公共赠予的受益人从市民变成穷人这种直白的替换相比，我们面对的变革要更为深远。穷人作为一个负载了重要意义的关注对象，其出现涉及一场想象的革命。让我们花点儿时间，对这里面可能涉及的方面加以考察。

尽管我们在研究时对基督教对晚期罗马社会的影响有相当清楚的意识，但很容易忘记的一点是，基督教归根结底是一个宗教运动。和佛家以一种戏剧性的方式进入中华帝国这一有些淡漠的世界（在 5～7 世纪）类似，基督教也是一种"对不可通约性充满渴望"[14]的宗教。基督徒需要在与其信仰的巨大精神抱负相称的尺度上，创造其自身的社会意象。他们倾向于通过在社会中放置一系列鲜明的——甚至是令人震惊的——"标记"来实现这一点。这些标记的功能就好比起床铃声。他们会一并挑战信徒和非信徒，让他们意识到基督教信息所打开的、宽广得无法想象的、通向人性的视野。

正因如此，在 4 世纪晚期和 5 世纪，那些声音最响亮的基督教鼓吹者倾向于把注意力集中在人性状况的极端处境上。和基督教扩展到穷人的布道洪流同时出现的，是对禁绝性欲的各种形式的急速抬升，包括守贞、退隐修道院，甚至还有对特定群体中教士的独身要求。这并非巧合。阐述这两个主题的，往往是同一批作者，比如哲罗姆，他把对藏在贵族宅邸深处的贞女的颇具张力的勾勒，[15]与对元老身份的基督徒式的赞扬——

76

他们穿过成堆的乞丐，在走向元老院时向他们施舍，并在自己建立的收容所里为穷人的伤口擦药——结合在了一起。[16]向穷人的扩展与对守贞和独身的采纳，均被当作逆着人性的正常取向而行，两者都带着一种出格的英雄主义色彩，展示了基督教超自然的优越性，这种优越性能够激励基督徒去做像禁绝性欲和爱穷人这种非凡的事情。[17]

因此，赠予穷人倾向于被呈现为一种最纯粹，也最有挑战性的利他活动。我们不应该低估这种利他主义想象的影响力。晚期罗马社会（就像其他任何古代社会一样）的世界，在各个层面上依靠高密度的互惠性礼物网络得以聚合在一起。互惠性礼物的范围，从邻里、协会内部友好的互相服务，到城市里的恩主与他们的"民众"的欢快对话，而通过这种对话，公民的欢愉这项礼物会旋即得到荣耀和欢呼作为回报。这个世界看上去遵循着铁打不变的互惠法则，在这样一个世界里，梦到对乞丐施舍被认为是一种噩运，这种梦境预兆了死亡："因为死亡就像一个乞丐，只接受却丝毫不给予回报。"[18]

只有在这种背景下，我们才能够理解基督教作家和布道者附着在终极的、非互惠的礼物——给穷人的礼物——之上的那种刺激感。用拉克唐修写于君士坦丁统治初年的、富有挑战性的话说，这种赠予表明："唯一真正的、确实的义务就是去供养那些贫困的和无用的人……必须丝毫不去期待回报……在人眼中他们可能没价值，但在上帝眼中他们有。"[19]

在 4 世纪，很多基督教作家所呈现的针对穷人的慈善，与 20 世纪 50 年代存在主义作家所呈现的"慷慨"很相似。这几乎是关于潜在的无边界性的骇人宣言，但这同样是一种想象性的征服行为。把如此无用的人认作基督教共同体的一部分，无异于以基督之名宣称对整个社会的权利,直到它的尽头——那最黑暗的边缘。

但这种对穷人戏剧化的态度,在基督徒中间制造了一种想象的困境。在出色的研究《古代晚期意大利史料中穷人的形象》中,克里斯特尔·弗洛伊已经注意到了这种困境。正如弗洛伊所指出的,在基督教布道中,穷人的形象令人炫目地摇摆于两个极端之间:穷人要么被当作"他者",要么被当作"兄弟"。穷人究竟是"他者"(被看成活在基督徒认为应该冲破常识去到达的社会的最边缘,就像拉克唐修的作家暗示的那样)还是"兄弟"(被看成邻人和同为教会成员的伙伴)?基督教社会应该是什么样子的,对这个问题的看法也存在很大的差异,这是根据穷人形象位于的不同的想象极点而变化的。[20]让我们在 4、5 世纪的基督教布道者和作家那里跟踪这种张力。

首先,虽然可能并非有意为之,基督教布道也要为晚期罗马社会中穷人形象的恶化负责。穷人常常被看作极端人性状况的代表,是在毁灭的边缘摇摇欲坠、被责罚到社会外缘的人。全罗马的基督教会都被他们的布道者督促把注意力集中到这些人身上。借用格特鲁德·希梅尔法布在讨论维多利亚时代伦敦穷人形象时的精当表达来说,这种布道的想象性逻辑——

> 产生了一种制造穷人的认识效果:先是制造出一种最独特、最戏剧化的最底层人群形象,再将之强加于较低阶层整体。[21]

这个时期的基督教作家们积极地推动了这种"制造穷人"

的趋势。404 年或 405 年前后，诗人普鲁登修斯在书写 3 世纪的殉道士圣劳伦斯时，借机勾画了一幅罗马穷人的形象，其怪诞程度不亚于一幅巴洛克风格的绘画。据说，作为罗马教会的助祭（负责财政事务），劳伦斯告诉迫害他的罗马大区长官，他会把传说中的基督教会的财富交给后者。他自然是这么做了：他把罗马的穷人都聚在了一起。

> 他跑遍全城，把残弱之人和所有讨要施舍的乞丐都聚在一起……那边是一个双眼全无的人，用一根棍子为自己不分东西的和蹒跚的脚步引路；一个膝盖破损的瘸子；一个独腿的人……这边是一个四肢都长满脓疮的人……他从所有的公共广场把这些人搜罗出来，他们之前就常被聚在一起，接受教会母亲的喂养……这个穷人团队挤在一起，构成一幅破烂不堪的景象。他们用讨要救济的叫喊向大区长官问好。[22]

在这个场景里，普鲁登修斯把与他同时代的主教们的主张表达得十分清晰。[23]教会财富的存在，只是为了照顾这种悲惨的人。

这是一种顽固的社会形象。在我的著作《晚期罗马帝国的贫穷和领导权》中，我注意到了这种有关穷人的戏剧化表征的展开方式。[24]直截了当地说，基督教作家的"制造穷人"修辞，在很大程度上导致了至今依然纠缠着晚期罗马帝国社会史书写的"二元管状视野"[25]。由于深受基督教布道的影响，我们倾向于认为，晚期罗马社会被不可挽回地割裂成了穷富两大集团，而穷人永远生活在一种可悲的贫瘠状态之中。就像我们已经看到的，这种晚期罗马社会结构的粗糙形象严重影响了我们对罗马世界中的中间阶级的研究。

对于以上论断，我现在还想补充的是，基督教布道所投射的管状视野不单单有制造穷人的效果，它也"制造富人"，它倾向于把所有富人集团的成员都表现成一样的极端富有。元老院阶级内部以及城市精英内部在财富上的巨大差异被忽略了。

这是因为基督教布道的逻辑是鼓励富人对穷人施以援手，从而把社会的最顶层和最底层连接在一起。通过这种方式，基督教能够被看作在横向和纵向上都无所不包。不单单是教会扩展到了社会的最边缘——在公共空间聚集的招霉运的乞丐群；通过有钱人的慈善举措，基督教被认为从恢宏的宫殿直接向下通达乞丐的茅舍。顶端和底层——巨富和赤贫——两者直接面对面，一切处在中间的社会媒介都被隐去不谈。

这样一种想象的巨富和想象的赤贫之间不需要中介，就使罗马社会悠久的批判传统的性质发生了变化，开始染上一种更为极端的语气。如我们所见，先前的批判富人的传统一般来自富人自己监督他们的富人伙伴的行为。真正关键的区分落在"好"富人和"坏"富人之间——实际上也就是在你那样的富人和其他富人之间。区分并不在富人和穷人之间。与之形成鲜明的对比的是，当安布罗斯在米兰布道时（374～397 年，尤其是在 4 世纪 80 年代），他不只抨击了坏富人的生活方式，他是作为被压迫的穷人的代言人说话的。如果富人头一次被敦促去做他们兄弟的管理人，那他们也就可以因为成了他们兄弟的压迫者而被问责。[26]

79

"不是正义，而是呼号"：古以色列的模式

接近 4 世纪末，像安布罗斯这样的布道者的介入，表明穷人不能仅仅被说成"他者"——作为基督徒应该跨越穷富理念的鸿沟对之施以援手的乞丐；他们还是"兄弟"，是能够要求正义和保护的基督教共同体的成员。

这样去看待穷人对基督徒来说是一种挑战，因为他们吸收了非古典社会的精神资源，而这种精神资源缓慢但稳步地成了想象世界的一部分。在希伯来《圣经》中（在西部帝国中，不同区域读到的拉丁文译本并不相同），在《诗篇》的祈祷中，在先知们的责难中，在以色列王国生动的历史事件中，富人和穷人被呈现为彼此直接面对面。然而，在《旧约》的经文中，穷人并不是作为讨要救济的乞丐来面对富人。相反，根据古代近东社会的习俗，穷人能在有权势的人面前寻求正义。他们称自己是"穷人"，并非因为他们贫穷，而是因为他们刻意抛开其社会优势，把自己呈现为一种无助的、需要正义和保护的人。他们向有权势的人发起挑战，要求有利于自己的裁判。他们是以原告而非乞丐的身份前来的。[27]

《旧约》中穷人的呼号是对正义的呼号。呼号的人是自由身份的男女，通常属于小康阶层，有些甚至家资颇丰。这是受害者的呼号。但他们并非受害于贫困，而是受害于更有权势的人家施加给他们的暴力和压迫。[28] 正是这种祈求和正义的关系，印证了希伯来语里的谐音："呼号"（ze'aqah）被期待由"公义"（zedaqah）来满足。"公义"通过有权势的人赐给穷人的正义行动来实现。这个词在后来才逐渐有了

"富人给穷人的救济"这层意思。这个"优美的词语并置"逃不过哲罗姆的慧眼。在 408～410 年,他注释了先知以赛亚的经典句子:

> 他寻求正义,看见的却是杀戮;寻求公义,却只听到呼号。[29](《以赛亚书》5:7)

在 4 世纪到 6 世纪,基督教共同体对希伯来《圣经》语言和历史的吸收,缓慢但稳步地给基督教有关贫穷的话语添加了一种更粗暴、更坚定的肌理。穷人不单单是他者——一类在社会边缘战栗、祈求着富人的拯救的受造物。和以色列的穷人一样,他们也是兄弟。和其他所有"上帝之民"的成员一样,面对压迫者,他们有向正义"呼号"的权利。

"公民的帮手":从"教会的穷人"到民众

这是对《旧约》独特的基督教解读。它的重要性的凸显经历了一个缓慢的过程;然而,一在 5 世纪和 6 世纪得以确立,它即表明,基督教在晚期罗马世界里所扮演的角色发生了决定性的变化。4 世纪和 5 世纪早期的布道者依旧为胜过竞技场而努力,然而,要确保基督教在 5 世纪的城市里赢得最终胜利,最重要的却是对基督教意义上的穷人(源自《旧约》)的重新界定。穷人不仅是乞丐,还是寻求正义和保护的人——对这种观点的采纳反映了一种发生在基督教共同体内部的越来越强的压力,它要求基督教投身各种形式的社会行动,发挥与面向贫困者的慈善相比更宽广的影响。

在阅读 4 世纪晚期和 5 世纪的文本时，我们必须始终记得克里斯特尔·弗洛伊所注意到的关于穷人形象的双向运动。穷人的形象被急剧贬低，因为基督教的同情心聚焦在对"贫穷无用之人"施以援手上，它因而需要这种形象。然而，这种下行的对贫困者的关注，受到了关于穷人的观念的上行滑动的抗衡。这种上行滑动在很大程度上与《旧约》的语言有关。在古以色列，"穷人"从来不是指"贫穷无用之人"，他们反倒很像罗马的平民，因为他们觉得自己与富人相比是脆弱的，但绝不是乞丐；他们属于社会的传统核心，而非边缘；他们是拥有权利的人，能够为权利呼号。

很快，很多城市的民众就意识到，以色列的穷人更像他们自己，而非基督教布道词里凄惨的穷人。从希伯来《圣经》中借来的语言给古代晚期城市的普通居民提供了一种向有权势的人施压的新方式。这套语言也为他们提供了新的代言人，即基督教的主教和教士们。通过宣称自己是古以色列先知的现代化身，像安布罗斯这样的基督教主教能够让权贵们注意到要求正义的"穷人的呼号"。

81　　这种上行的滑动（在 5 世纪开始愈加明显起来）产生了决定性的后果。在本书中我们会逐代、逐地区地考察这些后果。这种现象反映了基督教群体的社会结构。正如我们已经看到的，基督教的韧性来自它在城市中间和较低阶级中的坚固基础。贯穿 4 世纪和 5 世纪，这个中间阶级依旧是基督教会结实的主心骨。很多神职人员也来自城市社会的这个阶层。因此，教会的成功不能像基督教布道者鼓吹的那样，仅仅用教会向非常贫困的人的延伸这一点来解释，它同样不能仅仅被解释为有钱的城市恩主在赠予方面的转化。最好的理解是，将其视为地位较低的市民通过自觉担当以色列穷人的角色而向教会靠拢的结果。和以色列穷人一样，他们觉得自己有资格对压迫和贫瘠发出呼号，并转向他们的宗教领袖寻求保护。

归根结底，基督教的主教们地位日隆，既非通过对极度贫穷者的育养，也非通过说服非常有钱的人把他们的慷慨行为从竞技场转向教会，而是通过赢得中间阶级。这个转变发生在公民体的成员开始把自己看成"以色列穷人"的化身之时。他们不把自己呈现为"他者"——例如乞丐，而是呈现为"兄弟"。在 5 世纪，他们进入基督教会时，也带进了一种犀利的资格意识。他们在要求主教的关照时，保持了之前作为城市的人民从城市恩主那里要求慷慨之举时表现出的那种恒心。这样一种主教和整个城市共同体之间关系的观念出现得很缓慢。第一个清楚表达了这种观念的，大概是安布罗斯，那是在 4 世纪 80 年代的米兰。但等到 6 世纪的第一个二十五年，结果已经变得明朗了。530 年前后，在坎帕尼亚地区（今阿韦利诺）一位主教的石棺上，他被赞美履行了双重职责。他是一个施舍人——"穷苦人不变的慰藉之源"，同时也是一位"公民的帮手"。[30] 一旦主教开始承担这种双重角色，城市很快就要属于他们了。

基督教与城市：延续还是断裂？

面对我们会在全书中不断探寻的这个长时段的演进，我们很容易觉得，即使基督教布道者提出了所有那些尖锐的对立，西部帝国的城市在 4 世纪和 5 世纪也没改变多少。研究这个时期的历史学家们普遍相信，基督教的最终上位是因为教会成了公民生活的可行的替代。普遍的说法是：主教和教士替代了市

82

议会；恩主的慷慨之举被从竞技场转向了教会；基督教仪礼和殉道者节日的戏剧替代了广场和剧院的神话；联系着公民身份的城市特权意识在主教对穷人的关照这个宽泛的标签下获得了新生。我们很容易觉得，越是改变，就越还是它本身。

这个说法并不完全错。"越是改变，就越还是它本身"被证明是一个合理的格言。罗马制度和罗马精英的行为方式，在4世纪到6世纪的基督教会中有多方面的延续。对这些延续的清醒的尊重，启发了一些关于拉丁基督教兴起的最为出色的现代研究。然而，有这样一种危险，那就是这个格言不再被用作一种阐释工具，而是变成了一句口头禅。

这种危险需要抵制，因为这样一种取向——只强调基督教会在晚期罗马社会的出现过程中具有延续性的一面——有一种隐含的目的论。这种取向的背后存在这样的预设，即从古典的过去中继承的传统和价值注定以这样或那样的方式得以存留，以及罗马世界的基督教化在某种程度上外在于更深层次上的世界观和社会结构的延续。

很多持保留态度的学者表示，基督教不过是给本质上延续的历史添加了一些浮于表面的变化。主教或许是上了位，但日常秩序还是照旧；神职人员只是接过了地方权贵的职责和立场，声称更换了他们的宗教，实则却延续了他们的社会习俗，直到中古早期也鲜有断裂。这么来看，对"基督教带来了什么不同？"这个问题，答案应当直截了当："鲜有什么不同。"[31]

另外的学者则更怀虔敬之心，不管这种虔敬之心是针对基督教会还是古典罗马。他们表示，基督教确实改变了罗马世界。不过，他们坚持说，这是一个温和的转变，其间没有大的断裂。基督教自我认同于罗马文明的价值，进而保证了很大一部分罗马的尊严在中古早期的大公教会得以存续，即便是以"经过洗礼"的新形态。这就是说，基督教"取代"了罗马。我们所处理的，是"在一个逐渐被新的信仰征服的社会里，从过去继承的传统和价值的悠久存续"[32]。

全然出于对延续性的强调，以上两种取向都坚称我们并不是在面对一个社会的残酷终结。

总而言之，这是一种让人舒服的叙事。这种叙事所倚赖的，是肯贝里·鲍斯在其近著《古代晚期的私人崇拜、公共价值和宗教变迁》中尖锐地称之为"互换式交易"的变迁模式：

> 基督教化的叙事一般来说倾向于把社会变迁表达 83
> 为……一种互换式交易；描述元老院成员如何用他们的执
> 政官长袍换来主教的法冠（miter）；市政官僚如何从修建
> 环形剧场和浴场，转为承建教堂和救济所……单纯地相信
> 一种实践、事务或社会角色被交换成了另一种，背后的预
> 设是一种不加明言的目的论。[33]

这种目的论会给人误导。它让基督教在西方世界的兴起像是一种几乎被预定了的融合，这种融合发生在基督教的实践与早先非基督教世界的习俗之间。如我们将会看到的，被框定在这种理解方式下的关于罗马社会基督教化的叙述，无法恰当地处理那些伴随着基督教在晚期帝国的兴起而出现的崭新元素。我们现在需要转而去关注的就是它们。

"他用尘世的礼物买下了天堂"："天上的财宝"和礼物的功用

在前几个部分，我总结了那些主张非基督教的制度（例如城市公益）和基督教会的发展在其心态和实践上存在延续的学者的观点。我这么做并不是要全面否定这些观点，它们讲出了不少真理。然而，我们需要对这些观点进行补充。这是因为基督教赠予的某些特定方面代表了某种新意，这不单单体现在所宣称的赠予对象上（向穷人赠予），还体现在赠予者的动机上，最大的不同体现在对基督教礼物的超自然效应的强调上。我们处理的这个宗教赠予体系所在的宗教共同体有独属于自己的形象，它不可能轻率地从在非基督教世界中居于主导地位的赠予形式中"互换"而来。一些崭新的东西出现了。

在这个意义上，我们绝不能低估基督教关于财富的常识在已然生根发芽后获得的缓慢但稳步的发展。属于 370 年之后一代的主教、布道者和捐赠者并没有步入一个想象的和仪式的真空，一个只能靠他们的罗马习俗来填充的真空。事实远非如此。他们参与进了一个因袭而来的、有关虔诚赠予的基督教观念的集合体，其中的很多成分是和同时代的犹太教共享的。观念集合体的框架则可以上溯近千年（跨越整部《旧约》写作的时期），上达阿契美尼德帝国时代的希腊化时期的智慧文学。

在这个方面，进入基督教共同体的富人呼吸到了相当新鲜的空气。关于礼物发挥效用的观念本身存在差异。无论如何，发生在基督教会里的赠予意味着打开了一条通向天堂的道路。
任何基督教的礼物，无论大小，都以一种让人发晕的不相称感
被认为会在彼岸的世界里被立即不成比例地放大。它变成了
"天上的财宝"。这是布道者们持续从年轻的富人的故事里得出
的结论。在这个故事里，基督对年轻的富人说："变卖你所有
的，分给穷人，就必有财宝在天上。"（《马太福音》19：21，以
及《马可福音》10：21 和《路加福音》18：22）他也向他的
门徒重复这个训诫："要变卖你们的家产去周济穷人，要为自
己……在天上积攒取之不尽的财宝。"（《路加福音》12：33，
参见《马太福音》19：24）属于各个阶级、拥有不同文化程
度的晚期罗马基督徒，都严肃对待耶稣的这个教诲。这些话似
乎暗示了天上和地下的联结，而一个非基督徒一定会觉得这完
全不可理喻。一个小例子能够说明这一点。在 5 世纪中期，著
名主教阿尔勒的希拉里葬于一副二次利用的古典石棺内，石棺
上有一处铭文，部分铭文是全然传统的：希拉里"留下了肉
身的外壳，飞向了星辰"。这也完全适用于任何多神教徒。然
而，铭文接下来说，希拉里还带着他的财富前往天上。铭文如
此写道：

> 他用尘世的礼物买下了天堂。[34]

　　在地上被轻视的财富竟以某种方式跟随着缥缈的灵魂上达
星辰。此等观念打开了一个崭新的视野。
　　对于天堂和尘世财富的连接这一崭新的观点，我们有必要
稍加停留。这种观点在很多方面对我们来说都是陌生的，事实
上，它给现代学者造成了微妙的尴尬。"财宝"这个词可不会

出现在任何现代基督教会的词典里！然而，如果我们想要理解那个时候基督教会的经济崛起，我们就不能有任何一个晚期罗马帝国的基督徒都不会有的道学气。

作为现代人，我们犹疑的原因深植在我们自己的社会中。约翰·帕里在讨论礼物赠予和金钱交换的关系时说：

> 当经济关系日益与其他类型的社会关系区分开来时，那些适合各自不同关系的交换在象征和意识形态上也更趋于分化。[35]

我们今天创造了两个截然分离的领域——一个买卖的世界和一个宗教活动的世界。把前一个领域的语言——如商业和财宝——和宗教领域连在一起，会让我们觉得吃惊，像是把两个无法相容的东西放在一起，这几乎像低俗笑话一样不合适。

罗马时代的基督徒完全不接受这种现代的限制。他们不觉得自己是在处理两个相互分离的领域——商业和宗教。在这两个领域中，一个领域的气息被认为极端不适合另一个领域。相反，他们想的是两个不同的交换轨道。[36] 纯粹尘世的礼物就好像是在一个高速回路上运动。用钱换来帮助。门客和庇护人交换恩典和拥护。城市恩主辉煌的礼物旋即就能迎来赞扬的欢呼声作为回报。所有这些交换都在此世。城市的恩主们在广场竖满了自己的雕塑，但他们追求的身后之名也是在活人的"新鲜空气"[37]里流传的。他们希望自己的荣耀永存于世，但从没想过他们的礼物能随着他们到天上。

给彼岸世界的礼物就不一样了。它们被认为进入了一个如此遥远的轨道，与人类的时间如此隔离，以至于留下了被不可通约的思绪萦绕的想象空间。尘世中的礼物和它可能带往那超越星辰的世界的东西之间存在怎样的关系？我们不应该用现代人死板的眼光，来看待晚期罗马帝国的基督徒在赠予时期待回报这件事。向上帝或是多神教诸神献上礼物总有对好处的预期。对研究晚期罗马帝国想象世界的历史学家来说，值得注意的，是一种新的宗教赠予模式的建构，这种模式不同于传统多神教的祭祀牺牲和还愿奉献。

新模式基于一种形象性张力，它来自对两个彼此不可通约的领域的连接。基督教的礼物把尘世和天堂连在了一起。这是通过将交换、商业和财宝这些世俗语言（在短距离的、快速运转的世界中的）大胆地延伸到不可想象的天上的世界来实现的。已有学者正确地指出，鲜有其他文学像晚期罗马的基督教文学那样，如此大规模地使用金钱和借自商业活动的意象。[38]

这有很多原因。其中一些深植于基督教通过共享经书从犹太教那里获得的过去。自前 6 世纪起，阿契美尼德帝国的货币干预和大规模共同市场的建立带来了商业的扩张，进而影响了犹太教关于宗教赠予的观念。商业语汇构成的隐喻传递了一种关于无限可能的意识，以及一种瞬间产生变化的能力。罪孽被看成欠债，而上帝的怜悯能让欠债一夜消除。赠予穷人的礼物可以看作向上帝的借贷，而上帝会回报以难以想象的利息。总而言之，现代人初看上去会认为，粗鄙异常的宗教想象的商业化会在那时候受到欢迎，原因恰恰在于它把人和上帝的关系与一种无限的意识融合在了一起。这种无限的意识应和着伴随货币化经济的兴起而产生的可能性视野的惊人扩张。易变性、看似无限的利润机遇，连同这种经济形态

86

的辉煌前景，都被借来作为贴切的表意符号，指涉上帝不可测度的怜悯。[39]

波斯时期希伯来《圣经》的语言，同智慧文学一起，被犹太人和基督徒共享。基督的语录和寓言更添加了另一层维度。它们还强调，在人间不起眼的行动与其在彼岸世界难以想象的回响之间存在着令人眩晕的鸿沟。基督教布道者和作家们从基督的话里发展出了一整套颠倒大小的美学。他们强调了基督对那个向神庙的奉献箱投进她的小钱的寡妇的赞美：

> 我确实地告诉你们：这位穷寡妇所投入奉献箱的，比所有人投的更多。因为他们（其他人）是从自己的富余中拿出来投进去；而这位寡妇是从自己的缺乏中拿出来的。（《马可福音》12：43–44；《路加福音》21：3–4）

他们反复提到基督许诺那些给穷人和他漂泊的门徒"（哪怕）一杯凉水"（《马太福音》10：42）的人会进天堂。施舍给乞丐的铜币和基本吃穿的礼物，与一种截然相对的观念——在天堂里，有超大的奖励在等候这些小小的施舍——对应着。

这不是精细的隐喻。它们把基督教赠予的例行实践和一种喜剧感融合在了一起。在奥古斯丁的希波，普通的捐款箱被称作"驷马车"。它被看成一辆四匹马驾驶的战车，轻轻摇荡，带着信徒的施舍品越过星辰进入天堂（就像先知以利亚本人曾经做的那样）。[40]

这不是唯一一种在基督教圈子里流通的赠予观念，但它很快就广为传布。这或许是因为这种观念尤其适用于一个社会来源多样化的宗教共同体。首先，它夷平了赠予者的等级区分。把财宝放在天堂成全了普通的施予者。因为礼物的报偿被认为与礼物本身完全不成比例。英雄色彩的赠予不再被认为由真正的有钱人垄断。每份礼物，无论多小，都会把天堂和尘世连接在一起。

赠予的权利没有变成一项竞争性事业。家族间的激烈敌对曾刺激恩主们争相向他们的城市赠予财产。[41]在上层元老院等级中，这一点能够看得更清楚。在 4 世纪，为罗马城的主要赛会筹资变成了一种财务的相扑。罗马贵族——深厚家底的拥有者——炫耀他们的巨额收入，以及他们准备用来支付家族性赛会的大宗金额，目的在于把新晋上位的元老院成员——通常有官僚背景——挤到镁光灯之外。[42]

基督教赠予与此不同。正如我们所见，有钱阶级的成员常常把他们去的教堂当作一个社会的都市绿肺。他们珍视教会里等级感的削弱和竞争节奏的放缓。他们发现，在教会里，只要他们频繁赠予，他们就不需要一次性赠予很多。每份礼物的背后都有着天堂的荣耀，这一观念让有钱的基督徒能够以一种轻得多的负担做定期奉献。通过在基督教会中的赠予，他们怀着无限回报的期待，参与了一种共同的宗教投资。因为在这种公共投资中，单个礼物的价值被放大了。上百份虔敬奉献的分量，为人们的慷慨之举提供了动力。[43]

这就是在 370～400 年的拉丁西方帝国里出现在基督教中的双重面相。在一个懂得赠予的意义的社会中，一项新制度的地位愈加突出。上等阶级向来看重出资赞助一项备受推崇的公共事业那令人兴奋的"竞逐"。城市公益就是这中间最惹眼，也最能确保受到欢呼的一项。如今，在相对晚近出现的基督教会中，大把的赠予契机也出现了。不过，之前的赠予传统是高度个人化的，这些传统又是如何对一个一直以来都以擅长集体行动而闻名的群体发挥作用的呢？

这着实是个困境。理想情况下，赠予对全体基督徒开放，但这只是个神话。这很像一个 19 世纪的神奇故事的 4 世纪版本：曼哈顿的圣帕特里克大公教主教教堂号称是靠"爱尔兰家庭女仆的便士"建造的（事实上，圣帕特里克的最初工程靠的是主教对 100 名社会头面人物的游说，结果是每个人捐了 1000 美元）。[44] 此外，被研究现代宗教的社会学家称为"偏斜系数"的东西，看上去是宗教赠予中不变的规律：宗教共同体百分之八十的资金，往往是由支持它的百分之二十的会众贡献的。[45]

然而，在晚期罗马帝国的情境里，动员了百分之二十的信徒的赠予偏斜系数是很不寻常的现象。它一定触及了共同体中一个庞大且多元的部分，其来源在精英阶层以下。在 4 世纪意大利北部的教堂的镶嵌画地板上，我们已经看到了这种社会多样性在发挥作用。这时候的基督教会的伟大成就之一是把一个社会分隔程度如此高的赠予者群体成功捏合在了一起。这项成就的基础是，（有钱的基督徒带来的）新财富与早就习惯于参与集体项目的低调的宗教群体之间的创造性协同。尤为重要的是，驱策这个群体的成员的礼物观念不看重单个奉献的大小，这是因为每一份礼物都打开了一条从尘世直接通向天堂的路径。

然而，我们只须放眼 4 世纪的教堂建筑就能看到，富有的捐赠者留下了遍布这些教堂的个人印记。不论是在非洲还是在与之相距遥远的高卢北部地区，很多基督教方形教堂都带有建造者的名字，其中很多是有钱的平信徒。[46]名字被刻得到处都是。在圣亚历山大的圣地（位于邻近罗马的诺曼塔那大道），平信徒捐赠者的名字被刻在环绕坟墓的围栏上，以及支撑坟墓华盖的支柱底座上，这些名字挤压着地方主教的名字。[47]从这些名字中，我们看到的是由对城市的爱所驱动的新一代恩主的产物。但这些恩主已经在一个与之前不同的共同体里找到了归属感。他们的名字出现在祭坛的支柱和方形教堂的路面上，它们不再见于广场雕像底座上的铭文。如今，这些礼物被认为赢得了遥远天上的喝彩，而不仅仅只是地上民众的欢呼。

假同晶现象：转折时代的赠予

城市中的公益与教会中的虔诚赠予的对比，对现在的我们来说似乎很清晰了。但我们必须时刻记住，在 4 世纪晚期和 5 世纪早期，这种对比还没有那么清晰。这是因为礼物本身有多重含义。其中一些可以被看作古代传统的伟大的庇护行为；另一些则可被看成是为了消罪、感谢上帝，或是打开通向天堂的道路。"天上的财宝"这个观念，尽管之后被证明具有枢纽意义，却并不是唯一一个引导基督教慷慨行为的观念。这种不确定性并不令人吃惊。正如一项关于礼物赠予的晚近研究提醒我们注意的，礼物"不是给定的确定实体，而是处在竞争中的建构"[48]。它们并不总是带着毫不含糊的标签。礼物的意义在很大程度上取决于别人怎么看，以及赠予者本人加诸其上的建构。

在像 4 世纪晚期这样的转折时代，这些"处在竞争中的建构"可以非常多样。并非所有的基督徒在做出赠予时都出于同样的理由。事实上，并不是每个基督徒都明确地知道自己为什么赠予，对很多人来说，施舍给穷人只是一个好习惯而已，它和传统人道主义行为的其他更多形态很容易混在一起。多神教徒、犹太人和基督徒长期以来都在实践这些人道主义行为。宗教赠予传播很广，但我们不知道它是否总是携带着布道者和基督教护教士们希望加诸其上的那种厚重的意义载荷。

89 在这一点上，我们必须始终记住，我们在书页上和基督教主教的布道文里无法遇上普通的基督徒。我们是在他们的墓碑上与他们相遇的。他们中有一个人名叫卡里西姆斯，名字的字面意思是"最亲爱的人"。他在 4 世纪的某时葬在撒丁岛西海岸的塔洛斯。我们对他的了解来自立在他坟旁一张小桌上的铭文。他的朋友和穷人为纪念他，在那张桌前进餐。铭文毫不困难地把很多世界合并在一起。卡里西姆斯被赞誉说"乐于资助朋友，他（也）遵守了有关（关照）穷人的戒律"。在铭文之下是一幅竞技场赛马的图案。小马正在欢快地奔跑，臀上烙着"XP"的耶稣基督文字图案，马的侧面是一棵象征胜利的棕榈。那些为卡里西姆斯树碑的人很显然选择了这个古代神话里与赛马场有关的形象，以突出他们的朋友战胜了死亡，以及卡里西姆斯平凡的基业为他们和穷人带来的欢悦。[49]

那些聚在卡里西姆斯桌旁的人里没有一个人能意识到，由基督教领袖加诸宗教赠予实践上的、日益清晰且雄心勃勃的建构会引出中世纪。然而，中世纪最终还是来临了。本书的很大篇幅将会谈到，以卡里西姆斯和他的朋友们的忠厚虔敬为代表的那些低调、向多重建构开放的实践，是如何在时光中受到打磨的。当我们从 4 世纪进入 5 世纪和 6 世纪，这些实践将获得愈加清晰的意义。

就像我们将要逐章看到的，这些清晰的意义不是立刻同时出现的，也不仅仅来源于那些教会领袖的设想。就像鹅卵石在大河的涡流里慢慢被打磨得更平滑，形状更有规则，那些附加在基督教赠予上的建构之所以能够出现，是基督教会内部不同集团间不断互动（常常还是有摩擦的）的结果——在教士和平信徒之间，在禁欲者和有家室者之间，在贵族、中产和民众之间。大公教的中世纪所继承的基督教赠予理念，看起来轮廓清晰；但它的背后，是 350～550 年这段不平静的岁月里整部拉丁基督教的社会史。

然而，在研究 4 世纪时，我们需要暂时忘掉基督教赠予习俗的后果。在当时，基督教赠予还摇摆在新旧世界之间。在这一点上，我们的处境类似于接受了严格儒家训练的中国官吏面对佛教在他们之中兴起时的处境。他们恼火地发现，佛教宗教实践的兴起意味着事情不再像看上去的那样了。一位明代的官吏报告说，他所在省的佛教徒修造桥梁的热情高涨。这是一项任何中国君子一定会认可的公共事业。但这位官员发现，佛教徒在修造桥梁时抱着完全错误的动机。他们行事所依的信仰是，通过为修造这样一座桥梁做出贡献，他们能在另一种存在中获得个人功德。一种看似为公的行为（在中国悠久的公共慈善的传统里完全可以理解）实则是受一种拯救私己的需要驱动。这位官员感到震惊："不恰当地混为一谈，他们只关心业报，只因此而（公共）行善……这完全有悖行善的精神！"[50]

晚期罗马帝国史充满了类似的惊异。在写到晚期罗马帝国文明政体（在总论晚期罗马文明）的性质时，伟大的古代晚期历史学家亨利－伊雷纳·马鲁曾借助一个来自晶体学领域的意象。一些晶体经历了被称作假同晶的现象：它们的外表没变，但支撑外表的内部结构已经完全变了。[51] 在接下来的章节中，我们将看到基督教在这样的世界中的发展：这个世界的内部结构在迅速发生变化，但很多特征的出现造成了外表不变的印象——仿佛依旧延续了传统以及植根于古代世界的行为方式。

然而，在 370 年前后，这个故事还有待在未来完成，而这个未来对当时的任何人都是未知的。但先前低调的基督教，马上就会接受有钱人的大量涌入。一种经济系统和社会结构——其荣衰周期的属性促进了有钱人与基督教会的关系，也加剧了双方关系的戏剧性——似乎已经稳固就位，却在 5 世纪上半叶遭受了严酷的坠落。凝聚着古代城市对秩序的追求的各色城市花费，依旧吸引着富有的捐赠者。为理解这一社会图景和在当时依旧敞开的选项的多样性，我们需要从拜访罗马及其周边地区开始，而它们倒映在了一位多神教徒元老院成员的生平中，他希望自己首先作为一名强烈热爱他的城市的旧派人物而闻名于世。他就是贵族昆图斯·奥勒留·西玛库斯。

注 释

［1］ A. Cameron, *Christianity and the Rhetoric of Empire*: *The Development of Christian Discourse* (Berkeley: University of California Press, 1991), 79.

［2］ 基于此书中 A. Mandouze 的计算: *Saint Augustin*: *L'aventure de la raison et de la grâce* (Paris: Études Augustiniennes, 1968), 624 – 25。

［3］ Augustine, *Erfurt Sermon* 4. 6, p. 32.

［4］ 同上。

［5］ Veyne, *Lepain et le cirque*, 383 – 98.

［6］ J. T. Peña, "The Mobilization of State Olive Oil in Roman Africa: The Evidence of the Late Fourth – Century *Ostraca* from Carthage," in *Carthage Papers*, ed. Peña et al., Journal of Roman Archaeology Supplement 28 (Portsmouth, RI: Journal of Roman Archaeology, 1998), 117 – 238.

［7］ Augustine, *Enarrationes in Psalmos* 149. 9.

［8］ 新的研究参见 L. Lugaresi, "*Regio aliena*: L'atteggiamento della chiesa verso i luoghi di spettacolo nelle città tardoantiche," 以及 N. Belayche, "Des lieux pour le 'profane' dans l'empire tardo – antique? Les fêtes entre *koinônia* sociale et espaces de rivalités religieuses," *Antiquité tardive* 15 (2007) [= *Jeux et spectacles dans l'Antiquité tardive*]: 21 – 34 and 35 – 46. Veyne, "Païens etcharité chrétienne devant les gladiateurs," in *L'empire gréco – romaine*, 545 – 631。

［9］ John of Ephesus, *Ecclesiastical History* 5. 17, trans. R. Payne Smith (Oxford: Oxford University Press, 1860), 226; see P. Brown, *The Rise of Western Christendom: Triumph and Diversity, A. D. 200 – 1000*, 2nd ed. (Oxford: Blackwell, 2003), 170 – 72.

［10］ A. D. Momigliano, "Introduction: Christianity and the Decline of the Roman Empire," in *The Conflict between Paganism and Christianity*, 9.

［11］ K. M. Hopkins, *Death and Renewal* (Cambridge: Cambridge University Press, 1983), 9.

［12］ L. B. Namier, *The Structure of Politics at the Accession of George III*, 2nd ed. (London: Macmillan, 1957), 162 – 72.

［13］ *Concilium in Causa Apiarii*, canon 15, *Concilia Africae*, a. 345 – a. 525, ed. C. Munier, CCSL 149 (Turnhout: Brepols, 1974), 105.

［14］ J. Gernet, *Buddhism in Chinese Society: An Economic History from the Fifth to the Tenth Centuries* (New York: Columbia University Press, 1995), 241.

［15］ Jerome, *Letter* 22. 11 – 25 (致保拉的书信, 关于尤斯托奇乌姆)。

[16] Jerome, *Letter* 66. 5 – 11（致潘马奇乌斯的书信）。

[17] P. Brown, *The Body and Society: Men, Women and Sexual Renunciation in Early Christianity*, reprint with new introduction (New York: Columbia University Press, 2008), 341 – 86.

[18] Artemidorus, *Oneirocriticon* 3. 53, trans. R. J. White, *The Interpretation of Dreams* (Park Ridge, NJ: Noyes Press, 1975), 171.

[19] Lactantius, *Divine Institutes* 6. 11. 18 and 28 with 6. 12. 2, Bowen and Garnsey, pp. 353 and 355.

[20] Freu, *Les figures du pauvre*, 390 – 418.

[21] G. Himmelfarb, "The Culture of Poverty," in *The Victorian City: Images and Realities*, ed. H. J. Dyos and M. Wolff (London: Routledge; Boston: Kegan Paul, 1973), 2: 726.

[22] Prudentius, *Peristephanon* 2. 141 – 81, ed. and trans. H. J. Thomson, Loeb Classical Library (Cambridge, MA: Harvard University Press, 1961), 2: 116 – 18.

[23] Ambrose, *Letter* 73 (18). 16.

[24] Brown, *Poverty and Leadership*, 45 – 48.

[25] Scheidel, "Stratification, Deprivation and Quality of Life," 44.

[26] Freu, *Les figures du pauvre*, 264 – 68.

[27] 见条目 "'ebyôn," *Theologisches Wörterbuch zum Alten Testament*, ed. G. J. Botterweck and H. Ringgren (Stuttgart: Kohlhammer, 1973), 1: 27 – 43; trans. J. T. Willis, *Theological Dictionaryof the Old Testament* (Grand Rapids, MI: Eerdmans, 1974), 1: 27 – 41。

[28] 参见总论 Weinfeld, *Social Justice in Israel and in the Ancient Near East*。

[29] Jerome, *Commentary on Isaiah* 2. 5, PL 24: 79C.

[30] *Corpus Inscriptionum Latinarum*, vol. 10, *Inscriptiones, Bruttiorum, Lucaniae, Campaniae, Siciliae, Sardiniae Latinae*, ed. T. Mommsen (Berlin: G. Reimer, 1883), no. 1194; Brown, *Poverty and Leadership*, 70 – 73.

[31] R. MacMullen, "What Difference Did Christianity Make?" *Historia* 35 (1986): 322 – 43, 新的研究参见 *Changes in the Roman Empire*, 142 – 53。

[32] Y. Duval and L. Pietri, "Évergétisme et épigraphie dans l'Occident chrétien (IVᵉ – VIᵉ s.)," in *Actes du Xᵉ Congrès international d'épigraphie grecque et chrétienne*, ed. M. Christol and O. Masson (Paris: Publications de la Sorbonne, 1997), 371 – 96 at p. 371.

[33] Bowes, *Private Worship, Public Values, and Religious Change*, 10.

[34] *Inscriptiones Latinae Christianae Veteres*, no. 1062b. 5 – 8.

[35] J. Parry, "*The Gift*, the Indian Gift and the ' Indian Gift, ' " *Man*, n. s. , 21 (1986): 453 – 73 at p. 466.

[36] M. Bloch and J. Parry, introduction to *Money and the Morality of Exchange*, ed. Parry and Bloch (Cambridge: Cambridge University Press, 1989), 1 – 32 at p. 2

[37] Dante, *Inferno* 7. 122, derived from Virgil, *Aeneid* 6. 436.

[38] S. Mrozek, "Les phénomènes économiques dans les métaphores de l'Antiquité tardive," *Eos* 72 (1984): 393 – 407.

[39] G. A. Anderson, "Redeem Your Soul by the Giving of Alms: Sin, Debt and the ' Treasury of Merit ' in Early Jewish and Christian Tradition," *Letter and Spirit* 3 (2007): 36 – 69; 同一作者的 *Sin: A History* (New Haven, CT: Yale University Press, 2009), 135 – 51, 164 – 88.

[40] Augustine, *Sermon* 66. 5; see R. Finn, *Almsgiving in the Later Roman Empire: Christian Promotion and Practice, 313 – 450* (Oxford: Oxford University Press, 2006), 47.

[41] Lepelley, *Les cités de l'Afrique romaine*, 2: 347 – 352 (在大莱普提斯相互竞争的家庭)。

[42] 新的研究参见 S. Giglio, " Il ' munus ' della pretura a Roma e a Costantinopoli nel tardo impero romano," *Antiquité tardive* 15 (2007): 65 – 88。

[43] C. Sotinel, "Le don chrétien et ses retombées sur l'économie dans l'Antiquité tardive," *Antiquité tardive* 14 (2006): 105 – 16 at p. 115, translated as "The Christian Gift and Its Economic Impact in Late Antiquity," in *Church and Society*, article IX.

[44] J. P. Dolan, *The Immigrant Church: New York's Irish and German*

Catholics, *1815 - 1865* (Baltimore: Johns Hopkins University Press, 1975), 165 - 67.

[45] L. R. Iannacone, "Skewness Explained: A Rational Choice Model of Religious Giving," *Journal for the Scientific Study of Religion* 36 (1997): 141 - 57.

[46] 关于罗马的冠名教堂, 新的研究参见 Diefenbach, *Römische Erinnerungsräume*, 379 - 400。关于阿尔勒的君士坦提娅教堂 (可能于 5 世纪 20 年代由军事长官以及后来的皇帝君士坦提乌斯修建), 参见 M. J. Heijmans, *Arles durant l'Antiquité tardive: De la duplex Arelas à l'urbs Genesii*, Collection de l'École française de Rome 324 (Rome: École française de Rome, 2004), 193 - 94。关于 445 年署名参与重建纳博纳方方形教堂的平信徒恩主名单, 特别参见 H. - I. Marrou, "Le dossier épigraphique de l'évêque Rusticus de Narbonne," *Rivista di archeologia cristiana* 3 - 4 (1970): 331 - 49。这个名刻在大门的过梁上。关于兰斯, 参见 *Inscriptiones Latinae Christianae Veteres*, no. 61 [教堂由骑兵首领和执政官约维努斯 (Jovinus) 在 367 年修建, 当时以他的名字命名]。关于安布罗斯在米兰私人建造的教堂 (很快就以 "安布罗斯堂" 闻名), 参见 McLynn, *Ambrose of Milan*, 209 - 11。

[47] V. Fiocchi Nicolai, "Evergetismo ecclesiastico e laico nelle iscrizioni paleocristiane del Lazio," in *Historiam pictura refert: Miscellanea in onore di Padre Alejandro Recio Veganzones O. F. M.*, Studi di Antichità Cristiana 51 (Vatican: Pontificio Istituto di Archeologia Cristiana, 1994), 237 - 52 at pp. 240 - 41.

[48] G. Algazi, "Introduction: Doing Things with Gifts," in *Negotiating the Gift: Pre - Modern Figurations of Exchange*, ed. Algazi, V. Groebner, and B. Jussen (Göttingen: Vandenhoeck and Ruprecht, 2003), 9 - 27 at p. 10.

[49] *Inscriptiones Latinae Christianae Veteres*, no. 997; Finn, Almsgiving, 198 - 201.

[50] J. Kieschnick, *The Impact of Buddhism on Chinese Material Culture* (Princeton: Princeton University Press, 2003), 211.

[51] H. – I. Marrou, *Saint Augustin et la fin de la culture antique :
Retractatio*, Bibliothèque de l'École française d'Athènes et de Rome
145 (Paris : Boccard, 1949), 690. 新的研究参见中肯的评价 J. –
M. Carrié, "*Nihil habens praeter quod ipso die vestiebatur* : Comment
définir le seuil de la pauvreté à Rome?" in *Consuetudinis amor :
Fragments d'histoire romaine (IIe – VIe siècles) offerts à Jean – Pierre
Callu*, ed. F. Chausson and É. Wolff (Rome : Bretschneider,
2003), 71 – 102 at pp. 77 – 84.

第二部

盛　世

第 5 章　西玛库斯：4 世纪的 罗马贵族

"人类中最尊贵的人"

与同时代的基督徒相比，昆图斯·奥勒留·西玛库斯 （约 340～约 402 年）总是被看作一个"生活在现代的古人"。他的多神教信仰、他对罗马元老院的忠诚，以及他选择罗马城和传统的坎帕尼亚作为居所，这些使他往往像一个孤立的人物，与志得意满的基督教新世界相隔离。然而事实并非如此，西玛库斯从来没有与他周围的世界隔绝。他很可能和米兰主教安布罗斯有私人关系；他庇护了年轻的奥古斯丁；无疑他也会了解诺拉的保利努斯年轻时的生涯，而且保利努斯的老师、波尔多的诗人奥索尼乌斯也是他的挚友。西玛库斯并不是过往时代留下的孤零零的古董，相对于基督教理念中所设想的罗马帝国及其城市来说，西玛库斯体现的是另一种颇具存在感和现实性的选项。通过浏览他的书信、演说以及官文中留下的丰富证据，我们能够触及这位 4 世纪的贵族——"他的城市的挚爱者"——的希望与担忧。西玛库斯提供了我们所需要的参照物，通过他，我们能够评估与他同时代的基督徒们在他们的生活和著作中对于财富及其用途的观念所产生的变化。首先让我们将西玛库斯放置于他自己的世界中。

在 350 年前后，一位来自东部行省的旅行者如此描述意大利：

> 意大利是一个万物丰足的行省，尤其是因为它拥有了
> 以下这种所有物产中最伟大的物产：最伟大、最杰出的帝
> 都……罗马……它有一个由富人们组成的伟大的元老院。
> 如你仔细审视他们，你就会发现他们每个人要么已经是总
> 督，要么不久将成为总督，要么拥有权势却不愿［长期
> 担任官职］，他们宁愿安稳地享受他们的财富。[1]

要评估这些人，最好能拜访他们的宅邸。这些宅邸坐
落在罗马七丘顶上宏大的苑囿深处。所有这些别墅中最宏
伟的宅邸——就是阿尼齐家族的别墅——坐落在罗马城西
北角的苹丘上，它面朝卡匹托尔山并俯瞰罗马城。这座别
墅的著名之处在于，别墅中的道路用绚丽多彩的大理石铺
成，围墙同样以这种大理石包裹。[2]此时，这里是塞克斯图
斯·克劳迪乌斯·佩托尼乌斯·普罗布斯在罗马城中的居
所。我们已经见过普罗布斯了，他是一个著名的人物，拥
有可疑的财富，并且通过频繁获得的高官任命，获取和维
护他的这些财富。[3]

阿尼齐家族宅邸外的院子像是一个小型广场。那里到处
是铭刻着颂词的雕像，这些雕像是由来自罗马世界各地、心
怀感激的门客塑造的。在这里的遗址上发掘出了意大利北部
行省的居民们向普罗布斯表忠心的献词，这篇献词刻在为他
建立的一座雕像的基座上。这些居民的代表团将他们自己称
为普罗布斯的人，"完全归属于他"的人。这些人使用了一
长串形容词将 4 世纪罗马时代能够彰显"尊贵"的元素集合

在了一起（就像是在用各种符号组成一面巨大的纹章）。作
为一名文化人，普罗布斯是"文字与修辞之光"；作为一位
总督，他是"供给和秩序的贤明主宰"；作为一个人，他是
"善良品质的楷模"；作为皇帝们的侍奉者，他是真正的"忠
诚的高级祭司"。这些特质结合在一起，使普罗布斯成为
"贵族的顶点"[4]。并非只有普罗布斯一个人受到过这种赞誉，
在罗马城各处都已经发现了类似的铭文。这些刻有铭文的雕像
被安放在贵族别墅的大厅或者前庭里，而铭文则刻在雕像的基
座上。[5]

　　和之前的所有时代一样，对于 4 世纪的罗马人来说，
"高贵"是一个富有争议的词，它最初意味着"卓尔不群"
"广为人知"。成为这样一位贵族需要同时具备三种卓越的
条件：出身、文化以及高级官职。这三种要素一起构成了
一位真正的贵族。[6]在 4 世纪的时代环境中，贵族的身份中
还存在一些难以解释、无法界定的因素。君士坦丁改革涉
及的社会整合没有触及罗马人的贵族观念。君士坦丁将元
老阶层的头衔——"名人"——扩展到了行省精英中的领
袖人物中，这似乎使罗马帝国的贵族们在法律上全部被界
定为同一个阶层。然而，这样的界定在罗马城几乎没有用。
罗马城中贵族们的"贵族身份"并不完全是法律上的地位，
按照克里斯托佛·巴德尔的话来说，这是一种"由贵族授
予的贵族头衔"[7]。贵族并不是一个其他人所设置的等级，
它是一种"社会区分"；贵族们自己——而不是皇帝们——
在掂量着这种区分；[8]贵族们决定了哪些人是他们的同类，哪
些人不是。

　　将贵族身份作为一种社会疆界的观念也主导着他们的婚姻

95

安排。贵族们能够根据他们家族的利益来决定，是将非贵族排除在"婚姻市场"之外，还是允许他们进入。贵族们可以和下层通婚，这样就可以吸收积极上进的行省家族的新财富，他们也可以和上层通婚，与皇室成员成婚，[9]但通常他们只是谨慎地互相联姻。和近代以及现代的欧洲贵族不同，罗马人并不是依靠长子继承制或限定继承制来累积财富的，他们世世代代维持财富的方式是精心计划的通婚，联姻是他们庞大财富的秘诀。在诸如佩托尼乌斯·普罗布斯等人看来，获取财富的一个重要渠道是担任官职期间的敛财，但这样的收入并不是常有的，真正关键的是贵族小圈子内部远亲之间的联姻所凝聚的财产。[10]

因此，罗马城贵族的财富与其他家族的财富在性质上有所不同。他们并不是因为和君士坦丁合作而刚刚致富的暴发户；相反，他们是更早之前的暴发户。4 世纪罗马城中的许多家族最初的发家致富是因为他们曾经支持过一位和君士坦丁完全同样冷酷的领袖——塞普蒂米乌斯·塞维鲁（193～211 年在位），他们中的许多人和塞维鲁一样来自非洲。他们平安地度过了 3 世纪的危机，到了 350 年，他们稳固地盘踞在非洲、西西里和意大利南部。[11]他们代表着世家旧族。

然而，这些人所值得一提的绝不只是财富，他们是贵族。要被看成"贵族"，他们就必须展现出相应的罗马式的贵族范儿。要达到这样的标准，就需要担任公职。不过与他们的财富和他们的文化不同的是，公职并不是他们的内部圈子能够提供的，官职必须由皇帝来任命。通过授予总督、大区长官、执政官等官职，宫廷能够最终触及贵族们自我身份认同的核心。说白了，贵族需要一个官职（即使任期很短）来使他的贵族身份圆满。因此，罗马城中的贵族并不像他们所希望表现出的那样独立自主，他们既依赖于罗马帝国的体制，也依赖于较低级的行省贵族。[12]

一位贵族在年轻时最初担任的是行省总督的职位，这种职位中最具名望的是非洲行省总督。在担任过这些较低级别的官职之后，到了中年，他可能会成为罗马大区长官，而一位贵族的最高荣誉则是执政官。在谈到 4 世纪的执政官职位时，人们一般都认为这似乎是一个被剥夺了所有权威的官职。这一职位通常由皇帝自己担任，有时甚至由蛮族出生的军人担任。然而对于一位罗马贵族来说，执政官的职位仍然没变得暗淡无光。这是一个神圣的职位，充满了古典式的光辉。执政官是古代罗马诸王的短期化身，他们披着镶有金边的庄严的长袍，即将到来的一年将以他们的名字——具有与岁首庆典涉及的各种繁荣昌盛相关的魔力——命名。[13] 担任执政官就是成为罗马悠久历史的一个组成部分，于 4 世纪 70 年代和 4 世纪 80 年代被任命的执政官们可以认为，他们所拥有的这一荣誉能够追溯到 870 年前罗马共和国初创之际。

当我们考虑到 4 世纪的环境时，值得注意的是，罗马城的贵族们认为他们获得荣誉是理所当然的，或者至少他们声称他们可以这么认为。在这方面，他们和行省中由于皇帝的支持而出现的新贵族有所不同，我们只要看一下传统上和狄奥多西一世（379～395 年在位）联系起来的著名的银盘，就可以鉴别出这种不同。这块巨大的银盘表明了罗马城外的人们是如何看待他们被授予的高级官职的。银盘上的皇帝展现出无与伦比的身姿，悬停在可以说是纯银色的天空中；皇帝的头部被光环围绕；在宫殿的拱门所组建起来的框架中，他高

96

高在上，端坐在王座上注视着远处，并将一份任命状下赐到
王座下一个渺小身影的手中。这块银盘可能不是宫廷制作的，
而是荣誉的接受者制作的。制作者可以将之放在家族的银器
中，以特别提醒这一地区的贵族们，贵族身份只能够由宫廷
赐予。[14]对于行省居民来说，贵族身份并不是一种"由贵族
授予的贵族身份"，这一身份来自上层。波尔多的奥索尼乌斯
只是一位行省贵族，他的家族是阿奎塔尼地区的市议员阶层，
当他在 379 年获得执政官时，他说这不亚于一个奇迹，和上
帝的恩典一样，这是"难以言说的意志"施加在他身上的行
为："我何德何能？我一无所知。"[15]后来的某位基督教主教
在思索预定论和上帝的恩典时也可能会这么说，但这并不是
罗马城的贵族们对他们自己的看法。正如昆图斯·奥勒留·
西玛库斯那样（本章余下的部分里我们将关注他），他们将
自己看成"人类中最尊贵的人"[16]，他们认为高级官职是他
们应得的。

心中风景：西玛库斯在元老院、罗马城
和乡村之间

对我们来说，4 世纪罗马城中的大多数贵族是具有两面性
的人物。我们只能从外部，通过赞颂性的铭文和同时代人们偶
尔的提及来了解他们。不过有一位贵族，我们对他的了解的确
要详细得多。他就是昆图斯·奥勒留·西玛库斯，他出生在
340 年前后，在 402 年以后的某一时间去世，他为后人留下了
900 多封信、一系列公函以及一些演说词。众所周知，西玛库
斯的书信缺乏感情，它们都是公文，是写给无数的同僚和朋友

以处理各项事务的——保持友谊、巩固同盟、获取支持、提携被庇护人的事业。每封信都平淡无奇，更确切地说，那些生硬晦涩的段落就像中国人名片上华丽的字符，为的是让收信人能够按照写信者的意愿把事情办成。[17]

不过，这正是这些文献对我们而言的价值所在。它们是准备发表的，部分由西玛库斯本人整理，部分可能由他的儿子门密乌斯整理。[18]这些文献中到处都不断重复着醒目的段落，在某种程度上就是西玛库斯为自己竖立的纪功碑。它们所展现的并不是西玛库斯的个性（就像我们希望现代的书信作者所展现的那样），而是西玛库斯希望同时代的人看到的他的形象。这是一座罗马贵族的雕像，它不是用石头建造的，而是用文字建造的。这些书信展现了西玛库斯的所作所为，这种事其他任何贵族也都做过，只不过他们的书信没有被保存下来。这些书信展现出西玛库斯屹立于友谊和权力交织而成的网络的中心，这一网络从罗马世界的一头延展到另一头。不过这些书信也展现了他的根基所在。他明显是一位"热爱故乡的人"，但他所热爱的并不是普通的故乡，因为他的故乡就是罗马城本身。本章和下一章将要关注的正是他在这方面的生活。西玛库斯的书信使我们有机会考察 4 世纪罗马城中的贵族们对"热爱故乡"之情的各种展示。

西玛库斯的确要比许多更狠心的同僚更为接近他的家乡。在他的政治生涯中，他从未离开过自己家族财产世代囤积的地区。在 365 年，他二十五六岁时，他是卢卡尼亚和布鲁提乌姆（今巴斯利卡塔和卡拉布里亚）总督。373 年，他是非洲行省总督，这一职位设立在元老阶层拥有庞大财产的地区。在任期结束时，他对遥远的毛里塔尼亚进行了一次私人访问，以维护他在那里的地产，这是他唯一一次访问地中海南部。384 年，他担任过 5 个月的罗马大区长官；391 年，他成为执政官。总而言之，西玛库斯只不过是重复了他父亲的政治生涯。

西玛库斯后来被称为"中等富裕"的元老。[19]这指的是，在他这种地位的贵族中他是"中等"的。实际上，他十分富有。不过他的政治抱负并没有特别强烈。他被称为"演说家西玛库斯"，他最主要的成功并不在于他作为一名管理者和一位廷臣取得的成就，而在于他作为协调者取得的成就——他既能够放低姿态，又是非同寻常的"代表"。

近年来，我们日益认识到西玛库斯远不是一个落后于时代的人。根据克里斯蒂娜·琼尼奥的悉心研究，西玛库斯的书信表明，他是一位老练的元老政治家。阿兰·卡麦隆渊博而条理清晰的修正性研究也证实了这一认识。[20]不过我们必须要记住，我们的这一发现并非基于对西玛库斯表面上的判断，而是基于耐心的、不断积累的工作。西玛库斯在他所出版的书信中留给我们的是一幅优雅的自画像，在某种程度上我们的工作就是探究这幅自画像背后的内容。

让我们端详一会儿这幅自画像。西玛库斯在自己心中勾画出美景，并将自己展现为其中一个光芒四射的人物，这一技能令人称奇。

这幅风景的地标之一是罗马元老院。376 年，作为一位年轻人，西玛库斯高兴地报告说他在元老院的演说受到了好评，"人类中的精英"支持他，[21]这是一段令人记忆深刻的话。不过我们要记住，当元老院集会时，并不是这一类人中的所有成员都会出现在卡匹托尔山脚下、罗马城广场前那座屋顶尖耸的建筑的大厅中。西玛库斯的演说的听众通常只有 50 多人，不过他的话是真心的。对他来说，聚集在罗马城元老院中的"大议会"是他贵族生活的活动中心。正如一位法国学者的恰当评价，西玛库斯定期前往元老院，"就好像一位身体力行的大公教徒定期参加弥撒"。[22]

西玛库斯将大议会看成一个亲密的贵族团体。罗马城的元老院和作为一个整体的元老阶层之间的联系是非常淡漠的。正如我们已经看到的那样，君士坦丁的改革将元老阶层扩大到了2000 人。在西玛库斯及其父亲看来，这些名义上的元老中只有大约 80 位算得上是真正的贵族，[23]余下的是"新"人。和他这样的少数家族所代表的熠熠生辉的高贵性相比，这些"新"人不过是一些苍白的角色。[24]他很直率地表达过他对这些新同僚的看法（至少他跟同侪们这样说过）："孩子们离这帮新人越远，他们就越接近真正的贵族。"[25]无论西玛库斯所撒下的庇护关系网有多么巨大，他的所作所为显示，他无可置疑地处于一个高高在上的位置，他和一小群自我认同清晰的贵族同伴占据了"真正的贵族的顶点"。

西玛库斯以同样的方式展现出他自己生活在一个由罗马城及其邻近地区构成的狭小世界中。他定居在他熟悉的罗马城的山丘上。在西莲山上发现的宅邸可能是他的，那是一座庞大的复合型建筑，带着一个怡人的庭院，装饰着古典式的廊柱，其年代可以追溯到马尔库斯·奥勒留时代的末期。[26]他在紧邻着罗马城的一个又一个庄园中移居，这些庄园都位于台伯河沿岸，有的甚至远至南面坎帕尼亚地区的那不勒斯湾。他将上述的整片地区看成他自己挚爱的故乡，这片地区的中心是罗马城。

99

西玛库斯声称没有比初秋的坎帕尼亚更令他高兴的地方了。肥沃的土地欢快地"闪耀着"富足；丰硕的果实增添了果园的光彩；在古时的度假胜地巴亚，不时降下的阵雨清洁了空气；大自然将它的财富堆砌在餐桌上，以满足成群的宾客的需求；土地和海洋互相合作，提供了配得上众神的菜单。作为一位患病的老人，他感觉回到阳光明媚的那不勒斯湾振奋了他的精神。[27]

他亲切地描写了他在坎帕尼亚的庄园。它们并不仅仅是供他取乐的地方，每个庄园都附带着一块精心经营的地产，[28]更重要的是，每个庄园都让人回想起罗马悠久的历史。西玛库斯的岳父——门密乌斯·威特拉西乌斯·奥尔菲图斯的庄园曾经的所有者是拥有惊人财富的霍尔腾西乌斯。在声名狼藉的西西里总督威利斯受审时，他曾经和西塞罗在法庭上交锋。奥尔菲图斯的财富（西玛库斯如此坚称——我们从当时的其他资料中得知，奥尔菲图斯不久前被指控贪污公款）都是清白的，因为这些是家族的财富——这些财富来自过去。奥尔菲图斯拥有的这座古代庄园说明："运势自己从天上跑来占据了权贵的居所，因为这个地方的声望不允许有单调乏味的主人。"[29]

在坎帕尼亚的各个城市及其邻近地区旅行时，西玛库斯发现了令人高兴的证据，该证据显示古老的公民价值观仍然存在，城市公益仍然很好地存续着。他曾经经过贝内文托，当时恰好是一场地震过后，当地的显贵们正在修复这座城市。他很高兴地看到"热爱故乡的人"正在做着他们应该做的工作：

> 这座城市本身是伟大的，它的显贵们更加伟大，他们

真挚地热爱着文学。他们的行为是出色的……为了装饰他们的城市，他们竞相倾尽他们的私人财富……破裂的石块遇到了不可战胜的心。[30]

不过我们不能忘记，这是西玛库斯的坎帕尼亚，这是一幅仔细构建起来的心中风景。正如米歇尔·萨尔兹曼敏锐地观察到的，坎帕尼亚为西玛库斯提供了"一个时间和空间上没有变化的世界的镜像"。西玛库斯也曾经在其他地方旅行，他曾经到访过特里尔，并且经常越过亚平宁山脉前往米兰，不过这些旅程并没有触动他，他也不指望用这些旅程来触动他未来的读者。他的书信透露出："不情愿去赞美，甚至不情愿去详细描述缺乏传统的地方。"[31]

我们甚至远远不能够确定坎帕尼亚各地是否全都"闪耀着"自然的富足。对坎帕尼亚北部的考古勘探显示，要前往那不勒斯湾，西玛库斯和他的随行人员会经过一片空荡荡的地区，那里是一个贫瘠的农业区，在共和晚期曾经是兴旺的农贸中心，而在西玛库斯的时代，村舍零星地散布在过去的废墟上。西玛库斯以及那些像他一样的人不能将坎帕尼亚当作一个安全的粮仓，他们的财富仍然需要依赖于大海对面更加遥远的西西里和非洲地产上的收益，而那里总是存在诸多顾虑和管理上的问题，这是因为地主们并不居住在当地。[32]

西玛库斯描述的坎帕尼亚的庄园——包裹在打磨平滑的大理石中，装饰着激动人心的弧形廊柱以及看起来浮在半空中的楼梯[33]——还没有被发掘出来。他的庄园可能并不像行省贵族和廷臣们在帝国其他地方所建立的庄园那样富丽堂皇，比如我们将会看到的奥索尼乌斯在高卢和西班牙的庄园，以及诺拉的保利努斯的庄园。实际上，西玛库斯并没有生活在与世隔绝的特殊状态中，和 4 世纪其他"热爱故乡的人"一样，他处于一个庞大而复杂的帝国体系中，这决定了他的命运。

"老做派"

西玛库斯适应更广阔世界的方式是不断写信。他写了大量的信。一些信是为有前途的年轻人写的，一些信是为处于困境中的行省人写的。这些信是这位大贵族最贵重的礼物。[34]对西玛库斯本人来说，信就是他的生命线。这些信让他和最高的当权者保持联系，并且保证他的名字能够经常出现在高级官员、廷臣和将军们——任何皇帝的亲信——的眼前。正是通过这些信，西玛库斯扮演了一位老练政治家的角色。这些信就像蜘蛛网一样细密，它们在西玛库斯周围编织起了一张安全网；它们确保了这位自豪的罗马城贵族能够在政坛中屹立不倒（在 4 世纪严酷的政治环境下，许多人都倒台了），或者，如果他倒台了，这张安全网确保了他能够东山再起。[35]西玛库斯是一位幸存者。对于那些带着后见之明的读者，西玛库斯的书信能够在 402 年以后被当作一本生存技艺的教科书，阅读和模仿这些书信的贵族们将会从中深受启发。

当然，这并不是这些书信表面上看起来的样子。用约翰·马修斯的话来说，西玛库斯将他的书信展现为一个罗马帝国晚期"友谊"的博物馆。他的书信是罗马式友谊的典范。[36]对一位罗马人来说，"友谊"意味着通过互相帮助，不断和其他人保持联系。正是通过这种形式的友谊，西玛库斯试图弥合罗马帝国晚期使社会上层分裂的许多裂痕。元老院中的同事、大区长官、宫廷中的宦官、蛮族出身的将军，甚至一位处于领导地位的主教（米兰的安布罗斯），只要西玛库斯认为这些人都生活在同一个世界中，他就会去联系所有这些人。他们像朋友那样见面，以古老的"友谊的协议"联系在一起。因此，西玛库斯会在书信中向收信者暗示，他们作为他的朋友应该立刻认识到他的要求的正当性，并且满足他的需求，没有比这个更自然的事了，几乎用不着去提醒一个"和友谊的职责协调一致的灵魂"哪些是应该做的。当然，他必定会在各种事务上为西玛库斯效劳。[37]

　　这解释了西玛库斯在和那些身居高位的通信者联系时所表现出的那种老式的、表现得有点过头的同僚感。正是这种策略表明了他是一位贵族。作为罗马城的贵族，他是所有人的朋友，仅仅臣服于皇帝。他对自己在书信中总是保持着"老做派"而自豪，他在信中只写收信人的名字，而从不写收信人的官衔。"愿抬高官衔有助于他人提升自身地位"，但对于西玛库斯自己的朋友来说不必如此。[38]根据 4 世纪的社会背景来看，这具有重要的政治考量。在西玛库斯的信中，罗马帝国政府授予西玛库斯通信者们的那种完全不对称的权力关系被悄然改变了。我们只须将西玛库斯在称谓上刻意保持老做派式的低调和这一时期的其他书信做一番比较，便能够明白这意味着什么。在奥古斯丁作为主教时写信给当权者和与西玛库斯类似的贵族时，他问候的方式是极其拘谨的。他给我们的印象是，作为一个总是仰望着高层的行省人，他小心翼翼、恰如其分地关

101

注着大人物们在身份地位和官衔级别间的细微差别。[39] 而西玛库斯并不是这样，对他来说，一个人要么是朋友，要么什么都不是。对我们来说，西玛库斯的 900 封信可能是枯燥的，但是他写信的方式能够使他的同伴或者他的后人永远不会从这些信中看出他曾经是卑躬屈膝的。

"神圣的友谊"：西玛库斯世界中的
多神教徒和基督徒

表面上平静的世界中（这个世界曾经以神圣的友谊团结在一起）开始出现了一道裂痕：基督教的出现。西玛库斯是我们现在所谓的"多神教徒"，他甚至被我们现代学者看成罗马"最后的多神教徒"之一。可能称他为"第一位多神教徒"更加合适，在我们所能够看到的罗马贵族中，他第一个适应了一种前所未有的环境。他被其他人贴上了告白式的标签——"多神教徒"，但这不会是他自己喜欢的标签。

102　　"多神教徒"这个词直到 4 世纪 70 年代才开始流行。这是一个只有拉丁基督徒才使用的宗教性词汇（希腊基督徒往往使用"希腊人"来称呼古希腊宗教的信徒）。最初这个词和宗教无关，"多神教徒"这个词最初的意思只是"平民"——一个不享有皇帝授予的荣誉或者特权的人。基督徒使用这个词来羞辱那些没有为真正的皇帝——基督效力的人，这些人都是外人，他们并不完全是上帝的帝国中的一员。[40]

"多神教徒"也不一定是一个带有恶意的词。这个词经常作为一个中性词，作为一种对非基督徒的习惯性、方便的称呼来被使用。但这个词用在西玛库斯身上的确是非常不正确的。

他不是一个"多神教徒"，他一如既往地崇拜所有的神，仅此而已。他只是没有以宗教派别的眼光把他的罗马人同胞（基督徒和非基督徒）看成互相分开的自己人和外人。无论这些人的信仰是什么，他都希望将他这个阶层的成员们看成通过旧式的"神圣的友谊"而团结在一起的同伴。

从这一角度来看，西玛库斯在他所生活的世界中既不迟钝也不麻木。只是比起给他的朋友和同事贴宗教性的标签，他有更有意义的事要去做。我们现代人继承的是新兴的基督徒的看法，这种看法直到 4 世纪 70 年代和 80 年代才开始流行，当时西玛库斯已经 30 多岁了。我们很重视宗教上的差别，即使是在一个世俗时代，我们也往往重视宗教上的信仰（如果这个社会中存在宗教信仰的话），将之看成最深厚和最真实的感情。和现代人的想象大相径庭的是，在西玛库斯的世界中，情况绝非如此。

尽管君士坦丁使基督教本身显得引人瞩目，甚至令人讨厌，但是在 4 世纪 70 年代的罗马城，就如同在帝国西部的其他地方一样，基督教只是一个中下层宗教。这些人的意见对罗马城贵族们几乎不会造成任何影响。西玛库斯的地位远在基督教会之上，他对基督徒们的宽容是由于距离上遥远的间隔，比如，他能够欣然庇护基督教的主教们。他写给他兄弟的信中提及了主教克莱门斯，克莱门斯来自毛里塔尼亚的凯撒利亚（今阿尔及利亚舍尔沙勒），西玛库斯正好在这个城市中拥有产业："你可能会惊讶地发现我在推荐一位主教，但说服我推荐的是他的事务，而不是他的教派。"克莱门斯主教并不是为了他的教会，而是为了他的城市前来恳求，为的是减免整个凯撒利亚城居民的税赋。

西玛库斯希望他的兄弟能够赞成："他作为一个好人应为凯撒利亚尽责——那是他的故乡。"[41]在西玛库斯的世界里，一位基督教的主教首先是一位"热爱故乡的人"，教派领袖的身份是次要的。

103　　为了避免我们对这一观念的考察脱离时代，我们要记住晚期罗马帝国中社会上层所保留的充满敬意的氛围，他们认为他们所传承的体制和宗教仪式是来自没有受到基督教影响的往昔。这并不是说多神教徒都是不温不火的，而基督徒都是咄咄逼人的。在这两个群体之间有一大群处于中间地带的人，他们可以同时具有多神教徒和基督徒的倾向。国家和城市仍然自有其威严。

　　这种状况的存在绝不仅限于西玛库斯的罗马城内。正如克里斯托弗·戈达尔对4世纪意大利中部的皇帝崇拜的详细而又令人信服的研究所显示的那样，向皇帝表忠心的庆典几乎保留了从前的崇拜仪式中的各方面内容，只是血祭被免除了，这是为了尊重某个基督教皇帝个人的喜好。然而，同意免除血祭并不会导致宗教的自我毁灭，献祭并不是所有多神教仪式的核心。庄严的游行、公共的宴会和壮大的赛会仍然包含着浓重的宗教元素，这种类型的盛大庆典所唤起的某种敬畏之情堪比宗教"派系"的活动所带来的新奇刺激。在晚期罗马帝国的城市内——尤其是在罗马城内，庄严的城市大厅、广场、马车竞技场和从古代拱门下穿过的凯旋式的道路，都能够成为庆典场合中的风景，这些凝重而令人震撼的崇拜完全比得上任何基督教教堂中的崇拜。[42]

　　没有什么比以下这一事实所揭示的更加清楚了：在4世纪70年代，罗马城中的元老并不都是多神教徒。只须举一个例子：著名的佩托尼乌斯·普罗布斯来自一个君士坦丁皇帝所提携的基督徒家族，[43] 然而，罗马城内的公共生活仍然没有什么变化。因为在贵族对于这座城市的义务面前，普罗布斯及其追随者们的基督教信仰失色了。对罗马城赛会时期所发布的铜牌的研究表明，基督教家族的代表们在马克西穆斯竞技场和圆形大剧场主持的赛会的震撼、残酷程度绝不亚于多神教家庭资助的赛会，其激发出的那种强化城市和帝国崇拜的原生的、前基督教的肾上腺素，同样必会在他们的血管里流淌。[44] 通过西玛库斯的书信，我们知道了许多这样的基督徒，西玛库斯和所有人——多神教徒和基督徒——联系，把他们都看成朋友。

"并不只有一条路"：西玛库斯、维斯塔贞女，以及胜利女神祭坛，384 年

当西玛库斯于 384 年接任罗马大区长官这一职位时，他希望维持这样的状态。他最初的行动是试图撤销一项两年前特里尔的宫廷下发的命令。382 年，格拉提安皇帝（367～383 年在位）决定削减罗马城里维斯塔贞女团体的特权。由来自贵族家族的七位贞女组成的这个团体并没有被废除，但是它的免税特权被取消了。贞女们被禁止接受土地类的遗产（没有禁止现金上的馈赠）；而且，贞女们不再能够免费享受罗马城中帝国官方的食品配给。一切就是这样，这远不是普遍取缔多神教的标志，而是一项不友好的预算削减，由远方城市中的一群官员拟定。这只是把之前削减基督教神职人员免税特权的措施施加到了多神教司祭头上。格拉提安的父亲——节俭的瓦伦提尼

安一世已经削减了基督教会过于优厚的特权，这些特权是君士坦丁皇帝和君士坦提乌斯二世皇帝在基督教会的光荣时代授予它的。[45]

不过，当然，这一措施（就像那些不知名的人以财政紧缩的名义实施的许多措施一样）的意义不止于此。在罗马城中，这一措施被看成是在蓄意侮辱一个历史悠久的公共机构。取消贞女们的特权（尤其是她们所享有的食品配给）会让人们对罗马宗教和罗马国家之间的关系产生疑问，贞女们接受公共资金和特权是因为她们在为公共福祉祈祷。格拉提安的顾问们拟定的这一措施是极具争议性的，这就好比要挑战一个现代机构——比如一所大学或一个教会——的慈善性地位。他们所引发的这一问题注定会升级，尤其是格拉提安在 383 年被篡位者杀死，这让这一问题继续悬而未决。

也有一些人希望这一特殊的问题升级。在西玛库斯（担任罗马大区长官时）撰写官文——著名的《第三封陈情书》（*Third Relatio*）——以支持恢复对维斯塔贞女的供奉之前，安布罗斯已经成为米兰主教。安布罗斯摆出的姿态是：他是瓦伦提尼安二世（格拉提安同父异母的兄弟）的基督徒良心的守护者。他实际上是在威胁瓦伦提尼安二世，如果后者向西玛库斯让步的话，就会被逐出教会。

安布罗斯以这样的方式介入这一事件，将这一问题大肆炒作。他坚持认为取缔维斯塔贞女（的供奉）只是一个开端。他声称，格拉提安已经准备完全根除罗马的多神教，违背格拉提安的措施就是要完全复兴多神教："建立一个祭坛并且捐钱给不虔诚的祭祀。"[46] 在 384 年西玛库斯与安布罗斯的冲突中，一个官方临时措施的意蕴被歪曲成了一种如此夸张的形式，并且会有如此长远的影响，这是很罕见的。

安布罗斯的干涉使他好战的基督教主教形象不仅在他的时代，而且在以后的所有时代中声名显赫，但是在安布罗斯这样做的时候，他也让西玛库斯成名了。西玛库斯被安排在舞台中央，他被安布罗斯描述为整个多神教的维护者。在安布罗斯的作品中，多神教好像即将受到致命一击。西玛库斯越是令人印象深刻地被刻画为一个注定灭亡的宗教的守护者，安布罗斯对他的胜利就越是显得辉煌。在基督教的胜利舞台上，西玛库斯必须要显得像一位积极的、最后的多神教徒，因为在他之后再也不会有多神教徒了。安布罗斯努力地将西玛库斯的《第三封陈情书》（之所以如此称呼，是因为这是西玛库斯写给皇帝的第三份官启，这些官启中涉及他担任罗马大区长官期间处理的各种各样的问题）的复本收入他的书信集中，这份复本被当作安布罗斯主教驳斥西玛库斯陈情的介绍。这种将西玛库斯与安布罗斯的刻意并置，确保了西玛库斯将会在此后的所有时代中作为"最后的多神教徒"的典型被铭记，而他的《第三封陈情书》就是古代罗马宗教的天鹅绝唱。

然而，如我们所见，西玛库斯并不打算充当"最后的多神教徒"，相反，他将自己看成第一位多神教徒。他是第一个遇到这种问题的罗马大区长官，他发现自己要面对的是一种前所未有的、不受欢迎的局面。罗马元老院的官方共识已经被一种闻所未闻的宗教撼动了。

西玛库斯的回应"既谨慎又犀利"[47]。西玛库斯对这一历史悠久的争论的看法可能是许多基督徒和多神教徒共同的看法。西玛库斯的《第三封陈情书》不应该被看成一位顽固的多神教徒的作品，相反，它被谨慎地设计，试图重新恢复元老院中多神教徒和基督徒成员们的共识。西玛库斯极力强调说，可以预期，所有有责任心和公德心的人都能同意这一点：无论他们个人的信仰是什么，罗马的宗教崇拜应该像一直以来那样继续下去。[48]

让西玛库斯感到震惊的是，格拉提安的措施中暗含着摒弃古代准则的意味。在罗马，公共财富——最初是由国家提供的收益——应该被用来对诸神进行公共崇拜，以保护罗马城和罗马人民。整个罗马帝国的安泰，尤其是罗马城本身的安泰，都要依靠维斯塔贞女们的祈祷。在一座 3 世纪的维斯塔贞女的雕像基座上刻着这样的话：

> 通过她的道德修养及她在祭仪上的精湛表现，罗马帝国因她的功德而体会到了日复一日的幸福。[49]

西玛库斯实实在在地相信，有一些不可见的存在徘徊在罗马城的上空，他相信这些存在"关心和保护着"这座城市，它们需要受到恭敬的崇拜："对于一种高级力量所施展的仁慈来说，如果不对它保持崇拜的话，就会失去它。"[50] 通过禁止贞女们享受食品配给来削减对她们的支持，格拉提安打断了千年来用罗马的财富来换取诸神赐福的传统，而这是诸神与罗马的纽带。只有直接来自古代意大利及其行省土地上的财富才能够被作为礼物供奉给诸神。罗马拨给维斯塔贞女的那部分配给食品的总量并不算大，但是这种供奉从象征的意义上来说分量很重。土地上的产出，也就是维斯塔贞女们在食品配给中分享的部分，代表着土地和诸神之间的一种永恒的神圣交换，这保证了诸神对罗马帝国的保护，以及对罗马城这个伟大的人类居所的保护。

通过一种神圣的什一税，从食品配给中拨给维斯塔贞女们的谷物被认为保持了提供这些谷物的行省的丰饶。如我们所见，在一个经常因为收成变动而徘徊在粮食短缺边缘的世界里，以这样的方式无视诸神是一件很严重的事。383～384 年的情况证明了西玛库斯看法的正确性。罗马帝国的土地和诸神间礼物交换的中止带来的是一场大规模的干旱。西玛库斯警告皇帝："渎神造成了这一年的干旱。"[51]

不过西玛库斯的恳求并非仅仅出于宗教上的担忧。他的《第三封陈情书》中的高潮部分是他通过罗马女神之口发表的演讲，这极其有力地支持了这位老派的"热爱故乡的人"的论点。多种多样的城市和各种各样的崇拜仪式并不是偶然形成的，神为每座城市分配了它们自己的守护神灵，这些神灵徘徊在它们守护的地方之上，这些神灵给予了每座城市自己的个性，并且掌控着城市总体上的命运。因此，宗教的多样性影响到世界各地。每一地区都应该遵循其特有的敬神方式，此乃上天之意：

> 每个人都有他自己的习惯、他自己的宗教生活。神圣的智慧已经将不同的宗教分配给了不同的城市，以作为它们的守护者。每个人生来都拥有个体的灵魂，同样，每个族群都拥有其专属的神灵（守护神），看顾着它们的命运……
>
> 因为我们（元老院中的人）要求我们父辈的诸神之间和平相处，要求我们本土上的诸神和平相处。……我们看到的是同样的星辰，同一个天穹笼罩着我们所有人，我们身处的是同一个宇宙。……可以让我们通晓这一伟大奥

秘的道路并不只有一条。[52]

这并不是在含糊地请求宽容，这是在陈述：宗教上的多样性——而不是宗教上的统一——是世界结构的一部分。基督教皇帝可以坚持他们自己的信仰，但他们不会妨碍到西玛库斯，就像各个城市那样，他们可以有属于他们自己的神圣指引。就我们所知，西玛库斯和与他同时代的许多人一样，或许也相信有一个不露面的至高神，这个神并不在罗马人所知道的传统诸神之中，但它可能确实作为君士坦丁及其继任者们的保护神而进行了一些干涉。然而，这个神没有权利挤走更具有传统根基的其他神——罗马的诸神。[53]

107 当然，我们能够举出一些皇帝，他们要么有信仰，要么有信念。早先的皇帝尊敬我们先人的宗教礼仪，后来的皇帝也没有废除它们。[54]

让西玛库斯感到烦恼的一种观念是：一种宗教制度如同宇宙本身一样复杂和宏大，它贯穿各个时代，使人们臣服于个人想象中的独一的主宰，并且还是由一个宗教派别强行推动的。

在这一问题上，西玛库斯误解了皇帝的想法。格拉提安和瓦伦提尼安二世并不是偏执的基督徒，最重要的是，他们是专制君主。作为罗马帝国晚期体制中的一部分，制度性的利己主义几乎不会让一个遥远的城市举行权力下放的祭拜仪式。[55]问题在于，谁能够宣称自己最受胜利女神权威的青睐。是远在罗马城的元老院，还是宫廷中的皇帝？因此，安布罗斯精明的决策在于，在他和西玛库斯的斗争中，他让元老院中的胜利女神祭坛（而不是维斯塔贞女们的特权）看起来像是问题的核心。正是安布罗斯，而非西玛库斯，确保了这位主教和大区长官的争论以"胜利女神祭坛之争"这一误导性的名称流传后世。

一直到 382 年，罗马元老院一直保存着一座祭坛。这座祭坛耸立在一尊美丽的、有翅膀的胜利女神像之前，它最初是从塔兰托夺来的战利品。这座雕像是奥古斯都皇帝放在元老院里的，元老院在每次集会时可能都要在祭坛上以皇帝的名义焚香祭拜。

对于格拉提安和瓦伦提尼安二世来说，胜利女神的雕像及其附属的祭坛本身并不是他们厌恶的对象。不过这些东西并不是必要的。对于一位 4 世纪的基督教皇帝来说，这种认识用不着安布罗斯之类的主教来教导。皇帝们受到的吹捧总是促使他们将自己看成受到胜利女神青睐的人，这种观念是被人们普遍接受的。365 年，西玛库斯的父亲为了向格拉提安的父亲——瓦伦提尼安一世皇帝——致敬而建造了一座桥。这座桥横跨台伯河，将特拉斯提弗列和战神广场连接了起来。有翅膀的、巨大的胜利女神的铜像面朝着皇帝的雕像，刻在护栏上的铭文将胜利女神尊称为皇帝们特别的、神圣的"伙伴"。[56]根据罗马帝国晚期的观念，胜利女神是皇帝的守护天使，她和皇帝之间的紧密联系在天上就已经建立。[57]这一时期，胜利女神的雕像出现在帝国各地，然而这些雕像只和皇帝有关，没有显示出和元老院的关系。因为胜利女神是皇帝的伙伴，在任何地方，她的雕像都是为了皇帝本人而建立的；在任何城市，有皇帝的雕像才会有胜利女神的雕像。[58]皇帝的胜利女神没有固定的据点，用不着和一座遥远的城市中的某幢建筑物联系起来。我们不妨设想，在那幢建筑物中，一小群骄傲的贵族聚集在一个古典的艺术作品之下，多神教徒的香雾从祭坛中升起。

西玛库斯的报告没有被采纳，安布罗斯的声誉在基督教的圈子里更加响亮了。而真正的赢家是皇帝。作为一个身处远方宫廷中的专制君主，瓦伦提尼安二世皇帝在拒绝西玛库斯的陈情时清楚地表明，他不需要依靠元老院或者古代在罗马施行的仪式来确保胜利女神对他的独一无二的、并且仍然是令人敬畏的庇护。

不过，西玛库斯在 384 年的失败完全不意味着整个多神教在罗马受到了镇压。安布罗斯故意夸大了格拉提安的措施，维斯塔贞女们的资助被取消了，但是她们仍然继续集会和祈祷。其他的多神教崇拜仪式并没有被取缔，宗教团体仍然在接受捐赠，[59] 私人性质的多神教崇拜有慷慨的供奉者维持着。在这个世纪后期，塔姆希乌斯·奥格提乌斯修复了一座密特拉的圣所，地点在如今的圣西尔维斯特教堂（科尔索）附近。有一篇铭文用优雅的小字刻在一块被使用过的大理石板上，它表明，失去了国家的支持根本不会影响到奥格提乌斯的虔诚：

> 我的先人维克托曾是上天与星辰的虔诚崇拜者，他用皇家所赐的礼物建造了一座太阳神的神庙。现在，他的重孙在虔诚上超过了他。他建立了这处神圣的洞穴。罗马，他也不需要你的资助。对于虔诚的人来说，宁可有所失而不愿有所得。一位虔诚的子孙将他的财产和天上的诸神分享，还有谁会比他更富有呢？[60]

这里的语言并不是基督教式的弃绝财富，奥格提乌斯并没有"变卖他的所有"。相反，这是一位"热爱故乡的人"的话语，为了他的城市，他自豪地接受了自己在经济上的损失，郑重地重新将之转化为他对诸神的爱戴。

在西玛库斯个人的心中风景中，古代的诸神也并没有消失。这样做是有充分理由的，这种理由存在于罗马帝国的行政结构中。罗马政府鼓励元老们担任意大利中部和南部行省的管理者，他们将他们的贵族声望施加到了日常的行政事务中。罗马政府鼓励他们在他们管理的地区充当皇帝的代理人，他们可以声称："国家就是我。"[61]然而，由西玛库斯这样的旧世界的贵族所代表的国家并不是安布罗斯的基督教新罗马帝国。对许多元老级别的总督来说，帝国事务很大程度上仍然属于多神教范畴，而他们所访问的城市很大程度上仍然是多神之所。[62]

在安布罗斯声称打败西玛库斯的仅仅三年后，一份皇帝的批复被郑重地刻在卡普阿剧场前的一份铭文中。这份批复表明，至少在卡普阿，没有任何变化发生。为了举行悼念死者的多神教节日——鬼节，皇帝允许圆形大剧场在 5 月 25 日装饰满玫瑰。神圣的"拔袚"将会继续在本地的河流里举行。人们所熟悉的游行队列会从城市出发前往提法塔山的戴安娜神庙。在这座神庙中，虔诚的信徒们仍然能够看到作为还愿供品献给女神的狩猎标本。鹿角是由一位运动健将和诗人不久前奉上的，而巨大的大象头骨则是胜利的还愿供品，供奉它的不是别人，正是伟大的苏拉。[63]

然而，与他心中故作镇定的语调相比，西玛库斯的心中风景正日益显得不适。在西玛库斯步入中年前，罗马城发现，皇帝的自我中心主义已经部分地剥夺了一种古老的想象系统，而这一系统在罗马社会上层中维系着他们城市的集体尊严。元老中最虔诚的人（其中也有西玛库斯）感到，他们面对的是一个危险的、支离破碎的世界。如果诸神离开的话，什么事都有可能发生。

109

但是，这并不是他们唯一的焦虑所在。作为罗马城杰出的居民，西玛库斯发现他和他的贵族同伴们被夹在人民——需要他们去热爱、款待、喂养的罗马人民（就算只是为了能睡得安稳）——和一个遥远的宫廷中间。和任何过度膨胀的官僚机构一样，宫廷以冷漠、时断时续的方式提供物质资源，以此来显示对民众的热爱。在下一章中，我们将会看到西玛库斯是如何通过和罗马人民的持续对话来面对这一进退两难的困境的。

注　释

［1］ *Expositio totius mundi et gentium*, ed. and trans. J. Rougé, SC 124（Paris: Le Cerf, 1966）, 192.

［2］ Augustine, *Contra Secundinum* 3. 阿尼齐家族的宫殿最近已经被发掘出来了，参见 H. Broise, M. Dewailly, and V. Jolivet, "Scoperta di un palazzo tardoantico nel la piazzale di Villa Medici," *Rendiconti: Pontificia Accademia Romana di Archeologia* 72（1999 – 2000）: 1 – 17。

［3］ 对 Probous 的总体性论述，特别参见 Lizzi Testa, *Senatori, popolo, papi*, 306 – 19。

［4］ *Inscriptiones Latinae Selectae*, no. 1265, 1: 281.

［5］ H. Niquet, *Monumenta virtutum titulique: Senatorische Selbstdarstellung im spätantiken Rom im Spiegel der epigraphischen Denkmäler*（Stuttgart: F. Steiner, 2000）, 25 – 35, 以及第 270 ~ 281 页的铭文列表。

［6］ C. Badel, *La noblesse de l'empire romain: Les masques et la vertu*（Seyssel: Champ Vallon, 2005）; B. Näf, *Senatorisches Standesbewusstsein in spätrömischer Zeit*, Paradosis 40（Freiburg, Switzerland: Universitätsverlag, 1995）.

［7］ Badel, *La noblesse de l'empire romain*, 188.

［8］ 同上，12, 65 – 105。

［9］ Jacques，"L'ordine senatorio attraverso la crisi del III secolo," 135.

［10］ Jones，*The Later Roman Empire*，2：555. 阿尼齐家族的婚姻，参见最近的著作 A. van den Hoek，"Peter, Paul and a Consul：Recent Discoveries in African Red Slip Ware," *Zeitschrift für Antikes Christentum* 9（2005）：197 – 246 at pp. 210 – 12，以及第 230 页的族谱。

［11］ Cameron，"The Antiquity of the Symmachi"；Jacques，"L'ordine senatorio attraverso la crisi del III secolo," 108 – 20.

［12］ Lizza Testa，*Senatori，popolo，papi*，381 – 99. 参见现在 John Weisweiler 清晰的结论 *State Aristocracy：Resident Senators and Absent Emperors in Late Antique Rome，c. 320 – 400*（D. Phil，Cambridge，2011）。

［13］ Meslin，*La fête des kalendes de janvier*，21 – 22.

［14］ *El disco de Teodosio*，ed. M. Almagro-Gorbea，Estudios del Gabinete de Antigüedades 5（Madrid：Real Academia de la Historia，2000）. Leader-Newby，*Silver and Society in Late Antiquity*，48 – 49 对这个银盘的制作及其功用提供了一种有说服力的再诠释。

［15］ Ausonius，*Gratiarum actio* 5. 21 – 22. 参见 chap. 12，n. 12。

［16］ Symmachus，*Oratio* 6. 1.

［17］ 西玛库斯的书信经由 J. P. Callu 编辑，并且附有法语翻译：*Symmaque：Lettres*，4 vols.（Paris：Belles Lettres，1972 – 2002）。提供详尽注疏的是 *Commento storico al libro … dell'epistolario di Q. Aurelio Simmaco*（Pisa：Giardini，1981 – 2002）——迄今为止出版的有 vol. 2，G. A. Cecconi（2002）；vol. 3，A. Pellizzari（1998）；vol. 4，A. Marcone（1987）；vol. 5，P. Rivolta Tiberga（1992）；vol. 6，Marcone（1983）；and vol. 9，S. Roda（1981）；另外，有关西玛库斯的 *Relationes*，参见 D. Vera，*Commento storico alle "Relationes" di Quinto Aurelio Simmaco*（Pisa：Giardini，1981）。现在参见 M. R. Salzman and M. Roberts，*The Letters of Symmachus：Book I*（Atlanta，Ga.：Society of Biblical Literature，2011），其附有出色的介绍和注疏。

［18］ C. Sogno，*Q. Aurelius Symmachus：A Political Biography*（Ann Arbor：University of Michigan Press，2006），60 – 63.

[19] Olympiodorus, *History*: *Fragment* 41. 1 – 2, pp. 204 – 6；详细的评论在 Cameron, "The Antiquity of the Symmachi," 493 – 98。另参见 Matthews, *Western Aristocracies and Imperial Court*, 12 – 31。

[20] Sogno, *Symmachus*, 1 – 30; A. Cameron, *The Last Pagans of Rome* (Oxford: Oxford University Press, 2011).

[21] Symmachus, *Letter* 1. 52 (AD 376), Callu, 1: 114; 参见 Lizzi Testa, *Senatori, popolo, papi*, 297。

[22] A. Chastagnol, "Le Sénat dans l'oeuvre de Symmaque," in *Colloque genèvois sur Symmaque*, ed. F. Paschoud (Paris: Belles Lettres, 1986), 73 – 92 at p. 75. Lizzi Testa, *Senatori, popolo, papi*, 355 – 72 在实际上对西玛库斯的政治目标和政治理念做了新的分析。

[23] Lizzi Testa, *Senatori, popolo, papi*, 361 – 64.

[24] Symmachus, *Oratio* 6. 1.

[25] Symmachus, *Oratio* 7. 4.

[26] Baldini Lippolis, *La domus tardoantica*, 267 – 68; N. Christie, *From Constantine to Charlemagne*: *An Archaeology of Italy*, *AD 300 – 800* (Aldershot: Ashgate, 2006), 240.

[27] Symmachus, *Letter* 1. 7. 1, Callu, 1: 71.

[28] D. Vera, "Simmaco e le sue proprietà: Struttura e funzionamento di un patrimonio aristocratico del IV secolo d. C.," in *Colloque genèvois sur Symmaque*, 231 – 76 at pp. 237 – 42.

[29] Symmachus, *Letter* 1. 1. 5, Callu, 1: 62; A. Chastagnol, "Un scandale du vin à Rome sous le Bas-Empire: L'affaire du Préfet Orfitus," *Annales* 5 (1950): 166 – 83.

[30] Symmachus, *Letter* 1. 3. 4, Callu, 1: 67.

[31] M. R. Salzman, "Travel and Communication in *The Letters of Symmachus*," in *Travel, Communication and Geography in Late Antiquity*: *Sacred and Profane*, ed. L. Ellis and F. L. Kidner (Aldershot: Variorum, 2004), 81 – 94 at pp. 87, 92; 同一作者的 "Symmachus and His Father: Patriarchy and Patrimony in the Late Roman Senatorial Elite," in *Le trasformazioni delle " élites " in età tardoantica*, 357 – 75 at pp. 368 – 72.

［32］ P. Arthur, *Romans in Northern Campania： Settlement and Land-Use around the Massico and the Garigliano Basin*, Archaeological Monographs of the British School at Rome 1 (London： British School at Rome, 1991), 89 – 94.

［33］ Symmachus, *Letters* 1. 11. 3, Callu, 1： 77 and 2. 60. 2, Callu, 1： 195.

［34］ 对这一研究者关注颇多的问题，最好的英文介绍仍然是 Matthews, "The Letters of Symmachus"。另参见 S. Roda, "Polifunzionalità della lettera commendaticia： Teoria e prassi nell'epistolario simmachiano," in *Colloque genèvois sur Symmaque*, 177 – 207; Smith, " ' Restored Utility, Eternal City ' "; M. R. Salzman, "Symmachus and the 'Barbarian' Generals," *Historia* 55 (2006)： 352 – 67。现在参见 Cameron, Last Pagans, 366 – 82。

［35］ Sogno, *Symmachus*, 71 – 85.

［36］ Matthews, "The Letters of Symmachus," 62.

［37］ Symmachus, *Letter* 9. 141, Callu, 4： 82.

［38］ Symmachus, *Letter* 2. 35, Callu, 1： 177.

［39］ É. Rebillard, "Augustin et le rituel épistolaire de l'élite sociale et culturelle de son temps： Éléments pour une analyse processuelle des relations de l'évêque et de la cité dans l'Antiquité tardive," in *L'évêque dans la cité du IVe au Ve siècle*, 127 – 52.

［40］ s. v. "pagan," *Late Antiquity： A Guide to the Postclassical World*, 625. Cameron, *Last Pagans*, 14 – 25 提供了有价值的讨论。

［41］ Symmachus, *Letter* 1. 64. 1, Callu, 1： 121 – 22. 特别参见 Ebbeler and Sogno, "Religious Identity and the Politics of Patronage," 236; M. R. Salzman, "Symmachus' Ideal of Secular Friendship," in *Les frontières du profane*, 247 – 72。

［42］ C. J. Goddard, "Les formes festives de l'allégeance au Prince en Italie centrale, sous le règne de Constantin： Un suicide religieux？" *Mélanges de l'École française de Rome： Antiquité* 114 (2002)： 1025 – 88.

［43］ Barnes, "Statistics and the Conversion of the Roman Aristocracy. "

［44］ S. Mazzarino, "La propaganda senatoriale nel tardo imperio," Doxa 4 (1951)： 121 – 48; P. Brown, "Dalla 'plebs romana' alla 'plebs Dei': Aspetti della cristianizzazione di Roma," in *Governanti e intellettuali: Popolo di Roma e popolo di Dio, I-VI secolo*, Passatopresente 2 (Turin: Giapichelli, 1982), 123 – 45 at pp. 126 – 28. 当下特别参见 P. F. Mittag, *Alte Köpfe in neuen Händen: Urheber und Funktion der Kontorniaten*, Antiquitas 3: 38 (Bonn: Habelt, 1999), 180 – 226; 以及 Cameron, *Last Pagans*, 691 – 94。

[45] R. Lizzi Testa, "Christian Emperor, Vestal Virgins and Priestly Colleges: Reconsidering the End of Roman Paganism," *Antiquité tardive* 15 (2007): 251 – 62 at pp. 254 – 56; Cameron, *Last Pagans*, 33 – 51.

[46] Ambrose, *Letter* 17.9, trans. J. W. H. G. Liebeschuetz (with C. Hill), *Ambrose of Milan: Political Letters and Speeches* (Liverpool: Liverpool University Press, 2006), 66. 特别参见 Lizzi Testa, "Christian Emperor, Vestal Virgins," 258; and R. M. Errington, *Roman Imperial Policy from Julian to Theodosius* (Chapel Hill: University of North Carolina Press, 2006), 200 – 204。

[47] Sogno, *Symmachus*, 49.

[48] Symmachus, *Relatio* 3, translated by R. H. Barrow, *Prefect and Emperor: The Relationes of Symmachus, A. D. 384* (Oxford: Clarendon Press, 1973), 34 – 47; 现在的译本有 Liebeschuetz, *Ambrose of Milan*, 71 – 78。最出色的注疏在 Vera, *Commento storico alle "Relationes" di Quinto Aurelio Simmaco*, 12 – 53。

[49] *Inscriptiones Latinae Selectae*, no. 4934; A. D. Nock, "A diis electa: A Chapter in the Religious History of the Third Century," *Harvard Theological Review* 23 (1930): 251 – 74 at p. 273, 现在收录于 *Essays on Religion and the Ancient World*, ed. Z. Stewart (Cambridge, MA: Harvard University Press, 1972), 1: 252 – 70。

[50] Symmachus, *Letter* 1.46.2, Callu, 1: 109.

[51] Symmachus, *Relatio* 3.16, Barrow, p. 45.

[52] Symmachus, *Relatio* 3.8 and 3.9, Barrow, pp. 39 and 41.

[53] M. Edwards, "The Beginnings of Christianization," in *The Cambridge Companion to the Age of Constantine*, 137 – 56 at pp. 141 – 42.

［54］Symmachus, *Relatio* 3. 3, Barrow, p. 37.

［55］P. J. Coveney, introduction to *France in Crisis*, 1620 – 1675, ed. Coveney (Totowa, NJ: Rowman and Littlefield, 1977), 43.

［56］Lizzi Testa, *Senatori*, *popolo*, *papi*, 447 – 54; 参见 *Aurea Roma: Dalla città pagana alla città cristiana*, ed. S. Ensoli and E. La Rocca (Rome: Bretschneider, 2000), 462 – 63。

［57］A. D. Nock, "The Emperor's Divine Comes," *Journal of Roman Studies* 37 (1947): 102 – 16, 如今收录在 *Essays on Religion and the Ancient World*, 653 – 75。

［58］C. Roueché, "The Image of Victory: New Evidence from Ephesus," *Travaux et mémoires* 14: *Mélanges Gilbert Dagron*, ed. V. Déroche (Paris: Boccard, 2002), 527 – 46, esp. pp. 541 – 44.

［59］Lizzi Testa, "Christian Emperor, Vestal Virgins," 260.

［60］*Inscriptiones Latinae Selectae*, no. 4269. See Cameron, Last Pagans, 143.

［61］Cecconi, *Governo imperiale e élites dirigenti*, 141 – 56.

［62］C. J. Goddard, "The Evolution of Pagan Sanctuaries in Late Antique Italy (Fourth-Sixth Centuries A. D.): A New Administrative and Legal Framework: A Paradox," in *Les cités de l'Italie tardo-antique* (*IVe-VIe siècle*), 281 – 308; 以及同一作者的 "Au coeur du dialogue entre païens et chrétiens: L' ' adventus ' des sénateurs dans les cités de l'Antiquité tardive," in *Pagans and Christians in the Roman Empire (IVth-VIth Century A. D.): The Breaking of a Dialogue*, Proceedings of the International Conference at the Monastery of Bosé, October 2008, ed. P. Brown and R. Lizzi Testa (Münster: Lit, 2011), 371 – 400。

［63］D. E. Trout, "Lex and iussio: The *Feriale Campanum* and Christianity in the Theodosian Age," in *Law*, *Society*, *and Authority in Late Antiquity*, ed. R. W. Mathisen (Oxford: Oxford University Press, 2001), 162 – 78. 现参见 Cameron, *Last Pagans*, 59。

第6章 "为了城市的利益而贪婪"：西玛库斯与罗马人民

"罗马人民免于饥饿的保障"

110

在370年，罗马城可能是地球上最大的人类聚集地。关于它的人口的估算各种各样，从50万到100万不等。[1]能够比较准确地从官方档案中推测出的是，在不明确的庞大人口中，有12万到20万的罗马人民所依赖的是被送达罗马的约17.5万吨谷物，这些谷物主要是从非洲内陆地区收集的，从那里的沿岸城市被运往奥斯蒂亚港。大量征集的谷物是城市食品配给制——提供给罗马公民的食物供给——的核心部分。[2]

罗马城依赖这种食物供给。可以想象，每一年，当成群结队的船只装载着配给食品慢慢地从非洲向意大利的海岸靠拢时，罗马大区长官和元老院都会等候在奥斯蒂亚的码头上。在这种情形下，当人们焦虑地眺望着波涛起伏的大海时，古代的宗教虔诚是真实存在的。这种事就发生在359年：

> 大区长官（特图路斯）已经受到了暴动的骚扰，如果不是他机智地将他幼小的儿子们带到群众面前的话，现在他面对的威胁就是日益愤怒的暴民们所带来的迫在眉睫的毁灭。……"这些人，"他含着眼泪诉说，"是你们的公民同胞，他们将会和你们拥有同样的命运

（这是上天所不容许的），除非我们的这件事能够有一
个比较愉快的转机……"这次令人同情的演说……安抚
了暴民……他们安静了下来，平静地等待着自己的命
运。不久之后，通过神的旨意……当时特图路斯正在卡
斯托尔和波吕克斯的神庙中献祭……大海变得平和了，
风也变成了向南的微风。船只满帆进入了港口，谷物填
满了仓库。[3]

历史学家阿米阿努斯·马尔切利努斯在大约四十年后讲述 111
了这个故事，因为它有一个愉快的结局。他相信，这个结局是
对古代诸神的崇拜带来的。这样的信仰消亡得很慢。一直到 6
世纪，罗马人民在大区长官的带领下，聚集在台伯河口的卡斯
托尔和波吕克斯神庙前庆祝"一个愉快的节日"。[4]这种一年
一度的集会是一种提醒，表明了这座巨大城市的脆弱性，即它
主要的食物供给来自大海的另一边。

西玛库斯的罗马仍然被从古典时代的往昔继承下来的庞大
遗产覆盖着。自从奥古斯都时代以来，正是皇帝在展现他的最
伟大的城市食品配给制。作为罗马公民的领袖，他通过每年向
罗马公民们提供谷物来表明他对罗马人民的强烈热爱。谷物最
初是从非洲和埃及海运过来的，然而在 4 世纪，君士坦丁堡接
受了埃及的谷物，这使罗马城基本上要依靠非洲和意大利南部
的输送。[5]

尽管这或许慷慨得有些轻率，但我们必须要牢记，城市食
品配给从来不是提供给罗马城里的所有人的。就如同其名字所
表明的那样，这只是一种"公民"事务，和救济穷人无关。
唯一能够接受皇帝馈赠的人是罗马城里登记在册的公民，他们

携带铅质符牌来证明他们的权利。[6]有权利的人的名单以及配给的数量在分配时就已经全部设定好了，除了谷物以外，后来的皇帝们还增加了大量猪肉和葡萄酒的配给。这些东西并不是免费发放的，而是被以低价销售，没有公民能够仅仅依靠所提供的配给为生。[7]不过，通过配给食品制，面包和其他食物被分配给登记在册的罗马公民，这是一种令人羡慕的特权。在时常被饥荒的恐惧和永久性的食物短缺折磨的地中海世界，只有这些罗马城的公民能够享受到历史悠久的、免于饥饿的保障。[8]

　　城市食品配给制最初固定下来是在皇帝们居住在罗马城的时候。不过到了4世纪，事情发生了变化。皇帝们居住在离罗马城数百英里远的城市中，如特里尔、米兰、君士坦丁堡和安条克。罗马城就好像是一个从更加粗糙的早期时代继承下来的巨大的核电站，那里如今被托付给了一批骨干官员，可能随时都会爆炸。罗马大区长官和元老院被保留了下来（像特图路斯在395年就留了下来），去面对罗马民众的要求和指责。由于皇帝的禁卫军护卫被取消了，所以他们发现他们面对的是一座至少有50万居民，而且警力大大削弱的城市。[9]4世纪的罗马城往往被说成不过是一个"城市博物馆"，一个往昔罗马的"主题公园"。罗马城并不是这样的，它是一个贵族统治的危险实验室，罗马世界全部的城市精英都从它那里寻求鼓舞和借鉴，以获悉他们自己的城市哪里出了问题。

　　在此后的章节里，我们将会追述针对这一困境开展的工作。在这里，集中讨论西玛库斯就已经足够了，因为从一开始，西玛库斯的生涯就深深地牵涉罗马城食物供给的变化。西玛库斯的书信中所揭示的许多事件总结了整个贵族群体的困境。罗马人民有强烈的特权意识，他们不能够被镇压，唯一能够控制他们的方法是表现出热爱他们。只要是在城市里巡游，贵族们就被鼓励要显得像"热爱故乡的人"，他们使用任何庇护或者馈赠的手段来控制一座充满抱怨的大城市中的民众。然而，不论如何被鼓励要在罗马城中展现良好的形象，他们还是时常受到提醒，其对公民同胞的热爱根本上是依靠皇帝们。因为是皇帝们为罗马城提供了食物，为绝大多数的赛会提供了资助。[10]

每年收集和运输配给食品的工作既昂贵又很容易出差错，需要持续地耗费精力，以保证这一年一度的庞大的功能性震颤能够如愿发作，从而喂养罗马城里有特权的人民。只有持续地向最高层的政治家和官僚机构施加压力，罗马城里的元老们才能够确保会有足够的粮食运达。在这种情势下，西玛库斯作为说客的才能有了用武之地，他不断地动员身居高位的朋友们来确保皇帝们"神圣的耳朵"一直能够听见罗马城的诉求。[11]

在一封写于 389 年的书信中，西玛库斯用愉快的语气报告说，配给食品安全抵达了罗马城的码头。从奥斯蒂亚附近的庄园俯瞰"我们亲爱的台伯河"，西玛库斯描述道，他可以看到运载谷物的驳船沿河而上，装载着珍贵的谷物，这是它们从遥远地区来到这里的旅程的最后一站：

> 我愉快地看到谷物日复一日地抵达，以及那些来自马其顿（来自希腊北部以及巴尔干地区的瓦达尔河谷）的供给品已经被运送进了罗马城的仓库中。你还记得，由于非洲方面的延迟，饥荒几乎已经在我们的门口了，当时我

们最仁慈的皇帝——他生来就是万事万物的拯救者——通过调动在其他地方征集的物资阻止了饥荒。[12]

　　紧急运输物资的到来被西玛库斯看成他不断为自己这边游说的胜利成果。在这里，西玛库斯多年以来编织起来的"蜘蛛网"不是为了他本人或者受他庇护的人而工作，而是为了整座罗马城工作。为了确保罗马城的食物供给，西玛库斯接洽了那些最高层的人。这封不同寻常的信件的接收者是法兰克裔的将军利库马。利库马的世界在遥远的宫廷和边境，然而，西玛库斯不厌其烦地将他从台伯河岸边看到的愉快景象和这位伟大的蛮族将领分享，西玛库斯邀请利库马（当然，是作为好朋友和同僚）和他一起分享"我们所有人的喜悦"，他也提醒利库马一定要告诉"世界之主"，谷物安全抵达了。[13]西玛库斯在他的书信中表明，每年送抵罗马城的供给事关一个一年一度的奇迹——由游说活动的奇迹促成的组织活动的奇迹。这种游说活动把皇帝（而不是神灵卡斯托尔和波吕克斯）当成真正的"神"，正是他平息了波涛，并且把食物带给了罗马。[14]

"平民中的低贱之徒"

　　西玛库斯很自豪地记载了他为罗马人民的利益而进行的干涉活动。确实，有关他与罗马人民关系的记录，是他书信集中极力夸耀的主题。不过，如果我们审视一下西玛库斯本人的处境，我们就能够知道这并不是一项简单的任务，它充满了真正的危险。我们最初看到西玛库斯，是在他的家族遭受一场灾祸以后。在他写于376年的最早的信件中，有一封信报告说他的父亲从罗马退隐到了乡下，"为了在失去宅邸后得到安抚"[15]。阿米阿努斯·马尔切利努斯告诉我们发生了什么事，在374～375年的某个时候，曾经欢迎西玛库斯的罗马人民攻击了他的家族：

> 他们放火烧毁了他位于台伯河对面的别墅（那里现在是特拉斯提弗列），惹怒他们的是由一些平民中的低贱之徒捏造的毫无证据的故事。故事是：（老）西玛库斯曾经说他宁愿把所有的葡萄酒倒入石灰炉，也不愿像人民所期望的那样低价出售。[16]

这起事故残酷地提醒了传统上罗马贵族的支持者——罗马人民——会做出什么样的事情。如我们此前所见，罗马人民并不是一个默默无闻的集体，他们绝不是穷人之中最贫穷的人，他们是从罗马城大量的居民中挑选出来以接受配给食品特权的人。但从整体上来说，罗马人民并不完全是不服从于任何人的"自由的"公民，他们与城市中社会上层的居民在经济上有非常密切的联系，这些密切的联系通过庇护制和罗马城中贵族们所掌控的出租地产而牢固地维持着，那些不是贵族门客的人往往作为佃户依靠他们。罗马大家族所施加的广泛的庇护关系（通过贵族对城市中贸易行会的庇护，这种庇护关系已经向下渗透）是维持城市日常稳定的基础。然而，数量众多的罗马人民远远不是卑顺的门客，正是他们的"市民"地位保证了这一点。这有点像18世纪伦敦的威斯敏斯特暴民，这种市民资格赋予了他们巨大的特权，他们享有"暴动权"。当他们烧毁西玛库斯的宅邸时，他们以明确的方式使用了这一暴动的特权，他们所针对的是一个严峻的问题，即获取食物的权利。[17]

114

平民们认为他们有理由烧毁贵族的宅邸。西玛库斯所强调的他对配给食品能否顺利送达的持续关注只说明了一部分情况。因为他和他的同胞们面临着一种利益冲突。意大利南部、西西里和非洲的那些大地主的财富很大程度上源于以下事实：罗马城仍然为他们提供了一个规模无与伦比的市场来销售他们地产上的物产。正是通过将大量的谷物、葡萄酒和猪肉出售给这些城市（尤其是罗马城），像西玛库斯这样的人每年才能够获得数额惊人的金子。[18]作为大地主，他们能够在自由市场上出售他们地产上的物产，从而获得巨大的利润。然而作为"热爱城市的人"，并且作为帝国配给食品的管理者，他们不得不因帝国政府为了罗马人民的利益所规定的价格而让罗马城充斥着售价低廉的食物。

这就是罗马人民突然愤怒地攻击老西玛库斯的缘由。他傲慢的言论已经质疑了一位热爱城市的人和他的民众赖以建立联系的古老神话。平民认为，如果这位老人真的把罗马人民看成"他的"人民，他就应该把他们看成他的公民同胞，应该帮助确保他们获得低价葡萄酒的权益（可能是以大约25%的折扣来出售），应该遵照帝国规定的低价出售他葡萄园里的产出，然而，老西玛库斯仅仅把他们看成消费者，强迫他们以他自己设定的高价来购买他的葡萄酒。[19]

"为了罗马城而贪婪"

在西玛库斯的世界里，他年轻时其父亲的宅邸的烧毁可能是我们所知的最震撼的事件。这揭示了一位贵族的生存状态：安宁的表面下也存在紧张。这可以使我们正确地看待西玛库斯接下来的生涯。我们最了解西玛库斯的是他作为维护维斯塔贞女利益的作家的身份，而将之与他短暂的罗马大区长官任期联系起来看的话，他对传统多神教的维护仅仅是一个次要问题。相比之下，对他和他的同伴们来说，和罗马人民之间紧张的对话才是至关重要的。

在他生命的最后几年中，这种对话达到了高潮。在他父亲的宅邸被烧毁二十年之后，西玛库斯有机会与罗马人民进行一次比较愉快的交流。他的儿子门密乌斯获得了历史悠久的财务官职位，作为一位元老首次亮相。年轻的门密乌斯在 10 岁时便主持了隆重的财务官赛会，为儿子筹备赛会给了西玛库斯在"他的"人民面前表现自己的机会。八年后，即 401 年，门密乌斯进一步庆祝了更加辉煌的裁判官赛会。裁判官赛会被刻意推迟了（他不得不在米兰出席一项宫廷事务），这样一来，当举行赛会的时候，罗马人民就能够十分清楚地看到西玛库斯坐在他儿子身边。[20]

在 401 年门密乌斯的裁判官赛会上，西玛库斯花费的金钱数额使他声名远播。整整一代人之后，有人记得他曾经在这些赛会上花费了 2000 磅金子。[21] 这一总额比西玛库斯一年的总收益还要多出三分之一——他一年的总收益是 1500 磅金子。这比整个元老院曾经送给皇帝瓦伦提尼安一世作为新年礼物的黄金还要多出 400 磅，这一数额也相当于 13 万名配给食品的接受者一年的食物配额的价格。[22]

赛会期间的馈赠包括短时间内散发一大笔财富，这仅仅是为了取悦罗马人民，至少西玛库斯是这么说的。实际上，这些赛会不过是冰山一角，它们彰显了赛会资助者的经济实力。对于像西玛库斯这样的人物来说，这种事本身不是大问题，在有心提前十年就存钱的情况下，裁判官赛会并不会毁灭那些资助者。[23]然而，这种赛会是测试一位贵族的影响力的时刻，它们是贵族的办事能力最重要的表现。[24]只有真正的伟人才能够举办真正伟大的赛会，这就是为什么西玛库斯希望人们知道他是"为了罗马城而贪婪"：确保罗马的平民获得最好的待遇，就能够展现他的财力和影响力。[25]

为此，他反复申请可以超过裁判官赛会通常的开销限制。384 年，作为罗马大区长官，他曾经写过一份报告谴责富有的元老们"丑陋的炫耀"，他们铺张的表现使那些地位较低的元老们（往往是"新"人）不愿意筹办自己的赛会。在那时，他的口气像是一个官僚。[26]他没有将这种准则运用到自己身上。他和元老院"新人"之间的紧张关系在有关他儿子赛会的书信中显露无遗。他想让这些人看看，谁是真正的罗马贵族，而谁不是。他请求宫廷允许他在一座灌满水的露天剧场里进行一场戏剧表演；他还请求宫廷允许把丝绸长袍奖励给表演者；他想使用宏伟的圆形大剧场。[27]总之，西玛库斯下定决心要让那些地位较低的同僚——新登记的元老院成员——感受到自己财富的分量。

"热情的罗马之魂"

从严格意义上来说，在罗马的所有赛会的主宰都是罗马皇帝。在一年中一共 177 天的赛会和节庆里，有 98 天是用来供奉皇帝或者庆祝当朝统治者的胜利的。[28]所有这些赛会都是由不在场的皇帝出钱举办的，不过，皇帝每年都会为一些像西玛库斯这样的人留出一定的时间，来为他们的儿子挣得荣誉。分配给裁判官赛会的时间是短暂的——大约是一周多一点儿。当皇帝的赛会在一整年中拖拖拉拉地难以如期举行的时候，年轻的裁判官能够带来为期一周的不可思议的赛会，时间正好是夏季。[29]

我们必须记住这些赛会对见证它们的"罗马人民"意味着什么，它们巩固了"平民"与元老院之间古老的联系，贵族们都必须出席这样的赛会。他们按照等级，一个家族挨着一个家族，被安排坐在圆形大剧场和马克西穆斯竞技场里。然而赛会本身并不只是一场盛大的贵族秀，它们对所有人来说都是神奇时刻。在一周内挥霍的大量金钱，使露天剧场成为一个奇迹的发生地。在一段被祝福的时间里，正常生活的规则暂时中止了。走钢丝的艺人和舞蹈演员以眼花缭乱的翻腾藐视着重力；大地和海洋汇合到了一起，因为专门建造的露天剧场为了举行海战表演而灌满了水；当热烈的群众浸在喷泉散发香气的泉水中时，巨大的风琴在演奏着。[30]

最重要的是，动物涌入了城市的中心。那是什么样的动物世界啊！西玛库斯竭尽全力把所有这些动物带到罗马城来。鳄鱼来自尼罗河；[31] 熊来自巴尔干；[32] 关在铁笼子里的巨大的爱尔兰猎狼犬从不列颠一路运来；[33] 狮子来自北非南部的山脉；[34] 羚羊和瞪羚是从撒哈拉沙漠的边缘地区抓来的。[35] 在这种异域动物的大展览中，罗马帝国的所有边境都被展现了出来。种类繁多的动物集中展示了对广阔的罗马世界的赞颂。[36] 和帝国本身一样，对这些动物的捕获，及其最后的被屠杀，代表着人类秩序对野蛮世界的胜利。[37]

大多数野兽都是能够让人丧命的，它们将会被技术精湛的斗兽师——他们是手持长矛的无畏猎人，是古典世界的"斗牛士"（正如我们此前所见）——屠杀。这会在一种庄严的氛

围中进行。在竞技场和露天剧场中发生的并不只是一场血腥运
117 动，它是一次文明胜利的强化教育，它庆祝了人类的力量、人
类的技术和人类的勇气对野蛮世界的胜利。根据这种理由，那
些像动物的人也要登场，就像动物一样，他们也注定会被屠
杀。作为财务官，年幼的门密乌斯获得皇帝的允许，可以使用
圆形大剧场来进行一场比普通的财务官赛会更加传统、更加残
酷的表演。来自撒克逊的俘虏们被送到罗马城来充当角斗士，对
他们的惩罚是：在罗马人民面前战斗到死。在英吉利海峡沿岸遭
到围捕的卑鄙的海盗也会在罗马市中心登场，这是所有力量中最
不可思议的力量——罗马帝国沿着北部边境的永恒胜利。[38]

我们所知道的这一切都来自西玛库斯有关他儿子门密乌斯
的两次赛会的书信——一次是 393 年他作为财务官举办的，另
一次是 401 年更加盛大的裁判官赛会。这是少有的几次我们能
够看到古代城市公益背后的情况的机会。西玛库斯的这些书信
并不总是可信的，他的馈赠并不像他所宣称的那么丰富。在那
封他号称"为了罗马城而贪婪"的书信里，他答应将一共 20
个奴隶送到罗马城中互相竞争的赛马竞技队伍的马厩里。他女
儿的公公（正在筹划一次内战）会乐于在前线寻找奴隶吗？
在那里，奴隶比较便宜。"根据他们的年龄和健康状况来挑
选，而不要根据他们的长相。"[39]

我们看到的最明显的是不间断的焦虑，没有一件事走上了
正轨。答应从巴尔干送来的熊延期了，只有一些忍饥挨饿的幼
熊抵达了意大利，因此他不得不请求皇帝赐予一些狮子来挽回
颜面。[40] 至于一些匆忙从埃及沿着西西里海岸托运过来的鳄
鱼，除了两条，其余的都饿死了。[41] 最糟糕的是，一场灾难发
生了，是苏格拉底的教导使他坚强地挺了过来：20 个撒克逊

人自杀了，他们在牢房里用双手掐死了彼此！这种造反使"这群奴隶比任何一个斯巴达克斯还要恶劣"，他要再次请求皇帝提供一些狮子。[42]

不过，再看一眼这些书信的话，我们可以看到，这些书信代表着（对稍晚的读者们来说它们一定是这样的）西玛库斯的世界的胜利。这个世界是他用数十年时间精心营造起来的。无论是身居高位者还是地位低下者，西玛库斯几乎把机会给予了每位通信者，让他们兑现自己的友谊，借此来为他提供一些帮助——为他的筹备工作效劳，提供一些在高层或者远方的个人力量——那将会使他的伟大事务更加光彩夺目。[43]西玛库斯给了他的通信圈子一次机会，让他们有机会作为一个阶层来为他们之中一位成员的荣耀参与其中。西玛库斯的潜台词是，当其他人有这种机会的时候，他同样会帮助他们。从商讨预定送达却被搁置的达尔马提亚的熊，[44]到银制小盒子、分发给元老阶层的朋友和宫廷的显要人物以表示感谢和纪念的精致的象牙片（当然，皇帝收到的是镶有金边的象牙片），[45]这些书信见证了令人激动的礼物和互助的洪流，它们将西玛库斯这个时代的财富和权力牢牢地联系在了一起。[46]

西玛库斯在各个方面都进行了动员。他寻求支持，动员他的门客，威逼行政官员，但这种事务不仅和权力有关。在整个地中海西部，罗马城里的赛会仍然是一种典范。各个城市里的显要人士仍然会按照这些赛会中的榜样，在他们自己的城市的民众面前表现。这些人不像西玛库斯那么富有，他们可能会用当地的熊来代替奇异的鳄鱼，用拳击比赛来代替残酷的角斗士搏斗。[47]不过其精神还是一样的，任何地方都是一个小罗马城，任何赛会的举办者都是一个小西玛库斯。

118

这些事在帝国西部各地都会发生。在 4 世纪的镶嵌画中，马克西穆斯竞技场的图像出现在一些庄园的楼上，这些庄园最远可以在西西里中部的皮亚扎阿尔梅里纳庄园，以及在西班牙东北部沿岸的赫罗纳。在赫罗纳的镶嵌画中，一个人坐在竞技场顶端的一个特别的包厢中，他以胜利者的姿态伸出右手。[48] 马车的驾驶者、斗兽师以及壮观的赛马既涉及当地的赛会，也和罗马城的赛会有关，它们的图案出现在迦太基和遥远的梅里达。[49] 有人怀疑，在西班牙和非洲，罗马城里伟大的元老们所举办的赛会导致金钱每年都流入了内陆的行省，以购买马匹和野兽。[50] 对这些赛会进行的想象的空间甚至要更加广阔，在遥远的北方，在不列颠北部，在约克郡东区的拉兹顿庄园，一幅镶嵌画展现了一场露天剧场里的斗牛，粗略地刻画了用于竞技的公牛，并标上了"杀人"的字样。[51]

借由他的儿子，西玛库斯站上了令人景仰的金字塔的顶峰。那时，整个西罗马帝国成为他的家族荣耀的一部分，那是一种古老的荣耀，与古老的财富的拥有者是相称的。399 年，他写信给一位牧场主，希望从这位牧场主那里购买纯种马以为与赛会相关的赛马竞技做准备：

> 我不认为我需要担心你会把我看成一个只对平民的赞颂感兴趣的人。你的智慧应该足以使你了解到吝啬的态度与伟大城市的官员并不相称。你知道你们的西塞罗——甚至他也认可，在私人生活中，花费高昂的奢侈行为是要被谴责的，而公共事务中的华丽则不会被谴责。因此，用你所有的资源来帮助我热情的罗马之魂。[52]

三年多后，西玛库斯去世了。他在 402 年代表罗马元老院 119
最后一次出使米兰的宫廷，回来后不久就去世了。这次出使是
一次匆忙的事件，是在冬季成行的，因为阿拉里克的哥特军队
已经越过了阿尔卑斯山并且开始试探意大利的防御。元老院希
望再次确定，在危机时刻皇帝不会忘记他们。

到了 402 年，罗马城外的世界已经发生了很多事。米兰的
安布罗斯与西玛库斯年纪相同，安布罗斯在 374 年成为米兰主
教，当时西玛库斯也是 30 多岁。西玛库斯比安布罗斯多活了
六年，而年轻人也开始崭露头角。384 年，奥古斯丁被西玛库
斯选为米兰的修辞学教师（当时的西玛库斯是以罗马大区长
官的身份这么做的）。奥古斯丁回到非洲后已经改头换面，作
为希波主教，他在西玛库斯去世前不久撰写了《忏悔录》。

世界开始改变了。被上层贵族放弃的财富流入了教会。到
402 年，贵族保利努斯，一个社会地位比其他任何基督徒都更
接近西玛库斯的人，已经开始在诺拉——这一西玛库斯挚爱的
坎帕尼亚的中心地区——重建一处基督教的圣地。那里镶嵌的
大理石（奢华程度和阿尼齐家族的宅邸相当接近）最近引起
了考古学家的惊叹。在安布罗斯、奥古斯丁和诺拉的保利努斯
这里，有治理经验的人、有高水平文化的人以及巨额财富，都
进入了教会上层，这样的方式宣告了拉丁基督教一个新时代的
到来。

正是西玛库斯的书信让我们仍然可以探测出，有一种生活
方式的力量，只有像安布罗斯、奥古斯丁和保利努斯这样的基
督徒在（多少有些不可信地）宣称它将要过时了。西玛库斯
绝没有过时，他并不是任何东西"最后"的代表。相反，他
表明了一种社会秩序的韧性，这种社会秩序仅仅是在最近才给

基督徒留出了一席之地。这些新来的基督徒才是陌生的事物，相比之下，西玛库斯就像熟悉和可靠的老石头，我们仍然能够从中读到古老的敬语。西玛库斯代表了这个世界运转的方式。在整个西罗马帝国的城市和庄园里，大多数有钱人仍然希望成为西玛库斯那样的人：一位属于他自己的城市的人，怀着"热情的罗马之魂"。但不是每个人都有这种想法。让我们现在转向安布罗斯、奥古斯丁和保利努斯，来考察社会的新形态，以及在如何正确利用财富这一问题上，他们每个人所秉持的新看法——每个人的看法都有所不同，这是他们投身于基督教会事业的结果。

注　释

[1] 依据涉及食品配给的官方文件而揭示出 4 世纪罗马城人口总数的开创性研究仍然是 Mazzarino, *Aspetti sociali del quarto secolo*, 217 - 47。这一问题并没有达成一致，参见 W. V. Harris, introduction to *The Transformations of Vrbs Roma in Late Antiquity*, ed. Harris, *Journal of Roman Archaeology：Supplementary Series 33* (Portsmouth, RI：*Journal of Roman Archaeology*, 1999), 13。

[2] 有关罗马城市食品配给制的发展，总体性的论述参见 Garnsey, *Famine and Food Supply in the Greco-Roman World*, 218 - 68。对这种工作的庞大规模及复杂性的全方位研究参见 *Nourrir la plèbe：Actes du colloque tenu à Genève les 28. et 29. IX. 1989 en hommage à Denis Van Berchem*, ed. A. Giovannini, Schweizerische Beiträge zur Altertumswissenschaft 22 (Basel：F. Reinhardt, 1991)；有关猪肉，参见 S. J. B. Barnish, "Pigs, Plebeians and Potentes：Rome's Economic Hinterland, c. 350 - 600 A. D.," *Papers of the British School at Rome 55* (1987)：157 - 85；有关来自迦太基的

油，参见 Peña，"The Mobilization of State Olive Oil in Roman Africa"。

［3］Ammianus Marcellinus，*Res gestae* 19. 10. 1 – 4，Rolfe，1：522 – 24，Hamilton，pp. 177 – 78.

［4］*Cosmographia* 1. 25，ed. A. Riese，*Geographi Latini Minores*（Heilbronn：Heinninger，1878），83. 现参见 R. Lizzi Testa，"Insula ipsa Libanus Almae Veneris nuncupatur：Culti，celebrazioni，sacerdoti pagani a Roma，tra Ⅳ e Ⅵ secolo，" in *Istituzioni，carismi ed esercizio del potere（IV-VI secolo d. C.）* ，ed. G. Bonamente and R. Lizzi Testa（Bari：Edipuglia 2010），at pp. 273 – 76。

［5］Vera，"Giustiniano，Procopio e l'approvvigionamento di Costantantinopoli，" 9 – 44.

［6］Virlouvet，*Tessera frumentaria*，243 – 62.

［7］Garnsey，"Mass Diet and Nutrition in the City of Rome. "

［8］Symmachus，*Relatio* 18. 3，Barrow，p. 98；参见 Vera，*Commento storico alle "Relationes" di Quinto Aurelio Simmaco*，135 – 42；E. Lo Cascio，"*Canon frumentarius，suarius，vinarius*：Stato e privati nell'approvvigionamento dell'*Vrbs*，" in *Transformations of Vrbs Roma*，163 – 82。

［9］Jones，*The Later Roman Empire*，693.

［10］关于西玛库斯的罗马城，特别参见 N. Purcell，"The Populace of Rome in Late Antiquity：Problems of Classification and Historical Description，" in *The Transformations of Vrbs Roma*，135 – 61。另外参见 J. R. Curran，*Pagan City and Christian Capital：Rome in the Fourth Century*（Oxford：Oxford University Press，2000）；以及 *Aurea Roma：Dalla città pagana alla città cristiana*，很好的展览品目录，并且附有文章。

［11］Symmachus，*Letter* 4. 54. 2（AD 397），Callu，2：133.

［12］Symmachus，*Letter* 3. 55（AD 389），Callu，2：58.

［13］Symmachus，*Letter* 3. 55. 2；Salzman，"Symmachus and the 'Barbarian' Generals. "

［14］Symmachus，*Letter* 2. 6（AD 385），Callu，1：155.

［15］Symmachus，*Letter* 1. 44（AD 376），Callu，1：107.

［16］Ammianus Marcellinus, *Res gestae* 27. 3. 3 – 4, Rolfe 3：14, Hamilton, p. 336.

［17］Purcell, "The Populace of Rome," 150 – 56.

［18］虽然在细节方面受到了质疑，但开创性的研究仍然是 Cracco Ruggini, *Economia e società nell' " Italia annonaria," * 19 – 152。

［19］关于这一事件详细的背景（表明贵族派系在引导民众意见中所发挥的作用），参见 Lizzi Testa, *Senatori, popolo, papi,* 327 – 43.

［20］Symmachus, *Letter* 7. 1（AD 399）, Callu, 3：47.

［21］这一数据来自 Olympiodorus, *History：Fragment* 41. 1 – 2, Blockley, pp. 204 – 6。

［22］有关这些统计，参见 F. A. Poglio, *Gruppi di potere nella Roma tardoantica（350 – 395 d. C.）*（Turin：Celid, 2007）, 283。

［23］A. Chastagnol, "Observations sur le consulat suffect et la préture au Bas-Empire," *Revue historique* 219（1958）：221 – 53.

［24］Pelagius, *Letter to Demetrias* 14. 2, PL 30.

［25］Symmachus, *Letter* 2. 78. 1（AD 394）, Callu, 1：204.

［26］Symmachus, Relatio 8. 1, Barrow, p. 60；参见 Vera, *Commento storico alle "Relationes" di Quinto Aurelio Simmaco,* 74 – 82。

［27］Symmachus, *Letter* 4. 8（AD 401）, Callu, 2：90 – 92；A. Marcone, "L'allestimento dei giochi annuali a Roma nel IV secolo d. C.：Aspetti economici e ideologici," *Annali della Scuola Normale Superiore di Pisa, Classe di lettere e filosofia,* ser. 3, no. 11（1981）：105 – 22, 现在收录于 *La parte migliore del genere umano：Aristocrazie, potere e ideologia nell'Occidente tardoantico,* ed. S. Roda（Turin：Scriptorium, 1994）, 293 – 311。

［28］Salzman, *On Roman Time,* 131 – 46.

［29］Hugoniot, *Les spectacles,* 1：628 – 32；C. Machado, "The City as Stage：Aristocratic Commemoration in Late Antique Rome," in *Les frontières du profane,* 287 – 317 at pp. 296 – 304.

［30］Hugoniot, *Les spectacles,* 1：658 – 60.

［31］Symmachus, *Letters* 6. 43（AD 401）, Callu, 3：26 and 9. 141 and 9. 151（AD 398）, Callu, 4：81 – 82 and 88.

［32］ Symmachus, *Letter* 2. 76. 2（AD 393）, Callu, 1：203.

［33］ Symmachus, *Letter* 2. 77（AD 393）, Callu, 1：204.

［34］ Symmachus, *Letter* 2. 76. 2, Callu, 1：203.

［35］ Symmachus, *Letter* 9. 144（AD 399 – 400）, Callu, 4：83.

［36］ S. Settis, "Per l'interpretazione di Piazza Armerina," *Mélanges de l'école française de Rome：Antiquité* 87（1975）：873 – 994 at pp. 952 – 55；参见第 946 页的精彩折页插图。

［37］ S. Muth, "Bildkomposition und Raumstruktur der ' Grossen Jagd' von Piazza Armerina in seinem raumfunktionalen Kontext," *Mitteilungen des deutschen archäologischen Instituts：Römische Abteilung* 106（1999）：189 – 212.

［38］ Symmachus, *Letter* 2. 46. 1（AD 393）, Callu, 1：185.

［39］ Symmachus, *Letter* 2. 78. 3（AD 394）, Callu, 1：204.

［40］ Symmachus, *Letter* 2. 76. 2（AD 393）, Callu, 1：203.

［41］ Symmachus, *Letter* 6. 43（AD 401）, Callu, 3：26.

［42］ Symmachus, *Letter* 2. 46. 2 – 3（AD 393）, Callu, 1：185.

［43］ Symmachus, *Letter* 5. 15（AD 390）, Callu, 2：164.

［44］ Symmachus, *Letter* 5. 62（AD 391 – 98）, Callu, 3：198.

［45］ Symmachus, *Letter* 2. 81. 2（AD 393 – 94）, Callu, 2：206. 最新参见 D. Vera, "Presentazione," in *Eburnea Diptycha：I dittici d'avorio tra Antichità e Medioevo*, ed. M. David（Bari：Edipuglia, 2007）, 7 – 9；D. Kinney, " First-Generation Diptychs in the Discourse of Visual Culture," in *Spätantike und byzantinische Elfenbeinbildwerke im Diskurs*, ed. G. Bühl, A. Cutler, and A. Effenberger（Wiesbaden：Reichert, 2008）, 149 – 66 at pp. 149 – 50；以及 Cameron, *Last Pagans*, 712 – 42。

［46］ I. N. Wood, "The Exchange of Gifts among the Late Antique Aristocracy," in *El disco de Teodosio*, 301 – 14.

［47］ Hugoniot, *Les spectacles*, 428 – 30, 682 – 87.

［48］ J. H. Humphreys, *Roman Circuses：Arenas for Chariot Racing*（Berkeley：University of California Press, 1986）, 223 – 32（Piazza Armerina）and 239 – 41, with figure 121（Gerona）.

［49］ J. W. Salomonson, *La mosaïque aux chevaux dans l'antiquarium de*

Carthage (The Hague: Imprimerie Nationale, 1965); Humphreys,
Roman Circuses, 362 – 76 (Mérida) .

[50] Harries, "Favor populi," 130 – 34.

[51] Johnson, *Later Roman Britain* (London: Paladin, 1982), 26.

[52] Symmachus, *Letter* 4. 60. 3 (AD 399), Callu, 1: 141.

撒 币／

君士坦提乌斯二世皇帝（337~361年），身着执政官厚重的刺绣长袍，在民众中抛撒金币。米兰主教安布罗斯（374~397年）因向其教会中的穷人散发金币，而被指控僭越皇室特权。

Andre Grabar, *Early Christian Art: From the Rise of Christianity to the Death of Theodosius*, Odyssey Press, 1968, page XXX. © Public domain

新衣 /

发现于罗马埃斯奎利诺山的精美银质首饰盒盒盖上的一对夫妇。男人身着厚重的斗篷，配有皇室臣仆特有的日耳曼风格的搭扣胸针。女人脖子和发髻上饰有大量珠宝。我们会看到（下册插图"女神与新娘"），首饰盒是为一位成功廷臣之女的婚姻制作的。

帝王之风 /

皇后形制的胡椒罐。
发掘于东盎格利亚（不列颠）霍克森的宝藏。

竞技表演的出资人 /

嵌于 331 年执政官朱尼乌斯·巴苏斯的罗马殿宇的大理石墙面之上，石板描绘了他率领竞技仪仗队列，而身骑战马的侍从伴其左右。470 年前后，宫殿落入一位蛮族背景的将军之手。这位将军将宫殿捐给教宗，教宗将其改造为一座教堂。连同墙面上这幅世俗性极强的石板画，这座教堂被沿用至 17 世纪末。

民众 /

靠近撒哈拉沙漠的加夫萨城（突尼斯）中的这幅镶嵌画，展示了一场竞技，这场比赛吸引大量市民聚集在竞技场围观。这幅画所呈现的并非当地的竞技表演，而可能是对迦太基的竞技表演的民俗性效仿。希波主教奥古斯丁（396~430年）在布道词中对迦太基的竞技表演提出质疑。奥古斯丁抱怨说，民众称颂那些投钱办赛事的人，而非那些捐钱给穷人的人。

来自上帝的礼物 /

出自320年前后意大利阿奎莱亚圣母升天宗主教圣殿主教座堂的镶嵌画地板。在这幅田园饰图中，一位女仆手持硕大的葡萄，传递了大自然献给上帝的富足馈赠。

PICINVSETPASCASIAP(((F

CLAMOSVSMACPVERFFSVCCESSAPE
FELICISSIMVSCVMSVISP·C·

集体事业 /

位于克罗地亚波雷奇的原初的尤弗拉西苏斯圣殿（4 世纪晚期）镶嵌画地板细节图。图中文字记录了一名叫克拉默苏斯的学校老师和他的妻子为 100 平方英尺的镶嵌画出资；同一块镶嵌画地板还记录，另外两个家庭分别为 400 平方英尺和 100 平方英尺的镶嵌画出资。三个家庭总共为 580 平方英尺的镶嵌画出资 18 金索里达，相当于四分之一磅黄金。

家族荣耀的时刻 /

全家人（兰帕迪乌斯家族）坐在罗马马克
西穆斯竞技场的包厢里，围绕着赛事的出
赛人。西马库斯也曾与他的儿子门密乌斯
以这样的方式端坐，观看资助的赛会。

高高在上者所赐的荣誉 /

以至尊之态端坐的狄奥多西一世
（379~395 年），将一份任命状递到
一位官员蒙纱的手上。下方的大地之
母斜倚的身形传递了无限丰饶的讯
息。

"奢华" /

克罗地亚波雷奇的尤弗拉西苏斯圣殿后殿镶板细节图（约540年）。包有覆层的大理石墙面是晚期罗马建筑的亮点。与圣殿中的镶嵌画地板不同（要便宜得多），这种墙面很少留存至今。这座方形教堂后殿的6世纪大理石作品依旧能让我们感受到晚期罗马建筑的奢华。

第 7 章 安布罗斯及其教民

"昂然气度，彰显于君"：从总督到主教

从 374 年被推选为米兰主教，到 397 年去世，安布罗斯作 120
为公众人物的所作所为是如何出人意表的，事后来看，这些很
难被发现。他的当选是前所未有的事件，不仅是象征性的，而
且确实给西部基督教会带来了变化，其影响甚至要比君士坦丁
于 312 年的皈依更为深刻，也更为长远。本章和下一章将讨论
这种影响的性质，追溯安布罗斯是如何奠定在米兰民众中开展
活动的权力基础的，也勾勒安布罗斯提出的社会认识（通过
与西塞罗的作品展开对话）是如何成为主教与民众之间联合
的新基础的。最后，第 8 章将考察安布罗斯对社会的总体认识
与对意大利北部有钱人的生动谴责之间的关系。

在 4 世纪 70 年代晚期，这些几乎都还察觉不到，但可以
肯定的是，帝国自身步入了新的危机时期。378 年 8 月 9 日，
在亚得里亚堡城外的原野上，瓦伦斯皇帝及其率领的东部帝
国军队主力被哥特人践踏致死，并化为丛林大火中的厚厚尘
埃。这场在巴尔干地区东段发生的军事灾难，马上就影响了
意大利。一下子，阻隔在米兰和蛮族之间的，似乎只有阿尔
卑斯山脉，以及被伐倒的树干仓促堵塞的通道。昆图斯·奥勒
留·西玛库斯按照他的习惯，委婉而友善地联络他在罗马的
一个熟人乌拉尼乌斯·萨提鲁斯（这个人的年纪与他差不多， 121

也曾担任过行省总督），建议对方不要北行。他说："意大利北部战火在燃烧。"但是，萨提鲁斯没有采纳西玛库斯的建议。他赶往米兰，与他的弟弟奥勒留·安布罗西乌斯商量家族地产的处置问题。[1]

374年，安布罗西乌斯（我们称之为圣安布罗斯）成为米兰主教。在所有拉丁教会的领袖中，安布罗斯可以说是最难从正确的视角来观察的一位了，因为那些"后见之明"使他看起来既不同凡响又平淡无奇。

安布罗斯作为主教让一众皇帝俯首帖耳，他主要是以此而为人所知。我们已经提及，384年，是安布罗斯直接请求还是个孩子的皇帝瓦伦提尼安二世回绝了西玛库斯为维斯塔贞女的陈情。在385～386年，他拒绝将米兰的某座教堂让给瓦伦提尼安的阿里乌斯派侍从，从而令宫廷颜面大失。391年，因为前一年发生在塞萨洛尼卡的屠杀平民事件，他让狄奥多西皇帝进行了著名的悔罪活动。这些戏剧性斗争使他被浓厚的戏剧氛围包裹。当1764年爱德华·吉本造访米兰大教堂的时候，他注意到唱经楼上描绘圣安布罗斯事迹的木质浅浮雕，不禁心生感慨：

> 真是极美之作，我想每一位教会人士看到狄奥多西皇帝屈从于一位昂然而立的主教脚下的场景，都会心生快意。[2]

然而，我们都将安布罗斯取得的成功视为理所当然。我们预测到了这样一位"昂然而立的主教"，也预测到了他在这一角色中会获得成功。安布罗斯用使皇帝屈从的方式进入西部大公教会的主流观念中，他那带有偶然性的成功被所有后来的大公教教士模仿，因而，安布罗斯的成功变得不再那么令人惊奇。不过，我们似乎忘记了，这是一位拉丁主教破天荒地以如此高昂的姿态直接与皇帝打交道，这些成功也是安布罗斯在不那么确定的情形下取得的。

另外，安布罗斯的形象也由于现代观念将他与圣奥古斯丁相提并论而变得更为模糊，他通常只被看作一位在386～387年使奥古斯丁"皈依天主"的主教。相比之下，年轻而杰出的奥古斯丁令他黯然失色，使他作为权威人物的形象也模糊起来，而我们应该注意的是，两人几乎没有交集。奥古斯丁在米兰时对安布罗斯的了解也仅仅流于表面："我眼中的安布罗斯不过是一个世俗场中得到许多大人先生的尊敬的幸运人物。"[3]

安布罗斯当然不只是一位幸运人物。本章目标正在于探明安布罗斯在米兰为自己确立地位的方式，这将有助于我们理解仅是一位主教的安布罗斯何以"得到许多大人先生的尊敬"。为此，下文将重点关注安布罗斯的主教生涯，而非他在高层政治中扮演的角色，并有选择地讨论安布罗斯内容丰富且庞杂的布道词。另外，下文还将试图弄清楚一点：一位出身上层阶级的主教与当时社会上仍不起眼的基督教会（尤其在意大利北部）之间的联系究竟意味着什么。主要通过接受和编织这种联系，他获得了广泛的"中间阶层"信众的支持，并由此奠定了自己在米兰城的权力基础。正如学者沃尔夫冈·李贝舒尔茨所言：

> 尽管对安布罗斯那看起来十分惊人的政治热情进行贬低是时兴的事情，但不可否认，他对大多数米兰民众有显著的影响力。若没有如此的影响力作为后盾，（在上述场

合）他违抗宫廷将是不可能的。[4]

　　安布罗斯的经历表明，上层人士进入教会并参与教会事务管理并不仅仅意味着富人们"接管"了教会。这一新兴联盟联合了晚期罗马社会的不同阶层，从而形成了规模空前的社会整合。要想理解这点，我们只须将安布罗斯与西玛库斯在这关键的数十年间的状况进行比较：当伟大的西玛库斯如同踩着高跷般俯视罗马人的动荡之时，安布罗斯则直接与他的"民众"打成一片。可以说，作为米兰主教，安布罗斯已经将"所有民众"，确切地说是将"所有基督徒"都凝聚在自己身旁。通过这位安布罗斯主教的领导，一股新生力量也开始进入罗马统治的城市之中。

　　然而，在 4 世纪 70 年代初期，这一变化尚未出现。安布罗斯以执政官级行省总督的身份来到米兰（约 370 年），那时他还是埃米里亚和利古里亚联合行省的总督。而在三年后的 374 年，他便被授任为米兰主教，这实在出人意料。类似的情形仅在由奉行阿里乌斯派政策的君士坦提乌斯二世皇帝建立的（且是由瓦伦提尼安一世皇帝在大体上延续的）教会制度开始崩溃时才会发生。安布罗斯不仅是拉丁西方教会首位贵族出身的主教，还是首位投身派系斗争并努力使自己接近权力中心的贵族主教。安布罗斯的授任也意味着尼西亚激进派的胜利。如我们所见，因权力而好斗，这个派别自视为 325 年尼西亚宗教会议的三位一体信经的真正支持者，而将一切反对者视为"阿里乌斯派"。但安布罗斯的授任并不代表着大公教派对阿里乌斯派的直接胜利，它不过是为另一个更具决定意义的长期发展阶段开辟了道路，并标志着第

2 章所介绍的、在此前时代不引人注目的基督教会时代走向终结的开始。[5]

在当时，这一切还不是那么明显。在 383 年帝国宫廷定立于米兰从而形成直接挑战之前，安布罗斯已在他的米兰城里老练地处理了阿里乌斯派的遗留问题。不过，对当时的人来说显而易见的是，安布罗斯并非一位寻常的主教，他仍然带着元老总督的气势。[6]安布罗斯参与节庆活动时穿的长袍可能留存至今了，这些被称为"圣安布罗斯法衣"的袍子与贵族长袍的样式无二，它们以珍贵的丝绸制成，其中的一件锦缎斗篷还按当时在罗马元老之间流行的式样绣上了猎狮图景。[7]

而且，安布罗斯很富有，他几乎把所有的家族财产都带到了米兰。安布罗斯的姐姐玛尔切丽娜在 357 年出家当了修女，并且满足于来自家产的年金；安布罗斯独身，而他的兄长——身为平信徒的萨提鲁斯——也拒绝成家。这样一来，家族地产便没有继承人了，因此，安布罗斯可能会在留下部分私产自用后，便将其余的财产捐献给米兰教会。按照传统，一位大方的公民会把私产用于施舍以及兴建宏大建筑，同样，安布罗斯用自己的财富在教会留名。[8]据说，教会中的穷人接受安布罗斯施舍的金币（在当时，向群众施舍金币通常是皇帝享有的特权）。[9]385 年，安布罗斯在米兰城外建造了一座大教堂，那里既是萨提鲁斯墓地之所在，也是安布罗斯为自己预设的长眠之所。现在，这座教堂以"安布罗斯堂"之名为人所知。[10]

是安布罗斯的敌人首先意识到对手是个怎样的人。381 年，当"阿里乌斯教徒"帕拉迪乌斯被安布罗斯招到阿奎利亚说明自己的信仰时，他以为自己会被引入会议室内进行一场

123

面向公众的平等辩论。然而，他却被带到当地主教的一间狭窄、封闭的谒见室里，谒见室一端是后殿，整个建筑与总督的审判庭十分相似。谒见室里还站着随时准备好记录每字每句的速记员，安布罗斯本人则坐在后殿高处的御座上，摆出"昂然气度"，如同罗马总督在审问罪犯一般。这就是行动中的安布罗斯，他决心终结早期大公教派与阿里乌斯派之间毫无战意、相互妥协的时代。[11]

但是安布罗斯到底属于哪一类贵族？这里需要特别明确地弄清楚。我们已经知道，晚期罗马贵族类别众多。西玛库斯视萨提鲁斯为亲戚，但这并不意味着他们确实是亲戚。"亲戚"一词不过是流通于上层阶级成员间的敬语，如同现代那些几乎毫不相干的欧洲君主间所使用的"亲爱的表兄"这个称谓。事实上，两个家族并非平起平坐的关系，安布罗斯不像西玛库斯那样拥有老家底。安布罗斯于 339 年生于特里尔城，是一位大区长官之子。像很多人一样，安布罗斯的父亲也是在君士坦丁大帝诸子手下通过行政服务获取贵族头衔的。由于拥护的皇帝在内战中战败身死，安布罗斯的父亲也以叛乱的罪名被处决，安布罗斯则与他守寡的母亲在罗马一同生活。作为家道中落的基督徒家庭的一员，安布罗斯发现自己正身处微妙的局势之中。[12]

晚期帝国充满了新近显贵的家庭，他们的后代在衰落的边缘挣扎。帝国政府为非贵族人士提供就业机会是众所周知的事，已被详尽地研究过了，不过，行政机关仍吸引了那些试图避免重新沦落为破落贵族的年轻贵族。当然，这些公职并不适于外行。与仅满足于在拉丁语方面表现出众的"雄辩家"西玛库斯不同，安布罗斯还修习了"硬科学"，除希腊语外，他对罗马法谙熟于心，可能对神学和哲学也有所涉猎。与当时的许多平信徒一样，安布罗斯也有可能比神职人员都更加热衷于神学辩论。总之，因为出身于不那么稳定的，从而也更加奋发的贵族家庭，安布罗斯有派别斗士的气质。一旦他成为米兰主教，仅剩的问题就是，他是否会将城市带入新的不妥协氛围中。

自由民之欢愉：安布罗斯与米兰教会

我们不应被安布罗斯的私人信件和布道中自信满满的语调所误导。须知米兰的基督徒团体绝不是安布罗斯个人意志的造物，更不是仅仅依靠安布罗斯的强力领导方式就能紧密维系着的。事实上，这一团体终将产生。在一个与 4 世纪末的米兰状况相同的城市中，总是需要基督教会满足其现实需求。如我们所知，基督教会应该像社会学意义上的"都市绿肺"一样吸引尽可能多的民众。在一个精英阶层与次精英阶层已严重分裂且相互争斗的社会中，教会可以为那些有不同社会背景的团体提供汇聚一堂的场所，而社会地位的强硬界限（在外部世界明显地划分人等）将在教会之墙内有所缓和。此外，置身教会之中不仅会使潜在的、易诱发冲突的诸特权阶级齐聚到温和的环境之中，而且能有力地支持上层贵族、中产阶级与普罗大众——当然还有穷苦百姓——之间的上下联系。

上述的这类上下联系对罗马人而言常常意义重大。那些共和国时代的伟大派系领袖都十分清楚应如何亲近平民。然而，世易时移，西玛库斯家族在罗马面临的窘境表明，贵族们似乎

125　已江郎才尽，他们与罗马平民建立上下联系的手法也不甚高明。不过，罗马贵族们毕竟生活在真实的城市里。由基本食物供给导致的冲突令他们与平民之间的关系恶化了。基督教会的情况则不同，与现实世界相比，教会中发生的事情就显得不那么现实了，而那些不得不面对充斥着重压的世界的人对此则倍感珍惜。在一个能使"上帝的子民们"如释重负（尽管每周只有几个小时）的场所中，所有阶层间的上下联系也是可以实现的。

　　我们还要知道，米兰城为安布罗斯所创建的这个团体提供的人力，比通常的人群更容易被教化。正如奈尔·麦林恩（在他一部出色作品最有洞见的那部分文字中）已经指出的，米兰远不只是一个由富裕的异乡人和缺少稳定社会地位的人组成的城市。[13]米兰在某种程度上仍是一座"默默无闻"的城市，不像在罗马治下的非洲、意大利中部和南部地区或是高卢西南部地区的城市，它并没有根源深厚的市议员阶层——这个阶层来自有着悠久历史的地方地主阶层——能引以为荣。米兰城中当然也不存在强大的贵族势力，如西玛库斯一样的纯正贵族们都来去匆匆。随着383年帝国宫廷迁于此，米兰则变为下级官僚和食品商人的城市，[14]雄心勃勃的外省人在宫廷周围不耐烦地徘徊。而在这一薄层之下的，是由普通民众组成的稳定阶层，例如，一位纺织业主的粗陋石棺就位于斯福尔扎古堡博物馆的入口处。在这具石棺上，我们还能看到羊毛短袍被挂在店主的铺面外展示的情景。在这些平民之下则是"穷人"，不过米兰城的穷人数量似乎仍在可控范围内，还远没达到如罗马、安条克和亚历山大里亚这类大城市的骇人数量。用麦林恩的话说，所有这些人都属于"安布罗斯的人民"。

　　385 年夏季到 386 年复活节（4 月 5 日）期间，这些安布罗斯的教民经历了一次火的洗礼。事件起始于这样一个问题：皇帝是否有权将一间用于公众礼拜的教堂分配给他宫廷中的非大公教派人士——哥特士兵以及皇太后查士丁娜的阿里乌斯派信徒随从——使用？按昔日君士坦丁大帝时代确立的标准，瓦伦提尼安二世与他的顾问完全在他们的权利范围内，而且米兰教会不同于寻常的帝国教会。米兰大教堂由君士坦提乌斯二世所建，不过人们至今仍在为所谓"波尔提亚娜教堂"是否就是如今华美的圣洛伦佐教堂争论不休，这一问题依旧尚无定论。且不论这座波尔提亚娜教堂可能位于何处，拒绝让米兰的任何教堂由非大公教徒使用，而罔顾许多大型教堂都是"阿里乌斯派"皇帝所建造的，安布罗斯确实既有"焦虑"，也展现了"勇气"。[15]

　　当皇帝索要教堂的时候，安布罗斯与西玛库斯一样首先以神圣性为借口。他回答说，教堂是"圣殿"，是神圣的，不能由皇帝像分配中性的公共空间那样随意处置。[16]但是安布罗斯还做了西玛库斯没有做的事情：他带来了群众。伴随安布罗斯第一次拜访宫廷的是需要动用军队的游行示威。[17]在人头攒动的教堂里，主教的斗争由欢呼来做出决定，以这种方式，安布罗斯的信众像在剧院里集合的组织良好的民众。[18]皇帝信使的建议遭到这些群众的吼叫，在安布罗斯的对手看来，由于大方地散发金币，穷人被动员起来，成为主教麾下的士兵。[19]

　　连续几周，教堂响彻着战斗的呼声。诵读《诗篇》的传统形式被一问一答的轮唱取代，如同剧场中人们使用的有节奏的口号一样。[20]随后，安布罗斯向人群介绍了自己创作的圣歌，这使原本复杂的神学问题变成了耳熟能详的、人人吟唱的

126

诗歌。这位主教还告诉他的会众，通过吟唱这些圣歌，每个人都能像他一样立刻成为神学家。[21] 就这样，安布罗斯在与宫廷对峙的过程中，成功建立了"一个古代世界罕见的、向大众敞开的智识共同体"[22]。

最终宫廷收回了索取教堂的要求，但是米兰的基督教堂中的歌声还在继续。在 390 年前后回顾这些事件，可以说安布罗斯是通过对《诗篇》的吟唱召唤出了米兰的基督徒团体，并激发了其昂扬的斗志。

> （《诗篇》表达了）对平民的赞美，这便是对所有人的热切称赞……此即自由民之欢愉……正因为这极佳的团结纽带，所有民众方能团结一致、众口一词。[23]

当西玛库斯与小门密乌斯坐在圆形剧场的时候（几乎就在这个时候），西玛库斯不过是希望在更小但更神奇的剧院——基督教堂，通过吟唱和神学，用无法承担的代价短暂地将罗马民众集合起来。而安布罗斯可以每周都这么做。

"使命召唤"：西塞罗与安布罗斯之《论义务》，388 年

在 388 年前后，安布罗斯开始对自己 15 年的主教生涯进行总结并完成了《论义务》一书，它或许还有个更好的名字：《使命的召唤》。[24] 在《论义务》中，安布罗斯将自己设想成伟大的西塞罗的对手，并试图以这部作品取代西塞罗的同名著述，此外，这部《论义务》也阐明了主教在罗马社会中扮演着

怎样的角色。

在写作自己的《论义务》时，安布罗斯特意地逐一回应了西塞罗。同西塞罗是为他的儿子莱伊利乌斯而写作《论义务》一样，安布罗斯的这本《论义务》也是为他的"教众们"——米兰的神职人员和聚集在他身边小圈子里的那些志趣相投的主教——而作。正如西塞罗的儿子莱伊利乌斯，安布罗斯的这些教众也应该学会如何成为公众人物；也正如西塞罗对莱伊利乌斯的期待，安布罗斯也期待他的"教子们"——米兰的神职人员——能被引入"可靠的领导力的复兴"中。[25]实际上，安布罗斯是在以自己的方式确保他手下的主教和教士们不再像过去的神职人员那般闲散。安布罗斯明确表示，司铎最好仅仅从教会或者自己的"微薄地产"获得生计。这真是一种矫情的表述，当晚期罗马作家说到"微薄"的时候，往往是说"很多"。安布罗斯希望至少能有一部分主教和教士是出身于市议会上层的较富裕者。[26]

他也期待他们独身。当时已婚的主教和神职人员司空见惯，但是他仍期待他们一旦被授命就不再与妻子同房。安布罗斯暗示，（针对流行的教士婚姻来看）只有落后的团体接纳已婚人士为他们的主教和司铎。[27]

值得注意的是，我们不宜将安布罗斯在《论义务》中勾勒出的关于神职人员"绅士化"的计划过分夸大。克莱尔·索提奈尔的细致工作已表明，就整体而言，意大利的主教和教士们本质上都是"泛泛"之辈，无法在一夜间就成为小安布罗斯。[28]不过，数十年来，米兰地区的社会发展史十分有利于安布罗斯雄心勃勃的计划。帝国宫廷开始在米兰更频繁地居留，而作为最强力消费者的罗马政府一旦迁来，它便将以晚期罗马的典型方式推动当地经济的发展。[29]那些曾经仅为不引人注目的基督教团体提供庇护的城镇方才发现，它们正处在向宫廷和军队输送物资、供应粮食的必经之路上。这些通路穿过波河谷地，并分别向西、向北延伸，西线通往维尔切利和都灵，北线则越过阿尔卑斯山隘，通往布雷西亚、维罗纳和特伦特。这些市镇周边修整一新的庄园也展现着 4 世纪末适度繁荣的景象。[30]安布罗斯也正是在那些因宫廷存在而获得新财富的基督教团体中，安置了许多他最为得力的"模范"主教。这导致的结果是，（在阿奎利亚这样的城市中）一代人之前，在广场与教堂之间看起来巨大的社会和思想鸿沟，如今则已被抹平。正是在与伟大的安布罗斯关系密切的尊贵主教的领导下，380～390 年的意大利北部基督徒团体得以向着社会和文化的高地稳步前进。[31]

"正义至高且美妙，生而助人不为己"：实干家安布罗斯

安布罗斯 50 岁时写成的《论义务》某种程度上也是他的人生自辩书。此时，他几乎已在忙碌的主教任上度过了 15 年，且为自己的工作深感骄傲。我们显然无法忽视安布罗斯为自己勾勒出的完美"义人"形象，而这也是作为实干家的米兰主教安布罗斯的最佳写照：

> 正义是何等伟大的东西啊！它生来就服务他人而不顾己身，正义不仅能为基督徒团体提供支持，也能增强我们之间的情谊。因而它将居于美德的至高位置……（所谓"义人"就是）那些对他人施以援手的人。他会施舍他人

金钱，从不会拒绝履行义务，此外还会以一己之力承担他人的危难。[32]

《论义务》中有数个自传性的章节突出记载了安布罗斯作为"义人"履行公共义务的时刻。比如，安布罗斯记载了他早年担任主教时将教堂中的盘子熔化成银，并以此赎回 378 年亚得里亚堡之战前后巴尔干地区那些遭遇哥特人入侵地区的难民这一经历。安布罗斯将这些曾被赠予教会的财富重新慷慨地还给民众，以帮助那些蒙难的人，使其成为"有用之财"。[33]安布罗斯认为，财富应当从教会流出，然而，一旦财富被赠予教会，它就是神圣不可侵犯的。为证明这一点，安布罗斯在书中叙述了他如何使帕维亚主教下定决心，去阻止帝国最高财政机构没收一位富有寡妇存放在教堂中的财富。而假如安布罗斯不介入此事，这位小人物很可能会在帝国官员面前崩溃。[34]

书中当然还有很多关于财富赠予和保存的精彩叙述，不过安布罗斯笔锋一转，慎重指出：唯有慈悲——对渴求帮助者的怜悯之心——才是使每位基督徒的灵魂能被上帝接纳所必尽的义务。[35]那么慈悲应以何种方式表现？对此，安布罗斯一如既往地没有给我们提供答案。安布罗斯特地指出，重要的是，穷人是信仰基督教的民众中的一分子，至于贫富差距，安布罗斯则并不关注。而在帝国东部的城市中，贫富差距问题却会使凯撒利亚的巴西尔或金口约翰这样的布道者怒火中烧。[36]无论如何，安布罗斯需要料理的大部分"穷人"，都与帝国东部大城市里那些构成社会底层且处于长期制度性贫困中的人不同。他们中的许多人是来自多瑙河畔战乱之地的难民。这些新近沦为贫民的人十分依赖教会提供的救济，并借此获得新生。[37]安布

129

罗斯并不在乎米兰穷人们的构成，自然也无法告诉我们这些细节。他最关心的是如何使穷人们能够悄无声息地被基督徒团体接纳。安布罗斯认为，米兰的基督徒们应该将穷人视作他们的同胞兄弟，而非当作"他者"另眼相待。

这就是安布罗斯在有关公共政策的辩论中利用教会对穷人的关怀来贬低其宗教对手的典型方式。安布罗斯早在 384 年回绝西玛库斯关于传统供奉的呼吁时，就已将与多神教祭司相关的"世俗"特权和基督教会的社会责任加以比较了。

> 基督教会绝不为自身谋利，它也绝不占有什么……那些教会的地租和财产……也都会奉献出去。教会的一切支出都用于扶助穷人。呵，让他们（那些多神教徒）扪心自问：他们的神庙究竟赎回过多少战俘？他们为穷人提供过怎样的食粮？他们又为多少流亡者提供过赖以生存的物资？[38]

"凝心聚力"：更加紧密地团结一致

尽管安布罗斯骄傲地回应了西玛库斯，然而对穷人的关怀还不是他的中心议题。在安布罗斯看来，分量更重的仍是一个有着浓厚罗马特色的议题：基于稳定的和谐。这才是安布罗斯关于社会和教会问题的核心观念。

对此，安布罗斯也在更为深入的方面仿效了西塞罗。他对教会的关切穿越数世纪，与一位伟大雄辩家对日薄西山的罗马共和国之关切实现了真正的融合。西塞罗大致是在公元前 46

年年末至公元前 44 年夏天这个危机增长的时期里写作《论义务》的。他试图通过这部作品为迅速衰落的贵族政体争取支持，因而，《论义务》就成了"一部公民美德指南、一剂对未向共和国尽其义务之公民的理论良药"[39]。

西塞罗的《论义务》实际上传达了一个对团体忠诚度问题的急切诉求。西塞罗认为，只有通过全心全意地接受对社会以及对彼此应尽之义务，人们才有维持文明状态的希望，但这绝不是理所当然就会实现的。西塞罗观念里的共和国是在被战火和血腥内乱所摧残的无情世界中的一片仅存的神圣乐土，而团结——乃至"凝心聚力"——便成为理解西塞罗《论义务》的关键词。

问题随之而来：这种增强社会联系的动力对哪些人会奏效？而这些联系又能扩展到何处？西塞罗无疑早有答案。在他看来，罗马同胞间的纽带是最为紧密的：

> 当你用理智和心灵观察一切的时候，在所有社会关系中，没有哪一种比我们每个人同国家的关系更重要、更亲切。一个祖国便囊括了这些亲切感。[40]

不过西塞罗也有其哲学思考，他希望能将罗马人独特的共和国制度植根于人性之中。由于得到了人性中至善部分的指引，罗马公民会十分乐于履行对共和国的义务。此外自然还会指引他——

> 通过互相尽义务、给予和得到来为公共利益服务；或用技艺，或用劳动，或尽自己的能力使人们相互更紧密地联系起来。[41]

安布罗斯则力求将西塞罗思想中的两大"同心圆"紧密地联系起来：他力求在自己的时代里，重建作为政治家的西塞罗对共和国的强烈忠诚观念与作为斯多葛派哲学家的西塞罗对普世关怀的热情之间的联系。安布罗斯以此方式对西塞罗的《论义务》进行再创作，也是为了使基督教能在这两方面都发挥积极作用。作为米兰主教的安布罗斯深知自己的"共和国"是什么，因而强调大公教会特有的强烈凝聚力和强大战斗力。安布罗斯还是一位心头萦绕着无边上帝的宗教思想家，他意识到，基督教会已经作为一个整体进入无尽的人类世界中，唯有在超越紧密联系的地方会众团体的普世善意散发开来时，普世的大公教会才能与这分裂的世界相拥，并使它重归一统。

在安布罗斯的圈子里，人人都了解西塞罗。不过总体来说，与安布罗斯同时代的人仍然将西塞罗看作一位关注友谊问题的作家。人们将西塞罗的作品视为模板，生硬地从中选取学院式的语句用于点缀他们寄给别人的书信。而这正是西玛库斯从西塞罗身上学到的知识，他也以此编织起使罗马世界的统治阶层紧密结合的关系网。但安布罗斯显然学到了不同的东西，他专注于西塞罗的政治思想及和谐理论，并以在教会之内建成当代的"新共和国"为目标。

"美德的力量……已被贪婪的天性削弱扭曲"：安布罗斯论财产与稳定

在探讨建立一种更有凝聚力的新型社会秩序的可能性时，安布罗斯对一种基于对人类历史的独特见解的社会观念深信不

疑。他继承了被称为"古风"的悠久传统。这一传统普遍认
为，人类历史上曾经存在所谓的"黄金时代"，时人正是基于
那个时代的自然和谐，来衡量当代的社会状况，并渴望"黄
金时代"。[42]这一传统还认为，社会中的所有恶行都是由人性
中的"纯洁社会性"状态缓慢堕落至"罪恶社会性"状态导
致的。对此，安布罗斯不再回顾西塞罗，而是追忆另一位更坚
定的斯多葛派哲学家——塞涅卡：

> 当大自然的边界对所有人开放时，那曾是一个幸运眷
> 顾的时期。然而由于人们无节制的滥用，在贪欲和奢华面
> 前，使人们团结起来的纽带断裂了。

[维吉尔《农事诗》第一卷第 125 ~ 128 行中还有如下诗句]：

> 并无农人耕作土地，亦未闻
> 如标记边界、划分土地的诸般禁事。
> 人们共享食粮，大地慷慨赠予——
> 不奢求的人们，它的财富。[43]

安布罗斯十分重视塞涅卡的言论，这样的观念在安布罗斯
写作《论义务》并质疑西塞罗关于"正义"的定义时，便存
在于他的内心深处。在西塞罗看来，私有财产是神圣不可侵犯
的，正义的主要责任是在保证公共利益不受侵犯的前提下维护
个人的私有权利。[44]然而安布罗斯希望在此问题上更进一步，
他认为基督徒应接受一种更加崇高而广泛的"正义"概念，
仅仅是维护某人的私有财产还不够，财产的真正意义不在于占

有，而在于分享。为强化这一观点，安布罗斯遵循塞涅卡的观念，再次呼唤大自然在平衡被个人的私自占有行为打破之前的"纯洁社会性"状态。

> 大自然慷慨地为人们提供一切，使他们共享一切。上帝亦命定一切为人们提供食物之造物为他们所共有。此即上帝之意旨：大地应为我们共有之物。但就在大自然带来公有权利之时，（带有负面含义的）充满贪欲的篡夺行为便创造出私有权利。[45]

伊沃尔·戴维逊在最近对《论义务》的评论中有些不耐烦地写道："大量笔墨已被耗费在这些文字上。"[46]但安布罗斯的言论不应仅被当作是在谈理论。安布罗斯针砭私有财产对富饶大地的粗暴掠夺，为了理解其背后的力量，我们必须还原安布罗斯以及与他同时代的人对"自然"的理解。

安布罗斯心中并不存在一个干瘪而抽象的"自然"概念。他关于大自然公共权利的观点，是基于一种基督徒和多神教徒共有的、源自古人的"神圣而丰饶的大地"的观念。大地之母也始终是神圣的，4世纪，她的形象仍然出现在米兰城外一座坟墓中出土的一件著名银器"帕拉比亚戈银盘"上。这个银盘可能与一位拥有郊区庄园的富裕廷臣或地主有关。银盘上的女神赤裸上身，以单臂支撑身体的姿势侧躺在装满鲜花和果物的丰饶之角旁，平静地注视着分别采集四季果实的四个小天使。类似的形象还出现在另一件著名银器"狄奥多西一世银盘"上，女神位于皇帝使一位廷臣晋升高位的神圣场景下方。[47]这正是大自然应有的形象。对人类来说，如此充满生机而又丰富的公有财产源泉在他们手中被瓜分，这样自大的举动就像试图测量汹涌洋面下的地产般荒诞。然而，受贪欲驱使的人们不仅已经完成了前一件事，也已完全有能力去实现后一件事。[48]安布罗斯在此提醒他的读者们，他们对土地的狭隘权利相较于丰饶的大自然实在是相形见绌。

　　问题在于，安布罗斯是否已准备好回拨社会的时间节点，并以此种尝试将其恢复到"自然的"原初公有财产状态？古典时代的罗马人倾向于以怀旧之情看待人类最初的纯洁时代，而这正是他们已经失去的、一去不返的世界。它已随着不可避免的时代演进而成为史前时代。不过，安布罗斯对这些观念并非十分确信，他也尚未准备好以一种原初的共有财产观念作为当前具体社会规划的基础。尽管如此，安布罗斯仍然愿意接受那些"美好的人类梦"[49]能使基督徒在当下保持克制的观念，毕竟他们至少能憧憬一个有着人人共享而未被瓜分的大地的社会图景。

　　"人性从原初的完美状态缓慢堕落"这一观念，驱使安布罗斯从世界史的角度出发宣传仁爱理想。在《论义务》和其他作品中，安布罗斯并未专注于亚当和夏娃的最初堕落，[50]他也不会像稍晚时代的奥古斯丁那样阐释伊甸园中人性的堕落，亦不会将这一孤立的意外事件视作人类历史中唯一的灭顶之灾。安布罗斯更多地按照古典传统进行思考，在他看来，人性堕落并非突发事件，而是一幕长期上演的悲剧、一种经年累月的持续性社会衰落。像西塞罗一样，安布罗斯也认为自己生活在一个漫长衰落期即将终结、整个世界行将崩溃的时代，并将对衰落之感慨转为激励行动的助力。作为主教，安布罗斯的"义务"以及从他人身上发现的善举确实能在一定程度上暂时中止衰落的进程，安布罗斯还力求使长期以来令人类社会陷于麻木状态的缓慢增长的不义有所退却。

> 如果不是美德的力量被贪婪的天性削弱、扭曲，它原有的荣耀皆被弃置，又有谁不愿占领这座美德的堡垒（人类的绝对正义国度）呢？[51]

在这一问题上，安布罗斯的态度较为乐观。他认为，社会中遭到削弱和扭曲的部分是能够采取措施使其恢复原状的，因为人类的"仁爱"——人们彼此间温暖的善意在亚当和夏娃时便已产生，因为他们的肉身曾连为一体，所以他们（安布罗斯着重指出）亦是同心。人类源自曾经存在的和谐，为互助而生。

> 被逐出伊甸园之时，善意就已遍布世界。……如今，这般善意将因教会共有之本质得到巩固，并因我们坚定的友谊和同受洗礼恩典的情谊得到促进，还将因我们共享的（圣餐）秘仪得到升华。……神圣教会的团体也通过上述方式更紧密地融为一体，并通过信与爱的结合聚集一处、团结一致。[52]

可见，安布罗斯是基于强烈的人类团结观念而极力主张对穷人进行捐献的。正如克里斯特尔·弗洛伊所洞见的那样，安布罗斯努力扭转基督教会对穷人的标准性认识，他不希望穷人仅仅被看作被上帝送来考验富人良心的外来者。于是，安布罗斯在布道词和其他作品中塑造的穷人形象有了决定性的改善。当谈及"穷人"时,安布罗斯多次将"穷人"与"平民"或"人民"互用。以"平民"代指"穷人",实质是将他们视作与富人阶层等同的、构成同一基督教团体的一分子。因此,穷人们得以在他们的主教身后团结起来,并成为坚实的基督徒团体的一部分。[53]

基于上述考虑,安布罗斯努力防止基督徒们将施舍视为一种居高临下的傲慢姿态,而是希望他们能将施舍当作为他们的同胞抵偿古代亏欠的高尚举动。

你们给予穷人之物,本就并非你们所有,不过是将本属于他们之物奉还原主罢了。因为你们曾强夺那些本应为所有人共有之物。大地为众人共有,而非由富人独占。所以《圣经》教导你们:"你要高兴地垂耳倾听穷人,并归还你的债务,又要和颜悦色地向他答礼。"(《西拉书》或《德训篇》4:8)[54]

所以,对穷人之慷慨不仅意味着与这些可怜的社会边缘人建立起联系,也被认为是唤起随时间流逝而被遗忘在历史深处的、关于更加幸福的人类社会形态的记忆。正如麦克海尔·巴克廷在谈及剧场与现代早期狂欢节之联系时所言,即使仅是短暂一瞬,它也唤起了"对丰饶与普世精神的强烈渴望"[55]。

西玛库斯和安布罗斯都提供了为所有公民共享的欢愉之奇迹,只不过西玛库斯在罗马的赛马场和圆形剧场内提供的欢愉仅仅持续了一周,而安布罗斯却使它成为对黄金时代的经典追忆,以及基督徒对复乐园之期望的永恒愿景。当然,它同样为

134

米兰主教随后开展的针对贪婪富人们的一系列著名批判提供了独一无二的平台。

注　释

[1] Ambrose, *De excessu fratris Satyri* 1. 32. ；在安布罗斯生平部分，我借鉴了 McLynn, *Ambrose of Milan*。此外还可参考 J. H. W. G. Liebeschuetz, *Ambrose and John Chrysostom： Clerics between Desert and Empire* (Oxford：Oxford University Press, 2011), 57 – 94。另请各位读者周知，在用所有欧洲语言写作的卷帙浩繁的关于安布罗斯生平与思想各个方面的传记中，我只挑选了那些能为理解本章相关内容提供便利且有最新研究成果的作品。关于安布罗斯信件的编号，可参见 O. Faller and M. Zelzer, *Sancti Ambrosii Opera*, CSEL 82：1, 2, and 3 (Vienna：Tempsky, 1968, 1990, and 1982), 这些信件按照 Maurist 编辑的 (*Patrologia cursus completus*, series Latina) 卷 16 中的插入语所示的传统顺序排列。

[2] *Gibbon's Journey from Geneva to Rome： His Journal from 20 April to 2 October 1764*, ed. G. A. Bonnard (London：Nelson, 1961), 47.

[3] Augustine, *Confessions* 6. 3. 3.

[4] Liebeschuetz, *Ambrose of Milan*, 132n. 5.

[5] McLynn, *Ambrose of Milan*, 1 – 52.

[6] S. Mazzarino, *Storia sociale del Vescovo Ambrogio* (Rome：Bretschneider, 1989), 51. 该书是在它的作者——一位伟大的研究古代晚期的历史学家逝世后出版的，其中有一篇颇具启发性的文章。

[7] H. Granger Taylor, "The Two Dalmatics of Saint Ambrose," *Bulletin de Liaison, Centre International d'Études des Textiles Anciens* 57 – 58 (1983)：127 – 73.

[8] McLynn, *Ambrose of Milan*, 69 – 71.

［9］Ambrose, *Letter* 75 A (21A), *Contra Auxentium* 33, Liebeschuetz, p. 158.

［10］McLynn, *Ambrose of Milan*, 226 – 29.

［11］Palladius of Ratiaria, *Apologia* 89, ed. and trans. R. Gryson, *Scholies ariennes sur le concile d'Aquilée*, SC 267 (Paris: Le Cerf, 1980), 274.

［12］McLynn, *Ambrose of Milan*, 31 – 37, 263 – 75. P. Porena, "Trasformazioni istituzionali e assetti sociali: I prefetti del Pretorio tra III e IV secolo," in *Le trasformazioni delle "élites" in età tardoantica*, 325 – 56, 其中第 334 ~ 346 页的内容表明，卸任后的前任大区长官并不会立刻被罗马贵族社会接纳。

［13］McLynn, *Ambrose of Milan*, 220 – 25.

［14］Ambrose, *Letter* 76 (20). 6 and (20). 7, Liebeschuetz, p. 163.

［15］McLynn, *Ambrose of Milan*, 158 – 219, esp. at pp. 176 – 79. Liebeschuetz, *Ambrose of Milan*, 124 – 36. 作者对相关事件发生的时间顺序有不同意见（并在第 135 页附有一份纪年表）。近期研究表明，圣洛伦佐教堂应是 400 年前后才建造的，因而它不可能是 385 ~ 386 年爆发冲突的所在地。M. Löx, "Die Kirche San Lorenzo in Mailand: Eine Stiftung des Stilicho?" *Mitteilungen des deutschen archäologischen Instituts: Römische Abteilung* 114 (2008): 407 – 38。

［16］Ambrose, *Letter* 75A (21A), *Contra Auxentium* 35, Liebeschuetz, p. 159; *Letter* 76 (20). 2 and (20). 19, Liebeschuetz, pp. 162 and 169. 关于这一立场的含义，参见 B. Caseau, "A Case Study for the Transformation of Law in Late Antiquity: The Legal Protection of Churches," in *Confrontation in Late Antiquity: Imperial Presentation and Regional Adaptation*, ed. L. Jones Hall (Cambridge: Orchard Academic, 2003), 61 – 77 at pp. 64 – 66。

［17］Ambrose, *Letter* 75A (21A), *Contra Auxentum* 29, Liebeschuetz, p. 156.

［18］Ambrose, *Letter* 76 (20). 3, Liebeschuetz, p. 162.

［19］Ambrose, *Letter* 75A (21A), *Contra Auxentium* 33, Liebeschuetz, p. 158.

[20] Augustine, *Confessions* 9. 7. 15, 10. 33. 50.

[21] Ambrose, *Letter* 75A (21A), *Contra Auxentium* 34, Liebeschuetz, p. 159.

[22] J. Moorhead, *Ambrose: Church and Society in the Late Roman World* (London: Longman, 1999), 142.

[23] Ambrose, *Explanatio Psalm.* 1. 9, ed. M. Petschenig, CSEL 64 (Vienna: Tempsky, 1919), 7.

[24] 我将持续引用戴维逊那部含导论、注释的杰出著作和译本: I. J. Davidson, *Ambrose: De officiis*, 2 vols. (Oxford: Oxford University Press, 2001)。

[25] Ambrose, *De off.* 1. 7. 24, p. 130, with Davidson, *Ambrose: De officiis*, pp. 15 – 16.

[26] Ambrose, *De off.* 1. 36. 185, p. 224.

[27] Ambrose, *De off.* 1. 50. 249, p. 260.

[28] Sotinel, "Les évêques italiens dans la société de l'Antiquité tardive," 388 – 95.

[29] 参见克拉科·鲁吉尼具有开创意义的研究著作 Cracco Ruggini, *Economia e società nell' "Italia annonaria"*, 84 – 111。该书第二版的前言极有价值, 此外书中还附有全面更新的文献索引。

[30] Bowes, *Private Worship, Public Values and Religious Change*, 170 – 74.

[31] 特别参考 R. Lizzi, *Vescovi e strutture ecclesiastiche nella città tardoantica (L'Italia annonaria nel IV-V secolo d. C.)*, Biblioteca di Athenaeum 9 (Como: New Press, 1989), 15 – 57; 以及同一作者的 "Ambrose's Contemporaries and the Christianization of Northern Italy," *Journal of Roman Studies* 80 (1990): 156 – 73 at pp. 164 – 68。

[32] Ambrose, *De off.* 1. 28. 136, p. 196.

[33] Ambrose, *De off.* 2. 15. 70 and 28. 136 – 43, pp. 306 and 342 – 48.

[34] Ambrose, *De off.* 2. 29. 150, p. 350.

[35] Ambrose, *De off.* 1. 11. 38, p. 138.

[36] Brown, *Poverty and Leadership*, 36 – 44; C. Tiersch, *Johannes Chrysostomus in Konstantinopel (398 – 404): Weltsicht und*

Wirken eines Bischofs in der Hauptstadt des Oströmischen Reiches, Studien und Texte zu Antike und Christentum 6 (Tübingen: Mohr Siebeck, 2000), 229 – 50.

[37] Ambrose, *De off.* 2.15 – 16.70 – 77, pp. 306 – 10, with Davidson, *Ambrose: De officiis*, 2: 744 – 52.

[38] Ambrose, *Letter* 73 (18).16, Liebeschuetz, p. 86.

[39] R. Syme, *The Roman Revolution* (Oxford: Clarendon Press, 1939), 145.

[40] Cicero, *De officiis* 1.17.57, ed. and trans. W. Miller, Loeb Classical Library (Cambridge, MA: Harvard University Press, 1913), 58 – 60.

[41] Cicero, *De officiis* 1.7.22, pp. 22 – 24.

[42] A. O. Lovejoy and G. Boas, *A Documentary History of Primitivism and Related Ideas*, vol. 1, *Primitivism and Related Ideas in Antiquity* (Baltimore: Johns Hopkins University Press, 1935); B. Gatz, *Weltalter, goldene Zeit und sinnverwandte Vorstellungen*, Spudasmata 16 (Hildesheim: G. Olms, 1967). 在安布罗斯之前的基督徒团体中，拉克坦提乌斯 (Lactantius) 就已明确提出一种更为激进的关于黄金时代的呼唤，他在戴克里先大迫害 (Great Persecution) 时期写作。Lactantius, *Divine Institutes* 5.5 – 6, pp. 290 – 94，以及第 36 ~ 40 页的评论部分。但我们无法假定安布罗斯曾读过拉克坦提乌斯的作品。

[43] Seneca, *Epistula* 90.34: Lovejoy and Boas, *Documentary History of Primitivism*, 272 – 73. 特别参见 P. Garnsey, *Thinking about Property: From Antiquity to the Age of Revolution* (Cambridge: Cambridge University Press, 2007), 121 – 30。

[44] Cicero, *De officiis* 1.7.20, p. 22.

[45] Ambrose, *De off.* 1.28.132, p. 194.

[46] Davidson, *Ambrose: De officiis*, 571 – 76 at p. 571.

[47] *Age of Spirituality: Late Antique and Early Christian Art, Third to Seventh Century*, ed. K. Weitzmann (New York: Metropolitian Museum of Art, 1988), cat. no. 164 at pp. 185 – 86.

[48] Ambrose, *Exaemeron* 5.26.

［49］ A. Dworkin, *Intercourse* (New York: The Free Press, 1987) , 128.

［50］ Brown, *Body and Society*, 351 – 54.

［51］ Ambrose, *De off.* 1. 28. 137, p. 196.

［52］ Ambrose, *De off.* 1. 32. 169 – 33. 170 and 3. 3. 19, pp. 216 and 364.

［53］ Freu, *Les figures du pauvre*, 245.

［54］ Ambrose, *De Nabuthae* 12. 53, trans. B. Ramsey, *Ambrose* (New York: Routledge, 1997) , 135.

［55］ M. M. Bakhtin, *Rabelais and His World*, trans. H. Iswolsky (Cambridge, MA: MIT Press, 1968) , 278.

第8章 "贪婪乃万恶之源":
安布罗斯与意大利北部

"贪欲或是渎圣?":意大利之弊病

当4世纪80年代末安布罗斯开始写作《论义务》时,由135378年亚得里亚堡惨败之灾引起的恐惧情绪已然消散。意大利北部由于帝国宫廷的存在而安定下来,并进入一个繁荣时期。在383~388年瓦伦提尼安二世统治时期,以及在狄奥多西一世统治的某些时段,米兰成为帝国首都。宫廷使米兰当地的上层阶级从晚期罗马帝国的黄金时代中获益,财富既通过行政服务,也通过利用新都的食物需求而在米兰产生。[1]米兰的两间大型仓库被发掘出来,它们每个都有安布罗斯以私产建造的"安布罗斯堂"的两倍大,可以想见,当时这些仓库一定都填满了各地地主供给的谷物。[2]总之,毫不意外的是,在一种基于将农产品不断转变为黄金的繁荣或被称为"经济膨胀"的发展模式下,安布罗斯的一些最著名的布道词应当也触及了财富相关话题。事实上,用理查德·纽豪瑟的话来说,它们标志着"西部基督教文学中,关于贪欲罪恶集中而持续的强调"[3]的开始。

我们倾向于将安布罗斯反对富人们的布道词视为理所当然之物。的确,这也是安布罗斯生涯中对现代人长期有吸引力的一面。自反宗教改革时代以来,米兰便成为有着悠久历史的参与社会服务的大公教会的中心,它还是圣卡洛·波罗米奥(1538~

1584）——因关爱穷人而被铭记的高贵米兰大主教——的城市。19 世纪，浪漫主义的大公教派教徒阿勒桑德罗·曼佐尼创作的历史小说《约婚夫妇》，则使它的读者们重回圣卡洛的表亲——在 1629 年大饥荒期间以救济穷人而闻名的米兰大主教费迪利柯（1564～1631）——所处的时代。曼佐尼这部小说是关于一对贫穷夫妇的生活变迁的感人故事，任凭贵族摆布、饱受富人欺凌的他们仅仅得到来自大公教会代表们的保护。而到了近代，米兰城又见证了大公教会首次对意大利北部的工业化导致的工人运动的回应，所以，大公教会对社会的关切是一项在米兰根深蒂固的传统。通过这样的视角，我们能看到一个与爱德华·吉本观念中"昂然而立的主教"截然不同的、在这贪欲之世中维护社会正义的布道者形象：安布罗斯。[4]

对安布罗斯的这一看法容易让我们忽视他布道的原初语境。以前，我们假定，和讲求人道的现代人一样，安布罗斯受了基督教对穷人的强烈关切的熏染。在许多学者看来，安布罗斯不过是"一位在其时代直率而敏锐的观察家"，而他对自己所见的一切并不满意：

> 他犀利的目光洞见了社会道德败坏的详情……当他拜访显贵们的宅邸时，他注意到镶有黄金和象牙的墙壁，看到了他们的纯种良驹……并且计算着桌上的佳肴是从多远之外的地方运来的。他已目睹财富集中于少数人之手的状况，且深知这些"亚哈的子民"（霸占土地者）从未消失。

当然，米兰主教"对此状况的猛烈抨击"[5]不是什么令人惊奇的事情。

我们进而假定，在安布罗斯描述社会弊病的时候，他提供给我们的是 4 世纪晚期意大利社会和经济状况的本色图景。他的叙述也向来被当成证明"西罗马帝国是一个注定毁灭的社会"的确凿证据。（正如安布罗斯在其布道词中对他们的描述）大地主的贪欲被许多学者认为是将罗马社会引向崩溃边缘的原因。[6]

实际上，安布罗斯并非我们所想的那样。我们不应把他决定对社会问题进行布道视作必然之事，而应将其视作一种新思路。对当时的许多人来说，这可能意味着要把注意力从更紧迫的问题上转移开来。在 4 世纪晚期的意大利，并非所有人都为意大利的社会弊病担忧，他们担忧的是一个更根本的问题：诸神的走避。正如我们将罗马帝国之衰落与富人的贪欲相联系，多神教徒则认为，罗马帝国之衰落是基督徒的渎圣行为使罗马失去神灵庇护所致。

须知，此时多神教仍在意大利北部广为流行。[7]如我们所见，它仍在罗马城以及意大利南部大部分地区占有优势，许多安布罗斯的同代人都默默确信罗马社会的弊病有其宗教根源。当时许多最尖锐的批判也并非来自基督徒，而是来自多神教徒。多神教徒认为，厄运时代开始于君士坦丁皇帝的"全国性叛教"。被多神教作家们所谴责的、难以遏制的贪婪，则被认为与对神庙的掠夺和对古老罗马宗教的背弃密切相关。[8]

安布罗斯不得不回应这些观点，他通过将当时人们关于衰落的话语巧妙地世俗化的方式做出了回答。安布罗斯把许多思想家所认为的"宗教危机"转为了"社会关系危机"。现代人会为安布罗斯关于罗马社会的敏锐洞见拍手称赞，然而，像西玛库斯一样的多神教徒则仅仅把安布罗斯关于社会的批判当作

137

色厉内荏的举动。西玛库斯深知情况恶化的原因：当延续
1200 年之久的、将意大利土地上产出的第一份农产品奉献给
维斯塔贞女的仪式（382 年）被取消后，土地与诸神之联系也
断裂了，故而大地不再丰饶。安布罗斯似乎仍对 384 年西玛库
斯为维斯塔贞女辩护的著名的《第三封陈情书》中的词句印
象深刻："渎圣之举令年成枯竭。"[9]

　　而且，西玛库斯最大的忧虑事实上已被当时的状况证实。
罗马正面临饥荒的威胁，作为罗马大区长官的西玛库斯不得不
采取极端措施。到了 384 年夏末，西玛库斯驱逐了罗马城中的
所有外国人，以确保只有城中的在籍公民——罗马平民——能
按其户籍获得食物。此外，西玛库斯就只能祈祷："噢，庇佑
吾国的诸神啊！请饶恕我们对祭典的怠慢，请驱除这饥荒的苦
难吧！"[10]这算得上是他一个极不体面的时刻。不过，在西玛
库斯的《第三封陈情书》——他作为大区长官呈交给皇帝的
正式报告——中，原收录的他提及那些被驱逐的外国人的文件
似乎已经遗失了。[11]

　　安布罗斯总会将西玛库斯这样的人作为自己的目标，共同
的阶层和兴趣把他们连接起来。在维斯塔贞女事件与主教的斗
争失败后，西玛库斯并未淡出安布罗斯的世界，两人终其一生
都保持着多少有些冷淡的关于公事的书信往来。西玛库斯曾致
信安布罗斯讨论关于保护共有门客之事，[12]在安布罗斯试图宣
称新的主教法庭拥有对诉讼案件的审判权时，西玛库斯也指责
他对法学的无知（及其无礼的表现）。[13]

　　安布罗斯也继续寻找机会对这位伟大的多神教徒进行批
判。大约在 384 年饥荒之后四年，他刻意评论西玛库斯应对危
机的方式。在《论义务》讨论邻人之爱的内容中，安布罗斯

对一位匿名而无情的多神教徒大区长官进行了谴责，并将此人驱逐长期居于罗马的外来移民之举称为非人道行为。显然，安布罗斯的这一批判方式实际上是对西玛库斯的直接攻击。[14]

安布罗斯在《论义务》中关于 384 年罗马饥荒的处理是十分有倾向性的。[15]安布罗斯证明，整个事件不过是一起单纯的经济危机，他把这展现为在遭受自然灾害时既得利益集团——罗马元老、罗马人民，甚至还可能包括意大利北部的商人们——之间的世俗利益冲突。在安布罗斯对饥荒的总结中，他将西玛库斯认为的导致危机的主要原因——"怠慢诸神之愤怒"——排除在外了。

西玛库斯对他那些无法贡献存粮到公共仓库的贪婪同僚基本不抱什么幻想。[16]在他对贪欲以及公益心的缺失进行控诉的背后，隐含着一座伟大城市由于丧失其传统祭典而暴露在灾难面前的深深恐惧。安布罗斯抨击富人的布道，这似乎表明，只有这些富人该对时代的苦难负责，不过，他的布道在多神教徒看来则无异于一种蛊惑人心的策略。多神教徒认为，安布罗斯对富人进行抨击是为了将人们的注意力从"基督徒之渎圣使意大利遭受灾难"这一真正问题上转移开来。

"我曾目睹这令人心碎之景"：
社会评论家安布罗斯

想要了解这一富有创意的内心焦虑转移方式，我们需要走近 4 世纪 80 年代晚期安布罗斯在写作《论义务》时写作的另一部作品——《论拿伯》，它取材于亚哈王与拿伯葡萄园的故事。这个关于贪得无厌的国王为了占据一位可怜农夫的地产而将其害死的残忍故事，正是一篇抨击米兰富有地主们的布道。全书以一句振聋发聩的质问开始："拿伯之事本是古老传说，如今竟已成为日常之事！"[17]

《论拿伯》可说是安布罗斯最为生动的作品，它由安布罗斯新近发表的一些布道词组成。尽管这些布道词为了出版而被修改过，它们所谴责的恶行似乎也真实动人，事实上，这样的直率对安布罗斯而言显得极不寻常。安布罗斯并不像与他同时代的伟大的金口约翰那样不断地针对穷人问题布道，他的布道并没有"必须透彻地表达某种具体信息"[18]的意思。相反，安布罗斯常常更喜欢将他的听众引向通往《圣经》的神秘旅程，这样做的目的是通过对《圣经》的详尽叙述，深入观察这口蕴藏属灵真理的幽深之井，远离俗务。[19]如同午夜时分在充满摇曳烛光和吟诵之声的安布罗斯堂中守夜一般，安布罗斯的布道词便以此种氛围将听众引入彼岸世界。在这样的风格中，自然不会出现对社会问题的高级修辞。

139　　但这次《论拿伯》的情况则不同。安布罗斯关于财富的布道词都以精当的语句指向一个明确目标。在平时布道时，安布罗斯希望自己的言语"像《圣经》一样如雷贯耳"[20]，这一次则如以色列的先知一般。

在贪婪的地主亚哈与弱小的农夫拿伯之间，安布罗斯作为先知以利亚介入其中，也正是安布罗斯本人扮演着传达先知诅咒的角色：

> 你杀了人，又得他的产业。狗在何处舔拿伯的血，也必在何处舔你的血。（和合本《列王纪上》21：19）[21]

在讲述这段时，安布罗斯并未提及以利亚之名，因为教堂里每个人都已知道这位先知实际上就是安布罗斯本人。可想而知，当安布罗斯高声布道时，势必有着摄人心魄的效果。

于是，关于社会生活的生动叙述巧妙地贯穿《论拿伯》全书。继仅仅重点关注财富的虚妄，而非富人之罪恶的充满传统智慧的《传道书》以及《箴言》之后，《论拿伯》如突如其来的闪电展示了完整的社会图景。

> 我认识这样一位富人，在出发前往乡村时，他会逐一计算从城市里带来的小面包数量，并据此估算应在乡村停留的天数。他也不愿打开自己封闭的谷仓，以免存粮减少。……还有可信证据表明，假如在这些面包中加了一个鸡蛋，这位富人还会抱怨又损失了一只鸡。我之所以记下这些，是要让你们知道，平反穷人苦难的上帝之正义已经蓄势待发了。[22]

此外，安布罗斯还在作品中加入了对一些惨剧和暴行的描述。

> 在准备将谷物存入你宽大的储藏室时，一位工人从屋檐上跌落。另一人则在寻找用于酿造适于你的盛宴之美酒的葡萄时，从树顶上摔下。……还有一人可能只是做了些令人不快的事情，就在你的眼前被殴打致死，他流出的血就这样溅洒在宴会场所中……
>
> 我还曾目睹一位穷人因无力缴纳强加于其身的税赋而被带走的情景。[23]

以上叙述巧妙地反转了那些在银器和大型庄园里的镶嵌画上时常出现的、怀着单纯愉悦之情的仆役料理其领主产业的田园诗式图景。如我们所见，欢愉的农民为富裕基督徒采集首批农产品收成的场景，还曾在阿奎利亚的提奥多卢斯方堂地板上的绘画中出现过。与此相反，安布罗斯笔下的乡村则是一片冷酷之地。[24]

最后，我们看到的是那些将自己幽闭在位于乡村深处的宫殿式庄园中的富人驱逐居民、开辟广袤狩猎区的情景。"那么，你会因身处这些宽阔的厅堂中而振奋吗？……它们或许装得下一大群人，却将穷人的声音排斥在外。"[25]

然而，学者们有必要在此驻足，并再次回顾安布罗斯的这些文字。安布罗斯力图在其中营造"真实效果"，但这并不是现代研究者所知的 4 世纪末意大利的真实状况。安布罗斯所描述的社会弊病很明显就过时了，并没有表明 4 世纪时意大利北部的大地产得到增长的证据，也并没有现代研究可以证实当时土地上十室九空的图景。位于（加达湖畔的）迪塞萨诺以及（靠近米兰埃米里亚大道，周边有着为农产品运输提供便利的河道网的）帕拉佐皮尼亚诺的晚期罗马庄园都是华丽的建筑。[26]但并无证据表明它们当时位于一片人造的荒野中。如果说有什么证据，那则是表明人类聚落分布更为集中的证据：分散的聚落集中在乡村里，乡村的农户家里也有了镶嵌画装饰，建起了手工作坊。可以说，考古学家发现的并非一片荒凉，而是"大量增长的乡村活动"。[27]

但是，这并不意味着米兰周边的乡村是令人感到舒适的。事实上，那是一片令人绝望的土地。其真正艰苦之处在于，地主们依靠持续而粗暴的方式动员劳力，安布罗斯也深知此事。

当安布罗斯致信克拉特尔纳——位于亚平宁山脉的丘陵中的牧场以及埃米里亚大道周边平原间的脆弱地带——主教，给予他关于日常事务的建议时，那些被调集起来运送农产品的成群短工应按期获得薪金之事也是他最为关注的。[28]

相比之下，安布罗斯对于以兼并小农为代价而进行的大地产扩张情景之再现，实际上是一种传统的、早在老普林尼时代就已为罗马读者所知的抱怨，与 4 世纪时的状况并无关系。对大地产增长的谴责，也正如因为同情查尔斯·金斯莱作品《水孩子》所描述的维多利亚时代的伦敦烟囱清洁工而谴责当时的工业化社会一样，属于时代错位。那么，为何在安布罗斯的文辞与 4 世纪的现实间会产生如此差异呢？

我们应该明白，安布罗斯看似致力于探寻真相，但他所追求的"真相"不过是一幕戏剧。同时安布罗斯还发现，这样的"戏剧"早已浓缩于其他作家或布道者的作品之中。当安布罗斯谈及一桩极其凄惨的欺压事件时，他常会说："我曾目睹这令人心碎之景。"然而，他所采用的语句以及描述的生动场景，与身处遥远的卡帕多西亚地区的凯撒利亚主教巴西尔作品中的内容是何其相似！[29]

尽管如此，我们也不宜太快地将安布罗斯所描绘的米兰上层社会图景视为陈词滥调，并以它没有洞察力为由将其忽略。若是这样，我们其实是忽视了陈词滥调在古典修辞中扮演的角色。这种屡试不爽的固定模式以关于财富的"松散但有力的"常识增强了安布罗斯论点的重要意义，并使其更有吸引力。在这种常识中，贪婪和悲惨存在于每个时代。不过，若是重复古代作家的批判言论，只会使展现在批判者所处社会中的类似弊病更显沉重和更具有刺激性。著名学者亨利·伊雷纳·马鲁

141

（在讨论关于古代饮食习惯的文学描述时）曾提醒我们："从相关作品中的借用，也可以符合历史事实。"[30]在研究古代中国类似的描写穷人苦难的诗歌流派时，伊懋可面临着同样的情况。他警示我们"老生常谈并不会因为众所周知而不那么真实"，其言下之意是，"理解这些诗歌的关键不在于其中的凄惨故事，而在于以诗歌形式叙述寻常之理"。[31]马鲁和伊懋可所言之物，正是安布罗斯希望借助"贪婪富人"与"受难穷人"的一般形象使他人接受其主张的原因所在。

总而言之，问题的重点并不是安布罗斯所说的内容。至于他所说的是不是能被史学家用来重构其所处时代的意大利北部的社会图景，更不是重点。我们更应关注的是安布罗斯"为什么"要如此讲述。安布罗斯显然有充分理由：通过这种方式完成的《论拿伯》和其他类似作品，已成为他持续推动并不断增强的米兰基督徒团体观念的组成部分。如我们所见，米兰基督徒团体正是以此观念成功通过了教堂事件（385~386）这一严峻考验。如今，对"邪恶富人"的挑战将会进一步加强这个团体的凝聚力。

我们可以从安布罗斯关于批判贪欲的布道词的语调，以及它们发布的时机中看到这点，它们恰恰产生于安布罗斯与宫廷关系发展到剑拔弩张的地步之时。安布罗斯在385~386年教堂被围期间的布道词中就已深深奠定其对立基调，如今这一基调仍然存留在安布罗斯批判贪欲的布道词中，使其颇具威胁。他的布道词中有比较直率的民粹主义色彩。通过将自己与以色列的先知们相提并论，安布罗斯使他的听众们联想到，他们正是古老选民——以色列人的继承者。如我们所见，以色列人的呐喊在当时被称为"穷人的呐喊"，对此，富人的谷仓和大庄园

被想象成将这种呐喊拒之门外。但这些穷人的呐喊不仅来自乞
丐，正如在以色列一样，米兰城中穷人的呐喊实际上代表了罗
马城中的民众群起反抗其压迫者的"共识之声"，安布罗斯则化
身先知，将民众呼声传到权贵们的耳边。[32]

"上帝令汝富有并非恶事一件"：
富有基督徒的义务

　　尽管安布罗斯的布道词里有许多陈词滥调，我们也不应想
当然地将他批判富人的布道视为索然无味之物。晚期罗马帝国
的城市确实已经成为危险之地，米兰城则由于宫廷的存在更加
危险。它接纳的富裕廷臣对当地居民来说常常十分陌生，而廷
臣们亦无法确知城内的公众舆论何时会转向反对他们，毕竟一
篇布道词就足以使一位政治家声名狼藉。不需要赤裸裸的攻
击，就足以达到上述效果，举例来说，当我们阅读金口约翰批
判富人的讽刺演说时，根本不会料到这篇演说会使他在君士坦
丁堡的富有权臣中失去人心。在现代读者看来，约翰的布道词
不过是充斥着关于财富无常之类主题的陈词滥调罢了，当然，
这也使它们看起来是无害的。但是，富裕廷臣们则宣称约翰
"使教会将他们拒之门外"，因为约翰的布道"令他们成为众
矢之的"。[33]

　　即使故意用套话写成，这样的布道词仍然能被它的听众解
读。它一般被视为对知名人士的批判——这既可能损害他们的
公众声誉，也可能使他们在宫廷中变得无足轻重。当宫廷宦官
卡利戈努斯在 388 年被处决时，安布罗斯便以他的事例警示
听众：

142

> 对此事我选择回避，对死者我心有余悸……对我而言，我不愿回想我的那篇布道词，在其中，受迫于他对教会的恶行，我（用看上去空洞的陈述对宦官执政问题）发泄了忧伤之情。[34]

安布罗斯布道时以一种显而易见的老套形式重述了约瑟与法老的故事，这对这位重要廷臣之死起了作用。

总之，在充满了关于贫富问题的激烈言辞的教会里，富人们总会因其富有而感到不安。他们在众目睽睽之下进入一座基督教堂时，便立刻成为千夫所指，许多人还可能对他们深怀怨恨。[35]比起城市显贵们与民众会面的圆形剧场，这样的教堂显然更使人感到幽深恐怖。在此情况下，主教就不仅仅是捍卫穷人了，他同时面临着羞辱富人或维护富人的选择。

很难在安布罗斯本人的作品中捕捉这种紧张的关系。然而，它却能在一位"安布罗斯式"主教的事例中清晰地显现出来。布雷西亚的高登提乌斯是一位由安布罗斯授职的新任主教，[36]他在不晚于396年的时候成为布雷西亚主教，并与城中的平信徒领袖贝尼沃卢斯关系密切，而这种与当地精英的联系正是安布罗斯所提倡的。富有的贝尼沃卢斯在米兰城的帝国法院任职，被高登提乌斯称作"地方贵族之头领"及"上帝子民的领袖"。当他因病而数周未能参加礼拜时，这一缺席状况为人关注。贝尼沃卢斯由此认为，正是他的富有招致上帝诅咒。当时的其他人亦做如是之想，因为贝尼沃卢斯曾身居高位且和不义之财的源头离得很近。可以想象，他那些来路不正的财富可能是通过受贿或勒索得到的。

对此，高登提乌斯则交给贝尼沃卢斯一篇他错过的布道词

来回应他的焦虑。布道词伊始,高登提乌斯便开始安抚他:

> 上帝令你富有并非恶事一件,此恰是莫大幸事。你当通过慈善之举寻求赦免罪行的良方。[37]

这不过是缓解贝尼沃卢斯焦虑的权宜之计,然而,我们能见微知著,看到布雷西亚人在想到贝尼沃卢斯的财富时潜伏着的怨念。

在古罗马,一位不将其财富用于公共福祉的贵族很可能招致来自平民的、后果严重的攻击。如我们所知,这样的事件在373～374 年的暴乱中便已发生,西玛库斯父亲的豪宅正是在此次暴乱中被焚毁的。不过,这些"上帝子民"现在有了一位雄辩的安布罗斯式主教为他们大声疾呼。一般认为,主教应当对富人的行为进行监管,作为布雷西亚主教的高登提乌斯也确实这样做了:他一方面规劝富人们应注意行为检点,另一方面则扮演假释官的角色,保护因重病而萎靡的贝尼沃卢斯免受由于拥有财富而产生的内心愧疚的侵扰,也使他免受民众的批判。但贝尼沃卢斯也要为得到的保护付出代价,高登提乌斯明确告诉他应该将其财富用于何处:对穷人行善举,向教会行捐献。这样一来,古罗马时代消除富人遭非议、屡试不爽的良方便以此种慷慨的形式在基督徒中重现了。

"贪欲即将万般罪恶带入意大利的祸首": 安布罗斯及其可行权限

我们不应将安布罗斯关于富人的布道词理解为对米兰社会实际情况的报告书,它们同样不是关于社会改革的方案。事实 144

上，这些布道词的实际作用是为安布罗斯和与他类似的主教介入社会事务提供便利。所以，它们不过是作为富人仲裁者的主教在采取实际行动前的造势罢了。

我们还应强调一点，如此前常说的那样，以整体观念看待安布罗斯的行动十分重要。安布罗斯的行动从不是孤立无援的，他会充分利用那个时代政治文化的重大发展成果。他利用了晚期罗马帝国的"上诉革命"。[38]这一"上诉革命"并不限于基督教会，它并不产生于对压迫现象的高度关注，而是帝国政府出于赤裸裸的现实考虑推动的。居于庞大而迟滞的行政机构顶端的皇帝及其宫廷，想方设法地鼓励下层民众的上诉和检举行为。正如苏联一样，罗马皇帝意识到"极权国家的真正力量源自它对每位居民的随意支配"[39]，因而，那些危险的控诉行为变得随处可见。

于是，被基尔·哈里斯恰如其分地称作"批判的文化"的新事物出现了。中央政府通过对一些偶然而引人注目的请愿行为的许可，实现了对遥远行省事务的监管。[40]不过，其中许多请愿书实际上是微型布道词，它们是"陈情"，[41]并以与安布罗斯批判贪欲的相同方式谴责政府滥用权力的行为。

当然，呈交皇帝的请愿书同样以激烈尖锐的语调得到回应。安布罗斯生活在一个"布道文辞自天子出"的时代，如301年，多神教皇帝戴克里先的物价法令就痛斥了那些贪婪的商人和粮食供应者，其中的言论与米兰主教的激烈语句并无二致。（皇帝郑重声明）在这些人中：

> 不受控制的掠夺贪欲未曾因物资充盈或岁收丰稔的情况而有所减轻……有人甚至还会极力减少有利气候带来的

丰收，诸神赠予的恩惠以及国家福祉带来的富裕。因而，
臣民们，出于对共有人道精神的关怀，我愿抑制如此
贪欲。[42]

安布罗斯的布道顶多也就是说到这个地步，然而他在实践
这种"批判文化"时绝不迁阔。"批判文化"并非通过教会内
部（以阅读基督教父们卷帙浩繁的作品中的各类布道词来实
现）的高度意识觉醒发挥作用，而是通过持续地向当权者进
行游说，并展现所谓"基督徒的善意"的方式在 4 世纪晚期
的米兰城发挥作用。

安布罗斯以令人印象深刻的气魄着手完成他的使命。有一
次，安布罗斯被认为通过斗兽师出入的闸口（也就是通过野
兽出没的开阔地带）闯进了皇宫的赛马场。安布罗斯之所以
这么做，是为了帮助一位被判叛国罪的贵族寻求特赦。[43]人们
也时常把安布罗斯与这类大胆的干预事件联系起来。

但我们不应被安布罗斯这类偶然为之的壮举误导。通常情
况下，安布罗斯行事低调，这与西玛库斯习惯采用的游说行动
并无不同。下述事例便可证明这点：一位在奥斯蒂亚从事港务
管理工作的小职员正面临着可能使其财产被没收的不明指控，
这位职员是意大利北部博洛尼亚的地位显赫的尤西比乌的门
客，尤西比乌又恰好是安布罗斯的朋友。于是在这位朋友的催
促下，安布罗斯立刻开始处理此事：

收到你的来信，我就去见了大区长官……长官于是立
刻准予宽恕，并下令撤销没收财产之文书。[44]

与此类似的事件则揭示了安布罗斯的另一面。即便安布罗斯会用抗辩的姿态来为自己的社团营造凝聚力、鼓舞士气，他依旧是个懂得规则的人。安布罗斯很清楚行事的限度在哪里，他在《论义务》中这样写道：

> 还有其他方法可以使你获得良好声誉，你可以从大人物手下挽救需要帮助的人，或是使一位罪人免于死亡厄运。使其成功的关键则在于，尽可能地避免"小题大做"：我们不应示人以过度要求且四处声张自己功绩的印象，只要向人们展示出自己的怜悯之心即可。[45]

安布罗斯同样清楚主教不应该触犯的禁忌，税收事务即是其中之一。如我们所见，税收对晚期罗马社会的形成起着至关重要的作用，只有皇帝和他的臣僚——而不是主教——有权决定税率。安布罗斯注意到，最后一位多神教皇帝——"叛教者"尤利安（361～363年在位）——仍被西部地区的民众热切铭记：尤利安以任何一位基督教皇帝都未曾采取的方式减轻了人民的税负。[46]不过，至少在税务以及处置财政债务人的事宜方面，晚期罗马帝国并未受到基督教会的影响。

安布罗斯逝世约三十年后，与安布罗斯关系密切的人意识到，还有太多的限制强加在这位伟大的米兰主教身上。米兰的保利努斯便应希波的奥古斯丁之请，写了《安布罗斯传》一书。他对他的英雄力有不逮的原因有着明确的认识：

> 当他目睹贪欲这导致富者愈富、穷者愈穷的万恶之源已经越来越广泛地在民众，尤其是身居高位者之间滋长时，

他为此深切呼吁。然而,介入处理此事对他而言实在是个 146
过于艰巨的任务,因为(宫廷中)所有的东西都是待价
而沽的。由此而引发的贪欲正是将万般罪恶带进意大利的
祸首,从那时起,一切便走向衰退。[47]

可见,米兰的保利努斯深知安布罗斯在介入国家事务时是
力有不足的。即使是在 396 年安布罗斯作为一位年高德劭、令
人敬重的主教到达他的人生巅峰时,仍然发生了这样一件令他
无能为力的事情:帝国密探径直冲入教堂,追捕一位在此避难
的嫌疑犯,他们将围绕在圣坛旁保护逃难者的安布罗斯和其他
教士推开,安布罗斯则只能眼睁睁地看着他们粗暴地将嫌疑犯
从教堂内带走,无计可施。[48]

保利努斯并非寻常助祭,他是米兰教会在非洲地产的管理
者以及法律顾问,深知社会运转之道。保利努斯对意大利贪欲
滋生的记载,可能是有意地回应奥勒留·维克多的《罗马帝
王史》一书。奥勒留·维克多是多神教皇帝尤利安的拥护者,
他在《罗马帝王史》中记录了意大利税负日渐增加的过程:
戴克里先皇帝开始在意大利征税,君士坦丁皇帝随后加重了税
负。[49]总之,当涉及罗马帝国的核心问题时,即使是强有力的
安布罗斯也显得无足轻重了。安布罗斯虽然可以对个人贪欲进
行批判,并以意大利早期的古老言辞描述他们的恶行,但是他
无法对使他身边的富人们从中获利的财政体系进行批判。仅仅
十年以后,当罗马帝国陷入更深重的危机并遭受蛮族入侵之苦
时,基督教作家及布道者便开始对税收制度和征税官进行直接
批判。不过,对于 380~390 年的意大利而言,讨论这些事态
发展仍为时尚早。

安布罗斯于 397 年逝世，与他同时代的西玛库斯也在 6 年
后逝世。此时，在远离意大利北部的地区，一批杰出的新生代
人物已经出现，我们进入属于诺拉的保利努斯、希波的奥古斯
丁以及哲罗姆的时代，而他们的出身都与来自意大利的西玛库
斯和安布罗斯截然不同。奥古斯丁在这点上尤其突出，他所出
身的罗马社会阶层与安布罗斯所涉足并密切关注的元老世界更
是相去甚远。

尽管安布罗斯作为公共人物留下了许多声名显赫的事迹，
他的许多著作仍以惊人的速度变得过时。甚至是这部我们能够
从中获得 4 世纪 80 年代安布罗斯诸多自省看法的《论义务》，
也并未立刻产生巨大影响。令人惊讶的是，这样一部被现代学
者誉为"关于基督教伦理的首部指南"的著作在当时影响
甚微。[50]

不过从某种程度上说，正是安布罗斯的事业使他自己变
得"不合时宜"。他在米兰的事业如高层建筑的地基一般，
虽然不再令人关注，却有着决定作用。安布罗斯的努力不仅
147 使帝国西部的一座重要大城市处在不可侵犯的聚合力中，同
时为其他西部城市即将进行的事业开创了成功的先例，并
提供了实现这一伟业的方式。我们看到，安布罗斯使他设
想中的、穷人与其他民众间差异模糊的社会团体成为现实，
并将穷人纳入大公教会之中。另外，安布罗斯还以实践表
明，富人对穷人的关怀是全体基督徒团结一致的必然结果。
最后，同样重要的一点是，安布罗斯所展现的紧密团结的
米兰大公教会团体揭示了使人类社会成为整体的核心要素，
即各自分散的人类个体能通过皈依大公教会重获久违的团
结。正是在这种大期望之下滋生的对社会问题的关切，使

安布罗斯塑造出一套话语。这套话语被证明很能适应一种终于敢第一次以"主流信仰"自居的宗教雄心,此时,蓬勃发展的基督教会正如"渐圆而明亮的皓月",高悬于罗马世界的上方。[51]

注　释

[1] 尤其参见 Cracco Ruggini, *Economia e società nell' " Italia annonaria*," 84 – 111。

[2] McLynn, *Ambrose of Milan*, 222, n. 9.

[3] R. Newhauser, *The Early History of Greed*: *The Sin of Avarice in Early Medieval Thought and Literature* (Cambridge: Cambridge University Press, 2000), 72.

[4] O. Chadwick, *A History of the Popes*, 1830 – 1914 (Oxford: Clarendon Press, 1998), 307 – 20.

[5] V. R. Vasey, *The Social Ideas in the Works of St. Ambrose*: *A Study on De Nabuthe*, Studia Ephemeridis Augustinianum 17 (Rome: Institutum Patristicum Augustinianum, 1982), 227.

[6] 例如 G. Alföldy, *The Social History of Rome* (London: Croom Helm, 1985), 210, 他过于依赖安布罗斯对 4 世纪西部进行的抹黑。

[7] Humphries, *Communities of the Blessed*, 207 – 15.

[8] Zosimus, *New History* 2. 38. 1 – 5; Ammianus Marcellinus, *Res gestae* 22. 4. 3; *Anonymus de rebus bellicis* 2. 1 – 2, Giardina, p. 12, 以及第 51~55 页的评注。

[9] Symmachus, *Relatio* 3. 16, Barrow, p. 45.

[10] Symmachus, *Letter* 2. 7. 3 (AD 384), Callu, 1: 156 – 57.

[11] Sogno, *Symmachus*, 33.

[12] McLynn, *Ambrose of Milan*, 263 – 71.

[13] Symmachus, *Letter* 3. 36 (around AD 397), Callu, 2: 44 – 45;

Salzman, "Symmachus and the 'Barbarian' Generals," 360 – 63, 对这一独特的淡漠的交流方式进行了精彩分析。

[14] Ambrose, *De off.* 3. 7. 45 – 51, Davidson, 1: 380 – 86.

[15] 参见 Davidson, *Ambrose: De officiis*, 2: 840 – 46, 对这一段进行注解, 并对各种观点进行了梳理。

[16] Symmachus, *Letter* 2. 55. 2 (AD 385 – 86), Callu, 1: 191.

[17] Ambrose, *De Nabuthae* 1. 1. B. Ramsey, *Ambrose*, 提供了 *De Nabuthae* 的可靠译文。

[18] McLynn, *Ambrose of Milan*, 239.

[19] Moorhead, *Ambrose*, 83.

[20] McLynn, *Ambrose of Milan*, 240, citing G. Nauroy, "L'écriture dans la pastorale d'Ambroise de Milan," in *Le monde latin antique et la Bible*, ed. J. Fontaine and C. Pietri, vol. 2, *Bible de tous les temps* (Paris: Beauchesne, 1985), 371 – 408 at p. 404.

[21] Ambrose, *De Nabuthae* 11. 48, Ramsey, p. 133.

[22] Ambrose, *De Nabuthae* 4. 18, Ramsey, p. 122.

[23] Ambrose, *De Nabuthae* 5. 20, Ramsey, pp. 122 – 23.

[24] 例如切塞纳盘子上充满田园色彩的猎后野餐。参见 *Milano: Capitale dell'impero romano, 286 – 402 d. C.* (Milan: Silvana Editoriale, 1991), 313, 348。特别见 Carrié, "Pratique et idéologie chrétiennes de l'économique," p. 21, 它讨论了安布罗斯对田园生活话题的颠覆。

[25] Ambrose, *De Nabuthae* 13. 56, Ramsey, p. 136.

[26] Bowes, *Private Worship, Public Values, and Religious Change*, 147 – 49; N. Mancassola and F. Saggioro, "La fine delle ville romane: Il territorio tra Adda e Adige," *Archeologia medievale* 27 (2000): 315 – 31.

[27] Christie, *From Constantine to Charlemagne*, 418; P. Arthur, "From *Vicus* to Village: Italian Landscapes, AD 400 – 1000," in *Landscapes of Change: Rural Evolutions in Late Antiquity and the Early Middle Ages*, ed. N. Christie (Aldershot: Ashgate, 2004), 103 – 33.

[28] Ambrose, *Letter* 36 (2). 12: 参见 Lizzi, *Vescovi e strutture ecclesiastiche*, 43 – 45; 以及 Freu, *Les figures du pauvre*, 297 –

329。将克拉特尔纳视为君士坦提乌斯的主教区尚未得到公认，参见条目 "*Constantius 5*," *Prosopographie chrétienne du Bas-Empire*, vol. 2, *Italie*, ed. C. Pietri and L. Pietri（Paris：École française de Rome 2000），473 - 74。

[29] Ambrose, *De Tobia* 8.29 copies Basil, *Homilia in Psalmum XIV*, Patrologia Graeca 29：277B. 对类似文献的细致比较，参见 Cracco Ruggini, *Economia e società nell'"Italia annonaria*," 14 - 16。关于凯撒利亚主教巴西尔的布道中的卡帕多西亚，现在可参见 R. Van Dam, *Kingdom of Snow：Roman Rule and Greek Culture in Cappadocia*（Philadelphia：University of Pennsylvania Press，2002），20 - 52。

[30] H. -I. Marrou, introduction to *Clément d'Alexandrie：Le pédagogue*, vol. 1, SC 70（Paris：Le Cerf, 1960），89.

[31] M. Elvin, *The Retreat of the Elephants：An Environmental History of China*（New Haven, CT：Yale University Press, 2004），204, 205.

[32] Freu, *Les figures du pauvre*, 264 - 68.

[33] M. Wallraff and C. Ricci, *Oratio funebris in laudem sancti Iohannis Chrysostomi：Epitaffio attribuito a Martirio di Antiochia* 40（Spoleto：Centro Italiano di Studi sull'Alto Medioevo, 2007），92. 参见 J. H. W. G. Liebeschuetz, *Barbarians and Bishops：Army, Church, and State in the Age of Arcadius and Chrysostom*（Oxford：Clarendon Press, 1990），217 - 23；and Tiersch, *Johannes Chrysostomus in Konstantinopel*, 229 - 50。

[34] Ambrose, *De Joseph* 6.30, 6.33; see McLynn, *Ambrose of Milan*, 196, 217；and G. Nauroy, *Exégèse et création littéraire chez Ambroise de Milan：L'exemple du De Ioseph Patriarcha*（Paris：Institut d'Études Augustiniennes, 2007），241 - 350.

[35] R. MacMullen, "The Preacher's Audience（AD 350 - 400），" *Journal of Theological Studies* 40（1989）：503 - 11，他提出听众其实仅限于精英。对他的反驳参见 P. Rousseau, "The Preacher's Audience：A More Optimistic View," in *Ancient History in a Modern University*, ed. T. W. Hillard et al.（Grand Rapids,

MI: Eerdmans, 1998), 2: 371 -408, 对此我表示赞同。

[36] Lizzi, *Vescovi e strutture ecclesiastiche*, 109 - 24; 以及同一作者的 "Ambrose's Contemporaries," 167。

[37] Gaudentius, *Tractatus* Praefatio 22, ed. A. Glück, CSEL 68 (Leipzig: Teubner, 1936), 7, and PL 20: 835.

[38] Brown, *Poverty and Leadership*, 80 - 84.

[39] J. T. Gross, *Revolution from Abroad: The Soviet Conquest of Poland's Western Ukraine and Western Belorussia* (Princeton: Princeton University Press, 2002), 120.

[40] J. Harries, *Law and Empire in Late Antiquity* (Cambridge: Cambridge University Press, 1999), 97; Kelly, *Ruling the Later Roman Empire*, 186 - 231.

[41] Gildas, *De excidio Britanniae* 20.1, ed. M. Winterbottom, in *The Ruin of Britain, and Other Works* (London: Phillimore, 1978), 23, 95. 尤其参见 J. -L. Fournet, "Entre document et littérature: La pétition dans l'antiquité tardive," in *La Pétition à Byzance*, ed. D. Feissel and J. Gascou, Centre de Recherche d'Histoire et Civilisation Byzantine: Monographies 14 (Paris: Amis du Centre, 2004), 61 - 74。至于西部地区，参见 A. Gillett, *Envoys and Political Communication in the Late Antique West*, 411 - 533 (Cambridge: Cambridge University Press, 2003), 26 - 35。

[42] *Edictum Diocletiani et collegarum de pretiis rerum venalium*, ed. M. Giacchero (Genoa: Università di Genova, 1974), 1: 135. S. Corcoran, *The Empire of the Tetrarchs: Imperial Pronouncements and Government, AD 284 - 324* (Oxford: Clarendon Press, 1996), 207 - 213, 参见第 208 页: "贪欲是每个人都能理解的动机。"(Greed is a motive everyone can understand.) 法典前言中提到 "贪欲" 八次。

[43] Sozomen, *Ecclesiastical History* 7.25.

[44] Ambrose, *Letter* 26 (54).1.

[45] Ambrose, *De off.* 2.21.102, p. 324.

[46] Ambrose, *De obitu Valentiniani* 21.

［47］ Paulinus of Milan, *Vita Ambrosii* 41, ed. M. Pellegrino, Verba Seniorum, n. s., 1 (Rome: Studium, 1961), 110.

［48］ Paulinus, *Vita Ambrosii* 34, p. 100.

［49］ Aurelius Victor, *Caesares* 39. 3：参见 Mazzarino, *Storia sociale del Vescovo Ambrogio*, 86。

［50］ Davidson, *Ambrose: De officiis*, 1：96.

［51］ Ambrose, *Letter* 73 (18). 24.

第 9 章　奥古斯丁"尘世的前途"：事业、庇护与宗教联系，354～384 年

"有产市民"：资源有限的市民

　　现在我们将目光转向奥古斯丁（354～430）。奥古斯丁来自与安布罗斯不同的地域，他们有着非常不同的社会背景。奥古斯丁的足迹始于非洲，他随后在意大利度过近 5 年的时光，最后又回到了非洲。奥古斯丁比安布罗斯年轻，他一直活到这位米兰主教去世后的第 33 年。后来在非洲做希波主教的时候，奥古斯丁见证了罗马帝国危机逐渐显露的过程。410 年哥特人入侵罗马城，此后危机愈演愈烈。安布罗斯及与他同时代的任何人绝对不会想到，罗马帝国竟然会有一天陷入如此恶劣的局势。

　　以下三章仅探讨奥古斯丁生命中的前四十年。前半部分，我们将追随奥古斯丁的足迹，从他早年所在的迦太基乡下，到罗马城，再到米兰，这些都发生在 373～387 年。后半部分，我们将继续描述奥古斯丁的经历，从 388 年他回到非洲开始，到 396 年（安布罗斯去世的前一年）他当上希波主教为止。我们主要通过分析奥古斯丁的内心想法，来讲述他的职业生涯及其思想转变的历程。虽然奥古斯丁的人生历程已被大量文本详细记述并流传至今，但是我们关注人物内心想法的研究视角

也举足轻重。关注人物内心，并不意味着我们单单研究他一个人。通过研究奥古斯丁这个样本，我们可以更加了解与他社会背景相似的群体所遭遇的内心的纠结和压力。这个人的身上反映出来的是整个阶级的紧张不安。

奥古斯丁不断地努力寻找与他观念相近的伙伴，并与他们结成团体。这种行为在某种程度上可以解释古代晚期反文化宗教团体如雨后春笋般涌现的现象，我们仍可以沿着奥古斯丁的足迹，追寻这种由小至大的群体形成模式。在 373 ~ 396 年这二十余年间，奥古斯丁和他的好友们从一个激进的小团体开始，成长为一个哲学团体，最后以他们自己的方式建立了一个修道院。当时他们并未意识到，奥古斯丁在希波建立的修道院，也就是那个他在 391 年之后所描述的修道院，注定将会成为一个探索集体生活的模板。它集中表达了大公教会对财富与整个社会的态度，集中表达了中世纪大公教会的某种最高追求。

我们从奥古斯丁 30 岁那年说起。那时奥古斯丁从迦太基来到罗马城仅仅一年，但他已尝到成功的甜头。毫不意外，来到罗马就是来到西玛库斯身边。384 年，在西玛库斯成为罗马大区长官的第一个月，他按规定要执行例行任务：

> 米兰发来通知，要求（为米兰城）委派一位修辞学教师，由皇家驿站提供旅行便利。[1]

被西玛库斯选中的是一位非洲人，他就是奥勒留·奥古斯丁。奥古斯丁来到罗马城不足一年，此前的八年他在迦太基教授修辞学。正是归功于西玛库斯的决定，未来希波的奥古斯丁得以在 384 年的秋天从罗马城来到米兰。

对西玛库斯而言，推荐奥古斯丁不过是例行公事而已。[2] 他总是时不时向上级推荐受过教育的年轻人，有时只是非正式的推荐，而这一次的推荐是西玛库斯用了他作为罗马大区长官的职权。作为罗马大区长官，他要负责监督罗马城里的教师和学生。西玛库斯推荐过的人中，有不少之后做了政府高官或是进入了帝国宫廷，这些人的成功也进一步使西玛库斯相信，"钻研古典文学就是平步青云之路"。[3]

在西玛库斯帮助过的年轻人中，绝大多数我们也仅仅是见过名字而已，但奥古斯丁远不只是这样。奥古斯丁以"希波的圣奥古斯丁"的称号闻名于世，他精彩的自传篇章使《忏悔录》一书（奥古斯丁于约 397 年始著此书）更加生动。我们根据《忏悔录》及其他作品，还原了奥古斯丁的职业生涯轨迹，从他出生（354 年）的塔加斯特（今阿尔及利亚苏格艾赫拉斯）到他做修辞学教师的米兰（384 年），再回到他即将成为修士的非洲（388 年）。通过他的其他著作，我们可以继续跟踪描述，从他就任希波（今阿尔及利亚海岸上的安纳巴/波尼）主教（约 396 年）直到他于 430 年去世。[4]

我们手上关于奥古斯丁的文献资料非常充足。因此，我们有可能可以将奥古斯丁人生历程中的每一年都置于生动的社会语境中。换作其他任何一个晚期罗马人，这都是不可能的。我们尝试做到这一点很重要，奥古斯丁的作品太有名了，有名到我们常常忘了他是如何生活的。千百年来，奥古斯丁的作品仍能引起共鸣，但它们绝不是来自真空中，它们带着真实世界的味道。我希望我的读者在阅读这几章时接受一种挑战：试着探索奥古斯丁在年龄增长与社会语境变化的过程中，对财富、宗

150

教、社会的看法是如何变化的。每种语境都不只是他人生历程
和写作历程的背景，实际上每一样都被编织进了奥古斯丁的思
想，解释了他那无与伦比的思想成就。

然而，做到这一点并不容易。在我们习以为常的晚期罗马
社会地图中，我们很难为奥古斯丁寻得一个位置。原因之一在
于，直到不久前，现代学者所掌握的晚期罗马社会地图都是很
粗糙的，但即便是在他自己的年代，奥古斯丁也是难以被定位
的。他的社会地位总是模糊不清，在西玛库斯眼中，这位年轻
的非洲人显然与他和他的贵族同僚们不属于同一阶级。安布罗
斯尽管属于一种更新型的贵族阶级，但他还是会居高临下地看
待这位年轻的非洲人。虽然安布罗斯"就像一位主教那样"
欢迎奥古斯丁来到米兰，但他实际上从未放下身段与奥古斯丁
有过密切的交流。[5]

总之在 384 年，奥古斯丁的社会地位还是很模糊。最能说
明他缺少明显社会地位特征的事实是，在奥古斯丁 30 岁的时
候，他的婚姻状况仍旧不明。他已经和一个女人同居了 12 年，
还与她生过一个儿子，她不是他的妻子，并且在严格的意义
上，她也不能算是他的"情妇"。如果两人因地位差距悬殊而
被法律禁止结婚但仍然私下结合，女方就是"情妇"。晚期罗
马有维护门当户对的婚姻的法律，但奥古斯丁当时的地位还不
够高。奥古斯丁还不够重要，所以他可以自由地与自己喜欢的
人结婚，他的伴侣不一定地位就比他低。达努塔·香车尔犀利
地论证道：也许奥古斯丁只想和她同居，出于某种原因并不想
和她结婚。[6]这种情况让西玛库斯知道，奥古斯丁和他不同，
奥古斯丁来自灰色地带。在西玛库斯的世界里，婚姻属于正式
的契约，是家庭之间的结盟，是巨额财产的兼并和共享。奥古

斯丁可以与任何人以任何方式共同生活，只因为他并没有继承祖先的财富。

有人说，奥古斯丁的世界与西玛库斯、安布罗斯的世界间隔着一条无法逾越的鸿沟，这种说法是极具误导性的。现代的奥古斯丁传记很容易言过其实——说奥古斯丁本是一个穷人，是穷人的孩子，他光靠出色的天赋，就从衣衫褴褛走向了富贵。有些学者曾称他为"无名小卒"[7]，这种看法太夸张了，实际上奥古斯丁从来都不是一个无名小卒。就像其他很多来自外省小城的罗马人一样，他在他们那儿始终都算个人物。

要明白这一点，我们就要了解当时罗马北非那个紧张的世界。正如我们看到的一样，北非地区的每一个城市都可以说是一个小国。每个城市都有它们自己结构清晰的社会等级，因此，我们可以说罗马非洲遍布着小小的金字塔——一座座城市的社会等级。还有一些更大的金字塔凌驾于众多小金字塔之上，在非洲之内，顶峰在迦太基，在非洲之外，顶峰在罗马城和米兰。4 世纪社会的一大显著特征是，这些主要的中心散发着强烈的吸引力，然而这些大金字塔并没有将小金字塔完全吸收、吞并。那时，人的社会地位首先来自他们在家乡小金字塔中的层级，然后才是他们在外部世界中的成就。

奥古斯丁的家庭在塔加斯特小金字塔中处于接近顶峰的位置。从 5 世纪回头看，博西迪乌斯的奥古斯丁传记以"缙绅"这个词来描写他的父母。[8] "缙绅"模模糊糊地有一种地位高的感觉，是一个很有分量的词，类似于"绅士"在传统英语社会语境中的地位。在罗马社会中，奥古斯丁的家庭处于那个最重要的层级的顶端，其家人是市议会的成员，是财富使他们成为市议会的一员。他们在城市的"庙堂"

聚会，管理塔加斯特"这座最辉煌的城市"。奥古斯丁的父亲帕特利西乌斯拥有自己的田庄，他家有奴隶，奥古斯丁从来都不需要自食其力。[9]

奥古斯丁也不同于我们在第 1 章里遇到的"马克塔尔的收获者"。"马克塔尔的收获者"在烈日下辛劳多年之后，才最终踏入本城市议会的殿堂。奥古斯丁后来做了修辞学教师，而这并不是从衣衫褴褛走向富贵。384 年，他被委派到了宫廷所在的米兰做教师，这只不过是从原来的小金字塔（他在其中总是或多或少地享有一些特权）挪到了拉丁西方最大的金字塔中，在那里他可以看到大金字塔的顶端。

在 4 世纪的社会环境中，小金字塔的上斜坡并不是一个特别舒服的位置。奥古斯丁在《忏悔录》中对父亲的描写是句斟字酌的，他将父亲描述为一位"有产市民"。"有产者"是一个含义模糊的词，它拥有高尚的西塞罗式的含义。据西塞罗所说，有产者指的是把品格而不是财产献给国家的人。西塞罗将这种人与那些不负责任的有钱人区分开来，而有产者也绝不是穷人的意思。[10]

后来（5 世纪 20 年代后期），有一次奥古斯丁在希波的教众面前将自己描述为"一个穷人，贫穷父母的孩子"[11]。我们可别上当了，他在这个场合用"穷人"一词的做法，和数百年来许多拉丁作家是一致的。他将自己描述为"穷人""并不 152 是在清晰地界定贫困的状态，这是一种相对的说法，表示自己并不是富人"——这里的"富人"一词指代那些比他本人富有的人。[12] 当奥古斯丁用"有产者"和"穷人"描写他们父子时，"不太富的贫穷"[13] 才是他内心的真实想法。

在这种典型的罗马人的观念中，帕特利西乌斯确实算是穷人。与组成市议会核心圈的那些更富有的乡亲相比，他算是穷的，帕特利西乌斯希望通过培养自己儿子的才能，使他们家有朝一日能够进入核心圈。他以"倔强的意志"出钱供奥古斯丁在附近的大学城马道拉（今阿尔及利亚姆道鲁什）上学，这费用有时候会超过他的能力。奥古斯丁 16 岁那一年被迫待在家里——他因为缺钱只得离开马道拉。但是，帕特利西乌斯下决心一定要成功。

> 那时，每个人都对我的父亲赞赏有加，因为他不自量力地在儿子身上投入金钱……很多富有得多的市民都没对孩子做出类似的付出。[14]

乡亲们对帕特利西乌斯的赞赏可能也是有所保留的。他们知道帕特利西乌斯图的是什么。对奥古斯丁，他可是"望子成龙"——他儿子天资聪颖，前途无量。[15]为了能让儿子教书或者当官，最终进入塔加斯特的核心圈，他是愿意花钱的，在尘世中向上爬就是他父亲最大的心愿。如果在 386 年，奥古斯丁没有突然放弃"尘世的前途"[16]，那么最终奥古斯丁的大名就有可能荣登塔加斯特市议会的《题名录》（就是提姆嘉德留存下来的那种，我们在第 1 章提过），好遂了帕特利西乌斯的心愿。他也有可能以一位缙绅的身份——被皇帝授予荣誉的人——出现；在外部世界事业有成，做过教师或者大官，中年时衣锦还乡，回来领导乡梓的人。

奥古斯丁并非出身平庸，他来自那个时代罗马社会最具活力和创造性的地方。他不是贵族阶层出身，甚至不属于罗马非洲地方社会的核心圈；他来自一个没那么安定的，所以也更有活力的群体。在遍布拉丁西方的小城市里（在北非尤为突出），有些人是看着地方社会金字塔的顶端长大的。他们自信地认为，凭借自己的才能，一定可以走出家乡的小城市，爬上帝国社会最大的金字塔的顶端。

384 年，奥古斯丁已到而立之年。这时他刚从罗马城前往米兰，对一个"有产市民"的儿子而言，这已经算是不小的成就了。但是，不像那些罗马的贵族（他们很少面临向下层社会流动的威胁，并不需要像安布罗斯年轻时那样，发挥出过人的能力为重返顶层而杀出一条路来），而是像奥古斯丁一样，千百个出身于西部市议员家庭的年轻人都在努力寻求这样的成功。他们想要走出家乡的小金字塔，走向更广阔的天地，或是想身怀长技，或是想身居要职，光耀门楣。我们将会看到，他们将会在思想上、宗教上进行各种形式的探索。奥古斯丁的事业并不是一项绝无仅有的奇迹，他代表了整个阶级的憧憬。这群人如同大群的黄蜂一般，发出嗡嗡的响声。从 4 世纪到 5 世纪初，正是这群人发出的声响为拉丁世界的文化与宗教生活带来了无与伦比的力量。

在 4 世纪 70 年代，奥古斯丁要想走出塔加斯特，就得有个庇护人。幸运的是，他真找到了一个。在塔加斯特的精英阶层里，罗马尼亚努斯可是真正的富豪。在 386 年的米兰，奥古斯丁写下文章，援引城市赞助人的古老形象来描述罗马尼亚努斯。假如让西玛库斯来评价，他可能会觉得罗马尼亚努斯就像地方版的自己一样，罗马尼亚努斯就是一位旧式的"热爱故乡的人"。他被这样赞誉道：

无论城里城外，他帮助过的门客们异口同声地说，他

153

"最仁慈……最慷慨"……仪表整洁，一丝不苟，气运堂堂，正当全盛。

就像西玛库斯那样（尽管只是在行省一级的规模上），罗马尼亚努斯也让本城的市民们享受过场面宏大的表演：

> 的确……你将公开的表演献给了本城的老乡们，其中有熊罴，还有各种前所未有的表演。这时剧场里总会响起一片喝彩，称赞你是最富有的人。[17]

甚至还有诱人的证据告诉我们，罗马尼亚努斯有可能以传统的方式影响过塔加斯特的城市建造活动。出土于塔加斯特的一块饰有珠形的石片，用 4 世纪的字体铭刻了一个名字：科尔利乌斯·罗马尼亚努斯。[18]

罗马尼亚努斯很照顾奥古斯丁，他这样做了十二年多，从奥古斯丁还是一个 20 岁的青年学生开始（374 年），直到奥古斯丁最终在米兰"转变"、放弃事业为止（386 年）。罗马尼亚努斯把"这个穷孩子"带进了"他的宅第、账本和内心"。375 年，奥古斯丁从迦太基回到塔加斯特，在老家教了几年书。罗马尼亚努斯把这位有天赋的朋友带进了有意思的圈子，那就是帕特利西乌斯（到这时仅去世五年）曾经想要儿子进入的地方："靠您的恩惠，靠'您亲密的友谊'，靠您让我共享的宅第，您使我得以跻身一方社会的引领人物之列，就像您自己一样。"在接下来的十年里，罗马尼亚努斯提供了财务的"小窝"（就是我们所说的"安全网"），支持奥古斯丁在迦太基作为修辞学教师的事业，使他迅速崛起。[19]

没有罗马尼亚努斯的保护,奥古斯丁可能一辈子都会被困在塔加斯特的小城生活里。罗马尼亚努斯给他的不仅是经济支持,按照 4 世纪的情况来看,有可能正是依靠罗马尼亚努斯的斡旋,奥古斯丁才得以走出了对青年人的事业最重要的一步。在 370 年前后,奥古斯丁悄悄地摆脱了为塔加斯特市议会服务的义务。在他父亲死后,这就要轮到他来承担了,一旦他获得了这一宝贵的豁免,通往上层的道路就打开了。来自政府的官职任命使他踏入新贵阶层,为他的教学生涯增光添彩。[20]

"亲密关系":庇护、友谊与集体的形成

正如我们所知,在 4 世纪的社会里,这样的庇护对于社会流动很关键。但重要的是,我们也要注意到,这种体制影响到了人们对于依靠庇护的团体的态度。我们通常是这样感受到该时期的庇护体制的:类似于西玛库斯这样的人物,自上而下地、有条不紊地操作着。然而,在奥古斯丁身上,我们获得了一种自下而上的视角,清楚地观察到了这一体制。如同仰视着一棵巨大树木的枝丫,奥古斯丁想要往上爬,爬到罗马社会的顶端。他虽然有钱,在老家成为缙绅,却没有能力只靠自己的钱进入更广阔的世界。对于这个小城市市议员的儿子来说,与无所不在、决定乾坤的庇护制相比,财富与贫穷的问题已经隐入后台。你所认识的要比你所拥有的更重要,奥古斯丁是在这样的社会天地里成长起来的。

这种情况对他后来的社会观念产生了鲜明的影响。这可以解释那些令现代读者吃惊的东西,他们会觉得那是奥古斯丁的盲点之一。在成为主教以后,除了那些凭良心宣扬施舍的布

道，他很少讲到穷人，这是因为奥古斯丁一直都被某种程度的贫穷包围着。帕特利西乌斯一直都有些焦虑地意识到，与那些更有钱的同伴相比，自己拥有的东西并不多。这种意识鞭策帕特利西乌斯全力培养儿子的才干。在前半生中，奥古斯丁的情况和帕特利西乌斯完全一样。他的社会天地主要并不是按富裕与贫穷划分的；划分的标准是能否往上爬。真正有钱的人才有条件考虑穷人。正如我们所见，在西玛库斯的巨大财富中，有一部分消耗在与罗马平民持续、紧张的关联中。安布罗斯经常以尖锐的文辞比较贪婪的富人与受苦的穷人，但奥古斯丁可不是安布罗斯，更不是西玛库斯。对他来说，社会是靠庇护来实现自上而下的分层的，结果是，奥古斯丁所体验到的社会天地就是一个由人际关系织成的"复杂网络"。那不是一个贫与富的世界，而是一个庇护人与朋友的世界。

这可以在一定程度上解释，为何对于奥古斯丁来说，友爱、信任与齐心协力从来都是非常实际的。在他一生中的前30年里，那就是他的社会天地的基本构件。安布罗斯有力地批判了西塞罗的观念，认为基督徒的仁爱使人的团结更加稳固了。与其相比，奥古斯丁早年的社会观念就显得有点狭隘了。他不像安布罗斯那样思考大问题；相反，他从小团体的角度来思考，这种小团体以共同的信念为基础，是依靠亲密的友情结成的。

我们应当充分认识到奥古斯丁社会思想中的这一特征。简单说来，在4世纪80年代和90年代，安布罗斯的西塞罗是《论义务》的西塞罗。他对社会的看法植根于一种自然团结的意识。与之相比，奥古斯丁的西塞罗却是《论友谊》的西塞罗，那是属于友谊的西塞罗。[21] 不过，针对这种广为人知的古典友谊理想（西玛库斯这样的人总是说得冠冕堂皇），奥古斯丁颇为焦虑地加进去了一剂急救药。对他来说，人类社会并不是靠某种广泛而原始的纽带联结起来的；社会必须要有凝聚力，靠的只是人类情感的自由而危险的博弈；每一种友谊都是一场赌博；每个团体都是脆弱的，都是意志博弈的产物；社会是充满危险的，它能够创造并维持团结，只有依靠微妙的共同情感和相互忠诚。

　　所以，在他早期的作品中（从 4 世纪 80 年代晚期到 5 世纪初），奥古斯丁经常谈论友谊纽带的质量与坚韧度，还有共同的宗教热情的重要性。他的理想还是一个由灵魂相通的朋友组成的反文化团体。小团体的微观社会学吸引了他的注意力——不论这个小团体隶属于小教派、哲学团体，还是修道院机构。简单说来，在进入中年并充满想象力地设计恢宏的《上帝之城》之前，奥古斯丁一直都是一个友谊的理论家，只关心以共同热爱为基础的团体。

　　这一发展是怎么开始的呢？答案的一部分相当简单。"友谊"一直都是庇护制温情的一面。庇护暗示着庇护人和门客之间一定程度上的不对等性，但这种不对等是可以消除的，庇护人可以把门客提升到一种更加亲密的关系中。"友谊"可以取代依附，只要依附者运气足够好，就能从门客的位置上被提拔到朋友中间。

156

　　在知识分子的圈子里，从庇护到友谊的转化是最容易发生的。在古代晚期的多种反文化潮流里，友谊是最珍贵的万能灵药。社会地位的差距得以忽略，哪怕是凝重的庇护人－门客纽带也由于心意相通而得到了转化。在致力于共同追求智慧的小团体里，人们希望消除差异，哪怕在某个上层社会中他们的地位是潜在地相互竞争的。

375 年前后，奥古斯丁已有 21 岁，这时罗马尼亚努斯迈出了决定性的一步。他接纳了门客奥古斯丁，将他当作朋友。这也不足为奇，他们的年龄差不多，他们的文化程度都很高。以他们的例子而言，庇护人和门客与其他人一道，组成了一个朋友的团体。以心意相通为基础的友谊，甚至能够掩盖金钱上的现实问题，正如古谚所云（这句话已经流传了 800 年）："好友之间，财物相通。"[22] 在这种有意思的圈子里，谁在靠谁的财富过日子就无关紧要了。在《忏悔录》中，奥古斯丁描绘了他在塔加斯特难忘的日子。当时是 375 年前后，这个小团体刚刚形成：

> 在那些朋友身上，还有更能吸引我的东西：大家聊天，嬉笑，相互亲昵，一起阅读有意思的书……哪怕争辩，也不伤和气，就像是在和自己争论……以上种种，都出于彼此相爱的心心相印，流露于谈吐顾盼之间。千百种乐趣正如炉料，把大家的心灵融合为一。[23]

在《忏悔录》的这一段里，奥古斯丁还有一些东西没说出来，那恰恰是会令现代读者吃惊的东西。奥古斯丁生动地描绘了这个团体的热情，而这个团体是靠接受一种最特别的基督教形式而形成的。在晚期罗马的北非，第一次出现了这种奇怪的基督教。奥古斯丁第一次体验到，集体凝聚力并不是单纯通过世俗的友谊得来的，它的形成，是靠参加一种激进的宗教运动。从 19 岁开始（373 年），直到最后移居米兰（384 年），奥古斯丁和他的朋友们接受了一种宗教，我们称其为摩尼教

（"摩尼教"和"摩尼教徒"这些词来自叙利亚语的 Mani de
hayye，也就是"生命的摩尼"——读的时候要有一个重音 h，
就像希伯来语的 hayyim 一样）。摩尼是宣讲"生命"，也就是
"救赎"的人。他是一位生活于一百多年前的先知（卒于 277
年），他曾在遥远的东方、现代的伊拉克南部活动。在本章余
下的部分里，我们必须发挥一下想象力，只有这样才能理解奥
古斯丁长达 10 年之久的摩尼教经历。正是这一经历，培养了这
种与志同道合的朋友一起生活在反文化宗教团体中的愿望。

157

"慧明之子"：摩尼教徒奥古斯丁

373～384 年，奥古斯丁是摩尼教派的成员。[24]这几年对他
来说很关键，然而，奥古斯丁后来的著述使我们很难了解这种
经历的意义。一旦皈依了大公教，他就与过去的宗教彻底决裂
了。他坚持说，自己从未进入过摩尼教教团的核心圈子。他经
常说，他只不过是一名"同情者"而已，也就是"听众"。
"听众"只不过是听摩尼教的"选民"布道，并且供应他们的
物质需求而已。

这种说法是可信的。选民是摩尼教的标杆，和游方的修
士差不多，也有一种神秘的苍白，也要戒除性生活，不可纵
欲。供养他们的听者，并不需要遵守选民那一套非常严苛的
戒律。[25]奥古斯丁还暗示我们，他对摩尼教的内情了解有
限，他强调的事实是，只有选民才知道该教团的隐秘教
义。[26]他甚至暗示我们，在大部分时间里，他只是一个三心
二意的信徒。[27]

还有，一旦变成了大公教信徒，奥古斯丁就不断将摩尼教

教徒说成是基督教传统的门外汉。他批判摩尼教教徒，说他们对世界的看法非常消极。他强调的事实是，摩尼教教徒认为物质世界在根本上是朽坏的结果，它是光明王国被破坏了的一部分，因为一种主动的邪恶原则（所谓的黑暗王国）侵入了光明王国。成为摩尼教徒就意味着，他要认识到自己陷入了一场宇宙性的灾难。在堕落的世界里，摩尼教徒应当挖掘废墟，在大量的邪恶物质中寻找那些受困的脆弱而宝贵的光明因子。他们一起祈祷、斋戒和进食，目的就是释放这种因子（那才是他们的真我），让它们返回太阳之上的光明故园。[28]

一旦摩尼教被贬低成了漫画，就像奥古斯丁后来所做的那样，我们就很难理解成为摩尼教徒对他来说究竟意味着什么了。年老之后，奥古斯丁的敌手们甚至就利用了他自己总结出来的那种阴暗的摩尼教观点，还治其人之身。他们声称，奥古斯丁一直都是地下的摩尼教徒，在他们看来，奥古斯丁和摩尼教徒一样，也认为人的状况经历了一场灾变。他们认为，和摩尼教徒一样，他也一直相信性欲代表着一种魔鬼的力量。他们指出，他的原罪学说和摩尼教的信念很相似，都认为全人类都是邪恶力量的无辜受害者，都在时间的开端就受到了伤害。[29]

面对这堵偏见的高墙，我们往往会采取两种立场。要么我们怀疑（就像后来那些批判奥古斯丁的人），如果说奥古斯丁从摩尼教徒身上学到了什么的话，那一定是些坏影响。要么我们坚持他未受影响——他对摩尼教的信奉，相当于对某种新世纪教派的浅尝辄止。[30]

修正这两种观点的时候已经到了。首先，成为摩尼教徒并不意味着就不再是基督徒了。奥古斯丁是在一个基督徒家庭里长大的，在阅读西塞罗写的劝诫人们追求智慧生活的《霍尔腾西乌斯》之后，他才转向了摩尼教。他之所以转向摩尼教，是因为不同于多神教徒西塞罗的作品，摩尼教的著作"充斥着基督之名"[31]。摩尼一直自觉为基督教的改良者，自称将耶稣的信息解释得最为完美。[32]

当奥古斯丁在迦太基的时候，他蹈入了摩尼教徒的圈子，这也是不足为奇的。虽然迦太基与罗马有很多经济上的联系，但迦太基的港口也是朝向东方的，自从迦太基人的时代以来一直如此。对于从安条克和亚历山大里亚驶来的船只，迦太基是地中海西部的第一个大港口。在 4 世纪，非洲到处都有摩尼教的团体，这种激进、禁欲的基督教浪潮，已经席卷了美索不达米亚、叙利亚和埃及的基督教社会，在北非掀起了它传播的最西端的浪花。这些地区早已习惯了游方的禁欲者所宣传的形式激进的基督教。苍白的摩尼教选民就是一种游方修士，和其他很多修士差不多，在叙利亚和埃及，他们看上去一点儿也不出格。[33]同样，摩尼教徒在迦太基也受到了欢迎，被当成了激进的"改革派"基督徒，他们并没有被当作某种无可救药的诡异的多神教派的信徒。[34]

最重要的是，摩尼教这种宗教是由一个个坚强的小型单元组成的，[35]每个单元都是一个微型的"圣教会"。在黑暗下来的世界当中，光明的造物在这些单元里聚集；听众接纳苍白的选民，让他们进入自己的家门；听众供奉他们，作为回报，可以得到他们的布道，他们那些长篇而神秘的祈祷是一种祝福。[36]这种安静的研讨型团体是由被拣选的灵魂围在导师身边建立起来的，在摩尼的"圣教会"中，这种气氛就是摩尼教的聚会提供给听众们的东西。

摩尼教满足了奥古斯丁和罗马尼亚努斯的需要———一种紧密的宗教版本的"友谊"。在那些年月里，当他们的庇护人 - 门客关系表现为两个心意相通的朋友之间的关系，以那种更亲密的形式表现出来的时候，他们就以更世俗的方式追求过这种"友谊"。共同的摩尼教打开了通往友谊的道路。在一部驳斥摩尼教的作品中，奥古斯丁承认过这一点，使他留恋的就是他在摩尼教徒中间发现的"友谊"："一种亲密友谊的感觉掩藏在善的错误形象背后，接近了我，如同毒蛇一般扼住了我的脖子。"[37] 正是这种亲密友谊的感觉，吸引奥古斯丁及其朋友们留在这种宗教里，直到他后来转而丑化它。无论如何，他们同为摩尼教徒的十年绝不是肤浅的体验，在拉丁西方最激进的反文化团体之一当中，他们得到了一种亲密纽带的体验。

不久之前，埃及西部的达赫莱绿洲的喀里斯出土了一份科普特文的摩尼教文献，它的发现肯定了上述印象，其年份为340 年前后。其中包括一些个人的书信，它们在日常生活的层面上说明了当地摩尼教团体的成员是如何自我理解的：是精神性友谊的强大纽带将他们结合在一起。[38] 他们的成员以"慧明之子"相互称呼；他们难舍难分地结合在一起，靠的就是共同拥有的"慧明"（科普特文为"pnous ñouaïne"）。[39]

在许多方面，"慧明"就等同于更加主流的基督徒们所谓的圣灵。在摩尼教团体内部，它频繁地发挥作用，是团结的纽带。"慧明"是耶稣圣灵降临世间的一种形式，它曾经启迪使徒们，如今则是每个摩尼教单元的全体成员共享的。听众和选民分享同一种"慧明"，这是一种力量非凡的关于精神团结的教义；它源于一种极其物质化的观念，认为共有的光明灵性分裂成了明亮的粒子，暂住于教团的每一个成员之中。每一位都拥有这种光明的碎片；为了造就摩尼的"圣教会"所共有的炽光，每个灵魂都要相互靠近。从物质当中救出光明，并不是一种愚昧的机械过程（就像奥古斯丁在他驳斥摩尼教的文章中所表达的那样）。摩尼教徒散居各处的光明，恰恰是他们自己灵魂的形象。将光明聚集起来，送它返回天乡，就是将同源的灵魂送回光亮的灵知的整体。[40]

与这种关于共有的"慧明"的观念相联系的是一种痛切的期盼，认为同一团体的成员之间应当毫无隐私。团体是围绕着选民来划分的。由于那种极度恬静、不食人间烟火的苍白，他们看上去仿佛已经站在了光明的彼岸世界的门槛上。信徒同伴们感觉到，他们也会很快进入一个更美好的世界，在那儿现实社会的悲惨晦暗将会被消除。在一封出土于喀里斯的书信中，一个儿子这么对母亲说：

> 致我的母亲、我尊敬的夫人、我最亲爱的人、我心之最爱……我祈祷，愿欢乐的大日子马上到来。我们无时无刻不在为那一天而祈祷。愿神赐福于我们，让我们在充分、清晰的自由中笑脸相迎，看见彼此的样子。[41]

160

这一新的证据反映了摩尼教团体的内部生活。因此我们可以更容易地理解，摩尼教的团体观念何以为奥古斯丁及其朋友们提供了一种精神友谊的强力黏合剂。在那时候，奥古斯丁接触到的所有人差不多都加入了摩尼教会。罗马尼亚努斯、他的儿子里森提乌斯、阿利比乌斯，还有很多其他人，都和奥古斯丁一起变成了"慧明之子"。他们与奥古斯丁在一起，坚持摩尼教信仰达十年之久，有的比奥古斯丁走得更远。在选民的节欲生活的激励下，阿利比乌斯接受了独身生活。[42]就连罗马尼亚努斯，在他还是摩尼教徒的时候，他的性生活也是很守规矩的。（对富贵人家来说，这一成就已经不小了。后来，在成为鳏夫之后，罗马尼亚努斯让已经成为希波主教的奥古斯丁大吃一惊：妻子尸骨未寒，他就找了一个情妇。）[43]

经常有人指出，在整个所谓放弃信仰的"彷徨"时期，奥古斯丁从未放弃过基督教。不论他接受的是什么宗教，"基督之名"始终都是他坚持的。[44]我们可以从这一观点进一步推断，在身为教师的世俗生涯里，奥古斯丁始终从生活的角度来考量：无论哪种方式，他都生活在安慰人心的宗教团体中。他与摩尼教徒生活的体验，升华了他对精神友谊的感知。

这就是奥古斯丁从摩尼教这种异域宗教中得到的最重要的惠益。作为一个来自遥远东方的教派，它给了奥古斯丁一种紧密的团体体验。诸如西塞罗那样的古典作家（奥古斯丁和罗马尼亚努斯都分享了他的友谊观，其实每一个受过教育的人都这样）曾经许诺过这种友谊，却从来给不了。在奥古斯丁任教于迦太基和罗马城的时期，宗教的纽带是固定其生活的因素之一。就其社会生活的模式而言，384 年，他只不过是把这种纽带带到了米兰。不仅如此，我们将要看到，386 年之后，奥古斯丁对理想社会的期盼换了一种不同的形式。在 388 年重返非洲前后，这种期盼一直指引着他，然而，"万事开头难"——这就是重要的第一步。对奥古斯丁而言，朝向宗教团体生活的第一步就是在摩尼教的"圣教会"中迈出的。

注　释

［1］ *Confessions* 5. 13. 23. 我们很幸运地拥有《忏悔录》的两个英文译本：H. Chadwick, *Saint Augustine：Confessions*（Oxford：Oxford University Press, 1991）；与 G. Wills, *Saint Augustine：Confessions*（London：Penguin, 2006）。我的译文在很大程度上是以这两个译本为基础的。在这几章里，我在引用奥古斯丁著作的时候不再列出作者的名字，只是标出约定俗成的拉丁文作品名及其简称。关于奥古斯丁的生平与思想的文献汗牛充栋，所以我只引用那些在相关主题的研究中确实直接启发过我的那些著作。本章的写作基本上以《忏悔录》为依据。我还特别推荐 J. J. O'Donnell, *Augustine：Confessions*, 3 vols.（Oxford：Clarendon Press, 1992）。

［2］ Ebbeler and Sogno,"Religious Identity and the Politics of Patronage"很正确地指出，我们不必过分解读西玛库斯选中奥古斯丁这件事。

［3］ Symmachus, *Letter* 1. 20（AD 378）, Callu, 1：84 – 85.

［4］ Brown, *Augustine of Hippo*（2000）附有长篇的跋（包括新发现的奥古斯丁书信和布道词以及本领域中的其他进展），可以帮助读者更新知识。S. Lancel, *Saint Augustin*（Paris：Fayard, 1999）, trans. A. Nevill, *Saint Augustine*（London：SCM Press, 2002）是一位精通奥古斯丁在非洲的具体背景的大家的著作。

［5］ *Confessions* 5. 13. 23.

［6］ D. Shanzer,"*Avulsa a latere meo*：Augustine's Spare Rib—*Confessions* 6. 15. 25,"*Journal of Roman Studies* 92（2002）：157 – 76 at pp. 172 – 75.

［7］ J. J. O'Donnell, *Augustine：A New Biography*（New York：Harper Collins, 2005）, 10.

［8］ Possidius, *Vita Augustini* 1. 1.

［9］ Lancel, *Saint Augustin*, 5 – 7; B. D. Shaw,"The Family in Late

Antiquity: The Experience of Augustine," *Past and Present* 115 (1987): 3 – 51, esp. pp. 8 – 9.

[10] *Confessions* 2. 3. 5；尤其参见 J. Doignon, "L'enseignement de l'*Hortensius* de Cicéron sur les richesses devant la conscience d'Augustin jusqu'aux *Confessions*," *Antiquité classique* 51（1982）: 193 – 206 at p. 198, 注释 30 和 31。

[11] *Sermon* 356. 13.

[12] Woolf, "Writing Poverty in Rome," 93.

[13] 同上, 94。

[14] *Confessions* 2. 3. 5.

[15] *Confessions* 1. 16. 26.

[16] *Confessions* 8. 12. 30.

[17] *Contra academicos* 1. 1. 2.

[18] A. Gabillon, "Romanianus alias Cornelius: Du nouveau sur le bienfaiteur et l'ami de saint Augustin," *Revue des études augustiniennes* 24（1978）: 58 – 70.

[19] *C. acad.* 2. 2. 3.

[20] C. Lepelley, "*Spes saeculi*: Le milieu social d'Augustin et ses ambitions séculières avant sa conversion," in *Congresso internazionale su S. Agostino nel XVI centenario dellaconversione*, Studia Ephemeridis Augustinianum 24（Rome: Institutum Pontificium Augustinianum, 1987）, 1: 99 – 117, 收入 *Aspects de l'Afrique romaine: Les cités, la vie rurale, le christianisme*（Bari: Edipuglia, 2001）, 329 – 44。

[21] 见条目 "Friendship," *Augustine through the Ages: An Encyclopedia*, ed. A. D. Fitzgerald（Grand Rapids, MI: Eerdmans, 1999）, 372 – 73。

[22] Cicero, *De officiis* 1. 16. 51.

[23] *Confessions* 4. 8. 13.

[24] 关于摩尼教的总体情况, 参见 P. Brown, "The Diffusion of Manichaeism in the Roman Empire," *Journal of Roman Studies* 59（1969）: 92 – 103, 收入 *Religion and Society in the Age of Saint Augustine*（London: Faber, 1972; Eugene, OR: Wipf and Stock,

2007）, 94 – 118; S. N. C. Lieu, *Manichaeism in the Later Roman Empire and Medieval China*, 2nd ed. （Tübingen：Mohr, 1992）; I. M. F. Gardner and S. N. C. Lieu, "From Narmouthis（Medinat Madi）to Kellis（Ismant el-Kharab）: Manichaean Documents from Roman Egypt," *Journal of Roman Studies* 86（1996）: 146 – 69。关于摩尼教的文献确实很多，而我仅限于那些与奥古斯丁的经历和思想最相关的。

［25］ Brown, *Body and Society*, 197 – 202; J. D. BeDuhn, *Augustine's Manichaean Dilemma*, vol. 1, *Conversion and Apostasy*, 373 – 388 *C. E.*（Philadelphia：University of Pennsylvania Press, 2010）, 42 – 69 深入地研究了作为摩尼教徒的奥古斯丁，值得关注。

［26］ *Contra Fortunatum* 3：参见 BeDuhn, *Augustine's Manichaean Dilemma*, 1：70 – 105。亦可参见 J. K. Coyle, "What Did Augustine Know about Manichaeism When He Wrote His Two Treatises *De moribus*?" in *Augustine and Manichaeism in the Latin West*, ed. J. van Oort, O. Wermelinger, and G. Wurst, Nag Hammadi and Manichaean Studies 49（Leiden：Brill, 2001）, 43 – 56; J. van Oort, "The Young Augustine's Knowledge of Manichaeism: An Analysis of the *Confessiones* and Some Other Related Texts," *Vigiliae Christianae* 62（2008）: 441 – 66; and J. BeDuhn, "Augustine Accused: Megalius, Manichaeism and the Inception of the *Confessions*," *Journal of Early Christian Studies* 17（2009）: 85 – 124。

［27］ *Confessions* 5. 7. 13.

［28］ 关于奥古斯丁驳斥摩尼教的论战与著作的不同方面，参见 F. Decret, *L'Afrique manichéenne*, *IVe-Ve siècles*：*Étude historique et doctrinale*（Paris：Études Augustiniennes, 1978）; R. Lim, *Public Disputation*, *Power*, *and Social Order in Late Antiquity*, The Transformation of the Classical Heritage 23（Berkeley：University of California Press, 1995）, 70 – 108; P. Frederiksen, *Augustine and the Jews*：*A Christian Defense of Jews and Judaism*（New York：Doubleday, 2008）, 211 – 32。

［29］ N. Cipriani, "La polemica antiafricana di Giuliano di Eclano：

Artificio letterario o scontro di tradizioni teologiche?" in *Cristianesimo e specificità regionali nel Mediterraneo latino (sec. IV-VI)*, Studia Ephemeridis Augustinianum 46 (Rome: Institutum Pontificium Augustinianum, 1994), 147 – 60 为这个争论已久的问题提供了最好的介绍。参见 E. A. Clark, "Vitiated Seedsand Holy Vessels: Augustine's Manichaean Past," in *Ascetic Piety and Women's Faith: Essays on Late Ancient Christianity* (Lewiston, NY: Edwin Mellen Press, 1986), 291 – 349。有人希望将奥古斯丁的原罪教义直接追溯至他的摩尼教经历，对此我仍有怀疑，参见 P. Brown, review of *Emotion and Peace of Mind: From Stoic Agitation to Christian Temptation*, by Richard Sorabji, *Philosophical Books* 43 (2002): 185 – 208 at pp. 199 – 202。

[30] O'Donnell, *Augustine: A New Biography*, 4.

[31] *Confessions* 3. 4. 8.

[32] M. Franzmann, *Jesus in the Manichaean Writings* (London: T. and T. Clark, 2003).

[33] D. Caner, *Wandering, Begging Monks: Spiritual Authority and the Promotion of Monasticism in Late Antiquity* (Berkeley: University of California Press, 2002), 83 – 157.

[34] W. H. C. Frend, "The Gnostic-Manichaean Tradition in Roman North Africa," *Journal of Ecclesiastical History* 4 (1953): 13 – 36.

[35] R. Lim, "Unity and Diversity among the Western Manichaeans: A Reconsideration of Mani's *sancta ecclesia*," *Revue des études augustiniennes* 35 (1989): 231 – 50.

[36] *Confessions* 3. 10. 18, 4. 1. 1.

[37] *De duabus animabus* 11.

[38] *Coptic Documentary Texts from Kellis I*, ed. I. Gardner, A. Alcock, and W. -P. Funk (Oxford: Oxbow, 1999). 其中有很多已被译为英文，参见 I. Gardner and S. N. C. Lieu, *Manichaean Texts from the Roman Empire* (Cambridge: Cambridge University Press, 2004)。

[39] Gardner and Lieu, "From Narmouthis (Medinat Madi) to Kellis (Ismant el-Kharab)," 166.

[40] J. D. BeDuhn, *The Manichaean Body： In Discipline and Ritual* (Baltimore： Johns Hopkins University Press, 2000); P. Brown, "Alms and the Afterlife： A Manichaean View of an EarlyChristian Practice," in *East and West： Papers in Ancient History Presented to Glen W. Bowersock*, ed. T. C. Brennan and H. I. Flower (Cambridge, MA： Department of Classics, Harvard University, 2008), 145 – 58.

[41] *Papyri Kellis Coptici* 25, *Coptic Documentary Texts*, p. 275, Gardner and Lieu, p. 275.

[42] *Confessions* 6. 7. 12.

[43] *Letter* 259. 2；参见 Brown, *Augustine of Hippo*, 493。

[44] *Confessions* 3. 4. 8, 5. 14. 25.

第 10 章 从米兰到希波：奥古斯丁与宗教团体的建立，384～396 年

"垂涎功名"：米兰，384～386 年

384 年年末，当奥古斯丁离开罗马前往米兰之时，他似乎正在成功地走向罗马世界的上层。宫廷就在米兰，但我们要记得，这个宫廷只是统治庞大帝国的不同部分的三个宫廷之一。它还是其中最小、最不厉害的那个，它的两边都有强大的、雄心勃勃的统治者。狄奥多西皇帝稳稳地占据了君士坦丁堡，马克西穆斯在特里尔统治着高卢和西班牙。他在不久之前推翻并杀害了格拉提安，后者正是瓦伦提尼安二世同父异母的兄长。和奥古斯丁一样，有许多人赶来了米兰，但很快意识到，自己尽管找到了一份好差事，可地点和时间都不太对头。[1] 必须得加油干了，下一次政权更迭可能就会堵住继续升官的机会：

> 我垂涎着功名利禄，渴望着有一位妻子……追求高官厚禄是一件多好的事啊！谁还能贪求更好的东西呢？我们已经有了一些身居高位的朋友。要是胃口不太大，我们不妨想想办法，至少也能弄个小省的总督当当。[2]

这是奥古斯丁一生中第一次开始盘算如何真正改变自己的

社会地位。他不想继续做一个虽然有面子但局限于书斋之内的修辞学老师，而想进入政府官吏的特权世界。

但为了做到这一点，奥古斯丁必须得下定决心，处理他的女人。她被抛弃了，"因为她会阻碍我的婚姻"。她回到了北非，"起誓不再接触任何男人"，这有可能是指一种正式的誓愿。要真是如此，说不定就是大公教会接纳了她，她成了一个"贞女"[3]，也就是修女。这种无情的处置就是奥古斯丁的母亲莫妮卡的安排，她已经跟着奥古斯丁来了米兰。身为寡妇，她要求住在儿子家里。有意思的是，对于这次订婚的意义，莫妮卡和奥古斯丁各有看法。对于莫妮卡，婚姻意味着，奥古斯丁只要和信奉大公教的妻子在一起，就会受洗——给他洗礼的一定是米兰主教安布罗斯。摩尼教在他的灵魂和名声上留下的污点都会被洗刷掉。[4]

与莫妮卡不同，奥古斯丁（在事后）所看重的是，婚姻的前景是不是有助于和一群朋友一道继续追寻智慧的计划。他们共有过的对摩尼教的热情已经冷却下来了。这是很正常的事，因为他们已经接近了宫廷，而皇帝把摩尼教当成一种非常讨厌的异端，但他们还没有放弃共同追求智慧的热情，对于奥古斯丁这一小群受拣选的灵魂，这位新妻子是颇有助益的。当然了，她不一定非得是一个富有的女继承人，这位标准颇高的教授"尚不敢"如此想象。但一位来自上流社会的配偶，肯定能为奥古斯丁及其朋友增光添彩并提供保护。她的嫁妆能使奥古斯丁自由自在地享受哲学生活，而不必为教书挣钱而终日操劳。这样看，说得直白些，未来的妻子（当时可能只有 12 岁）在奥古斯丁眼里就是罗马尼亚努斯的替身。[5]

162

这一婚姻计划始终尘埃未定，更迫切、更要紧的是如何设计、建立一个哲学团体。

> 我和很多朋友反复思考着一个计划，为此讨论过很多次，想要逃离人生的纷扰不安。我们都已拿定主意，脱离人世纷纭，过一种遁世的哲学生活。退隐的方案是这样的：我们要把所有的一切都拿出来，创立共有的产业，这样依靠着共有的友谊，谁也不能说什么归他所有，每个人的贡献都属于共同的产业，我为人人，人人为我。我们觉得，约有十人能够生活在这样一个团体里。其中有几位非常富有，尤其是罗马尼亚努斯……他对这个计划最为热心，在讨论时比其他人更有威望，因为他的财力远超其他人。[6]

然而，罗马尼亚努斯也在米兰，这不是什么好迹象。他与一个道貌岸然但相当顽固的对手（可能还是同宗）间产生了一场诉讼，为此他被迫背井离乡，离开了非洲。向宫廷上诉，是一件很危险的事。最主要的庇护人已经卷入了高风险的官司，这对这个计划来说可不是个好兆头。[7]

163　　这还不是这个团体里的人要面对的唯一问题：

> 后来我们产生了这样的想法：不知道女人们会不会接受这个计划？我们当中的好几个都有妻子，我自己也很想结婚。因此，我们谋划已久的整个计划都在我们手掌心里崩塌了：它碎裂了，被我们放弃了。我们重新回到叹息、呻吟之中，重新踏上了尘世的坦途。[8]

女人们的反对肯定是很大的阻力。这并不是因为女人们被排挤出了哲学团体,众所周知,伟大的毕达哥拉斯(这个计划所仿效的就是他)就欢迎女徒弟。[9] 然而,米兰的那群女人不是妈妈,就是想要生孩子的潜在的妈妈。她们不愿意看到的是,儿子们的家产(在守寡之后,她们自己也要靠这些家产生活)消融在共有的产业中,去支持那些教授好高骛远的计划。

"鲜亮明澈的善人们":从加西齐亚根到塔加斯特,386～388 年

正因为这些,追求哲学团体的计划在 385 年失败了。十余年后,奥古斯丁在写作《忏悔录》的时候回顾过去,仅以一段话将这个计划一笔带过。回过头来看,这似乎是因为当他写作《忏悔录》并反观过去的时候,上帝的意图在下一年中迅速展开,这就使得这个计划的成败显得不太重要了,但事实并不完全是这样的,每个读过奥古斯丁的故事的人都知道,在 386 年夏天,他疾风暴雨式地经历了一场与新柏拉图派哲学文选(主要是普罗提诺的)的相遇。在这次相遇之后,他就决定过独身生活,并接受大公教的洗礼。到 386 年秋天,在奥古斯丁身上,一切均已改变——所谓的"一切"有一个例外,因为他身处的社会环境并未改变,而他正是在这种环境中规划自己的新生活的。[10]

386 年 8 月底,奥古斯丁在阿尔卑斯山下的加西齐亚根(可能就是瓦雷泽附近的卡夏戈,在米兰西北方 55 公里)退隐了。追随着他的这群人,在很多方面都和他在 385 年所设计

的那种灵魂相通的团体颇为相似。[11]在加西齐亚根的退隐，并不是一个全然相异的新起点，这也是对前一年的期盼的回归。我们觉得它很特别，只不过是因为我们第一次得以直接了解聚集在奥古斯丁身边的这群人——我们靠的就是他在当时创作的著述，即鼎鼎大名的加西齐亚根《对话录》。[12]

我们知道这个团体是如何看待其中的成员的。十年后，罗马尼亚努斯的儿子里森提乌斯（当时16岁左右）用一首小诗描绘了他在加西齐亚根度过的时光。就在雄伟的阿尔卑斯山下，这群朋友共度光阴，"与您共享闲暇的自由，消受鲜亮明澈的善人们"[13]。

然而，这时是什么纽带将这群"鲜亮明澈的善人们"结合在一起的呢？在外人看来，加西齐亚根的退隐生活是一件很古板的事。后来，奥古斯丁把这个时期说成"献身于基督教生命的赋闲"。[14]"赋闲"是一个意味深长的词，它绝对包含着一种贵族气。在罗马城外或坎帕尼亚的乡村里，西玛库斯和他的朋友们一起消受着长久的"赋闲"。"厌倦了城里的烦心事"，他们愿意在自己的庄园里，"在幽静中平复伟大的心灵"。"赋闲"的元老们就像"退隐"的大公教徒，他们在自己的庄园里，在精心浇灌的花园里，"一起翻阅老人们有学问的著作"，他们重温自己认同的文化，相信那种文化能够使他们真正变得高贵。[15]

"赋闲"不只是闲暇的意思，它暗示着投身于思想性的追求。那些"赋闲"回来的人，必须对此有所证明。奥古斯丁就是一个典型的例子，他还和庇护人保持着关系，继续教导着他十几岁的孩子们。为了这些庇护人，他发展出了一套高深的思想性训练项目，这在一系列的对话录中被展现了出来。对话录《驳学园派》批判了新学园派的怀疑主义（西塞罗曾经持有的观点）。在该书中，奥古斯丁证明，人的理智能够追求终极的、彼岸的真理。但这就需要对思维进行训练，于是，接下来就有了下一篇对话录《论秩序》。它提出了一套思想性的项目，旨在锻炼心智，使它向更高的真理升腾。最后是《论幸福生活》，它说明，有可能通过凝思而享受生活在上帝面前的最高幸福。

这些对话都是速记员写下来的，不过奥古斯丁随后还会重新校订。拥有速记员是很奢侈的条件，[16] 他们的在场暗示着一种乡间的贵族休闲，身边簇拥着殷勤的抄写员，但这只是一种趣味盎然的布景罢了。那些参与对话录的人都不是什么贵族，而是一群很有特点的闲人，其中包括奥古斯丁的母亲莫妮卡，她凭着与生俱来的智慧受到了过分的恭维；[17] 还有奥古斯丁的两个堂兄弟，他们俩是完全没文化的。这两兄弟给了我们一个难得的机会，让我们看到了普通市议员的文化水平有多低——如果他们的老爹不肯为他们的教育花足够的钱，达不到帕特利西乌斯为奥古斯丁所做的地步。但奥古斯丁也强调了，诸如两位堂兄弟之类缺乏教育的人士，在他的思想调理项目中也有一席之地："他们就连（小学里的）语法也没有接触过……但他们在常识上的天赋是很强的，我觉得也可以参加讨论。"[18]

确实，奥古斯丁特意表示，将参与"赋闲"的人联系在一起的东西，并非一种共有的上流社会的文化。对话录的目的是宣示一种新的基督教文化，要对各种文化程度、两种性别的人说话。按照秘传的传统，多神教哲学家们将真理隐藏起来，不让群众窥见；但基督已经来到世上了，真理现已昭示于众，"靠一种慈爱的善举让所有人看见"[19]。

165

在虚饰的古典表象背后，加西齐亚根《对话录》的写作旨在表达一个宗教团体的热忱。在对话录《论幸福生活》的结尾，莫妮卡吟唱了安布罗斯创作的一首诗。[20]它就是386年春天，正当安布罗斯与宫廷针锋相对之时，他曾经在他的大教堂里使用过的圣诗之一。可以说，奥古斯丁的对话录是一次普及知识的大胆尝试。依靠基督教会的宣讲，过去只有少数大哲学家才能获得的真理，如今被认为已经成了人人可以获得的东西。这样，对话录就回应了安布罗斯在这一年早些时候的尝试，其目的都是将高层次的神学传达给大众。因此，他才通过圣诗和布道，在米兰的大教堂里聚集了激动的群众。[21]

近年来，关于奥古斯丁转变的阶段以及影响其思想发展的资源的研究已经很多了。因此，很容易忘记的是，那时候奥古斯丁最根本的转变就是皈依了全能的上帝。这位上帝被理解为一种"至高之美"，具有高级的柏拉图传统的色彩。普罗提诺（3世纪中叶的希腊哲学家）以神秘的情怀向他的追随者们解释了这种传统。普罗提诺的著作点燃了奥古斯丁的激情。

大家都知道这些。但强调得还不够的是，奥古斯丁看待上帝的新方式深刻影响了他对宗教友谊的态度，正是这种友谊将他的团体结合在一起。一位新的上帝，就为这个团体提供了一个新的基础。奥古斯丁和他的朋友们不再自居为"慧明之子"，靠一种几乎纯物质的方式，靠对光明粒子的分享结合在一起。与此不同，他们变成了与柏拉图主义相亲相爱的人。他们看见了同一个被爱的对象，即"至高之美"，因此结合在一起。这种至高的美，既距离他们极其遥远，也萦绕在他们身边。他们不再是摩尼教徒了，因此他们放弃了一种横向性的紧密结合的形式（它被想象为相似心灵的混合，是一个教派的特征），转向了一种更严格的金字塔模型。每一个人都要努力追求一种美，它带来的超然欢乐将会使每个人忘却自我。所有人都被带动起来，共享一种高度的欢乐。

奥古斯丁坚持说，只要"至高之美"的确存在，那么一起追寻这种美的人的友谊也就是确实的。[22]那就是天国里的友谊，其基础就是共享上帝之爱的震颤，这就是奥古斯丁在对话录《驳学园派》里面企图说服罗马尼亚努斯的观点。奥古斯丁认为，他们共有的对上帝（即"至高之美"）的爱是如此热烈、如此确定，定能达到目标；哪怕是罗马尼亚努斯的对手（和罗马尼亚努斯自己一样，也是高雅而有教养的尊贵人士），也会放弃官司，与罗马尼亚努斯一道"激情荡漾地"冲过去，和他一起品味上帝的美。[23]这是一种共享的激情，能够消除一般意义上区别"你""我"的门户之见。指望靠对美的共同追求来引导两位罗马的士绅放弃官司，这期望确实太高了。但奥古斯丁就是这么想的，欢欣的笔调跃然纸上，说明他已经把道路想清楚了。那是一种形式更紧密的精神纽带，要超过在他身为摩尼教徒时的体验。[24]

166

奥古斯丁在《忏悔录》第九卷中记载了一次共享的神秘体验，并且用它作为该卷的结尾。根据我们在加西齐亚根《对话录》中体会到的气氛，这是挺自然的。著名的"奥斯蒂亚异象"说明，两个人确实有可能一同浸淫于一种直面独一上帝的意象中。

387 年秋天，奥古斯丁和莫妮卡在奥斯蒂亚等待回返迦太基的船只：

> 那一天终于来了，我靠你的天命安排而知道……她与

我站在一扇窗边，望着外面的花园。这时我们经停于台伯河的奥斯蒂亚，借住于一处远离尘嚣的宅院……为了下面的行程，我们稍做休息……

我们彼此之间的交谈非常亲密。"忘记背后，努力面前的。"（《腓立比书》3：13）在真理的临在下，即自身当中，一道探求。我们问道，在圣人们将要拥有的永生中，生命究竟是怎样的，那是一种"目所未睹，耳所未闻，心所未能揣度"（《哥林多前书》2：9）的生命。我们张开了心灵之口，尽饮源于你的"生命之泉"（《诗篇》35：10）的天上灵泉。洒上了这种甘露之后，尽管我们的能力很有限，但我们的心灵试图在一定程度上思索如此巨大的奥妙……就在那时，我们努力探寻，在刹那之间，精神的力量达到了超越万有的永恒智慧。多么希望这一刻能够持久些！这定能使人心醉，吸引住他，在内在的欢乐中赐予他这种意象……这不就是所谓"进入主的乐境"（《马太福音》25：21）？[25]

对于普罗提诺的门徒们而言，这样的神秘飞升很正常——只有一点显得特别：在古代世界里，神秘的飞升从来都是纯个人的。而莫妮卡与奥古斯丁分享了体验，母子一起进入出神的状态，这对信奉弗洛伊德学派的现代学者来说是很有吸引力的。[26]奥古斯丁并不会如此装腔作势。几十年来，他们共同分享了浓厚的宗教体验：先是作为摩尼教徒，再是成为哲学团体的标兵，后来又在加西齐亚根的几个月里得到了极大的磨砺。对他来说这很正常，因为对上帝的追求理当是整个团体共同担当的，他们的灵魂是相通的。奥古斯丁已然相信，他们确有可能目睹上帝，也有可能组织一个愿意共同追求这种意象的团体，在其中度过余生。然而，为了实现这一目标，这种团体究竟应当采用何种形式呢？

通往守贫的道路：从意大利到塔加斯特和希波，388～391 年

388 年，奥古斯丁与一群不一般的朋友回到了非洲。他们是退隐的官吏和出仕无望的求官之人，最后他们在家乡塔加斯特安了家。塔加斯特并非流放之地，它位于努米底亚的内陆高原，但四通八达，向东北方向可以回到迦太基，向正北方可以前往地中海边的港口希波。[27]这个小团体属于一种众所周知的现象，但多少有些离经叛道。一群前途无量的家伙回到了家乡，他们中的每一个，都以自己的方式获得过成功，要么是为宫廷服务过（比如阿利比乌斯），要么是在宫廷所在城市持有过大牌的教席（像奥古斯丁这样）。事业本可以使他们在退休时获得尊贵者的特权。他们取得了成功，而他们那些安分守己的伙伴，那些平庸的市议员，只不过是在老家承担着地方政府管理的常规工作。虽然他们有些特殊，但人们还是乐于看到他们在塔加斯特安家落户，运用关系和新的财富来扶助桑梓。

但是，还有一些别的东西让塔加斯特人吃了一惊。他们是一群知识分子，他们带给家乡的只是心灵上的兴奋，而不是招摇的竞技比赛。还有，就在 10 年之前，他们中的多数人曾是摩尼教徒，是"慧明之子"。他们仍然是一个封闭性的宗教团体，只不过他们现在给自己贴上了"赋闲"生活的传统标签，让人安心一点儿。他们已经不是一个受怀疑的秘密教派的成员

了，他们是一群赋闲的人，专注于通过祈祷和读书"模仿上帝"的目标。[28]

不过，在他们的过去与现状之间，有一个很关键的差别：再也没有富有的庇护人了，再也没有这么一个高高在上的人在根本上保障他们的安全，就像罗马尼亚努斯为青年奥古斯丁所做的那样，他们成了一个自力更生的团体，他们根据"圣洁的协议"来安排自己的生活。他们的本意是要依照哲学家圈子的传统，拿出自己的财产一起过日子，但几年之后，资源共享的意义已然改变，现在具有了基督教的意味：他们要心意相通，模仿最初的耶路撒冷基督徒的生活，就像《使徒行传》所描述的那样。

学界所谓"耶路撒冷团体"的建立，在拉丁西方被奥古斯丁和后世所有提倡修道生活的人当作奠基性的事件。由于圣灵在五旬节降临了，最初的基督徒们变得"一心一意"了。从此以后（也只是从此以后），他们决心踏踏实实地把对上帝的一心一意转变为一个财产的共同体："没有一人说他的东西有一样是自己的，他们的东西都是公用的。"（《使徒行传》4：32）[29]

奥古斯丁及其朋友就是这么读《使徒行传》的。其实，还有换一种方式阅读这个故事的可能性。例如，在安条克与君士坦丁堡，金口约翰就强调，在耶路撒冷的基督徒中间共享财产是为了分配钱财，满足穷人的需要。[30]但这不是奥古斯丁的读法，那时候，他并不为穷人操心什么，一切都是为了团结。共享财富只不过是一个物质性的标志，象征上帝在心灵相通中激发出来的奇迹。

对《使徒行传》的援引为这种大胆的尝试提供了支持。通过强调"一心一意"的团结，奥古斯丁及其朋友刻意与庇护制度所支持的生活划清了界限。靠着共享财产，他们就可以"自力更生"了，在理论上这个团体自己靠自己。他们觉得，耶路撒冷最初的基督徒就是这样的，虽然他们也欢迎偶然的礼物，但他们可不打算接受庇护人再回来。

为了按最初的基督徒的方式共享财产，他们先得放弃财产。在 4 世纪，弃绝世俗究竟意味着什么？在一封写于二十多年后（414 年）的书信里，奥古斯丁谈到了那个时期的生活。奥古斯丁觉得，他的基督徒读者们定能理解他所做的事情。

> 正在奋笔疾书的人，也就是我，在爱中深深地被那种完美生活感动。对于那位年轻的富人，主如此说道："变卖你所有的，分给穷人。"（《马太福音》19：21）[31]

但在拉丁教会的历史上，四分之一个世纪已经太久。388 年，弃绝世俗的机制还远不是清清楚楚的，对奥古斯丁这样的市议员来说，要想放弃财产，活动的空间并不是很大。不论他有多少财产，他都不能径直将其放弃；必须先搞定家族的其他成员。奥古斯丁还要清清楚楚地解决和塔加斯特市议会的关系，有可能得把他的一部分田地转让给该市。在他的儿子阿德奥达图斯去世之前，最后一步可能都没有实施。388～391 年（具体时间我们难以确定）这段时间是很痛苦的。直到那时候，奥古斯丁才可以自由地转让他的田产，再也不用牵挂儿子的未来。说不定，直到他的兄弟纳维久斯去世之后（也发生在这段时间），奥古斯丁对财产的转让才尘埃落定。[32]直到那时候，无论是在他的家族中，还是在塔加斯特市议会中，才再也没人可以觊觎奥古斯丁的财富。总之，弃绝财产这件事从来不像那些禁欲生活的提倡者所说的那样，可以一鼓作气一举搞定。"变卖你所有的"，经常是指慢慢地变卖。

奥古斯丁变现家产得来的钱财，也没有直接分给穷人。按照宗教虔诚的标准，对教会的赠予可以被当作对"教会的穷人"的赠予。[33]最有可能的是，奥古斯丁及其朋友们的田产，很快就被捐赠给了塔加斯特的教会。作为回报，他们可以得到一份年金，或者根据一定的比例，在其田产的收益中享有一定的用益物权。这样，他们就可以把这笔收入贡献给新团体的公共基金了。

同样不能认为，奥古斯丁及其朋友真的变成了"穷人"，也就是说，他们真的把自己当成了塔加斯特街上或乡下那种真正的穷人。这并不说明他们是三心二意的或娇生惯养的，应当说，他们是以一种传统的、特别的方式来定义"守贫"的。对他们来说，留下来的问题不是基督教在"富人"与"穷人"之间的新对比，而是"富人"与"智者"之间的传统对比。[34]智者要拒绝的并不是财富本身，而是一种渴求更多财富的冲动，那才是愚昧的富人的标志。智者选择的是"不富裕"；他们选择的不是贫困匮乏，而是满足于现有的东西，规避在汲汲追求财富的过程中难以避免的社会性、政治性危险。这并不意味着他们不能享受一种相对舒适的生活，享受书籍甚至是仆从们的陪伴。只不过，他们已经在塔加斯特走出了重要的一步。这个团体中的个人，再也没有任何财产了。这个团体本身，可以说是"守贫"的，其成员要过一种有分寸的生活，按照共享的财富量入为出。就像哲学家一直以来的样子，他们要俭约度日。但是，无论如何他们也不是一个贫民的团体。

　　哪怕是走这一步，也得很有勇气才行。4 世纪，人们生活在一个充满变动的社会世界里，安稳的日子面临种种危险。就像财富是富人们总是竭力追求的状态，人们一不小心就会陷入贫穷状态。相对的贫穷，伴随着对穷困潦倒的恐惧与家道中落的惨痛耻辱，是市议员阶层中所有人都很担心的。奥古斯丁就是在那群人当中成长起来的，而他们都十分害怕穷困。一旦轻易放弃了自己掌握的私产，他们这个新团体就确实有理由担心自己重新沦落至小城市的市议员阶层。他们档次不高但装腔作势，其实什么也不是。

　　正因如此，光是问当时奥古斯丁及其朋友究竟是变穷了还是依然有些钱，这是不够的。毋宁说，问题是一旦他们完全抵御住了攫取财富的冲动，他们还能靠什么办法来保护自己？他们会不会重新穷困潦倒，沦落至社会底层呢？ 170

　　对这个问题的回答是：不会。奥古斯丁有很多有钱的朋友。除了土地资产，阿利比乌斯这样的人物作为政府官吏收入很高。重返塔加斯特之后不久，在区区几年之内，阿利比乌斯就有能力投身于古代世界里最花钱的行当之一了。旅行从来都是富人的特权。在 4 世纪 90 年代初，为了到圣哲罗姆那里去收集图书，阿利比乌斯一路前往圣地。[35]他很快就当选为塔加斯特大公教会的主教。作为主教，他就要亲自打理他和奥古斯丁等人给予教会的资产，就像其他给城市做好事的人一样。他因为这种赠予而获得了领导地位。作为塔加斯特主教，阿利比乌斯仍然是社会上的大人物。为了塔加斯特和整个非洲教会的事务，他频繁地往返意大利，谋求皇帝的关注。在 5 世纪 20 年代，他已经是一位 60 多岁的主教了。尽管如此，为了在朝堂之上做好游说工作，阿利比乌斯待在意大利的时间甚至更久了。哪怕在他还年轻的时候，为了追求事业发展，他也没在那儿待这么久。[36]

对那些知情人来说，这个建立于塔加斯特的团体就是一个赋闲书生的聚会，没什么特别之处。为了有益于当地的宗教生活，奥古斯丁试图做到"靠书籍既给那些同在一起的人，也给那些不在一起的人提供精神性的建议"[37]。书籍耗资不菲，写五本驳斥摩尼教徒的书，"编好并修订好它们"，这可是非常昂贵的！[38]在当时写给罗马尼亚努斯的一封信中，奥古斯丁谈到了这项工作的物质代价。他已经把自己的象牙写字板借给了罗马尼亚努斯。他告诉罗马尼亚努斯，自己必须满足于廉价耐用的羊皮（可能是用当地的羊加工的），而不是非要用更典雅的进口纸草。[39]

这就是奥古斯丁写给那位塔加斯特大人物的最后几封信之一。在奥古斯丁的青年时代，罗马尼亚努斯曾经发挥过关键性作用。这时，他已经完全没有想要依靠罗马尼亚努斯这样的人的庇护，相反，他已经受到了非洲的大公教会主教们的强烈吸引，那种新的庇护人相对更好，但对人的要求并不低。在这时，奥古斯丁写了很多驳斥摩尼教徒的书。他写这些书，并不仅仅是因为"倔强好斗"[40]，他的写作体现了对非洲大公教会的忠诚——这个机构刚开始显示自我维护的能力。

我们正处于一场划时代变革的边缘。4世纪的世界有一个特点就是，各种草根的宗教机构繁盛生长，其中有埃及的修道院，有到处传播的摩尼教单元，也有大城市里的大公教团体，例如安布罗斯在米兰搞起来的那种。在这些宗教机构当中，大公教会已经开始胜出了。370年以来，在整个拉丁西方，物质财富和文化声望都开始向大公教会倾斜了。各种小型团体，诸如奥古斯丁及其朋友所建立的那种，本来是以精神友谊、"赋闲"的理想（献身于促进灵性和心智的闲暇生活）这样的古代模型为基础而建立起来的。这种团体在古代世界的上层文化中扎根很深，是一系列反文化实验中的最后一批。

虽然是由基督徒创建的，这些小团体还是相当非教会化。和许多基督教知识分子一样，奥古斯丁尽量不低看神职人员，但这很不容易。正如我们所见，神职人员通常出身于中人之家，甚至社会地位低下，他们做的工作只是牧养群众。按照奥古斯丁在 388 年的看法，这就使他们基本没有时间追求哲学的智慧，而后者才能真正治疗灵魂，这才是他和那些高档次的朋友想要做的，为此，他们靠自己的资源建立了一个小团体。[41]

但到了这时，这种小团体的头领们必须下定决心了。他们还能继续"走自己的路"吗？为了保障自身的存在，他们不得不决定，究竟是投入哪个更大、更富的机构。正是这种形势的逻辑——顺应奥古斯丁自身清醒的考量——出人意料地把他推向了那种结果。从多方面来看，在 4 世纪末，在宗教人士组成的小型自主性团体的面前，这种难题的出路都是可以预见的。他变成了神职人员，将自己的修道院置于一位主教的羽翼之下。现在让我们来看看这是如何发生的。

391 年年初，为了给一个虔诚的平信徒提供精神性的建议，奥古斯丁前往海滨城市希波。在热心群众的支持下，希波的主教瓦勒利乌斯强迫他当了司铎。在希波的基督徒"人民"看来，他们的激烈行径表明，这不是他们自作主张，而是由一种更强大、强制性更强的力量（圣灵）推动的——在剧场里，城市的"人民"一贯喜欢高喊"天意"，强行实现他们的意志。借助圣灵的名义，希波教会强迫奥古斯丁接受司铎的职务，占有了他。[42]

在这一事件之后不久，奥古斯丁写信给瓦勒利乌斯，提出了要他为希波教会服务的条件。[43]他的修道院必须跟着他一起来，他要从塔加斯特带若干伙伴过来。瓦勒利乌斯允许奥古斯丁在主教的庭院里建立一所修道院。这应该就是教堂主建筑旁边的一处庭院，距离主教府邸不远，这个地方被考古学家称为希波的"基督教区"。[44]

在接下来的几年里，这个修道院的情况就更清楚了。到396年，奥古斯丁接替瓦勒利乌斯成为希波主教，此时，那个名为《规程》的重要文件已经拟定。它是写给那些"修道院里的人"的。在开篇处，它就援引《使徒行传》，精辟地表述了基本原则：

> 尔等共同生活之基本目的，是在院内和谐共处，一心一意地"追求上帝"。勿谓任何物品属于自己。一切物品均为公用。[45]

《规程》的引论字字珠玑地总结了十年来的探索。这个团体是因对上帝的共同愿景而产生的，它始于在米兰谋划的哲学团体，目的是代替摩尼教徒在教派中实现的团结。在阿尔卑斯山下的加西齐亚根，这一团体在"赋闲"了一段时间的古代形式下延续下来。在奥斯蒂亚，他和莫妮卡"在一扇窗边，望着外面的花园"，他们共同仰望上帝的努力达到了一个神秘的高潮。如今，在奥斯蒂亚的海对面，这种属于共同生活的意象在希波主教的庭院里安了家。在这个团体里，共享财富成了生活的中心。按照奥古斯丁的观点，共享财物不仅能够凝聚人心，还可以使心的团结更有活力。接下来，让我们看看奥古斯丁在希波的修道院究竟如何。然后，我们再来思考关于社会与人格的问题（这些问题真是历久弥新），看看它们是如何影响奥古斯丁的。正是由于这些问题的压力，《规程》那种貌似平铺直叙的词句才会产生一种非常独特的韵味。

注　释

[1] 尤其参见 McLynn, *Ambrose of Milan*, 157 – 70。

[2] *Confessions* 6.6.9.（原文有误，出处应为 6.6.9 和 6.11.19。——译者注）

[3] *Confessions* 6.15.25.

[4] *Confessions* 6.13.23；BeDuhn, *Augustine's Manichaean Dilemma*, 1：165 – 92.

[5] *Confessions* 6.11.19；*Soliloquia* 11.18. 见下面的注释 12。

[6] *Confessions* 6.14.24；尤见 O'Donnell, *Augustine*：*Confessions*, 2：379 – 81。

[7] *Confessions* 6.14.24；*C. acad.* 2.2.4.

[8] *Confessions* 6.12.24.（原文有误，应为 6.14.24。——译者注）

[9] Iamblichus, *On the Pythagorean Life* 27.132, trans. G. Clark (Liverpool：Liverpool University Press, 1989), 59 with pp. xvi-xviii.

[10] *Confessions* 7.9.13 – 21.27；参见 O'Donnell, *Augustine*：*Confessions*, 2：413 – 18。关于这一刻以及奥古斯丁当时的圈子，近来最有启发性的研究是 R. Lane Fox, "Movers and Shakers," in *The Philosopher and Society in Late Antiquity*：*Essays in Honor of Peter Brown*, ed. A. Smith (Swansea：Classical Press of Wales, 2005), 19 – 50 at pp. 25 – 31. 关于奥古斯丁停留于加西齐亚根的时期，研究极其丰富，对此我所参考的主要是 D. Trout, "Augustine at Cassiciacum：*Otium Honestum* and the

Social Dimensions of Conversion," *Vigiliae Christianae* 42 (1988): 132 – 46; and C. Conybeare, *The Irrational Augustine* (Oxford: Oxford University Press, 2006)。

[11] O'Donnell, *Augustine: Confessions*, 2: 379 – 81, 3: 80 – 104 正确地强调了两种退隐方案之间的连续性。

[12] 我们拥有《对话录》的英译本,全部三种与《独语录》(*Soliloquia*) 的译本都被收入 *The Writings of Saint Augustine*, vol. 1 (New York: CIMA Publishing, 1948); *Contra academicos*: J. J. O'Meara, *St. Augustine: Against the Academics*, Ancient Christian Writers 12 (Westminster, MD: Newman Press, 1951); *De ordine*: S. Borruso, *On Order* (South Bend, IN: St. Augustine's Press, 2007), 还有一种很好的评注,即 J. Trelenberg, *Augustins Schrift de Ordine*, Beiträge zur historischen Theologie 144 (Tübingen: Mohr Siebeck, 2009); *De beata vita*, trans. R. A. Brown, *S. Aureli Augustini de beata vita* (Washington, DC: Catholic University of America Press, 1944); *Soliloquia*: K. Paffenroth, *Saint Augustine: Soliloquies* (Hyde Park, NY: New CityPress, 2000)。

[13] *Letter* 26.4, 它还引用了里森提乌斯的诗, 参见 D. Shanzer, "*Arcanum Varronis iter*: Licentius' Verse Epistle to Augustine," *Revue des études augustiniennes* 37 (1991): 110 – 43。

[14] *Retractationes* 1.1.1; Brown, *Augustine of Hippo*, 108 – 9.

[15] Symmachus, *Letter* 1.47.2 (385 年之前的部分), Callu, 1: 110; Naucellius, *Poem* 5, *Epigrammata Bobiensia*, ed. F. Munari (Rome: Edizioni di storia e letteratura, 1955). 尤其参见 S. Roda, "Fuga nel privato e nostalgia del potere nel IV secolo d. C.: Nuovi accenti di un'antica ideologia," in *Le trasformazioni della cultura nella tarda antichità* (Rome: Bretschneider, 1985), 1: 95 – 108。

[16] *C. acad.* 1.1.4.

[17] *De ordine* 1.11.31, 2.17.45; *De beata vita* 2.10.

[18] *De beata vita* 1.6.

[19] *C. acad.* 3.19.

[20] *De beata vita* 4.35；尤其参见 N. Cipriani，"Le fonti cristiane della dottrina trinitaria nei primi Dialoghi di S. Agostino，" *Augustinianum* 34（1994）：253 – 313。

[21] Conybeare，*The Irrational Augustine*，63 – 92。

[22] *C. acad.* 3.6.13。

[23] *C. acad.* 2.2.6。

[24] *C. acad.* 2.3.9。

[25] *Confessions* 9.10.23 – 26：关于奥斯蒂亚异象，参见 O'Donnell，*Augustine：Confessions*，3：122 – 37。

[26] 已经有人发现了这一"二重奏"的特点，参见 F. Troncarelli，*Il ricordo della sofferenza：Le Confessioni di sant'Agostino e la psicoanalisi*（Naples：Edizioni scientifiche italiane，1993），181。

[27] Lancel，*Saint Augustin*，121 – 44 是对这几年的情况最好的叙述。

[28] *Letter* 10.2；参见 G. Folliet，"*Deificari in otio*：Augustin，Epistula X，2，" *Recherches augustiniennes* 2（1962）：225 – 36。

[29] 关于这个问题，研究极为丰富。其中，我发现最可靠的参考资料是 Mandouze，*Saint Augustin*，165 – 242；G. Lawless，*Augustine of Hippo and His Monastic Rule*（Oxford：Clarendon Press，1987）；以及 L. Verheijen，*Nouvelle approche de la Règle de Saint Augustin*，Vie Monastique 8（Bégrolle-en-Mauge：Abbaye de la Bellefontaine，1980），1：75 – 84。关于总体状况，参见 A. de Vogüé，*Histoire littéraire du mouvement monastique. Première partie：Le monachisme latin*（Paris：Le Cerf，1993），2：109 – 61. E. Plumer，*Augustine's Commentary on Galatians*（Oxford：Oxford University Press，2003）从一个很新颖的角度出发，探讨了在那些年里奥古斯丁关于社团的观点的发展以及他自己作为灵性导师的作用。

[30] John Chrysostom，*Homilies on Acts* 11.3，Patrologia Graeca 60：96 – 97. 尤其参见 P. C. Bori，*Chiesa primitiva：L'immagine della communità delle origini—Atti 2，42 – 47；4，32 – 37—nellastoria della chiesa antica*（Brescia：Paideia，1974），234 – 41；关于奥古斯丁，参见 pp. 260 – 77。

［31］ *Letter* 157. 4. 39.

［32］ O'Donnell, *Augustine：A New Biography*, 24, 349 n51。

［33］ 请看 Gregory Nazianzen 的例子：R. Van Dam, "Self-Representation in the Will of Gregory Nazianzus," *Journal of Theological Studies* 46 (1995)：118 – 48；以及 J. Beaucamp, "Letestament de Grégoire de Nazianze," in *Fontes Minores* 10, ed. L. Burgmann, Forschungen zur byzantinischen Rechtsgeschichte (Frankfurt：Löwenklau, 1998)。

［34］ *De beata vita* 3. 22 (citing Ciceron, *Hortensius*)；*De diversis quaestionibus* 40.

［34］ *Letter* 28. 1.

［36］ O. Wermelinger, 见条目 "Alypius," *Augustinus-Lexikon*, ed. C. Mayer (Basel：Schwabe, 1986), 1：246 – 67。

［37］ Possidius, *Vita Augustini* 3. 2.

［38］ *Letter* 18. 1.

［39］ *Letter* 15. 1.

［40］ Lancel, *Saint Augustin*, 194.

［41］ *De moribus ecclesiae catholicae* 1. 1, 32. 69.

［42］ Possidius, *Vita Augustini* 3. 3 – 4. 3；*Sermo* 355. 2.

［43］ *Letter* 21. 2：尤其参见 O'Donnell, *Augustine：A New Biography*, 24 – 25。

［44］ 关于奥古斯丁在希波的修道院，参见 Lancel, *Saint Augustin*, 221 – 34。

［45］ *Praeceptum* 2, ed. and trans. Lawless, *Augustine of Hippo*, p. 80. 尤其参见 T. J. van Bavel, "'Ante omnia' et 'in Deum' dans la 'Regula Sancti Augustini,'" *Vigiliae Christianae* 12 (1958)：157 – 65。

第 11 章 "一种共同的生活，共享神圣的天上共和国"：奥古斯丁在修道团体中论公与私

希波的修道院

自 391 年在希波受职为司铎开始，直到 430 年去世为止，奥古斯丁的人生与思想总是与他建立的修道院密不可分。在他的一生中，修道院的重要性是显而易见的，不巧的是，这个修道院作为一个机构的发展历程并不那么清晰。除了卷入风波的个别时候，在大部分时间里，他都把修道院放在日常生活的幕后，将其存在视为理所当然，很少专门讨论它。结果是，对于奥古斯丁的一生而言，它就像是月亮背对我们的一面。

不过，对于这个修道院的早期历史，我们还知道一点。391 年，奥古斯丁从塔加斯特带了一群人到希波，其中包括他的很多朋友。他们构成了坐落于主教庭院里的新修道院中的核心。但是，这个群体很快就变得多样化了。一些奥古斯丁过去并不熟悉的人加入进来，其中许多人的社会背景既不同于奥古斯丁，也不同于他的朋友。有可能正是这种情况催生了著名的《奥古斯丁修道规章》。乔治·劳利斯已经有力地证明，这一修道规章是在 397 年前后写成的。它分为两个部分：其一是《院规》，即"修道院的规章"，旨在规范日常的祈祷与事工；其二是《规程》，这部分采用了一套规定的

形式，清楚地总结了修道院生活的基本规则。和出现于古代晚期的大多数修道规章一样，《奥古斯丁修道规章》也不是一个奠基性的文件。它的目的并不是给未来的修道院提供一份深思熟虑的蓝图，而是对现存的修道院所遇到的危机做出回应。在希波修道院的前五年里，修道院内部的社会与文化多样化日益突出。为了解决新情况，奥古斯丁制定了一些规则。[1]

174　　就在其撰写《院规》与《规程》的时期，修道院本身已经分裂成了两个部分。396 年，奥古斯丁成为希波主教，这时他还想继续维持过去的生活方式。他发现，如果继续住在庭院中的修道院里，他就难以有效开展主教的工作。身为主教，他必须打开大门，欢迎来自全城，甚至整个北非的访客，不论他们是神职人员还是平信徒。这就会干扰修士们的生活，因此，他带着若干修士搬进了主教府，同时把其他人留在庭院中修道院的宁静里。

搬进主教府的这些修士，要么已经被授圣职，要么就此变成了神职人员。他们在主教府里组织起一个小小的修道院，遵守同样的修道规章，就像以前在庭院中的修道院里那样。他们终身不婚，甚至不拥有任何财产。[2]他们一直都和奥古斯丁同桌用餐。受到邀请与主教大人一起吃饭的人都会被提醒：这张餐桌有点特别，和地方上那些普通的达官贵人的不是一回事。在用餐之时，他们不会摆阔，他们的刀叉是银制的，但盘子只不过是赤陶和木制的。奥古斯丁甚至曾在餐桌上写下诗句，告诫桌上的同伴们万万不可飞短流长。[3]

实际上，奥古斯丁的做法相当罗马。罗马的政治家和总督们总是被一群"小伙子"——一群挑选出来的积极上进的年轻人——簇拥着。在主教府里围着奥古斯丁转的修士－教士，就是他的"小伙子"，也就是他的贴身手下。除了围绕着他的那群算作自己人的修士，奥古斯丁并没有要求其他所有神职人员接受修道生活。在抽象的意义上，他热情洋溢地为修道生活著书立说，但针对北非的教会，他从来没提出什么目标远大的政策。和其他地方差不多，希波的很多神职人员都是有家庭的，他们都保留着自家的财产。他们毕竟进不了奥古斯丁的核心层。[4]正是在这个核心层中，奥古斯丁为北非各地的城市推荐主教，以这种方式至少选中了十人之多，[5]而这正是安布罗斯的做法。在意大利北部的各个小城里，他到处安插"自己的"主教（其中大多数还不是修士），西玛库斯也是这么干的。他不断地把相中的好苗子推向宫廷和官僚机构中的各种岗位。奥古斯丁利用个人关系来实施公务的做法，完全顺应了晚期罗马的趋势。

正因如此，他并没有不重视家里的其他人。他有一个来历不详的妹妹（《忏悔录》没提到过）当上了女修道院的头领，这个女修道院是完全模仿奥古斯丁的修道院单独组织起来的。[6]他的侄子（纳维久斯的儿子，用了奥古斯丁父亲的名字，也叫帕特利西乌斯）也加入了奥古斯丁的餐桌，成了一名修士兼教士。[7]我们不能忘了，在奥古斯丁论述修道团体理想本质的著述之外，在现实世界里，血缘总是比墨水更重要。和其他任何地方一样，在晚期罗马的非洲，血缘总是靠得住的。

奥古斯丁用"修道院"一词来称呼他的团体。在当时，这 175 还是一个源于希腊文的时髦词，它才刚刚开始在拉丁语中流行。虽然他用了这个词，但这个修道院的成员并不叫"修士"，他们自称为"兄弟"或"姐妹"。在外面的世界里，他们被称为"上帝之仆"。他们的修道院和女修道院都不是很大的机构，每

个都只有大约 20 人。奥古斯丁在主教府里的那个由身为教士的
"兄弟"构成的内层圈子，在同一时期可能不超过 10 人。

庭院里的修道院也不是一座很吸引眼球的建筑。庭院里的
修士也好，待在某个我们不知道的地方的修女也好，他们都没
有被高墙围起来，并没有和社会相隔离。[8] 在教会里也好，在
街上也好，他们都可以自由地与异性交往。他们直接面对各种
诱惑，要不是他们生活在一座没有高墙的修道院里，这些诱惑
就不会发生了。

> 在遇见女人的时候，别盯着人家看。……出门的时
> 候，并没有人禁止你去看女人。但是，为女人发痴是不对
> 的。……除了爱抚，凝视也有可能挑起欲望。[9]

根据后来的西方历史，与我们对修士和修道院的一般想象
相比，奥古斯丁的修道院和其中的人简直就和外面的世界
（中的人）别无二致。然而，奥古斯丁期待这些男女参加一场
最认真地构想出来的实验。他们要创建一个排除私产的团体，
在基督教的西方，这是史无前例的。亚德博·德·佛居哀写过
一部纵观修道文献的伟大著作，他在书中告诉我们，奥古斯丁
的《院规》（《规程》的补篇）"是古代世界关于修道团体的
最清楚、最完整的论述之一"[10]。

"你对公益的关注越多……你就知道自己进步越大"：奥古斯丁修道院里的富与穷

奥古斯丁的修道院是一个很有特点的团体。如果我们将

《院规》和《规程》与别的修道规章(比如卡帕多西亚的、埃及的)相对比,我们就会有些吃惊,因为奥古斯丁很少讨论那些东部的修道领袖极其关心的问题。首要的是,奥古斯丁不愿意把修道院内部的社会差异问题放到台面上来。不像凯撒利亚的巴西尔,奥古斯丁没有推行一种整齐划一的制服标准,没有采取措施抹除团体成员以往的社会人格。和帕科米乌斯等埃及的修道创始人不同,他也没有对全体修士提出统一工作量的要求。他愿意承认这样的事实:他的兄弟们各自带来了非常不同的生活经历,穿过非常不同的衣服,带来了非常不同的才艺。用亚德博·德·佛居哀的话来说,不论是富人还是穷人,都被抛进了"爱的坩埚","爱是他们的团体所想要的,他们各自按照自己的造化,在坩埚中融化、融合"。[11]

176

这种看上去有些不作为的态度,其实有其道理。直到391年,塔加斯特的那个小团体都是由阶层基本相同的人组成的,这些人的阶层和奥古斯丁自己的差不多。但与希波这样的大型港口城市相比,奥古斯丁在塔加斯特的朋友们间的社会空气简直太纯净了。奥古斯丁在庭院里的修道院,甚至他的教士们的修道院,迟早会让出身于中人之家和社会下层的人员加入进来。基督教信众团体的主体从来都是由后者构成的。就像安布罗斯的米兰一样,希波——即便范围更小——也有一个出身于较高社会阶层的活跃团体,它第一次发现自己要与那些相当普通的男女分享同一个机构。然而,安布罗斯可以在人头攒动的大教堂里愉快地克服社会差距,但在面对面的修道院小天地里,这就会让人满腹牢骚了——如果没有到公开结仇的地步的话。

我们不能低估这种震动:一个精英化的小团体突然就要接

纳出身更普通的人。一旦要发生近距离的接触，每个群体都会感到不自在。穷人出身的修士要受到这样的警告：

> 他们不能为现状沾沾自喜，自以为拥有超出在别处（在修道院之外）的自身能力的衣食水平。他们也不能趾高气扬，自以为正在出入于那些过去在尘世中无法接近的人物之间。

富人出身的修士也受到了告诫，他们不能——

> 看不起那些摆脱贫困状态而进入这个圣洁团体的兄弟。他们应当为自己与这些穷苦兄弟的友谊而骄傲，而不是更看重那些有钱亲戚的社会地位。[12]

实际上，奥古斯丁写的《规程》有点像是解决社会差距问题的禅宗。[13]《规程》认为，每个兄弟姐妹（该文件同样适用于修女）都要忍耐数不清的怠慢，因为他们的同伴并不来自同一个阶层。

以着装问题为例。我们知道，在晚期罗马社会里，服装的作用就是展示人的社会地位。这就解释了奥古斯丁对这个问题的高度敏感性。在男女修道院中，衣服都是从一个公用的柜子里领取的。要是某位兄弟或姐妹碰巧拿到了一件破旧的袍子，和他/她当初捐献给修道院的质地高档的袍子不能比，情况会如何？作为对人性弱点的让步，《规程》允许这些人按照自己的意思保留一件个人的袍子。他们可以这样做的前提是，他们的其他袍子必须放在公用的衣柜里。兄弟姐妹们都要自我调适，慢慢地接受这样的思想：他们的衣服和其他所有一切东西，都已经不是自己的了，它们都属于集体。[14]

奥古斯丁决心贯彻这条规定，每周都要大声朗读《规程》，每个兄弟姐妹都要认识到团体之善高于个人的需求（哪怕是在琐事上，比如分发衣物）。对此的认识程度就是检验其精神成长的标准："按这种方式，你对公益而非自我的关注越多，你就知道自己进步越大。"[15]

奥古斯丁对公益的关切是压倒一切的，理解这种关切的分量与长期影响是很重要的。因此，我们要转向更高的层次了。让我们考虑一下：在深思熟虑地写出来的《规程》背后，究竟有着怎样的思想基础？

"共和国"：奥古斯丁、西塞罗与公益

对于奥古斯丁而言，修道的实验在诸多方面都是应用社会理论的实践。修道院是一个微观世界，修道院里的生活揭示了一种巨大的、尚未完全实现的潜力，其最终的目标就是上帝的全体子民的团结。奥古斯丁始终相信，基督教会那庞大得难以驾驭的宏观世界依然潜藏着爱得如火如荼的可能性。修道院只是这样一个地方：与别处相比，在这里，爱的火焰有机会燃烧得更加旺盛。就像放大镜在日光下制造出来的焦点一样，修道院将弥散的爱聚焦为一个炽热的焦点，正是这种爱将每个基督团体结合在一起。奥古斯丁坚信，修道院所培育的爱为那条通往未来的道路指明了方向，那种未来超越想象，远在时间的尽头。那时候，爱的烈焰将会吞没全体被救赎的同伴："在许多灵魂中间，一座城、一群子民将会升起，他们全心全意地奔向

上帝。"[16]

在谈到这座城于时间尽头终归团结时，是西塞罗的语言启发了奥古斯丁。正如我们所见，西塞罗非常关心社会的凝聚力，以及增强这种凝聚力并抵御暴力与私欲的条件。但究竟什么才是西塞罗最关心的，人们可以从不同的角度来解释。在他们看待西塞罗的不同姿态中，我们可以感知安布罗斯与奥古斯丁之间的距离。安布罗斯撰写《论义务》的时间只比奥古斯丁构思《规程》早八年，但是，这两个文本看上去就像来自两个不同的年代。安布罗斯遵循西塞罗的观点，想要在原初的凝聚力已经被贪婪破坏之后，重新修复罗马社会，他发出了一种召唤，希望重返失落的团结。奥古斯丁也跟着西塞罗往下走，但他追随的是另一位西塞罗，他所追随的西塞罗曾经提出这样的问题：原初之时，一个社会（尤其是他自身所属的社会，即罗马共和国）是如何建立起来的？最重要的是，社会在形成之后，如何才能维系一种公共的、共有的善，既然最初正是这种公益将社会凝聚起来的？人类围绕着一个共同目标而团结起来，这是一个非常不稳定的奇迹，那么它是如何起源的？怎样才能继续维持下去？最终的目标究竟是什么？它将在何时实现？

在成为主教很久之前，奥古斯丁多年以来都在作为一名教师重复西塞罗的观点。[17]西塞罗传授给他的东西，就是对于公益与私利之张力——在围绕着共同目标的团结与个人利益造成的分裂之间的张力——的敏锐认识。在西塞罗的社会观念中，这种张力是关键性的，他一直都在强调社会对公民个人之忠诚与能力的要求。他使用的"res publica"这个词（意为公益、共和国、公共目的）的意思是沉甸甸的，几乎无法翻译为现代语言。罗马人与"共和国"的关系改变了，西塞罗以此总结罗马社会的状态，并且解释既辉煌又悲惨的罗马历史。[18]

这是西塞罗的另一面，是奥古斯丁完全认同的。这种观点揭示了意志的张力，因为它在追求两个潜在地相互对立的目标。根据这种观点，私欲是与公益相对立的。我们还不能忘记，奥古斯丁进一步激化了这种张力。他在阅读西塞罗的时候，戴着一副 4 世纪集权官僚帝国的臣民的眼镜。晚期罗马帝国高度强调法治的观念。严格说来，如上帝的神法，皇帝的法律也是"公共的"法，它是全天下的法律，在这种法律的范围之外行动，就是企图追求"私人的"行动范围。按照统治者的眼光，不是私刑暴力，就是暗中违禁，在他们看来，"私"意味着叛逆与妖术。[19]

奥古斯丁也是一位宗教思想家。加西齐亚根《对话录》反映了他最初的乐观主义。随后，他重新回到了恶的起源问题，有可能这只是为了找到对摩尼教徒的回答。他开始将人类受苦到这个地步的悲惨状态理解为亚当堕落的后果，但这是怎样一种"堕落"呢？奥古斯丁得出了这样的结论：亚当的堕落是一种自由选择的行为，是一种造反；这种形式的前兆就是天使们同样自由选择的造反。他以一种类似于西塞罗的方式描述了这两次事件。在两次造反中，私欲都是与公益相对立的。上帝就是所有人的公益；撒旦的造反，然后是亚当的造反，都源于"一种拉丁语合理地称为'私心'的爱"。[20]奥古斯丁并不希望读者们（他们也是熟读西塞罗的）认可这种爱。

不过，为了强调公益相对于私欲的优先性，奥古斯丁已经比西塞罗走得更远。他以一种西塞罗从未做过的方式来捍卫公益：他剥夺了修士和修女的私有财产。对于西塞罗，公私之间的张力之所以剧烈，只不过是因为这个问题还没有解决好。对

179

于西塞罗，私人财富就是生活的事实。财富是贵族与生俱来的，简直就是一种有力的个性。在他看来，通过立法来平衡私人财富的想法令人惊讶、"糟糕透顶"。[21]剥夺一位政治家的私人财富，就像是剥夺他的棱角个性——他锐利的表达、特别的性格、不容置疑的个性化的语调，而他要靠这些来为公益服务。[22]

在根本上，西塞罗关心的是忠诚，而不是取消私有财产。在包括奥古斯丁在内的罗马读书人的心中，共和国早期的英雄们具有光辉形象，因为他们显示了一群有财产的人是怎样无限忠于自己所服务的"共和国"的。在黄金时代的"共和国"，罗马国家的公共财富与罗马领袖们的个人"贫穷"之间有一种巨大的不相称。领袖们衣着简朴，无心积累私人财富，这就是奥古斯丁在《上帝之城》中所赞美的古代罗马人的品格："那时的罗马人拥有一个资源丰沛的共和国……而他们自己却贫穷地生活在家中。"[23]

这就是最英雄主义的不富裕。罗马的伟大的最开端就是一个不富裕的时代。因此，不难理解为什么奥古斯丁偏偏要请出西庇阿·阿非利加努斯这个人物，鼓励穷人出身的修士为了修道院整体的善而练好自己的手艺，不要老想着私人得失：

> 这个尘世之国（罗马共和国）过去的领袖们使罗马作家们交口称赞，因为他们共同献身于全体人民的利益，将城邦放在私利之上。他们甚至到了这种地步：在他们当中，有一个人（西庇阿·阿非利加努斯）刚刚还在为征服非洲而庆功，但他掏净了家底，也凑不出女儿们的嫁妆——那么，身为永恒之城，天上耶路撒冷的公民，你们应当如何对待"上帝"的共和国呢？[24]

这些词句出现在了一个有些正式的文本中。假若奥古斯丁 180
的信息流入了修士们的心田，那么很有可能，希波的一个手艺
人会第一次发现，原来他（或她）也能和罗马历史上最伟大
的将军相比。不过，在修道院的小小"共和国"里，一个
"兄弟"或"姐妹"的忠诚是以某种更激进的东西为基础的：
彻底放弃一切形式的私有财产。通过坚持修道生活的这个方
面，奥古斯丁告诉我们，他并不满足于使私人目的服从于公共
目的，那只是西塞罗的想法罢了。他想要的是消除私有，不富
裕必须变成放弃财富。那么，他靠什么其他传统来论证如此激
进的一步呢？

"不是割裂……而是整体的一部分"：普罗提诺与奥古斯丁的"精神共产主义"

要想在奥古斯丁的社会观念中追寻"西塞罗主义"的因
素，这是相对容易的。一直以来，我们都很熟悉西塞罗，他的
思想在奥古斯丁或安布罗斯身上留下的印迹，已经被非常详尽
地研究过了。[25] 但是，在修道的守贫问题上，西塞罗对奥古斯
丁毫无影响。确实，西塞罗所坚持的观点是，对于一个井然有
序的社会，私有财产具有根本性的意义。我们一定要意识到，
就正常的人类社会而言，奥古斯丁完全赞成西塞罗。和西塞罗
一样，奥古斯丁毫不犹豫地相信，国家存在的目的就是保护私
人的财产权。在亚当堕落之后，除了强有力的国家所承认和保
护的私有财产，人类已经不能要求更多了。只有帝国法律所承
认的私有财产体制，才能克制骄傲、贪婪和暴力的恶劣影响，
而这些毛病一直深深地植根于人类的状态之中。[26]

　　然而，正常社会中的一切都与建立修道团体毫无关系，一道玻璃似的幕隔开了两个世界。正常社会是由于堕落的人类意志相互冲突而产生的，它属于命中注定将会消亡的现在。与其相比，心灵在修道院里的团结则是对未来的一种窥探，它显示了理想社会在创造过程中的第一个不成熟阶段。只有在时间的尽头，只有在天上的耶路撒冷，这个社会才能完全实现。放弃私有财产就是通往未来的第一步，它指明了一条通往迥然不同的新世界的道路，在那里，私有本身将会消失。为了在哲学上支持这种野心，奥古斯丁借鉴了另一项更严格、更不一般的资源，那就是普罗提诺的思想。普罗提诺为奥古斯丁提供了他想要的东西，帮助他超越了公共义务与私人利益之间的紧张平衡——这些让西塞罗操心的事。

181　　普罗提诺是一位神秘主义者，他的生活方式宛如栖息于浩渺的精神海洋的边缘。对他来说，人类生存状态中最大的谜就是解释这个事实：人类的灵魂明明已经沐浴过灿烂辉煌的太一了，为何还要陷入那许多狭隘、偏执的爱呢？作为一位希腊的形而上学者，普罗提诺并不关心罗马人在"公"与"私"之间的张力。他想要解释的是，人的灵魂（就像我们平时感觉到的那样）怎么就变成了这么一种可悲的、狭隘的东西。它已经在某种意义上被"割裂"开来，脱离了更伟大的统一体，而那才是灵魂应当回归的方向。[27]

　　对于普罗提诺，"私"总是和具有强烈贬义的善的"匮乏"有一定联系。因此，普罗提诺反复呼吁，灵魂要"回归"原初的整体，那才是它的正当归宿：

　　　　但是我们……我们是谁？我们曾在那里，那时的我们与现在的我们并非同类。

甚至，我们中的一部分曾为与完整的实在结为一体的神明、纯洁的灵魂、理性……并非（如同现在这样）另为一物或者割裂开来，而是完整的一部分。[28]

在阅读普罗提诺的拉丁文译本时，奥古斯丁遇上了这些论述。不过，他是以罗马人的眼光来阅读的，很快，他还会改用罗马基督徒的眼光，因为他就要开始思考亚当的叛逆了。人人都会注意到这两个人的不同腔调。普罗提诺讲的是，灵魂简直是被迷住了，悄无声息地坠入了物质，陷入了一种狭隘而重私情的状态。[29]与他相比，奥古斯丁眼中只有魔鬼的堕落与亚当的堕落，魔鬼和亚当都是造反的，完全知道自己在干什么。按照晚期罗马的风格来表达，他们是在用自己的私欲和上帝的公共法律作对。他们的行为就是"自以为靠自己的力量、靠私人的能力足矣，所有的骄傲都应运而生"[30]。

就在这么写的时候，奥古斯丁认为，在人类堕落状态的根基上，存在一种"私心化"的行为。私情对公益的胜利并不发生在遥远的过去，并不发生在黄金时代的末期（就像安布罗斯在描述私有财产的起源时所说的那样），它是一切罪孽的模板——从亚当第一次犯罪，直到现在。

对于奥古斯丁，亚当堕落的悲惨后果波及人类社会的方方面面。正是在修道院的小集体里，他充满激情地投身于与"私人"之欲念的斗争。有的"兄弟姐妹"沉溺于私人占有财物的欲念而不顾修道院的公益，这种做法不只是忽视了"共和国"的更高要求，他们其实是在纵容私欲，与更大的整体作对。他们的这种做法重复了亚当命定的背叛，在更深刻的意义上，他们也再次表现出了灵魂坠入畸零个体的悲剧。对于其悲惨后果，普罗提诺表示了淡淡的遗憾。

在阐述这些观点的时候，奥古斯丁锋芒毕露。在395年前后，有一位"兄弟"感到对母亲的照顾依然是难以割舍的，为此奥古斯丁写信给他。按奥古斯丁的观点，这种执念将会拖累未来的修士，使他丧失重归普罗提诺所想象的那种浩瀚无比的团结统一的机会：

> 每个人都要为自己的灵魂扪心自问，认识到必须憎恶私情……还要爱那种集体与社团。所谓的"他们都一心一意地追求上帝"（《使徒行传》4：32），说的就是这个团体。所以，就连你的灵魂都不属于你自己；它也属于你的全体兄弟，因为他们的灵魂也属于你。或者说，那些与你的灵魂结合在一起的灵魂，已经不再是多个灵魂了，而是变成了同一个灵魂，也就是基督的独一灵魂。[31]

奥古斯丁之所以如此严厉，是因为他觉得，私己之爱完全无法与朝向更高、更广阔事物的爱相比拟。普罗提诺使他一直以来都相信，在得到上帝的时候，人类就得到了一种极大的丰富，那是他们的私心想要占有的东西所无法比拟的。从加西齐亚根时期开始，他就坚持一种观念：追求一种在浩渺而甜蜜的"智慧"中平等共享的能力，同时抵制零和博弈的竞争。奥古斯丁对共同分享"智慧"的号召（在386年的《独语录》中）会使读者大吃一惊。因为在哲学界，类似的观点长期以来都被认为与纵容"精神式""自由恋爱"的思想有关：

女人只愿为一心一意的爱人而赤裸；然而，对（神圣）之美的爱能有什么限制呢？想到她的时候，我不仅不会嫉妒他人，甚至还会到处寻找更多的人，让他们和我一起抱住她，和我一起渴望她，和我一起占有她，并且和我一起充分地享受她。他们还会变成我更要好的朋友，如果我们可以分享共同的宝贝。[32]

相比古人，现代读者对于这种语言会更加吃惊。我们会倾向于将这样一段话当成血气方刚的产物，认为它是在加西齐亚根那种激动过头的氛围中产生的。其实并不是这样的。数十年后，在一篇完全面向大众的关于《诗篇》的布道中，在"智慧"中一同享乐的论调又出现了：

那些热爱上帝之智慧的人会怎么说呢？"与我共同称颂主的伟大！"（《诗篇》33：4）我并不希望独自爱她。并不是当我拥抱她的时候，任何人都不准伸手抚摸她。"智慧"的身子足够大，所有的灵魂都可以一起爱抚她，充分地享受她。[33]

在上文中，我们讨论的是一种怪异现象：一种话语被融入另一种话语。罗马人怀疑私心是公益的潜在障碍；普罗提诺呼吁人们超越现世中相互"分隔"的生存状态：这两种观点结合到了一起，使对私心的怀疑更加尖锐了。在谈论和论述在修道院中分享财物的团体时，实际财富的问题从来不在奥古斯丁的思想中占据首要地位。他之所以要思考这些问题，是因为热烈坚信上帝无所不有，憎恶一切企图私人占有的欲望。罗马共

183

和派（以西塞罗为代表）的美德与神秘主义者（以普罗提诺为代表）对无限的渴求，二者的罕见混合为奥古斯丁的思想提供了基础。正如在这方面最有才华的学者古尔文·马德克所说，这就是奥古斯丁的"精神共产主义"。[34]

> 这就是共享一种神圣的天上共和国的生活——在这个共和国里，"穷人"（谦卑的信徒）"满载而归"（《路加福音》1：53），因为"他们求的不是自己的事，而是耶稣基督的事"（《腓立比书》2：21）。[35]

"沐浴共同之光，对于我们大有裨益"

在奥古斯丁就以分享公益为基础的团结进行宣讲时，他的声音总是掺杂着巨大的忧伤。"神圣共和国"的胜利只有到了天国才会实现，我们距离天国还很远，但是我们至少可以渴望天国。在一篇作于5世纪20年代初的布道词中（当时他已经是年近古稀的老人了），他是这样结尾的：

> 我能感觉到，你们的思绪已经和我一起飞向了天国，但是，我马上就要收起这本《福音书》了，你们都要回家了，各走各的路……在共同的光辉中沐浴（片刻）对我们来说不无裨益。我们感到欢欣鼓舞，这太好了；我们在一起欢呼雀跃，也太好了。不过，尽管我们马上就要分散回家，各奔东西了，我们却千万不能离开共同拥有的上帝。[36]

那时已经是三十年后了，正是北非和整个帝国的黯淡岁月。在 395 年，未来的一切皆不可知。迄今为止，发生在奥古斯丁身上的一切是很不简单的。这个出身于市议员阶层（正因如此，他才非常依靠庇护人和好朋友的关系网）正在努力向上爬的人，为了追求无私产的社会，凭借与朋友们共有的大量热情，先后参加了一个宗教教派、一个哲学团体，最后还自己新建了一个修道院。在拉丁西方整整一千年的历史中，他的理想在修道院里付诸实践之后就一直是人类制度建设的最光荣、最有意义的模范。

184

奥古斯丁的修道实验虽然已经经历了长期的内在演进，具有了一定的准备，但并不是在封闭的退隐地点进行的。希波是一个重要的港口，奥古斯丁和他的修士们站立在广阔天地的边缘。那些有钱的基督徒正在围绕着地中海编织一张精神友谊的巨网，奥古斯丁和他的朋友们刚好可以参加这张网。395 年，他们在希波收到了一封信，该信邀请他们加入这种精神性的友谊，它来自庞提乌斯·梅诺比乌斯·保利努斯。保利努斯是一位元老贵族，在意大利、高卢和西班牙都拥有财产，他已经在坎帕尼亚的诺拉安了家，并且正式放弃了巨额财富。[37]

一批像保利努斯这样的巨富皈依了，这是一个标志性事件。在居于米兰的短暂时光里，奥古斯丁已经与财富触手可及了，他懂得保利努斯的财富意味着什么。那不是一个追名逐利之徒的财富，也不是一个官僚的财富，它是老底子，是一位元老贵族的财富，是经历数代人的积累而来的"跨州连郡"的财富，这种财富早已融入了保利努斯的生命。奥古斯丁很感动：

（在给保利努斯的第一封信回信时，他说道：）天意注定，奢侈的尘世享受紧紧地束缚着您：因为您已经拥有了它，而不只是在渴求它。正因如此，那位年轻的富人才会"忧愁地走开……因为他太有钱了"（《路加福音》18：22－23）。……不想占有自己未曾拥有的，这是一回事；撕下早已成为自身一部分的骨肉，那是迥然不同的另一回事。我们不难拒绝尚未得到的东西，比如食物，但放弃我们已经拥有的东西，那就真的刻骨铭心了。[38]

就在奥古斯丁重回非洲安家的那几年里，保利努斯弃绝了财富。为了理解这种现象，我们就要远远地离开地中海的南岸。我们必须离开非洲甚至意大利，看一看在高卢和西班牙的大庄园里，在保利努斯他们安享富贵的年代里，巨大的财富究竟意味着什么。然后，我们再来看看，对于保利努斯而言，身为书信作者、建设者和弃绝财富的基督徒榜样，在坎帕尼亚使这种财富分散并且用掉它，将会意味着什么。在多神教徒西玛库斯心中，这片土地就是最念念不忘的风景。

注　释

[1] Lawless, *Augustine of Hippo*, 148－52.

[2] *Sermon* 355. 2.

[3] Possidius, *Life of Augustine* 2. 5, 2. 7.

[4] *Sermon* 356. 14.

[5] Possidius, *Life of Augustine* 11. 3.

[6] *Letter* 211; Lawless, *Augustine of Hippo*, 152－54.

[7] *Sermon* 356. 3.

[8] Lawless, *Augustine of Hippo*, 第48～56页分析了修道术语的灵活性；H. Dey, "Building Worlds Apart: Walls and the Construction

of Communal Monasticism from Augustine through Benedict,"
Antiquité tardive 12（2004）：357 – 71，at pp. 360 – 61。

［9］ *Praeceptum* 4. 4，Lawless，p. 89.

［10］ Vogüé，*Histoire littéraire du mouvement monastique*，3：152.

［11］ 同上，2：150。

［12］ *Praeceptum* 1. 6，Lawless，p. 83.

［13］ 尤其参见 Vogüé，*Histoire littéraire du mouvement monastique*，3：
172 – 204；以及 Lawless，*Augustine of Hippo*，121 – 61。

［14］ *Praeceptum* 5. 1. 230，Lawless， p. 94：参 见 Vogüé， *Histoire
littéraire du mouvement monastique*，3：192。

［15］ *Praeceptum* 5. 2. 247，Lawless，p. 94.

［16］ *De bono coniugali* 18. 21.

［17］ M. Testard，*Saint Augustin et Cicéron*（Paris：Études Augustiniennes，
1958），1：2 – 176.

［18］ M. Schofield，" Cicero's Definition of *res publica*," in *Cicero the
Philosopher*，ed. J. G. F. Powell （Oxford：Clarendon Press，
1995），63 – 83.

［19］ *De diversis quaestionibus* 79. 1 论作为 "私人" 权力的巫术。

［20］ *De Genesi ad litteram* 11. 15. 19. 尤其参见 R. A. Markus，"*De
civitate Dei*：Pride and the Common Good," in *Augustine*：" *Second
Founder of the Faith*，" ed. J. C. Schnaubelt and F. Van
Fleteren，Collectanea Augustiniana （New York：Peter Lang，
1990），245 – 59，现 收 录 于 Markus，*Sacred and Secular*
（Aldershot：Variorum，1994），no. III。

［21］ Cicero，*De officiis* 2. 21. 73.

［22］ Cicero，*De officiis* 1. 31. 110.

［23］ *De civitate Dei* 5. 18，trans. H. Bettenson，*Augustine*：*Concerning the
City of God against the Pagans*（Harmondsworth：Penguin，1972），
210 – 11.

［24］ *De opere monachorum* 25. 32.

［25］ H. Hagendahl，*Augustine and the Latin Classics*，Studia Graeca et
Latina Gothoburgensia 20 （Stockholm：Almqvist and Wiksell，
1967），1：35 – 169.

[26] *Tractatus in evangelium Iohannis* 6. 25 – 26；现参见 R. W. Dyson, *The Pilgrim City: Social and Political Ideas in the Writings of St. Augustine of Hippo*（Woodbridge: Boydell, 2001）, 105 – 30。

[27] A. H. Armstrong 的观点，参见 *Plotinus*, Loeb Classical Library（Cambridge, MA: Harvard University Press, 1988）, 6: 271, 274。

[28] Plotinus, *Ennead* 6. 4. 14, Armstrong, *Plotinus*, 6: 317.

[29] 尤其参见 E. R. Dodds, *Pagan and Christian in an Age of Anxiety: Some Aspects of Religious Experience from Marcus Aurelius to Constantine*（Cambridge: Cambridge University Press, 1965）, 24 – 26。

[30] *Letter* 140. 24. 61.

[31] *Letter* 243. 2: 参见 A. Gabillon, "Pour une datation de la lettre 243 d'Augustin à Laetus," *Revue des études augustiniennes* 40（1994）: 127 – 42。

[32] *Soliloquia* 1. 22. 33.

[33] *Enarratio in Psalmos* 33. 2. 6.

[34] G. Madec, "Le communisme spirituel," in *Homo Spiritalis: Festgabe für Luc Verheijen*, ed. C. Mayer（Würzburg: Augustinus, 1987）, 225 – 39, 现收录于 *Petites Études Augustiniennes*（Paris: Institut d'études Augustiniennes, 1994）, 215 – 31。

[35] *Letter* 140. 26. 63.

[36] *Tractatus in ev. Iohannis* 35. 9.

[37] *Letter* 32: 参见 D. Trout, *Paulinus of Nola: Life, Letters, and Poems*（Berkeley: University of California Press, 1999）, 202 – 5。

[38] *Letter* 31. 5.

第12章 "那些，的确，属于尘世"：奥索尼乌斯、庄园与财富的话语

友人殊途：奥索尼乌斯与保利努斯，394～395年

庞提乌斯·梅诺比乌斯·保利努斯，以诺拉的保利努斯为 我们所知。他几乎与奥古斯丁同龄，他们第一次联络时（395年，保利努斯明确放弃财产后一年）都刚过40岁，两个人都是在35岁前后对人生做出重大调整的。奥古斯丁——普通市议员之子——放弃了大有前途的职业，与一群朋友一起，在思考中将自己越来越深地带入了一个理想：要在一个彻底消灭了私有财产的小团体中度过余生。考虑到在那个时期，此类小团体在跟奥古斯丁差不多的、出身不怎么起眼的人中大量涌现，这个选择没什么特别的。长远看，建立修道院将他与希波主教的府邸联系起来，但是，这在当时还完全看不出来。

相比之下，保利努斯经历了蔚为壮观的皈依过程。他放弃了元老贵族的全部家财，这就像一场山崩。有史以来第一次，基督教苦行的教导触及了超级富豪中的一位男性成员。安布罗斯（当时50多岁）很高兴。394年，他致信另一位主教，特别愉快地写到保利努斯在罗马元老院的同事（安布罗斯自己的同僚——我们可以想到其中有年迈的西玛库斯）对这个消息会如何反应：

> 贵族们会说什么？……出身于这样的家庭，有这样的血统，那么有天赋……抛弃了元老院，中断了一支贵族血脉的延续：这令人无法容忍。[1]

保利努斯放弃财产的行为不仅在当时立刻恶名远扬，还因保利努斯与他之前的导师——80 岁高龄的波尔多的奥索尼乌斯——之间令人心酸的诗歌交流而世代相传。[2]奥索尼乌斯被保利努斯的决定吓坏了。奥索尼乌斯为劝朋友回心转意而写的诗以及保利努斯用以回复的残酷的崇高，给晚期拉丁诗歌以降的读者带来享受，它们比其他任何文献都更好地总结了时代的更迭。用诺拉·查德威克的话说：

> 我们感受到这两位男士的美与尊严，（他们的）观点如此不同，理想如此格格不入。永存的鸿沟横亘在每代人与上一代之间，爱与教育都无法搭建桥梁。[3]

"奥索尼乌斯属于一个无忧无虑的时代的最后一拨……突然间，"海伦·瓦戴尔在她文字优美的著作《流浪的学者》的开篇章节中写道，"在这如漆般平静优美的通信中……卷起了狂风。"[4]这两位文风明晰如秋，与众不同。

但是，我们不该被这些感人的诗歌互动完全占据注意力，我们面对的不仅仅是个性冲突。奥索尼乌斯和保利努斯代表了4 世纪末富人面临的两种选择和这两种选择集中体现的两种世界观。

我们绝不可以忘记，保利努斯的皈依有关财富。他所放弃的当然不是多神教，他与奥索尼乌斯都来自基督教家庭。保利努斯选择的苦行也不是（尽管奥索尼乌斯担心）惩罚性的或反社会的，会将他带离罗马社会（众所周知，这发生在许多更为极端的苦行者身上）。但是，他以毫不含糊的方式放弃了财产。他从四处弥漫着的有关巨额财富的神秘性中溜了出来，这种神秘性压在他这个阶级的所有成员身上，它不易被觉察，但整个氛围沉重得足以将人压垮。

为此，这一章不讨论保利努斯，而将讨论他放弃财产之前的世界。本章力图说明，财富的神秘性本身极为沉重与严肃。奥索尼乌斯与他的同人都赞同这种神秘性，而保利努斯却拒绝。我们只有明确了这种神秘性的强度，才能清楚说明保利努斯拒绝参与其中有什么含义。

"我统领帝国"：戴切米乌斯·马格努斯·奥索尼乌斯与特里尔的帝国

要进入这种神秘性，最好的办法是较为深入地考察奥索尼乌斯本人。让我们首先把奥索尼乌斯放入 4 世纪高卢更大的背景中。此前，我们的焦点主要放在意大利与非洲，但从意大利穿越阿尔卑斯山进入高卢，就到了一个非常不同的世界。在这个世界中，就 4 世纪多数时候而言，许多道路通向特里尔，很少通向罗马。近一个世纪以来，特里尔是讲拉丁语的世界中最卓绝的帝国都城，君士坦丁曾在此出资兴建了全帝国最大的公共浴池之一，其规模仅次于罗马的浴池。到 4 世纪 70 年代，浴池的大多数地方被用于政府办公，这个巨大的建筑群成为西部的五角大楼。

特里尔的黑门，通常被认为与皇帝瓦伦提尼安一世

（364～375 年在位）有关。它耸立至今，是阿尔卑斯山以北现存的最高罗马建筑，其厚重的塔楼让人联想到中世纪的城堡，一直以来，人们将它描述为帝国被围困的标志。但在那个时候，它被视为自信到极致的纪念。这是一座凯旋门，它带着挑衅，面北朝向莱茵河边境，距边境仅仅 60 英里。从眺望爱尔兰海的威尔士海岸到多瑙河畔的铁门，特里尔，而非罗马，是不临地中海的欧洲地区的首都。[5]

特里尔是个异常活跃的国家的中心。越深入研究 4 世纪的罗马社会，我们就越认识到，税收和物资大规模流向了特里尔与莱茵河的驻军，带动了经济，由此，高卢、西班牙和不列颠南部的地主们获得了财富。在奥索尼乌斯时期，财政拨款不间断地涌入今英格兰南部、法国、西班牙与葡萄牙。这些财政拨款规模不一，在许多地区也并不总能深入落实到农业用地上，但是，它打造了研究奥斯曼土耳其帝国的学者所说的"帝国走廊"[6]。正是沿着这些帝国走廊，我们发现了最为富有的地主和最为宏伟的庄园。从财政角度看，世界上的条条道路都奔向特里尔，这些财富得自（用两位新学者的不敬之词）"绑在帝国肥差上的"土地。[7]

奥索尼乌斯沿着"帝国走廊"而行，卓有成效。369 年，就在特里尔，他遇到的不是别人，正是昆图斯·奥勒留·西玛库斯，后者当时还是个不满 30 岁的小伙子。西玛库斯毕生第一次，也是最后一次，来到特里尔。他此行表面上是为了财政事务，他给苛刻的皇帝瓦伦提尼安一世带来了收自罗马元老院的一大笔金子，作为"自愿的敬献"资助皇帝征战日耳曼；然而，西玛库斯到特里尔来也为结交身居高位的朋友。在这方面，他成功了，他遇到了年长自己 20 岁的奥索尼乌斯。后来的情况证明，奥索尼乌斯是西玛库斯最坚定的盟友："亦父亦友。"[8]倘若瓦伦提尼安一世的王朝可以维持得更久些，特里尔可能仍旧是西部真正的首都，而不会是米兰，那么，它将是西玛库斯会定期前往的城市。关于安布罗斯，我们的听闻可能会少很多；而非洲的奥古斯丁，或许会发现自己在摩泽尔河畔教书。

奥索尼乌斯在多个方面是西玛库斯的"影子"。他不像西玛库斯拥有贵族世家独有的不可撼动的优势，他当贵族，靠的是文化修养。奥索尼乌斯出身于阿奎丹的官宦名流家庭，他的家族精心呵护着一种说法：自己源自一古代贵族，而这支贵族在 3 世纪 60 年代高卢内战之前就已经消失。奥索尼乌斯的祖父是从欧坦逃难到阿奎丹的，他出身贵族的说法实在牵强。实际上，他与他的家族没比靠才智提升地位的农村地主和市镇议员强多少。奥索尼乌斯的父亲是名大夫，奥索尼乌斯成了诗人与教师。直到 365 年，奥索尼乌斯的生活中心依旧是波尔多的学堂，而不是雄伟的古宅。[9]

但是，即使奥索尼乌斯不是西玛库斯，他也绝对不是奥古斯丁。他的家族仿佛萦绕着没落贵族的氛围，这被证明对奥索尼乌斯是有利的，这使奥索尼乌斯和他的许多亲戚得以高攀，与在阿奎丹立足更稳的地方贵族联姻。我们无法想象奥古斯丁——一个区区普通城市有产者的儿子——可以这样做。罗马尼亚努斯给他提供了财力支持，但没有提供新娘，[10]况且，与波尔多发生关系跟在苏格艾赫拉斯当市议员很不一样。波尔多不仅仅是个主要的文化中心，还是大西洋地区的特里尔，那是管理高卢南部诸省的副长官（大区长官的副手）的驻地，近年来其港口的考古发现说明，它与广大地区有贸易往来，其中包括不列颠——这个沉寂的世界在4世纪大西洋沿岸的欧洲经济中扮演了何种角色，钱币学家与考古学家才刚刚开始探索。[11]奥索尼乌斯认识的两名亲戚在那里做贸易。[12]

人们猜测，瓦伦提尼安一世宠信奥索尼乌斯，部分是因为想跟波尔多和奥索尼乌斯的学生——阿奎丹的地主们——建立轻松自在的关系。他聘请奥索尼乌斯当儿子格拉提安的老师。375年，奥索尼乌斯成为帝国法官。同年，瓦伦提尼安去世，格拉提安继位，奥索尼乌斯发现自己迅速跃升为重要人物。377年，他被任命为高卢大区长官；378～379年，他的管辖权限扩大到非洲与意大利；379年，他甚至成为当年的执政官。这位老教授（时年65岁左右）被"拉出来"展示，他穿着沉甸甸的、金线织成的执政官官袍，这官袍正是君士坦丁的儿子——皇帝君士坦提乌斯穿过的。正如奥索尼乌斯后来在一首颂诗中告诉孙子的，在心神愉悦的三年时光中，"我统领帝国"。[13]

奥索尼乌斯（当然！）将他的成功归功于年轻皇帝格拉提安对自己年迈老师的感恩。实际上，他的出任是个折中方案，是格拉提安宫廷优雅的公关操控。格拉提安的顾问们意识到，他们必须从格拉提安的父亲——强权的瓦伦提尼安一世建立的强势统治传统中略微后撤，必须安抚罗马贵族。他们郑重地放火烧了拖欠税收的记录，抓了几个替罪羊，并按律处决，以示粗暴对待罗马元老们的惩罚。但是，那是格拉提安与他的幕僚最大限度的让步。[14]

在此，奥索尼乌斯被证明对宫廷有用。他被任命为大区长官，后又提拔为执政官，这完美地向罗马贵族传递了安抚的信号，同时，这又挡住了他们进一步主张权利。没有罗马元老可以反对奥索尼乌斯。他是古典学教师，支持罗马元老贵族自命全身心倾注的理想；他是看重赋闲与古典文学熏陶的整个阶级的理想自我。但同时，奥索尼乌斯并非罗马城的罗马人，他只是个老师，而且不过是个地方名流。他为当上执政官而致谢皇帝（我们在第 5 章已经讨论过）的演讲过于谦卑，这说明奥索尼乌斯幸运地不具备真货——罗马贵族所有的傲慢与优越感。

"我的小家业"：奥索尼乌斯及其财产

奥索尼乌斯的好运没能持续。383 年，不列颠大军在马克西穆斯的率领下攻占了特里尔，格拉提安被杀。奥索尼乌斯撤出特里尔，来到阿奎丹。他在生命的最后十年中，交替住在波尔多和离城不远的几处庄园中。

这十年间，他在诗歌与书信中追忆往事。[15] 他写自己的家庭［《双亲》(*Parentalia*)］，写了关于波尔多教授们的轶事小文。他的书信与诗歌深情地反复描写阿奎丹的山水风光——礼物与访客穿梭其间，络绎不绝，从一座储备丰富的庄园到另一座。如此一来，在 70 多岁时，他创造了独特的心灵图景。对现代学者而言，它相当生动鲜活，富有吸引力——也是一厢情愿的产物，跟西玛库斯在坎帕尼亚的祖业一样。这正是我们了解甚深的奥索尼乌斯：最后写下了最辛酸的诗歌，以劝诱朋友保利努斯重回阿奎丹的地主、波尔多公民奥索尼乌斯。

奥索尼乌斯因为残酷的政权更迭离开了特里尔的宫廷。但是，晚期罗马的绅士并不总惦记着政治挫败，他们不把下台当作失败，这样的时日被表述为可以致力于"赋闲"的时光。

如我们所见，"赋闲"对晚期罗马上流社会不同层次的人有多
190　种意义。就奥索尼乌斯而言，"赋闲"代表了幸运的平静时刻：
远离波尔多喧嚣的街道，摆脱无穷无尽的会面——这些是跟上
城市生活节奏的代价。现在，奥索尼乌斯可以享受（即使一年
中只有几个月）功成名就的终极奖赏——贵族随心所欲的自由：

> 你安排你的时间，仿佛你自己与事情都掌控在自己手
> 中，因此你所做的没有一点儿不是出于自己的意愿。[16]

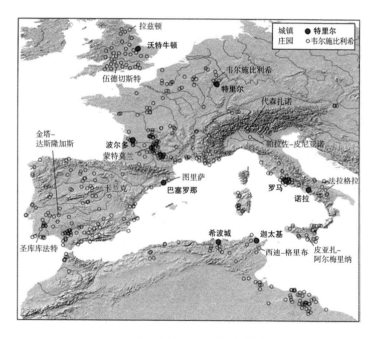

地图 2　庄园世界，400 年前后

读者须知这幅庄园分布图是印象主义的。不像城镇，几乎所有庄园都
是通过现代考古发掘才为我们所知的。这一分布图很大程度上代表了好运
或者考古学家对欧洲各地的兴趣。

　　"赋闲"给了奥索尼乌斯重归缪斯们的机会。还有什么比歌颂自己的财富更好的去寻找灵感的理由呢？于是有了奥索尼乌斯优秀的诗作，题为《我的小家业》，乍一看，这首诗精确得不同凡响。在此，我们有一座晚期罗马的庄园坐落在巴扎斯城外某处，面积（据奥索尼乌斯告诉我们）刚好为 1050 尤格（合 264.411 公顷或 653.33 英亩）。其中，700 尤格（436.47 英亩）是树林（树林很宝贵，它不仅是狩猎的专用地，还是利润很高的商业资源，可以出产木材以及用于制作船只与酒罐的沥青），200 尤格（124.70 英亩）是耕地，100 尤格是葡萄园，50 尤格是草地。它里面的仓库（那重要的囤积标志）号称可以存储足以维持两年生活的食物。在整个古代世界史中，再没其他文字材料提供这样的数据。这是一个规模可观的庄园，粗略估算，仅可耕地一项就可以收入 1000 索里达，这相当于君士坦丁赠予罗马教会的一座大庄园。[17]

　　奥索尼乌斯写这首诗并不是为了给社会史提供资料，尤其不是为了夸耀自己的财富，他是将之作为一种从经济上"认识自我"的手册而写。他自己在书中以不太富裕的人出现。[18]《我的小家业》不是为了记录奥索尼乌斯的财产，它记载的财产规模实际上是外界允许奥索尼乌斯拥有的，他不会就此被诟病为过度贪婪；它所反映的是奥索尼乌斯这个阶层与有文化背景的人——官僚贵族成员——该有的姿态。

　　而且，像西玛库斯一样，奥索尼乌斯竭尽全力使他的庄园看起来像他"祖传"家业的一部分。事实上，它可能来自他过世的妻子（地方官僚显贵的女儿），但是在奥索尼乌斯笔下，庄园仿佛是传承自曾祖父的"继承家业"的一部分。[19]最重要的是，这座庄园正适合"缪斯之人"冷静审慎的灵魂：

> 我承认，这是一块极小的祖传地产；但是对那些平衡的心灵而言，财产永不会显小……是靠着心灵——据我冷静审慎的评判——而有财富，而不是靠财富才有心灵。[20]

唉！现代学者不容沙子的眼睛，在仔细排查奥索尼乌斯与他朋友们的通信后发现，奥索尼乌斯没有告诉我们：除了这个"小小的祖产"，这位老朝臣到临终前至少积攒了另外六座庄园，[21] 它们分布于波尔多周边，北至桑特，南至巴扎斯。

奥索尼乌斯讲到了财产。让我们停留片刻，来看看在4世纪，财产怎样以庄园与宅邸的形式存在。然后，我们考察这些财富来自何方，并由此推导什么样的人会有兴趣展示财富。我们将以一个比较宽泛的主题结束这一章。我们将追踪有关财富的种种独特联想，它们为奥索尼乌斯与保利努斯时代的庄园主所共有。

"让我们，幸运儿，享受美好生活"

192 　　为实现这个目标，我们必须放弃人物，转向山水。尽管从奥索尼乌斯的诗歌中，我们对高卢的山水有了很多了解，但这些诗歌呈现的是闪烁不定的表面，我们必须更加深入。我们必须看看不列颠、高卢与伊比利亚半岛（今葡萄牙与西班牙）的庄园有什么相关物品遗留了下来。这些遗留物即使现在处于支离破碎的状态，我们从中看到的也完全是以石块、镶嵌砖、玻璃、金子和银器表达的梦想。我们是在考察富人的华彩及其所要传达的信息。我们已经透过富人明艳的服饰与大型赛会激动人心的场面，见到他们多么渴望能够在晚期罗马社会中脱颖而出。但是，比起我们从富人在农村和城市真正生活的场所——庄园、城市宅邸和浴池——中能够见到的，这些都不过是辉煌的短暂闪现。

是时候清点这个时期的物件所表达的财富的神秘性了。由于整个西欧与北非令人振奋的考古进展，勘测与发掘出来的 4、5 世纪的重要庄园的数量迅速增多，它们的发现使我们对晚期罗马富人的眼界与生活方式有了新的了解。尤其是保利努斯和奥索尼乌斯所熟知的西班牙与阿奎丹，它们开始与一些雄伟得罕见的庄园关联起来，成为大量专著的讨论对象。[22] 我们作为游客或考古者，参观晚期罗马庄园，看它们的布局，研究其中的镶嵌画，观赏遍及欧洲的博物馆中与它们相关的雕塑与银器，便会认识到，帮助我们评估它们的主人的权势与财富的不仅仅是经济材料与社会文献。我们正在聆听财富在一个遥远的时代发出的沉重的声音。这种种工艺品给我们提供了一个漫无边际却恒一的信息，关于观念中财富的起源与使用的信息。它们向我们诉说：

> 财富……转换成饰品、奢侈、享乐……像陈年老酒，（它）让贪婪的残渣，甚至连同谨慎小心，沉入桶底，只留下激情与颜色。[23]

倘若我们想要了解保利努斯弃绝这种财富的全部含义，和令这个放弃成为可能的晚期罗马社会基调的变化，我们最好听一听财富的声音，它向与保利努斯同时代的上流社会的大多数人说着话，响亮且明确。

我们首先想到的是晚期罗马宅邸的华彩——绝对光彩夺

目。晚期罗马富人的住所——无论是庄园还是城市宅邸——以
193 墙上及地上色彩的迸发为特征，与他们服饰上色泽的突然迸发
交相辉映。[24]在真正富人的家里，色彩的效果强烈，压倒一
切。我们得谨记，我们只见识了这些辉煌的宅第中最终遗留的
痕迹。只有镶嵌砖铺设的路面保留了下来，它们在地上铺展开
来，像是华美的地毯。但是镶嵌画在当时是一种相对便宜的艺
术形式，上流社会住所的真正财富集中在用来铺墙面的多彩大
理石上。为数不多的几例内嵌大理石装饰墙面的非教会建筑现
已被发现，都很壮观，[25]但只有走入建于晚期罗马、至今完好
无损的教堂（例如拉文纳的圣维塔教堂、波雷奇的方堂后殿
的墙，或伊斯坦布尔的索菲亚大教堂铺满内壁的瀑布般的彩色
大理石），现代人才可以略微见识到富人家里从地面直至屋顶
的墙壁上包裹的缤纷。

　　面对这样的瑰丽，学者倾向于强调城市宅邸与庄园的布置
反映了晚期罗马不加掩饰的社会分层。西门·伊利斯尤其提
出，4世纪的富人这样打造他们的庄园与别墅是为了控制自己
的门客与附庸。[26]罗马老房子中开放的通畅空间关闭起来，厅
堂与正式宴客厅成了主导，它们被打造成多彩、壮观的舞台，
专为抬高这家主人的地位而设计，这些大厅的一端都朝向带有
穹顶的后殿，跟法庭一样，庄严肃穆，有震慑力。进入上述室
内厅堂都要经过长长的走廊，厅堂内充满异域风情的挂毯把外
人的视线隔开。[27]

　　然而，我们得小心，不可夸大这种趋势。正如肯贝里·鲍
斯不久前对业界主导意见进行敏锐的重新审视时所指出的，打
造大量此类建筑也是为获得愉悦，这一点并非没有此类建筑给
人的震慑重要。后殿并不总是产生虚拟王殿的效果，它们常常

只是让精神放松，令每个庄园主的庄园深邃，不落俗套。[28]
社会学理论支持了这种新的解读——认为只有少数人在打造
庄园，并以此强调他们对社会其他成员的彻底主导是错误的。
事实远非如此。庄园主对于巴洛克独创性的追求表明，恰恰
存在一个分布相对较广并且内部有竞争的阶层，他们的收入
可能随地区、家庭的不同而有相当大的差异。就像奥索尼乌
斯精雕细琢的诗歌，许多庄园的建筑带着小巧玲珑的质感。
根据主人的不同财力，庄园可以缩小或放大，因此，我们不
该只盯着这个时期少数几处真正宏伟的庄园。庄园有各种各
样的规模，从西班牙和葡萄牙南部乡村的"小珠宝盒"，到面
积大得惊人的西西里皮亚扎阿尔梅里纳大庄园或西班牙卡兰克
大庄园。无论在哪儿，盖庄园的不仅仅是少数特权者。这些庄 194
园暗示着广泛分布的地主阶级的强大竞争冲动，每一位地主都
迫切想要主张对土地的权利。用肯贝里·鲍斯的话说（取自
勒·柯布西耶的一个词组），庄园与其说是"居住的工具"，
不如说是"竞争的工具"。[29]

　　在这一切中，我们所面对的不仅仅是属于富人的艺术，我
们面对的是富人打造的艺术，它被倾注独特的热忱，专门用于
说明如何当富人。例如，我们看到富人就餐，极尽奢华，他们
向来如此，但是现在他们被表现为如此——并且倾尽全部热
情。[30]这同样适用于富人其他方面的活动：他们被展现在狩猎，
被展现在开阔的庄园前休息。这些庄园的建筑特色往往表现在银
器或镶嵌画上，它们像是挤在一起，那是为了在一个浓缩的画面
中简略地表达它们丰富多样的附属设施。就在一堆穹顶下面，有
多个使用中的浴池，喷着团团幸福的蒸汽。庄园看上去像小城市，
但这不是为了将城市挡在主人的思想之外，而是因为，像城市一

样，庄园被认为具备了完整的贵族生活所需要的一切。[31]

只是偶尔地，奥索尼乌斯这样的人在文中表现的腼腆会出现在真实生活中。而即使这种时候，这种腼腆只存在于富人个人行为中，与他们所住的华美建筑无关。最近，在西罗马帝国最遥远的东端发现了一座庄园，它在耐苏城（今尼什）与斯库皮（今斯科普里）之间（在今内偌蒂姆里，科索沃西南乌罗舍瓦茨附近），几乎就在帝国走廊上，距离纵贯巴尔干半岛的帝国大道仅几英里。在这座庄园中，一个陈设舒适的后殿被用作餐厅，它俯瞰一幅巨大的图案规整的镶嵌画，镶嵌画的一头（客人们走向餐厅躺椅时会看到）是古希腊七贤的像，每幅像的下面有一句译成拉丁文的格言，这些格言蓄意破坏乐趣的程度不亚于任何基督教主教的布道词。列斯堡的庇塔库斯提醒就餐者"认识你自己"；雅典的梭伦加了句"不要过分"；林多斯的克莱俄布卢插话说"适度总是有益的"。[32]

通常，此类道德教化的话语是要回避的。乡村生活的场景（许多近期出版的关于晚期帝国社会状况的书都以它们为插图）本不会留在那里供我们观赏，除非富人自己希望以特别坚定的方式来展现：他们是富人，他们要继续当富人，并且他们极其享受这种生活。在南部不列颠一座4世纪的庄园中发现了一只精致的酒杯（可能产于特里尔），环酒杯而写的是祝酒的话："让我们，幸运儿，享受美好生活！"[33]这正是那个产生了奥索尼乌斯和保利努斯的时代的座右铭。

艺术与人生：谁是庄园主人？

195 　　但是，这些财富来自何方？要回答这个问题，我们必须小心。对这些光彩夺目的艺术品的解读一直受到根深蒂固的历史主义范式的影响。晚期罗马镶嵌画和银器上刻画的华彩景象，常常被用于说明当时多神教与基督教文献中普遍存在的道德说教。正如在安布罗斯的布道词中，我们被诱使将这些表现当作映照着晚期罗马富人愚蠢冷漠的生活方式的镜子——在某种程度上，像相机抓拍的镜头。这种生活方式公然穷奢极欲，极度唯我独尊，我们认定它必然会对晚期罗马社会整体产生坏的影响。尤其是，我们得到鼓励，去相信这种艺术可以用作直接的证据，证明广泛存在的罪恶的社会发展：大庄园发展为自治单位，独立于城市，甚至独立于帝国政府。

这个印象反映了晚期罗马社会研究中根深蒂固的倾向，大家倾向于认为高卢与西班牙地主的势力古已有之。对 20 世纪 20 年代的著名历史学家卡米耶·朱利安而言，奥索尼乌斯时期庄园主的财富反映了"简单纯粹的向古代高卢的回归"[34]。在朱利安和其他许多史学家（其中包括 M. 罗斯托夫采夫）看来，像奥索尼乌斯这样的地主要么是最后的凯尔特部落首领，要么是最初的中世纪男爵。他们被表现为农村的统治者，安坐于由诸多依附者构成的庞大金字塔的顶端；他们的庄园如同中世纪城堡一样，俯瞰由他们单独掌控的土地；他们悠闲自得的生活方式建立在"不可撼动、由地主贵族历经千年形成的机制"[35]之上。

正如我们在第 1 章中所见，4 世纪的状况与这种观点有明显不同。根据奥索尼乌斯的书信与诗歌，他与他在高卢南部的同伴拥有的财富很可观，但他们的财产远远不够稳定，它们从不曾独立于庄园所在地附近的政权或城市，阿奎丹地主们维护财产，靠的是跟政治和商业中心波尔多保持紧密联系。独自住在乡村，那是自绝于社会，是政治自杀。事实上，城市与庄园是椭圆的两个焦点，奥索尼乌斯与当地的地主们经常在这两个焦点之间来回移动。阿奎丹是个富饶的农区，为莱茵河边境提供粮食。结果是，阿奎丹的贵族们，哪怕并非所有人都像奥索尼乌斯那样前往特里尔服务宫廷，但以其经济上的重要性，他们都是宫廷贵族。他们的财富与地位并不是从高卢恒久不变的土地中悄无声息地长出来的，它们仰赖帝国统治的活力，而这一活力靠特里尔来强力拉动。

196　　值得注意的是，并非帝国西部各地都有雄伟的庄园出现，它们只出现在作为帝国走廊的地带——高卢西南部、西班牙部分地区（但仅限于此）、特里尔周边，以及不列颠南部。在多瑙河边境后面蜿蜒穿越巴尔干半岛的帝国大道附近也有庄园出现。[36]

　　让我们以一条帝国走廊——4 世纪不列颠南部为例。它催生了数量可观的庄园。在这里，我们见到一个彻底的农区，其城镇规模比阿奎丹或西班牙的城市要小很多。20 ~ 30 座晚期罗马的庄园在此得以发现，它们主要建于 4 世纪上半叶，在仍然散布着凯尔特式圆形房屋的地貌上，它们突兀地矗立着。前者与庄园主的生活、价值观差异巨大，就像 19 世纪俄国和波兰村庄中杂乱堆在一起的茅屋不同于乡绅们居住的帕拉第奥式乡村别墅。[37]

　　但是，这些庄园并没有消失在乡野深处，它们受小城镇的吸引，常常建在城镇的辐射范围之内，与城镇的距离不超过10 英里。这些城镇又通过帝国财税体系，与西部重要的消费中心相连，后者又与在特里尔的帝国宫廷、驻扎在莱茵河谷边境的军队以及像阿奎丹这样富庶的地区相连接。

细致的研究显示，不列颠庄园的镶嵌画是当地风格，每一种都是从一座中心城市——例如多切斯特、赛伦塞斯特或杜罗布里维（沃特·纽顿在那时是重要的出产铁矿的城镇，其教堂正如我们所见，已经号称藏有为数可观的银盘）——传播而来的。通过追溯每一种风格的作品在各自地区的传播，我们可以梳理出该地乡绅的建筑活动。乡绅们对彼此的建筑极为在意，[38]在晚期罗马艺术上，他们同场竞技。他们希望用亮丽的镶嵌画，使地面绽放光芒。他们的方法各异。在塞鲁克斯顿，一个长长的、比凯尔特农舍略大的厅堂在一端加了一块镶嵌画，提升了档次，镶嵌画上绝妙地拼出了肥胖的、多彩的狄奥尼索斯，他就在主人及其门客与亲属的名字下方，他们的名字带着神秘的凯尔特色彩：波登家族（the Bodeni）。[39]与此相对，在赛伦塞斯特以西的伍德切斯特，有 20 处地面上铺了亮丽的图案。大堂至少矗立了一座优雅的、出自当时帝国东部作坊的神话人物雕像。大堂地面上的巨大的镶嵌画由 150 万块取自当地的砖、石立方体组成，上有俄尔普斯被野兽团团围住的图案，这些野兽刻画得强大有力，肌肉线条分明，令人生畏，与北非嗜血的圆形剧场镶嵌画所显现的狮虎无异。[40]研究这些不列颠样本所得出的结论同样适用于高卢与西班牙，它们显示，庄园从来不是纯粹的经济中心，也不是封建城堡的原型，而是一座丰碑，它向邻居们发出"主人来了"的消息。在这些 4 世纪四散的流动精英中，无论是在不列颠，还是在高卢和西班牙，从来不缺要向大家迫切宣告自己已经到来的人。

197

西罗马帝国的庄园的结束有助于说明，为何它们在 4 世纪前所未有地兴盛。在罗马政权及其财政能量开始动摇之时，雄伟的庄园消失了。许多庄园是作为经济中心被保留下来的，它们当了存储的库房与生产酒和油的地方，但它们已经不再有个性，其主人没有留下明显的烙印，因为它们不再是新财富的纹章。而奥索尼乌斯在世之时及保利努斯早年是庄园的鼎盛时期，它们代表了"美好时期"，代表着脆弱的光辉一刻，这种光辉与黄金时代和强大的帝国休戚相关。[41]

因此，我们不该这样设想：庄园主人作为一个封闭的超级富有的地主团体，牢牢安居于一个高高在上的位置，令社会上其他所有成员遥不可及。相反，庄园主在财产规模和文化水平上参差不齐，他们远非无人敢去挑战的地方领主，他们常常是新人，身处与同伴的激烈竞争中，明显缺少现代学者试图划归给他们的稳定。但是，他们确实有共同点，即打造财富的神秘性。这种神秘性赋予他们那通常脆弱的财富以稳固，使他们的生活沐浴在辉煌与兴奋的感觉中。尽管他们被分开，岌岌可危，但他们是"幸运儿"。正因如此，我们应该仔细聆听他们的艺术与装饰传达的信息。为做到这一点，让我们进入他们的庄园，如同进入梦幻的殿堂。

"拿走！"：丰盈之像

首要的是，晚期罗马的庄园被表现为毫无疑问的丰盈之地。庄园主春夏出城前往自己的庄园，是把丰盈当作自己的东西去认领，甚至，晚期罗马餐厅的陈设都强调这个事实。晚期罗马半圆卧榻的半圆形状起源于户外野餐中较为随意的靠垫摆放。[42]客人躺在半圆卧榻上往外看，可以见到主屋。这种半圆卧榻不像古时罗马环餐桌三面放置的躺椅，躺在这种直直的榻上会让客人面对面。最隆重的用餐安排在室内餐厅。在厅堂一端，后殿的穹顶之下摆放着半圆卧榻；或者，在巨大的厅堂内的连串半圆穹顶之下，环厅堂摆成三边半圆的四方形。[43] 但是，无论晚期罗马的宴会规划得如何封闭庄严，户外野餐依旧是其原型，因为正是通过在这块土地上、吃这块土地的多种物产，主人与他的朋友们实实在在地收获着滚滚而来的农业盈余。这正是他们致富的秘密。

要仔细贮藏当年的谷物，高仓可能是个现实难题。而最理想的，是纯洁的丰盈。[44] 因此，海产品与水产品的画像很重要。鱼和海鲜来自最丰产、最纯净的资源——大海、湖泊与河流，这种食品来自不遭嫉妒的地方。海中无尽的液态资源永远都不是零和博弈的对象，它永远不可能像不够大方的土地那样被庄园的边界分割。即使在干旱的努米底亚高原深处的马克塔尔，一座餐厅的镶嵌画还是表现了满是食用鱼的大海。[45]

安布罗斯可能会宣扬自然的丰盈应该由所有人共享，但地主的镶嵌画发出的是另一种声音，它们宣称自然本身会为地主提供无限的资源。值得注意的是，这些资源无一表现为人类的劳动成果。收割极少得到表现，安布罗斯在布道词中提到的悲苦事件被忽略了。相反，镶嵌画表现的是充满活力的农民们提着装满美味的篮子，美味貌似由大自然提供，得来毫不费力。

餐桌上，主人确保他们的客人不会缺了象征大自然自愿的慷慨的食品。在图卢兹西南的图什河畔的蒙特莫兰大庄园（一处真正的乐园，阿奎丹最宏伟的、平心而论最令人喜欢的庄园之一），考古学家发现了六个鱼缸，其中有一个满是来自大西洋沿岸的没开口的牡蛎，[46] 这些牡蛎从波尔多附近的海滨穿越 150 英里内陆而来。提供这样的食物，与西玛库斯为了在罗马人民面前演出而集结鳄鱼和来自爱尔兰的猎狼犬，是本着同一种精神。它们显示，富人们为给宾客准备惊喜，可以去已知世界的边缘。

因此，被称为"小礼物"的食品与水果的小馈赠很重要。例如，奥索尼乌斯送给儿子赫斯佩里乌斯产自湿地的鸭子——双脚深红，羽衣如彩虹；同时送出的还有 20 只歌鸫——它们飞入了网，仿佛"一心要被抓"[47]。这些"小礼物"是大自然本身恭顺的标志，也被用作对土地拥有者恭顺的象征。精挑细选的食品同佃农的租子一起，被上缴给地主，也同请愿与贿赂一道，由下级呈给上级。[48]

因此，吃，对富人而言不仅仅是享受，它主张的更多：它是对丰盈的庆祝，它确认自然界中的宇宙能量永不衰减。人们认为，一切财富都来自这种能量，轻而易举，如同四季必然会到来一样。在此前的几个世纪中，表现四季的镶嵌画一直是庄园宅邸和城间别墅的地面装潢的必要元素；表现四季的图像再现着自然界，它通过季节更替，满载承诺，预示丰饶将反复再现，恒久不衰。[49]

在 4 世纪的镶嵌画上，大自然自己完全接手了静默的神性，再也看不见与丰产相关的诸神。[50]相反，人们认为一种四散于宇宙的力量在自然界脉动。现在，自然界可以说是以自身的神圣能量舞蹈着，而不需要旧时诸神的帮助。近期在拉文纳发现了一座城市宅邸，里面的镶嵌画把四季表现为幸福的孩童，他们围成一圈舞蹈着。[51]在拉文纳一座与之相仿的宏伟宅邸中（被称为"狄奥多里克宫"），《四季》下面的题词鼓动读到的人"拿走！"："拿走春、夏、秋、冬各自一遍又一遍地带来的一切，拿走在这整个循环世界中产生的好东西。"[52]宇宙的丰盈（概括在四季之舞中）取自古代主题，是属于新富的、全新的、更加不露面但同样强有力的神。

"祝您健康，洗浴愉快！"：快乐的肉身

但是，最让晚期罗马的富人想要动用脉动于宇宙间赐予生命的力量的，莫过于照料自己的身体。晚期罗马人认为，人的肉身是世界这个伟大的宏观宇宙，即整个物理宇宙，在极私密的状态下表现出来的微观宇宙。让肉身脉动的正是使星体律动的力量。[53]

正因如此，富人把身体表现得极其快乐。因为个人健康、充满力量的身体跟自然界——他或她自身财富的来源——一样，都参与着令宇宙蓬勃生机的律动。同食物一样，健康也听命于富人。穷人的厄运不会落在他们头上，就像 4 世纪的占星家费米库斯·马特尔努斯所描述的，穷人是晦暗的灵魂，诞生于不活跃的星象之下："悲苦、卑微……被判劳作，永远忙于不体面的苦力，身体与嘴散发恶臭，可恶至极。"[54]

在道德说教的历史学家看来，这种极力推崇身体要充分沐浴的做法就是晚期罗马富人奢侈和自我放纵的病征，明确预示了罗马社会即将到来的衰落。事实并非如此，在他们的心目中，这是富裕阶层里成功人士的标志：能量与好运的一种个人化——或许可以说是躯体化。

为了获得这种适宜斗争的良好状态，富人经常去庄园和城市宅邸中的私人浴池。整个 4 世纪，他们不断投入精力与金钱将这些浴池打造得更加富丽堂皇、舒适宜人。但是我们解释这个现象时，需要谨慎。兴建私人浴池以牺牲城市大浴池为代

200

价，常常被认为是撤回到完全私人世界的举动。这个观点没什么证据支持。我们对非洲城市公共浴池做了大量研究（尤其是近期安娜·利奥尼的研究），在那里，公共浴池并没有衰落。[55]在那些在乡村兴建私人浴池的人的思想中，城市依旧存在。在他们笔下，建私人浴池常常仿佛是某种给城市的施舍，由庄园主主动提供给有限的人民——他的门客与朋友们。让我们看一看这种浴池的一个鲜活例子。

在距迦太基西南 19 英里处的希迪加里布，一个晚期罗马的精致的洗浴建筑群于 1983 年被发现。它建得很快，华美得几乎是个"装饰性建筑"。建造它的是一对幸运的夫妇，通过修建这个洗浴建筑群，夫妇俩在一代人的时间里，在这炎热、尘土飞扬的地方打下了自己的烙印。[56]整个建筑群的社交中心是个冷水浴池，有着怡人的清凉宽敞的大厅（约 25 英尺 × 25 英尺）和高耸的穹顶。上面镌刻着："我之所建，超过了收入的许可，但远不及我心之所向。"这是"热爱故乡的人"老套的自夸。但是，希迪加里布浴池的缔造者倾其财力，并没有去慷慨布施给人数众多的市民。他建浴池，只为自己与圈子里的同伴：

> 倘若您喜欢它，它完全为您开放。不管您喜欢与否，它都是我的。对那些欣赏这些的人而言，这是个"令人陶醉之地"。[57]

这个浴池是"令人陶醉之地"，正是因为（用于丰·提贝尔的话）它是个"充满奇迹的建筑"。[58]这个澡堂被视为一个微型宇宙，借助复杂的供暖设计，澡堂内独立的空间仿效了火与水、热与冷这些对立力量的神奇交融，宇宙正是靠着这种交融运作的。反过来，浴池本身的运作就神奇地建立在人体自身内部体液的平衡之上。在这种澡堂的热蒸与冷浴间移动，是为了借助蒸发与冷却交互而成的空气的奇妙作用，恢复体液的平衡。[59]

　　那么，这就没什么可奇怪的——一本与特里尔相关的（甚至可能与奥索尼乌斯自己的同事有关）希腊－拉丁双语对话训练手册，居然教导那些在澡堂碰面的人用这个词组互相问候："祝您健康，洗浴愉快！"[60]富人们从浴池出来，步伐沉稳，头发整洁，生气勃勃。他们带着饱餐、沐浴后的容光焕发，以最佳状态出现在世人面前。

201

财富、宇宙与诸神

　　总之，在富人进餐与洗浴时，围绕着他们的神秘性显示了那个时代宗教风气的一个方面，而这方面是我们容易忽略的。在传统上，4 世纪被呈现为一个由基督教与多神教之间的冲突主导的时代，然而，我们对这个阶段的研究越深入，这种冲突就越不突出。当我们转向 4 世纪财富的神秘性时，这一冲突几乎完全消失了。晚期罗马关于丰盈与健康的用语是"世俗的"与"俗世的"（所用的是这两个术语的深厚的古代含义）。那绝不是无关宗教的，它们带着神秘的战栗感，我们断不可低估它的强烈程度。这种欣喜若狂因为有感于世界——物理宇宙（我们如今的词"世俗的"是其呆板的、毫无生趣的重复）——之美与丰盈而迸发。人们认为富饶的土地所拥有的魔力是世界——物质世界，充满着焕发生机的能量——散发的荣耀。4世纪，传统的多神教诸神很有可能遭到了忽略，但对于那些潜藏在土地近旁、处于宇宙较低等级的看不见的灵力，地主们仍然带着该有的敬畏。因为那些暗藏的存在，看顾着田地、树林与丰收的果实。[61]

当奥古斯丁向北非会众布道时——当时，他的会众当基督徒的时间要比大多数信基督的高卢居民长得多——他说得很明白，真正站在他自己严格的基督教一神定义与听众对自然界的态度之间的，不是明确礼拜特定神灵的多神教仪式，它实际上是上帝与物理宇宙（尘世）之间的脱节感，它牢固地留在多数晚期罗马人的脑海深处：

> 有那样一些人，他们说："上帝是善，他伟大、至高无上、永恒且不可侵犯。他将赋予我们永恒的生命，赐予我们他在复活中允诺的不腐败。但是，那些属于这个（物质）世界的东西……当然属于'魔鬼'与看不见的灵力。"
>
> 他们将上帝丢在一边，仿佛这些都不属于他；并且，通过献祭，通过种种治病的手段，通过伙伴专业的占卜……他们寻求途径，以期应付与现世生活相关的问题。[62]

202　　在富人中，基督教一神论还没有完全抽干世界的种种超自然的神秘特质。基督教不过是在远远高于可见宇宙的地方加了一位新神。基督是高高在上的神，这位神适合彼岸的生命，远在星辰之外的另一个世界中。自君士坦丁开始，基督也已经成了皇帝的神。他是高高在上的神，适合国家元首的崇高使命。

在此，我们有必要回头在奥索尼乌斯这个人物身上停留片刻。对其作品的仔细阅读，使我们捕捉到信心满满的"俗世的"基督教的机理，这种基督教与比他年轻一代的保利努斯选择结盟的苦行者的基督教非常不一样。[63] 在此，我们面对的是意义重大的两代人之间的变化。奥索尼乌斯绝不是个伪善者或隐秘的多神教徒，他很可能生在基督徒家庭，甚至曾在波尔多的教师行业中代表基督徒那派。[64] 但是，到 4 世纪 90 年代，这位老人的基督教已经过时了（更确切地说，被拉丁西方教会中人数虽少却敢言的少数派宣判过时）。奥索尼乌斯的基督教是君士坦丁时期的基督教，这种基督教的形式对今天的我们来说已经极为陌生，但这是因为在奥索尼乌斯生命的最后岁月以及他去世之后的十年中，基督教自身发生了变化。安布罗斯这样的新型主教与奥古斯丁和保利努斯这样皈依苦行的人士，在公众话语中高度强调着基督徒与多神教徒、神圣事务与"俗世的"事务之间的截然对立。其结果是，相形之下，这位老诗人的基督教就显得讳莫如深，到了似乎不真诚的地步。

简而言之，奥索尼乌斯的宗教绝非空泛无力，也断非不真诚。由于适合君士坦丁及其直接继任者们统治之下成长起来的人，它时尚地超验。它与通行的哲学理念一致；通行的哲学理念是：神是非物质的，应该只在精神上崇拜。[65] 但是，这一超验主义令物理宇宙不受干扰。它敬拜基督，但将其关在这个世界之外，它将他的力量局限在可能是他所在的超现实的领域。地球上真正崇高的权威，例如皇帝，或许可以接近基督。奥索尼乌斯因当上执政官而感谢格拉提安时，可以这样说：他从对格拉提安的感激与祷告转向对上帝的感激与祷告，"只是绕了个小小的弯路"[66]！基督在格拉提安近旁，这正合乎皇帝的身份，但是基督没有理由要在奥索尼乌斯近旁。

相比之下，在奥索尼乌斯近旁的是尘世及与之共存的一切——摇曳的山水、各种灿烂的古代文学（文学作品中满是关于诸神的有趣故事，缪斯女神呼出温暖的气，吹在像他这样的诗人的心田）。基督没有给奥索尼乌斯的世界带来挑战，他只是在星辰之外，隔着安全的距离，为它作保。

203　　许多人跟奥索尼乌斯想法一致。正因如此，帝国晚期占星术在上流社会如此兴盛并毫不奇怪。因为占星术是一套全心全意地关注物理宇宙如何运作的思想与实践，它聚焦于恒星、行星与地球上的事件之间的关系。这样做，它并不否认上帝的存在或诸神的存在，但是（像奥索尼乌斯一样）它让两者之间保持一定距离。占星师的神，活在恒星之外孤独的尊威中，他只是通过行星带给地球种种星力，间接与人类有接触，他距离这个世界，跟奥索尼乌斯这样的人能想到的基督跟世界的距离一样遥远。因此，一点儿都不奇怪，当时最全的占星手册——费米库斯·马特尔努斯的作品《教导》是由一位当时已然是基督徒，或很快就会加入基督教的人写给一位罗马贵族的。[67]

费米库斯对尘世的态度跟奥索尼乌斯与他的同伴非常相像。费米库斯相信，有一位伟大的神统治着宇宙，但是他将"尘世的"一切分派给了种种能量的错综复杂的互相作用，这些能量由宇宙内部的行星与恒星发出。[68]离天堂越远，进入物质世界也就越深，星力的力量也就越大。行星滑过十二宫，带来不祥，占星术就是通过追踪这些滑行轨迹，解读星力的相互作用。行星的每一个移动都会在下面的世界中引起恨、爱、成功或失败的旋涡。占星者的客户的命运由那些微妙的旋涡决定，而占星者宣称自己可以预测它们的运动。[69]

我们见到有些人在上流社会的各个阶层玩占星术。奥索尼乌斯的祖父曾"秘密地"行占星之术。[70]奥古斯丁遇到过一位高卢的医者，叫文提齐亚努斯，那时，他还是迦太基总督。他告诉奥古斯丁自己一直有意成为一名职业占星师兼大夫。文提齐亚努斯习惯于细细查验不透明的身体，寻找健康与疾病的迹象，作为占星师，文提齐亚努斯所做的也当大同小异。他将审视巨大的星空，力图通过与诸行星关联的相互冲突的能量，（在黄道十二宫的背景下，从行星个体之间相对位置的变换）探查好运与厄运在人间泛起涟漪的源头。[71]总而言之，占星术是帝国晚期上流社会的默认宗教。它如此令人着迷，恰恰在于它将注意力集中在好坏命运的转变上，并且这一切在活生生的物理宇宙中上演。这个宇宙——世界——就在近旁，远低于基督徒的、新的、至高神所在的、某种程度上不可名状的天外国度。财富正是来自这个宇宙，它以强大的振奋人心的浪潮，涌向好命的富人。

活生生的神话

富人们牢固地扎根尘世，与在恒星之上统治的上主保持着安全距离，开始兴致勃勃地回头重拾古典神话。这些神话总是赋予富人在地球上的生活以生命与戏剧性，他们以此来表达自己有权享有丰盈、健康和所有的成功。他们这么做是在利用一个想象中的宇宙，而在此，基督教几乎完全是不在场的。我们处理 4 世纪人们对古典神话的使用时，有必要强调，对于这个时期一些圈子里发展起来的严格的宗教分隔，基督教保持着高贵的漠然。在 4 世纪的基督教文献中，宗教议题具有突出的重要性，但当我们转向同期拉丁西方富人阶级的艺术时，我们必须调整双耳，以适应它在宗教话题上"震耳欲聋"的沉寂。在富人的镶嵌画、雕塑与银器上，多神教与基督教之间的冲突仿佛发生在另一个星球上。

富人们在使用神话场景时，缺乏明确的基督教与多神教标识，这与轻率——甚至缺乏信仰——毫无关系。这种艺术讲述着重要议题，这些议题充斥着冗长的宗教性的弦外之音。所缺的只是一种来为整个阶级的追求正名的话语，而不管他们信什么宗教。财富是个严肃的事情，它该有强有力的声音，微微带点儿宗教的震慑力，4 世纪，这种声音只可能得自与基督教无关的过去的意象。在结束这一章时，让我们看看这是怎样做到的。

在某些场合，富足的基督徒愿意表明自己信奉特定宗教。代表基督的符号——XP 交织而成的基督的名字——在这个阶段的私人和公共艺术作品中随处可见。但看看基督的符号究竟出现在哪里，这很能说明问题。它只出现在传统上有关好运的地方：房子的门槛、会客厅堂的中心——两旁是司四季的诸女神和类似的标志丰盈的古典符号。[72]

塞夫索就是一位这样的基督徒。他可能是个军人，有数量庞大的盘子（最近神奇地被发现了），这标志着像他这样的成功不多见。在图案中，他与妻子一起主持着野餐，这标志着狩猎成功并已结束。他钟爱的马——其名字"英诺坎提乌斯"被仔细地刻上了——被画在他身旁。他的客人们已经开始痛快地享用起一条大鱼。这欢乐的场景被置于一个巨大的、用超过 19 磅的银打造的盘子正中。环盘子刻着：

哦，塞夫索，愿这些年年岁岁归你所有，

小小器皿恰配你的后人之用。

基督的符号，尽管被镌刻的文字被巨大盘子闪烁的光芒比了下去，但它毕竟在上面。它悬在这对夫妇的头顶之上，就像一颗仁善的星星。它宣告，基督（而不是其他神）护佑着塞夫索与他妻子的好运。[73]

塞夫索似乎还拥有另外 130 磅的银器，而上面都没有基督的符号。沉甸甸的银器上醒目地刻着取自希腊神话与希腊戏剧的图景。它们摆在盘子上（连同取自圆形剧场的战车御者像与野兽图像），跟许许多多的贴花图案一样，它们宣传着塞夫索对古典过往的忠诚。从名字判断，塞夫索可能是出身阿兰人家庭的骑兵。但是，塞夫索希望展现自己与不同于他的人，如西玛库斯、奥索尼乌斯和年轻的奥古斯丁，对古典有共同的热爱。[74]

总之，4 世纪的艺术专为富人这个多样的阶级而打造。他们都富有；但是有些远不如另一些有钱，而且对自己在社会中的位置也不是那么有把握。有些人确实刚够格当罗马人（如塞夫索），这些人需要一种共同的视觉文化（其中大多指向共同的文字文化），以便大家和睦相处。

因此就有了对古典神话的巨大诉求。对神话的诉求绝不标志着缺少反思的保守主义。4、5 世纪镶嵌画艺术家刻意将这些神话拉入当下，他们暗示，那些镶嵌画和银器的主人自己就是他们所在时代的"活生生的神话"。[75] 因为只有古典神话可以恰当表现富人不同凡响的荣耀与史诗般的英雄品质。这些体现在他们的所有活动中，从狩猎中坚韧不拔的勇气，到想象中

205

他们享有特权的身体应该散发的性的磁力。

神话被"现代化"了。它们在某种程度上成为伟大人物纹章的一部分——就像中世纪时封建家族将用于装饰护盾的野兽的英勇、凶猛和忠诚变成了自己的品质。但是，神话能提供的不只是身份标识。奥索尼乌斯时期，我们仍然处在一个根深蒂固的多神教世界里，诸神依旧占据着大多数人的思绪。与诸神不死的能量相比，人类的激情与快乐被认为本身就空洞浅薄而且短暂易逝，他们通过与过去的英雄人物和诸位男神女神产生关联，获得了神圣的"第四维度"。[76]或许，还有人把诸神当作神灵崇拜，但人尽皆知的是他们的故事。[77]他们住在神秘的另一个世界，"既亲密又陌生"，给予凡夫的生命以意义和荣耀。[78]

因此，诸神仍然盘桓在富人周围，他们给富人生命的高潮添加了一丝庄严。每一位新娘在出嫁的日子，可能仍然会从镜子里见到她上方正悬着一幅展现女性美的画像，画中人较她自己更实在、更活生生——性感的维纳斯（盘着晚期罗马通行的发髻，戴着巨大的吊坠耳环，沉沉的项链垂在她赤裸的身体前）带着随众劈波斩浪。年轻的基督徒女孩普罗耶克塔正是这样被刻画在 4 世纪精美绝伦的银梳妆盒上——大英博物馆藏品《埃斯奎诺首饰盒》（因在埃斯奎诺山上一处宏伟的官邸被发现而得名）。题赠以基督的符号收尾，祝愿这对夫妇"在基督中长命"。题赠镶在首饰盒上，位于年轻新娘的画像与她头上美丽绝伦的维纳斯之间。真有什么祈愿的话，这题赠是祈求基督让神话成真——让维纳斯与新娘合而为一，这样，美丽与欢乐可以在一个富有的基督徒家庭中按古已有之的方式长盛不衰。[79]

同样，在所有西部行省中（从不列颠到西班牙南部），柏勒洛丰都被表现为正在刺杀喀迈拉。胜利的柏勒洛丰不属于某个精心打造的寓言故事，而是被当作房屋主人的理想自我——充满活力的猎人骑着飞翔的骏马。[80]确实，神话已经成为生活构成中如此重大的一部分，以至于诸神、男女英雄们都常常不再以该有的古典装束显现。在马拉加，图像中的柏勒洛丰像帝国晚期的猎人，着袍子和裤子。这在任何一个行省都是明显的乡绅打扮，古老的过去与现代的当下融合在一起。[81]葡萄牙北部出土的一具石棺上画着逝者被传统的缪斯诸女神围绕着，但是，他不再着古典的托加袍，那是在过去的正常情况下图像中绅士与缪斯交流时的装束。不仅如此，在画中，他着装完全入时——着帝国官僚的宽松袍子、装饰性扣针、裤装。[82]

并非所有地区都出产带神话场景的镶嵌画。例如，与西班牙、非洲、不列颠全盛的肖像相比，阿奎丹出产的镶嵌画令人惊讶地缺了神话图景。但无论富人们生活在哪个地方，无论他们是基督徒还是多神教徒，他们所选的都是呼吸古典传统的空气。他们兴高采烈地深呼吸着，从中获取氧气，对他们而言，不存在其他空气。

可以最为清楚地说明这一点的，是新近发现的帝国西部各地用于装点晚期罗马庄园的雕塑。西班牙的斗牛场庄园（科尔多巴附近）与瓦尔托里·德·亚拉玛庄园（马德里南部）的雕塑，重现了此前在高卢希拉冈庄园（图卢兹附近）和圣乔治·蒙塔涅庄园（波尔多附近）令人震惊的收藏。这些庄园中保存着规模巨大的古典雕塑和帝国雕塑的私人藏品。[83]古典雕塑作品安放在西部晚期罗马庄园的庭院中，为主人提供了希腊、罗马历史文化的缩影。在韦尔施比利希庄园（特里尔城外），长长的水池由一排立在栏杆柱上的半身像包围着。这样，苏格拉底与德摩斯梯尼的像同恺撒与马可·奥勒留的像，被带到了距离罗马与蛮族世界最北端边境仅 60 英里的庄园。

207 它们提醒着人们像奥索尼乌斯这样的 4 世纪庄园主希望珍惜与捍卫的那个传统。[84]

我们这些知道大庄园在 5 世纪危机中如何凋零的人，发觉奥索尼乌斯时代的世俗艺术与文学遥远得令人不安，它似乎远远地躺在多神教世界与基督教世界的分割线外。而我们见到的艺术是基督徒富人的，同样也是多神教徒富人的。事实上，我们所见的与其说是个多神教的世界，不如说是这样一个世界：独特的基督教——君士坦丁与他的继任者那个时代的基督教——与在那时看来不可撼动、不成问题的古典传统暂时共存。

奥索尼乌斯是他那代人的基督教的真挚代表。富人、多神教徒与基督徒都一样，仍对所处世界泰然自若。但是，奥索尼乌斯以及许多跟他一样的人都无法预见，在他们的基督徒同道中，一队人数虽少但敢于直言的人之中会出现对财富的新看法，这一新看法给整个尘世投下了冰冷的阴影。那些听取基督教苦行者传递信息的人，无法再将财富视为想象中来自宇宙丰盈的毋庸置疑的溢流。"世界"是黑暗的地方，它的种种美丽是诱惑之源。财富是"污秽"，[85] 它不是半神圣的大自然蓬勃生机的副产品，它是负担。灵魂但凡要脱离枯燥乏味的物质性，飞升去加入"在空中"的基督，就必须摆脱它。[86] 财富可以被容忍的唯一条件，是它不断地上升（通过虔敬的举动），进入静默的、看不见的、位于恒星外的世界。像《福音书》

中的年轻的富人一样,必须面对针眼。"地上的财富"必须被放弃掉,只有这样,它才会成为"天堂的财宝"。让我们在后面两章看看,奥索尼乌斯的朋友庞提乌斯·梅诺比乌斯·保利努斯如何成为(让奥索尼乌斯极为痛苦)这种新的极端基调的发言人。

注 释

[1] Ambrose, *Letter* 27 (58). 3.

[2] *Ausone et Paulin de Nole: Correspondance*, ed. D. Amherdt, Sapheneia 9 (Bern: Peter Lang, 2004).

[3] N. Chadwick, *Poetry and Letters in Early Christian Gaul* (London: Bowes and Bowes, 1955), 66.

[4] H. Waddell, *The Wandering Scholars* (London: Constable, 1929), 2, 3.

[5] H. Heinen, *Trier und das Trevererland in römischer Zeit* (Trier: Spee, 1985), 211 – 365; E. M. Wightman, *Roman Trier and the Treveri* (London: Hart-Davis, 1970), 58 – 123.

[6] D. R. Khoury, *State and Provincial Society in the Ottoman Empire: Mosul, 1540 – 1834* (Cambridge: Cambridge University Press, 1997), 49.

[7] Bowes and Kulikowski, introduction to *Hispania in Late Antiquity*, 25.

[8] 尤其参见 Matthews, *Western Aristocracies and Imperial Court*, 32 – 33; G. W. Bowersock, "Symmachus and Ausonius," in *Colloque genèvois sur Symmaque*, 1 – 15, 现收录于 *Selected Papers on Late Antiquity* (Bari: Edipuglia, 2000), 69 – 80; 以及 Sogno, *Symmachus*, 5 – 21。

[9] A. Coşkun, *Die gens Ausoniana an der Macht: Untersuchungen zu Decimius Magnus Ausonius und seiner Familie*, Prosopographica et

Genealogica 8 (Oxford: Linacre College, 2002), 6 – 11, 52 – 62.

[10] H. Sivan, *Ausonius of Bordeaux: Genesis of a Gallic Aristocracy* (London: Routledge, 1993), 49 – 73.

[11] 尤其参见 M. G. Fulford, "Economic Hotspots and Provincial Backwaters: Modelling the Late Roman Economy," in *Coin Finds and Coin Use in the Roman World*, ed. C. E. King and D. G. Wigg, Studien zu Fundmünzen der Antike 10 (Berlin: Mann, 1996), 153 – 77。

[12] Ausonius, *Parentalia* 7.2 and 18.8, Green, pp. 30 and 36, *Ausonius* 1: 68 and 82. 我所引篇章编号,先是取自 R. P. H. Green, *The Works of Ausonius* (Oxford: Clarendon Press, 1991), 后又引自译本 H. G. Evelyn-White, *Ausonius*, 2 vols., Loeb Classical Library (Cambridge, MA: Harvard University Press, 1951)。在后面这个版本中,奥索尼乌斯作品的排序与格林 (Green) 版不同,故而为避免出现烦乱难解的局面,我在引用艾伟林 – 怀特 (H. G. Evelyn-White) 版的文本与翻译时以 "*Ausonius*" 加卷数与页码作为标识。

[13] Ausonius, *Gratiarum actio* 4 and 11, Green, pp. 148 – 49 and 154, *Ausonius* 2: 228 and 249; and *Proptrepticus ad nepotem* 86, Green, p. 24, *Ausonius* 2: 80.

[14] Ausonius, *Gratiarum actio* 16, Green, pp. 157 – 58, *Ausonius* 2: 206.

[15] Bowersock, "Symmachus and Ausonius," 12 道出了其精要。

[16] Ausonius, *Letter* 4.32, Green, p. 196, *Ausonius* 2: 18. 参见杰出的研究成果 J. Fontaine, "Valeurs antiques et valeurs chrétiennes dans la spiritualité des grands propriétaires terriens à la fin du IVe siècle Occidental," in *Epektasis: Mélanges patristiques offerts au cardinal Jean Daniélou*, ed. J. Fontaine and C. Kannengiesser (Paris: Beauchesne, 1972), 571 – 95 at p. 576, 现已收入 *Études sur la poésie latine tardive d'Ausone à Prudence* (Paris: Belles Lettres, 1980), 241 – 65 at p. 246。

[17] Ausonius, *De herediolo* 21 – 28, Green, p. 19, *Ausonius* 1: 34. 尤其参见 R. Étienne, "Ausone, propriétaire terrien et le problème du latifundium au IVe siècle ap. J. C.," in *Institutions*,

société et vie politique de l'empire romain au IVe siècle ap. J. C., ed. M. Christol et al., Collection de l'École française de Rome 159 （Rome：Palais Farnèse，1992），305 – 11。这个估值来自 Cracco Ruggini，*Economia e società nell' "Italia Annonaria,"* 416 – 17。读者需要谨记，它所提供的仅仅是尽可能接近实际的数量。

［18］ Ausonius, *De herediolo* 19, Green, p. 19, *Ausonius* 1：34.

［19］ Ausonius, *De herediolo* 1, Green, p. 19, *Ausonius* 1：32.

［20］ Ausonius, *De herediolo* 1 – 10, Green, p. 19, *Ausonius* 1：32.

［21］ Sivan, *Ausonius of Bordeaux*, 66 – 69.

［22］ Balmelle, *Les demeures aristocratiques d'Aquitaine*；Chavarría Arnau, *El final de las villae en Hispania*.

［23］ Giuseppe Tomasi di Lampedusa, *The Leopard*, trans. A. Colquhoun (New York：Pantheon, 1960), 43.

［24］ K. M. D. Dunbabin, *Mosaics of the Greek and Roman World* (Cambridge：Cambridge University Press, 1999), 69（关于晚期罗马意大利加达湖畔的迪塞萨诺庄园）and 88（关于阿奎丹的镶嵌画）。比较 Christie, *From Constantine to Charlemagne*, 432：皮亚扎阿尔梅里纳庄园"流溢着……多彩的镶嵌画"。

［25］ 参见在海港之门（Porta Marina）发现的令人叹为观止的大理石墙，Ostia：*Aurea Roma*, frontispiece, 251 – 62。

［26］ Ellis, "Power, Architecture and Décor"；Smith, *Roman Villas*, 178.

［27］ 关于类似的城市府邸结构，参见 Y. Thébert, "Private Life and Domestic Architecture in Roman Africa," in *A History of Private Life*, ed. P. Ariès and G. Duby, vol. 1, *From PaganRome to Byzantium*, ed. P. Veyne, trans. A. Goldhammer (Cambridge, MA：Harvard University Press, 1987), 313 – 409 at p. 405。关于城市室内建筑，近期最好的研究报告是 Baldini Lippolis, *La domus tardoantica*。新的研究，参见 F. Ghedini and S. Bullo, "Late Antique Domus of Africa Proconsularis：Structural and Decorative Aspects," in *Housing in Late Antiquity： From Palaces to Shops*, ed. L. Lavan, L. Özgenel, and A. Sarantis, *Late Antique Archaeology* 3. 2 (Leiden：Brill, 2007), 337 – 66；以及 J. Arce, A. Chavarría, and G. Ripoll, "The Urban Domus in Late

Antique Hispania: Examples from Emerita, Barcino and Complutum," in *Housing in Late Antiquity*, 305 – 36。

[28] Bowes, *Houses and Society*, 54 – 60.

[29] 同上，95。关于同样规模的一组西班牙庄园布局，参见 Chavarría Arnau, *El final de las villae en Hispania*, 96 – 99。类似布局参见 Balmelle, *Les demeuresaristocratiques de l'Aquitaine* 和 Baldini Lippolis, *La domus tardoantica*。

[30] K. M. D. Dunbabin, *The Roman Banquet: Images of Conviviality* (Cambridge: Cambridge University Press, 2003), 141 – 74.

[31] L. Schneider, *Die Domäne als Weltbild: Wirkungsstrukturen der spätantiken Bildersprache* (Wiesbaden: F. Steiner, 1983), 68 – 87. 此文分析敏锐独到，但固守马克思主义教条，认为晚期罗马的庄园是自给自足的大地产 (latifundium)。对其的指正参见 W. Raeck, "*Publica non despiciens*: Ergänzungen zur Interpretation des Dominus-Julius-Mosaiks aus Karthago," *Mitteilungen des deutschen Archäologischen Instituts: Römische Abteilung* 94 (1987): 295 – 308。

[32] S. Djurić, "Mosaic of Philosophers in an Early Byzantine Villa at Nerodimlje," in *VI Coloquio internacional sobre mosaico antiguo*, 123 – 34.

[33] *The Age of Spirituality*, no. 73, pp. 84 – 85.

[34] C. Jullian, *Histoire de la Gaule* (Paris: Hachette, 1993), 2: 832n73.

[35] 同上，2: 464, 832n73, 468。

[36] Bowes, *Houses and Society*, 90 – 95, 尤其是第92页的地图与图片 21。关于巴尔干地区的庄园，参见 Ćurčić, *Architecture in the Balkans*, 32 – 40, 63 – 66。

[37] D. Mattingly, "Being Roman: Expressing Identity in a Provincial Setting," *Journal of Roman Archaeology* 17 (2004): 5 – 25.

[38] Scott, *Art and Society in Fourth-Century Britain*, 78 – 81.

[39] 同上，118 – 19; M. Henig and G. Soffe, "The Thruxton Roman Villa and Its Mosaic Pavement," *Journal of the British Archaeological Association* 146 (1993): 1 – 28。

[40] Dunbabin, *Mosaics of the Greek and Roman World*, 99 – 100.

［41］ K. Bowes and A. Gutteridge, "Rethinking the Later Roman Landscape," *Journal of Roman Archaeology* 18（2005）：405 – 13 是对热烈讨论的最新贡献。亦参见 Wickham, *Framing the Early Middle Ages*, 473 – 81 和 Chavarría Arnau, *El final de las villae en Hispania*, 125 – 41。

［42］ Dunbabin, *The Roman Banquet*, 169 – 74.

［43］ K. M. D. Dunbabin, "Convivial Spaces：Dining and Entertainment in the Roman Villa," *Journal of Roman Archaeology* 9（1996）：66 – 80. 在阿普利亚的法拉格拉新发现了一个独特的半圆卧榻，它专为 7 位客人的亲密聚会而设计。参见 G. Volpe, G. De Felice, and M. Turchiano, "La villa tardoantica di Faragola（Ascoli Satriano）in Apulia," in *Villas Tardoantiguas en el Mediterráneo Occidental*, ed. A. Chavarría, J. Arce, and G. P. Brogiolo, Anejos de Archivo Español de Arqueología 39（Madrid：Consejo Superior de InvestigacionesCientíficas, 2006）, 221 – 51 at pp. 229 – 30 and figure 30, p. 240。亦参见 L. Bek, "*Quaestiones conviviales*：The Idea of the Triclinium and the Staging of Convivial Ceremony from Rome to Byzantium," *Analecta Romana Instituti Danici* 12（1983）：81 – 107；and B. Polci, "Some Aspects of the Transformation of the Roman Domus between Late Antiquity and the Early Middle Ages," in *Theory and Practice in Late Antique Archaeology*, ed. L. Lavan and W. Bowden, Late Antique Archaeology 1（Leiden：Brill, 2003）, 79 – 109 at pp. 80 – 88。

［44］ Schneider, *Die Domäne als Weltbild*, 61.

［45］ Thébert, "Private Life and Domestic Architecture," 365.

［46］ Balmelle, *Les demeures aristocratiques d'Aquitaine*, 60.

［47］ Ausonius, *Letter* 1, Green, p. 193, *Ausonius* 2：62.

［48］ P. Veyne, "Les cadeaux des colons à leur propriétaire：La neuvième *Bucolique* et le mausolée d'Igel," *Revue archéologique*（1981）：245 – 52.

［49］ G. M. A. Hanfmann, *The Season Sarcophagus in Dumbarton Oaks*（Cambridge, MA：Harvard University Press, 1951）, 1：142 – 209.

［50］ P. Kranz, *Jahreszeiten-Sarkophage：Entwicklung und Ikonographie des Motivs der vier Jahreszeiten auf kaiserzeitlichen Sarkophagen und*

Sarkophagdeckeln, Deutsches Archäologisches Institut: Die antiken Sarkophagreliefs, vol. 5, part 4 (Berlin: Mann, 1984), 169 – 77.

[51] M. G. Maioli, "Il complesso archeologico di Via d'Azeglio a Ravenna: Gli edifici di epoca tardoimperiale e bizantina," *Corso di cultura sull'arte ravennate e bizantina* 41 (1994): 45 – 61, figure 4 on p. 52; *Archeologia urbana a Ravenna: La Domus dei tapetti di pietro, il complesso archeologico di via d'Azeglio*, ed. G. Montevecchi (Ravenna: Longo, 2004), 104 – 9.

[52] Hanfmann, *The Season Sarcophagus*, 2: 154, no. 192a.

[53] Brown, *Body and Society*, 26 – 28.

[54] Firmicus Maternus, *Mathesis* 3.13.13, ed. W. Kroll and F. Skutsch (Stuttgart: Teubner, 1968), 1: 191.

[55] A. Leone, *Changing Townscapes in North Africa from Late Antiquity to the Arab Conquest*, Munera 28 (Bari: Edipuglia, 2007), 59, 86 – 87.

[56] A. Ennabli, "Les thermes du Thiase Marin de Sidi Ghrib (Tunisie)," *Monuments et mémoires publiés par l'Académie des Inscriptions et Belles Lettres* 68 (1986): 1 – 59 at p. 49; 新研究参见 J. J. Rossiter, "Domus and Villa: Late Antique Housing in Carthage and Its Territory," in *Housing in Late Antiquity*, 367 – 92 at pp. 386 – 87。

[57] Ennabli, "Les thermes du Thiase Marin," 56 – 57.

[58] Y. Thébert, *Thermes romains d'Afrique du Nord et leur contexte méditerranéen: Études d'histoire et d'archéologie*, Bibliothèque de l'École française d'Athènes et de Rome 315 (Rome: école française de Rome, 2003), 477 – 78.

[59] Vindicianus, *Letter to the Emperor Valentinian* 1.7, ed. M. Niedermann, De medicamentis/Über Heilmittel, Corpus Medicorum Latinorum 5 (Berlin: Akademie, 1968), 1: 50. 人在浴场中，置身于热、冷、润湿的平衡之下，这被当作治疗消化急症的必要措施之一。

[60] A. C. Dionisotti, "From Ausonius' Schooldays? A Schoolbook and Its Relatives," *Journal of Roman Studies* 72 (1982): 83 – 125 at p. 103.

[61] P. Brown, *Authority and the Sacred: Aspects of the Christianisation*

of the Roman World （Cambridge：Cambridge University Press，1995），8 – 10.

［62］ Augustine，*Enarratio* 1 in *Psalm* 34. 7.

［63］ Coşkun，*Die gens Ausoniana an der Macht*，216 – 237 清楚地回顾了各种观点。

［64］ R. P. H. Green，"Still Waters Run Deep：A New Study of the *Professores* of Bordeaux，" *Classical Quarterly*，n. s.，35 （1985）：491 – 506.

［65］ 尤其参见 Ausonius，*Ephemeris* 1 and 2，Green，pp. 7 – 10，*Ausonius* 1：14 – 22：奥索尼乌斯的晨祷。M. Skeb，*Christo vivere：Studien zum literarischen Christusbild des Paulinus von Nola*，Hereditas 11 （Bonn：Borengässer，1997），23 – 60 就奥索尼乌斯的宗教观做了公正而有洞见的解读。

［66］ Ausonius，*Gratiarum actio* 18，Green，p. 159，*Ausonius* 2：266. 皇帝离上帝近，不被命运操控：P. Monat，"Astrologie et pouvoir：Les subtilités de Firmicus Maternus，" in *Pouvoir，divination，et prédestination dans le monde antique*，ed. E. Smajda and E. Geny （Besançon：Presses Universitaires Franc-Comtoises，1999），133 – 39。

［67］ 如 Edwards，"The Beginnings of Christianization，" 141 – 42 所述。不同的观点参见 Cameron，*Last Pagans*，174。

［68］ Firmicus Maternus，*Mathesis* 1. 2. 1，Kroll and Skutsch，1：6.《教导》已有英文译本：J. R. Bram，*Ancient Astrology：Theory and Practice* （Park Ridge，NJ：NoyesPress，1975）。另有法文版：P. Monat，*Firmicus Maternus：Mathesis*，3 vols. （Paris：Belles Lettres，1992，1994，1997）。

［69］ 例如：Firmicus Maternus，*Mathesis* 1. 7. 5 and 3. 15. 19，Kroll and Skutsch，1：20 and 133。

［70］ Ausonius，*Parentalia* 4. 16，Green，p. 28，*Ausonius* 1：64.

［71］ Augustine，*Confessions* 4. 3. 5；亦参见 Augustine，*Letter* 138. 1. 3，文中，人们认为文提齐亚努斯问诊治病的能力仿佛来自神秘的占卜之力。

［72］ H. Brandenburg，"Christussymbole in frühchristlichen Bodenmosaiken，"

Römische Quartalschrift 64 (1969): 74 – 138.

[73] *The Sevso Treasure*, Bonham's Private Exhibition (London: Bonham, 2006), 1 – 12; Dunbabin, *The Roman Banquet*, 141 – 44.

[74] Leader-Newby, *Silver and Society in Late Antiquity*, 139 – 53.

[75] W. Raeck, *Modernisierte Mythen: Zum Umgang der Spätantike mit klassischen Bildthemen* (Stuttgart: F. Steiner, 1992), 98 – 121. 亦参见细致深入的研究: S. Muth, *Erleben von Raum— Leben im Raum: Zur Funktion mythologischer Mosaikbilder in der römisch-kaiserzeitlichen Wohnarchitektur*, Archäologie und Geschichte 10 (Heidelberg: Archäologie und Geschichte, 1998)。

[76] P. Zanker and B. C. Ewald, *Mit Mythen leben: Die Bildwerk der römischen Sarkophage* (Munich: Hirmer, 2004), 266.

[77] A. Cameron, *Greek Mythography in the Roman World* (Oxford: Oxford University Press, 2004).

[78] Muth, *Erleben von Raum—Leben im Raum*, 328.

[79] K. J. Shelton, *The Esquiline Treasure* (London: British Museum, 1981), 尤参见 pp. 30 – 33 and plate 11。

[80] H. Brandenburg, "Bellerophon christianus? Zur Deutung des Mosaiks von Hinton St. Mary und zum Problem der Mythendarstellungen in der kaiserzeitlichen dekorativen Kunst," *Römische Quartalschrift* 63 (1968): 49 – 86.

[81] J. M. Blázquez, *Mosaicos romanos de Córdoba, Jaén y Málaga*, Corpus de mosaicos de España 3 (Madrid: CSIC, 1981), plate 61A and pp. 77 – 78.

[82] J. M. Arnaud and C. V. Fernandes, *Construindo a memória: As colecções do Museu Arqueológico do Carmo* (Lisbon: Museu Arqueológico do Carmo, 2005), 239.

[83] Stirling, *The Learned Collector*; N. Hannestad, *Tradition in Late Antique Sculpture: Conservation, Modernization, Production*, Acta Jutlandica 69: 2 (Aarhus, Denmark: Aarhus UniversityPress, 1994), 127 – 44; M. Bergmann, *Chiragan, Aphrodisias, Konstantinopel: Zur mythologischen Skulptur der Spätantike*, Deutsches Archäologisches Institut, Rom: Palilia 7 (Wiesbaden:

Reichert, 1999).

[84] H. Wrede, *Die spätantike Hermengalerie von Welschbillig*, Römische-germanische Forschungen 32 (Berlin: de Gruyter, 1972), 46 – 89.

[85] Paulinus, *Letter* 32. 23.

[86] Paulinus, *Poem* 10. 307 – 14, in Green, p. 716, *Ausonius* 2: 146.

第13章 "告别极富":诺拉的保利努斯与放弃财产的声明,389~395年

"古老的保利努斯家族,世袭领地被上百个（新）主人瓜分":保利努斯、弃财与内战

卡特琳娜·巴尔梅丽曾经这样描写宏伟的阿奎丹庄园:"生机勃勃、错综复杂之地……位于社交网的中心。"[1]无疑,这正是奥索尼乌斯在383年离开特里尔皇宫之后的感受,他在那里度过了生命中辛酸的最后十年。在书信和诗歌里,他把波尔多周边的地区描绘为一个富有魅力的团结世界:志趣相投的邻居们严格按照礼数,互赠诗篇,互换美食、小礼物。

对奥索尼乌斯而言,这个世界的团结非常重要。因为在这种互换所展现的优雅奢华与文化富足的背后,存在令人忧心忡忡的现实——地区贵族内部需要凝聚力:地区贵族大概是高卢最富有、最令人眼红的人,身陷一个内战不断的时代。383年,马克西穆斯取代了格拉提安;388年,狄奥多西取代了马克西穆斯。政权更替,循环往复,直到406年后那段最混乱的岁月,内战与蛮族入侵灾难性地搅和在高卢与西班牙的政治中。

正如我们所见,奥索尼乌斯搬过去与之同住的地主们没能免受这些事件的影响。与许多学者的设想不同,他们不是大地

产的拥有者，没有生活在隐匿于乡野深处的地产上，也并非几近自给自足，任凭政权更迭。他们作为一个阶级，在一定程度上为晚期罗马时政所造就，因此，他们容易受到宫廷革命和内战的直接冲击。维护团结就对他们异乎寻常地重要，为此，他们集体支持一种独特的生活方式——以各自的庄园和共同的阶级文化为最可靠的标识。一个人如果放弃这种生活方式，就不仅仅是破坏友谊，那是在危难时刻背叛他的阶级和他的地区。

这恰恰是奥索尼乌斯的朋友、曾经的学生庞提乌斯·梅诺比乌斯·保利努斯的行径。389 年前后，保利努斯离开阿奎丹，搬到妻子特拉西娅在西班牙的地产。这对夫妇在埃纳雷斯堡定居，它位于荒凉的卡斯提尔高原上，距今马德里 20 英里。在埃纳雷斯堡，考古发掘出一座 4 世纪的乡村别墅，里面的镶嵌画地面述说着典型的晚期罗马对高品质生活的追求。画面显示，在去往餐厅的走廊上，仆人排成一队，身着裁剪得体的束腰外衣，小腿鼓鼓的。一块镶嵌画镶板上，化身为厚脸皮天鹅的朱庇特色眯眯地抬着头，期待地看着丽达，后者的外袍恰好从肩胛滑落，露出赤裸的身体。[2]

这样的画面不属于保利努斯和特拉西娅。三年的心灵探索随着独子去世以悲剧结束，最后，保利努斯与特拉西娅共同决定过持戒的生活（不再生育子嗣），并变卖家产。而且保利努斯走得更远，夫妇俩搬到了地中海沿岸。394 年圣诞节，在圣灵的感召下——正如仅仅三年前奥古斯丁在希波被祝圣时一样，保利努斯在巴塞罗那被祝圣司铎，其间基督信众们欢呼喝彩。除了安布罗斯（直升为主教）这个特例，还没有来自元老等级的人仅仅成为教士，接受圣职使保利努斯更加远离他的贵族背景。[3] 但他并没有留在巴塞罗那。395 年，保利努斯与特拉西娅越过地中海来到坎帕尼亚，定居诺拉，住在该城近郊的贾米拉圣菲利克斯的圣地——"墓地"。

奥索尼乌斯于 395 年前后故去，时年 85 岁。他仅仅见证了保利努斯漫长的修道历程中的最初几年，然而，生命中最后几年的所见让奥索尼乌斯无法安心。写给友人的系列诗体信显示，他担心保利努斯执意自绝于社会。在最初的一些书信中，他恳求他的朋友不要将自己锁闭在西班牙的崎岖之地，忧郁地与世隔绝。后来（394 年春天），得知保利努斯还放弃了自己的财产，奥索尼乌斯实在忍无可忍。在致保利努斯的所有诗体信中，独这一次，奥索尼乌斯转向基督教的上帝，向基督祈求不要让这种事情发生：

> 以免我们不得不为之哭泣，老保利努斯（可能生活于 3 世纪甚至 2 世纪的先祖）的家财被霸占、四散，他那世代相传的祖业（regna）被百人瓜分。[4]

210 　　许多现代学者猜测奥索尼乌斯用祖业指大可敌国的地产，其实并非如此。他曾用这个词指自己"继承来的微小祖业"，事实上，祖业的意义不在规模大小，而在于它是祖宗留下来的地产，带着浓厚的世袭味道。他希望警告保利努斯，倘若这样的祖产都能不要，那就没什么不能抛弃的了。为什么保利努斯要选择使用如此引人注目的方式呢？

有人怀疑，保利努斯 389 年移居西班牙可能并不完全出于宗教原因，这才有了奥索尼乌斯就他的撤离表示忧虑。奥索尼乌斯一贯对信仰问题视而不见，他关注的不是保利努斯对宗教信仰的专注，而是他离开阿奎丹会带来的政治与社会影响。在

388 年马克西穆斯倒台后，高卢成了收复的失地。它现在由狄奥多西一世统治，这个皇帝定居君士坦丁堡。阿奎丹作为行省，曾一直享有特权，直到最近。它是特里尔的粮仓。而现在，阿奎丹发现自己处于一个勉强统合在一起的帝国的边疆，这个帝国实际上由遥远的君士坦丁堡统治着。这就好像在现代，波尔多的管辖权由巴黎转到了伊斯坦布尔。老廷臣奥索尼乌斯明白，他所在地方的贵族但凡想要在新政权中有点儿发言权，就必须团结一致。这就是为什么他想诱导保利努斯离开西班牙回到波尔多，积极投身当地的政治生活。这样一来，奥索尼乌斯就可以作为"庇护中间人"出现在狄奥多西那里：是他把阿奎丹的地主们，包括保利努斯，团结到新政权周围。[5]

　　但是，保利努斯已经受够了政治。他有很好的理由。较之奥索尼乌斯这样的区区波尔多地方名流，保利努斯的家族更富有，在内乱时期也更易受到攻击。尽管他们与波尔多地区息息相关，但他们的努力并不局限于该地区，他们是在罗马和意大利南部有根基的元老贵族。保利努斯的财产更接近西玛库斯，而不是奥索尼乌斯，连安布罗斯也不能与之相提并论。那是老家底，他的家族在意大利有地产，他能轻易与西班牙贵族联姻，后者也如他一般，与罗马保持着千丝万缕的联系。他能轻易穿越西地中海。奥索尼乌斯知道，保利努斯可以像跨国公司一样毫不困难地撤出波尔多。故此，奥索尼乌斯担心，保利努斯作为超级富豪的一分子，会带着他的财产移居到无数个其他居住地。他迫切地想把保利努斯与自己的地区绑在一起。

　　然而，内战期间，这种财富的分散意味着危险。家产遍及各个地区，保利努斯这样的人富得让人垂涎，但他们在地方上缺乏人脉（靠经年的精心联姻和悉心维护同地方盟友之间的

211　关系打造的），而人脉保护着远不及前者显赫的低等地方贵族们。坦白说，超级富豪的成员们都是新政权的储蓄罐，后者常年缺钱，乐于劫掠。

保利努斯的家庭应该可以被列入这样的储蓄罐。4 世纪 80 年代后期，保利努斯的兄长被处死——关于他的神秘死亡，保利努斯使用了"砍头"这个狰狞的词。保利努斯自己也面临被没收家产的危险，[6]他甚至可能花了钱才把自己保出来。西玛库斯可能也做过同样的事情。一年前，他犯了一个几乎致命的错误：支持特里尔的马克西穆斯阵营。而仅仅几个月后，马克西穆斯就被狄奥多西一世打败。[7]尽管保利努斯变卖家产的行为因为被包装成基督徒舍弃财产而最终成了值得纪念的壮举，他的家族却可能早已走上了颓势。当然，保利努斯隐退至西班牙时，已经在认真思考财产事宜。来到西班牙，他发现自己身处这样一个行省：那里的基督教会也极为关注财产问题——关于富有的基督徒应该如何使用其财富。

百基拉之阴影

就保利努斯的归隐，奥索尼乌斯那令人难忘的激烈反应，与保利努斯对这位上了年纪的导师的高风亮节的答复，曾主导我们认识保利努斯隐退和放弃财富这整个故事。有古典主义倾向的学者们长期停留在保利努斯的皈依上面，仿佛那是个静态的事件——与缪斯之庄严诀别。但是，这种观点完全没有考虑该时期基督教会内部的情况。事实上，正如我们现在马上要看到的，关于富人在基督教会中的作用的问题，已经困扰高卢和西班牙十来年。这场争论鲜为人知，却十分激烈。保利努斯通过公开放弃财产，给出了鲜明有力的回答。这一点，正是我们现在要探讨的。

简言之，影响保利努斯的，是百基拉；而百基拉的背后，是特殊的十年，这十年见证了教会统一时代的结束。这种统一曾经由君士坦丁和他那所谓的阿里乌斯派的继任者——君士坦提乌斯二世强加给教会。正如我们所见，在这十年中，持不同意见的极端尼西亚派出其不意地进入教会权力层，他们的财富和社会地位标志着西部教会走上新的道路。我们知道这发生在意大利北部，而特立独行的"贵族"安布罗斯于 374 年当上了米兰主教。

我们常常会忘记，同样的事情十年后也发生在了西班牙和阿奎丹的教会中。然而，在这个地区，危机表现得尤为尖锐。这一危机涉及一场争议，关乎百基拉——一位受过良好教育的富有魅力的西班牙人——的观点和为人。百基拉传授极端的苦行理念，这在他的对立方看来是诺斯替派，甚至是摩尼教的世界观。这场争议在 380 年首度公开化；随着百基拉在 381 年成为阿维拉主教，它变得越加激烈。384 ~ 386 年的某一天，百基拉在特里尔被处死，争议以令人悚惧的方式戛然而止。

百基拉不是作为异端被处死的。纠集起来反对他的西班牙主教们认为，他的任命无效。他以平信徒的身份受审，获罪不是因为信仰，而是因为行巫术和诱骗贵妇。然而，在百基拉还是主教时，西班牙的主教同僚们针对他的谴责就甚嚣尘上，此次审讯本身正是为了回应这些谴责而启动的。[8]

这是因为百基拉的角色不仅仅是上师，他代表了一大拨不满足于现状的富有的基督徒的希望。正如维多利亚·伊斯科力巴诺近来指出的那样，百基拉得到了亲尼西亚阵营中极端分子的支持，是这种支持使他在 381 年当上阿维拉主教。百基拉在那些不信任他的人眼里，与 374 年安布罗斯在他的"阿里乌斯派"敌人眼中没什么两样。他是入侵者，来自西班牙主教这个单调乏味的圈子之外，被一群锐意改革的富有的平信徒激进分子推进了主教区。[9]但是，安布罗斯坚持下来了，而百基拉却没有。那是因为安布罗斯曾是总督、元老贵族，而且自己就是富人，百基拉却不过是一派基督徒贵族的宠儿，他代表的是宗教领袖与新阶级——平信徒庇护人所持有的财富之间令人头疼的同盟。在西班牙当时的状态下，百基拉突然的前冲代表了对其余主教们实实在在的威胁。倘若可疑的百基拉能站出来，那么会不会有人追随他的步伐，成为基督徒新富的代言人？

城乡之间的不平衡加剧了这种紧张。因此，要理解主教们对百基拉的反应中的野蛮，我们应该走出城镇，进入西班牙贵族的庄园。肯贝里·鲍斯近期的一系列文章关注了 4 世纪西班牙基督徒在社会状况上存在的严重分化。4 世纪和 5 世纪初，西班牙城镇教堂异常朴素，它们是低调克制的城镇基督教的产物。城镇基督教得到明显居于社会中层的人士的支持，就如同在拉丁西方为数众多的其他教会一样（回想安布罗斯上任之前意大利北部的基督教团体）。

然而，在西班牙，城镇教会在社会上的低调克制与当地基督徒中的地主们在自家庄园旁大建陵墓和教堂所显出的阔气常常形成强烈反差。[10]正如我们在上一章中讨论的，这些庄园绝非与城镇隔绝。乡村庄园不过是椭圆的一个焦点，常年将身处农村的地方精英与城镇相连，或将身处城镇的地方精英与农村相连。在几个特定的季节里，城市权贵可以理所当然地退回乡村，在自己舒适的庄园中处理城里的事务。行省的总督们却不得不被警告切勿效仿。他们常常乐于应地方庄园主之邀，出城办公，前往"令人心旷神怡的修养之地"，远离城市的炎热与嘈杂。这样的总督必须被提醒，他们理应住在城里，居于总督官邸。[11]

这种城乡间的穿梭在平信徒看来是理所当然的。然而，城中基督教团体的形成是新近的事情。他们的头领感到了不安，主教不能接受会众中的有钱人不去城市主教堂参加礼拜。他们从最坏处怀疑那些在四旬期仍然"流连于庄园"的人，这样的人有可能将这个原本全城的忏悔季（所有阶层的人都参与，并由普通人主导）变为贵族"赋闲"的宗教代名词——在这段时间高度专注，离城而居，与精挑细选的家人、朋友为伴。而更糟糕的是，在这一"赋闲"期间，男女有可能随意混杂，亦如在名流高贵的家庭晚会上。这样的小团体还可能邀请受人追捧的导师莅临指导，而所教内容是否正统却不得而知。于是，缺席城市礼拜典礼、在乡村别院举办以富有魅力的导师为核心的私人宗教聚会（且男男女女不避嫌），是380年主教们在萨拉戈萨开会时反复讨论的两个话题：

> 公教会的妇女应该远离陌生男子的聚会……无论是去学还是去教，她们都不该与他们在一起。
>
> 在四旬期……没人可以缺席教会活动……他们不可以出城去别人的庄园聚会……没有人可以留在自己的房子里或庄园中，或到山上找静修之处。全部教众都应该奔向教堂……没有人可以自己冠以"导师"之名。[12]

总之，在萨拉戈萨会议上公开表达疑虑的西班牙主教们感到了威胁，这种威胁来自围城而建的庄园的华彩。这些庄园很壮观，许多庄园的主人是新贵。即使都城特里尔与君士坦丁堡都很遥远，许多庄园主也是成功的廷臣。他们赞助的艺术大多不为基督教所接受，那是展现他们世间功绩的艺术。但是，作为基督徒，他们还得为死后做准备。他们继续着在自己的地产上大兴陵墓的传统。西班牙与葡萄牙的庄园遗址显示，在建陵墓上，他们使用"一系列令人眼花缭乱的设计与材料"，为自己打造了恢宏的建筑，并将它们与位于庄园内的私人圣徒崇拜堂和私人墓地连接在一起。仅以一例为证：耸立于卡兰克庄园上的宏大的穹顶建筑，在结构上模仿了宏伟的圣使徒教堂——君士坦丁为自己在君士坦丁堡兴建的陵墓。这座建筑大胆结合了圣体龛与私家陵园，由一位可能曾是重要廷臣的富豪所建，它矗立在卡斯特高原的中心，而高原上散布着明显属于普通人的城镇。[13]

主教们觉得，正是在这类人中，潜伏着百基拉的追随者。这一社会张力对百基拉的命运起着至关重要的作用。380~385年，道德恐慌在西班牙许多主要教区蔓延，助长它的不是百基拉运动自身克己的特性，也不是百基拉讲道中恼人的秘传性，而是百基拉可以得到的财务与支持——来自骄傲却在社会上不显眼的西班牙城市教士圈子之外。

这种不平衡带来的问题在西班牙表现得最为尖锐，却并不局限于该地区，这一点颇值得稍做停留。我们今天会认为苦行运动令我们惊愕，那么基于同样的理由，它也给古人带去震撼：弃世；强调自我禁欲；教人放弃社会责任；贬低婚姻，颂扬对性冲动的压抑。这是多神教徒奈拉提乌斯·塞雷拉里斯的看法。他在一代人之后，从海路返回高卢的家宅，途经卡普拉西亚岛（今卡普拉亚，在厄尔巴岛与科西嘉岛之间）上一个修士的聚居地时描写道：

> 邈邈，小岛屿，满是
> 拒绝阳光之男人：自称
> "修士"，名希腊文，因其向往
> 独居，却无人遵循……
> 何等疯癫，脑病如此，狂热地
> 因畏惧邪恶，拒绝一切好。[14]

　　在批判修士的人中，最为激烈的多是多神教徒，但也不乏基督徒。我们断定，他们的评价足以佐证修士贞女在那个时期不受人待见。这是因为我们倾向于赞同他们的意见。毕竟，修士们是极端主义者，憎恨这个世界。然而，事实却是，帝国晚期形形色色的苦行者遭到诟病，常常不是由于他们弃世的行为，而是因为与富有的追随者的关系。圣人与其金主之间的关系备受瞩目。借用多神教徒皇帝尤利安谈修士的话："他们是……以小牺牲获取大收益的人……从各种渠道……靠似是而非的假理征收献金。他们称之为'施舍'。"[15] 绝不是只有多神教徒这样怀疑。403 年，奥古斯丁不得不用一整个小册子——《修士应该劳作》（De opere monachorum）——来反对修士，说他们以乞讨施舍为生，而不是靠劳作度日。他还斥责了贵妇艾科迪奇雅，她将丈夫的财产送给了两位富有魅力的乞丐。[16] 这些做法令他回忆起早年他与其他人曾经资助过的摩尼的"圣教会"选民。在第 14 章，我们将看到，苦行者哲罗姆在罗马虔诚的妇人中开展的筹款活动是如何掀起暴风般的抗议的。总之，无论何时，只要苦行者与平信徒捐赠者之间的关系

215

过从甚密或者令人生疑，晚期罗马的基督徒（亦如晚期罗马的多神教徒）会异乎寻常地无情。在拉丁西方的教区，对支持苦行运动的富人财产抱有疑虑，是人们反对该运动的重要原因，这种疑虑有其合理性。许多基督徒以遭人嫉恨的方式在教会中招摇着新积累的财富：他们赞助苦行明星，损害了普通教士的利益。

百基拉是西部最早为这种疑虑所害的苦行者之一。他没有能够澄清自己与支持他的富豪之间的关系。就信仰而言，他断非摩尼教徒；然而，在人事上很多方面，他却倒退向了早年间诺斯替派的灵修导师。作为个人，他"超越"金钱，但他总是被巨大的令人不安的财富包围着。他在西班牙和阿奎丹的追随者是富足的地方贵族，他们侍奉他；他们不放弃财产，而是用它为领袖的事业服务；他们将可观的财富部署于宫廷，以捍卫自己的领袖，确保其敌人获罪。[17]

这是不可饶恕的。阿维拉主教百基拉——未来可能是卡斯提尔的又一个安布罗斯——被他的主教同僚当作巫师和勾引良家妇女的人苦苦相逼，直至死去。我们得记住：保利努斯明确地搬离阿奎丹住进妻子在西班牙东部的房子的时间，距离依然尊百基拉为殉道士的一群追随者把他的尸体——无头，带着受过酷刑的痕迹——带回西班牙的那一刻，仅仅（最长也就是）六个年头。

我们在思考 389～394 年保利努斯归隐其妻田宅时面临怎样的选择时，必须谨记这些不久前发生的事件。对于如何处置财产，他有多种选择，那么，又究竟是哪些选择？

我们有必要认识到，他在规划未来时几乎没有借鉴自己最熟知的一条途径，那就是图尔的圣马丁的人生之路。保利努斯一直是图尔的马丁的真诚仰慕者。387 年前后的某个时段，他遇到马丁（图尔这位修士－主教已过古稀之年），并由马丁治愈了眼部感染。他皈依后最初几年中保持通信的最亲密的朋友，正是著名的《马丁传》的作者苏尔皮奇乌斯·塞维鲁。[18]

保利努斯曾经写道，在苏尔皮奇乌斯身上，"圣马丁依旧呼吸着"[19]。但是，就财产问题，这位马丁出人意料地所言甚少。作为老一代人，图尔主教并没有太留意平信徒选择苦修时该如何处置自己的财产。马丁的修士们大多出身殷实，受洗时把财产捐给了位于马尔穆提耶的修道院，并靠这些收入过活。他们不劳作，像赋闲中的贵族那样，他们致力于更高的追求。他们用全部的时间默观、读经、抄经。普通农民用高卢北部笨重的牛替他们耕种，他们却偶尔在卢瓦尔河畔垂钓。[20]马丁与他的修士们视其相对贫穷为天经地义，他们对苦行的皈依并没有伴随引人注目的、广为宣传的放弃财产的宣言。

但是，保利努斯已经无法像马丁和他的修士那样对财产的处置不假思索。这不仅仅是因为他并非一般地富有。在他退隐阿奎丹的那些年间，百基拉的阴影已经笼罩了整个西班牙和高卢南部地区。保利努斯必须迅速厘清，并且让所有人都明白，他对自己庞大的财产持何种态度。他所在地区的基督教团体需要清楚了解，如此富有的保利努斯打算如何安排他的财富——自己留多少，而倘若变卖家产，这些钱究竟会给谁。

故此，保利努斯决定做个公开声明（很可能在 394 年复活节）。他说，应当遵循基督给年轻的富人的诫命，他将"变卖他的所有"，他将"施舍给穷人"，他将存"财宝在天上"。他亲自以书信确保，自己的皈依会以福音故事的原话传遍整个地中海西岸。[21]以西班牙教会所处的背景看，这一消息的潜台词

216

明明白白：保利努斯是"干净的"。他摆脱了那种私藏财产的味道，这种味道曾令百基拉的追随者们像个阴险的、难以捉摸的小集体。

"一个由富变穷的人"：从阿奎丹到诺拉

于是，保利努斯宣布放弃财产时所用语言的古老直白，令当时与他志趣相投的基督徒们印象深刻。可想而知，已入暮年的图尔的马丁得到这个消息时十分欣喜：

217

> "终于，"马丁不断称赞，"有了可仿效之人。"他相信，我们这代人能拥有这样一个榜样是被赐福的。因为保利努斯，一个拥有巨额财产的富人，通过"变卖你所有的，分给穷人"（正如基督在《马太福音》19：21 中让年轻的富人去做的那样），阐明了我主的话。他证明了"在人这是不能的，在神凡事都能"（《马太福音》19：26）。[22]

正如我们已知的，安布罗斯也感到十分惊喜。[23]

对马丁、安布罗斯（以及后来的奥古斯丁）而言，保利努斯立即成为——用其新传记的老练作者丹尼斯·特劳特的话来说——"语像"。[24]他是活的见证，提醒人们耶稣与年轻的富人的故事能够以喜剧收场。保利努斯，一头非常庞大的骆驼，确确实实能够通过放弃财富而"穿过针眼"。奥古斯丁在《上帝之城》的第一卷中正是这样介绍他的朋友的："我们的保利努斯……'一个由富变穷的人'，将自己由极富变得极贫。"[25]

然而，恰恰因为这一"语像"的坦白，史学家可以清楚地看到在 394 年之后的几年中保利努斯如何对财产做出具体安排。在晚期帝国的经济环境下，苦行者要履行"变卖一切"的承诺，执行之困难与进展之缓慢，与西玛库斯这样的元老为兑现承诺、承办气势恢宏的赛会而进行的财产调度并无二致。保利努斯势必面临种种障碍，跟任何一位身在外地的地主被迫快速筹款或使用不熟悉的供应渠道时一样。无论是西玛库斯那来自尼罗河的鳄鱼，还是保利努斯要分给诺拉的穷人的红酒，这些活动都需要朋友们的支持和经常性的打理。396 年保利努斯致信苏尔皮奇乌斯·塞维鲁，恳请后者在当地帮忙，以确保他在纳博纳储存的陈年红酒可以运到诺拉："因为我的释奴、奴隶和弟兄们让我失望。"[26]

但是，至少在一点上，奥索尼乌斯的忧虑被证明是杞人忧天的。保利努斯家族的祖田并未尽数落入外族投机者的手中，保利努斯可能在上市出售之前先将机会给了他的族人与邻居。394 年保利努斯究竟是怎样做的，我们没有看到确切的记载，但 6 世纪东部基督教的一份文献让我们可以猜到几分。当亚美尼亚王族后裔——大地主托马斯决定处理掉他的财产时，他——

　　给地区大亨邻居们发消息，说倘若他们愿意，可以收购毗邻他的地，倘若不愿意，那么外人来买时也不要恼火。[27]

保利努斯与他的代理人很可能也是这样做的。在阿奎丹，　218
保利努斯家族的另一支（保利努斯弟弟的后裔）似乎一直延续到6 世纪晚期。6 世纪 60 年代的波尔多主教利奥里乌斯很可能是家族的最后一位。据意大利诗人韦南提乌斯·福尔图纳图斯的描写，利奥里乌斯曾经翻修过普雷尼亚克庄园。150 年前，保利努斯的弟弟曾在此居住。利奥里乌斯慵懒地躺卧在半圆卧榻上，像古时罗马人那样，望着窗外潺潺流动的鱼塘，它们镶嵌于绵延的麦田之间，微风拂起麦浪，如同浓密的金发。[28] 韦南提乌斯读过奥索尼乌斯，至少，在诗歌的世界里，奥索尼乌斯笔下的田园风光依然如故，它并未被保利努斯单个人放弃财产的行为所破坏，它依旧在那里，在那些有古典品位、钟情舒适生活的人手中。即使利奥里乌斯当了主教，他仍属于那个阶级，他们依旧欣赏奥索尼乌斯及其模仿者（如韦南提乌斯）的诗歌。尽管身处法兰克王的统治之下，他们希望自己在别人看来活得像个罗马绅士。

然而，遣散那么庞大的财产必然是件大事，这跟大规模的财产充公没多大区别。这类充公在内战中被用于大刀阔斧地消减贵族财产，也被用于惩处行妖法或叛国罪。皇帝瓦伦提尼安一世在 369 年颁布的一道狰狞的法令说明了这一点：

> 任何……被判剥夺公权的人，对其财产要进行彻底调查……完整的清单……应该包括在农村的资产规模与性质……各部分的特色与魅力；建筑与土地上的设备；在地产上有多少奴隶……他们各有什么技能……金银、服饰、珠宝的数额……以及储藏室有什么藏品。[29]

这正是 394 年保利努斯放弃的财富，并且是以富有戏剧性的自我判罚、类似于剥夺公权的方式。

然而，尽管保利努斯的声明显然铿锵有力，事情却进展得很缓慢。其后很多年间，来自地产的收入依旧源源不断。正如我们在下一章中会看到的那样，他用这些钱筹建了贾米拉圣菲利克斯陵地上不同凡响的建筑工程，这些工程至少持续到 404年，或许更晚。408 年前后，保利努斯成为诺拉主教。他过世于 431 年，只比奥古斯丁晚一年。那时，波尔多的保利努斯（就像奥索尼乌斯曾经希望的那样）已经成为诺拉的圣徒保利努斯。

诺拉并非保利努斯的放逐地，也不是他的藏身地。西班牙腹地倒是藏身的好地方，搬到诺拉是为了靠近极其古老的世界中心。诺拉临近阿庇亚大道，穿越萨莫奈地区山岭，通往布林迪西与帝国东部。这一晚期帝国的税收脊梁连接着罗马与非洲，沿它而行的旅人会发现，要去诺拉很容易。奔赴宫廷的非洲主教们经常在诺拉停留，前往拜会保利努斯，并向他转交奥古斯丁的书信。[30]

诺拉对保利努斯而言也并非新城，他自年少时就知道菲利克斯的圣体龛，因为它在家族地产附近。26 岁时（380～381），保利努斯曾出任坎帕尼亚的元老级总督。作为总督，他为圣体龛加建了前廊，并整固了通向它的道路。[31]当然，保利努斯的馈赠并不局限于诺拉一地，同西玛库斯一样，他所在家族与许多城镇都有联络。404 年，他赠给丰迪的基督徒一座崭新的教堂——位于阿庇亚大道近罗马城之处。在他的言谈中，这个馈赠仿佛是城市恩主的善举。西玛库斯肯定会这么看，他为当地基督徒建教堂是"作为我爱这座城市的些许表示，并作为我的家族曾经在此拥有地产的纪念"。[32]总之，保利努斯选择定居在这个满载家族回忆的地方，放弃财产没有使他离乡背井，那不过是另一种方式的回归。

然而，不可以简单地把保利努斯在诺拉定居当作例证，认

219

为元老级的捐赠者和庇护人在基督教会中仍然可以无忧无虑地保留原先的生活方式。虽然保利努斯还拥有家族地产，依旧面临着社会期许带来的压力，甚至连思维习惯都仍然继承自元老背景（这种种延续性带来巨大挑战，这的确令人心存疑虑），但他竭尽所能去证明，自己并不愿意被错认为那个旧的自我。出于这个目的，他强调自己新的贫穷。

但是，这又是怎样的贫穷？可以理解，现代学者在论及保利努斯时，总强调他在生活方式上的种种延续。地产收入依旧源源不断；他仍然认定阿奎丹的门客得听命于他，并就他们提供的服务打赏；他着手重建贾米拉菲利克斯圣地时，表现出大庄园建造者"对财产的关注"：种种迹象都让我们怀疑，保利努斯是否真的在任何明显意义上都变"穷"了。[33]我们面对大元老贵族出家当修士，总会联想到其现代翻版——口口声声说要过俭朴生活的电影明星们——从而心生疑虑，随即跃入脑海的是邪恶的词组："着名牌的贫穷"。[34]

然而，过度怀疑会使我们忽略上一章的所见——晚期罗马社会中财富的具体符号。我们已经讨论过，富有并不仅仅是有收入，有钱须得昭告天下，并且自始至终以尽可能坚决且引人注目的方式。拥有并展现"华彩"，是富有的全部意义之所在，贫穷（不成功的教授、潦倒的乡绅或赤贫者都一样）就是失去这种华彩。一旦一个人的"小小的荣耀之光"熄灭了（借用奥索尼乌斯形象的词组），这个人就坠入了灰暗的无名状态。[35]

220 　　"华彩"是定义财富的核心词。华彩预设了收入，然而实践中却几乎不考虑钱财；与它息息相关的倒是：人看上去怎样，如何穿着，如何饮食，如何出行，最后但同样重要的是，沐浴有多频繁。财富以一系列明确的标志繁荣及好运的符号把富豪的身体包裹起来。相较之下，这种华彩在保利努斯和特拉西娅身上确实完全熄灭了。

正是用退却华彩的言辞，保利努斯跟他的灵修朋友们交流着他全新的生活方式。他用犀利精准的语言，从各个方面背离甚至颠覆 4 世纪富人的社会符号。在刻画自己和苦修同伴时，保利努斯留下了令人难忘的关于"贫穷"的写照：不是"无财富"，而是"反财富"。正如财富的表现是以一种特权的生活方式宿住于肉身；反财富的表现，同样戏剧性地以苦行的方式在肉身展开。

因此，保利努斯不断述说这群他选择在贾米拉为伍的人的奇特之处。他的描述像是照片的反面，从它的阴影，我们可以拼绘出保利努斯这样背景的人如何展现财富的绚烂夺目。他与修士们不再居住于大庄园中；相反，他们统一住在可以望见贾米拉菲利克斯圣体龛的狭小房间中。他们不再靠一堆随众与世人隔开，而是与挤在下面家庭客栈里邂逅的穷人们密切接触。[36]外出时，他们不再乘坐豪华马车，许多人只靠步行。修士维克多正是这样，他替在意大利南部的保利努斯和阿奎丹的苏尔皮奇乌斯·塞维鲁送信，每年步行数百英里，如同"一匹两条腿的驿马"。[37]他们穿着极为朴素——暗色、粗料、褪尽了颜色，这与晚期罗马上层社会多彩艳丽的着装正相反。他们头发剪得很粗糙，倒像是罗马囚犯的光头发型，而不是晚期罗马贵族那抹了油的满头卷发。[38]他们饮食简单，只喝最少量的酒，且酒器是土陶或木质：见不到银器。（保利努斯再清楚不过，他这个地位的人在餐桌上放银器意味着对财富的坚持：对于禁用银器，他比奥古斯丁更坚决。后者在希波主教餐桌上保留了银勺。）厨师出身农家，提供"农家饭"："豆子与小米捣在一起，为了让我更快学会将元老的考究挑剔放在一边。"[39]

"我们所有人都脸色苍白。"[40]保利努斯与其他修士步履间尽显他们的饮食状态。再没有丰盛的食物提供足够的能量，支持作为贵族曾有的那种坚定有力的步伐——骄傲的步伐。他们选择了"庄板"，缓慢地移动。尤其是，他们不常洗浴，因而浑身裹着令人生厌的味道，在古代世界里，这是贫穷明确的标志。这味道总是令人不安，提醒着死亡的恶臭必得最终的胜利。这与富人刚刚从私人澡堂那神奇的、令人精神振奋的世界中出来，彻底沐浴熏香之后，身上散发着甜美气息的那种生之愉悦恰好相反。

在保利努斯看来，与这群不光鲜的未熏香的人一起围圣菲利克斯墓地而居，是最合适不过的。菲利克斯在 3 世纪末时曾任诺拉主教。每年，保利努斯都赋诗庆祝这位圣徒的节庆。从诗中对菲利克斯的刻画看，保利努斯以他为镜。菲利克斯是搬到诺拉的一位富人之子。他甚至不是殉道士；他当司铎时曾遭受拷打，但去世时却在床上，时任主教，贫困至极。他放弃自己的那份家产，让给了贪婪的兄弟。他过世时耕种的园子是租来的。保利努斯渴望成为他那样的人，因为菲利克斯过着"那样一种生活，仿效上主基督在尘世的样子：曾经的富人，而今至穷"[41]。

"走下来"：模仿基督

保利努斯关于贫穷即反财富的说法，对那个时代中与他志趣相投的人极具说服力，因为他的识别标志建立在对基督这个人的深刻认同上。[42]他将对自己和朋友的身份认知扎根于上主下到尘世这一戏剧性事件，正如他在 400 年对苏尔皮奇乌斯·塞维鲁写道：

> 让我们谨记我们是他的四肢，他在被判罪中征服，在不抵抗中获胜，在坠入死亡中重获荣耀，他确保，因他的十字架之迅猛掉落，我们将在复活中升起……"他就是我们的天主，没有别的可同他相比。"（《巴路克》3：36）[43]

但这又是怎样的基督？保利努斯的基督完全是那一代人的基督。我们甚至可以说是这样一位基督：他在礼敬中的形象经过精心打造，令正面临某个特定神学困境的某个特定阶层的基督徒产生共鸣。让我们看得更仔细些。

拉丁西方毫不妥协的尼西亚派信徒们在宗教热忱中呈现的基督这个人物，异乎寻常地充斥着似是而非的悖论。他们这派的胜利加剧了认识基督上的冲突。《福音书》的记载显示，基督有时是软弱无助的。然而，在尼西亚派看来，他还是神，他不是某个造物。我们无法从某种不是全神的存在——极端尼西亚派相信（常常是不正确的）阿里乌斯派的潜台词就是如此——来推断他的弱点。于是，尼西亚派在解读基督上面临尖锐冲突：基督是个不起眼的人，但同时基督又是"完全神性的"。解决这个理念困境的先是米兰的安布罗斯，接着是继承了他的保利努斯：上帝自己"为我们和我们的救赎"做出了决定，在基督身上，将自己毫无保留地袒露于完全的人之软弱。[44]

把握这个答案背后晚期罗马特有的细节很重要。安布罗斯与保利努斯的基督完全不同于中世纪晚期和现代信仰中人化了的基督，那是只属于晚期罗马的基督。他的谦卑更为夺目，因

222

为他来自尊威的上帝有意识的自谦之举，而他依旧是尊威的上帝。在一个令人敬畏的俯就姿态中，上帝的华彩自发转暗。如果说在晚期罗马的社会思想中，权力与财富是为了生存必须牢牢抓住的东西，那么再没有什么"走下来"会比上帝自己"走下来"——在一段时间内，放弃自己握有的权能——更令人瞠目结舌。基督作为上帝，曾是贵族中的贵族，富人中的最富。然而，以其无限的善，他出于自由意志放弃了这种财富，他将神性的光辉掩藏于人之境遇的黯淡无光之下，但那光辉依旧在那里。借用后来被纳入拉丁教会礼仪的安布罗斯圣咏的歌词：基督，投身为人，其出现就像"一位巨人，双重本质"。[45]他出现在人间，是神与穷人的合一。

保利努斯的基督是"穷的"，因为他是用强大的自谦行为将华彩掩盖起来的神。"谦卑"和"谦卑的"是保利努斯论及基督时不断重复使用的词。保利努斯用"谦卑的"表示对世界的一种姿态，它的社会意义非常犀利，远非该词在现代的多愁善感的种种联想可以表达的：在罗马帝国晚期，谦卑的意思，直白点，就是"不重要"。[46]

在这个意义上，保利努斯的基督很大程度上是大理石棺的基督。在这个阶段，罗马、西班牙和高卢南部的贵族基督徒就埋在这种石棺里。在他们看来，基督这个人物悄无声息到令人不安，他远不是中世纪晚期的"忧患之子"，受着赤裸裸的贫穷与困顿。相反，他有尊严地站在彼拉多的面前，身着朴素的、褶层分明的袍子，然而，恰恰是基督这种全然缄默的立场，令古代晚期的旁观者犹感沉重。这不是古时的哲人形象：架势十足，胡子拉碴，露着躯干，昭告着属于哲人的积极、英勇、敏锐的头脑。[47]基督不是这样，他身着朴素的袍子——这身袍子

不代表任何社会主张，朴素的衣衫令他的荣耀变得毫不起眼。 223
他站在彼拉多面前，后者的宝座与长袍不堪重负地缀满了种种
标识，象征世间统治者那未加驯服的傲慢。[48]这是寂静无声的上
帝在基督身上下到了凡间。

这对比带有预兆性，它也意味着，像基督一样，保利努斯
与跟他类似的苦行者不会从地球上消失；像基督一样，他会继
续行走于他的追随者之间。保利努斯没有打算置身荒岛、与世
隔绝，像奈拉提乌斯·塞雷拉里斯驶过卡普拉西亚岛时令他震
惊的修士们那样。保利努斯打算永远居于尘世之中。尽管被一
群看上去明显是穷人的修士们包围着，他在贾米拉的生活绝不
是封闭的，它向来自西方所有地区的拜访者开放。他这么做，
是出于真正的意大利罗马传统。[49]在给苏尔皮奇乌斯·塞维鲁
的信中，保利努斯引用了当时版本的《以赛亚书》42：14：
"我许久沉默不语，但势必不会永远闭口不语。"这是上帝的
话。作为基督的追随者，他的穷人现在可以重复这句话：因为
"上帝是强大的，现在，他强有力得让我们也保持沉默"[50]。
这样，皈依的贵族与他的圈子小心翼翼地从自己身上卸下刺眼
的，令有钱、有权、有地位的人在晚期罗马世界中与众不同的
指示符；他们面向社会，充当基督的担负者，后者同样剪掉了
他的尊威——不过只是暂时的。

注　释

[1] Balmelle, *Les demeures aristocratiques d'Aquitaine*, 146.

[2] Muth, *Erleben von Raum-Leben im Raum*, 420 – 21 and plate 33. 4.

[3] Trout, *Paulinus of Nola*, 53 – 103; S. Mratschek, *Der Briefwechsel des Paulinus von Nola: Kommunikation und soziale Kontakte zwischen christlichen Intellektuellen*, Hypomnemata 134 (Göttingen: Vandenhoek and Ruprecht, 2002), 78 – 103, 190 – 243; Coskun, *Die gens Ausoniana an der Macht*, 99 – 111. 需要留意这些纪年（及与之相关的保利努斯变化的步调）的不确定性。考斯坤（Cozkun）倾向于更为紧凑、快速的步调，由一系列急速发展的"生存威胁"——390 年兄长被处决，391 年复活节接受洗礼，紧接着隐退西班牙——所明确决定。而其他作者，通过让保利努斯在 389 年退居西班牙，给了保利努斯更多思考的时间；而且，关于可能促使他放弃财产的那些事件的先后顺序，也不如考斯坤那么肯定。

[4] Ausonius, *Letter* 23. 35 – 38, Green, p. 226, *Ausonius*, 2: 108.

[5] 奥索尼乌斯所处地位的类比，参见 S. Kettering, *Patrons, Brokers, and Clients in Seventeenth-Century France* (Oxford: Oxford University Press, 1986). H. Sivan, "The Last Gallic Prose Panegyric: Paulinus of Nola on Theodosius I," in *Studies in Latin Literature and Roman History*, ed. C. Deroux, Collection Latomus 227 (Brussels: Latomus, 1994), 7: 577 – 94 将与狄奥多西疏离的主动权放到了保利努斯手中。有可能事实就是如此。

[6] Paulinus, *Poem* 21. 416 – 20, ed. W. von Hartel, *Sancti Pontii Meropii Paulini Nolani Carmina*, CSEL 30 (Vienna: Tempsky, 1894), 171 – 72; trans. P. G. Walsh, *The Poems of St. Paulinusof Nola*, Ancient Christian Writers 40 (New York: Newman Press, 1975), 186. 尤其参见 H. Sivan, "The Death of Paulinus' Brother," *Rheinisches Museum für Philologie* 139 (1996): 170 – 79; and Coskun, *Die gens Ausoniana an der Macht*, 102 – 4。

[7] Symmachus, *Letter* 2. 30. 4, Callu, 1: 174; Sogno, *Symmachus*, 67 – 76.

[8] H. E. Chadwick, *Priscillian of Avila: The Occult and the Charismatic in the Early Church* (Oxford: Clarendon Press, 1976) 仍然是最博学最可靠的指南；新的研究有 M. Conti, *Priscillian of Avila: The Complete Works* (Oxford: Oxford University Press,

2010）和 V. Burrus, *The Making of a Heretic： Gender， Authority and the Priscillianist Controversy*（Berkeley：University of California Press, 1995）；以 及 M. B. Simões, *Prisciliano e as tensões religiosas do século IV*（Lisbon：Universidade Lusíada, 2002）。

［9］ Escribano, "Heresy and Orthodoxy in Fourth-Century Hispania. "

［10］ K. Bowes, " ' Une coterie espagnole pieuse'：Christian Archaeology and Christian Communities in Theodosian Hispania," in *Hispania in Late Antiquity*, 189 – 258；亦参见 Bowes, "Building Sacred Landscapes：Villas and Cult," in *Villas Tardoantiguas en el Mediterráneo Occidental*, 73 – 95。

［11］ *Codex Theodosianus* 1. 16. 12（AD 369）.

［12］ *Council of Saragossa*（AD 380）, canons 2, 4, and 7, *Concilios visigóticos e hispanoromanos*, ed. J. Vives（Madrid：Consejo Superior de Investigaciones Científicas, 1963）, 16 – 18.

［13］ Bowes, *Private Worship, Public Values and Religious Change*, 142 – 46.

［14］ Rutilius Namatianus, *De reditu suo* 1：440 – 46, ed. C. H. Keene, trans. G. F. Savage-Armstrong, *Rutilii Claudii Namatiani De reditu suo libri duo/The Home-Coming of Rutilius Claudius Namatianus from Rome to Gaul in the Year* 416 A. D.（London：George Bell and Sons, 1907）, 144 – 45.

［15］ Julian, *Oratio* 7, 224B, trans. W. C. Wright, Loeb Classical Library（Cambridge, MA：Harvard University Press, 1949）, 2：122.

［16］ Augustine, *Letter* 262. 5.

［17］ Sulpicius Severus, *Chronica* 2. 46. 2, ed. G. de Senneville-Grave, *Sulpice Sévère： Chroniques*, SC 441（Paris：Le Cerf, 1999）, 334 – 36.

［18］ 对苏尔皮奇乌斯·塞维鲁及其世界观的最好介绍，依旧是 J. Fontaine, *Sulpice Sévère： Vie de Saint Martin*, SC 133（Paris：Le Cerf, 1967）, 1：56, 99；以及 C. Stancliffe, *St. Martin and His Hagiographer： History and Miracle in Sulpicius Severus*（Oxford：Clarendon Press, 1983）；Vogüé, *Histoire littéraire du mouvement monastique*, 2：93 – 156。

[19] Paulinus, *Letter* 27. 3, ed. W. Hartel, in *Sancti Pontii Meropii Paulini Nolani Epistulae*, CSEL 29 (Vienna: Tempsky, 1894), 239 – 40; trans. P. G. Walsh, *Letters of St. Paulinus of Nola*, Ancient Christian Writers 36 (New York: Newman Press, 1967), 2: 91.

[20] Sulpicius Severus, *Life of Martin* 10. 6 and 10. 21; *Dialogues* 2 [3]. 10; Vogüé, *Histoire littéraire du mouvement monastique*, 2: 48.

[21] 关于同代人对保利努斯放弃财产的种种反应，参见 Trout, *Paulinus of Nola*, 1 – 15。Mratschek, *Der Briefwechsel*, 80 – 81, 尤其是第 16 页，显示了保利努斯如何积极主动地传播自己的这个形象。在第 608 ~ 613 页，穆拉切克收录了当代及其后所有提到保利努斯放弃财产的史料。保利努斯自我的陈述收录于第 605 ~ 608 页。

[22] Sulpicius Severus, *Life of Saint Martin* 24. 4 – 5.

[23] Ambrose, *Letter* 27 (58). 3.

[24] Trout, *Paulinus of Nola*, 2.

[25] Augustine, *City of God* 1. 10.

[26] Paulinus, *Letter* 5. 22, Hartel, p. 39, Walsh, 1: 69. 对于德文读者，我尤其推荐这个带导论与译文的版本: M. Skeb, *Paulinus von Nola: Briefe/Epistulae*, Fontes Christianae 25/1 – 3 (Freiburg: Herder, 1998)。

[27] John of Ephesus, *Lives of the Eastern Saints* 21, ed. and trans. E. W. Brooks, Patrologia Orientalis 17 (Paris: Firmin-Didot, 1923), 1: 228.

[28] 新的研究参见 M. Roberts, *The Humblest Sparrow: The Poetry of Venantius Fortunatus* (Ann Arbor: University of Michigan Press, 2009), 71 – 82; s. v. "Leontius 4," *Prosopography of the LaterRoman Empire 3B*, ed. J. R. Martindale (Cambridge: Cambridge University Press, 1992), 774; 参见 K. Stroheker, *Der senatorische Adel im spätantiken Gallien* (Tübingen: Alma Mater, 1948), 188; M. Heinzelmann, "Gallische Prosopographie, 260 – 527," *Francia* 10 (1982): 531 – 718; 以及 C. Settipani, "Ruricius Ier évêque de Limoges et ses relations familiales", Prosopographica X, *Francia* 18 (1991): 195 – 222。读者须知这

种关联仍然不过是主观猜测。

［29］ *Codex Theodosianus* 9. 42 – 47 （AD 369）.

［30］ S. Mratschek, "*Multis enim notissima est sanctitas loci*: Paulinus and the Gradual Rise of Nola as a Center of Christian Hospitality," *Journal of Early Christian Studies* 9 （2001）: 511 – 53; J. A. Gutilla, "Dalla Capua di Ausonio （Roma altera quondam） alla Nola di Paolino （post urbem titulos sortitus secundos），" *Journal of Early Christian Studies* 12 （2004）: 523 – 36; Savino, *Campania tardoantica*, 282.

［31］ Trout, *Paulinus of Nola*, 47 – 49.

［32］ Paulinus, *Letter* 32. 17, Hartel, p. 291, Walsh, 2: 149. 参见 Trout, *Paulinus of Nola*, 46 – 148。

［33］ Trout, *Paulinus of Nola*, 145 – 59.

［34］ C. Kelly, review of *God and Gold in Late Antiquity* by D. Janes, *Journal of Roman Studies* 89 （1999）: 253.

［35］ Ausonius, *Professors* 10. 51, Green, p. 50, *Ausonius*, 1: 116.

［36］ 尤其参见 Trout, *Paulinus of Nola*, 121 – 32; 以及 Mratschek, *Der Briefwechsel*, 550 – 52。

［37］ Paulinus, *Letter* 28. 1, Hartel, p. 241; 尤其参见 M. -Y. Perrin, "*Ad implendum caritatis officium*: La place des courriers dans la correspondance de Paulin de Nole," *Mélanges de l'École française de Rome: Antiquité* 104 （1992）: 1025 – 68。

［38］ Paulinus, *Letter* 22. 2, Hartel, p. 55, Walsh, 1: 198; cf. Cyprian, *Letter* 76. 2. 4 关于德基乌斯迫害中入狱的基督徒, 参见 Vogüé, *Histoire littéraire du mouvementmonastique*, 1: 9。

［39］ Paulinus, *Letter* 5. 21, Hartel, p. 39, Walsh, 1: 69; and *Letter* 23. 6, Hartel, p. 163, Walsh, 2: 7.

［40］ Paulinus, *Letter* 22. 2, Hartel, p. 155, Walsh, 1: 197.

［41］ Paulinus, *Poem* 21. 529 – 30, Hartel, p. 175, Walsh, p. 190. 参见 G. Luongo, *Lo specchio dell'agiografo: San Felice nei carmi XV e XVI di Paolino di Nola* （Naples: Tempi Moderni, 1992）。

［42］ 该主题最佳的阐述是 Skeb, *Christo vivere*, 215 – 60; 亦参见 L. Padovese, "Considerazioni sulla dottrina cristologica e soteriologica di Paolino di Nola," in *Anchora vitae: Atti del II Convegno Paoliniano nel XVI Centenario del Ritiro di Paolino a Nola*, ed. G. Luongo (Naples: Redenzione, 1998), 209 – 24。

[43] Paulinus, *Letter* 24. 17, Hartel, p. 217, Walsh, 2: 67.

[44] E. Dassmann, *Die Frömmigkeit des Kirchenvaters Ambrosius von Mailand* (Münster-in-Westfalen: Aschendorff, 1965), 116 – 22; K. Baus, *Das Gebet zu Christus beim hl. Ambrosius*, ed. E. Dassmann (Berlin: Philo, 2000).

[45] Ambrose, *Hymn* 4, 被 Faustus of Riez 引用于 *Letter* 7, ed. A. Engelbrecht, in *Fausti Reiensis praeter sermones pseudo-eusebianos opera*, CSEL 21 (Vienna: Tempsky, 1891), 203; Dassmann, *Die Frömmigkeit des Kirchenvaters Ambrosius*, 118。

[46] Matthias Skeb 是保利努斯书信的出色的德文翻译，经常把"谦卑的"（humble）与"谦卑"（humility）译作"毫不起眼的"（bedeutungslos）和"毫不起眼"（Bedeutungslosigkeit）。

[47] B. C. Ewald, *Der Philosoph als Leitbild: Ikonographische Untersuchungen in römischen Sarkophagreliefs* (Mainz: Zabern, 1999).

[48] 举一个例子，古阿尔勒博物馆（Musée de l'Arles antique）馆藏的《立法者基督》（The Traditio Legis）的石棺上，有基督受审的场景，上刻彼拉多身着类似帝国制服的服装，对面的基督穿着极其简单的袍子，参见 *D'un monde à l'autre: Naissance d'une Chrétienté en Provence, IVe – VIe siècle*, ed. J. Guyon and M. Heijmans (Arles: Musée de l'Arles antique, 2002), 66, 收录于 *Picturing the Bible: The Earliest Christian Art*, ed. J. Spier (New Haven, CT: Yale University Press with Kimbell Art Museum, 2007), no. 64, on pp. 242 – 43。

[49] 尤其参见 S. Pricoco, "Paolino di Nola e il monachesimo del suo tempo," in *Anchora vitae*, 59 – 92。

[50] Paulinus, *Letter* 5. 7, Hartel, p. 28, Walsh, 1: 59.

第 14 章 "灵的交易"：诺拉的保利努斯与财富诗，395～408 年

"马尔库斯已经向圣菲利克斯大人还了愿"：祭坛上的财富

395～408 年，保利努斯每年都为诺拉的圣菲利克斯节庆赋诗一首，他希望通过这些诗篇让读者明白，他命中注定要在墓地侍奉菲利克斯。结果是，我们往往不假思索，认定保利努斯搬到了坎帕尼亚，在诺拉城郊贾米拉的菲利克斯圣体龛——陵墓——旁边定居下来。我们认为，保利努斯于 395 年到达诺拉，人生目标已然实现，即"在诺拉度过最后时日，为村野圣徒看顾祭坛"[1]，接下来便是"年年岁岁的田园牧歌"[2]。

近期一系列优秀的研究成果——关于保利努斯的生平（丹尼斯·特劳特），关于他通过通信建立起的人脉（西格莉德·穆拉切克），关于书信中的灵修内容（卡特琳娜·科尼比尔）[3]——都显示事实并非如此。这些研究再现了他的技巧与坚韧，凭借这两点，保利努斯确立了自己在意大利南部的领导地位。他的书信保证了居住在高卢与非洲的特定朋友群能够听到他的声音。

研究十分清楚地揭示，大人物保利努斯在多大程度上依旧

活在修士保利努斯的身上。或许，在那戏剧性的"走下来"中，保利努斯淡化了自己原有的地位；或许，为了模仿基督令人敬畏的俯就之举，他揭掉了高位者的符号，但即便如此，他还是继续享有贵族的最高特权——随心所欲地安排人生的自由。

225　　最能说明这一点的是他对自己司铎职位的态度。普通人一旦被祝圣，通常得留在选他的会众当中。因为在那个时候，在被授予司铎这个教会职务后还不可以到处行使职能。授受圣职是为某一特定地区的基督教团体，并且仅限于这个团体，司铎不被鼓励在一个城镇接受圣职礼，再搬往另一个城镇。

保利努斯愉快地忽略了这个限制。他在巴塞罗那被祝圣，但仅仅几个月后，他就带着他的圣职与财富离开了这座城市。结果是，到了意大利，罗马主教西利修待他极为冷漠。西利修具备城市教士那种高度的集体责任感。教士应该跟自己的主教待在一起，正如宫廷官员按理该待在他们的政府部门里。跟官员一样，教士应该靠工作表现沿明确的晋升阶梯一步步攀升。对自诩苦行、不受约束的教士，西利修没有好感。就在十年前，即386年，他曾帮着将哲罗姆赶出罗马城。在西利修眼中，即使保利努斯声势浩大地放弃了财产，他还是太像古怪的百基拉。[4]

在当时的人们看来，即便是保利努斯在诺拉的修道组织也像是典型的家庭基督教，而不像是在教会体制之内，它很大程度上是家庭事务。保利努斯很可能继承了临近菲利克斯圣陵的一座庄园，并将它变成了修道院，[5]但这个组织与外部世界的边界模糊不清。他的妻子特拉西娅陪同他一起到了贾米拉，我们对她的行为一无所知，或许这纯粹是因为她觉得理应出现在丈夫身边，就像在贵族圈子里那样。但当时，就男女混居苦修的危害，整个地中海地区的教士们都忙着对较他们二位更普通的基督徒们口诛笔伐，但贵族保利努斯与特拉西娅持戒同居却是公开的秘密，没有人敢质疑。[6]

我们对这时的诺拉主教同样一无所知，没有证据显示保利努斯作为司铎曾服务于他。来自上流社会的教士与城市人民结成同盟，这曾对安布罗斯意义非凡，对保利努斯却没什么价值。他终究还是当初的地主，诗歌写的不是城市百姓，而是乡村农民。即使我们在佐证时考虑到作品本身的局限性（每一首诗、每一封信都有各自明确的目的），但他只字不提妻子、主教和城市，这种缄默本身就耐人寻味。

408 年后的某个时间，保利努斯成为诺拉的主教。410～411 年，哥特人入侵，他领导他的基督徒团体度过危机，那时，圣菲利克斯据说出现在城墙上。[7]保利努斯于是又一次赋诗感谢菲利克斯。他讲到哥特人撤退后诺拉城的居民终于能够前往周边耕种土地。保利努斯有可能买通了哥特人。[8]419 年，在一场有争议的教宗选举中，他受邀担当仲裁者。他于 431 年去世，走得像个好主教该有的样子，全诺拉城的民众为他哀悼： 226

> 不仅基督徒，甚至犹太人与多神教徒，都来参加保利努斯大人最后的仪式……与我们一起，所有人都在哀哭，为这位被死亡夺走的庇护人、捍卫者和守护神。[9]

但是，这最后的一幕（选自 5 世纪 30 年代的一个文本）仅仅显示了自 395 年以来世界发生了多大变化。那时候，主教已经得是本地人，并且是该城的庇护人。而早在 395 年，保利努斯还不是哪个地方或哪个人的"庇护人、捍卫者和守护神"。令当时的人惊讶的是，事实恰恰相反：保利努斯享有贵族特有的搬迁自由。他不受制于任何城市、任何教会、任何常规的公共角色，他以自己的方式行事。这一点最明显地体现在他对财产的处理上，保利努斯决定，他的财富要用来打造圣菲利克斯的圣陵。

不要认为保利努斯的决定是理所当然的。4世纪的人在思考该如何将财富用于宗教礼敬时，脑海中会有多种选择。如前所见，当保利努斯宣告皈依时，他宣称要按年轻的富人的故事要点行事。他遵守了基督"变卖你所有的"的诫命。但要遵循"分给穷人"，方法有很多。并不是每一个皈依者都要像保利努斯那样，将钱花在对一位地方圣徒的崇拜上。

为了解释自己的决定，保利努斯借助了一种在基督徒和犹太人的圈子里众所周知的古老敬献方式。保利努斯坚持把他的财富视为上帝的礼物。在他兄长被处死、他自己面临财产充公之时，这笔财富由菲利克斯为他保留下来："您（菲利克斯）……将剑从我的脖子上挪开，将国库官员从我的产业上遣走。您替上主基督看管我和我的所有。"[10]上帝通过菲利克斯保留了保利努斯的财富，保利努斯通过将它花在菲利克斯身上把它还给了上帝。保利努斯与特拉西娅卖地产的所得并没有"分发"给财产所在地的穷人；它没有被送往遥远的埃及或圣地的修道院（许多罗马贵族已经开始这样做）；它没有被用来捐建护理所；它也没有被送到遥远的边境去赎买俘虏（像安布罗斯那样）。保利努斯的财富缓慢但稳定地流向贾米拉，其中很大一部分被冻结在那些令圣菲利克斯的辉煌变得可见的建筑中。

选择将财产作为还愿归还给上帝，是典型的保利努斯的做法，这既伟大又谦卑。首先，以这种方式施舍，保利努斯有别于通常的城市恩主。与恩主们不同，保利努斯不是站在不可动摇的高度进行施舍，来证明自己具有崇高的地位。他施舍，是为了表达深深的谦卑。他坚持那不是自己的财富，它被握在上帝手中。

而且，这些赠予不是出于与世间的某地或某个群体原有的关系。贝内文托城中贵族居民的"永不言败之心"曾让西玛库斯印象深刻，他们在地震后团结起来修复城市，这是出于世代相传的对自己家乡的忠诚。西玛库斯自己在参与其家族与罗马人民之间长年的对话时，也曾展现出"罗马人至高的热忱"。与他们相对，保利努斯的赠予朝向天堂，那是在他、上帝与圣菲利克斯之间永恒对话的一部分。无论贾米拉圣陵如何令人震撼，那些保利努斯力图"讨好"的"人"是看不见的，他们是上帝与他的圣徒们。

这一对话向所有人敞开。正如我们已经讨论过的（在对阿奎利亚教堂以及其他教堂与会堂中的镶嵌画镶板的例子中），犹太教和基督教中还愿性的赠予有种种规格，它并不专为大富豪而设。

菲利克斯的圣陵尤其如此。诺拉位于两地交会处，在此，那不勒斯湾前肥沃的加拉迪延伸至萨莫奈的山村。至少在保利努斯将他的财产带入圣陵之前两代人的时间里，菲利克斯的坟墓已经是一个宗教活动中心，它尽管并不广为人知，但已经具备相当的规模。人们在圣体龛上发现了大量的涂鸦，其中多数仅仅是胡乱涂画，它们标志着一群群不识字的朝圣者迫切地要将自己的标记留在"菲利克斯大人"身旁。[11]

神圣捐献的气氛蔓延到了周边农村。东边的山上养着大群的猪，用来作为罗马人的部分食品配给。人们相信菲利克斯保佑着这些猪。甚至远在贝内文托的人们也把最好的猪选出来敬献给他，有些猪实在太肥，能够到达圣陵本身就是一个奇迹。[12]到达后，它们就被宰杀，来实践主人在家就立下的对菲利克斯的誓言。穷人们知道又会有一顿还愿的猪肉大餐，故而聚集在一起，十分兴奋。

保利努斯在他的诗中不断流连于这些场景，它们为他笔下的菲利克斯崇拜增添了乡村味道，它们也显示保利努斯不是这个圣陵的唯一捐赠者。尽管他的慷慨令人注目，但并非独一无二，它因袭了由成千上万个比他卑微得多的人定下的捐献方式。对这种礼敬，他全心全意地认同。[13]尽管不曾用诗化的语言，但菲利克斯圣体龛上的涂鸦所表达的意思跟保利努斯如出一辙：

228 　　马尔库斯已经向圣菲利克斯大人还了愿。[14]

让我们看看保利努斯是如何还愿的。

"我的功……由菲利克斯做"：打造圣陵

贾米拉的考古研究成果——最具代表性的是卡洛·伊巴尼斯塔的著作和托马斯·黎曼的权威性专著——让人颇感意外，[15]它们展现了保利努斯规划建筑的速度与野心。保利努斯到来后的七年内，原本朴素的菲利克斯圣陵完全改观。倘若财富曾在城外的某一地留下它的足迹——它曾在西班牙和阿奎丹的晚期罗马庄园中留下烙印，那便是在保利努斯打造的新教堂和与之毗邻的环菲利克斯墓而盖的建筑。新教堂长 115 英尺，宽 66 英尺，除了晚期罗马的顶级庄园宅邸，再没其他地方的大殿比它宏伟。其路面（由多种色彩的大理石划分成不同区域）被托马斯·黎曼判定为这个时期最精致的切割工艺的例子。[16] 仅铺设菲利克斯圣体龛的柱子、地面和门窗框，就使用了 11 种颜色的大理石，它们来自罗马世界的各个地方。将这么多的珍贵石材集结起来不仅需要财富，而且需要权势——运作庇护的关系网提出享有特权的要求，其方式与西玛库斯为儿子的赛会调集野生动物和马如出一辙。保利努斯似乎可以动用政府的梁柱、未曾用过的石料储备，以及官方的运输渠道。[17]

新教堂的末端是个三重后殿（一个巨大的半圆形后殿，其侧廊连接两个半圆形旁殿，尽显深邃）。这是一次独到的尝试，模仿了当时私人宅邸肃穆的餐厅。旧菲利克斯圣体龛上的前殿被拆下来，以便可以从新教堂一览无余地望见墓地。这两个建筑之间由一个玲珑而精致的庭院连接，但凡能让庄园变得华丽和愉悦的一切，在这里都能找到微缩版。一个由许多颜色的柱子组成的带顶柱廊内有一排色彩亮丽的壁画。保利努斯的祖宅位于比尔（今加龙河河口布尔），其门廊上就有类似的壁画，上绘庞提乌斯·保利努斯祖先的肖像。与它形成对照，在贾米拉的庭院里，壁画绘制的是《旧约》场景，明白地表示保利努斯现在将这些古时的圣徒当作自己真正的先祖。每一幅画都有题诗，这个做法像极了西玛库斯和奥索尼乌斯在自己父亲画像下面的诗歌题款。[18]

精心维护的花园和水花四溢的喷水池位于庭院中心。这显示，与任何其他的罗马庄园主一样，保利努斯使自己成为当地水资源的主人。新近发现的一个精致的大理石洗手盆的残留，像是矗立在罗马圣彼得教堂中庭用于赦罪的巨大水盆的迷你版。[19]

总之，贾米拉这座重建后的圣陵是保利努斯的梦幻庄园。绿色的草坪；掩映中通向教堂的花园小道；珍贵的庭院中喷水的池子；教堂里庄严的大厅由大理石包裹着，被巨型烛台照亮，烛台投下一片片烛光，与大量阴影交相辉映（如同在富人的餐厅）——这些都代表了最奢侈的晚期罗马庄园建筑。[20]

保利努斯为自己原先闪耀着独特光辉的贵族面具蒙上了一层幽暗的几近神秘的轻纱。但是，他的建筑仍然诉说着巨额财富的华彩。总之，我们不该低估被肯贝里·鲍斯称为"基于诺拉背景的胆大妄为"[21]。从这种种富丽堂皇中，我们可以觉察到一种"西班牙症候"。跟卡斯提尔、埃什特雷马杜拉和葡萄牙南部地区自带大型陵墓的庄园一样，重建的菲利克斯圣陵是保利努斯的丰碑，并最终将是他自己的陵园。

富人们一直都知道，在修建庄园的行为背后，有着向社会宣告自己优于他人的冲动。仅仅大约十年前，西玛库斯曾为设计师绘制的蓝图心动，想建一座新的弧形门廊——在距离诺拉只有30英里的那不勒斯湾，这可以令他的一座宅邸在入户处与众不同。他就此致信友人，带着我们业已习惯的（从奥索尼乌斯的例子）富人们当面谈论自己财富时那含糊其词的保留。他的朋友千万不可"令我心痒，想去建造……显然您正促使我去做。那不符合我的'本分得体'"[22]。

通过提出"本分得体"，西玛库斯援引了一种早先的罗马社会美德。对贵族而言，"本分得体"包括克制想要引人注目的冲动，以免引起同辈的嫉妒或招致皇帝的猜疑。皇帝（在频繁篡位夺权时期）对过于强大的臣民时刻保持着警惕。[23]

这样的保留挡不住保利努斯，因为他不为自己而建；他为上帝而建。他还鼓励自己的朋友——已经在普利姆里亚库姆的庄园定居的苏尔皮奇乌斯·塞维鲁——做同样的事情。苏尔皮奇乌斯·塞维鲁在普利姆里亚库姆建了两座并排的教堂，两者由一个圣洗池连接。跟在贾米拉一样，这几栋建筑的墙上满是题了诗的绘画。在普利姆里亚库姆，苏尔皮奇乌斯·塞维鲁和保利努斯都被视为奠基人，他们的画像（镶嵌画或壁画）矗立在前不久过世的圣马丁像两侧。再没有什么可以比这更有力地表达普利姆里亚库姆这个建筑群的私人属性，这是属于塞维鲁自己的建筑，置于他自己的圣人的保护之下。诺拉如此，普利姆里亚库姆亦如此：主教没有在工程建筑中起任何作用。

我们对普利姆里亚库姆和贾米拉两地的建筑所知甚详，因为保利努斯就普利姆里亚库姆的建筑装潢给朋友塞维鲁提了建议。他也向塞维鲁和其他朋友描绘了自己在菲利克斯圣陵的建设的每一个步骤。[24] 而尽管保利努斯作为建筑者光耀夺目，但他小心谨慎，令自己在上帝看来是谦卑的。玛利亚·克里和嘉耶勒·赫伯特·德拉勃尔特巴赫敏锐的研究近来显示，保利努斯与此前的所有拉丁文作家都不同，他将每一个新建筑的细节都浸润在神秘用语的湍流中。打造新圣陵的过程耗神费力，常常要动用高压手段。在保利努斯笔下，这个过程一步步再现他寄望上帝将如何重塑自己破败不堪的灵魂。[25] 在诗歌中，保利努斯将自己被动地置于建筑大师上帝之手。上帝在他身上做工，亦如保利努斯自己打造菲利克斯圣陵，事无巨细，亲力亲为——甚至将那肮脏的、曾经满是垃圾与旧草帽的菜园改建为（可以理解，这让原先的居民不满，他将人赶走，没有丝毫不安）修剪整齐的草坪，以装饰他的教堂内庭。[26] 上帝重塑了保利努斯，保利努斯为菲利克斯而建。在向到访的一位主教讲解这些建筑时，保利努斯这样形容自己的行为："我的功……由

230

菲利克斯做。"[27]

在这个说法中，我们注意到曾经强加在世俗贵族身上的、贵族集团数个世纪来用以自我约束的禁忌全然消失了。对于投入巨款打造私家门廊，西玛库斯不得不假装不好意思，但保利努斯却大可不必。我们谈到的这个现象在不小的程度上生动反映了这个时代：当保利努斯这样的皈依者彻底摆脱来自其同僚集团的约束，将自己与财产置于上帝之手时，那种强烈的自我掌控感得以释放。他可以如他所愿，极尽奢侈，为菲利克斯而建。

"灵的交易"

保利努斯在诺拉定居下来，将财产献给了菲利克斯"大人"。他可以自由地徜徉于书信与诗歌之间，讲述他的财富超越此世的后续归宿。要上升到这个高度，确实需要一位保利努斯这样的诗人。讲解财富由世间转移到天堂，必须打破常识设下的思想障碍。[28] 保利努斯必须要说明如何衔接这两个标准各异的世界。财富与天堂，保利努斯本能地将其归入完全对立的两极。二者的连贯性必须得以揭示。

保利努斯通过使用诗歌中似是而非的隽语从容游走于两极之间：一方面贬低此世的财富，另一方面给出种种暗示说明，倘若将这些财富存入天堂，带来的是无法衡量、难以想象的荣耀。他借用这种写作手法，凝练了时代的感性。对立的两面可以先对照、后结合，这早已根植于古代晚期的审美观中，每个戏剧性的意象都会令人想到它的对立面。早期拜占庭基督徒听到那干的、空的、哥哥们丢下约瑟的坑，会下意识地"触发"

对洗礼池的联想。池子满到边沿，充盈着生命之水。[29] 虔诚的多神教徒读到古代神话中诸神最晦涩难解、超现实主义的行为时，会联想到——本能地思维转换——这些令人不安的意向的对立面：这是捕捉到一缕回声，来自苍穹中超然光荣中的上天诸神。[30]

保利努斯正是这么做的。对立双方仿佛变魔术般互换了位置。世间财富的不稳定的"污秽"变成了天堂中坚固的宝藏。易碎的石头组成了心灵的阶梯，直达星辰之外。[31] 在他关于财富与天堂的诗歌中，保利努斯像是那个时代的华兹华斯：

> 这首长歌会说到那座
> 永无止境的大厦，建造它全凭对事物间
> 亲缘关系的勤苦观察
> 对于愚钝的心灵
> 它们之间全无手足关联。[32]①

但在保利努斯这个个案里，倘有人觉得"那座永无止境的大厦"不过是诗人不切实际的幻想，他们只须踏入贾米拉新的教堂。里面散发着香气的幽深的金色屋顶在无数盏油灯摇曳的光芒下连绵起伏，如同大海。他们会亲眼见到，在这个基督教堂不可方物的美中，那想象中的财富确有一滴由天堂下到了人间。[33]

寓意很明确。财富——"俗世的"财富代表了这个世上

---

① 本处译文参考的是：华兹华斯，《序曲或一位诗人的成长》，丁宏伟译，中国对外翻译出版公司，1999 年，第 45 页，第 382～386 行。——译注

最脆弱不堪的一切，代表了最不具灵性、最顽固不化地违抗上帝意志以及最深受死亡压迫的一切——可以通过虔诚捐献的举动，转化为恒星外永恒世界中最闪耀、最光辉的一切。404 年夏天，保利努斯与塞维鲁就他们各自在意大利和阿奎丹承建的圣陵进行讨论时，他对这位朋友说："看，我们在这里有个交易——发生在纯粹灵的世界里的交易。"[34]

"灵的交易"（commercium spirituale）这个概念是保利努斯思想世界的核心。为了能够捕捉到这个概念的分量，我们必须谨记，拉丁文中的"交易"（commercium）一词——我们的用语"商贸"（commerce）的出处——在使用中并不带有今天"商贸"与"交易"（exchange）的厚颜无耻和精于算计的弦外之音。恰恰相反，"交易"一词让人想到各种有利的结合，跃入脑海的是硕果累累的互惠的概念。泛泛而言（用卡罗尔·纽兰兹对斯塔提乌斯的《诗林》研究中选用的非常恰当的词来说），"交易"意味着"对立二元的内在和谐"。[35]

因此，"交易"在保利努斯笔下满载了他对"对立二元的内在和谐"的期许，这种和谐指向被救赎的世界。在保利努斯笔下这个词与礼神的捐献相关，但通过礼神的捐献实现灵的交易只是个特例。在世间财富向上流入天堂的"交易"背后，是基督的临在，它将天堂与尘世决定性地连在了一起。基督的道成肉身是"交易"的基础，它令上帝与人类之间的其他一切交流方式变得可能、可以构想。早在 394 年，保利努斯曾就此致信奥索尼乌斯："上帝自裹衣衫，行走于我们之中，投身人神之间永恒的交易纽带。"[36]

用卡特琳娜·科尼比尔的话说，通过基督的道成肉身，"每一种属性——人与神——搁置了内在的相异性"[37]。对古代晚期的人而言，人与神、物质与精神、肉身与灵魂、沉重动荡的尘世与月上星星点点的静谧世界高度对立，构成了他们想象中的宇宙。上帝与人类连接，低贱的世间财富与遥远纯净的天堂连接，通过这个方式，上述种种对立面被统一在一起。再没有任何结合比这个更加不可能，再没有任何矛盾论比这个更为大胆。

经过保利努斯的描写，读者可以极为清晰地想见这看不见的、可以令财产进入天堂的交易：

> 因为这希望不会断然剥夺我们的财产。倘若它奏效，信念得胜，依据上帝的法则，我们的财富会换得更好的：它将不再易逝，而成永恒；从尘世搬走，却在天堂永存。[38]

灵的交易与关照穷人：罗马，396 年

正是用这种关于交易的满含矛盾的语言，保利努斯描写了富人与穷人之间的关系。为了说明这个主题，他抓住了发生在罗马城的一个令人难忘的事件。396 年，基督教元老潘马奇乌斯为纪念妻子保利娜逝世一周年，大宴罗马穷人。[39] 罗马圣彼得教堂里，整个中庭摆满了桌子，这没什么新鲜的：基督徒向来以宴客纪念亡故者。而今贵族基督徒的宴席越摆越大，档次越来越高。仅仅几年前，佩托尼乌斯·普罗布斯去世之后，显赫的阿尼齐家族在毗邻圣彼得教堂后殿的巨大陵园中办了一场铺张的基督教葬礼。这个陵墓有一张圣坛石桌——祭奠普罗布

斯去世那天用来宴请穷人的桌子，这张桌子实在太过巨大，以至于后来人们相信那是圣彼得亲自支起来的。[40]

需要补充的是，并不是每个在罗马的人都陶醉于这种场景。潘马奇乌斯拒绝出席普罗布斯的葬礼，他毫不掩饰对这位高贵的基督徒元老的看法：

> 礼法的规则是，对那些自己并不敬重又很疏远的人，无法做出悲伤的表示，但至少可以以礼貌的姿态，保留意见。[41]

但是，如预料的那样，基督徒们深为感动。普罗布斯这样的贵族为传统的追悼宴会设立了新的奢华标杆。在纪念妻子上，潘马奇乌斯不可能超越他，然而，纵然物质场面不够恢宏，但他的朋友保利努斯卓绝的文采足以弥补。保利努斯将基督徒常规的礼神之举变成了交易的高潮，通过在妻子逝世的场合为穷人提供饮食，潘马奇乌斯令天堂与尘世这两个不可比的世界走到了一起。

要做到这一点，保利努斯为由来已久的基督教习俗盖上了属于他自己的诗的印章。同其他所有早期基督教悼念活动一样，潘马奇乌斯设宴是为了让保利娜的灵魂获得安慰——恢复活力。人们一贯相信，活着的人与死去的人可以通过礼神的宴席会合，保利努斯则清楚说明了它是如何发生的。给穷人提供食物，使天堂中不可见的为尘世所见，通过设宴，潘马奇乌斯"替穷困潦倒、毫无血色者重塑了肉身"[42]。但这一善举，不仅仅发生在人间，它是一面镜子，在尘世照见天堂。觥筹交错之间，欢喜油然而生，红晕悄悄爬上食客的两颊；伴随这种满足感，保利娜的灵魂在另一个世界不可思议地以同等的程度恢复着活力。

　　因为你们给穷人的礼物经由基督之手而倾倒给她，仿佛"眨眼之间"（《哥林多前书》15：51－52），世间的食品转化为天堂的养分。所有满心欢喜给出的钱，从沉甸甸的你的手倒入接受者的双掌之时，经由其间介入的天使，存入欣喜的上主的胸膛，将在以后归还给（天堂中的）你。[43]

保利努斯（通过用"眨眼之间"）几乎是出于本能，在解释潘马奇乌斯的财富如何转换成天堂的宝藏时，使用了圣保罗的辞藻。保罗用它来描绘即将上演的最伟大的转变——上帝与人类之间交易的最后高潮：死而复生。死的财富通过成为给穷人的救济而得到救赎、获得生命。

正如保利努斯向潘马奇乌斯指出的，保利娜的祭席充满天堂与尘世的结合令人眩晕的矛盾。但我们应该认识到，豪华的丧葬宴席有固定的程序。在宏伟的金顶教堂外，在庭院中，教会内的穷人一排排整齐就座，[44] 他们伸出双手，直接从潘马奇乌斯的右手接受赠予的钱币，他们感恩的祷告在城里回响，如同有组织的欢呼声在马克西穆斯竞技场与圆形大剧场上空回荡。

　　多么美好嘹亮的呼喊声，让罗马城为之震动……哦，罗马，你无须为《启示录》中给你的凶兆心生恐惧，倘若你的元老们总能主办赛会，像你的潘马奇乌斯一样。[45]

在保利努斯看来，这是潘马奇乌斯作为基督徒的回应，针对的是西玛库斯为纪念儿子门密乌斯在 401 年当上执政官而正在筹备的、最终将为罗马人上演的铺张奢华的表演。

对这样的大胆比较，我们得把握分寸。潘马奇乌斯赈济穷人的举动，无论从哪个角度看都无法真正替代罗马承办的声势浩大的赛会。对潘马奇乌斯而言，重要的不是纪念活动的规模，也不是花费的多少：相比花在鳄鱼、角斗士和战车明星的丝绸袍子上的 2000 磅金子（足够支付 13 万人一年的食品配给），潘马奇乌斯给穷人提供的宴席微不足道。但是，我们也不可低估保利努斯对宴席的描绘所释放的社会信号。潘马奇乌斯并没有向如汹涌的大海般的乞丐们散发救济。他在小范围内将构成城市稳定的两个要素放在了一起：富有的捐赠者直接面对守秩序的感恩的民众，即使这里的民众只是信基督教的穷人。

正是出于这个理由，保利努斯说潘马奇乌斯为穷人献上了一份表演，受到穷人们的欢呼之礼。他这么写，不经意间勾勒出了基督教罗马的未来。一个世纪之后我们将见到（第 27 章），教会中穷人的地位在教宗的保护下上升到了类似古时罗马平民的高度。事实上，潘马奇乌斯做梦都想不到这个演变。但保利努斯妙笔生花——与罗马的赛会做大胆比较，令它变得可以想象。[46]

富人与穷人在圣菲利克斯圣陵

除了给潘马奇乌斯的信，最能体现保利努斯对合理贫富关系的构想的，还有菲利克斯圣地上井然有序的建筑。在贾米拉，保利努斯常常接触穷人。首先，他接触到的穷人主要是在一月菲利克斯庆日聚到贾米拉的朝圣者。这个时期，在坎帕尼亚平原和萨莫奈山上,失业率高,挨饿者多。他慷慨大方地赈济节日里前来圣陵的朝圣者,为他们提供温暖与红酒。[47]

但是,保利努斯也要面对大批一辈子都困顿潦倒的穷人。强调这一点是有必要的。关于穷人的最尖锐的基督教言论来自地中海东岸的大城市。在安条克和君士坦丁堡,像金口约翰这样的布道者敦促富人要仔细审视社会危局,关注那些在大城市布道者周围、旋涡一般来历不明的流民,他们由乞丐、傻子与无家可归者组成。

但在罗马人的世界里,农村贫困问题与城里一样严重、一样普遍。保利努斯的坎帕尼亚就是这样,那是一个两极分化的省区。生机勃勃的庄园与精耕细作的田产(例如西玛库斯名下的)夹杂着农业"铁锈带"——难看的、极为贫瘠的长条土地。即使菲利克斯圣陵中有大量精致的建筑,它也远非田园牧歌般的静居之地。这里可能已经成了该地区人力垃圾的填埋场:穷人们纷至沓来,前来寻求圣陵提供的食宿。[48]保利努斯临终前最后做的几件事中,其中之一就是支付很大一笔钱(40索里达)给布商,偿还他给穷人买布欠下的债。[49]

面对如此苦难,保利努斯提倡贫富之间的神秘共生,这也可以解释圣陵上的建筑布局本身。保利努斯与他的修士们住在顶楼,面朝庭院,他们从各自的小房间能直接望见菲利克斯圣体龛。穷人们聚集在底楼门廊和救济所圈起来的地方,在保利努斯看来,这不单是为了社会隔离,这令人满意地具体体现了他的交易理论。他给穷人们以物质——食物和容身处,穷人们回报以本质上非人间的祷告。[50]上帝本人允许这种交易发生,因为在令人称奇的大赦(跟罗马皇帝的大赦一样)中,"他从自己无所不能的正义感中强力获取"让步,特许富人不会被

236

排斥于天国之外，他们不会被判罚永远当骆驼。通过（给圣徒和穷人的）虔敬的捐赠，他们有可能绕过可怕的狭窄针眼；他们获得了上帝的许可，通过施舍穷人，用世间的财富购买了天堂的门票。[51]

最终，年轻的富人的故事（当时久久困扰着众多苦行者）不如财主与拉撒路的故事令保利努斯着迷。这是基督讲过的富人与躺在他家门口的乞丐的故事，载于《路加福音》（16：19－31）。保利努斯在作品中一遍又一遍地回到这个可怕的无常——突然的倒转，由此，悲惨的拉撒路进了天堂，而幸福的富人在与友欢宴时，在盛极一时的贵族华彩中，跌入了地狱。他怕这个会发生在自己身上：吸引所有人视线的红袍在另一个世界会瞬间化为一团烈火。而保利努斯坚称，但凡财主能停下来看看拉撒路，往他手里塞点布施，他就不至于落入地狱。[52]

又一次，保利努斯所做的，不过是在表述没有这般清晰的、为犹太人和基督徒所共有的传统观念上盖上了自己独特的印章。《巴比伦塔木德》里有一则故事讲到，罗马总督图尔努斯·儒福斯这样质问拉比们：

"如果你们的神爱穷人，为何不给他们生活之必需？"拉比迈耶回答："通过他们（给布施），我等（富人）可以免受火焚的惩罚。"[53]

我们可以看一下保利努斯在环菲利克斯墓而砌的大理石矮屏上刻的字，它们引自《圣经》。[54]诫命"变卖你的所有，施舍给穷人"不在其中，但引文确实鼓励布施："应将施舍存于穷人的胸膛，它（所做的施舍本身，而不是穷人）将为你祈祷。"(《德训篇》29：5）最后但同样重要的是，屏刻收录了若非保罗援引就可能不为人所知的耶稣教导："施比受更为有福。"(《使徒行传》20：35)[55] 尽管保利努斯是作为彻底放弃财产的主要榜样而广为各地与后世所知，但在他的书信、诗歌和在菲利克斯圣陵的活动中，他却以倡导财富在天堂与人间、富人与穷人之间流动的形象出现。

"与上帝分享"：基督徒地主们与财富的使用

要让财富以这种方式流动，必须为它提供一定的思想支持。保利努斯坚持强调财富具有可传递性，可以从尘世转到天堂。从长远看，他在思想上搭建了一条高速路，使真人可以动用真实的财富打造一个真正属于基督教的未来。让我们看看保利努斯如何开启了导向这个过程的大门，并由此结束这部分。在此，我们将使用这样一条主线，丹尼斯·特劳特将它精准地概括为保利努斯的"救恩经济学"（Salvation Economics）。[56]

400 年前后，保利努斯的一艘船载着他为工建准备的钱——他特地将之命名为"用于神圣交易的银币"——于暴风雨中在一处海滩登陆。海滩是他朋友约维乌斯的产业。[57] 保利努斯笔下的约维乌斯认为，船能安全靠岸无非出于侥幸。这么想，约维乌斯无疑否定了财富可以是神的眷顾，存在于上帝与人类神圣的交易中。因为他相信，上帝本身从一开始就没有参与财富的创造，财富不是上帝的恩赐，它是命运的馈赠，因此，不需要为感恩上帝而将它还回去。[58]

我们对约维乌斯的了解完全来自保利努斯所写的对他的态

度。但我们完全可以相信他是 4 世纪晚期的贵族，他是尘世的
人，像极了奥索尼乌斯。他毫不困难地接受上帝的存在，至高
的唯一神给予的眷顾或许支配着天堂中无上的一切，却并不必
然会向下延伸，到达远远低于天堂的人间。因为月下的世界混
乱不堪，即使被上帝之手触及，也只是间接的触及。它或是受
控于运气，或是受制于行星间复杂的互动，或者它被丢给了较
低等的神灵来管理——诸神与天使，其中许多还带着古代多神
教中诸神的常见面孔。正如我们此前所见，这些低等神灵仍然
在起作用，它们站在人类与更为遥远的上帝之间，而上帝被人
们——甚至被基督徒——贬到了天堂的高处。

我们必须牢记，保利努斯与约维乌斯仍然生活在一个多神
论根深蒂固的社会。对低等神灵的敬拜萦绕不散，就像笼罩着
乡村大片土地的宜人的地表薄雾。阿奎丹和西班牙大庄园出土
的镶嵌画与雕塑藏品显示出人们对狄奥尼索斯神话主题的偏
爱，这些主题着力庆祝自然中毫不费力的再生——庄园主获得
财富的富饶的耕地与葡萄园。在神秘的丰盈之说中，财富筑巢
于自然世界的中心；自然拥有完全属于自己的能量，自远古之
时起就被许多不可见的守护神灵看顾着。[59]

保利努斯写信给约维乌斯时深知这样的想法很普遍，他完
全没有鼓励约维乌斯放弃财富。让约维乌斯知道这财富来自上
帝而不是自然，这就足矣：

> "请与上帝分享"：分你的财产，与上帝共享，以感
> 恩回馈至高的父，感谢他将这馈赠暂借给你……你与你的
> 家庭可以保留全部的所有，只要你同时注意说明，上帝是
> 这一切的赐予者。[60]

在 400 年，这些话远不如我们想象中那么空洞。保利努斯的潜台词是，约维乌斯的富有并不归功于乡间小精灵神奇呵护的自然之丰盈，唯一神的眷顾循着巨大的弧线向下延伸，穿越罗马社会的各个阶层，到达土地和拥有土地的人。

保利努斯提出的这种财富理念顺应了基督教对社会总体，尤其是对帝国在态度上的较大转变，这被贴切地称为帝国权力"职务化"理论。它在 4 世纪晚期已经得到发展，这很大程度上得益于圣安布罗斯的推动，在这个理论中，帝国权力褪去了神秘色彩。皇帝不再沐浴在半神圣的光环下，而是在神与凡人之间徘徊，皇帝成为人类中的普通一员，人们期待他行事像名虔诚的基督徒，但他并不因此而有损权威。只要帝国的存在有一个更高的目的——捍卫基督信仰并推广它，人们就都乐于接纳，哪怕其体制带来了残酷的重压。在这个职务化观念中，皇帝被认为是作为上帝的仆人行事，直接从上帝那里获得了帝国的恩赐。[61]

保利努斯向约维乌斯提出的，其实是土地权的职务化理论。这种观念要让那时的地主接受并不容易。想象自己的财富握在独一无二的全能的上帝手中，使用财富要向上帝负责，这是全新的理念。在遥远的尼罗河畔，格西奥斯——极有可能是个虚拟的多神教徒对话者，相当于保利努斯的约维乌斯——颇为直率地让伟大的埃及修道院院长阿泰普的塞努特管好自己的事情。格西奥斯告诉塞努特，他的财产得自自己的父亲，而不是上帝；他不欠上帝，更不欠教会。[62]

对于约维乌斯这样的人，保利努斯给出的答复既大胆地反事实，又基本安全。他们的财富不属于他们自己，而来自上帝，但只要他们遵从上帝的意愿，就可以一直拥有它。在这个充满想象力的观点中，大自然被褪去了它自古就有的丰盈神秘性。是上帝的意志以一己之力——不是自然界半神的灵力——带来连年丰收，大自然被去神化，被灭了威风，因此，可以牢牢地留在虔诚的人主手中。

这个消息对地主而言并非不可接受。事实上，从他们镶嵌画中的艺术再现看，地主们可能已经下意识地为它做了准备。兰伯特·施耐德对这个时期庄园中的镶嵌画做了尖锐分析，［在他的书《作为世界观的庄园》（*Die Domäne als Weltbild*）中］注意到晚期罗马的镶嵌画作品有一个显著特点。可以说其中许多作品在表现大自然时，将它纳入了环绕大人物的轨道。农产品，无论是野生的还是种植的，不再凭借自身入画。艺术作品中大自然全部的存在，仿佛只是用来"献"给庄园之主——最好是由一队队着装整齐、恭敬的农民来敬献。不可否认，土地具有神秘的丰饶，但是，它在某种程度上倒向了人类主人；它之所以存在，是为了敬献给地主们。[63]

有关这一重点的转变，我们只须向前一个世纪，去地中海东部，就可以找到生动直观的证据。以色列、叙利亚和约旦现存大量5、6世纪为了还愿而献给教堂的镶嵌画。我们可以从中看到，这种完全"俯视"自然界的观点（仿佛只为地主而存在）已经换位到了更高层面。现在，上帝被当作主人——伟大的地主，而各地的地主们像是顺从的农民，向上帝供奉庄园的出产。他们献上一篮篮初熟的果子，放在祭坛旁，这个祭坛是他们用来供奉感恩礼的祭物的，他们骄傲而恭谨。保利努斯自认为是他们中的一员，并希望约维乌斯也一样：他们的财富来自上帝，因此，其中一部分可以通过被用于服务上帝、资助他的穷人、捐给他的教堂，而被送入天堂。[64]

这就是保利努斯向富人传达的信息的大致框架。值得注意的是，我们知道它持续的时间只有 13 年多一点儿——从写给奥索尼乌斯的第一组诗，到现存的最晚为菲利克斯节创作的那首。它作于 408 年，而保利努斯一直活到 431 年。他笔耕不辍，但后来的作品并没有留存下来。这一突然失声的原因很说明问题。保利努斯并没有像西玛库斯那样把书信存着，也不像奥古斯丁那样把副本堆放在希波主教图书馆的架子上。他至死都是阿奎丹的绅士，为朋友而生，为朋友而写。保留书信和诗歌副本的是他在阿奎丹的友人们。正如卡特琳娜·科尼比尔所指出的，这些书信是"冥想文"，写出来是为了滋养一些由坚定的基督徒组成的小团体，这些团体中的许多人是地主，跟多年前的他一样。[65] 必须承认，沾点保利努斯的思想大有裨益，到 408 年，朋友们可能觉得已经吸收了足够的这种营养丰富的食粮。但正是在这些赋闲的、地主阶层的基督徒圈子之中，保利努斯关于财富倡议的诗歌长期发酵，塑造了未来几个世纪的思想。

240

保利努斯确保了关于基督徒财产的讨论现在在真正的富人之间展开。早在保利努斯定居诺拉、奥古斯丁定居希波之前，这场争论就已经在罗马持续了些许年头。在罗马，关于财富的讨论越来越望向大海以东，朝向想象出来的海外——埃及和圣地的苦修聚居地。有些人寄望当上罗马富人的苦修导师，由于他们的介入，这场争论变得更尖刻、更富戏剧性，他们并不总受人欢迎。要了解为什么会这样，我们必须退回到约一个世纪之前，从君士坦丁时期的基督教罗马说起。因为那一时期的发展使上层基督徒形成了不同的群体，在这一背景下，这些群体有的支持、有的拒斥勤勉而又令人难忘的哲罗姆。

注 释

[1] Waddell, *The Wandering Scholars*, 2.

[2] 同上，12。

[3] Trout, *Paulinus of Nola*; Mratschek, *Der Briefwechsel*; C. Conybeare, *Paulinus Noster: Self and Symbol in the Letters of Paulinus of Nola* (New York: Oxford University Press, 2000).

[4] Siricius, *Letter* 1. 10, PL 13: 1143; Trout, *Paulinus of Nola*, 94 – 95.

[5] Bowes, *Private Worship, Public Values, and Religious Change*, 154.

[6] Brown, *Body and Society*, 370 – 73.

[7] Augustine, *De cura gerenda pro mortuis* 19.

[8] T. Lehmann, "Zu Alarichs Beutezug in Campanien: Ein neu entdecktes Gedicht des Paulinus Nolanus," *Römische Quartalschrift* 93 (1998): 181 – 99.

[9] Uranius, *De obitu Paulini* 9, trans. Trout, *Paulinus of Nola*, 296.

[10] *Poem* 21. 419, Hartel, p. 172, Walsh, p. 186.

[11] G. Otranto, "Paolino di Nola e il Cristianesimo dell'Italia Meridionale," in *Anchora vitae*, 35 – 58 at p. 48.

[12] Paulinus, *Poem* 20. 312 – 87, Hartel, pp. 153 – 56, Walsh, pp. 167 – 70.

[13] Paulinus, *Poem* 20. 67 – 209, Hartel, pp. 145 – 50, Walsh, pp. 159 – 64; D. Trout, "Christianizing the Nolan Countryside: Animal Sacrifice at the Tomb of St. Felix," *Journal of Early Christian Studies* 3 (1995): 281 – 98.

[14] A. Ferrua, "Graffiti di pellegrini alla tomba di San Felice," *Palladio*, n. s. , 13 (1963): 17 – 19.

[15] C. Ebanista, *Et manet in mediis quasi gemma intersita tectis: La basilica di S. Felice a Cimitile. Storia degli scavi, fasi edilizie, reperti*, Memorie dell'Accademia di archeologia, lettere e belle arti in Napoli 15 (Naples: Arte Tipografica, 2003); T. Lehmann,

Paulinus Nolanus und die Basilica Nova in Cimitile/Nola: Studien zu einem zentralen Denkmal der spätantik-frühchristlichen Architektur (Wiesbaden: P. Reichert, 2004).

[16] Lehmann, *Paulinus Nolanus und die Basilica Nova*, 62, 104.

[17] P. Pensabene, "Marmi e reimpiego nel santuario di S. Felice a Cimitile," in *Cimitile e Paolino di Nola. La tomba di S. Felice e il centro di pellegrinaggio: Trent'anni di ricerche*, ed. H. Brandenburg and L. Ermini Pani (Città del Vaticano: Pontificio Istituto di Archeologia Cristiana, 2003), 129 – 207.

[18] Sidonius Apollinaris, *Poem* 22. 158 – 203；尤其参见 M. M. Kiely, "The Interior Courtyard: The Heart of Cimitile/Nola," *Journal of Early Christian Studies* 12 (2004): 443 – 97 at p. 452n35; and J. Elsner, *Imperial Rome and Christian Triumph: The Art of the Roman Empire, AD 100 – 450* (Oxford: Oxford University Press, 1998), 255 – 59。

[19] A. van den Hoek and J. J. Herrmann, "Paulinus of Nola, Courtyards, and Canthari," *Harvard Theological Review* 93 (2000): 173 – 219.

[20] S. Ellis, "Shedding Light on Late Roman Housing," in *Housing in Late Antiquity*, 283 – 302 at pp. 292 – 99.

[21] Bowes, "Une coterie espagnole pieuse," 255.

[22] Symmachus, *Letter* 2. 60. 2, Callu, 1: 195.

[23] R. Kaster, *Emotion, Restraint, and Community in Ancient Rome* (London: Oxford University Press, 2005), 13 – 27. 参见 Ammianus Marcellinus, *Res gestae* 16. 8. 8 – 9，它讲到一名大庄园主，就是因为生活奢华，所持礼节几近帝王，从而引发皇帝猜忌，进而导致他位于西班牙的"尊贵宅邸被毁"。

[24] Bowes, *Private Worship, Public Values, and Religious Change*, 155 – 56. 在基督教中，这些形象之新参见 T. Lehmann, "Martinus und Paulinus in Primuliacum (Gallien): Zu den frühesten nachweisbaren Mönchsbildnissen (um 400) in einem Kirchenkomplex," in *Vom Kloster zum Klosterverband: Das Werkzeug der Schriftlichkeit*, ed. H. Keller and F. Neiske (Munich: W. Fink, 1997), 56 – 67。保利努斯就这些事致信苏尔

皮奇乌斯·塞维鲁，其翻译与注疏参见 R. C. Goldschmidt, *Paulinus' Churches at Nola: Translation and Commentary* (Amsterdam: North Holland, 1940)。这一研究发生在近期的考古发掘之前，后者在很大程度上印证了保利努斯自述的贾米拉建筑工程。唉！可惜普利姆里亚库姆教堂没有保留下来。

[25] Kiely, "The Interior Courtyard"; G. Herbert de la Portbarré-Viard, *Descriptions monumentales et discours sur l'édification chez Paulin de Nole: Le regard et la lumière (epist. 32 et carm. 27 et 28)*, Supplements to Vigiliae Christianae 79 (Leiden: Brill, 2006).

[26] Trout, *Paulinus of Nola*, 170 – 72.

[27] Paulinus, *Poem* 27. 351 – 52, Hartel, p. 277, Walsh, p. 283.

[28] 关于保利努斯如何借用隽语融合明显对立的双方，最好的评述来自 Conybeare, *Paulinus Noster*, 40, 120 – 21。

[29] Romanos Melodos, *Kontakion on Joseph I*, Strophe 1, trans. M. Carpenter, *Kontakia of Romanos, Byzantine Melodist II* (Columbia: University of Missouri Press, 1973), 83.

[30] Proclus, *Commentary on the Republic of Plato*, Diss. 6, 77. 24, trans. A. J. Festugière, *Proclus: Commentaire sur la République* (Paris: Vrin, 1970), 1: 95.

[31] Paulinus, *Letter* 32. 22, Hartel, p. 296, Walsh, 2: 154.

[32] W. Wordsworth, *The Prelude* 2. 383 – 87.

[33] D. Janes, *God and Gold in Late Antiquity* (Cambridge: Cambridge University Press, 1998), 84 – 93.

[34] Paulinus, *Letter* 32. 21, Hartel, p. 296, Walsh, 2: 153 – 54.

[35] C. E. Newlands, *Statius' Silvae and the Poetics of Empire* (New York: Cambridge University Press, 2002), 145n44. 关于星相学家马尼利乌斯 (Manilius) 在著述中将"交易"用于表述更为"宇宙化" (cosmic) 的天地合一，参见 K. Volk, "Heavenly Steps: Manilius 4. 119 – 121 and Its Background," in *Heavenly Realms and Earthly Realities in Late Antique Religions*, ed. R. S. Boustan and A. Y. Reed (Cambridge: Cambridge University Press, 2004), 34 – 46, at p. 45。

[36] Paulinus, *Poem* 10. 53 – 56, Hartel, p. 26, Walsh, p. 59.

［37］ Conybeare, *Paulinus Noster*, 127.

［38］ Paulinus, *Poem* 21. 431 - 35, Hartel, p. 172, Walsh, p. 187.

［39］ 关于潘马奇乌斯，参见 Mratschek, *Der Briefwechsel*, 347 - 48 和 *Prosopographie chrétienne du Bas-Empire*, 2：1576 - 81。

［40］ 参见 M. Schmidt, "Ambrosii carmen de obitu Probi: Ein Gedicht des Mailänder Bischofs in epigraphischer Überlieferung," *Hermes* 127（1999）：99 - 116 at pp. 101 - 3（我不认同作者将此诗归于安布罗斯的做法）；J. F. Matthews, "Four Funerals and a Wedding: This World and the Next in Fourth-Century Rome," in *Transformations of Late Antiquity: Essaysfor Peter Brown*, ed. P. Rousseau and M. Papoutsakis（Farnham, UK：Ashgate, 2009）, 129 - 46 at pp. 134 - 38。

［41］ Symmachus, *Letter* 3. 88. 1, Callu, 2：79.

［42］ Paulinus, *Letter* 13. 14, Hartel, pp. 95 - 96, Walsh, 1：130. 研究基督教中祭席的含义，尤为出色的是 Diefenbach, *Römische Erinnerungsräume*, 38 - 80。关于大量细节，现参见 D. Shanzer, "Jerome, Tobit, Alms, and the Vita Aeterna," in *Jerome of Stridon: His Life, Writings and Legacy*, ed. A. Cain and J. Lössl（Farnham, UK：Ashgate, 2009）, 87 - 103 at pp. 98 - 102。

［43］ Paulinus, *Letter* 13. 14, Hartel, p. 96, Walsh, 1：130. 天使们将潘马奇乌斯的布施带到基督面前，这与安布罗斯所说的感恩祭中的奉献祷告的作用相仿：Ambrose, *De sacramentis* 4. 27；尤其参见 Magnani, "Du don aux églises au don pour le salut de l'ame," 1029n24。

［44］ Paulinus, *Letter* 13. 11, Hartel, p. 93, Walsh, 1：127.

［45］ Paulinus, *Letter* 13. 15, Hartel, p. 96, Walsh, 1：131.

［46］ 参见最新的研究 L. Grig, "Throwing Parties for the Poor: Poverty and Splendour in the Late Antique Church," in *Poverty in the Roman World*, 145 - 61。其他基督教作者也用过"表演"（munus）与"表演主办方"（munerarius）这两个词：Cyprian, *De opere et elemosynis* 21 和 Jerome, *Letter* 66. 5。但是数保利努斯所用的这一对比最具影响力。

［47］ Horden and Purcell, *The Corrupting Sea*, 447；Brown, *Poverty and*

Leadership, 50 – 51.

[48] 尤其参见 Arthur, *Romans in Northern Campania*, 89 – 94。卡普阿周边地区（Ager Campanus）可能比北坎帕尼亚繁华：Savino, *Campania Tardoantica*, 207 – 18，但两者考察的方式不同。

[49] Uranius, *De obitu Paulini* 3, Trout, p. 294.

[50] Paulinus, *Poem* 21. 386 – 94, Hartel, p. 171, Walsh, p. 185.

[51] Paulinus, *Letter* 13. 19, Hartel, p. 100, Walsh, 1：135.

[52] Paulinus, *Letter* 13. 17, Hartel, p. 98, Walsh, 1：132; *Poem* 31. 466, Hartel, p. 323, Walsh, p. 323. 总体上，参见 J. Desmulliez, "Paulin de Nole et la *paupertas*," in *Les Pères de l'Église etla voix des pauvres*, 245 – 63。

[53] *Babylonian Talmud: Baba Bathra* 10a, trans. M. Simon (London：Soncino, 1935), 45.

[54] A. Ferrua, "Cancelli di Cimitile con scritte bibliche," *Römische Quartalschrift* 68（1973）：50 – 68.

[55] *Inscriptiones Latinae Christianae Veteres*, no. 2472.

[56] Trout, *Paulinus of Nola*, 133 – 59; 亦参见 Mratschek, *Der Briefwechsel*, 120 – 35。

[57] Paulinus, *Letter* 16. 1, Hartel, p. 115, Walsh, 1：151; 参见 Mratschek, *Der Briefwechsel*, 139 – 40, 628。保利努斯还给约维乌斯写了《诗歌22》，很好地总结了书信的内容。

[58] Paulinus, *Letter* 16. 2, Hartel, p. 115, Walsh, 1：152 – 53.

[59] 例如：D. Vaquerizo Gil and J. R. Carillo Díaz-Pinés, "The Roman Villa of El Ruedo（Almedinilla, Córdoba），" *Journal of Roman Archaeology* 8（1995）：121 – 54 at p. 144。

[60] Paulinus, *Letter* 16. 9, Hartel, p. 122, Walsh, 1：160.

[61] G. Bonamente, "Chiesa e impero nel IV secolo：Constanzo II fra il 357 e il 361," in *La comunità cristiana di Roma：La sua vita e la sua cultura dalle origini all'alto medioevo*, ed. L. Pani Ermini and P. Siniscalco（Vatican City：Pontificio Istituto di Archeologia Cristiana, 2000）, 113 – 38; Brown, *Authority and the Sacred*, 16 – 22; G. W. Bowersock, "From Emperor to Bishop：The Self-

Conscious Transformation of Political Power in the Fourth Century A. D. ," *Classical Philology* 81 (1986): 298 – 307 at pp. 303 – 6, 现收录于 *Selected Papers on Late Antiquity*。

[62] H. Behlmer, *Schenute von Atripe: De Iudicio (Torino, Museo Egizio: Catalogo 63000 Cod. IV)* (Turin: Museo Egizio, 1996), 267.

[63] Schneider, *Die Domäne als Weltbild*, 100 – 123.

[64] P. Baumann, *Spätantike Stifter im Heiligen Land: Darstellungen und Inschriften auf Bodenmosaik in Kirchen, Synagogen und Privathäusern* (Wiesbaden: Reichert, 1999), 195 – 267.

[65] Conybeare, *Paulinus Noster*, 16, 161 – 65.

第 15 章 "源自罗马城之伟大"：
罗马富人及其教士，
从君士坦丁到达马苏斯，
312 ~ 384 年

舞台画般的美丽奇景：370 年罗马城的府邸、郊区与教堂

241 　　4 世纪，罗马依旧是个令人叹为观止的城市。游人沿阿庇亚大道自南进入罗马城，穿越连绵不断的砖石景观，最后从北端的萨拉利亚门出城，疾步健行也得一个小时，而穿行特里尔城只需 20 分钟。游人将走过一个个满是标志性建筑的区域，这些地方打造精良，目的就是要让游客为之惊叹。[1] 这中心区的四周，人口超过 50 万，人们挤在河谷两岸高高的砖楼里，河谷从台伯河通往众山。与下面的杂乱相比，东边水平线上的一圈山脉 "在眼前展开一幅如舞台画般的美丽奇景"[2]。山顶有苍翠的花园，幽深处奢华的府邸若隐若现。罗马的众山是罗马贵族的居所所在，这是贵族宅院的天地——宫殿般的建筑群，其中许多已历时数百年。[3]

　　罗马富人生活的另一极在城郊。郊区的住所相当于其他行省中环大城市而建的庄园。郊区是 "准城市"，[4] 它几乎是由罗马城自身不间断地向外延伸而成。其中，部分留给了已故者，部分则异乎寻常得生气勃勃。一代代罗马人的坟墓沿阿庇

亚大道（以及其他所有入城的道路）而建。坟场越来越与基督徒有关（例如丧葬区，像现今供游客参观的圣塞巴斯蒂安地下墓穴），位于玄武岩主路一侧的不远处。留给死人的地块与地块之间的地带兴旺起来，这是属于宫殿般的庄园、精耕细作的花圃农艺（主要靠奴隶劳作）和服务城市的手工作坊的区域。[5]

242

正是在郊区，罗马的富人找到了夏季——当死亡（主要由于恶性疟疾，它在台伯河谷已经肆虐数个世纪）笼罩整个城市时——可以呼吸的地方。[6]西玛库斯在郊区有五座庄园。

正是在郊区，可以见到专门用于精神赋闲的庄园，它们就像我们曾提及的奥古斯丁的加西齐亚根和诺拉的保利努斯皈依之前归隐的西班牙诸庄园。富有的基督徒钟爱它们，他们的多神教同人也同样喜欢。从 4 世纪 50 年代起，虔诚的基督徒——寡妇玛尔切拉定期离开在阿文提诺山上的府邸，前往郊区的一处地产。385 年，哲罗姆给身在郊区的她写信，他想象她快乐地置身于新鲜的生菜中，（以传统罗马人的方式）回望城市种种虚无的繁华，那儿距她的农庄仅一个小时路程："就让罗马有骚乱，让野蛮的屠杀在角斗场肆虐，让全民疯狂，让贵妇们继续天天串门。"[7]郊区的居所是安静的港湾，栖身其间，玛尔切拉可以在叽叽喳喳的鸟语声中诵读《诗篇》。

通过哲罗姆的书信及其他文献，我们对 4 世纪 80 年代之后的单个基督徒富人所知良多。但 350 年前后，在这幅巨幅城市风光画中，哪些可以辨得出来是基督教的？答案会让现代人惊讶：几乎没有。游人进入罗马主城，会发现这个城市几乎毫无属于基督教的纪念物。最多不过是 25 座教堂，散布在由多达 14000 栋居民楼组成的城市中，然而，这些教堂也消失在了周围的楼宇中。它们至多看上去像是普通的城市住宅——跟较低等贵族住的房子一样——有客厅，四周是附属性建筑，都由庭院进入。在这座人口达 50 万的城市中，罗马所有的教堂只能供 2 万人朝拜。在已经习惯了传统城市的人眼中，罗马城墙之内见不到基督教。[8]

但郊区就不能这么说。在那里，一位基督徒捐赠者早已在土地上留下了巨额财富的足迹，这位捐赠者就是君士坦丁。君士坦丁正是通过在罗马城边兴建宏伟的基督教圣体龛和与基督教场所相连的陵墓，表明自己在 312 年皈依了基督教。

君士坦丁建了两座重要的教堂：梵蒂冈山上的圣彼得教堂和在罗马城东南沿山麓而建的拉特兰花园中的教堂（今拉特兰圣约翰大教堂）。仅向这两座教堂，他就捐了惊人的礼用器皿、烛台和祭坛——约 500 磅黄金和 12760 磅白银，他捐给罗马教会可观的年金，约有 2.5 万索里达（大概相当于西玛库斯年收入的四分之一）。但他指定，其中的大部分要用于他自己建的教堂。每年，超过 4000 索里达（是奥索尼乌斯"小地产"收入估值的四倍）用于拉特兰教堂和与之毗邻的圣洗所中的烛火。[9]

这些帝国教堂是用来还愿的不朽建筑，它们宣告君士坦丁完胜对手。他将雄伟的拉特兰教堂建于曾经痛击马克森提乌斯军营的营址上。312 年，君士坦丁打败了他。教堂位于君士坦丁的宫殿侧翼。他在这个城市居住时，在这里召见朝臣，这个宫殿有个私人礼拜堂（今圣十字教堂）。[10]尽管拉兰特的教堂是君士坦丁赠予罗马主教当主教座堂的，但他建它却是为了自己更大的荣耀，而不是让当地基督徒享有更大的光荣。

传统认为，梵蒂冈山上的陵园中圣彼得墓上方巨大的教堂

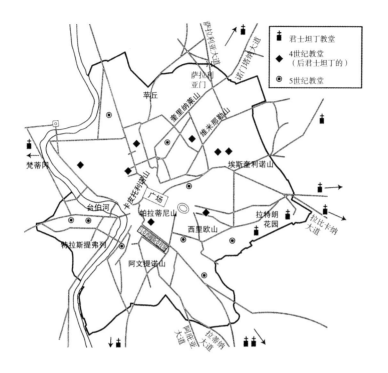

地图 3　基督教罗马，300～500 年

注意，君士坦丁修建的教堂大体在城市边缘，城里的教堂发展很慢。
图中所示的山是贵族宅邸的主要所在地。

是由君士坦丁兴建的，但他可能只不过是破土动工而已，是他
虔诚的儿子们，尤其是君士坦提乌斯二世，将其落成并献礼。
那时，它已是毫不掩饰地专为彰显基督徒皇帝之虔诚而打造的
帝国的纪念性建筑。[11]

　　在严格意义上的郊区，帝国财富的足迹更加清晰。皇家陵
园紧挨着诺蒙塔纳大道的圣阿格尼斯墓，毗邻拉比卡纳大道的
彼得和马尔切利努斯的共同墓地（圣彼得与圣马尔切利努斯
堂）。这个陵园专为君士坦丁家族内的女性亡灵而设，君士坦

丁的姐姐君士坦提娜的墓位于圣阿格尼斯墓穴旁，是今天的圣科斯坦萨教堂。但它初建时并非教堂。它的穹顶上装饰了许多快乐的小天使，正踩踏着收获的制酒的葡萄。这座为伟大的公主兴建的欢乐的世俗墓地，后来被一些人说成了"巴克斯之墓"（the Tomb of Bacchus）。[12]

这种建筑既壮观又非常个性化。君士坦丁的母亲海伦娜的墓（今皮格内托门）上方巨大的高塔，使旁边葬着圣彼得与圣马尔切利努斯的地下墓穴相形失色。这座建筑富丽堂皇得不可思议，祭台由 200 磅白银铸就，高耸的圆顶距地面 70 英尺，为海伦娜灵魂而敬献的供品就摆放在这个祭台上。感恩祭中，祭台的布置包括 1 个 35 磅的纯金圣盘和 3 个沉甸甸的镶着宝石的金铸圣杯（各 10 磅重）。4 个巨大的银烛台，每一个重 200 磅，另有 20 个略小的银烛台，它们令墓中充满烛光。数百磅的甘松、香脂与多种香料掺杂在灯油中，使整个建筑散发着非凡的香气。[13]

君士坦丁没给过罗马普通人去的教堂类似的赠予。他是典型的城市恩主（不过属于帝国级别），给了基督徒巨大的场地，使"他的"子民可以在连做梦都没有想过的富丽堂皇中集会。有此恩赐足矣。巨大的教堂特别适合基督教这一相当"节庆化"的宗教。普通信徒不必常常去教堂，但是他或她在年中的盛大节庆——复活节和殉道士的纪念日——必定会出现。君士坦丁在罗马城边的建筑完美地契合了这种盛大场合，但在罗马城内，除了一点象征性的礼物，君士坦丁的大方并没有惠及本地教会。

君士坦丁在罗马城边一掷千金，而城里的罗马教堂平淡无奇，这种悬殊在君士坦丁与他的继承人时代很典型，它标志着一个过渡的时期，以皇帝与宗教机构间怪异的同盟为特征。前者极度奢华；而后者仍然带着普通人的特色，没有真正属于自己的财产，缺乏传统的社会地位。要拥有属于自己的、可与其平信徒比肩的资源，教会还有很长的一段路要走。罗马基督教会的财富积累史（以及随之而来的斗争史）并不始自君士坦丁，它真正的开始，是在 4 世纪最后数十年。正如我们将要看到的，铸就这段历史的不仅有罗马主教和他的教士，还有基督教中富有的平信徒。

"他建了冠名教堂"：罗马教会中的私人捐赠与教会捐赠

君士坦丁慷慨地捐巨款给自己盖在罗马的教堂，这容易让我们低估罗马教会本身在进入君士坦丁时代时已经具有的财富，它可能非常可观，但这笔财富是以旧的方式取得的，它并不来自单个大金主，而是来自众多大体低调的人士的捐赠。当君士坦丁时期的罗马主教西尔维斯特建自己的教堂时，他捐了413 索里达（拉特兰教堂每年灯火专款的十分之一），以及一个仅 55 磅的银盘和一个小金碟。[14] 我们见到，在 4 世纪，伴随着私人——包括教士与平信徒——赠予，罗马教会内部有一个缓慢的财富积累过程。在这个缓慢且基本不为人知的过程中，4 世纪最后的二十五年对基督教在罗马的最终命运起了决定性作用，它远远超过君士坦丁壮观却有限的介入。

相比其长期的重要意义，罗马教会的财富累积过程显得出奇地悄无声息。史学家要追踪它，只能通过生动但难得要领的史料碎片，最难以厘清的是罗马单个教堂的资金来源。城里许多教堂都有独特的名字，它们被称为"冠名教堂"。这个术语对史学家而言具备一切专业术语皆有的含糊性，但在当时的人看来，其意思却显而易见，他们觉得这个词无须解释，于是，我们只好通过创建教堂的语境去揣摩它的确切含义。在罗马法中，"冠名权"这个词用来指通过法律途径获得的财产，这种方式确保新主人拥有完全所有权，而实际上，这个词掩饰了复杂的情境。关于冠名教堂的创立，我们只能粗略一看。英诺森任教宗期间（401/402～417），有"名媛"头衔（高官的女儿或遗孀）的维斯提娜修建了一座教堂，敬献给米兰殉道士热尔维与普罗塔修斯（今奎利那雷山上圣维塔莱教堂）。教堂由英诺森身边的三名神职人员安排修建。

> 该妇人在遗嘱中规定，让专家对她的饰品与珍珠进行估价，她将之变现后用这笔钱建造一座教堂。这座教堂落成时，英诺森用这位贵妇指定的资产，在其中设了罗马的一个"冠名教堂"。

这座"冠名教堂"的收入来自城里的地产——一家面包房、一座澡堂和一个收费站——与分布在伊特鲁里亚和坎帕尼亚的地产，总收入是 1016 索里达（相当于奥索尼乌斯家产收入的估值）。这份有关维斯提娜的"冠名教堂"的材料保存在罗马教会档案馆中，十分珍贵，它让我们窥见一座教堂如何由平信徒发愿并通过变卖个人珍贵的饰物得以筹建。而且，教堂的维护费用与神职人员的薪水都来自维斯提娜在乡间的田产和依然繁荣的城市经济。[15]一个世纪后，维斯提娜所捐建的教堂的司铎们仍然自称为"维斯提娜冠名教堂"的司铎。如此一来，兴建这座教堂并供养它的平信徒捐赠人的名字与它所纪念的圣徒的名字变得同等重要。

366～432 年，10 座这样的"冠名教堂"得以建成。499 年，至少 29 座冠名教堂有司铎服务，尽管这个时期所建的教堂绝不止这一种，但"冠名教堂"是以罗马堂区制的脊梁出现的，每一个都或多或少带着平信徒提供的私人财富的标签。正是通过这种教堂，在 4 世纪和 5 世纪早期，基督教由 350 年前后实际上的隐匿状态变成了全城上下都能感到其存在的宗教。这些教堂以星星点点的瑰丽呼应着山丘上傲然而立的贵族宅邸，即使规模小些。正是在这些教堂中，罗马城找到了它众多的小保利努斯，而不是君士坦丁。[16]

保利努斯的一个朋友可能真建了一座冠名教堂。他是我们在上一章遇到的潘马奇乌斯，396 年，保利努斯称颂他通过宴请穷人而将宝藏放入天堂。他可能跟建立潘马奇乌斯冠名教堂（今圣乔凡尼保罗大教堂）的是同一人。这座教堂位于圆形大剧场上方通往西里欧山的斯考里路的半坡上，由一座房子改建而成；前廊由巨大的大理石柱子作支撑；基座上刻着首字母，说明石柱来自帝国仓库；墙上画的是《旧约》场景，配有解释的长诗；大门上的刻字表明了潘马奇乌斯这所改为教堂的房子如今的作用：仅大门的华美就足以"展现里面住着一位多么伟大的神"[17]。

不管这个冠名教堂的创建人是保利努斯的朋友还是另一位潘马奇乌斯，罗马的消息都与诺拉的一样清晰。到 4 世纪末、5 世纪初，在全城的教堂中都可以见到真正财富的足迹，这个变化几乎没有被载入任何书面文献，而它很可能是罗马基督教兴起中最具决定性的一步。富人们决定将他们的钱放到基督教堂，但是，这对于基督教团体的组织又意味着什么呢？这些富人又是谁呢？

关于冠名教堂，学界的主导观点是由研究基督教罗马的伟大史学家查理·皮特里提出的。他认为冠名教堂的财富来自平信徒永久性的基金，每一座教堂都基于最初的平信徒捐赠，各有自己的资金来源。其结果是，罗马冠名教堂不像现代集中管理的教区治下的堂区教堂那样直接隶属主教，它们更像中世纪的弥撒堂，或现代与之对应的、收受捐赠从而资金充裕的牛津、剑桥的学院。[18] 按皮特里的观点，我们可以想象，每一座冠名教堂的暗处都站着一众平信徒。我们可以认为，古代庇护的观念和对城市赞助者有权处理自己赠款的尊重，催生了对捐赠者的忠诚，这确保了这些教堂享有在罗马主教治下程度罕见的独立性。我们可以想象，在罗马主教和新冠名教堂的司铎与庇护人之间，总少不了"种种关系紧张的秘闻"[19]。对研究基督教罗马的现代史学家来说，揭开这些平信徒庇护人的面纱独具乐趣。许多学者断言，在城市教会斗争以及专属各个教会的传说的形成过程中，可以见到罗马敌对家族之手在发挥作用。[20]

其他学者与皮特里的分歧也恰恰在于冠名教堂享有的自主程度。朱莉娅·希尔娜反对维护捐赠者及其家族利益的永久性基金的存在，其论据很有说服力。她指出，这种基金在罗马社会实属罕见，对一个家族而言，通过长期的基金来维护其利益，麻烦要多过它的价值。城市的捐赠者更喜欢通过单笔、一次性的捐赠而为人所知，这类捐赠可以即刻收获荣耀，因此，捐赠者的家庭不需要被想象成永久地出现在他们捐建的冠名教堂中。该让人记住的，已附在冠名教堂的名字中：那与众不同

的献礼，是这座教堂成为可能的根本原因。在纷乱的 4 世纪晚
期，许多基督徒家庭势均力敌，互相竞争。修建新教堂并捐款
供养是颇为轰动的事件，可以收获相当的荣耀。不需要将某地
的教会世世代代绑缚在某个临近的家族上。[21]

在这些学术讨论中，最重大的未知是捐赠者究竟是谁。要
判断平信徒可以在多大程度上担任所建教堂的独立庇护人，有
赖于我们对其资源与社会地位的了解，这是我们不确知的。为
此，让我们看看 4 世纪罗马居民的社会结构，以便弄清楚这个
问题。

教会与新贵

查理·皮特里以一人之力阐明，罗马教会史中从达马苏斯
任教宗（366 ~ 384）开始的那个阶段简直就是"第二次建
教"。[22]凭借博学和可靠的历史直觉，皮特里将罗马普通教堂
的财富流入与虔诚的平信徒贵族——而不是主教和他的教士
们——的活动联系起来。用皮特里的话说，4 世纪晚期与 5 世纪
的第一个十年是贵族济世——为了罗马基督教会的利益，为了
继续他们由来已久的古典行善济世传统——的黄金时期。[23]

然而，皮特里自己提出警示："不可让'贵族'一词欺骗
我们。"[24]"贵族"在 4 世纪的罗马有多重含义。并非所有罗
马贵族都如西玛库斯寄望的那样，他们也不像现代学者想象的
那样（据西玛库斯的观点）。我们若只着眼于罗马贵族中最显
赫的少数，便会将他们生活的繁华都市变成异常刻板、令人窒
息的地方。这可不是 4 世纪罗马的样子。

不是所有基督徒富人都跻身贵族的核心圈子。恰恰相反，

除了极少数，其他都是"新"人。无论在社会层面还是文化层面上，掌管罗马的并不仅仅是那些声称管控着这座城市的大贵族世家。罗马作为一个整体，是后君士坦丁时期社会的缩影。很大一部分富有的居民是贵族，但并非西玛库斯坚持的排他意义上的贵族。他们通常是政府公职人员，靠俸禄为生；他们的社会地位来自公开的帝国品位制，在这一点上，他们与在波尔多或提姆嘉德行省任职的兄弟无异；[25]他们不像西玛库斯及其同僚，在城里拥有异常显赫的地位和压倒性的经济优势，但是他们在那里，顶着令人垂涎的"最著名的人"的头衔。我们发现早在君士坦丁统治时期，就有来自外省的资历尚浅的元老们把名字刻在圆形大剧场的座椅上。[26]

这些人聚集在以西玛库斯和佩托尼乌斯·普罗布斯这些罗马城的贵族为顶峰的社会金字塔的中间坡地。众所周知，要精准地确定这些团体的财富与社会状况非常困难，在很大程度上，他们是看不见的阶级。但是，近来的考古发现使我们把握他们的财富与眼界要更容易些。考古显示，4世纪的罗马城小宅邸遍布，它们不像贵族的豪宅那么宏伟，这些宅邸常常硬是在拥挤的城市中找到一席之地，它们没有真正的贵族府邸中的大花园或广场般的庭院，却也在其主人力所能及的范围内炫耀着象征财富与地位的种种标志物。房子有其华彩，它们都外饰彩色大理石，但是大理石与大理石之间差距很大，它们缺乏真正的贵族宅邸所独具的广阔空间，不得不用单个拱形客厅的富丽堂皇来弥补。[27]至少在四处，这种房子的客厅与庭院最后成了基督教堂，因为在这个拥挤的城市中，房产是富人可以献给罗马教会的极为珍贵的礼物。[28]

在聚众滋事的"罗马人民"与自认为"全人类中最尊贵

的"骄傲的核心贵族之间，罗马的新富给这个城市的社会肌理增加了又一个潜在的不可测因子。他们让我们想到共和国最后几个世纪中，在罗马和意大利的那些痴迷奢侈品的阶级与希腊东部生活高雅的阶级。用安德鲁·瓦莱士·哈锥尔的话来说（在他命名贴切的《罗马的文化革命》一书中）："奢侈品……开始盛行……在一个存在扩张、瞬息万变的环境中，新钱与新的社会团体角逐着，竞相获取名望。"[29] 倘若用捐建或装饰教堂赞助活生生的文化人，以及用热切地参与神学辩论替代"奢侈品"，那么我们或许可以略微理解是什么力量在推动着 4 世纪的许多罗马富人。

正如我们所见，基督教的一个特点是，它可以在社会阶层中下探，从而吸纳"元老贵族之下的富有的城市阶级"[30]。就像朱莉娅·希尔娜指出的（她在一篇令人耳目一新的文章中摆脱了只关注罗马上层贵族的社会学陈旧观念），这些阶层可能包括冠名教堂的司铎本身，甚至还有城市行会的上层成员。这些人对安德鲁·瓦莱士·哈锥尔所说的"亚奢侈品"感兴趣："低端市场的仿制品毕竟可以在较低的基准面维持区分度。"[31]

于是我们发现罗马的情况是这样的：元老阶级的上层——诸如"最著名的人"贵妇维斯提娜和潘马奇乌斯（如果冠名教堂的捐建者与保利努斯的朋友确为同一个人）——在人数上远远不及一个更大也更开放的群体。后者既渴望从自己所在的群体中脱颖而出，又希望不同于社会上较他们地位低的基督徒。于是，他们将钱与精力献给了罗马教会，并且积极参与轰动性的基督教教义之争。

罗马地下墓穴的墓志铭与考古发现使我们可以追踪，这个独特的阶层是如何默默地聚拢在新宗教的周围的。在君士坦丁时期，富足的基督徒已经开始通过选用上好的大理石来雕筑石棺为自己树碑。这么做，跟远至不列颠的外省地主们为让自己的庄园不朽而用镶嵌画铺地如出一辙。石棺属于"亚奢侈品"的世界，约值 15 索里达。70 具罗马出土的石棺显示其主人都拥有"名人"头衔，他们都是"元老"，但他们留下来的仅仅是名字。在这 70 人中，只有两位可以被称为"贵族"——曾是传统意义上的高官。[32]

这些石棺的发展与群聚在 4 世纪和 5 世纪早期呈现明显的弧线状。在 4 世纪二三十年代，一片片抢眼的家族坟墓位于地下墓穴的通道中，而到了世纪末，家族陵园开始围着郊区的圣体龛而建，它们常常临近殉道士的坟地。这种选址意味着特权，直白地说，它们令所有人明白，圣地首先是富人的地盘。许多这样的陵墓和地下墓穴中的大型埋葬室都外挂色彩鲜艳的大理石，与城里的宅邸一样。[33] 我们得知，建这些坟墓的人中有些参与了帝国治理。多米提拉地下墓穴内令人赏心悦目的利奥纳骨室为利奥所有，他是城市税官——这一官职曾让时任罗马大区长官的西玛库斯备受困扰。[34]

我们该在这些人之中，而不是在高踞罗马山顶的雄伟的贵族府邸中，寻找想象中的"贵族"捐赠人。他们是给予达马苏斯时期及其后的罗马教会以新的财富的最主要的人。因此，让我们先看看达马苏斯这个人。

"这个城市对奢华生活的炫耀"：达马苏斯时期，366 ~ 384 年

我们很久之前就已经意识到，达马苏斯是罗马教会发展中

的一位关键人物。然而，要将他绘入罗马的社会版图依旧很 251
难。他与贵族之间的关系仍旧很不明朗。达马苏斯很可能并不
希望置身于贵族高层的庇护之下，相反，他寻求低层贵族的帮
助，他找到了新近因君士坦丁体系而崭露头角的家族。这不仅
仅是因为这些人较之声称代表"真正"罗马的信仰多神教的
核心贵族家庭更容易成为基督徒，还因为与不那么重要的贵族
建立同盟为主教和他的教士们提供了机会，使他们可以在这个
城市中保留属于自己的一点儿空间。

这一点值得强调。达马苏斯通常被演绎为游走在上层贵族
间的殷勤谄媚者。他被当作以自命贵族而著称的人，人们喜欢
这样的他。用安德烈·皮佳诺文雅的辞藻来说，达马苏斯是
"追逐名利之人，热衷上流社会"："安布罗斯因与政权抗争，
而可比格雷戈里七世。而我们得把伟大的达马苏斯比作文艺复
兴时的教宗。"[35]

想象 4 世纪的罗马大公教可以由一位像达马苏斯这样彬彬
有礼、与难以相处的安布罗斯完全不同的人来代表，合乎现代
人的口味。更何况，由达马苏斯开启教宗与贵族之间的天然同
盟，这个想法实在是完美契合了关于罗马基督教化的成功叙事
传统。人们常说，教宗们一帆风顺地迅速接管了罗马城；他们
能做到这一点是通过迁就贵族和元老院的古老传统。我们喜欢
想象高高在上的元老们与彬彬有礼的司铎们通过很绅士的社会
渗透走到一起，如此一来，罗马最好的古典传统得以通过大公
教会传递给未来的世代。想象元老院的罗马如此这般毫不费力
地变身为教宗的罗马，是那样令人宽慰。

然而，这种令人愉悦的叙事几乎没有史料支持。达马苏斯
自身也并非波吉亚，他是司铎之子，因服务罗马教会而得到晋

升。当他建立自己的教堂（卢奇纳的圣达马苏斯教堂，位于战神广场，靠近文书院）时，他所做的只不过是扩建他父亲的房子，在两侧各加盖了一座中殿。他捐给教堂的银器总重才100磅，钱财为每年400索里达，其中部分来自40英里外小镇上的房产，部分来自旁边浴池的收入。这份捐赠足够充裕，但并不激动人心。[36]

不管怎样，达马苏斯在与身处高位的基督教贵族的关系中可谓"一朝被蛇咬，十年怕井绳"。366年，他的当选遭到竞争对手乌尔奇努斯的反对，一次，双方的支持者在一座人头攒动的教堂中发生激烈冲突，致137人死亡。在他有生之年，这场饱受争议的选举带来的分裂一直持续着。丽塔·L. 特斯塔独到地提出，他的对手乌尔奇努斯可能得到了贵族中特别顽固的一派的支持，其中部分贵族的身份高于其他大多数基督徒。366年之后，达马苏斯无心原谅那些帮助对手、使对抗旷日持久的高傲的贵族男女，他也不想欠下这次支持自己的人过多人情。[37]

达马苏斯的兴趣并不是坊间传言的向罗马贵族屡屡示好，起决定作用的是他的能力。他将罗马教士们（以他自己为首）提升为有实权的第三等级，[38]他代表了教士的选择，这毫不令人惊讶。切记，达马苏斯当上教宗时已是位老人。他生于300年，是司铎之子，其家族的记忆可追溯到君士坦丁之前的大迫害。他比安布罗斯早一代，比奥古斯丁和保利努斯足足年长半个世纪。他一辈子都供职教会，他的英雄是罗马的殉道士，而不是贵族。[39]

但是，他知道如何伸手接纳新富。我们前面遇到过小女孩普罗耶克塔。她做嫁妆的首饰盒（现大英博物馆藏品《埃斯奎诺首饰盒》的一部分，它得名自它的发现地——埃斯奎诺山上的一处豪宅）表明，她在为当新娘而做准备时，守护她的依然是维纳斯的神妙之美。普罗耶克塔去世时——可能是在他结婚仅仅几年后——收到了达马苏斯写的墓志铭。这是首感人的诗，说普罗耶克塔已然在天堂，仿佛是位圣徒，能够通过祷告给她仍在悲痛中的爱人送去安慰。[40] 我们窥见的这段上流社会的婚姻令人心酸，它留存的证据仅有一个陪嫁的银首饰盒和残存的墓地，但这场婚配本身很能说明问题。普罗耶克塔的父亲弗洛卢斯是成功的帝国官员，她嫁的图尔奇·泽孔德是古老贵族家庭的代表，对弗洛卢斯而言，女儿的婚姻是往上攀同盟，效果类似奥索尼乌斯与波尔多老贵族的联姻，达马苏斯偏爱这样的人。[41]

以过世者为中心的家族虔敬，广泛存在于所有阶层的基督教团体中。达马苏斯正是向这样一个世界审慎地引荐了他自己、他的执事和司铎。为实现这个目的，他转向了覆盖郊区的亡者之城。他给罗马城外的地下墓穴装上巨大的大理石饰板，由书法大师以优雅的字体刻上用维吉尔体撰写的殉道士的故事。诗行紧凑，几乎带着符咒的力量。[42] 它们就是要看上去像罗马主教的"印鉴"，并由达马苏斯放在罗马城外在传统上由皇帝与贵族主导的宁静乡野中的各个墓地里。许多朝圣者都会读到这些墓刻，祭拜故人的罗马人也会读到。达马苏斯通过它们确保罗马主教在罗马城郊不会被遗忘。[43]

达马苏斯写下这些诗句并不是因为他抱有幻想，认为可以凭借维吉尔体的诗句使强大的元老院多少能支持基督教事业（有古典倾向的现代学者钟爱这一观点）。他的目标明确得多，他旨在表达基督教团体的团结与独立身份。他们是"神圣子民"，"圣徒的会众"；是殉道士（不是皇帝，也不是贵族），他们在主教与教士的帮助下保持神圣。罗马基督徒共享这个不可分割的选民集体的荣耀，他们构成的就是罗马教会——世上最伟大城市的教会。达马苏斯是他们的领头人，罗马城本身又是帝国之首。不管有没有元老院或蔓延在他们教会周围的这个庞大的世俗之城，对达马苏斯和他的会众而言，成为这个世界之都中上帝拣选的团结为一体的神圣子民已经足够光荣。[44]

达马苏斯这一基本上只关注自身的视角，打动了相当一部分罗马城民中的小贵族与新富。这里，我们遇到了研究 4 世纪最棘手的问题之一。人们认为，基督教会适合那些在帝国的管理中获得了社会经验、形成了相应世界观的人；教会提供了他们渴求的环境。让我们看看这是怎样产生的。

我们在罗马基督徒的石棺上见到，仅具有"名人"品位的贵族们在决定喜好时，效仿的是宫廷和帝国军队，而不是元老院。我们不可小觑这一情况的长期累积带给人的影响。从罗马（和其他地方一样）的石棺上我们可以看出，用以表达基督徒礼敬的图像直接取自宫廷与军队。这些引自当代生活的话语清晰地聚焦在一个古老的意思上：基督徒是效力上主的战士，是他们的皇帝——基督的仆人。[45]到了 4 世纪末，这些石棺上的帝国色彩变得愈加明显。3 世纪多神教贵族的石棺表现他们与缪斯面对面地或站或坐，而 4 世纪的基督徒们则将已故者画得很小，并使他们向他们的基督皇帝鞠躬。这个姿势与廷臣们向皇帝鞠躬"致敬"并亲吻他高贵的紫袍褶边一模一样。[46]

小贵族本身常常就来自帝国军队（军人或官吏），并靠为帝国服务获得财富与地位。他们希望尊敬的教士群体也具备帝国一样的等级制，于是教士们在相当于晚期罗马的"穿袍贵族"的小贵族们的默许下成了罗马的第三等级。神职人员与

254

平信徒都想要一个反映他们所在社会的特征——等级化、奋发、忠诚——的宗教，它还不带教会外世界中的等级制通常会有的种种令人讨厌的特质。

他们愿意为这样的教会买单。当达马苏斯临终时，靠他们的捐赠而形成的资金实力已经让罗马最高层都注意到了。390年前后（即在记叙的事件发生后一代人的时间），阿米阿努斯·马尔切利努斯留下了生动的记录，述说 366 年达马苏斯有争议的当选是怎样破坏了城市的平静。他在末尾写下了令人难忘的评价。这样的暴行完全可期：

> "考虑到这个城市对奢华生活的炫耀"，很自然，那些野心家为实现目的，会加入最激烈的争斗。一旦实现了"如当上了罗马主教"，他们肯定会从高贵的妇人那里获得丰厚的礼物；他们能坐马车，穿华丽的衣服，他们餐桌上的奢侈超过君王。[47]

我们忘了，这段文字并没有写达马苏斯如何毫不费力地进入上流社会。然而远非如此。它把罗马主教当作了暴发户，这是一个忠于更古老的罗马价值观的作者的看法。对他而言，像达马苏斯那样的人是麻烦的异类。

阿米阿努斯表达了罗马真正的贵族的反应。他们越过他们高高在上的世界的边缘，俯瞰那些聚集在他们脚下的人之间毫无尊严的小争吵。来自下层贵族的新富之家与基督教教士们之间的结盟正在打造一个新罗马，罗马主教的财富与威望很大程度上来自这一结盟。一次，著名的多神教徒、罗马大区长官普雷提克塔图斯（西玛库斯的一位挚友）被达马苏斯游说，就主教建议他成为基督徒一事，他以妙语回应："让我当罗马主教，我定当即刻成为基督徒。"[48]

并非只有多神教徒这么想，达马苏斯也将许多基督徒推到了一边。他们对他的看法跟阿米阿努斯差不多，他被教会内的敌对派谴责为"贵妇的掏耳郎"。但对罗马人而言，性方面的影射远不如金钱上的诋毁恶毒。达马苏斯是贵妇的掏耳工，他运用小小耳挖勺，以美容师的娴熟手法去除她们耳朵中的耵聍。在人们的想象中，罗马主教正是这样搜刮了基督徒富人的剩余财富。[49]

"职务本身就有其光荣"：伪安布罗斯世界中的等级与社会

255   达马苏斯以那么强势而有争议的形象出现，以至于我们常常忘记他的主要功绩是确保了一群低调但坚定的人团结在一起支持他。这是罗马的教士。我们有幸可以看到达马苏斯时期这样一位教士的思想，他是个"顽固的、匿名的"作者，（自伊拉斯谟时起）被人多少有些轻蔑地称为"伪安布罗斯"——假冒的安布罗斯。他写了圣保罗《书信》的注疏和一套《〈新旧约〉答问》，在与平信徒提问者的持续对话中，这些作品为我们清晰呈现了一名受过良好教育的罗马教士的道德与社会见识。[50]

首先，正如索菲娅·林恩－洛克利夫在她新近的研究中指出的，伪安布罗斯是位彻头彻尾的君主主义者，[51]强硬的中央集权是他的理想社会形式。他解释说，亚当必得单独受造，作为独特的符号象征、上帝至高无上的权威："因此应该认识到，在这一个人身上，独一的上帝把单独统治的权威留了下来。这令魔鬼困惑不解。"[52]皇帝（而不是基督教主教）继承了亚当作为人世间独一统治者的职能，在世上背负"上帝的形象"[53]。

更进一步来说，罗马法在伪安布罗斯看来极为重要。这不是古典法，也不是被元老院当作罗马"自由"的一个方面保护起来的法律，这是罗马国家的独裁法。伪安布罗斯相信，没有了强有力的政府，取而代之的会是权势——超级富豪赤裸裸的豪夺与暴力。没有了帝国律法，"权柄必定不会被容忍，也断不会有自由"[54]。当伪安布罗斯讨论保罗关于服从"有权柄的"教理时，他并没有考虑罪犯，他想到的是那些"因权势而犯下罪的人"。这些人认为他们可以规避法律，逃脱制裁，压迫穷人。（想想奥古斯丁的朋友阿里皮乌斯与有权势的腐败元老的故事。阿里皮乌斯拒绝了后者的要求，他当时是律师。他要是读到伪安布罗斯说"法律的作用是节制大人物的腐败行为"，肯定会相当高兴。）[55]

伪安布罗斯认为，等级既是必要的也是光荣的。宫里的军队如此，教士也一样；职务本身就赋予任职者以尊严："职务本身就有其荣光……而且职务的荣誉令其承担者享有荣光。"[56]

总之，伪安布罗斯以帝国官僚的模式来思考教会。他批评罗马执事们自命不凡，是因为他从他们这几位教士大军的领导身上看到了顶层官僚小集体的权势。他认为罗马执事们的权力纯粹来自罗马城的规模：它的滋长"源自罗马城之伟大"[57]。他对罗马城的热忱溢于言表，这一热忱并不属于元老院的罗马城。

像伪安布罗斯这样的教士认真地为罗马服务，他们完全意识到自己生活在一个难以驾驭、危机四伏的城市。跟西玛库斯

256

一样，他们时刻细细留意世界上哪个地方发生了食物短缺与饥荒，因为这些短缺会直接影响罗马的食品供应。[58]说到底，罗马教士们在每一次礼仪上祷告的正是每一个富足的罗马居民（包括西玛库斯）所希望的："供应充足，赶走动荡，赶走骚乱，使公众欢乐恒盛。"[59]

"很受贵族欢迎……因其职位而神圣"：墓志铭中的罗马教士

在许多方面，达马苏斯像安布罗斯。他为后来罗马基督教的建设奠定基础，设定路线，这路线如此稳固，以致其后的岁月不知不觉沿它而行。但这两人的行事方式截然不同，安布罗斯搭建了与米兰全体人民的纽带，而达马苏斯并没有向全体罗马人伸出橄榄枝。前文指出，在 4 世纪 80 年代，达马苏斯是老一辈的人，让全罗马皈依的想法超出了他的想象。他的主要诉求是团结的基督教会众。他只接触业已聚集在城市基督教会中的上帝的子民及他们的领导——罗马教士。他主要关注的是建设自己所从事的职业的影响力。最欢迎他的人是他的教士同僚，如伪安布罗斯。

在 4 世纪晚期和 5 世纪早期的罗马墓刻上，我们可以看到像伪安布罗斯这样的教士。司铎与执事个人墓穴上的墓志铭显示，这一群人已经开始有意识地打造属于自己的生活准则，他们无异于其他在罗马相互竞争的职业群体——律师、医生、官僚和士兵。

他们基本上是固定的一群人，他们接受社会秩序。我们关于冠名教堂圣克莱蒙的最早证据是一个奴隶的项圈，其上刻着代表基督的缩写："若逃跑，抓我并还给克雷蒙斯上主之家的辅祭维克多。"[60]

值得注意的是，教士们对罗马穷人的关照并不万分急切或哀怜。伪安布罗斯讲到了基督徒有义务帮助"出现在公众场合的贫困者"，但他不过是提出教会基金应定期给这些穷人提供衣食。相形之下，真正的光环给了"神圣的穷人"，他们是与他一样的人，他们是言行谨慎的教士与虔诚的收入不高的基督徒。他坚持富人不过是上帝派来充当这些人法律意义上的"监护人"，富人负责他们的财务保障。总之，他的《保罗书信》注疏经常引到"穷圣徒"，这无非是劝勉富人支持当地教士。[61]有些司铎被赞许为"穷人的朋友"，但是，这个头衔也许不过是他们作为教士该有的职业形象，而并不代表"出现新的人道主义冲动"。[62]

这一点应该加以强调。神职人员"爱穷人"是例行公事，这并不要求他们英雄般地跟赤贫者往来——这样的壮举保留给了极度虔诚的平信徒，诺拉的保利努斯的朋友潘马奇乌斯就是这样的人。396 年，哲罗姆赞扬潘马奇乌斯和他的合作者——贵妇富丽娅，因为他俩亲手照料住在他们位于奥斯蒂亚港的慈善护理所中发着恶臭、生着病的穷人。这是对穷人的英雄式俯就，哲罗姆用《埃涅阿斯纪》第六卷的一行诗来描绘：那是笔直向下，入了阴间。[63]

我们不知道哲罗姆致信的贵族庇护人是否真有这么做，但我们明确知道教士并不被要求有这般戏剧性的行为，他们要做的是较为一般的善举，举个例子：执事狄奥尼修斯依旧行医。狄奥尼修斯合乎高尚技艺（适合缙绅的手艺）的从业者身份，他"痛批卑鄙的所得……并且经常伸出慷慨的右手，通过帮助收入绵薄之人，培养怜悯之心"[64]。狄奥尼修斯这样做不过是遵照了皇帝瓦伦提尼安一世所坚持的罗马领公薪的医生必须做的："他们应该以可敬的态度心甘情愿为穷人服务，而不是可耻地只照看富人。"[65]最终，狄奥尼修斯的技艺和善良的天性帮了他：410年，哥特人攻陷罗马，他被俘后因给他们当医生而活了下来。

258　　　总体而言，我们通过这个阶段或略晚一些的墓碑可以看出教士们的价值观。他们谨慎而骄傲，在上帝的军队服役；他们渴望表现得不依靠任何人。据说执事提格里达斯"很受贵族欢迎"（他可能是位成功的募捐者），但他的墓志铭明确说，他与贵族平起平坐，他是"因其职位而神圣"[66]。司铎齐西尼乌斯则较为严肃："满足于已有的，他对富人的豪宅不理不睬。"[67]

　　可以想象，382年，当苍老的达马苏斯（已80岁有余）被恳请将自己的庇护扩展到一个彻底的局外人（前不久刚从东部来的达尔马提亚的司铎－修士——尤西比乌·热罗尼莫、我们所知的圣哲罗姆）时，这群人多么不安。哲罗姆极度博学，是新型苦行的狂热倡导者，性格执拗到只有受过专门训练者可以与之媲美。他很快表现出他可不是"对富人的豪宅不理不睬"的人。

注　释

［1］ Ammianus Marcellinus, *Res gestae* 16. 10. 13 – 17 提到君士坦提乌斯二世第一次进入罗马城时的情形。我希望读者已经可以想象穿行在4世纪的罗马城中，就像黛安·法夫罗提供了奥古斯丁时期的罗马城的景象：D. Favro, *The Urban Image of Augustan*

Rome（Cambridge：Cambridge University Press，1996），255 – 79。
最好的介绍仍然是 R. Krautheimer, *Rome：Profile of a City*，312 –
1408（Princeton：Princeton University Press，1980）。

［2］ Strabo, Geography 3. 5. 8.

［3］ J. Hillner, "*Domus*, Family, and Inheritance：The Senatorial Family
House in Late Antique Rome," *Journal of Roman Studies* 93（2003）：
129 – 45.

［4］ L. Spera, *Il paesaggio suburbano di Roma dall'antichità al medioevo：
Il comprensorio tra le vie Latina e Ardeatina dalle Mura Aureliane al
III miglio*（Rome：Bretschneider, 1999），439 – 42.

［5］ 尤其参见 E. Champlin, "The *Suburbium* of Rome," *American
Journal of Ancient History* 7（1982）：97 – 117；N. Purcell, "Tomb
and Suburb," in *Römische Gräberstrasse：Selbstdarstellung,
Status, Standard*, ed. H. von Hesberg and P. Zanker, Bayerische
Akademie der Wissenschaften：Philologisch-historische Klasse/
Abhandlungen, NF 96（Munich：Bayerische Akademie der
Wissenschaften, 1987），25 – 41；*Suburbium：Il suburbio di Roma
dalla crisi del sistema delle ville a Gregorio Magno*, ed. P. Pergola,
R. Santangeli Valenzani, and R. Volpe, Collection de l'École
française de Rome 311（Rome：école française de Rome, 2003）。

［6］ W. Scheidel, "Germs for Rome," in *Rome the Cosmopolis*, ed.
C. Edwards and G. Woolf（Cambridge：Cambridge University Press,
2003），159 – 76 at p. 159.

［7］ Jerome, *Letter* 43. 3, ed. I. Hilberg, CSEL 54. 1（Vienna：
Österreichische Akademie der Wissenschaften, 1996），320. 这章
与下一章中所有引自哲罗姆书信的文字，卷名与页码都取自这
个版本。

［8］ Curran, *Pagan City and Christian Capital*, 116 – 36；Lizzi Testa,
Senatori, popolo, papi, 105 – 25.

［9］ C. Pietri, *Roma Christiana：Recherches sur l'Église de Rome, son
organisation, sa politique, son idéologie de Miltiade à Sixte III
（311 – 440）*, Bibliothèque des Écoles françaises de d'Athènes et
de Rome 224（Rome：Palais Farnèse, 1976），3 – 17, 77 – 82；

R. Krautheimer, *Rome*, 3 – 31; 以及同一作者的 *Three Christian Capitals: Topography and Politics* (Berkeley: University of California Press, 1983), 7 – 40。

[10] Curran, *Pagan City and Christian Capital*, 90 – 114; E. D. Hunt, "Imperial Building at Rome: The Role of Constantine," in *Bread and Circuses*, 57 – 76. 新的研究参见 R. R. Holloway, *Constantineand Rome* (New Haven, CT: Yale University Press, 2004), 105 – 24; 以及 Bowes, *Private Worship, Public Values and Religious Change*, 85 – 87。

[11] 新的研究参见核心的论文 G. W. Bowersock, "Peter and Constantine," in *St. Peter's in the Vatican*, ed. W. Tronzo (Cambridge: Cambridge University Press, 2005), 5 – 15。也参见 P. Liverani, "Saint Peter's, Leo the Great and the Leprosy of Constantine," *Papers of the British School at Rome* 76 (2008): 155 – 72 at p. 161。

[12] Holloway, *Constantine and Rome*, 100 – 101; M. J. Johnson, *The Roman Imperial Mausoleum in Late Antiquity* (Cambridge: Cambridge University Press, 2009), 139 – 56. D. J. Stanley, "Santa Costanza: History, Archaeology, Function, Patronage and Dating," *Arte medievale*, n. s., 3 (2004): 119 – 40 提出了较晚的纪年。

[13] J. Guyon, *Le cimetière aux deux lauriers: Recherches sur les catacombes romaines*, Bibliothèque des Écoles françaises d'Athènes et de Rome 264 (Rome: École française de Rome, 1987); Holloway, *Constantine and Rome*, 86 – 104; Diefenbach, *Römische Erinnerungsräume*, 153 – 212; Johnson, *The Roman Imperial Mausoleum*, 110 – 18.

[14] *Liber Pontificalis* 34: Silvester, now ed. H. Geertman, in *Atti del colloquio internazionale* Il Liber Pontificalis e la storia materiale, Medelingen van het Nederlands Instituut te Rome: Antiquity 60 – 61 (Assen: Van Gorcum, 2003), 289, 319 – 20, trans. Davis, *The Book of the Pontiffs*, 14.

[15] *Liber Pontificalis* 42: Innocentius, Geertman, pp. 319 – 20, Davis,

pp. 31 – 32.

[16] Bowes, *Private Worship, Public Values, and Religious Change*, figure 10, p. 67 and figure 11, p. 73 清楚提供了一份标注罗马冠名教堂与方堂的地图。

[17] *Inscriptiones Christianae Urbis Romae*, vol. 2, part 1, ed. G. B. de Rossi (Rome：P. Cuggiani, 1888), 150. 笔者接受此人即为保利努斯书信中的潘马奇乌斯, 参见 Pietri, *RomaChristiana*, 488。

[18] Pietri, *Roma Christiana*, 571 – 73；同一作者 "Recherches sur les *domus ecclesiae*," *Revue des études augustiniennes* 24 (1978)：3 – 21；以及同一作者的 "Donateurs et pieux établissements d'aprèsle légendier romain (V^e – VIIe s.)," in *Hagiographie, cultures et sociétés, IVe – XIIe siècles* (Paris：études Augustiniennes, 1981), 434 – 53, 现 收 录 于 *Christiana respublica：Éléments d'une enquêtesur le christianisme antique*, Collection de l'École française de Rome 234 (Rome：École française de Rome, 1997), 1：127 – 45, 2：1187 – 1205。

[19] Bowes, *Private Worship, Public Values, and Religious Change*, 71.

[20] 参见, 例如 P. A. B. Llewellyn, "The Roman Church during the Laurentian Schism：Priests and Senators," *Church History* 45 (1976)：417 – 27 和 *Religion, Dynasty and Patronage in Early Christian Rome, 300 – 900*, ed. K. Cooper and J. Hillner (Cambridge：Cambridge University Press, 2007) 提供了许多富有建设性的观点。

[21] J. Hillner, "Families, Patronage and the Titular Churches of Rome, c. 300 – c. 600," in *Religion, Dynasty and Patronage*, 225 – 61.

[22] Pietri, *Roma Christiana*, 461 – 573.

[23] 同上, 573；与 Pietri, "Évergétisme et richesses ecclésiastiques dans l'Italie du IVe à la fin du Ve siècle：L'exemple romain," *Ktèma* 3 (1978)：317 – 37, 现收录于 *Christiana respublica*, 2：813 – 33。

[24] Pietri, *Roma Christiana*, 723.

[25] 其概况参见 Salzman, *The Making of a Christian Aristocracy*, 69 – 137。

[26] S. Orlandi, *Epigrafia anfiteatrale dell'occidente romano*, vol 6, *Roma*, Vetera 15 (Rome：Quasar, 2004), 554；F. Guidobaldi,

"*Le domus* tardoantiche di Roma come 'sensori' delle trasformazioni culturali e sociali," in *The Transformations of Vrbs Roma*, 53 – 68 at pp. 62 – 63.

[27] 尤其参见 Guidobaldi, " Le *domus* tardoantiche di Roma "; Christie, *From Constantine to Charlemagne*, 240。

[28] Guidobaldi, " Le *domus* tardoantiche di Roma," 62, 66; Guidobaldi, "La fondazione delle basiliche titolari di Roma nel IV e V secolo: Assenze e presenze nel *Liber Pontificalis*," in *Atti delcolloquio internazionale* Il Liber Pontificalis, 5 – 12.

[29] A. Wallace-Hadrill, *Rome's Cultural Revolution* (Cambridge: Cambridge University Press, 2008), 354.

[30] J. Hillner, "Clerics, Property and Patronage: The Case of the Roman Titular Churches," *Antiquité tardive* 14 (2006): 59 – 68 at p. 60.

[31] Wallace-Hadrill, *Rome's Cultural Revolution*, 370.

[32] Dresken-Weiland, *Sarkophagbestattungen*, 31 – 33.

[33] L. Spera, "Un cubicolo monumentale nella catacomba di Pretestato," *Rivista di archeologia cristiana* 68 (1992): 279 – 307.

[34] *Die Katakombe " Commodilla ": Repertorium der Malereien*, ed. J. G. Deckers, G. Mietke, and A. Weiland, Roma Sotteranea Cristiana 10 (Vatican: Pontificio Istituto di ArcheologiaCristiana, 1994), 1: 89 – 104 and color plates nos. 19 – 31. 亦参见 P. Pergola, "*Mensores frumentarii Christiani* et annone à la fin de l'Antiquité (Relecture d'un cycle de peintures)," *Rivista di archeologia cristiana* 66 (1990): 167 – 84。

[35] A. Piganiol, *L'empire chrétien (325 – 395)*, Histoire romaine 4: 2 (Paris: Presses Universitaires de France, 1947), 226 – 27.

[36] 参见 *Liber Pontificalis* 39, Davis, p. 30。尤其参见 Pietri, *Roma Christiana*, 461 – 64 和 Curran, *Pagan City and Christian Capital*, 144 – 45。

[37] Lizzi Testa, *Senatori, popolo, papi*, 129 – 70, 195; 参见 Diefenbach, *Römische Erinnerungsräume*, 224 – 42, 尤其见第 237 页; M. Raimondi, "Elezione *iudicio Dei* e *turpe convicium*: Damaso e Ursino tra storia ecclesiastica e amministrazione romana," *Aevum*

83 (2009): 169 – 208。达马苏斯在圣彼得教堂建圣洗池时，确有一个名叫安娜塔西娅（Anastasia）的拥有名媛头衔的妇人捐了款，参见 H. Brandenburg, "Das Baptisterium und der Brunnen des Atriums von Alt-St. Peter in Rom," *Boreas* 26 (2003): 55 – 71 at pp. 64 – 65。

[38] C. Pietri, "Damase, évêque de Rome," in *Saecularia Damasiana*, Studi di Antichità Cristiana 39 (Vatican: Pontificio Istituto di Archeologia Cristiana, 1986), 31 – 58 对这一点看得很清楚，现收录于 *Christiana respublica*, 1: 49 – 76。Diefenbach, *Römische Erinnerungsräume*, 289 – 329 就达马苏斯墓刻的特点做了出色的论述。新的研究参见 U. Reutter, *Damasus, Bischof von Rom (366 – 384)*, Studien und Texte zu Antike und Christentum 55 (Tübingen: Mohr Siebeck, 2009), 57 – 153。

[39] Diefenbach, *Römische Erinnerungsräume*, 302, 316n355.

[40] J. Guyon, "Damase et l'illustration des martyrs: Les accents de la dévotion et l'enjeu d'une pastorale," in *Martyrium in Multidisciplinary Perspective: Memorial Louis Reekmans*, ed. M. Lamberigts and P. van Deun (Louvain: Peeters, 1995), 157 – 77 at p. 176.

[41] s. v. "Florus 1," *Prosopography of the Later Roman Empire*, 1: 367 – 68.

[42] J. Fontaine, "Damase, poète théodosien: L'imaginaire poétique des *Epigrammata*," in *Saecularia Damasiana*, 115 – 45.

[43] J. Guyon, "L'œuvre de Damase dans le cimetière 'Aux deux lauriers' sur la Via Labicana," in *Saecularia Damasiana*, 227 – 58 at pp. 253 – 55. 考虑到它们的地点，我们不可夸大这些墓刻在当时的影响，参见 N. McLynn, "Seeing and Believing: Aspects of Conversion from Antoninus Pius to Louis the Pious," in *Conversion in Late Antiquity and the Early Middle Ages: Seeing and Believing*, ed. K. Mills and A. Grafton (Rochester, NY: University of Rochester Press, 2003), 224 – 70 at pp. 229 – 31。

[44] Pietri, "Damase, évêque de Rome," 55 – 57.

[45] C. Pietri, "Le serment du soldat chrétien: Les épisodes de la *militia Christi* sur les sarcophages," *Mélanges d'Archéologie et*

d'Histoire 74（1962）: 649 – 64，现收录于 *Christiana respublica*，2: 1134 – 64；M. Dulaey，"La scène dite de l'arrestation de Pierre: Nouvelle proposition de lecture，" *Rivista di Archeologia Cristiana* 84（2008）: 299 – 346。

［46］ J. G. Deckers，"Vom Denker zum Diener: Bemerkungen zu den Folgen der konstantinischen Wende im Spiegel der Sarkophagplastik，" in *Innovation in der Spätantike*，ed. B. Brenk（Wiesbaden: Reichert，1996），137 – 72.

［47］ Ammianus Marcellinus，*Res gestae* 27. 3. 14，Rolfe，3: 20，Hamilton，p. 336.

［48］ Jerome，*Contra Iohannem Hierosolymitanum* 8，PL 23: 361C；参见 M. Kahlos，"Vettius Agorius Praetextatus and the Rivalry between the Bishops in Rome in 366 – 367，" *Arctos* 31（1997）: 41 – 54。

［49］ *Gesta inter Liberium et Felicem* 10，*Collectio Avellana* ，ed. O. Günther，CSEL 35（Vienna: Tempsky，1895），1: 4；尤其参见 J. Fontaine，"Un sobriquet perfide de Damase: *Matronarum auriscalpius*，" in *Hommages à Henri le Bonnec: Res sacrae*，ed. D. Porte and J. -P. Néraudau，Collection Latomus 201（Brussels: Latomus，1988），177 – 92 at pp. 180 – 81。

［50］ S. Lunn-Rockliffe，*Ambrosiaster's Political Theology*（Oxford: Oxford University Press，2007），33 – 86. 另参见 D. G. Hunter，"The Significance of Ambrosiaster，" *Journal of Early Christian Studies* 17（2009）: 1 – 26。伪安布罗斯的部分笺注已有英译: G. L. Bray，*Ambrosiaster: Commentaries on Romans and 1 – 2 Corinthians*（Downers Grove，IL: InterVarsity Press，2009）。

［51］ Lunn-Rockliffe，*Ambrosiaster's Political Theology*，130 – 45.

［52］ Ambrosiaster，*Comm. in 1 Cor. 11. 7*，ed. H. J. Vogels，CSEL 81: 2（Vienna: Tempsky，1968），102.

［53］ Ambrosiaster，*Quaestio* 35，ed. A. Souter，CSEL 50（Vienna: Tempsky，1908），63.

［54］ Ambrosiaster，*Quaestio* 115. 59，p. 338.

［55］ Ambrosiaster，*Quaestio* 4. 2，p. 25.

[56] Ambrosiaster, *Comm. in 1 Cor. 12. 3*, p. 131. 56; Augustine, *Confessions* 6. 10. 6.

[57] Ambrosiaster, Quaestio 101. 4, p. 195.

[58] 同上。

[59] Ambrosiaster, *Comm. in 1 Tim. 2. 4*, 1, CSEL 81: 3, p. 260.

[60] *Inscriptiones Latinae Christianae Veteres*, no. 94 A.

[61] S. Lunn-Rockliffe, "A Pragmatic Approach to Poverty and Riches: Ambrosiaster's *Quaestio* 124," in *Poverty in the Roman World*, 115 – 29.

[62] Pietri, *Roma Christiana*, 648 on *Inscriptiones Christianae Urbis Romae*, n. s. , 2, ed. A. Silvagni (Rome: Pontificio Istituto di Archeologia Cristiana, 1935), no. 4815; 可 与 *Inscriptiones Latinae Christianae Veteres*, nos. 609, 698 对照。

[63] Jerome, *Letter* 66. 5, CSEL 54: 1, pp. 652 – 53; *Letter* 77. 6. 3, CSEL 55: 43.

[64] *Inscriptiones Latinae Christianae Veteres*, no. 1233.

[65] *Codex Theodosianus* 13. 3. 8 (370). 参见 Albana, "Archiatri … honeste obsequi tenuiores malint"; Schmidt-Hofner, *Reagieren und Gestalten*, 327 – 30; and Corbo, *Paupertas*, 138 – 56。

[66] *Inscriptiones Christianae Urbis Romae*, n. s. , 4, ed. A. Ferrua (Vatican: Pontificio Istituto di Archeologia Cristiana, 1964), no. 10228.

[67] *Inscriptiones Christianae Urbis Romae*, n. s. , 6, ed. A. Ferrua (Vatican: Pontificio Istituto di Archaeologia Cristiana, 1975), no. 15839.

第 16 章 "在外邦唱耶和华的歌"：哲罗姆在罗马城，382～385 年

"那需要大量闲暇、辛劳与金钱的事"：哲罗姆作为专家在罗马城

　　达马苏斯懂得作为艺术赞助人该如何行事。他喜欢将专家们招来，让他们工作，他要最好的。他写给位于地下墓穴中的殉道士之墓的辞藻考究的诗行，就是由傅利乌斯·狄奥尼修斯·费洛卡鲁斯这样一名专家设计并镌刻的。

　　费洛卡鲁斯为贵族工作。诺拉的保利努斯的富有的姻亲——西班牙人老梅兰尼娅在北非的一处地产上建了洗浴房，费洛卡鲁斯就曾为其撰写并镌刻了碑文。我们所习惯的罗马社会形象过于简单化，有些人物很难被归入其中，他是其中之一。他不属于贵族，也不仅仅是个工匠。就像阿兰·卡麦隆带着他标志性的良好判断力对费洛卡鲁斯的描写："他出生于体面人家（虽然不是贵族），经济宽裕，只不过选择花时间在特别擅长的事情上。"[1]

　　费洛卡鲁斯最知名的作品是绘制精美的《354 年日历》，这是为某个叫瓦伦提努斯的人而制作的。[2]《354 年日历》在很大程度上是新罗马的产物，当时很多罗马上流社会的居民在

市民义务与新宗教的要求之间寻求平衡。这部作品将大量传统罗马节日和与之相关的诸神的画面，同罗马主教名单和殉道士节庆日列表放在一起，却没有丝毫尴尬。[3]打造这样一部作品所需的花费与技艺，使费洛卡鲁斯这位书法家在当时受到的敬重不亚于后来的本韦努托·切利尼。

382 年，哲罗姆到达罗马时，将自己当作另一位费洛卡鲁斯介绍给达马苏斯。他声称自己具有令人叹为观止的技艺，他的效力可以为教宗增添荣光。跟费洛卡鲁斯一样，他已经做好为罗马主教干"那需要大量闲暇、辛劳与金钱的事"的准备。[4]

341 年，哲罗姆诞生于斯特里顿。现在，这个小城已经完全没了踪影，它可能位于连接多瑙河边境地区与阿奎利亚的帝国大道旁。跟奥古斯丁一样，哲罗姆在内陆腹地的小镇长大，但与奥古斯丁不同的是，哲罗姆的父母是有钱人，他被直接送到罗马城。在那里，他获得了非凡的文学熏陶，但他并不想以此谋求一份平淡无奇的职业，譬如奥古斯丁当过的教师。他可能自己就很富有，我们知道他与弟弟保利尼亚努斯在斯特里顿附近有几处庄园。

368 年（哲罗姆时年大概 27 岁），哲罗姆已经在特里尔。他的到来比奥索尼乌斯进入瓦伦提尼安的宫廷仅仅晚几年，比西玛库斯因元老院事务而来早一年。置身于庞大官僚机构边缘的哲罗姆忙于誊抄基督教手稿。他家世好，受过良好教育，在技艺上精益求精，拥有语言天赋，本可以成为出色的帝国官员，前往帝国讲希腊语和拉丁语的各地处理种种棘手事务。然而，对哲罗姆来说，官员这个职业不够刺激，教会政治提供了比服务帝国官僚体系更为广大的世界。

没几年，由于反阿里乌派的持不同政见者引发的骚动，哲罗姆被从特里尔扫地出门，到了安条克。375 年，他终于在安条克城外定居下来，住在安条克的伊万利乌斯的庄园里。伊万利乌斯是位引人注目的庇护人，他有着不安分的灵魂。他曾任行省总督，很失败，故转而投身教会。他在意大利逗留时，是极端尼西亚派维尔切利的主教优西比乌的追随者。他把阿塔纳修著名的《圣安东尼传》翻译成拉丁文，但是在 4 世纪 70 年代，极少有讲拉丁语的基督徒为修道生活本身所吸引。他们前往东方，通常是为支持尼西亚信条。哲罗姆跟随古怪的伊万利乌斯回到安条克，正是出于这个目的。[5]

几乎与此同时（373 年），罗马著名的寡妇老梅兰尼娅也来到了东方。[6]梅兰尼娅与年轻的姻亲诺拉的保利努斯同样富有，然而，她属于尚不习惯轰轰烈烈地放弃财产的那一代。她从未正式宣布放弃财产，也不曾突然从罗马城消失。后来的崇拜者声称，她始终渴望前往圣地。事实上，她并没有急着搬去巴勒斯坦。她从 362 年开始守寡，十多年间，始终甘愿住在罗马城，直到亲眼见到儿子普布利可拉顺理成章地进入元老院。而且，梅兰尼娅后来来到地中海东岸也不仅仅是作为一名朝圣者而来，她是作为教会一个派系的支持者而来。她从罗马出海，带着支持尼西亚派的资金，她并没有直接前往耶路撒冷，她的船只载着金银，到达亚历山大里亚，去帮助尼罗河三角洲的修士们。亲阿里乌派的皇帝瓦伦斯用高压手段切断了平信徒对这些修士的供给，她一路前行至巴勒斯坦，供养了 3000 名被流放的埃及修士。她的资金起了决定性作用，使埃及北部的修道院和隐修地倒向了反阿里乌斯派的一派。[7]

哲罗姆来到东部，是作为活跃分子，而不仅仅为寻找修士。但是,他来此的首要目的是让自己成为专家。在后来的书信中,哲罗姆夸张地说起在修道洞穴中的生活:栖息于"在罗马与蛮族世界的边境延展的一望无垠的沙漠中"。事实上,他仍旧过着学者的日子,他从未远离过大图书馆。他住在伊万利乌斯的一处庄园,名叫马若尼亚,地处哈尔基斯,东距安条克仅 30 英里。这处庄园更像博学者赋闲之处,而不是哲罗姆后来向罗马读者描述的位于酷热的沙漠之中的隐修士的洞穴。[8]正如梅根·威廉姆斯对作为学者的哲罗姆进行的细致研究所充分说明的:"对他具有吸引力的应该是苦行理念,而不是苦行生活。"[9]

但是,哲罗姆的赋闲断非虚度光阴。他如饥似渴地阅读。他将语言能力发挥到极致,超越了拉丁教会中最有雄心的教士。他不仅学了希腊语,还开始学习希伯来语,手握这些硬技能的哲罗姆在 382 年来到了罗马城。

哲罗姆知道达马苏斯需要专家。他很快举荐自己为不可或缺的翻译与校勘家,他为达马苏斯打造了更切合当下的《福音书》拉丁文译本。他回溯到希腊语原文,这开启了一项不朽的工程,由此诞生了拉丁文"通行本《圣经》"。[10]但是不要忘了,哲罗姆的"通行本《圣经》"是从中世纪早期才开始享有知名度的,在那时,此举在大多数拉丁教会的教士看来是篡改神圣的经文,危险且毫无必要。面对这样的质疑,哲罗姆的反应是将自己塑造为对一知半解者的惩戒工具。他宣称,自己与那些不专业的批评者不同,他有硬货——经过不懈的艰苦耕耘,在掌握数种艰深语言的基础之上的对《圣经》的研究。

哲罗姆需要强调他独有的专业能力。因为他向达马苏斯推销的是一个开支庞大的项目,他要求使用贵重的书籍和昂贵的职业速记员。为了提升自己的专家身份，他极尽可能地贬低许多同时代的人。他指出，安布罗斯论圣灵的文章抄袭了希腊作者（著名的亚历山大里亚的解经者——瞎子迪狄穆斯）。他宣称米兰主教大量借用希腊作者的文字，为的是"像借了羽毛的乌鸦"那样粉饰自己。[11] 那些对他重译《新约》提出批评的人，他将之当作"两条腿的驴子"，不予重视。我们如今知道，这些"两条腿的驴子"中有一位正是被冠以"伪安布罗斯"之名的罗马教士！[12] 这种态度当然不会让他在罗马教士中受欢迎。

在罗马，哲罗姆的命运随着达马苏斯浮沉。384 年 12 月 11日，他的庇护人达马苏斯过世，新主教西利修将哲罗姆送回了安条克，那是他最初受圣职的地方。[13]（正如我们前面所见，后来因为保利努斯离开受祝司铎的巴塞罗那，西利修在 395 年冷落过他。）达马苏斯曾极力促成教士成为第三等级，西利修完全是这个教士队伍的产物。这个教士队伍产生了像伪安布罗斯这样谨慎的、总体上保守的作家。像哲罗姆这样外来的、自我推销的人对他们而言毫无价值。385 年夏天，哲罗姆离开罗马，从此再没回来过。正如他愤愤地给修女艾瑟拉写道："我真是个傻瓜，居然认为自己可以'在外邦唱耶和华的歌'。"[14]

"圣保拉之府邸"：哲罗姆与罗马贵妇

离开罗马的数月前，哲罗姆曾抗议，说导致他垮台的真正原因是他与贵妇们的关系：

> 在我熟悉圣保拉的府邸前，整个罗马对我满怀热忱。

几乎所有人都以为，我配得上最高级别的主教。我漂亮的
文笔替达马苏斯本人表达。[15]

这个说法莫名其妙，但它准确说明了 382～385 年哲罗姆
与一个知名的罗马妇人圈的关系。正是聚拢在年迈的达马苏斯
身边的、有强烈自我意识的男性教士世界成就了哲罗姆，也毁
了他。他急于在教士中为自己找到合适的位置，女人并不是他
的主要兴趣所在。他来到罗马，当然不只是为了当保拉与她的
圈子的导师。也不是这些贵妇来找的他，而是他才华横溢的书
信把他推给了她们。[16]开始时，哲罗姆接近保拉和其他虔诚的
贵妇，可能只是想在服务达马苏斯这个主业外留条退路。

但是达马苏斯一死，他的庇护所提供的保护随之消失。哲
罗姆成为敌人们攻击的对象，当即出现了哲罗姆与贵妇的关系
引发的争议，他遭到性方面含沙射影的攻击。正是在这些年
间，在遥远的西班牙，围绕百基拉的戏剧性事件也正一幕幕展
开。正如百基拉的命运所显示的，与贵妇有不伦关系的指控可
以关乎生死，倘若还牵扯钱财支持，就更是如此。对他的敌人
而言，哲罗姆的种种行为正好可以套用经典的有道德问题的富
有魅力的筹款人模式："手里银币叮当作响……谈话交织着性
暗示……目光色眯眯地斜睨着。"[17]

面对这个可能带来杀身之祸的指控，哲罗姆的胆识没有弃
他而去。他打定主意：坚持己见是最好的防御。关于他与女人
关系的指控，他非但没有置身事外，还决定要让大家知道：即
使他不得不离开罗马城，那也不是被男性教士同僚们赶走的，
而是因为他在贵妇宅邸中宣扬了一种英勇的东方苦行主义。他
立刻出版了在罗马城时写给两名主要贵妇的系列书信。一位是

263

60 岁的寡妇玛尔切拉，她住在阿文提诺山上的府邸中，而更多的时候是在罗马郊区的庄园虔诚静修；另一位是 40 岁的寡妇保拉，她后来很快追随哲罗姆去了圣地。这些书信引人注目，令这两位以及她们身边的妇人成为"4 世纪晚期女性修道运动中最熟悉的面孔"[18]。致玛尔切拉与保拉的书信使哲罗姆在当时以及此后的岁月中闻名遐迩，因为它们提出了 4 世纪罗马人越来越关注的，并且相互密切关联的议题：性与钱。

首先，让我们看一下性。384 年春天，哲罗姆写了给保拉的《书信 22》讨论了她 20 岁的女儿朱莉娅·尤斯托奇乌姆为苦行做的准备。这封信经过精心设计，融合了当时人们已经接纳的种种苦行理念。信中，哲罗姆争取成为富人宅邸的常客，[19]他通过在修道意见中对身体给予持续而急切的关注实现了这个目标。长期以来，医术精湛的家庭医生时时出入罗马富豪宅邸，罗马人寄望他们提供饮食与保健方面细致入微的关照。这封书信给出了相反的声音。古时医生这样写，是为了促进健康的暖意流经年轻人的身体，这可以滋养姑娘享受性欢愉的能力，从而影响她们的繁殖能力（根据古时的医学理论，女性高潮与受孕相关）。有了炙热健康的身体，年轻夫妇就有相应的体力，努力组建家庭。而现在，哲罗姆以家庭苦行医生的身份介入进来，他给出了如何倒转这个让身体充满能量的过程的建议。他敦促保拉要"封冻"尤斯托奇乌姆的性冲动，为达到这个目的，她要长时间禁食、守夜不寐、饮食清淡、戒绝酒类。[20]

与此同时，保拉不断得到哲罗姆的提醒，说这种苦行在时下贵族中颇为流行。尤斯托奇乌姆的身体一看就是贵族姑娘的身体，财富的光泽显在皮肤上，穿透她整个肉身。

出身于贵族世家，总是快乐萦绕，总是躺在皮制床 264
上，你声称自己不可能戒酒，不可能放弃较为鲜美多汁的
食物。[21]

此外，尤斯托奇乌姆的身体极为私密。那是"炙热的青
春肉体"[22]。它被晚期罗马宏伟的宅邸保护着，与世隔绝。这
种宅邸有着长长的走廊与门径，以丝绸窗帘遮蔽，导向圣地一
般私密的深闺。深闺的功能并不像它在现代的房子中那样，只
是卧室。它是个受保护的地方，专门用于私密的谈话，或基督
礼拜，或纵欲之乐（对于多数未在圣灵中得到重生的富人而
言，他们的情色图案镶嵌画遍布帝国各地的庄园）。[23]

哲罗姆对深闺的着墨值得关注，因为它包含了对当时价值
观的质疑。哲罗姆并不打算在家外打造修道院，相反，他希望
收信人将整个府邸变为修道的堡垒，与外面的世界隔绝。再没
有比这更与罗马习俗相对立的了。贵族府邸向来是半公共的空
间，开阔的庭院与宽敞的客厅原则上向全世界开放。在这些宏
大的开放空间中，亦如在广场上一样，罗马统治阶层处理城里
的种种事务。将与女性闺房相关的私密性延伸到整个府邸，是
把广大的世界拒之门外。这是在打造一个比通常含义更为丰富
的"私密"概念。

在哲罗姆笔下，闺房同化了府邸。他将它描绘为充满灵修
快感的、完全用于《圣经》阅读的花园。在基督徒的圈子里，
对《圣经》的冥思被认为是激发情欲的撩人体验，完全不亚
于柏拉图和普罗提诺作品中太一那令人战栗的美。它涉及对狂
喜的探求。与此同时，哲罗姆翻译了奥利金的《〈雅歌〉注
疏》，这一著名的传自以色列列王时期的爱情诗篇，在奥利金

与其他基督徒的解读下成了写给探求灵之甘美的人的指南。

对奥利金而言，新郎"触碰"爱人身体之时是顿悟的一刻，这发生在研读《圣经》的过程中。[24]与普罗提诺同时代的奥利金及其希腊语读者把这种神秘觉悟的瞬间视为当然，但是哲罗姆比奥利金更为多彩。当他写到拥有炙热的青春肉体的贵族姑娘尤斯托奇乌姆身处贵族府邸的深闺，与世隔绝地体验这种战栗之时，没有读者（无论是 4 世纪的还是现代的）会不去想那诗行——"愿他触碰你的肚子"——的所指，或许，它并不仅仅指身在图书馆中的教授的纯洁心灵的振奋。[25]

265 我们现代人对狂喜与顿悟的态度已经正经得有些古怪。我们得出结论，这些章节显示哲罗姆"无与伦比的文字品味，与他污秽的心灵"[26]。然而，正如我们在讲奥古斯丁时见到的那样，古代晚期的人们在表达灵修快感时，不像我们这样受到语言的困扰，他们会留意到比这更令人不安的方面。在哲罗姆的设计中，灵修训练将尤斯托奇乌姆从教会的共同生活切割开来。哲罗姆建议保拉将尤斯托奇乌姆留在家里。她不去基督教罗马的重要圣地朝拜，她要避开在殉道士纪念日聚集的人群，相反，殉道士们会来找她。

这个建议之极端非比寻常。为纪念殉道士而守夜（郊区重要的教堂在黑暗中发光，如巨大的灯塔）是罗马城基督教团体宗教生活的高潮。富人需要一连串像费洛卡鲁斯在著名的《354 年日历》上标明的殉道士宴会并不是无来由的，通过出席这样的聚会，富人基督徒跟穷人和其他有共同信仰的人建立起联系。这是小规模地重复古代贵族与罗马人民的对话。[27]唆使富有的虔诚家庭退出这样的活动，是个危险的信号。哲罗姆在上流社会中高调鼓吹完全与外界隔离的苦行，旨在打造一个由精选的灵魂组成的世界，其成员自觉优于普通信徒。这构成威胁，有可能破坏罗马城基督徒的团结，破坏达马苏斯和他身边的人曾经那么辛苦地维护的独一无二的"神圣子民"。

哲罗姆的作品中吸引我们注意的是令人腻味的肉体描写和对私密空间的强调，他希望读者会有这种反应。关于哲罗姆与女性研究的现代著述极其丰富，这说明他成功了。[28]但是像《书信22》这样的信件，其目的并不单单在于封锁贞女与寡妇的肉身和宅邸，令其免受性的危害，它还为了让这些寡妇与她们的闺女关上府邸的大门，将外面的世界挡在门外。这个世界，较之想得到她们的身体，更迫切地想要她们的金钱。

"沙漠钟爱那赤条条的人"：哲罗姆论财富与贫穷

就金钱议题，哲罗姆自觉有权使用比通常更为激烈的言辞。他声称自己是作为自发誓愿的沙漠修行老手从叙利亚来到罗马的，事实上，他对中东基督教所知极少，他的经历仅限于叙利亚一地。尤其是他关于贫穷的理念，带着明显的最强硬时期的叙利亚式虔诚。这个贫穷观的基础是，认同想象中绝对贫穷的基督。

叙利亚的贫穷理想，较之其他地方苦行者所接纳的要更为极端，它包含了彻底丧失社会自我。用来指称基督与他的追随者（修士）的词 msarrqûtâ（取自 srq——剥光），在叙利亚人听来，比起基督的"走下来"［保利努斯这些人虔敬的核心（如前所述）］更加令人惊叹。[29]对保利努斯而言，"走下来"让他联想到基督通过变成卑微的人类，"屈尊以征服"。因此，

266

保利努斯与他的修士们精心谋划，将上流社会通行的财富标识调暗。聚集在贾米拉保利努斯身边的修士们，脸色苍白，发型鄙俗，穿着粗陋，构成了发人深思的一幕，而在他们背后如影随形的，是那史诗般的"走下来"。正如基督，纵使用尽办法刻意遮蔽其光辉，他也曾经是，并且实际上依旧是上帝（且因其沉默而更是上帝），所以保利努斯的修士们即使刻意自降身份，也仍然是贵族。

在叙利亚，修士们自我减损的观念走得更远。他们追随基督空掉自我，而远不止将权力与财富的标识变弱。它意味着将这个社会人彻底抹掉，有时，它甚至走向抹杀人类与动物的界线。有些叙利亚修士被称为"食草者"，在仰慕他们的平信徒完全可见的范围内，一群群修士像牧群一样转移，在俯瞰繁华城市的山上啃食野生草木。[30]他们坐在村落边，住在干了的池塘底，头顶蓝天，无片瓦遮蔽。[31]叙利亚的修士没有在社会上屈尊，而是退出了社会，他们的存在本身是对世界的嘲讽。在这个意义上，他们是犬儒派的直接继承者。[32]

哲罗姆带着外来者独有的巨大兴趣，透过厚厚的古典传统的镜片看这些特别的圣人。他称赞他们为当代犬儒。在他看来，他们的生活彻底摆脱了物质，亦如他们盘踞的枯池中坚硬的岩石。在他最早的苦行生活宣言中，他创了个形象的词组："沙漠钟爱那赤条条的人"[33]。

哲罗姆很早就有了极端的设想。在他还在叙利亚的时候（379年），他就写下了传神的《保罗传》（*Vita Pauli*）——《隐修士保罗的传记》。他将隐修士保罗塑造为对富人良知的恒久谴责者。[34]

你们，有些人地产广布各地，甚至不知道它们在哪儿，不知道是谁替你们的豪宅铺上大理石，是谁使你们的庄园张灯结彩，一座又一座，一地又一地——我问你们，那位老者曾缺什么吗？你们喝水，用镶了宝石的杯子，他饮自天然泉水。你们的袍子镶着金线，他穿着甚至连最受你们盘剥的奴隶都不屑的衣衫……以最卑微的尘土为被褥，保罗躺下休息，必当在荣耀中起来。你们精心打造坟墓，那石头当压在你们身上，连同你们所有的财富——必当在地狱中燃烧。[35]

267

这是他从叙利亚北部带给罗马基督徒富人的冷酷无情的消息。那些年中，哲罗姆推动了扎眼的财富与赤裸裸的贫穷之间的对立。他通过一系列戏剧性的对照，聚集起累积的势能——财富相较于贫穷，如同财主与发抖的拉撒路，如同《旧约》中安躺于充裕的物质财富之上的犹太祖先与一文不名的使徒们，如同在婚姻中过性生活与守贞之纯洁，最后，如同基督与"尘世"。[36]基督赤身裸体，与哆嗦的穷人打成一片，这种想法使哲罗姆可以作为庇护人的超我行事。就已经开始制作的装饰华美、专供富人的《圣经》，哲罗姆致信保拉："羊皮纸深染紫色，金子流淌成文字，以宝石装帧——基督赤身裸体，躺在门口，正在死去。"[37]

然而，一旦哲罗姆在罗马城立足，贫富悬殊带给他的不祥感就不再被用于关照穷人；他将其留作他用，令自己成为彻头彻尾的讽刺作家。[38]在跟罗马富人说话时，哲罗姆轻易地步入了历史悠久、受人推崇的文学的姿态。他，修士哲罗姆，以穷人身份面对富人的坏毛病。跟早先的诗人和讽刺作家马提亚尔一样，哲罗姆搬出了贫穷的理想："几乎总是要与财富保持距离。"就像不久前克里格·伍尔夫写马提亚尔那样："对贫穷的钟爱给了他独特视角，某种许可……标出了（将他同富人）分离开来的……道德鸿沟。"[39]

确实，哲罗姆对罗马上流社会的描写不乏杰出的讽刺文学所具备的令人赏心悦目的细节。他有力的笔触专在时髦富人日常生活中鲜活的琐事上找碴儿。我们得知多神教徒蜂拥着去拷贝他写给尤斯托奇乌姆的《书信22》。[40]这是一部恶搞漫画集，收录的是他们可以认得出的人。哲罗姆写了"罗马城第一夫人"（可能是法尔托妮娅·普罗芭，即佩托尼乌斯·普罗布斯的妻子）：她在阉人随众的簇拥之下，从圣彼得教堂的广场招摇而过。一次，她亲自拳打乞丐，因为这乞丐得了一枚硬币后又再来要第二枚。[41]他也描写了一个罗马教会的教士：长长的发卷油光闪闪，穿着漂亮的凉鞋，从一个时尚聚会赶赴下一个。教士到达聚会后，随即将夜壶递给上了年纪的捐款人。在亲吻老人额头时，他会伸出双手，并不是作为司铎要去赐福，而是去抓习俗中富人发给前来问安的门客的"小费"。[42]

268　　　尽管有可能过于尖刻，这还都是安全的作品。哲罗姆丝毫没有受到强大的平民主义的影响。而正是在这个阶段，安布罗斯受其驱动，在米兰布道，抨击富人的贪婪与暴力。事实上，哲罗姆的作品倒是在给罗马的基督徒读者打气。哲罗姆并没有将罗马当作注定毁灭的城市，因数个世纪以来的偶像崇拜而被败坏，不可救药。在4世纪七八十年代，这种恐惧依旧存在，古板的伪安布罗斯在作品中经常批评占据城市文化高地的贵族奉行多神教。[43]十年后，诺拉的保利努斯在给潘马奇乌斯的信中说，罗马城依然处于《启示录》的警示中。保利努斯眼中的罗马仍旧是巴比伦——《启示录》中被诅咒的大城市。[44] 哲罗姆笔下闪烁的光芒驱散了这种黑暗的想法，哲罗姆的读者不会见到一座被诅咒的城市。罗马的问题完全在于上流社会的基督徒颇为有趣的不端行为。[45]

"学会神圣的骄傲"：哲罗姆圈子里的婚配策略

正如哲罗姆和其他所有罗马人深知的，上流社会有的不仅仅是宴饮、性与社交聚会，还有由婚姻市场驱动的一轮不间断的交际活动。哲罗姆敦促尤斯托奇乌姆及其母亲回避的那些宴会，跟 18 世纪英格兰的伦敦社交聚会一样，是展示女继承人的舞台。在那里，"贵妇元老院"开会品评未来可能的新娘。因此，我们需要先后退一步，仔细考察那些得到哲罗姆苦修建议，并得以避开这种场合的妇人。[46]

哲罗姆给玛尔切拉和保拉的书信为我们提供了宝贵的机会，可以一窥两位贵妇及其亲戚、姻亲，以及聚在她们周围的附庸所组成的广大关系网。但我们也必须谨记，与我们可能（但或许永远不会）了解到的整个罗马上流社会相比，这只不过是透过仅有的一条墙缝瞥一眼。这两群人相互关联，潘马奇乌斯是他们之间的纽带，潘马奇乌斯是玛尔切拉的堂兄弟，他（或许在这个时候）娶了保利娜——保拉的二女儿、尤斯托奇乌姆的姐姐。396 年，诺拉的保利努斯描写的正是这个保利娜的祭宴。4 世纪 60 年代，潘马奇乌斯曾跟哲罗姆一起求学，有可能是通过他，哲罗姆进了两个妇人的家。我们见到的这一组归为一类的家庭，可能已经选择了封闭自己。玛尔切拉与保

拉似乎都很注意通过比寻常人家更仔细地选择朋友与姻亲，来
保持内部共同的宗教传统。或许对她们而言，在选择配偶与姻
亲时，挑选同为基督徒的家庭总是比赤裸裸的家族传承考量更
为重要。

这样做有很好的理由。正如我们所见，罗马的贵族居民并
不是铁板一块，他们跟行省的贵族一样，有许多层次。寻找联
姻伙伴时，在贵族核心圈里稳稳扎根的家族常常顺着社会阶梯
向下张望，这样他们可以吸收并利用在 4 世纪帝国体系中打拼
的人获得的新财富与政治技巧。我们在奥索尼乌斯及其亲戚一
连串向上攀附的联姻中见到了这一幕，他们由此跻身波尔多最
古老的贵族家庭。（如前所见，类似的高攀的姻缘可能将普罗
耶克塔的家庭与她丈夫的家庭——罗马贵族图尔奇家族——联
结起来。）对较老的家族而言，向下联姻意味着注入人才与
新钱。

似乎保拉所在的家族不久前将来自行省的财富带入了罗马
城。他的父亲罗加图斯据称是阿伽门农的后裔，我们或许觉得
这个说法可笑，但是希腊行省的基督教家族早已宣称自己是荷
马的后裔：一位葬在沃落斯附近的德米特里阿斯的贵妇声称自
己是"阿喀琉斯家族"的后代。[47]更相关的是，保拉拥有整个
亚克兴城（靠近今希腊普雷韦扎城），它位于伊庇鲁斯沿
海。[48]据推测，她母亲是西庇阿家族与格拉古家族的后裔，这
些古老贵族的做派尽管部分业已消散，但它们仍旧可能通过其
母亲紧紧抓着保拉。她母亲的家族显然很乐于接纳来自积极进
取的希腊家族的资源。[49]

玛尔切拉发现自己也处于类似的境地。她曾经是一位上层
贵族成员计划往下联姻的对象，4 世纪 60 年代初，她寡居没几

269

个月，母亲便提出将她嫁给一位杰出的人物——奈拉提乌斯·塞雷拉里斯。塞雷拉里斯当过执政官，他的家族长年控制萨莫奈，并且曾通过与君士坦丁王朝时期的"王族"联姻，而同皇帝攀了亲戚。但是他开始接近玛尔切拉的时候，已经走上了背运，他与一次企图推翻君士坦提乌斯二世的失败叛乱有关。[50]在这个时候，他试图向下与一个富有的家族联姻，可能旨在给不稳定的地位找个支撑。玛尔切拉没有接受他。即使不是想要守寡以成为虔诚的基督徒，她也无论如何都会拒绝塞雷拉里斯——一个失败的显赫人物，因为这个投资不明智。

总之，保拉与玛尔切拉似乎都来自处境尴尬的家族。她们的地位在普通"名人"之上——后者的石棺充斥着罗马的地下墓穴，但是她们依旧处在罗马核心贵族圈的边缘。贵族们看待像罗加图斯与其女儿保拉这样的行省富豪，跟 19 世纪晚期英法贵族考量迎娶美国工业家的女儿没什么两样。这个情况给了"新"人的家族有力的杠杆——倘若他们能够给可能联姻的贵族提供女儿或寡妇。

寡妇可以极为富有，她们享有父亲的继承权。寡妇越快再嫁越好，女儿们也不被鼓励过久地待字闺中，她们被迅速推入婚姻市场，以利于一个上升中的大有前途的家族扩大经济和政治势力。[51]在这个靠着女人的流通来运作的世界里，哲罗姆不停地鼓吹着守寡守贞——一种不流动的、献身圣教的状态。把终身守贞理想化，盛赞守寡，哲罗姆所做的无异于扬言要冻结罗马贵族结构中的两大流动力量。在臭名昭著的《书信 22》中，关于尤斯托奇乌姆，他对保拉写道："从这些事情中学会与身份相应的神圣的骄傲；你得明白你比她们都好。"[52]这令人难忘的语句马上被其他苦行作者采用，它常常被解读成对基督教精英主义的泛泛颂扬。事实上（哲罗姆经常是这种情况），它极为具体。尤斯托奇乌姆要避免参加已婚妇人的沙龙，那是罗马的婚姻市场。对尤斯托奇乌姆而言，婚姻是要避免的；不仅如此，按照哲罗姆的观点，对于尤斯托奇乌姆这样一个被拣选的灵魂，婚姻本身就是下嫁的极致。

"让那帮贵族大声斥责我"：苦行的召唤与财富的流动

当然，哲罗姆预料到了他的倡议会令罗马贵族震惊。十年后，396 年，在给贵妇富丽娅（保拉的姻亲——我们面对的是一个非常小的世界）的信中，他告诉她，他触及守贞与守寡话题的那一刻，就已经预见到高位者的愤怒：

> 我完全知道自己正将手伸入火焰。就让贵族们起来反对我，让那帮贵族大声斥责我——说我是巫师、流氓，是该被轰到世界尽头的人。[53]

但是，我们得记住，如果说哲罗姆在操控自己的面具上很有技巧，他同样擅长嘲讽对手的态度。他喜欢被人恨。然而，倘若仔细研究与哲罗姆通信的家族，如果说有什么让人吃惊的话，倒是基督徒富人圈中的男性成员在对待自己的女儿与寡妇时，态度灵活且没有性恐慌。这反映了某种意识（在向上流动的家族中并不鲜见），即并非所有晋升的策略都得通过婚床实现。我们所讨论的城市并不完全由一个封闭的贵族集团统治，而这一集团中的女性只是被当作人肉夹钳，将一块块巨大的遗产连接起来。阿尼齐家族可能通过一连串堂兄弟的婚配巩固了他们传奇般的财富。没那么显赫的家族可以动用更为多样的策略,这给相当数量的标新立异的人提供了空间,他们完全甘愿退出婚姻市场。安布罗斯就是一个这样的例子,他和弟弟都不婚;他的姐姐玛尔切丽娜早在 355 年就成了"教会贞女"。似乎没什么人在意这些。[54]

更何况,罗马人(多神教徒与基督徒都一样)完全不会像哲罗姆期待的那样,被守贞的观念吓住。但是,他们看重另一种守贞观,跟哲罗姆提出的不一样。他们珍视在家守贞,牢牢地挂靠家庭,并得到地方教会认可。早在哲罗姆从东方给罗马带来新奇的苦行专业技能的几十年前(确实,早在 4 世纪40 年代),修女艾瑟拉的父亲——哲罗姆在罗马认识的——在她出生前曾梦见"在他面前出现了一位贞女,在一个小玻璃瓶中,它比任何镜子都更为纯净"[55]。

艾瑟拉自出生就被选定当家庭贞女。这个家庭中当时既有多神教徒也有基督徒,她的贞洁与定期祷告确保她的家庭得到超自然力的保护。4 世纪中期,在过渡性的宗教世界里,维斯塔贞女仍然广受尊崇。在半数成员依旧信奉多神教的家庭内,艾瑟拉充当天堂与家园的结合点。这实在没什么值得奇怪或令人特别惊讶的。倘若像维斯塔这样的贞女对罗马这个国家有好处,那么家中有贞女——即使是基督教贞女——也可以对罗马宗族有裨益。[56]

那时候的人所关注的是,这些个人对召唤的响应不该阻断财富由上一代向下一代传递。解决这个问题有不同的途径。在哲罗姆结识玛尔切拉与保拉的时候,她们都已经(4 世纪 70年代的某个时段)与亲戚一同做出安排,令家族主要资源改道，以便财富的潮流可以绕过她们，流向下一代。财富的流动将不会因为这两位妇人不再婚而受到阻碍。玛尔切拉保留了继承权，但为了买下母亲的那部分，她不得不卖掉珠宝首饰。[57] 我们从"最著名的人"——贵妇维斯提娜——通过变卖首饰捐建了一座教堂可以看出，这断不是一笔小数额的钱。首饰不仅贵重，还被当作传家宝，带着浓浓的传承味道。这一点，后来的法律（390 年在米兰颁布）说得很清楚，它规定，这种珠宝是"华贵之家的装饰"，不可以因教士和身份不明的穷人而变卖它们。[58]

与玛尔切拉不一样，保拉只是让自己的继承权绕开自己，流向儿子托克索提乌斯。他留在罗马城延续家族传承，而她自己很快前往圣地与哲罗姆会合。然而，她在伯利恒为哲罗姆建造一座修道院、一个救济所、一座碉堡和一个大型图书馆期间，从不曾缺过钱。[59] 在这些所有的个案中，要紧的是代代相传。上了年纪的妇人像寡妇们一样，为自身自由与孩子们的利益进行谈判并取得成功，或是保护她们当贞女，或是为将来出嫁备下嫁妆。

总之，重要的是，历史研究者要避免只借助哲罗姆书信中夸大其词的、不全面的描述去看 4 世纪的罗马城。这个时候，问题的关键不是整个家族的命运或潜在的整个时运的衰败。正如约翰·科伦所注意到的，即使在受到苦行影响的基督教家庭中，"财产的小心经营"也是不变之规。[60]

哲罗姆介入罗马事务带来的冲击仅限于几个家庭，但是这种介入引发的紧张是实实在在的，并且影响了比这大得多的基督徒圈子。在罗马城，哲罗姆的到来与离开恰巧赶上新的发展，4 世纪 80 年代见证了罗马会众中日渐加剧的宗教与文化分层。正如我们所见，这个发展可以在地下寻到踪迹：在地下墓穴中，殉道士的圣体龛旁出现了越来越显赫的家族陵园。社会分层破坏了罗马基督徒关于一个不可分割的"神圣子民"的理想，这种社会分层，再没有比日益加剧的文化分层来得更为露骨。某些家族竭尽所能，力图在热忱度与追求学问上将自己与同类拉开距离。哲罗姆正好对这些家庭深具吸引力。

这事不仅仅涉及几个遁世精英的灵魂与他们自选的上师之间的关系。哲罗姆倡导的这种苦行的虔敬是很烧钱的，它涉及向埃及及圣地的修道聚居地转移巨额资金，它还包括维持高水准的学术所需要的可观开销——组建图书馆和制作书籍。这里有种危险：与这些新的艰巨事业相比，支持基督教罗马的地方教会可能开始得显得缺少魅力。富有并且虔诚的人，他们的财富有可能会消失，去往遥远的地方；它可能会被花在移居海外的学者的神学积怨上，而不是在罗马教会的广场上被分派。这是不是真的发生了，那是另一回事。但在 4 世纪 90 年代和 5 世纪的头十年，想想这有可能成为现实就足以敲响警钟。这种可能性给罗马事务增添了紧张感，（当然）也为时刻准备着的哲罗姆的笔提供了写更多书信和短论的素材。既然这样，对哲罗姆而言，关键问题就不是性或钱，而是文化追求的代价，还有这些追求者所投靠的不同庇护关系网之间的争斗。

注　释

[1]　A. Cameron, "Filocalus and Melania," *Classical Quarterly* 87 (1992) : 140 – 44 at p. 142.

［2］Salzman, *On Roman Time*, 201－2.

［3］同上, 196－204。

［4］Jerome, prologue, *Origen on the Song of Songs*, PL 23: 1118A.

［5］参见 S. Rebenich, *Hieronymus und sein Kreis: Prosopographische und sozialgeschichtliche Untersuchungen*, Historia Einzelschriften 72 (Stuttgart: F. Steiner, 1992), 21－51; 和 M. H. Williams, *The Monk and the Book: Jerome and the Making of Christian Scholarship* (Chicago: University of Chicago Press, 2006), 268－76。关于哲罗姆这个阶段及其后的生活, 我强烈推荐这两本书。

［6］老梅兰尼娅的生平纪年含糊不清, 而要认识她如何一步步地皈依以及最后前往亚历山大里亚城与圣地的目的, 确切的纪年非常重要, 参见 *Prosopographie chrétienne du Bas-Empire*, 2: 1480－83。

［7］Palladius, *Lausiac History* 46.1－4; 参见 N. Lenski, "Valens and the Monks: Cudgeling and Conscription as a Means of Social Control," *Dumbarton Oaks Papers* 58 (2004): 93－117。从帕拉迪乌斯撰写的这部史书的叙利亚文译本, 可以推断他与老梅兰尼娅的关系, 参见 S. P. Brock, "Saints in Syriac: A Little-Tapped Resource," *Journal of Early Christian Studies* 16 (2008): 181－96 at pp. 192－94。

［8］Rebenich, *Hieronymus und sein Kreis*, 88－89.

［9］Williams, *The Monk and the Book*, 31.

［10］同上, 50－52; A. Cain, *The Letters of Jerome: Asceticism, Biblical Exegesis, and the Construction of Christian Authority in Late Antiquity* (Oxford: Oxford University Press, 2009), 43－67。尽管许多怀疑不无道理, 但哲罗姆与达马苏斯关系密切并不完全是哲罗姆自己杜撰的, 参见 Y.-M. Duval, "Sur trois lettres méconnues de Jérôme concernant son séjour à Rome," in *Jerome of Stridon*, 29－40, 尤其是 pp. 31－33。

［11］Prologue to *The Translation of Didymus the Blind*, PL 23: 103.

［12］Jerome, *Letter* 27.2, 54.1, p. 225; Cain, *The Letters of Jerome*, 51－61.

［13］P. Nautin, "L'excommunication de saint Jérôme," *Annuaire de*

l'école Pratique des Hautes études, Ve section: Sciences religieuses
80 – 81（1972 – 73）：7 – 37.

［14］ Jerome, *Letter* 45. 6. 2, 54. 1：327.

［15］ Jerome, *Letter* 45. 2. 2, 54. 1：324.

［16］ Cain, *The Letters of Jerome*, 86.

［17］ Jerome, *Letter* 45. 2. 2, 54. 1：324.

［18］ Cain, *The Letters of Jerome*, 90.

［19］ N. Adkin, *Jerome on Virginity: A Commentary on the* Libellus de
virginitate servanda（ *Letter 22* ）, ARCA 42（Liverpool: Francis
Cairns, 2003）全面评注了《书信 22》。它不容置疑地显示,
在这封书信中, 哲罗姆为表现自己如何践踏他人作品。

［20］ Brown, *Body and Society*, 376. 此建议的医学背景, 参见
A. Rousselle, *Porneia: De la maîtrise du corps à la privation
sensorielle, IIe – IVe siècles de l'ère chrétienne*（Paris: Presses
Universitaires de France, 1983）和 T. M. Shaw, *The Burden of the
Flesh: Fasting and Sexuality in Early Christianity*（Minneapolis:
Fortress Press, 1998）。

［21］ Jerome, *Letter* 22. 11. 1, 54. 1：158; Adkin, *Jerome on Virginity*,
90 – 91.

［22］ Jerome, *Letter* 22. 8. 2, 54. 1：154; Adkin, *Jerome on Virginity*, 72.

［23］ Muth, *Erlebnis von Raum-Leben in Raum*, 266 – 70.

［24］ Brown, *Body and Society*, 172 – 73, 367.

［25］ Jerome, *Letter* 22. 25. 1, 54. 1：178.

［26］ Adkin, *Jerome on Virginity*, 230.

［27］ P. Brown, *The Cult of the Saints: Its Rise and Function in Latin
Christianity*（Chicago: University of Chicago Press, 1981）, 41 –
46; Bowes, *Private Worship, Public Values and Religious Change*,
84 – 96; B. Brenk, *Die Christianisierung der spätrömischen Welt:
Stadt, Land, Haus, Kirche und Kloster in frühchristlicher Zeit*
（Wiesbaden: Reichert, 2003）, 98 – 105.

［28］ 过去的几十年里, 按时间顺序, 从 E. A. Clark, *Jerome,
Chrysostom and Friends: Essays and Translations*（Lewiston, NY:
Edwin Mellen Press, 1979）开始, 到 P. Laurence, *Jérôme et le*

nouveau modèle feminine: *La conversion à la " vie parfaite"* (Paris: Institut d'études Augustiniennes, 1997); K. Cooper, *The Virgin and the Bride*: *Idealized Womanhood in Late Antiquity* (Cambridge, MA: Harvard University Press, 1996) 试图绕开这一学术迷思，寻找一条新路。

[29] S. Brock, *The Syriac Fathers on Prayer and the Spiritual Life*, Cistercian Studies 101 (Kalamazoo, MI: Cistercian Studies, 1987), xxxi – xxxii. 另参见 A. Persic, "La Chiesa di Siria e i ' gradi' della vita cristiana," in *Per foramen acus*: *Il cristianesimo antico di fronte alla pericope evangelica del " giovane ricco"* (Milan: Vita e Pensiero, 1986), 208 – 63。

[30] Sozomen, *Ecclesiastical History* 6. 33.

[31] Jerome, *Vita Pauli* 6, PL 23: 21B.

[32] D. Krueger, *Symeon the Holy Fool*: *Leontius' Life and the Late Antique City* (Berkeley: University of California Press, 1996), 72 – 107. 其影响甚深：J. Clackson, "A Greek Papyrus in Armenian Script," *Zeitschrift für Papyrologie und Epigraphik* 129 (2000): 223 – 58, 第 240 ~ 241 页中第 20 ~ 24 行包含了 6 世纪写给亚美尼亚人的希腊语教科书中引用的第欧根尼名言。

[33] Jerome, *Letter* 14. 1. 3, 54: 45.

[34] Vogüé, *Histoire littéraire du mouvement monastique*, 1: 179.

[35] Jerome, *Vita Pauli* 17, 28C.

[36] Jerome, *Letter* 22. 21. 1, 54: 171, 参见 Adkin, *Jerome on Virginity*, 179 – 81; *Letter* 49. 21. 4, 54: 387。

[37] Jerome, *Letter* 22. 32. 1, 54. 1: 193, 参见 Adkin, *Jerome on Virginity*, 307 – 9。这个庇护关系似乎催生了十分富有个性的手稿，尤其参见 J. Lowden, "The Beginnings of Biblical Illustration," in *Imaging the Early Medieval Bible*, ed. J. Williams (University Park: Pennsylvania State University Press, 1999), 9 – 55 at pp. 40 – 43。(感谢 E. Moodey 教授提供此条信息。)

[38] D. Wiesen, *St. Jerome as a Satirist*: *A Study in Christian Latin Thought and Letters* (Ithaca, NY: Cornell University Press, 1964).

[39] Woolf, "Writing Poverty in Rome," 98.

［40］ Rufinus, *Apologia contra Hieronymum* 2. 5, ed. M. Simonetti, CCSL 20（Turnhout：Brepols，1961）.

［41］ Jerome, *Letter* 22. 32. 2, 54：193 – 94.

［42］ Jerome, *Letter* 22. 28. 4 – 6, 54：186.

［43］ Ambrosiaster, *Comm. in Rom.* 8. 20. 40, p. 285.

［44］ Paulinus, *Letter* 13. 15.

［45］ Jerome, *Letter* 46. 11. 2, 54：341——由保拉与尤斯托奇乌姆所写。

［46］ 这个议题涵盖广，最可靠的研究来自 G. Jenal, *Italia ascetica atque monastica：Das Asketen-und Mönchtum in Italien von den Anfängen bis zur Zeit der Langobarden（ ca. 150/250 – 604）*，2 vols.（Stuttgart：A. Hiersemann，1995），1：36 – 65；G. Disselkamp, "*Christiani Senatus Lumina"：Zum Anteil römischer Frauen der Oberschicht im 4. und 5. Jahrhundert ander Christianisierung der römischen Senatsaristokratie*，Theophaneia 34（Bodenheim：Philo，1997）；以及尤为合乎情理的论述 F. E. Consolino, "Tradizionalismo e trasgressione nell'*élite* senatoria romana：Ritratti di signore fra la fine del IV e l'inizio del V secolo," in *Le trasformazioni delle " élites*," 65 – 139。关于这些妇人生平可靠的简介，参见 *Prosopographie chrétienne du Bas-Empire*, s. v. "Melania 1," 2：1480 – 83；s. v. "Marcella," 2：1357 – 61；and s. v. "Paula 1," 2：1617 – 26。

［47］ Jerome, *Letter* 108. 3. 1 and 33, 55：308 and 350；参见 C. Habicht, "Spätantikes Epigram aus Demetrias," in *Demetrias*, ed. V. Milojčič and D. Theocharis（Bonn：R. Habelt，1976），199 – 203；C. P. Jones, *New Heroes in Antiquity：From Achilles to Antinoos*（Cambridge, MA：Harvard University Press，2010），80。

［48］ Jerome, prologue to *Comm. in ep. ad Titum*, PL 26：556A.

［49］ Jerome, *Letter* 108. 3. 1 and 33, 55：308 and 350.

［50］ Jerome, *Letter* 127. 2. 1, 56：146. 尤其参见 H. Sivan, "On Hymens and Holiness in Late Antiquity：Opposition to Aristocratic Female Asceticism in Rome," *Jahrbuch für Antike undChristentum* 36（1993）：81 – 93 at p. 86——此文之准确，令人起敬。新研

究参见 B. Enjuto Sánchez, "I 'Neratii': Legami tra Roma e le città di Sannio nel IV secolo d. C. ," in *Les cités de l'Italietardoantique*, 113 – 11。

[51] A. Aarjava, *Women and Law in Late Antiquity* (Oxford: Clarendon Press, 1996), 43 – 75.

[52] Jerome, *Letter* 22. 16. 1, 54. 1: 163; 参见 Adkin, *Jerome on Virginity*, 130。

[53] Jerome, *Letter* 54. 2. 2, 54: 467.

[54] Aarjava, *Women and Law in Late Antiquity*, 108 – 9.

[55] Jerome, *Letter* 24. 2, 54: 215.

[56] Sivan, "On Hymens and Holiness," 82 – 83; 参见 R. Lizzi Testa, "Vergini di Dio-Vergini di Vesta: Il sesso negato e la sacralità," in *L'Eros difficile: Amore e sessualità nell'antico cristianesimo*, ed. S. Pricoco (Catanzaro: Rubettino, 1998), 89 – 132。

[57] Jerome, *Letter* 127. 4. 3, 56. 1: 149.

[58] *Codex Theodosianus* 16. 2. 27 (390).

[59] Jenal, *Italia ascetica*, 2: 474 – 507. R. Lizzi, "Una società esortata all'ascetismo: Misure legislative e motivazioni economiche nel IV – V secolo d. C. ," *Studi Storici* 30 (1989): 129 – 53. 第149 页第 89 条注收录了哲罗姆书信中的所有相关篇章，或说明保拉放弃了她的所有财产，或说明她为在修道院中大兴土木保留了大量财产，两者数量相当。

[60] J. Curran, "Jerome and the Sham Christians of Rome," *Journal of Ecclesiastical History* 48 (1997): 213 – 29 at p. 227. 尤其参见 J. Harries, " 'Treasure in Heaven': Property and Inheritanceamong Senators of Late Rome," in *Marriage and Property*, ed. E. M. Craik (Aberdeen: University of Aberdeen Press, 1984), 54 – 70。

第 17 章　罗马与耶路撒冷之间：
女人、庇护与求知，
385 ~ 412 年

"我找到了灵魂之所向"：罗马的女性与求知

罗马上流社会中的许多人抱有狂热的求知欲，我们断不可273低估这种求知欲。这种求知的执着由来已久。哲罗姆倡导隐修与高强度的对《圣经》的冥思时，曾号称这是他从东方带给罗马的令人振奋的新事物。实际上，在他之前早已有许多多神教的先驱。在他前往的那些府邸中，邀请东部行省的灵修导师入室教学的传统至少可以往前追溯一个半世纪。

243 年前后，杰出的新柏拉图主义哲人普罗提诺从埃及来到罗马城，发现自己被一大群狂热的罗马人围着，其中，女性尤为突出。

> 有几个女人极为迷恋他，其中包括葛米娜（他住在她的家里），还有她的女儿（她和母亲一个名字，也叫葛米娜），以及阿里斯顿的妻子安菲克利娅……这三位都孜孜不倦，将自己献给了哲学。[1]

哲罗姆指导的人所处的社会地位，同聆听普罗提诺教导的人差不多。追随普罗提诺学习的圈子并不来自贵族中的最高层，他们来自 3 世纪军事危机中涌现的新贵。普罗提诺时期的多神教石棺常常显示被葬者和哲人们与缪斯诸神在一起，其中最抢眼的部分石棺的委托方是新的官僚贵族成员，包括士兵与行政官员。这些人的社会地位（在 3 世纪）相当于 4 世纪时新封的"名人"。无论是在普罗提诺的时期还是哲罗姆的时期，就我们所讨论的男人和女人而言，对高贵的追求包括了培养真正高贵的心灵。至少，在这个方面，他们可以抗衡，甚至超越在罗马比他们地位更牢固的家族。因此，对他们而言，赞助学者和宗教导师有不同寻常的重要意义。[2]

尽管哲罗姆对身体上的苦行的强调到了令人窒息的地步，他仍然继承了 3 世纪伟大的灵修导师们。但是他没有回望多神教徒普罗提诺，他回望的是基督徒奥利金。跟普罗提诺与奥利金一样，哲罗姆周游的圈子要求女人与男人同样热衷于求知。他向她们提供了《圣经》用来研习，《圣经》研习与新柏拉图主义圈子中对"太一"的神秘探索一样，摄人心脾，永无止境。

有必要对哲罗姆这方面的行为做出说明。乍一看，它仿佛与他不相称，哲罗姆作为学者，强调必须通过译自原文的译本来掌握《圣经》的本义。我们可能会觉得，这意味着让《圣经》远离神秘主义尝试，但是，这是现代的观点，它建立在现代《圣经》研究对所谓"客观的"和"历史主义的"偏好的基础之上。而对哲罗姆与他教导的人而言，事情则恰恰相反。整部《圣经》被认为是来自上帝的加了密的启示，学习希腊语和希伯来语是为了可以在解密中走得更远，是为了学会穿透因为翻译不准确或误导而造成的第二重密码。一旦解除这两重密码，就有可能窥见上帝的智慧，它如太阳，躲藏在

《圣经》最深处，放着光芒："我找到了灵魂之所向。我当拉住他，不让他走。"（《雅歌》3：4）[3]哲罗姆为指控别人而提出的那足以令人崩溃的苦行法甚至也与这种努力相关，因为只有当感官静寂下来，肉身才会有清静敏锐的知觉，会为《圣经》文本中暗示的神秘喜悦而狂喜。[4]

哲罗姆属于杰出女性读者诞生的那一代。她们受到探索《圣经》内在含义的感召，这种探索，既是学术性的，也是神秘主义的。据说，老梅兰尼娅读过 300 万行奥利金的作品和 250 万行较近的作者的文章。她读过的基督教文献（主要是专门的《圣经》注疏）比荷马的《伊利亚特》庞大 300 倍："而且她读过不止一遍，也不是随便读读。她在书上耕耘，每一部都深挖七八遍。"[5]她的孙女小梅兰尼娅也一样，411 年，小梅兰尼娅刚在非洲的庄园安顿下来，就开始阅读与抄写。她一年完整地读四遍《旧约》与《新约》，并亲手制作《圣经》的抄本。

在她静坐或书写时，她母亲常常会进房间。除非完成了工作或阅读，否则她不会应答，也全然不过问。意识到这一点，母亲会退出去，尊重她的沉默，带着钦慕与敬畏。[6]

275

"很有钱"：儒菲努斯、哲罗姆与他们的庇护人

这种《圣经》阅读（同年代更早的哲学探索一样）仿佛是种特别没有负担的超凡脱俗的体验，但是它以塞满书卷的世界为前提。罗马时期，哲人历来是生活简单而有厚重书架的

人。卡利亚里（撒丁岛）出土的一座3世纪的石棺就刻画了
这样一位哲人。他穿着简单的袍子，端坐着，从打开的卷轴向
同样手持卷轴的弟子做着手势。他身后是个巨大的锁着的柜
子，里面堆了另外16卷轴的书。最初发现这个石棺的人以为
它代表了哲学话语，有关财富之虚幻，其实不是这样，上了锁
的柜子和书卷正是哲人的财产。哲人及其后继的基督教解经者
和灵修导师，尽管把自己献给了思想启蒙，但他们的文化世界
远非经济无忧。[7]

现代人所处的世界充斥着廉价的书籍，他们忘了哲罗姆倡
导的博学深思的阅读传统意味着庞大的金钱投入。仅一部
《福音书》抄本的花费就跟一具大理石棺一样高昂；兴建收藏
了《圣经》所有经卷及其注疏（还不算其他基督教作品）的
图书馆是留下真金白银的足印，这是丰碑式的壮举，其花费不
低于兴建或翻修一座庄园。[8]

普罗提诺和奥利金的时代（3世纪中叶）及哲罗姆的时代
（4世纪末、5世纪初）并不仅仅是神秘主义尝试大行其道的
时期。它们是书的时代。安托尼·格拉芙顿与梅根·威廉姆斯
最近揭示，在基督教图书馆数量激增的背后，是书本制作的革
命。正是在这个阶段，讲求实效的册页手抄本（装帧图书的
直接祖先）替代了卷轴，这些手抄本加快了学术的步伐，引
发越来越庞大的书籍收藏。某些基督徒学者拥有的图书馆大得
惊人，3世纪40年代奥利金在巴勒斯坦滨海凯撒利亚创建的
图书馆（后来由凯撒利亚历任主教保护）是"罗马学术史上
最伟大的丰碑之一"[9]。

哲罗姆希望他在灵修上的感召力可以建起类似的图书馆，
并帮他成就同样的壮举。确实，这个阶段的基督教文化中最大

的悖论之一（梅根·威廉姆斯在她新近的专著《修士与书》中进行了简明到位的探讨）就是，像哲罗姆这样的修士既宣称自己是彻底贫穷的倡导者，同时又毕生生活在大图书馆的阴影之下。他的文字工作都仰仗图书馆，他也无可救药地与投资图书馆的富人绑在了一起。在安条克，他依靠伊万利乌斯的图书馆；在罗马，他寻求达马苏斯的庇护；从 385 年（离开罗马城）直到去世（420 年前后），他住在伯利恒，靠的是一个修道院的图书馆，这个修道院由罗马寡妇保拉专门为他兴建和供养，甚至还构筑了防御工事：总之，这极为不搭。但是，倘若哲罗姆不用其极富天分的华丽辞藻，来掩饰当他把忠于（如我们所见）极端贫穷理念的修士身份与绑缚在昂贵书籍上的学者身份结合在一起时产生的内在矛盾，那么他就不是哲罗姆了。[10]

　　然而，对没有像他那样成功掩饰对富有庇护人的依赖的敌人，哲罗姆毫不手软。这一点，从他与阿奎利亚的儒菲努斯的关系可以看出来。儒菲努斯曾是哲罗姆的朋友，最后却成为他最致命的敌人。儒菲努斯是哲罗姆的翻版，同哲罗姆一样，他同时身为隐修的学者与富人的附庸。373 年，他与老梅兰尼娅一起到了亚历山大里亚，并随同她到耶路撒冷。他在 397 年年底回到意大利后，除了去阿奎利亚的短暂出行，一直留在罗马城周遭（几乎可以肯定，他是住在梅兰尼娅的其中一座庄园中）。412 年，因哥特人入侵，他成为难民，在西西里去世。他逃到西西里去的时候，同行的有梅兰尼娅的孙女小梅兰尼娅及其丈夫皮尼亚努斯。靠着一位非常富有的贵妇与她的家人提供的庇护，他能够以做学问为生，几近四十载。[11]

　　跟哲罗姆不同，儒菲努斯没有涉足希伯来语。他满足于将东部希腊语的智慧引入拉丁文世界，他翻译了凯撒利亚的巴西

276

尔的《规章》（*Rule*）与《布道词》（*Homilies*），还有大师奥利金关于《圣经》的注疏。导致他最后厄运的是，他还翻译了奥利金的《论首要原理》（*On First Principles*），它是这位亚历山大里亚的大师最具挑战性的作品。在这部作品中，奥利金通过展现浩瀚宇宙的演变，为意志的自由和上帝的正义做辩护，从而牵扯进了关于灵魂先在的冒险推测。[12] 因为翻译了这样大胆的观点，儒菲努斯在不知不觉中受到牵连，被判有罪，但他没有被异端的罪名吓倒，庇护他的人也没有。他们需要儒菲努斯，他在连接罗马与圣地之间所起的作用与哲罗姆一样重要。他的一名仰慕者曾梦见一艘船驶入港湾，船上载着来自东方的宝物：那是又一部译自希腊文的作品，译者正是不可或缺的儒菲努斯！[13]

倘若没有老梅兰尼娅的资助与保护，儒菲努斯不可能专心于他不朽的翻译工作。梅兰尼娅在橄榄山上建起修道院，并且长年（374～399）在此居住，这标志着新的开始。此前，贵族来往圣地，都是作为朝圣者。要在圣地永久定居并且在耶路撒冷近郊建立修道团体，涉及一整套全新的财务安排。要有房屋招待经常到来的访客，必须有经费供养埃及和圣地的修道团体，这个负担可不小。因为尽管埃及的修道团体自称是自给自足的，但倘若缺了像梅兰尼娅这些外国富豪的大量捐赠，鲜有修道院能够支撑下去。[14] 更重要的是，在耶路撒冷长期居住，令梅兰尼娅与被她保护的儒菲努斯暴露在来自东部教会神职人员的神学仇怨之下。

397 年，儒菲努斯（和梅兰尼娅）与哲罗姆（和保拉）就如何正确使用奥利金的著作发生了一场争吵。我们不必关心论战内容，我们要关注的是，它带来的一连串不友好的含沙射影由圣地开始很快传遍整个意大利。它们与性毫无关系，而是彻头彻尾地关乎金钱。哲罗姆写信去罗马寻求支持，声称儒菲努斯"很有钱"。他很不道德地得到了富有的梅兰尼娅的高额赞助。在富有的庇护人的支持之下，儒菲努斯一辈子舒舒服服，工作慢条斯理，带着可笑的自负，以乌龟的速度。他既非真学者，亦非真修士，其作品缺乏真正苦行者那种如金属丝般坚韧的气势。哲罗姆自己无休止地辛劳工作，儒菲努斯不像他，其作品背后没有汗水。[15]

儒菲努斯以牙还牙。他谴责哲罗姆违背了自己绝不再与多神教文学有牵连的誓言。他声称在自己的修道院中，哲罗姆雇用了拉丁文书法家制作西塞罗作品的副本；[16] 他出高价购买这些多神教经典。他担保此事属实：他见过那些叠好的书页，然后它们被裁剪装订。这些指控本身微不足道，但是它们带我们进入这两个著名修道院的工作间。在这两个修道院中，书籍制作都很重要。它们也揭示了哲罗姆与儒菲努斯的两难境地。二者都是基督教修士与学者，都依靠只有富有的庇护人才能提供的资源。

可以说，哲罗姆对儒菲努斯的个人仇恨部分是因为，在料理个人事务上老梅兰尼娅比保拉强。跟保拉不一样，梅兰尼娅从未变卖庄园，或让它们从她身边溜走，落到孩子手中。相反，她精心打理，使它们得以数十年始终如一地向圣地注入稳定的资金流。399 年，她突然回到意大利，有传言说她这么做是为了保护儒菲努斯（比她先到两年）。但是她回罗马也许是为了将庄园的收入变现，并在亲戚间——其中许多是诺拉的保利努斯的亲戚朋友——游说，推广苦行生活，以筹得更多的资金。[17] 再往上，哲罗姆与保拉要对抗的是一个令人生畏的关系网，其中有诺拉的保利努斯这样的人物。他们被甩在了后面。

278　　　哲罗姆与儒菲努斯之间资源上的不平衡表现在很多方面。例如，儒菲努斯嘲笑哲罗姆与多神教的古典文学牵扯不断，而他自己刻意采取了平平淡淡的质朴风格。这个风格与他作为基督教修士的谦卑身份相符，不沾染世俗的修辞。[18] 但是因为有了老梅兰尼娅的经济支持，儒菲努斯担得起质朴简单。他资金充裕，不需要靠卖弄来筹钱。

相形之下，哲罗姆跟保拉绑在一起。保拉作为庇护人，不像梅兰尼娅那么有远见，也没那么富有，因此，哲罗姆始终得为他的修道院和图书馆寻找其他捐赠人，以资补充。修道院岌岌可危的资金状况绑架了他，逼着他永不停歇地——可以说盛装打扮着——出现在意大利、西班牙和高卢富有的基督徒那里。他不得不作为文学天才熠熠闪光。如果富有的捐款人打算给他钱，他就得发去书信与前言，他所用的拉丁文妙语连珠，满是古典作家的回声。[19]

梅兰尼娅资助的坚实的可靠性在儒菲努斯生命中不幸的最后岁月显现出来。[20] 403 年之后，意大利的和平结束了。哥特军队在意大利北部来来回回地行军，并且最终穿越亚平宁山脉，进逼罗马城。但是儒菲努斯依然留在那里，以缓慢的、平淡无奇的方式，兢兢业业地把奥利金就《旧约》经卷的注疏翻译成拉丁文：

> 当惊惧于敌人的武装，哪里还有地方容得下笔；当满眼都是城毁村灭的景象，哪里还有地方可容阅读；若非恐惧比流亡本身更可怕，哪有地方让人无畏海洋的凶险去逃命？[21]

儒菲努斯在 411 年写下这段文字。当时他正跟皮尼亚努斯（小梅兰尼娅的苦行丈夫）一起在安全的西西里庄园，隔着墨西拿海峡，远眺因西哥特人纵火而被火焰吞噬的雷吉乌姆（雷焦卡拉布里亚在海峡靠意大利半岛的一侧）。一个成长于君士坦丁时期最末一代的人观望着这一幕，而这一幕让我们联想到卡西奥多卢斯所处的饱受战争折磨的意大利和可敬的比德所在的诺森布里亚。并且，跟卡西奥多卢斯与比德的情况一样，唯有一点是确知的，即书会保留下来——在时局危难中，至少书能得以留存。它们被收藏在由巨额财富支持的图书馆中。

值得后退一步，看一看这两位学者与他们的罗马女庇护人之间备受瞩目的历史。梅根·威廉姆斯将事情讲得很清楚，奥利金之争横扫埃及与巴勒斯坦的修道院，并导致儒菲努斯与哲罗姆与其在罗马的支持者发生争吵。它有关一个问题："修士是否有权当知识分子，知识分子是否有权成为修士。"[22]

尽管在我们眼中他们像现代学者（在热情、专业与敌意方面），但我们不该忘记，哲罗姆与儒菲努斯在他们的时代代表着怎样一种不同寻常的现象。他俩都是神职人员，但都不隶属于某个主教。达马苏斯曾为哲罗姆提供庇护，但并没有将他纳入自己的文员队伍。更何况，随着来到伯利恒，哲罗姆将他的图书馆带到了一个不受束缚的地带。图书馆坐落于一座独立的修道院内，修道院由一位贵族女庇护人赞助，间或也得到崇拜他的读者的捐款支持。这座图书馆或许无法与奥利金建在凯撒利亚的那座媲美。后者号称有 800 部大师作品和 40 部多卷本巨著，包括奥利金著名的《六经合参》（*Hexapla*）——收入了《旧约》的几个不同译本，与希伯来语放在一起对照，共

279

6 卷。但到 4 世纪，这个图书馆已经成为主教的图书馆，有教会财富支持并且由教会组织掌控。[23]

相比之下，哲罗姆的图书馆不欠地方教会及其主教的。它的藏书量与自主性不在任何元老贵族的私人图书馆之下。[24]我们只须将哲罗姆与奥古斯丁做对比，就能领会哲罗姆的自由。388 年，奥古斯丁回到非洲，他试着自己回去，不带哪怕一位富有的庇护人，他只坚持了三年。缺了来自诸如保拉或梅兰尼娅这样的人的支持，奥古斯丁的修道院与它曾经滋养的学术生活，势不可当地被吞入了大公教会的轨道。尽管奥古斯丁具有令人生畏的独创能力，但自被祝圣司铎的那一刻起（后又作为希波主教），他首先是主教与非洲教会的发言人，然后才是知识分子。奥古斯丁全心全意地去适应他作为主教队伍中的一员的角色。然而，我们不禁好奇，倘若奥古斯丁依旧是名从事自由职业的学者，像哲罗姆和儒菲努斯那样得到某个贵族的庇护，拉丁文神学的发展轨迹又会是怎样。

397 年，儒菲努斯回到罗马；412 年，他去世。这些年间，罗马的基督徒见证了贵族庇护实力的展现，其程度前所未有。尽管儒菲努斯被指控有"奥利金主义"倾向，受到教会谴责，但他毫发未损，继续工作着。晚期罗马的书本制作状况允许他的作品被保护起来，他的书顺着庇护关系网和亲友联盟的脉络流通。老梅兰尼娅的朋友与这些朋友的朋友自觉承担起为儒菲努斯作品制作副本和向外递送这些庞大手稿的责任。哲罗姆抱怨说，他要质疑这些作品，却连副本都拿不到。[25]

总之，对儒菲努斯的忠诚与对哲罗姆的不信任成为一条基准线，将罗马贵族基督徒划分成不同部分。诺拉的保利努斯立刻团结到了梅兰尼娅一方，他与梅兰尼娅可能通过妻子特拉西娅成了亲戚。伴随老梅兰尼娅而来的是小梅兰尼娅与她的丈夫皮尼亚努斯，保利努斯在贾米拉的圣菲利克斯圣地迎来了全新的一代，他们想进行苦行，是儒菲努斯的仰慕者。在罗马城，哲罗姆发现自己遭到排挤，因为老梅兰尼娅的整个关系网，包括亲戚、朋友、门客，全都团结起来反对他。[26]

"圣徒中的穷人"：哲罗姆与维吉兰提乌斯

哲罗姆与儒菲努斯之间的奥利金主义之争，就其本身而言，实属小题大做。它被认为是修士之争——神学争论最好留给修士们去解决。[27]罗马和西部教区其他地方流入圣地的资金量也无从衡量。我们在意的是，这一流动发生在这样一个社会中：它密切注视着基督教会内部富有魅力的筹款人的活动，并且疑心越来越重。

在罗马，始终存在为敌对方募捐的可能。一代人之前，达马苏斯当选教宗引起了教会分裂，其间就有富有的平信徒参与。在这次历练之后，达马苏斯下定决心，如果有人给罗马的基督教事业捐款，应该直接捐给作为罗马主教的他，并且只能给他。他希望自己被当作这个城市中基督教会的唯一代表，他希望确保财富不会被送到司铎或圣人个人手中。早在 370 年，他就从瓦伦提尼安一世那里获得了这个裁定：

> 教会神职人员……与那些希望被人称为"持戒者"（即修士）的人，不可上门拜访寡妇或尚在监护之下的女性（以获得遗产）……[28]

这个法令要在罗马各个教堂内大声宣读。它常常被解读为帝国下达给达马苏斯的斥责,针对他筹款和当"贵妇的掏耳郎"的种种行径。其实不然。[29]这是一个先发制人的打击,由主教发起,防范潜在的对手去筹措资金。通过获得这个法令,达马苏斯试图确保在罗马城中再没有神职人员或修士可以为自己的事情收受金钱或遗产馈赠。一切捐赠必须交给主教,以使它成为罗马教会财产的组成部分。

正如我们此前所见,在与保拉这样的贵妇打交道的过程中,哲罗姆走在一条贫瘠的路上。他无情地嘲笑那些为钱讨好富人的修士与教士,但是,在外人眼中,他的行为与这些寄生虫过去的行径没什么两样。离开罗马时,他强烈抗议:"我接受谁的钱了?什么礼物,无论大小,是我不曾拒绝的?有哪个人的钱在我手中叮当作响?"[30]

281　　嫌疑还在。资金继续流出罗马和西部,进入圣地和埃及的修道院。这种外流罗马经得起,但是,地方教会受赠没那么多,在行省宣传苦行运动和前往圣地的朝圣之旅,可能会破坏它们的资金供给。406年前的几年,发生了一个事件:耶路撒冷周边的修道院受到攻击,它们被控通过索要海外捐赠,将基督徒富人的财富从地方教会转移到了圣地。

很能说明问题的是,这些批评来自高卢南部。这个地区刚刚经历百基拉的沉浮,并且保利努斯突然将财富从高卢与西班牙转入意大利。富人将捐赠用于支持苦行者,尤其是远居地中海另一端的苦行者,导致了捐赠的流失,这让地方神职人员相当痛恨。他们布道说本地富人应该把财富赠给本地的穷人与教会。他们受维吉兰提乌斯启发。他是名修士,来自圣贝尔特朗德科曼热教区的圣马尔托里修道院——位于今比利牛斯山脉法国一侧的山坡上。[31]

维吉兰提乌斯是位有威胁性的批评家。他既到过圣地也到过诺拉，他认识诺拉的保利努斯，也认识哲罗姆，可没一个让他钦佩，尽管原因各异。结识保利努斯和他的圈子令他认识到，巨额财富会给传统的基督教虔敬施加温柔的暴力，这使他直接反对圣徒崇拜。我们可以认为圣徒们在天堂与人间同时存在吗？他们在世间受到礼拜，是不是人们拜错了对象？是不是对多神教崇拜的留恋？维吉兰提乌斯觉得，保利努斯在贾米拉圣菲利克斯圣地所提倡的那种圣徒崇拜令人不安。这些圣地的辉煌令这些圣徒仿佛仍然在世间"存在"，但是圣徒们并不在世间，他们与上帝一起在天堂，他们沐浴在"羔羊的灯光中"，他们并不待在圣陵中，流连世间。保利努斯推崇的以铺张的方式礼拜他们，相当于对多神教的回归。

> 假借宗教的名义，我们见到的仪式实际上是引入教会的多神教。太阳在照耀，一堆堆的蜡烛被点燃……确实，这类人向至福的殉道士致以崇高敬意。殉道士们（他们以为）需要小小的不值钱的蜡烛来照亮，而羔羊自身，高坐宝座，光照着他们。（参见《启示录》21：23，22：5）[32]

维吉兰提乌斯的反对意见是拉丁语基督教内部出现的唯一一次对圣徒崇拜的正面攻击。尽管表面上他没有直接提出，但他的讨论相当针对圣陵的华丽，比如保利努斯在贾米拉和丰迪打造的那种华丽：镶嵌画闪闪发亮，祭坛覆盖着帝国的紫色，巨大的烛台上油灯日夜燃烧。

回应维吉兰提乌斯的不是保利努斯，而是哲罗姆。他对圣

282

徒崇拜的捍卫痛快利落，只是他迅速上升到了钱的问题。他为圣地的修士辩护，他指出，他们像犹太教中研习律法的人，后者在圣地研究律法是得到了来自世界各地的会堂的捐助的。[33] 修士是"穷圣人"，他们直接继承自"耶路撒冷圣徒中的穷人"（《罗马书》15：26）。为这些穷人，保罗曾组织过许多次募捐。[34]

在关于不义的管家的寓言故事中，基督鼓励富人用"不义的钱财"结交"朋友"。他们会将富人接入"永存的帐幕"（《路加福音》16：1-9）。这样的"朋友"在普通穷人中是找不到的：

> 无疑，这些"朋友"不是穷人。对于穷人而言，燃烧的欲望仍然控制着褴褛包裹之下破败的肉身……他们所要的只有施舍。而富人应该把钱给"真正的"穷人，他们受赠会脸红，会感到愧疚，（如此一来，富人）可以撒播世间的财富，而作为回报，他们会收获灵性的奖赏。[35]

只有通过捐赠给在遥远圣地的神圣修士——而不是给当地身份不明的可憎的穷人，富人才能进行"灵的交易"。这定当将他们的"宝藏"放入"天堂"。

"切勿骄傲！你们属于同一个教会"：
约维尼安对哲罗姆，390~394年

在罗马本地，哲罗姆引起的警惕有更深的根源。它不仅关于地方教会的资金流失到圣地；资金被转用到罗马之外的事项上其实被当作一种征兆，显示了城中存在更为广泛的令传统基

督徒感到不安的发展变化。哲罗姆抬升寡妇与贞女的地位，唤起了深深的疑虑。这不是因为否定肉身本身令罗马人极度反感，也不仅仅因为（如我们所见）它将女性从婚姻市场抽离，影响到财产向下一代传承，而是因为它向罗马基督教团体引入了灵性分层，这似乎过于真实地反映了正在加剧的社会分层。关于后者，我们在讨论郊区基督教圣体龛旁出现的壮观陵墓时已经提到。

哲罗姆的苦行宣传似乎挑战了罗马基督教团体的一个核心　　283
信念。这个团体不希望见到其成员被严格划入不同等级，不仅如此，他们也不希望见到划分这些等级的标准是基督徒是否已婚或放弃婚姻。守贞与守寡都有关性；它们与善工无关，不应该用来获得自动高于其他所有基督徒的地位。

在唯一一个受洗的团体中，仅凭个人远离性生活这个长处而要求成为独立的阶层，在罗马基督徒中引起了实实在在的不安，这标志着较为老套的观念已经走到尽头。它将基督教团体理解为一个场所，在此，不同群体——贵族与平民——可以作为信徒同伴（更确切地说，作为"圣人"的同伴）往来。这种往来带着一点儿反主流文化的不屑。达马苏斯在他写的墓志铭中，以及伪安布罗斯在他的注疏中，都不断强调一个事实：基督徒依旧是一个特殊的整体，他们形成独一无二的"神圣子民"。现在哲罗姆与他的苦行支持者们都宣称，在这些独特的神圣子民中，某些人比其他人要神圣得多。

这对已婚者而言是噩耗，让我们举个例子。382 年（这一年，哲罗姆来到罗马），贵妇提奥多拉被葬入圣阿格尼斯教堂的地下墓穴。用她刚刚丧偶的丈夫的话来说，提奥多拉曾是"（基督教）律法出色的遵循者、信仰之师……因为这个，她如今在天堂极为美妙的芬芳中为王"[36]。而现在哲罗姆与他的支持者仿佛在暗示，作为已婚女人，贵妇提奥多拉以及跟她一样的人都不过是二等基督徒；只有不在婚姻中的女性——寡妇与贞女，如玛尔切拉、保拉或尤斯托奇乌姆——能够自称完全遵循了基督教律法，是信仰之师，在天堂肯定有一席之地。

但这个噩耗不仅是对已婚者而言的。并非所有在罗马的苦行者都对哲罗姆的观点感到满意。罗马肯定出过很多玛尔切拉和不少保拉，但是哲罗姆用不着她们，例如，他对安布罗斯的姐姐玛尔切丽娜的圈子视而不见。除了他自己身边的，其他贞女与寡妇小团体都被他视为"伪基督徒"。事实当然不可能如此。

我们现在知道，这样一位全心奉献的贞女的存在，单在哲罗姆的作品中，我们是无法读到的。乌科切娅是一位叫韦文提乌斯的成功官员的妻子，韦文提乌斯来自潘诺尼亚，曾在 363～367 年担任抢手的罗马大区长官一职——对来自巴尔干半岛的一位外来者而言这绝不是小成就。389 年，得到祝圣的潘诺尼亚贞女马克西米拉下葬，乌科切娅赠送了一具大理石棺，她这么做是"因为将我们连在一起的友谊"。马克西米拉具备一切全心奉献的贞女的所有素质："坚定地服从基督的盟约，忠于自己的使命。"马克西米拉的崇拜者可以放心了，因为她们也会进入天堂，"如果心灵唤起那个被公平地赋予所有人的信仰"[37]。

作为一位其妻子通过精神上的友情，与一位虔诚的贞女联系在一起的重要政府官员，韦文提乌斯在罗马城郊的庄园应该与玛尔切拉的静修地或者哲罗姆到访过的宅邸没什么区别。但是马克西米拉对我们而言仅仅是个名字，没有像哲罗姆这样的人来让她出名。她于 389 年入殓，石棺直到 20 世纪 30 年代中期才被发现，它被埋在韦文提乌斯家族陵墓中，在毗邻阿庇亚大道的圣塞巴斯蒂安教堂后殿旁。[38] 石棺上墓志铭的要旨很清楚。对马克西米拉身边的圈子而言，那是共同信仰之下——而不是仅靠守贞——在一个受过洗礼的团体中共享的成员身份，这种身份提供了进入天堂的门票。

390～394 年（即哲罗姆于 385 年离开罗马之后没过几年），哲罗姆倡导"苦行者完全胜过其他一切基督徒"引起的恼怒在修士约维尼安的论述中爆发出来。约维尼安是个苦行者，但他同样是保守派，是罗马理想的维护者——一个不可分割的神圣子民。[39]

约维尼安认为，那些主张守贞守寡有特殊功德的人有向罗马基督教团体引入新分裂的危险。这种分裂类似于选民高于听者，为摩尼教下"圣教会"所特有，正如我们从早年的奥古斯丁那里看到的，选民与听者之间的分隔是摩尼教运动的原则。摩尼教依旧活在罗马，而且活得很好，选民为大家熟知。普通的摩尼教平信徒要向他们致敬——基于他们异乎寻常的苍白脸色和戒肉戒酒，这经常被谈论。

哲罗姆预见到他的寡妇与贞女会受到指责，说她们像摩尼教的选民，因为她们长期斋戒，脸色苍白。他说这种指控是无知的诽谤，不值一提。但事实上，他希望这样的寡妇与贞女也为敬畏感所包围，像摩尼门下"圣教会"中的听者对待他们的选民那样。这正是约维尼安所担心的——在受过洗礼的信众团体中出现二元体系。

这种潜在的发展并不是没有社会后果。如我们所见，与哲罗姆通信的家族来自罗马上流社会中立足未稳的那部分，他们需要与下面富有的平民保持不同，也要与上面目中无人的贵族有所区别。他们做到这一点，很大程度上是靠把财富导向宗教事业的方向，新的对守贞的推崇会进一步影响这种财富流动。基督徒中无可更改的不同的两个等级——无性生活的与结了婚的——可以通过超现实的灵的交易结合起来：如同在摩尼教中，财富将走向完美者，而不是穷人。

为避免这种情况发生，约维尼安援引了一个古老的主旨，即教会是一个独一无二、不可分割的"圣人"团体，信徒因洗礼而平等。他给贞女与寡妇发出了强有力的信号，哲罗姆引述他的话说："切勿骄傲！你们属于同一个教会。"[40]

约维尼安走得太远，他立刻受到教士们的谴责。他们正开始实行独身，将之作为他们在基督教团体中地位高于他人的标志。西利修与安布罗斯联手反对他。在神圣子民中，教士一心要比其他所有人更为神圣。尽管约维尼安没有能够获得教士在意见上的支持，但他已经触及要害。一旦允许在基督教团体内部基于"弃绝性生活"这一简单原则产生一群精英，那么钱就会追随他们而去。习惯上用于"善工"的钱，包括给穷人的和捐给教会的，会转而支持这个受人尊敬的独立团体。

这种危险真实存在。摩尼教选民原本的社会地位通常不高，而克己抬升了他们的地位。他们开销极低，一般富足的听者们（如奥古斯丁还是年轻教师时）给的供养就足以支持他们。但是罗马基督教团体内部可能的选民（寡妇和贞女）却并非如此，她们这个群体包括一些全帝国最富的女性，她们不接受捐款，她们捐钱，她们的钱会给谁，没人能知道。梅兰尼娅与保拉的例子以及儒菲努斯与哲罗姆的职业生涯都显示，那些钱可能会远渡重洋——可能并不用于支持地方教会，而是用于资助自由职业的博学者之间的积怨。

即便如此，4 世纪 90 年代依然是个平静的时期。我们这些知道蛮族入侵即将开始的人，会轻易忘记在这段岁月中意大利曾经是何等平静。在罗马，仅凭特大城市的"伟大"就可以让潜在的敌对派别共存而不发生危机。但在和平时期，重要变化业已产生。在许多方面，哲罗姆与他的敌人之间生动的交流有误导作用，它们会掩盖声音较小却更具决定性的种种发展。让我们在结尾处点明其中的一部分。

以达马苏斯为榜样，罗马教士缓慢而坚决地巩固了他们在这座城市第三等级的地位。与此同时，上层贵族与教士走得更近了。作为罗马主教，西利修（385 年他驱逐了哲罗姆）因在内战期间保护前来教会避难的贵族而获得美誉。尽管这些贵族及其家族与篡位者有牵连（先是 388 年与马克西穆斯，接着在 394 年与尤金尼乌斯），但只要愿意成为基督徒，经由西利修居间调停，他们都获得了狄奥多西一世的宽恕。[41]（即使西玛库斯因为曾在颂文中赞扬马克西穆斯而被深深卷入篡位事件，他也曾向一座基督教教堂寻求庇护，但是，他一如既往地狡猾，确保自己一定不会逃入罗马主教的教堂，而是向独立的诺瓦蒂安派的分裂教会寻求庇护。[42]）

更具决定意义的是，显赫的基督教家庭对本地基督教团体的事务有了更直接的兴趣。这种变化，我们可以从阿尼齐家族的例子看出。这个家族的首领佩托尼乌斯·普罗布斯是基督徒，早已为人所知。如我们所见，390 年前后，他被安葬在梵蒂冈山上毗邻圣彼得教堂后殿的宏伟的陵园里。他尽可能躺得离这位圣人的墓更近些，[43] 儿子们为纪念他而立的雕像甚至可以矗立在旁，[44] 但是普罗布斯并没有独享这块地方。圣彼得教堂后殿周围聚集了大量地位较低的官僚贵族成员的墓，它们的出现凸显出，

286

即使在这个特权位置，基督教丧葬还保留着相对开放性。[45]

这正是普罗布斯与他的后人所希望的。将陵墓设在一个共同礼拜的地方，保证了普罗布斯将停留在公众的视野内。普罗布斯并没有像许多贵族那样，被安葬在郊区庄园的私人领地。他的陵墓及其周围的雕像耸立在一堆坟墓之中，并且在一个基督徒会大批聚集的地方，它一直是个重要的纪念地，文艺复兴时期，这座坟墓以普罗布斯神庙而为人所知。1452 年，工人打开雄伟的大理石棺时，发现内有残余的金丝。普罗布斯至死仍然是个显贵，下葬时身着沉甸甸的金袍。

但是，普罗布斯自己是直到临终才接受洗礼的。他属于更早的一代，仍然为君士坦丁宫中确立的习惯所主导。重要人物庇护基督教，但并不一定参与地方教会生活，在保留这种距离这方面，他们以皇帝为榜样。尽管人们称颂君士坦丁是最早的基督徒皇帝，但他从未在皇宫之外的任何教堂出现过。直到 337 年他去世之后，皇帝们才开始在公开场合出席教会礼拜。[46]

4 世纪末和 5 世纪初，上层贵族与地方教会的距离缩小了。这个变化我们可以从小细节处见到。408 年，阿尼齐家族另一支的成员阿尼齐亚·A. 巴苏斯当上了执政官。他荣任执政官似乎是在非洲（在那里，阿尼齐家族拥有巨大的庄园）庆祝的，现场有一件陶制饰板——可能是一个盒盖，上面有一名执政官，左右分立圣彼得和圣保罗。它前所未有地将执政官职务的市政传统的神秘性与罗马基督教团体崇敬的两位庇佑圣徒的神秘性结合在一起。这标志着新的起点。[47]

这些变化显示，哲罗姆已经有点过时了。他前往游说的团体没有以前有影响力，他们属于较下层的贵族。现在他们面临着被像阿尼齐这样的超级富豪家族超越的危险。他们的优势建立在诉诸"真正的"尊贵的基础之上,来自求知活动与更高的精神力量,像哲罗姆与儒菲努斯竭力劝他们去做的那样。这种优势还能保持多久?他们面临被基督教富豪淹没的危险,而后者与他们没有共同的关切。

小康的基督徒中沉默的大多数团结在教士周围,支持大家的是组织有序、不容分割的"神圣子民"的成员的理想。这个理想可以追溯到达马苏斯时期,他们乐见自己的钱在罗马教会中起作用。除了可能的潘马奇乌斯,4 世纪末、5 世纪初建造冠名教堂之风的兴起,似乎与哲罗姆和儒菲努斯通信圈的相关人等没多大关系,甚至是完全无关。就教会生活而言,与这种伴随宏伟建筑的、蜂拥而至的财富相比,玛尔切拉、保拉、梅兰尼娅等人的小小的学习团体显得愈加边缘化。

然而,罗马基督徒中仍然决心保留自己的求知雄心的人不在少数。正如他们的先祖曾追随多神教智者,他们通过追随哲罗姆或儒菲努斯这样的导师继续探求,要为精神的高贵添砖加瓦。他们受过良好教育、坚忍不拔,不像贵族核心集团因审慎的循规蹈矩而麻木,他们是风暴的中心,在这里可以轻易掀起新的论战。

但是,即使在这里,时代也已经不同。正如我们所见(在哲罗姆与儒菲努斯之间的奥利金主义之争中),这种团体的相互积怨一度控制在安全范围之内。但在 403 年之后,随着哥特人对意大利的劫掠增多,政治情况急剧恶化,少数几个苦行狂热分子一意孤行的行为也可能导致严重的社会政治后果。如果这些头脑发热的人来自贵族的上层,就更是如此。这发生在 406 年后,那时,小梅兰尼娅与皮尼亚努斯——两个都是超级富豪中的真正成员——决定变卖他们数量庞大的祖产，如同十年前保利努斯所做的那样。但是现在是他们在阿拉里克率西哥特人进逼罗马、危机日益严峻的时候。

更危险的是，真正的贵族可能最终会亲自对基督教神学产生兴趣。他们庇护的人是否总能不惹麻烦，是个很大的未知数。390 年前后，来自不列颠的修士伯拉纠到了罗马，他游走于上流社会。梅兰尼娅与儒菲努斯周围的圈子似乎很欢迎他，还为他提供了知识方面的弹药。[48] 他写了一封长信给诺拉的保利努斯，替自己的观点辩护。[49] 更值得注意的是，伯拉纠似乎得了阿尼齐家族的尊敬。413 年，他受邀写了一封勉励精神的书信，收信人不是别人，正是佩托尼乌斯·普罗布斯的孙女——想要成为教会贞女的德米提雅斯。

288　　这并不奇怪。伯拉纠关于人性的观点在他行走于其间的罗马上流社会有现成的共鸣。这些观点带着强烈的贵族色彩和乐观主义精神。但是，410 年西哥特人攻陷罗马城，这些观点被逃难到非洲的贵族带到迦太基，它们令迦太基的教士与希波的奥古斯丁倍感震惊。在那之前，两地都没有过多关注对方。罗马与非洲发展出了两种非常不同的基督教，各自关联着非常不一样的教会及独特的社会背景。这两地的知识界一直被地中海海水分隔。罗马基督教与非洲基督教存在种种差异，但人们迟迟没有意识到。现在，罗马来的逃难者来到迦太基，鱼贯而入，两种传统猛地被放在一起，产生了爆炸性效应。著名的伯拉纠派论争正是始于这个时刻。我们现在就转向一个双重危机，它伴随小梅兰尼娅和皮尼亚努斯放弃财产（406 年前后）及伯拉纠派论争（411~414）拉开帷幕而来。

注 释

[1] Porphyry, *Life of Plotinus* 9.

[2] H. Wrede, *Senatorische Sarkophage Roms: Der Beitrag des Senatorenstandes zur römischen Kunst der höhen und späten Kaiserzeit*, Monumenta Artis Romanae 29 (Mainz: P. Zabern, 2001), 101; N. Denzey, *The Bone Gatherers: The Lost Worlds of Early Christian Women* (Boston: Beacon Press, 2007), 85 – 88.

[3] Jerome, *Letter* 36. 11. 1, 54: 277.

[4] Brown, *Body and Society*, 172 – 73, 178 – 79.

[5] Palladius, *Lausiac History* 55. 3.

[6] Gerontius, *Vita Melaniae Latina* 33. 1, ed. P. Laurence, *Gérontius: La vie latine de sainte Mélanie* (Jerusalem: Franciscan Printing Press, 2002), 212.

[7] Ewald, *Der Philosoph als Leitbild*, 102, 213 – 14.

[8] Williams, *The Monk and the Book*, 133 – 66.

[9] A. Grafton and M. Williams, *Christianity and the Transformation of the Book: Origen, Eusebius, and the Library of Caesarea* (Cambridge, MA: Harvard University Press, 2006), 131. 关于基督徒圈子内文献修订水平之高的新研究参见 Cameron, *Last Pagans*, 469 – 75。

[10] Willams, *The Monk and the Book*, 187.

[11] s. v. "Tyrannius Rufinus," *Prosopographie chrétienne du Bas-Empire*, 2: 1925 – 40.

[12] Jenal, *Italia ascetica*, 2: 387 – 417.

[13] Rufinus, *Apologia contra Hieronymum* 1. 11, p. 44.

[14] E. Wipszycka, "Les aspects économiques de la vie de la communauté des Kellia," in *Études sur le christianisme dans l'Égypte de l'antiquité tardive*, Studia Ephemeridis Augustinianum 52 (Rome: Institutum Patristicum Augustinianum, 1996), 337 – 62.

[15] Jerome, *Letter* 125. 18. 2, 56: 137.

[16] Rufinus, *Apologia contra Hieronymum* 2.11, p. 89.

[17] Palladius, *Lausiac History* 54.4 – 6.

[18] Jenal, *Italia ascetica*, 2: 603 – 8; 关于儒菲努斯与哲罗姆两者的截然不同的新研究参见 Williams, *The Monk and the Book*, 102。

[19] Jenal, *Italia ascetica*, 2: 536 – 57.

[20] C. P. Hammond, "The Last Ten Years of Rufinus's Life and the Date of His Move South from Aquileia," *Journal of Theological Studies*, n. s., 28 (1977): 372 – 429.

[21] Rufinus, *Prologus in Omelias Origenis in Numeros*, ed. M. Simonetti, *Opera*, CCSL 20 (Turnhout: Brepols, 1961), 285.

[22] Williams, *The Monk and the Book*, 101.

[23] 同上, 155 – 66。

[24] 同上, 181 – 200。

[25] Jerome, *Contra Rufinum* 1.1, PL 23: 397A.

[26] P. Brown, "The Patrons of Pelagius: The Roman Aristocracy between East and West," *Journal of Theological Studies*, n. s., 21 (1970): 56 – 72; 也参见 *Religion and Society in the Age of Saint Augustine*, 208 – 26; E. A. Clark, *The Origenist Controversy: The Cultural Construction of an Early Christian Debate* (Princeton: Princeton University Press, 1992), 11 – 42。

[27] Pietri, *Roma Christiana*, 435.

[28] *Codex Theodosianus* 16.2.20 (370).

[29] Lizzi Testa, *Senatori, popolo, papi*, 109 优先于 Pietri, *Roma Christiana*, 570 n3。

[30] Jerome, *Letter* 45.2.2, 54: 324.

[31] 关于所涉议题最好的讨论是 D. G. Hunter, "Vigilantius of Calagurris and Victricius of Rouen: Ascetics, Relics, and Clerics in Late Roman Gaul," *Journal of Early Christian Studies* 7 (1999): 401 – 30。

[32] Jerome, *Contra Vigilantium* 4, PL 23: 342C, ed. J.-L. Feiertag, *S. Hieronymi presbyteri opera*, CCSL 79C (Turnhout: Brepols, 2005).

[33] Jerome, *Contra Vigilantium* 13, Feiertag, p. 26.

[34] Jerome, *Contra Vigilantium* 13, Feiertag, p. 25.

［35］ Jerome, *Contra Vigilantium* 14, Feiertag, pp. 26 – 27.

［36］ *Inscriptiones Latinae Christianae Veteres*, no. 316.

［37］ *Inscriptiones Christianae Urbis Romae*, n. s. , 5：13355.

［38］ A. Bertolino, " 'In area Callisti'：Contributo alla topografia di Roma tardoantica," *Rivista di archeoloigia cristiana* 70（1994）：181 – 90.

［39］ 众所周知最好的论述是 D. G. Hunter, "Resistance to the Virginal Ideal in Late-Fourth-Century Rome：The Case of Jovinian," *Theological Studies* 48（1987）：45 – 64；以及同一作者的 "Rereading the Jovinianist Controversy：Asceticism and Clerical Authority in Late Ancient Christianity," in *The Cultural Turn in Late Ancient Studies：Gender, Asceticism, and Historiography*, ed. D. B. Martin and P. C. Miller（Durham, NC：Duke University Press, 2005）, 119 – 35。新的研究参见 Hunter, *Marriage, Celibacy, and Heresy in Ancient Christianity：The Jovinianist Controversy*（Oxford：Oxford University Press, 2007）。

［40］ Jerome, *Adversus Jovinianum* 1. 5, PL 23：217C.

［41］ *Inscriptiones Latinae Christianae Veteres*, no. 972. 6 – 7；参见 Augustine, *City of God* 5. 26。

［42］ Socrates, *Ecclesiastical History* 5. 14.

［43］ Matthews, "Four Funerals and a Wedding," 134 – 37. 关于早期加入基督教的阿尼奇家族成员的新研究参见 Cameron, *Last Pagans*, 179 – 81。

［44］ C. Machado, "Roman Aristocrats and the Christianization of Rome," in *Pagans and Christians in the Roman Empire（IVth – VIth Century A. D.）：The Breaking of a Dialogue*, ed. P. Brown and R. Lizzi Testa（Münster：Lit, 2011）, 493 – 513.

［45］ 同上, 513, 指 Eventius I, *Prosopography of the Later Roman Empire*, 2：413——典型的由律师升任行省总督的仕途。

［46］ N. B. McLynn, "The Transformation of Imperial Churchgoing in the Fourth Century," in *Approaching Late Antiquity：The Transformation from Early to Late Empir*, ed. S. Swain and M. Edwards（Oxford：Oxford University Press, 2004）, 235 – 70, 关于君士坦丁, 尤其参见 pp. 236 – 42。

［47］ Hoek, "Peter, Paul and a Consul," figure 1a on p. 231.

［48］ 倘若我们接受神秘的"叙利亚人儒菲努斯"事实上正是儒菲努斯·阿奎利亚自己,那么儒菲努斯与伯拉纠之间的关系就更为密切:W. Dunphy, "Rufinusthe Syrian: Myth and Reality," *Augustiniana* 59 (2009):79 – 157。

［49］ Augustine, *Letter* 186. 1.

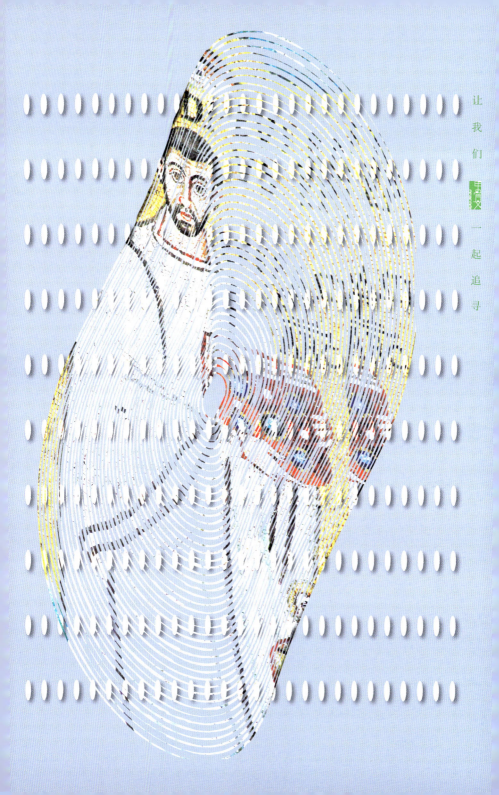

让我们一起追寻

穿过针眼

〔美〕彼得·布朗＝著

刘寅 包倩怡 等＝译 李隆国 吴彤＝校

THROUGH THE EYE OF
A NEEDLE

Wealth, the Fall of Rome, and the Making of
Christianity in the West, 350-550 AD

财富、西罗马帝国的衰亡和基督教会的形成

350/550年

「下」

PETER BROWN

社会科学文献出版社
SOCIAL SCIENCES ACADEMIC PRESS (CHINA)

目　录

· 下 ·

第三部 危机时代

图　目

第三部

危机时代

第 18 章 "穿过针眼"和"灵魂之财"：放弃财富、高贵性与攻陷罗马，405 ~ 413 年

"穿越窄缝"：梅兰尼娅和皮尼亚努斯，405 ~ 408 年

我们所熟知的伯拉纠派论争，通常被视为希波的奥古斯丁和伯拉纠的支持者之间的重大神学冲突事件。而在这两章中，我们将从另一个视角来看待这一论争。伯拉纠派论争也是罗马的基督教贵族史中的事件，它与哥特人入侵意大利并于 410 年攻陷罗马所导致的贵族阶层的财富危机同时出现。随后，基督教徒带着公共危机意识，对财富、弃绝和贵族问题展开讨论。这一章将勾勒这一危机的过程。下一章将考察危机的一个后果——伯拉纠的一位追随者此时所写作的对财富特别极端的批判。

让我们从一次著名的事件及其回响开始。404 ~ 405 年在罗马，对于一对年轻的基督徒夫妇而言，拥有雄厚家产足以构成噩梦。瓦勒利乌斯·皮尼亚努斯（此时 24 岁）和他 21 岁的妻子小梅兰尼娅（随她的祖母、儒菲努斯的庇护人老梅兰尼娅姓）退隐到罗马郊区的庄园。受苦修生活的感召，他们开始处理财产：

　　某夜，（梅兰尼娅说）我们去睡觉，非常悲伤，我们俩看见自己在穿越墙上的窄缝。我们被狭窄的空间可怕地挤压，以致我们似乎濒临死亡。当我们越过令人痛苦的空间之后，我们得到巨大的解脱和无以言表的欢乐。[1]

292　　这个梦显然指的是基督的如下话语："骆驼穿过针的眼，比财主进神的国还容易呢！"（《马太福音》19：24）但这个梦中没有骆驼也没有针眼。基督的话语被转换为恐怖经历，梦境再现了财富那强烈的压迫感。窄缝不仅是针眼，也是极紧的产道。只有突然彻底放弃财富，这对年轻夫妇才有希望获得"新生"，进入天国。

　　我们是从特别生动的《小梅兰尼娅传》中得知这一梦境的，该传有着两个密切关联的版本：拉丁文本和希腊文本。在452～453年，即梅兰尼娅于439年死后十多年，它由教士格隆提乌斯在耶路撒冷创作。作品以小梅兰尼娅的回忆为基础，是她于30年后对5世纪初的事情的回忆。这些令人激动的事情还保留在她的记忆中，也是从罗马帝国的边远地区对其最后的辉煌年代的一瞥。[2]

　　财富是《小梅兰尼娅传》的主题。阅读的时候，我们倾听到了大富之人对他们的财富的沉思默想。小梅兰尼娅记忆最为深刻的还是她那在地中海海滨的庄园，或位于坎帕尼亚或位于西西里：

　　　　她（对格隆提乌斯）说："我们有一处独特的地产，那里有世上最为恢宏的浴池，一边靠海，另一边是有各种果蔬的森林，那里有野猪、雄鹿、雌鹿和其他野生动物出没。从浴池的一边可以看见微风中扬帆的船只,另一边则是林中的野生动物。在我面前,魔鬼安置了……五颜六色的大理石庄园及数不清的小路。那里有 62 处宅院(拉丁文版中添加了"以及 400 个农奴")。"[3]

在这个庄园中发生了奇怪的事情:

> 她说:"那时,我们再次将数不清的金币发放给穷人和圣徒——总共 45000 枚。当我进入接待大厅(躺卧式餐厅:拉丁式有更为隐私的内寝之所)的时候,因为大量金币闪着光,似乎整个屋子都金碧辉煌,如同燃烧起来,这是魔鬼带来的幻影。"[4]

传记向我们介绍了富人的生活点滴。例如,《小梅兰尼娅传》对这对年轻夫妇的炫富的穿着方式直言不讳,对她们来说,放弃好服饰比不过性生活意义更大。梅兰尼娅告诉格隆提乌斯她与丈夫的一次谈话。在谈话中,皮尼亚努斯想要一件简朴的、质地好的奇里乞亚外套。尽管这件衣服相当朴实且质地较硬,但在梅兰尼娅看来,奇里乞亚袍子还不够"破旧"。她巧妙地委婉劝说:

> "告诉我,"她说,"自从我们开始履行对上帝的誓言后,你心中是否曾对我怀有欲念?"
> (对此皮尼亚努斯肯定地说:)"自从我们发誓过守贞的生活后,我对你如同对你那圣洁的母亲阿尔比娜。"

293

处理了欲念的细节之后，小梅兰尼娅进入主题——皮尼亚努斯的服饰："那么听我的劝，就像听从你的灵修之母和姐妹一样，不要穿奇里乞亚服饰。"格隆提乌斯写道：从此，皮尼亚努斯穿着来自安条克的、粗糙羊毛质地的便宜服装，每件花费不超过一索里达。[5] 至于梅兰尼娅自己，一则特别的逸闻表明，她还是不曾忘记自己是个年轻姑娘。她记得衣着华丽的柔软身体、丝袍上纹饰的触感，以及硬邦邦的金线在她纤柔的皮肤上留下的瘀记。[6] 多少年后，所有这些都变了，这对夫妇的最后信息来自皈依为僧的格鲁吉亚王储伊比利亚的彼得。彼得听说 5 世纪 20 年代皮尼亚努斯在耶路撒冷很有名，因为只穿一件"做工粗糙、谦卑、不值钱的袍子"。[7]

《小梅兰尼娅传》尽管很生动，但在一个关键问题上令我们相当失望。由于后见之明，皮尼亚努斯和梅兰尼娅的行为动机被认为理所当然。传记并没有解释他们为什么放弃财富。为了了解其动机，我们必须记住，通过小梅兰尼娅的祖母老梅兰尼娅，他们与诺拉的保利努斯是亲戚。老梅兰尼娅是西班牙人，很有可能也是特拉西娅的亲戚。而且，保利努斯也是儒菲努斯的支持者，知识分子儒菲努斯和前贵族保利努斯两人有可能是皮尼亚努斯和梅兰尼娅激进观念的根源。两人所起的作用也各不相同。

当 410 年这对年轻夫妇逃难到西西里的时候，儒菲努斯陪伴着皮尼亚努斯。他可能告诉了后者东部的苦修情形，尤其是修士们的绝对贫困理念。[8] 但抛弃财产的戏剧性行为可能是由保利努斯提出的，皮尼亚努斯和梅兰尼娅抛弃财产的行为类似保利努斯抛弃财产的行为，但更为戏剧化，是末世感所致。保利努斯的世界观具有《启示录》色彩，这可能有些自相矛盾。

他建造圣菲利克斯圣陵时似乎动机端正，但是保利努斯建造得很快，因为他是在末世的阴影下建造的，他的宗教虔诚深受末日审判将至的影响。保利努斯第一次来到坎帕尼亚的时候，为丰迪的基督徒修建了教堂。这是意大利第一座在后殿上描绘末日审判场景的教堂，这镶嵌画也在提醒丰迪的基督徒，末日就在眼前。[9]当元老潘马奇乌斯通过大方施舍来纪念已故的妻子时，保利努斯评论说："罗马，如果元老们总是这么办招待会的话，你就无须担心《启示录》中的严重威胁！"[10]保利努斯是故意这么说的。在保利努斯这样的人的陪伴之下，皮尼亚努斯和梅兰尼娅这样的年轻罗马人考虑抛弃他们的巨额财产，以使罗马免于毁灭，这并非没有可能。如果他们的皈依和抛弃财产不能挽救罗马，至少他们能够在罗马灭亡之前将财富转移到天国。

我们只能推测为什么皮尼亚努斯和梅兰尼娅在405年之后要这么做，但我们确实知道他们是从什么时候开始的，不会是在更糟的时候。意大利的社会和政治状况使他们的行为比承平时代可能的影响要深远得多。虽然世界末日并没有降临罗马，但是，西哥特王阿拉里克确实来到了。

罗马受到围困：皮尼亚努斯、梅兰尼娅和元老院：408～410年

阿拉里克并不是由于野蛮嗜血而攻击罗马。他并不希望摧毁具有象征意义的帝国首府。他的行为与其他内战时期的罗马将军一样，他率领一支需要奖励的军队，依靠赎金和对大城市的全面抢劫获得资金。罗马的战利品能够使他成为帝国最为富

有的将军。[11]

在数年前侦查了意大利北部之后，阿拉里克最终于 408 年冬天来到罗马城外。次年，他一直在有计划地榨干罗马。起初元老院付给他赎金，他们同意交付 5000 镑金子、30000 镑银子和 5000 镑贵重的东方铜（表明罗马仍是无与伦比的奢华中心）[12]。比大元老们为赛马支付的巨额开销更为庞大的金额流向了哥特兵营。

只是在次年，阿拉里克最终"攻陷"罗马。事实上这意味着他允许部下在 410 年 8 月 24 日进入罗马，洗劫城市：并非血洗，而是组织有素的令人心寒的劫掠。三天后西哥特人再次出城的时候，广场上镀金的雕像不见了，巨额的现金、金银盘也离开了城市。他们的战利品中甚至包括君士坦丁安置在拉特兰大教堂附近的洗礼盆上的银圆顶（重达一吨）。[13]414 年，阿拉里克的姐夫阿陶尔夫可以按照罗马方式置办婚礼：

> 在其他礼物之外，阿陶尔夫赠予新娘 50 位身着银装的美少年，每人手中握有两个巨大的银盘，一个装满黄金，另一个装满无价的宝石。这些是来自罗马的、在洗劫城市时哥特人获得的战利品。[14]

无论对渴望财富的阿拉里克而言，还是对抛弃财富的皮尼亚努斯和小梅兰尼娅而言，只有罗马才能拥有的巨额财富这些年中在发生着改变。在意大利北部以及罗马前所未有地发生着劫掠的背景下，这对年轻夫妇对财产的处理才影响深远。那个时候所有财产都消失了。在导致 410 年的沦陷的危机日深的氛围下，皮尼亚努斯和小梅兰尼娅处置财富的决定注定影响广泛。那时罗马的上层居民不再容忍怪异行为。

这对年轻夫妇的决定出人意料，但他们的财产的性质也是如此。其他罗马人还没有料到，罗马两个著名家族所拥有的巨额财富将由一对没有后裔的年轻夫妇来终结。如同我们在本书最后几章中看到的那样，这并非苦修中通常的情况。在4世纪70和80年代，富裕基督徒家庭处理遗产的方式是，某位家庭成员苦修、放弃财富和婚姻，这些并不影响财产传给其他继承人。

对于皮尼亚努斯和小梅兰尼娅则不然。他们都拥有巨额遗产；他们从十多岁的时候开始苦修，经过一些年的犹豫之后决定不要孩子。[15]皮尼亚努斯曾告诉格隆提乌斯，他们的财产为12万索里达，即使考虑到后来苦修的传记作家们的夸张和不精确，这也是巨额财富。由于她的祖母老梅兰尼娅，小梅兰尼娅的家族在西班牙和意大利都拥有财产，如同保利努斯和特拉西娅的财产一样，这对夫妇在西西里和非洲也拥有大地产，[16]在哲罗姆身边的玛尔切拉、保拉和其他家族则没有这么多财富。

两人之中，皮尼亚努斯的遗产似乎有较多的麻烦。瓦勒里家族的豪华别墅以旧式的恢宏散布在西莲山巅。遗址中出土的青铜灯刻画着圣彼得在为教会之船掌舵，铭文则可能涉及皮尼亚努斯的父亲受洗——"主赐予法律给瓦勒里乌斯·塞维鲁"[17]。但瓦勒里乌斯·塞维鲁年纪轻轻就亡故，留下脆弱的皮尼亚努斯和他的兄弟（也叫塞维鲁）。他们还年幼，需要保护，是西玛库斯（年已60多岁）保护了元老同僚的继承人。他给财政部的负责人写信，说后者应该保护塞维鲁的儿子们："除非他们得到好官员的帮助，否则他们就会遭到劫掠和不公

296

正对待。"[18]西玛库斯对同僚的经济状况的关心是真诚的。他不能预见的是（他也没有活着见到），年轻的皮尼亚努斯以自我放逐的方式糟践自己，一如十年前诺拉的保利努斯的行为那样具有戏剧性。

总而言之，这对年轻夫妇体现了巨额财富与在帝国晚期的罗马也不常见的怪异行为的结合。他们尚未成年，还得依靠同僚们的好意和帝国政府的支持实现其决断。因此，他们的抛弃行为立马成为公共事件，不像那些业已成年决定皈依的苦行者（如保利努斯）。

他们的第一个错误便是在错误的地方处理他们的财产。408 年前后，他们开始在罗马郊区卖掉地产。我们知道，郊区是一等一的土地，因要为城市市场提供农产品而精耕细作，因此这是充满奴隶的土地。皮尼亚努斯和小梅兰尼娅持续解放了8000 名奴隶。他们措施专横，而且根本没有听取意见。余下的奴隶不仅不高兴，而且拒绝自由。这对夫妇试图出卖的依附于家产的那些奴隶同样愤怒，他们并不想被转交给新主人。皮尼亚努斯的兄弟塞维鲁不得不加以干预，他降价包圆了剩余的奴隶。《小梅兰尼娅传》说，他是由于魔鬼作祟才这么做的，事实上，他并不准备让家族的长期依附者们被以这种粗暴的方式分散开，借此，塞维鲁很有可能试图为该地区带来某种秩序。[19]

塞维鲁这么干预是对的。对农业劳动力失去控制是严重的事情。如同我们在第 1 章中见到的那样，超级富豪通常就是拥有大量土地而不住在该地的地主，他们对于依附者没有什么责任心。距离以及征收、缴纳租子的复杂管理系统降低了他们的出现频率，一系列小地主处在超级富豪与他们的奴隶和佃户之间。皮尼亚努斯和小梅兰尼娅采取的极端式基督徒放弃财富的行为只是将这种无情的制度推向了极端。通过放弃财富,不住在该地的地主比不露面更为糟糕。他们消失了,使整个地区面临着随后发生的损失。通过突然解放奴隶、卖掉财产,这对夫妇损害了奴隶、佃户、所有者之间仅存的上下关系,而正是依靠这些关系,晚期罗马的地主运转着这个一直残酷而暴力的制度。

297

只要地主通过代理人至少在某种程度上显示他们的存在,晚期罗马的土地所有制(地产分散,几乎赤裸裸地强制劳力)就能运作起来。当这种存在感突然消失——地主大规模解放奴隶并将之出卖给外地人,他们对土地的权力就被严重削弱了,如同入侵的蛮族穿过乡村一样。没有人知道随后会发生什么。

对于皮尼亚努斯和小梅兰妮娅的奴隶而言,他们有足够的理由抗议。粗暴的基督徒虔诚行为会把他们抛向劳力市场,而这时他们首先需要的不是自由而是保护。作为强制劳力的残酷制度,奴隶制在战时提供了被主人供养的机会。如此大规模地解放奴隶表明,他们不能再指望主人的保护,随后的事情表明奴隶是对的。409 年,奴隶们成群结队地涌出罗马,加入迫近罗马的阿拉里克的军队。这些奴隶可能是蛮族俘虏,许多人是哥特人,他们追随"自由之路"来到哥特兵营。但是他们也有可能是被残酷遣散的罗马的家内奴隶,他们被解放并被告知离开,以便主人不必在随后的攻城期间供养他们。[20]

罗马附近精耕细作的乡村的稳定,一直就是居住于此的贵族的主要关注点。他们害怕逃奴和劫匪如同害怕蛮族,但是劫匪和逃奴试图前往萨莫奈和卢卡尼亚山(今巴斯利卡塔)。现在皮尼亚努斯和小梅兰妮娅在郊区的行为,将大量与主人离散的、怀恨在心的奴隶和依附工人带到城墙边。[21]

面对奴隶的反抗和亲戚们反对出售财产的态度，这对年轻夫妇直接上诉到皇宫。408 年年初，小梅兰尼娅径直去见塞瑞娜——皇帝霍诺留的亲表姐和最高将领斯提利科的妻子，那时，斯提利科是皇帝宝座背后的实权人物。[22] 塞瑞娜定居罗马，梅兰尼娅请求塞瑞娜确保立即执行对财产的出售。塞瑞娜通过获得一道帝国敕令来解决问题，敕令将这对夫妇的地产置于"主动剥夺公民权"的名义之下。敕令规定，皮尼亚努斯和小梅兰尼娅的地产应被视为被皇帝没收了。它们成为帝国财产，可以被当局出售，各行省的总督、官员和市议员负责出售，但是，出售所得将归皮尼亚努斯和小梅兰尼娅，而不是进入国库。[23]

以这种新方式，皮尼亚努斯和小梅兰尼娅的财富转变为受保护的特殊财富，即属于皇帝的"神圣"财产，但是也被认为属于更大的皇帝。这是献给基督让他留给穷人的。变卖以便实现基督的命令——"变卖你所有的，分给穷人"（《马太福音》19：21）——这一事实保护它不受侵犯。塞瑞娜、皮尼亚努斯和小梅兰尼娅认为，对献给穷人的财富加以干预就是"剥夺上帝的祭台"。[24]

什么财富神圣、什么财富非神圣，是罗马热烈争论的事情。当大将军斯提利科于 408 年年底倒台（因为在处理阿拉里克事件上严重不力），塞瑞娜被元老院判处死刑。[25] 她被勒死了。多神教徒说，她的死亡乃是诸神的报复。十年前，塞瑞娜伸手将佩戴在诸神之母雕像脖颈上的项链夺走，戴在自己的脖子上。

当一位老妇人——最后的维斯塔贞女，当面指责这种不敬行为的时候，塞瑞娜严加斥责，并让手下将她赶走。[26]

许多人相信，是对女神项链的致命亵渎给塞瑞娜的脖子带来了绳套。对于多神教徒，一如基督徒，有些财富要比其他财富神圣得多。上帝或者诸神会报复那些试图将其挪作他用的人。

许多元老还懊恼对神庙的劫掠：对于他们而言，这是真正神圣的财富。对于财富因留给穷人而变得神圣和不可触碰这一新规，他们还缺乏理解和同情，他们需要皮尼亚努斯和小梅兰尼娅的财富来拯救城市。在 408～409 年阿拉里克围困罗马的那个冬季，罗马城开始闹饥荒。在马克西穆斯竞技场，人们对罗马大区长官呼喊："去，给人肉定个价。"[27]

为了生存，元老院开始对元老征税。对于这一前所未有的措施，上流贵族爆发了派别冲突，贵族之家尤其自私。据阿尼齐家族（以佩托尼乌斯·普罗布斯的儿子们和他的遗孀法尔托妮娅·普罗芭为代表）的对手们说，该家族阻止了任何公平估算的方式，他们这么做是"因为他们实际上掌控了全城的财富"[28]。

皮尼亚努斯和小梅兰尼娅因与塞瑞娜和斯提利科有牵连而有污点。相较于还强有力的阿尼齐家族，他们的财富似乎更为容易处理。[29] 409 年年初，罗马大区长官庞培召集元老院清晨议事，他提议，皮尼亚努斯和小梅兰尼娅的财产应该被罚没，成为"国家财产"。然后，他去自己的办公地（可能在广场附近）公布这一决定："由于缺乏食品，民众突然起来闹事……他立即被拖起来，被用石头公开砸死。"[30] 这是一百年来所知危机中唯一一次罗马大区长官被私自处死。这一令人恐怖的暴力行为（杰罗修斯幸灾乐祸地讲述的）解放了这对年轻夫妇，最终，他们的财富由他们自己散发。

299

"哪个城市和乡村没有分享到他们的善举呢?": 遣散财富,410~417 年

一旦可以自由处置财富,皮尼亚努斯和小梅兰尼娅就不那么随意而漫不经心地分配了,不像他们的苦修传记作家所揭示和现代学者所想象的那样。他们放弃财富的行为并不像炫富的篝火,[31]而是进入了这对年轻夫妇有选择地进行资助的教会政治之中。

他们的赠礼是广泛的。如同格隆提乌斯所写:"哪个城市和乡村没有分享到他们的善举呢?"[32]这些善举的主要受益者是修士,而非穷人。"圣洁的穷人"——圣徒中的穷人,几年前(406 年)哲罗姆拼命地捍卫他们获得资助的权利——接受了成千上万的现金赠礼:3.5 万索里达给了东部的修道院,西部才获得了 1 万索里达,另外 1 万索里达给了地中海沿海岛屿上的修士。这些由欧洲和非洲板块碰撞形成的喀斯特和熔岩的小岛,曾是古典时代冷酷的流放之所,现在由于富人(他们为此买下全岛)的资助,这些小岛成为新的泛地中海修道活动的潜在卫星中继站。达尔马提亚沿岸就有 900 座小岛,并非所有岛屿都是让隐士哆嗦的光秃秃的岩石,有些岛屿(如今天克罗地亚北部沿海的阿格杰恩岛)上有繁盛的庄园,在那里,一种基于贵族休闲理念发展而来的修道活动能轻易开展,一如在意大利沿海岛屿(如卡普拉西亚)和将在高卢南部沿海的勒兰群岛发展起来的那样。[33]

这些资助并非毫无差别。皮尼亚努斯和小梅兰尼娅的捐赠像老梅兰尼娅的捐赠那样集中。三十多年前,当老梅兰尼娅增

强埃及修道院中尼西亚派的抵抗实力时，小梅兰尼娅慷慨资助
君士坦丁堡好辩的主教金口约翰的支持者。在 404 年他们的魅
力领袖被剥夺职位之后，这些心怀怨恨的持不同政见者流亡到
东部帝国各地。通过资助"约翰的人"——金口约翰的支持
者们——皮尼亚努斯和小梅兰尼娅帮助维持这一教派，直到梅
兰尼娅晚年他们胜利返回君士坦丁堡。[34]

最后，他们的奢华被圣洁化了，它变成了还愿财富。梅兰
尼娅的银器和丝袍捐给了教会，通过这种捐赠，世俗的奢华变
成教会的奢华，这是财富魅力的独特时刻。通过保利努斯在贾
米拉放着光芒的建筑，每个人都可以清晰地见识，借助将奢华
的面料和银器捐给教会，人间的财富如何转化为天堂的财富。[35]

在下一章我们将会看到，皮尼亚努斯和小梅兰尼娅逃出罗
马并非其故事的结束。这对夫妇逃到西西里，从那里到非洲，
他们的经济影响力非常大。到 417 年，他们才最终抵达耶路撒
冷。他们对早期基督徒的贫困相当着迷，于是将自己列入耶路
撒冷教会的穷人名录中。这绝不意味着他们花光了钱财。[36]几
年间，他们还能散发大量钱财给埃及的修士们。[37]他们后来捐
资修建了橄榄山的一系列建筑物。[38]加入"教会的穷人"名
录，是他们艰难地在当时复活耶路撒冷使徒团体的生活，那时
所有基督徒都生活在贫困中，供给公有。这两位前超级富豪定
居于圣地，融入早期基督徒的绝对贫困的神话之中。

从罗马到迦太基：流放中的阿尼齐家族妇女，410～413 年

阿拉里克制造的危机使皮尼亚努斯和小梅兰尼娅对财产的

放弃变成了公共突发事件。阿拉里克也无意识地对伯拉纠派论争负有责任。如此多的罗马头面人物带着门客和家庭教师逃离罗马，造成了和平时期不会出现的局面。让我们来看看这是如何发生的。

部分罗马贵族撤退到迦太基，这是非常自然的选择。迦太基被海洋保护，毗邻他们在迈杰尔达河谷和努米底亚平原的大地产。所以对于他们而言，迦太基是第二个罗马，没有人知道他们会在非洲待多久。在 410 年冬天至 411 年春天的紧张日子里，蛮族军队在地中海北部行省所向披靡，迦太基很有可能是西部帝国的主要幸存堡垒。如果是这样的话，难民很快就不再是外来过客，他们将强烈地干预当地的地产和教堂。

贵族带着他们的家庭教师。这就意味着，410 年之后，在罗马十分自然的基督教形式的支持者，发现自己身处异域。在迦太基，他们与非洲的教士们面对面。从非洲的角度来看，从罗马来的许多坚定的基督徒知识分子的观点包含一种令人不安的"他者感"。在某座大城市成长起来的基督教思想家与另一座大城市的传统有摩擦，正是这种他者意识的增长，导致了伯拉纠派论争的爆发。[39]

要明白为何如此，我们必须稍微转换一下视角。在此之前，我们按照格隆提乌斯在《小梅兰尼娅传》中的精彩描述来追随两位年轻贵族处置他们财产的足迹。但是，如同我们会在最后一章中见到的那样，基督徒贵族不仅受到鼓励抛弃财富，还被要求庇护对知识的探求。贵族庇护者希望门客做他们的家庭教师——就像早期的家庭医生和哲学家。作为回报，他们应该资助门客。他们应使后者出名，保护他们免受竞争者的妒忌。在基督教时代，这就意味着他们处在门客和异端指控之间。作为基督教学者和灵修导师的庇护者，俗贵自认为与主教和教士一样有权决定正统教义的范围。老梅兰尼娅及其友人和亲戚对儒菲努斯的庇护表明，在罗马的基督教知识活动仍植根于家舍之中——在富人的宅邸中及其家主的庇护下，也在教堂中。[40]

我们这些了解伯拉纠派论争的实际进程的人似乎有些吃惊，但基督教贵族作为灵修导师的庇护者足以对此进行解释。410 年之后的几年，最大的基督徒家族——佩托尼乌斯·普罗布斯的阿尼齐家族——向不列颠教士伯拉纠（很快就成为圣奥古斯丁的著名对手）寻求灵修指导。[41]他们这么做是因为伯拉纠业已在罗马成长为具有独特风格的灵修导师。

可能在 390 年前后，伯拉纠从不列颠南部来到罗马，以评 302 注《保罗书信》而知名，是美好生活的热情支持者。他的使命就是"用基督教劝勉来点燃、激励那些冷漠、无动于衷和缺乏生气的心灵"[42]。

伯拉纠并非温和之士——用现代人熟悉的字眼，甚至都算不上"开明"。他还是俗人，拒绝使用来自希腊语的"修士"一词（哲罗姆每次都津津有味地炫耀"带 m 的词"，以震撼和刺激读者）：

> 我希望你被称为基督徒而非修士，并且拥有你要赞美的德行，而不是一个在我们的拉丁语中毫无意义的外来词。[43]

然而，尽管有这样的声明，伯拉纠总是被人当作"上帝的仆人"。他有清晰的苦修方案。正是由于这一方案，约412～413 年，佩托尼乌斯·普罗布斯的遗孀阿尼齐亚·法尔托妮娅·普罗芭和她的儿媳阿尼齐亚·茱莉亚娜——茱莉亚娜刚失去了丈夫奥利布里乌斯，他是普罗布斯之子，曾在 395 年担任执政官——请求伯拉纠写一封赞美和建议信，以庆祝普罗布斯的孙女德米提雅斯守贞。[44]被邀请写此类信件表明，伯拉纠具有写作苦修劝勉书的天赋。

由于阿拉里克攻陷罗马所带来的破坏，德米提雅斯的守贞仪式不是在罗马而是在迦太基举行。由迦太基主教奥勒留正式将面纱授予德米提雅斯的活动，旨在成为公共仪式。由父系亲属授予面纱是罗马婚礼的一部分，因此，由作为教父和主教的奥勒留为德米提雅斯授予面纱，是这次活动的亮点。这并非私下的誓言，而是高级贵族与基督的灵性婚姻。"婚礼"在迦太基大教堂举行，这一活动受到的关注颇类似于庆贺新晋罗马元老的大型赛会，事实上，该仪式甚至从细节上都模仿了赛会仪式。如同在庆祝孩子成为法官的赛会活动中西玛库斯将象牙双联版和小银篓分赠给同僚那样，此次也有礼物赠予主教。作为希波主教，奥古斯丁也收到了这样一份礼物。他充满喜悦地感谢普罗芭和茱莉亚娜：

> 用怎样的言辞才能表达，用怎样的使节才能传递这一消息，表明基督接纳阿尼齐家族的贞女，远比大家拥有了执政官更为光荣和有益？[45]

303 　　这时，阿尼齐家族也需要盛大的庆祝仪式。他们受到指责，因为拒绝了为了拯救罗马而分享他们的巨额财富。后来的传闻说，普罗芭本人打开了萨拉利亚门（靠近阿尼齐家族在宾西亚丘的宅邸），以便让阿拉里克率领的西哥特人入城。[46]她和她的随从似乎被安全护送出罗马城了。相反，哲罗姆声称，他的友人玛尔切拉在位于阿文提诺山的宅邸中被抓,并在西哥特人逼问财宝的过程中被殴打致死。[47] 阿尼齐家族的女性安然无恙,这表明他们与蛮族分子做了交易。因此,普罗芭和她的家族很可能是在叛国嫌疑中抵达迦太基的。非洲军事长官赫拉克里亚努斯那时自诩坚定地效忠帝国。他以撤退到拉文纳的皇帝霍诺留之名,有借口彻底搜查普罗芭和她的随从。[48]

尽管他们抵达的时候感觉不太舒服,但在这个时候,迦太基而非罗马才是阿尼齐家族有望表现的唯一场所。他们通过女性表现为教会的忠实成员。德米提雅斯甚至有可能借助发誓成为贞女,摆脱门不当户不对的婚姻。罗马发生的事件让他们的名声受损,为了恢复财产、在不友好地区受到保护,阿尼齐家族的女眷很有可能被迫下嫁给一个富裕的外省家族。[49] 这也是维持家族产业的机会。通过成为正式的贞女,德米提雅斯退出婚姻市场,节省了一笔嫁妆。[50]

一如既往,所有这些都是哲罗姆提供的剧情,他也曾受邀给德米提雅斯写信。哲罗姆的信函展示了这位老讽刺作家呈现贵族之家的思想活动的能力。我们不必轻信他,但是,结合阿尼齐家族此时的处境,哲罗姆提到的剧情是可信的,同样可信的是,哲罗姆提及的仪式的神秘含义。在危险时刻,阿尼齐家族希望通过让一位"在家"贞女加入教会,获得神圣保佑(如同罗马近日的维斯塔贞女一样)。[51]

"神圣财富只有通过自己才能获得": 伯拉纠和德米提雅斯,413 年

当伯拉纠应邀为德米提雅斯写作的时候,他已远离罗马和迦

太基，身处耶路撒冷。阿尼齐家族的女性将他与另一位圣地的拉丁文大家哲罗姆相提并论。在她们看来，哲罗姆和伯拉纠是两位大苦修者，是作为专家组成员来祝贺和指导德米提雅斯的。

伯拉纠的书信极其与众不同，它们并非像哲罗姆草拟的书信那样是离经叛道的修道函。哲罗姆暗示了德米提雅斯来自家庭方面的出嫁压力，他想到德米提雅斯抵制这些压力的时刻，以及如何使婚姻重礼（类似于普洛耶克塔盒和埃斯奎诺首饰盒的其他物品）的使用更加有益。

伯拉纠的书信中没有这些挑逗性的卧室场景。相反，这封书信来自一名经验丰富的老师。他将德米提雅斯视为初学者，他向她保证，她有成功的天赋，然后他告诉她如何成功。[52]总而言之，《致德米提雅斯书》是谨慎之作，提出了一种稳定的生活方式。拉丁修道研究的大专家亚德博·德·佛居哀发现，伯拉纠的这封信从字句和内容方面都直接导向圣本尼迪克特的《规章》。[53]

但是《致德米提雅斯书》也是一种展示。无论是曾经聚集在罗马还是现在聚集在迦太基，伯拉纠向他的崇拜者们展示了他个人独特的灵修指导（在罗马数十年从事注经、写作和争鸣的成果），其核心是对个人富有挑战性的确切认识。

人性是合理的，能够承受严格的苦修教育：

> 关于伦理指导和圣洁生活，当我得说点什么的时候，我的习惯首先是揭示：人性的能力和资质足以胜任。[54]
>
> 首先你得依据造物主来衡量良好的人性……如果他使一切事情格外美好，那么你想想看，他将会使人性多么超凡。[55]

人的心灵受其本性引导——本性依据"自然法"植根于人的良心中——去追求正确。多神教徒的英勇精神使这一点很明白:"即便没有上帝,我们人类知道我们是由上帝所造。"[56]例如,约伯就是这样一位正直的多神教徒。仅仅由本性所致,他就是"在《福音书》之前获得福音的人。他告诉我们灵魂的潜能有多么巨大"[57]。

那么,德米提雅斯面对的唯一问题就是,如何保证意志的清晰指示能够转化为行动。正是针对这一点,伯拉纠试图将信息表达得格外清晰。他的毕生事业在这一问题上面临着考验。

在伯拉纠看来,人自身没有什么因素、整个世界也没有什么力量,使认真的基督徒不能贯彻他或她的意识。上帝所造的精神世界,仅由自由意志组成。人可以利用这种自由干伤天害理之事,但是,他们完全是自由而为的。人性中没有黑暗之心,正如世界中亦无黑暗之心。没有内在的力量能够抵抗意志,更别说控制意志。认为有这么一种力量存在,就是在像摩尼教徒一样思考。只有无知者、懒惰者和亵渎神灵者才会联想到这些力量,从而授基督徒以口实不去履行神法:"只有那些不愿改变人生的人,才会自以为是在面对'人性'本身。"[58]

圣洁只能来自人的意志。德米提雅斯不必坐等上帝的恩典再去实现其灵修的愿望。伯拉纠明确表示,认为"上帝的恩典"完全是来自上帝的新的、意想不到的、突然降临的礼物,这是完全错误的。这么看待恩典,将之看作来自身外之力量,就是在实现自己的惰性:

出于自己的懒散和无聊,我们身陷无知之中,并非常惊奇地认为,圣洁来自某种外部力量。[59]

与这种故作高深的被拣选相反，德米提雅斯被要求牢记内在的力量。她必须学会调动自己的内在资源。

> 每个人都承认，你高雅的气质和物质财富属于你的家族……但是除了你自己，无人能够赐予你精神财富……舍去你自身，则无所谓精神财富。[60]

这句话对伯拉纠是致命的。它暗示，上帝根本不能赐予德米提雅斯什么。她业已拥有过完美生活所需的所有精神财富。四年后，奥古斯丁和阿利比乌斯提醒阿尼奇亚·茱莉亚娜注意这一段落。她返回罗马之后，在 417 ~ 418 年，他们在联合写给茱莉亚娜的信函中提醒她：

> "这些财富（富裕和高贵）并非真正的财富"……这些话是直率而可靠的。但是他说（神圣财富）"只有通过自己才能获得"，这就是毒药了。[61]

作为大家族之长，茱莉亚娜对他们的抗议不以为然。两位非洲主教得到了相当冷淡的答复，她向他们保证，她的蜗居之中绝不会有异端。阿尼齐家族成员从未受到过怀疑，实际上，她告诫奥古斯丁和阿利比乌斯管好自己的事情。伯拉纠的原信被阿尼齐家族保留，一直被阅读着，备受赞许。[62]

"愿所有尊荣……发生改变"：伯拉纠和高贵性

茱莉亚娜不必为伯拉纠困惑。因为在《致德米提雅斯书》

中，他悄悄地承认了她家族的高贵。他直接从阿尼齐家族血统中得出德米提雅斯潜在的圣洁性：一个导致另一个。如同让-玛丽·萨拉米妥敏锐地观察到的，从这个角度而言，与晚期罗马基督教作家相比，《致德米提雅斯书》涉及一项更为大胆的处理方式。在处理与阿尼齐家族的关系时，奥古斯丁和哲罗姆乐于赞美他们（通信人）的贵族家世，一如其他贵族。但是，他们仅仅将此视为"俗世"的高贵，是真正的基督徒要努力遗忘的。这种通常所谓的高贵与灵魂的真正高贵完全相反。因此，413 年奥古斯丁在写给茱莉亚娜的信中说，阿尼齐家族为"此世"提供了执政官；但是基督"以更加无可比拟的荣耀和益处"接纳了贞女们。在这种奉承中，根本就没有暗示提供执政官就能产生贞女。并非像贵族血统能够自然地确保灵魂的高贵那样，执政官的高贵并不必然带来贞女的高贵。[63]

对伯拉纠而言则并非如此。他要求德米提雅斯不要忘记她的过去。相反：

> 让你从你那著名的家族和阿尼齐血统的显著名声中继承而来的全部高贵转换到精神领域；让捍卫这种高贵、将之原样保留、认为屈从于邪恶实属不光彩的人，去出名、高尚和高贵吧。[64]

如同萨拉米妥所指出的那样，该段落暗示了基督徒美德与高贵出身之间的因果关系。[65]对伯拉纠而言，尘世的高贵与基督徒的高贵并非彼此对立：一个能够直接带来另一个。德米提雅斯转换了其杰出性，而非将其抛在身后。伯拉纠希望她依靠其高贵感（属于她体内不可分割的一部分），就如同依靠其灵魂中固有的精神财富。

总而言之，伯拉纠的《致德米提雅斯书》的读者不会不注意到，在属灵的领域清晰地回响着罗马贵族核心圈子独特的高度自主感。我们在讨论西玛库斯的社交圈子时注意到，这是一种由高贵授予自身的高贵性。这种高贵性并不依赖于皇帝的恩典和眷顾，也并非从天而降到他们头上（一如像奥索尼乌斯那样的外省人）。这属于他们自身，植根于其本性，如伯拉纠所宣称的灵魂的"本性高贵"那样不可动摇，也基本自主。

在下一章，我们将有机会更为详细地讨论伯拉纠这一教诲对奥古斯丁和非洲的神职人员意味着什么，他们又为什么如此强烈地反对。然而，对于 413 年在迦太基的罗马难民而言，这意味着：尽管为罗马的沦陷所动摇，阿尼齐家族还是拥有其内在的高贵性。经历了被剥夺财产，逃难到异乡，德米提雅斯仍然没有放弃其贵族出身的任何特征——而这正是她的同辈皮尼亚努斯和小梅兰妮娅刻意要放弃的。事实上，德米提雅斯并不想消失、去东方，一恢复和平，她很快就与家人回到罗马。与小梅兰妮娅一样，她高寿，去世于 5 世纪 50 年代。但是，她并没有退隐到圣地的修道室，而是（像皮尼亚努斯和梅兰妮娅曾经那样）继续生活在罗马郊区。她葬在她亲自修建的圣斯蒂芬圣所中——圣所距罗马城 3 英里，在拉蒂纳大道旁的大庄园中。据我们所知，她也没有将这一庄园改为女修道院，这里仍是贵族之家。她那以大号的纪念碑书体书写的墓志铭说她是：

德米提雅斯，阿尼齐家族的贞女。[66]

德米提雅斯（在匈人阿提拉的时代）仍然代表了稳定世

界的一角。

413 年，在危机时刻，阿尼齐家族从伯拉纠那里得到了对
其高贵性的高度认可。然而，伯拉纠的其他追随者对富人就不
那么友好了。让我们转向伯拉纠派杰出的匿名作者那言辞激烈
的作品——《论财富》，它创作于 410 年前后，于 414 年在非
洲为奥古斯丁所阅读。

注　释

[1] Gerontius, *Life of Melania*, Latin version（henceforth *VL = Vita
Latina*）, 16. 2 – 3, ed. and trans. Laurence, *Gérontius：La vie
latine de sainte Mélanie*, 186；Greek version（henceforth *VG =
Vita Graeca*）, 16, ed. and trans. Gorce, *Vie de sainte Mélanie*, 160，以
及克拉克的译文和作为笺注的附录文章：*The Life of Melania the
Younger*, 39。

[2] Laurence, *Gérontius*, 109 – 41；Gorce, *Vie de sainte Mélanie*, 54 –
77；Clark, *Life of Melania the Younger*, 115 – 52.

[3] *VL* 18. 2 – 4, pp. 188 – 90；*VG* 18, p. 162；Clark, p. 40.

[4] *VL* 17. 2, p. 186；*VG* 17, p. 170；Clark, p. 39.

[5] *VL* 8. 5 – 9, pp. 168 – 70；*VG* 8, p. 142；Clark, pp. 31 – 32.

[6] *VL* 31. 3, p. 210；*VG* 31, p. 186；Clark, p. 48.

[7] John Rufus, *Life of Peter the Iberian*, 39, ed. and trans. C. B. Horn
and R. R. Phenix, *John Rufus：The Lives of Peter the Iberian,
Theodosius of Jerusalem and the Monk Romanus*（Atlanta, GA：
Society for Biblical Literature, 2008）, 54 – 55. 我们并不能确定彼
得确实见过皮尼亚努斯，但他很有可能听说过他和他的着装。
参见 P. Devos, "Quand Pierre l'Ibère vint-il à Jérusalem？"
Analaecta Bollandiana 86（1968）：337 – 50. 参见 C. B. Horn,
Asceticism and Christological Controversy in Fifth-Century Palestine：

The Career of Peter the Iberian (Oxford：Oxford University Press，2006)，138 – 41。

[8] 尤其参见 Jenal，*Italia ascetica*，1：96 – 97，2：492。

[9] Paulinus，*Letter* 32. 17.

[10] Paulinus，*Letter* 13. 15.

[11] P. Heather，*The Fall of the Roman Empire：A New History of Rome and the Barbarians* (Oxford：Oxford University Press，2006)，145 – 232 提供了对这些年的生动描述。

[12] Zosimus，*Historia nova* 5. 41. 4，Mendelsohn，p. 270，Ridley，p. 121.

[13] P. Veyne，"La prise de Rome en 410 et les Grandes Invasions，" *L'empire gréco-romain*，713 – 47 at pp. 726 – 29. P. Courcelle，*Histoire littéraire des grandes invasions germaniques*，3rd ed. (Paris：études Augustiniennes，1964)，31 – 77 仍是对这次毁灭的相关文献证据的最好分析。亦可参见 B. Brenk，"L'anno 410 e il suo effetto sull'arte chiesastica a Roma，" in *Ecclesiae urbis*，ed. F. Guidobaldi and A. G. Guidobaldi，Studi di Antichità Cristiana 59 (Rome：Pontificio Istituto di Antichità Cristiana，2002)，2：1001 – 18。

[14] Olympiodorus，*Fragment* 24，p. 187.

[15] *VL* 3. 1 and 5. 1 – 6. 3，pp. 160，162 – 64；*VG* 3 and 5 – 6，pp. 132 – 36；Clark，pp. 29 – 30. 关于皮尼亚努斯和小梅兰尼娅作为"模范和例外"，参见 Jenal，*Italia ascetica*，1：81 – 86，2：484 – 87. 现参见 R. Alciati and M. Giorda，"Possessions and Asceticism：Melania the Younger and Her Slow Way to Jerusalem，" *Zeitschrift für Antikes Christentum* 14 (2010)：425 – 44。

[16] *VL* 15. 1，p. 184，将财产归于小梅兰尼娅，*VG* 15，p. 156，157n4 则将之归于皮尼亚努斯。Clark，p. 38. 我们必须意识到这些常见的夸张的数量。

[17] B. Brenk，"La cristianizzazione della *Domus* dei Valerii sul Celio，" in *The Transformations of Vrbs Roma*，69 – 84.

[18] Symmachus，*Letter* 7. 116，Callu，3：105.

[19] *VL* 10. 1，p. 172；*VG* 10，pp. 144 – 46，145n6；Clark，p. 33；Palladius，*Lausiac History* 61. 5 提供了被解放奴隶的总数。Palladius 于 404～405 年在罗马郊区拜访了这对夫妇，特别参

见 K. Cooper，"Poverty，Obligation，and Inheritance：Roman Heiresses and the Varieties of Senatorial Christianity in Fifth-Century Rome，"in *Religion*，*Dynasty*，*and Patronage*，165 – 89 at pp. 165 – 66。

[20] Zosimus，*Historia nova* 5. 42. 3，Mendelssohn，p. 272，Ridley，p. 122.

[21] A. Giardina，"Carità eversiva：Le donazioni di Melania la Giovane e gli equilibri della società tardoromana，"*Studi storici* 29（1988）：127 – 42 at pp. 139 – 40. 新成果参见 B. Pottier，"Entre les villes et les campagnes：Le banditisme en Italie du IVe au VIe siècle，"in *Les cités de l'Italie tardo-antique*，251 – 66。

[22] *VL* 11. 1 – 7，p. 174；*VG* 11，pp. 146 – 48；Clark，pp. 34 – 35；Curran，*Pagan City and Christian Capital*，299 – 300；G. D. Dunn，"The Care of the Poor in Rome and Alaric's Sieges，"in *Prayer and Spirituality in the Early Church*，vol. 5，*Poverty and Riches*，ed. Dunn，D. Luckensmeyer，and L. Cross（Sydney：St. Paul's，2009），319 – 33.

[23] *VL* 12. 9，p. 180；*VG* 12，p. 152；Clark，p. 37.

[24] *VL* 13. 2，p. 182；*VG* 13，p. 154；Clark，p. 37.

[25] Heather，*The Fall of the Roman Empire*，216 – 27.

[26] Zosimus，*Historia nova* 5. 38. 3 – 4，Mendelssohn，p. 266，Ridley，p. 119.

[27] Zosimus，*Historia nova* 6. 11. 2，Mendelssohn，p. 292，Ridley，p. 130.

[28] Zosimus，*Historia nova* 6. 7. 4，Mendelssohn，p. 288，Ridley，p. 129.

[29] 有证据表明皮尼亚努斯和小梅兰尼娅因为支持斯提利科而受到惩罚。A. Demandt and G. Brummer，"Der Prozess gegen Serena im Jahre 408 n. Chr.，"*Historia* 26（1977）：479 – 502. 我不那么确定，但是我毫不怀疑，在这对夫妇定居于罗马的最后时期政治因素所起的重要作用。

[30] *VL* 34. 1 – 3，p. 214；*VG* 19，p. 166；Clark，p. 42.

[31] Palladius，*Lausiac History* 54. 1 论老梅兰尼娅。

[32] *VL* 34. 1，p. 214；*VG* 19，p. 166；Clark，p. 42.

[33] *VL* 15. 6 and 19. 2，pp. 186 and 190；*VG* 15 and 19，pp. 158 and 164；Clark，pp. 38 and 41. 参见 Bowes，*Private Worship*，*Public*

Values, and Religious Change, 138 – 40。

[34] *VL* 19. 2, p. 190; *VG* 19, p. 168; Clark, pp. 42 – 43 and 137 – 38.

[35] *VL* 19. 4, p. 190 and 21. 3, p. 194 (in Africa); *VG* 19 and 21, pp. 164 and 172; Clark, pp. 41 and 44.

[36] 这是我对 *VL* 35. 3, p. 222 的解释; *VG* 35, p. 194; Clark, p. 51。

[37] *VL* 38, p. 228; *VG* 37 – 38, pp. 196 – 98; Clark, pp. 52 – 53.

[38] 小梅兰尼娅继续在橄榄山进行建造，其中最有名的是使徒圣所，皮尼亚努斯和小梅兰尼娅的母亲阿尔比娜就葬于此，参见 *VL* 49. 2, p. 250; *VG* 49, p. 220; Clark, p. 61; 修造计划参见 Laurence, *Gérontius*, p. 340。

[39] 关于非洲方面对伯拉纠及其追随者的观点的反应过程，参见瑞比雅德的精善之作 É. Rebillard, "Sociologie de la déviance et orthodoxie: Le cas de la controverse pélagienne sur la grâce," in *Orthodoxie, christianisme, histoire*, ed. S. Elm, Rebillard, and A. Romano, Collection de l'École française de Rome 270 (Rome: école française de Rome, 2000), 221 – 40。大量高质量的新作中，我受益最多的是 O. Wermelinger, *Rom und Pelagius: Die theologische Position der römischen Bischöfe im pelagianischen Streit in den Jahren 411 – 432*, Päpste und Papsttum 7 (Stuttgart: A. Hiersemann, 1975); 以及 S. Thier, *Kirche bei Pelagius*, Patristische Texte und Studien 50 (Berlin: de Gruyter, 1999)。英语读者应该尤其感谢 B. R. Rees 翻译的 *The Letters of Pelagius and His Followers* (Woodbridge, UK: Boydell, 1991); 也参见其总结 *Pelagius: A Reluctant Heretic* (Woodbridge, UK: Boydell, 1998)。

[40] Brown, "The Patrons of Pelagius," in *Religion and Society*, 210 – 11; Hammond, "The Last Ten Years of Rufinus' Life," 400, n. 3.

[41] P. Laurence, "Proba, Juliana et Démétrias: Le christianisme des femmes de la *gens Anicia* dans la première moitié du Ve siècle," *Revue des études augustiniennes* 48 (2002): 131 – 63. 目前参见 A. Kurdock, "*Demetrias ancilla Dei*: Anicia Demetrias and the Problem of the Missing Patron," in *Religion, Dynasty and Patronage*, 190 – 224; G. D. Dunn, "The Christian Networks of the *Aniciae*: The Example of the Letter of Innocent I to Anicia

Iuliana," *Revue des études augustiniennes et patristiques* 55 (2009)：53 – 72。

[42] 对伯拉纠的征引参见 Augustine, *De natura et gratia* 82。

[43] Pelagius, *De divina lege* 9.3, PL 30：119（Paris：J.-P. Migne, 1846）, Rees, p. 102. 参见 P. Brown, "Pelagius and His Supporters：Aims and Environment," *Journal of Theological Studies*, n. s., 19（1968）：93 – 114, 新的发表在 *Religion and Society*, 183 – 207。我的观点已被 Thier, *Kirche bei Pelagius*, esp. p. 9 改变。与我 1968 年的研究相比，Thier 更为正确、清晰地区分了伯拉纠本人与更为狭隘的追随者之间的区别。新近的研究主要通过重新理解伯拉纠的《〈保罗书信〉笺注》来重塑其形象。参见 H. J. Frede, *Ein neuer Paulustext und Kommentar*, 2 vols.（Freiburg：Herder, 1973 – 74）；T. De Bruyn, *Pelagius' Commentary on St. Paul's Epistle to the Romans*（Oxford：Clarendon Press, 1993）；以及 J. Tauer, "Neue Orientierungen zur Paulusexegese des Pelagius," *Augustinianum* 34（1994）：313 – 58。

[44] 最为细腻的分析参见 Vogüé, *Histoire littéraire du mouvement monastique*, 5：291 – 340。

[45] Augustine, *Letter* 150.

[46] Procopius, *History of the Wars* 3.2.27, ed. and trans. H. B. Dewing, *Procopius*, Loeb Classical Library（Cambridge, MA：Harvard University Press, 1916）, 2：18.

[47] Jerome, *Letter* 127.13.1.

[48] Jerome, *Letter* 130.7.7. 参见 T. Kotula, "Le fond africain de la révolte d'Héraclien en 413," *Antiquités africaines* 11（1977）：257 – 66。

[49] Jerome, *Letter* 130.5.4.

[50] Jerome, *Letter* 130 6.6 – 7.

[51] Jerome, *Letter* 130.6.1.

[52] 这在 N. Cipriani, "La morale pelagiana e la retorica," *Augustinianum* 31（1991）：309 – 27 中可以清楚地看到。

[53] Vogüé, *Histoire littéraire du mouvement monastique*, 5：298 – 313.

[54] Pelagius, *Letter to Demetrias* 2.1, PL 30：16D, Rees, p. 36.

[55] Pelagius, *Letter to Demetrias* 2. 2, 17A, Rees, p. 37.

[56] Pelagius, *Letter to Demetrias* 4. 2, 19B, Rees, p. 40.

[57] Pelagius, *Letter to Demetrias* 6. 3, 22A, Rees, p. 43.

[58] Pelagius, *Letter to Demetrias* 3. 3, 18B, Rees, p. 39.

[59] Pelagius, *Letter to Demetrias* 8. 3, 23C, Rees, p. 44.

[60] Pelagius, *Letter to Demetrias* 11. 1, 26D, Rees, p. 48.

[61] Augustine, *Letter* 188. 2. 5.

[62] Augustine, *Letter* 188. 1. 3.

[63] J. M. Salamito, *Les virtuoses et la multitude : Aspects sociaux de la controverse entre Augustin et les pélagiens* (Grenoble: Éditions Jérôme Millon, 2005), 29 – 35.

[64] Pelagius, *Letter to Demetrias* 22. 2, 38B, Rees, p. 60.

[65] Salamito, *Les virtuoses et la multitude*, p. 30.

[66] *Inscriptiones Christianae Urbis Romae*, n. s. , 6, no. 15764. 现在参见 Bowes, *Private Worship, Public Values, and Religious Change*, 94 – 96。

第19章 消灭富人：伯拉纠派对财富的批评

"自由意志之剑"：伯拉纠、习惯与财富的社会层面

伯拉纠的《致德米提雅斯书》是一份庆祝宣言，是为贵族的特别场合而作。它聚焦于年轻贞女德米提雅斯身上兼具的贵族出身与灵魂的"本性高贵"，回避了其家族的巨额财富问题。总而言之，在财富问题上，伯拉纠相当传统。作为给富裕学生写作的典型导师，他强调了摒弃财富，而非拥抱贫困。教师应该不屑于钱财。他的学生，如同圣保罗《书信》中提到的"圣人"，应该避免势利和对社会细微差异的不当关注。这是贵族反主流文化、哲学的伦理观，我们在古代晚期的研究中见到过许多这样的例子。[1]

但是也有个说法：伯拉纠在这一问题上的思想较之寻常观点更为激进。这就是习俗。伯拉纠服膺于意志的绝对自由，通过强调人类习俗对善事的累积性抵触，来解释人类在完成上帝的诫命时的困难。虽然没有惰性和消极本性能够限制意志，但是，当上帝指示去做善事的时候，拥有自由意志的基督徒会发现自己为自身经历——此前意志的自由行动所导致的坏习惯的逐渐累积——所限制。

我们很难做善事，因为自孩提时代就开始做坏事的习惯持久地影响着我们，多年来逐渐败坏我们，并从此将我们约束起来……它在某种程度上具有近乎本性的力量。舍此无他。[2]

但是，不仅个人为他或她的经历所掌控，社会自身同样对反意志的坏习惯负有责任。整个社会在坏习惯的掌控之中。这些习俗是过去的个体有意堕落的无声累积。虽然如此，在面对社会习俗的力量时，伯拉纠保持着乐观态度。习俗并非不可克服。自由意志所创作的，也能由它消除。习惯外在于意志，就像在机械的运转部分形成的铁锈。伯拉纠想教导德米提雅斯如何去掉锈迹，恢复其本性做善事的自由。[3]

这种习俗观富有极端含义。社会可能是不变的，但是这种不变性只是表面性的，是此前自由行为的结果。这些行为的结果很有可能是负面的；财富不必被视为社会不可改变的特征，相反，这不过是过去遗留的坏习惯而已。对于此类坏习惯，人可以凭借放弃行为摆脱它们。用《致德米提雅斯书》的话来说，伯拉纠试图让人们准备好"自由意志之剑"，以斩断与巨额财富之间的纽带。[4]

伯拉纠并没有在作品中继续这一话题。但是，他的习俗观却为皮尼亚努斯和小梅兰尼娅这样具有超强意志的人士遣散遗产提供了神学合法性。这对年轻夫妇敢干的，就是伯拉纠派作家敢想的。他们的写作就是为了鼓励其他人效仿苦修式放弃财富的激进方式。守财是个坏习惯，它是无数贪婪的和暴力性自由行为的结果，放弃财富的自由行为将逆转这一邪恶进程，使财富像个大饼一样从富人身上掉落。

伯拉纠被一群通常远比他本人激进的追随者包围。其中许多人攀附于贵族，并为贵族主人写作。在真正的危机时刻，当公共灾难动摇所有财富的时候，他们呼吸着苦修运动那令人兴奋的气息。在放弃财富和自我放逐的极端场合，他们往往在场。当皮尼亚努斯和小梅兰尼娅从意大利先逃难到西西里，然后到非洲的时候，其随从中有伯拉纠的追随者。这些追随者被导师用独特的观念武装起来，其中的核心观念就是自由和习惯。他们愤怒地回顾正在消逝的富庶年代，罗马沦陷似乎标志着它的终结。财富只是意味着——它该被放弃。

"罪恶中盛开的花朵"：伯拉纠派
《论财富》和财富之源

此类社会思想的突出例子就是伯拉纠派匿名作品：《论财富》。它创作于 408～414 年，作者不详。在 20 世纪 60 年代它第一次被约翰·莫里斯介绍到英语学术界时，其作者被多少有些轻率地称为"西西里的不列颠人"。在莫里斯看来，作者是从不列颠迁徙到西西里的难民，他为的是逃避罗马军队从那里撤退所导致的社会动荡。与伯拉纠派的其他作品一道，《论财富》被视为在战火纷飞的不列颠流行的观念革命的一部分。[5]

但是，近年来安德烈亚斯·凯斯勒的经典性研究很大程度上移除了这一想象的背景。"西西里的不列颠人"变成了更为平凡的"匿名罗马人"。[6]他并非来自大变革时期的不列颠，而是生长于罗马城和西西里的富庶之乡。凯斯勒指出，他对财产再分配并不感兴趣，施舍穷人尤非他所关心，他关注的是财富的性质以及放弃财富的迫切需要。他并没有期望重组整个晚

310

期罗马社会。

但是，作品本身的高调门则是不可否认的。基于意识形态立场，学者们对《论财富》的反应相当不同。约翰·莫里斯认为：“无论如何，其直率的观点是属于社会主义的。”[7]乔治·德·普林瓦尔（伯拉纠思想的严肃阐释者）就不那么肯定了。在他看来，这是“对教父关于财富思想的第一次系统性歪曲”[8]。对让-玛丽·萨拉米妥而言，这部作品则是“冒失的苦修尝试”，与伯拉纠慎重主张的高贵性、灵魂出色的一致观迥然不同：这是社会思想的胡言乱语而非贡献。[9]

这些判断似乎孤立了《论财富》。他们或者过度阐释，或者过于疏略。他们到其中寻找革命主张，乍看之下，发现它不过是一系列当时苦修文献中常见的口号，似乎就失望了。但是，我们应该在整个晚期罗马放弃财富的背景下来分析《论财富》，尚托·托斯卡纳新近的细致研究就是这么做的。托斯卡纳揭示，这篇作品具有将常见观点重新编排的非凡灵感，以及对当时世界的真切了解。[10]

正是为了达到极端目标来对常见观点进行的重新编排，赋予了《论财富》的作者高调门，这使他免于寂寂无闻。到目前为止，我们讨论的是知名作家（如安布罗斯、奥古斯丁和诺拉的保利努斯），他们的生平和社会背景我们能够尝试探索。而在这里，我们碰到了不同的情形。我们甚至都不知道《论财富》的作者的名字，我们只是粗略知道他写作的日期和他的出身背景。但是，我们知道《论财富》的作者精通辩论术；他全身心地投入放弃财富这个主题，浏览了古代世界基督徒和多神教徒通常对财富的各种不同态度（我们在前面章节中了解了个大概）；他发现，哪怕是最大胆的作者，他所能接受的财富常识都是不够的。在立论过程中，他放弃了所有使基督徒团体可以容忍财富的一贯观念、他视之为偏袒富人的独特要求。他的读者们没有任何理由不彻底放弃财富以便通过狭窄缝隙，一如诺拉的保利努斯、皮尼亚努斯和小梅兰尼娅做过的那样。

首先，我们讨论的作品深受伯拉纠对意志自主的深刻认识的影响。在《论财富》的作者看来，财富并不在意志之外存在。毫无疑问，仅仅"是"富裕的现象并不存在，财富是贪婪，即变富的欲望的结果。在《提摩太前书》6：9 中，保罗将富人称为"那些想变富的人"。对此，这位作者声称，保罗说得很清楚，财富"就存在于意志之中"，这并不只是要比应该拥有的更多，而是根深蒂固的、可怕的拥有的意愿。[11]

只要渴望拥有的愿望本身是邪恶的，那么对（基督徒的和非基督徒的）财富的传统限制就是无效的。对保罗的《提摩太前书》的绝大多数解释都满足于"好"财富和"坏"财富之类轻巧的区分。这种区分关注富人的好动机或坏动机，也关注财富的好用途和坏用途——用于奢侈消费或者朴素的生活；出于贪婪或者慷慨大方。事实上，这种态度使富人的财富处于某种"假释状态"，它要求富人满足于已有的财富，坏富人走向贪婪仅仅是因为其性格有缺陷。个人的缺陷——好色、傲慢、热衷于权力——驱使他们增加财富。事实上，关于财富的讨论不是在讨论社会，而是针对个人邪恶的社会后果进行伦理讨论，富人尤其面临这种邪恶——如奢侈、残忍和野心。

对《论财富》的作者而言则并非如此。贪婪不是奢侈，也不是好色，甚至不是热衷于权力。坏富人的这些常见罪恶不过是更深层次的、更为邪恶的动机的外在表现而已。贪婪纯粹是意志的产物，它（如同意志那样）存在于人的内心之中。

312

事实上，追求财富是令人恐惧的、无形的持久存在。性欲可以被满足，但是贪婪却不能够。[12]

因为是人类意志的产物，财富也有历史，而且是沉重的历史。当下的财富是建立在由贪婪和权力公然自由行事引发的倒退的基础之上的，这种无休止的倒退可以追溯到数千年前。茂盛的"财富之花"将根须深深地扎在"罪恶的花床"上。[13]

在这里，《论财富》的作者展示了相当激进版的人类历史。在安布罗斯那里，我们发现的是植根于希腊和罗马世界的古风主义传统，这也是安布罗斯社会思想的基础。跟许多其他作者一样，安布罗斯相信，曾经有过一个黄金时代，在那时丰盈的大自然满足人类所需，只是在随后的零和博弈中，人类滥用共同享有的土地，将之据为己有。这就导致了目前的社会局面——围墙林立、仓库锁闭、攫取土地，以及暴力和战争。[14]

对许多基督徒来说，这一黄金时代似乎延续了数千年。苏尔皮奇乌斯·塞维鲁（我们提到过，他是诺拉的保利努斯的朋友）在《编年史》中提到的第一次人类战争，是亚伯拉罕和列王在死海之谷发生的战争，准确地说，是在创世之后第3312年。[15]这么写，表明苏尔皮奇乌斯相信，人类历史包括数千年的社会无辜期，没有私有财产，也没有战争。这真是一个令人欣慰的信念。如果社会无辜期曾经如此长久地作为正常状态存在，它就有可能重来。

黄金时代有可能重来，哪怕只是体现在极少数杰出人士的身上。通过描述施洗者约翰在旷野中以野草和蜂蜜为生的苦修生活，诺拉的保利努斯认为，约翰是以人类早期的清新方式生活着的。[16]约翰作为黄金时代生活的化身从旷野中出现。基督徒要努力将这种更加朴素的时代的回响带回社会生活中。406年前后，保利努斯为庆贺年轻执事朱利安·艾克拉努姆的婚姻而写作了颂歌，他要求朱利安和他的妻子（一位主教之女）避免大操大办的流行婚礼，而应该"模仿先祖那圣洁的简单方式"。[17]

总而言之，从整个人类历史来看，"圣洁的简单方式"曾长期存在，直到最近才告终结，这是罗马基督徒的社会想象中的固有内容。然而，大多数基督徒罗马人认为，这个黄金时代并非十分激进的乌托邦，即并非普遍的无辜时代——没有私有财产也没有社会差别。他们所想象的，则是当下世界的温和版，与他们期望的、体现在基督教会中相对温和的当代社会没有什么区别。这一点从基督徒大贵族群体的代表人物的诗作中清晰可见。

法尔托妮娅·贝提提娅·普罗芭是法尔托妮娅·普罗芭的祖母。在 4 世纪 50 年代，她写作了论基督生平的《集句》（对维吉尔的半行诗句的巧妙拼凑）；她收集了《埃涅阿斯纪》第八卷中令人印象深刻的诗句，提及无辜时代之后灰色时代的恐惧降临——这是充满贪欲和战争的"受到玷污的时代"：

> 继之以战争和贪婪的疯狂。
> 正义留下了轨辙，离开了大地。[18]

贝提提娅·普罗芭随后将基督对年轻的富人的召唤视为重获黄金时代的召唤。她的诗歌并没有提到基督让人放弃一切，更没有提及将困扰保利努斯、哲罗姆和小梅兰尼娅的"追随我"。相反，在普罗芭的福音故事中，任性的年轻的富人被要求重返黄金时代。普罗芭并不认为基督要求他变得贫穷。作为对维吉尔的回应，基督要求他像好王萨图恩（Saturn）温和地统治意大利时的贵族那样作为：对依附民慷慨大方，用自己的

313

权力保护受害者。[19]

《论财富》的作者并不抱这样令人安慰的幻想。他对黄金时代以及随之出现的贫穷并不感兴趣。他相信，只要人类有自由意志，他们就会贪婪，并因此积累财富。[20]这是一个相当祛魅的观点，富有直接的思想后果。他剥夺了财富的理想化的历史，那时财富是清白的。在遥远的过去并不存在这样的好富人：当富裕的基督徒为自己的财富加以辩护时，他们是可供效法的。对于绝大多数富裕基督徒而言，先祖亚伯拉罕就是好富人的典范：他将圣洁与豪富聚合在一起。今天的富人以为，如果他们能够合理地使用财富，他们就可以成为当代的亚伯拉罕——大方、友善、保护弱者；而且，如果他们如此仿效亚伯拉罕，他们确实能够心安理得地保有财富。[21]

《论财富》的作者直截了当地否定了这一信念，他坚称亚伯拉罕属于例外——几乎就是自然的突变，亚伯拉罕的情况并不能说明其他富人也是圣洁的，而只能说明既富且圣是个例外。现在的富人不可能做到像他那样，而且正是因为不可复制，所以他为上帝所钟爱。亚伯拉罕以一种截然不同的方式运用了自己的意志，与人性的沉重常态不符，这种常态自他死后一直延续到现在。

如此评论亚伯拉罕隐含着对人类历史非同寻常的警醒。在亚伯拉罕之前，没有无辜的漫长岁月，更没有其他好富人。亚伯拉罕之前的人类历史充满了暴君和强权人物，他们活跃在一种由上帝留给人类、完全由个人意志的冲突而产生的社会秩序中。[22]

对时人而言，这真是一个令人不寒而栗的结论。用卜尼法斯·拉姆齐的话来说："这个观点实际上将财富从天启中加以排除。"[23]《论财富》的作者并不认为财富是上帝通过恩典赐予某些人，以便他们能够作为他的仆人加以使用的财富。至多上帝并不情愿地承认了财富的差别，如同他容忍以色列人不顾先知撒母耳的警告，傲慢地立王一般。[24]

坦白地说，上帝的恩典与巨额财富的存在无关。上帝更不会将巨额财富赐予某些人，以便他们能够将此作为许愿财富还给他。这正是保利努斯声称要做的。只要他通过在贾米拉建造闪闪发光的圣菲利克斯圣陵，将财富献给上帝，他就对自己的财富没有丝毫不安。《论财富》很有可能就是为了驳斥保利努斯这样的人。

"消灭富人将会没有穷人"

那么谁是富人？首先，《论财富》的作者声称没有人"天生富裕"，并因此与贪欲无涉。[25]这么一来，他就无视了祖产与"新"财富之间的传统区分。祖产似乎被当作毫无问题的财富，是一直就在那里的财富，它们似乎如同土地一样固定不变。在西玛库斯和奥索尼乌斯那里，此类财富由强烈的遗产意识加以保证。这是无辜的财富。只有新财富，即通过暴力和苦心经营而来的财富，才是有问题的财富，才是需要加以抨击的。然而恰恰相反，诚如《论财富》所指出的那样，所有遗产都有其黑历史："我不讨论财富的拥有，而是讨论其来源，因为我认为财富是不可能通过合法途径获得的。"[26]

对晚期罗马的读者来说，这本身就是老生常谈。哲罗姆就引用过一句习语，说"富人要么是邪恶的，要么是邪恶者的后人"。[27]但正是他提供的答案而非问题本身，使《论财富》的作者与众不同。他将老掉牙的格言改造成了社会的必然规律。

315

你可能会说:"那么财富是邪恶的。"首先看看什么是财富……人类被分成三个阶层:富人、穷人和温饱者……变富就是拥有比必需的更多;变穷就是不足;温饱则是绝不拥有比必需的更多。[28]

"温饱"是衡量贫富的标准,在《论财富》的作者看来,这一标准必须被更加严格地保持和精确估量。他认为,社会中贫富分布是不可容忍的零和博弈的结果。超过温饱的那些人只能剥夺穷人,少数人的过量自然导致多数人被剥夺:

某人拥有大量财富,超过个人所需,而另一人则不足以满足日常生活所需,这公平吗?那个人安享其财富,而这个人却要在贫穷中日渐消瘦?[29]

如同在诺拉的保利努斯那里,富与穷、财主与拉撒路的并置,是特别困扰基督徒富人的一个话题。保利努斯通过强调神秘的交易、神定的共生现象来解决这一问题,即上帝允许穷人聚集在富人周围,以便富人能够通过施舍来拯救自己的灵魂。相反,《论财富》的作者则去掉了富与穷并置的任何神定性意味。富与穷并不只是由上帝的隐秘意志永恒地区分的两个群体;相反,富与穷因果相连。无论富人是否意识到,实际上他们制造了穷人。为了富人的福祉,富人赢得了对有限资源的无情争夺。只要有人越过了温饱的神定红线,变得富足,其他人就会陷入贫穷。

温饱并非一个古典术语,[30]它最早源自《箴言书》30:8,希伯来语"lehem huqi"指通过上帝之手将日常所需的面包分发给每个人，它涉及对产生的任何财富抱有满足感和对上帝的感恩。这个术语通常指足够满足温饱的财产中所包含的模糊的慷慨因素。然而，在《论财富》中，温饱成为一个好斗的口号，以不近情理的清晰划定了贫困线，正是富人的存在使穷人掉到这一贫困线之下。

316

> 消灭富人将会没有穷人。既然少数人变富使许多人变穷，那么就让任何人不得拥有比实际所需的更多，每个人各取所需。[31]

我们不要低估了这一观点的尖锐性。论及希腊化时代对于富人的批评，伟大的俄罗斯史学家 M. 罗斯托夫采夫（他本人就是逃出布尔什维克统治的流放者）曾经观察到："对于他们及其一些现代继承者而言，富人不是罪犯，而是傻子。"[32]绝大多数古代晚期的基督徒作家和布道者（甚至包括安布罗斯）满足于将富人视为傻子：他们愚蠢地滥用上帝赐予他们的好财富。《论财富》的作者则更进一步，在他看来，富人就是罪犯，他们是自由意志的产物，并通过自由行为塑造了社会：一个贫富悬殊的社会，一方导致了另一方，富人的富裕程度无比精确地表明了他们剥夺穷人的程度。

"这是他们自己挣来的财富吗？"：财富与权力

《论财富》以如此雄辩的热情展开其论点，以致许多人怀疑其严肃性以及它与当下的关联性。[33]然而《论财富》中对富人的具体描述似乎适合于某个特定阶层和地区。《论财富》中的富人不是安布罗斯笔下的富人。安布罗斯笔下的富人是典型的地主，乃社会想象中的庞然大物，其形象在罗马历史悠久，体现了对大地产增长、小农被剥夺的不安。

《论财富》简单提及了那些"渴望无限地产……无限空间"的人的贪婪。[34] 但是真正让作者感到愤怒的还不是大地主，而是法官们——尤其是担任法官的行省总督们。他们是皇帝的飞扬跋扈的仆人；他们对穷人的压迫并不与大地产的增长相关，而是帝国司法制度运作的结果。伯拉纠派作品特别起劲地加以谴责的，正是财富与政府权力之间的关系。

317　　在这一方面，《论财富》并非孤立。伯拉纠派的其他作品同样特别关注财富和行政暴力之间的关系。《论基督徒的生活》的作者指出，当时许多人都沦为血腥叛乱的牺牲品：

　　　　其他不公正地执法、剥夺了无数人的人，又被撕裂成碎片，他们的残肢的数量并不比他们杀害的人数少。[35]

毫不奇怪，鉴于此类语句的激烈程度，约翰·莫里斯认为，他从中感受到了由于罗马政府从不列颠南部撤离，秩序颠倒所引发的民众复仇的遥远回响。但是类似的事情也发生在罗马（尤其是《小梅兰尼娅传》中提到的罗马城长官遭遇前所未有的私刑）。因此，我们应当重视罗马城贵族的复杂性。在5世纪10年代（如同在4世纪70年代），并非所有贵族都类似于西玛库斯和阿尼齐家族。他们中的相当一部分是新贵，通过行政服务致富，担任法官。在伯拉纠派作品中，他们受到来自同一阶层的作者们的指责。

因此，伯拉纠运动存在着分裂。像德米提雅斯和她的母亲朱莉亚娜·阿尼奇亚这样的贵族能够庇护伯拉纠。他高度赞扬他们灵魂中内在的高贵性，这似乎回应了他们对自我的高度评价。但运用伯拉纠的观念解释社会问题的那些人，似乎来自低层贵族，如同我们经常所见到的那样，这是培养标新立异观点的温床。塞勒斯提乌斯——伯拉纠运动中令人头痛的天才——就是"贵族出身"，同时也是行政法专家。他几乎与奥古斯丁的朋友——年轻的阿利比乌斯——有同样的社会经历，是曾经在罗马做律师、谋求升迁的贵族。作为伯拉纠派的主要对手之一，君士坦提乌斯则是一位退休副官：他曾经担任大区长官的行政代表（一类高级官职，如同阿利比乌斯在罗马担任的司法顾问）[36]。

　　这一阶层的成员对于自己财富的来源并没有想入非非。他们的财富并非祖产，而是通过行政权力获得的金钱。罗马教会信众团体对于教会的富裕俗人的财富也不抱任何幻想。上帝的民众聚集在大教堂，每个星期日看着富人郑重其事地穿过走廊，将他们的捐赠留在祭坛附近专门的桌台上。执事们将特别隆重地以司铎的感恩祈祷和祝福仪式将这些捐赠献给上帝。[37]那时，在罗马教会和其他场合，捐赠者的名字将被信众大声宣读。我们从哲罗姆的评述中了解到这一习惯。这位讽刺成性的作家以其一贯作风评论道：

318

　　　这是他们自己挣来的财富吗？（《箴言书》13：5）许多人压迫他们的农夫、穷人和佃户——更别提皇帝的仆役们（包括官员和士兵）和总督们的暴力了，他们以权谋私……执事可能大声诵读这些捐赠者的名字——"她带来了如此之多""他答应捐赠这么这么多"。他们尽情享受着民众的颂扬，而他们本应受着良心的折磨。[38]

通过在教堂营造类似于赛马场中富人接见"他们的"民众的场景，主教们无意地重塑了传统批判，这一直是富人与其崇拜者之间的交流中的暗流。赠予民众的财富（不管是用于表演还是给教会）总是需要洗白的财富。

《旧约》关于"巧取豪夺的财富"不能奉献给上帝的祭坛的观念，强化了基督徒对富人的批判。在每座城市，重复出现的奉献仪式以及虔诚修缮（例如保利努斯在贾米拉建造的救济所或者潘马奇乌斯和富丽娅在罗马建造的救济所），为当地民意评判基督徒富人提供了机会。富人总是被批判奉献巧取豪夺的财富。用伯拉纠的《论基督徒的生活》中的话来说就是：

> 不存在上帝要求的慈善……与其捐献用以保护少数人，还不如不要劫夺许多人的财富。[39]

《论财富》的作者对财富、权力和公共残暴之间的关系并不抱任何幻想。与圣安布罗斯提及的残忍的大地主相比，他刻画的富人更加令人印象深刻：

> 您瞅瞅，人体……被铅鞭毒打，被棍棒打得皮开肉绽，被钳子撕裂，被火苗灼烧……而您，富人的帮凶和卖官鬻爵者，满不在乎地躺在高高垫起的厚地毯上……讲述正在受着残酷折磨的人的故事，以供客人们消遣……若是有人对这些故事感到恐惧，您会继续声明，这么做只是为了维护法律。[40]

基督面对彼拉多

最后，在伯拉纠派作品中，基督的悄悄出现将富人主宰的　319
社会恐怖映衬得格外清晰。既不是穷人也不是修士，而是基督
本人在活生生地指责富人。伯拉纠确实强调运用意志时榜样的
力量；伯拉纠派作品关注基督谦卑的神奇力量。[41] 这里反映了
哲罗姆之后一代人的感悟。基督的绝对贫困的苦修观念很大程
度上来自哲罗姆，他将基督的绝对贫困和修士的贫困牢固地联
系起来，构成了伯拉纠派批判富人的基础。

时代变了。对于诺拉的保利努斯这一代人而言，上帝从天
上降临人世，体现了特别的谦卑。对皮尼亚努斯和小梅兰尼娅
而言，这种降临体现于服饰的剧变。但这并非一场摧毁社会人
格的彻底清算。而伯拉纠派笔下的基督（如同哲罗姆笔下的
基督）下降得更加彻底。他就在罗马流浪，哲罗姆认为他确
实出没于那些聚集在大理石宅邸的台阶上的穷人中间。[42]

与哲罗姆相比，《论财富》的作者不大为怜悯穷人的行为
感动。对他而言，最突出的是贫穷与世俗权力之间的强烈反
差。通过彻底的、悄悄的消耗，基督就像富人的对立面，直面
富人，一如他曾经面对彼拉多那样。

让我们瞅瞅富人的生活方式是否与基督有任何相似之
处。我看一点儿都没有……富人，爱慕虚荣、充满傲慢……
习惯于索求地上的权力，坐在审判基督的法官的座位上……
他谦卑地站在法官面前；而你则坐在法官的位置上，在那些
人面前开始审判一位穷人……他说，他的王国并不在这个世

界中，而你则如此渴求世俗帝国的荣耀，以致不计代价地获取权力，或者靠不值当的、令人疲倦的服役和奉承。[43]

总的说来，《论财富》的作者是坚定的。基督说"骆驼穿过针的眼，比财主进神的国还容易呢"（《马太福音》19：24），他就是说这不可能。他的话语不能被隐喻、诡辩或者任何巧妙的文本补充所曲解——他补充说，除非富人能找到特别大的针眼或者特别小的骆驼。[44] 只有像皮尼亚努斯和小梅兰尼娅那样彻底放弃财产，挤入墙上的窄缝，才有希望穿过针眼、进入天国。

这份小册子故意在罗马和流放的基督徒中引起轰动。据我们所知，奥古斯丁没有读过《论财富》。但在 414 年（仅伯拉纠的《致德米提雅斯书》被送达迦太基之后一年），某位希拉里从叙拉古给希波的奥古斯丁写了封信。希拉里列举了"叙拉古的一些基督徒提出的"五项主张，有项主张是：

> 富人保有财富就不能进神的国，除非他变卖所有：即便他们遵守诫命，进行施舍，这些财富对他也毫无用处。[45]

奥古斯丁马上就将这些主张与伯拉纠更为极端的追随者的观点联系了起来。414 年，他和他的同事们开始估量伯拉纠派观点的传播范围。伯拉纠主义——加个"主义"就成为异端邪说了——开始在他们的头脑中定形。他们发现自己得面对两类特别不同的表述——伯拉纠给德米提雅斯的信函和《论财富》，它们分别总结了同一运动的两极观点。这两类表述都产生

320

在罗马，都由罗马社会领袖的活动所激发——分别是德米提雅斯的受召和守贞、皮尼亚努斯和小梅兰尼娅的放弃财富。由于410 年阿拉里克攻陷罗马引发了大规模的人员迁徙，他们都来到了奥古斯丁的门前，也都让奥古斯丁和非洲的主教们感到特别不安。

当这一新挑战来临的时候，奥古斯丁业已具有在非洲担任主教十五年的经历。当 414 年我们见到他的时候，他不再是 4 世纪 90 年代的那个司铎、新晋主教和修道贫困的支持者了。奥古斯丁已步入老境，满 60 岁了。他在非洲生活很长一段时间了。这个行省的基督教会形式独特，由于一个世纪以来不断吸纳草根阶层，又经历了当地两大教派的激烈斗争，而更见稳固。

非洲是与我们在前面几章中讨论过的罗马和高卢不同的世界。富有非洲经历的奥古斯丁面对着这一由于偶然事件引发的贵族跨海迁徙所带来的新挑战。这次碰撞所引发的伯拉纠派论争并非仅仅涉及观念，而是很快就变成了两种基督教背景之间的冲突。因此，我们必须回溯到至少十年前（5 世纪初），追踪在非洲担任牧师和布道者的奥古斯丁。只有对他在非洲教会的日常生活的经历予以足够的重视，我们才能理解奥古斯丁对伯拉纠和新近从叙拉古传过来的令人不安的财富观的回应。

321

注　释

[1] 对这个主题最好的调查是 A. Kessler, *Reichtumskritik und Pel agianismus：Die pelagianische Diatribe De divitiis. Situierung，Lesetext，Übertsetzung，Kommentar*，Paradosis 43（Freiburg，Switzerland：Universitätsverlag, 1999），36 – 55。

[2] Pelagius, *Letter to Demetrias* 8.3, 23BC, Rees, p. 44. 参见 Brown,

"Pelagius and His Supporters," in *Religion and Society*, 195 – 200；
以及 Thier, *Kirche bei Pelagius*, 75。

[3] Pelagius, *Letter to Demetrias* 8.2, 23B, Rees, p. 44.

[4] Pelagius, *Letter to Demetrias* 1.1, 15D, Rees, p. 36.

[5] J. Morris, "Pelagian Literature," *Journal of Theological Studies*,
n. s., 16 (1965): 26 – 60. 这一视角继续为后罗马时代不列颠
的研究者们所坚持，参见 K. R. Dark, *Civitas to Kingdom*: *British
Political Continuity*, 300 – 800 (Leicester: Leicester University
Press, 1994)；以及同一作者的 "The Late Antique Landscape of
Britain, AD 300 – 700," in *Landscapes of Change*, 279 – 99 at pp.
286 – 91。达科解释，由于暴力革命和伯拉纠派基督徒理念的
刺激使人们普遍放弃奢侈生活，后罗马时代不列颠物质文化显
现出平均化趋势。

[6] Kessler, *Reichtumskritik und Pelagianismus*, 104 – 35.

[7] Morris, "Pelagian Literature," 50 – 51.

[8] G. de Plinval, *Pélage*: *Ses écrits*, *sa vie et sa réforme*: *Étude
d'histoire littéraire et religieuse* (Lausanne: Payot, 1943), 208.

[9] Salamito, *Les virtuoses et la multitude*, 128.

[10] S. Toscano, *Tolle divitem*: *Etica*, *società e potere nel De divitiis*,
Testi e Studi di Storia Antica 19 (Catania: Edizioni del Prisma,
2006). 新的研究参见 P. Garnsey, "The Originality and Origins
of Anonymous, *De divitiis*," in *From Rome to Constantinople*:
Studies in Honour of Averil Cameron, ed. H. Amirav and B. ter
Haar Romeny (Louvain: Peeters, 2007), 29 – 45。

[11] *De divitiis* [henceforth *De div.*] 4.1, ed. and trans. Kessler,
Reichtumskritik und Pelagianismus, p. 246, Rees, p. 176. 最初
的版本为 C. P. Caspari, *Briefe*, *Abhandlungen und Predigten aus
der zwei letzten Jahrhunderten des kirchlichen Altertums und dem
Anfang des Mittelalters* (Christiania/Oslo: Malling, 1890; reprint,
Brussels: Culture et Civilisation, 1964)。

[12] *De div.* 1.3, Kessler, p. 244, Rees, p. 175.

[13] *De div.* 3, Kessler, p. 246, Rees, p. 176.

[14] 特别参见 Garnsey, *Thinking about Property*, 121 – 28。

［15］Sulpicius Severus, *Chronica* 1.4.3, p. 98.

［16］Paulinus, *Poem* 6.263.

［17］Paulinus, *Poem* 25.102：参见 J. Lössl, *Julian von Aeclanum：Studien zu seinem Leben, seinem Werk, seiner Lehre und ihrer überlieferung*, Supplements to Vigiliae Christianae 60（Leiden：Brill, 2001）, 56 – 73。

［18］Proba, *Cento* 301 – 2, ed. and trans. E. A. Clark and D. F. Hatch, *The Golden Bough, the Oaken Cross：The Vergilian Cento of Faltonia Betitia Proba*, American Academy of Religion：Texts and Translations 5（Chico, CA：Scholars Press, 1981）, 48.

［19］Proba, *Cento* 524, Clark and Hatch, p. 72.

［20］*De div.* 7.4, Kessler, p. 260, Rees, p. 182.

［21］M. Colish, *Ambrose's Patriarchs：Ethics for the Common Man*（Notre Dame, IN：University of Notre Dame Press, 2005）中提及，安布罗斯认为亚伯拉罕是好富人的榜样，书中的相关论述是出色的。

［22］*De div.* 9.1, Kessler, p. 266, Rees, p. 184.

［23］B. Ramsey, s. v. "Wealth," in *Augustine through the Ages*, 876 – 81 at p. 880. 我所知唯一类似的例子，是一份叙利亚苦修文献（可能属于门萨里安派），它宣称战争并不是因上帝的意志而发生的（无论是惩罚还是赐予胜利），而仅仅是人类行为的结果。*Liber Graduum* 9.6, trans. R. A. Kitchen and M. F. G. Parmentier, *The Book of Steps：The Syriac Liber Graduum*, Cistercian Studies 196（Kalamazoo, MI：Cistercian Studies, 2004）, 92 – 93.

［24］*De div.* 9.2, Kessler, p. 266, Rees, p. 184.

［25］*De div.* 7.3, Kessler, p. 260, Rees, p. 18l.

［26］同上。

［27］Jerome, *Letter* 120.1.7. 新柏拉图主义者也争论这个话题：Eunapius, *Lives of the Sophists*, ed. W. C. Wright, in *Philostratus and Enapius：The Lives of the Sophists*, Loeb Classical Library（Cambridge, MA：Harvard University Press, 1952）, 372 – 74。

［28］*De div.* 5.1, Kessler, p. 250, Rees, p. 177.

［29］*De div.* 8.1, Kessler, p. 262, Rees, p. 182.

［30］Kessler, *Reichtumskritik und Pelagianismus*, 351.

［31］*De div.* 12. 2, Kessler, p. 292, Rees, p. 194. 参见 Newhauser, *The Early History of Greed*, 90。

［32］M. Rostovtzeff, *The Social and Economic History of the Hellenistic World* (Oxford: Clarendon Press, 1941), 2: 1130.

［33］Kessler, *Reichtumskritik und Pelagianismus*, 220 – 37 令人叹服地分析了该作者所用的修辞策略。

［34］*De div.* 8. 1, Kessler, p. 262, Rees, p. 182.

［35］*De vita christiana* 3. 3, PL 50: 387A, Rees, p. 110.

［36］*Prosopographie chrétienne du Bas-Empire* 2, s. v. "Caelestius," 1: 357 – 75 (*auditorialis scholasticus*) and "Constantius 11," 1: 475.

［37］Pietri, *Roma Christiana*, 579.

［38］Jerome, *Commentaria in Ezechielem prophetam* 6. 8, PL 25: 175.

［39］*De vita christiana* 11. 1 and 12, 396A and 397A, Rees, pp. 119 and 120.

［40］*De div.* 6. 3 and 6. 4, Kessler, p. 256, Rees, p. 180.

［41］Kessler, *Reichtumskritik und Pelagianismus*, 166. 正如 6 世纪《罗萨诺福音书》中的插图所显示的那样，在托斯卡纳的书皮上，"消灭富人"十分贴切地陪衬着基督站在彼拉多的面前的情景。

［42］Jerome, *Letter* 125. 5. 1.

［43］*De div.* 6. 2, Kessler, p. 254, Rees, p. 179.

［44］*De div.* 18. 1, Kessler, p. 306, Rees, pp. 200 – 201.

［45］Augustine, *Letter* 156; 参见 Kessler, *Reichtumskritik und Pelagianismus*, 85 – 100。

第 20 章　奥古斯丁的非洲：
人民与教会

"不停地发出可怕的呼号"：皮尼亚努斯
与小梅兰尼娅在希波，411 年

　　在接下来的三章半里，我们又要重返非洲了。当然，这意味着我们又要回到奥古斯丁。在这片广袤而特别的土地上，奥古斯丁尽管是一位非凡的作家，也不过是众人中的一员而已。我们不一定非得把他当作最重要的人物。确实，正如我们将要看到的那样，许多（其实可以说是大多数）非洲基督徒将他当成一位不速之客。他总想贯彻自己那个教会的主张，却不顾本地基督教源远流长的形式。因为北非不仅是一个多姿多彩的辽阔地区，还孕育了在整个拉丁西方堪称最古老、最稳固的基督教形态。在整个拉丁西方，除了伟大的罗马城，没有其他任何地方拥有如此悠久的基督教传统。在整个拉丁西方，也只有这个地方的基督教在历史上存在严重的对立，同一个基督教信仰分成了两个几乎一样的版本。

　　因此，我们先要看一看基督教非洲的概貌，只有这样才能理解，为何两个相互竞争的基督教团体都要不遗余力地兴建教堂。结果，4 世纪的非洲基督教成了拉丁西方历史上第一场草根基督教运动。在第 21 章，我们将要探讨，面对这种喧闹骚动的团体，奥古斯丁在讲道时是如何论说财富与贫穷的问题的。然后，我们再来看看，面对激进的伯拉纠派提出的截然不同的财富观，奥古斯丁又将如何看待他在讲道时逐渐发展出来的观点。在第 23 章，我们还要离开非洲，前往地中海对岸。这一章将会讨论非洲教会是如何导致伯拉纠在意大利受到谴责的。接着，该章还要探讨，针对教会与帝国的关系，奥古斯丁与非洲人的胜利在整个西方有何影响。在这个年代里，君士坦丁及其继承人充满自信地建立起来的帝国制度，尚未在前所未有的内战与蛮族入侵的合力冲击下走向崩溃。

罗马时代的北非与意大利同样重要。在 4 世纪，非洲的很多地方比意大利还要发达，但这个世界属于它自己。非洲是与众不同的。罗马人总是说，非洲是"另一片天"，好像它是另一个世界。[1] 在 410 年哥特人攻陷罗马城之后，到非洲来避风头的罗马人很快意识到，他们来到了一片不一般的土地上。比方说，就在 410 年年底，皮尼亚努斯与小梅兰尼娅这对罗马贵族夫妻，和小梅兰尼娅的母亲阿尔碧娜一起，来到了非洲。他们一路向前，来到了努米底亚的内地。说不定早在几百年前，他们家族就在那儿拥有庄园了。在塔加斯特（今阿尔及利亚苏格艾赫拉斯）城外，他们就有一片巨大的地产。

> （这个庄园）拥有一个浴场，养了很多制作金银器、青铜器的匠人。那里还有两个主教，一个是我们的人（大公教的），另一个是异端分子（多纳徒派的）。[2]

这个庄园被送给了塔加斯特教会。从 395 年以来，奥古斯丁的朋友阿利比乌斯一直在那儿当主教（我们已经说过了）。
在这些罗马的大人物看来，塔加斯特"又小又穷"。皮尼亚努
斯与小梅兰尼娅在当地的庄园可能比该市掌控的全部地盘还要
大。这对虔诚的夫妻前来帮助阿利比乌斯的教会脱贫：

> 她（小梅兰尼娅）装修了这位圣人（阿利比乌斯）
> 的教堂，不仅出钱，还捐赠了真金白银和昂贵的真丝绢
> 纱。这样一来，这座过去一无所有的教堂，已经变成了全
> 省其他的主教嫉妒阿利比乌斯的原因。[3]

看起来，皮尼亚努斯与小梅兰尼娅就要把塔加斯特的教堂
变成努米底亚的贾米拉了。

得知这笔财富正在涌来，其他城市的基督徒团体也马上行
动起来了。在非洲的城市生活里，城市之间的竞争一直都是常
态。大家都想精益求精，以压倒相邻的城市，所以在过去，它
们竞相修建各种恢宏的建筑。基督徒的团体也是这样的。人人
想要教堂更大，神职人员待遇更好，给穷人的接济更多。吸引
富有的捐助人，此乃不二法门。

就这样，411 年春天，阿利比乌斯负责带路，皮尼亚努斯   324
与小梅兰尼娅一路前往海边的希波，去拜访奥古斯丁。基督徒
"人民"——奥古斯丁在希波的信众正在恭候他们大驾光临。
在举行一次教会圣礼时，奥古斯丁和阿利比乌斯被蜂拥的群众
挤到了一边。在教堂的后殿，两位主教站在一个不高的台子
上。"人民"占据了教堂里的大部分地盘，他们"不停地发出
可怕的呼号"，要求皮尼亚努斯留在希波当司铎。[4] 奥古斯丁
和前来拜访他的罗马人，都很清楚群众的目的，他们的做法

"是为了把一个有钱人留在身边，大家都知道他毫不吝惜，愿意大把大把地撒钱"[5]。

正如我们所见，城市的捐助人一直都面临着同样的压力，大家都希望他们对本城的"人民"慷慨大方。但在过去，这种压力出现在空间开放的竞技场和圆形剧场里。与其相比，希波的教堂大小只有 120 英尺×60 英尺，仅能容下数百人。在这种封闭的空间里，激动的"人民"朝着后殿发出的尖叫相当吓人。阿利比乌斯不敢从那个不高的台子上走下来，因为他害怕被人群推倒。人们觉得他是塔加斯特的主教，是前来争抢皮尼亚努斯的金钱的。[6]

在表现得如此狂热的时候，基督徒"人民"觉得自己受到了上帝的激励。他们同声发出的"高呼"不是一般的咆哮，它有可能表现为一种有节奏的欢呼；与此同时，人们向祭坛献上奉献。平信徒参与庄严的弥撒，而这一幕就是高潮。我们应当如此看待此刻强迫皮尼亚努斯接受司铎职务，并宣誓永不离开本城的压力：要是皮尼亚努斯答应了这些要求，就会被视为做出了礼拜日的奉献；要是屈服于群众的欢呼，皮尼亚努斯实际上就得把庞大的财富奉献给希波的教会。

20 年前，同样是在这种高压形势下，奥古斯丁自己变成了司铎。诺拉的保利努斯之所以在巴塞罗那当了司铎（在 394 年圣诞节），也是由于受到了"（基督徒）群众（在上帝激励下）突然的激情造成的压力"。希波的基督教人民对皮尼亚努斯的期望，就像巴塞罗那的基督教人民对保利努斯的期望一样——迫使一位富有的捐助人成为教士，永远服务于本城。

不过，希波的基督徒"人民"低估了这个贵族家庭的脾气。此时此刻，就在奥古斯丁把宣誓立约的笔递给皮尼亚努斯的时候，小梅兰尼娅就说了一个"不"字。[7]一切到此收场。小梅兰尼娅的声音代表了巨富阶层，他们喜欢（就像诺拉的保利努斯那样）自由选择居住的地点，并且带着自己的钱到那儿去。群众被赶跑了。奥古斯丁不得不为这一事件做出解释，一方面是对感情受伤的同僚阿利比乌斯，另一方面是对小梅兰尼娅的母亲阿尔碧娜，因为她认为整个事件就是乡下小教会的拙劣伎俩，目的就是抢大人物的钱。这些前来避风头的贵族闷闷不乐地踏上了归途，回到了他们在塔加斯特城外的乡间庄园里。《小梅兰尼娅传》的作者格隆提乌斯干脆略过了希波的事件，对此避而不谈。

325

　　后来，奥古斯丁给阿利比乌斯和阿尔碧娜写了两封尴尬的信，所以我们才知道了这一事件。这两封信表明，非洲乡下一个教会的信徒们的集体性贪婪可以在某个时刻强烈到何种地步。皮尼亚努斯的希波之行，给了他们一个千载难逢的发横财的机会。

　　这一事件提醒我们，像皮尼亚努斯所拥有的这般巨大的财富还不是当时的非洲教会能够望其项背的。这并不是说希波的教会没有钱。奥古斯丁告诉阿尔碧娜，作为希波的主教，他打理的地产相当于奥古斯丁家曾在塔加斯特所拥有产业的 20 倍。（这个说法很容易引起人的兴趣，让人想去估算具体数量。假如一个普通市议员的收入是每年 50 索里达，那么希波教会财产的收入就高达每年 1000 索里达。这个数目已经不小了，它差不多相当于奥索尼乌斯眼中的"小"家族产业的规模了。）但正如奥古斯丁所说，这个规模的收入根本无法与皮尼亚努斯的相比，因为后者有可能高达每年 12 万索里达：

> 在我们非洲，无论我们的朋友皮尼亚努斯在哪个教会接受祝圣（我说的可不是当司铎，哪怕当主教也一样），与他过去的财富相比，他还是非常贫穷。[8]

与阿尔碧娜家族的财富相比，非洲的各个教会永远都"不过尔尔"。在 4 世纪初，君士坦丁的慷慨捐赠基本上忽略了它们。在整个 4 世纪，没有一个非洲教会曾经发过大财，得到过某个元老出格的捐赠。从来没有任何非洲城市——迦太基也不例外——曾经吸引到一个安布罗斯这样的主教，当然也没有任何城市拥有过某个诺拉的保利努斯。一百多年来，从君士坦丁的时代开始，非洲教会的财产就被认为是以白手起家的方式逐步积累起来的，依靠的就是当地信徒（"人民群众"）来之不易的小额捐献。[9]

总之，410 年来到非洲的罗马贵族们置身于一种相当别扭的基督教环境之中。年近花甲的奥古斯丁已经在这种环境中工作了 20 年，从司铎做到了主教。因此，我们要先后退一大步，看看在非洲这片广阔的天地里奥古斯丁所处的位置。

奥古斯丁的非洲：多种景象，两大教会

326　　当然，我们在说起"非洲"的时候，指的都是罗马非洲，也就是现在所谓的北非，或者说阿拉伯语所谓的马格里布（实际上就是利比亚西部、突尼斯、阿尔及利亚与摩洛哥等地区）。对罗马人来说，这片区域就是"非洲"，这里的居民就是"非洲人"。罗马的非洲与我们现在的非洲不是一回事。除了埃及那片古老的土地，罗马人实际上并不知道这片辽阔大陆

上的其他地方。撒哈拉沙漠就像无法逾越的沙海，将撒哈拉以南地区、赤道非洲和现代所谓的南非与地中海边的北非阻隔开来。

　　奥古斯丁是一位非洲的主教。终其一生，对他来说最重要的地标就是希波城本身。"希波"（今阿尔及利亚波尼／安纳巴）这个地名源于布匿语的 ûbôn（港口），这并非偶然。它是"诸王之港"。在古代，它曾是强大的内陆王国努米底亚通往地中海的一扇窗。虽然只有迦太基四分之一的规模，但希波毕竟是北非地中海沿岸的第二大港口。数百年来，罗马以食品配给制的形式征收的粮食都从努米底亚高地直接运到希波，再运往奥斯蒂亚。[10]身为希波的主教，奥古斯丁身处整个地中海世界的交通枢纽之一。在希波这个获得外部世界的消息相当及时的地方，奥古斯丁的声音（采用著作和书信的形式）亦能够传向远方，至高卢、意大利和圣地。

　　从希波往东，条条道路都通往迦太基。身为主教，奥古斯丁在希波之外的地方度过了人生三分之一的光阴。为了参加非洲教会的各种宗教会议，他经常往返于迦太基。[11]公平地看待奥古斯丁一生中的这一部分是很重要的。除了巨大的个人产出，奥古斯丁还是一位非常注重团队的人。他总是很注意，自称不过是许多主教中的一员。当整个北非的主教们聚集于迦太基召开大会的时候，他总是用自己的作家之笔、布道之言为宗教会议做出的决策服务。酝酿这些决策的人物有迦太基主教和非洲教会的名誉首脑奥勒留，还有奥古斯丁那些主教同事，其中包括他那位有能力的朋友阿利比乌斯。当我们谈论"奥古斯丁"的时候（尤其是在与非洲教会有关的时候），我们一定要注意，我们讨论的对象不是一个孤零零的智者，而是当时所谓"非洲教会"的代言人。在奥古斯丁身后还有一个团队，他们有能力采取集体行动，他们构成了拉丁基督教中最强大的压力集团。

奥古斯丁走陆路前往迦太基。骑马也好，坐马车也罢，一趟这样的行程总是需要十天左右的时间。有时候他走海边那条路，更多的时候他深入内地。这是一个管理良好的道路系统，从努米底亚高地开始，沿着迈杰尔达河谷（古代的巴格拉达斯河）直至迦太基。沿着那条路旅行，奥古斯丁会途经一片人烟稠密的地方，一路上分布着一座座罗马的小城市，它们都自以为拥有悠久的罗马传统，就像西玛库斯在历史悠久的坎帕尼亚看到的那些城市一样。[12]

因此，在谈到"奥古斯丁的非洲"之时，我们一定要牢记，我们正在谈论的是一个独特而范围清晰的地区——它就是罗马北非东北部的四分之一，位于希波与迦太基之间。正如我们所见，这个地区在晚期罗马已经成为西部帝国的经济中心，在这里，城市的传统生活被非常有活力地保存了下来。

但奥古斯丁的非洲不过是整个罗马非洲的一小部分而已。奥古斯丁非常清楚，在他身后还有一片广阔的天地，其大小与意大利相仿，而多样性远远超过意大利。罗马非洲是由多个迥然不同的地方组成的。向南延伸 200 英里之远才是撒哈拉沙漠。苏尔特湾（今属利比亚）距现代摩洛哥的大西洋海岸超过 1100 英里。哪怕就在奥古斯丁自己的教区，情况也是非常复杂的。从塞布斯河的冲积平原向着内陆方向走，直到努米底亚阿尔卑斯山脉的山麓，这一路有 30 英里。哪怕是在希波地区的内陆边缘，人们也会经历一个不一样的世界。在山区的村落里，人们都说布匿语，而不是拉丁语。[13]

　　然而，继续往南走，还有另一个与地中海沿岸的非洲截然不同的世界。在巨大的努米底亚高地，城市的网格（在迈杰尔达河谷里相当密集）仅仅覆盖了一部分。这片土地广袤而干燥。努米底亚原野里的农业定居点是一个遥远的世界，按罗马人的标准来看，那里的居民真是非常寒酸，他们的村落不具有任何形式的集体组织，经常被以田庄的名称来命名，村民们在田庄里劳作，被各种形式的强迫劳动束缚在土地上。[14]

　　在这个广阔的前市民化世界里，经济和社会的需求是依靠间歇性的农村集市来满足的。[15]这种集市对大谷田的所有者很重要，但同时又令他们忧虑不安，因为集市一直都是激发暴力的焦点。谷物的收割是在初夏，而橄榄的收获姗姗来迟，晚至秋季和初冬。这两种收获都需要流动性的劳工队。在劳工队中，相当大的一部分都是远道而来的雇工，这种劳工队就是"马克塔尔的收获者"在努米底亚东部的"炎炎烈日下"带领的，我们曾在第 1 章里见过他们。[16]这种劳工队的成员是强壮却走投无路的男人，因为负债而依附于雇主，他们获得回报的盼头，只能寄于这片干土地上不稳定的粮食产量。和罗马人常有的想象不同，努米底亚并不是一个随手可取面包的面包篮，这片土地会遇到可怕的饥荒。在 4 世纪，粮食生产是由赋税和对利益的追求驱动的——二者都来自海对面，它与生态上可能的限制进行着斗争。无产者和佃农们年复一年地等待着，不晓得在踏上归程时自己能否在兜里装满钱，在肚里灌满地主的酒，一旦收成很坏，他们就得背上更重的债务。

　　在 4 世纪 40 年代末，暴力的浪潮震动了努米底亚南部。值得注意的是，这场暴力运动的主要目标就是取消债务。同样重要的是，我们恰好了解到，这些暴力团伙是由基督徒率领

328

的。阿克西都和法西尔（在其他方面我们对这两个人物一无所知）被视为"圣人们的首领"。当时，被动员起来的团伙被其支持者称为"（主的）斗士"，敌人们则将他们称为"窖徒"。无论如何，"窖徒"原本是一个在宗教上属于中性的名词，它用来指那些聚集在大田庄的仓窖边讨生活的劳动者，他们盼着找到工作或者得到食物的施舍。[17]

我们对"窖徒"的了解主要来自奥古斯丁的记载。他将"窖徒"说成一种宗教现象。他说他们是危险的"疯子"，是一种作为恐怖分子的修行者，惯于凶杀、聚众斗殴甚至自杀。他给外面的世界这样的感觉：在整个非洲的乡村，"窖徒"一直都在威胁着法律与秩序；他们好勇斗狠，属于与奥古斯丁自己的大公教团体相对立的敌对教会。就这样，尽管这种现象是由于努米底亚农村的凄惨生活而产生的，但我们对它的了解几乎完全来自奥古斯丁的著作，而奥古斯丁自己远在数百英里之外的海滨城市希波。他总是把"窖徒"说成一种耸人听闻的宗教现象。[18]

我们务必时刻注意奥古斯丁对事实的歪曲。当我们谈到奥古斯丁的非洲时，我们一定要牢记，奥古斯丁呈现出来的景象是经过一副宗教性有色眼镜刻意过滤过的。我们只能通过这副眼镜来观察那个广袤而复杂的世界。我们必须努力克服奥古斯丁眼里那种生动而狭隘的景象，更加全面地看待4世纪的罗马非洲。

首要的是，我们一定要记得，奥古斯丁有充分的理由不客观地描绘自己的故乡。就像安布罗斯一样，他自己也是派系斗争中的一方。他决心很大，企图结束妥协的时代，在一个在他眼中很落后的地区确立新的大公教秩序。从他在希波成为司铎

（然后被祝圣为主教）的那一刻开始，他就无法摆脱一场痛苦的斗争。与他的教会对立的基督教会，其性质与他的教会几乎相同，也与他的教会同样强大，同样有基础。他必须要与所谓的"多纳徒派裂教"做斗争。在这场斗争中，他站在一群强有力的主教身边（其中有他的朋友阿利比乌斯），拼尽了全身力气。这些主教下定了决心：他们的教会，也只有他们自己的教会，才有资格被称为"真正的"非洲大公教会。

对于4世纪北非的基督教历史，我们经常把多纳徒派裂教说成一条主线，但这种印象主要归功于奥古斯丁的论辩技巧。他主张，只有他的教会才是"真正的"非洲大公教会，因为他的团体得到了罗马帝国所有教会的承认。他认为，与他的团体相比，与他们敌对的教会对广大的大公教世界充耳不闻，宁愿割据于北非，沦为一个地方性的分裂团体。他们跟从的是多纳图斯。他建立了一个独立的教会，并且在311～355年亲自担任该教会的迦太基主教。在奥古斯丁看来，多纳图斯是一个善于蛊惑群众的可疑人物。正因如此，奥古斯丁和他的同事们才将这些竞争者称为"多纳徒派"。他们下定了决心，其他人必须把多纳徒派教会视为一支冥顽不化的少数派——与其他教会格格不入，好勇斗狠，完全不值得尊重。[19]

布伦特·肖在他新出版的扛鼎之作《神圣的暴力》和其他著作中，令人信服地批驳了这种长期以来很有生命力的刻板印象。[20]肖清楚地说明，奥古斯丁总是强调他们的对立派与其他教会格格不入，强调他们顽固地坚持本地的视野，自居为基督教世界中唯一一个幸存下来的教会，这就掩盖了一个基本事实：一百多年来，被他称为"多纳徒派"和"大公教会"的两个团体一直在整个非洲竞争，难分伯仲。二者之间的竞争也

329

是基督教在非洲广泛传播的原因之一。

可以说，两大教会的竞争肯定不是奥古斯丁所谓的灵性上的灾难。事实上，这种局面大大加速了基督教化的进程。在神学上，奥古斯丁将多纳徒派和大公教会的斗争说成是徒劳无益的；但从实际情况来看，同一种基督教采取了两种难舍难分的形式，充满活力地到处复制开来（一个又一个地区，一座又一座城市，一个又一个村庄），双方都要表现得更有激情。

直到帝国政府全面介入，大力支持奥古斯丁这一方（在411 年以后这种局面才长期出现）之前，任何一方都没有在影响力和财力上形成压倒性优势。两派教会拥有差不多的群众基础，就像君士坦丁时代之后整个拉丁西方的其他教会一样。两派教会的人事组织都没什么特别的，市议会的下层成员、教师和律师提供了领导，普通市民和村民们构成了群众。尽管奥古斯丁经常批判两派教会并立导致的社会分裂，北非的社会在整体上并没有受到这种竞争的强烈影响。

这是因为非洲的基督教雷声大雨点小，以一种特殊的方式深受限制。多神教仍然广泛存在。就连很多基督教的平信徒也觉得自己犯不着介入主教和神职人员之间的争执。和罗马城的情况一样，在非洲的城市里，城市精英的上层仍然不关心教会事务。在领导城市的贤达人士中，还有很多是多神教徒。哪怕他们已经是基督徒了，市议会的"神庙"还在举行肃穆的仪式，年复一年地影响着与宗教无关的具体问题。神庙为群众提供了娱乐，维持着法律与秩序，还征收赋税。因此，基督徒内部的宗教斗争看上去并不是最重要的。[21]

当奥古斯丁成为希波主教的时候（396 年），他发现自己这一派在城里是少数派。他绞尽脑汁，也没有办法在社会上占据上风。他没有办法说服地方精英们，他们并不打算把两派教会之间的分裂看得很重。在社会的顶层，多纳徒派和大公教徒相互通婚，很少考虑到双方主教们的看法。对这些人来说，血缘和阶级当然要比洗礼的水重要得多。那些贤达人士青睐、提携对立的教派，这导致奥古斯丁的宗教论争难以快马加鞭。[22]

说服这些人支持大公教会的立场并不是简单地说服他们作为基督徒站在某一派教会这一边，还需要他们更加深刻地改变态度。必须要说服他们，让他们以一种尚不习惯的方式来看待世界；必须开导他们，让他们戴上那一副同样的宗教性有色眼镜来看待非洲，就像奥古斯丁和其他主教那样。在奥古斯丁担任主教之前的年代里以及此后的几十年里，他们都还没有戴上这副眼镜。城市的"公民宗教"（我们在第 3 章里说过，这种宗教仍然很有活力）仍然吸引着他们，而两派基督教会之间的分裂却还做不到。这两派教会的教士们主要是一些忙忙碌碌却无关大局的人。

然而，尽管非洲的精英阶层对基督教的事情漠不关心，但大公教会和多纳徒派之间的分裂已经极大地改变了现实。在西方的基督教化地区里，没有其他任何地方拥有如此之多的主教。411 年 6 月 1 日，两派教会都被召集起来，在迦太基召开了一次大会。这时，560 多位主教列队入城，他们来自利比亚西部、突尼斯和阿尔及利亚。两派教会各自拥有约 280 位主教。[23]（直到 600 年，意大利也只有 240 位主教——与那些在 4 世纪非洲的城市和乡村里展开激烈斗争的主教相比，还不到半数。）那些从罗马前来避风头的贵族差不多就在两派教会举行大会的同时抵达了迦太基，他们很可能曾经目睹主教们成群结队地穿过城里的街道。在西方的其他行省，这都是无法想象的。

在非洲的大公教会和多纳徒派之间的竞争中，411 年的迦
331 太基大会标志着形势发生剧变的高潮。奥古斯丁所属的大公教
会不断派人去游说皇帝。皇帝们最终决定干预该行省的宗教事
务，他们宣布多纳徒派教会是非法的。其建筑被没收，主教被
流放并被逐出城市。支持该派的上层阶级平信徒受到了惩罚，
他们留给多纳徒派教会的遗赠被宣布无效。没有人被处决（就
像百基拉所遭遇的那样），也没有人被迫直接改换门庭——除非
他们是刚好属于某个狂热地主的田庄的农民，他们只不过被剥
夺了教堂，还要面临痛苦的抉择。领导地方的贤达们必须选
择，究竟是听命于皇帝，还是效忠于本城的多纳徒派教会，因
为皇帝已然宣布，那并不是真正的教会。[24]

不足为奇的是，鉴于帝国制度在行省社会的各个层次里确
立地位与身份的权力，大批的平信徒加入了大公教会。他们还
在观望，不清楚帝国是否会重新实施宽容政策。只有多纳徒派
的神职人员是刚毅不屈的，他们的教会才是"真理的教会"。
所谓的大公教会使用强力来确立自身的地位，这种行径充分证
明他们是伪教会。多纳徒派的神职人员们从来都是这么坚持
的：它是一个"迫害者的教会"，也就是以强力为基础的
教会。

这种形势直到 411 年才开始形成。然而，在约十年之前的
400 年，人们完全无法想象皇帝将会如此有力地干预。非洲的
两派教会平等地看待对方。在君士坦丁之后的帝国里，岁月平
静，二者都相当自在地极力扩张地盘。基督教在罗马北非遇到
了难得的良机，但尚未变成支配性的宗教。整个 4 世纪，非洲
的精英阶层和渡海而来治理非洲的行省总督们（他们来自罗
马的元老家族，就像西玛库斯那样）都不假思索地接受君士

坦丁设定的二元化世界。在这种二元化世界里，基督教正在生机勃勃地自由发展，却没有特殊的社会吸引力，只要基督徒内部的差异不会过分妨碍城市上层阶级的事情就好。

因此，两派教会都完全可以在非洲的城市里占据上风。但城市的精英阶层没有意识到，两派教会都充满了活力，它们将会创造出属于自己的天地。在相互竞争中，它们做到了这一点。这种对立也体现了竞争的精神，而竞争本来就是非洲城市的命脉。就像各个城市总是在竞争，两派教会也在竞争，并为此而抛撒着金钱。言语的交锋（通过奥古斯丁的大量作品，我们所知道的已经不少了）伴随着一场财富的战争，它是静默的，也是坚定的。我们拥有的史料虽然很多，但对于这场战争的记载却很稀少。现在我们就要去看看这场财富的战争。

"教会与皇帝有何相干？"：自主的教会财产

在此，我们一定要缓一缓，公平地看待这种真实的宗教激情。正是这种激情激发了两派教会之间的对立，尽管二者相当相似。裂教的原因要追溯到很久以前。多纳徒派指控大公教会一方，指责他们容忍了那些在 303 年的最后一次大迫害中叛教的主教。那些主教不但参加了多神教的献祭，还献出了《圣经》，导致经书被烧毁。大公教会一方回应道：这些指控都毫无道理；多纳徒派的主教也叛教了；无论如何，少数成员的失败并不会导致整个教会丧失圣灵的临在。但那已经是一百多年前的旧事了。两派教会再也不能重归于好。这种僵局是怎么出现的呢？

一个重要的原因在于，两派都非常坚定地坚持一种信念：

332

坚持自己的教会必须具有绝对的灵性自主性。这条教义一点也不含糊。每个地方的教会都被看作当地唯一能找到圣灵的地方。我们必须认识到，它们的主教和神职人员都坚信，只有自己的教会才是上帝临在的地方，否则我们就无法理解两派教会之间的激烈斗争。对方的教会只是一个空壳，并不拥有上帝；对方的主教缺乏圣灵的力量，从灵性的角度来看，他们乃是行尸走肉，他们无法给信徒提供救赎，他们的教会是伪教会，甚至要比多神教的庙宇更加凶险。多神教的神庙散发着熏香和祭品的烟气，一眼就能识破，但死的教会还在假装自己是基督徒的教会，其毒害一点儿也不比任何神庙小。这是魔鬼的最终诱惑，它让非洲人预先体验到了敌基督的时代，因为终极的邪恶以一种离奇的方式伪装了起来，其表现就是自称基督徒的皇帝们正在支持一个迫害基督徒的教会。[25]

在相信这种观念的教会里，地方教会的财富不能被简单地当成纯粹世俗的问题；这种财富被当成了一种证明，以财力的方式体现了每个教会独有的掌握圣灵的能力。和其他方面一样，教会的财力问题也被两派的主教们直接追溯到 3 世纪中叶的楷模——迦太基的居普良。正如我们在第 2 章中所见，居普良讨论了宗教奉献的问题，他的观念是非常神秘的、内向视角的。只有真教会的成员献给主教的钱财才能被算作圣洁的奉献；只有主教才能重新分配这些奉献，将其当作圣洁的施舍。流入教会的财富被视为一个滴水不漏的系统，它被基督徒的群众奉献给主教，而主教居于每个信众团体的中心，负责保障圣灵的临在。奉献的活跃不仅增强了财力，还是一个清晰的标记，反映了圣灵在信众团体中发挥的效力。[26]与之形成对比的是，来自教会以外的财富与不经过主教再分配的财富，都是死的财富，它缺乏圣灵的力量。大公教徒和多纳徒派都坚信这一点。在他们的教会之外，别无拯救，也不会存在任何虔诚的奉献——在灵性上绝不会灵验。只有在正确的教会里做出奉献，罪孽才能被补赎，地上的财宝才能转移到天上。

在 346 年一起有名的事件中，迦太基主教多纳图斯表明了看待教会财富的态度。他遇到了一个史无前例的情况：君士坦斯皇帝试图干预非洲教会的事务。君士坦斯想把君士坦丁式的教会体制引入这个行省。在其他行省，君士坦丁的体制早就运行良好了。正如我们所见，为了要求人们顺从皇帝规定的基督教，皇帝赐予了各地教会各种法律特权，最重要的是，他还将皇家的财富注入了各地教会。346 年，皇帝派遣的钦差们抵达迦太基，带来了分发给穷人的资金。这不是随意的施舍。各地教会只要接受皇帝青睐的"大公教会"而不是多纳图斯的教会，就会得到一大笔皇帝赐予的名为对穷人的救济的财富。

但皇帝没能料到非洲的宗教情结。多纳图斯立即做出了反应，他拒绝了皇帝的补贴。这句话使他青史留名："教会与皇帝有何相干？"[27] 这句话并不指向抽象意义上的教会与国家的关系，它充满了居普良的风格。只有主教才有权在教会内部分配财富。这是一个圣洁奉献的密封回路，其起点是教会内部的信徒将奉献献给他们的主教，然后教会里的财富再从主教圣洁的手中流出。与其相比，直接来自皇帝的财富是源于教会之外的，那是一种圣灵从未接触过的财富，那是没有福分的财富。多纳图斯就像安布罗斯那般自信（但他是比安布罗斯更早的一代），将自己当成正直的但以理，将君士坦斯皇帝当成了伯沙撒："大王啊，你的赏赐还是留给你自己吧。"[28] 这是对君士坦丁体制毫不留情的奚落。

多纳图斯可以说"吾道不孤"。不久之后，皇帝的钦差们携带着送给穷人的满箱金钱来到了努米底亚南部。在 4 世纪 40 年代，努米底亚的部分地区是贫苦的农业区，刚刚经历过阿克西都和法西尔造成的震撼。面对即将抵达的钦差，多纳徒派的巴盖主教（亦名多纳图斯）将他的教堂变成了一个公共的谷仓。有人指责他守在仓库里，因为他企图坚守大教堂，抵抗围攻。但是，建在主教教堂里的谷仓不仅反映了应付战斗的准备，还象征着主教的作用——主教是唯一真正的分配者，他将食物分配给当地的穷人。[29]在非洲发掘出来的很多教堂，旁边都环绕着谷仓。[30]根据对立的主教们在迦太基大会上发的牢骚来看，有两种行为可以破坏一个乡村教堂的功能：捣毁它的祭坛从而亵渎它；夺走它储备的粮食，从而否定其作为宗教施舍中心的作用。[31]

"这不关权贵们的事，而属于民众的主教"：两派教会之间的财富与建筑竞争

我们之所以清楚地知道这些事件，是因为两派教会的辩手们发动过针锋相对的论战，奥古斯丁就是其中最多产的一位。但我们还可以实地追踪这场战争。最初，法国人在其统治下的北非地区进行了考古；然后，突尼斯、阿尔及利亚和摩洛哥等现代国家又继续了这一工作。长期的考古工作已经揭示出，在两派教会的斗争中还有一个全新的维度。在拉丁西方的各个行省中，只有在奥古斯丁时代的罗马北非我们才能看到，在城镇和农村里，同时出现了一种基督教的景观。

这些发掘工作已经揭示出一个非常宏大、难以言表的事

实。就像 1000 年前后的法兰西中部地区，北非的地面上开始"覆盖上了教堂织成的白袍"。每个教堂都提供了石制的证据，支持着某一派的教会。每一个都是发现圣灵的地方。在提姆嘉德（在阿尔及利亚南部）以北的高地，地面覆盖着教堂的遗迹：仅在努米底亚中部的一次普查中，就发现了 73 座教堂。许多定居点拥有三四座，甚至七座教堂。[32]这些教堂的遗迹呈现出一个隐藏已久的非洲。奥古斯丁写得再多，我们也还是对其所知甚少，很难确定其中的各个教堂究竟是多纳徒派的，还是大公教会的，要想确定其年代，也很困难，4、5、6 世纪的都混在一起了。但确凿的事实是，没有不屈不挠的热情，这些教堂就无法拔地而起。

让我们观察几个例子。最壮观的，可能就是泰维斯特（今阿尔及利亚东部的泰贝萨）大教堂，它是与圣克里斯碧娜教堂联系在一起的。看起来它是一气呵成的，必定消耗了巨大的人力物力。它位于城外的一个高台上，俯瞰着从迦太基通往努米底亚的大道。它的旁边有一家客栈，四面都是成排的牢固的仓房，每一间都用精巧的锁封闭起来。大教堂居高临下地面对着一个宽阔的庭院，每一面都有一座凯旋门，这是在刻意模仿城里的罗马式纪念建筑。登上宽阔的台阶之后，才能进入大教堂，这也和罗马神庙相似。进入内部之后，访客们会在右侧的墙上看见一扇门，它又通向了一个具有三重半圆形穹顶的小型圣堂，这是献给殉道士的。这个圣堂的外表是大理石，圆顶是金色的镶嵌画。

泰维斯特大教堂的屋顶极其高，从天窗进来的光线很明亮。但与殉道士圣堂不一样，它的墙只是用灰泥抹了一下。和保利努斯的贾米拉不一样，这并不是一个豪华的珠宝盒。

335

还不如说，整个建筑群就像一座冷冰的罗马纪念建筑，它是一座石头的"上帝之城"[33]，就坐落在一座"地上之城"外，而那座城的古代习俗仍未烟消云散。就在这座巨大圣堂拔地而起的同时，泰维斯特的城市贤达家族也在忙忙碌碌地整修城里的圆形剧场，就和一百多年前他们先祖的所作所为一样。[34]建造一座巨大的基督教堂、整修古代的圆形剧场——这两项大工程提醒我们，在非洲两派教会的相互竞争背后，还有一个更广阔的背景：基督教作为一个整体，正在与城市生活的顽固传统相竞争，而与这种传统相比，基督教仍然处于边缘地位。

泰维斯特大教堂有可能是大公教会的建筑。在南边很远的地方——提姆嘉德，多纳徒派正在发力，使教会的财富充分发挥作用。晚至 368 年，一位重要的市议员还在重修提姆嘉德古老的卡匹托尔山，被赞誉"有整修城市之功"。然而，到了 4世纪 80 年代，这座城市的卡匹托尔山就要直面一座巨大的新教堂了。它是一个教堂建筑群，有 541 英尺长、380 英尺宽。根据大教堂地面上的铭文，这是运用上帝的财富修造的上帝宫室："按照上帝的尊敬的教士奥普塔图斯的命令，教堂开始建造并且完美竣工。"奥普塔图斯是提姆嘉德的多纳徒派主教。从各方面看，他都相当不一般。在 388～398 年，他是行省里的领袖。他和负责保卫非洲的将军们过从甚密。在早期教会的历史中，像他这样能够因为卷入内战而被处决的主教实在屈指可数，这也算是一种特殊的荣耀吧。[35]

正是奥普塔图斯这样的人物在非洲终结了君士坦丁体制。奥普塔图斯已经不再符合传统的社会模式了：主教们应该领导一个有活力但在本质上层次不高的教会，真正的精英们对他们只是冷眼相看而已。奥普塔图斯代表着一种新的可能性，这是一种非洲的选择。安布罗斯是从社会顶层走进教会的，但和安布罗斯不一样，奥普塔图斯是自下而上崛起的，就像他的教堂一样。很有可能，他的出身是很卑微的，但是，基督教主教的职务给了他显赫的地位。他的大教堂告诉整个社会，他就是神圣财富的守护者，而这种财富来自千万个善男信女的奉献。

宗教奉献的浪潮并不仅仅表现在出现于大城市边缘的大教堂上，较小的城市也依靠群众的努力建造了一座座教堂。持久的竞争加剧了为建造教堂而聚敛财富的需求。在多纳徒派的门布里撒（这是迈杰尔达河谷最上方的一个小镇）主教被敌对教派逐出教堂之后，他的信众们马上就为他修建了一座新的教堂![36] 336

为了理解这一大兴土木的浪潮，我们还是得去努米底亚看一看。努米底亚的村落提供了最生动的证据，证明卑微的群众具有怎样的热情。我们偶尔也会遇到集体性的奉献，来自亨希尔·基色利亚（这是一个位于提姆嘉德东北 15 英里处的小教会）的普布利乌斯、佩托尼乌斯和图尼乌斯就是例子。在后殿前方的镶嵌画上，他们宣布自己"依靠上帝的恩惠"，"立下了对上帝与基督的誓愿并且如愿以偿了"。他们还加了一条充满地方自豪感的说明："加地尼人民万岁!"[37] 附近的各个村子则通力合作，建造了另外几座教堂：

> 维努西安人开始了工程，穆克里昂人奉献了 5 根柱子，库扎巴坦人奉献了 6 根柱子，大家一起铺了后殿，而装修主要由库扎巴坦人负责，司铎罗嘉图斯和助祭埃米里乌斯负责建筑设计。[38]

地方自豪感与神职人员的领导结合了起来，这就是非洲教会的特点。

并不是说只有多纳徒派才强调自主性。4世纪末的某个时段，在提帕萨海湾的西岬（希波以西320英里处），大公教会的主教亚历山大修建了一座献给殉道士的教堂。海湾的对面就是有名的圣萨尔萨圣堂。亚历山大的铭文说明，作为教堂的修建者，他与世俗的世界没有丝毫瓜葛：

> 在此，透光的殿顶下墙壁明亮，拱顶熠熠生辉，圣坛清晰可见：这不关权贵们的事。绝不！这般荣耀的业绩，千秋万代永远属于亚历山大——民众的主教。[39]

"人民"：一种属于草根的基督教

基督教的传播使得非洲的乡村改换山河。罗马城市的阴影掩藏着许多千篇一律的定居点，对于它们来说，基督教带来了一种全新的认同感。勒丝丽·多希叶出版了一本很有分量的新书，书中指出，在非洲农村史上，一种立足于乡村的主教造就了一场革命。过去，这种村落只能躲藏在城市的羽翼之下，它们像自治的单位那样发挥作用。主教在当地的出现带给它们新的自尊、认同感和集体博弈的能力，这是它们过去做不到的。多希叶指出，之所以出现这样的发展，并不完全出于自上而下的原因。有许多案例表明，压力是来自下层的。村民们十分灵活地利用了两派教会之间的分裂，从而为本村赢得了主教。到了4世纪，在整个北非的乡村，尤其是在努米底亚的原野上，一种属于城市的特权以宗教的形式被表达了出来，其形式就是主教及其教堂和神职人员的设置。在过去，那可是要先获得城市的地位才行的。[40]

主教来了，很多东西跟着来了。主教将过去一无所有的定居点变成了神圣的"人民"——上帝的子民——的圣灵临在的地方。主教还能在世俗事务上代表群众。身为主教，他可以挑战那些大人物。他可以向各级政府请愿，一路通往意大利。他发出的诅咒，哪怕手握大权的人物也会感到畏惧。[41]假若他是大公教会的主教（在多数地方，就算他是多纳徒派的主教也行），他就会被当作"尊者"。哪怕出身于较低的社会阶层，他的身体也是不可侵犯的：不能像鞭打一个农夫那样鞭打一位主教。[42]

因此，经过 4 世纪的变化，乡村里出现了一片新天地。一种新的基督教主教出现了，他们是乡村的领袖。奥古斯丁关心的主要是从希波到迦太基的高度城市化的世界，他可能并没有充分意识到这场革命的影响。但进入老年之后，奥古斯丁就遇到了这么一位乡村主教。对他来说，这可不是一次开心的经历。在本章的末尾，就让我们来看看这一事件中的生动一刻吧。

在 411 年年末，奥古斯丁在自己的修道院里选了一个名为安东尼努斯的修士，让他去当福萨拉山村的主教。福萨拉这个地方位于希波教区的东南边境上，已经属于努米底亚阿尔卑斯山脉的山区了。他之所以如此做，在表面上是为了对冲多纳徒派在当地的影响。然而，到了 422 年，奥古斯丁已经悔不当初。在他看来，安东尼努斯已经变成了一个小地方的"暴君"。但不能说人人都是这么看待安东尼努斯的。在那个地方，这位年轻的主教并不是不得人心。作为主教，安东尼努斯使得福萨拉面貌一新。他在村里修建了一座气派的主教府。他将当地的强人们招揽到自己麾下，他们是看守城墙的，由一个退伍老兵当头领。他还带来了新的法律技术，从奥古斯丁的修道院里招揽了一名速记员，请了一位律师，薪水都由教会支付。他写信给努米底亚的首席主教，获准前往意大利，设法开释一些被非洲军事长官拘捕的犯人。[43]

338 　　到 422 年，奥古斯丁和他的同事们企图罢黜安东尼努斯，罪名是暴力和横征暴敛。安东尼努斯并没有轻易屈服，而是直接去向罗马主教申诉。我们之所以知道他的经历，是因为奥古斯丁被迫写了一封尴尬的信函，向罗马主教塞莱斯廷解释这件事。人们早就知道这封信（《书信 209》）。1975 年，约翰·迪福亚克新发现了一批早已失传的信函，它们都是奥古斯丁年老时期的作品。其中的一封信（《新书信 20*》）进一步补充了安东尼努斯的事情。[44]

　　这封新发现的书信告诉我们，安东尼努斯在福萨拉的地位十分稳固。不够稳固的人反而是奥古斯丁自己。在 422 年夏末，奥古斯丁来到这个距离希波 40 英里远的地方。这是一个努米底亚的山村。这里可不是他的地盘。村里的每个人，看上去都只会说布匿语。他们一点儿也不消极被动。在一位努米底亚的主教用布匿语训斥了一些人之后，他们才全部从教堂里走了出来。奥古斯丁补充说，其中还有当地的修女，这些女人的贞洁象征着当地教会的圣洁。奥古斯丁和其他只会说拉丁语的主教们为之瞠目结舌。[45]

　　奥古斯丁的《新书信 20*》是写给罗马的贵妇法比奥拉的。她曾经在罗马城招待过安东尼努斯。很明显，这位乡下来的年轻主教精力充沛，在她那儿编造了一个英雄般的故事，自称遭受了掌权者的迫害。[46]法比奥拉的地位高不可攀，她很可能就是那位曾经与哲罗姆通信的法比奥拉的女儿，就是她与大名鼎鼎的潘马奇乌斯（诺拉的保利努斯的元老朋友）通力合作，在罗马的港口建立了一家救济所。[47]

　　尽管福萨拉的安东尼努斯是一个难以评说的人物，但他就是时代的象征。半个世纪之前，在西玛库斯的时代，毕恭毕敬的门客们源源不断地前来罗马城，来找这位或那位罗马大贵族"拉关系"。在他们宅邸的庭院里，满是雕像和阿谀之词。这种情况还在延续。但到了 5 世纪 20 年代，安东尼努斯这样的人物也开始登场了。那些出身低微的主教也可以自由自在地在罗马大人物的宅邸中进进出出了。安东尼努斯将不同的世界结合在一起。他能说拉丁语和布匿语。他是一个山村的精神领袖，这个身份使他和他的群众有条件进入广阔的天地。哪怕他的故事是自编自造的，最起码这种故事也是身为基督徒的贵族们愿意倾听的。他将那些来自非洲最底层的生动故事，那些悲惨、邪恶和残酷的故事，直接带到了罗马基督教社会最上层的圈子里。来自下层的压力日益增强，正是在这种背景下，我们才能够理解奥古斯丁在"人民"面前的布道——希波与迦太基的大公教信众一点儿也不消极被动。

注　释

［1］Claudian, *De bello Gildonico* 1. 2, ed. and trans. Platnauer, 1：98.

［2］Gerontius, *VL* 21. 4, Laurence, p. 194. 罗马人对这种地产的看法参见 Frontinus, *De controversiis agrorum* 2。关于 Valerii 等家族的地产，参见 S. Panciera, "Ancora sulla famiglia senatoria 'africana' degli Aradii," *Africa Romana* 2 (1986)：547－72。

［3］ Gerontius *VG* 21, Gorce, p. 172, Clark, p. 44; *VL* 20. 3, p. 194.

［4］ *Letter* 126. 1.（在本章和接下来的三章中，为了节约篇幅，凡不标明作者的引用都是来自奥古斯丁的著作。）

［5］ *Letter* 125. 2.

［6］ *Letter* 126. 1. 关于那座在希波被发掘的教堂（被认为是奥古斯丁的教堂）的规模，参见 Lancel, *Saint Augustine*（2002）, 240 – 44。

［7］ *Letter* 126. 5.

［8］ *Letter* 126. 7.

［9］ H. Jaïdi, "Remarques sur la constitution des biens des églises africaines à l'époque romaine tardive," in *Splendidissima civitas: Études d'histoire romaine en hommage à François Jacques*, ed. A. Chastagnol, S. Demougin, and C. Lepelley（Paris: Publications de la Sorbonne, 1996）, 169 – 91; C. Buenacasa Pérez, "La creación del patrimonio ecclesiastico de las iglesias norteafricanas en época romana（siglos II – V）: Renovación de la visión tradicional," in *Sacralidad y Arqueología: Homenaje al Prof. Thilo Ulbert*, Antigüedad y Cristianismo 21（Murcia: Universidad de Murcia, 2004）, 493 – 509.

［10］ *Hippone*, ed. X. Delestre（Aix-en-Provence: Édisud, 2005）, 19 – 36, 183 – 215. 亦可参见 Brown, *Augustine of Hippo*, 183 – 97; Lancel, *Saint Augustin*, 211 – 16。

［11］ O. Perler, *Les voyages de Saint Augustin*（Paris: Études Augustiniennes, 1969）, 25 – 56, 423.

［12］ Lepelley, *Les cités de l'Afrique romaine*, 1: 46 – 49.

［13］ 同上。

［14］ L. Dossey, *Peasant and Empire in Christian North Africa*（Berkeley: University of California Press, 2010）, 101 – 24.

［15］ B. Shaw, "Rural Markets in North Africa and the Political Economy of the Roman Empire," *Antiquités africaines* 17（1981）: 37 – 83, 现收录于 *Rulers, Nomads and Christians in Roman North Africa*（Aldershot: Variorum, 1995）。

［16］ A. Berthier, *La Numidie: Rome et le Maghreb*（Paris: Picard, 1981）, 150 – 52.

［17］ Optatus of Milevis, *De schismate donatistarum* 3. 4, trans.

M. Edwards, *Optatus: Against the Donatists* (Liverpool: Liverpool University Press, 1997), 68 – 69; Augustine, *Letter* 185. 4. 15, 但它并未提及阿克西都和法西尔。

[18] B. Shaw, "Who Were the Circumcellions?" in *Vandals, Romans and Berbers: New Perspectives on Late Antique North Africa*, ed. A. H. Merrills (Aldershot: Ashgate, 2004), 227 – 58; 以及同一作者的 "Bad Boys: Circumcellions and Fictive Violence," in *Violence in Late Antiquity: Perceptions and Practices*, ed. H. A. Drake (Aldershot: Ashgate, 2006), 179 – 96; Dossey, *Peasant and Empire inChristian North Africa*, 173 – 89.

[19] W. H. C. Frend, *The Donatist Church: A Movement of Protest in Roman North Africa* (Oxford: Clarendon Press, 1952). 虽然该书受到了各种批评，但它依然是研究奥古斯丁在非洲的活动的起点。参见 Brown, *Augustine of Hippo*, 207 – 39, pp. 460 – 62, 482 – 84, 486 做了更新。

[20] B. Shaw, *Sacred Violence: African Christians and Sectarian Hatred in the Age of Augustine* (Cambridge: Cambridge University Press, 2011). 承蒙作者的慷慨，我得以对这部重要著作的书稿先睹为快。同一作者的 "African Christianity: Disputes, Definitions and 'Donatists,'" in *Orthodoxy and Heresy in Religious Movements: Disciplineand Dissent*, ed. M. R. Greenshields and T. Robinson (Lampeter: Edwin Mellen Press, 1992), 5 – 34, 现收录于 *Rulers, Nomads and Christians*。O'Donnell, *Augustine*, 209 – 19 清楚地指出，奥古斯丁自称代表非洲唯一的 "大公教会" 有点不合适。

[21] C. Lepelley, "Le lieu des valeurs communes: La cité terrain neutre entre païens et chrétiens dans l'Afrique de l'Antiquité tardive," in *Idéologies et valeurs civiques*, 271 – 85; 以及同一作者的 "Dela réaction païenne à la sécularisation," *Cristianesimo e storia* 30 (2009): 423 – 39。

[22] *Letters* 34 and 35.

[23] S. Lancel, *Actes de la Conférence de Carthage en 411*, SC 373 (Paris: Le Cerf, 1991), 4: 1293 – 1536.

[24] P. Brown, "Religious Coercion in the Later Roman Empire: The

Case of North Africa," *History* 48 (1963): 283 – 305, 现收录于 *Religion and Society*, 301 – 30。

[25] B. Kriegbaum, *Kirche der Traditoren oder Kirche der Märtyrer? Die Vorgeschichte des Donatismus* (Innsbruck: Tyrolia, 1986) 是对非洲基督教教会学最好的总结。现在亦可参见这项明晰有力的研究: C. García Mac Gaw, *Le problème du baptême dans le schisme donatiste*, Ausonius: Scripta Antiqua 21 (Bordeaux: Ausonius, 2008), 175 – 238。Dossey, *Peasant and Empire in Christian North Africa*, 147 – 94 也很优秀。

[26] Cyprian, *De unitate ecclesiae* 25; Y. Duval, *Les chrétientés d'Occident et leur évêque au IIIe siècle: Plebs in ecclesia constituta* (Paris: Institut d'Études Augustiniennes, 2005), 29.

[27] Optatus of Milevis, *Against the Donatists* 3.3, Edwards, p. 62: 参见 G. A. Cecconi, "Elemosina e propaganda: Un'analisi della 'Macariana persecutio,'" *Revue des études augustiniennes* 31 (1990): 42 – 66。

[28] Daniel 5: 17 in Optatus of Milevis, *Against the Donatists*, Edwards, p. 67.

[29] Optatus of Milevis, *Against the Donatists* 3.4, Edwards, p. 70.

[30] 尤其参见 A. Leone, "Clero, proprietà, cristianizzazione delle campagne nel Nord Africa tardoantica: *Status quaestionis*," *Antiquité tardive* 14 (2006): 95 – 104 at pp. 103 – 4。

[31] *Collatio Carthaginensis* 1.189, ed. and trans. S. Lancel, *Actes de la Conférence de Carthage*, SC 195 (Paris: Le Cerf, 1972), 2: 840.

[32] A. Berthier, *Les vestiges du christianisme antique dans la Numidie centrale* (Algiers: Maison-Carrée, 1942).

[33] J. Christern, *Das frühchristliche Pilgerheiligtum von Tebessa: Architektur und Ornamentik einer spätantiken Bauhütte in Nordafrika* (Wiesbaden: F. Steiner, 1976), 292. 对这个杰出建筑群的很好的介绍, 参见 C. Briand-Ponsart and C. Hugoniot, *L'Afrique romaine de l'Atlantique à la Tripolitaine, 146 av. J.-C. – 533 ap. J.-C.* (Paris: Armand Colin, 2005), 528 – 29。

[34] Lepelley, *Les cités de l'Afrique romaine*, 2: 186 – 88.

[35] 同上, 2: 452 – 55, 471 – 74。

［36］ *Contra epistulam Parmeniani* 3. 6. 29.

［37］ I. Gui, N. Duval, and J. -P. Caillet, *Basiliques chrétiennes d'Afrique du Nord: Inventaire d'Algérie* (Paris: Institut d'études Augustiniennes, 1992), vol. 1: text, pp. 224 – 25 and vol. 2: illustrations, CIX, no. 84, p. 109. 另可参见 A. Michel, "Aspects du culte dans les églises de Numidie au temps d'Augustin: Un état de question," in *Saint Augustin, la Numidie et la société de sontemps*, ed. S. Lancel (Bordeaux: Ausonia; Paris: Boccard, 2005), 67 – 108 at pp. 88 – 91, p. 70 附有一张标明奥古斯丁时代的地点的地图。

［38］ S. Gsell, *Atlas archéologique de l'Algérie* (Algiers: A. Jourdain, 1911), fasc. 27, no. 278, 亦收录于 *Inscriptiones Latinae Christianae Veteres*, no. 1859。

［39］ *Inscriptiones Latinae Christianae Veteres*, no. 1825; Février, *Approches du Maghreb romain*, 2: 39 – 41; J. Christern, "Basilika und Memorie der heiligen Salsa in Tipasa: Ein Beitrag zumVerhältnis von Märtyrergrab und Zömeterialbasilika," *Bulletin d'archéologie algérienne* 3 (1968): 193 – 250; Gui, Duval, and Caillet, *Basiliques chrétiennes d'Afrique du Nord*, vol. 2: illustrations XXVII – XXVII, pp. 26 – 27; Y. Duval, *Loca sanctorum Africae: Le culte des martyrs en Afrique du IVe au VIIe siècle*, Collection de l'École française de Rome 58 (Rome: Palais Farnèse, 1982), 1: 258 – 366.

［40］ Dossey, *Peasant and Empire in Christian North Africa*, 125 – 44.

［41］ *Letter* 247 以及 *New Letter* 1 ＊. 2 – 3, pp. 46 – 48, 421 – 22, Eno, *Letters*, p. 12，它提到有一位小教区的主教将一位官员的全家逐出教会，因为他将一个在教堂里避难的人拖了出去。

［42］ *Passio Marculi* 4, ed. and trans. J. -L. Maier, *Le dossier du donatisme*, vol. 1, *Des origines à la mort de Constance II (303 – 361)*, *Texte* und Untersuchungen 79 (Berlin: Akademie Verlag, 1987), 280, trans. M. A. Tilley, *Donatist Martyr Stories: The Church in Conflict in Roman North Africa* (Liverpool: Liverpool University Press, 1996), 80. 多纳徒派主教的代表们竟然被钦差鞭打，这被认为是骇人听闻的。

［43］ *New Letter* 20 ˙. 11 and 29 – 31, pp. 311 and 336 – 40, Eno, *Letters*, pp. 139 – 40, 147 – 49.

［44］ *New Letter* 20 ˙, pp. 292 – 342 附有评注, pp. 516 – 20, Eno, *Letters*, pp. 133 – 49；参见 Brown, *Augustine of Hippo*, 468 – 69。亦可参见 A. Gutsfeld, "Kirche und civitas in der Spätantike: Augustin und die Einheit von Stadt und Land in Hippo Regius," in *Die spätantike Stadt und ihre Christianisierung*, ed. G. Brands and H. -G. Severin (Wiesbaden: Reichert, 2003), 135 – 44 at pp. 139 – 42；以及 N. B. McLynn, "Augustine's Black Sheep: The Case of Antoninus of Fussala," in *Istituzioni, carismi ed esercizio del potere*, 305 – 21。

［45］ *New Letter* 20 ˙. 20, p. 324, Eno, *Letters*, p. 143.

［46］ *New Letter* 20 ˙. 27, pp. 332 – 34, Eno, *Letters*, pp. 146 – 47 以及 *Letter* 209. 5。

［47］ 参见条目 "Fabiola 1" and "2," *Prosopographie du Bas-Empire*, 2: 734 – 36。

第21章 "与群众的对话"：奥古斯丁
布道词中的富人、人民与城市

"与群众的对话"：奥古斯丁与"人民"

在古代晚期，主教总是被当成"上帝之言的播种者"。[1]
主教不一定非得著书立说，但必须公开讲道。奥古斯丁不懈地
布道。在他担任希波主教的三十五年里（396～430），他的布
道超过6000次。他是一位充满魔力的演讲人。在阅读奥古斯
丁布道词的时候，我们经常可以确定，我们正在阅读的东西不
是（像安布罗斯那样的）经过仔细校订的文本。我们读到的
就是他的原话，言犹在耳。这是因为，富裕的信徒会聘请专业
的速记员来记录他的一字一句，只要他的唇舌一动，每个字就
被记下来。[2]

在这一言语的洪流中，仅有大约十分之一留存至今。其中
的很多布道词被中世纪的抄写者删减了，因为他们只对原文中
的某些部分感兴趣。他们想要了解的是奥古斯丁的神学，而不
是奥古斯丁的非洲。他们经常感到，很多布道词充满了地方色
彩，不仅显得无聊，甚至还是莫名其妙的。几百年后的读者们
身处哥特时代的欧洲，对他们来说，北非（那时已经是穆斯
林的地盘了）是无比遥远的地方。正因如此，法国大学者弗

兰索瓦·多尔保的新发现才如此重要。他在美因茨的一所中世纪晚期的修道院里，发现了一批完完整整地抄写下来的奥古斯丁布道词。这些布道词是原汁原味的，它们叙述完整，充满了具体的细节，其中一些是堪称明星水准的表演；其中的一篇布道词需要讲两个小时。美因茨布道词（为了纪念发现者，现在它们被称为《多尔保布道词》）使我们有机会重新聆听奥古斯丁的声音，感觉就像是在听录音带。[3] 我们也能够捕捉到奥古斯丁的布道对象的一段回声，但我们所听到的并不符合我们的预期。尽管奥古斯丁是水平高超的布道者，但他所面对的毕竟是"人民"，一群非常活跃的基督徒群众。站在他们面前，奥古斯丁并不能始终保持自如。

340

　　古代晚期的布道并没有明确的结束时间。在基督教会的礼拜仪式中，布道被安排在作为高潮的弥撒之前。它之后马上就是最肃穆的环节，那时平信徒就要向祭坛献上自己的奉献了。对于那些尚未接受洗礼的听众（我们知道当时这种人很多），布道就是他们所能听到的关于基督教信仰的全部东西。随后，他们就会被请出教堂。只有受洗的基督徒才能继续神秘的仪式，而其他人（除了未受洗的基督徒，还有很多非基督徒）全都没份儿。[4]

　　在布道过程中，布道者以一种最直接的方式面对面地与听众进行互动。那儿并没有高高在上的讲坛，也没有限制人走动的长排座椅，信众们就站在宽敞的教堂里，他们可以随意走动。在后殿前方，有一个不太高的台子，布道者就站在那儿。为了听清楚，信众们会一直向前挤，挤到台子的边上。布道者的座位位于那排半环形长凳的中间位置上，他和神职人员都坐在那儿，背靠着后殿环形的后墙。布道者也可以离席走向听

众，甚至走出后殿，直接走到教堂的中间位置，站在祭坛边上
宣讲。祭坛差不多就在教堂正中，被木头或者经过雕刻的大理
石隔出来。一个轻木制成的可移动的诵经台，就是布道者的全
部道具了。他就用这个台子摆《圣经》，不然就没法播种言辞。
奥古斯丁的布道词都是在站立着的可以走动的听众前面（或者
中间）即兴发表的，因此完全可以被称为"与群众的对话"。[5]

这些对话不一定都是成功的。在多尔保新发现的布道词
中，一篇又长又生动的布道词让我们有机会捕捉到一次很有意
思的失败。它发生在 404 年 1 月 22 日，当时奥古斯丁在迦太
基布道。他进行布道的大教堂要比他自己在希波的教堂大很
多，能够容纳两千人。这一天，教堂里人头攒动。为了改善听
的效果并营造一种亲切的气氛，奥古斯丁先从后殿走了下来，
打算在祭坛边上进行布道。但他马上发现，相当多的人已经挤
到了后殿的边上，以为在那儿能听得更清楚。他犹豫了一下，
然后离开了祭坛，打算回到后殿去。就在他回身的时候，聚集
在祭坛四周的人群有节奏地高呼起来，他们要求奥古斯丁重新
走回来，就在原地发表演讲。就在这时，奥古斯丁背对着那些
起哄的人扬长而去，登上了后殿的台子，回到迦太基主教奥勒
留身边，在那排高高的凳子上坐下来。这个态度的意思是，除
非秩序马上恢复，否则他是不打算再布道了。[6]

奥古斯丁摆出了一个相当过分的、显得很倨傲的姿态。他
生气地利用后殿的空间和"人民"保持距离，这个姿态马上遭
到了抗议。那些人还站在祭坛边上，留在教堂中部。他们的办
法是从赛场和圆形剧场学来的。他们开始起哄："马上来弥
撒！"——实际上就是说："取消布道！"[7]迦太基的基督徒"人
民"已经表明，他们不喜欢奥古斯丁的轻蔑态度。

341

次日，奥古斯丁重新登上布道台。很明显，信众们指望他道一次歉，他必须为自己的行为做出解释。然而，出乎听众的预料，他一点儿也没有后悔的意思。这篇布道词题为《论顺从》，他以此表明了自己的态度——绝不认可放肆的起哄行为：

> 我恳求你们……把神的教会和剧场分分清楚……在这里，怎能手舞足蹈（一大群人一起跳起来，就像在剧场里的长凳上那样。当然，在教堂里，信众们本来就是站着的，但他们在叫喊的时候样子是恶狠狠的），高声起哄，肆意妄为？愿上帝保护你们的心灵！[8]

他的说教徒劳无功。非洲的基督教堂不可能不受晚期罗马那种走样的"人民"民主的影响。在基督教会里，并不是只有乡村才会发出新声音。城市里的信众们利用教会来试验一种新形式的市民生活，尽管它还在磨合之中。当奥古斯丁走进他自己在希波的教堂的时候，或者在宽敞的迦太基大教堂里登上布道台的时候，他当然深知，与想象中的情况不同，聚集在高敞的梁木之下的群众并不是团结一心的"上帝子民"。城市中由来已久的分裂依然延续。在每个教会里，"人民"都在挑战"秩序"，只不过，现在他们所挑战的"秩序"已经不再是市议会了，它变成了主教和神职人员。冲突一触即发。在教会里，大群的贫穷市民可以冲撞神职人员，甚至可以瞎起哄，他们的吼声也可以朝向富人，他们有理由仇视富人。他们早已对他们经常在光天化日之下在剧场的长凳上干出来的行径习以为常。[9] 正是在这种特殊的背景下，我们才能理解奥古斯丁在布道中对待富人的方式，并理解他为何要在基督教社会中为富人保留一席之地。

"只有他们才懂得生活"：富人、穷人与"人民"

当我们转向奥古斯丁的布道词的时候，我们一定要牢记，他可不是安布罗斯。他的布道词并没有经过反复修改，变成精雕细琢的文章。不如说，我们所看到的只是一位即兴演讲者。他的特点是看似无关紧要的随机应变，不断地调整自己的语调以适应听众的情绪。在他的言辞背后，我们可以感知他们的存在。在他滔滔不绝的讲话中，生动的形象、源于现实生活的各种段子、不完整的句子都是随处可见的。这就像在听一场生动的对话，只不过只有一方的声音。在这场对话中，奥古斯丁正在和谁说话？他又和他们讲了什么呢？

这一部分要讨论三个群体：富人和两种范畴的"穷人"——我们务必牢记，尽管在现代的用法中，这两种所谓的"穷人"往往被混淆，但我们不应当将两者混为一谈。让我们先来看看现代人所谓的穷人，也就是贫困者。奥古斯丁的布道经常谈到给予穷人的施舍。理查德·丰的大作《晚期罗马帝国的施舍》已经非常有水平地研究过了奥古斯丁关于这个问题的布道词。[10]奥古斯丁严肃地将这个问题当成主教的一项日常任务。但在他的思想中，照顾穷人很少成为最重要的问题。在写信给阿尔碧娜解释皮尼亚努斯在 411 年遇到的事件时，他宣称在希波"需要教会供养的穷人并不多"。[11]

就对穷人的慈善而言，奥古斯丁身处的这个社会并非特别没心没肺。他承认，犹太人和多神教徒也向乞丐施舍，像许多基督徒那样同情弱者和贫困潦倒的人。[12]在他所生活的地方，贫困问题也没有到无可救药的地步。在整个 4 世纪，希波和迦

342

太基这样的城市并未遭受最严重的饥荒、失业和传染病。只有在希波以南的山区，才能够看到真正的、残酷的贫困。所谓的"亚伯派"，即"义人亚伯之子孙"，占据了一个村子。他们可以像"震颤派"（the Shakers）那样在抵制婚姻的同时保障自身的延续，靠的就是收养附近农民的儿童。贫困的家庭非常愿意送出子女，这样就可以减少一张嘴了。在 5 世纪 20 年代，希波城外的贫苦农民家庭甚至愿意把自己的孩子卖给奴隶贩子，目的只是挣钱。[13]

据我们所知，在城市里，并没有如此可怕的事情。在迦太基和希波，贫困者的数量和需求是季节性的。在冬天寒冷的几个月里，码头和建筑工地都没有工作机会了。街上到处都是失业人员。410 年冬天，奥古斯丁写信给希波的信众，敦促他们不能因为罗马城陷落的警讯（这个消息迅速地造成了囤积居奇的现象）而变得更加吝啬，要继续完成当年向穷人收集和分配衣物的任务。在迦太基，春末是最难熬的时候。在下一季的收获之前，供应减少了，食物价格飞涨。在迦太基布道的时候，奥古斯丁敦促那些富有爱心的基督徒，要求他们更加热情地行动起来，在淡季施舍更多。[14]

343 　　当奥古斯丁这样在宣讲中谈论"穷人"时，他的听众们应当知道他所指的"穷人"是哪一类人。教会的穷人与完全依靠施舍而生活的穷人是很容易辨认出来的下层阶级，在这些穷人之上的，是城市里的大部分人口。他们可不是一个单调的群体，他们包括许多层次，从富裕的工匠、店主到按日计酬的工人。安娜·利奥尼最近主持的考古普查说明，与罗马城的情况一样，迦太基的人民也受益于富裕的居民和经常举行的大型比赛。赛会的组织导致了小社团的增殖，每一个小社团都有自己的活动室和半专属的浴场。在城市的公共生活里，行会的成员发挥着重要作用。[15] 在节日里，他们还会组织队伍参加游行。依靠承办富人的酒席，银匠的市场闻名遐迩。[16] 沿着社会层次往下，码头的工作、织物的准备和染色、鱼的出口加工（在迦太基和非洲其他城市）在那些产业化的地段里养活了很多人。[17]

这些人都自称"穷人"，就像普通的美国人都喜欢自称"中产阶级"一样。对他们来说，"穷人"这个词和"贫穷"的形象（比如乞丐及需要食物、衣服和住处的无家可归者）并没有直接的联系，还不如说，它代表的只是一种对比，与那些不穷的人相比，他们就显得穷了。"穷人"是一个比较性的概念，它假定了富人的存在，那就是穷人的对立面。和其他地方一样，在罗马非洲的城市里，穷人在富人面前的态度是激烈和畏惧的混合。[18]

一定要牢记真正的穷人和"穷人"之间的区别。奥古斯丁在希波和迦太基的布道对象是这些"穷人"。如果我们分不清，我们对晚期罗马城市的印象就会变得非常两极化。正如我们所见，对于这一时期的城市生活，将所有的"穷人"都当成穷人的倾向容易导致畸形的认识。[19] 实际上，城市里那些自居为"穷人"的人是生机勃勃的，他们绝不是一个同质的群体。他们有自己的等级；他们经常组织行会，那些行会的头头们又形成了一个团体；他们是真正的"普通人"，也就是城里那些富有的平民。正如我们所见，在非洲内外，基督教会在经济上主要依靠这个团体的支持，教会也是从这个团体中补充其神职人员。结果，北非的大部分神职人员仍然非常接近"穷人"的社会世界。正是这些"穷人"在每座城市的"人民"

中构成了主体，他们怀有共同的恐惧和怨恨。

主教们就有点儿不一样了。正如克劳狄娅·拉普所说，有一道"玻璃天花板"将出身卑微的神职人员与主教的阶级分344 隔开来。主教们大多出身于市议员阶层，奥古斯丁就是一例。[20]但在非洲这片土地上，到处都有小城市，到处都有蓬勃发展的乡村主教区。和其他行省中的情形不一样，在非洲，玻璃天花板并不会完全阻挡那些地位更低的人，他们也有可能跻身于主教之列。在非洲，神职人员的身份依然向那些自强不息的穷人提供了一条"唯才是举"的通道。福萨拉的安东尼努斯的经历就是最好的例子，证明了这种流动性。他的母亲和继父都很穷。他们刚来希波的时候，名字被登记在教会穷人救济名单上。实际上，安东尼努斯自己之所以进了修道院，就是为了解决食宿，这就像希波附近山区的农民将自己的儿女送给怪僻的"亚伯派"团体，甚至将小孩卖给奴隶贩子一样。但是，安东尼努斯在福萨拉的活动证明，卑贱的出身并不会阻碍他成为一位强有力的主教，也不会阻碍他接触那些大人物。

在根本上，基督教神职人员内部的社会差异，要小于非洲城市里富人与"人民"之间的更重要的世俗差异。在像希波和迦太基这么大的城市里，"人民"可以变得很危险。412年前后，有一名宫廷命官躲在奥古斯丁的教堂里寻求庇护。结果希波的"人民"将他拽了出来，还对他动了私刑。商人和工匠都卷入了这一事件。[21]在419年的迦太基，非洲军事长官在一场暴乱中被杀。罪魁祸首躲在城里的大教堂里避难。最终，他们被皇帝赦免了，因为非洲的主教们派出了一个请愿团，经过大约1800英里的跋涉，先从迦太基赶到拉文纳，再赶到比利牛斯山麓，然后回来，向皇帝乞求怜悯。[22]

"人民"是令人畏惧的，他们的意见也会得到尊重。在任命某些税收的征税官时，要经过"人民"的批准。即将离任的非洲总督们（如我们所见，他们通常出身于罗马最显赫的贵族）知道，他们的任期要由"人民"来评判。"人民"的欢呼或嘘声会被认真地记录下来，广而告之。[23] 还有，这时候基督徒们开始作为一个压力集团直接干预城市的政治生活。401年 6 月，迦太基的基督教信众们针对市议会中一个高级职务的任命提出了抗议：那个获得任命的人是一个开钱庄的多神教徒，他是为了谋求这个职位才匆忙接受基督教洗礼的。基督徒"人民"高喊，他们不能接受多神教徒的领导。[24] 总之，大城市里的"穷人"绝不是一群无依无靠的可怜人。在罗马的传统意义上，他们仍然是"人民"——也就是有权高声呼喊，甚至可以发起暴乱的公民团体。

奥古斯丁在教堂里面对的就是这些"人民"。他不可能面对他们全体，也很难知道当时布道者的听众究竟是怎样的社会成分。除了重要的节日，很多劳动群众可能从来没有进教堂的时间。乞丐们大概会站在教堂门外，在那里最容易要到钱。虔诚的基督徒会在教堂门口或者在教堂外面的庭院里布施。结果，奥古斯丁的布道主要是针对富人（他们才有严肃对待宗教的闲暇）和"人民"中的上等阶层的——包括工匠、行会成员、小地主和地位较低的市议员。在晚期罗马的城市里，正是这些人对社会结构中内在的压力和紧张最为敏感。在这个成分复杂的信众团体中，富人引人注目地站在一边。在公众眼里，他们相当重要：

穷人一看见他们，就会嘟嘟囔囔地发牢骚，既羡慕又妒忌，既想迎头赶上，又因感到难以望其项背而自怨自艾。在对富人的赞美声中，他们说："只有他们才重要；只有他们才'懂得生活'。"[25]

要说的话，正是这种富人的存在让普通市民感受到了贫穷。哪怕不是乞丐，富人四周的权力与地位的高墙也足以让人矮一头了。大多数时候，奥古斯丁的布道对象是"人民"当中相对有钱的那些人，但他们仍然拿自己和富人对比，总是觉得自己吃亏了。

这里我们遇到的是一种非常有罗马特色的社会划分：权力及其带来的安全，要比单纯的收入更重要。哪怕是"人民"当中最有钱的那些人，他们也缺一样最重要的东西：不是金钱，而是安全。他们不是穷人，但他们始终都处于对穷困潦倒的恐惧之中。不是贫穷而是破落支配着他们的社会想象。就像18世纪的里昂人那样，希波和迦太基的"穷人"是"可以落魄的"。[26]他们觉得自己挣扎在斜坡上，时刻都有跌入社会底层的危险。

不同于18世纪的法国，在4世纪的北非，"人民"可以非常有针对性地将自己的不幸直接归罪于富人，并且可以直接面对他们的压迫者。对穷人的压迫是一件摆在明面上的事情。的确，这是"当着面"进行的。阿米阿努斯·马尔切利努斯描述过罗马城里的富人。他写道，哪怕是非常有钱的门客过来了，那些大牌的元老也不肯按照传统的习惯受他们一吻。元老们会转过头去，"就像一头即将发飙的粗暴公牛"。作为代替，他们让门客们来拜自己的双膝，把门客当成来求情的人，一点儿也不讲待客之道。[27]在罗马城的宅邸里怎么做，在非洲的城市里也公开地这么做。那些有钱有势的人高抬阔步地走过广场，衣着鲜亮的随从前呼后拥。这时候你最好还是赶快俯下身子，对他们深深地鞠躬。[28]

他们确实是大人物。在每座城市里，他们的存在都能被感受到。经过4世纪的发展，显赫的市议员和帝国特权的拥有者们形成了一种寡头制，他们逐渐掌控对当地的管理。而遭受损失的，是市议会中那些更穷、特权更少的成员。显赫的市议员和帝国特权的拥有者们靠的就是控制赋税的分配。是他们在决定：赋税的压力会不会非常残酷，他们自己要有多大的好处，别人又要不要受到惩罚。这是最赤裸裸的强权。这种权力来自帝国制度，非常可怕，非常严酷。

但这种权力不容挑战。帝国的税收体系像皇帝本人一样不可侵犯——谁也不敢横加非议。在米兰，安布罗斯早就认识到了这一点。在希波和迦太基，奥古斯丁同样保持审慎的态度。他对富人的看法是一种故意的含蓄。我们只能推测他们是如何获得权力与财富的。一直等到5世纪40年代初蛮族的入侵将帝国的危机推向高潮之时，基督教作家马赛的萨尔维安才出现。他描述并谴责了实际的税收体制，因为市议会的核心层已经变成了当地的"暴君"。[29]这番观点是在《论上帝的统治》中表达出来的，但这本激进的书流传范围相当有限。我们有点儿怀疑，他究竟有没有在布道时这么说出来，因为他毕竟还得面对面地和自己教会里的富人打交道。

奥古斯丁只是提到了帝国制度的副作用。他劝告听众不要心存幻想。普通人的生活总是取决于两种相互联系的权力——"庇护"和"权力"。"权力"是富人依靠控制公职而获得的压迫性力量，可以伤害他人。在布道词中，奥古斯丁经常说起这两种力量。正因如此，最深入地研究晚期罗马西方的庇护制度运作的专著（作者是延斯－乌维·克劳泽）就非常依赖奥古斯丁的布道词。[30] 对于普通人而言，是发财还是完蛋，庇护制足以扭转乾坤。

> 兄弟们，你们都知道人们是怎么吹嘘自己的恩主的。受到威胁的时候，大人物的门客们就会说："靠着我的恩主某某人，你可奈何不了我！"[31]

这种人就是"穷人"，奥古斯丁很了解他们。他们可不是乞丐。他们的一生有起有落，既有可能穷困潦倒，也可能起劲儿地害得别人走向落魄：

> 你们有可能曾经尝过穷困潦倒的滋味。你们家只有一点点财产赖以为生。不料，某个坏人使出了奸计，夺走了你们的财产。你们为这个世道自怨自艾……昨天，这个人丧失了家财，哀怨凄离；今天，他投靠了某个庇护人，又在抢夺别家的财产了。[32]

347 按照晚期罗马的情形，谁也不敢说从来不会遇到有权有势的人。比如，有人很自傲地说，他不会把身外之物看得太重，绝不会见利忘义。只有大人物才会说："我是穷人，作为群众的一员，只是一介布衣而已。难道我还能奢望自己当上总督吗？"然而，正如奥古斯丁所说，一旦时机来了，虽然此人没能力犯下什么滔天大罪，但只要有权有势的人出现了，逼迫他在官司中说谎，他还是会被迫做出伪证：

他是有权有势的。他会来控告你，让你丢掉自家的田地。现在他大权在握……确实，你会说："他只要说我几句坏话，我的田产就会被抄没。"[33]

总之，奥古斯丁布道词当中的"穷人"并不一定是乞丐。他可能是很典型的罗马"平民"，他也有可能是一名地位较低的市议员，或者是一个小地主。折磨人的各种新老权力都在威胁他们。这些人只要小心低调，就具有一定的独立性，但他们很难抵挡自上而下地落到他们头上的压力，不管压力是来自大地主，还是来自帝国官吏。在这种意义上，平民百姓和下层市议员（奥古斯丁的家族就是）同病相怜。在那些高高在上的人面前，他们都软弱可欺，如同站在刀口上。他们不是现代意义上的穷人，而是面对着贫穷的人。正是针对这群人的恐惧和怨恨，奥古斯丁说的话才是入情入理的。

"摒弃骄傲"：奥古斯丁论富人与穷人

奥古斯丁的布道对象不是只有"穷人"，富人们也会出现在教堂里。在他们中间，有领导地方的市议员、当地的大地主、帝国官僚制度在当地的代表及其手下、有权有势的元老，偶尔还有前呼后拥的军官。他们衣冠楚楚，鹤立鸡群。[34]他们会站在信众的前面，靠近后殿里的主教和神职人员。411 年，当群众起哄，企图让皮尼亚努斯接受圣职的时候，就是这些"更有地位、更受尊敬的人物"走进后殿与奥古斯丁斡旋的。[35]

主教们非常重视富人的感受。在 400 年前后，为了让大人物的太太们可以从一扇女士专用的门直接走进来，迦太基主教

348 奥勒留改造了各大教堂的通道。这样一来，她们再也不必穿过熙熙攘攘的人群，而是可以直接走到女士专属的区域，免得她们还要听到"那些下流、躁动的奴隶的窃窃私语"[36]。富人经常只是亮个相就走了。有一个礼拜天，当地的地主罗慕路斯进了希波的教堂，但在礼拜结束之后马上就走了。奥古斯丁很不高兴。罗慕路斯家田庄上的农民反映，他收的租子翻了一番，但他并没有留下来和奥古斯丁谈一谈此事。[37]

奥古斯丁对待这个团体的方式生动地告诉我们，作为牧灵者与社会思想家，他最关心的究竟是什么。对他来说，大公教信众保持团结的理想是无比重要的。他如此重视团结，是非常有理由的。非洲两派教会之间的竞争为基督徒提供了一个在自己城里选择主教的机会。假若一位主教不讨好他们，他们就可以走去另一家。每个教会的成员都始终拥有改换门庭的机会，因此必须说服他们始终在一起。

不过我们已经看到，在奥古斯丁自己的想法与世界观之中，对团结的关切早就根深蒂固了。我们在 5 世纪头二十年的布道词里所遇见的这个人，和我们在 4 世纪 90 年代初见到的那个人就是同一个人。早在二十年前，他就为自己的修道院拟定了规章。他一直都是一位积极的布道者，一直在强调团结与和谐。但是，现在他对团结的关切变得更广泛了。奥古斯丁建立了一所修道院，还在 395 年为它撰写了《规程》和《院规》。这所修道院是一个紧凑小巧的团体，成员可能不超过 20 人。现在，身为主教，奥古斯丁就要面对整个社会了。正如我们所见，他并不能一以贯之地处理得很好，但他还是非常努力，想把自己最深刻的信念传达给听众：在天国里，永生的灵魂将会在"上帝之城"里团结起来，而修道院这个紧凑的小天地要在尘世里先行先试。天国距离我们还很远很远，但是，当全体信众（人数数以百计）与主教一起咏唱《诗篇》的时候，人们就能享受到片刻的欢愉，感受到未来那充满荣耀的团结：

> 现在就让我们倾听，兄弟们，让我们倾听并咏唱。让我们共同向往那座城，我们都是它的公民……靠着向往，我们已经身处城中；我们的希望就像一支锚，我们已经把它扎在了远方的海岸上。[38]

在 5 世纪头二十年，在奥古斯丁不断地"与群众对话"的过程中，团结的"上帝之城"这个宏大的主题酝酿成形了。只不过，在后来写成的《上帝之城》中，这个主题才得到了清楚的表述，该书成为流芳百世的经典。[39]

不过对团结的强调也是有代价的。奥古斯丁很关心团结问题，所以他在涉及富人的时候相当含蓄。那些更直率、更靠拢群众的布道者就不会这样。奥古斯丁和安布罗斯不一样，他从来不会在教堂里信口开河，把富人当成《圣经》里的亚哈王来批评。我们在他的作品中清楚地看到了压迫、恐惧和腐败，但他从来没有将其拼接成一整幅旗帜鲜明的画面，用来批判富人。然而，在 4 世纪 80 年代的米兰，安布罗斯就这么做了。

总之，在晚期罗马的城市里，奥古斯丁直接面对着包括富人和掌权者在内的听众，因此他尽量注意，不让自己显得太突出。在这种态度中，谨慎是一个很大的因素。一旦感到被疏远了，富人们就可以轻而易举地投向对面的多纳徒派教会。无论如何，奥古斯丁也是一个遵纪守法的人，他一点儿也不喜欢"人民"的自由。在迦太基，"人民"人多势众，说话很有份量。在那儿，他经常被同事奥勒留请出来给满腔热血的基督徒群众泼冷水，免得他们忘乎所以。[40]

那么，对富人，他究竟说了些什么？他当然清楚，作为一个群体，他们具有自身的深重罪孽。

> 当然，有许多罪是专属于富人的。他们越是操劳奔波，越是忙于持家理财，拥有越多的田地，他们身上的罪孽就越多。[41]

但是，这种问题也是有补救的办法的。在 411 年之后的某个时候（当时伯拉纠的观点已经在迦太基和希波流传了），奥古斯丁提出了一种说法。这种说法有可能是在回应伯拉纠派在《论财富》中提出的口号："摒弃财富吧！你不会发现贫穷。"[42]奥古斯丁的说法与之针锋相对，他强调的不是财富，而是骄傲：

> 摒弃骄傲吧！财富可以无害。[43]

在奥古斯丁的宣讲中，骄傲，而不是财富，才是基督徒的终极敌人。按照真正的划分标准，世界并不应该分为富人与穷人，而是应当分为骄傲的人与依靠上帝的恩赐在上帝和同伴面前保持谦卑的人。[44]在实践当中，这就代表着一种社会观念：财富所造成的不平等是可以接受的，只要富人能够放弃作为财富之副产品的毒害（傲慢、暴力和滥用权力），使危害有所减轻。

在多个方面，奥古斯丁传达的信息都是令人安心的传统观点。他将传统意义上的"善"富人与"恶"富人清楚地划分

开来。他也重申了罗马人强调的"有序和谐"的倾向，将其
作为社会和平的准则。这个概念是指在每座城市里，统治者和
被统治者要保持平衡。在古代世界里，大家都认为，富人有权
领导城市，只要他们怀着善心对待底层的人，并且通过赞助赛
会与建筑而显示"城邦之爱"就够了。对于这个由来已久的
原则，奥古斯丁只不过补充了一下：为了显示善良的本性，富
人应当摒弃骄傲，他们的慷慨应当表现为施舍。

350

　　然而，在这个时候，奥古斯丁对弃绝骄傲（而不是弃绝
财富）的强调，标志着一个重要的转变。我们需要思考一下
这一转变。在阿拉里克于 410 年攻陷罗马城之前的年代里，一
种非常经济化的财富观正在激进的基督徒中流传。这种观点导
致了对财富本身的恐惧。在伯拉纠派的激进著作中，这种观点
表达得非常引人注目。总之，关于财富的传统共识正在变调，
变得更加激烈、更有对抗性。所有富人都面临着成为"恶"
富人的威胁。奥古斯丁针对的就是这种思潮。在教会中，他再
次为"善"富人找到了位置。他的办法是赋予善富人一种新
的作用。他们要在等级严明的社会中充当柱石，为上帝更大的
荣耀发挥作用。富人可以清清白白地保持财富与权力的优势，
但其存在必须符合一个前提：在运用它们的时候，不能怀着破
坏性的傲慢。一旦顽固的骄傲立场被摒弃了，财富和权力就可
以用来促进基督教社会的和谐，没有消极的影响。

　　实际上，他的意思就是要改变善富人的定义，首先将他们
看成掌握权力的人。善富人不仅是懂得奉献的人，也是懂得如
何掌权的人。对于奥古斯丁，权力就意味着秩序。在他的思想
世界中，秩序在社会的每个层次上都是靠铁腕的统治来维持
的。家长们统治子女和依附者；城市的领导者统治本城的人

民；帝国的官员与将军统治臣民与士兵；高居巅峰之上的是基督教皇帝，他奉上帝之命统治着社会，要是没有皇帝，社会就有可能无法无天。

按照这种等级化的社会观，善富人也应当成为善的统治者。这一转变对未来的影响很深远。从查理曼开始，那些研读过奥古斯丁作品的教士都会认识到，这一神学纲领属于一个尽管差距悬殊但相当内聚的社会，这个社会和读者自己身处的封建世界不无相似之处。真正重要的是权力，而不是金钱。哪怕再大的权力，也被要求在上帝之前放下身段，也要经常谦卑地听取弱者的心声，并且保护他们。[45]

这是一场思想的旋风，产生了长远的影响。奥古斯丁的表达也是很清晰的，因此，描绘奥古斯丁的言论并不困难。但对历史学家来说，相对更有难度的是如何重返现场，评估在希波和迦太基的教堂里初次聆听奥古斯丁的人有何反响。

奥古斯丁有意避免将富人与穷人完全对立起来，这是每个听众都会马上注意到的。他表明，身为大家的主教，他将信众团体当成一个完全民主的心灵的团体，而信众团体直接处于上帝的凝视之下。身为主教，他管的就是罪孽。奥古斯丁决心不351 偏不倚地对待富人与穷人的罪孽。团体的每个成员都在犯罪，只不过他们造孽的方式有所不同：

> 兄弟姐妹们，请你们留意。在听我布道的全体信众当中，会有多少富人？……要是到那里去的（下地狱的）富人和全人类当中的富人一般少，那就好了！[46]

呜呼！他还坚持，地狱的容量是很大的，整整一个阶级都装不满。听了《福音书》中的这段话，穷人可能兴高采烈："骆驼穿过针的眼，比财主进神的国还容易呢！"（《马太福音》19：24）

> 听说富人进不了天国，他得意忘形地放声大笑。他说："我能进！这些破衣裳会保证我进天国。那些殴打我们、欺压我们的家伙，就进不去。"

不过，就算是乞丐，也要当心点：

> 那种人（恶富人）肯定进不去。但你也要当心，看看自己到底进不进得去。虽然你是穷光蛋，但你也可以是贪婪的。有没有可能，你虽然承受着谋生的压力，心里却燃烧着贪婪的熊熊火焰？[47]

强调内在的思想状态最重要，在奥古斯丁的伦理思想中，这就是中心。但在教会里，这一坚持也起到了一定的制约作用。奥古斯丁想要告诫他的信徒，不要仅仅根据外在的社会地位来论断富人。

> 富人的口头禅就是"你这个恶心的奴才"！这句话听起来很傲慢。但要是不说这种话，他就有可能管不好自己的家业。情况经常是，恶语相向至少要比一顿痛揍更管用。他之所以说这种话实属情非得已，因为他必须保持家中的秩序。但是，请他不要真的这么想。请他不要将这种话深藏在自己的内心中。请他不要在上帝的耳前和眼前这么说。[48]

奥古斯丁所描述的专横霸道的习惯也属于一种权力的语言。在基督徒的布道词中，很少有人如此轻柔地论断这种权力的语言。对于富人的暴饮暴食，情况也相似。像安布罗斯这样的基督教道德家，早就对有权有势者的这种突出劣根性抓住不放了。他们的思路遵循了一种源远流长的哲学与医学传统，对耽于酒食的"恶"富人持否定态度。[49]与其相比，奥古斯丁认可过量的饮食，认为这是一个阶层的习惯。他在 4 世纪 90 年代拟定了修行的《规程》。出人意料的是，他是柔和地对待富人的弱点的：他们需要精细的食物、高档的衣服、特殊的工作。在布道词中，他同样宽容了他们的弱点。过量的饮食是个毛病，但是与严重的罪孽相比，它是可以容忍的——只不过仅限于当下而已。上帝的恩典究竟会不会消除这种特别的坏毛病，一切有待时间的检验。[50]

"让他们做善事来露富……乐意与人分享"

身外的财富怎样才能得到宽容，奥古斯丁在布道词中做了非常清楚的说明，这在其他地方是罕见的。富人们光是在口头上自称他们内心是充满善意的，这可是不够的：

> 上帝做证，我可从来不会忘乎所以。虽然我也会大喊大叫甚至出言不逊，但神知道我的良心是好的。我说那些话，只不过是因为必须负责，而不是因为我自命不凡。

奥古斯丁并不接受这样的借口。他指出，保罗说的不只是"嘱咐那些今世富足的人不可自傲"（《提摩太前书》6：17），他们也应当慷慨大方。

> 那好，下一句是什么呢？"让他们做善事来露
> 富。"……这不能是你躲在门背后的勾当。群众的眼睛是
> 雪亮的，要么做了，要么就是没有……"让他们做善事
> 来露富，让他们乐善好施，乐意与人分享。"（《提摩太前
> 书》6：18）……如果富人们已经这么做了，那就没什么
> 可担心的。末日到来的那一天，他们也会坐在方舟上……
> 他们不会成为被洪水毁灭的一部分。[51]

那些听奥古斯丁布道的人重温了一种由来已久的说法。这
种说法出自传授生活智慧的《提摩太书》，该书被认为是保罗
写的。《提摩太书》的要求并不是很苛刻，它并不要求彻底放
弃财富，而只是提醒富人尘世的财富转瞬即逝，并且劝他们大
方一些——"乐善好施，乐意与人分享"。接着，奥古斯丁又
非常明确地告诫他们，光是大方，还是不太够。他清清楚楚地
说明，他们应当因哪些理由而做出奉献。在本章的结尾，就让
我们来看看这些行善的理由，并且看看按照奥古斯丁的观点，
又有哪些类型的赞助其实会妨碍行善。

"只为虚荣，一掷千金"：迦太基与 403 年的赛会

奥古斯丁的布道词从来不是自说自话的书斋作品。弗兰
索瓦·多尔保的发现说明，论述贫富关系的布道词（我们刚
引述的那些）是一场宣传战役中的一部分。在 403 年的最后
几个月里，奥古斯丁在迦太基发动了这场战役。[52]在他进行

353

这些布道的时候，城市生活中发生了一个大事件。在 10 月 26 日至 11 月 1 日期间，负责皇帝崇拜仪式的祭司们要在迦太基碰头，举行一场一年一度的赛会，表达非洲各行省对皇帝的无限忠诚。祭司中的某些人并不是多神教徒，这个职位是一种荣誉性的头衔，基督徒也有可能担任。但是，这些祭司在一年一度的迦太基聚会上提醒人们，北非的上层社会仍然基本上是市民文化的，而且非常世俗化。[53] 这个社会沉浸在追求荣耀与地位的观念当中，一切都以传统为圭臬，和基督教毫不相干。

迦太基赛会的规模仅次于罗马城赛会。赛会有一种表演的模式。西玛库斯为他儿子举行的赛会（就在几年之前，于 393 年和 401 年在罗马城里举行）只不过更加奢侈一点儿而已。世俗权力举办的一些仪式留存至今，基本上保持着原汁原味，在整个 4 世纪都没什么变化。在非洲范围内，要数这种赛会声势最大，最赤裸裸地违背基督教的观念。赛会的开场是所谓的"猎兽"，就是像斗牛士那样与野兽搏斗。然后是各种滑稽的舞蹈。高潮是赛车比赛。最后一个重要项目是庄严地授予明星选手昂贵的袍子。[54]

这种赛会涉及各种深刻而严肃的问题。当赛会在圆形剧场中进行的时候，负责皇帝崇拜的司祭们要头戴金质的冠冕——上面画着皇帝，为帝国的安全、非洲的丰收、城市永葆幸福而宣誓。迦太基的神灵仍然被视为一种神秘的力量。虽然没有血祭了，但对这种神灵的记忆依然鲜活。在迦太基的剧场、圆形剧场和竞技场里，这种神灵都充满了震慑性力量，仍然在主导一年一度的盛大赛会。[55]

这种赛会被认为是铺张浪费的。因为提供了慷慨赞助而走上破产法庭，是多么有面子啊！[56]这就是"只为虚荣，一掷千金"的时候了。对于这一套，迦太基和各个行省的城市精英都乐此不疲。正因如此，奥古斯丁才要为了反对赛会而布道，一讲就是好几小时，持续好几周。

我们对这种赛会的了解完全依赖于奥古斯丁的布道。通过他的讲述，我们不难想象赛会的奢侈浪费。和西玛库斯一样，奥古斯丁完全知道大型赛会应该是什么样子的；和西玛库斯一样，他也知道，不同于表面上的样子，赛会本身并不一定算得上什么了不起的成功；尽管富人们总是那么说，但赛会其实也不一定会给富人们造成沉重的负担（见第 4 章）。对于奥古斯丁来说，真正的问题在于，赛会恰恰是最切合他关于施舍的逻辑的。在富人们走进教堂的时候，他推销了一种奉献的模式，但赛会刚好是他的模式的对立面。他所批判的，不只是因赛会而流失的大笔金钱，金钱流走的方式和方向，也是问题。

奥古斯丁很理解城市表演的心理学。他抓住了赛会的要害，这就是"过头"——为了硬充好汉而挥霍资源，目的是显示富人对本城无限的热爱与忠诚。赛会可以说是集体癫狂的时刻，其标志就是赛车帮派对自己追捧的选手的狂热忠诚。[57]当猎兽师与勇猛的野兽搏斗，赛车绕着赛场碰撞的时候，赛会充满了死亡的刺激。这时候，富人们就该大肆挥霍了，其高潮就是将极其昂贵的丝绸袍子和现金形式的赏金发给明星选手。所有这一切，都被认为是为了与"人民"对话。光是由富人们在人民面前显摆自己的财富还不够，为了鼓励这种挥霍，迦太基的人民还会高声吼叫，表示喝彩。在奥古斯丁看来，这就是赛会最让人不能忍受的弊病。

354

这种场面令人疯狂，让人骄傲得忘乎所以……为了打赏，他们宁愿牺牲自己的财富，为了那些女演员、滑稽演员、斗兽士和赛车手，在所不惜。他们抛撒的不只是祖传的资产，还有自己的灵魂。他们掉头嫌弃穷人，因为人民之所以呐喊，并不是因为想让穷人得到赏赐；人民的咆哮是为了让斗兽士得到赏格![58]

赛会总结了整个市民社会的态度："一掷千金被当成光荣，而（基督徒的）善事则脸面全无。"[59]

"你看不见首领空荡荡的钱柜，但你肯定看到了新盖的建筑四壁空空"：给教会的奉献

355　　在奥古斯丁的布道中，胜败之关键在于这场奉献的战争。这不仅涉及给予穷人的奉献，也包括出于其他理由而献给教会的奉献。这些年里，迦太基的奥勒留已经发起了一场建筑的战役，最后在城里兴建了一座宏大的主教座堂，在城外也修了一座教堂。[60]每当大型教堂在城中拔地而起但尚未封顶的时候，奥古斯丁就会这么布道：

你们的主教衣食无忧，也不用在头上戴一项帽子（穷人才那样）。不过，说不定他正在兴修教堂。你看不见首领空荡荡的钱柜，但你肯定看到了新盖的建筑四壁空空……上帝保佑！但愿我没有白费唇舌![61]

这场为兴修教堂而发起的战役，顺便也筹钱供养神职人

员。最近，在爱尔福特的一个抄本上，一些新的布道词得以发现。它们说明，针对这种形式的奉献，奥古斯丁可能受到了挑战。听众们乐于听到的是旨在帮助穷人的布道。在一次布道快要结束时，他谈到了先知以赛亚相当煽情的要求："要把你的饼，分给饥饿的人。将漂泊的穷人，接到你家中。见到赤身的，给他衣服遮体。"（《以赛亚书》58：17）但这次布道并没有就此结束，所以他们觉得自己上当了。为何主教非要离题万里，扯什么为教士筹款呢？

为了证明自己的讲道是合理的，奥古斯丁诉诸了圣保罗的筹款行动。在物质上供养神职人员，这是基督徒应尽的重要义务。没有神职人员，信徒就无法得到祈祷和布道等灵性上的益处。和那些为穷人做奉献的人一样，为神职人员做奉献的人也会在天国里获得难以衡量的巨大回报。[62]

摩尼教的选民都是由听者来供养的。哲罗姆也做过论证，"神圣贫困的"修士们有权获得施舍，但神职人员毕竟不一样。非洲的神职人员凭什么也应该获得支持？原因之一在于，只有这样，才能兴修教堂，为集体服务。在集体性奉献所支持的各种项目中，兴修教堂耗资最大，效果也最立竿见影。这种事业将富人和穷人团结在一起。正如我们在上一章中所见，这样建成的教堂用石头提供了难以磨灭的证据，说明在上帝的默示下捐资兴建的信众们激情澎湃。

教堂正在非洲的四面八方拔地而起。有一次，奥古斯丁在 356 一座教堂里做了这样的布道：

你们建起了一座教堂。可以说，依靠上帝的扶持，你们为自己建造了它。但你们捐献给穷人的东西是另一回事。世事变幻，人生难料。而这座教堂是为了你们自己而建成的。在这座殿堂里，你们自己做祷告，你们自己在这里相会，济济一堂。[63]

和《多尔保布道词》一样，关于这项事业的布道词也没有被收入通行于中世纪的奥古斯丁布道集。其发现相对较晚。1937 年，在写到信众捐资兴建教堂这件事的时候，该布道词的发现者认为这是"感人肺腑的"。[64]不过在当时，这种建设幕后的力量远没有这么简单。它显示出，北非的教会虽然步履蹒跚，但是百折不挠，努力调动了自身的财力。任何教会只要想在非洲占据上风，就必须谋求各个阶级经常性的慷慨捐赠，但最重要的还是，得依赖富裕的成员们。

这就是奥古斯丁集中精力为抵制赛会而布道的原因。面对这种诱惑，富人们一定要受到劝阻。他们一定要斩断出身，不再把自己当成城市的赞助者，而是学会为教会做奉献。奥古斯丁布道的目的，是要在有强大捐款能力的传统阶层中，创造出一种慷慨捐资的全新习惯。

但是，（正如第 4 章所论）我们必须小心谨慎地诠释这种布道。奥古斯丁将这个问题视为一场零和博弈：一方面是支持世俗的市民文化性质的娱乐，另一方面是为了穷人和宗教而做奉献的基督教新理想。由于奥古斯丁运用了这种非此即彼的修辞，学者们曾经认为，施舍与赛车之间的零和博弈不只是奥古斯丁极力渲染出来的画面，也是真实发生的情况。他们曾经认为，给予教会的奉献削弱并最终取代了市民文化性质的捐赠。事实上，在非洲内外，这两种捐赠模式并行不悖地持续了很长时间，其中一种并不一定会吸干另一种的资金和能量。在拉丁西方的很多城市里，赛会的末日要比我们想象的晚很久。要想让过去流入城市的财富悄悄地改变流动方向，转而进入基督教会，这很难一蹴而就。

另一个问题更加关键。奥古斯丁将城市的捐赠与基督教的奉献对立起来，这只不过是在建筑空中楼阁而已。403 年，在城市精英的世界与主教的世界之间，边界已经变得模糊起来。奥古斯丁强调的是赛会与施舍在根本上的不可兼容性。但对那些听讲的人来说，实际情况早就变得非常复杂了。多年以来，在城市里的上层市民与基督教会的教士队伍之间，社会地位与文化上的鸿沟已经缩小了。时代已然改变。在大城市里，主教们的阶级出身和那些城市捐赠人已经合流了。

357

我们已经离开了 4 世纪 80 年代的世界。那时候，多纳徒派的提姆嘉德主教奥普塔图斯建立了他的大教堂。就在他眼皮底下，一群志不同道不合的人还在整修古代的卡匹托尔山。如今，社会贤达和主教正在合流。417 年，大公教会的迦太基宗教会议综合了历代的条款，重申主教的儿子不得赞助公共赛会。显然，他们的父亲在接受圣职之前，本来就出身于精英阶层的家庭，他们的儿子继承这种负担，也继承了奢侈浪费的品位，不得不充当城市的赞助人。[65]奥古斯丁甚至说，坐在圆形剧场里的许多人，其实就和他肩并肩地坐在主教们的席位上。[66]

一些有趣的材料表明，城市贤达与主教这两个群体已经在很大程度上相互靠拢了。428 年，当奥古斯丁的一生将近终点的时候，他写了一封非常感人的信，这就是《新书信 2*》，它也是约翰·迪福亚克发现的。年迈的主教彬彬有礼地致信迦太基的贵族费姆斯。费姆斯这个人物能够同时在两个世界里如鱼得水。他已经收到了奥古斯丁寄来的一套《上帝之城》。奥古斯丁还向他提了建议，告诉他怎样传播该书才是最恰当的。他本人已经阅读了《上帝之城》的前 10 卷。他曾经参加过三次下午读书会，听人朗读该书第 18 卷。为了礼尚往来，奥古斯丁想看看费姆斯的儿子的作业本。奥古斯丁很疼爱他，叫他"我们的希腊小伙"。年迈的主教想知道这孩子的年纪，还有他的学习进度。费姆斯娶了一位基督徒女子，但他本人尚未接受洗礼。[67] 近来，费姆斯的名字已经被确认了：在古迦太基圆形剧场的一个座位上，用粗体字刻着一个名字，他的头衔是"名人"，可见他是尊贵的元老。费姆斯既是《上帝之城》的读者、奥古斯丁的好朋友，又和他的同人们一起主持着本城的赛会，直到罗马北非走向末日。[68]

面对费姆斯这样的人物，奥古斯丁及其同事们将捐赠之战发展到非洲城市社会的最高层次，是很重要的。到 5 世纪初，北非的教会已经有足够的能力来发动这场战争了。教会的传统已经超过一百五十年，可以追溯到迦太基的居普良的时代。非洲的主教们已经创造并发展了一套强大的关于集体奉献的神学，它同时兼顾了穷人与神职人员的需要。在教会中，他们已经掀起了一阵鼓吹慷慨奉献的旋风，这种慷慨反映出一股力量，我们能在整个北非基督徒"人民"正在采取的强势行动中感受到这股力量——从他们创造乡村的主教区，到敢对恶劣的官吏动用私刑。这都是重大的成绩，是其他行省难以比拟的。但在根本上，无论是在北非还是在其他地方，只有传统意义上的富人的介入才能提高当地教会的地位，给这些艰苦奋斗的普通人带来尊荣。在教会眼中，一切都理所当然。

在奥古斯丁的非洲，历史已经完成了一种循环。两百年

前，依靠城市上层阶级源源不断的奉献，北非的罗马城市
已经建造了那么多广场、神庙、剧场和竞技场，它们的遗
迹直到今天还让我们动容。用拉姆齐·麦木林的话来说：
"帝国文明在物质上的辉煌成就在根本上是以高度意愿为基
础的。"[69]

现在已经是非洲的教会来表现"高度意愿"的时候了。
不过还有一点不同。在基督教会里，不论贫富，人人都应当做
出贡献。教会并没有限定奉献者的阶级。410 年之后，一群意
大利的富豪来到了北非海岸。作为他们在灵性上的导师，伯拉
纠及其门徒也跟着来了。只有在上述背景下，我们才能理解这
群不速之客在非洲造成的影响。这些罗马贵族的导师另有一套
对财富与人性的看法。与十余年来奥古斯丁在希波、迦太基和
迈杰尔达河谷里宣讲的道理相比，他们讲的东西完全不同。他
们的观点有利于一群特殊的捐赠者——要么是厉害的奉献者，
要么是出手阔绰的富豪，他们骄傲地培养着出身名门的贞女。
在非洲人眼里，危险的时刻到来了。皮尼亚努斯与小梅兰尼娅
造成了轰动；伯拉纠派赞美德米提雅斯·阿尼齐具有"天性"
高贵的灵魂；《论财富》提出了极端的观点。这些结合在一
起，就反映出一种迥然不同并且更加夸张的财富观。它是在严
重的危机时刻，在一种纯然罗马的环境中酝酿出来的。在非
洲的土壤上，这两种观点将会相互碰撞，历时数年。现在就
让我们动身，暂别奥古斯丁强调富人责任的布道词（这是
403 年赛会时节里他在迦太基宣讲的），前去看看他在 413 年
之后所做的布道词——它们针对的就是伯拉纠及其激进追随
者的思想。

注　释

[1] F. Dolbeau, " 'Seminator verborum' : Réfléxions d'un éditeur des sermons d'Augustin," in *Augustin prédicateur* (395 – 411) , ed. G. Madec (Paris : Institut d'études Augustiniennes, 1998), 95 – 111.

[2] Mandouze, *Saint Augustin*, 595 – 615.

[3] F. Dolbeau, " Nouveaux sermons de Saint Augustin pour la conversion des païens et des donatistes (IV)," *Revue des études augustiniennes* 38 (1992): 69 – 141 at p. 51. 关于这些发现，参见 Brown, *Augustine of Hippo* (2000), 443 – 45。多尔保曾在爱尔福特发现了一小批类似的布道词，参见 Schiller, Weber, and Weidmann, "Sechs neue Augustinuspredigten : Teil 2"。承蒙作者的慷慨，我得以在这篇文章发表之前先睹为快。

[4] Mandouze, *Saint Augustin*, 615 – 27.

[5] 同上，chapter 11 (pp. 591 – 663)，题为 " Dialogues avec la Foule"。

[6] *Dolbeau Sermon* 2 [359B], Dolbeau, 316 – 44, Hill, 343 – 53. 《多尔保布道词》的每一篇都被冠以奥古斯丁布道词的传统编号，希尔继续沿用了这套编号。我用方括号来表示。

[7] *Dolbeau Sermon* 2. 3 and 20, pp. 329 and 342, Hill, pp. 332 – 33 and 349.

[8] *Dolbeau Sermon* 2. 23, p. 344, Hill, p. 351.

[9] 尤其参见 J. C. Magalhães de Oliveira, "*Vt maiores pagani non sint !* Pouvoir, iconoclasmi et action populaire à Carthage au début du Ve siècle," *Antiquité tardive* 14 (2006): 245 – 62。

[10] Finn, *Almsgiving*, 147 – 50；以及同一作者的 " Portraying the Poor : Descriptions of Poverty in Christian Texts from the Late Roman Empire," in *Poverty in the Roman World*, 130 – 44。

[11] *Letter* 126. 8. 参见 Brown, *Poverty and Leadership*, 63 – 65。

[12] *Enarrationes in Psalmos* 83. 7.

[13] *De haeresibus* 87 （关于 " 亚伯派"）；*Letter* 10 ∗ . 2. 34, p. 168,

Eno，p. 77（关于贩卖儿童）。

［14］ *Letter* 122（希波）；*Dolbeau Sermon* 16［72A］. 9，p. 126，Hill，p. 70（迦太基）。

［15］ Leone，*Changing Townscapes in North Africa*，59，66 – 82.

［16］ *Registri Ecclesiae Carthaginensis Excerpta* 61，in *Concilia Africae a.* 345 – *a.* 525，p. 197——关于这些行业的基督徒成员也必须参加城市的节庆；*Confessions* 6. 9. 14 与 *Expositio totius mundi et gentium* 61，p. 202——关于银匠的街道。

［17］ A. Wilson，"Urban Production in the Roman World：The View from North Africa，" *Papers of the British School at Rome* 70（2002）：231 – 73 at pp. 237 – 50——关于 Timgad 与 Sabratha。可以推测，在迦太基和希波也有类似的产业。

［18］ Veyne，*L'empire gréco-romain*，117 – 62 清晰地描绘了罗马社会的这一特征。关于奥古斯丁对信众团体社会构成的态度，最好的分析是 Dossey，*Peasant and Empire in Christian North Africa*，149 – 59。

［19］ 参见 Brown，*Poverty and Leadership*，46 – 48。

［20］ Rapp，*Holy Bishops*，173.

［21］ *Sermon* 302. 13 和 302. 16，以及 J. C. Magalhães de Oliveira，"Le 'pouvoir du peuple'：Une émeute à Hippone au début du Vᵉ siècle connue par le sermon 302 de Saint Augustin pour la fête de Saint Laurent，" *Antiquité tardive* 12（2004）：309 – 24 at pp. 313 – 14。

［22］ *New Letter* 15ᵛ. 2，pp. 264 – 66，Eno，p. 115；R. Delmaire and C. Lepelley，"Du nouveau sur Carthage：Le témoignage des Lettres de Saint Augustin découvertes par Johannes Divjak，" *Opus* 2（1983）：473 – 87 at pp. 477 – 82.

［23］ *Codex Theodosianus* 11. 7. 20（412）；Quodvultdeus，*De gloria sanctorum* 15，ed. R. Bran，CCSL 60（Turnhout：Brepols，1976），220.

［24］ 尤其参见 Magalhães de Oliveira，"*Vt maiores pagani non sint！*" 255 – 60。

［25］ *Sermon* 345. 1.

［26］ J. P. Gutton，*La société et les pauvres：L'exemple de la généralité de Lyon*，1534 – 1789（Paris：Belles Lettres，1971），8 – 11.

[27] Ammianus Marcellinus, *Res gestae* 28. 4. 10.

[28] *Enarrationes in Psalmos* 39. 28.

[29] Jones, *The Later Roman Empire*, 2: 737 – 63; Lepelley, *Les cités de l'Afrique romaine*, 1: 243 – 92.

[30] Krause, *Spätantike Patronatsformen*.

[31] *Sermon* 130. 5.

[32] *Sermon* 14. 8.

[33] *Sermon* 107. 8 – 9.

[34] *Sermon* 6. 2. 2.

[35] *Letter* 126. 1.

[36] *Dolbeau Sermon* 2. 5, p. 330, Hill, p. 334.

[37] *Letter* 247. 1.

[38] *Enarrationes in Psalmos* 64. 3.

[39] Brown, *Augustine of Hippo*, 312 – 29; 亦可参见 M. Ruokanen, *Theology of Social Life in Augustine's De civitate Dei*, Forschungen zur Kirchen-und Dogmengeschichte 53 (Göttingen: Vandenhoeck and Ruprecht, 1993)。

[40] Magalhães de Oliveira, "*Vt maiores pagani non sint!*" 247.

[41] *Enarrationes in Psalmos* 132. 4.

[42] *De div.* 12. 2.

[43] *Sermon* 37. 4.

[44] Newhauser, *The Early History of Greed*, 93 – 99.

[45] T. F. X. Noble, "Secular Sanctity: Forging an Ethos for the Carolingian Nobility," in *Lay Intellectuals in the Carolingian World*, ed. P. Wormald and J. L. Nelson (Cambridge: Cambridge University Press, 2007), 8 – 36, esp. pp. 16 – 18. 亦可参见 M. M. Gorman, "The Oldest Annotations on Augustine's *De civitate Dei*," *Augustinianum* 46 (2006): 457 – 79 at p. 461。

[46] *Dolbeau Sermon* 5 [114B] . 9, pp. 441 – 42, Hill, p. 108.

[47] *Dolbeau Sermon* 5. 11, p. 443, Hill, p. 109.

[48] *Dolbeau Sermon* 5. 12, p. 444, Hill, p. 110.

[49] H. Savon, *Saint Ambroise devant l'exégèse de Philon le Juif* (Paris: Études Augustiniennes, 1977), 1: 249 – 62.

［50］ *Sermon* 61. 11. 12.

［51］ *Dolbeau Sermon* 5. 12 – 13, p. 445, Hill, p. 111.

［52］ 关于这批布道词的鉴定，参见 A. -M. La Bonnardière，"Les 'Enarrationes in Psalmos' prêchées par Saint Augustin à Carthage en décembre 409," *Recherches augustiniennes* 11（1976）：52 – 90。《多尔保布道词》与这批布道词有关，而且其年份可能是 403 ~ 404 年。因此，《多尔保布道词》的发现就导致这批布道词的年份全部从 409 年改为 403 年，参见 Dolbeau, *Vingt-six sermons*, p. 374, 同样持有这种观点的还有 P. -M. Hombert, *Nouvelles recherches de chronologie augustinienne*（Paris：Institut d'études Augustiniennes, 2000），563 – 88。

［53］ 有人认为这就是当时的环境，参见 Hugoniot, *Les spectacles*, 772 – 73。

［54］ *Enarrationes in Psalmos* 147. 3 与 147. 12；103, sermon 1. 13；81. 1 与 81. 23；102. 12 – 13 和 *Dolbeau Sermon* 5. 14, p. 446, Hill, p. 112；以及 26. 1 – 2, pp. 366 – 68, Hill, pp. 180 – 81。

［55］ Lepelley, *Les cités de l'Afrique romaine*, 1：110 – 11, 310 – 14, 2：44 – 47.

［56］ *Enarrationes in Psalmos* 147. 7.

［57］ *Dolbeau Sermon* 11［90A］. 11, p. 65, Hill, pp. 82 – 83.

［58］ *Enarrationes in Psalmos* 149. 10.

［59］ *Letter* 138. 2. 14.

［60］ L. Ennabli, *Carthage：Une métropole chrétienne du IVe à la fin du VIIe siècle*（Paris：Centre National de Recherche Scientifique, 1997），29 – 31.

［61］ *Enarrationes in Psalmos*, sermon 3. 9 – 10.

［62］ *Erfurt Sermon* 2. 1 and 3. 3. 1, ed. Schiller, Weber, and Weidmann, pp. 9 – 10 and 18.

［63］ *Sermon* 107A, PL Supplementum 2：777.

［64］ C. Lambot, "Nouveaux sermons de saint Augustin," *Revue bénédictine* 49（1937）：233 – 78 at p. 270.

［65］ *Concilium in Causa Apiarii* can. 15, in *Concilia Africae*, p. 105.

［66］ *Enarrationes in Psalmos* 147. 7.

[67] *New Letters* 1A, 2 * . 2 以及 12 - 13, pp. 54 - 58, 62, 88 - 92, Eno, pp. 14 - 16, 19 - 20, 28 - 30; 参见 Brown, *Augustine of Hippo*, 471 - 73。*New Letter* 1A 已经被发现, 参见 C. Lambot, "Lettre inédite de S. Augustin relative au 'De civitate Dei,'" *Revue bénédictine* 51 (1939): 109 - 21。

[68] Hugoniot, *Les spectacles*, pp. 316 - 17.

[69] R. MacMullen, *Roman Social Relations*, *50 B. C. to A. D. 284* (New Haven, CT: Yale University Press, 1974), 61.

第22章 "赦免我们的罪孽": 奥古斯丁、财富与伯拉纠主义, 411~417年

"把希望寄托在你们自己身上": 奥古斯丁与非洲的伯拉纠主义

在前一章里, 我们跟随着奥古斯丁, 聆听了他的布道。在 359 5世纪头十年的布道词里, 针对北非教会的情况, 他已经发展出了一套有特色的财富观。伯拉纠及其庇护人和支持者都从罗马过来了, 他们就是一群过来找麻烦的不速之客。奥古斯丁的天地紧张热烈, 又有点儿与世隔绝, 它就是北非基督教的世界。顿时, 这个世界接触到了不同的观点, 这种观点对奥古斯丁深信不疑的那些思想提出了挑战。毕竟, 他已经在希波及迦太基布道和工作十余年了。让我们来看看奥古斯丁及其非洲同事是如何应对这场挑战的。

411年, 非洲的海岸上"遍地都是流离失所的元老"[1]。有些尊贵的避难者 (比如阿尔碧娜、皮尼亚努斯与小梅兰尼娅) 径直前往自家深入内地的祖传庄园了。沿海地区仍然面临着蛮族从意大利方向攻来的威胁。这样他们就拥有了足够的

安全距离，其他人都留在迦太基。在过来避风头的人当中，有些并不是基督徒，有很多是心怀怨恨的多神教徒。他们对这场对自身造成打击的灾难颇有自己的想法。小梅兰尼娅的舅舅如菲乌斯·A. 沃鲁西亚努斯出身于罗马司铎的家族。[2]在很多方面，沃鲁西亚努斯都已经生活在了一个多神教消亡的世界里。他已经担任不了司铎了。他的母亲就是基督徒。不过，对于基督教的真理，他依然满腹狐疑。他还怀疑这种基督教帝国在政治上的合理性。迦太基城有一个由文雅书生组成的沙龙，他的批评就是从这里传出来的。[3]沃鲁西亚努斯说出了多神教徒们的心里话。在罗马城和非洲，他们都相信罗马城之所以失陷，就是因为教徒们忽视了对诸神的崇拜。为了回答多神教徒的批判，奥古斯丁才动笔写出了他晚年的鸿篇巨制——"艰辛的巨著"《上帝之城》。他之所以要写《上帝之城》，就是因为沃鲁西亚努斯这类人的观点在北非的行省社会里颇有影响。[4]

那时候，谁也不知道这些从罗马逃来的家伙会在非洲待多久。西哥特人入侵了意大利，高卢的莱茵河防线也崩溃了，所以拉丁西方的政治地理条件不复当年。西部帝国发生了一场剧烈的内爆，向南收缩了。条条大路通往特里尔的局面结束了，奥索尼乌斯时代的盛况成为追忆。米兰也再也不是高卢与巴尔干之间的安全补给中心了。这时候，高卢与亚平宁山脉以北的意大利都变成了危险地带，罗马城与迦太基又一次独视相望，恍如重返了布匿战争的年代。在西部帝国中，北非已经是最后一个富庶而忠诚的行省了。前路茫茫，难以预料。为了预防最坏的情况，迦太基已经变成了"流亡的罗马"。罗马高贵传统的最后支柱抬头远望地中海对岸，故土已然破碎。对奥古斯丁来说，对这些高贵避难者的意见发挥影响是至关重要的，因为在他们周围可能会出现一条"罗马路线"。来自罗马的基督徒贵族侨民有可能安家落户，在迦太基和整个非洲的教会中成为平信徒的领袖。假若他们捍卫伯拉纠的观点，他的思想和门徒就会以迅雷不及掩耳之势席卷整个行省。

奥古斯丁关心的也不只是从罗马城来的罗马人，他也清醒地意识到，在希波，在迈杰尔达河谷中那些自以为是的小城市里，在迦太基，都存在大量有影响力的中间派。许多人是小城市的知识分子，是在新柏拉图主义和斯多葛主义的滋养下成长起来的。在布拉·雷基亚（这座城市位于奥古斯丁前往迦太基的必经之路上）的一所大宅院里，餐厅的地面有一块镶嵌画镶板。在这块蓝底金字的板上，有一句希腊语的铭文："把希望寄托在你们自己身上。"这句希腊文并不标准，但意思很清楚，它所提倡的完全就是高度自力更生的思想。在奥古斯丁看来，这就是伯拉纠思想的中心因素，而且是异端的。[5] 在奥古斯丁眼中，伯拉纠的阴影不仅笼罩在非洲的基督徒身上，还影响着大批犹豫不决的中间派多神教徒。为了争取后者，奥古斯丁已经斗争了十余年，迄今未竟全功。这种基督教得到了罗马贵族的庇护，受到了一批出身于城市精英阶层、具有斯多葛背景的基督教新信徒的支持。与二十年来奥古斯丁在非洲所提倡的那种基督教相比，这种基督教具有完全不同的意味。正因如此，奥古斯丁才会如此不屈不挠，绝不放过伯拉纠及其追随者们的思想。在历史上，这个过程被称为"伯拉纠派论争"。

"赦免我们的罪孽"：奥古斯丁与日常补赎

413 年，伯拉纠撰写了《致德米提雅斯书》。414 年前后，　361

消息从西西里传来，伯拉纠派著作《论财富》所阐述的学说流传开来。至此，伯拉纠派论争正式爆发。这不仅仅是一场思想领域的战争，而是一场事关全局的战争，它关系到全体基督徒的虔诚信仰。奥古斯丁早就下定了决心，要为捍卫非洲教会的虔诚品性而奋斗。论争的序幕，是奥古斯丁在希波和迦太基的大教堂里发动的布道之战。在这些布道词中，奥古斯丁力图说服听众，伯拉纠及其更加不知轻重的追随者们不仅信奉一套颠三倒四的想法，还否定了非洲最珍惜的宗教习惯。[6]可以说，对原罪的否定将会从根本上动摇婴儿洗礼的做法，因为其目的就是"消除罪孽"。[7]伯拉纠强调自由意志不依赖于上帝的恩典，这就否认了主教们在每一次礼拜仪式即将结束时庄严地祷告的话："愿他保佑我们坚守诫命，行走在正道上。"[8]他认为人可以依靠自由意志清白无罪地生活，这种观点完全无视人们天天诵读的《主祷文》："赦免我们的罪孽。"[9]

奥古斯丁关于教会内部的财富与宗教奉献问题的讨论，无比清晰地说明了群众实践的重要性。他对听众说的话有一个前提：他们都对施舍是一种义务性的宗教实践深信不疑。他还坚持施舍具有一种补赎性的功能，施舍补偿了罪孽。先知但以理对大王尼布甲尼撒的要求也是对每个基督徒的要求："靠施舍补赎你的罪孽，靠怜悯穷人补赎你的不义。"（《但以理书》4：24）正因为坚信这一点，奥古斯丁才能不懈地批判伯拉纠及其追随者们的思想。让我们来看看他为何要这么做。

有可能奥古斯丁从来没有读过《论财富》的原文，不过，依靠叙拉古的消息来源，他能够根据传统的宗教实践来理解该书的信息。这部论著的主要观点并不是富人应被消灭，它主张富人无法得到救赎，除非他们放弃拥有的一切，否则他们的施舍就是徒劳的。

> 舍不得财富的富人是进不了上帝之国的。除非他变卖
> 自己拥有的一切。就算他利用财富满足了诫命（即做了
> 施舍），也还是徒劳的（无法保障救赎）。[10]

面对这样的观点，奥古斯丁认为他的听众应当认同他的看法：不相信富人有可能依靠施舍而得救的后果会相当严重。这里直接关系到两个重要问题：对于奥古斯丁自己而言，就是他关于罪孽与补赎的观点；在更广泛的意义上，对于非洲内外的各大教会而言，就是宗教奉献的补赎性质。

我们没有必要再为第一个问题大费唇舌了。奥古斯丁已届花甲之年，他早已相信基督徒的生活就是一场从不间断的赎罪。[11]在 403 年的一篇布道词中，他已经生动形象地阐明了这个道理。虔诚的基督徒就是像刺猬那样的人，从头到脚，他或她全身都覆盖着各种"轻微的罪孽"，它们就像一种细小的尖刺，在日常生活里屡见不鲜，让人难以察觉。[12]为了清除这些轻微的罪孽，基督徒应日复一日地祷告"赦免我们的罪孽"（《马太福音》6：12）。

早在半个世纪之前，安娜－玛利亚·德·伯纳尔迪叶赫就在一篇精彩的论文中指出，《主祷文》的这一段对奥古斯丁极其重要。伯拉纠派论争一开始，他就紧紧抓住这段文字不放。对他来说，这就是正统信仰的试金石。[13]在接受圣餐前，领过洗礼的信徒都要念诵"赦免我们的罪孽"这句话。因此，伯拉纠派所谓的受洗基督徒可以清白无罪地生活，是站不住脚的。对于奥古斯丁，这段祷文日复一日地提醒人们：

要警惕日复一日的罪孽，必须日复一日地祈求赦罪。否定这一点，就等于直击其宗教之要害。到 415 年，奥古斯丁对于基督教社会的明天的想象已经极端到了这个地步：日复一日，数以千计的人同时捶胸顿足地高呼，同声念诵《主祷文》，痛悔自己的罪孽。[14]

"要不停地挥动胳膊抽水"：日常的
罪孽与日常的施舍

由于过分关注奥古斯丁的罪孽观念及其对后世的基督徒主体意识的影响，我们很容易忽视他对日常性悔罪补赎的强调将在财务上造成的具体影响。就像那个年代其他所有的基督教布道者一样，奥古斯丁从不怀疑祈求赦罪的祈祷应当与施舍同步进行。[15]他希望听众们能够接受各种办法，其中最需要铭记于心的就是施舍与赎罪之间的联系。对于普通的基督徒，这就是希望的源泉。在《上帝之城》的倒数第 2 卷中，为了纠正对于末日审判的各种常见误解，奥古斯丁告诉我们，其中最顽固的常见错误就是：相信基督徒只要做过施舍，无论他们的罪孽多么深重，他们都不会陷入地狱的永罚之火。他们要么需要经过一段时间才能挺过地狱之火，要么会在规定的时间得到释放。但是，与那些不肯做出施舍的家伙不一样，他们绝不会永远蒙受地狱之火的煎熬，丧失获救的希望。[16]在奥古斯丁看来，许多大众性的误解都是要予以反对的。与其相似，这种观点也并不限于没文化的群众。例如，诺拉的保利努斯就觉得这种观点是理所当然的。如同水滴石穿，为死者献出的施舍与祈祷以某种方式减弱了在另一个世界里折磨罪人的火焰。[17]大多数信徒都相信，好基督徒就是施舍的基督徒。

在多个方面，奥古斯丁对这种大众性的观念持郑重的保留态度。他并不相信，光靠施舍的力量就能在另一个世界里拯救那些怙恶不悛的罪人。不过，他全心全意地接受这种观点：只要现世生命尚未结束，施舍就是与对罪孽的赦免联系在一起的。在布道词里，他清楚地说明，施舍提供了一对"翅膀"，有了它，《主祷文》中的"赦免我们"能够展翅高飞，进入天国。[18] 没有这对翅膀，祈祷就飞不起来。

面对伯拉纠的威胁，奥古斯丁将施舍能够补救罪孽的传统观念推进了一个强大的引力场：必须日复一日地补赎罪孽，这就是人们天天念诵的《主祷文》提出的要求。"日复一日"，这是奥古斯丁反反复复地使用的词。不论他讲的是罪孽、祈祷，还是施舍，全是如此。这是人类现状的必然要求。灵魂就像一条孤悬于沧海之上的漏水的船，日常的罪孽就像水滴一般，不停地透过木板渗进来，悄悄地将水灌进了船舱，要是不能将水抽出去，船毁人亡之劫就在所难逃了。对于人们，同步进行的祈祷与施舍就是船舱里的水泵：

> 我们不能光祈祷，却不肯施舍……为了防止船只下沉，人们操纵着船舱里的水泵，一边高声呐喊（海员的号子），一边挥动双臂……他们要不停地挥动胳膊抽水……让他们奉献，让他们做各种善事。[19]

总之，在公开讲道反对伯拉纠派的时候，奥古斯丁指出，在人们习以为常的补赎性奉献背后，存在一个非常沉重的问题：人的本性已经使日常的补赎成为一种必须。宗教奉献是日常生活的一部分，因为日常生活中充满了罪孽，在它身边，祈祷、斋戒与施舍就像船上的水泵，不停地发出吱吱嘎嘎的响声。[20]

"愿他获得拯救，脱离罪孽"：非洲的补赎性奉献

非洲的富人们听到这种信息时，心中稍感安慰。确实，他们对于奥古斯丁布道的反应很正常，是非常符合现实中的社会状况的。虽然他们都是好基督徒，但他们并没有因为畏惧财富而头晕目眩，只有罗马的基督徒富豪家族才会深受这种困扰。

364 尽管皮尼亚努斯与小梅兰尼娅不可多得，但他们的行为在罗马的圈子里掀起并助长了批判财富的潮流，吸引了若干堪称全帝国最富裕的人物。非洲本地的地主们就不一样了。不管《论财富》的作者如何敦促，他们就是不想听，不愿意彻底放弃自己的财富。从他们的主教那儿（大公教会和多纳徒派的主教都一样），他们不断得到另一种基督教的信息：他们不必弃绝财富；只要经常性地为教会做出奉献，他们的财富就可以变得圣洁。

一百多年来，在支持各派教会的富人中间，非洲两派教会之间的对立已经创造出一种"救生艇心理"。每个地方的教会都需要不断获得集体性的支持。在北非，极力维护教会财富自主性的观念由来已久，它造成了一种情结：没人指望那种财大气粗、一劳永逸的个人性捐赠。这里没有保利努斯重修贾米拉的圣菲利克斯墓，也没有潘马奇乌斯在罗马城建立个人冠名的恢宏教堂。要是富人们愿意花钱，他们就会经常性地、低调地捐一些小钱。正因如此，奉献最好能够和常规性的赎罪联系起来；富人们和信众团体的全体成员一样，也是罪孽之人。对基

督徒团体做奉献，是为了"赦免罪孽"，而不是为了个人出风头。这是最可靠的治疗骄傲的药，这也可以让高度警觉的基督徒"人民"放心，因为那些用财富领导社会的人也要有点分寸，有权有势者不能习以为常地过分任性。为了补赎罪孽而做出奉献，这就会使捐献像一种谦卑的宗教行为，而不是为了炫耀自己，故作姿态。这样一来，捐献人就可以保持低调了。

当然，我们一定不能忘记非洲是非常辽阔的。并不能说，所有地方的所有人都接受了奥古斯丁在布道词里宣讲的道理：作为好基督徒，奉献者就要小心翼翼地放低身段。在希波以西很远的地方，行省社会的领袖们（比如当时那些出身于摩尔人的重要将领）为了还愿，就张扬地建造了各种圣堂，还用本人和家族成员的名字来冠名。弗拉维乌斯·努维尔就是这种人。他与自己的妻儿们一起，在毛里塔尼亚凯撒里亚（就是东毛里塔尼亚）的鲁斯古内（一座海滨城市，位于今阿尔及尔以东 20 英里处）兴建了一座大教堂："他献出了这座教堂。这是他发过愿，一定要献给上帝的。"身为半独立的诸侯，弗拉维乌斯·努维尔就是当地的保利努斯，他甚至从遥远的圣地搞来了"真十字架"的一块碎片，放在他的教堂里。这座建筑说明，努维尔家族受到了上帝的保佑，它并不表示努维尔家族是罪人。[21]

与其相比，奥古斯丁宣讲的是一种关于罪孽的有些阴郁的民主。实际上，他的意思是，要为那些不如大人物努维尔那么富有的人留出空间，承认做出奉献的平信徒对教会的贡献。人人都是奉献者，因为人人都是罪人。大家的奉献都是平等的，都是令上帝满意的。不论多少，每一份捐献都一样有效，都补偿了奉献者的罪孽。这种态度有利于鼓励那些相对卑微的人，鼓励他们走进教会做出奉献。乌姆布里乌斯·菲利克斯就是一个例子。他是小城市米纳（今阿尔及利亚伊吉勒伊赞）的一名教师。该城在希波以西很远的地方，位于穿越毛里塔尼亚凯撒里亚内陆的大道上。408 年，他写下了这段铭文（两边都刻着玫瑰花的图案）：

> 依靠上帝与基督的恩赐，教师乌姆布里乌斯·菲利克斯立下了这段铭文。他已经完成了对上帝的誓愿。愿大家为他祈祷。愿他获得拯救，脱离罪孽。[22]

就这种思维方式而言，奥古斯丁可谓"吾道不孤"，他持续不断地进行补赎的观念，为无数主教的建设活动提供了背景音乐。在提帕萨，亚历山大主教在教堂的入口处刻下了这么一段非常优雅、意思清楚的铭文：

> 最高的正义就是殉教的志愿。你有一种与其相当的办法：竭尽全力，奉献施舍。[23]

所有这一切都不太昂贵。正如我们在第 4 章中所见，基督徒都相信奉献与天国的回报是不成正比的。这种观念培养了一种鼓励经常性小额捐赠的风气。不论多少，每一份奉献都是充满魔力的。提格济尔特（位于毛里塔尼亚海岸上，今属阿尔及利亚）的一座教堂提供了这么一段年代较晚的铭文："怀着虔诚的心追求天国，只要（捐献）几块镶嵌画中的小方块便足矣。"[24]

"假若你想流芳百世"：弃绝财富、
捐赠资金和行省社会

就奥古斯丁而言，他关于罪孽、恩典与自由意志的沉思始终都有实践性的一面。他强调日常补赎的教义以《主祷文》的"赦免我们的罪孽"为纲领，目的就在于鼓励那些家境小康的信徒支持他们的宗教实践。

这种教义是针对这个阶层的习惯的。多年来，正是他们在非洲共同支持着奥古斯丁的教会。当小梅兰尼娅与皮尼亚努斯这些虔诚的贵族刚刚踏上非洲土地的时候，他们并不能体会到这种教义的意义。直到 411 年，他们的弃绝财富的观念仍然意味着大把大把地抛撒金币。财富是要"蒸发"掉的东西。最有效的办法，就是尽快将财富转化为流动性最强（而且便携）的东西，也就是金币，再把金币送往想象中的天涯海角。[25]

非洲的主教们并不喜欢这一套。在格隆提乌斯写的《小梅兰尼娅传》中，奥古斯丁只出场过一次（希波的丑陋事件干脆被略过了）。在下面这段文字中，我们将看到，小梅兰尼娅与皮尼亚努斯抵达非洲之后，进入了一个迥然不同的地带，这里的基督徒以完全不同的方式表达他们的虔诚。对于当地的主教们，经常性的捐赠要比他们在意大利搞的那种虽然吸引眼球，但难以为继的捐赠更加重要：

> 这两位有福的人决心（在非洲）变卖全部家产。这
> 时，最圣洁、地位最高的主教们（我指的就是有福的奥
> 古斯丁、与他情同手足的主教阿利比乌斯，还有迦太基的

366

奥勒留）向他们建议:"你们用来装修修道院的金钱撑不了多久。假若你想流芳百世、永垂不朽,还不如给每座修道院捐一个田庄,让修道院享受其收入。"[26]

我们不知道,这对小夫妻在多大程度上采纳了这条建议。不管怎样,几年之后（417 年）,他们就离开北非前往耶路撒冷了,他们剩余的财富花在了圣地与埃及。阿尼齐家族的贵妇们也离开了北非,和平一重归意大利,她们就赶回罗马城。417 年之后,非洲的大公教会又重新过上了往昔的日子。教会依靠的就是那种"高度的愿意"(用拉姆齐·麦木林的话来说),这是经历数代人的努力才在平信徒当中培养起来的,这种意愿的储备相当可观。一个新的阶层开始把财富献给教会,此时此刻,他们在非洲社会里出现了。这是一种相对很晚才出现的现象,是与北非土地占有结构的变化相联系的。让我们来看看这是如何发生的。

在罗马人心目中,非洲总是与皇帝和罗马贵族的巨大地产联系在一起。当时,这些田庄被想象为"大庄园"（现代学者仍未摆脱这种想象）,我们总是把它们想象成大片大片自成体系的土地,具有一望无垠的景色,就像得克萨斯南部阴森的灌木丛、巨型的牧场和低矮的城市那样。《小梅兰尼娅传》的作者是在 5 世纪 50 年代遥远的耶路撒冷进行创作的。按照这种关于非洲的流行观念,他很容易如此想象:女主人公身处塔加斯特城外一座巨大的庄园之中。

但是,在北非的许多地方（尤其是在奥古斯丁很熟悉的迈杰尔达河谷里）,实际情况是与这种刻板印象截然不同的。[27] 在4 世纪,在大地产旁边的暗处,一个充满活力的行省社会逐渐

成长，最终削弱了那些不在非洲定居的大地主。就像 19 世纪 367
的爱尔兰和匈牙利那样，不在本地定居的少数大地主占有土地
的格局培养了整整一个新的阶层，后者是由那些出身于本地社
会、地位较低的人组成的。长期租地的佃户、代表外地地主的
管家、组织劳动力与销售农产品的经营者组成了这个阶层。当
然，这些人的地位大大高于所谓的"穷人"——当地的小农
户和小市民，其中多数人拥有自家的产业，很多人都属于城市
里的精英阶层。但他们并不是现代历史学家经常想象的那种
"大地主"，实际上，他们是在"大地主"手下讨生活的人，
他们抓住了皇帝与罗马"贵族"的土地，把很多利润塞进了
自己的腰包。[28]

　　这是新的租地形式造成的后果。从 3 世纪末到 4 世纪，大
地主们（以皇帝为首）开始青睐收益稳定的长期租约，五年
期的快速转门式租约逐渐被取代。这种租约就是所谓的"永
佃制"。这种做法鼓励了新经济作物的发展，在很多地方，它
都与橄榄种植的急剧扩展有联系，[29]它吸引了地方社会中那些
努力上进的地主。

　　我们知道一个这样的地主——多纳徒派的卡拉马（今阿
尔及利亚盖勒马）主教克里斯皮努斯。克里斯皮努斯所理解
的"上进"，和一般人的观念不太一样。在获得一处皇家田庄
的长期租约之后，他马上就给 80 个农民重新施洗，他们过去
都是大公教徒。靠着这种租约，他就可以举行正确的洗礼，使
圣灵重新回到他们身上。在对新地产的改组计划中，这也是一
部分。[30]当然，奥古斯丁对此大吃一惊，但克里斯皮努斯的做
法就是那个时代的风向。市议员、主教和地方上的地主们得以
成为引领地方的人物：他们善于利用新的租地制度，从而接触

到了那些外地大地主的土地。在这种情况下，本地人士打败了远在外地的大人物。他们实际上已经通过以租金换取的方式将远方豪族的土地据为己有。

这种人很需要自我标榜，他们是在教会里实现这一点的。对于奥古斯丁这一派的大公教会，他们心里怎么想已经不重要了（很多地方贤达过去都是多纳徒派）。411 年以后颁布的帝国法令已经确定，现在它就是城里唯一的教会了。过去由两派教会来分配的财富，现在流向了同一个教会。结果产生了又一场建筑的高潮。在这样一座新建教堂的地面上（这座教堂大约是在这个时期的奎库尔建成的，这个地方就是今天的贾米拉，属于阿尔及利亚），我们遇见了那些捐资建设的非洲本地富人。镶嵌画上的铭牌赞美了每一位捐资者的奉献，因为他们铺设了宽阔的路面。正如我们所见，这种铭牌在意大利北部的教堂里相当常见，但在非洲，这是少见的。（非洲的铭文多半会强调主教是杰出的管理人，从各种渠道募集到了神圣的财富。）奎库尔教堂铭牌上记录的捐献者名单就像一本乡绅名录，他们的头衔忠实地反映了帝国制度创造的地方等级社会。六十年前，依靠 4 世纪 60 年代铭刻在提姆嘉德市政厅里的《提姆嘉德名册》，我们第一次看清了非洲地方社会的结构。奎库尔教堂的铭牌为《提姆嘉德名册》提供了补充，但它现在已经被放在了一座基督教堂的地面上。弗拉维乌斯·保罗是尊贵的元老、退役的将军；弗拉维乌斯·菲利克斯是尊贵的元老，曾任某行省部门长官；朱利乌斯·阿德奥达图斯是皇帝崇拜的司铎。这种显赫的城市头衔是与多神教崇拜联系在一起的，但担任这个职务的人一点儿也不觉得奇怪。显然，他一点儿也不觉得这是在拿着它在基督教堂里招摇过市！另外两人只是当地望族，也就是受尊重的市议员。奥古斯丁父子过去都担任过这种职务。[31] 在奥古斯丁一生中的最后阶段，非洲教会里的富人情况如何？这组镶嵌画为我们提供了一个观察他们的机会。

奥古斯丁等主教已经为这些人提供了一种重在"路遥知马力"的教义。非洲的富人们一直都显示出"高度的愿意"。在必须天天补赎罪孽的观念的影响下，这种"高度的愿意"正在变得越来越模糊，它既不能表现为城市的铺张浪费与过分奢侈，也没法和新兴的同样过分的基督教苦行运动产生关联，但是，就在它逐渐模糊起来的时候，宗教奉献已经利用这种前途未卜的感觉取得了成功。为了补赎罪孽，必须不断行动。为教会、穷人做奉献，绝不是一项一曝十寒、一蹴而就的事业。罪孽永远存在。它的能量在潜意识中依然存在。按照奥古斯丁的看法，由于亚当的罪，个人的罪孽就被卷入了一桩人们共同犯下的滔天大罪。从时间的开端开始，这项巨大的罪孽就侵染了全人类。正因如此，宗教奉献也必须是持久性、经常性的，目的就是促进共同的救赎大业。这番事业的规模难以想象（正如奥古斯丁在《上帝之城》中所构想的那样），为此，一种新的机构在非洲和整个西欧轰轰烈烈地兴起了，它披上了大公教会的形式。接着，我们就要转向教会在社会中的地位。不论是在非洲，还是在其他地方，都有这个问题。为此，我们要追溯那场危机进入高潮的年代。随着罗马城的陷落与莱茵河防线的崩溃，危机已经席卷了整个拉丁西方。这个时期恰好与对伯拉纠派论争的谴责同时，始于 415 年前后，直到 430 年奥古斯丁与世长辞方才告终。

注 释

[1] N. B. McLynn, "Augustine's Roman Empire," *Augustinian Studies* 30 (1999): 29 – 44 at p. 34.

[2] P. Brown, "Aspects of the Christianization of the Roman Aristocracy," *Journal of Roman Studies* 51 (1961): 1 – 11, 现收录于 *Religion and Society*, 161 – 82。

[3] *Letter* 135. 2.

[4] Brown, *Augustine of Hippo*, 297 – 302.

[5] R. Hanoune, "Le paganisme philosophique de l'aristocratie municipale," in *L'Afrique dans l'Occident romain (Ier siècle av. J. -C. – IVe siècle ap. J. -C.)*, Collection de l'École française de Rome 134 (Rome: Palais Farnèse, 1990), 63 – 75 at p. 71.

[6] Rebillard, "Sociologie de la déviance et orthodoxie," 225 – 32.

[7] Wermelinger, *Rom und Pelagius*, 172 – 76.

[8] Augustine, *Sermon* 348 = *Dolbeau Sermon* 30. 13. 200, ed. F. Dolbeau, "Le sermon 384A de saint Augustin contre Pélage: Édition du texte intégral," *Recherches augustiniennes* 28 (1995): 37 – 63 at p. 61, Hill, p. 316.

[9] A. -M. La Bonnardière, "Les commentaires simultanés de Mat. 6, 12 et de 1 Jo. 1, 18 dans l'œuvre de saint Augustin," *Revue des études augustiniennes* 1 (1955): 129 – 47.

[10] *Letter* 156. 参见 Kessler, *Reichtumskritik und Pelagianismus*, 85 – 100。

[11] É. Rebillard, *In hora mortis: Évolution de la pastorale chrétienne de la mort aux IVe et Ve siècles dans l'Occident latin*, Bibliothèque des Écoles françaises d'Athènes et de Rome 283 (Rome: Palais Farnèse, 1994), 148 – 67.

[12] *Enarrationes in Psalmos* 103, sermon 3. 18.

[13] La Bonnardière, "Les commentaires simultanés," 129 – 31; 同一

作 者 的 "Pénitence et réconciliation de pénitents d'après saint Augustin," *Revue des études augustiniennes* 13（1967）：31 – 53 at pp. 47 – 53。

［14］ *Enarrationes in Psalmos* 140. 18.

［15］ 参见 O. Plassmann, *Die Almosen bei Johannes Chrysostomus*（Münster：Aschendorff, 1961）；以及 Brown, *Poverty and Leadership*, 95。

［16］ *De civitate Dei* 21. 27.

［17］ Paulinus, *Letter* 35. 奥古斯丁认为，最后审判以后的末日大火是永久性的、没有赦免的，这种观点在当时还不像后来那样广为流传，参见 P. Brown, "The Decline of the Empire of God：Amnesty, Penance and the Afterlife from Late Antiquity to the Middle Ages," in *Last Things：Death and the Apocalypse in the Middle Ages*, ed. C. W. Bynum and P. Freedman（Philadephia：University of Pennsylvania Press, 2000）, 41 – 59 at pp. 42 – 50；Skeb, *Christo vivere*, 88 – 106——保利努斯在这个问题上表现出了"惊人的乐观"。

［18］ *Sermon* 58. 9. 10.

［19］ *Sermon* 56. 7. 11 与 58. 9. 10.

［20］ *Sermon* 9. 19.（疑有误，应为 9. 17。——译者注）。

［21］ Duval, *Loca sanctorum Africae*, vol. 1, no. 167, pp. 351 – 53；*Inscriptiones Latinae Christianae Veteres*, no. 1822. 亦 可 参 见 A. Blackhurst, "The House of Nubel：Rebels or Players?" in *Vandals, Romans and Berbers*, 59 – 76, at pp. 65 – 66。

［22］ *Inscriptiones Latinae Christianae Veteres*, no. 1915.

［23］ Duval, *Loca sanctorum Africae*, vol. 1, no. 173, p. 366.

［24］ *Carmina Latina Epigraphica* 119, ed. E. Engström（Leipzig：Teubner, 1912）, 35.

［25］ 可以比较的是，印度教与佛教的信徒都会给遥远的圣所带来奉献，从而补赎他们的罪孽：Parry, "The Gift, the Indian Gift and the 'Indian Gift,'" 463。

［26］ Gerontius, *VG*, Gorce, p. 170, Clark, p. 43. 亦可参见 C. Lepelley, "Facing Wealth and Poverty：Defining Augustine's Social Doctrine," *Augustinian Studies* 38（2007）：1 – 18。

[27] P. Leveau, P. Sillières, and J. -P. Valat, *Campagnes de la Méditerranée romaine*: *Occident* (Paris: Hachette, 1993), 181 – 88 针对非洲各地迥然不同的情况，很仔细地研究了地产具体的规模与位置。

[28] D. Vera, "Enfiteusi, colonato e trasformazioni agrarie nell'Africa romana proconsulare del tardo impero," *Africa Romana* 4 (1987): 267 – 93, esp. 284 – 89; 以及同一作者的 "Terra e lavoronell' Africa romana," *Studi Storici* 4 (1988): 967 – 92, esp. at pp. 979 – 82.

[29] J. Peyras, "Le fundus Aufidianus: Étude d'un grand domaine romain de la région de Mateur (Tunisie du Nord)," *Antiquités Africaines* 9 (1975): 181 – 222; A. Leone and D. Mattingly, "Vandal, Byzantine and Arab Rural Landscapes in North Africa," in *Landscapes of Change*, 135 – 62 at p. 154.

[30] *Letter* 66. 1.

[31] Gui, Duval, and Caillet, *Basiliques chrétiennes d'Afrique du Nord*, vol. 2, no. LX-VIII, p. 68. 读者应当了解，这座教堂的奉献时间仍然是有争议的；我认为，考虑到捐赠者的头衔，5 世纪初要比更晚的时间可能性更大。同样的观点见 J. -P. Caillet, "La réalité de l'implantation monumentale chrétienne au temps d'Augustin: L'exemple de quelques cités de Numidie," in Lancel, *Saint Augustin*, 55 – 66 at p. 60。

第 23 章 "走出非洲"：财富、权力与教会，415～430 年

"一个新的异端……悄然地伸展着它的触手"：周旋于非洲、巴勒斯坦和罗马之间的伯拉纠，415～417 年

古代希腊人和罗马人曾有言："走出非洲的总是新奇之物。"[1] 在 410～430 年，以奥古斯丁为代言人的非洲教会，从他们陌生的土地上带来了一些惊人的新奇之物。非洲教会在奥古斯丁的领导下团结一致，与伯拉纠的观点针锋相对，采取了拉丁教会史上空前的行动。整个行省教会，仅仅为了谴责一位世俗布道者的观点，召集了多达 200 名主教出席宗教会议。更让人惊讶的是他们的方式，主教们称一整套神学体系源自他们教会日常的实践。原本被认为是烦琐的神学争论，且只是神职人员之间的专业分歧——上帝的恩典与自由意志之间的关系、原罪的确切属性、为孩童施洗的确切方式等——奥古斯丁和他的同僚们强行把它们确定下来。极为严格的神学论断竟源自如婴儿的洗礼和诵读主祷文这样简单的仪式。

最让人惊讶的是非洲主教们的自信。凭借这种自信，他们宣称其他人也必须在这个问题上明确自己的态度。416 年，在宗教会议上，奥古斯丁和他的同僚们谴责了与伯拉纠有关的观

点后，他们将仲裁权交给了罗马的主教和罗马皇帝，并希望自己的观点无条件地得到认可。[2] 非洲教会以前所未有的集体自信在发声。问题在于是否有其他人愿意倾听这些教条式的——很大程度上是作为新奇事物——走出非洲的新宣言。

370　　在 415~418 年，似乎没有人愿意倾听；418 年以前，奥古斯丁听到的都是坏消息。伯拉纠的行动完全不受他和他的同僚们控制。伯拉纠曾经从非洲前往巴勒斯坦，在那里他遭遇了复杂的境遇，受到了哲罗姆的敌视。哲罗姆的敌意可能是源于伯拉纠与皮尼亚努斯和小梅兰尼娅之间的亲密关系，后者是哲罗姆的论敌儒菲努斯的赞助人——老梅兰尼娅的孙女。伯拉纠也受到来自西部的控告，但这些控告没有引起巴勒斯坦当地主教们的注意。伯拉纠于 415 年 12 月 20 日在迪奥斯堡（今以色列利达/洛德）召集的会议上洗刷了异端的罪名，以正统之名受到接纳。[3]

在 416 年早春，地中海冬季封航期结束之际，最初驶入希波港的船只带来了一本伯拉纠写的小册子，在这本小册子里，伯拉纠向世界宣称他已经由巴勒斯坦的主教们洗刷了异端罪名。奥古斯丁应对这个不受欢迎的消息的布道词片段新近被发现，这段布道词表明，他立即回应了伯拉纠的挑战，从此，决斗开始。正如奥古斯丁当时对他的教会所说的那样："有一个新的异端，并且悄然地向四方伸展着它的触手。"[4]

奥古斯丁不能再无视伯拉纠的观点，这个异端必须被摧毁。两个主教会议立即被召集起来——一个在努米底亚的米勒维斯，一个在迦太基。他们将伯拉纠和塞勒斯提乌斯两人的观点罗列出来，呈送给罗马教宗英诺森。正如我们所了解的那样，非洲主教呈送这份异端的列表，意在使这些观点立即受到谴责。

但是，英诺森并不想立即处理此事。他不愿谴责一个有宗教热忱之名的人，并且这个人和阿尼齐家族这样的罗马基督徒显贵之家有密切联系。而面对着愤怒又团结一致的非洲教会，他也承认如果这种异端思想被任何人接纳，都确实是一个严重的问题。但是，英诺森暗示，判断伯拉纠是否确实持有这些观点是取决于他（而不是非洲教会），他将自己做出决定。他设法取得一份关于伯拉纠信仰的说明。而伯拉纠的首席门徒——一个比伯拉纠更激进的人物——塞勒斯提乌斯再次在罗马出现。

随后，在 417 年 3 月，英诺森去世，佐西穆继任。佐西穆像英诺森一样，想成为这一事件的仲裁者。但英诺森是一个老谋深算的人，能够耐心地等待时机，而佐西穆是一位新任教宗，急于了结此事。在 417 年夏末，他召集了调查伯拉纠思想的集会，会议地点就在今天的圣克莱门特教堂。这是一个冠名教堂，以某位"克莱门斯"命名，但是公众总将他与圣彼得的门徒圣克莱门特联系起来。这是一个十分适合圣彼得的继承者进行裁决的地方。佐西穆免除了针对塞勒斯提乌斯和伯拉纠两人的指控。在 417 年 9 月，佐西穆的信件被送达迦太基。非洲的主教们因为做伪证和过于严厉的神学思辨而受到斥责。佐西穆把非洲的主教们视为一群身处异域、搜寻异端的教条主义者。

奥古斯丁和他的同僚们以自己的方式回应：他们召集了一次规模更大的会议。在迦太基，奥勒留突然召集了一次由超过 200 名主教参加的"普世"宗教会议。会议决定派遣主教前往意大利，但他们这么做是为了寻找一个更可靠的审判者。主教

们绕开罗马，直接前往在拉文纳的帝国宫廷。皇帝向他们保
证，会立即谴责伯拉纠和塞勒斯提乌斯两人。[5]

"认为和别人想的一样就是庸俗的标志"：罗马社会和对伯拉纠的谴责，418 年

我们先看后几年发生的事情。伯拉纠的追随者们确信，为
了达到谴责他们的领袖伯拉纠的目的，塔加斯特城的阿利比乌
斯将 80 匹努米底亚种马作为礼物用来贿赂宫廷重臣。如果此
事属实，这确实是一份及时的礼物。西哥特人和汪达尔人在西
班牙的劫掠已经切断了卢西塔尼亚牧场的马匹供应，二十年前
西玛库斯曾从这里选马参加竞技比赛。80 匹种马是一份慷慨
的礼物，每匹马至少要花费 12 个金币。即使这个指控并不属
实，这个传言本身也显示出，在世人眼中，非洲教会不仅专注
于神学，而且精通宫廷之道。它现在也是一个十分富有的教
会，近期接收的多纳徒派教会地产使非洲教会富甲一方。在外
人看来，似乎非洲教会在地中海西部经济领域的长期统治地位
转化成了在神学领域的统治地位，而这也要归功于富有的非洲
主教们的游说能力。[6]

这样一来，认同伯拉纠的支持者们的观点——奥古斯丁和
他的同僚们向拉文纳帝国宫廷的上诉，是一个专横且腐败的策
略——就很容易，也几乎可以认定是他们的介入导致伯拉纠被
谴责。伯拉纠信件的翻译者布林利·里斯用足球比赛的比喻生
动地说道：

（伯拉纠和奥古斯丁之间的）比赛会以平局结束；然

而，它进入了"加时赛"，并且在比赛结束时，奥古斯丁和他的队伍凭借主裁和边裁的有争议判决获胜。[7]

总而言之，通过上诉皇帝，奥古斯丁和他的同僚们没有公 372 平竞争。

尽管这个观点在现代学者中十分盛行，但它对于意大利地方政治的复杂性以及罗马皇帝亲自介入罗马城事务的评价并不公正。因此，要理解对伯拉纠及其追随者态度的突然转变，我们不能把目光聚焦在拉文纳城，而要转向罗马城。

417 年塞勒斯提乌斯在教宗佐西穆面前出现时的罗马，也是流亡者们返回后的罗马，而不是 410 年以前的罗马。这座城市并不完全是一片废墟。但由于 409 年哥特人围城时的饥荒以及 410 年哥特人的洗劫，这座城市的精神已经崩溃。城市中的不同社会群体——上层贵族、下层贵族（他们中的许多人为政府效力）、小康的平民，还有教士——几乎没有共同的利益。这种情况在繁荣的时代并不是严重问题，但现在每个这样的社会群体都自以为是地恢复自己原先的地位。

贵族们面对的是艰难的管理问题。在西玛库斯的时代，保证罗马的安定就不是一件易事。帝国食品配给的混乱加之哥特人的入侵，导致意大利南部贵族地产的收入减少，因此，现在这项任务变得更加艰巨。在这个时候，衰落也并非不可避免。大地产将恢复产量（假如贵族重新获得在战争中失散以及被蛮族掳走的劳动力），粮食供应得到改组。但是，这些年的压力是非常明显的。[8]

更进一步的是，贵族中的基督徒们走向分裂。在之前的几十年间，他们已经习惯了其他基督教徒之间的明争暗斗。有影响力的贵族家族扮演了赞助人的角色，赞助那些日益激进的宗教讲师。于 4 世纪 90 年代分别支持哲罗姆和儒菲努斯的罗马家族因为有更加偏执的精神导师而进一步分裂。正如我们所知，伯拉纠取代了儒菲努斯曾经的位置。甚至，似乎罗马最有影响力的基督徒家族——阿尼齐家族——也支持伯拉纠。与基督徒贵族及其代理人相关的宗教派别之争已经成为罗马上层社会生活的主要特征。

这样的党派之争很快牵涉居住在拉文纳的皇帝。我们一贯倾向于认为，在罗马日益衰落之时，拉文纳却是一座被皇帝及其臣属们占据的远方宫廷城市。[9]但在 410 年以后的这一代人期间，情况恰恰相反。拉文纳并不是罗马的替代品。拉文纳并不像曾经的特里尔或米兰那样，是一个完全在异地照搬罗马城精神的行政首都，而是一个和罗马城共治的首都。若将跨越意大利中部和亚平宁山脉的帝国权力核心比作一个椭圆，拉文纳就是椭圆的北部焦点，另一个焦点就是罗马。[10]我们评论非洲主教们的举动时，应该将这一点牢记在心。前往拉文纳并不是为了绕开罗马的主教们，去寻找一个纯"世俗"的宗教判决。那只是现代人的假设。对于皇帝和罗马的上层居民来说，神学和社会秩序是密不可分的。解决其中的一个，便保证了另一个的解决。如果教宗不能使二者一致，皇帝和他的顾问们就会替他做到。

因此，我们就不会对这样的事件感到意外：418 年 4 月 30 日，禁卫军长官弗拉维乌斯·朱尼乌斯·卡尔图斯·帕拉迪乌斯接受皇帝敕令，撤销教宗佐西穆对伯拉纠和塞勒斯提乌斯的无罪判决。皇帝在敕令中对他们二人冠以"新异端的始作俑者"之名，加以谴责。他们必须离开罗马城。他们的追随者——教士与平信徒——可以被任何人公开抨击。他们的教唆已经损害了"我们最神圣城市的"和平。[11]

帕拉迪乌斯不是一个边缘的廷臣,他在遥远的沼泽拉文纳与皇帝关系密切。我们从一份 1928 年公布的铭文中(这份铭文以前似乎没有在"伯拉纠派论争"中被加以考量)得知,帕拉迪乌斯是罗马城与宫廷之间的联系人,他的宅邸位于阿文提诺山山脚,这份铭文就放置在住宅之外。铭文说明了帕拉迪乌斯在四种情形下,于皇帝面前代表元老院。[12] 更重要的是,这个帕拉迪乌斯很可能和在 409 年和 410 年这两个可怕年份中的帕拉迪乌斯是同一人。后者试图组织所有元老院议员平等地捐款,向哥特人赎买罗马城的安全。[13]

如果这是事实的话,那么帕拉迪乌斯就是在这些基督徒贵族最糟糕的时候见到了他们。阿尼齐家族为了保护自己的巨额财产,拒绝向公共基金捐款。法尔托尼亚·普罗芭的敌人们甚至确信,她为哥特人打开了罗马的城门。年轻的皮尼亚努斯和他的妻子小梅兰尼娅决定出售他们的财产,而此时这些财产的一部分要被帝国用作罗马城的公共福利。帕拉迪乌斯(如果他是同一个人)没有心情去原谅贵族之间进一步的党派之争。

因此,谴责伯拉纠和塞勒斯提乌斯,并不只是为了取悦非洲的主教们,还因为他们二人导致了罗马的派别分裂。根据皇帝敕令的描述,他们声称提出完美主义神学理论的自己优越于其他所有人:

> 认为和别人想的一样就是庸俗的标志,把摧毁大家认可的东西看成专家的标志。[14]

严厉的敕令很契合那个时代的紧张气氛。在 410 年之后,

374 精神的"救生筏"在罗马逐渐成形。宗教观点之争是继承自一个丰饶时代的奢侈品。而在一个被蛮族入侵所动摇的城市，这些观点上的分歧是不会被容忍的。

"在几乎整个西部，一个既愚蠢又不敬的信条被推上了台面"：艾克拉努的朱利安，418 年~约 450 年

一条敕令声称要为这个焦虑的城市恢复秩序。面对这样的帝国敕令，罗马的各个群体屈服了。佐西穆是个见风使舵之人，罗马的教士们也集合起来反对伯拉纠，先前有许多有影响力的司铎和助祭支持伯拉纠。包括后来的罗马教宗塞莱斯廷（422~432 年在位）和西克斯图斯（432~440 年在位），[15] 甚至还有为罗马向迦太基送信的信使——年轻的辅祭利奥，他应该就是未来著名的利奥一世（440~461 年在位），[16] 这些身居要职的教士的立场转变，直白地表明了他们希望教士维持在罗马"第三等级"的地位。作为教士，他们宁可准备接受由那些教友（非洲主教）制定的严格教义，也不愿跟随伯拉纠的观点——伯拉纠只是一个世俗讲师，他的主要保护人是平信徒上层贵族。

对于奥古斯丁思想的唯一有力的反驳来自罗马城以外。朱利安，意大利南部艾克拉努地区的年轻主教，拒绝在谴责伯拉纠的文件上签字。这值得我们在这个不同寻常的人物身上停留片刻。他的生涯展示了一个出身良好的拉丁教士所能调集的惊人的文化资源。[17]

艾克拉努是一个坐落于坎帕尼亚山丘之中的小城，离贝内文托大约 10 英里。这里现在被称作米拉贝拉·艾克拉诺，面

朝干燥起伏的阿普利亚山区（今普利亚），并且靠近从罗马到
布林迪西和东方的道路。朱利安属于一个崭新的社会团体——
教士贵族。他的父亲曾担任主教，他的两个姐妹是修女。他生
来就处于教士的圈子之中，这个家庭新近在坎帕尼亚的边缘地
带确立了自己的地位。这个地区在 4 世纪 70 年代前后被西玛
库斯当作自己心中最美风光的所在，诺拉的保利努斯也曾于
395 年在此定居。我们第一次见到朱利安是在 407 年，那时保
利努斯为其写了一篇新婚颂诗。这首诗是为了祝贺朱利安和贝
内文托主教埃米里乌斯的女儿的大婚。[18] 从那时起，这个年轻
人就已经注定了自己的教士生涯。朱利安的岳父——主教埃米
里乌斯和保利努斯是好友，二人有同等的社会地位。朱利安和
埃米里乌斯的女儿的婚姻，代表着这个年轻人在社交领域的一
大进步。地区教士成员彼此建立紧密的联系，使他们抛开原有
的财富与地位的差异成为可能。[19]

　　与此同时，大约在 5 世纪 10 年代中期，朱利安被任命为
艾克拉努的主教。在他被委以圣职前后，他就因在食物短缺时
期救济穷人而引起了当地基督徒贵族的注意，食物短缺可能是
411 ～ 412 年西哥特军队过境造成的。[20] 在外人看来，作为一名
受人敬仰的绅士，朱利安本来应该召集城市议会来应对。在四
十年前，375 年的地震后，这里的议员曾经被鼓舞起来重建他
们本地的贝内文托城，年轻的西玛库斯也曾为这件事祝贺。

　　朱利安的这些生活和背景的细节，给予了年轻的艾克拉努
主教一种令人愉悦的老式氛围。[21] 但朱利安不是一个旧派贵
族。教士们已经开始创造属于他们自己的高等文化，朱利安就
是这一代教士中的一员。他身处的世界吸收了哲罗姆和儒菲努
斯的学术成果，并且利用日益增长的前往圣地的罗马朝圣者，

开启了与希腊化东部的联系。

朱利安被奥古斯丁观点的胜利所震撼。他原以为罗马的教士和意大利的主教们都会支持伯拉纠,然而,他们却屈服于在迦太基策划的暴乱。在朱利安看来,他们慑于帝国法律而签署了信仰的声明,宣称否认自由意志、妖魔化婚姻,承认由曾经的摩尼教徒奥古斯丁提出的"新摩尼主义"教会的胜利。用朱利安多次对主教同僚们申诉的话来说,西部的基督教主教们任由自己被威胁和迷惑:"在几乎整个西部,一个既愚蠢又不敬的信条被推上了台面。"[22]

朱利安在 418 年年末被放逐。如同之前的西塞罗(于公元前 51 年),朱利安取道布林迪西,由此前往奇里乞亚,但他是以流放主教的身份前去的,而不是像西塞罗那样作为一名罗马官员。作为一名流放者,他舒适地定居下来。他成为希腊经师狄奥多尔·莫普苏埃斯蒂亚的追随者。他很快适应了这个与他意气相投的新学术环境。他与奥古斯丁的争论是连接东西部的一个出人意料而又必然的结果。[23]

朱利安是一个旷世奇才。他是一个拉丁文写作者,但很快就学会了像希腊人那样思考。这使他可以让自己在拉丁西方的读者一瞥地中海东部地区丰富的思想财富,而这些财富一直以来都被奥古斯丁和他的非洲同僚们所忽视。安条克和奇里乞亚长久以来就是产生关于人类处境的明快思想的地区。在对自更远东方传播而来的摩尼教的反应中,这一思想被深化了。朱利安在安条克发起了自己的反摩尼主义讨论,并凭借这种方式驳倒了奥古斯丁关于原罪的观点。[24]

376　　　在接下来的十年,朱利安不停地写作。他成功地将浩繁的卷帙堆积在奥古斯丁的书桌上——朱利安写作四卷应对奥古斯丁的一卷（于 419 年年中），另外八卷于 427～428 年流传到非洲，这最终使奥古斯丁这个老病之人放弃其他活计来回应朱利安的毁灭性攻击。在这个持续不断的嘲弄洪流之中，将奥古斯丁描述为"蠢驴之王"也只是最轻的冒犯。[25] 在对年迈的奥古斯丁纠缠许久之后，朱利安回到了意大利，于 450 年前后在西西里逝世。[26]

即使抛开他这些对"新摩尼主义者"奥古斯丁的无情学术攻击，朱利安也显示出政治敏锐性。他以接近一位有权势的平信徒作为攻击之始。419 年，瓦勒利乌斯是一个帝国宫廷的军事长官，并且即将成为骑兵军事长官。[27] 据说他就是塔加斯特城的阿利比乌斯带着 80 匹努米底亚种马的礼物去觐见之人。瓦勒利乌斯还是个年轻人，希望组建一个家庭。朱利安不遗余力地确保瓦勒利乌斯知悉，当涉及性和婚姻时，奥古斯丁仍然是个彻头彻尾的摩尼教徒。性对于奥古斯丁来说（朱利安这样宣称）不是本能，而是一种邪恶的蛊惑，被不可挽回地种在人类身体中。即使是在合法的婚姻中，孩子也是"恶魔的礼物"[28]。像瓦勒利乌斯这样的已婚平信徒，在支持由奥古斯丁及其在非洲的"秘密摩尼主义"追随者提出的关于婚姻关系的可怕观点之前，都要反复思量。

我们很容易将朱利安对奥古斯丁关于性和婚姻观点的描述视为一种恶意的讽刺，而不将其当真。[29] 但当时的问题是，这一讽刺是说给"非教士"听众的。正是如军事长官瓦勒利乌斯这样的已婚平信徒读者的出场，赋予了"伯拉纠派论争"这一事件的最后十年一种独特的基调。在 5 世纪和宗教改革之间的这个时期，发生了拉丁西方的最后一次大型争论，其听众包括有影响力、有教养的已婚读者，争论涉及直接关系他们个人生活的问题（如性和婚姻）。

"请考虑团结"：奥古斯丁、财富和教会

在 5 世纪 20 年代，朱利安和奥古斯丁都意识到了大部头书籍的作用。在日益混乱的拉丁西方世界，帝国的法令和教会的声明都起不到什么作用。现代学者们（按照现代集权国家的形象来设计晚期帝国的图景）有时认为基督教早期的主要争论会因一纸帝国法令而终止。他们宣称是行政权力导致了奥古斯丁和伯拉纠之间的平衡被打破，并在后来的时代造成了令人痛苦的后果。但朱利安和奥古斯丁两人都更了解情况，他们知道帝国法令的颁布只是比赛开始的枪声，动摇大众观念的文笔苦战随后就会爆发。

当宗教问题到了诉诸法律的时候，情况就特殊了。不考虑他们夸张的尖刻言语，帝国敕令直白地显示了其世俗性关照，针对异端只是其次。对帝国政府造成最大困扰的是每年伴随缴税而来的痛苦，关于宗教的法律从没有像关于税收的法律那样被坚决地实施。

如果反异端的法律不得人心或者让人觉得无关紧要，它们就缺少刺激效果。它们通常在几十年的时间里被最终忽视。如果法律想要被实施，必须有公众的观念在背后支撑。实际上，公众的观念就是指那些受过良好教育的阶级的观念，他们作为城市的管理者或者领袖践行着法律。因此，朱利安言辞最激烈的作品所针对的读者也是他们。因为廷臣和行政官员这些平信徒——不是教士——依旧掌握着机要，而平信徒关心婚姻问题。

他们同样关心财富问题，奥古斯丁清楚地看到了这样一

点。在他 5 世纪 20 年代写给有权势官员的信件里，他非常强调他的观点：大公教会是一个包罗一切的组织，其中也包括虔诚地使用财富。奥古斯丁在他 400 年的布道词中就已设定好了杰出的基督徒富人形象，现在这种形象转移到了身居高位且活动频繁的政客和将领们身上。约 417 年之后，通过在精心草拟的信件（而非散见于布道词的"只言片语"）中加以总结，奥古斯丁关于财富的观点贯穿晚期罗马和西方中世纪早期，成为关于财富的社会共识之一部分。

用最简洁的话来说：奥古斯丁提出，财富是合理的，因为财富的起源是不清楚的。就如上帝的恩典一样，财富作为一种现象，被奥古斯丁移出了人的审查。财富是圣保罗提到的恩赐之一："只是各人都有来自上帝的恩赐。"（《哥林多前书》7：7）奥古斯丁在给未来的非洲军事长官（地区武装力量的首领）卜尼法斯的信中写过这句话。他将卜尼法斯的军阶、勇气以及财富等一切，都视为上帝的恩赐，这些恩赐都要被用于服务大公教会。[30]将行政官员的职位和随之而来的财富视作和个人神恩（就是圣保罗之"恩赐"所指）相同的东西可能会让现代读者觉得不合适，甚至感到吃惊，但对奥古斯丁而言则不是这样。对他来说，财富和其他一切东西一样，都来自不为人知的神意。因此，唯一的问题是，如何将财富和上帝的其他恩赐一样用作教会的公益。这对于一个驻扎在帝国撒哈拉边境的军官来说，是令人振奋的消息。

这样对待财富的观点依赖于对大公教会权威的强烈意识。378 通过被用于服务一个拥有宏大前景的世界性组织，财富获得了意义和严肃性。417 年，奥古斯丁给另一位政客达尔达努斯写了一封类似的信。达尔达努斯是高卢大区的前任长官，正处于退隐生活中。他十分谨慎，生活在一个名叫提奥波利斯（意为"神之城"或"神佑之城"）的村寨的围墙保护之中。提奥波利斯位于遥远的阿尔卑斯山区一个梦幻般的山谷（位于今法国圣热内耶，希斯特隆东部）中，但它靠近纵横蜿蜒的山区小道，通过这些小道可以撤离到意大利。[31]达尔达努斯需要安全感。413年，他以血腥的方式镇压了高卢贵族们的叛乱，他甚至打算亲手杀死篡位者。达尔达努斯后来被他的崇拜者们视为铁腕人物。他是一个艰难时代的强硬之人。达尔达努斯坚定地站在拉文纳的皇帝一边。[32]奥古斯丁提醒他，还有一个宏大的组织，他应该去效忠："当你想象上帝的居所，想象圣徒们合而为一（聚集在天堂中）。"[33]把财富和权力用于支持统一的普世大公教会，就是达尔达努斯侍奉上帝的最佳途径。

奥古斯丁对于财富的辩护正合时宜。在一个被突如其来的内战和蛮族入侵所动摇的世界里，没有道理去谴责富人们获得财富的方式。那些使自己的财富在新危机之中得以幸存的人，不可能为他们所剩不多的财富感到愧疚。像安布罗斯的布道词和伯拉纠派的《论财富》那样对财富和富人进行尖锐批判已经过时。这些激进主义者还是丰裕时代的产物。在4世纪的黄金时代，他们针对的是对充裕财富的不安。对于现在面临着可能失去一切的人们来说，他们的影响就小多了。

正如我们在下一章中将要见到的那样，到420年，黄金时代真的结束了。帝国在其西部省份丧失了权力，强调地区各阶层需要稳定等级的论调被推到前台。这就意味着他们试图与依附者建立强大的上下联系，而在更早的时代，这被认为是不必要的。4世纪的黄金时代以不住在该地的地主广泛存在于整个帝国为特征，这依赖强大、统一的帝国。现在是一个紧缩的时代，是一个强化地方根基的时代。达尔达努斯的防御工事就是这个时代的写照。团结高于一切。在一个抱团取暖的社会，最大的罪恶是傲慢，而不是贪婪。如果贵族们想要幸存，他们必须调动自己下属的忠诚之心，他们必须学会向征服者妥协——他们是按照大公教会的主教和教士们教导的方式来做的。正如凯特·库珀提出的那样，写给有影响力的平信徒——男性和女性——的建议信和论著，成为拉丁西方文学的主要特色。这些论著不再倾向于让人放弃财富，它们都是在阐述如何将财富作为一种有力的工具去正确使用。[34]

奥古斯丁在这一时期的作品构成了这一时代转变的一部分。他明确地说到，屈服于征服者的最好方式就是加入由各阶层信众聚集而成的大公教会，并且作为罪人和其他罪人一起赎罪。与朱利安针锋相对的奥古斯丁声明，他对于伯拉纠思想的胜利，是普罗大众对于冷漠的精英主义至善论者的胜利。奥古斯丁关于教会的图景明显为普通罪人留有一席之地，他写道：

> 是谁，即使在婚姻的神圣束缚之下仍放纵自己的性欲？……是谁，紧紧抓住自己的财产？是谁，在施舍，即便是不那么慷慨？……但又是谁，会视自己为渺小，视上帝为荣耀？[35]

这些人被鼓励将自己的钱财投入自己灵魂所属的地方。一个罪人的团体成为一个施舍者的团体。不是所有人都有奥古斯丁在他著名的关于捐赠和赎罪的布道词中所说的那种精神。5世纪和6世纪在意大利、高卢和西班牙的铭文显示，还有许多人是出于"非奥古斯丁主义"而捐赠和大兴土木的。他们捐献他们的财产，一部分是为了许愿。他们希望给当地的教会带来荣耀，就像他们曾经为他们的城市带来荣耀一样。他们希望这样能保证自己和自己的家族不被遗忘。但在奥古斯丁的著作和晚年的布道词里，奥古斯丁引导了基督徒的虔诚改变方向。在接下来的几个世纪，慷慨以赎罪成为遍及整个西部教会的风尚。

一些小细节显示了这一风尚的转变。在 5 世纪 30 年代后期，当马赛的萨尔维安回顾诺拉的保利努斯的时代时，他选了保利努斯诗歌中的一段，即保利努斯让苏尔皮奇乌斯·塞维鲁刻在自己的雕像下方的那段。保利努斯的雕像被放置在普利姆里亚库姆教堂圣马丁像旁边。马丁是圣徒，而保利努斯是罪人。对萨尔维安而言，保利努斯是那种正确的罪人，他知道如何通过捐赠来赎罪，他展示了"通过散发钱币来赎罪"[36]的可能性。

总而言之，奥古斯丁表达的是一种价值取向，将钱财用于教会以赎罪，使钱财获得了"毋庸置疑"的地位。奥古斯丁所想，遍及拉丁世界的许多作家和布道者都已思考过。这并不令人惊讶。奥古斯丁并不致力于在财富和赎罪问题上讲出什么新意。在他的作品和布道词中，他总是坚持他曾经在非洲和其他地方与读者和听众分享的观念，但他将这一切化为令人印象深刻的词句。在特定的圈子里，这些词句保留着。我们会第一次见到未来的罗马教宗利奥，他在 418 年夏天作为一名年轻的辅祭送信去迦太基。作为奥古斯丁作品的忠实读者，利奥对奥古斯丁的财富观深信不疑。当利奥在 440 年成为罗马教宗时，他开始就财富和捐献问题布道，他采取的是奥古斯丁的立场：

甚至尘世的物质财产也来自上帝的慷慨……财富是有
益的。当财富被仁慈大度的人占有时，它极大地促进了人类
社会的关系……许多人使用财富，作为虔诚的一种方式，无
论财富是来自正当的继承，还是通过其他途径获得的。[37]

这一次，奥古斯丁的思想跨越了地中海，成为拉丁基督教
共识的一部分，不再局限于非洲。这一切是如何形成的呢？

"我们徒劳地为那些穷人呼喊"：在非洲
与意大利之间的主教和社会，419～428 年

熟悉奥古斯丁传记的人会强调奥古斯丁义无反顾地从米兰
返回非洲这一事件的重要性。了解他的朋友们可不这么看，他
们或许会大吃一惊。在 419～428 年，年届七旬的主教阿利比
乌斯及其同僚常年滞留于帝国宫廷周围。他并不只是为了促成
针对伯拉纠的立法，也负责为身处深宫之中的皇帝讲述非洲的
社会疾苦。

这一情况直到最近才为人所知。在 1975 年，奥地利学者
约翰·迪福雅克发现了奥古斯丁人生最后几十年之前无人知晓
的书信集。我们已经知道这些信件包含多么丰富的信息。其中
包括福萨拉主教安东尼努斯的全部故事，以及奥古斯丁在他人
生最后几年写给迦太基的费姆斯的令人愉悦的信件。但最为重
要的是，《迪福雅克信件》（这些信件的通称）使我们能够见
证一个无声而又具有决定性的转变，这个转变就在重要的行省
教会（非洲教会）和它所属的帝国的关系之中。许多这样的
信件被写成"劝勉体"，作为被呈送给帝国宫廷的申诉材料的

备忘录，它们是阿利比乌斯和他的同僚们带给在拉文纳的皇帝及其顾问们的陈情书的草稿。[38]

它们被写出来是为了引起皇帝的注意，为此，它们读起来令人警醒。它们将偏远地区基督教团体的声音带给罗马和拉文纳的管理层。它们并不只是阐明了意大利和非洲之间的地理距离，而更揭示了一种深层次的距离感。尽管在拉文纳得宠，但非洲主教们依然要面对那些只是名义上的基督徒的行政官员。罗马政府几乎没有变化。自从安布罗斯时代以来，罗马政府的世俗力量从来没有消失或变得温和。

《迪福雅克信件》充满了对高压专制的抱怨，而教士的特权却被排挤在一边。基督教堂的庇护所对欠税者毫无作用。在一封 420 年 3 月中旬写给阿利比乌斯的信中，奥古斯丁直白地说道：那些未付税款的人被从他们寻求庇护的教堂里随意拖出去；那些反抗税务官的主教和其他神职人员，被以妨碍"国家公务"的罪名起诉；那些不能寻求庇护的人被洗劫："我们徒劳地为那些穷人呼喊，对他们我们爱莫能助。"[39]

在同一封信里，奥古斯丁提醒阿利比乌斯去向宫廷说明财政的压力已经使非洲的教士们元气大伤。城市议会和商会发现他们太穷了，不能再允许他们的成员为教会服务。曾经是城市中骄傲的小团体，已经被"高层官员的苛政"[40]所压垮。奥古斯丁建议应该和其他省份一样，将"辩护律师"——被授权起诉滥征税款的诉讼代理人——的制度在非洲建立起来。奥古斯丁提议，主教们提名可靠的平信徒作为该职位的候选人。[41]

428 年，奥古斯丁从非洲发出更多的警告消息。奴隶贩子已经入侵该行省，袭击希波以南山区的孤立村庄。他们抓捕自由的罗马人，将他们贩卖到海外。（奴隶贩子可能直接将他们跨海贩运到意大利的大地主手中，他们的劳动力因哥特人的入侵和罗马被洗劫而逃散。）奥古斯丁还说道：这些俘虏中只有很少是被他们的父母合法出售给奴隶贩子的。这样出售孩子通常是饥荒时代十分糟糕的无奈之举，几乎不合法。作为主教，奥古斯丁总是焦急地走司法程序。他向一个当地的律师咨询这种交易的有效性。[42] 然而，大部分受害者都曾经是罗马的自由公民，甚至连一个合法的程序都没有就被抓捕出售了。他要求阿利比乌斯赶紧在罗马法律档案中搜寻，希望能找到适用于这类情况下对奴隶贩子们的法律判例。但最重要的是，意大利的皇帝——与非洲远隔 600 英里波涛汹涌的海洋——必须意识到"非洲的恶行，我不敢相信有关这些恶行的消息在你身边居然无人提及"。[43]

此时，奥古斯丁顽强地同艾克拉努的朱利安做斗争，保护自己的名誉，同时又受着疾病的折磨，但这个老修辞学家依然向前律师阿利比乌斯描述用何种词句能够打动宫廷：

382

> 当罗马军队因担心罗马人被蛮族人掳为奴隶而做好准备时，蛮族就被成功地抵御了。但是谁抵御这些随处可见的贩子？谁抵御这些不是贩运牲口，而是贩运人类的人呢？他们贩卖人口不是到蛮族国度，而是到罗马行省。……谁会以罗马自由之名抵御？——我不是说罗马国家的公共自由，而是指他们的个人自由。[44]

总而言之，《迪福雅克信件》记录了一个非洲行省内外的拉丁基督教"语调"的显著变化，它极其清晰地揭示了基督教主教能力的限度：他们必须在一个公众生活依旧带有彻底的世俗色彩的社会中工作。即使在几十年前特权的天平就已经向大公教会倾斜，但直到现在硬实力的天平还没有改变。综合考虑到其他证据，《迪福雅克信件》还无法支撑基督教在拉丁西方成功崛起的描述。大公教会没能顺利地取代衰落中的帝国的作用。正如我们将在接下来的几章中看到的那样，国家——罗马帝国——依旧是世俗化的组织，它的权威和严刑峻法的传统一点儿也没有受基督教影响。在整个 5 世纪的历程中，罗马政府只将很少一部分转交给了主教们。最终，帝国在众多基督徒不友善的目光中苦战落败。而基督徒们认为，帝国无力给予他们一个他们所渴望的基督教社会。

考虑到这些故意危言耸听的论调，人们倾向于将《迪福雅克信件》解读为记录非洲社会不断增加且不可避免的危机的文本。这并不是事实。信件中提到的这些罪行，没有一个不是在先前的时代就已经发生过的。但是，一个转变发生了。在 5 世纪 20 年代，主教们变得更加积极。他们急切地（尽管不一定很成功）参与先前没有进入过的税务、奴隶制、庇护权等领域。[45] 在几十年间，他们感到自己的力量成为一个"压力集团"。他们在宫廷里的游说使伯拉纠遭到了帝国官方的谴责——他们游说的能力在 411 年在和多纳徒派对手于非洲发生的斗争中就已显现出来。但是针对伯拉纠和多纳徒派的法令只是事情的一方面，另一方面是主教们日益增长的信心。他们到达拉文纳时，发现帝国被"基督徒王公贵族"统治，在那里他们希望自己的观点会被倾听。

这是 5 世纪 20 年代晚期的大幻影。这个帝国被"基督教王公贵族"统治的论断在这一时期不断增加，来自宫廷的信号也支持这一观点。426 年，皇后加拉·普拉西提娅在拉文纳捐献巨资修建使徒约翰的教堂，她此举是为了庆祝自己在短暂的内战后重新掌权。这个华丽的新教堂（可惜其原始装饰无存）是一件奢侈品，被呈现给上帝以感激他在危难时刻的庇护，就如同三十年前诺拉的保利努斯建立的贾米拉神龛。但这不再是一种个人的还愿行为，而是一份教会和帝国团结的刻意声明。它建在宫殿旁，后殿环绕着自瓦伦提尼安一世以来的皇室家族成员肖像，顶部饰有君士坦丁大帝的画像。这样一幅景观是为了取悦那些自外省来请愿的主教。[46]

但正如《迪福雅克信件》所揭示的那样，并不是所有的请愿都得到了回应，因为主教们并不是当时唯一起作用的"压力集团"，他们必须和世俗的对手——官僚、地主和市议会——竞争。结果是，帝国的行政制度依然对基督徒不透明。跟四十年前的安布罗斯时代一样，主教们对税收这样的核心事务依然不能直接控制，他们在罗马的行政体制中依旧被边缘化。

这在一些微小但有启发性的细节中得到证实。押沙龙·拉尼亚多在他近期才华横溢的作品中展示了一份一般被归于409年的法律文书，学者们似乎认为它在选举城市保护者的委员会中给予了意大利主教们一席之地。然而这份文件被弄错了日期。通常认为这份文件是409年在意大利签署的，但拉尼亚多指出，事实上，这是一份6世纪早期的文件，《查士丁尼法典》弄错了日期。这就意味着学者们设想的时间要向后推，设想的奥古斯丁时代的帝国西部的主教形象只会在一个世纪后出现在帝国的东部（而不是西部）。[47]

拉尼亚多的研究只针对这一个案，但它使我们对于拉丁世界教会地位的观点有了明显的调整。尽管现在帝国更加明显地被基督徒皇帝们统治着，但是国家的事务与主教们基本无关。帝国的西部还没有一个成形的机制能够使主教与传统公民精英一道参与他所在城市的事务。在奥古斯丁生命的最后一段时间，我们面对的依旧是个分工的社会。基督教会依旧被压制在自己在晚期罗马社会的小天地里，而这个地位被纯粹世俗性的罗马政府占据着，并且是由坚定的世俗价值取向来主导。

384 这就是被许多在 4 世纪下半叶成长起来的人（奥古斯丁和阿利比乌斯也在其中）视为理所当然的情形。在帝国的公共事务中，基督教主教们依旧没有他们所期望的影响力。但此时，基督教在诸如税务和庇护权这样的重要事务上缺乏影响力，这是让这个表面强大的帝国为之提供特权和全面保护必须付出的代价。

但是，这种情况不会永远持续下去。5 世纪是一个诸多不幸之事不请自来的世纪。最为不幸的就是，人们意识到帝国自身已不再稳固了。从约 405～406 年开始，在几十年间，帝国的孱弱已愈发明晰地显现，甚至非洲也卷入这场灾难之中。在 429 年——奥古斯丁生命的最后一年，一支汪达尔人的军队突然出现在希波的城墙之外。他们渡过直布罗陀海峡，未受到抵抗，不被察觉地就掠过非洲西北部 900 英里的土地。十年之后，在 439 年（奥古斯丁 430 年去世后九年），意想不到的事发生了。迦太基落入汪达尔人之手。用迦太基主教奥勒留的继任者郭德乌尔德乌斯的话来说，这是一个时代的结束："那个堪称人间乐园的非洲，它现在在哪儿？"[48]

是时候把目光从非洲移开，去关注那场已经将地中海北岸吞噬的帝国危机了。为此，我们必须回到 400 年前后的高卢。

注　释

［1］ Pliny the Elder, *Natural History* 8. 17. 42.

［2］ Wermelinger, *Rom und Pelagius*, 46 – 87.

［3］ Brown, *Augustine of Hippo* (2000), 354 – 66. 读者们要知道，关于奥古斯丁和伯拉纠争论的文献浩如烟海，我只限于将可靠且与主题相关的书籍和文章引用于此章节。

［4］ *Sermon* 348 = *Dolbeau Sermon* 30. 5. 81, Dolbeau, p. 51, Hill, p. 312.

［5］ Wermelinger, *Rom und Pelagius*, 88 – 218.

［6］ *Opus imperfectum contra Iulianum* 1. 42.

［7］ Rees, *The Letters of Pelagius and His Followers*, 11 – 12.

［8］ Olympiodorus, *Fragment* 25, Blockley, 2：189; Brown, "Pelagius and His Supporters," in *Religion and Society*, esp. at pp. 186 – 92.

［9］ A. Gillett, "Rome, Ravenna and the Last Western Emperors," *Papers of the British School at Rome* 69 (2001)：131 – 67 有力地驳斥了这一长期以来的误解。

［10］ 详见于 V. Zangara. "Una predicazione alla presenza dei principi：La chiesadi Ravenna nella prima metà del. sec. V", *Antiquité tardive* 8 (2000)：265 – 304 at p. 267。

［11］ *Edict of Honorius*, in *Collectio Quesnelliana* XIV, PL 56：490 – 92 (Paris：J. – P. Migne, 1846).

［12］ *L'Année épigraphique* 1928, no. 80, p. 22.

［13］ Zosimus, *Historia nova* 5. 41. 5：参见 *Prosopography of the Later Roman Empire*, 2：822 – 24。

［14］ *Edict of Honorius*, in *Collectio Quesnelliana*, 491B.

［15］ *Letter* 192 (to Celestine) and 191. 2 (to Sixtus).

［16］ *Letter* 191. 1.

［17］ 近期最佳的研究是 Lössl, *Julian von Aeclanum*。

［18］ Paulinus, *Poem* 25；参见 Lössl, *Julian von Aeclanum*, 73。

［19］ 关于尤利安的高贵出身的推测，我更倾向于 Sotinel，"Les évêques Italiens" 385 – 86，收录于 Lössl, *Julian von Aeclanum*, 72n2000。

［20］ Gennadius, De viris illustribus 46：参见 Lössl, *Julian von Aeclanum*, 42。

［21］ 在《希波的奥古斯丁》第 382~384 页我禁不住用这种老式背景去理解朱利安，对此我深感抱歉。Lössl, *Julian von Aeclanum* 为之提供了充足而正确的观点。

［22］ Julian in Augustine, *Contra II epistulas pelagianorum* 4. 33，现收录于 *Iuliani Aeclanenensis fragmenta* 27, ed. L. de Coninck, CCSL 88 (Turnhout: Brepols, 1977), 340。

［23］ Cipriani," La polemica antiafricana di Giuliano di Eclano. "

［24］ J. Lössl, "Julian of Aeclanum on Pain," *Journal of Early Christian Studies* 10 (2002): 203 – 43；以及同一作者的 *Julian von Aeclanum*, 127 – 35；P. Brown, "Sexuality and Society in the Fifth Century A. D. : Augustine and Julian of Eclanum," in *Tria corda: Scritti in onore di Arnaldo Momigliano*, ed. E. Gabba, Biblioteca di Athenaeum 1 (Como: New Press, 1983), 49 – 70.

［25］ *Opus imperfectum* 4. 46; Brown, *Augustine of Hippo*, 383 – 99.

［26］ Lössl, *Julian von Aeclanum*, 320 – 29.

［27］ R. Mathisen, "A New Fragment of Augustine's *De nuptiis et concupiscentia* from the *Codex Sangallensis 190*," *Zeitschrift für Antikes Christentum* 3 (1999): 165 – 83.

［28］ Julian in Augustine, *Opus imperfectum* 2. 88.

［29］ 对朱利安和现代学者对奥古斯丁论性与婚姻的讽刺性论述的纠正，参见 Brown, *Body and Society*, 396 – 427；以及同一作者，review of Sorabji, *Emotion and Peace of Mind*, 192 – 208；J. Cavadini, "Feeling Right: Augustine on the Passions and Sexual Desire," *Augustinian Studies* 36 (2005): 195 – 217。

［30］ *Letter* 189. 5 – 6.

［31］ H. -I. Marrou, "Un lieu dit 'Cité de Dieu,'" in *Augustinus magister* (Paris: Études Augustiniennes, 1955), 1: 101 – 10; S. Connolly, "Fortifying the City of God: Dardanus' Inscription

Revisited," *Classical Journal* 102（2007）：145 – 54.

［32］ *Prosopography of the Later Roman Empire*, 2：346 – 47.

［33］ *Letter* 187. 12. 37.

［34］ 关于 5 世纪灵修指导类作品中所反映的这一形势，参见 Cooper, *The Fall of the Roman Household*, 93 – 107 中的清晰分析。

［35］ *Contra II epistulas pelagianorum* 3. 5. 14.

［36］ Salvian, *De gubernatione Dei* 7. 3. 14, ed. and trans. G. Lagarrigue, *Salvien de Marseille：Œuvres*, vol. 2, *Du gouvernement de Dieu*, SC 220（Paris：Le Cerf, 1975）, citing Paulinus, *Letter* 32. 3.

［37］ Leo, *Sermon* 24（De *collectis* 5）. 1, ed. and trans. R. Dolle, *Léon le Grand：Sermons*, SC 22（Paris：Le Cerf, 1947）, 1：56; and *Sermon* 79（De *ieiuniis* 7）. 3, *Sermons*, SC 200（Paris：Le Cerf, 1973）, 4：134.

［38］ 由约翰·迪福雅克第一次编辑出版，Johannes Divjak, CSEL 88（Vienna：Tempsky, 1981），随后的版本有 *Œuvres de saint Augustin 46B：Lettres 1* ˣ *– 29* ˣ, translated by Eno, *St. Augustine：Letters 1* ˣ *– 29* ˣ, 即我所用版本。M. -F. Berrouard, "Un tournant dans la vie de l'église d'Afrique：Les deux missions d'Alypius en Italie à la lumièredes Lettres 10 ˣ, 15 ˣ, 16 ˣ, 22 ˣ et 23A," Revue des études augustiniennes 31（1985）：46 – 70, 仍是利用这一新证据阐释非洲主教们和罗马宫廷关系的基本读物。

［39］ *Letter* 22 ˣ. 2. 40, p. 348.

［40］ *Letter* 22 ˣ. 2. 32, p. 348.

［41］ *Letter* 22 ˣ. 4. 58, pp. 350 – 52；参见 F. Jacques, "Le défenseur de cité d'après la Lettre 22 ˣ de saint Augustin," *Revue des études augustiniennes* 32（1986）：56 – 73。

［42］ *Letter* 24 ˣ, pp. 382 – 86.

［43］ *Letter* 10 ˣ. 3. 64, pp. 170 – 72.

［44］ *Letter* 10 ˣ. 5. 112, p. 176.

［45］ 在对《迪福雅克信件》的初次论述中清晰可见。P. - A. Février "Discours d'Église et réalité historique dans les nouvelles Lettres d'Augustin," in *Les Lettres de Saint Augustin découvertes par*

Johannes Divjak (Paris: Études Augustiniennes, 1983), 101 – 15 at p. 109.

[46] Zangara, "Una predicazione alla presenza dei principi," 275 – 98. 现参见 D. M. Deliyannis, *Ravenna in Late Antiquity* (Cambridge: Cambridge University Press, 2010), 63 – 70。

[47] A. Laniado, "Le christianisme et l'évolution des institutions municipales du Bas-Empire: L'exemple du *defensor civitatis*," in *Die Stadt in der Spätantike-Niedergang oder Wandel?* ed. J.-U. Krause and C. Witschel, Historia Einzelschriften 190 (Stuttgart: F. Steiner, 2006), 319 – 34. 这更正了 Liebeschuetz, *The Decline and Fall of the Roman City*, 149。

[48] Quodvultdeus, De tempore barbarico 2. 5, Heather, *The Fall of the Roman Empire*, 288; pp. 262 – 91 据此论述汪达尔人入侵非洲的路线。

第24章 "忆昔帝国繁荣日"：
5世纪的西部危机

铁和泥：内战和"蛮族入侵"，405～439年

这一章将关注贯穿5世纪西部帝国的全面危机。我将描述这场危机的开端，危机在一代人的时间内就使帝国徒有其表。我们将关注在日益地区化的世界中，受这次危机深刻影响的各行省富人的自我调整（很多富人也抓住了机遇）。本章末，我们将关注这些地区残存的帝国影响，以及对帝国的忠诚，这种忠诚在帝国彻底在西部消失之前鼓舞着许多人。五百年来头一遭，这些极端的支持者面对着一个分崩离析的世界。

紧随这一章的几个章节，我将会着重阐述拉丁教会史上一个时代的终结，而不是帝国的终结。我会向读者介绍在5世纪的大部分时间里残存于帝国掌控中的领土的图景。我将描述普罗旺斯行省的马赛和勒兰岛之间著名而又争议不断的一群人、马赛的萨尔维安的犀利论述、元老院与教宗的罗马，以及意大利南部的乡村。此书的最后两章（自第28章始）将以整体视角审视帝国消失之后的西部地区，简述新型基督教的出现。第28章将描述基督教会实现自我觉醒的途径、巨额的财富，以及他们捍卫和使用这些财富的每一步。最后一章（第29章）将研究6世纪的拉丁基督教世界，还会梳理在"后帝国时代"

的新捐赠者手中，财富如何使基督教自身呈现为一个清晰的新
形象——与我们两百年前在晦暗不清的 350 年前后第一次见到
的那个宗教大相径庭。

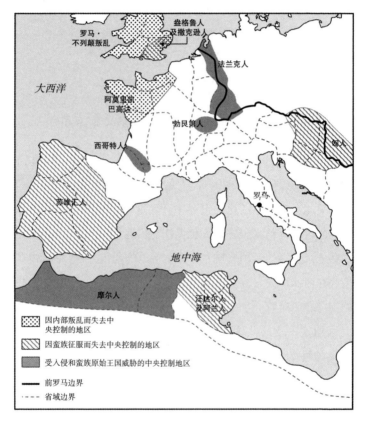

地图 4　帝国危机，450 年前后

386　　现在让我们回到危机初生的时刻。我们必须回到高卢。4
世纪中叶，一个来自东方的旅行者（可能是一个叙利亚人）
这样描述高卢："这是一个超级大的省份，因此这里总需要一
个皇帝。高卢自己也出产皇帝。"[1]

这份看似朴素的描述一语双关。高卢需要一个强有力的皇帝在特里尔守望莱茵河。当缺少这样一个皇帝时，当地军队立刻就会推举一个篡权者，以填补危险的权力真空。皇位空缺就是篡权和内战的信号。这种情况在 4 世纪上半叶就已经发生了两次。与此形成对照的是，364 ~ 375 年，瓦伦提尼安一世统治特里尔的时期是一个和平与繁荣的短暂时期。根据考古资料和我们在第 12 章讨论过的奥索尼乌斯的作品，稳定流向特里尔的物资和税款，保证了南不列颠、高卢和西班牙的庄园主们的富裕生活。

在瓦伦提尼安一世去世后，高卢再次对没有皇帝驻跸感到寒心。罗马世界的重心移向了东南方——意大利北部、巴尔干和君士坦丁堡。又一次，高卢出产了皇帝。每一个这样的皇帝都通过投身内战来坚定地捍卫自己的头衔。来自高卢的皇帝们发现他们不得不抽调不列颠和莱茵河的守卫军，以发动在意大利的战争。这样的情况六年之内就发生了两次（马克西穆斯，于 388 年；尤金尼乌斯，于 394 年）。这些军队被填进了与罗马同胞们——皇帝狄奥多西一世的东部军队——大战的绞肉机中，帝国西北部边境的正规军只剩一个空架子，各行省的人为此提心吊胆。[2]

这些人中的一位就是苏尔皮奇乌斯·塞维鲁（他以诺拉的保利努斯的朋友，以及《圣马丁传》作者的身份而为我们所知）。在约 400 ~ 404 年，他在位于图卢兹和纳博纳之间的幽静宅邸内完成了一部世界编年史。他警醒地审视自己所处的时代。他写道，罗马帝国"曾经是所有帝国中最强大的"，但现在是最羸弱的。就像《但以理书》中所描述的巨像，这是一个长着"泥土做的脚"的帝国，它注

387

定要瓦解。

> 帝国不是被任何唯一的皇帝所统治，而是被许多皇
> 帝，他们之间因为基本利益的冲突和军事上的对抗而分
> 裂……而与此同时，罗马的土地却被域外以及反叛的部族
> 所占据……因此，蛮族部落混杂在我们之中（就像泥土
> 混杂在罗马铁一般的秩序之中），在我们的军队和城市
> 中，遍布我们的行省。[3]

到了 405 年，苏尔皮奇乌斯的话应验了。内战伴随着未被
同化的蛮族（他们被当作正规军用于罗马皇帝之间的内战）"泥
土"，制造了一场大风暴。风暴席卷不列颠、高卢、西班牙和非
洲，持续了一代人的时间。苏尔皮奇乌斯自己得以幸存，但是
他以及与他境遇类似的人发现，他们身处一个闲适生活（强大
的法制和严苛的税收体系的产物）早已远去的世界中。

这场大风暴的故事可以被讲得很简单。

405 年 12 月 31 日，一个由汪达尔人、苏维汇人以及起源
于多瑙河中游的阿兰人（之前与罗马人极少有联系）组成的
大型蛮族联盟在美因茨附近渡过了莱茵河，他们劫掠并寻找雇
主（据我们所知）。[4] 不列颠的军队推举了一位皇帝——君士
坦丁三世——来对抗他们。君士坦丁将蛮族牢牢控制在高卢北
部。但是君士坦丁最关心的，是让自己成为西部的正统皇帝。
407 年，他迅速南下（如皇帝马克西穆斯二十年前出于同样目
的所做的那样），入侵意大利。第二年，嗜杀的蛮族盟友渡过
莱茵河，再次出现在了高卢最为富庶的阿奎丹地区，这里是奥
索尼乌斯、诺拉的保利努斯以及苏尔皮奇乌斯·塞维鲁的家

乡。一场暴力的海啸扫荡了高卢南部。蛮族们发现了他们通往
"罗马帝国腹地"[5]的道路。

但这些蛮族不是以武力打开了通往南方的道路，他们是因
受到君士坦丁三世的邀请而来的。君士坦丁谨慎地在高卢从南
到北地安置他们，是为了在内战中使用他们的武力。如同其他
在内战中不顾一切的军队（包括罗马军队），支付他们军饷的
是劫掠的许可证。[6]

409 年 10 月，同样是这群人，他们越过比利牛斯山的关
口，进入了西班牙。同样，他们也不是自发向南迁徙，他们是
受到另一个在萨拉戈萨城的篡夺者的邀请。汪达尔人、阿兰人
和苏维汇人散布在伊比利亚半岛广阔的土地上，他们攻城略
地。这些破坏通常被戏剧性地称为"蛮族入侵"，但并非如
此，这些是内战中的皇帝们在行省带来的"附带伤害"。是内
战中的异常行为而非轻率的"入侵"攻势，导致了当时蛮族
部族的迁徙行为。[7]

许多"蛮族"与入室抢劫犯和拦路的强盗没什么区别，
这样的事情经常在混乱时期在罗马各行省发生。他们和同一时
期袭击希波山区的奴隶贩子团伙很类似。一个事例就是，在塔
拉戈纳城外，一个蛮族团伙抢劫了一个带着一箱书的司铎，然
后把书带到最近的城镇莱利达，看是否能找到买主！[8]这些随
意游荡的团伙是大问题，但很难将他们同我们提及"蛮族入
侵"时所设想的嗜血军队的形象联系起来。塔拉戈纳城附近
区域的考古遗存显示，在整个巨变时代，附近的乡村依旧人丁
兴旺、丰饶多产。[9]

但是有更多的帝位争夺者，就会有更多的蛮族联盟的军事
力量聚集起来为他们效力。汪达尔人、阿兰人和苏维汇人组成

的盟友自北而下，很快就遇上了另一个北上的蛮族群体。在
410 年洗劫罗马后，哥特人离开意大利，进入高卢南部，他们
同样宣称是为皇帝效力；他们支持一个自己的帝位争夺者已有
389　数年；他们与拉文纳的"正统"皇帝结盟；进入西班牙后，
他们占据数量上的优势，足以扫平大部分阿兰人和整个汪达尔
人的小部族；418 年，他们获得了在阿奎丹定居的回报。从各
方面说，这都是一次官方许可的土地占领。直接获得土地
（一些学者推测，有可能是通过税收）是所有劫掠许可中最能
被接受的方式，这种方式被竞争中的皇帝们用来代替蛮族军队
的军饷。[10]西哥特人在阿奎丹的定居，是他们在长达十年内战
中站在正确一方所得的好处。

　　一个内战一触即发的国家也正好为这一时期这种特殊的劫
掠行为提供了背景。429 年，汪达尔人在国王盖塞里克的率领
下从西班牙南部进入北非。（这是奥古斯丁生命的最后一年。）
非洲军事长官卜尼法斯（该行省唯一一支罗马军队的指挥官）
与奥古斯丁有过书信往来。429 年，他正跨海在意大利参加一
场内战。他回到非洲内地时，完全被突然从西方出现的汪达尔
人震惊了。439 年 9 月，在对迦太基的援军还由于拉文纳宫廷
的分裂而耽搁之时，盖塞里克将其夺取。[11]总而言之，是内
战——而不是他们自身嗜血欲望的驱使——使蛮族武装在一代
人的时间内，从西罗马帝国疆域的一端迁徙到另一端。

　　失去非洲标志着一个时代的结束。以新形式发动的内
战——使用蛮族武装——已经动摇了不列颠、西班牙和高卢行
省。但汪达尔人征服迦太基造成的影响更大。这折断了西部帝
国的"税收脊柱"[12]。用基尔·哈里斯的话来说，"在高卢的
（并且还要加上在不列颠和西班牙的）战争已经在非洲输

掉了"[13]。

　　在 5 世纪 30 年代，时人就已经清楚地知道他们是生活在"黄金时代"已经结束的一代人。431 年，瓦伦提尼安三世皇帝纪念一位在 394 年去世的罗马人尼科马库斯·弗拉维亚努斯——他拥有伟大的多神教徒西玛库斯时代的精神。皇帝以这种方式向元老院示好。位于图拉真广场上的弗拉维亚努斯雕像基座上的长篇铭文，镌刻着他身为高官时用来保护和增长"忆昔（迄今）帝国（国家）繁荣日的财富"的各种手段。[14]

　　到 431 年，帝国的税收可能下降了近 50%。在迦太基陷落之后，下降更为严重。此时的帝国只留有瓦伦提尼安一世时期四分之一的税源。帝国承受着巨大的税收流失。更严重的是，这削弱了强大的政府高层的行动能力。在 4 世纪黄金时代的光荣岁月里，富人能够借助这种行动能力，将通过税收积累的财富转化成看似不可挑战的社会等级制度。使富人如此富裕的"大机器"就此熄火了。

"不正当且怀有恶意"：党派主义与贫困化（佩拉的保利努斯，376～459 年）

　　描述这一灾难如何上演，远比讲述在这残酷的三十年间罗马西部社会究竟发生了什么要容易。原始资料在这里不能帮助我们。当有影响力的罗马作家从这个世纪中叶回望的时候，他们倾向于将一切问题都归咎于蛮族。452 年，地中海城市马赛的一位编年史学家写道，在 405～406 年以后，"敌对民族的疯狂将整个高卢撕成了碎片"[15]。考虑到所有受教育的罗马人继承的对蛮族的偏见，又考虑到那些被交战中的皇帝授予劫掠罗

390

马国民的许可的武装集团的行为，这种戏剧性的观点不足为奇。很轻易就能搜集到一系列这一时期描述罗马人民疾苦的作家所做的令人毛骨悚然的引证，来证明这一观点。[16]

但是，这些恶行的罗列基本只是表面现象，这并没有说明罗马各行省社会意义深远的转变。在西部，这一转变自5世纪10年代前后开始，并在450年变成不可逆。我们所说的"蛮族入侵"更应该被视为预示着大坝崩塌时喷出的水柱，而大坝真正崩塌的原因来自内部。盘踞在罗马领土上的蛮族军事集团的"泥土"，扮演着罗马各社会等级自身突然洗牌的催化剂。我们所面对的这个社会结构，即使在辉煌的岁月里，也是会轻易改变的。这个社会结构本身——而不是那个触发它的蛮族——更值得我们关注。

首先，我们不能低估在内战状况下，罗马行省精英们的党派主义。当内战混合着蛮族集团的危险"泥土"时，当地的精英们绝对不是蛮族暴力的被动受害者。他们互相抢夺。我们可以在自传诗作者佩拉的保利努斯那里看到这种情况。[17]保利努斯正是波尔多的奥索尼乌斯的外孙。他于376年出生于希腊北部的佩拉，他的父亲在那里有一个政府职位，这个职位是奥索尼乌斯在特里尔宫廷——此时的宫廷正值4世纪70年代的全盛期——为其谋得的。保利努斯是个"帝国的孩子"。还在婴儿之时，他就去过迦太基，他父亲在那里担任总督。他经过了罗马城。在他回到波尔多时，他继承了一处宅邸，并致力于打理他妻子在阿奎丹的财产。

这些都发生在405年之前。保利努斯带着刻意的怀旧之情回望"旧世界和平的岁月"[18]。我们很少能如此清晰地看到一个作家为他自己创造一个旧制度的镀金幻梦，在那些幸福的岁月里，他和父亲一起打猎，和女奴们生下孩子。（他申明，他从未强奸过一个女人，也没有接受过一个自由民的女儿的垂青。）[19] 在描述他那时的生活方式时，保利努斯继承了他外祖父奥索尼乌斯那种有节制的保守。

> 如同所有寻求适当满足的人，这符合我的身份，快乐而又不是自我炫耀：一栋拥有众多宽敞房间的住宅，每个房间适应不同的季节；一张富丽堂皇而又可人的书桌，许多仆人，还有年轻人在；……银盘子的高贵来自做工的精致，而不是银子的分量；精通各种技艺的熟练工匠，他们的技艺对得起我所花的佣金；马厩里满是强健的牲口，驯兽师让我安全又风度翩翩地驱使它们。但我致力于保护这些财产而不是增加它们。我没有过分急切地增加自己的收入，也没有去寻求高官显爵。[20]

但是，对保利努斯以及许多其他罗马行省人来说，庄园主们这种理想的、不卷入政治的田园式节制生活，多少是一种故作姿态。当进入帝国官场的机会来到他眼前时，保利努斯（像老奥索尼乌斯在特里尔宫廷那样）立刻投身其中。他找到了一个家门口的皇帝。阿塔卢斯于 414 年在法国南部被西哥特人立为皇帝。保利努斯来到阿塔卢斯麾下，皇帝封他为国库财政大臣。这个职位使保利努斯卷入了打理被剥夺公民权的人的财产的肮脏事务中。在内战时期，这个部门的工作不是一般繁忙。[21]

不幸的是，阿塔卢斯不是瓦伦提尼安一世。他破产了，无力支付。愤怒的西哥特人焚烧了保利努斯在波尔多的住宅。保利努斯生动地描绘了这一场大火，以至于读者会相信整个波尔多都处于蛮族点起的大火之中。但这不是事实。我们面对的并不是一场大规模的破坏，保利努斯所描述的是一个彻底的罗马式事件——点燃了一个不得人心的官员的住宅。（四十年前，西玛库斯父亲的住宅也经历了同样的命运。）[22]

　　最终，保利努斯的运气到头了。他临终时变成了穷人，部分依靠马赛教会的施舍过活。他的土地仅剩四犹格，位于马赛郊外的山岩之上（甚至有宅邸以及可观的租金安排），完全不能和他的外祖父奥索尼乌斯在巴扎斯城外继承的 1050 犹格的"小块祖产"[23]相提并论。但即使保利努斯变穷了，那也不是因为蛮族经过阿奎丹，而是因为在内战冲突时代罗马人自己的党派暴力。在 388 年前后，与他同名的诺拉的保利努斯（他也是奥索尼乌斯的朋友）在与此相似的情形下几乎失去了全部财产，整个人生被毁掉了。那时，他被捕了，因为篡夺者马克西穆斯引发的内战中的清算。内战之时往往是大规模征收之时，也往往是当地贵族互相报复之时。在一份 416 年签署的严谨而又枯燥的帝国法令的描述中，对于佩拉的保利努斯的进一步征收正是这样一件在内战时期"不正当且怀有恶意"之事。[24]

地方罗马性反对中央罗马性

　　保利努斯如此生动地描述自己的生涯，以至于我们忘了他是在何时、出于何种目的而写作。让我们看看在 459 年，这个老人在 84 岁高龄时所写的一首题为《感恩上帝》的诗。写这首诗的目的是感谢上帝使他——保利努斯——能够和现在位于他家乡波尔多城的哥特国王宫廷建立良好的关系。保利努斯的儿子们先

392

于他回到波尔多："他们都渴望能自由地在波尔多更有作为，尽管是和定居的哥特人合作。"[25]

保利努斯的一个儿子作为政客并不比他的父亲更成功。哥特宫廷并非安逸之所。"徘徊于国王的友谊与愤怒之间"，他像他父亲一样被清算得倾家荡产，但不是被哥特人，而是被他的罗马同胞。[26]这也并不缺少机会。在 5 世纪，罗马人很快学会了把自己的前途寄托于蛮族的宫廷之中（只是宫廷的规模更小），如同他们 4 世纪在皇帝的宫廷里："我们知道，许多人由于哥特人的眷顾而发达。"[27]是那些有进取心的罗马青年不断投奔的蛮族宫廷（就像哥特人先在波尔多后在图卢兹）的发展——而不是蛮族入侵头十年中那种绚烂的暴乱——最终在西部封印了帝国统治的命运。

因此，需要说明的是，在 5 世纪 50 年代后期，当地的蛮族精英（就像波尔多的哥特人）使用他们的军队相对轻松地创造了替代帝国的权力结构。是蛮族在此定居——而不是他们最初（想象中的）一往无前的深入帝国"腹地"——造成了西罗马帝国最后一个世纪的真正历史问题。区域权力板块以惊人的速度出现。在每一个这样的板块中，都有一个王室的宫廷作为任免和管理的中心而出现。并不是所有这样的板块都是由蛮族建立的，一些是由自认的"罗马"人统治——正如在高卢北部，也许还在不列颠敌对的各部落之中。[28]但对于国家——合法的罗马帝国而言，它们都是一个小尺度上的胡乱模仿。正是帝国的这种转变改变了游戏规则，而凭借这种新的游戏规则，一批新的富人在新时代出现了。

这是如何发生的呢？也许，答案就在高卢和西班牙行省强大的地区主义之中，甚至在地区主义更为强大的不列颠，在这里"前罗马部族"身份再次出现。当地贵族总是从附近的区域获取财富，他们的野心变为只关注自己的行省。这种地区主义可以回溯到帝国建立伊始。西罗马帝国一直是一种区域的联盟，蛮族的出现打乱了维持这种联盟几个世纪的机制，用盖伊·哈塞尔的话来说，"分裂帝国的关键性因素是，帝国暴露了帝国政府和地区精英的利益之间致命的薄弱环节"[29]。

从许多方面来说，4 世纪的黄金时代是非同寻常的。一个积极有为的帝国宫廷建立了一个为之服务的贵族阶层，这个贵族阶层和以前相比更有流动性，和中央联系更加紧密。正如我们所见，奥索尼乌斯时代的世界已经不是自给自足的大地主能够在内战的混乱中"袖手旁观"的世界，这是一个廷臣和预备廷臣的世界。即使在广阔的西班牙高原，从 4 世纪开始，那些大地产拥有者的基本财富，就已经依赖他们参与的帝国税收系统。一个贵族阶层被培养起来，并被大大地拓展，这在罗马历史上无前例。由于这个贵族阶层与帝国权力结合得太紧密，所以当帝国权力变化时——衰弱、后退，尤其是被更地区化的权力板块取代时，它也会随之改变。

相对小型的军事组织，如哥特人、苏维汇人、汪达尔人（以及后来的法兰克人和勃艮第人）为当地精英所提供的，就是佩拉的保利努斯的儿子们在波尔多的哥特宫廷中所寻求的——通过效力于一个政治权力中心来重新获得财富。而在这个时代，这是个地方性中心。实际上，蛮族国王和他们的武装随从们为地方的精英们提供了一些家门口的小罗马。这些小罗马很大程度上是由当地的罗马人来运作的，它们为自己从当地选拔廷臣和律师，它们被证明是更可靠的司法和财富的来源，而帝国——那个在罗马和拉文纳，跨越阿尔卑斯山，从远方统治高卢的合法帝国——正日益穷困。

我们面对的问题是，在君士坦丁和他的继任者们统治下的西部帝国中，机制正在强力逆转。在 4 世纪的西部帝国，一个帝国宫廷的出现使富人能参与影响力更广泛的权力金字塔。他们在帝国全境当官，在许多行省拥有地产。在 5 世纪，地方宫廷的出现起到的是相反的作用。在高卢、西班牙和非洲的许多地区，晚期罗马社会小型化了。地方的精英们扎根于当地军事力量的中心。他们是在一个视野缩小的世界里这么做的，在这个世界里，除了极少数例外，拓展财富的机会（即使为一位强有力的蛮族国王效力）局限于某个单一的地区。

回顾西部 5 世纪的历史，彼得·希瑟在描述罗马帝国衰亡的过程时使用了和哈塞尔类似的术语。帝国的终结是"中央罗马灭亡"的故事，但取代"中央罗马"的并不是蛮族，而是各式各样的"地方罗马"——一种新的社会秩序从当地发展起来，这是由于地方的罗马精英选择当地的领导者、当地的军队、当地的赞助系统，而这一切都是由蛮族国王和他们的随从提供的。[30]

"公共庇护所"：5 世纪的暴力和社会

"地方罗马"在这个时代是什么样的？重要的是重新审视带有反蛮族偏见的文本，将重点移到罗马人一边——罗马人相互间的暴力和狂热。正是凭借这种热情，原西部帝国的罗马地方精英和蛮族军事首领合作，为他们自己创造新的行政中心。但这一过程没有带来和平。这些由竞争中的领导人创立的竞争中的宫廷，在高卢和西班牙带来了一种难以解决的政治不稳定状态。在 5 世纪的历程中，一种暴力的氛围在高卢和西班牙蔓延开来。

较之于任何著名的对大城市的屠杀和洗劫，这种暴力的氛围虽然缓慢，但确实改变了罗马社会的面貌。最后一次真正的"蛮族入侵"发生在 451 年，那时匈人王阿提拉的军队进入高卢，他在加达劳尼亚平原（沙隆附近）的一场大战中，被军事长官埃提乌斯所率领的罗马与西哥特联军击败。在这最后一场大战之后，高卢社会碎裂成一种新的形态，就是法国历史学家费尔南德·布罗代尔（在提及一个类似的现象——近代早期地中海地区海盗活动的兴起时）所说的"不宣而战的时代"。[31] 这种情况是如何形成的？又产生了什么影响？

395 　　在 5 世纪前几十年和蛮族的谈判中，罗马人一厢情愿地认为，蛮族可以被当作潜在的农民来对待——给予他们土地，他们就会安顿下来。这个算计忽视了很多因素。年轻的战士渴望战斗，而国王们需要通过战斗，在与自己竞争的兄弟和贵族面前树立威望。这些都需要战争带来的财富，而获得这些财富的最佳途径是小型战争。这些战争中的大多数，目的都不是大规模的征服。阿奎丹的西哥特人（对于他们，我们了解最多）有规律地以严格限定的目的发动战争——维护邻近地区的控制权、攻取或占领周围的某一城市。正因如此，西哥特人的战争（类似于定居在西班牙西北部的苏维汇人的战争）大部分都是心理战。一场围攻城墙的战役会以对城市周围乡村的彻底劫掠而结束。这就是 414 年西哥特人在巴扎斯城（之前是奥索尼乌斯的家乡）外所做的：

> 敌人们毁坏周围的乡村（和宅邸）。他们点燃农场的建筑。他们将牲口赶进地里，毁坏葡萄园和良田。[32]

这种针对土地的精心策划的暴力，其目的在于使某一地区或某一城市的居民改变其效忠对象。这些居民会打开城门或者出钱购买和平，城市里通常都会有一个派别愿意这样做。453年，昂热的教会制定法规：一个将城市出卖给敌人的教士不仅要被开除教籍，还被禁止参与公共吃喝。总而言之，这就是在小型战争的年代由小型团体做出的最大放逐。[33] 但这也显示出，总会有人试图和蛮族合作，寻求和平与安宁。

财富来自劫掠，而更多来自奴隶贸易。[34] 奥古斯丁于 5 世纪 20 年代后期在非洲记录的那些可怕场景，在 5 世纪后期变得十分普遍。并不是所有俘虏最终都被送往远方的土地。一场成功的小型战争的目的在于将他们卖回所劫掠土地的居民手中。其结果就是，在高卢，相比 4 世纪时向远方边境送去贡金，为俘虏支付赎金的行为更体现了基督徒的虔诚。这更属于地方事务，牵涉通过归还劳动力，恢复一个饱受战争摧残的地区的社会结构。基督徒的慈善保证了农民和奴隶被带回给他们的前主人。[35]

从北不列颠向南看，帕特利西乌斯（我们的圣帕特里克，那时他正在爱尔兰做奴隶）将高卢视作一片赎金的土地：

> 高卢的罗马基督徒的习惯是派遣合适的圣徒前往法兰克人的部落以及其他部落，并携带数千枚金币作为被俘基督徒的赎金。[36]

396

是通过赎金，而不是其他的虔诚手段，富人的财富在这个充满小型残酷战争的时代被集中到了教会。赎金意味着流动性。大量的现金和金银条立刻被制造出来，超越了当地基督教团体中普通成员的能力范围。因此，在马赛的石棺上对尤金妮娅女士的赞美之词写道："用她的财富解救了暴力枷锁之下的俘虏，将他们带回各自的故乡。"[37]

一个猜测就是，战争的劫掠以及作为赎金的货币，导致西哥特人控制的、从图卢兹到波尔多的加龙河谷地带成为繁荣的绿洲。只有在这个区域，庄园才得以继续。这些庄园不再饰以多神教神话里那些让人难忘的场景，而是饰以生机勃勃的花朵和草木。这些作品出自当地匠人之手，他们以不同寻常的热情将之再现。尽管"阿奎丹石棺"难以确定年代是众所周知的，但它们可能就出自这一时期。当地石匠们将它们雕刻在石材上，这标志着一种表现声望的独特地方形式的出现。它们被雕刻在家族的陵墓中，并且被放置在圣徒墓周围的高级墓地中。它们不再向罗马的大理石石棺寻求灵感。这是当地罗马人的当地罗马艺术，它们标志着一个类似阿奎丹这样的行省在蛮族统治下的繁荣，同时也标志着这里已经进入"后罗马时代"（按照 4 世纪的标准）。[38]

与此同时，作为对新的不稳定状态的回应，高卢的基督徒调整了他们的社会组织结构。但更令人惊奇的是，蛮族入侵高卢的时代与教堂建筑的黄金时代正好吻合。正如我们即将在下面一个章节看到的那样，在一个城市居民经常要抵抗围攻的世界中，这些新的大教堂直接关系到居民们士气的维持。[39]最重要的是，在这些主教教堂中，基督徒在布道中强调团结的价值。

对于这一时期高卢的布道者来说，最可恶的不是财富，而是傲慢和嫉妒。他们强调这两种罪恶是有充足理由的。在高卢的不稳定状态中，傲慢和嫉妒很容易转变成党派主义。正如我们所见，党派主义会将罗马人像暴露在蛮族人面前那样，暴露在罗马自己人面前。让我们来看一个例子，它来自丽萨·贝利最近的细致研究《高卢的尤西比乌斯布道集》中的一组匿名布道词。这些布道词来自 5 世纪末的罗讷河谷地区，也强调普通基督徒要像修士一样团结的必要性，这并不是巧合。经常受围攻的小城市居民，会像修道院的修士一样被约束着，并互相依靠。[40]

397

5 世纪中期的一个布道者——希米耶（一个位于经过尼斯的罗马大道上的山镇）主教瓦勒利亚努斯——十分重视控制他的教众之间的讽刺和打趣。取笑一个同胞的生理特点是不明智的——称呼一个皮肤黝黑的人为"闪银光"先生，或者称呼一位老人为"老头"。[41]对这种轻微冒犯的报复可能是背叛。从稍晚时候回顾过去，特里尔居民相信他们的城市曾经被出卖给蛮族并遭到洗劫，仅仅是因为一位有影响力的居民因受到了一个关于自己妻子的粗俗玩笑的挑衅而冲冠一怒。[42]

关于这一时期教会在高卢的城市起到的维持士气的作用，基督徒们提供了许多口径一致而又十分自豪的生动证据。圣徒传记向我们展示了站在他们城市城墙之上的英勇主教，以及充满寻求避难所的难民的基督教会堂的形象。但这些事件在复述时被夸大了。教会能做的也仅此而已，平信徒（尤其是那些在城外拥有财产的富人）必须靠自我保护。许多人做得并不坏，但理解他们在面对危机时做了什么就困难多了，我们只能使用考古资料和文献去重构其中的一部分。

　　首先，地主为了保护他们的财产必须迅速行动。相较于 4
世纪，他们更坚定地固守当地。现在需要的不是来自许多地方
的大量收入，而是手边的权力。不住在该地的地主的伟大时代
结束了。佩拉的保利努斯放弃了从他母亲远在希腊的地产上获
得收入的一切希望。

　　　　那里有广阔的农场，充满了农民，他们散开而又不过
　　于分散，甚至挥霍且漫不经心的地主也能获得丰厚的
　　收入。[43]

　　保利努斯不能利用远方的土地，标志着他开始变穷。如同
一个普罗旺斯的同时代作者所见：

　　　　那些因官方头衔而得到可观回报的人，那些因身居高
　　位而处于帝国社会顶端的人，他们从各地获得收入，他们
　　的财产遍及罗马世界……现在他们对我们而言都是神话里
　　的人物。[44]

398　　　一个拥有佩托尼乌斯·普罗布斯这样的超级富豪的世界确
实已成过往。

　　但我们必须记住，即使在黄金时代的高卢和西班牙，也很
少有这样的人。[45]据我们所知，这些行省的乡村风貌并不是由
不住在该地的大地主或者当地的大庄园主所主宰的。土地大多
是由竞争中的小贵族所有，他们的宅邸成群地围绕着城镇。他
们是中等的富人而不是大富豪。现代考古学的遗迹使我们能够
衡量这样的人可能的眼界。举个例子，对昆塔达隆迦（位于

卢西塔尼亚，今葡萄牙西南部埃尔瓦斯）的垃圾堆的仔细发掘显示，这里可能有一处优雅的，甚至精心设计的宅邸，而他们依旧使用当地的陶器作餐具。[46]

在 4 世纪，像昆塔达隆迦庄园宅邸主人这样的人是典型的当地精英，他们是我们在第 1 章见到的小贵族。我们试图一瞥他们的特点（可惜由于证据有限并不总是能成功），他们的特点掩盖在诺拉的保利努斯、大小梅兰妮娅等这些基督教超级富豪耀眼的公共光芒之下。对这些小贵族来说，5 世纪并不一定是一个灾难的时代。这个时代为他们带来了新的机遇。在许多地区，他们发现自己不再处于那些与帝国制度紧密关联的要人的阴影之下。为蛮族宫廷服务给予了他们之前从未享受到的当地权力。5 世纪是一个小贵族的时代。

他们为这一过程的发生付出了代价：他们的生活水准，以及一定程度上的他们的罗马性。令人印象深刻的是，4 世纪新建或重建的庄园在 5 世纪的考古记录中如此迅速地消失了。如上文所述，许多地区庄园最清晰地呈现了乡村财富的踪迹。随着"庄园的终结"，似乎整个阶层的财富也在我们的雷达屏幕上消失了。[47]财富尽管积累起来更加困难，规模也更小，但没有消失。然而，财富失去了其清晰的罗马式面孔。没有人试图在 5 世纪的高卢通过建筑庄园来自我炫耀。在蛮族的宫廷效力，需要的是在类似梅里达、图卢兹和波尔多这样的城市拥有一个城镇住宅以及一批侍从。伴随这些而来的是生活方式缓慢但实实在在的变化。在一个缺乏安全感的时代，提升狩猎的技艺很快就转变为提升骑兵作战的技艺。对武装侍从的花费就如同先前罗马人在镶嵌画以及私人浴室里的花费一样，拥有这些侍从既是为了自卫，也是为了维持与蛮族国王军队之间的平衡。[48]

在许多远离权力中心的地区，有影响力的墓葬取代了庄园，成为展示财富的新途径。在高卢北部和杜罗河谷地带，学者们都发现了以前只和日耳曼蛮族相关的带有陪葬品的墓葬，这些墓葬被证明是罗马人的作品。在这种情形下，当地精英的成员通过葬礼来展示财富，他们的棺椁装饰有此前更繁荣的时代的身份标志——在高卢北部地区是军用胸针和带扣，在西班牙是狩猎装备和马具。墓葬的主人仍然希望被视为一位伟大的猎手，但这种主人的地位不再通过华丽的镶嵌画和石棺来体现，这种镶嵌画和石棺在 4 世纪的西班牙、高卢南部、不列颠南部会把墓主神化为猎手之王。现在，一个葬礼仪式就足够了。一个当地大贵族的其余收入会花费在战争上，以及通过赠予和宴饮来争取支持者。[49]总而言之，我们现在面对的，是一个难以从考古记录中区分富裕和贫困的世界。因为在西部的许多地区，财富已经失去了在 4 世纪时那些辉煌而突出的特征。[50]

那些希望保留财富的人认识到他们最需要关注的事与帝国时代大不相同了。他们必须控制劳动力。这在一个暴力盛行的时代是十分困难的。我们只能猜测那些工事和采取控制措施的情形。近期的考古发现提供了一些关于当时发生了什么的零散暗示。例如，贝济耶城外的区域显示，在 5 世纪，分散定居点明显衰落，而少量的大型聚落开始出现。[51]

一些土地所有者甚至为农民们提供防御工事。高卢前长官达尔达努斯打通了通往滨海阿尔卑斯行省西斯特隆东部山谷高地的道路。他和他的兄弟在路旁留下了一块公共碑铭来宣示他们的功绩。这个模范村庄（我们在上一章中已经见过）甚至被称为提奥波利斯（"神之城"）——达尔达努斯将其置于神的保护之下："他们在自己的土地上建造了城墙和大门，希望它成为所有人的公共庇护所。"[52]作为一个残酷无情又不得人心的罗马政府官员,达尔达努斯有充足的理由需要获得安全感。但是碑铭上的文字直白地说明,这不是一座私人城堡。达尔达努斯在提奥波利斯的防御工事是对帝国表示忠诚的举动。城墙是为了公共的利益而建造起来的。为了实现这一点,达尔达努斯使用的是公共建筑的铭文风格,在那时,这本是修建城市广场时常使用的。现在,达尔达努斯准备树立起一座宏伟的碑来宣示他对普通村民的关心。[53]

达尔达努斯知道,如果他不提供这个防御工事,富庶山谷坡地的居民就会流散到深山之中,他和他的继承人就会在一代人的时间内失去他们的劳动力。一项最近在西班牙的考古调查使我们发现了当时的这种危险性。这个调查研究了亚拉玛平原和托莱多与马德里之间的高原。在这个区域没有发现人口减少和受到破坏的证据。我们看到的是在一个长时段中,晚期罗马风格的地主的毁灭:曾经与城市和税吏紧密联系的庄园网络中的人口,缓慢但确凿地分散到了底层不规则的低调农场和村庄中。这些村庄依旧是等级分明的,这些都不是由摆脱了租金和税收负担的农民组成的平等而幸福的团体。但是,收取这些租金和税款的旧机制被打破了。农场和村庄一旦从由庄园组成的紧密网络中解脱,几乎不可能再从它们那里获取高额的财富,这些财富曾经在 4 世纪的黄金时代支撑着住宅的繁荣。[54]

一代新人换旧人:从巴高达到西多尼乌斯·阿波利纳里斯,430 年至约 480 ~ 490 年

总而言之,到了 5 世纪中叶,我们看到的是一个新的西

方。在阿尔卑斯山以外，高卢和西班牙已经碎裂成了马赛克式的不同区域。尽管日益穷困，但帝国依然存在，且依然是欧洲最大的独立政治体，它在意大利不可撼动，在高卢南部依旧充满活力。从地理角度来说，我们似乎回到了公元前 3 世纪——布匿战争时代。在那个时代，意大利以及西地中海沿岸的环状地带面对着非洲，而它的身后是一片广阔又不受控制的内陆，一直延伸到滨海以西和以北地区。现在，在 5 世纪的时候，中央罗马——以正统罗马帝国的形式——从意大利伸出手控制着地中海海滨的高卢南部和西班牙东部。但是这块被"中央罗马"通过地中海控制的飞地，在北部和西部被在高卢和西班牙大量涌现的"地方罗马"组成的灰色地带包围，与此同时，南方存在一个强大的对手——迦太基的汪达尔王国。

迦太基的汪达尔王国充分显示了一个政权是多么残酷无情。就我们目前所知，汪达尔人的政权不基于任何类似波尔多和图卢兹的哥特人的地方罗马人与蛮族宫廷之间的默认协定。大部分在阿非利加行省和巴扎凯那行省的罗马土地所有者都被突然剥夺了财富，而剩下的迦太基附近的一片地区则被汪达尔战士们独自占领。[55]

更糟糕的是，汪达尔人并不掩饰他们是阿里乌斯派教徒而不是大公教派信徒。在十年之内，大公教派的主教们被当作"异端"被放逐。汪达尔人甚至使用了 411 年后驱逐多纳徒派主教的反多纳徒派法令。汪达尔统治者不加改变地就将这些法律施加于大公教派教士身上。由于命运奇妙的（某种程度上是罪有应得的）讽刺，奥古斯丁的许多朋友（著名的卡拉马的博西迪乌斯，他的传记作者）在意大利作为流放者结束了自己的一生。他们依照法令被逐出自己的城市，而这些法令正是三十年前他们用来请求驱逐他们的多纳徒派对手的。

值得注意的是，这些非洲城市没有保护他们的主教。在 5 世纪三四十年代和在 5 世纪 20 年代一样，非洲的城市依旧坚定地世俗化。无论奥古斯丁和他的同僚们数十年间如何布道，它们依旧没有成为大公教派的城市。城市议员们发现他们陷入困境之中。信仰阿里乌斯派的强大汪达尔人政权强迫他们做出选择，要么忠于他们的大公教派主教和教士（成为大公教派信徒）而失去世俗的特权，要么和新政权保持一致进而保留在家乡城市的地位。这实际上与阿里乌斯派的教义一致，使他们能够继续保持对他们城市的公共事务的忠诚。这是他们最在乎的事情。理所当然，他们选择了城市而不是祭坛。他们没有集合起来支持大公教会，但他们也没有成为阿里乌斯派的狂热教徒。与仅仅一代人之前被多纳徒派镇压时的政治妥协类似，非洲的世俗精英保持着低调的社会面相。当他们像以往那样管理他们的小城市时，他们任由两群教士——大公教派和阿里乌斯派——互相斗争。[56]

非洲精英没有支持大公教会，这一情况值得被关注。这显示了教会的地位在许多地区依旧不那么稳定。尽管有著名的基督教文本赞扬在高卢和西班牙的城市与教会的融合，但这种融合比我们想象中来得要慢，肯定也比主教和教士们预期的要慢。

然而，汪达尔王国的悖论确切地说是，在这些严厉的举措之后，迦太基和非洲东部（原先的阿非利加行省和巴扎凯那行省）的罗马社会安定下来后，出现了一种出奇的繁荣。大型宅邸出现在城市中，罗马官员充斥着汪达尔人的管理层。罗马船主们为汪达尔舰队配备人手。相比以前每年加入从迦太基向罗马运输配给食品的大型船队，这么做可能更有利可图。

并不是所有汪达尔人的臣民都是横行于海域的海盗。从向罗马运送配给食品的各种征敛中解脱出来后，非洲的陶器和葡萄酒涌入地中海东部的市场。跨越南地中海联系非洲和黎凡特的商道，曾经塑造了布匿时代的迦太基，现在在 5 世纪再次复

402　苏。我们所说的与汪达尔人有关的"汪达尔主义"一词来自他们后来的恶名，但他们没有给非洲带来破坏，并且，通过他们的对外贸易，迦太基的汪达尔人"主宰了古典时代经济的晚秋"[57]。

拉丁诗人时常光顾汪达尔宫廷。他们赞美汪达尔的统治者为"太阳王"。他们在依旧运作的郊区浴室里铭刻了华美的诗篇。如果说在西部还有哪个地方能看到属于 4 世纪庄园主们的那个旧世界，那就是在迦太基这座海盗城市和它周围的乡村。[58]

这个极端的人生选择在高卢南部——正如在帝国令状不再起作用的不列颠、高卢、西班牙的一些灰色地区——也应存在。他们构成了一个时代背景，其中有这个时代最有特点的一个现象：在帝国的统治依旧存在的区域仍然存在着效忠正统帝国的号召——正统帝国通常被称为 Respublica。高卢上层社会有影响力的一部分人排斥地方罗马，尽管帝国日薄西山，但他们转而选择残存的帝国所代表的"中央罗马"。

这个现象值得重视。我们在这一章里用了很大篇幅去审视整个高卢和西班牙地区，这些地区缓慢但确定地选择了地方政府的形式，悄悄地排除了帝国的影响。但这是一个隐秘的过程——甚至是一个耻于公开的秘密。这个秘密很难被重构，因为它在罗马史料里只有很少的踪迹。只有很少的作家（包括著名的萨尔维安）提及这令人尴尬的事实，那就是"那里的罗马人"祈求再也不要成为罗马帝国的臣民。[59]我们在这一

时期的资料中通常看到的是一些有影响力的派别向罗马效忠的话语——那个上承 4 世纪并延续至 5 世纪 70 年代末的罗马帝国的组织及其立场（尽管在意大利以外的地区，它仅仅存在于一些日益被隔绝的飞地中）。

实际上，我们面对的是一种以新形式出现的罗马爱国主义。在 4 世纪，罗马帝国被视为一个普世帝国。除了边境以外的蛮族，它没有挑战者。它确实是一个世界帝国，一个像世界本身那样强大且不可撼动的"文明世界"。到了 5 世纪中叶，这个普世帝国在西部只留有高卢和西班牙的一连串飞地。中央罗马性不再是必须接受的，而成了一种选择，但这是许多作家用自己的笔来支持的一种选择。面对日益增长的地方罗马性，这些飞地成为培育独特的"超罗马性"的土地。当帝国的飞地随着时间的推移日益缩小的时候，这种超罗马性却增强了。

秩序的支持者在冲突激烈的残存帝国如何看待他们所处的世界？最能看出他们的态度之处就是他们如何看待当时最神秘的现象——巴高达。关于"巴高达"这个题目，产生了许多博学的学术想象（主要但绝不仅限于马克思主义说辞）。我们依然不知道巴高达是些什么人。有些人把他们视作类似"扎克雷起义"的农民；另一些人认为他们是在丧失帝国保护之后，用暴力手段保护自己领地的土地所有者。[60] 这个词本身是凯尔特语，源自单词"baga"，意为"战士"。我们甚至不知道巴高达是一个人还是一个事件——类似 17 世纪法国的投石党运动。我们也不知道这是一个城市事件（可能相当于税收引起的暴乱），还是如许多学者假设的，仅仅是乡村地区的运动。[61]

但我们知道其他人是如何看待巴高达运动的。两位编年史学家（葡萄牙北部沙维什主教伊达提乌斯和马赛的匿名作者，后者编撰了《452 年编年史》）的作品是仅有的经常提及巴高达在这一时期的活动的史料来源。在高卢，这些事件在 435 年、437 年、448 年的记事栏中被提及（《452 年编年史》）；在西班牙，这些事件在 441 年、443 年、449 年、454 年被记录下来（由伊达提乌斯）。两位作者在提及他们被镇压时，都毫不掩饰自己的喜悦。443 年在西班牙，一位将军"折断"了他们的"傲骨"。[62] 在外高卢（毗邻布列塔尼亚和英吉利海峡的北方行省），一位叫"提巴图"的领导者带领这一地区于 435 年"脱离罗马统治"，他使"几乎全高卢的奴隶参与到一场巴高达之中"。两年之后，在 437 年，"暴乱""以大屠杀"的形式被镇压。作者兴奋地将这一事件记载在《452 年编年史》中。[63]

两位作者都没有假定巴高达是蛮族。他们是罗马人。几乎是罗马帝国历史上第一次，罗马军队不是进入敌对蛮族的土地，也不是进攻内战中称帝者的军队，而是针对罗马臣民。这些不满的罗马人被称为"公敌"——"自杀式的叛军"，为此得再一次发动征服战争。这是一场生活在罗马领土上的大多数作家都衷心拥护的战争（由罗马人雇佣蛮族军队发动）。[64]

总而言之，帝国被迫以这些令人厌烦且不同的罗马方式加以防守，从被放弃的不列颠开始，穿过动荡的高卢和西班牙不明确的动荡地带，再到迦太基的海盗首府。帝国在它最后的几十年间并没有灭亡，但这也不是什么美好的事。

从很多方面来说，帝国其实已经形成了一种"旧制度"。在打击高卢时，5 世纪的帝国继承了 4 世纪帝国的那种雄心壮志，但它缺少瓦伦提尼安一世时帝国拥有的上下一心的凝聚力，这种凝聚力强大且灵活。3 世纪危机时所发生的事情，在 5 世纪的高卢重演。一个分离的倾向日益分割了让 - 米歇尔·凯瑞（论述 3 世纪末时）所说的"领导层"、核心统治圈与广义的"统治阶级"。[65] 从意大利派遣来的无情将军们和高卢的家族们联合，这些家族早在瓦伦提尼安和狄奥多西的时代就已经登上帝国的高位。这些家族希望维持自己在高卢对高级官职的垄断，他们极少像以前那样，作为整体对"统治阶级"开放——也就是说，对来自城市的次要贵族开放。他们不会提拔这些贵族，也不会听取他们的意见。这些拥有特权的家族垄断政府高层的情形形成了一种"政治为有权有势者所专享的局面"[66]。

　　结果就是，在 4 世纪激励着帝国政治的社会流动性枯竭了。5 世纪下半叶的帝国的选择不再是在君士坦丁、瓦伦提尼安以及狄奥多西时代的帝国能做出的。帝国支撑着一个异常傲慢、头重脚轻的体制，这个体制与其自身的优越感紧密结合在一起。

　　在这个背景下，我们可以更好地评价西多尼乌斯·阿波利纳里斯（430 年至约 480 ~ 490 年）的生平和作品。西多尼乌斯出生在里昂，他的大部分人生是在奥弗涅以及罗讷河谷的帝国飞地中度过的，他也曾两次前往意大利。在某种程度上，正是西多尼乌斯的文学天赋使他的"罗马"——那个他从夹缝中瞥见具有"超罗马性"的罗马——很大程度上成为我们所知的罗马。西多尼乌斯将残存的罗马帝国描绘成一个毫无疑问值得效忠的模范社会。效忠罗马相当于效忠文明本身。所以，我们回望过去看到的是，西多尼乌斯的罗马庄严而又悲壮地进入了想象中的蛮族时代的昏暗暮色之中。然而，当我们阅读他的书信和诗歌时，我们得以在他身边一瞥许多别样的罗马性形式。正是这种别样的、行省化的罗马性将在他临终之时最终胜出。[67]

我们第一次见到西多尼乌斯是在 449 年的阿尔勒。当时他是一个 19 岁的孩子，身处一群肃穆的人物之中——他们站在穿着华丽长袍的年度执政官（即艾斯特利乌斯将军，他八年前镇压了高卢和西班牙的巴高达运动）的宝座后面。尽管是一个年轻人，但西多尼乌斯站得非常靠近执政官的宝座，把一切详细地记录了下来。

> 我的父亲、岳父、祖父以及曾祖父都有光辉的人生，他们居住在城市中，在法庭中担任城市和大区长官，在军队中拥有领导身份。[68]

西多尼乌斯的背景使他成为 5 世纪帝国在高卢"核心统治圈"中的一个典型代表。对他而言，效力于帝国的高官是可靠的身份评判标准，另一个标准就是具有高等文化。理想中，这二者会结合起来。在艾斯特利乌斯就任执政官的场景中，政府高级官员聚集在执政官周围的震撼视觉盛宴回响在当时著名演说家的演讲中：

> 执政官的长袍，浸润在推罗的紫色染料中，边缘绣有裂开的棕榈叶纹饰。长袍与演说相得益彰，绚丽多彩，布满黄金的装饰。[69]

作为普林尼和西玛库斯文学风格的继承者，西多尼乌斯也知道如何描述心中的风景。他想象着，自己心爱的克莱蒙比西玛库斯笔下的康巴尼亚更为动人：

耕种的原野上荡漾着作物随风起伏的波浪……旅人觉得这里秀美，农夫觉得这里丰饶，猎手觉得这里令人兴奋。这里山脊环绕着平原草场，葡萄园位于低矮的斜坡，低地上有庄园，多石的山顶上则有要塞。[70]

作为作家，西多尼乌斯有将时间停驻的能力。我们漫步于他和他朋友的庄园中，就如同漫步在 4 世纪（确切地说，是 1 世纪）。[71]只有我们偶尔关注细节时，才能发现时代已经改变了。西多尼乌斯的浴室不再像 4 世纪非洲的希迪加里布那样，绘有一个魔幻的世界。浴室的墙只涂抹着光滑的石膏，他在上面写下短诗。[72]

西多尼乌斯是作为克莱蒙主教结束自己的一生的。他此举是因为受害于罗马政治的党派主义。469 年，由于被怀疑与叛国者有牵连，他在帝国的政治生涯戛然而止。正如基尔·哈里斯所说，西多尼乌斯献身于主教生涯并不是愉快的晋升，不能视之为与他世俗地位等价的精神荣誉。这并不是如许多人所设想的那样，是一次从托加长袍向主教法冠的成功转变。这是一种失落。[73]

尽管有这样的挫折，但西多尼乌斯确信，他能够强有力地处理好这个局面，他的这种能力（当然！）会因为他的生动书信而被人铭记。当他成为主教时，克莱蒙依旧在帝国的疆域内。而当他试图对面临尤里克国王统治下的哥特王国的扩张的克莱蒙城加以保护时，他遇到的是克莱蒙城内的对手。[74]

我们知道其中缘由。许多当地的罗马人觉得成为皇帝的臣民没有什么好处。他们的亲属和同辈已经在哥特人的宫廷里有了很好的前程。478 年，西多尼乌斯写信给一位罗马人——纳马提乌斯。纳马提乌斯不是帝国的官员，他效力于尤里克，是驻扎在波尔多的哥特大西洋舰队的军事长官。作为一个带有一点儿贵族气派的当地人（就像奥索尼乌斯曾经那样），纳马提乌斯不像西多尼乌斯那样珍视在昔日黄金时代身处帝国高位的家族的回忆。实际上，纳马提乌斯不需要用帝国来使他感到伟大，甚至不需要觉得自己是罗马人。追随"胜利者的标准"——建立了目前在高卢南部唯一可行的政权的哥特人——对他这样精力充沛又有才智的人来说已经足够。[75]

这样的人是虔诚的基督徒。他们是聚集在蛮族宫廷周围新兴富裕阶层的虔诚的例证。他们对兴建庄园不感兴趣。他们也没有富裕到可以兴建装点高卢城市的耀眼基督教会堂。但他们知道如何用便宜的方式，用自己的钱为虔诚的大公派教徒做出示范。最重要的是，作为好的大公教徒，他们在遇到一位圣徒时能辨认出来。军事长官维克托里乌斯就是这样一个人。在克莱蒙城落入哥特人手中以后，他成为尤里克的首席军事指挥官。和纳马提乌斯一样，他被提拔成为哥特人效力的军事领袖。当一个神圣的隐士（他从美索不达米亚来到高卢）临终之时，维克托里乌斯为这个将死之人屈尊："他放下自己的官职，放得和自己的膝盖一样低。"他真诚地哭泣。他支付了这场恭敬的葬礼。在 477 年，帝国已经从西部消失之后，西多尼乌斯很乐于看到克莱蒙新的统治者有如此虔诚之举。[76] 维克托里乌斯也很留意在周围的乡村留下他的印记。他在位于布里尤德（克莱蒙以南）香火旺盛的圣朱利安圣所兴建了一排柱廊。他将圣劳伦斯的遗骨带到他建在自己地产上的教堂之中。[77]

显然，维克托里乌斯将他这些捐赠行为视为赎罪。当时还有很多人将这样的赎罪行为视为必须。一个世纪后，图尔的格雷戈里在自己的作品里赞扬维克托里乌斯的虔诚捐赠。但他添

加了一件轶事：维克托里乌斯逮捕了"元老"尤克里乌斯，
一个旧帝国时代的"名人"。

> 一天夜晚，维克托里乌斯下令将尤克里乌斯拖出监
> 狱，绑在一堵古墙边上，命令将他头顶的墙拉倒。[78]

这是后帝国时代罗马 - 哥特混合风格的一次政治教训。

西多尼乌斯死于 480 ~ 490 年帝国于西部消失之后。在他
的石棺上，他没有提及自己的主教职位。他最在意的是自己在
帝国的官职以及文学活动。他也没有用当地国王的纪年来确定
自己的死期，而是用东部皇帝芝诺的纪年。西多尼乌斯将君士
坦丁堡的皇帝芝诺视作残存的正统罗马帝国的唯一领袖。[79]

与此相反的是，西多尼乌斯的后代在当地罗马人的新政治
中如鱼得水。他的儿子阿波利纳里斯领导克莱蒙的军队，在
507 年著名的伏维耶战役中为哥特人抗击法兰克人。[80]他的孙
子阿尔卡迪乌斯在法兰克宫廷中扮演了一个重要又阴险的角
色。他帮助克洛维的儿子们除掉了可能争夺他们王位的年幼侄
子。正是阿尔卡迪乌斯出现在这些孩子的祖母面前，拿着一把
剑和一把剪刀，让她选择是让自己的孙子削发为僧还是被处
死。她只选了让一个孙子削发。[81]这发生在 6 世纪 20 年代。
一百年内可以发生很多事。仅仅在一个世纪以前，5 世纪 20
年代，奥古斯丁还活着，他在为非洲的奴隶贸易向帝国宫廷申
诉。盖塞里克还在西班牙。帝国只是开始感受到了在它自己崩
溃之前，高卢、西班牙、非洲的第一次震荡。

在详细论述在由上述发展所带来的新时代中，财富如何被
看待以及被使用之前，将 5 世纪的西部视为一个整体，并理解

这一带来新时代诸般发展的结构，是非常重要的。但让我们把这幅全景记在脑海中的还有另一个重要原因。不仅仅是一场全面的危机颠覆了 5 世纪的西部帝国，而且是危机本身如何被看待和评价，被当时在罗马帝国位于普罗旺斯和南罗讷河谷飞地的一系列基督教作家们浓墨重彩地记录下来。这些作家对我们而言是监听站。通过他们，我们听到了一个处在危机中的世界的声音。他们的作品以生动而又确切的方式，触及基督教与社会的关系的方方面面。现在我们转变方向，首先转向"圣人"（马赛的基督教知识分子以及勒兰修道院的修士－主教），随后转向这个圈子中最著名的人物（马赛的教士萨尔维安）。

注　释

[1] *Expositio totius mundi et gentium* 58，p. 196.

[2] 内战中的战役是罗马正规军真正的"绞肉机"，其后果就是不断增加使用蛮族军队的数量。特别参见 B. Shaw, "War and Violence," in *Late Antiquity：A Guide to the Post－Classical World*, 130－69 at pp. 148－52；以及 A. D. Lee, *War in Late Antiquity：A Social History* (Oxford：Blackwell, 2007), 51－73。

[3] Sulpicius Severus, *Chronica* 2. 3. 2, p. 228. 对苏尔皮奇乌斯·塞维鲁的论述特别参见 H. Inglebert, *Les romains chrétiens face à l'histoire de Rome：Histoire, christianisme et romanités en Occident dans l'Antiquité tardive（IIIe－Ve siècles）*（Paris：Institut d'Études Augustiniennes, 1996）, 365－85。

[4] 近期关于这一联盟的最佳分析作品是 W. Goff 的 *Barbarian Tides：The Migration Age and the Later Roman Empire*（Philadelphia：University of Pennsylva－nia Press, 2006）, 73－107。Heather, *The Fall of the Roman Empire*, 第 205～250 页的论述很有说服力。现参

见 P. Heather, "Why Did the Barbarians Cross the Rhine?" *Journal of Late Antiquity* 2 (2009): 3 – 29。

[5] Paulinus of Pella, *Eucharisticos* 235, ed. and trans. H. G. Evelyn White, *Ausonius*, Loeb Classical Library (Cambridge, MA: Harvard University Press, 1949), 2: 322.

[6] 尤其参见 M. Kulikowski, "Barbarians in Gaul, Usurpers in Britain," *Britannia* 31 (2000): 325 – 45。

[7] Kulikowski, *Late Roman Spain and Its Cities*, 151 – 75; 以及 J. Arce, *Bárbaros yromanos en Hispania* (*400 – 507 A. D.*) (Madrid: Marcial Pons, 2005), 31 – 149。

[8] Augustine, *Letter 11**. 2. 49, Divjak, p. 188.

[9] Halsall, *Barbarian Migrations and the Roman West*, 339.

[10] M. Kulikowski, "The Visigothic Settlement in Aquitania: The Imperial Perspective," in *Society and Culture in Late Antique Gaul: Revisiting the Sources*, ed. R. Mathisen and D. Shanzer (Aldershot: Ashgate, 2001), 26 – 38. 用土地税(而非土地)作为此类定居点的基础。这一假设来自 W. Goffart, *Barbarians and Romans, A. D. 418 – 584: The Techniques of Accommodation* (Princeton: Princeton University Press, 1980)。这一观点现在在 *Barbarian Tides*, 第119~186 页中得到了有力捍卫。这是个富有启发的简单化解答, 刺激读者去质疑。争论依旧在继续: W. Goffart, "The Technique of Barbarian Settlement in the prior Fifth Century: written permission of the publisher. A Personal, Streamlined Account with Ten Additional Comments," 以及 G. Halsall, "The Technique of Barbarian Settlement in the Fifth Century: A Reply to Walter Goff art," *Journal of Late Antiquity* 3 (2010): 65 – 98, 99 – 112。

[11] Heather, *The Fall of the Roman Empire*, 266 – 99.

[12] Wickham, *Framing the Early Middle Ages*, 711.

[13] J. Harries, *Sidonius Apollinaris and the Fall of Rome*, *AD 407 – 485* (Oxford: Clarendon Press, 1994), 246.

[14] *Corpus Inscriptionum Latinarum* 6: 1783, ed. and trans. in C. W. Hedrick, in *History and Silence: Purge and Rehabilitation*

of Memory in Late Antiquity （Austin：University of Texas Press，
2000），1 – 5.

[15] *Chronicle of 452* 55 （406），ed. T. Mommsen，*Chronica Minora*，
MGH：Auctores Antiquissimi 9：1 （Berlin：Weidmann，1892），
652. 参见 S. Muhlberger，*The Fifth – Century Chroniclers：
Prosper，Hydatius，and the Gallic Chronicler of 452* （Liverpool：
F. Cairns，1990），136 – 92；以及同一作者的 "Looking Back
from Mid – Century：The Gallic Chronicler of 452 and the Crisis of
Honorius' Reign，" in *Fifth – Century Gaul：A Crisis of Identity*，
ed. J. Drinkwater and H. Elton （Cambridge：Cambridge University
Press，1992），28 – 37。高卢编年史及其他许多材料的摘编见
A. C. Murray，*From Roman to Merovingian Gaul：A Reader*
（Peterborough，Ontario：Broadview Press，2000）。关于蛮族 "入
侵" 的学术动态，参见 Courcelle，*Histoire littéraire des grandes
invasions germaniques*；以及 M. Roberts，"Barbarians in Gaul：
The Response of the Poets，" in *Fifth – Century Gaul*，97 – 106。

[16] 近期主要由瓦德 – 帕金斯完成：*The Fall of Rome*，28 – 31。但现
在对此类证据的使用有质疑，参见 N. B. McLynn，"Poetic
Creativity and Political Crisis in Early Fifth – Century Gaul，"
Journal of Late Antiquity 2 （2009）：60 – 74。瓦德 – 帕金斯接受
了这些批评，参见 "407 and All That：Retrospective，" *Journal
of Late Antiquity* 2 （2009）：75 – 78 at p. 78。总体参见 W. Pohl，
"Rome and the Barbarians in the Fifth Century，" *Antiquité tardive*
16 （2008）：93 – 101。

[17] 由埃韦琳·怀特翻译，收录于洛布古典文库中作为奥索尼乌
斯作品的附录（参见注释 5）。亦参见 C. Moussy，*Paulin de
Pella：Poème d'action de graces et Prière*，SC 209 （Paris：Le
Cerf，1974）。最佳的评注参见 N. B. McLynn，"Paulinus the
Impenitent：A Study of the *Eucharisticos*，" *Journal of Early
Christian Studies* 2 （1995）：461 – 86；最新参见 A. Coçkun，
"The *Eucharisticos* of Paulinus Pellaeus：Towards a Reappraisal of
the Worldly Convert's Life and Autobiography，" *Vigiliae
Christianae* 60 （2006）：283 – 315；and A. Marcone，"Il mondo

di Paolino di Pella," in *Di tarda antichità: Scritti scelti* (Milan: Mondadori, 2008), 87 – 96。

[18] Paulinus of Pella, *Eucharisticos* 228, Evelyn White, p. 322.

[19] Paulinus of Pella, *Eucharisticos* 159 – 66, Evelyn White, p. 318.

[20] Paulinus of Pella, *Eucharisticos* 204 – 15, Evelyn White, pp. 320 – 22.

[21] Paulinus of Pella, *Eucharisticos* 291 – 310, Evelyn White, pp. 326 – 28; McLynn, "Paulinus the Impenitent," 471.

[22] McLynn, "Paulinus the Impenitent," 469.

[23] Paulinus of Pella, *Eucharisticos* 520 – 38, Evelyn White, p. 344.

[24] Codex Theodosianus 15. 14. 14 (416).

[25] Paulinus of Pella, *Eucharisticos* 500 – 502, Evelyn White, p. 342.

[26] Paulinus of Pella, *Eucharisticos* 514, Evelyn White, p. 342.

[27] Paulinus of Pella, *Eucharisticos* 307, Evelyn White, p. 328.

[28] 对高卢北部埃吉迪乌斯和西阿格里乌斯的"王国"的论述参见 P. MacGeorge, *Late Roman Warlords* (Oxford: Oxford University Press, 2002), 69 – 164; 不列颠部分, 参见 C. A. Snyder, *An Age of Tyrants: Britain and the Britons, A. D. 400 – 600* (University Park: lose a line Pennsylvania State University Press, 1998); 以及 S. Laycock, *Britannia the Failed State: Tribal Conflicts and the End of Roman Britain* (Stroud: The History Press, 2008), 109 – 68。

[29] Halsall, *Barbarian Migrations and the Roman West*, 19.

[30] Heather, *The Fall of Rome*, 432 – 43.

[31] F. Braudel, *The Mediterranean and the Mediterranean World in the Age of Philip II*, trans. Siân Reynolds (London: Collins, 1973), 2: 865 – 91.

[32] Gregory of Tours, *The Glory of the Martyrs* 12, ed. Bruno Krusch, in MGH: Scriptores rerum Merovingicarum 1 (Hannover: Hahn, 1885), 46.

[33] *Council of Angers* 453, ed. C. Munier, Concilia Galliae, a. 314 – a. 506, CCSL 148 (Turnhout: Brepols, 1963), 138; 参见 R. W. Mathisen, *Roman Aristocrats in Barbarian Gaul: Strategies for Survival in an Age of Transition* (Austin: University of Texas Press, 1993), 77 – 85 at p. 79。

[34] R. Samson, "Slavery, the Roman Legacy," in *Fifth - Century Gaul*, 218 - 27; N. Lenski, "Captivity, Slavery, and Cultural Exchange between Rome and the Germans from the First to the Seventh Century C. E. ," in *Invisible Citizens: Captives and Their Consequences*, ed. C. M. Cameron (Salt Lake City: University of Utah Press, 2008), 80 - 109 at pp. 95 - 103.

[35] W. Klingshirn, "Charity and Power: Caesarius of Arles and the Ransoming of Captives in Sub - Roman Gaul," *Journal of Roman Studies* 75 (1985): 183 - 203.

[36] Patricius, Letter to Coroticus 14, ed. and trans. A. B. E. Hood, *St. Patrick: His Writings and Muirchu's Life* (Chichester: Phillimore, 1978), 37, 57.

[37] *Inscriptiones Latinae Christianae Veteres*, no. 179.

[38] 关于这个热烈争论的话题, 特别参见 N. Duval, "La notion de 'sarcophage' et son rôle dans l'antiquité tardive," 以及 C. Balmelle, "Le répertoire végétal des mosaïstes du Sud - Ouest de la Gaule et des sculpteurs des sarcophages dits d'Aquitaine," *Antiquité tardive* 1 (1993): 29 - 35, 101 - 7, 以及同一卷中另外的作者。尽管大多数作者的意见一致, 但我赞同 Yves Christe (at pp. 21 and 79), 他认为 4 世纪的风格是一种断裂, 而不是平稳的过渡。现参见 J. L. Boudartchouk, "Production et diffusion des sarcophages romains tardifs et mérovingiens dans la région de Lourdes (Hautes Pyrénées)," *Gallia* 59 (2002): 53 - 60。

[39] Halsall, *Barbarian Migrations and the Roman West*, 347.

[40] L. K. Bailey, "Building Urban Christian Communities: Sermons on Local Saintsin the Eusebius Gallicanus Collection," *Early Medieval Europe* 12 (2003): 1 - 24; 以及同一作者的 *Christianity's Quiet Success: The Eusebius Gallicanus Sermon Collection and the Power of the Church in Late Antique Gaul* (Notre. Dame, IN: University of Notre Dame Press, 2010), 1 - 38。

[41] Valerianus of Cimiez, *Homily* 6. 3, PL 52: 710D.

[42] Fredegar, *Chronicae* 3. 7, ed. B. Krusch, in MGH: Scriptores rerum Merovingicarum 2 (Hannover: Hahn, 1888), 94.

[43] Paulinus of Pella, *Eucharisticos* 416 – 19, Evelyn White, p. 336.

[44] Eucherius of Lyon, *De contemptu mundi* 273 – 88, ed. and trans. S. Pricoco, *Eucherio di Lione: Il rifi uto del mondo* (Florence: Nardini, 1990), 74.

[45] Wickham, *Framing the Early Middle Ages*, 169 – 173.

[46] Almeida and Carvalho, "*Villa* romana da Quinta das Longas." 感谢我的学生 Damian Fernández 告诉我这篇文章以及注释 54 中的那本书。现参见 Reynolds, *Hispania and the Roman Mediterranean*, 60 – 63 and map 8 on p. 166。

[47] 对这个问题的生动争论，参见 T. Lewit, "'Vanishing Villas': What Happened to Élite Rural Habitation in the West in the 5th – 6th C.?" *Journal of Roman Archaeology* 16 (2003): 260 – 74；以及 Bowes and Gutteridge, "Rethinking the Later RomanLandscape," 412 – 13。总体参见 P. Heather, "Elite Militarisation and the Post – Roman West," in *Istituzioni, carismi ed esercizio del potere*, 245 – 65。

[48] Wickham, *Framing the Early Middle Ages*, 473 – 81.

[49] Halsall, *Barbarian Migrations and the Roman West*, 342 – 44, 350 – 51, 364.

[50] 那些带有罗马财富的标志突然消失，在后帝国时代的不列颠最为明显（参见 Cleary, *The Ending of Roman Britain*），但这是一个全欧洲范围的现象。

[51] S. Mauné, *Les campagnes de la cité de Béziers dans l'Antiquité: Partie nord – orientale (IIe s. av. J. – C. – VIe s. ap. J. – C.)* (Montagnac: Mergoil, 1998), 119 – 22.

[52] *Inscriptiones Latinae Selectae*, no. 1279.

[53] Connolly, "Fortifying the City of God." 达尔达努斯可能把自己的陵墓礼拜堂安置在这个山谷中。参见 F. Benoit, "La crypte en triconque de Th éopolis," *Rivista di archeologia cristiana* 27 (1951): 69 – 89。至于高卢南部的坞堡，现参见 L. Bourgeois, "Les résidences des élites et les fortifi cations du Haut Moyen âge en France et en Belgique dans leur cadre européen: Aperçu historiographique (1955 – 2005)," *Cahiers de civilisation médiévale* 49 (2006): 113 – 142 at p. 118。

[54] A. Vigil – Escalero Guirado, "Granjas y aldeas altomedievales al Norte de Toledo (450 – 800 D. C.)," *Archivo Espaol de Arqueología* 80 (2007): 239 – 84.

[55] Y. Modéran, "L'établissment térritorial des Vandales en Afrique," *Antiquité tardive* 10 (2002): 87 – 122.

[56] Y. Modéran, "Une guerre de religion: Les deux Églises d'Afrique à l'époque vandale," *Antiquité tardive* 11 (2003): 21 – 44 at p. 44.

[57] A. Merrills and R. Miles, *The Vandals* (Chichester, UK: Wiley – Blackwell, 2010), 141 – 76 at p. 176.

[58] Y. Hen, *Roman Barbarians: The Royal Court and Culture in the Early Medieval West* (Basingstoke, UK: Palgrave MacMillan, 2007), 59 – 93; R. Miles, "The *Anthologia Latina* and the Creation of Secular Space in Vandal Carthage," *Antiquité tardive* 13 (2005): 305 – 20; C. Balmelle et al., "Vitalité de l'architecture domestique à Carthage au Ve siècle: L'exemple de la maison dite de la Rotonde, sur la colline de l'Odeon," *digital Antiquité* 11 (2003): 151 – 66. 同时参见 G. Chalon. et al., "*Memorabile factum*: Une célébration de l'évergétisme des rois vandales dans l'Anthologie Latine," *Antiquités africaines* 21 (1985): 207 – 62; 以及 G. Hays, "*Romuleis Libicisque litteris*: Fulgentius and the 'Vandal Renaissance,'" in *Vandals, Romans and Berbers*, 101 – 32。

[59] Salvian, *De gubernatione Dei* 5. 8. 37.

[60] 比较 E. A. Thompson, "Peasant Revolts in Late Roman Gaul and Spain," *Past and Present* 2 (1952): 11 – 23 (出色的马克思主义综述) 和 R. Van Dam, *Leadership and Community in Late Antique Gaul* (Berkeley: University of CaliforniaPress, 1985), 41 – 48 (就强调当地精英的自我保护而言,对上述观点做了一个大胆的逆转)。读者们应该知道我更倾向于 J. F. Drinkwater 的观点, J. F. Drinkwater "The Bacaudae of Fifth – Century Gaul," in *Fifth – Century Gaul*, 208 – 17。他放弃了在涉及 "巴高达运动" 时总是提及社会冲突、社会动荡,以及 5 世纪高卢和西班牙地区的权力真空,除非它们明确和巴高达有关,我接受他的这一观点。我们所知的一出喜剧中的一段 *Querolus* (scene II. 30) 尤

其激发了旺盛的学术想象力，参见 C. Jacquemard – Le Saos,
Querolus（Aulularia）。*Comédie latine anonyme：Le Grincheux*
（Paris：Belles Lettres, 2003），XII – XIII，但它可能与巴高达毫
无关系。

[61] 参见 J. C. Sánchez León, *Les sources de l'histoire des Bagaudes*
（Paris：Belles Lettres, 1996）。在 Hydatius 和 *Chronicle of 452* 以
外，我们所知的只有 Zosimus, *Historia Nova* 6.2.5；以及
Salvian, *De gubernatione dei* 5.5.22 和 5.6.24 – 26。使用与 3 世
纪的重大事件相关的术语，参见 Sánchez León, *Les sources*, 119 –
46。The *Chronicle of 452* 两次使用了单数，"in a Bacauda,"（117
and 133, for 443 and 448）。一名医生——Eudoxus——被牵涉
进一次巴高达运动（*Chronicle of 452* 113— for 448），这场巴
高达运动在西班牙北部的矿业城镇 Tarazona 使一名主教和一
名守军（Turiasso）死去（Hydatius, *Chronicle* 133—for 449），
这可能暗示巴高达运动具有城市背景。

[62] Hydatius, *Chronicle* 120（443）, ed. and trans. R. W. Burgess,
The Chronicle of Hydatius and the Consularia Constantinopolitana
（Oxford：Clarendon Press, 1993）, 96. 对伊达提乌斯的作品和
世界观的精彩分析，参见 Muhlberger, *The Fifth – Century
Chroniclers*, 193 – 266，尤其在 pp. 260 – 64。

[63] *Chronicle of 452* 117（435）and 119（437）, Mommsen, p. 660.

[64] 这是萨尔维安的观点，Salvian, *De gubernatione Dei* 5.6.24；参
见 Drinkwater, "The Bacaudae," 217。

[65] Carrié and Rousselle, *L'empire romain en mutation*, 732.

[66] Matthews, *Western Aristocracies and Imperial Court*, 347.

[67] 我发现的关于西多尼乌斯·阿波利纳里斯的最有洞察力的研
究是 Harries, *Sidonius Apollinaris and the Fall of Rome*。

[68] Sidonius Apollinaris, *Letter* 1.3.1, ed. and trans. W. B. Anderson,
Sidonius：Poemsand Letters, Loeb Classical Library（Cambridge,
MA：Harvard University Press, 1965）, 1：346.

[69] Sidonius Apollinaris, *Letter* 8.6.6, Anderson, 2：424.

[70] Sidonius Apollinaris, *Letter* 4.2.5, Anderson, 2：142.

[71] 现实主义描写和老生常谈的混合无法使西多尼乌斯受到考古

学家的青睐，他们致力于重现 5 世纪的庄园，参见 J. Bodel, "Monumental Villas and Villa Monuments," *Journal of Roman Archaeology* 10 (1997): 3 – 35 at p. 16: "一堆令人困惑的杂乱构思会让读者失望，而不是会帮助读者。" (a confused agglomeration of conceits that frustrate rather than aid the reader.) 亦参见 J. Percival, "Desperately Seeking Sidonius: The Realities of Life in Fifth – Century Gaul," *Latomus* 56 (1997): 279 – 92。但是重现一座庄园的成功尝试 (即 *Burgus Leontii*, Sidonius, *Poem* 22) 要参见 Balmelle, *Les demeures aristocratiques d'Aquitaine*, 144。

[72] Harries, *Sidonius Apollinaris*, 132; on *Letter* 2. 2. 5 – 6, Anderson, 1: 420 – 22.

[73] Harries, *Sidonius Apollinaris*, 15.

[74] Sidonius Apollinaris, *Letter* 3. 2. 2, Anderson, 2: 8.

[75] Sidonius Apollinaris, *Letter* 8. 6. 16, Anderson, 2: 432. 参见 *Prosopography of the Later Roman Empire*, 2: 771。

[76] Sidonius Apollinaris, *Letter* 7. 7. 1 – 2, Anderson, 2: 388 – 90. 参见 *Prosopography of the Later Roman Empire*, 2: 1162 – 63。

[77] Gregory of Tours, *Histories* 2. 20; ed. Bruno Kruschand Wilhelm Levison, in *Libri historiarum X*, MGH: Scriptores rerum Merovingicarum, vol. 1, 2nd ed. (Hannover: Hahn, 1951), trans. Lewis Thorpe, *Gregory of Tours: The History of the Franks* (Harmonds worth, UK: Penguin, 1974). 参见 Harries, *Sidonius Apollinaris*, 195。

[78] Gregory of Tours, *Histories* 2. 20. 参见 *Prosopography of the Later Roman Empire*, 2: 406。

[79] *Receuil des inscriptions chrétiennes de la Gaule*, vol. 8, *Aquitanie première*, ed. F. Prévot (Paris: CNRS, 1991), no. 21 at p. 126.

[80] Gregory of Tours, *Histories* 2. 37; *Prosopography of the Later Roman Empire*, 2: 114.

[81] Gregory of Tours, *Histories* 3. 18. *Prosopography of the Later Roman Empire*, 2: 131 – 32.

第四部

余　波

第 25 章　置身圣徒之中：
马赛、阿尔勒与勒兰，
400 ~ 440 年

普罗旺斯的圣徒们

直至 5 世纪 70 年代西部帝国行将就木之时，普罗旺斯与（从里昂延伸至阿尔勒和马赛的）罗讷河南部的河谷地带仍然是帝国的飞地。而这一地区也以一种与众不同的文化与宗教风貌为人所知。在本章中，我们将密切关注普罗旺斯地区大多出身于修道院的基督徒知识分子们关于修道院的财富性质、教会的领导本质以及衰落帝国的命运等话题的论战，在下一章中，我们则将对马赛富有活力、别具特色的作家萨尔维安眼中 5 世纪 40 年代早期的西罗马帝国的面貌进行细致观察。

普罗旺斯的城市群欣然接受了来自高卢较不安全地区的新来者们。在 5 世纪 20 年代或 30 年代的某个时间，佩拉的保利努斯最终决定在马赛定居，以妥善解决新近面临的贫困问题。保利努斯还补充道，他是出于对居住在马赛的 “诸位圣徒” 的敬爱之情才来到这里的。[1] 保利努斯所言，正是关于马赛以及居于此地的基督徒知识分子们的正确之语。5 世纪，整个普罗旺斯地区普遍存在互有交集的 “圣徒” 交际圈。马赛位于 “圣徒之岛” 勒兰修道院（今圣奥诺阿岛，距戛纳海岸约 3 英里）与罗讷河口的阿尔勒城之间。5 世纪 20 年代至 70 年代的半个多世纪内，马赛、勒兰和阿尔勒这三大修道中心的持续竞争，使高卢南部成为西地中海沿岸写作基督教相关作品最为活跃的地区。

显然，每个修道中心各具特色。被称为"高卢小罗马"的阿尔勒起初并没有发展为圣徒之城的倾向。整个 5 世纪期间，阿尔勒是罗马帝国在高卢和西班牙东部地区的残存领土的世俗权力中心，城里满是政府机构的建筑。阿尔勒的确展示了世间盛况。阿尔勒的盛况促使高卢的世俗贵族们在阿尔勒定期聚会。他们穿着丝绸服装以及金质华服，一同出席罗马帝国的各式庆典。直至 449 年，西多尼乌斯·阿波利纳里斯还能目睹这样的场景。[2]

与阿尔勒相反，马赛则成为基督徒知识分子——教士、修士以及平信徒——的聚集之地。尽管在 405～406 年遭遇了外敌入侵，且随后帝国秩序的崩溃带来了混乱，但马赛并未像高卢和西班牙的大部分地区一样，它毫发无损、秩序井然，并且还恢复到古典时代希腊人最初在此定居时的状态。马赛成为外贸中心。此外，马赛还重获旧希腊殖民地马萨里亚曾享有的部分荣光，成为适合悠闲的与世俗格格不入者居住的"西方雅典城"。[3]

勒兰的情况则不一样。在因其令人生畏的环境而被刻意选中的一系列岛屿修道院中，勒兰是最为成功的一座。宗教世界的基督山伯爵们，在由上层阶级转入修道生涯时，便在勒兰及与之类似的荒凉岛屿居住。据说，这些岛屿将可怕的埃及沙漠景象带入了蔚蓝海岸的视野之内。

然而，来自这三个迥然不同的中心的人因为一种极不寻常、经久不息的上层文化凝聚在一起。这种对共同文化的认同

412

感使出身上层的修士们有机会从勒兰前往阿尔勒、马赛或滨海阿尔卑斯行省和罗讷河谷地的其他小城市，在那里升为主教或成为教士。在此，我们只须介绍以荒凉之地的修士身份而被提拔为另一个大城市的主教的众多人物中的最杰出者——贺诺拉图斯。他自 410 年以来一直担任勒兰修道院院长，并在 426～427 年成为阿尔勒主教，他担任主教直至 428 年逝世。430 年，他的亲戚希拉里 [以"阿尔勒的希拉里"（Hilary of Arles）之名为英语读者所知] 也从勒兰来到阿尔勒就任主教，直至 449 年逝世。此外，一些修道院院长还夸口称自己与高卢上层贵族关系密切，但他们所说的情况要么是不多的特例，要么毫无依据、不足为信。比起那些与贵族相关的夸张言论，我们更应关注的是为其拥护者所共有的文学修养——它能使出身不同阶层的普罗旺斯当地精英集合起来，正如它能使奥索尼乌斯时代阿奎丹各式精英集合起来。[4]

勒兰作为文学运动发源地的名声并不亚于其在苦行实践方面的名声。人们通常认为，勒兰是置身广袤海洋中的与世隔绝之地，然而，实际情况是，勒兰修道院院长们仍可以与来自普罗旺斯和罗讷河谷的朋友及其崇拜者密切往来。贺诺拉图斯的书信据说有"能让他的书写蜡版恢复蜂蜜味道"的魔力。[5] 贺诺拉图斯的继承者——阿尔勒主教希拉里则继续以埃及的伟大修士们的方式编织篮子，[6] 但这并不影响他成为由富有教养、对政治充满热情的平信徒组成的文人圈里的核心人物，他甚至还收到过各地诗人的正式颂词。一位名叫李维（！）的诗人在精心准备的颂词中这样写道："若奥古斯丁降生于您之后，他的声名必居于您之下。"[7]

在这样的圈子里，我们不会像读到奥古斯丁的布道词那

413

样，感受到一种陆海交界处的基督教文化：每周面向社会成分复杂的基督徒团体进行布道。事实是，它所具备的是一种盛行于诺拉的保利努斯、苏尔皮奇乌斯·塞维鲁或哲罗姆与伯拉纠的赞助人之间的有闲阶级的文化。而受此文化影响的勒兰、马赛和阿尔勒的文化圈则主要创作如下类型的作品：劝勉信、致最近故去的某位伟大修士的颂词、专为志趣相投的赞助人写作且常签署作者笔名（以此表明他属于由友人组成的能够认出其笔名的小圈子）的小册子。[8] 这些作品因文学小团体的相互竞争而创作出来，能准确表明普罗旺斯基督教会"既相当丰富又极其片面"的特征。[9]

总之，我们在普罗旺斯所见的景象不同于在非洲所见的，而是与罗马的景象相同。普罗旺斯这一引人注目的群体是因他们的时代所经历的剧变而形成的，不过他们并非隐士，仍然受到世俗支持者们的广泛影响，其中一些圣徒还可能与高层贵族有血缘关系。诚然，他们有共同的文化背景，而使他们产生联系的关键不仅在于共同背景，更在于一种强烈的宗教联系。上层阶级的平信徒们将勒兰修士们视作"现世的圣徒"以及"圣洁之人"，并因强烈的心理纽带与修士们紧密联系在一起。实际上，这是平信徒与圣徒的心灵交流：圣徒获得平信徒的崇拜和物质支持，平信徒则接受圣徒的赐福作为回报。这样的心灵交流比通常以共同阶层和文化属性相联系的关系更具活力，但其在圣、俗之间悬而未决的尖锐对立感使其发展趋向更加难以预知。

因而，这些有相同文化背景、出身类似阶层的圣徒与平信徒间的关系并非毫无问题。来自马赛、勒兰和阿尔勒的作家们开始关注一个不同寻常的问题：应如何阐明苦行运动的新要求与普通的富有平信徒之间的未定界限？

　　要知道，这些身为圣徒赞助人和仰慕者的富有修养的平信徒虽看似默不作声，但他们实际上是以此方式对普罗旺斯的修士以及修士出身的主教持续施压，使他们强调自身苦行生活的极端趋向。由此也引发了关于如下问题的持续争论：如何正确区分虔诚的基督徒和不甚虔敬的基督徒？修士之间同样展开了关于"如何区分真诚的基督教信仰和缺乏热情的妥协"的激烈争论。这样的形势也激起了对关于基督徒行为和基督教社会的各类问题——从恩典和自由意志的本质到罗马帝国的命运——的争论。此外，圣徒间进行攀比的需求也促使他们开始探索基督教苦行的最高标准。这一探索以约翰·卡西安写于 5 世纪 20 年代的一系列作品为起始，以 440 年萨尔维安发表谴责罗马帝国的作品为终结，并以一股贯穿普罗旺斯基督徒文化圈的激进主义思潮的面目呈现出来。那么，是时候关注这些形式多样的挑战了。

414

"勿使毫厘之金毁损修士之洁"：财富与修道院

　　回顾起来，普罗旺斯圣徒首先遭遇的最著名的挑战来自一位神秘人物，此人即最近才在马赛定居的约翰·卡西安。卡西安很可能来自拉丁世界最东部的斯基泰，即多瑙河流入黑海的入海口附近，那里今为罗马尼亚的多布罗加地区。卡西安在 4 世纪末曾游历埃及和中东，大约在 5 世纪 10 年代来到高卢。卡西安自称埃及正统修道精神的继承者，不过他并未谈及自己的事情，而是使自己如同他期望的真修士一般隐姓埋名。[10] 420 ~ 424 年，卡西安完成了首部作品《修士守则》（De Institutis Coenobiorum）。

它通常也被称为《卡西安会规》或《建立修道院的基本准则》，成书后便被寄往有意建立修道院的普罗旺斯主教阿普特的卡斯托处。[11]不久后，卡西安又在426～428年完成了《汇编》（Collationes）。[12]这是卡西安和他的朋友日耳曼努斯早前在4世纪80年代和90年代从诸多拜访过的智慧的埃及修士那里获得的宗教布道词的总集。通过这套《汇编》，卡西安使自己的影响力扩展到沿海诸岛。其中一部分《汇编》献给了勒兰修道院院长贺诺拉图斯，还有一部分送给了耶尔群岛的修士们。

卡西安在所有作品中都宣称要揭示真相，为此，他总是令人不快地将混乱而脆弱的高卢式修道与有惊人稳定性的埃及式修道进行比较。如卡西安所言，在埃及，原始基督教会时期的宗教热忱仍然存在。而兄弟之爱——兄弟之爱基于抛弃财富与共享一切，这两点是首个耶路撒冷基督徒团体的典型特征——也仍然能在寄身于埃及修道院或隐居地深处的一些修士身上发现。

我们知道，《使徒行传》第2章和第4章描述的耶路撒冷团体对奥古斯丁早期修道生涯产生过影响。《使徒行传》所记载的人人共享的场景使奥古斯丁联想到五旬节圣灵降临时的极乐状态。虽然这种满怀兄弟之爱的极乐状态是奥古斯丁派修士们此生努力追求的，但这也是对未来的希冀，是仅在天国才能成就的伟业。这些记载对卡西安则有不同的意义。卡西安认为，为祈祷与沉思而形成的民间修道团体是一些埃及修士的现实体验。这就是卡西安写作这些论著的原因所在：他认为自己在埃及发现的（类似于早期基督徒的）基督教团体的生活经历可以被引入高卢修道院。[13]

那么，卡西安要如何实现计划呢？与马赛其他圣徒的作品一样，卡西安的作品在那个时代无异于宣战檄文。这些作品并不是介绍埃及修道院的客观游记，而是折射高卢修士不足之处的明镜——尤其在《会规》和《汇编》中，卡西安更是集中于修道院的贫富问题，并以埃及修士的实例对在高卢所见的那些不甚虔敬的修士进行了有力批判。

正如理查德·古德里奇在一项关于卡西安的富有洞见的研究中所指出的，卡西安批判的首要目标是高卢修士们对待财富的温和姿态。[14]从图尔的圣马丁时代起，"高卢修道主义"很大程度上就仿效保护和赞助圣马丁的庄园主们的休闲生活方式。富有修养的苦行主义拥护者们仍然以其地产收入或教会赠予的年金（如果他们像苏尔皮奇乌斯·塞维鲁那样放弃自己的地产，并将其捐献给教会的话）为生。我们可以看到，修道院因为富裕成员的大量捐赠而免于经济困难，这些修士一般也毫不担心钱的问题——毕竟总有财富。实际上，他们是在一座略显简朴的庄园中实践一种节制需求的生活方式。自然，他们也延续这种长期以来与贵族圈子和哲学家圈子中的"闲暇"理想相关的、对财富漠不关心的态度。但对财富漠不关心并不等于没有任何财富。在卡西安看来，这种人不配为真正的修士，因为他们未受赤贫之苦。

卡西安认为，只有首先解决那些即将加入修道院的修士的财富问题，修道院才能存续、发展。欲入修道院的见习修士必须首先抛弃世俗财富，他此前的一切财富都不被允许进入修道院，即便是虔诚的捐赠。[15]不过，奥古斯丁则允许这样的捐赠。与奥古斯丁的观念类似，勒兰修道院的圣坛上偶尔也会堆满由富裕的新入修士带来的各类物品、钱和文书。[16]

卡西安不希望看到这样的情形。他仍然坚持修士彻底弃绝财富后方可进入修道院这一想法，而不允许"毫厘之金毁损修士之洁"[17]的情形出现。一位修士被修道团体接纳之前，必

416 先经历强调修士一无所有甚至其身着之服亦不为其所有的仪式。仪式上，修士会从修道院院长那里得到一件灰袍。[18]这样的仪式如同晚期罗马帝国军队中授予军职和以示嘉奖的不可撤销的基本仪式。两者的不同之处在于，修道院院长的赠礼并非军职而是赤贫。此后，修士的衣食用度便完全依赖于修道院的供给，修道院院长在其修道院中也如皇帝一般。

卡西安为读者展示了一个剥离财富的修道院的内部景象，同时也展示了一个摆脱希求财富的意愿的修道团体。在这个团体中，摒弃财富成为加入其中的必要条件，而这一剥夺财富的行为常被视为自我屈从，甚至比对个人财富之放弃更显极端。财富与个人意志原本是相混的，而真正的"摒弃"则意味着两者皆弃。修道生活即：

> 夺去我们的所有财产，并使我们与财富彻底分离。这样一来，除去修道院院长的意旨，将不再有其他意旨加诸吾身。[19]

这里所谓的"摒弃"意味着"消除主宰性"，即修士此时不再是任何人或物件的主宰，甚至也不再是他自己的主宰。[20]卡西安则在这一转变过程中充当着"伟大平均者"的角色。[21]所有修士皆一律平等，因为他们都遵照修道院院长的意旨生活。

我们知道，卡西安的作品是面向富裕读者以及出身行省精英的新修士的。面对这些有志于修道生活的人，卡西安坚称应

毫不妥协地夺去他们的一切所有物。与之相反，奥古斯丁则在衣食和日常劳作方面对出身上层阶级的修士做了相当的妥协。卡西安却并未提供如此便利。在他看来，修士们从进入修道院开始就应学会"不因为与穷人平起平坐而感到羞耻，即不以作为修士团体中的一员为耻"[22]。

长期以来，我们对《圣本尼迪克特规章》指导下的修道贫困的观念十分熟悉，从而容易忘记其中理想化的修道观念在 5 世纪的读者们看来是多么极端。在罗马人看来，卡西安观念中的修道院宛如一座奴隶集中营。在修道院院长的注视下，每一位修士都被期待以"即使在为最严苛骄横的奴隶主服务的奴隶们身上都未曾见到的方式"[23]欣然完成其任务。

卡西安理想中的修道院实际上十分怪异，在那里，自由人成为奴隶，富有者成为贫民，其中既有一位高卢农夫在战乱饥荒之年所畏惧的一切，也有一位贵族由于蛮族入侵和内战导致的贫困可能经历的一切。高卢社会所遭受的损害，仿佛被某种魔法转变为完美社会形态的基础。而令人惊奇的一点是，这种如此极端的"自愿贫困化"观念对于那些最近才经历诸多"强迫贫困化"的贵族阶层是否会有特殊而无意识的吸引力？不过，相较于由内战和蛮族劫掠带来的全面经济崩溃，使原先的富人自降身份成为穷人的修道贫困状态至少还有自愿选择的可能。[24]

在卡西安的修道院观念中，修士不仅应遵循基督"走下来"的谦卑之道放低姿态（如蓬头垢面、身着黑袍的诺拉的保利努斯所做的那样），还应消除此前他身上关于财富和名望的一切象征，以及此前作为大人物带有的撩人暗示。他进入修道院以便认清在上帝面前的真实自我——社会灾难中的普通一员：

> 修士即这世界中的无地难民，他应将自己视作从属于修道院地产的奴隶及杂役者，不要认为自己还拥有什么。[25]

由于被剥夺了财富，在"卡西安式"修道院中的修士们只得以辛勤劳动确保自给自足。当然，这样的话语有些虚张声势，毕竟埃及的修道院从未真正实现过经济上的自给自足。卡西安所在的普罗旺斯的修道院同样并未实现，遵循卡西安教导的修士们可能会与赤贫相伴。定期的繁重劳作也日渐成为真正修道院的重要标志。不过，与外部世界隔绝的完全经济独立仍然无异于痴人说梦。[26]

卡西安之所以如此执着于修道院自给自足的梦想，是为了证实他对高卢那些缺乏热情的修士的抨击。在卡西安看来，修士是作为有闲阶级食利者的真正对立面而存在的，他们也因其自给自足的特征成为社会唯一的生产者。除了修士，其他人则如乞丐般靠他人施舍过活。与修士相比，收取地租的地主、征收税赋的皇帝不过是依赖他人供养的寄生虫罢了。[27]

因此，卡西安认为修士是这受可悲规律支配的人类社会中唯一的例外。数千年来，人类社会以不愿劳作者对弱者的剥夺为特征。从大洪水前的巨人时代（《圣经》中与青铜时代同期的时代，这一时期标志着多神教徒观念中"黄金时代"具有的原初社会纯洁性的丧失）开始，那些强有力者"更乐于以掠夺他人而非以自己的手工或劳动技能为生"。[28]

我们应十分注意卡西安关于修道院外部社会的言论中的严

厉语调。他通过批判的眼光观察着世俗世界的社会结构。正如写作《论财富》的伯拉纠派作家，他并不赞同"私人财富是其神的幸运赠礼"这一大众观念。在记述伟大的埃及隐士"教父"摩西发放救济的情景时，卡西安并未将摩西描写为上帝赐予的财富的管理者。"教父"摩西发放救济，只为能使这不义社会中的不公现象有所缓和：

> 不公仍将肆虐（直至时代终结），是由于众人共有之物（经由上帝应允）被有些人据为己用或仅是据为己有。[29]

但对卡西安而言，最重要的并非"社会不公（尽管它可能显得令人震惊）应从世上消失"的论调。卡西安所关注的是，在他的修道院这样贫瘠的环境中不应还有不公现象的痕迹。因此，卡西安关于修道贫困的激进观念使关于财富问题的旧式争论就此停止，这一争论被真正地挡在修道院之外了。古老的关于善财与脏财的区分在修道院内部也不再适用，因为修道院已成为一片并无财富的净土。

值得注意的是，贪欲该受谴责，只是为了对修士财富进行完全剥夺。卡西安十分谨慎而细致地考察了贪欲的破坏性。他发现，贪欲的产生其实与黄金和广阔地产无关，它只是人内心令人恐惧的幽灵，诱使修士们做出可耻之事：小偷小摸，过度劳累导致的狂躁，对囤积食物或金钱的病态追求，怀有守财奴般对衰老、疾病与贫困之恐惧。这些修士遭受的个人诱惑十分怪异、卑劣，卡西安写作时也毫不忌讳情欲诱惑和春梦干扰。因此卡西安认为，平信徒读者最好不要阅读他关于修道院内贪欲的篇章。[30]不过，这些关于贪欲的罪恶的篇章与修道院外的脏财无关，此前的安布罗斯和伯拉纠派作家们已经对这些脏财进行了严厉批判。

这标志着转变的发生。仅仅二十年前，伯拉纠派运动已表明，由苦行需求导致的对财富之完全摒弃与随后的一系列社会批判密切相关时会产生怎样令人震撼的景象。伯拉纠派的作品仍然在马赛十分知名，其中一些作品也仍被视为苦行劝勉的典范。但卡西安全神贯注地关注的修道贫困则使这些作品中讨论的内容变得不合时宜，震撼也烟消云散。财富与对财富的摒弃两大问题不再强烈交织，这使得摒弃财富的作者也不需要像《论财富》和《论基督徒的生活》的伯拉纠派作者们一样对整个罗马社会进行抨击了。

在卡西安看来，对财富的真正摒弃只有真正的修士才能做到，他自己正是为这样的人写作。阅读卡西安关于修道贫困的作品的读者不应将卡西安关于财富的批判视作对当时社会的直接批判，而应将其看作对那些将成为修士的人完全履行其苦行职责的呼吁。稍晚时候，像萨尔维安这样来自马赛的作家，在抨击那些半心半意、在控制私产的同时仍自认能成为出色修士及出色教士的宗教人士时向来不留情面，这样的人通常会被萨尔维安贬称作"异类"，因为他们对苦行生活只是一知半解而已。[31]不过，我们的老朋友诺拉的保利努斯（因他令人振奋地将敬奉上帝的告白与近期的地产投资结合起来）在萨尔维安看来可能也属于这样的"异类"之列。

不过，此类言论只是修士评价其修会兄弟时所采用的激烈言辞。卡西安对贫困的呼吁对世人几乎并无影响，人们也并未面临此种孤注一掷的选择，基督教关于财富的常识对他们已经足够：即使某人不愿成为修士，他还可以成为良善富人中的一员。慷慨、团结、宽恕并救助罪人也成为平信徒应有的美德，它们也成为 5 世纪的高卢以及随后诸世纪中使平信徒获得赞美的必要德行。如今，也只有在修道院的狭小范畴内才有必要面对"针眼"——完全摒弃财富的想法。财富也不再是广泛而模糊的焦虑感的来源，而是为富人们提供了明确的作用：或选择保有富裕，并以捐献人和赞助人身份成为教会支柱，或选择进入修道院。

不过，该是我们将目光转回到勒兰的时候了，看看当卡西安把"无财富修道院"的乌有乡消息带到普罗旺斯的时候，那里真正的修士与实际的平信徒又是一种什么样的关系。

喀耳刻之岛：勒兰，400 ~ 449 年

当卡西安在 428 年前后将 18 卷《汇编》中的 11 卷题献给修道院院长贺诺拉图斯时，勒兰修道院已建立了二十余年。在勒兰修道院的支持者们看来（苛刻的卡西安可能未必完全认同他们的看法），这所修道院已经将埃及的修道传统带入高卢边缘地带。400 ~ 410 年，被贺诺拉图斯选为修道院所在地的勒兰岛地势低洼、远离海岸，且由于暗礁和激流的存在而难以接近。不过，正是这片闷热而遍布蛇类的平地吸引了贺诺拉图斯，荒无人烟的勒兰岛也正是对埃及荒漠环境的效仿。[32]

不过，勒兰岛的真实环境则与上述有所不同。并非所有地中海的离岸岛屿都有荒凉的或是刻意保持着荒凉的面貌。利罗岛，即现今的玛格丽特岛，与勒兰岛相邻，仅有狭窄的海峡将其分隔，然而利罗岛上有引人注目的庄园，有船筏制造者在此

定居，甚至还有被利古里亚海盗频繁造访的祭祀中心。[33]受此影响，勒兰岛很快就不再是荒芜之地，而是转变为微缩且具有修道特征的另一个利罗岛。

420 　　这一转变的发生有许多原因。体力劳动属于修士的共同义务。勒兰修道院的首份规章《四教父会规》（*Rule of the Four Fathers*）便明确规定，每位修士应坚持每日 6 小时的劳动，尽管那些修士对这一埃及式的严苛制度感到诧异，并对此颇有微词。[34]不过，富有的新入修士将他们的私有奴隶带至勒兰后，勒兰岛的修道聚落才真正形成。这些定居下来的奴隶成为他们过去的主人的"兄弟"[35]，他们的劳动也使原本脏乱不堪的勒兰成为极度繁荣的庄园。于是，想象中的荒岛便成为从巴利阿里群岛延伸至现今克罗地亚的亚得里亚海岸、横穿整个地中海北岸的满布庄园的岛链的一部分。[36]此外，来到勒兰的修士们也被鼓励向修道院进行捐献，而这是卡西安明确反对的。[37]置身属于自己狭小而精良的地产之中——尽管被海洋与陆地分隔，一位勒兰般的修道院院长也不需要为劳动力失散的问题而担忧。同样的问题则致使如达尔达努斯一般的普通地主，为其在滨海阿尔卑斯行省附近的上游河谷中的农民们修建城墙，并让他们定居在其土地上，为他们提供保护。事实上，由顺从的修士们组成的劳动集体如其他任何类型的奴隶一样富有效率。

　　基于上述原因，在通常与开阔乡村地带的庄园相联系的旧式修道生活频繁受到暴力浪潮威胁的时期，勒兰修道院应运而生。诺拉的保利努斯之友苏尔皮奇乌斯·塞维鲁很可能就是这一转变的受害者，他位于普利姆里亚库姆的庄园似乎靠近图卢兹与纳博纳之间的大道。在 4 世纪末的最后和平时期，普利姆里亚库姆成为邻近地区的大城市里志同道合的苦行主义者们的极佳聚会之所。但 406 年之后，当战乱之声响彻大道时，靠近主干道的位置显然是不合适的，普利姆里亚库姆这片如同修道院般的聚落，连同它的洗礼堂以及两间满是绘画和铭文的教堂，都消失得无影无踪。此时苏尔皮奇乌斯才发现，自己不得不当教士以求生存了。[38]

当然，受到这一转变的影响的不止苏尔皮奇乌斯一人。高卢的圣马丁祭坛曾得到如塞维鲁一样的众多有闲阶级的庄园主们的支持，但在战乱后它也经历了超过半个世纪的沉寂，直至 5 世纪 60 年代才在位于图尔的圣马丁墓前得以恢复。[39]与此相反，在勒兰地区，组织化的"圣徒之岛"被海洋包围，又刻意地维持着埃及式的勤劳风貌。它比此前曾经安定繁荣的高卢大部分地区显得更为出众。

勒兰修士们仅用了十年时间便成功地在普罗旺斯教会中安插了自己的势力。贺诺拉图斯在 428 年前往阿尔勒，与他一样来自勒兰的亲戚希拉里也在 430 年成为阿尔勒主教。其他人也很快进入了其他教区，尤克里乌斯便是其中之一。这位尤克里乌斯原先是一位修士的世俗崇拜者，他与妻子最初定居在勒兰附近的利罗岛，正如诺拉的保利努斯与妻子特拉西娅选择在诺拉定居一样。但不久后，尤克里乌斯便渡海来到勒兰，并在 435 年成为里昂主教。勒兰修道院的另一位前任院长马克西穆斯则在 433 年成为里耶主教，继马克西穆斯之后成为勒兰修道院院长的杰出的福斯图斯，则在 468 年成为里耶主教。他们的经历表明，勒兰的确有"喀耳刻之岛"一般的魔力，是产生"惊人巨变"之处。塞壬海妖将人变成猪，然而勒兰岛却将罪人变成了圣徒，并以同样的魔力将他们派遣到世界各处的主教

421

席位上。[40]

这样的事实众所周知，然而它并不容易解释。现代学者提出的解释之一是，由于勒兰修士们出身贵族阶层，他们并不会将修道生活当作漫长的履行义务之途，而会将其与贵族式的闲暇理想、一种从公众生活中淡出隐退的传统观念相联系。他们也由于对故土的忠诚以及贵族阶层的参政传统而选择回到高卢城市中担任主教。这些来自勒兰的主教在那些地区以朴素的基督徒方式维持着遭受蛮族威胁的罗马生活。[41]

现代学者对勒兰修士们持有较为温和的看法。从学者们互相评点和研究宗教生活的那些作品来看，他们似乎正"呼吸着教养良好的罗马上层阶级之气息"[42]。在现代读者看来，他们时常显得正合分寸，甚至充满乡土气息。修士们关于勒兰圣徒的描述也因为正好缺少在苦行环境中——不论是在遥远的埃及还是在圣马丁周围的人群中——流行的奇迹故事而时常受到褒奖。[43]另外，勒兰修士们也似乎跻身于最后一批，甚至可能属于最优秀的"最后的罗马人"之列。最后，与勒兰相关的那些出身修士的引人瞩目、星光熠熠的主教还被认为昭示着令人振奋的未来。这一切都表明，一种兼具贵族特质和苦行特征的价值观已经产生，并为5世纪和6世纪早期的罗马元老贵族成功征服高卢教会开辟了道路。[44]

这一论调当然有其合理之处，不过它多少有些忽视了这一时期的艰苦特征，这似乎暗示着高卢南部地区十分轻易地度过了5世纪20年代和30年代的危机。我们首先应明确这一时期高卢贵族阶层内部的复杂性，而不应沉迷于勒兰修道圈子里的作品中的贵族气息。这些作品强调了修道院院长、修士以及主教们此前的社会高位。对其高贵出身的暗喻也提升了他们隐修行为的价值。进而言之，这些修道院领导者展现出的是，世俗贵族轻松地升格为更崇高的、作为精神贵族的修道院院长和主教。稍晚时代的作者们也将重点关注他们心中的英雄从世俗显贵升格至高级教士时看似顺畅无比、实则顺从神意的过程。[45]

422

不过，我们似乎不宜过分拘泥于这些言辞，毕竟里面的贵族观念已被有意模糊化了。在奥索尼乌斯时代，高卢地区的"贵族"还是一个易变的概念。许多人自称贵族，在追溯出身的时候有所夸饰（如奥索尼乌斯本人所明确表述的那样）。因此，我们应更谨慎、更清晰地认清与勒兰关系密切的修道运动的重要主角们的社会地位。以贺诺拉图斯和希拉里为例，他们很可能都出身与"小型元老"——市议员阶层——相关的当地望族。在罗讷河谷地带的城市中，5 世纪的市议会往往会自我标榜为"贵族议会"。[46]不过这些自封的贵族很少使其视野逾越至其所在行省之外，他们充其量会在高卢其他行省占有土地或与其他城市发生关系，但从未成为 4 世纪声望显赫、影响力波及帝国全境的超级富豪式人物。[47]在这些自封的贵族看来，曾属于诺拉的保利努斯那样的多行省贵族的世界在 5 世纪前二十五年就已成为永远逝去的"黄金时代"了。

进而言之，我们可以看到，行省贵族与掌控帝国上层阶级的权贵之间的联系比 4 世纪显得更为薄弱。另一种对抗性的关系开始在帝国权力真正的代理人（那些来自高卢地区的特权阶级的成员，西多尼乌斯·阿波利纳里斯家族与他的朋友们便属此列）与下层贵族间产生，也正是这些下层贵族而非与宫廷亲近的大家族，承担着应对蛮族入侵和绵延内战冲击的责任，我们已经正确地认识到勒兰修道圈的主要创立者们是以避难者身份来到普罗旺斯的。不过他们并非都能从蛮族面前全身而退，大多数时候，他们的家庭（如佩拉的保利努斯所遭遇的那样）由于405～406年大侵袭之后的十年中激烈的罗马内战而分散。[48] 在圣徒们的作品中始终有这种怨恨的倾向，其直接目标就是上层贵族及其盟友以及在5世纪的帝国行政机构中身居高位而引人注目的高卢统治者们。低层贵族的愤怒情绪则在萨尔维安对帝国高级官员的谴责书中最为显著地体现出来。

置身于这样一个上层阶级分崩离析的社会中，第一代勒兰修士与他们周围的俗世间的关系犬牙交错。此时，修士们放弃贵族身份之后再获得该身份的言辞试图填补他们与自己所面对的俗世之间真实存在的裂隙。修士们很有可能仍然保持着些许贵族本色，但他们所处的高卢南部地区的社会状况与埃及相似。勒兰修士们在自己的"喀耳刻之岛"上已经使他们与普通贵族截然不同。事实上，在阿尔勒行政中心里掌握实权的人看来，勒兰修士们的价值正在于，他们与普通下层贵族并不一样。

"他身穿毛衣，腰束皮带"（《列王纪下》1：8）：作为主教的修士

在5世纪20年代晚期，高卢管理层对合适主教的需求已十分迫切，他们已不再能够忽视城市中那些基督徒团体的领导者是谁了。主教们从5世纪10年代开始便被卷入内战。拉文纳宫廷的军事统领君士坦提乌斯于411年击溃君士坦丁三世，并于418年处理西哥特人事务后，便将阿尔勒主教区划入他在高卢南部地区的安定计划。他可能还在城市里修建了一座名为"君士坦提娅堂"的教堂，[49] 并任命自己的亲信帕托克鲁斯担任阿尔勒主教（412～426年在位）。但帕托克鲁斯因与政界过

423

于接近而危及自身安全。他在 426 年被敌对派系的一名军官谋杀。在一个教会内部习惯于以激烈争论解决问题的时代，帕托克鲁斯可以说是为数不多的遭到暗杀的主教之一。是时候寻找更加可靠的主教人选了。[50]

短期来看，被认为可靠的主教人选显得十分奇特，他们是勒兰的修士，不过这也并不令人惊讶。马丁和百基拉的生涯已经证明，西部教会对财富的谈论往往有利于苦行主义者和持异见者。富裕者和有权势者之所以支持这些修士，确切地说是因为这些修士既与自己十分相似而又截然不同。作为苦行主义者，他们已与所处阶层中的一般成员相对立，并代表着一种与世俗截然相对的神圣观念。

这一尖锐对立的局面十分关键。它保证了圣人的神圣性，以使他们能在平信徒身处险境时解其燃眉之急，并为其赐福赋权。通过来自勒兰的两位杰出修士——先是贺诺拉图斯，后是希拉里——迅速改变身份的案例，我们可以看到，对世俗庇护者而言，家族与阶层的联系尽管存在，但宗教考量更为重要。在这动荡之年，他们将勒兰修士视作属于自己的先知以利亚："他身穿毛衣，腰束皮带。"（《列王纪下》1：8）但这些修士不再被视为任何"上层阶级"的成员，帕斯卡尔 - 格雷戈里·德拉热的精妙之语称其为代表着获得强大宗教力量的"局外人"。[51]

不过，人们对这些担任主教的修士的期待不只是偶尔进行祝圣仪式。当贺诺拉图斯担任主教时，平信徒们十分相信，他们与其子孙和爱人的灵魂都将因他们对教会的奉献而获益。贺诺拉图斯对死者的祈祷也在彼岸世界发挥作用，但这不仅是因为贺诺拉图斯的祈祷富有成效。修士出身的贺诺拉图斯仍保持着节俭的习惯，这也确保了那些为死者捐献的财富不会失散或者仅仅浪费在展示上。[52]修士出身的主教是怀着一种唯恐浪费的思想对教会财富进行管理的，但这种对浪费的恐惧并非来自卡西安，他的作品只与修道院而非教会财富相关。不过，这种基于完全极简主义的对待财富的态度则被卡西安关于修道贫困的著作磨砺得更为尖锐。

然而有些矛盾的是，修士－主教们被证明是十分成功的筹财者。他们的成功之道在于，这些修士－主教素来以未受财富沾染以及洁身自好而知名。阿尔勒的希拉里（430～449 年在位）在主教任上仍下田劳作，"尽管希拉里出身显贵之家且未有务农经历，他的身体条件也不适于这一活动"[53]。希拉里还制造出了用于抽干海岸盐田中海水的器械。[54]于是，希拉里曾经"为基督而从事农村劳动"的事实也在他的墓碑上被提及。[55]不过，这种埃及修道模式中自给自足的刻意展示仅仅是为了增加财富向教会的流动。稍晚时候的一位作家也满怀自豪地以此语句纪念希拉里："他不仅巩固着教会已有的财富，同时还使教会财富因获得来自信徒的大量遗赠而增长。"[56]

不过，尽管希拉里在平信徒中已经获得了"值得托付财富者"的名声，但修士希拉里的经历还是令人震惊，它与"贵族轻而易举就可转为主教"的观念并不相符。希拉里是作为唤醒普罗旺斯的先知从勒兰前往阿尔勒的，[57]他充分利用自己的俗人关系网落实自己的崇高教会秩序理想，以使阿尔勒教区成为现代超级大都市一般的教区。此外，希拉里还建立起覆盖罗讷河流域的全新主教关系网。当然，毫不意外的是，这些主教大都是从与勒兰修道圈关系密切的人中选出的。[58]希拉里还在城市间来回奔波，召集宗教会议，并按其意旨罢黜主教。[59]444 年时为应对教宗利奥一世的挑战，希拉里还在寒冬时节翻越阿尔卑斯山步行前往罗马。[60]二人会面后立刻展开唇枪舌战，据利奥说，希拉里竟说些"俗人不该说，主教也不该听"[61]的话。

从罗马教廷的角度来看，希拉里在高卢南部地区神奇的主宰表明，意大利的管理层已经对高卢地区的"地方罗马性"表现出不信任，这可被视为教会内部的"巴高达运动"——一种遍布帝国的教会政治的割据现象。正如 445 年皇帝瓦伦提尼安三世（在利奥的请求下）所言，希拉里"竟以一位鲁莽僭越者的身份，冒犯了帝国政府的权威"[62]。可见，尽管希拉里以勒兰圣徒的英雄之名著称，但他并不总是所有人心中的英雄。

"外来者的新兄弟之谊"：高卢南部的修士与教会

希拉里于 449 年逝世，不过他在晚年时与利奥一世的那场著名冲突不应仅仅被孤立地看作一起争端，事实上，这标志着高卢地区长期以来积累的怨恨已达巅峰。由希拉里这样的来自勒兰的修士 – 主教们所代表的教会治理模式已经严重威胁到在意大利、非洲确立已久，且在西班牙以及高卢大部分地区广泛被人接受的教会秩序观念。地方基督教团体的社会秩序已处在危险之中：教会究竟是继续作为普通人的教会而存在，抑或通过如希拉里一般出身修士而个性鲜明的领导者们，将新型的教会领导方式自上而下地定为规范？这一发展似乎暗含着漠视平民和教士的联合的危险，这种联合使西部大多数行省中的教会保持低调。

由希拉里和勒兰修道圈所代表的高压领导方式，令人对罗马主教收到的来自高卢许多城市的大量反修道诉求保持警惕。罗马方面的信件对此给予回应，他们对被强有力的勒兰圣徒们所排挤的当地教士们的不满表示理解。

在此事件中，罗马主教们是基于一种将教士视为第三等级的强烈观念进行评判的。如我们所见，这样的观念从达马苏斯时代起就已在罗马发展起来。但这种罗马模式并不仅仅与罗马一地相关，它还是一种能够被各行省教会接受的模式，因为它适应了意大利以及其他许多行省中产生教士的市民团体的社会状况。

在大多数高卢城市中，教士与他们的主教们仍然是来自市议员和富裕平民的"小人物"。由于意识到他们在社会等级中的不稳定地位，教士们以一种强烈的特权观念团结起来，并效仿与他们社会地位相同的帝国行政机构的低级官员。教士生涯被认为与公务员长期在政府部门工作以求晋升的经历十分相似，低阶教士要想获得晋升要凭资历。因而较理想的情况是，能够从城镇的教士中选出主教，[63]即主教是通过该城选区中的广大选民与教会进行合作而共同选出的。这是相对自由的选举，也不必总是受到来自他处的主教或地方权贵的干预。[64]

因此，高卢南部地区许多城市中的教士都对修士声誉的增加做出了反应。428 年，教宗塞莱斯廷在一封写给普罗旺斯主教的长信中回应了教士们的抱怨。塞莱斯廷指责这"由游方人士和外来者组成的新兄弟会……并非植根于教会内部，而是来自另外的宗教背景"[65]。不过，小城镇中教士们的怨恨并不集中在普通修士身上，而是集中在那些有特权阶级背景、像勒兰修士们那样的"超级修士"身上。塞莱斯廷还坚称，这样的修士不应被选为凌驾于教士之上的主教。总之，此时身穿罗马式仪式袍服的教士阶层，将不会被那些身着怪异修士长袍、看起来像以利亚的人排挤掉。

"同一教会内部的差异分化"：阿奎丹的普罗斯佩尔在马赛，428～433 年

这一时期兴起的修士－主教势力也面临着一位打着奥古斯丁旗号的平信徒——阿奎丹的普罗斯佩尔的挑战。[66]普罗斯佩尔是一位有强烈神学观念的已婚人士，兼具苏尔皮奇乌斯的锐利笔锋和诺拉的保利努斯的卓绝诗才。由于深受数十年有闲阶级文化的熏陶，普罗斯佩尔成为体现普罗旺斯基督教会特征——平信徒圈子与教会圈子保持着良好的共生关系——的典型。普罗斯佩尔并不认为，平信徒不该参与仅有教士和修道专家可以讨论的话题。于是，普罗斯佩尔将奥古斯丁奉为偶像，同时，渴求对手的他也在 5 世纪 20 年代从阿奎丹搬至马赛，并在抵达马赛伊始就以自己的方式与当地圣徒展开争论。428年奥古斯丁尚且在世时，普罗斯佩尔就曾试图使这位希波主教加入在他看来在马赛正在进行的、关于恩典和自由意志的讨论。普罗斯佩尔告诉奥古斯丁，他代表了"对关于恩典的完整教条的勇敢捍卫者"。[67]

432 年，普罗斯佩尔进一步与卡西安进行争论。他写作了一本名为《驳集解者》的小册子，以此回应他所谓的卡西安在《汇编》第 13 卷中对奥古斯丁恩典和自由意志观念的隐秘抨击。普罗斯佩尔甚至谴责卡西安还有伯拉纠派思想的残余。

不过在这本小册子里，普罗斯佩尔用一化名指代卡西安，避免将他作为人身攻击的对象，也因此消除了自己理解卡西安关于恩典和自由意志的细致观念的义务。作为一位"布道

427　者"的卡西安就是普罗斯佩尔的"稻草人"。由于与奥古斯丁观念不同，卡西安被普罗斯佩尔视为当时流行的危险言论的代表人物。[68]

　　有鉴于此，马赛的圣徒们当然会毫不意外地以一种冷淡的方式记住了这位普罗斯佩尔。在他们看来，普罗斯佩尔脾气暴躁且极其固执，他对卡西安的抨击也不受待见。[69]现代学者们也倾向于接受这一看法，他们认为普罗斯佩尔对卡西安的抨击是在顾左右而言他，不过是"关于卡西安作品的特别轻率失当而影响广泛的解读"[70]。

　　尽管有如此负面的评价，但普罗斯佩尔至少在一个问题上真正触及勒兰修士们的痛处。普罗斯佩尔写作时，正是勒兰修士们开始担任作为政治中心的阿尔勒城的主教职位之时。普罗斯佩尔认为，应以严格的神学观念审视这些人的任职资格。在他看来，这些来自勒兰、有一定世俗背景的修士只是简单地将文化、阶层和苦行实践方面的优越性带到城市之中。但他们是否想过这个问题：自己的成功仅仅是因为上帝之恩典，还是部分出于他们的经历——出于由其不依赖于上帝恩典的独立意志累积的善功？[71]

　　在这一问题上，普罗斯佩尔所做的不仅是像神学家一样写作一部关于恩典和自由意志的作品，他还关注基督教团体的结构，并对卡西安卫道士般的话语进行讽刺。对普罗斯佩尔（若不是对那些更为同情卡西安的现代阐述者）来说，卡西安似乎是在保留一块人类自由意志的领地。虔诚的信徒们通过对上

帝的服务将珍贵的自由意志献给上帝，并将其完全置于上帝手中，任其使用。但在普罗斯佩尔看来，即使是这种谦卑的态度也值得警惕，他认为，仅仅是提及自由意志都会是危险的开端。

普罗斯佩尔之所以这样认为，是因为他意识到不能简单地将"自由意志"视为一个抽象的客观中立的社会学观念。"自由意志"同样是能体现拥有社会文化优势的符号。一旦信徒们宣称他们的部分行动是按照其自由意志、独立于上帝恩典完成的，就会使引向良善宗教行为的善意变得具有社会学上的暗示。此外，以自由意志接近上帝的人可能会思考（其他人也可能这么想）因自由意志而获得的包括文化、阶层、苦行等方面的一系列社会文化优势。这样一来，教会就将被自封圣徒的精英们统治，其称圣也源自社会背景和修道资历，一如上帝的恩典。

基于上述考虑，普罗斯佩尔宣称，卡西安的观念会导致一场重大的"同一教会内部的差异分化"[72]。在普罗斯佩尔执拗地谴责卡西安时，可以看出他对这一问题的高度重视。[73]普罗斯佩尔对卡西安的批判在于，卡西安可能暗示，有些人会被认为是更多地出于自己的自由意志来服务上帝。那么，上帝会因为这些成就而对他们分外"珍视和接纳"。他们早就"心怀热忱，欣然响应上帝的召唤"[74]，由此表明正是应该由他们领导基督徒团体："（他们）充满荣耀……他们虔诚地凭一己之力，向上帝奉献那些他们并未（从上帝之处，而是从自己的过去）获得之物。"[75]

当然，勒兰修道运动的领导者们也不能免于这些批评。面对阿尔勒并不完美的世俗状况，他们也努力使自己成为"当

428

下可见的道德象征"。[76] 尽管他们的内心仍可能保持谦卑，但其追随者们早已准备好，将他们拥戴为有勒兰群岛苦行劳动经历，以及有贵族背景强力支持的、富有精神力量的人。

为反击这一观点，普罗斯佩尔将所有意志都完全置于上帝之下。在他看来，被上帝"召唤"即意味着将被彻底重造，而这一奇妙转变将在一个无法被人眼察觉，亦无法被人智感知的空间中进行。[77] 社会地位及文化都与此转变无关，进而言之，它们同样与教会对其领导者的选择无关。在罗马模式中存留的强烈的教士制度意识促进了社会和文化水平的提高，在这种情况下，只有上帝的恩典（而非可见的社会优势）才起作用。就普罗斯佩尔而言，出身低微的主教们将能因此从一致的教士序列中出人头地。（假如他还是从众人中选出的话）这样的主教也会像来自勒兰的任何一位有贵族背景的强力圣人一样，真正受到上帝赐福。

"尽职尽责应获回报"：自由、服务以及高卢共识

可以说，普罗斯佩尔对卡西安的抨击是他对争论不休的马赛的圣徒世界的最终贡献。当然，我们应注意不要过度重视普罗斯佩尔在他所在时代的普罗旺斯宗教界的意义。[78] 苏珊·韦塞尔认为，奥古斯丁派与伯拉纠派论争的"持续对话"仍在高卢进行，[79] 但普罗斯佩尔所讨论的话题没继续下去，因为此时产生了被称为"高卢共识"[80] 的观念。所谓"高卢共识"并非对奥古斯丁的排斥，恰恰相反，来自勒兰和马赛的作家们在论及恩典与自由时的措辞变得十分慎重。他们认同奥古斯丁的大部分言论，只不过他们是按照自己的意思来措辞的。最

重要的是，他们将自己和这位希波主教的言论用语言屏风分　429
隔开来。当他们谈论恩典和自由意志时，他们避免使用奥古斯
丁以及如普罗斯佩尔般狂热的奥古斯丁追随者所采用的方式。
对此我们应予以注意。我们若稍加观察，则可能发现被这些作
家认为 "理所当然" 的社会面貌的某些新情况。

　　这些高卢作家与奥古斯丁的共同之处是，都有表达人类对
上帝依赖程度的需求。他们与奥古斯丁共享 "灵性依赖"[81] 的
概念。普罗斯佩尔对卡西安的讽刺似乎已使我们忘记，被称为
"疯子"[82] 的伯拉纠对双方而言都是一位不合群者，因为他所讨
论的关于灵魂高贵本性和完全意志自决的观念与他们格格不入。
5 世纪末（473 ~ 474），在里耶主教弗斯图斯对数代以来普罗旺
斯所讨论的话题进行总结的时候，我们则可以更清楚地看到这
点。他写作了一本名为《论恩典》的小册子。在《论恩典》
中，伯拉纠将人类表述为一种期待只凭做工而不求恩典庇护就
能获得报酬的自由劳动者。不过，弗斯图斯实际上完全否认了
伯拉纠的观念。弗斯图斯认为，人类需要的是一个能够全心全
意奉献的上主，而伯拉纠提供的却只是一位人们能向其索取正
当薪酬的冷漠雇主。[83]

　　但这种关于依赖上帝的尖锐观念又应如何阐述？在这个问
题上，双方分道扬镳了。奥古斯丁倾向于从人类被上帝的恩典
所包裹的角度来谈论上帝与人类的关系。奥古斯丁与他的追随
者们认为这种依赖深入人类意志之中，于是，对上帝的依赖便
以一种灵感、一种启示以及一种上帝和灵魂神秘联合的形式表
现出来。因此，许多奥古斯丁的追随者（如普罗斯佩尔）都
是诗人，这可能并非巧合。由于习惯于诗人是缪斯附体的观
念，他们并未看到这种恩典观念——由于恩典贯注全身而受到

神启创造全新的东西——的危险性。当时，一位小诗人就在庆贺自己皈依天主的诗中这样写道：

> 哦，圣父，若有益处，请将您的所有赋予我身，
>
> 进入我内心深处，贯穿我灵魂精髓。
>
> 我所做的一切皆属于您，即使我的意志不属于自己。[84]

与这种神秘的、沉迷于宗教情绪中的语调有明显不同的是，在普罗旺斯，如弗斯图斯般的作家及其追随者选择以一种源于世俗社会关系的基本隐喻讨论恩典与自由意志。这一隐喻源于恩主和门客的两极分化。亚当堕落所致的贫困，使人类有如潦倒的门客寻求恩主般接近上帝。人类的自由也由于其罪恶而被"彻底剥夺"[85]。尽管如此，与宗教意义上"罪人"身份相近的仍然是门客而非奴隶，他们仍然存在自由人的选择。尽管这些门客可能完全依赖其恩主，他们仍然会以对恩主的服务尽其义务，即一位自由人急于以其微薄之力对其恩主的事业进行回报："如此，上帝将保有作为主人的所有权力，而信徒们将在从属状态下自愿地提供服务作为回报。"[86]可以看出，这是一个被深深打上时代烙印的隐喻。高卢的地主们也在此时努力与他们的农民们建立起更为紧密的上下联系。这些地主希望从他们的门客那里得到的并非奴颜婢膝（这在一个被间歇性暴力扰乱的世界中更加难以实施），而是依附性服务。这与普罗旺斯的作家们谈论人类回报上帝的服务时的提议正好相同。

"你的闪电照亮世界，大地看见便战栗"（《诗篇》76：19）：普罗斯佩尔与罗马帝国

普罗旺斯的作家们就是以这样的方式讨论奥古斯丁及其追随者们谈及的话题的。当然，普罗旺斯的作家们时常怀着相同的目的——强调人类对上帝的绝对依赖。不过他们的方式各有不同，而且还会带有对他们所处的社会以及罗马帝国命运的独特观点，这都与普罗斯佩尔的奥古斯丁派提出的观念有明显不同。

比起普罗斯佩尔对卡西安的讽刺，他关于罗马帝国前景的观念显然更值得我们研究。普罗斯佩尔认为，罗马帝国此时只扮演着次要角色。直接来说，普罗斯佩尔的奥古斯丁派观念使他确信，过去所有的一切都对当下发生的事情毫无影响，正如没有什么东西——社会优势、文化天赋、苦行等——能与恩典在个人心中的作用相比。一切皆为新造物，一切事件也都振聋发聩，它标志着隐藏的上帝之手驱动下的新变化。"看哪，我要行一件新事"（《以赛亚书》43：19），这句上帝对先知以赛亚说的话很好地概括了普罗斯佩尔的质问。[87] 罗马帝国对因精神而新生这样的日常奇迹毫无贡献。若是人类在邪恶内心的引导下并未完全自我毁灭，那么古老的罗马秩序就必须靠近恩典世界。[88] 可见，这两个世界其实并无交集。

就这样，普罗斯佩尔使教会历史巍然独立于处于困境中的罗马帝国历史之外。普罗斯佩尔也并不关心罗马帝国的衰亡，因为罗马已不再"重要"。属于上帝恩典的世界并不存在一个明确的人类中心，因为恩典能够随时随地降临。未来还将有许多

431　奇迹，但它们并不都令人震惊，还可能充满荣耀。不过这些奇迹与人类历史，甚至与罗马的发展无关。新的奇迹还将持续产生，只是因为上帝的全能恩典已经为大公教会注入了强大动力："你的闪电照亮世界，大地看见便战栗。"[89]（《诗篇》76：19）

　　普罗斯佩尔于 433 年离开马赛前往罗马，以其文笔为教宗服务。但十分重要的一点是，当普罗斯佩尔到达罗马时，他选择以一部编年史而非神学作品的形式总结自己的世界观。[90] 在普罗斯佩尔的《编年史》中，罗马帝国已被从舞台中央驱逐出去。在他看来，5 世纪的历史并非蛮族入侵使帝国受损的历史，而是一部仍然在上帝的教会中发生的、属于上帝伟大神迹的历史。这些上帝的神迹也带来诸多喜讯。读者可以读到，到了 431 年，仅靠主教们的努力，即使是最可怖的爱尔兰人也皈依了基督。就这样，有赖于这些获得神助的主教，位于边远之地的不列颠一下子就脱离了伯拉纠异端和多神教信仰，成为基督教世界的一部分。[91] 不过，教会在昔日的帝国前线地带取得的胜利中却并无帝国的贡献。一切十分清楚。即使帝国消亡，这样的胜利也仍将继续："所谓圣徒的光荣，即是使整个世界在上帝和他的律法面前屈服。"[92]

　　总的来说，普罗斯佩尔在《编年史》中以一种"几乎令人惊奇的平静"看待他周边的世界。[93] 原因在于，他认为西部教会中上帝恩典的工作独立于罗马帝国存在，正如他曾提出的，因上帝恩典指引而主动为上帝服务，亦独立于过去因世俗身份或超凡苦行所得的"资格"。

　　我们绝不会在马赛的圣徒中找到普罗斯佩尔这样平静的情绪。不过，还是让我们回顾一下在上一章中了解过的《452 年编年史》的无名作者。此人既非奥古斯丁的追随者，亦非奥古斯丁追随者的门徒。在稍早的编年史条目中，这位作者谈论了一种"异端思想"在高卢的传播状况，"那些人认为自己是前定的选民，并以为这是源于奥古斯丁的前定论"[94]。此时的罗马帝国仍是《452 年编年史》关注的中心。作者以沉郁而简洁的笔触，记录了在他所处的世界边缘地区那些单个或成群的行省沦陷的场景：它们或臣服于蛮族，或由于巴高达运动而从罗马分裂出去。[95] 在 451 年，他总结道："这时帝国的状况已经岌岌可危。"[96] 与充满奥古斯丁式乐观思想、将帝国历史视为大公教会持续而充满恩典的胜利历史的普罗斯佩尔相比，《452 年编年史》中满是令人恐慌的观点。此时在高卢南部那些严肃认真的人首次开始思考人们难以想象的事情："为何蛮族的生存状况会如此优于我们?"[97] 在 5 世纪 40 年代早期，另一位来自马赛的圣徒对此给出了一个值得注意但相当不让人安心的答案。这位现今在城中担任司铎的马赛圣徒的崇拜者、可能的前勒兰修士成员，即是马赛的萨尔维安。

432

注　释

[1] Paulinus of Pella, *Eucharisticos*, 520 – 21. 关于这一普遍使用的术语的背景，参见 É. Griffe, "La pratique religieuse en Gaule au Vᵉ siècle: *Saeculares et sancti*," *Bulletin de littérature ecclésiastique* 63 (1962): 241 – 67。

[2] S. T. Loseby, "Arles in Late Antiquity: *Gallula Roma Arelas and Urbs Genesii*," in *Towns in Transition: Urban Evolution in Late Antiquity and the Early Middle Ages*, ed. N. Christie and S. T. Loseby (Aldershot: Scolar, 1996), 45 – 70; Heijmans, *Arles durant l'Antiquité tardive*. 此后阿尔勒、纳博纳和地中海西班牙地区的关系，参见

Reynolds, *Hispania and the Roman Mediterranean*, 84 – 85。

[3] S. T. Loseby, "Marseille: A Late Antique Success Story?" *Journal of Roman Studies* 82 (1992): 165 – 85.

[4] R. W. Mathisen, *Ecclesiastical Factionalism and Religious Controversy in Fifth – Century Gaul* (Washington, DC: Catholic University of America Press, 1989), 76 – 78.

[5] Hilary of Arles, *Vita Honorati* 22, ed. S. Cavallin, *Vitae Sanctorum Honorati et Hilarii episcoporum Arelatensium* (Lund: Gleerup, 1952), 65. 参见 Mathisen, *Ecclesiastical Factionalism*, 93 – 96。

[6] Honoratus of Marseille, *Vita Hilariti* 15, ed. S. Cavallin, trans. P. – A. Jacob, *La vie d'Hilaire d'Arles* SC 404 (Paris: Le Cerf, 1995), 124. 诗人刻意将希拉里安排时间和事务的娴熟，与他编织篮子的娴熟进行类比。

[7] Honoratus, *Vita Hilarii* 14, p. 122.

[8] M. Vessey, "Peregrinus against the Heretics: Classicism, Provinciality and the Place of the Alien Writer in Late Roman Gaul," *Studia Ephemeridis Augustinianum* 46 (1994): 529 – 65 at p. 550, 现收录于 *Latin Christian Writers in Late Antiquity and Their Texts* (Ashgate: Variorum, 2005)。利用这些关系网构建师生关系的意义，请参见 R. Alciati, *Monaci, vescovi e scuola nella Gallia tardoantica*, Temi e Testi 72 (Rome: Edizioni di Storia e Letteratura, 2009), 119 – 21, 228。又见 M. Dulaey, "La bibliothèque du monastère de Lérins dans les premières décennies du Ve siècle," *Augustinianum* 46 (2006): 187 – 230。普罗旺斯的教会文化另一个遭到忽视的方面，参见 Bailey, *Christianity's Quiet Success*。

[9] S. Baumgart, *Die Bischofsherrschaft im Gallien des 5. Jahrhunderts: Eine Untersuchung zu den Gründen und Anfängen weltlicher Herrschaft der Kirche*, Münchener Arbeiten zur Alten Geschichte 8 (Munich: Editio Maris, 1995), 14 – 15.

[10] 特别参见新作 R. Goodrich, *Contextualizing Cassian: Aristocrats, Asceticism, and Reformation in Fifth – Century Gaul* (Oxford: Oxford University Press, 2007)。关于卡西安的论述甚多，参见

P. Rousseau, *Ascetics, Authority, and the Church in the Age of Jerome and Cassian* (Oxford: Oxford University Press, 1978), 169 – 234；以及同一作者的 " Cassian: Monastery and World," in *The Certainty of Doubt: Tributes to Peter Munz*, ed. M. Fairburn and W. H. Oliver (Wellington, New Zealand: Victoria University Press, 1995), 68 – 89；C. Stewart, *Cassian the Monk* (Oxford: Oxford University Press, 1998)；和 O. Chadwick, *John Cassian* (Cambridge: Cambridge University Press, 1968)。

[11] J. – C. Guy, ed., *Jean Cassien: Institutions Cénobitiques*, SC 109 (Paris: Le Cerf, 1965), 这是我引用的版本。译本参见 B. Ramsey, *The Institutes*, Ancient Christian Writers (New York: Newman Press, 2000)。

[12] E. Pichéry, ed., *Jean Cassien: Conférences*, vol. 1, *I – VII*, SC 42 (Paris: Le Cerf, 1955)；*Conférences*, vol. 2, *VIII – XVII*, SC 54 (1958)；*Conférences*, vol. 3, *XVIII – XXIV*, SC 64 (1959)。我引用的是 SC 版本的页码和栏数。选译参见 C. Luibheid, *Conferences* (New York: Paulist Press, 1985)；全译本参见 B. Ramsey, *The Conferences* (New York: Paulist Press, 1997)。Vogüé, *Histoire littéraire du mouvement monastique*, 6: 173 – 439 提供了博学而明辨的评注。

[13] Cassian, *Inst.* Preface 3, p. 29 and 2. 2, p. 60. 现参见 Goodrich, *Contextualizing Cassian*, 117 – 50。

[14] Goodrich, *Contextualizing Cassian*, 32 – 116.

[15] *Institutes* 4.4 (126): Goodrich, *Contextualizing Cassian*, 151 – 207, esp. at pp. 173 – 74.

[16] *Regula Macarii* 24, ed. A. de Vogüé, *Les Règles des saints Pères*, SC 297 (Paris: Cerf, 1982), 1: 382, and ed. and trans. S. Pricoco, *La Regola di San Benedetto e le Regole dei Padri* (Verona: Mondadori, 1995), 52.

[17] *Inst.* 4.3.1 (124).

[18] *Inst.* 4.4 (127).

[19] *Inst.* 12.32.1 (498).

[20] *Inst.* 1.2.3 (60).

［21］ Goodrich, *Contextualizing Cassian*, 190.

［22］ *Inst.* 4.5（129）.

［23］ *Inst.* 4.19.1（146）.

［24］ 对卡西安式和后卡西安式修道运动这一面向的最好的分析参见 G. Hartmann, *Selbststigmatisierung und Charisma christlicher Heiliger der Spätantike*, Studien und Texte zu Antike und Christentum 38 （Tübingen: Mohr Siebeck, 2006）, 51 - 94, 它论及 Jura 地区的教父们。

［25］ *Inst.* 4.14（138）.

［26］ Wipszycka, "Les aspects économiques de la vie de la communauté de Kellia"；同一作者的 "Le monachisme égyptien et les villes," *Travaux et mémoires* 12 （1994）: 1 - 44；同一作者的 "Les formes institutionnelles et les formes d'activité économique du monachisme égyptien," in *Foundations of Power and Conflicts of Authority in Late Antique Monasticism*, ed. A. Camplani and S. Filoramo, Orientalia Lovaniensia Analecta 157 （Louvain: Peeters, 2007）, 109 - 54 at pp. 149 - 50。A. Laniado, "The Early Byzantine State and the Christian Ideal of Voluntary Poverty," in *Charity and Giving in Monotheistic Religions*, 15 - 43 表明，卡西安倡议的那种绝对个人贫困，直到 6 世纪才被认为是修士必须恪守的。高卢的情况，参见 A. Diem, "Monastic Poverty and Institution Forming: Evidence from Early Medieval Historiography and from Monastic Rules,"（在康奈尔关于中世纪贫困问题的会议上发表的论文，2008 年 3 月）。

［27］ *Coll.* 24.12（64: 183）.

［28］ *Coll.* 8.21（54: 31）.

［29］ *Coll.* 1.10（32: 89）.

［30］ *Inst.* 7.13（309）.

［31］ Salvian, *Letter* 9.10; *Ad Ecclesiam* 2.3.12 and 2.9.43. Both edited by G. Lagarrigue, in *Salvien de Marseille: Œuvres*, vol. 1, *Les lettres, les livres de Timothée à l'Église*, SC 176 （Paris: Le Cerf, 1971）.

［32］ Hilary of Arles, *Vita Honorati* 15, Cavallin, p. 54; Eucherius, *De laude eremi* 3 and 6, ed. C. Wotke, CSEL 31（Vienna：Tempsky, 1894）, 178 – 79. 特别参见 S. Pricoco, *L'isola dei santi：Il cenobio di Lerino e le origini del monachesimo gallico*（Rome：Edizioni dell'Ateneo e Bizzarri, 1978）, 129 – 64；Vogûé, *Histoire littéraire du mouvement monastique*, 7：58 – 180, with M. – E. Brunert, *Das Ideal der Wüstenaskese und seine Rezeption in Gallien bis zum Ende des 6. Jahrhunderts*, Beiträge zur Geschichte des alten Mönchtums und des Benediktinerordens 42（Münster：Aschendorff, 1994）。

[33] Brunert, *Das Ideal der Wüstenaskese*, 181 – 83.

[34] *Regula quattuor patrum* 3. 11, ed. A. de Vogüé, *Régles des saints pères*, SC 297（Paris：Le Cerf, 1982）, 1：194, and ed. and trans. S. Pricoco, *La Regola di San Benedetto e le Regole dei Padri*（Verona：Mondadori, 1995）, 16.

[35] *Regula quattuor patrum* 2. 35, Vogüć, p. 192, Pricoco, p. 14.

[36] I. Schrunk and V. Begovic, "Roman Estates on the Island of Brioni, Istria," *Journal of Roman Archaeology* 13（2000）：252 – 76；Bowes, *Private Worship, Public Values, and Religious Change*, 138 – 40.

[37] *Regula Macarii* 24, Vogüé, p. 382, Pricoco, p. 52.

[38] Fontaine, *Sulpice Sévère：Vie de Saint Martin*, 45, with 152 and 170.

[39] A. S. McKinley, "The First Two Centuries of Saint Martin of Tours," *Early Medieval Europe* 14（2006）：173 – 200 at pp. 178 – 83.

[40] Hilary, *Vita Honorati* 17, Cavallin, p. 61.

[41] 第一个提出这一主流观点的，参见 F. Prinz, *Frühes Mönchtum im Frankenreich：Kultur und Gesellschaft in Gallien, den Rheinlanden und Bayern am Beispiel der monastischen Entwicklung（4. bis 8. Jahrhundert）*（Vienna：Oldenbourg, 1965）。R. Nouhailhat, *Saints et patrons：Les premiers moines de Lérins*, Université de Besançon：Centre de Recherches d'Histoire Ancienne 84（Paris：Belles Lettres, 1988）是深刻但偏激的观点。

[42] C. M. Kasper, *Theologie und Askese：Die Spiritualität des Inselmönchtums von Lérins im 5. Jahrhundert*, Beiträge zur Geschichte des Alten

Mönchtums und des Benediktinertums 40（Münster：Aschendorff，1991），62.

［43］尤其参见 Pricoco, *L'isola dei santi*, 59 – 74, 177 – 85。参见 Vogüé, *Histoire littéraire du mouvement monastique* 7：432 – 34 的保留意见。C. Leyser, *Authority and Asceticism from Augustine to Gregory the Great*（Oxford：Clarendon Press，2000），33 – 34 提供了更复杂的图景。

［44］Mathisen, *Roman Aristocrats in Barbarian Gaul*, 89 – 104.

［45］这一观点最清晰的表达，参见 Constantius, *Life of Germanus of Auxerre* 1。我们得记住 Germanus 在 407 ~ 437 年担任主教，但是其传记《一生》（*Life*）由西多尼乌斯·阿波利纳里斯的友人创作于 475 ~ 480 年，因此它可能反映了 5 世纪初对 Germanus 的认识。参见 Näf, *Senatorisches Standesbewusstsein*, 117 – 92。

［46］关于许多主教"贵族出身"的这一重要背景，参见 F. D. Gilliard, "Senatorial Bishops in the Fourth Century," *Harvard Theological Review* 77（1984）：153 – 75 at pp. 163 – 65。Ansemundus 的遗嘱提及韦恩的"我们的元老院"参见 P. Amory, "The Textual Transmission of the Donatio Ansemundi," *Francia* 20（1993）：163 – 83 at pp. 180 – 83；关于 Lyon, 参见 *Recueil des Inscriptions chrétiennes de la Gaule*, vol. 15, part 11, pp. 220 – 26——the *nobile consilium* of Lyon。

［47］Harries, *Sidonius Apollinaris*, 34, 170 – 71.

［48］Mathisen, *Ecclesiastical Factionalism*, 82 – 83.

［49］对君士坦提娜教堂的最新论述见 Heijmans, *Arles*, 193 – 94。

［50］Mathisen, *Ecclesiastical Factionalism*, 82 – 83.

［51］*Inst.* 1. 1（36）；cf. Celestine, *Letter* 4, PL 50：431B（Paris：J. – P. Migne, 1846）；Delage, "Le canon 13 de Sardique," 73.

［52］Hilary, *Vita Honorati* 28, Cavallin, p. 69.

［53］Gennadius, *De viris illustribus* 70.

［54］Honoratus, *Vita Hilarii* 15, Cavallin, p. 126.

［55］Epitaph of Hilary, line 9 in Cavallin, *Vitae*, p. 110.

［56］Julianus Pomerius, *De vita contemplativa* 2. 9, PL 59：453C

（Paris：J. P. Migne，1847）。

［57］ Jacob，*Vie d'Hilaire*，48.

［58］ R. W. Mathisen，"Episcopal Hierarchy and Tenure of Office in Late Roman Gaul：A Method for Establishing Dates of Ordination，" *Francia* 17（1990）：125 – 39 at pp. 130 – 134.

［59］ M. Heinzelmann，"The 'Affair' of Hilary of Arles（445）and Gallo-Roman Identity in the Fifth Century，" in *Fifth Century Gaul*，239 – 51.

［60］ Honoratus，*Vita Hilarii* 22，Cavallin，p. 138.

［61］ Leo，*Letter* 10. 3. 对他们关系的最佳刻画目前是 S. Wessel，*Leo the Great and the Spiritual Rebuilding of a Universal Rome*，Supplements to Vigiliae Christianae 93（Leiden：Brill，2008），76。

［62］ *Novella of Valentinian III* 17（445）.

［63］ Zosimus，*Letter* 9. 1. 2（418），PL 20：671AB.

［64］ 这一要点来自 P. Norton，*Episcopal Elections，250 – 600：Hierarchy and Popular Will in Late Antiquity*（Oxford：Oxford University Press，2007）。

［65］ Celestine，*Letter* 4，430A – 431A，434B.

［66］ 总体参见 R. H. Weaver，*Divine Grace and Human Agency：A Study of the Semi – Pelagian Controversy*，Patristic Monographs Series 15（Macon，GA：Mercer University Press，1996）；and R. Lorenz，"Der Augustinismus Prospers von Aquitanien，" *Zeitschrift für Kirchengeschichte* 73（1962）：217 – 52。最佳研究目前是 A. Y. Hwang，*Intrepid Lover of Perfect Grace：The Life and Thought of Prosper of Aquitaine*（Washington，DC：Catholic University of America Press，2009）。

［67］ Brown，*Augustine of Hippo*，400 – 410；Hwang，*Intrepid Lover of Perfect Grace*，91 – 94.

［68］ Prosper，*Contra Collatorem*，PL 51：213 – 76，trans. J. R. O'Donnell，*Prosper of Aquitaine：Grace and Free Will*，Fathers of the Church 7（New York：Fathers of the Church，1949）.

［69］ Gennadius，*De viris illustribus* 85.

［70］ A. M. C. Casiday，*Tradition and Theology in St. John Cassian*

（Oxford: Oxford University Press, 2007）, 6.

［71］ Prosper, *Contra Collatorem* 12. 4: 246B, O'Donnell, p. 380.

［72］ Prosper, *Contra Collatorem* 18. 2: 263B, O'Donnell, p. 402.

［73］ A. Casiday, "Rehabilitating John Cassian: An Evaluation of Prosper of Aquitaine's Polemic against the 'Semipelagians,'" *Scottish Journal of Theology* 58 （2005）: 270 – 84 at p. 280.

［74］ Prosper, *Contra Collatorem* 18. 2: 263C, O'Donnell, p. 402.

［75］ 同上, p. 402。

［76］ C. Leyser, "'This Sainted Isle': Panegyric, Nostalgia and the Invention of Lerinian Monasticism," in *The Limits of Ancient Christianity: Essays on Late Antique Thought and Culture in Honor of R. A. Markus*, ed. W. E. Klingshirn and M. Vessey （Ann Arbor: University of Michigan Press, 1999）, 188 – 206 at p. 190; and Leyser, s. v. "Semi – Pelagianism," *Augustine through the Ages*, 761 – 66.

［77］ Prosper, *Pro Augustino responsiones ad excerpta Genuensium* 4, PL51: 193A （Paris: J. – P. Migne, 1846）.

［78］ R. A. Markus, "The Legacy of Pelagius: Orthodoxy, Heresy and Conciliation," in *The Making of Orthodoxy: Essays in Honour of Henry Chadwick*, ed. R. Williams （Cambridge: Cambridge University Press, 1989）, 214 – 34; 同一作者的 *The End of Ancient Christianity* （Cambridge: Cambridge University Press, 1990）, 178 – 79; 以及 É. Rebillard, "*Quasi funambuli*: Cassien et la controverse pélagienne sur la perfection," *Revue des Études Augustiniennes* 40 （1994）: 197 – 210。

［79］ Wessel, *Leo the Great*, 82.

［80］ Leyser, "Semi-Pelagianism," 764.

［81］ J. – M. Salamito, "Aspects aristocratiques et aspects populaires de l'être chrétien aux IIIᵉ et IVᵉ siècles," *Antiquité tardive* 9 （2001）: 165 – 78 at p. 174.

［82］ *Chronicle of 452* 44, ad ann. 400.

［83］ Faustus of Riez, *De gratia* 1. 3, ed. A. Engelbrecht, *Fausti Reiensis praeter sermones pseudo – eusebianos opera*, CSEL 21

（Vienna：Tempsky，1891），15. 现参见 R. Barcellona，*Fausto di Riez，interprete del suo tempo：Un vescovo tardoantico dentro la crisi dell'impero*（Soveria Manelli：Rubettino，2006），39 – 83。

[84] *Ad Deum post conversionem*，ed. A. Hamman PL Supplementum 3：1130（Paris：Garnier，1963）.

[85] Faustus，*Letter* 2，Engelbrecht，p. 166.

[86] Faustus，*De gratia*，Prologue，Engelbrecht，p. 3.

[87] Isaiah 43：19，cited in Prosper，*De vocatione omnium gentium* 1. 9，PL 51：658B（Paris：J. – P. Migne，1846）.

[88] Prosper，*De vocatione omnium gentium* 1. 4：651A；and *Pro Augustino responsiones ad capitula Gallorum* 13，PL 51：168A（Paris：J. – P. Migne，1846）.

[89] Prosper，*De vocatione omnium gentium* 2. 4：689D.

[90] Muhlberger，*The Fifth – Century Chroniclers*，48 – 135.

[91] Prosper，*Chronicle of 452* 1307，ad ann. 431，ed. Mommsen，in *Chronica Minora*.

[92] Prosper，*Psalmorum C ad CL Expositio*，ad Ps. 149. 9，PL 51：424C（Paris：J. – P. Migne，1846）.

[93] Muhlberger，*The Fifth – Century Chroniclers*，130.

[94] *Chronicle of 452* 81，ad ann. 418.

[95] *Chronicle of 452* 73（阿奎丹 "沦陷"）；108（汪达尔人 "奴役" 非洲）；117（外高卢 "脱离罗马统治"）。

[96] *Chronicle of 452* 138.

[97] Salvian，*De gubernatione Dei* 3. 1. 2，Lagarrigue，p. 186.

第26章　帝国的灭亡和消失：
萨尔维安和高卢，
420～450 年

一份关于族群情况的报告：现代学术视角下萨尔维安《论神的治理》

关于 5 世纪 30 年代和 40 年代的罗马帝国的最为生动翔实且广为人知的评论，来自另一位在普罗旺斯的避难者——萨尔维安。他最著名的一部作品就是《论神的治理》（*De gubernatione Dei*，即《论神的幸运的治理》）——所有研究晚期帝国的社会史学家都借此书研究 5 世纪罗马帝国的社会弊病。[1] 萨缪尔·迪尔在他写于 1899 年的作品中，这样评价萨尔维安：

> 他对富人和统治阶级的自私感到强烈的愤慨，同时对穷人和受压迫者怀有仁爱的悲悯。如果他生活在 19 世纪，肯定会被认为是一个激进的社会主义者。[2]

用他的英文译者的话来说，萨尔维安的《论神的治理》"可以题为《一份关于族群情况的报告》"[3]。这是一份谴责报告。在前一个世纪，学者们从《论神的治理》中努力挖掘导致罗马帝国在西部衰落的其滥权的证据。萨尔维安被当作研究帝国税收系统的主要资料来源，正是这种税收制度消耗了城市的资源，甚至迫使一些体面的罗马人转身投向蛮族和巴高达运动寻求自由。[4]萨尔维安被认为是见证农民被大地产者压迫的主要证据，这种压迫被许多学者认为宣示着中古时代的来临："萨尔维安描述了一种原始的封建体制，中世纪法国的一种政治体制的前身。"[5]最后但相当重要的一点是，萨尔维安坚持将他所处时代的罗马的罪恶和蛮族征服者的美德进行令人反感的对比。这使他被人公开抨击为失败主义者，甚至是"内奸"。而现代法国人和德国人则提出，他预见到了中世纪早期的发展前景。用萨尔维安译者的话来说："萨尔维安面向未来，意识到欧洲的命运属于条顿部族。"[6]

434

然而，我们这样从萨尔维安的作品中收集原始证据来说明帝国的衰亡，对他有所不公。我们只是把他当作了《一份关于族群情况的报告》的作者来对待。我们对于萨尔维安所说的西罗马社会的致命弊病的症状有所了解，却对于他本人关注甚少。我们会争论萨尔维安对时事的针砭是否属实，却没有质疑他为什么要这样写作，以及为什么他更关注这些社会弊病而非另一些。萨尔维安成为我们原始资料的来源，我们却没有把他当作活人看待。

实际上，萨尔维安是一个鲜活的个体，对自己所处时代的问题有独特的关注。在他的作品中，我们捕捉到了在特定时期，特定地区在帝国危机时刻的希望和恐惧。他可能是 5 世纪 30 年代末至 40 年代初在马赛进行创作的。他作品的受众肯定是高卢南部的圣徒。[7]

让我们花点时间来审视萨尔维安和他的读者从相对安全的普罗旺斯所看到的世界。在 5 世纪 30 年代和 40 年代，我们可以明显看到曾经的普世帝国开始消失。马赛和阿尔勒周边的区域开始变成拥有独立意识的帝国飞地，它们是帝国的领地，但现在萨尔维安举目四望，在他所处的世界中，帝国只是被其他众多政权包围的政权之一。与帝国相关的"中央罗马性"（使用彼得·希瑟的精当术语）受到了来自高卢和西班牙的强有力的替代性认同的挑战。普罗旺斯和南莱茵河谷地带被形成中的蛮族王国以及巴高达运动造成的无政府区域包围。向南跨越地中海，非洲最近落入汪达尔人手中。萨尔维安的读者不再是普世帝国的公民，而是那些居住在旧制度依旧留存的帝国飞地中的居民。他的作品是为了警告他们，他们一直引以为豪的帝国制度现在命悬一线。帝国已经几乎灭亡并消失了："现在帝国似乎还留存，但行将就木、奄奄一息。"[8]

我们必须要理解萨尔维安为什么这么说。这并不能简单地归因于那些他生动描述的社会弊端——这对他而言只是更深层顽疾的表象而已。这是上帝对自称信奉基督的整个社会毫不留情的裁决。帝国的基督徒已经背离了上帝。由最新的研究可知，对于萨尔维安而言，是教会而不是帝国才是欧洲的病人。435 帝国会衰亡是因为教会已经堕落了。萨尔维安是如何得出这个惊人的论断的呢？

"主教们的老师"：萨尔维安在马赛，约 420 年 ~ 约 480 年

我们对萨尔维安所知甚少，但我们所知的内容十分清晰。首先，萨尔维安不像佩拉的保利努斯，他并没有沦为赤贫。他也不是像阿奎丹的普罗斯佩尔那样的南方人，他来自北方。在

奥索尼乌斯时代，莱茵河沿岸边境先前稳固的罗马秩序现已崩坏，他亲历了这一切。罗马世界的北部故都特里尔在十年内遭到四次洗劫。萨尔维安宣称他见过城墙外横陈的腐烂尸体。[9]我们从他的一封信件中得知，他有一位女性亲属受困于科隆。她一贫如洗，无力逃离。她只能转而靠占据城市的法兰克统治阶层中的贵妇的恩惠为生。萨尔维安写这封信是为了向他的圣徒同僚们募集资金，去资助这位女性亲属的儿子——一个"并非来自泛泛之辈家庭"[10]的男孩。

萨尔维安离开帝国秩序已经崩塌的地区，作为一名难民长途南下，前往帝国秩序依旧幸存的区域。他完成了皈依——转变为一名基督教的苦修者。他的妻子也和他一起加入了这个"我们俩的小皈依"。我们是从一封萨尔维安写给岳父母的唐突信件中知道这一点的，他们当时还是多神教徒。但即使在他们成为基督徒后，他们依旧对女儿女婿的苦修生活怀有抵触。信件显示，萨尔维安认为，成为圣徒意味着与普通基督徒不合。[11]

在 5 世纪 20 年代中期，萨尔维安出现在勒兰岛。他加入那些和他一样远离世俗的人。他在那时或许已经丧偶。他用激昂的话语来描述勒兰的修道院院长——贺诺拉图斯。萨尔维安称他为"我们基督徒的太阳"。这位修道院院长的短暂缺席就能使修士们感到灰心，就如同乌云遮蔽了阳光。[12]但萨尔维安并没有把自己定位为勒兰岛的追随者，而是马赛教会的一名布道者。他成为一名司铎。他一直活到高寿，直到 480 年依然在世。他比自己曾经在 440 年前后抨击的帝国活得还要长。

与尖刻的普罗斯佩尔不同，萨尔维安在马赛的根拿丢所著的《著名作家录》（*Catalogue of Illustrations*）中颇受赞誉。根拿丢对他使用了"主教们的老师"这样的赞美之词。萨尔维

436　安因高产而著称，"文风华美而直率"[13]。尽管他中年时期的作品有激进的特点，但萨尔维安并不孤独。他描述并塑造了修士、教士、破落的当地贵族的看法，这些群体对当地统治者的愤慨在萨尔维安笔下跃然纸上。

　　萨尔维安为圣徒理解其他圣徒的关注而写作。他的作品在出身勒兰岛的修士－主教中风行一时。在 5 世纪 20 年代，他成为尤金尼乌斯的儿子萨罗尼乌斯的导师。尤金尼乌斯是勒兰岛最有名的追随者之一。当尤金尼乌斯在 435 年成为里昂的主教时，萨罗尼乌斯也在 440 年之前被父亲安排到日内瓦担任主教。日内瓦是一处要地，这里守望着瑞士的山谷地带，位于通往蛮族世界的边缘地带。443 年，勃艮第人的佣兵部队驻扎在此，以提供迫切需要的防卫。萨尔维安为这个位于正在衰落的帝国的边境城市的主教写作，原因也许正在于此。

"最早的（基督教）团体享有的独特恩典"：萨尔维安和教会的财富

　　像萨罗尼乌斯这样的主教在忧虑蛮族的同时也担心教会的经济问题。他们需要平信徒的捐赠，但他们的注意力并不直接指向平信徒。作为勒兰岛圈子的成员，他们的当务之急是要更关注内部。就像约翰·卡西安所说的，他们必须面对放弃财富的问题。放弃财富是所有修士和教士的义务吗？他们能期望这些"献身于宗教"之人——如俗人忏悔者、苦修者以及教士——将所有财富捐献给基督吗？更重要的是，他们会将放弃的财富捐赠给教会吗？

　　萨尔维安为人所知的第一部作品著于 435~439 年，关注的就是这一主题。这部作品名叫《致教会》——全称为《一封致教会的公开信》——后来更为人所知的书名是《论贪欲》　（*On Avarice*）。作为普罗旺斯避难者的一员，萨尔维安也使用了标志性的笔名。他叫提摩太——就是那位圣保罗时常写信对其提出管理教会意见的提摩太。他特地在一封写给萨罗尼乌斯的长信中解释自己的笔名和作品。[14]

　　《致教会》是当时普罗旺斯圣徒氛围的典型代表。普罗旺斯圣徒的作品中贯穿着激进主义，他们这么写作是为了使特定的少数人采取更深远和更激进的态度看周围的世界。萨尔维安在《致教会》中猛烈攻击的不是普通平信徒的弱点，他所鄙夷的是那些自称真正基督徒的人——修士和教士——以及那些拒绝将财富捐赠给教会的人。

　　真苦修者和伪苦修者之间的紧张关系使萨尔维安创作《致教会》时文思泉涌。我们在他对早期基督徒生活的理想化描述中可以清晰地看到这一点。在他对耶路撒冷社团的理想化描述（如同《使徒行传》第 2 章和第 4 章描述的那样）中，他有关教会的观点受到了马赛争论的影响，也受到勒兰岛的修道主义以及约翰·卡西安作品的启发。他提出追求一种类似"最初教会的纯洁性"的激进的修道主义。在萨尔维安看来，早期的基督徒生活在一个"特别有福的时代"。与这么一个充满活力的乌托邦相比，当代的教会似乎十分堕落。[15]

　　萨尔维安的思想与约翰·卡西安有许多交集。他们二人在普罗旺斯都是异乡人。卡西安是一名来自多瑙河边境地区、说拉丁语的东罗马人；萨尔维安是一名来自莱茵兰的避难者。他们二人都认为，自己所处时代的基督教会笼罩在原初教会——最早时代的教会——理想化形象的光环之下。但卡西安更加乐

437

观。对卡西安而言，尽管大多数信徒的热情都冷淡了，但原初教会的团结精神似乎作为珍贵的遗产保留了下来。这种精神依然能在埃及的修道院中，以及适当重建的高卢教会中找到。[16]相反，萨尔维安在他的《致教会》一书的开篇就明言，这种完美的精神曾经存在，但早已完全消失：

> 这种最早的团体——原初教会——享有的独特恩典已经远去了……现在的基督徒和曾经的基督徒相比是多么不同！……以自古以来闻所未闻的方式……教会在它富足之时衰落了，在它获利之时退化了。[17]

对萨尔维安而言，原初教会的光辉形象盘旋在他的时代之上，成为一种永恒的指责——一种历史意义上的超我。

萨尔维安的原初教会很大程度上是他自己的一种想象，它更像 5 世纪的勒兰岛而不是 1 世纪的耶路撒冷。他将其想象成由一群将财产捐献于教会福祉的富人组成的社团。在高涨的热情之下，耶路撒冷的富裕基督徒们听从基督的教导："你若愿意做完全人，可去变卖你所有的，分给穷人，就必有财宝在天上。"（《马太福音》19：16①）相比奥古斯丁——甚至卡西安，萨尔维安不那么重视与耶路撒冷团体有关的物质和精神财富分享。相反，他认为耶路撒冷团体是一群富人的集会，他们通过将财富捐献给教会来换取"天国的财宝"[18]。当提及早期基督徒时，萨尔维安使用了赞美阿尔勒的修士 - 主教希拉里时所用的语言，这些语言在十年之后铭刻在希拉里的石棺之

438

---

① 应为第 21 节。——译者注

上——这里长眠着一个人，他"通过此世的捐赠来追寻天堂，现在，永远"[19]。

这种做法以到达天国为目的，使财富的使用得到了显著的提升。而在萨尔维安眼中，原初教会里并没有穷人。那些"急须"从最初基督教团体所捐献的财物中受益的人并不是真的穷人，他们是"神圣的穷人"，是萨尔维安时代"圣徒中的穷人"。他们是期望得到富裕平信徒支持的贫穷修士和教士，就如同三十年前哲罗姆攻击维吉兰提乌斯的时候期望获得赞助一样。[20]

《论贪欲》：家庭策略与教会捐赠

《致教会》一书被 19 世纪的一位德国学者贬为"一本教士勒索术手册，一本遗产猎手指南"[21]，这并不令人意外。这本小册子被当时人称为《论贪欲》，但是这本书中抨击的贪欲与安布罗斯的布道词和伯拉纠派的《论财富》中所谴责的财富毫不相关，关于奢侈和自大的主题并没有出现。萨尔维安认为，最严重的问题不是富人如何获得财富，也不是他们如何使用财富，而是他们最后把财富放在哪儿。萨尔维安所抨击的贪欲，其实是教会潜在的富裕捐赠者的守财。这些被抨击的人宁愿把遗产捐献给任何人，也不捐给教士。

《致教会》提醒我们，5 世纪的高卢在悄悄地进入一个新时代。这不是像奥古斯丁在布道词中所说的，针对各个不同社会群体筹措资金。我们所面对的萨尔维安在讨论更重要的问题——通过遗产和遗嘱将财富从富裕的家庭转移到教会。因此，《致教会》将我们带回了遥远的古代——非常罗马化的时代。"猎获"——猎获遗产——成为罗马上层社会最主要的"社会痛点"之一，[22]因为遗产的捐献总是带有纯粹的意愿，甚至是心血来潮。立遗嘱的人常常被鼓励将朋友也作为遗产的受益人。其结果就是，将死之人的家人生活在一种长久的恐惧之中，恐惧遗产被过于慷慨地赠予朋友，而导致他们应继承的份额变少。用爱德华·查普林的话说："猎获引发了家人和友谊斗争前线的紧张关系。"[23]

439

在 5 世纪高卢南部有限的经济条件下，家庭与友谊之间古已有之的紧张关系被与教会有关的捐赠问题突然挑起了。[24]这是因为，从好几个方面来说，教会与平信徒之间形成了一种互相依存的关系。富裕的家庭依靠教会，节俭地管理他们受威胁的财富。他们发现基督教放弃财富的观念并不是一个太坏的主意，这样可以帮助他们减少继承家产的竞争者。女孩被迫成为修女，为的是省下嫁妆。马约里安皇帝在 458 年甚至出台了针对这一问题的政策。他规定不允许强迫女子守贞。他用此举直接回应富裕元老的提议，后者的一些同僚利用了最近兴起的财产安排。[25]这些策略同样针对男孩。富裕家庭的男青年被安排成为教士或被允许当修士，但条件是他们失去了自己应继承的家产，家产分给了已婚的兄弟姐妹。就是通过这种途径，未来的修士和教士发现他们被自己的家人剥夺了继承权，并且，他们不被允许用经济手段向教会奉献——通过捐赠、建设修道院以及施舍穷人。[26]

萨尔维安对这一问题的犀利态度提醒我们，当地教会可能并不只是从富裕平信徒那里寻求财政支持，就大额捐赠而言，他们希望接受已经成为教会成员的财富。正如我们在非洲希波城所见的皮尼亚努斯那样，教会真正的财富来自投身教士生涯的富人们。司铎、主教、富有的修士，以及作为忏悔者（在高卢有很多）过着虔诚生活的平信徒，组成了一个规模小但可靠的潜在捐赠者团体。许多宗教人士甚至是教士，都更愿意将财富转交给亲属或者富有的庇护者，而不是交给教会，这比普通富人的自私更让萨尔维安感到震惊。[27]

"一闪而过的希望"：临终的赠予和彼岸世界

在《致教会》的大量篇章中，萨尔维安都在重复之前主教的布道词。主教们很早以前就鼓励他们的教民在遗产问题上要考虑到教会。非洲的奥古斯丁和希米耶的瓦勒利亚努斯都督促他们的听众把基督视为他们多出的一个儿子，借此保证教会得到每个家庭遗产的一份。[28]

萨尔维安有自己的方式。他只是强调在过世时的特别选择。而且，他特地强调他对地主的要求和对自己的圣徒同僚的要求是不同的，他对俗人没有同样的需要。他强调他没有期望所有基督徒都像耶路撒冷团体的最初基督徒那样，毫无例外地将全部财产捐献给教会。[29]

萨尔维安用一种强硬的傲慢语气坦言，他的大部分读者太过软弱，无法实践他的忠告，他们绝不可能被说服生前捐献财富。然而，上帝为这样的弱者提供了一个"极其温和"的选择。当离开这个世界时，他们可以在病榻之上捐赠。临终时对教会的捐赠在那些普通的信徒灵魂离开肉体之时，赐予了他们"一闪而过的希望"[30]。这样的捐赠使灵魂得以通过可怕的死亡之门：一个人捐赠给教会，就避开了死亡之后可怕的地狱。

我们已经习惯了那种中世纪救赎灵魂的捐赠，所以容易忘记萨尔维安所关注的死亡和彼岸世界对当时而言是一个全新的激进观念。以前，捐赠者并没有特别清晰的目的，他们的捐赠是为了给当地教会增添荣耀，他们含糊地把自己的捐赠称为"对灵魂的救赎"。但他们没有过多思考在捐赠和奉献之后，他们的灵魂能够通过何种机制在彼岸世界得到救赎。实际上，教士们也没有引导他们去思考这个晦涩的问题。[31]甚至在奥古斯丁的观念里，通过捐赠来赎罪要立足于现实世界的日常施舍。他的布道和作品都刻意回避彼岸世界的情形。

但如果说勒兰岛的修士们为他们那个时代的基督徒们带来过什么的话，那就是存在于彼岸世界的一个全新的、至高的审判观念。阿尔勒的希拉里就以他关于地狱之火的布道而为人所知。

> 谁能更让人身临其境地展示最终审判之时那可怕的神恶？谁能更让人心生恐惧地召唤地狱的黑暗之火？谁能描述那扫荡一切罪恶的地狱火河所带来的痛苦？[32]

希拉里使用这些意象来激励人们忏悔；萨尔维安这么做是为了鼓励人们捐赠。在面对临终时聚集在床边的一排排家人时——"由亲缘造就的沉重且牢固的枷锁"——捐赠者更应该想想在来世等待着他的一排排天使与恶魔："看吧，那神裁者的伙计们在你离世时等待着你。严厉的天使和永恒神罚的仆从们已经就位。"[33]这似乎让我们突然穿越了五百年，看到了法国装饰在那些罗马式教堂门廊上的幸福与恐怖的场景。总而言之，萨尔维安带来了一股全新的、令人毛骨悚然的风，吹过整个高卢南部教会。和在彼世一样，即使在此世，上帝的审判

也已经接近了：上帝的目光无处不在，既注视着善人也注视着恶人。（《箴言书》15：3）[34]

"此世的审判"

　　萨尔维安的下一部作品直接献给萨罗尼乌斯。这就是他著名的小册子《论神的治理》。它写于439年后的某一时期，并且没有完成，当时的人们将其恰如其分地叫作《论此世的审判》。[35]最重要的一点是，意识到作为审判人类罪恶——而不是现代历史学家所感受到的罗马社会的诸多弊病——的法官的上帝即将来临的紧迫感，是如何促使萨尔维安创作他的小册子的。

　　萨尔维安对上帝审判的坚持，使他成为一个强有力的有个性的作家。在与他所处的社会进行的命运斗争中，还有许多选择他没有采纳。在普罗旺斯存在这些选择。例如里昂的尤克里乌斯认为，现在的这些弊病只是证明了基督徒们生活在世界的"老年时代"。对于他们而言，想想自己的风烛残年、离死去不远，比关注当代社会的具体弊病更容易些。像其他所有的事物一样，人类世界也会故去。[36]确实，在一个修士眼中，世界就像一个微妙的所在，就如同清晨天空中的月亮一样暗淡。[37]但对萨尔维安而言不是这样，他以坚定的决心关注现实帝国的弊病。他这么做是为了说服他的读者，他们现在就在有针对性地审判人类此世罪恶的上帝面前。

　　这样写作也显示出萨尔维安是神学上广义的"高卢共识"的成员。这种共识包括对无情严厉的上帝律法的强烈观念。萨尔维安对上帝的律法的强调，一如他坚持完全服从上帝的旨意，这一观念在仍流传于马赛的伯拉纠派作品中就有。人类是自由的——但只是能自由地侍奉上帝。他们只有通过完全恪守上帝的律法才能做到这一点。上帝的律法被赐予每一个基督徒。没有认识到上帝的律法，不是可以被原谅的人类罪恶，而是对上帝的直接背叛。上帝对基督徒的期望就是他们在律法面前毫无保留："基督徒的生活应该是纯净的——像水晶一样清澈——如同清澈明亮的瞳孔中流出的目光。"[38]所有人都要明确地遵从上帝的律法。上帝对违背他律法的惩罚也是清晰可见

442 的。《论神的治理》写道：因为基督徒背叛他的律法，上帝公正无私地惩罚着帝国，这一可怕的观念使得此书与其他同时代的作品截然不同。[39]

为什么这个关于罪恶和惩罚的冷酷思想对萨尔维安如此重要？这是因为在萨尔维安思想背后，有一个徘徊不去的定论：在某种程度上，罗马帝国就是一个当代的以色列。如同古代的以色列，它是一个臣服于上帝特殊关照的国家。这给了许多生活在帝国残存疆域内的居民一种上帝选民的感觉，但也为他们加上了沉重的责任感。[40]

正如大卫·兰伯特在他深刻的研究中所直言的，萨尔维安写作 5 世纪的基督教罗马帝国，就如同写作以色列王国的化身："它成为一个类似摩西治下的以色列那样政教合一的实体。"[41]帝国是一个放大版的以色列。当萨尔维安思考现实时，萦绕在他脑海里的是以色列和上帝律法之间以前的紧密关系。曾经有一个时代，那时在西奈半岛，"人与天使在同一所学校里"学习上帝的律法。[42]以色列曾经是上帝选民的社会，就是因为它曾经接近上帝的律法。基督教的罗马帝国本应这么做。而相反的是（又像以色列一样），它忽视了上帝和他的律法。

　　因此，萨尔维安紧紧抓住他的时代中流行的这一思想，将基督教帝国定义为古代的以色列。但他根据这个定义得出了不一样的结论。他的说法耸人听闻，因为他宣称基督教帝国实际上是个失败的以色列。它的居民拒绝了像以色列那样顺从律法的机会。因此，罗马的基督徒就像生活在灭亡前夕的以色列——一个被上帝遗弃的以色列。而且这是基督徒的过错造成的，因为他们背叛了上帝的律法。基督教团体道德的倒退耗尽了曾经代表基督徒之名的超然美德。[43] 教会的祈祷本该"取悦"上帝，现在却在"激怒"上帝。[44]

　　"你们不是我的子民。"（《何西阿书》1：9）对萨尔维安而言，这些何西阿说给被遗弃的以色列的话，说明了帝国现在面临的危险程度。[45] 帝国受到了来自自身内部的基督徒的背叛，就如同以色列受到了背离上帝律法的民众的背叛。如同最后岁月的古代以色列，5 世纪 30 年代末至 40 年代初的罗马为其背弃上帝而付出代价。因此，上帝加于他们的审判是再明确而冷酷不过的了：

　　　　罗马人曾经是所有文明中的最强者，现在是赢弱的……蛮族人曾经向我们缴纳贡礼，现在我们向蛮族缴纳贡礼。我们连阳光都要向他们租用，我们的安宁等待他们的购买。[46]

"上帝啊，请护佑罗马的国祚"：萨尔维安与同时代人的看法

　　为了这样写作，萨尔维安刻意有所偏颇，回避用更温和的　443

方式看待这个世界。他刻意忽略阿奎丹的普罗斯佩尔强烈的奥古斯丁式乐观主义。正如我们所见，对普罗斯佩尔而言，上帝强大的恩典作用于教会，使基督徒的历史从帝国的历史中解脱出来。普罗斯佩尔纯粹恩典的世界是一个没有中心的世界。上帝之手会在阿尔勒现身，同样会在爱尔兰现身。上帝的神意是超越人类理解力的。一层不透明的天鹅绒横在罪恶和审判之间。

普罗斯佩尔平和的神秘化恩典与上帝的旨意，完全不同于萨尔维安清晰且无情地指出现实世界中上帝的律法与审判之间的直接关系。没有什么比这二者更不同的了。同样，萨尔维安也对普罗斯佩尔提出的无中心的世界观视若无睹。他关于帝国是以色列王国化身的观念，使他把注意力集中在帝国残存的领土内。因为在那里，上帝的律法应该被完全体察到；同样是在那里，上帝审判的打击以无情的力量降临，并且其结果众所周知。

通过采取这种手段，萨尔维安明确地将自己的观念同他那个时代在罗马疆域内兴起的基督教爱国主义区别开来。我们这些阅读萨尔维安《论神的治理》的人，会带着后见之明认为 5 世纪 30 年代晚期的罗马帝国处于灭亡的态势。但当时的许多人是无法看出这一点的。5 世纪 30 年代和 40 年代早期被许多人认为是 5 世纪前几十年的可怕事件后的团结稳定时期。在经历了大量的暴力之后，高卢南部的基督教团体开始扎根。正如我们所见，一种被围攻的感觉使城市居民团结在当地教会的周围。史上第一次，高卢的各个城市开始兴建主教教堂。在克莱蒙，一个新的基督教会堂（由主教——一位富裕的议员兴建）占据了新建城堡的很大一块区域。[47] 在日内瓦，萨罗尼乌斯（《论神的治理》一书的致献者）发现自己身处新建的基督教建筑群之中，这些建筑占据了城市新建城墙内六分之一的区域。[48]

这种抵抗的氛围在帝国边境的城市中最为流行。纳博纳城处于西哥特人占领的图卢兹城的攻击范围内，并曾被他们围攻。纳博纳需要神圣的庇护。445 年纳博纳主教儒斯提库斯重建了城市的教堂。他此举并不仅是以主教身份，还是以一名公众人物的身份做出的。一份门楣上的铭文用清晰的碑铭体陈述，高卢大区长官敦促儒斯提库斯承担建筑任务。这位长官也为国家财政收入做出了部分贡献：用于建筑材料和劳工的总计2100 枚金币。纳博纳的大教堂是"由于基督的仁慈"而建立起来的，标志着基督教成为罗马帝国的官方礼拜仪式。[49]人们认为，教堂的祈祷者一直为帝国祈求上帝的庇佑。在其他地方也是一样。现在掩藏在萨洛纳城（索林城，位于克罗地亚的达尔马提亚海岸，斯普利特略往北）基督教堂边荒草中的一块相似的门楣上用大写字母写着："上帝啊，请护佑罗马的国祚。"[50]

萨尔维安坚定地回答"不"。上帝不会护佑罗马的国祚。从其所有的文辞来看，《论神的治理》不只是文学创作，还是对使萨尔维安的同胞们感到舒心的重建与团结气氛的冷酷冲击。萨尔维安究竟给他们带来了什么呢？

上帝的步伐：萨尔维安与蛮族

萨尔维安所追求的，是有史以来第一幅高卢的地图。这是一份严格的道德地图。他在这份地图上找寻的，是不同地区和不同群体关于神的律法知识的不同投影。一些群体可以不必承担那么多责任——他们不知道律法；其他群体，例如罗马人，就不能这么说——他们知晓律法，他们要对自己的罪恶负全责，他们正面临着上帝强有力的审判。

在一篇极具启发性的文章中，米歇尔·马斯指出，这样一种世界观包含一种"富于想象力的飞跃"。萨尔维安的地图不同于寻常的罗马地图，它并没有按照文化概念来划分世界，在不开化的蛮族和文明的罗马之间没有间隙。相比对于神的律法的了解，这种差异微不足道。[51]让我们看看这种观点的变化都包括些什么。

萨尔维安坚称，对于神的律法的了解是唯一的标准，凭借这个标准，上帝裁决所有的人类群体。依据这一标准，高卢的蛮族群体像同心圆一样被重新安置在罗马帝国的周围。高卢被未皈依的多神教蛮族环绕着——撒克逊人、匈人、法兰克人、格皮德人和阿拉曼尼人。他们是特别令人不快的群体。萨尔维安（他在莱茵河畔工作时见过他们）对非基督教蛮族也没有多少用处。和罗马人不同的是，他们至少可以宣称不知道神的律法。因此，与相比罗马人，他们受到的惩罚更少。[52]

445　　接下来是一个异常的灰色地带。哥特人和汪达尔人不是多神教徒，他们是基督徒，但他们是被误导的基督徒，他们是阿里乌斯异端。哥特人为自己的守旧而自豪（并且为他们与东罗马帝国的联系而自豪），依旧保持着对过去帝国宗教的忠诚，因为在那个时代，在多瑙河畔，强大的前阿里乌斯派皇帝君士坦提乌斯二世和瓦伦斯曾经是他们的庇护者。[53]在萨尔维安看来，因为哥特人是阿里乌斯派，他们还没有完全领悟上帝的律法，他们从罗马的阿里乌斯派教师那里得到的只是关于律法的偏见。所以，在他们和罗马基督徒犯同样的错误时，他们受到的审判没有那么严厉。他们的信仰有误。只有大公派教徒——萨尔维安时代的罗马基督徒没有任何借口，他们不能期望任何仁慈。[54]

因此，萨尔维安选出是基督徒的西哥特人和汪达尔人作为上帝审判的特别代理者。这不难理解。这两个蛮族的成功需要最多的解释，他们对帝国的羞辱最甚。萨尔维安以描述 439 年汪达尔人征服迦太基为自己作品的结尾。相比其他蛮族的胜利，这刺骨之痛让帝国十分震惊。这场大灾难毫无疑问是"此世的审判"。

总而言之，萨尔维安将蛮族（尤其是西哥特人和汪达尔人）视为替上帝行走的巡回法庭。他们用可怕的方式从一个行省迁移到另一个行省，每个轮到的行省都是自作自受。其结果就是，萨尔维安将蛮族从一地到另一地的试探性进攻视为必然的和不可抗拒的，就像他们如高速移动的狼群那样追随罗马内战的命运。我们在现代通行的教科书的地图上看到的表示"蛮族入侵"的箭头和线路中，来自萨尔维安的冷酷想法的比我们想象的多得多。对萨尔维安而言，这一系列不请自来的征服者似乎都归于同一种独特类型。他们是上帝的步伐，上帝踩着这样的步伐在西部各地进行审判。[55]

"让我来告诉你是怎么回事"：萨尔维安与罗马社会

在萨尔维安的世界观中，蛮族很大程度上是作为上帝对那些了解却背弃其律法的罗马人的判决的执行者而出现的。正如我们所见，这一观点激发了欧洲学者的激烈讨论。但我们必须记住，萨尔维安大胆地将观察视角转向蛮族世界，对他自己而言（似乎对他的读者也是这样），这并没有处理罗马人本身的

446

罪恶那么重要。在这里，萨尔维安与众不同。他没有无目的的悲叹，而是准备从每个细节着手，说出究竟是什么罪恶引起了上帝的愤怒。他不仅要写出"为什么"，还要写出"是什么"和"怎么造成的"——罗马社会有什么问题，以及是什么机制导致这些问题的。"让我来告诉你是怎么回事"是萨尔维安反复提及的。[56] 尽管萨尔维安通常被视为一个言辞过于夸张的推销商，但是他关注时代弊病的那种固执使他显得不同寻常。

首先，萨尔维安使当代人面对让人震惊的异常现象。罗马人开始逃向蛮族，而之前他们是像萨尔维安逃离莱茵兰那样因为恐惧而逃离蛮族的。[57] 现在，他们逃向曾经的敌人的土地。他们是由于罗马的压迫而被逼得这么做的：罗马当局开始像对待蛮族一样对待罗马公民。对萨尔维安来说，巴高达运动就是这一致命进程的鲜明例子。罗马自由民发现他们成为罗马军队镇压的目标，被冠以"巴高达"这样的蔑称。他们似乎被当作罗马帝国的公敌对待。[58]

> 他们被迫成为蛮族……这是由于"罗马统治的不公"使他们不再是罗马人。[59]

萨尔维安没有弱化这种异常现象对读者的影响。他没有像现代学者那样，对罗马人聚集在蛮族宫廷周围，以及被巴高达运动控制的无政府土地上的新式罗马性表现出兴趣。他对任何兴起的蛮族 - 罗马世界没有感觉，他依旧用一个在帝国领地之内的作者的严肃视角看待高卢和西班牙。他当然了解本地统治者的思想意识。严格说来，每个处在蛮族统治下的省份都是被罗马敌人"俘获"的行省。在这样一个行省，本不该有罗马人乐意在那里——蛮族土地上。然而，这些罗马人现在祈祷自己再也不要成为帝国的臣民。[60]

萨尔维安自己对蛮族没有浪漫的幻想。上帝会依照自己的律法审判、惩罚他们。但上帝自有看法。对萨尔维安和他的读者而言，蛮族——甚至是信奉基督的蛮族——是不同的，他们甚至闻起来也不同，靠近他们的身体和衣物就会闻到恶臭。[61]然而，出身高贵且有教养的罗马人却宁愿生活在他们之中："他们宁愿在沦陷的土地上做自由人，也不愿在罗马自由之名下做俘虏。"[62]

其他作家也写道，罗马人不堪忍受帝国的税负，认为与蛮族相处更为轻松。[63]这件事情本身并不新奇。新奇的是，萨尔维安将罗马人的逃亡视为令人吃惊的正常规则颠倒的方式。罗马帝国应该是自由的土地。仅仅十几年前，奥古斯丁为停止非洲的奴隶贸易而写请愿书时，还坚定地这么说。罗马军队要为"罗马自由"而战，以免罗马公民被蛮族俘虏。[64]现在，最恶劣的转变发生了。在帝国之内，萨尔维安感受到了根本性异常现象——一种奴役的诞生。

"如同被歹徒用绳索勒住，这根绳索就是税收"：萨尔维安与税收

我们必须清楚地知道萨尔维安把什么视为这一罪恶发生的根源。他重点关注一个众所周知的问题——罗马帝国的税收机制。税收机制依旧延续了 4 世纪以来的活力，尽管国土沦丧、分崩离析，税收机制仍努力为军队筹集军饷，支撑着主要通过控制税收来获取财富的统治阶级。

因此，在强调税收时，萨尔维安不只是简单地重复晚期罗马帝国臣民们针对税收的日常抱怨。他的评论反映出罗马帝国确实到了危急时刻。从军事观点来看，残存的帝国在 5 世纪 30 年代和 40 年代早期拥有惊人的活力。莱茵兰和多瑙河之间的广大区域遍布着机动部队，军事长官埃提乌斯使帝国依旧是值得重视的力量。用盖伊·哈塞尔的话说，埃提乌斯的军事行动旨在建立"惩罚式攻伐的统治"[65]。相比这些军事行动的残酷性，战争的花费更是惊人。埃提乌斯的骑兵队维持起来极其昂贵。这种外交手段与军事行动并重的策略耗尽了帝国的军事经费。[66]

在高卢和意大利，征税比以往更加严苛。传统的免税政策受到忽视和践踏。富人们——尤其是上层统治圈——的应对措施是，通过将负担转移给底层纳税者而保护自己免受重税。这种弊病变得比以往更加难以容忍、更不得人心。长期以来，纳税人以公共福利为名，请求减税。帝国敕令也用同样的辞令来回应纳税人。441 年，皇帝瓦伦提尼安三世在意大利的书记处用和萨尔维安一样的言辞来抨击逃税者：

> 由于他们只顾及自家的利益而剥夺了公众的利益，公众的利益中包含了他们真正的福利……富人们拒绝承担这种负担……只有弱者才能承受。[67]

帝国法令中使用的言辞表明，萨尔维安并不是在传播新观点，他只是传播了那些我们在提到安布罗斯时广为人知的批判文化。但不同的是他不可挽回的定论："罗马帝国现在死了……如同被歹徒用绳索勒住，这根绳索就是税收。"[68]

　　萨尔维安对于税收问题的无情态度，揭示了他自己和他的读者们那锐利但狭隘的视野。他是一个变穷的当地贵族，怒气冲冲地代表各行省小贵族发言，这些人日益与控制着帝国政治的狭小统治阶层疏远，也正是这些小贵族尤其感到受到无情税收体制的威胁。当萨尔维安说到"穷困的小人物"——那些受到高层官僚迫害的人时，他并不是指现代观念中的社会底层。[69]他说的"穷人"不是农民，他们也不是穷困潦倒的破产市民，他们是像他一样的人。在 5 世纪 30 年代，就是他们作为避难者和欠税者，面对着跌入贫穷的谷底的风险。[70]他们的不幸是他们那些更幸运、更无情的同侪造成的。萨尔维安书中的恶人都是当地人，他们是城市议员中的领袖。在 5 世纪 30 年代和 40 年代，如同在 4 世纪一样，议员领袖们的职责就是尽其所能，从他们的弱小同僚那里攫取财富，像剥削农民一样。从 4 世纪开始，他们就通过操纵罗马帝国的税收机制、剥削自己的同胞而发达起来。

　　　　还有什么地方，这些议员领袖不对孤儿寡母敲骨吸髓，甚至连圣徒（那些以保护他们为职责的教士）也不放过?[71]

　　萨尔维安极少将自己的目光从当地城市弊端的鲜明文学化场景移开。然而他指出，高层统治者是真正的罪魁祸首，因为是他们推动了帝国税收机制的运作："大区长官授予了掠夺的许可证……全世界都被摧毁了，以便少数人能获得'名人'的称号。"[72]这些是尖刻的文字。萨尔维安知道由高级官员赐予的"名人"头衔是进入上层贵族阶层的通行证。前任高官

449 进入前任行政长官及其子弟们的圈子，这是西多尼乌斯·阿波利纳里斯所属的圈子，也是他在萨尔维安之后一代人的时间里依旧顽固坚守的。在萨尔维安的作品里，我们能听到那些权力地位不如西多尼乌斯和他社交圈中的人的愤怒声音。这是与本地和行省城市相关联的下层贵族的声音。在他的作品中，萨尔维安传达了这整个群体的愤怒，直指那个已经被迅速孤立的"旧制度"——上层贵族对新来者关闭大门，并且滥用罗马政权的暴力。如果这就是"中央罗马性"，那么萨尔维安暗示，这是他们自作自受。

"我们自食其果"：外部奴役，内部压迫

高税收意味着变穷，而变穷意味着加速一个最危险的进程——在帝国领地内罗马人对罗马人的奴役。萨尔维安特地去解释这到底是如何发生的。面对重税，贫穷的农民发现自己过于贫穷，无法向蛮族区域迁移。因此，他们只能做出卑微的举动：把自己献给富人，作为门客以换取保护。富人以使穷人免交土地税为借口，将他们的土地收归自己名下。庇护人在税收表上将农民的土地登记在他（庇护人）名下。几年之后，贫穷的农民发现自己失去土地，而他还要缴人头税。萨尔维安说，这样受富人庇护，是如同喀耳刻把人变成猪的魔法一样把自由人变成了奴隶。[73]

这是一个不可原谅的转变。萨尔维安并不反对庇护制本身。他写道：这种行为体现了为弱者提供保护的强者的"伟大灵魂"[74]。但把一个自由的门客用这种方式变为奴隶，违背了他的社会观的基本原则。如我们所知，高卢神学共识假定这样一

种社会观，那就是接受在门客保持自由身份时可以有巨大的不平等。庇护人和门客之间的这种关系为上帝和人类之间的关系提供了一种类比。萨尔维安传播了这一观念：依靠上帝——或者强者——不意味着奴役，苦难之中的自由人可以作为值得同情的门客依靠强者，但他们不能成为奴隶。正如萨尔维安所关心的，高卢社会可以长期等级分明。但是，（用康姆·格雷的话来说）这种等级制要建立在庇护者和门客之间"上下互惠的关系"之上，而不是单方面对门客的奴役。[75]

重要的一点是，我们不要被萨尔维安描绘的那幅 5 世纪 30 年代门客被庇护者压迫的戏剧性画面误导。我们现在还无法确定，通过庇护进行奴役的行为是不是规模空前的。更不确定的是，这些庇护者是否代表了一种新的发展趋势——以农奴和领主关系为基础的封建关系的预兆。延斯 - 乌维·克劳泽提出的不那么夸张的观点值得深入讨论：这种庇护关系不代表一种新的发展趋势，萨尔维安不是在描述一种新的、突然遍及高卢乡村地区的"原封建"秩序，他只是描绘了农民命运的正常沉浮，他们被迫把一部分或全部土地卖给富裕的邻居，以偿还所欠税款。[76]

但是，这种高卢乡村庇护者的恶化现象并不能直接解释为何萨尔维安将之视为导致罗马悲惨命运的特别符号。他的举动是由于自己思想中根深蒂固的上帝正义的观念。上帝的正义总是无处不在。由于同态报应的作用，罗马人在蛮族手中所遭受的痛苦，正是他们加于自己同胞身上的痛苦的报应，而且一点儿不多，一点儿不少："我们奴役我们自己的兄弟时，还会为我们被蛮族俘虏感到惊讶吗？"[77]

如果说萨尔维安通过夸大乡村庇护者对他们依附者的权

450

力，误导了研究 5 世纪西部社会史的历史学者，那是因为他希望他的读者意识到，任何罗马人之间加诸彼此的奴役行为都注定和蛮族加诸罗马人的行为同样残酷。因为上帝的正义永存，庇护者强加于他们的门客之上的奴役必须和蛮族加诸罗马人的奴役一样压迫人、一样普遍、一样无情。一种是对另一种的惩罚，二者要被认为是同样痛苦和不可改变的。

在这里，萨尔维安的文辞具有时代的印记。"俘虏""臣服"以及"无条件投降"是当时编年史中提到蛮族在罗马帝国境内崛起时所用的丑恶字眼。例如，《452 年编年史》记录着行省一个接一个"沦陷"的时间，它们落入了蛮族的"权力"之中。[78] 相比这些当代罗马秩序的支持者在谈及罗马帝国之外的世界时所用的"征服"字眼，萨尔维安引导他的读者去观察内部。作为罗马人，他们对外部世界所进行的一切抱怨也都发生在罗马社会的内部。由于他们自己社会中"奴役"罪恶的发展，他们才会承受蛮族的"奴役"之苦："我们自食其果。"（《诗篇》127：2）[79]

"民众的欢呼和呐喊"

451 　　作为一名皈依苦修生活的教士，萨尔维安希望成为孤独者。用罗伯特·马库斯的话来说：

> 萨尔维安犀利地将世界划分开来：一边是极端腐朽的罗马世界，另一边则是放弃财富的少数人。世界上总有少数人——或者如他喜欢补充上的，极少数人——如同清晰的鼓声回荡在萨尔维安的篇章中。[80]

但萨尔维安自己对被孤立群体的归属感，并不意味着萨尔维安与现实世界相脱离。他从夹缝中看这个世界。但这个夹缝并不比西多尼乌斯·阿波利纳里斯（带着愉快的心情）看传统罗马帝国的最后时日的视野更窄。萨尔维安对自己所见之物十分敏锐。这是一个强有力的世俗世界。这个社会的上层可能会礼敬"圣徒"——比如他们尊重阿尔勒著名的修士出身的主教贺诺拉图斯和希拉里。但这种尊重建立在一种古老的默契之上。神圣的世界（由修行的主教代表）并没有被和世俗世界混为一谈，更没有修正这个世俗世界。这些"圣徒"也不能替帝国清除极端世俗的玷污。

晚期帝国公共生活中这种不可救药的亵渎性是萨尔维安世界观的核心。他积累了对罗马社会之罪恶——残酷的征税、针对依附农民的新型强制奴役——前所未有的谴责。但是，正如他所关注的，即使他所处时代的罗马帝国强大而合法，罗马也依旧傲慢地对上帝的律法充耳不闻。[81]如赫尔维·安勒贝尔特清晰洞察到的，残存的帝国为萨尔维安呈现的是"地上之城的彻底胜利"。它依旧是个被上帝遗弃的帝国。[82]

对萨尔维安而言，帝国的基督教外表只是"皇帝的新装"。事实上，罗马帝国是赤裸的。对他要庇护的基督教会，帝国并没有吸收其价值观，教会也失去了为帝国祈祷的能力。[83]教士受到税吏和高官们的轻视。[84]那些献身修士生涯的人受到贵族们的嘲笑，并且被自己的家庭剥夺了继承权。[85]萨尔维安就记得自己是怎么被一个高官打发走的，当时他正为一个为生计所迫的人请愿。这个高官"怒目相视地"告诉萨尔维安，他向耶稣基督发誓要毁灭那位穷公民，并且不会收回自己的誓言。[86]

这并不仅仅是萨尔维安的个人失败。在他的作品中，我们

能捕获到十几年前奥古斯丁和阿利比乌斯在非洲的通信传递出
452 的同样的挫败感。帝国尽管被信仰基督的王公们统治着，但当
牵涉税收和国家利益时，他们在主教面前是一张冷脸，世俗权
力无法被教士们的请愿所打动。这个国家中没有将特权交予主
教和教士的任何迹象。

对此，帝国的一个现象表现得非常明显：国家的高级庆
典依旧有浓重的世俗元素。5 世纪的执政官在自己的就职典礼
上依旧使用 4 世纪西玛库斯时代所使用的象牙板，其中很少
有基督教的特点。[87]青年时的西多尼乌斯·阿波利纳里斯于 5
世纪 40 年代晚期在阿尔勒见识的华丽场景依旧与基督徒无
关。萨尔维安甚至宣称，在这些场合依旧使用占卜。[88]战争中
的罗马将军率领主要由多神教蛮族佣兵组成的军队，在战役
前夜乐意使用非基督教方式的预测。[89]许多主教发现帝国的宣
传依旧沉浸在虚浮的自夸中。主教郭德乌尔德乌斯在 439 年
被汪达尔人驱逐出迦太基，他也没有对自己逃往的帝国留下
什么好印象。他确信有迹象表明敌基督的来临和世界的终结，
那就是在陈献给皇帝的陈情中依旧写着："您的神明，您的祭
坛，您的永恒。"[90]

这种亵渎也可以在世俗生活的方方面面被察觉到。丰饶与
季节变换之间的超自然关系（我们在讨论奥索尼乌斯的世界
时谈论过）依然萦绕在富人们的观念中。在宫廷所在地拉文
纳，岁首节的盛宴依旧用古代的习俗来庆祝。演员们打扮成统
治众星球的诸神，在城市的大街小巷挨家挨户地舞蹈。[91]一幅
精致的镶嵌画最近在拉文纳的达泽义奥路之下被发现，它展示
的是孩童们打扮成四季诸神的样子，跳着圆圈舞。这幅作品大
概属于这个时代。[92]

但最让萨尔维安震惊的是，在非洲和高卢的城市里，凝聚着城市士气的安全感很少依赖于基督教会，更少依赖于主教们的布道，而是靠竞技场内的呐喊。危机时代，市民们依旧聚集在这里。这种竞技不仅仅是为了娱乐，它将城市与帝国的命运联系了起来。萨尔维安在他的故乡莱茵兰目睹了这一切。421年，特里尔的贵族向新拥立的皇帝君士坦丁三世请求资金以举办赛马比赛来庆祝他登基。他们庄严地聚集在被战火洗礼过的皮特斯堡圆形剧场内。这种赛会（无论如何也不是圣徒们的祈祷）中的狂野的世俗欢愉，被当作对过去几十年动乱生活最有效的治愈。[93]

总而言之，在危机时代前往赛马场，并不意味着沉溺于奢靡，而是展现了一种强大的公民爱国主义。爱一座城市就是要爱这种赛会。萨尔维安写道：在汪达尔军队接近非洲的行政首府——首先是努米底亚的克尔塔（阿尔及利亚的君士坦丁），然后是迦太基——时，迎接他们的是"赛马场内民众的欢呼和呐喊"[94]。

萨尔维安认为，这些凝聚着浓厚的集体忠诚的符号是不必要的，它们是无聊的奢靡。在"帝国国库危机"的时代，举办这样的赛会是拿钱打水漂。他宣称财政危机已经使高卢城市普遍放弃了赛会活动。[95]历史学家轻信了萨尔维安的话，他们很容易将西部竞技活动的终结与 5 世纪的经济衰退联系起来。[96]

然而，这一论断的真实性有限。据我们所知，赛会活动早在 4 世纪时就减少了。甚至在繁荣的非洲省份，它们也只集中在特定的"旗舰"城市。但是在这些城市中，竞技一直延续着，它们的意识形态的作用依旧重要。在西部，主要的行政中心在整个 5 世纪甚至更长的时间内都保留着竞技场。例如，在

453

西班牙的萨拉戈萨，帝国领土最西边的地带，一场庆祝新执政官的赛会在 5 世纪 90 年代得以举办。[97] 甚至到了 577 年，法兰克的一位国王对自己的统治中出现危机的第一反应就是在苏瓦松和巴黎建立竞技场，"他热切地为民众提供赛会"[98]。

萨尔维安对这种延续性的信号感到很不舒服。他的观点是，像一个高度依赖药物（导致无法控制地大笑的撒丁草）的病人，罗马民众"大笑而死"[99]。他写道：欢笑的时代已经过去了。与帝国相连的世俗世界几乎灭亡，但它拒绝寿终正寝。在阅读萨尔维安《一份关于族群情况的报告》时，读者可能会得到与作者的意图相背离的收获。但仔细阅读《论神的治理》和广泛的原始史料，我们会发现，在 5 世纪 30 年代和 40 年代，萨尔维安依旧面对着一个高度世俗化的帝国社会。在帝国内运用权力的方式依然是一种古代的、前基督教时代的风格。只有到了 6 世纪这种古代的内核最终消失时，才能说西部确实进入了一个"后罗马"时代。只有在这之后——不是之前，而且也肯定不是萨尔维安的时代——基督教会才最终拥有了可以做主的地位；只有在这之后——在 5 世纪后期——教会才作为大量财富的拥有者出现，获得了和土地贵族同等的地位。这是一个决定性的变化。让我们用最后三章结束此书。我们将先转向意大利，再回到高卢、西班牙和非洲，去看看我们故事的最后一幕将如何上演。

注　释

　　[1]　我引用的是 Chrétiennes 版，参见 Salvian, *De gubernatione Dei*,

ed. G. Lagarrigue, *Salvien de Marseille: Œuvres*, vol. 2, SC 220 (Paris: Le Cerf, 1975), translated as *The Governance of God* by J. F. O'Sullivan, *The Writings of Salvian, the Presbyter*, Fathers of the Church 3 (New York: CIMA, 1947), 23 – 232; and by E. M. Sanford, *On the Government of God*, Columbia Records of Civilization (New York: Columbia University Press, 1930); *Letters and Ad Ecclesiam*, ed. Lagarrigue, *Salvien de Marseille: Œuvres*, vol. 1, SC 176 (Paris: Le Cerf, 1971), trans. Sullivan, *The Writings of Salvian*, 237 – 63, 267 – 371。我所知的关于萨尔维安的最佳研究是 J. Badewien, *Geschichtstheologie und Sozialkritik im Werk Salvians von Marseille*, *Forschungen zur Kirchenund Dogmengeschichte* 32 (Göttingen: Vandenhouck and prior Ruprecht, 1980); 更近期的作品 D. Lambert, "The Uses of Decay: History in Salvian's De gubernatione dei," *Augustinian Studies* 30 (1999): 115 – 30; 以及 L. Pietri, "Riches et pauvres dans l'Ad Ecclesiam de Salvien de Marseille," in *Les Pères de l'Église et la voix des pauvres*, 149 – 61。

[2] S. Dill, *Roman Society in the Last Century of the Western Empire*, 2nd ed. (1919; reprint, New York: Meridian, 1958), 137.

[3] O'Sullivan, *The Writings of Salvian*, 6.

[4] Wickham, *Framing the Early Middle Ages*, 62 – 64.

[5] Goodrich, *Contextualizing Cassian*, 19.

[6] O'Sullivan, *The Writings of Salvian*, 15n45. 来自莱茵河两岸的文献，尤其参见 Courcelle, *Histoire littéraire des grandes invasions germaniques*, 146 – 55; 以及 J. Fischer, *Die Völkerwanderung im Urteil der zeitgenössischen kirchlichen Schrift steller Galliens unter Einbeziehung des heiligen Augustinus* (Heidelberg: Kemper, 1948)。

[7] Halsall, *Barbarian Migrations and the Roman West*, 354 认为萨尔维安对于高卢社会状况的描述"尤其关注北高卢"。这一推断基于萨尔维安对莱茵兰的了解及其对巴高达运动的评论。北高卢被认为是巴高达运动的核心地带，但在西班牙也有巴高达运动。

[8] Salvian, *De gub. Dei* 4. 6. 30, Lagarrigue, p. 254.

[9] Salvian, *De gub. Dei* 6. 15. 94, Lagarrigue, p. 416.

[10] Salvian, *Letter* 1. 5 – 6, Lagarrigue, p. 78.

[11] Salvian, *Letter* 4. 6, Lagarrigue, p. 90.

[12] Hilary, *Vita Honorati* 19. 11, Cavallin, p. 63.

[13] Gennadius, *De viris illustribus* 68. 尤其参见 Alciati, *Monaci, vescovi e scuola*, 83 – 100。

[14] Salvian, *Letter* 9, Lagarrigue, pp. 120 – 32.

[15] Salvian, *Ad Ecclesiam* 1. 1. 2, Lagarrigue, p. 140.

[16] Goodrich, *Contextualizing Cassian*, 157 – 77.

[17] Salvian, *Ad Ecclesiam* 1. 1. 2, p. 140, 以及 1. 1. 4, Lagarrigue, p. 142; 参见 *De gub. Dei* 6. 1. 4, Lagarrigue, p. 362。

[18] Salvian, *Ad Ecclesiam* 1. 1. 2, Lagarrigue, p. 140.

[19] *Epitaph of Hilary*, line 7, Cavallin, p. 110.

[20] Salvian, *Ad Ecclesiam* 2. 9. 39, Lagarrigue, p. 214.

[21] E. Loening, *Geschichte des deutschen Kirchenrechts*, vol. 1, *Das Kirchenrecht in Gallien von Constantin bis Chlodovech* (Strassburg: Trübner, 1878), 235.

[22] E. Champlin, *Final Judgments: Duty and Emotion in Roman Wills, 200 B. C. – A. D. 250* (Berkeley: University of California Press, 1991), 101.

[23] 同上, 102。

[24] 现参见 Cooper, *The Fall of the Roman.* Household, 93 – 142。

[25] *Novella Maioriani* 6; Jerome, *Letter* 130. 6 (写于 413 年) 提到一个富裕的教士将女儿安置在修道院中, 而不是嫁给贵族。特别参见 S. J. B. Barnish, "Transformation and Survival in the Western Senatorial Aristocracy, c. A. D. 400 – 700," *Papers of the British School at Rome* 66 (1988): 120 – 55 at pp. 143 – 49。

[26] Salvian, *Ad Ecclesiam* 3. 4. 21, Lagarrigue, p. 254.

[27] Salvian, *Ad Ecclesiam* 3. 13. 57 – 58, Lagarrigue, pp. 282 – 84.

[28] Salvian, *Ad Ecclesiam* 4. 7. 36, Lagarrigue, p. 334; Augustine, *Sermon* 86. 10. 13; Valerianus of Cimiez, *Homily* 4. 6, 705 AB (Paris: J. – P. Migne, 1845). 参见 E. F. Bruck, *Kirchenvöter und soziales Erbrecht: Wanderungen religiöser Ideen durch die Rechte deröstlichen und westlichen Welt* (Berlin: Springer, 1956)。

［29］ Salvian, *Ad Ecclesiam* 1. 3. 10, Lagarrigue, p. 146.

［30］ Salvian, *Letter* 9. 8, Lagarrigue, p. 124; 以 及 *Ad Ecclesiam* 3. 18. 31, Lagarrigue, p. 298。

［31］ Rebillard, *The Care of the Dead* ［*Religion et sépulture*］, 140 – 75; Brown, "Alms and the Aft erlife," 153 – 58.

［32］ Honoratus of Marseille, *Vie d'Hilaire* 16. 5, Cavallin, pp. 94 – 95.

［33］ Salvian, *Ad Ecclesiam* 3. 2. 7, Lagarrigue, p. 244, 以 及 3. 3. 15, Lagarrigue, p. 250。

［34］ Salvian, *De gub. Dei* 4. 14. 66, Lagarrigue, p. 286.

［35］ Gennadius, *De viris illustribus* 68.

［36］ Eucherius, *De contemptu mundi* 614 – 25, Pricoco, p. 98.

［37］ Valerianus of Cimiez, *Homily* 15. 2: 739A.

［38］ Salvian, *De gub. Dei* 3. 8. 38, Lagarrigue, p. 214.

［39］ Badewien, *Geschichtstheologie und Sozialkritik im Werk Salvians*, 176 – 99, at p. 189.

［40］ Salvian, *De gub. Dei* 4. 14. 58 和 4. 14. 65, Lagarrigue, pp. 280 和 284。

［41］ Lambert, "The Uses of Decay," 128.

［42］ Salvian, *De gub. Dei* 1. 9. 43, Lagarrigue, p. 142.

［43］ Salvian, *De gub. Dei* 3. 11. 59, Lagarrigue, p. 320.

［44］ Salvian, *De gub. Dei* 3. 9. 44, Lagarrigue, p. 220.

［45］ Salvian, *De gub. Dei* 4. 1. 4, Lagarrigue, p. 234.

［46］ Salvian, *De gub. Dei* 6. 18. 93, Lagarrigue, p. 424.

［47］ S. T. Loseby, "Decline and Change in the Cities of Late Antique Gaul," in *Die Stadt in der Spätantike*, 67 – 104 at pp. 68 – 69. 大致参见 Loseby, "Bishops and Cathedrals: Order and Diversity in the Fifth – Century Urban Landscape in Gaul," in *Fifth – Century Gaul*, 144 – 55; J. Harries, "Christianity and the City in Late Roman Gaul," in *The City in Late Antiquity*, ed. J. Rich (London: Routledge, 1992), 77 – 98。

［48］ Loseby, "Decline and Change," 69; J. Guyon, "La topographie chrétienne des villes de la Gaule," in *Die Stadt in der Spätantike*, 105 – 28, figure 1 at p. 110.

［49］ Marrou, "Le dossier épigraphique de l'évêque Rusticus de

Narbonne," 332 – 33 and figures 2 – 3 on pp. 335 – 37.

[50] *Inscriptiones Latinae Christianae Veteres*, no. 773；现参见 Salona：*Recherches archéologiques franco – croatesà Salone*, vol. 3, *Manastirine：Établissement préromain, nécropole, et basilique paléochrétienne*, ed. N. Duval, E. Marin, 以及 C. Metzger, Collection de l'École française de Rome 194：3（Rome：École française de Rome；Split：Musée archéologique de Split, 2000），306 – 9。

[51] M. Maas, "Ethnicity, Orthodoxy and Community in Salvian of Marseilles," in *Fifth – Century Gaul*, 275 – 84 at p. 276.

[52] Salvian, *De gub. Dei* 4. 14. 67 – 70, Lagarrigue, pp. 284 – 88.

[53] E. A. Thompson, *The Visigoths in the Time of Ulfila*（Oxford：Clarendon Press, 1966），78 – 156. 现在尤其参见 S. Esders, "Grenzen und Grenzüberschreitungen：Religion, Ethnizität und politische Integration am Rande des oströmischen Imperiums（4. – 7. Jh. ），" in *Gestift ete Zukunftim mittelalterlichen Europa：Festschriftfür Michael Borgolte*, ed. W. Huschner and F. Rexroth（Berlin：Akademie Verlag, 2008），3 – 28 at pp. 5 – 13。

[54] Salvian, *De gub. Dei* 5. 2. 6, Lagarrigue, p. 314 和 5. 3. 10, Lagarrigue, p. 318。

[55] Salvian, *De gub. Dei* 7. 2. 8, Lagarrigue, pp. 434 – 36（Aquitaine）；7. 13. 54, Lagarrigue, p. 468；7. 16. 67 – 68, Lagarrigue, pp. 478 – 80（Carthage）.

[56] Salvian, *De gub. Dei* 5. 7. 30, Lagarrigue, p. 334.

[57] Salvian, *De gub. Dei* 4. 3. 15, Lagarrigue, p. 344.

[58] Salvian, *De gub. Dei* 5. 6. 24, Lagarrigue, p. 330.

[59] Salvian, *De gub. Dei* 5. 5. 22 – 23, Lagarrigue, pp. 328 – 30.

[60] Salvian, *De gub. Dei* 5. 8. 37, Lagarrigue, p. 340.

[61] Salvian, *De gub. Dei* 5. 5. 21, Lagarrigue, p. 328.

[62] Salvian, *De gub. Dei* 5. 5. 22, Lagarrigue, p. 328.

[63] Mamertinus, *Panegyric to Julian*, *Panegyrici Latini* 11. 3 – 4（ad 362）；Orosius, *History against the Pagans* 7. 41. 1（AD 417）.

[64] Augustine, *New [Divjak] Letter* 10＊.5.

［65］Halsall, *Barbarian Migrations and the Roman West*, 250.

［66］H. Elton, "Defence in Fifth – Century Gaul," in *Fifth – Century Gaul*, 167 – 76; T. Stickler, *Aëtius：Gestaltungsspielräume eines Heermeisters im ausgehenden Weströmischen Reich*, Vestigia 54 (Munich：C. H. Beck, 2002), 155 – 253.

［67］*Novella of Valentinian III*, 10, Preface（441）：参见 Cecconi, *Governo imperiale e élites dirigenti*, 162 – 67. 可对照 Salvian, *De gub. Dei* 5.7.31, p. 336。

［68］Salvian, *De gub. Dei* 4.6.30, Lagarrigue, p. 254.

［69］Salvian, *De gub. Dei* 4.4.21 and 4.15.74, Lagarrigue, 第 248 页和第 290 页。

［70］尤其参见 C. Grey, "Salvian, the Ideal Christian Community and the Fate of the Poor in Fifth – CenturyGaul," in *Poverty in the Roman World*, 168 – 82 at p. 173; with Brown, *Poverty and Leadership*, 67 – 73。

［71］Salvian, *De gub. Dei* 5.4.18, Lagarrigue, p. 324.

［72］Salvian, *De gub. Dei* 4.3.21, Lagarrigue, p. 248.

［73］Salvian, *De gub. Dei* 5.9.45, Lagarrigue, p. 346. 关于高卢乡村的这种庇护制度的定论肯定有许多错误之处，最好的研究是 C. R. Whittaker, "Circe's Pigs：From Slavery to Serfdom in the Later Roman World," *Slavery and Abolition* 8（1987）：88 – 122; Grey, "Salvian, the Ideal Christian Community and the Fate of the Poor," 176 – 80; 以及同一作者的 "*Contextualizing Colonatus*"。关于在高卢建立的这种上下关系过程中的 "贫困" 和 "破产" 的词语，现参见 A. Rio, "High and Low：Ties of Dependence in the Frankish Kingdoms," *Transactions of the Royal Historical Society*, 6th ser., 12（2008）：43 – 68, esp. pp. 51 – 52。这些文字没有真正为贫穷和依附的论点提供必要信息支持。综合的原创性研究，现参见 W. Goffart, "Salvian of Marseille, *De gubernatione Dei* 3.38 – 45 以及 the 'Colonate' Problem," *Antiquité tardive* 17（2009）：269 – 88, esp. p. 286。

［74］Salvian, *De gub. Dei* 5.8.30, Lagarrigue, p. 340.

［75］参见 Grey, "Salvian, the Ideal Christian Community and the

Fateprior of the Poor,” 168。

[76] Krause, *Spätantike Patronatsformen*, 233 – 83.

[77] Salvian, *De gub. Dei* 5. 9. 46, Lagarrigue, p. 346.

[78] Salvian, *De gub. Dei* 4. 2. 10, Lagarrigue, p. 238, 以及 5. 6. 26, Lagarrigue, p. 332；参见 Hydatius, *Chronicle* 49（于 411 年）西班牙诸行省沦为奴役状态；*Chronicle of 452* 126（于 442 年）不列颠诸行省为撒克逊人所统治。

[79] Salvian, *De gub. Dei* 5. 9. 46, Lagarrigue, p. 346.

[80] Markus, *The End of Ancient Christianity*, 169.

[81] Salvian, *De gub. Dei* 4. 11. 53, Lagarrigue, p. 276.

[82] Inglebert, *Les romains chrétiens*, 663.

[83] Salvian, *De gub. Dei* 3. 9. 46, Lagarrigue, p. 220.

[84] Salvian, *De gub. Dei* 5. 5. 19, Lagarrigue, p. 326.

[85] Salvian, *De gub. Dei* 4. 7. 32, Lagarrigue, p. 256.

[86] Salvian, *De gub. Dei* 4. 15. 74, Lagarrigue, pp. 290 – 92.

[87] *Eburnea Diptycha*, ed. David. 相反，A. Cameron, “The Probus Diptych and Christian Apologetic,” in *From Rome to Constantinople*, 191 – 202 显示皇帝一直用基督教军旗。

[88] Salvian, *De gub. Dei* 6. 12. 37, Lagarrigue, p. 368.

[89] Prosper, *Chronicle* 1335（ad ann. 439）.

[90] Quodvultdeus, *Dimidium temporis* 7. 14, R. Braun 编辑, CCSL 60（Turnhout: Brepols, 1976）, 199。

[91] Petrus Chrysologus, *Sermon* 155 and 155 bis, ed. A. Olivar, CCSL 24B（Turnhout: Brepols, 1982）, 961 – 69.

[92] Maioli, “Il complesso archeologico di Via d'Azeglio a Ravenna,” figure 4 on p. 52；以及 *La musica ritrovata: Iconografi a e cultura musicale a Ravenna e in Romagna dal I al VI secolo*, D. Castaldo, ed. M. G. Maioli, and D. Restani（Ravenna: Longo, 1997）, illustration 23, p. 96。现参见 *Archeologia urbana a Ravenna*, ed. Montevecchi。

[93] Salvian, *De gub. Dei* 6. 15. 85, Lagarrigue, p. 416: 参见 H. Heinen, “Reichstreue *nobiles* im zerstörten Trier,” *Zeitschrift für Papyrologie und Epigraphik* 131（2000）: 271 – 78。

[94]　Salvian, *De gub. Dei* 7. 12. 71, Lagarrigue, p. 408.

[95]　Salvian, *De gub. Dei* 6. 8. 43, Lagarrigue, p. 390.

[96]　Markus, *The End of Ancient Christianity*, 172 – 73.

[97]　*Consularia Caesaraugustana* 85a：参见 Kulikowski, *Late Roman Spain and Its Cities*, 207。

[98]　Gregory of Tours, *Histories* 5. 17.

[99]　Salvian, *De gub. Dei* 7. 1. 6, Lagarrigue, p. 434, with n. 1.

第 27 章 "为保意大利的安全"：
罗马与意大利，
约 430 ~ 约 530 年

5 世纪的意大利

　　军事长官埃提乌斯在高卢赢得一系列大规模战役之后，于439 年回到了罗马。元老院为了庆祝此次凯旋，为他在自由殿（Atrium Libertatis）中竖立了一座金雕像——自由殿位于罗马广场上方靠近元老院的位置。这座雕塑的基座被保存了下来。它由一块中等规模的石头制成，上面刻有小号的精致文字。这个基座现在竖立在元老院的入口旁边，并且常常被游客忽视。在这篇铭文中，元老院表彰了埃提乌斯"为罗马帝国收复高卢"赢得的一系列胜利。最重要的是，他们特别表彰埃提乌斯通过赢得这些在遥远地区的战争而"保障了意大利的安全"。[1]

　　这显然是一个地方性的观点。汪达尔人于 406 ~ 439 年对迦太基展开征服，所带来的第一次灾难性的暴力冲击已经瓦解了帝国的西部。许多地区已经失去了（或者即将失去）对于国家或是帝国的归属感。在西玛库斯时代（距此时已经过去了半个世纪），为埃提乌斯竖立雕像的罗马元老院仍旧将自己视为罗马世界的核心象征。但那时的世界已经与以往大不相同。现在，罗马元老们（多数是出身于罗马的贵族）再向阿尔卑斯山以北眺望，只见战火已蔓延至从高卢到西班牙的大片地区。似乎只有意大利由于包含了从阿尔卑斯山一直延伸到爱奥尼亚海的一系列复杂多变的地形，才成为少有的安全地带。[2] 尽管萨尔维安在近些年有关高卢的写作中称帝国实际上已经"几乎瓦解"，但在意大利，这个帝国仍然十分具有活力。

在罗马和意大利中部以及南部地区，认为古老的罗马政体在动荡中得以完好幸存下来的想法被普遍接受。相比之下，阿尔卑斯山和亚平宁山脉之间的意大利北部地区则是另一幅景象。作为连接高卢和巴尔干地区的通道，这里经常被战乱侵扰。而且意大利北部地区也已经习惯了蛮族在这里进行活动。多个世纪以来，这里的罗马平民都处于以蛮族人为主的大规模军事力量的影响之下。从安布罗斯时代开始，协助聚集在如米兰或拉文纳这样的行政中心王宫周围的军队，就已经成为意大利北部罗马人的一个重要财源。因此我们不难理解，为什么最终蛮族的统治是从意大利内部发展起来的而并非由外部入侵导致。这也意味着蛮族军事部落势力在意大利北部最终赢得了胜利。在476 年皇帝匆匆退位以后，权力就落在了出身于蛮族部落并长久盘踞在意大利和巴尔干地区的一些强势人物手中——第一位是奥多瓦克（476 ~ 493 年在位），之后是狄奥多里克（493 ~ 526年在位）。[3]

与意大利北部的"政治温室"[4] 环境相比，罗马、意大利中部和意大利南部地区以较为缓慢的节奏发生着变化。对于这一地区的上层人士来说，"保障意大利的安全"意味着两件事情：保存罗马这个辉煌的城市；与此同时，发展一种足以在这个新的萧条时代供养他们的农业经济。那么基督教会，尤其是

455

罗马的基督教会，是怎样适应这样的角色的呢？

复杂性：一种新的关于罗马的叙述

为了回答这个问题，我们需要抛弃深深植根于现代学术中的有关 5 世纪罗马历史的两种叙述模式。一种观点强调，在 410 年罗马被哥特人攻陷以后，罗马皇帝就永远抛弃了罗马城，他留下的权力真空迅速被教宗填补。在 5 世纪的历史进程中，失去了皇帝的罗马也就立刻成为"教宗们的罗马"。另一种观点是前面这种历史叙述的推论，它认为，罗马元老院迅速与罗马教宗联合了起来。学者们通常相信，在 5 世纪早期，皈依基督教的元老们就开始用自己的财产来支持一个富裕的基督教会，而这种联盟也导致了深受罗马贵族精神影响的基督教的兴起。这种现象被看成一次双赢的变革。人们认为，它以基督教的形式保存了古典罗马的传统。在西部帝国经历如此之多暴力与毁灭的黯淡时代，人们不禁思考，还有什么样的社会价值比罗马精神更值得保护。对于学者以及普通读者来说，想象一个在 5 世纪变化微小的罗马总是令人振奋，因为基督教的领导者们已经比罗马人更具有罗马精神了，罗马，被当作了——

456

教宗们以及渗透在其中的传统受教育阶层的领地。基督徒们已经意识到了传承古典历史传统的责任。[5]

对于教宗和他的教士们来说，同罗马贵族的结盟则代表教会在罗马站稳了脚跟。[6]

这些是理查德·克劳特海默——一位研究 5 世纪基督教建

筑的大师的意见。但我们已经了解到真实的故事并非如此简单（即使仅考虑最后一个十年也是这样）。菲德里克·马拉奇在一篇观点独到的论文中这样总结了新的看法："理解罗马城市的关键……是理解其复杂性。"[7]

马拉奇准确地指出，5 世纪并非以多神教罗马向教宗罗马的轻易转化为特征。与之相反，我们面对的是一个更加充满紧张因素的局面，它延续了 4 世纪罗马的动荡不安。如我们所见，在 4 世纪的罗马，许多团体满足于自行其是，没有任何一个群体在城市中实现了对其他群体的完全统治。这种局面在 5 世纪的大部分时间中都得以延续。在这样一个存在若干相互隔阂的社会势力的世界中，主教与教士群体很晚才逐渐兴起并成为城市生活的统治力量。这发生在 5 世纪晚期和 6 世纪早期——辛普利修斯（468～483 年在位）、格拉西乌斯（492～496 在位）和西玛库斯（498～514 年在位）担任教宗的时候。

这些主教并非通过与元老院联合才成为领导人物登上历史舞台。从很多方面来看，他们都是在与元老院的对抗过程中发展起来的。他们对教会自治持鼓励态度。到 500 年，随着教会在意大利南部拥有了由主教和教士们精心管理的大量地产，这种自治意识也进一步增强。为了宣示这种自治权，主教和教士们开始无视元老院。他们延续了我们之前讨论过的在教宗达马苏斯时代开启的变革。达马苏斯和他的继承者们已经在小贵族的支持下将教士推到了历史发展舞台的中央。而 5 世纪的局面有利于教士在之后的时间里进一步发展成为罗马的"第三等级"。我们现在需要考察教士阶层是如何在城市中迎来最终胜利的。

为此，我们必须抛弃那种认为皇帝在 5 世纪的罗马没有任何影响的观点。实际上，皇帝们在这个世纪比在前两个世纪都更加频繁地居住在罗马。罗马像拉文纳一样充当着帝国的首都，它为这个逐渐衰落的帝国的统治者和他的宫廷提供了一个仍旧壮观的活动背景。当皇帝们在罗马城居住的时候，宫廷和它的常驻官员通过精心重建的食品配给制得到了供养。

此后，宫廷开始向教会施加影响。在整个 5 世纪上半叶，皇帝和大臣与地方捐赠者们拥有同样数量的大教堂。安德鲁·季耶特用简洁的语言写道：

> 西克斯图斯三世（432～440 年在位）和利奥一世（440～461 年在位）改变了罗马的城市景观……他们的工作经常被认为体现了教宗在城市中新建立的权威……但这些工作是在皇帝的干预下而非摆脱了皇帝的影响进行的。[8]

例如，西克斯图斯三世在埃斯奎诺山顶建立了圣母玛利亚大教堂，它使旁边那些冠名教堂相形见绌。教宗得以居住在过去曾广泛分布着元老房产的地方。[9]我们今天仍能在后殿前的拱门上看到大型镶嵌画显示的内容。罗马凯旋艺术用视觉语言广泛宣传了罗马教宗在如帝国一样幅员辽阔的基督教世界做领导者的权威。这座教堂被西克斯图斯三世献给了上帝的子民，即那些被上帝选中的罗马会众。[10]

但是，圣母玛利亚大教堂的建造并不应像我们之前想象的那样多地归功于西克斯图斯三世的个人主张，它有可能是在皇帝资产的支持下才建成的，并且在建造的各个步骤上都得到了皇帝的支持和帮助。[11]值得注意的是，西克斯图斯三世为圣母玛利亚大教堂捐赠了用 12 磅上好黄金制成的酒壶。黄金就好比帝国的指纹,它的使用暴露了宫廷在教会事务中的积极干预。自君士坦丁的时代以来,黄金礼拜托盘第一次出现在了圣母玛利亚大教堂和其他地方。[12]西克斯图斯三世的时代因此经常被描述成教宗罗马的第一个伟大时代。对居住于罗马的皇帝和统治阶层而言,由宫廷协助修建的如圣母玛利亚教堂之类的教堂代表着君士坦丁治下黄金时代的短暂回归。[13]

在 5 世纪,罗马贵族家族并不一定为罗马教堂提供了比 4 世纪时更多的经济支持。有些家族的确捐献了自己的财产,但大部分家族其实没有这样做。相比为礼拜堂和修道院投入大量金钱的君士坦丁堡贵族,罗马贵族对教会的贡献较小。但廷臣、官员以及之后十分活跃的军人都在罗马教堂中相继留下了自己的影响。正是他们——而非元老贵族——重修了教堂,提供了镶嵌画和奉献。事实上,在为教堂捐献土地这件事上,贵族比平时表现得更加吝啬。他们将最好的土地留给自己,以致贵族们几乎垄断了城郊土地——城市外面进行集约耕种的土地,那是上等地产——而教会在 500 年左右的时候只拥有不到百分之五的土地。总之,在 5 世纪,贵族的财产并没有大量流入教会手中。[14]

对 5 世纪的很多大贵族来说,与 4 世纪一样,罗马仍首先是一座辉煌的古代城市,它那些被认为拥有上千年历史的传统还很明显。罗马到现在还没有变成一座由基督教礼拜堂统治的城市。在基督教兴起之前,在罗马定居的元老们轻易地融入这座城市的古代文化背景之中。在比我们预期的更久的岁月中,他们之间的很多人是隐藏了身份的多神教徒。我们已经讨论过小梅兰妮娅的舅舅沃鲁西亚努斯,他在罗马沦陷后迅速对基督教做出批评，而这又促使奥古斯丁写作了《上帝之城》来进行回应。直到 437 年，沃鲁西亚努斯仍然是一位多神教徒，尽管在名义上他已经在基督教堂被登记为新人，但他直到临终的时候才接受洗礼。[15]在罗马和君士坦丁堡有很多像沃鲁西亚努斯一样的人，他们在上层社会中的存在被一种"沉默意愿"掩盖起来。他们虽然生活在上层社会中，但是没有一个人谈论他们。他们的存在嘲弄了社会的公共宣传，因为人们宣称基督教已经成为罗马世界的唯一宗教，而多神教将永不存在。[16]但事实正如生活在 5 世纪中叶罗马的非洲作家阿尔诺比乌斯所指出的那样，对许多富有的人来说，基督教《诗篇》和基督关于施舍的教导仍然是"毫无意义的小调"。[17]

这种看法出人意料地在社会中持续了很久。直到 494 年，教宗格拉西乌斯声称受到了冒犯，因为元老院成员仍旧在支持可以追溯到罗慕路斯时代的牧神节。每年的 2 月 14 日，年轻人在城市中裸奔，一边哼着淫秽下流的小调一边抽打那些被怀疑不道德的妇女——在这种场合下（为了赶时髦），他们还可能哼唱讽刺格拉西乌斯手下一位教士通奸的曲调。[18]

那些贵族阶级中的虔诚基督徒甚至也会为了维持城市娱乐和家族荣耀，而对圆形大剧场和马克西穆斯竞技场投入比对教会更多的时间和金钱。494 年，弗拉维乌斯·都尔奇乌斯·鲁菲乌斯·艾斯特利乌斯任执政官，他的这个名字就代表了贵族家庭的融合，如同中世纪晚期的纹章盾牌上的多分栏标志一样。通过留存的两份手抄本的署名，我们发现艾斯特利乌斯不仅编订过维吉尔的《牧歌》，而且还编订过近期基督教诗人赛杜里乌斯的作品。他已经将财产花费在了罗马。作为执政官，他为了他挚爱的城市将"千金散尽当作一种荣耀"。[19]但是这

晚期罗马时代的进餐/

这幅对新近发掘的意大利南部法拉格拉庄园的重构图，展示出一种亲密感和恢弘感的结合。客人们斜躺在大厅的半圆龛的卧榻上，厅内地板上有一层浅水，用来降温。与基督教方形教堂一样，光束从灯中照出。

女神与新娘/

新娘普洛耶克塔对镜梳理自己的头发，位于与她动作一致的维纳斯形象的下方。一位成功皇室臣仆之女普洛耶克塔于此时嫁入一个古老的罗马家族，她不久后就去世了。为她撰写墓志铭的不是旁人，正是教宗达马苏斯（366~384 年）。

Courtesy of Musée de l'Arles antique, Arles, France. Photo © Wikimedia commons - Jononmac46

"普通人" /

制桶者行会，普里西拉地下墓穴博泰墓室（Bottai Catacombs of Priscilla）中的 4 世纪壁画，意大利罗马。

这个行会对城市中激烈争夺的葡萄酒供应至关重要，它为自己的成员——无论是基督徒还是异教徒——设立了墓室。基督教正是经常从这样的行会中吸收他们的神职人员。

石制的证据（一座阿非利加方形教堂）/

这幅镶嵌画把教堂描绘为一座高耸的建筑，两侧有一对塔，高天窗为教堂带来采光。遮掩多个入口的大量门帘在画中得到突出。小梅兰尼娅这样的贵族女性可能会从她们的个人衣柜中拿出这些门帘，提供给教堂。

+ HICABETVR MEMORIA SANCORM FAVS TI NIET SATVRNINI +
CVIIVS FESTIBITAS CELEBRATVR DIE PRI T
DIE NONAS SE PTEMBRES DEOADIVBANTE ET DO
MINO IHV XPORESTVTVS DIA CONVS CVM SVIS
BOTVM REDDIDIT DOMEN f

"他 / 她已还愿" /

一位名叫瑞提图图斯的执事和他的家人把殉道者的圣骸奉献给了亨希尔 - 姆迪拉
（Henchir Mdila，阿尔及利亚）的一座教堂。圣骸被放在一个朴素的瓮中，刮刻
在瓮上的献词是用通俗拉丁语写的，例如，"votum" 被写成了 "botum"。

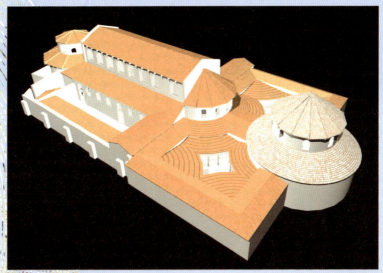

光之厅 /

新近发掘于迦太基（突尼斯）比尔 – 夫图哈（Bir Ftouha）的宽敞的 6 世纪朝圣教堂的复原图。

From"Bir Ftouha: A pilgrimage church complex at Carthage,"by Susan T. Stevens, Angela V. Kalinowski, and Hans vanderLeest, *Journal of Roman Archaeology*, Supplementary Series no. 59, 2005 (graphics by B. Dayhoff), frontispiece and fig. 12.3. Courtesy of the *Journal of Roman Archaeology*.

管理型主教

尤弗拉西苏斯主教在 540 年前后重建了波雷奇方形主教座堂。

右：画中尤弗拉西苏斯主教手持教堂的模型，将之献给上帝。克劳迪乌斯之子（即尤弗拉西苏斯的侄子）手持蜡烛，代表了教堂花费高昂的照明。

左：手持福音书的是尤弗拉西苏斯主教的大执事克劳迪乌斯，很可能是他的兄弟。

灯和蜡烛在这座方形教堂中常常是不熄的，象征了天堂之光永恒不息，捐赠者们希望自己的灵魂能在其中安息。

座城市又是怎样的呢?

"罗马庞大的人口规模是显而易见的": 5 世纪罗马城的人口与供给

那些研究 5 世纪和 6 世纪早期的学者不得不尽可能接受这一时期特有的资料空白。城市的人口,这个对任何有关这一时期罗马社会经济史的可信叙述都至关重要的一个因素,仍然是未知的。有关 4 世纪和 5 世纪初期罗马城市食品配给制的法令为我们提供了一系列令人震惊的数据。在 367 年,罗马似乎有 30 万人接受了廉价猪肉。罗马陷落于哥特人之手之后,仍有 12 万人。晚到 452 年,350 万磅猪肉被提供给 141120 名市民。尽管在 410 年后人口规模大幅衰减,罗马仍然是(至少根据书面记载是)地中海世界规模最大且拥有最好供给的城市。[20]

但在许多学者看来,这些数字太过美好以至于不可信。他们认为罗马不可能在整个 5 世纪都保持这样的人口水平。他们断定,由汪达尔人征服迦太基所造成的罗马从非洲获得的粮食和橄榄油供给的下降,必然会导致严重后果。[21]此外,在罗马城郊和伊特鲁里亚南部工作的田野考古学家也指出了一次突然且难以预料的土地荒芜现象,而且这些土地曾经被用于为罗马市场发展密集农业。[22]在 450 年以后,罗马周边整片乡村的突然消亡也许是一个警告标志,而我们正在考察一场寂然且规模巨大的灾难所留下的痕迹——一个城市的消亡。但在 400 年,这里还是地球表面上最大的人类聚集地。

即使我们赞同这一令人印象深刻的看法,认为在这一时期罗马发生了衰落,但我们仍不清楚这一衰落过程的速度。从某

459

种程度上说，罗马衰落的速度似乎并不像历史学家们对衰落的解释所描述的那样快。[23]因此，官员卡西奥多卢斯在533～535年对他所处的时代进行写作时，并没有把这座城市的现状与辉煌往昔之间的差距当回事：

> 看到罗马城甚至要通过遥远地区的供给来维持，就知道罗马城显然拥有众多人口……城墙延伸的广阔范围，连同娱乐设施以及浴场的超大规模，都说明这里聚集有大量市民。[24]

卡西奥多卢斯的法令还显示，他并不认为自己正生活在一片废墟中。他仍然忙于为罗马管理猪群。即使数量不如以往惊人，罗马的食品配给仍然在至少通过提供家畜的方式持续从意大利南部收集。当皇帝狄奥多里克于500年到达罗马的时候，他面对的是拥有12万人口的城市。他还为聚集在圣彼得的礼拜堂周围的穷人们提供了8500摩狄（modii）的粮食，这相当于300个人一年所需的粮食。[25]用塞姆·巴尔尼西的话来说，在6世纪早期，罗马仍然给人以伟大城市的印象。[26]

在这种印象背后，隐藏着一段为了弥补非洲供给系统所受损失而在意大利南部重新进行农业调配的历史。[27]这种调配并没有达到4世纪城市食品配给的巅峰水平，但是它确保了一件重要的事情：罗马市民通过获得各种形式的定量配给而持续享有殊荣，尽管这种配给有时不过是分发蜂蜜和好酒。意大利西南地区的猪群持续为城市提供着猪肉供给。通过这些替代手段，罗马维持了独特的古代传统。[28]它仍是一座依靠城市食品配给制的城市，这意味着它仍是属于罗马人民的城市。

"为了罗马人民更大的幸福和欢乐"

与其让我们自己被必然错误的想法（如关于这一时期罗马城人口规模的想法）所困扰，不如转而尝试思考罗马城市生活结构的改变和这一时期不同群体之间的关系。5 世纪的罗马并非一座鬼城，但是它似乎成为昔日罗马的一个拙劣模仿品。元老院贵族的房产比以往更明显地占据了城市。在罗马的山丘上，拥有华丽大理石路面的房屋直到 6 世纪末都一直占据着高坡的土地。[29]不过如今，它们坐落在被废弃的庭院和曾经屹立在这里的更加宏伟的宫殿的空荡废墟之中。

这是一个城市结构体系已经崩溃的世界。在破败萧条的城市景观中，一些活跃的居民聚居点十分显眼。[30]基督教堂和罗马的礼拜堂也是这样，其中的一些已经得到修复，它们变成了城市生活中的乐土，如同这一时期的贵族宅邸一样。例如在461 ~ 468 年，教宗希拉略在圣十字教堂（靠近拉特兰大教堂）的对面建立了一个喷泉和一个由明亮颜色的大理石制成的门廊。他还向圣劳伦斯的城郊礼拜堂捐赠了一个小型宅邸大厅、一个室内浴场、一个室外浴场，以及两座图书馆。[31]

那些仍然居住在这些宅邸之中的显赫家族将这座城市视为他们自己的。旧有城市食品配给制的混乱和作为替代品的供给体系规模的缩水，都使罗马居民更加依赖从贵族庄园获得的食物。尽管尚不明确，但我们仍可以合理推测，这时有许多罗马平民以门客的身份依附于贵族家庭来获得工作和食物。贵族们开始以罗马人民的主人身份行使权力。509 年，哑剧的支持者们在马克西穆斯竞技场开始嘲笑他们的庇护者（德西乌斯家族），德西乌斯仅派遣了武装奴隶进入圆形剧场就制裁了叛乱的门客。[32] 但在一个世纪以前，这种对待罗马人民的高压政策即使不会让西玛库斯丢掉性命，也至少会让他失去宅邸。

尽管贵族们比以前更有势力，但他们不再像以前一样富有。在这个世纪，传统的自我宣传形式实质上已经消亡了。除了少数场合，上层贵族都不再从其他贵族和崇拜者那里接收塑像。[33] 同样，不那么显赫的人物也无法享受那种 4 世纪的陵墓中让罗马基督徒引以为豪的大理石棺。[34]

不过，对居住在那里的贵族来说，罗马仍然是一个精彩纷呈的舞台。整个 5 世纪，元老院贵族们都努力在城市中创建一系列"孤立的博物馆"来奉献给心中挚爱的罗马。元老院周边的建筑（这里放置着埃提乌斯的雕塑）都被精心修复了。这些原本布满碎石的破败建筑被掩盖在全新的表面之下，广场的铺设也被维持着。[35] 这些努力不仅是以博物馆的方式来保存传统建筑的一次尝试，还与整个阶层的集体记忆有关，因为这些传统建筑强调了元老院及其历史的延续。4 世纪晚期的异教徒领袖（比如尼克马库斯·弗拉维亚努斯）出现在刻有大篇铭文的雕塑作品上，并被重新置于公众视野之中。基督教元老也将他们的铭文刻在多神教祖先的铭文旁边，好像在强调这种与宗教无关的城市荣誉的延续。[36]

在圆形大剧场，这种延续罗马城市传统的决心体现得尤为明显。直到 530 年，大剧场里的座位仍然得到定期修理。[37] 即使在今天，我们仍然可以找到罗马最后的元老在密集人群中所坐的位置。元老们负责管理那些与西玛库斯和他的儿子曾经举办的竞技活动拥有同样内容（可能没有那么豪华）的公共活动。在小门密乌斯时代曾给大区长官赛会带来强烈刺激的角斗士没有在这一时期复兴。[38] 有时，雕刻在会场中用以分隔不同家族座位的十字架，为我们留下基督教时代的印记。[39]但是这座巨大建筑之中发生的事情其实与基督教并无瓜葛，这里面唯一的声音来自罗马公民。438 年，罗马大区长官弗拉维乌斯·保罗在一次地震之后修复了圆形大剧场。他这样做就是"为了罗马人民更大的幸福和欢乐"[40]。与此同时，保罗和他的家庭正在专心地履行向圣保罗起的誓：他们对城墙外的圣保罗大教堂进行了捐赠，并精心地为教堂铺上了一层大理石。[41]

462

大规模救济和小规模救济：城市食品配给制、施舍与罗马人民

我们发现在 5 世纪中期和接下来的几十年中，罗马的两股完全不同的势力之间保持着不稳定的平衡。罗马城中的世俗贵族在努力维持从 4 世纪祖先那里继承来的城市生活方式。与此同时，罗马教宗和他的教士们正在试图以关心穷人的名义来将自己的影响扩大到全市人口之中。这时的关键问题就是重新定义到底谁才是"罗马人民"。只有这个要重新定义的问题得到解决的时候（此事发生在本书研究的时期的最后时段，即 6 世纪末），在人们对社会的想象中，"罗马人民"的概念和依赖于罗马主教关怀的"教会的穷人"的概念才能重叠起来。罗马教会，而非皇帝或贵族，成为罗马人民的保护者和支持者。这是关键性的改变。也只有在那时，罗马才可以真正被称为"教宗的罗马"。

这不是一个我们可以轻易理解的转变。初看之下，两种不

同形式的社会救济的投入并不成比例。在城市食品配给和竞技上的投入远远超过在救济穷人上的投入。[42]比如，在6世纪早期，拉文纳的主教是意大利最为富有的教会领导人，他每年花费3000索里达在救济穷人上。[43]但在452年，仅仅是在因城市食品配给制而提供猪这一项上的花费就达到了每年14700索里达。[44]一个世纪以前，元老院贵族的儿子们在几周内就会在大区长官赛会上花掉86400索里达，而这时，罗马教会的年收入仅为26000索里达。[45]两种捐赠的规模与为满足两种需要而调动的财产数量根本无法相提并论。

在这方面，人们会回想起那场发生在8世纪唐朝皇帝的宫廷中的中国官僚之间的争论。随着佛教在中国西部的传播，保守的儒家学者（近似于在亚欧大陆多数地方都会出现的像西玛库斯和卡西奥多卢斯一样的人物）轻蔑地将佛教僧侣在困难时期给予的"小规模救济"——施舍、抚养孤儿、为穷人提供粥铺——拿来同皇帝以及官僚系统提供的"大规模救济"进行对比。他们认为只有从皇家仓库分发的食物救济（而非佛教僧侣提供的"小规模救济"）才能缓解地方的饥荒。[46]在4世纪、5世纪和6世纪早期，许多勤勉认真的管理罗马食品配给制的官员（比如卡西奥多卢斯）也都持有这样的看法。基督徒也许会在饥荒的时代为穷人们提供一些施舍，其中一些人还以一种令人印象深刻的方式来行事。比如，在5世纪70年代，生活在克莱蒙和罗讷河谷的高卢罗马贵族联合在一起来为城市运输食物，并且照料他们庄园中的饥民。[47]但在中国，最终是由国家控制了大仓库并开展了大规模社会救济。正如卡西奥多卢斯告诉皇帝狄奥多里克的那样，对于一个罗马式的统治者来说，"最好的士兵……莫过于充实的粮仓"[48]。在危机年代，开仓放粮或是转运粮食来支持罗马市民的行为（如狄奥多里克在 500 年访问罗马时所做的那样）仍被认为是证明皇帝慷慨的有力证据。与基督教关怀相联系的"小规模救济"在这时发挥的作用是次要的。

然而，事实并非如卡西奥多卢斯这样的官僚看起来那样简单。"余粮储备"一直只是罗马食品配给制的一种理想状态。[49]即使在 4 世纪，人们也会担心被严格指派给罗马市民的猪、粮食和油无法每年按照法律所规定的数量被运送至罗马。在 5 世纪的进程中，罗马城市食品配给制和基督教为穷人提供的施舍之间的差距在规模上减小了。城市食品配给制提供的粮食数量以缓慢的速度减少，而基督教堂提供的粮食数量则逐渐增多，二者共同构成了罗马人民的安全网。当然这也依赖于教士们招揽捐赠的能力。为了实现这个目标，教士们为罗马的富裕家族提供了"要虔诚地使用财富"的指导思想。让我们继续研究他们是如何开始这一行动的。

"合约下的庄园管理者"：德米提雅斯、普罗斯佩尔和财富的使用

在利奥一世担任教宗期间（440～461），教会募集财产的手段大大发展了。在十年以前，即 433 年前后，一位与持错误理念的萨尔维安完全不同的知识分子从马赛来到了罗马。普罗斯佩尔，这位好斗的奥古斯丁主义的捍卫者（我们在第 25 章中讨论过他），以教宗秘书和顾问的身份拜访罗马。他对有关富裕基督徒如何处理财产的问题持有自己的明确看法。他有关这一问题的作品是一封写给德米提雅斯的信，题名是《论真

谦卑》。[50]如果普罗斯佩尔是这封信的作者，那么这封信就一定相当于呈递给一位显赫妇人的拜访名帖。

464　　在 5 世纪 30 年代，德米提雅斯是一位 4 世纪罗马黄金时代的亲历者，她是佩托尼乌斯·普罗布斯的孙女。我们上次讨论过，她于 413 年在迦太基作为贞女举行祝圣礼时，从哲罗姆和伯拉纠那里收到了有关精神方面的建议书信。现在她居住在距离罗马城 3 英里之外的一个靠近拉蒂纳大道的庄园中。在去世前的一段时间，她在自己庄园的中央庭院上修建了一座奉献给圣斯蒂芬的教堂。尽管教堂是在教宗利奥一世的敦促和一位罗马司铎的帮助之下才修建完成的，但她实际拥有这座礼拜堂。该教堂坐落于她的庄园中央，有可能正是作为她的陵墓而修建的。[51]

　　无论《论真谦卑》是由普罗斯佩尔还是其他人写就的，作者都是以德米提雅斯门客的身份进行创作的。他写这封信的目的是展示他的才能。他向德米提雅斯和她身边的人展示了，一位像普罗斯佩尔一样坚定持有奥古斯丁派观点的人是如何思考她家的神圣财富的。这篇有关谦卑的论文讨论的主题事实上是财富。

　　这篇文章提出了一个不同寻常的有关财富的尖锐判断：财富应以教会的名义被使用。这位作者是严肃的奥古斯丁派作家，与伯拉纠不同，他早在二十年前便向德米提雅斯否认了任何"天赋高贵"的意义。他认为德米提雅斯与其他人一样负有原罪，她的美德是通过上帝这唯一的途径获得的，而且她的美德并非如伯拉纠所暗示的那样自然地从家世中发展出来。[52]无所不能的上帝之手将天启放到了德米提雅斯心中，同时也将她置于巨大的财富之中。因为这些财富并不会让她腐败堕落，所以她并不需要抛弃这些财产（像德米提雅斯年幼时代的小梅兰尼娅和皮尼亚努斯所做的那样）。一旦她的心灵通过上帝的天启与财富分离，她就可以用洒脱的态度并怀抱强烈的使命感来处理她的财富，就如同从一个位于财富之外的阿基米德杠杆支点来管理它一样。她不是财富的所有者，而是财富的管理者。[53]

在这一点上，作者的笔触非常清晰。他不像有关财富的古老陈词滥调那样，喋喋不休地要求德米提雅斯学会自我约束或是变得更加慷慨。他将财产的管理和使用描述成一种与上帝之间的联系。财富是上帝赐予我们并要求我们管理的一份恩典。德米提雅斯不再将她自己当作广阔土地的拥有者，而是当作庄园的管理者，一位被派来管理上帝财产的代理人。贵族们认真管理着庄园，而且庄园收入的一个固定部分被以救济穷人的名义给予教堂：

> 除了因救济穷人的善行和教堂的使用而管理财产，他们不应该以其他任何方式来对待他们的财富。他们就好像签订了作为财产管理者的合约一样来履行责任。[54]

此外，德米提雅斯不仅仅被要求为穷人捐赠，她还被鼓励用她的财产来支持由于服从而凝聚在一起的整个等级社会：

> 谦卑的第一个用处就是能在日常生活中建立良好的秩序，并体现出神圣的恩典是怎样将我们的社会编织在一起的。当"人们彼此恭敬与推让的时候"（《罗马书》12：10），可以增强爱……那些社会底层的人乐于服务，社会上层的人也不因骄傲而膨胀；穷人承认富人的特权，而富

465

人则平等地对待穷人，并乐于帮助他们。这样，上层人士不会因他们家世的高贵而骄傲，穷人也不会以分享人类福祉的名义而暴动。[55]

"自愿而神圣的募集"：教宗利奥一世（440～461年在位）的布道，以及罗马贫民概念的重新定义

同样的说法也为教宗利奥一世所采纳。事实上，利奥一世的说辞和《论真谦卑》太过相似，以至于很多人认为是他而非普罗斯佩尔才是此书的作者。利奥一世深深接受了奥古斯丁派对于财富的看法。在布道中，他经常将财富作为人生中一件天意使然的事情。财富应该建立在一种"理所当然"的基础上。对他而言，财富是怎样被获得的不再成为一个问题，重要的是如何使用财富："因为尽管我们无法创造世界，但我们仍可以将上帝恩赐给我们的事物加以充分利用。"[56]这显示了利奥一世在何种程度上利用这种财富观念来塑造一种基督教的生活方式。而且这种生活方式不张扬，又小心谨慎地超出贫民的迫切需要，从而保持了罗马的整体稳定。

在5世纪40年代中期，利奥一世实施了一种针对贫民的特殊募集。它每年夏季举行，而这正是罗马普通居民生活拮据的时期。丰收之前的几个月天气炎热，充满了疾病与食物短缺。但这种教会募集活动被特意定在与7月初在马克西穆斯竞技场举行的阿波罗神节赛会同时举办。所以，这几个星期的开支非常大。《354年日历》在7月份绘制了一个满是金币的大口袋，它代表着这个时期在赛会上的巨大花费。[57]如我们在西

玛库斯的例子中所见到的一样，其中一些游戏是由元老院家族为他们担任执政官或大法官的子嗣们举办的。在这种场合，西玛库斯为小门密乌斯在一个星期内就花费了相当于罗马教会年收入三倍的财富。利奥一世曾经直言，募集的一个目的就是抵消这些赛会的影响。他甚至声称，这种募集行为可以追溯到"偶像崇拜的时代"，而在那时，一小批英勇的基督徒团体的互相施舍行为在多神教罗马的背景下显得十分特别。[58]

466

这种募集活动是一场象征统一的盛会。利奥一世期待所有基督徒都可以在邻近的教堂中聚集，并自愿为穷人提供一些东西作为施舍。[59]考虑到罗马教会与地方教会中的教士之间的关系相当脆弱——因为地方教堂在很多情况下都显示出具有相对于主教的独立性——利奥一世的募集活动象征着一次史无前例的展示教宗影响力的活动。通过这种募集，他希望将所有的罗马基督徒都吸引到一条通往神圣的道路上。此外，这还是一场象征团结的盛会。捐赠由上帝未经分化的子民共同提供。穷人们被鼓舞去相信他们与富人做出了同样的贡献。[60]慈善并不是一种让富人通过捐赠来炫耀他们优越性的活动。利奥一世十分注意为普通人甚至穷人保留空间。正是"大家的财产"才让这种自愿而神圣的募集活动成为现实。[61]

但又是谁接受了这些捐赠呢？这时我们面对的是两种不同的对穷人的定义。在罗马的不同地区中，施舍无疑会被立刻分发给那些赤贫的人。事实上，在一次充满戏剧性并且仍有些神秘的突发事件中，罗马助祭提图斯在 426 年给穷人分发救济时被罗马领导人菲利克斯的手下刺杀。据说菲利克斯还在同一年策划了对阿尔勒主教帕托克鲁斯的刺杀。[62]（数年以后，菲利克斯和他的妻子帕多西娅——完全没有受到这些事件的影响——为拉特兰主教座堂捐献了新的镶嵌画。)[63]在 5 世纪 20 年代的紧张局势中，主要城市中的主教和罗马主要街区中的救济活动都开始承担起不曾有过的政治职能。

利奥一世和他的继任者们在照顾穷人的道路上比前人走得更远，他们将施舍与圣徒崇拜联系起来，确保了救济活动的神圣和统一。正如我们在诺拉的保利努斯对潘马奇乌斯为他妻子举办的纪念宴会的描述中所见，圣彼得教堂早已成为一个分发救济和让穷人获得食物的场所。利奥一世告诉富人，通过在圣彼得的庭院中分发救济，他们的粮仓（象征着对财富的留恋）将会得到补充——这些粮仓在来年的确更加丰盈。[64]大教堂成为穷人们聚集的场所。在 472 年，罗马末代皇帝安提米乌希望

467　在被废黜后和妻子一起逃脱，为了不被人发觉，他们"混入聚集在特拉斯提弗列的圣吉索刚教堂周围的乞丐中间"[65]。

然而，利奥一世的穷人概念缺少明显的特征，他的布道并没有给人留下一种城市中充斥着大量穷人的印象，他对这一问题的处理是意味深长的沉默。与利奥一世同时代的金口彼得在拉文纳布道时就特别关注穷人的痛苦，他希望给人以思想上的冲击。他讲述拉撒路躺在财主门前的故事，仿佛他身上的每一个伤口都在为穷人的悲惨境遇大声疾呼，以触动富人的同情心。[66]彼得也许不得不比利奥一世面对更大规模的贫困危机。他在一个更加频繁地发生混乱的地区布道，比如 452 年匈人阿提拉对意大利北部的那次严重入侵。

在利奥一世的布道中，我们就难以发现这种对悲惨境遇的描述。相反，一种新的贫穷开始让他忧心忡忡。这是一种之后被称为"不体面"的贫穷。这些人是贫穷的贵族或是市民，而非乞丐。利奥一世坚持认为这些"不体面"的穷人同样应

该得到教会的照顾。[67]基于这种想法，利奥一世在罗马从经济和想象两个方面产生了比以往更加广泛的影响。他对于"不体面"的穷人的担忧如楔子的尖端一般直指人心。这代表基督教对于穷人的关注，已经从聚焦于代表最悲惨境遇的赤贫者上升到了对整个社会中的弱势群体更加普遍的关怀。在整个 4 世纪中，社会的意见在将穷人视为异类和将穷人视为兄弟的两种看法（我们在第 4 章对此进行了简述）间摇摆，如今却偏向了将穷人视为兄弟的那一边——市民同胞理应在困难的时候获得帮助。

通过以这种方式布道，利奥一世继承了安布罗斯的主张。在他谈论穷人的时候，他的言语强调了城市共同体作为一个整体具有的和谐。这与我们在高卢城市中所观察到的那种同舟共济的心态一致。在利奥一世看来，城市蒙受灾难的共同体验在人们心中引起了更深层次的共鸣。他像安布罗斯一样借助古代以色列的历史来谈论基督教会众，他暗示基督教会众组成了一个新的以色列，这种观念在思维层面与整个城市社会共同延伸。利奥一世也不再以对待社会边缘人群的态度来谈论穷人，[68]他将这些人比作以色列的穷人——那些运气不好但又富有自尊的人，他们既需要食物，又需要正义和庇护。[69]他强烈的同情观念不仅仅是为了激发对穷人的悲悯，而且是为了在一个由受苦难的人构成的更为广大的共同体中影响所有罗马人，无论他们出身高贵还是低微。[70]

因此，在 5 世纪的后半个世纪中，一种双向发展的趋势产生了。罗马教会变得更加富有，元老院贵族变得更加贫穷，而这主要是由他们在非洲和巴尔干的海外财产的流失造成的。这些损失无法仅仅通过意大利农业的发展就得到弥补。随着贵族

468

的贫困化和教堂财富的累积，两个群体的收入水平开始变得相当（过去根本无法相提并论）。与此同时，在精神层面，两者之间的差距也开始缩小。通过利奥的布道，基督教会众被鼓励将穷人同样看成城市社会中的一员。曾经，以食品配给为代表的保护与粮食供给，是罗马人民的特权。如今，这些特权已经被教宗和教士们提供给所有贫困的罗马人民。

到了格雷戈里一世时期（590~604），城市食品配给制的"大规模救济"和基督教慈善的"小规模救济"已经融合。我们不能认为罗马教宗处心积虑地接管了城市食品配给制的残余部分。[71]他们是通过自己的努力为穷人提供了援助，而且他们所提供的东西正是罗马人民长久以来期待的。不同的是，现在是穷人而非罗马平民拥有获得资助的优先权。不过，社会关怀仍保持了以前的水平。在教宗格雷戈里一世的时代，罗马的3000名难民修女每年所接受的救济数量，相当于罗马市民曾经每年从城市食品配给制获得的数量。[72]格雷戈里一世还确保罗马乞丐和那些"不体面"的穷人——贫困的贵族和其他城市成员——都同样真正继承了昔日罗马市民的特权。这些穷人的名字被准确地记载于保存在拉特兰宫殿的账本中。他们因成为"教会的穷人"而得到了生活水准上的保障。[73]

甚至在对穷人的救济上，罗马也是特别的：它的市民享有特权。罗马人民的一个最宝贵的特权就是得到其他人在产品和劳动力上的支持。格雷戈里继承了这一传统。不同于以往，他开始将战争中的蛮族战俘当成奴隶。为此，他用尽了办法，向负责奴隶贸易的地方统治者和将军们解释，他这样做是因为，让蛮族奴隶在教会土地上工作，就可以继续为生活在罗马的"教会的穷人"提供帮助。[74]这种让奴隶们在位于罗马市郊

（在那里奴隶占了大多数）的集中营中为穷人劳作的观点，像
讽刺的悖论一样震惊了现代读者。然而，格雷戈里一世太像一
个罗马人，以至于他觉得这种安排没什么不妥。在格雷戈里一
世的罗马，教会的穷人成为曾经十分光荣的罗马市民——一个
仍旧被蛮族世界供养的特权市民阶层——的化身，尽管衣着更
加破烂。

"庄园上的一座教堂……为我所有……在上帝的恩典和帮助下，由我自己建成"：财富和他们的教堂

这预示着罗马教会最终成为意大利最大的地主。535 年以 469
后，皇帝查士丁尼的入侵给意大利带来的毁灭性战争真正抹平
了教会和罗马贵族在财产上的差距。在战争之后，教会成为意
大利遗留下来的唯一大地主。6 世纪晚期，格雷戈里一世继承
了和一个世纪以前大不相同的意大利。

然而在 500 年前后，我们还不能预见到如此剧烈的变革。
我们面对的是"非常复杂的局面"（再次借用菲德里克·马里
奇的精确措辞）。[75] 世俗地主仍然广泛存在于罗马和意大利，
但是他们发现自己已经置身于一系列与教会财产的冲突关系之
中。让我们看看这种局面是如何形成的。

罗马城和意大利的富人们并未像传统叙述所暗示的那样为
教堂捐献了大量财产，教会的财产并非来自他们的捐献，而是
在此之外积累起来的。皇帝、侍臣和一些相对低调的人士是 5
世纪罗马的主要捐赠者。教会一旦拥有了这些财产，元老阶层
的地主就开始参与到捐赠之中。他们完全是为了自己才这样做

的——既为了成为分布于各行省的自家地产上的教堂的建造者，也为了成为罗马公共秩序的捍卫者。

我们可以从一个 5 世纪末的主要捐赠者的案例中清楚地看到这一点。弗拉维乌斯·瓦利拉（也被称为提奥多比乌斯）并非罗马贵族的后裔。他是一位来自和宫廷联系紧密的哥特部落的军人，代表着帝国军事力量及其继承者——奥多瓦克统治下的意大利蛮族王国。而且这位军人在圆形大剧场的元老席拥有自己的座位。[76]弗拉维乌斯·瓦利拉是整个 5 世纪最著名的基督教会的世俗捐赠者。

在罗马，瓦利拉留给教宗辛普利修斯（468～483 年在位）一座由朱尼乌斯·巴苏斯（331 年担任执政官）在埃斯奎诺山上最早建立的华丽宅邸。这明显是一座世俗建筑，其彩色大理石镶板上画着巴苏斯乘着战车主持执政官赛会，并以胜利姿势挥动着他的手臂。[77]辛普利修斯为宫殿祝圣，并使之成为教堂。教宗的献词清楚地显示，瓦利拉将宅邸捐赠给教会的行为——是以虔诚之心在行动——为他灵魂的善而服务。瓦利拉捐赠的宅邸通过祝圣礼转化为教堂——"被改造成天上的建筑"——并且成为瓦利拉在天堂所特别拥有的财产。通过虔诚的哥特人的捐赠行为，朝拜者们也了解到如何通过一系列交换来用尘世的财产争取天堂。[78]

这是诺拉的保利努斯的说法，而瓦利拉的这次捐赠也许还有其他更加世俗的理由。也许皇帝或奥多瓦克将这座宅邸和周边的土地作为没收地产，以奖赏的名义赐予了瓦利拉。将地产置于教会名下可以在政权因暴力而快速更迭的时代为他的家庭巩固这些财产，并为他自己寻求罗马教会的保护。[79]

无论情况如何，瓦利拉已经通过自己的方式成为一名诺拉的保利努斯的追随者。471 年，他在自己的庄园建造了现在科尔努塔的圣母玛利亚教堂。从哈德良在蒂沃利的庄园可以眺望到这座教堂。它的奠基文件（一份中世纪令状汇编中有副本）称这座教堂被建造在一片"我正当拥有"的土地上——"在上帝的恩典和帮助下，由我自己建成"。教堂被建造在庄园农场的旁边，附带一排被围栏精心保护的建筑，以及为教士准备的庭园。相当辉煌的配置让它成为小贾米拉。为圣餐礼准备的银制圣餐盘、圣餐杯和香炉都被摆放在祭坛之上。银制王冠和大烛台则被悬挂在祭坛上空，沿着正厅排列——"经城市人员测量，含有 54 磅 7 盎司银"。它大约价值 650 索里达，这与教宗达马苏斯在罗马给他的家族教堂捐献的银子数量相当。而且瓦利拉的教堂中还有 77 套不同的纺织品，并在指导下被小心翼翼地悬挂在合适的位置。

最后但同样重要的是，瓦利拉明确表示，一旦将来有任何主教或司铎妄图通过任何形式减损这一小片华丽乐土，无论是变卖其中的珍宝还是将它们转移到其他教会，这笔捐赠都将失效，整个地产将会被归还给瓦利拉或他的继承者们。[80] 在 5 世纪的进程中，在整个意大利，就是这类富人，开始将教堂视为他们在尘世中的财富与权力的象征。

"为了虔诚……在他（她）的地产上"：基督教和意大利的农业

为了理解富人和基督教堂之间的复杂关系，我们必须观察远离罗马的地区，尤其是意大利南部地区。在这里，我们遇到了许多相似的教士和地主，他们正在适应非洲被汪达尔人攻陷

471

后发生在意大利的农业经济变化。通过在5世纪末期和6世纪初期不断增加的教宗有关教会地产的来往书信，我们可以研究这个发展过程。而且如今这些证据可以被置于一个具体而生动的背景下来进行细致观察。这归功于一系列相当于"在意大利南部对古代晚期的重新发现"（多梅尼科·韦拉之语）的考古证据。[81]

除了汪达尔人的入侵（5世纪40年代和50年代）、一次东罗马舰队的惩罚性征伐（508年），以及一次维苏威火山的剧烈爆发（于507～510年的某个时间几乎埋葬了在贾米拉的保利努斯礼拜堂），意大利南部地区并没有受到摧毁了高卢和西班牙旧有秩序的险恶暴力环境的影响。此外，在意大利，与高卢不同的是，两个大型宫廷城市仍然被供养着——西海岸的罗马和亚得里亚海的拉文纳。西西里和阿普利亚被调整向两个城市提供支持。这两个地区在这一时期扩张的粮食种植土地（在小范围内）弥补了非洲方面城市食品配给供应的损失。总之，阿普利亚"燃烧"的土地，从萨莫奈的山峰延伸到亚得里亚海的单一平原，成为意大利的新努米底亚——一个通过持续劳作和监管建立起来的粮仓。[82]

在过去的十年之中，朱利亚诺·沃尔佩和同事们的非凡工作为我们展现了在地主眼中崭新的意大利南部的面貌。在位于意大利东南和西南部分的阿普利亚、布鲁提乌姆和卢卡尼亚，他们发现了一些通过各种方式连接地产和出口的庄园。这些庄园各不相同。最近在法拉格拉（阿斯科利·萨特里亚诺，福贾南部）发现的庄园非常接近主干道路系统。它坐落在卡拉佩拉山谷中的山腰，旁边就是连接阿庇亚大道和特莱阿纳大道的道路。在一个由玻璃与大理石组成的镶板装饰的餐厅中央，放置着一个半圆形的座椅。座椅里面镶嵌着大理石，并且装饰有描写神秘仪式的浅浮雕镶嵌画。在炎热的日子中，餐厅前方的整个镶嵌画地板会被经由精巧设计而从邻近河流引来的水所覆盖，形成一层波光粼粼的水膜。在河流的旁边坐落着一个港口，负责转运庄园的产品。所有设施都建造于 5 世纪晚期，而这时，全高卢和西班牙的传统庄园都已经遭到废弃。[83]

正是这些庄园的所有者决定了在他们的庄园上兴建教堂。在这个方面，阿普利亚与 4 世纪的努米底亚完全不同。在阿普利亚，地主率先采取了行动。与奥古斯丁所在的非洲不同，这里没有那么多由于农民要求兴建教堂并拥有他们自己的教士而给社会上层造成的压力。教堂是由本地地主建造的，但是其中很少有来自元老院的地主。他们都是本地人。他们之中的很多人都是事业蒸蒸日上的佃户——他们是通过租种皇室地产和其他身在外地的地主的田产致富的管理人员。比如对于阿奎丹的西哥特新贵廷臣（军事长官维克多提乌斯就是一例）来说，在 5 世纪建造一座教堂是一种相对来讲比较划算的在乡间留下自己标志的方式。

教宗格拉西乌斯（492~496 年在位）的信件为这一问题提供了生动描述。面对新建立的教堂，教宗格拉西乌斯对于捐献者的职责有清晰的认识。身为平信徒的捐献者希望建造一座教堂——"为了虔诚……在他（她）的地产上"——他们必须首先到主教那里进行实际捐赠（就如同弗拉维乌斯·瓦利拉为他的教堂在蒂沃利城外提供的捐赠一样），而且要由主教来给教堂祝圣，并推举司铎（尽管主教通常会挑选一位由地主推荐的候选人）。信徒的捐赠将会交给司铎。教堂的建造者本人只拥有"所有基督徒都可以拥有的"参与的权利。这意

472

味着他除了在教堂中享用由他所提供的圣餐，并没有更多的特权。[84]

然而，"参与"一词本身经常包含更多的暗示。它源自虔诚的人们在向祭坛提供礼物时所组成的庄严队列。这是为捐助者进行公共捐赠所举行的仪式。通过这种仪式，人们认为捐赠行为会被回报以赞赏，而且心怀感激的人将会授予捐赠者一些权利。但是，格拉西乌斯坚持认为，在教堂中举行的捐赠并不会让捐赠者和其他教堂会众的成员有什么不同。

我们可以猜测为什么格拉西乌斯会对世俗教堂的建造者们采取如此严厉的态度。他当时正在努力限制一些活跃群体，而他们对私人修建教堂的功用与地位持有特别设想。这些世俗捐赠者不会接受教宗的观点。在几个世纪中，教堂的拥有者都习惯于在他们的教堂中保持超出格拉西乌斯所许可的影响力。一些人将新建教堂中的捐赠品装入了自己的腰包，[85]而其他人希望建立一个属于自己家族的可以服务整个地区的基地。马格提娅，一位地位很高的女士，来自邻近地区索拉（今弗罗西诺内），希望拥有一个墓葬教堂来安放她家庭中的死者。显然，她希望她的家庭陵墓可以作为教堂服务整个庄园，并且将会作为一个公众弥撒的中心对全体人口开放。格拉西乌斯削弱了马格提娅的教堂的影响。他规定，在她亲属的陵墓前只能举行为死者灵魂所做的小规模弥撒。事实上，作为一位女性平信徒，马格提娅被剥夺了除关心自己已故的亲人以外扮演其他任何宗教角色的权利。[86]

其他建造者也像马格提娅一样，认为他们的家庭陵墓可以作为教堂来为周边地区服务，尽管这些陵墓教堂包含非基督徒祖先的坟墓。人们甚至以死者的名义而奉献祷告，因为

这些古老而令人尊敬的名字与拥有这片土地的家庭密切相关。　473
格拉西乌斯声称对这种事情感到震惊。他认为"如果基督教
精神能够清楚地传播并深深扎根于这些地区"[87]，这种事情便
不会发生。

显然，并不是每个地主都有格拉西乌斯的"基督教精
神"。他的书信至少在书面上代表了对古代罗马文化中将宗教
与"朋友和家人"密切联系的看法的一种有力回击。从无法
追忆的时代起，地主通过建造礼拜堂来精心安排宗教事务的情
景就已经将乡村农民和地主联系在了一起。[88]相反，格拉西乌
斯书信的主要特征就是包含限制世俗捐献者权利的强烈决心，
而这种尝试似乎让我们预见到了希尔德布兰德（教宗格雷戈
里七世）以及参与 11 世纪教士授职权争论的改革者。

实际情况正好相反。我们之所以能够了解到格拉西乌
斯的主张，是因为希尔德布兰德的拥护者也支持他的观点。
他们阅读格拉西乌斯的作品，并且摘录他的信件。格拉西
乌斯大部分有关意大利教堂状况的书信都是残缺不全的，
其中的一些信件片段被 11 世纪晚期的教会律师用来作为证
据进行辩护，以抵御平信徒对教会的侵犯。[89]但是，如果我
们更加仔细地观察这些摘录，就会发现，平信徒和教宗的
利益虽然时常冲突，却也时常达成一致。让我们来看看这
是如何发生的。

"公共秩序"：神职人员的特权和庄园的不自由

教堂在庄园上的建造，即刻引发了谁应该成为在其中服务
的司铎的问题。成为一名教士——无论是司铎还是助祭——意

味着"被置于神职人员的秩序序列之中"[90]。"秩序序列"这个词和过去的"军事序列"一词类似，而这种军事序列曾经将帝国的官僚与其他人区别开来。通过使用"神职人员"一词，教宗的书信揭示，基督教的传播已经为乡村社会引入了一个新的特权阶层。那些积极进取的地方人物十分乐于通过加入教士群体进而成为新的特权阶层成员。借此，他们威胁要暗中颠覆地主对他们生活的控制。格拉西乌斯被告知，许多以前的奴隶都趁机成为司铎和助祭，还有更多的农夫——被登记为纳税人并永久依附于土地的农民——成为司铎和助祭。成为教士的道路将他们从这些束缚中解放了出来。在这一转变发生的时期，意大利南部的地主们正依靠自己的能力控制了大量依附劳动力，从而每年获得土地收成，将之作为自己财富的基础。[91]

尽管格拉西乌斯可能过于严苛地限制了世俗建设者的权利，但他在对所属农民的控制问题上全力支持地主。他规定，授圣职礼将不会成为奴隶和依附农民逃离赋税的手段。494年，他向意大利南部地区的主教们宣告：

> 几乎所有人都在抱怨，各地的奴隶和世袭的依附农民借献身宗教生活的掩护而逃离法律的限制和庄园的管理。

这种现象必须被制止——

> 以防这种和基督教有关的行为违背他人的利益，或是颠覆由法律所确立的社会秩序。这样做同样是为了防止神职人员的高贵因这些低贱之人的加入而受到玷污。[92]

在这件事情上，教宗与富有的平信徒的看法完全一致。允许处于依附人身关系中的农民成为教士无疑会破坏社会秩序，而且无异于一种玷污——基督教会招牌上的一处污点。格拉西乌斯内心的想法与他的言辞是一致的。在他有关人类境况的考虑之中，依附农民和自由农民——那些承担世袭义务的农民和那些无抵押负担的农民——之间的对立占据着十分重要的位置。与利奥一世类似，格拉西乌斯同样是一名奥古斯丁主义者。当他听说一位主教正在皮希努姆宣传伯拉纠派的教义时，格拉西乌斯立刻对此感到震惊。这位主教（恰好叫塞涅卡）曾声称婴儿没有原罪。塞涅卡主张婴儿不用在初生阶段接受洗礼，因为上帝已经在子宫中塑造了每一个人。所以，人类并没有从亚当那里继承原罪，所有人生而无罪，他们并没有继承需要通过洗礼才能得到救赎的罪过。

主教塞涅卡的说法多么荒谬！对于格拉西乌斯来说，亘古以来的义务而非自由才是人类生活的基本特征。毋庸置疑，大地产的社会隐喻在格拉西乌斯对塞涅卡主教的谴责中留下了影子。格拉西乌斯断言，没有人有权宣称人生而自由，所有人都继承了亚当的不自由。如同依附于土地的农民一样，所有人都依附于罪过："由于生而服从，人们注定附着于出生之地。"[93]

如我们所见到的那样，在这一时期，普罗旺斯的高卢作家们特地避免使用这种言论。他们承认人类在很大程度上依赖于上帝。但对于萨尔维安和福斯图斯·里耶那样的作家来说，这种依赖关系的隐喻一直以来都体现在一个贫穷作家与庇护人的往来关系上。在这种关系中，作家仍保持了自己的人身自由。相比之下，格拉西乌斯凭直觉将奴役和世袭义务当作人

475

类境遇的主要隐喻。我们从中可以瞥见在 5 世纪意大利南部的大庄园中那些为"意大利的安宁"创造条件的社会因素。

"为了获得救赎或是祈求灵魂的安宁……向代表穷人的神圣教会捐赠": 平信徒的遗产捐赠与教会控制

尽管格拉西乌斯和其他教宗在社会秩序这一核心问题上安抚了平信徒地主,但是地主们继续以毫不减弱的怀疑眼光来看待教士群体。他们不希望将自己的财产交给一个不尊重自己意愿的机构。弗拉维乌斯·瓦利拉的捐赠事件明确表明了所有捐赠者的忧虑。他们担心,一旦他们的财产落入教会之手,他们就会失去对相关事务的发言权。一座像其他乡间豪宅一样坚固而又精心装饰的宝贵房屋,可能在捐献以后会疏于维护,房屋中的神圣器皿可能被主教侵吞,或被转交给其他教堂,或是直接被出售以募集资金。

地主们最大的忧虑来自教会对捐献土地的滥用,没有地方比罗马城更充斥着这种紧张的情绪。罗马的上层人士担心,他们先人捐献给教会的土地可能被雄心勃勃的教宗出售,目的是资助教会的救济计划或维护教会建筑。竞选教宗职位的人可能做得更糟:他们也许会许诺分配教会的土地来贿赂支持者。结果可能是教士凭借比他们身份更高的平信徒——那些向教会捐献的元老——的财产而变得非常富有。这首次引发了一个严重问题:如何平衡城市中教士和贵族的财产。在此之前,教宗和教士并未被元老和地主阶层视为对手,但在 5 世纪的最后几十年中,这样的情况不再持续了。

　　这些紧张关系和意大利北部的政权变动同时出现。在 476 年，最后一位罗马皇帝罗慕路斯·奥古斯都鲁斯退位以后，一位蛮族的铁腕人物奥多瓦克（476～493 年在位）以意大利国王的身份取代了他。奥多瓦克一直留在拉文纳，而罗马则不再是皇帝驻留的地方。仅仅因为这个，奥多瓦克甚至就比以前的皇帝们更加依赖元老院的支持，因为元老院相当于政权的一个对外窗口。只有通过元老院，奥多瓦克才可以让帝国的古老中心感受到他的影响。元老的承认为他的临时政权赋予了令人欣慰的古老面貌。

476

　　此外，奥多瓦克和他的继承者狄奥多里克（493～526 年在位）都并非大公教徒，他们是阿里乌斯派教徒，所以基督徒中的宗教争论无法在他们的宫廷中得到解决。结果，国王们转向元老院求助。元老院恰是一个由平信徒组成的机构。尽管大部分元老虔信大公教，但他们并不依赖来自拉文纳宫廷的庇护，而教士们却无须如此。实际上，奥多瓦克和狄奥多里克都将元老院置于他们与教宗之间。他们将元老院视为罗马城中具有悠久历史的看守。正是身为看守的元老院，而非教宗和他的教士，才应该被授予监管教会财产的使用的职责。[94]

　　元老院很快拥有了展示权力的机会。483 年，教宗辛普利修斯在没有提名继承者的情况下去世。一场激烈的竞争将要来临。作为大区长官和缺席国王的代表，弗拉维乌斯·凯奇娜·德西乌斯·马克西穆斯·巴西里乌斯——大人物中的佼佼者，正如他的名字所暗示的那样——召集教士们在圣彼得教堂附近的皇帝陵墓前集会。[95] 他和他的家族深谙财富之道，也对如何在罗马使用财富了如指掌。484 年，他的兄弟德修斯·马略·维南提乌斯·巴西里乌斯希望用自己的钱完成圆形大剧场的舞台重建工作——作为献给罗马城的礼物。[96]身为元老院的代表,马克西穆斯·巴西里乌斯希望向教士示范如何正确利用财产来为城市谋取福祉。他以书面文件的形式向他们下达了最后通牒。他规定,未来的教宗选举将不会在没有事先征求国王和元老院意见的情况下进行。总之,任何教会的土地和任何教堂物品都不会以任何借口被转移。

> 人们为了获得救赎或是祈求灵魂的安宁而向代表穷人的神圣教会捐赠的一切,都不能被转交给其他人。这样的行为是不公正的,且无异于亵渎神圣。[97]

这封最后通牒所用的措辞十分古老。长期以来,捐献给教会的财产都被定义成捐献者为了自己的灵魂而给穷人提供的礼物。但在 483 年,这种情况出现了变化。这个时期发生了第一次有关教会财产的公共讨论。巴西里乌斯的文件反映了新任务。教会已经变得十分富有,但是没有人知道,至少所有的教士都不知道这些财富具体该如何管理。没人能说出到底是谁在实际掌握着教会的财产。我们不假思索地谈论 5 世纪教会的财富时必须意识到,无论在概念上还是使用上,我们正在谈论的对象在过去实际上是十分混乱的。[98]

至今仍没有人能够阐明主教在多大程度上可以按自己的意志来处理教会财产。至于他在处理教会财产时,到底需要从多大程度上顾及他的同僚和教士们的意见,人们也无法达成一致。最后但同样重要的是,个人捐献者并没有得到他们的愿望会被继续尊重的保证，而且他们的财产也没有得到不会为实现教会的总体目标而被分割或是转让的保证。

因此，元老院支持这份由巴西里乌斯提出的文件。不出所料的是，巴西里乌斯的提议在教士阶层引起了怨恨。大约二十年后，教宗西玛库斯主持了于 502 年在罗马召开的宗教会议。西玛库斯和他的主教同僚傲慢地拒绝了这份由巴西里乌斯起草的文件，但他们实质上沿袭了巴西里乌斯的思路。因为他们接纳、吸收了巴西里乌斯的主要批评，承认了教会财产的不可转让性。只不过他们格外主张应该由教宗而非元老院来确保教会财产能够永久保持完整。宗教会议的决议应该"在上帝的计划下像大公教会的救世信条一样持久地延续下去"[99]，并且将一直有效。

正是这种关于教会财产不朽的教义才适用于一个强大的教会。在四百多年前，即公元 95 年，一位居住在遥远的弗里吉亚（土耳其的西部中心）的罗马市民曾经宣称他的意愿（为他的坟墓每年献玫瑰花）"应该像罗马的统治一样久远地留存下去"。在四百年后，即 871 ~ 899 年，一位撒克逊贵族向不列颠的坎特伯雷教堂奉献，这份奉献也应该像"洗礼仪式和斯土有产出一样"[100] 得到长久保存。

教宗西玛库斯的豪言壮语标志着一个新时代的开始。在 5 世纪的进程中，教会财富的积累速度比我们预想的更加缓慢，其中还伴随着许多发生在罗马或是整个意大利的教士与捐献者之间的争论。但我们不得不先放下这个问题。在下一章中，我们会更仔细地观察在拉丁西方世界中，教会的财富是如何被逐渐积累和调集起来的。这将从理论和实践两个方面帮助我们理解，教会的财富通过什么手段在 6 世纪中叶到末期这段时间变

得格外特别，并因包裹上永恒的神圣外衣而与平信徒的财富彻
底区别开来。

注　释

［1］ *L'Année épigraphique 1950*, no. 50 = *Corpus Inscriptionum Latinarum* VI, part 8：3, ed. G. Alföldy（Berlin：de Gruyter, 2000）, 5093 – 94, no. 41389. 尤其参见 Stickler, *Aëtius*, 255 – 73。

［2］ C. Wickham, *Early Medieval Italy：Central Power and Local Society, 400 – 1000*（London：MacMillan, 1981）, 1 – 14 提供了一份有关意大利地区多样性的出色概述。

［3］ Cracco Ruggini, *Economia e società nell' " Italia annonaria, "* 205 – 406 仍然十分重要。尤其参见 Barnish, "Transformation and Survival in the Western Senatorial Aristocracy," 138 – 51. J. J. O'Donnell, *The Ruin of the Roman Empire：A New History*（New York：Harper Collins, 2008）, 97 – 170 是一份有关查士丁尼灾难性入侵之前的意大利社会的生动描述。现参见 Deliyannis, *Ravenna*, 106 – 187。

［4］ Halsall, *Barbarian Migrations and the Roman West*, 331.

［5］ Krautheimer, *Three Christian Capitals*, 107.

［6］ Krautheimer, *Rome：Profile of a City*, 52 – 53.

［7］ F. Marazzi, "Rome in Transition：Economic and Political Change in the Fourth and Fifth Centuries," in *Early Medieval Rome and the Christian West：Essays in Honour of Donald A. Bullough*, ed. J. M. H. Smith（Leiden：Brill, 2000）, 21 – 41 at p. 22.

［8］ Gillett, "Rome, Ravenna and the Last Western Emperors," 145.

［9］ Bowes, *Private Worship, Public Values, and Religious Change*, 72; Gillett, "Rome, Ravenna and the Last Western Emperors," 145n53.

［10］ R. Krautheimer, "The Architecture of Sixtus III：A Fifth – Century Renaissance?" in *De artibus opuscula XL：Essays in Honor of*

Erwin Panofsky, ed. M. Meiss (New York: University of Columbia Press, 1961), 291 – 302 仍然是这一观点的经典论述。参见 J. Martin, *Der Weg zur Ewigkeit führt über Rom: Die Frühgeschichte des Papsttums und die Darstellung der neutestamentlichen Heilsgeschichte im Triumphbogenmosaik von Santa Maria Maggiore in Rom* (Stuttgart: Steiner, 2010), 109 – 71。

[11] Gillett, "Rome, Ravenna and the Last Western Emperors," 145n53.

[12] *Liber Pontificalis* 46, Davis, p. 35.

[13] Leader – Newby, *Silver and Society in Late Antiquity*, 64 – 66.

[14] D. De Francesco, *La proprietà fondiaria nel Lazio, secoli IV – VIII: Storia e topografia* (Rome: Quasar, 2004), 289. 一份有关更多捐赠者的有力研究（教士在其中扮演重要角色）参见 Hillner, "Clerics, Property and Patronage." 59n1, 它提供的贵族庇护人的清单是不充分的——仅有 12 个名字, 其中大部分是廷臣、官员和军人, 没有贵族。

[15] Gerontius, *VG* 53, Gorce, p. 232.

[16] Brown, *Power and Persuasion*, 128 – 29. 这些说法出自 C. J. Halperin, *Russia and the Golden Horde: The Mongol Impact on Medieval Russian History* (London: Tauris, 1985), 5。参见 C. Ando, *The Matter of the Gods: Religion and the Roman Empire* (Berkeley: University of California Press, 2008), 149 – 86。读者应该知道 Cameron, *Last Pagans*, 231 – 72, 567 – 626 强烈反对这些人仍受多神教影响的观点。这个问题仍值得继续讨论。

[17] Arnobius Iunior, *Commentaria in Psalmos* 95, PL 53: 464C (Paris: J. – P. Migne, 1847).

[18] N. B. McLynn, "Crying Wolf: The Pope and the Lupercalia," *Journal of Roman Studies* 98 (2008): 161 – 75.

[19] s. v. "Asterius 11," *Prosopography of the Later Roman Empire*, 2: 173 – 74. 写于 502 年的 Ennodius, *Libellus pro synodo* 133 – 34, ed. F. Vogel, *MGH: Auctores Antiquissimi* 7 (Berlin: Weidmann, 1885), 66 – 67 声称施舍与执政官游行仪式同时举行。但是这种论断是在修辞上将多神教和基督教罗马并置得到的, 并非

在描述一种基督教行为融入了世俗仪式的现象。

[20] 这些数据的重要性首先在 Mazzarino, *Aspetti sociali del quarto secolo*, 239 中被指出, 410 年后的衰落可能被夸大了, 因为 376 年的相关数字仍不清楚。详细的研究见 R. Hodges and D. Whitehouse, *Mohammed, Charlemagne and the Origins of Europe: Archaeology and the Pirenne Thesis* (Ithaca, NY: Cornell University Press, 1983), 48 – 51; Christie, *From Constantine to Charlemagne*, 58 – 61。

[21] Wickham, *Framing the Early Middle Ages*, 651 – 53, 709 – 13.

[22] F. di Gennaro and F. Dell'Era, "Dati archeologici di età tardoantica del territorio dell' *insula inter duo flumina*," in *Suburbium*, 97 – 121 p. 120. 这是整卷都在重复的论点。(参见 P. Pergola and J. Guyon 的警告, pp. 170 – 71。) 有关南部伊特鲁里亚, 参见 Hodges and Whitehouse, *Mohammed, Charlemagne, and the Origins of Europe*, 36 – 46。有关近期研究的综述, 参见 H. Patterson, "The Tiber Valley Project: Archaeology, Comparative Survey and History," in *General Issues in the Study of Medieval Logistics: Sources, Problems and Methodologies*, ed. J. F. Haldon (Leiden: Brill, 2006), 93 – 117。

[23] Liebeschuetz, *The Decline and Fall of the Roman City*, 386: "在结果和其暗示的原因之间出现的延迟引出了一个令人感兴趣的问题。"

[24] Cassiodorus, *Variae* 11.39.1, trans. S. J. B. Barnish, *Cassiodorus: Variae*, Translated Texts for Historians 12 (Liverpool: Liverpool University Press, 1992), 161. 读者应该了解 Cracco Ruggini, *Economia e società, nell' "Italia annonaria,"* 315 – 16, 以及 J. Durliat, *De la ville antique à la ville byzantine: Le problème des subsistences*, Collection de l'École française de Rome I 36 (Rome: Palais Farnèse, 1990), 104 – 7 从这条法令得出了不同的结论。杜尔利亚用它推断出罗马自 410 年以来至多减少了 60% 的人口; 克拉科·如吉尼已经反驳了这一"不可接受"的结论。读者应该知道我们对 410 年以后罗马的相关看法都是基于这些不完全可靠的基础。

［25］ *Anonymus Valesianus* 12. 64；Procopius，*Anecdota* 26. 29.

［26］ Barnish，"Pigs，Plebeians and *Potentes*，" 161.

［27］ Cracco Ruggini，*Economia e società，nell' "Italia annonaria，"* 205 – 321，349 – 59.

［28］ Sidonius Apollinaris，*Letter* 1. 10；Barnish，"Pigs，Plebeians and *Potentes*，" 159 – 66.

［29］ 现在尤其参见 R. Meneghini and R. Santangeli Valenzani，*Roma nell'altomedioevo：Topografia e urbanistica della città dal V al X secolo* (Rome：Libreria dello Stato，2004)，33。

［30］ Diefenbach，*Römische Erinnerungsröume*，404 – 13 使用了"核心化"一词，并将聚集地称为"岛屿"。

［31］ *Liber Pontificalis* 48，Davis，pp. 39 – 40.

［32］ R. Lim，"The Roman Pantomime Riot of A. D. 509，" in *Humana sapit*，35 – 42.

［33］ 现参见 *Statuen in der Spätantike*，ed. Bauer and Witschel。这本书阐明，经济衰退并不是造成"塑像习俗"消失的唯一原因，公共生活结构和品位的改变同样是重要原因。

［34］ H. Brandenburg，"Osservazioni sulla fine della produzione e dell'uso dei sarcophagi a rilievo nella tarda antichità nonché sulla loro decorazione，" in *Sarcofagi tardoantichi，paleocristiani ed altomedievali*，ed. F. Bisconti and H. Brandenburg (Vatican：Pontificio Istituto di Archeologia Cristiana，2004)，1 – 14.

［35］ Marazzi，"Rome in Transition，" 34.

［36］ *Corpus Inscriptionum Latinarum* 6：1783，为 Nicomachus Flavianus 而建，现由 Hedrick，*History and Silence* 编辑和评论了；C. Machado，"Building the Past：Monuments and Memory in the Forum Romanum，" in *Social and Political Life in Late Antiquity*，157 – 92。

［37］ 参见 Orlandi 的精湛研究 *Epigrafia anfiteatrale*，545 – 63。

［38］ 同上，114 – 15。

［39］ 同上，296。

［40］ 同上，102 – 18。

［41］ s. v. "Paulus 15，" *Prosopographie chrétienne du Bas Empire*，2：

1674.

[42] Brown, "Dalla 'plebs romana' alla 'plebs Dei,' " 131.

[43] Agnellus of Ravenna, *Liber pontificalis ecclesiae Ravennatensis* 60, ed. and trans. C. Nauerth (Freiburg: Herder, 1996), 272 – 74, trans. D. M. Deliyannis, *The Book of Pontiffs of the Church of Ravenna* (Washington, DC: Catholic University of America Press, 2004), 172 – 77.

[44] *Novella Valentiniani III* 36. 1.

[45] Olympiodorus, *Fragment* 41, Blockley, p. 205.

[46] H. Scogin, "Poor Relief in Northern Sung China," *Oriens Extremus* 25 (1978): 30 – 45 at pp. 30 – 31, 引用了 717 年宋璟的一份 奏折。

[47] Gregory of Tours, *Histories* 2. 24 and Sidonius Apollinaris, *Letter* 6. 12, 由 R. Mathisen 提供了优秀的注释，"Nature or Nurture? Some Perspectives on the Gallic Famine of circa A. D. 470," *The Ancient World* 24 (1993): 91 – 105。

[48] Cassiodorus, *Variae* 12. 28. 参见 C. Rapp, "Charity and Piety as Episcopal and Imperial Virtues in Late Antiquity," in *Charity and Giving in Monotheistic Religions*, 75 – 88。

[49] Purcell, "The Populace of Rome in Late Antiquity," 138.

[50] *De vera humilitate*, ed. and trans. M. K. C. Krabbe, *Epistula ad Demetriadem de vera humilitate*, Catholic University of America Publications 97 (Washington, DC: Catholic University of America Press, 1956), 以及由普罗斯佩尔提供的有关作者身份的大量 论述。关于罗马的繁荣，参见 N. W. James, "Leo the Great and Prosper of Aquitaine: A Fifth-Century Pope and His Adviser," *Journal of Theological Studies* 44 (1993): 554 – 84; 及 Hwang, *Intrepid Lover of Perfect Grace*, 187 – 234。

[51] Bowes, *Private Worship, Public Values, and Religious Change*, 94 – 96.

[52] *De vera humilitate* 1, Krabbe, p. 142.

[53] *De vera humilitate* 22, Krabbe, p. 206.

[54] *De vera humilitate* 5, Krabbe, p. 158.

［55］ *De vera humilitate* 3，Krabbe，p. 146.

［56］ Leo，*Sermon* 90. 2，Dolle，4：220.

［57］ Leo，*Sermon* 22. 1，Dolle，2：34 with n. 4；Salzman，*On Roman Time*，figure 38 and pp. 102 – 3.

［58］ Leo，*Sermon* 72. 3，Dolle，4：74.

［59］ Leo，*Sermon* 22. 1，Dolle，2：34.

［60］ Leo，*Sermon* 24. 2，Dolle，2：56.

［61］ Leo，*Sermon* 75. 2，Dolle，4：92.

［62］ Prosper，*Chronicle* ad ann. 426.

［63］ s. v. "Felix 22，" *Prosopographie chrétienne du Bas Empire 2*，1：776.

［64］ Leo，*Sermon* 86. 1，Dolle，4：176.

［65］ Priscus，*Fragment* 64，in *The Fragmentary Classicising Historians of the Later Roman Empire*，vol. 2，ed. Blockley，p. 372.

［66］ Petrus Chrysologus，*Sermon* 121. 7，Olivar，2：730.

［67］ Leo，*Sermon* 23. 3，Dolle，2：44. 参见 Brown，*Poverty and Leadership*，58 – 60；以及 Freu，*Les figures du pauvre*，418 – 28。

［68］ 尤其参见 Freu，*Les figures du pauvre*，241 – 96。

［69］ Brown，*Poverty and Leadership*，45 – 73.

［70］ 参见 Wessel，*Leo the Great*，179 – 257。有关利奥一世这方面的出色论述，参见 M. J. Armitage，*A Twofold Solidarity：Leo the Great's Theology of Redemption*（Strathfield，NSW：St. Paul's Publications，2005），169 – 83。

［71］ 这一解释参见 Durliat，*De la ville antique à la ville byzantine*，134 – 37。

［72］ Gregory I，*Letter* 7. 23.

［73］ Gregory I，*Letter* 1. 39 and 1. 44；John the Deacon，*Life of Gregory* 2. 28 and 2. 30，PL 75：97C and 98A（Paris：J. – P. Migne，1849）. 参见 E. Caliri，"Povertà e assistenza nella Sicilia protobizantina，" in *Poveri ammalati e ammalati poveri*，145 – 66 at pp. 157 – 60。

［74］ Gregory I，*Letter* 1. 73 and 9. 124；Brown，*Poverty and Leadership*，63；A. Serfass，"Slavery and Pope Gregory the Great，" *Journal of Early Christian Studies* 14（2006）：77 – 103 at p. 87.

[75] Marazzi, "Rome in Transition," 41.

[76] Orlandi, *Epigrafia anfiteatrale*, 513 – 16.

[77] *Aurea Roma*, 536, catalogue no. 178.

[78] *Inscriptiones Latinae Christianae Veteres*, no. 1785.

[79] Orlandi, *Epigrafia anfiteatrale*, 515; D. De Francesco, "Aspetti della presenza germanica in Italia: Le donazioni di Valila nel Tiburtino," *Rivista di Archeologia Cristiana* 74 (1998): 415 – 53.

[80] L. Duchesne, *Le Liber Pontificalis: Texte, Introduction et Commentaire*, Bibliothèque de l'École française de Rome (Paris: de Boccard, 1955): cxlvi – cxlvii. 尤其参见 De Francesco, *La proprietà fondiaria nel Lazio*, 95 – 115。这份研究同时扫除了对这一仅存于一份中世纪抄本中的文件的真实性的质疑。

[81] D. Vera, "I paesaggi rurali del Meridione tardoantico: Bilancio consuntivo e preventivo," in *Paesaggi e insediamenti rurali in Italia meridionale fra tardoantico e altomedioevo*, ed. G. Volpe and M. Turchiano (Bari: Edipuglia, 2005), 23 – 38 at p. 25.

[82] Cracco Ruggini, *Economia e società nell' "Italia annonaria,"* 205 – 321; G. Volpe, *Contadini, pastori e mercanti nell'Apulia tardoantica* (Bari: Edipuglia, 1996), 257 – 392. 其他学者同时也补充了有关这一时期掉落在阿布鲁奇的陨石带来的冲击的内容: R. Santilli et al., "A Catastrophe Remembered: A Meteorite Impact of the Fifth Century AD in the Abruzzo, Central Italy," *Antiquity* 77 (2003): 313 – 20。

[83] G. Volpe, G. De Felice, and M. Turchiano, "Faragola (Ascoli Satriano): Una residenza aristocratica tardoantica e un 'villaggio' altomedievale nella Valle del Carapelle: I primi dati," in *Paesaggi e insediamenti*, 265 – 97.

[84] Gelasius, *Epistulae*, 35 – 36, ed. A. Thiel, *Epistolae Romanorum pontificum genuinae* (Braunsberg: E. Peter, 1867; Hildesheim: G. Olms, 1974), 1: 447: 参见 L. Pietri, "Évergétisme chrétien et fondations privées dans l'Italie de l'Antiquité tardive," in *Humana sapit*, 253 – 63; 以及 M. De Fino, "Proprietà imperiali e diocesi rurali paleocristiane dell'Italia tardoantica," in *Paesaggi e*

insediamenti, 691 – 702 at pp. 694 – 97。

[85] Gelasius, *Fragment* 21, Thiel, pp. 495 – 96.

[86] Gelasius, *Ep.* 33, Thiel, p. 448.

[87] Gelasius, *Ep.* 14. xxxv. 25, Thiel, p. 376.

[88] Bowes, *Private Worship, Public Values, and Religious Change*, 221 – 26.

[89] F. Marazzi, *I " Patrimonia Sanctae Romanae Ecclesiae" nel Lazio (secoli IV - X): Struttura amministrativa e prassi gestionali*, Istituto storico italiano per il Medioevo: Nuovi Studi Storici 31 (Rome: Palazzo Borromini, 1998), 57. 一位经验丰富的中古史学家提示不要过度解读这些残篇的价值, 参见 W. Ullmann, *Gelasius I (492 – 496): Das Papsttum an der Wende der Spätantike zum Mittelalter*, Päpste und Papsttum 18 (Stuttgart: Hiersemann, 1981), 227n36; 以及 D. Jasper and H. Fuhrmann, *Papal Letters in the Early Middle Ages* (Washington, DC: Catholic University of America Press, 2001), 61 – 70。

[90] Gelasius, *Ep.* 21, Thiel, p. 388.

[91] 有关让劳动力在这一时期 "服从" 的多种形式, 尤其参见 Banaji, "Aristocracies, Peasantries," 72 – 74。

[92] Gelasius, *Ep.* 14. xiv. 14, Thiel, p. 370.

[93] Gelasius, *Ep.* 6. 4, Thiel, p. 328.

[94] 尤其参见 G. B. Picotti, "Sulle relazioni fra re Odoacre e il Senato e la chiesa di Roma," *Rivista Storica Italiana* ser. 5, no. 4 (1939): 363 – 86; T. Sardella, *Società, chiesa e stato nell'età di Teodorico: Papa Simmaco e lo scismo laurenziano* (Soveria Manelli: Rubettino, 1996)。

[95] 见 502 年教会会议的记录, 此次会议由教宗西玛库斯举办: Symmachus, *Ep.* 6. II. 4 – 6, Thiel, pp. 685 – 87. 有关巴西利乌斯在 483 年出具的最后通牒以及劳伦斯和西玛库斯之间之后产生的分歧的经典研究, 参见 C. Pietri, "Le Sénat, le peuple chrétien et les partis du cirque sous le pape Symmaque," *Mélanges d'archéologie et d'histoire* 78 (1966): 123 – 39 at pp. 131 – 38, 现收录于 *Christiana respublica*, 2: 771 – 87; 以及同作者的

"Évergétisme et richesses ecclésiastiques," in *Christiana respublica*, 2：813 - 33。就他们对铭文状态的影响而言，皮特里的观点受到了挑战。这种形式的贵族捐赠也没有发挥皮特里所认为的作用；参见 Hillner, "Families, Patronage and the Titular Churches of Rome", 亦参见 Diefenbach, *Römische Erinnerungsräume*, 404 - 87。

[96] Orlandi, *Epigrafia anfiteatrale*, 51 - 56.

[97] 被 Symmachus, *Ep.* 6. III. 7, Thiel, p. 687 引用；trans. Hillner, "Families, Patronage and the Titular Churches of Rome," 249。

[98] Marazzi, "*Patrimonia Sanctae Romanae Ecclesiae*," 63, 76.

[99] Symmachus, *Ep.* 6. IV. 14, Thiel, p. 690; trans. Hillner, "Families, Patronage and the Titular Churches of Rome," 260.

[100] Brown, *The Rise of Western Christendom*, 487.

第五部

通向彼岸世界

第28章 "穷人所继承的遗产"：6世纪教会中的财富与冲突

"教会财产的绝对支配权"：从希波到阿尔勒

在5世纪的进程中，西欧的面貌不可逆转地改变了。这一481次并没有出现3世纪的混乱之后随即到来的帝国秩序的恢复。拉丁西方成为一个后帝国的世界。地方上的权力集团代替了西部的帝国。由帝国的需求驱动的宏大的致富引擎残酷地解体了，富人们因此遭受损失。这部引擎的一部分仍然留存着，然而，它如今在地方层面上以较小的规模运作着。社会的各个层面（不仅仅是在富人中间）都出现了普遍的贫困，4世纪的黄金时代成为回忆。此外，如果我们相信一些学者的话，西欧开始受到长期的"气候异常"的影响：远至地中海南部边缘的地区迎来了更加寒冷多雨的气候；在格陵兰岛发生的气象学变化，可能不知不觉地加剧了后帝国时代欧洲正中心地区的罗马农业景观的缓慢解体。[1]

不过，拉丁西方虽然在许多层面上有快速的变化，但它和过去的强烈联系仍然维持着。生活在奥古斯丁、哲罗姆、伯拉纠和约翰·卡西安时代的人的孙辈，或许将会经历500～520年法兰克政权在全高卢的建立，甚至可能见证皇帝查士丁尼令人不安的东部舰队在533～535年来到非洲、西西里和意大利

482 南部的海岸。

在西部的基督教会中，一些问题仍然存在。实际上，我们现在将要考虑的（基本上是6世纪）最显著的问题之一，便是在拉丁教会中从一个更加繁荣的时代顽固地延续下来的争论。

我们所要讨论的现象是这一时期特有的。这个时期被赫尔维·安勒贝尔特恰当地称为"一个后罗马时代的古代晚期"[2]。尽管罗马国家消失了，但4世纪和5世纪早期在基督教会中积累起来的文化资源继续得到利用。时代的危机并没有在这一领域导致断裂，相反，拉丁基督教会的教父在黄金时代（本书开头的安布罗斯、哲罗姆和奥古斯丁的时代）的思想将会被用来满足新的环境。由此，高端思想和实实在在的现实之间的矛盾相结合，成为6世纪的主要特征。这并不仅仅是这些思想资源所带来的意外，这是这个时代的特征的一部分。在一个变化如此之大的时代中，主要关注信仰和组织结构的基督教著作维持了一条没有断裂的弧线，贯穿了看起来急剧变化的4世纪初至6世纪初，将奥古斯丁和哲罗姆的世纪与图尔主教格雷戈里的世界连接了起来。

这些问题中最大的问题是对于教会财产性质的持续不确定。主教、修士和神职人员与4世纪和5世纪以来在他们周围积聚起来的财富之间是何种关系？

要理解这一情形的性质，我们必须暂时回到奥古斯丁时代的希波。当时的一些看起来不太重要的、日常性质的事件揭示了一位基督教主教不得不面对的两难问题。

如我们之前所见，在411年春天，希波的教会信众试图在希波将虔诚的元老皮尼亚努斯立为司铎，从而获取他的财富，这样便将他的财产和希波这座城市联系在了一起。奥古斯丁被指控参与了这一图谋，据说，他想增加他的教会的财富。

对于这一说法，奥古斯丁的回应明显是尴尬的。他抱怨说像他这样的主教被看成和地主别无二致。人们认为他们完全控制着他们教会的财富，"就好像地主和领主"[3]。为了反对这一指控，奥古斯丁竭尽所能地解释说，他只是扮演了希波教会财产的管理者，作为主教，他有"教会财产的绝对支配权"[4]，但是，他并不拥有这些财产。

此外，奥古斯丁在之后的一封信中强调，他所承担的"管理"只是为了穷人："如果我们拥有什么，那也不是我们的，而是穷人的。对于这些东西，我们所做的，就是以某种方式进行管理者的控制。"[5]这一陈述也是由一种尴尬的处境引发的。奥古斯丁不得不解释（正是向不幸的非洲军事长官卜尼法斯解释，我们在第23章已经见过他了），为什么大公教会在接手了多纳徒派对手被没收的地产后，其财富大大地增加了。

在这两起事件中，呈现在普通人眼前的是一种矛盾的财富概念。他们地方上的教堂可能是富有的，但是，主教的财富并不应该像地主的财富那样，这种财富并不是"管理财富的人"所拥有的。这些财富是以那些不可能拥有任何财富的人——穷人的名义来管理的。直白地说就是，一位非拥有者管理着没有归属的财富。理论上，主教是一位管理人士。他不是地主，而是一位好管家。他的角色类似于庞大的帝国地产的管理者（许多管理者是奴隶），他并不拥有这些托付给他的财富。总而言之，教会的财富是一种形式奇怪的财富，这是一种存在于远方的财富。所有权和管理权因内在分离而被明显地区分了。[6]

这是奥古斯丁的毕生追求。如我们此前所见，他所创立的修道院是一种为了实现理想的社群，而这种社群是与引起纷争的私人财产相决裂的。他也在他周围聚集了一个由神职人员组成的内部团体，他们发誓像修士那样生活。这些修士－教士被认为已经放弃了所有个人与财产之间的联系。

在他生命的最后阶段，即 425 年年末，很显然，并不是每个人都是以奥古斯丁本人那种极端的方式，来理解这种对财产的放弃。一位奥古斯丁手下的修士－教士——亚努阿里乌斯司铎——最近去世了。有迹象表明，他藏了一笔钱。他特意在遗嘱中指明了他的儿子和女儿没有继承权，而将所有的钱遗赠给了希波教会。[7]

这一事件往往被看成奥古斯丁晚年的一个悲剧性时刻，"带有一种长期的统治迎来了终结的暮年气氛"[8]。然而，情况并非如此。这一事件源于一种对于"什么财富应该属于教会"的基本误解。亚努阿里乌斯并非一个偷偷摸摸的守财奴，他也不一定会想到他破坏了奥古斯丁对贫穷的规定。对亚努阿里乌斯来说，问题不在于他拥有财产，而在于他所拥有的财产不是"世俗的"。他完完全全是在教会中持有他的财产，他没有将它给予俗人。他的两个孩子已经是教会供养的：他的女儿是一位修女，他的儿子是一位修士。珍贵的银币流入了希波教会，一位教会人士的钱财留给了教会。奥古斯丁团体中的许多人认为，没有发生什么特别不幸的事情，奥古斯丁应该接受亚努阿里乌斯的遗产。[9]

484 　　奥古斯丁以实际行动十分严厉地指责了这种观点。他有关亚努阿里乌斯的伟大的布道词（《布道词 355》和《布道词 356》）成了经典。修士们参考它们，将它们当作完全自治的修道院的纲领。他们得出的结论是，修道院是一个自给自足的团体，修士们以他们上交给公共基金的财产为生，并且只能够以这些财产为生。因此,他们宣称他们没有依靠当地教会的财富。525 年,一群迦太基南部拜扎凯纳的修士以这种方式使用了奥古斯丁的布道词,来表明他们的修道院是独立于主教的,因为修道院在经济上独立于当地教会。[10]

不过奥古斯丁所考虑的并不只是修士的问题。他强调的是为他效力的神职人员应该像修士一样弃绝。与约翰·卡西安设想中的理想修士相比,这些修士 - 教士生活在一个更加模糊的处境中。他们并没有与尘世隔绝,他们也没有来到一个被真正的或者想象中的沙漠隔绝的社群,相反,他们被财富的强烈阴影包围着。这些被剥夺财富的人与他们所服务的教会中的集体财富有什么关系呢?

在有关这一事件的最后的布道词中(《布道词 356》),奥古斯丁说明了这一处境意味着什么。他特别公开了一位司铎——雷堡里乌斯的安排。对奥古斯丁来说,雷堡里乌斯是模范的修士 - 司铎,他是一个活生生的例子:他从未远离财富,但是在他经手的财富中,他从未拥有过一分钱。

雷堡里乌斯来自饱经战乱的高卢北部。[11]他类似于萨尔维安——一位不是来到马赛,而是来到遥远的地中海南岸的非洲的难民。在奥古斯丁认识他以前,他已经放弃了他自己的私人财产。严格来说,他是作为"穷人"来到希波的——他没有任何能够声称是他自己所有的东西。在那里,他定居了下来,作为一位有事业心的经营房地产的商人。他没有受到私人财富的侵蚀,并证明了自己是一位有才能的资金筹集者。通过这样筹集资金,他在奥古斯丁的命令下建造了一所修道院、一个救济所和一座殉道者的小教堂。他甚至还购买了一处房产,这处房产被租了出去,为教会进一步带来了收入。然而,这些财产没有一丁点儿是他的。

在罗列了雷堡里乌斯使用他所筹集到的钱财的诸多方式以后，奥古斯丁转向了教团，表明他们甚至不应该抱有那种想法，即任何显然为雷堡里乌斯所拥有的东西并不是作为整体的教会的财产：

> 不要再让任何人说，"在司铎的房子里""在司铎的房子前面"……这是司铎的房子。这（神职人员的修道院）是我的房子。除了上帝，他没有其他房子，而上帝的居所无处不在。[12]

在古代晚期，在将个人财富的痕迹从教会财产中抹去的做法中，很少有比奥古斯丁和希波的修士 - 教士之间这种最终的解决方法更加彻底的了。

在此后的世代中，奥古斯丁的话语继续引起思考。500～510 年，朱里亚努斯·波美里乌斯——他本人是一位来自非洲的难民，是奥古斯丁的虔诚信徒——在阿尔勒撰写了《论默观生活》。在主教凯撒里乌斯时期（502～542 年），阿尔勒是高卢最富裕和最有活力的主教教区。波美里乌斯的写作是为了劝说向往成为修士的人，成为修士的同时也可能成为像凯撒里乌斯那样活跃的主教。[13]

在 6 世纪早期的高卢，重新向修士们保证他们可以成为主教，意味着劝服他们教会的财富是可以保留的。这些财富就在那里，唯一的问题就是如何处理这些财富。波美里乌斯竭尽所能地证明，经手教会的财富并不会玷污他们或者损害他们的灵修生活，既过着沉思的生活又作为管理者是可能的。教会的财产以及它的所有者在名义上刻意地不拥有财产，这两者之间富有意味的分离是波美里乌斯论述的中心。波美里乌斯强调，按照老年奥古斯丁对财富与"管理者"之间的严格区分，教会的财产可以被个人管理——实际上，甚至可以在个人手上有所增加。

波美里乌斯回顾了前一个世纪的主教。他赞扬阿尔勒的希拉里大大地增加了他主教教区的财富，[14]他也赞扬了诺拉的保利努斯。在波美里乌斯的论述中，我们看到的保利努斯其实是一个非常不同的保利努斯——一位 6 世纪的保利努斯：精明的诺拉主教保利努斯，他"没有鄙视他教会中的财富，而是用极大的责任心管理着它"[15]。

波美里乌斯论述的中心观念是：教会的财富和其他财富不同。它不是个人的财富，那种会引起拥有者体内粗鄙的肾上腺素涌动的财富。它是一种好像是由来自更高处的冷漠的"管理者"所管理的财富。首先，它是神秘洗涤过的财富，也是一种通过与上帝的无数交易而积累起来的财富，是所有男人女人共同捐献给所有阶层的。最重要的是，它是一种为了穷人的利益而筹集和管理的财富：

> 他们"主教和神职人员"应该知道，教会的东西正是虔诚誓言的产物，是他们为了他们的罪恶所提供的各种代价。他们是"穷人继承的财产"。[16]

486

"古代法律中没有确切规定"
给教会的捐赠：基督教的虔诚和罗马法

我们现代人理所当然地拥有集体——教会、大学和大公司——中"非个人管理的财产"这一概念，所以需要在想象力上进行一次跳跃，来重新理解波美里乌斯关于无主财富的高端言论所藐视的是人们长期以来的常识这一点。罗马法承认集体——市议会、贸易协会以及类似的行会——的存在，但是，罗马的法学家们几乎没有确切地定义这些团体与它们的财富之间是怎样的关系。对于谁有权做决定和谁能够代表团体，法学家们并没有提供指导原则。[17]

在 4 世纪和 5 世纪的基督教会中，这一罗马法律思想上的空白继续存在。君士坦丁在 312 年规定："任何人在去世时，都有自由将他所拥有的任何财产遗留给最神圣的和最尊贵的大公教会。"[18] 这是一条典型的涉及面广泛的敕令。乍一看，这条敕令似乎打开了财富涌向教会的闸门。然而，这并没有发生。这条法律的颁布只是因为捐赠给教会的遗产经常受到质疑，而且持续受到质疑。在临死前所立下的遗嘱中向教会遗赠，威胁到了继承者的继承权。正如我们在第 26 章所看到的那样，当我们讨论马赛的萨尔维安关于向教堂捐赠的论述时，教会可能的捐赠人与他本人家族之间的冲突是一个在 5 世纪特别尖锐的古老的罗马问题。

情况还不只是这样。这样的遗嘱不仅不受人们欢迎，以严格的罗马法标准来看，它们还很容易受到质疑。以"神圣和尊贵的教会"作为捐赠的接受者，基督教捐赠者称呼的是一个模糊的实体，而且这个实体的法律地位还不是完全确定的。主教们还没准备好发挥他们应该发挥的作用。在君士坦丁及其继任者的法律中，"教会的公民人格被认为是理所当然的，而不是人为设定的"[19]。

在接下来的几个世纪中，罗马法学家继续漠视君士坦丁的法律中一直存在的这种定义上的缺失。他们的动作是缓慢的。在基督教虔诚的语言和罗马法的规范之间，存在时间上的严重滞后。长时间以来，基督徒被鼓励去"向穷人"和"向基督"捐赠。如我们此前所见，对于像波美里乌斯这样的作家来说，教会的所有财产都是（以这样或者那样的方式）给穷人的捐赠。但在罗马法中，"基督"和"穷人"是模糊的术语，他们是"立嘱者难以用特定概念形容的个体"。[20]作为一种潜在的会引起诉讼的因素，这些术语需要避免。

萨尔维安在 5 世纪 30 年代督促基督徒在遗嘱中念及基督的名字。[21]而晚至 530 年，东部查士丁尼皇帝手下的罗马法学家仍然在展开工作，试图对基督徒的遗赠进行解释："我们已经发现，遗赠中有许多内容在古代法律中没有确切规定。"一条查士丁尼时代的法律条款提到了一位没有署名的捐赠者："一位名人，受过良好的法律和修辞学教育。"他的遗嘱仅仅声明，"我们的主——基督"是受益人，这引起了复杂的诉讼。查士丁尼手下的法学家们试图让这种危险的、可以随意解释的遗赠指向一个明确的接受者——立遗嘱者所生活的城市的主教就是比较可取的对象。[22]

面对论述含混不清的遗赠所引起的问题，罗马法学家们本能地选择了这种解决方法。他们倾向于选择主教。在一个没有确切定义的协会中，主教是一位明确的代表。赠送给教会的财物（无论以何种形式——遗产的一部分、遗产的全部、遗赠或者只是奉献）要写明"给某某地方的某某教会的某某主教"或者"给某某地方的某某教会，该教会的主教是某某"。[23]结果，主教没有像奥古斯丁所说的那样，仅仅只是其他人的财产的"管理者"。整个社会的共识仍然以罗马法为基础，这使他们成为主人，无论他们是否喜欢这样。[24]我们将会看到，许多主教非常喜欢这样。

"如今，贪婪已经在教会中增长了，就像在罗马帝国中那样"：主教和他们的批评者

不用说，并非每个主教都是奥古斯丁。不过，这并不仅仅是因为其他主教不太在意，或者不太超脱于尘俗，还因为他们陷入了一种无法解决的两难处境。罗马法使他们成为主人，而基督教的观念则希望仅将他们看成管理者。他是他自己城市的教会财富的主人，一切都得自己决定。唯一限制他自主地使用这些财富的是一种得体的意识，而同僚的压力、行省的议事会和古代教会此前的规章制度（以宗教会议"教规"的形式，无论是真实的还是发明的）不时地强化了这种意识。这些监督机制往往被证明是薄弱的。我们通常在这些限制失效时了解到一位主教的所作所为。在5世纪后期和6世纪，我们了解到很多这样的情况。出现这种情况是有充分理由的。

已经有人说过，罗马帝国的体制是一种由暗杀来软化的独裁制。基督教主教在他自己教会中的地位也几乎是一样的。那是一种由直接的人身攻击来软化的独裁制。要限制主教对他教会的财产进行独裁统治，唯一办法就是公开指责他滥用这

些财产。

研究教会在晚期罗马社会中所扮演的社会和经济角色的历史学家们有充分的理由感激这种情况。我们获得的任何有关教会财产性质及其分配机制的证据,几乎都是来自对主教个人以某种方式滥用教会财物的管理权的指责。

这样的指责时常发生。我们就来关注几个这一时期拉丁西方的例子。475 年,教宗辛普利修斯发布了一条著名的规定,提及了教会收益的"罗马式"四重划分。他规定,这些收益将被划分为四等份,分配给主教、神职人员、穷人,还有一份是教会的维护经费。这是这一时期意大利教会经济最重要的证据。而它能够为我们所知,只是因为奥菲纳主教被他属下的神职人员指控将最近三年的收益全部据为己有。[25]

我们也知道,6 世纪早期拉文纳主教教区的年收益是12000 索里达,这是极少数我们所拥有的古代晚期某个教会的收入数据之一。但是我们是怎么知道的?我们获得这一确切统计数据只是拉文纳教会内部冲突的结果。这场冲突致使一个由60 名愤怒的神职人员所组成的代表团前去觐见教宗菲利克斯三世 (526～530 年在位)。这些神职人员前来要求他们在"罗马式"的收益四分法中的权利,而他们的主教拒绝支付给他们这笔钱。神职人员所规定的数目是 3000 索里达 (这一数字乘以 4,历史学家便得出,一个意大利主要的主教教区的年收益为 12000 索里达)。[26]

这些事件和无数其他事件表明,主教身边最吵闹和最冷酷的监督者并非普通人,而是他自己手下的神职人员。他们最密切关注的是主教对教会财富的使用。一位积极支持神职人员而反对其主教的匿名作者,在一份可能写于 5 世纪的文献中写道：

> 如今，贪婪已经在教会中增长了，就像在罗马帝国中那样。人们利用与主教的名义相关的权力和影响力……缩减了整个助祭阶层的费用，使之为他们自己所用……而不幸的神职人员则上街乞讨。

显然，恶劣的主教冻结了司铎们的工资！[27]

"认识你们的主人"：主教、神职人员和教会财富

489 主教和神职人员的冲突是一种在全欧洲范围内的现象，尽管在各地的形式有所不同。这一问题有很深的历史根源。自3世纪以来，主教作为各个城市中基督教社群领导者的地位从来没有被确保过。历史学家们所谓的"主教垄断制"的确立要比我们所认为的缓慢得多。在4世纪和5世纪，许多城市的教会实际上仍然是"多中心的"。司铎和助祭要比不在身边的主教更多地出现在他们的信众面前（尤其是如果主教作为一位公众人物需要参加宗教会议，或者需要前往宫廷进行游说的话，就会经常不在）。一种财产权的观念仍然残留在许多教会中。在罗马城，基督徒信众前往的教堂是由来自各个家族的世俗捐助者捐赠的。这些家族可能仍然统治着周围的街区。司铎和助祭可以享受到这些有教养的富人的庇护，他们以这样的方式实质上独立于他们的主教。[28] 我们所看到的是一种派系模式。从4世纪到6世纪，主教、神职人员以及他们的世俗支持者这三方的冲突几乎没有变化。

在罗马城，情况尤其如此。在教宗西玛库斯时期（498～514）——我们已经在上一章的末尾见过他了——西玛库斯和司铎劳伦提乌斯同时当选教宗所引起的分裂，展现了存留下来的离心力是多么强大。这是一次难忘的分裂。以亨利·查德威克的话来说，西玛库斯和劳伦提乌斯之间的对立引发了"一场为期四年的可怕的帮派战争"[29]。在罗马城对立帮派的街头冲突中，神职人员的领袖们被杀了。

这次分裂的舞台是罗马城。罗马已经分裂成由一些街区组成的松散的联邦。一些完好的建筑群（既有教会建筑也有贵族们的建筑）像岛屿一样点缀在衰败的、杂乱无序的罗马城中，这些像岛屿一样分散在城市各处的住宅都得到了良好的维护，它们是互相敌对的神职人员及其世俗支持者们的权力基地。支持劳伦提乌斯的神职人员们所发起的、反对教宗西玛库斯的坚持不懈的斗争表明，一位主教对他手下神职人员的掌控从来不是理所当然的。

在这种情况下，财富对于主教权力来说是至关重要的。西玛库斯安然度过了这次风暴，因为他展示了教会财富的经济实力。据说，忠诚的神职人员的薪水增加了三倍，穷人们也以之前罕见的方式受到了照顾。作为教会财富的主人，西玛库斯重新确立了他作为罗马各个教堂的主人的身份。[30] 490

罗马城是一个特例，不仅由于其城市的规模，也由于其神职人员在传统上独立于世俗庇护者。在意大利的其他地方与在高卢和西班牙一样，主教及其手下神职人员之间的冲突发生在更加狭小的舞台上。这最好被看作一种非常古老的罗马城市政治的最后表演。

如我们此前所见，西罗马社会秩序的秘密在于地方社会上层的小群体之间互相协作的能力。市议会几个世纪以来一直扮演这一角色，但只有当它们团结一致的时候，它们才能够做到这一点。市议会在 4 世纪和 5 世纪衰落了，这并不是因为其成员陷入了普遍的贫困，而是因为他们分裂了。一个由寡头组成的内部群体（就如萨尔维安所称呼的那种）开始从一般的市议会的议员中间分离出来。那些几个世纪以来聚集在城市大厅的"庙堂"中的议员失去了凝聚力。由于受到新兴的寡头以及帝国官员的寡头的统治，城镇的议员们开始在其他方面寻求机遇（最常见的是成为政府官员），或者求助于城市之外有权势的庇护人。[31]

这种故事众所周知，也经常被提及。到了 6 世纪，市议会及其领导者之间的冲突在基督教会中重现了。在整个西部，神职人员败给了他们的主教。主教及其私人助手就像是新兴的寡头，而神职人员则扮演了弱势的市议员的角色。在和以主教府为中心的高压寡头统治的战斗中，神职人员将他们自己看成不幸的失败者。主教也不愿意平等地对待他的神职人员，他的处理方式就和寡头制的寡头核心团体曾经威逼弱势的市议员一样。

主教和神职人员的斗争与之前几个世纪市议会中不同派系之间的斗争几乎一样。在 4 世纪后期，普通的市议员被指责"躲在有权势者的遮蔽中"以逃避他们对城市应负的责任。[32]而现在，在 6 世纪高卢的许多教会中，神职人员也受到了与他们主教受到的几乎一样的指责。神职人员宁愿留在"有权势者的祈祷室和庄园里"，这使主教的办事员陷入了窘境，并且主教在城市中举行典礼时他们也可以不用出席。[33]

主教和他下属神职人员之间的冲突并不仅仅是复制了市议

会中的内斗，选举主教的机制加剧了这种矛盾。理论上，主教应该从当地的神职人员中选出。但实际结果是，主教可能会在余生里生活在他选举时所击败的那些神职人员的怨恨中。为了避免这种情况，外来者经常当选。在 5 世纪，这种解决方法多少能够解释为何普罗旺斯地区的城市对在勒兰受过训练的修士 – 主教有需求。在 6 世纪的高卢，通常的做法是从著名的"元老阶层"的家族中，或者从日益增多的王室官员中选择外来的候选人。只有颇具名望的外来者才能够约束地方上的神职人员在选举他们的主教时涌现出的敌意。[34]

更加不幸的是，选举中的争议对地方教会来说是一场经济大出血。对于互相竞争的派别来说，这样的花费（从需要调动起来的财富的规模上来看）和之前几个世纪里在城市中通过奢华赛会而竞争显赫地位的人们所展现的"城邦之爱"同样巨大。[35] 在这些场合中所花费的大部分钱财都用在了贿赂上。据统计，法兰克国王在一年里从在选举中互相竞争的派系那里获得了 1 万索里达。[36] 这多少暗示了城市中的神职人员内斗的强烈情绪。在这种环境下，无论主教是一位来自内部的胜利者，还是一个来自外部的决定性人物，他都不能够感觉到安全。

只有当教会的财富为主教所掌握的时候，他们才能够感到安全。没能迅速控制教会财富的主教会很快发现他们的无助，他们不得不面对那些稳居管理教会财富的首领一职的高级神职人员。对于这种情况，没有比图尔主教格雷戈里（573 ~ 594 年在位）在《历史十书》（*Book of Histories*）里提到的西多尼乌斯·阿波利纳里斯的情况更加清楚的了。如我们此前所见，西多尼乌斯在一种不寻常的情况下于 468 年成为克莱蒙主教。

对于这一工作，他并没有做好准备。在一个世纪之后的回忆中，格雷戈里笔下的西多尼乌斯被描述为一个不幸的人物。格雷戈里提及西多尼乌斯是一位前大区长官，"来自高卢最高贵的元老阶层"。他是一位罗马皇帝的姻亲。对格雷戈里来说，西多尼乌斯是"真材实料"[37]。而作为一位主教，格雷戈里记忆中的他却是一位令人同情的人物。两位司铎"剥夺了他对教会财产的全部权力，只留给他微薄有限的生活费用，这使他蒙受极大的屈辱"[38]。在 6 世纪后期充满斗争的教会中，一位观察者就是这样看待一位曾经的大贵族的。

只有主教充分运用他作为教会财富主人的权力时，才有可能控制神职人员。580 年，一位名叫里库尔夫的司铎试图取代格雷戈里成为图尔主教，当时格雷戈里不在图尔，并且也失去了法兰克宫廷的支持。里库尔夫十分了解如何发起一次神职人员的起义。他立即接管了主教府，并且将他在那里发现的财物写在了一份清单上。随后，他接管了教会的地产。他用礼物以及优先租用上等的土地和葡萄园的特权来回报他的支持者。对那些不重要的神职人员——通常是年幼时就进入教会服务的年轻人——他就进行鞭笞。里库尔夫扬言："认清你们的主人。"[39]格雷戈里将里库尔夫描述成暴发户和野蛮人。然而，他并不是这种人。他是一位享有良好声望的司铎，也是教会财产的管理者。他和宫廷有联系。他只是做了任何主教（包括格雷戈里在内）为了保证自己在教会中的领导地位都会做的事，虽然他可能做得有点蛮横和仓促。

"虔信的人使教堂富裕，而不信的人却把教堂抢个精光"：6 世纪的财富与教会

这些拉丁基督教风格的小城镇中关于政治的生动故事，并不仅仅出现在格雷戈里生动的作品中，它们几乎在 6 世纪的其他任何史料中都能够看到。它们表明了一种比较有决定性的但也不易为人注意的发展。在 5 世纪后期和 6 世纪前期的某个时候，西部各地的基督教会意识到，它们中有许多教会真的变得非常富有了。这种发展的重要程度能够从史料的性质上感受到。我们对 5 世纪后期以后的教会经济状况的了解比早先的任何时期都要多，这并非巧合。

让我们用罗马城的《教宗名录》作为例子。这部作品由一位司铎写于 510 年前后，这位司铎可能于教宗西玛库斯时期在拉特兰宫管理教廷。《教宗名录》是从圣彼得到 6 世纪早期的历代教宗的生平传记，它本来可以采用多种写作形式，正因如此，它所采用的写作形式才格外令人感到惊讶。对于研究晚期罗马帝国经济的历史学家来说，它是一个宝库。它记录了 300 ~ 600 年供整个罗马世界使用的教会的 30 份圣礼盘中的 20 份。[40]它保存了我们仅有的有关教会地产的收益及其分配，以及有关教会基金的经营方面的证据。然而，我们很少会停下来思考，为什么我们获得的是如此独特的证据。这是因为作者在撰写这部著作的时候，教会的财富问题在教宗西玛库斯与劳伦提乌斯司铎的支持者的冲突中扮演了重要角色。[41]

对在 573 年成为图尔主教的格雷戈里来说也是如此。格雷戈里在 591 年完成了他的《历史十书》。在他的叙述中，

整个高卢社会与教会财富的关系是一个中心主题。他表明他准备写的是："虔信的人使教堂富裕，而不信的人却把教堂抢个精光。"[42]总之，在6世纪的各个拉丁教会中，财富问题无处不在。

493　　教会对巨大财富的认识是一种新的发展。这在4世纪和5世纪早期是难以预见的。但是，我们往往不能够认识到这种形势是新出现的。某些根深蒂固的陈旧历史观念阻碍了我们的认识。移除这些观点虽然未免鲁莽，但是相当重要。

　　首先，我们必须从我们所说的"教会的财富"的含义开始。就我们所提及的财富来说，并没有一个以大写字母"C"开头的"教会"（Church），只有各个教会的财富。每位主教都是他自己教会财富的小主人，但也仅限于他自己的教会。因此，各个教会中的财富分配是非常有等级的。这种分配根据的是一种差异很大的城市等级排列，而这种等级排列是罗马帝国后期制定的。帝国的首都、大城市和统治中心将财富和人才都吸收到自己那里，而那些不太重要的城市则只能自生自灭。绝大多数小城市衰落了，一些小城市完全消亡了。

　　各个教会的财富和各个城市中的财富一样，以不均衡的方式分布着。我们在拉丁西方的各个教会中发现了显著的差别。[43]富裕的城市中有富裕的教会。在意大利，罗马城和拉文纳的教会分别有26000索里达和12000索里达的收益，它们的收益远高于它们周边的地区。相比之下，存在于罗马城阴影中的意大利中部小城镇中的教会极度贫困。在费伦提斯，主教只有一座葡萄园用来供给他本人以及他的教会。在阿奎诺，当地临终的主教在540年前后预言了他教会的未来，那并不是一个美好的未来。下一任主教将是一位曾经在当地客栈里供应驴子的人，然后是一位漂洗工，再之后就不会有主教了。这个主教教区将会消失，在瘟疫和战争中被夷为平地（就像 6 世纪 40 年代和 50 年代意大利许多被夷平的小城市一样）。[44]

第二种必须避免的陈旧观念是假设基督教会的富裕是注定的。许多有关这一时期的论述认定，教会（恰恰是大写的教会）的财富是君士坦丁的皈依的必然结果。实际上，如我们此前所见，君士坦丁基本上没有使基督教会的领导者在罗马社会中处于优势地位。他认为，这种优势地位仍然将由其他人占据。对于许多教会来说，通往富裕的道路是曲折的，是很具有间歇性的。在 4 世纪和 5 世纪，不同地区的捐赠者的成分非常不同。总体上来说，主教们不太依靠广大的地产，而更多依靠基督教皇帝赐予他们的法律和财政上的权益。主教们不认为他们能够以自己的势力与那些大地主和成功的宫廷官员竞争。直到罗马帝国终结时，连西部最富裕的教会也还笼罩在大规模的各种各样的世俗富人的阴影下。是 5 世纪庞大的世俗财富出人意料的衰落，才使主教第一次以各个地区主要地主的形象出现。[45]

第三种陈旧的观念让我们认为，许多教会财富增长是因为它们继承了世俗贵族阶层的财富。[46]这种观点宣称，大量的元老贵族成为主教和神职人员，他们带来了他们的财富。教会的"贵族化"被认为是 5 世纪以来拉丁基督教的一种真正意义上的主要发展。这种观点源于一种误解，它将高卢元老阶层控制的特定地区延伸到了西部的所有地区。我们通过对其他地区基督教会人物的仔细研究发现，在意大利、高卢、西班牙和非洲，教会的贵族化并没有发生。[47]

甚至在高卢，贵族对教会的统治也不像许多研究者所宣称的那样广泛和深入。马丁·海因策尔曼声称，贵族统治"在

494

君士坦丁时代就已生根，并且自从 5 世纪后半叶以来便牢固地确立了"[48]。然而，情况或许并非如此。马丁·海因策尔曼的著作在揭示罗马时代和后罗马时代高卢统治阶层的延续性方面极有价值。但是，很难说罗马贵族价值观和罗马贵族统治方式的延续可以让主教在高卢社会中不可阻挡地在财富和权力方面拥有无可争议的地位，也很难说这种情况导致了海因策尔曼所谓的"主教统治"在高卢南部和其他地方的形成。[49]倾向于夸大元老阶层在教会中的影响力，这让我们想象出一种情形，即拥有罗马贵族背景的主教开始在实际上统治了自治的城市国家。我们甚至认为，图尔的格雷戈里撰写《历史十书》和《奇迹集》的目的就是提出一种主教统治的意识形态。[50]

事实并非如此。实际上，高卢城市中主教的地位相当脆弱，不像主教统治的设想中那样稳固。到了 6 世纪的最后几十年（就是格雷戈里写作的时候），元老家族在高卢教会中所拥有的统治地位已经过时了。以法兰克国王的宫廷为中心，一个新的贵族阶层形成了（一部分是罗马人，另一部分是蛮族）。这一贵族阶层的代表们正准备推开先前时代的光荣遗物。[51]元老家族失去了影响力，它们变得更加贫困了。这意味着，老贵族的家底——留给高卢教会的可以依靠的馈赠资源——很少，甚至几乎没有。

最后，同样重要的是，我们不能够认为基督教的神职人员在财富的积累上拥有一种安全保障机制。我们必须摒弃一种浪漫化的旧观念：大公教会在不断涌入的虔诚的捐赠中水涨船高。[52]我们也不能接受与这种虔诚的想象相反的另一种想象，即教会无所顾忌地追逐遗产。比如，并没有证据支持这种观点：基督教改变了婚姻的模式（通过对远亲间婚姻的禁止不断增强），产生了一群剩余的没有结婚或者无法结婚的人，而他们的遗产将会流入教会。[53]

事实上，正如奥古斯丁的布道词和萨尔维安的文章所表明的那样，罗马帝国晚期的基督徒们并不一定是教会的大施主。即使他们向教会捐赠，他们的捐赠也经常受到质疑——被亲属、财务代理人以及其他的利益集团质疑。这种情况在 6 世纪并没有改变。在法兰克高卢和其他地方都有大量的罗马法律师，他们都擅长"破坏"遗嘱，找到理由使遗赠给教会的行为被宣布无效。[54]我们绝不能忘记后罗马时代蛮族王国全然的世俗性质。在日常的财产和税务问题上，他们所继承的帝国仍然顽固地没有被基督教的价值观所触动。

举一个著名的例子：纽斯特里亚王希尔佩里克（561～584年在位）仍然公然维护这一世俗传统。他是格雷戈里的眼中钉。格雷戈里称他为"我们时代的希律王"[55]。他怀着明显的反对态度记载道，最晚是在 577 年，希尔佩里克在苏瓦松和巴黎建造了圆形剧场。[56]最重要的是，他总是"不遗余力地专注于破坏对教会有利的遗嘱"[57]。他也厌恶主教的财政特权。希尔佩里克经常抱怨："看啊，我们的国库仍然贫乏，我们的财富都流向了教会。"[58]这一评论一直被研究法兰克王国的历史学家们引用。但对希尔佩里克来说，这并不是什么新事物。希尔佩里克的评论并非标志着国王对一种新出现的危机——这种危机是由十分富裕的教会和贫困的墨洛温王国之间的不平衡引起的——做出了反应。这只是表明，他是一位机警的统治者，认真地关心着国库——征税机关——的利益。他这样的想法自节俭而注重实效的瓦伦提尼安一世时期便已经存在于高卢了。[59]这类人的行动一直在阻碍着教会财产的扩张。

总的来说，给教会的捐赠并不总是富庶的财产。许多财产在法律上容易受到质疑。许多馈赠是由广泛地分散在各处的地产构成的，而这些地产并不总是高质量的土地。它们还包括大片人烟稀少的土地，在经常笼罩在战乱以及可能的气候异常的阴影下的农耕世界中，这样的土地已经成为一种比较普遍的情况。另一些土地地处偏僻，不值得捐赠者的亲属和邻居们去争夺。这些土地能够被毫无顾虑地送给教会。在这种情况下，时常增加的地产并不会带来财富。[60]

496 　　我们必须要记得，集体财产本身在古代世界中就从来不是经济成功的标准，市议会在 4 世纪和 5 世纪的命运清楚地表明了这一点。城市拥有广阔的地产，然而正如吉尔斯·布兰斯博科最近在一篇精彩的文章中所揭示的那样，众所周知，这些地产都经营不善。在产出的收益方面，这些地产的情况都很不好，而且还往往被管理它们的人所掠夺。[61]没有理由认定教会不会朝这一方向发展。

罗马帝国晚期的教训是，只有受到帝国特权的保护，团体以及团体的财产才会是安全的。这种对国家授予的免税权的依靠一直延续到后帝国时代。比如，神职人员知道，那些在帝国的地产上工作的人都有权免除强制性的劳役和类似的负担。许多教会都竭尽全力地为他们的土地争取这一特权。到了 6 世纪，和一些主要的圣地相关的土地——如图尔地区与圣马丁陵墓相邻的土地——可能享受了这种免税权。过往的军队不能向在这些土地上工作的农民征集物资和劳动力。这种此前与罗马皇帝的"神圣家族"联系起来的免税权如今被"上帝之家"——教会——所要求。它们现在由国王授予。[62]罗马帝国消逝很久以后，从帝国时期继承下来的财产特权被统治当地的国王所重申，这对教会的社会地位来说是至关重要的。仅有大量的土地财富是不够的。

"他奋发地工作着，建立教堂，管理地产"：管理型主教的兴起

这些权利没有一种是理所当然的，它们都是争取而来的。情境要求主教采取攻势。首先，为了确保他所接收的财产，他必须要有一位有才能的律师为他效力。我们可以看到这种情况出现在欧洲各地。5 世纪中期以后，教会的捍卫者——擅长维护教会利益的律师——人数日益增长。他们是主教的得力助手。到了教宗格拉西乌斯的时代（492 ~ 496 年），罗马城教会中的捍卫者已经被当作神职人员看待了。[63] 主教依靠这些律师来保护他的土地，对抗财务代理人、贪婪的邻居以及恼怒的家族成员雇用的律师。随后，主教将这些土地交给一些管理者，后者专注于让本地教会所获的地产实现最大的产出。于是，在财富问题上就出现了一种重要的新身份——兴起了最好被称作"管理型主教"的一类人。

并不是所有人都能够成为管理型主教。在 558 ~ 559 年，教宗伯拉纠（556 ~ 561 年在位）在信里提到纳尔尼的主教应该辞职。他太过善良以至于不能胜任他的工作：

> 由于与他天生的质朴相配的温和品性，他无法管理教会的财产。他无法在税务问题上与城里的议员们对峙。他也无法让自己投身于令人厌烦的事业，去追查那些扣留教

497

会财产的人。[64]

伯拉纠太了解什么样的品质是被需要的，他自己揭示了这些品质。他在 560 年前后写给钦戈利主教朱里亚努斯的信中，提及罗马教会地产上的劳动力，他还写道（可能出自他本人之手）：

> 至于那些有可能租教会地产或者成为佃户的农民，如果你弄掉了他们头上的一根头发丝，你将再也不会得到我的青睐。[65]

教宗们在生动的书信中记录了不少这样的在意大利的主教，他们在高卢和西班牙同样重要。图尔的格雷戈里羡慕他的舅舅尼切提乌斯有这样的资质——尼切堤乌斯在 552～573 年是里昂的主教："他是一位伟大的施舍者，也是一位辛勤工作的活动家，他十分勤劳地修建教堂、管理地产、播种土地，以及挖掘与开垦葡萄园。"[66]

在高卢有许多像他这样的主教和神职人员。6 世纪的一封信中提到了一位名叫马克塔里克的主祭："我向主祭马克塔里克致意，他满怀热情地重建了教堂，并且总是关注着教会的物质利益。"[67]甚至法兰克王国北部的伟大政治家克罗迪努斯公爵也以模范的耕作方式为教会提供了馈赠："他经常在工作，总是开垦田庄，安置葡萄园，建造房舍，经营土地。"[68]

管理型主教的成功表明，教会财产的守护者并不一定要贵族出身。这并不是说贵族对管理地产一无所知，而是当教会的财富开始增长时，管理人员们的技能和来自历史悠久的名门望

族的贵族们的指挥同样有用。对能干的管理人员的需求保证了
神职人员仍然是一种向有才能的人开放的职业。帕维亚主教伊
皮法尼乌斯（466～496 年在位）只是一位自由人出身的帕维
亚市民。在进入教会之后，他在早年就开始学习速记法。到了
5 世纪 60 年代，他成为一位副助祭，作为教会的代表处理波
河河谷地区农民们的诉讼。伊皮法尼乌斯的传记作者恩诺迪乌 498
斯来自高卢南部的一个贵族家族。恩诺迪乌斯将他的主人公描
述为贵族亲密的伙伴。然而，伊皮法尼乌斯本人并不是贵族，
他不像贵族有可能做到的那样从上层进入教会。作为一位为教
会效力的人员，他的出身相对低微。[69]

　　尽管图尔的格雷戈里怀念着早先的元老家族，他本人恰
恰是新时代的管理型主教的儿子。他从儿童时代起就是神职
人员，这在他的家族中还是首例。他甚至可能在儿童时代就
学会了速记法，为管理职责做了准备。[70]如马丁·海因策尔
曼所揭示的那样，他只是把他元老阶层的身份看成出身背景。
他的愿望并不是成为一位元老，而是成为教会人士。[71]他是
教会法程序的坚定维护者。[72]我们能够在格雷戈里的著作中
看到那么多高卢神职人员的积怨、背信弃义、自尊自大的故
事，正是因为格雷戈里实际上将这些看成违背了他所积极支
持的教会法的行为。他想要做一位辛勤工作的主教，一位积极
的、务实的并且忠于教会的法律的管理者。他甚至怀着某种程
度的赞许记载了鲁昂主教普雷提克塔图斯最后的事迹：普雷提
克塔图斯被由女王弗里德贡德资助的暗杀者用匕首刺中时，
“在规划他的房产”。他靠在床上，继续安排聚集在他主教府
中的管理人员。[73]

"不朽的教会的庇护"：制度延续与控制农民

强调较为新兴的管理型主教这一角色，并不是说教会的土地所有权与世俗的在本质上有所不同。在日常经营中的温和与诚实方面，或者在经济上的成功方面，两者都是相同的。[74]这两种形式的地产拥有者——平信徒和教士——都试图用他们的高压手段在困难时期竭尽所能地利用他们的地产。这两种形式的地产都要面临不时发生的战争威胁。劳动力会在战争中被冲散，许多农民会成为战俘。人们有理由怀疑，更多的农民会因为法律和秩序的暂时中断而逃离他们的领主。[75]这两个群体——神职人员和平信徒——都艰难地度过了有可能因为气候变化而出现的衰退。教宗的书信显示出与世俗的大地主同样的管理手段、同样的要控制土地以及土地上的工作者的决心。教宗格雷戈里一世在书信中所透露的地产管理的方式，在6世纪埃及类似的大地主所留下的丰富的纸草文献中有详细的记录。[76]

不过，教会的地产也有它们的优势。由于这些地产所供养的是上帝和穷人，教会的财产注定是永恒的。所以，教会的管理者所实施的监管同样是永恒的。当涉及被释奴命运的管理问题时，这在宗教会议的话语中被十分明确地表达出来。对于之前是奴隶的人来说，主教们既带来了好消息也带来了坏消息。585年聚集在马孔宗教会议上的主教们宣布，在教会地产上被释放的奴隶（或者那些提供给教会的被释奴）不能再次成为奴隶，他们被"不朽的教会的庇护"[77]所保护着。但是，这并不意味着这些人免于承担任何义务。庇护是需要代价的，被释

499

奴仅仅是从奴隶变成了雇工。古代的罗马法强调，被释放的奴隶应该继续为他们的前主人提供个人性质的服务。这条法律在教会中仍然保持着特别的效力。[78] 用第四次托莱多公会议（在633 年举行）上的话来说，所有被教会释放的奴隶的后代都被要求继续"服务于并且遵从于"教会。他们需要这么做，因为"教会永远不会消亡"[79]。

财富依赖于每年通过动员劳动力而带来的土地上的产出，在这样的一个社会中，对人员的控制能力是决定性的，这与拥有广阔的土地一样重要。高卢和西班牙的主教们保护被释奴免于再度成为奴隶，并且要求他们继续承担为教会服务的义务以作为回报。通过这种方式，高卢和西班牙的主教们强化了一种广泛流行的模式。这就出现了一种其劳动力受到严密监督的地产，这些劳动力由处于奴役和半奴役状态的农民组成。[80] 在 6世纪后期和 7 世纪，为了创造财富，有权势的人们的工作重点在于牢固地掌控人力资源，而不在于从广泛分散的地产上收租子（就像 4 世纪那样）。通过强调他们对于被释奴以及以其他形式被束缚的劳动力的永久权利，教会地产上的管理者们趋向于一种普遍的运动，以重申并且牢固地控制那些在土地上工作的人。

图尔的格雷戈里所钦佩的勤勉主教是有前途的。通过与法兰克国王们的合作，高卢北部新形成的贵族阶层逆转了 5 世纪的混乱所带来的影响。在图尔的格雷戈里时代，贵族和主教们结束了 5 世纪由于罗马帝国的崩溃所产生的"混乱时期"，远远没有让那种混乱的情况进一步恶化（就像当我们提及高卢的"黑暗时代"的时候所想象的那样）。在重新控制了农民之后，法兰克王国中的大地主（教会和世俗都一样）变得比西部的

500　　其他地区更加富裕，他们作为"第一群真正的中世纪欧洲贵族"出现在了 7 世纪。[81]他们做到这一点，部分是因为共享了主教——"不朽的教会"的财富的守护者——的管理技术。

光的时代：高卢和意大利的建筑

　　这种发展趋势是从 6 世纪末才开始的，它并没有在所有地方发生。如果我们注意到不同地区的教堂建筑，我们就能够看到这种情况。在这里，复兴的迹象出现在整个西部，可能只有非洲是例外。[82]经常有人提及，6 世纪高卢南部地区由于"被再造的基督教高卢－罗马贵族的"财富，而开始被教会的白色长袍所覆盖。[83]不过实际上，高卢南部城市建筑的记载显示出一种十分缓慢的发展节奏。主教儒斯提库斯在纳博纳建造大教堂耗费了四年时间，445 年才完工。在克莱蒙，主教纳马提乌斯建立了一座令人印象深刻的教堂，该教堂建于 5 世纪 60 年代，花了十二年。格雷戈里花费了十七年时间，完成了他自己在图尔的主教教堂的修复工程。教堂的墙上装饰的是壁画，而不是贵重的镶嵌画。[84]高卢最伟大的教堂并不是主教们建造的，而是由法兰克王室成员建造的。[85]

　　当来自意大利北部的诗人韦南提乌斯·福尔图纳图斯在566～567 年来到高卢时，他被一些希望自己的教堂受到诗人赞颂的主教们包围了。韦南提乌斯将每座这样的教堂都描述为杰出的圣地。天花板和内部的穹顶是金色的，在教堂里，"分散的光线被捕获了，虽然没有太阳也闪耀着光芒"[86]。不过，考古学家的评价则显得比较无情。在提及波尔多地区奉献给圣母玛利亚的教堂的发掘工作时（韦南提乌斯为了主教利奥里乌斯赞颂了这座教堂），《高卢基督教人名录》的作者们评论说："这座建筑所展现的最庄严的部分也几乎不能符合韦南提乌斯诗歌中强烈的语调。"[87]

在 6 世纪的意大利，我们才能够看到教堂建筑真正的富庶和技术。6 世纪意大利最经典的建筑是拉文纳的各座著名的教堂。不过，拉文纳的各座辉煌的教堂是特殊环境下的产物，是由一个主要的行政中心创造的。一位黄金兑换商——朱利亚努斯在如今著名的圣维塔教堂上花费了 3.6 万索里达。朱利亚努斯和他的儿子一起，在拉文纳的圣维塔教堂和其他教堂上至少花费了 6 万索里达。朱利亚努斯并不是一位大地主，不过他为贵族和国家提供重要的经济服务。[88]

因此，拉文纳的建筑并不具有代表性。如果我们想欣赏一下新型的管理型主教能够在一座不是行政中心的意大利城市里做些什么，我们应该往南关注卡诺萨，它位于通往巴里和布林迪西的阿庇亚大道上。在卡诺萨，主教萨比努斯（531～542／552 年在位）改造了整座城市，以使这座城市刻上他的印记。[89]他在此前古代宗教的密涅瓦神庙上建造了一座大胆的建筑，在方形空间中安置了四个巨大的贝壳状的半圆形后殿。[90]他扩建了圣彼得教堂的主教中心，从古代的高架水渠引水，为一个巨大的洗礼池附近的一座喷泉提供水源。[91]城市另一角的圣若望广场的主教中心也被扩建了。[92]

萨比努斯甚至有自己的制砖工厂。砖块上刻有萨比努斯的名字，这表明邻近的海港巴列塔的教堂中也留下了他的印记。[93]在遥远的高卢并没有这种事情发生。而且，萨比努斯并不是贵族，他只是一位知道如何使教会财富收益最大化的主教。他有一次惊险地躲过了他手下的一位主祭的毒杀，这件事

501

本身就是对一位活跃人物的褒奖。萨比努斯知道怎么安排他手下的管理人员的工作来创造一个主教教区，以至于他的一位管理者——他的主祭——为了这个教区（确实）准备谋杀他。[94]

　　并非所有这样的建筑都只是由于经济上的成功，教会也在技术上大获成功。人们在观赏 6 世纪意大利的教堂时会惊讶于主教在艰难的时代中所安排的精巧设计。他们建造或者修复的教堂表明，在西部，宏大的方堂时代已经过去了，教堂转而变成了小巧但迷人的地方，正如韦南提乌斯·福尔图纳图斯在高卢赞颂的那些教堂。光线似乎被捕获在了教堂里，其目的是保证光线能够展现在镶嵌画上。光线被设计成从意想不到的天使身上放射出来的。不断变化的微光映射在教堂的各个表面上，在狭小的空间里营造出一种无限空旷的感觉。510 年，位于贾米拉的圣菲利克斯圣陵被重建了，它仍然紧邻着一个世纪前诺拉的保利努斯所建造的宏伟方堂。这座新的圣陵比之前的更小，不过它的建造技术及优美的外观让它本身就像是一个充满神秘光辉的世界："现在，一束光开启了一个广阔的空间。"[95]在一个世纪内，在贾米拉就像在其他各地一样，我们从一个宏伟的黄金时代来到了一个更加经济的，但又同样迷人的光的时代。

　　通过对由波雷奇主教尤弗拉西（以前是克罗地亚伊斯特里亚的帕伦佐）重建于 543 年的方堂中的镶嵌画的研究，安·特瑞和亨利·马奎尔最有力地揭示出了这一转变。他们的悉心研究揭示了为这座建筑制作镶嵌画的艺术家们非比寻常的技巧。以 6 世纪的标准来看，这是一座大建筑，这一事实使尤弗拉西主教使用的经济手段愈加令人印象深刻。艺术家们以"技巧和节俭"开展他们的工作。[96]他们节省地使用最贵重的镶嵌画片；他们在中心人物周围使用了这些材料，创造出了丰

富多彩的色调；他们利用黄金"作为搭配，创造出了波纹状 502
的、彩虹色的微光"，不过，这些黄金都精心地掺杂了普通
的、廉价的石子，就是为了能够最大限度地缩减开支。[97]特瑞
和马奎尔悉心地观察每块镶嵌画，以及这座建筑的所有装饰品
中贵重材料和普通材料混合而成的材料，这使我们现代人最大
限度地进入了韦南提乌斯·福尔图纳图斯的诗歌营造的世界。
我们在比之前更小的教堂里，然而，工匠们的卓越技术赋予了
它们在此前更加繁荣而宏伟的方堂时代难以出现的事物："产
生神圣之光的明显的能力。"[98]

　　在这些建筑中，我们仍然能够看到委托建造它们的主教们
的眼神。波雷奇主教尤弗拉西、以科勒西乌斯以及拉文纳圣维
塔的马克西米安的形象以浓重的现实主义风格清晰地呈现。他
们有着半剃胡子的下巴、皱起来的眉毛和大大的灰眼睛，引人
瞩目地站在天堂中理想化的圣人和天使中间。[99]他们都是懂得
如何将荣耀带给 6 世纪西部教会的管理型主教。

注　释

[1] McCormick, *Origins of the European Economy*, 27 – 41; F. L.
Cheyette, "The Disappearance of the Ancient Landscape and the
Climatic Anomaly of the Early Middle Ages: A Question to Be
Pursued," *Early Medieval Europe* 16 (2008): 127 – 65. 更谨慎的
观点参见 P. Squatriti, "The Floods of 589 and Climate Change at
the Beginning of the Middle Ages: An Italian Microhistory,"
Speculum 85 (2010): 799 – 826 at pp. 812 – 19。许多学者觉得没
有必要用"气候异常"来解释这一时代中的变化，参见 T.
Lewit, "Pigs, Presses and Pastoralism: Farming in the Fifth to Sixth

Centuries," *Early Medieval Europe* 17 (2009): 77 – 91。

［2］ Inglebert, *Histoire de la civilisation romaine*, 483.

［3］ Augustine, *Letter* 125. 2.

［4］ Augustine, *Letter* 126. 9.

［5］ Augustine, *Letter* 185. 9. 36.

［6］ U. Meyer, *Soziales Handeln im Zeichen des "Hauses": Zur Ökonomik in der Spätantike und im frühen Mittelalter* (Göttingen: Vandenhouck and Ruprecht, 1998), 102 – 88; V. Toneatto, "I linguaggi della ricchezza nella testualità omiletica e monastica dal II al IV secolo," in *Economica monastica: Dalla disciplina del desiderio all'amministrazione razionale*, ed. V. Toneatto, P. Černic, and S. Paulitti (Spoleto: Centro di Studi sull'Alto Medioevo, 2004), 1 – 88.

［7］ Augustine, *Sermon* 355. 3.

［8］ Lancel, *Saint Augustin*, 232. 现在参见 O'Donnell, *Augustine*, 166 – 69。关于这一事件最好的概括是 N. B. McLynn, "Administrator: Augustine in His Diocese," in *Companion to Augustine*, ed. M. Vessey (Oxford: Wiley – Blackwell, forthcoming)。

［9］ Augustine, *Sermon* 355. 4.

［10］ Council of Carthage of AD 525, lines 252 – 344, *Concilia Africae*, pp. 278 – 81; D. Ganz, "The Ideology of Sharing: Apostolic Community and Ecclesiastical Property in the Early Middle Ages," in *Property and Power in the Early Middle Ages*, ed. W. Davies and P. Fouracre (Cambridge: Cambridge University Press, 1995), 17 – 30.

［11］ s. v. "Leporius 1," *Prosopographie chrétienne du Bas-Empire*, vol. 1, *L'Afrique chrétienne* (305 – 533), ed. A. Mandouze (Paris: CNRS, 1982), 634 – 35.

［12］ Augustine, *Sermon* 356. 10.

［13］ 特别参见 W. Klingshirn, *Caesarius of Arles: The Making of a Christian Community in Late Antique Gaul* (Cambridge: Cambridge University Press, 1994), 72 – 82; Alciati, *Monaci, vescovi e scuola*, 147 – 76。

［14］Julianus Pomerius, *De vita contemplativa* 2. 9, PL 59：453C.

［15］Julianus Pomerius, *De vita contemplativa* 2. 9, PL 59：453B.

［16］Julianus Pomerius, *De vita contemplativa* 2. 9, PL 59：454A.

［17］Y. Thomas, "La construction de l'unité civique：Choses publiques, choses communes et choses n'appartenant à personne et représentation," *Mélanges de l'école française de Rome：Moyen Age* 114（2002）：7 – 39；H. R. Hagemann, *Die Stellung der Piae Causae nach justinianischem Rechte*, Basler Studien zur Rechtsgeschichte 37（Basel：Helbing and Lichtenhahn, 1953）, 24, 36；Marazzi, "*Patrimonia Sanctae Romanae Ecclesiae*," 34；Hillner, "Families, Patronage and the Titular Churches of Rome," 237 – 42.

［18］*Codex Theodosianus* 16. 2. 4（AD 321）. 特别参见 Barnes, *Constantine and Eusebius*, 50。

［19］S. Wood, *The Proprietary Church in the Medieval West*（Oxford：Oxford University Press, 2006）, 730.

［20］S. MacCormack, "Sin, Citizenship and the Salvation of Souls：The Impact of Christian Priorities on Late Roman and Post-Roman Society," *Comparative Studies in Society and History* 39（1997）：644 – 73 at pp. 662 – 63.

［21］Salvian, *Ad Ecclesiam* 4. 4. 21 and 7. 3. 5, Lagarrigue, pp. 324 and 332.

［22］*Cod. Iustinianianus* 1. 2. 25. 1（530）；比较 *Novella* 131. 9（545）。参见 Bruck, *Kirchenväter und soziales Erbrecht*, 120 – 22。

［23］E. g., Augustine, *Tractatus in ev. Iohannis* 6. 24.

［24］参见 Carrié 清晰的论述："Pratique et idéologie chrétiennes de l'économique", 尤其见于 p. 25。

［25］Simplicius, *Letter* 1. 1, ed. A. Thiel, *Epistolae Romanorum pontificum genuinae*（Braunsberg：E. Peter, 1867；Hildesheim：G. Olms, 1974）, 1：176. B. Bellomo, "Abusi nell'economia di carità," in *Poveri ammalati e ammalati poveri*, 449 – 63 提供了更多的例子。

［26］Agnellus, *Liber pontificalis ecclesiae Ravennatensis* 60, Nauerth,

268 – 80, Deliyannis, 173 – 77. 参见 O. R. Borodin, "Ekonomicheskie protivorechiia v srede ravennskovo dukhenstva v VI – VIII vv. ," *Vizantiĭskiĭ vremennik* 56（81）（1995）：32 – 44 at pp. 33 – 36。

［27］ Pseudo-Jerome, *De septem ordinibus ecclesiae*, PL 30：154B （Paris：J. – P. Migne, 1846）.

［28］ Bowes, *Private Worship, Public Values, and Religious Change*, 71 论及这一问题上有一种永远存在的"潜在的紧张关系"。 *Religion, Dynasty and Patronage*, ed. Cooper and Hillner, 考察 了会引起这种紧张关系的更多情况。

［29］ H. Chadwick, *Boethius：The Consolations of Music, Logic, Theology and Philosophy*（Oxford：Clarendon Press, 1981）, 37.

［30］ 有关罗马城情况的复杂性, 现在特别参见 Sardella, *Società, chiesa e stato*, 43 – 66, 尤其是 46n7（关于薪水提高三倍, 只 在一个版本的《教宗名录》中的西玛库斯传记里提到过）； Diefenbach, *Römische Erinnerungsräume*, 404 – 32。

［31］ 两种权威性的考察, 虽然它们主要基于东部的证据, 参见 Jones, *The Later Roman Empire*, 2：731 – 63；以及 Liebeschuetz, *The Decline and Fall of the Roman City*, 29 – 136。对于非洲及其 所暗含的西部的大多数情况, Lepelley, *Les cités de l'Afrique romaine*, 1：243 – 92 仍然是最佳的研究。

［32］ E. g. , *Codex Theodosianus* 12. 1. 146（395）；*Novella of Majorian* 7. 1（458）.

［33］ *Clermont*（535）c. 4, *Concilia Galliae*, vol. 2, a. 511 – a. 645, ed. C. de Clercq, CCSL 148A（Turnhout：Brepols, 1963）, 106； *Orleans*（541）c. 26, p. 139；*Mâcon I*（581 – 83）c. 10, p. 225；以及 *Châlon*（647/53）c. 14, p. 306.

［34］ 有关委任贵族候选人以避免地方上神职人员之间的冲突, 参 见 Sidonius Apollinaris, *Letter* 7. 9. 3, 其中有生动的评论—— "一些司铎私下里窃窃私语"（472 年于布尔日）；Gregory of Tours, *Histories* 4. 15（556 年于图尔）.

［35］ 530 年, 罗马城教会的收入由于歉收而减少了, 以至于教宗 菲利克斯四世坚持要求任命一位继位者, 而不是让教会遭受

耗费甚巨的竞争性选举, L. Duchesne, "La succession du pape Félix IV," *Mélanges d'archéologie et d'histoire* 3 (1883)：239 – 66 at pp. 245 – 47。一场不用花钱的选举被认为是一个奇迹, 参见 Gregory of Tours, *De vita patrum* 6. 3, trans. E. James, *Gregory of Tours：Life of the Fathers* (Liverpool：Liverpool University Press, 1985)。

[36] D. Claude, "Die Bestellung der Bischöfe im merowingischen Reiche," *Zeitschrift der Savigny Stiftung für Rechtsgeschichte：Kanonistische Abteilung* 49 (1963)：1 – 77 at p. 59n290.

[37] Gregory, *Histories* 2. 21.

[38] Gregory, *Histories* 2. 23.

[39] Gregory, *Histories* 5. 49.

[40] B. Caseau, "Objects in Churches：The Testimony of Inventories," in *Objects in Context, Objects in Use：Material Spatiality in Late Antiquity*, ed. L. Lavan, E. Swift, and T. Putzeys, Late Antique Archaeology 5 (Leiden：Brill, 2007), 551 – 79.

[41] 特别参见 Duchesne, *Le Liber Pontificalis*, 1：cxli – cliv; P. Carmassi, "La prima redazione del *Liber Pontificalis* nel quadro delle fonti contemporanee：Osservazioni in margine alla *vita* di Simmaco," in *Atti del colloquio internazionale* Il Liber Pontificalis e la storia materiale, 235 – 66; K. Blair-Dixon, "Memory and Authority in Sixth-Century Rome：The *Liber Pontificalis* and the *Collectio Avellana*," in *Religion, Dynasty and Patronage*, 59 – 76。

[42] Gregory, *Histories* I, preface 1.

[43] Jones, *The Later Roman Empire*, 2：904 – 7; Hübner, *Der Klerus in der Gesellschaft des spätantiken Kleinasiens*, 217 – 28.

[44] Gregory, *Dialogues* 1. 9. 2 and 3. 8. 1, ed. A. de Vogüé, Grégoire le Grand：*Dialogues*, SC 260 (Paris：Le Cerf, 1979), 76, 286.

[45] Pietri, "Évergétisme et richesses ecclésiastiques," in *Christiana respublica*, 2：813 – 33.

[46] P. Simonnot, *Les papes, l'église et l'argent：Histoire économique du christianisme des origines à nos jours* (Paris：Bayard, 2005), 12——因为独身和贵族的投资, 教会的财富 "没有停止持续

的增长"；另参见 pp. 161 – 66。遗憾的是，一项有思想性和启发性的研究被作者所持有的不准确的信息损害了，其表现形式是一种学术圈广泛接受的旧观点。

[47] Sotinel, "Les évêques italiens" 为意大利的情况下了定论。关于高卢南部 "元老" 地区的有限性，参见 S. Esders, *Römische Rechtstradition und merowingisches Königtum： Zum Rechtscharakter politischer Herrschaft in Burgund im 6. und 7. Jahrhundert* (Göttingen： Vandenhoeck and Ruprecht, 1997), 185。观点有所不同的总体性研究，参见 Rapp, *Holy Bishops*, 172 – 207。

[48] M. Heinzelmann, *Gregory of Tours： History and Society in the Sixth Century*, trans. C. Carroll (Cambridge： Cambridge University Press, 2001), 190.

[49] 特别参见 M. Heinzelmann, *Bischofsherrschaften in Gallien： Zur Kontinuität römischer Führungsschichten vom 4. bis 7. Jahrhundert*, Beihefte der Francia 5 (Munich： Artemis Verlag, 1976)；以及 *Herrschaft und Kirche： Beiträge zur Entstehung und Wirkungskreise episkopaler und monastischer Organisationsformen*, ed. F. Prinz (Stuttgart： Hiersemann, 1988)。

[50] A. H. B. Breukelaar, *Historiography and Episcopal Authority： The Histories of Gregory of Tours Interpreted in Their Historical Context*, Forschungen zur Kirchen und Dogmengeschichte 57 (Göttingen： Vandenhoek and Ruprecht, 1994), 266 – 67.

[51] 有关这种处境的评论，现在特别参见 S. Patzold, "Zur Sozialstruktur des Episkopats und zur Ausbildung bischöflicher Herrschaft in Gallien zwischen Spätantike und Frühmittelalter," in *Völker, Reiche und Namen im frühen Mittelalter*, ed. M. Becker and S. Dick (Munich： W. Fink, 2010), 121 – 40; P. Brown, introduction to *The World of Gregory of Tours*, ed. K. Mitchell and I. Wood (Leiden： Brill, 2002), 1 – 28 at pp. 12 – 13; Esders, *Römische Rechtstradition und merowingisches Königtum*, 184 – 86; Loseby, "Decline and Change," 90 – 92; 以及 J. - U. Krause, "Überlegungen zur Sozialgeschichte des Klerus im 5./6. Jh. n. Chr.," in *Die Stadt in der Spätantike*, 413 – 39 at p. 432。关于新

的贵族与国王宫廷的联系程度，参见 Halsall，*Barbarian Migrations and the Roman West*，356－57。

[52] É. Lesne，*Histoire de la propriété ecclésiastique en France*，vol. 1，Époques romaine et mérovingienne（Lille：Giard，1910），74："由于早期基督教时代虔诚的露珠，像清新的晨露一样浇灌在教会的菜园里。"另参见 pp. 143，146。尽管流露出这样的观点，但 Lesne 的研究仍然还没有被超越。

[53] J. Goody，*The Development of the Family and Marriage in Europe*（Cambridge：Cambridge University Press，1983）. 这部著作被有力地驳斥了，参见 B. Shaw and R. P. Saller，"Close-Kin Marriage in Roman Society?"*Man*，n. s.，19（1984）：432－44。

[54] E. g.，Gregory，*Histories* 4. 24 论及法学家 Celsus of Vienne，参见 D. Liebs，*Römische Jurisprudenz in Gallien（2. bis 8. Jahrhundert）*（Berlin：Duncker and Humblot，2002），63。

[55] Gregory，*Histories* 6. 46.

[56] Gregory，*Histories* 5. 17.

[57] Gregory，*Histories* 6. 46.

[58] 同上。

[59] 希尔佩里克这种态度的悠久历史背景，在 Esders，*Römische Rechtstradition und merowingisches Königtum*，137－41 中有充分的论述。

[60] Marazzi，"*Patrimonia Sanctae Romanae Ecclesiae*，" 63. 最好的研究仍然是 Jones，*The Later Roman Empire*，2：894－910。

[61] Bransbourg，"Fiscalité impériale et finances municipales，" 261－67.

[62] *Codex Justinianus* 11. 75. 1（AD 343）——免除罗马帝国地产上佃户和农民们的劳役，参见 Esders，*Römische Rechtstradition und merowingisches Königtum*，250。

[63] Sotinel，"Le personnel épiscopal，" 110－12.

[64] Pelagius I，*Letter* 16，ed. P. M. Gassó and C. M. Batlle，*Pelagii I papae：Epistulae quae supersunt（556－61）*（Montserrat：Abbey of Montserrat，1956），49－50.

[65] Pelagius，*Letter* 84，Gassó and Batlle，p. 206.

[66] Gregory，*Histories* 4. 36.

[67] *Letter of Gogo the referendarius to Peter*, *bishop of Metz*, ed. W. Gundlach, in *Epistulae Austrasiacae* 22.1, CCSL 117 (Turnhout: Brepols, 1957), 441.

[68] Gregory, *Histories* 6.20; s.v. "Chrodinus," *Prosopography of the Later Roman Empire* 3A: 312 – 13.

[69] Ennodius, *Life of Epiphanius* 9 – 10, 21 – 25; C. Sotinel, "Les ambitions d'historien d'Ennode de Pavie: La V*ita Epiphanii*," in *La narrativa cristiana antica*: *Codici narrative*, *strutture formali*, *schemi retorici*, Studia Ephemeridis Augustinianum 50 (Rome: Istituto Patristicum Augustinianum, 1995), 585 – 605 at p. 596.

[70] Gregory, *Glory of the Confessors* 39, trans. R. Van Dam (Liverpool: Liverpool University Press, 1988), 51 (Van Dam 将 *notae litterarum* 翻译成"字母表",理由参见 p. 51n44)。关于格雷戈里的家庭背景以及与一些圣徒及其教堂的关系,参见 Van Dam 准确而又表理解之同情的作品 *Saints and Their Miracles in Late Antique Gaul* (Princeton: Princeton University Press, 1993), 50 – 81。

[71] Heinzelmann, *Gregory of Tours*, 11. 有关格雷戈里对教会的总体看法,参见 pp. 153 – 201。

[72] 特别是 Gregory, *Histories* 5.18,也见于 *Histories* 6.15 以及 8.19。Heinzelmann, *Gregory of Tours*, 45, 75, 97 很清楚地看到了这一现象。

[73] Gregory, *Histories* 8.31.

[74] H. G. Ziche, "Administrer la propriété de l'église: L'évêque comme clerc et comme entrepreneur," *Antiquité tardive* 14 (2006): 69 – 78 清晰地揭示了这种情况。

[75] 553 年 Ranilo 的遗嘱提及了需要召回"在和蛮族作战时期"(查士丁尼战争)逃跑的奴隶和依附的农民: *Pap. Ital.* 13.21, Tjäder, 1: 304。

[76] R. Mazza, "Tra Oriente e Occidente: La gestione del *patrimonium Petri* in Italia meridionale," in *Paesaggi e insediamenti rurali*, 703 – 715. P. Sarris, *Economy and Society in the Age of Justinian* (Cambridge: Cambridge University Press, 2006), 227 论述了埃

及地主们严格的管理措施。

[77] Council of Mâcon II（AD 585），canon 7，*Concilia Galliae*，2：242.

[78] 特别参见 D. Claude，"Freedmen in the Visigothic Kingdom，" in *Visigothic Spain： New Approaches*，ed. E. James（Oxford：Oxford University Press，1980），139 – 88 以及最近的重要研究：S. Esders，*Die Formierung der Zensualität： Zur kirchlichen Transformation des spätrömischen Patronatswesens im früheren Mittelalter*（Ostfildern：Jan Thorbecke，2010）。

[79] Council of Toledo IV（AD 633），canon 70，ed. Vives，*Concilios visigóticos e hispano-romanos*，215.

[80] Banaji，"Aristocracies，Peasantries，" 65 – 71.

[81] 同上，64。

[82] Ward-Perkins，*The Fall of Rome*，148 – 50.

[83] M. Vieillard-Troïekouroff，*Les monuments religieux de la Gaule d'après les oeuvres de Grégoire de Tours*（Paris：Champion，1976），366，368.

[84] *Topographie chrétienne des cités de la Gaule*，vol. 7，*Narbonne*，ed. P. – A. Février（Paris：Boccard，1989），21（有关纳博纳主教儒斯提库斯）；vol. 6，*Bourges*，ed. F. Prévot（1989），32（有关克莱蒙主教纳马提乌斯）；vol. 5，*Tours*，ed. L. Pietri（1987），28（有关图尔主教格雷戈里）. 现在参见 B. Beaujard，"La topographie chrétienne des cités de la Gaule： Bilan et perspectives，" in *Le problème de la christianisation du monde antique*，ed. H. Inglebert，S. Destephen，and B. Dumézil（Paris：Picard，2010），203 – 18。

[85] 有关巴黎，参见 *Topographie chrétienne des cités de la Gaule*，vol. 8，Sens，ed. J. – C. Picard（Paris：Boccard，1992），116 – 21；有关 Chalon-sur-Saone 和国王 Guntram，参见 *Topographie chrétienne*，vol. 4，*Lyon*，ed. B. Beaujard（Paris：Boccard，1989），76。

[86] Venantius Fortunatus，*Carmina* 2.10.17，ed. and trans. M. Reydellet，*Venance Fortunat： Poèmes I – IV*（Paris：Belles Lettres，1994），67；另参见 *Carmina* 1. 1. 12（p. 20）；1. 2. 13（p. 22）；1. 9. 19（p. 29）；1. 12. 11（p. 31）；3. 7. 50（p. 96）；

4. 23. 30（p. 121）。现参见 Roberts, *The Humblest Sparrow*, 65 –
69。福尔图纳图斯带着这些意象离开了意大利，他已经在意大
利使用过它们了，比如拉文纳主教府中 Petrus Junior 主教的礼
拜堂内的铭文（可能韦南提乌斯看到过）：Agnellus, *Liber
pontificalis* 50, Nauerth, p. 242, Deliyannis, p. 162。总体性的
论述参见 G. Bührer-Thierry, "Lumière et pouvoir dans le haut
moyen-age occidental: Célébration de pouvoir et métaphores
lumineuses," *Mélanges de l'École française de Rome: Moyen-âge*
116（2004）: 521 – 58。

[87] *Topographie chrétienne des cités de la Gaule*, vol. 10, Bordeaux,
ed. L. Maurin（Paris: Boccard, 1998）, 30.

[88] S. J. B. Barnish, "The Wealth of Julianus Argentarius: Late Antique
Banking and the Mediterranean Economy," *Byzantion* 55（1985）:
5 – 38. 另参见 F. W. Deichmann, *Ravenna: Hauptstadt des
spätantiken Abendlandes*, bd. 2, *Kommentar* 2（Stuttgart: F. Steiner,
1989）, 21 – 27。现参见 Deliyannis, *Ravenna*, 223 – 54。

[89] s. v. "Sabinus 7," *Prosopographie chrétienne du Bas-Empire*, 2:
1975 – 77. 特别参见 G. Volpe et al., "Il complesso sabiniano di
San Pietro a Canosa," in *La cristianizzazione in Italia tra
Tardoantico e Altomedioevo*, ed. R. M. Bonacasa Carra and E.
Vitale（Palermo: Carlo Saladino, 2007）, 2: 1113 – 65 at pp.
1129 and 1142。现也参见 G. Volpe, "Architecture and Church
Power in Late Antiquity: Canosa and San Giusto（*Apulia*)," in
Housing in Late Antiquity, 131 – 68 at pp. 134 – 52。

[90] Volpe, *Contadini, pastori e mercanti*, 102 – 5, 特别见 figure 21
on p. 102。

[91] Volpe et al., "Il complesso sabiniano di San Pietro a Canosa,"
1114 – 21.

[92] M. Corrente, R. Giuliano, and D. Leone, "Il complesso religioso
di Piano di San Giovanni e il problema del primo polo episcopale
canosino," in *La cristianizzazione in Italia*, 2: 1167 – 1200.

[93] Volpe, *Contadini, pastori e mercanti*, 151.

[94] Gregory, *Dialogues* 3. 5, Vogüé 274.

［95］Ebanista, *Et manet in mediis quasi gemma intersita tectis*, 146.

［96］A. Terry and H. Maguire, *Dynamic Splendor: The Wall Mosaics in the Cathedral of Eufrasius at Pore* (University Park: Pennsylvania State University Press, 2007), 82.

［97］同上, 90。

［98］同上, 98。

［99］P. Niewöhner, "Vom Sinnbild zum Abbild: Der justinianische Realismus und die Genese der byzantinischen Heiligentypologie," *Millennium* 5 (2008): 163 – 89 at pp. 176 – 79.

第29章 "信仰的保卫者，他总是热爱着（他的）故乡"： 6世纪的财富和虔诚

主教与他的城市：教牧权力

503   对于研究西罗马帝国最后时期的历史学家来说，来到位于威尔士西南部的卡马森郡古物协会博物馆中的中世纪早期墓碑小型展览馆（穿过几间杂乱的展示维多利亚时代瓷器的房间）令人激动。刻写在当地砂岩上的粗糙铭文提及了不列颠西部一个迅速失去其罗马特征的地区。一位名叫沃特波利科斯的当地人士仍然拥有罗马"护卫士"（protector）军衔。他的名字也以爱尔兰欧甘文字刻在他高耸的纪念碑的一面。他是一位后罗马时代的社会领袖，他所关注的并不是欧洲大陆，而是另一边的爱尔兰海。在这种早期威尔士和爱尔兰战士们的墓碑中间，人们惊奇地发现了一个较小的正方形石块的断片。通过仔细观察，我们可以看到这块断片上粗糙的文字。断片上古怪地拼写着一段精心撰写的拉丁语铭文："这里安息的是保利努斯，信仰的保卫者，他总是热爱着（他的）故乡。"[1]

保利努斯很可能是6世纪中期的一个地区（卡马森的卡欧附近）的主教，这一地区仍然以他的名字命名——保利努斯谷。保利努斯被赞颂为"总是热爱着他的故乡"的人。在大

海另一边的高卢，这样的字句也被人使用。意大利诗人、图尔主教格雷戈里的朋友韦南提乌斯·福尔图纳图斯，在颂扬高卢各个城市主教的诗歌里也经常使用这样的字句。保利努斯谷的保利努斯和韦南提乌斯·福尔图纳图斯所提及的主教们几乎完全生活在同一时代。福尔图纳图斯用"他故乡的光辉""故乡的保卫者"以及"热爱城市的人"这样的称谓来颂扬他的庇护人。[2] 这里面的信息是明确的。如果一个处于领导地位的罗马人要去热爱什么事物的话，那首先是他的故乡——故乡应该受到他的热爱。遥远的威尔士地区的保利努斯的铭文表明，迟至 6 世纪中期，基督教主教仍然需要在某个特定的社群中延续这种源远流长的罗马式的爱。

　　那些歌颂保利努斯主教的人是一种悠久传统的继承者。两个世纪以前，"热爱故乡的人"这一头衔已经在遥远的地中海南岸的大莱普提斯（利比亚）被使用了，这是一个很常见的说法，在古代世界有很深的渊源。[3] 比如，这样的话语在 300 年前后被用来赞颂一位大莱普提斯富有的公民博尔菲利乌斯。博尔菲利乌斯将自己展现为一位"热爱他的城市和他的公民同胞的人"。他曾经为赛会提供了四头活的大象。大莱普提斯"无比辉煌的议会"回报他的方式是，将他的名字镌刻在一座雕像的基座上。一座竖立在城市市场中的雕像展现了他驾驭着一辆由两匹马牵引的马车的形象，这座雕像巨大的基座上两次提到了他的名字——博尔菲利乌斯。[4]

　　保利努斯谷的保利努斯和韦南提乌斯·福尔图纳图斯所赞颂的主教们不再通过提供大象来表现他们对自己社群的热爱，他们所需要提供的东西的变化正好展现了时代的转变。不过，究竟是什么改变了？这种改变的一个方面是明显的：保利努斯也被赞颂为"信仰的保卫者",他是一位宗教领袖。不太明显的是来自这种领袖职位的权力的特殊性。作为一位基督教主教,他拥有"教牧"权力。值得略微一提的是,这种权力的特殊性是随着4、5、6世纪基督教在罗马世界中的传播而出现在罗马社会中的。

1977～1978年,法国哲学家米歇尔·福柯在法兰西学院的一系列讲座中关注了欧洲思想史中独特的、长期存在的"教牧"权力的观念。它与古代中东和早期基督教话语有很深的渊源。与希腊罗马世界中通常所见的政治权力相比,它是"十分独特而不同的"[5]。这种权力被认为有着非同寻常的坚定性、广泛性和吸收性。它"针对的是全体和每一个"信仰者群体中的成员。[6]主教应该热爱他的民众。他应该一视同仁地热爱他们中的每一个人,并且他要热爱他们所有人——包括人类社会最边缘的群体。

实际上,主教的教牧之爱不过是上帝对全人类的无尽之爱的一种特殊的地区性表现。[7]即使是在他自己的故乡,主教之爱也没有被城市所限制,它扩展到了所有的阶层,并且以这种方式超越了阶层,消除了(至少在实际上削弱了)城镇居民和乡村居民之间的基本差异。相比之下,博尔菲利乌斯和其他古代的捐赠者一样,并没有将他的爱扩展到这么远。对他来说,他热爱的只是大莱普提斯这座城市,以及这座城市中由他的公民同胞所组成的明确的核心群体。

更重要的是,教牧权威在另一方面也是独特的。用福柯的话来说,这种形式的权威没有"任何令人不安的因素让人觉得会像在一位国王面前那样战栗"[8]。主教和他的民众之间的理想关系是像父亲对待他的孩子们,以及牧羊人安抚他的绵羊那样。他就好像一个巨大身躯的头，团结了其团体中的所有成员，使他们有了归属感。

6 世纪的人们并不需要一位敏锐的法国哲学家来提醒他们注意他们主教所拥有的权力的这些特殊性质，人们只要看一下韦南提乌斯·福尔图纳图斯的诗歌就能够意识到这一点。韦南提乌斯将波尔多的利奥里乌斯主教（一位旧制度的遗老，他的元老家族的族谱或许可以上溯到诺拉的保利努斯）形容为"无比高贵"。然而，韦南提乌斯随后开始用纯粹的基督教的、教牧性的术语来描述利奥里乌斯和他的波尔多团体之间的关系。主教是他们的父亲，而不是他们的主人：

> 有人会说，他就像父亲那样生了这些民众。因为他用如此温和的语调劝诫他们，你会觉得他正在和他自己身体的一部分说话。[9]

事实上，我们知道东部和西部的基督教会同样都拥有另一种类型的主教。这些主教是暴徒，有武士的潜质，并且是不可一世的统治者，正如教会财富的管理者中包括了守财奴、土地掠夺者和专横的统治者。然而，这些人被看作例外。对一位主教来说，炫耀任何"温柔"的教牧权力（就是韦南提乌斯赞颂波尔多的利奥里乌斯主教的那种）以外的权威，都会毁灭他的合法性的基础。到了 6 世纪中期，在各个罗马世界和后罗马世界的基督教城市中心，主教和神职人员们正是通过行使这种温柔的权力而为他们自己找到了合适的地位。

在古典世界中，教会和国家之间的区分并不为人所知，到了古代晚期，这种区别才慢慢地出现，而且在不同地区出现的方式非常不同。这种区分来自社会想象中的一种显著对立，非暴力的教牧权力被定义为与完全的"世俗"权力相对立。这样的发展在 300 年的时候对于像博尔菲利乌斯这样的人来说是无法想象的，当时，罗马世界中的绝大多数人还不是基督徒。这种教牧权力和世俗权力之间的奇怪对立在 6 世纪的西部是如何表现的？这种权力和教会的新财富有何关联（无论是事实上的还是想象中的关联)？

"穷人的谋杀者"：贫穷与神圣

506   首先，我们不应该理所当然地认为，6 世纪的城市中主教非暴力的教牧权力没有受到挑战。我们也不能够说这种权力毫不费力地转变成了另一种混合型的权力，在这种混合型权力中，主教作为所谓的主教统治的领袖，集中了灵性的和世俗的权力。

事实上，在 6 世纪的西部，世俗权力从未衰退。如果我们认为那种事曾经发生过，这是因为这一时期的史料的特性。这一时期的文学作品基本上都来自神职人员，主要是圣徒传记。就像是照片的底片，蓝色要比红色更加显著，关注圣徒和主教事迹的文学作品没有将一些颜色表现得如另一些颜色那样显著，主教们的活动就像鲜明的蓝色那样凸显出来，而与这些事迹相对的大量的世俗生活就像红色那样被当作次要的色调——就像是天文学家拍摄的猎户座的照片，矮星鲜明的蓝色往往会掩盖巨大的红色星球参宿四。[10]

如果我们仔细地观察图尔这样的城市，我们会发现，像图尔的格雷戈里这样的主教必须要不断地应付世俗权力强有力的代表，而这些代表的活动远远不像他所希望的那样容易掌控。法兰克国王的财务代理人仍然像 4 世纪的任何一位罗马皇帝的代理人一样精明而咄咄逼人。和此前一样，地方上的世俗精英也为了税赋的分配问题而互相争吵。这一问题涉及向登记的纳税人追讨税收，而格雷戈里只是一位主教，无法掌控这些事。[11]最重要的是，率领城市中的士兵前去战斗的是伯爵（国王的代表），而不是主教。在图尔这样的城市中，战争是重要事件。图尔的地理位置（高卢北部和南部之间的枢纽，位于罗讷河谷和大西洋之间）使它成为敌对的法兰克统治者们争夺的焦点。西蒙·洛斯比一笔带过地说，一种主教统治若没有军队，作用就不大。[12]世俗的权力丝毫没有让步，从而让主教无可争议地控制城市，在这样的世界中，温和的教牧权力是主教仅有的一种权力。

在行使这种独特的权力时，教会财富的特殊性质起到了重要作用。显然，教会的财富为主教提供了经济力量。在许多城市中，主教的土地财富最终使他和其他的地主们平起平坐。主教在地方决策中所扮演的角色来自他作为当地最富有的人物之一所拥有的地位，而并非来自任何世俗官员曾经拥有而如今被正式授予主教的权力。主教并不是城市中的平信徒保护者的继承者（4 世纪许多城市中所设置的处理和解的法官与法律代表），[13]主教也并没有被正式任命为市议会的领袖。相反，他能够进入议会是因为他的经济实力和他的游说能力。[14]这是一个有权势的地位，但这一地位并没有在制度上被正规化。他有可能失去这种地位。主教如果不能够巧妙地利用他的声望，就可能丧失这一地位。这种声望来自他独有的教牧权力。

考虑到这样的处境，主教在社群中的地位依靠的是他利用

507

教会财富的能力，这种财富被构想成和他作为牧灵者所拥有的教牧权力同样独特。就像主教的权力有奇怪的形式，是一种非制度化的权力，教会的财富也有同样奇怪的形式，是一种另类的财富。这种财富在名义上是"穷人的财富"，是他们保管的无主财富。正是基于这种非制度化的权力和另类的财富的结合，6 世纪的主教和神职人员才能够在一个世俗政权仍然像以往一样稳固并且粗暴的社会中兴起。

因此，让我们略微论述一下围绕教会财富团聚起来的期望的含义及其与照顾穷人之间的关联。同时代的人们将教会的地产称为"穷人的财产"，这到底是什么意思？在这一问题上，我们面对的是一种社会模式的结构，这种结构带有大量想象性的责任，主要来源于对社会非常真实的关怀。这样的关怀既存在于教会财富的管理者那里，也存在于捐赠者那里。从长远来看，它实际上明显影响了主教利用财富的方式，它使教会财富的日常管理工作染上了一种悲情色彩和对"不可接触者"的感受，这是任何世俗性质的土地所有权都不具备的。

首先，"教会的财富就是穷人的财富"这样的观念被用来确保教会土地的管理工作是公正廉洁的。分散、挪用或者不正当使用这些地产就是对无数无依无靠的穷人的抢劫，这些财富正是为他们保管的。要呼吁穷人的权利，从而对行为不当的主教和神职人员使用一套严厉的批评话语。我们所知道的最后一份元老院决议是罗马元老院在 532 年颁布的。它被镌刻在圣彼得教堂庭院中的一块大理石石板上；它涉及的是教会的财产问题；它告诫即将到来的教宗选举的参选者们，不要为了自己的选举活动而抵押教会的财产以获取资金："这样会让穷人的财产（情况）为了选举的前景而背上债务。"[15] 在罗马元老院看来，以这种方式掠夺穷人的财产是不可原谅的。

然而，将穷人看成挪用和滥用教会财富的最大受害者，这 508
种考虑更加深远，因而相当有力。在 5 世纪和 6 世纪高卢宗教
会议的教规中，我们能够看到这种将教会财产的完整性和穷人
永恒的权利联系起来的特别论述。那些掠夺教会土地的人——
既包括直接挪用教会地产的人，也包括阻挠家族成员遗赠给教
会的人——完全就是"穷人的谋杀者"[16]，他们要受到严厉的
诅咒。在 567 年的图尔宗教会议上，主教和神职人员被要求集
合起来，一起咏唱《诗篇》第 108 篇中的严厉诅咒，以谴责
犯罪者们：

> 因为他不想施恩，却逼迫困苦穷乏的人和伤心的人，
> 要把他们治死。[《诗篇》108（109）：15][17]

任何人都知道谁是伤心的人，他们并非聚集在教堂庭院里
的穷人，而是权利（为穷人而行使的）受到藐视的主教和神
职人员。

我们见证了一种古老的基督教主题的突变。在 4 世纪，向
穷人施舍还是一种非常不现实的行为。向穷人施舍（而不是大
方地款待一小群他们的公民同胞）的基督徒被认为是为基督教
会争取了社会最边缘的群体。到了 6 世纪，这种观念已经被转
变为一种手段，以保护教会土地脆弱的边界。穷人是 6 世纪社
会中"受苦受难的群体"，主教有责任保护他们，这样的观念在
教会的地产周围画下了警戒线。这一观念的作用是建立了一个能
够被轻易启动的警戒系统。任何挪用教会财富或者滥用教会资
金的企图，都会被看成对无依无靠的穷人的攻击。

主教和神职人员们可以使用激烈的言辞来保护穷人，不过他们的诅咒往往没有被当回事。然而，将穷人看成受害者的这种观念并非无足轻重。与 6 世纪西部更加普遍的焦虑结合在一起，它产生了巨大的力量。让我们用一点儿时间来考察一下这些情况。

社会地位曾经被精心地划分，以保护自由罗马人，如元老、市议员、有产市民。这样的蜂窝体在后帝国时代各个王国不稳定的世界中已经崩溃了，遗留下来的最完好的事物是一种残酷的二元对立模式：富人面对着穷人，两者之间没有中间阶层。这种严酷的社会结构在基督教的布道中已经被召唤了至少两个世纪。我们已经看到，许多年以来，它发生了微妙的变化。它 **509** 和一种来自《旧约》的社会模式融合在一起。在这种《旧约》的社会模式中，"穷人"并不总是乞丐，"穷人"是那些要求伸张正义的普通人，他们缺少的不是钱，而是权力；同样，富人并不仅仅指的是有钱人，富人是有权势之人，富人需要向穷人施舍的不是救济，而是正义。[18]

主教和世俗的政治家一样，转而关注的正是这种旧约式的对穷人的想象。他们也这样看待新的、后罗马时代诸王国中统治权的性质。建议国王、王后或公爵向穷人施恩（就像《旧约》中的国王那样），比向这些人讲解复杂难懂的罗马公民权要方便。[19]结果是，谈论穷人意味着谈论"什么是这些新的、非罗马统治者的臣民"这一敏感问题。585 年召开的第二次马孔宗教会议的决议表明了这一点：

> 那些管理重要事物的人（比如王室官员）也已经被委托不应该忽略最卑微的人的小事。因为有时候，当最小

的地方被忽略时，事情往往会发展成巨大的恶行。[20]

直白地说，践踏穷人就会有践踏其他任何人的危险。在高卢和其他地方，主教能够将这些"在他们的保护之下"的穷人强烈的受害感表现出来。在这么做的时候，主教们能够展现出整个地区和整个群体中远非乞丐的那些人的苦难和恐惧。为了保护穷人而使用的话语成为所有国王及其代表们的潜在受害者的话语。[21]

"他关爱穷人，并壮大神职人员"

当提及 6 世纪的穷人以及与其相关的整体性的社会焦虑背后富于想象力的逻辑时，我们不能够太超然。在涉及穷人的问题时，人的感受起到了重要作用。许多主教确实用真正的热心关爱着真正的穷人。将穷人的不幸等同于基督谦卑的道成肉身的观点——这种观点曾经打动了保利努斯这样的大贵族，也使哲罗姆的笔锋在反对罗马富人的时候更加尖锐——在 6 世纪仍然是充满活力的。图尔的格雷戈里以特别的热情记载了罗德兹的昆提亚努斯主教的事迹：

> 这位圣洁的主教在施舍时极度慷慨。实际上，当他听到穷人的呼喊时，他经常说："去，我请求你，去那个穷人那里……你为何如此冷漠？你怎么知道这位穷人不是在他的《福音书》里训诫说'人应该在穷人中喂养他'的那位（基督本人）。"[22]

510

正如上面的这段话所显示的那样，"基督出现在穷人中"这种观念（在 4 世纪和 5 世纪，许多布道者都持有这种观点）已经集中在了这样的理念上：在普通的乞讨者所组成的无名大众里，人们至少能够发现一位乞丐是基督假扮的。对犹太人、基督徒以及后来的穆斯林来说，"救世主隐藏在穷人中间"的观念是民间传说的常见题材。这种观念在东部和西部的基督教中都广泛流传，凝聚着整个社会的观念。这是一个受到上帝考验的社会，上帝不仅来自上层——来自天穹，也来自下层——来自基督所驻留的穷人阶层。[23]

然而，昆提亚努斯在某种程度上是一个特立独行的人。他是一位来自北非汪达尔王国的难民，也是一个小教区的主教。格雷戈里喜欢他关心穷人和谴责富人时那种热情四射的方式，而一般大教区的主教则发现自己需要面临的是更加微妙的任务。他必须要向两个而不是一个群体展现他的爱。他必须关爱穷人，但也十分需要尽可能地关爱他的神职人员。当时的情况表明，在许多文献中，这两个群体首次一同出现：穷人是为了维持生计，而神职人员则是为了报酬。

这种情况的结果是穷人和神职人员混合在了一起。在许多重要的圣地（比如图尔的圣马丁墓），一些被挑选出来的穷人承担了一种辅助性的神职人员的角色。将穷人登记在教会名册上的悠久传统被赋予了新的意义。从穷人中间挑选出来的人形成了一个相当于被认可的乞讨者公会的组织，这些人被称为"登记在册者"。这种群体并不大：在绝大多数圣地，他们的人数在 12 ~ 40 人。他们与众多处于灰暗之中的乞讨者不同，他们十分引人瞩目且组织良好。[24]他们在教堂门口分配施舍给他们的救济品。上天帮助这些乞讨者团体的成员——他们试图尽力保护他们获得的救济品，而不与其他"有福的穷人"分享！[25] "登记在册者"认为，他们完全和神职人员一样拥有圣地。在危急的时候，当法兰克贵族的侍从们试图将避难者从圣马丁墓的圣地里拖出来的时候，这些"登记在册者"也会加入抗议这些侍从的人群，向他们投掷屋顶的瓦片以谴责他们冒犯了圣马丁的荣耀。[26]

不过，是神职人员而不是穷人向主教施加了古老的罗马式压力，迫使他向他的属下展现他的慷慨。我们能够在罗马城的例子中清晰地看到这一点。教宗第一次被赞颂为既关爱着穷人，也关爱着他自己的神职人员。《教宗名录》的作者记载，教宗格拉西乌斯（492～496 年在位）说他同时关心着这两个群体："他关爱穷人，并壮大神职人员。"[27]格拉西乌斯是一位教会地产的严苛管理者。如我们之前所见，他能坚定地宣称教会的权力，并且将奴隶和被束缚的农民从神职人员中排除以维持社会秩序。在他的书信中，怜悯并不是一个显著的特点。不过，格拉西乌斯知道他应该对谁慷慨——这类人不仅包括穷人，还包括了罗马城里傲慢的神职人员。

教宗西玛库斯（498～514 年在位）遵循了格拉西乌斯的先例，他需要展现出不同寻常的慷慨。西玛库斯来自撒丁岛，出生在一个信奉古代多神教的家庭。对罗马城里神职人员的寡头集团来说，他是外来者。他以管理者的身份登上这一高位。如我们之前所见，在许多年里，他的权威一直受到挑战，最后出现了一位对立的教宗劳伦提乌斯。劳伦提乌斯可能比西玛库斯更加受到贵族家族的支持。西玛库斯是一个专横而顽固的人，由于有传言说他和一位名叫孔迪塔利娅（辣妹）的情人有联系，他的名声进一步受损。[28]不过，西玛库斯知道如何利

511

用教会的财富。西玛库斯是慷慨施舍的典范，他赎回了战俘；他为从汪达尔非洲流亡而来的主教们提供资金和服装；他给予神职人员优厚的薪水。

最重要的是，西玛库斯爱穷人。爱穷人就是爱罗马城的一切。如我们之前所见，罗马城已经衰退成为一些岛屿般的定居点。许多定居点都由他的对手劳伦提乌斯的支持者统治。不过，所有定居点都有生活在社会底层的穷人。来自城市各处的穷人来到圣彼得的陵墓接受救济。在仍旧分裂的罗马城中，这样的穷人是最能代表罗马人民的统一群体了。西玛库斯确保了罗马的穷人知道谁是真正的教宗和他们真正的恩人。他在各个主要的圣地附近为穷人建造救济所，他提供澡堂，他甚至在圣彼得陵墓的庭院里建造了一座公共厕所。[29]

传统仍然在延续。在 6 世纪 80 年代，遥远的西班牙西南部的梅里达主教马索纳——西哥特王国的一位前宫廷官员——知道这种游戏规则。他同样慷慨地对待穷人和神职人员。在成为主教后，他制订了一个雄心勃勃的计划——可能用的是他的私人财产，计划中包括设立医院、食品中心以及一所为穷人提供低息借贷的银行。[30]不过，他也竭尽所能地照顾他的神职人员。由于他无私的花费，他的神职人员“和甚至是他主教府里的仆人”都能够身着丝质的长袍出现在壮观的复活节游行队伍中，“就仿佛他们在一位国王的游行队伍中前进”。[31]

如果我们关注 6 世纪对在欧洲各地忙活的主教的颂词，会发现其中神职人员的待遇和对穷人的照顾结合成了黄金组合，它们一起营造出的旋律与一种运转良好的主教制联系在一起。就穷人的情况来说，他们看似无穷无尽的需求，被圣徒传记的作者用来强化主教拥有无穷无尽的财富这一印象。这一时期圣徒传记中的论述强调的是，提供给穷人的财富充足得不可思议。这些故事中会讲到，吝啬的教会管理者找到圣洁的主教（比如阿尔勒的凯撒里乌斯），告诉他教会再也没有钱资助穷人了。然而，主教并没有被他属下职员的吝啬所阻挠。他前往仓库，看到的却是那里充斥着成堆的谷物。这些奇迹设想的逻辑是明显的。如果穷人无穷无尽且一直存在的话，那么主教府提供给穷人的财富也能够被设想成用之不竭的。[32] 以这样的方式，对穷人的照顾被包围在一个由无限的财富所组成的光环中。怪异的是，组织良好的有特权的小型乞讨者团体、救济所以及食品中心所服务的"有福的穷人"群体的人数很少超过 40 人。[33] 实际上，对穷人的爱也并不是毫无保留的。在 616 年，伟大的勒芒的贝特拉姆（宫廷官员和主教）立下遗嘱的时候，我们发现他仅仅将他庞大财富的十分之一留给了穷人。[34]

　　这种缺陷需要解释。在西部，不像在同时代的帝国东部那样有大型的济贫所。[35] 这并不完全是由于经济的衰退或者主教们的不慷慨。问题在于，穷人需要被集中起来，而且要尽可能地将他们组织成小规模的、可以管理的群体。将穷人集中在各个圣地附近体现出了一种进程的高峰，这一进程在 400 年时在贾米拉的菲利克斯圣陵的门廊和饭厅，以及罗马圣彼得教堂前面的大型空地上就已经发展起来了。通过在这些圣地上将财富施舍给穷人，尘世中的财富被认为很容易就能转变为天堂里的财富。因为在圣徒的陵墓中，天堂和尘世已经互相连接，而且还可以借助聚集在圣地上的修士和神职人员们的不断祷告。在这些地方，施舍给穷人的救济显然一定能够到达天堂。

　　我们也应该记住，贫穷在 6 世纪也有其特点。社会发生了变化。高卢、西班牙甚至是意大利的穷人不再是此前的布道者们所设想的城市中的民众——那些在 4 世纪拥挤的城市中构成永久的社会底层的"有组织的"穷人。6 世纪西部的绝大部分穷人是社会科学家所谓的"并发性穷人",他们的家庭被农业衰退（一些现代研究者假设，这可能不幸地表明了当时的气候异常）和战争摧毁，他们不得不以拦路抢劫为生。567 年在图尔召开了宗教会议，此次会议除了要讨论诸多需要关注的事物，还不得不讨论如何团结起来预防即将发生的内战。"国王们的愤怒"所引发的威胁是将一大波新的难民送往城镇和村庄寻求食物和救济。为了应对这一危机，地方教区被鼓励要供养他们本地的穷人，而不是将这些穷人赶到其他地方去寻求救济。[36]

513

然而，（在图尔的格雷戈里这样的主教眼里）正是令人恐惧的、到处游荡的"并发性穷人"，让拉丁欧洲的主要圣地生出了闪闪发光的神圣光环。在图尔的圣马丁墓的庭院中（和在其他地方一样），天意本身就像"看不见的手"一样将朝圣者和一些财富带给了被战争、农业灾害和生理上的残疾摧残的受难者。

图尔的圣马丁墓西侧入口的壁画描绘了寡妇奉献的故事，壁画下面镌刻了讨论救济的铭文，它提醒每位朝圣者"这条律法对富人和穷人同样有效"[37]。来到圣马丁面前的人如果没有向聚集在陵墓外面大庭院里的穷人进行施舍（尤其是向陵墓周围那些获得教会特许的"登记在册者"施舍），那是不明智的。

懂规矩的朝圣者会带着食物和葡萄酒来供养穷人。一位妇女麻痹的胳膊痊愈了，这正是因为她不断地变换方式敲打穷人们平时聚集的餐桌。[38]在乡间有更加可怕的景象。一位严重畸形的女孩最初被作为一个怪胎带到乡间展示，最后，她被遗弃在圣马丁的陵墓里，靠虔诚朝圣者的礼物维持生计。[39] 世俗的荣耀也会光顾下层。乌尔图戈塔王后（希尔德贝尔特一世的妻子）"赠送了许多礼物"，然后，她甚至敢穿过大庭院来到陵墓前，为了来到石棺前面对圣马丁本人。[40]

从图尔的格雷戈里生动的记载中，我们了解到了这些圣地的许多情况。然而，我们对这些圣地外面的情况知道得很少。有人怀疑，那里存在比格雷戈里所透露的人数更多的宗教流动人口，他们与贫困导致的居无定所联系在一起。高卢和西班牙地区隐修士洞穴中的涂鸦所显示的令人惊讶的证据表明，存在一定的由穷人和宗教性的游荡者所组成的令人不安的流动人口。他们就像旧俄国的"神棍"——声名狼藉的谣言和夸张的信仰故事的传播者。这些人的基督教不一定就是图尔的格雷戈里所提倡的精致的、大公教式的"虔敬"。[41]

在瘟疫和战争时期，危险的人物出现了。令人惊讶的是他们从他们的追随者那里聚敛财富的速度（格雷戈里心怀恐惧地记载道，其中的一些追随者是神职人员）。591 年，一位预言家在布尔日外开始了他的布道："一群普通人向他围过来……他们送给他金子、银子和袍子。"[42] 585 年，一位占卜者出现在了凡尔登城外："她每天都在积累金银，在乡间走动时打扮得朱环翠绕，就好像她是某位神明。"[43]

"（我赠予你），神圣的大公教会……所有基督的子民都在你那里为了减免他们的罪而祷告"

对格雷戈里这样的主教来说，这些都是令人烦恼的事件。 514
而对研究 6 世纪西部宗教观念的历史学家来说，这些事件从另一方面展现出了一种十分普遍又难以描述的情形。神职人员和平信徒一样，都需要宗教事业。如我们之前所见，他们并不总是慷慨地进行施舍，他们也并不一定会被极度的虔诚所打动。然而，他们知道他们需要从宗教人士（甚至是从极度古怪的占卜者、女预言家以及到处游荡的圣人）那里和宗教制度中获得什么。他们需要的是减免他们的罪，还有确保他们灵魂的平安。

世俗捐赠者的轮廓和他们的目的奇怪地淡化了。可以说，与主导这一时期文学作品的主教、修士和神职人员生动的形象相比，世俗捐赠者曝光不足。我们很容易进入教士的世界。单单是难以进入平信徒的世界并不意味着这个世界完全向我们封闭了。在整个欧洲西部，我们能够追寻的是一种进程，在其中，捐赠所带来的压力给教会带来了一种特殊的形态。一代又一代人以来，虔诚的捐赠者把他们时代的拉丁基督教以他们自己的形象打造成一个值得接受他们的礼物的教会。

捐赠的压力起到的最大作用，就是在 6 世纪的基督教和之前的基督教之间制造了一条裂缝。此前的基督教是在古代世界的土壤中成长起来的，那个世界现在看起来虽然辉煌但也古怪。正如罗伯特·马库斯在他富有见识的小书《古代基督教的终结》中所指出的，在奥古斯丁的时代和大格雷戈里的时代之间（400～600）发生了深刻的变化。[44] 有情况表明，描述这种变化要比解释它更加容易。这种变化的出现并不仅仅是由于神职人员的精英阶层在文化上的变化。这些特别的变化已经被马库斯出色地描述过了。他指出了发生在教会领导阶层思想家那里的这种文化枯竭、单一化以及"认知删除"的进程。对于此前一直被看成中性的社会和文化来说，这一进程导致了一种"世俗的撤退"和一种基督教价值观在社会与文化各方面的扩张。

情况并不只是如此。我们容易认为，马库斯所指的文化枯竭很容易去解释，这是由长年累月的战争和经济衰退所引起的文化资源集中于拉丁教会手中导致的。然而，"古代基督教的终结"发生的原因并不仅仅是文化多样性上的损失和认知视野上的受限。用这种观点来看待 400～600 年发生的事显得过于狭隘、过于知识论化。我们也必须看到基督教内部在目标上的一种重要变化。为了感受到这种引起目标转变的潮流的转向，我们必须将目光从神职人员身上移开，转向看起来晦暗不明的宗教馈赠，潮流正是从那里兴起的。

对此，我们有确切的证据。一些写在纸草上的遗嘱和特许状的原件在拉文纳和高卢地区的教堂金库里被奇迹般地保存了下来，它们所揭示的是一股虔诚的力量，这股力量关注的是一种通过代祷来使某人的罪孽获得宽恕的需求。在整个西部地区，教会和类似的宗教机构接受遗赠是由于（用一份保存在拉文纳的纸草文献中的话来说）它们是"所有基督的子民都在里面为了减免他们的罪而祷告的地方"[45]。

在这些范文中，奥古斯丁有关用日常捐赠来赎罪的严肃观点和萨尔维安有关死后审判的夸张论述被结合到了一起。宗教性的捐赠被安置在末日审判（如同 6 世纪时所想象的那样）的宏大场景中，那是为最后的大赦所搭建的宏大剧场。[46]这和《福音书》里所说的并不完全一致。在《马太福音》第 25 章（《马太福音》25：31 – 46）宏大的末日景象里，基督（"人子"）将绵羊和山羊区别开来。那些怜悯他人的绵羊被安置在他的右手边，并且被迎入他的王国。然而，基督并不怜悯山

515

羊，它们被告知"要往永刑里去"。相比之下，在 6 世纪，恰恰是那些潜在的山羊期待着基督的怜悯，它们期望通过圣徒们的调解获得怜悯。罪人们可以盼望在末日审判的最后时刻从上帝那里获得恩典——"赦免""宽恕"。[47]图尔的格雷戈里无疑提及了这样解决问题的场景：

> 在末日审判的时候，我被安置在左手边（在那些注定要去地狱的山羊中间），马丁会俯身用神圣的右手将我从山羊中间拣选出来。他将我挡在他的身后，而天使们告诉王："此人是圣马丁请求赦免的。"[48]

这也正是勒芒主教贝特拉姆立遗嘱时的想法。"至少获得宽恕"是他想要的："愿上帝，借着他广施恩典的怜悯赐予某种赦免。"[49]除了宽恕以外再提要求是不妥的。"荣耀"只属于圣徒。贝特拉姆继续呼求圣徒在末日审判时的调解，他起草了一份遗赠和宗教基金的清单，该清单最初写满了一卷 7 米长的草纸。

我们看到的是一种将宗教馈赠集中于某种单一目的的罕见现象。在基督教文化圈中，宗教馈赠成为有关一种"对代祷的活跃、虔诚"的核心交易。它的兴起最近受到了汤姆·赫德的关注。[50]这种现象的意义值得谈论。代祷需要代祷者。在 6 世纪的西部，最有能力的代祷者被认为是那些在此世和彼世与捐赠者完全不同的人。问题就在于这种不同。一言以蔽之，前往死后伟大的彼岸世界的道路，有赖于那些（以这样或那样的方式）成为与普通基督徒有所不同的"他者"的人。穷人、修士、圣徒和为信众提供圣餐的司铎都分别——如果说以各自不同的方式——被看成代祷者。他们的能力来自他们的"他者性"。

这同样可以解释拉丁基督教会是以何种方式开始被专职代祷机构像珊瑚礁一样包围的。这些机构中的许多机构在之前的几个世纪并没有获得如此显著的地位和如此清晰的功能，它们现在变得经常引人注目是由于它们的规模变小了。当时为穷人们建立的"登记在册者"团体、医院、救济所从来不足以消除存在于穷人周围令人阴郁的贫穷。但是，这些机构的主旨正是"小就是美"。这些被精心组织起来的群体使得穷人的"他者性"有条有理，因此也就让这种"他者性"有效地显现出来了。

这并不完全是在6世纪才发展起来的。如我们之前所见，4世纪基督教的话语逻辑经常摇摆在一条想象中的钢丝两端，一端是将穷人也纳入"兄弟"的范围中，另一端则是将他们看作"他者"——看成全然的外人，只有悖论性基督教式的怜悯才能够拥抱他们。6世纪代祷的逻辑全然倾向于后一种观点，至少它是这么看待被拣选的穷人的。以现代人的人道主义观点来看，我们可能会因为社会中的弱势群体被看成外人而非兄弟感到遗憾。[51]然而，只有将这些人看成社会中最重要的他者，人们才会相信，圣马丁墓的庭院中的穷人以及其他圣地中的穷人会使向他们施舍的普通信徒前往难以想象的异样天堂。

男修道院和女修道院在6世纪忽然成为焦点，也正是基于这种寻找通过"他者"获得一条通往彼岸世界道路的想象逻辑。正如阿尔布雷希特·迪耶姆在他开创性的研究《修道体验》中所阐述的那样，6世纪时高卢和其他地方修道院的改革者们的主要目的是创造出一种祷告的组织。尽管按照卡西安所提倡的埃及模式，修士们也要劳作，但这些祷告的组织并不是自给自足的，它们几乎完全由平信徒的捐赠所供养。[52]

517　　这是一种显著的变化。此前，修道院是由灵修指导者个人建立的。人们认为，修道院院长要将他的弟子集合在他周围，于是便"创建"了修道院。而现在，在整个西部，一位虔诚的神职人员或是一位平信徒则可能会说，他或她"为"修道院院长及其修士建立了一所修道院。他们建立修道院，并且将精心建造的修道院捐赠出去，让修士或者修女在修道院里主持代祷性祷告。比如，位于圣莫里斯修道院（今瑞士瓦莱）的底比斯殉道者们的陵墓附属的修道院，是勃艮第国王西吉斯蒙德以"无微不至的关怀"为那里的修士们建造的。[53]捐赠者以这样的方式表明，他们已经创造了一类他者，能够依靠这种人将他们带到上帝那里。正如6世纪末和7世纪的法兰克贵族和他们的国王建立的修道院所显示的那样，世俗的庇护人正准备将许多财富投在这些有着磁铁般吸引力的他者身上，这些人就生活在组织完善的女修道院和男修道院中。[54]

　　以这种方式，修士逐渐超过了穷人，成为基督教意象中有特权的他者，只有修士成了"神圣的穷人"。在一份同时代的修道院规章中，平信徒的捐赠在被带到礼拜堂后，通过修女和修士的祷告而立即神圣化，并且发挥功效。[55]这种方式强调的是将"神圣的穷人"——只是修士和修女，排除了真正意义上的穷人——看成唯一真正可靠的他者，而这些真正的他者为了灵魂的平安而接受救济。一位4世纪的基督徒可能会惊讶于他们的摩尼教倾向。[56]随着所有基督徒的罪孽的主要代祷人从穷人转变成修士，一种古代的基督教消亡了。

大简化：神职人员的"他者化"

在6世纪和7世纪的早期，宗教捐赠所产生的压力导致了这一时期最引人注目的变化。作为捐赠者，平信徒开始强调神职人员应该和普通人完全不同。如果神职人员不这么做的话，给教会的捐赠就不会对减免捐赠者的罪孽有效果。

因此，我们看到了一个神职人员的"他者化"进程。他们形成了一个圣职者阶层。他们的穿着、发型以及性行为都逐渐被要求与平信徒有彻底的区分。宗教服饰开始与世俗服饰有明显的区别。[57]在神职人员和修道院的生活中，削顶被认为是必不可少的。值得注意的是，削发并不来源于任何神职人员的规章，它是自下而上发生的变化。剔除毛发（包括胡子以及头顶的毛发）长期以来被罗马人看成一种特别奉献的标志。平信徒要求神职人员有一种标志，削发就是对这种要求的回应。作为圣职者阶层，这些为平信徒代祷的人通过剃去头顶的头发来表明自己的身份，这是一种古代毛发习俗中源远流长的仪式。[58]

最重要的是，所有等级的神职人员都被要求节欲。400～ 518
500年，拉丁基督教会的每位神职人员——主教、司铎、助祭，甚至是副助祭——都开始被要求永久性地戒除性生活。这一过程是缓慢的，但也是稳步发展的，在不同的地区发展速度不同。因为在圣餐礼的各种时刻，他们的手会碰触到圣洁的东西——基督的体和血，以及盛这些神圣物质的盘子和容器（圣餐盘和圣餐杯）。[59]

在这一问题上，我们必须要小心，不能受到当代有关罗马大公教会神职人员独身问题的争论的影响，而错误地理解那个时代。那个时候最紧要的问题并不是神职人员从小就要放弃性生活——有许多神职人员确实是这么做的[60]（有人会想到安布罗斯，他一辈子独身，这让当时尚未皈依的奥古斯丁感到困惑），然而这样的独身并不是强制的。问题在于人们所谓的"婚后"独身。当时的主教或者司铎完全可以在之前有妻子和孩子。而被按立为神职人员，则意味着他们必须完全停止与妻子的性关系。[61]配偶的分居被看成明智的做法。主教或者司铎的妻子经常会搬走，进入安全的——并且相对舒适的——女修道院。这是一种预防措施，贵族们并不总是这么做。如我们在第 14 章中所见，诺拉的保利努斯在成为司铎后，一直和他的妻子特拉西娅一起生活。有记载（来自图尔的格雷戈里）提及，西多尼乌斯·阿波利纳里斯的妻子偷偷地溜出主教府，将她丈夫慷慨地施舍给穷人的银器买回来。[62]

当时，并不是所有人都像现代研究者那样将这种独身的发展趋势看成不可避免的。对每位主教的妻子来说，婚后的独身并不是理所应当的。图尔的格雷戈里告诉我们，（最晚是在 6 世纪 50 年代）南特的菲利克斯主教的妻子认为，她的丈夫不和她过性生活有明显的理由——他有了一位情人。她在午睡时间忽然闯入主教的房间，看到主教独自入睡，一只发光的羔羊盘踞在他的胸口。基督已经从她那里带走了主教，作为基督的主教和基督的神圣事物的管理者。[63]

在 5 世纪和 6 世纪，关于神职人员节欲的争论逐渐大量出现，正是由于独身者和平信徒之间的边界仍然很不明确。已婚的人仅仅由于丈夫的工作涉及圣餐礼而被要求中止性生活。众所周知，这是一条难以维持的禁令。

在这种环境下，纯洁的代价是永远保持的警醒。早在 5 世纪头十年，布鲁提乌姆（今意大利南部的巴西利卡塔）的神职人员由于一直在生孩子，"玷污"了教会，而被一位平信徒（更恰当地说，是一位退休的帝国官员；他们由于密探活动而声名狼藉）告发。[64] 在这一时期，对神职人员节欲的强调是引人注目的。6 世纪高卢宗教会议中有三分之一的教规以各种方式提及这一问题。现代学者怀着毫无掩饰的厌恶情绪论述说，"订立规则的强迫性冲动"造成了名副其实的过度预防。[65] 为什么对一个边界如此模糊的领域的巡查成为 6 世纪教会一个如此显著的特征？

现代学者往往倾向于责怪神职人员。研究中世纪早期教会史的历史学家总是很容易认为，任何与我们现代人的感情有矛盾的规矩（比如规定神职人员独身，以及让男性司铎与女性隔离）都来自严厉的精英神职人员的决定。这些人是故事中的反派。我们会认为，他们将自己的苦修教条强加于地位低于他们的同僚，以及本来应该爱好享乐但不得不克制自己的平信徒。有一种倾向是，将中世纪早期的基督教历史看成一种自上而下的模式，在这种自上而下的模式中，神职人员的权力总是超过世俗阶层的权力，其造成的结果往往是我们不喜欢的。这样的观点需要坚决抵制。自下而上与自上而下都很重要。在非洲那些"人民"的观点有较大影响的教会中，神职人员节欲的规矩并非来自任何宗教会议的规章，这一情况意义重大。非洲的主教们只是采纳了平信徒要求他们的神职人员独身这一惯例。[66]

对神职人员独身的要求是我们所谓的一种"消费者驱动"。567 年，聚集在图尔宗教会议上的主教们制定了一整套

519

确保神职人员贞洁的规章。因为教会事务而要到乡间走动的神职人员需要有监督者。神职人员要避免和女性任何形式的同居。[67]制定这样细致的规则是为了满足平信徒。主教们是为了避免"民众怀疑"他们的司铎并非真正的"他者"。[68]圣餐礼作为一种特别的中保媒介的功效受到了威胁。用585年马孔宗教会议上主教们概括类似规章的话来说,司铎必须独身,"因为他不仅是他自己罪孽的中保,也是其他所有人的中保"[69]。

高卢内陆的平信徒是富裕的,所以,这种规矩执行得加倍严格。不过我们只要向西移动150英里——来到大西洋沿岸的布列塔尼——就可以发现,圣洁的神职人员带着女性随从挨家挨户地举行圣餐礼。对高卢的主教们来说,这种行为"一说出来灵魂就会颤抖"。[70]布列塔尼是由不久前到来的定居者组成的社会,是由小首领们统治的,他们的灵魂不会因神职人员的行为而颤抖。可能是由于布列塔尼地区的平信徒没有太多的财富捐赠给教会,所以,他们很少把钱用在神职人员全然的"他者性"上。不管怎样,遭到高卢西部的主教们公开谴责的布列塔尼主教洛瓦卡图斯并没有被布列塔尼的民众看成不守规矩的神职人员。作为凯尔特教会苦修传统下的修士-主教,洛瓦卡图斯简朴的生活方式使他即使在和女性来往时也不会受到怀疑。他的"他者性"是毋庸置疑的。他后来在布列塔尼被看成一位圣徒和许多教堂的建造者。[71]然而,高卢地区一般的神职人员并不是苦修英雄,他们要受到更加严格的监督。

要理解神职人员应该圣洁、独身的要求所形成压力的程度,我们必须记住,那些依靠修士和神职人员做代祷者的人群的范围大大地扩展了。因为这一时期的基督教不再局限于城市,而是扩展到了整个乡间。乡村基督教在高卢、西班牙和意大利的出现仍然是这一时期教会史研究中并不十分清楚的领域。然而，这是当时最重大的变化之一。[72] 仅仅是在高卢，我们就知道有 200 个乡村教区在 5 世纪和 6 世纪被建立起来。[73] 在西班牙西南部和葡萄牙南部，小教堂破天荒地出现在小庄园的边上。[74]

在高卢和西班牙，这些教堂由司铎们掌管。不过这些司铎中的许多人变得和主教一样，他们只愿意将财富中的一部分上交给他名义上的上级——邻近城市中的主教。[75] 在意大利的一些地区，甚至可以说是乡村基督教缔造了城镇，而不是城镇缔造了乡村基督教。意大利非城市地区的主教（并不仅仅是司铎）人数很多，他们的地位类似于城市中的主教。[76] 自从 4 世纪主教制度在非洲的乡间得到发展以来，欧洲西部还没有发生过这样的情况。

如同我们在意大利南部所看到的，在许多地区，教堂在乡村的扩展既是世俗倡议者的功劳，也是城市神职人员的功劳。世俗的庇护者往往比主教们更积极地修建圣徒的陵墓、捐建教堂。比如在西班牙，史料虽然零散，却是生动的。通常来说，最多只有铭文的残片记录下了世俗建造者的活动。比如，在位于现今西班牙南部格拉纳达附近的纳提沃拉，贡德勒瓦伯爵在 594～610 年捐建了三座教堂。他"在圣徒的协助下、通过他自己地产上工人们的劳动，以他自己的财产"[77] 完成了这件事。

贡德勒瓦的教堂大得足以被留存至今的铭文用骄傲的语气来记录。其他教堂的规模比较适中。高卢有许多小教堂是木造的。[78] 值得注意的是，这些教堂的建造者绝不是大地主。在西班牙，一些教堂甚至是由国王地产上的奴隶团体建造的。他们以"他们贫穷的财产"奉献了一座圣徒陵墓。[79] 我们只要回想

521

一下 4 世纪时期和卡斯提尔的庄园连在一起的壮丽的陵墓 - 教堂，或者苏尔皮奇乌斯·塞维鲁在普利姆里亚库姆的庄园 - 修道院（带有两座成对的方堂、一个洗礼池、精心制作的建造者们及其崇拜的圣徒们的镶嵌画肖像，以及以优美的诗歌写下的铭文），就能够意识到我们看到的是一种宗教建筑在乡间的真正大众化。[80]

被雇来在这些中型的教堂中服务的司铎在文化和布道上没有做多少贡献，但是，他们确实要提供弥撒，他们要有效地为他们的庇护人和教徒团体提供弥撒，团体中的大部分人都是庇护者土地上的劳动者。司铎们必须节欲，节欲是这个"从事神职的无产者阶层"的成员与跟他们生活在一起的农民有所区别的唯一方面。[81] 作为农民 - 司铎，独身是他们唯一明显的"他者"标记。庇护人严格地监督着独身，唯恐它丧失，庇护人那犀利的目光与花钱代祷的人的一模一样。

这些是西部后罗马时代社会的主要特征所形成的草根根源。这个社会被分为两个阶层：一个是司铎阶层，另一个是武士阶层。通过一种原始的清晰的划分，这两个阶层被区别开来。瓦尔特·郭法特以一段精辟的话将古代晚期到中世纪的转变描述为"简化的进程"[82]。这种大规模的简化正在 6 世纪稳步发展。

这种发展并不局限在欧洲北部的"蛮族"地区。人们只要看一下如苏菲图拉（今突尼斯西南部的斯贝特拉）这样的北非城市的遗迹就能够发现，这种发展可以说仍然遗留在当地。现代访客来到这个遗址后最初看到的正是这座城市在 6 世纪最后一个时期（而不是罗马时代）的面貌。在城镇的一头，古典时代的圆形剧场变成了驻扎军队的堡垒。城市的周围被加固的塔楼监视着地平线。在斯贝特拉的另一头，许多在 6 世纪建造的大教堂比邻而立，构成了一个大型的主教府。在这两头的中间是市政广场、市场以及我们觉得和古代罗马繁忙的城市生活有联系的地方，那里已经变成了（并且仍然存留着）毫无特色的开阔地，一些不规则的小路贯穿其中。

在 6 世纪的斯贝特拉荒凉的特征中，很容易看到未来伊斯兰城市的轮廓。在伊斯兰时代，清真寺和军事要塞——分别代表着宗教领域和武装力量——在迷宫般弯曲的小路两头面朝着对方。到了 6 世纪，在晚期罗马世界城市化程度最深的核心地区，一座有明确的城市中心的罗马城市已经被一座由教牧权力和世俗权力划分的城市取代了。[83]这两种权威的距离，以及曾经存在于这两种权力之间的充满活力的中间地带（在基督教时代以前有各种娱乐设施和价值观的古代城市的形态）的消逝，体现出了拉丁西方的基督教从古代晚期到中世纪早期在形态发展过程中的变化。

克里斯·威克姆在《构建中古早期》一书中精彩地分析了罗马帝国晚期和中世纪早期的社会和经济发展。颜武德在对此书富有洞见的评论中写道："教会开始支配西欧社会和经济的程度确实令人震惊。"[84]但是这种情况是怎么出现的？虽然回过头来看，这种趋势是强有力的、不可避免的，然而神职人员作为一个与众不同并且有优势地位的圣职者阶层，并不是自动出现的。社会的军事化并不能够解释这种现象。我们也不能（正如我们刚才所见）把这种情况归咎于强势的主教精英分子从上层要求神职人员修道主义化，要求神职人员与众不同的是平信徒。万事开头难，一旦所有人心照不宣地决定让神职人员变得与众不同，时间的流逝自然会使之实现。

522

"这是上帝伟大而奇异的礼物"：财富与彼岸世界

这种变化对财富的含义有什么影响？简而言之，在我们所处的世界中，财富已经不再被看成神话，而在波尔多的奥索尼乌斯的时代，和他有联系的那些大庄园主曾经是这么认为的。财富不再被认为是从一个丰盈的世界中闪着金光地流淌出来的——这个世界指的是一个近乎神圣的物质世界，从其丰盈中，富人以不加思考的热情去获得财富。财富已经受到了质疑，但是还没有被妖魔化。几乎没有 5 世纪后期和 6 世纪的基督教思想家认为应该远离财富。皮尼亚努斯、小梅兰尼娅以及撰写《论财富》的伯拉纠派作家所处的激动年代已经结束了。最终获胜的观点结合了诺拉的保利努斯"通过灵性的交流而建立在天国里的财宝"这种诗意而浪漫的观点，以及奥古斯丁强调的"将平日的施舍当作平日罪孽的补赎"这种沉痛的观点，此外还有后来奥古斯丁主义冷冰的观点：将财富本身看成上帝的礼物，这个礼物需要以各种形式来管理，就像代理人管理罗马帝国的地产那样严谨和细心。

523　　我们仍然存留着心理上的困惑。一个可以看到的事实是，关注彼世的宗教——无论是古代晚期的基督教，还是亚欧大陆另一边的中亚宗教，以及中国西部正好和它同时代的佛教——往往很快就变得非常富裕。中国的观察者用他们独特的经济词汇记载道：有许多财富是来自"佛教的事务"[85]。

我们可以将这一事实（像许多古代晚期的基督徒那样）看成教会初期所设想的德行衰落的证据。或者我们可能会得意地带着一种世故的眼光看待这种情况。我们会说，理想主义终究难以持久，传统的社会习俗开始占据优势。如果这些是罗马贵族的习俗，我们多少会感到释然。令人欣慰的是，那些对优秀的古罗马生活加以维护的人，其观念并没有完全让位于严格遵守教义的基督徒在财富问题上所提出的极端看法。如果我们是研究基督教神学的历史学家，我们甚至能够满意地说，教会的富裕——就像本雅明·迪斯雷利描述大英帝国那样——"心不在焉地"就实现了。我们不觉得必须要去研究它，同样不太需要去解释其矛盾性的存在。

不过，我们或许可以比这种老套的回答更进一步。我们需要找到某种方法将基督教运动中虔诚的出世性追求及其在古代晚期所取得的世俗上的巨大成功联系起来。我认为，对于这一问题，佛教徒和基督徒可能会找到相同的答案。这些人知道，与恶魔般的财富相处需要特别警惕，或许正是这种警惕让他们获得了益处。脱尘出俗这一理念让财富得以祛魅，然而，这种理念并没有让财富离开。事实上，这种脱离俗世的理念巧妙地强化了一种观念：如果财富存在，那么便有其存在的理由。存在的财富需要被利用——为了教会的利益以务实而有效的方式被管理。明确地说，财富被赋予了一种更加崇高的目的。财富堂而皇之地进入了教会的教牧形象中。在法兰西公学院的讲座中，米歇尔·福柯在评论教牧权力的性质时提到了这种教牧形象：它是引导人们走向终极的权力和中介。[86]

如我们之前所见，我们不应夸大这种崇高观点对6世纪教会实际财富管理的影响，但是这的确影响了那些向教会捐赠的人看待这种财富的方式。教会的财富甚至能够让人在尘世中也拥有未来，因为这种财富的使用指向的是一种超自然的、永恒的终极。这是一种受永恒期待所巧妙驱动的财富。

教会的财富理念所依靠的是长期存在于古代晚期的想象中的一对重大矛盾。即使捐赠给穷人或者教会最微小的礼物都能够让天国与尘世奇迹般地结合起来。通过这样的捐赠，时间和永恒结合在一起。用 635 年欧塞尔的帕拉迪乌斯向圣朱利安女修道院捐赠时的话来说：

524

> 这是上帝伟大而奇异的礼物。通过被时间束缚并且注定消亡的东西，这个礼物能够在天堂里获得永久的奖励。[87]

另一份特许状则写道：

> 这个世界和这个世界上的事都要过去（《约翰一书》2：17），然而，转交给教堂和圣人陵墓或者转交给穷人的东西将会永久地存续。[88]

对于这些捐赠者来说，财富并不会阻碍通往天国的道路。相反，当向教会捐赠时，财富打开了一条通向未来的快速通道，也揭示了财产和机构的前景，这种机构可能会有不可估量的未来，因为它们沐浴在天国永恒财宝的柔和光辉中。它们是这变化无常的世界中永恒的绿洲。这些特许状表达的愿望几乎都实现了。616 年主教贝特拉姆在勒芒建造的济贫所一直存续到 1789 年，634 年富裕的助祭阿达吉泽尔·格里莫在特里尔建造的济贫所一直存续到了拿破仑时代。[89]

"这座神圣的方堂中的光在晚上一刻也不能熄灭"

现在应该总结一下，宗教捐赠在方式和目标上的变化如何致使 400 年和 600 年的基督教变得不太一样。一位奥古斯丁时代的基督徒，如果他或她拜访一下 600 年的方堂就可能会注意到某些显著的变化。

朝祭坛看的话，我们的访问者可能会注意到，某些嘈杂而吵闹的仪式不再出现了。在许多地区，信徒们不再带着捐赠品独自走到祭坛前。当捐赠者们的名字被大声宣读时，他们也不再受到群众的欢呼。弥撒仪式也不再在平信徒进行庄严的捐赠时达到一次高潮。相反，弥撒已经成为一种只能由神职人员提供的崇高献祭。摆放在祭坛前、盛满了基督的体和血的金银容器是真正的供品，它们只能由司铎代表平信徒献给上帝。[90]

从教会本身来看，光的质量也是不同的。400 年，在罗马、迦太基以及其他地方的方堂中，光线看起来是从外面开阔的庭院中汇聚到有立柱的大厅里的，散发着香气的蜡烛在方堂中闪闪发光，而这种光辉清晰地展现出了基督教社群普遍的辉煌和欢欣。在 600 年，新建造的教堂将会变得更小，但此时它们本身即拥有魔术般的永恒之光。如我们在上一章中所见，6 世纪镶嵌画艺术家们最大的成就在于创造了一个"白天被留在艺术中"[91]的世界。捐赠者们还用无数的油灯和大蜡烛增添了这个世界的光亮。他们的捐赠或许并不比前人更多，但此时他们的捐赠远比此前更加持续，并且有明确的目的。勒芒的贝特拉姆在他的遗嘱中强调："这座神圣的方堂中的光在晚上一刻也不能熄灭，这样它就能够一直不停地发光。"[92]此时，地

525

中海各地的橄榄油运输日益成为一项困难的工作。教堂里点灯用的灯油（曾经是普通的日用品）和中亚地区用来包裹宏伟佛像的成捆的中国丝绸一样，几乎成为一种神圣奢侈品。[93]

此时，光代表了天堂，更重要的是它代表了天堂中的某个灵魂。在贝特拉姆的陵墓中用很大代价维持着的光亮，体现了这位伟大的主教如今安息在永恒不变的光所照耀的世界中。这也是一种转变。那些在 400 年聆听奥古斯丁或者类似布道者讲道的人不会怀疑，他们属于一个正在迈向天堂的团体，而到了600 年，教堂本身成为一个小型的天堂。在一座到处充满着油灯和蜡烛光照的小教堂里，一般的信徒不太会觉得他们属于必将前往天上的耶路撒冷的幸福团体，他们反而会用既恐惧又渴望的眼神直接注视着这个世界以外的世界。

教堂本身的地板也会向我们的访问者述说类似的故事。在 4 世纪和 5 世纪早期，一些零散的小块镶嵌画的板绘装点了 4 世纪建立在意大利北部阿奎利亚以及伊斯特里亚的方堂。而在 6 世纪，这些板绘所显示出的不再是一个由小捐赠者支持的社群。捐赠者的级别被定义得更加明确，为低级别的人所留下的空间比较小，只有地方社会上的领袖人物会被展示。在 550 年前后，当格拉多主教座堂地板上的镶嵌画制作完成时，当地的精英、神职人员和平信徒的名字围绕着主教的献堂铭文被有意地按照相应的等级排列着。[94]在伊斯特里亚的波雷奇，伟大的管理型主教尤弗拉西的方堂，是在一座曾经由下层民众建造的教堂的基础上建造的，早先的地板被掩埋了，这些早先的地板上曾经装饰着描绘捐赠者的板绘，捐赠者包括克拉默苏斯、"孩子们的老师"、他的妻子泽孔迪娜，还有其他的教区居民。他们每人都捐献了一块价值在 3 索里达左右的板绘。在尤弗拉西宏伟的新教堂里面，情况却并非如此。那是一座以主教为首的精英们的教堂，而不是一座依靠下层民众及其家族维持的教堂。[95]

教堂献词的语气也微妙地改变了。用韦勒·沃兰托精辟的话来说："捐赠不再被看作为了社群和家族的荣耀，而是成为一种上帝和个别信徒之间的个人性事务。"[96] 可以说，镶嵌画的捐赠者不会再在方堂中环顾四周，去欣赏或向他们的社群展示他们的捐赠，他们会往上看，将他们的灵魂安放在上帝的手中。

在波雷奇的尤弗拉西的方堂中，排在半圆形后殿的后墙边、用美丽的大理石制作而成的司铎们的长凳，最能清晰地体现这种变化。[97] 从6世纪开始一直到11世纪，长凳周围的地方被涂画了。这些涂鸦中有波雷奇地区精英的名字和去世日期——既有平信徒的也有神职人员的，它们并不是随意刻上去的。刻写在珍贵的由大理石和珍珠母制作的板绘上的名字环绕着举行弥散的祭台。在两个世纪里，我们从克拉默苏斯满满的自信（他为他教堂的地板添加了一块廉价的新板绘，以增添他所在的基督教社群的荣耀）来到了一队精英沉默的名字中。名字的队列正在向祭台靠拢，在那里，圣餐礼上的祷告者正在为他们的名字吟咏祷词。

捐赠者及其捐赠目的的转变是时代变化的标杆。曾经在古代世界动荡的最后阶段繁荣一时的基督教社群，看起来已经远离了4世纪后期城市广场上温暖的光辉和简朴宽阔的教堂建筑，它的成员此时则在死后的光亮中追寻未来。我们可以猜测他们以这种方式否定了他们真正生活在其中的现实世界，然而，这正是基督徒愿意将钱花在教会上，为灵魂的漫长旅途做准备的原因。

注　释

[1] C. Tedeschi, *Congeries lapidum: Iscrizioni Britanniche dei secoli V – VII*, Scuola Normale Superiore di Pisa: Centro di Cultura Medievale (Pisa: Scuola Normale Superiore, 2005), Gso – 7 at 117 – 19 with plate XXVI.

[2] Venantius Fortunatus, *Carmina* 3. 5. 9 and 3. 8. 17, Reydellet, 1: 91, 98; 5. 3. 5, Reydellet, 1: 17; Roberts, *The Humblest Sparrow*, 17 – 27, 38 – 53.

[3] Giardina, "*Amor civicus.*"

[4] *The Inscriptions of Roman Tripolitania*, ed. J. M. Reynolds and J. B. Ward Perkins (London: British School at Rome, 1952), no. 603 at p. 159; 另参见 Lepelley, *Les cités de l'Afrique romaine*, 2: 353 with 348n63。这一术语有迦太基的源头。

[5] M. Foucault, *Security, Territory, Population: Lectures at the Collège de France*, 1977 – 1978, ed. M. Senellart, trans. G. Burchell (Basingstoke: Palgrave MacMillan, 2007), 155.

[6] 同上, 129。

[7] 同上, 168。

[8] 同上, 128。

[9] Venantius Fortunatus, *Carmina* 4. 9. 10 and 4. 9. 24, Reydellet, 1: 140, 141.

[10] Gillett, *Envoys and Political Communication in the Late Antique West*, 178 – 83 很有意义地纠正了这种以主教为中心的观点。在沙维什的伊达提乌斯所记载的 41 个使节团中, 只有 2 个是由主教率领的。

[11] Gregory of Tours, *Histories* 9. 30, 可对比 *Histories* 4. 2, 4. 16, 5. 23, and 6. 45. 特别参见 J. Strothmann, " Königsherrschaft oder nachantike Staatlichkeit? Merowingische Monetarmünzen als Quelle für die politische Ordnung des Frankenreichs," *Millennium* 5

（2008）：353 – 81；以 及 M. Hardt, *Gold und Herrschaft：Die Schätze europäischer Könige und Fürsten im ersten Jahrtausend* （Berlin：Akademie Verlag, 2004）, 146 – 48。

［12］Loseby, "Decline and Change," 特别见 p. 92，它有力地批评了如今对城市中主教权力的过度评价。

［13］Cracco Ruggini, *Economia e società nell' "Italia annonaria,"* 333 – 35 有关米兰的达提乌斯主教在 535 ~ 536 年的大饥荒期间的活动，主教的重要性正是由于主教的财富（作为米兰教会财富的管理者），而不是任何体制上的地位。

［14］G. A. Cecconi, "Crisi e trasformazioni del governo municipale in Occidente fra IV e VI secolo," in *Die Stadt in der Spätantike*, 285 – 318 正确地强调了城市统治方式发展的复杂性，其中并没有直接论述市议会的衰落和教会对它的替代。

［15］Cassiodorus, *Variae* 9. 15. 1, Barnish, p. 112.

［16］Orléans II（549）canons 13 and 16, *Concilia Galliae*, pp. 152 and 154；Mâcon I（581 – 85）, canon 4, p. 224；Valence（583 – 85）, p. 235；Paris（614）, canon 9, p. 277；and Clichy（626 – 27）, canon 24, p. 296.

［17］Tours II（567）, canon 25, *Concilia Galliae*, p. 192.

［18］Brown, *Poverty and Leadership*, 68 – 70；Freu, *Les figures du pauvre*, 264 – 68——关于安布罗斯。

［19］A. Firey, " 'For I was hungry and you fed me' : Social Justice and Economic Thought in the Late Patristic and Medieval Christian Traditions," in *Ancient and Medieval Economic Ideas and Concepts of Social Justice*, ed. S. T. Lowry and B. Gordon（Leiden：Brill, 1998）, 333 – 370 at pp. 344 – 45 重点关注了这一情况。

［20］Macon II（585）, canon 12, *Concilia Galliae*, pp. 244 – 45.

［21］Esders, *Römische Rechtstradition und merowingisches Königtum*, 319 – 38.

［22］Gregory of Tours, *De vita Patrum* 4. 4, James, p. 46.

［23］Gregory of Tours, *De gloria confessorum* 109；参见 V. Neri, *Imarginali nell'Occidente tardoantico：Poveri, "infames" e criminali nella nascente società cristiana*（Bari：Edipuglia, 1998）,

61－62。关于以利亚和嘿德尔在他们死后被看成没有被人们认出来的"在世上的那一个"（就像是基督教和伊斯兰故事中的耶稣），参见 L. Ginzberg, *The Legends of the Jews*, trans. H. Szold（Philadelphia：Jewish Publication Society of America, 1925），5：202－35；以及 I. Omar, "Khidr in the Islamic Traditions," *The Muslim World* 83（1993）：279－94。

[24] 最出色的研究是 T. Sternberg, *Orientalium more secutus：Räume und Institutionen der Caritas des 5. bis 7. Jahrhunderts in Gallien*, Jahrbuch für Antike und Christentum, Ergänzungsband 16（Münster in Wesfalen：Aschendorff, 1991），136－38。

[25] Gregory of Tours, *De virtutibus sancti Martini*, ed. B. Krusch, MGH：Scriptores rerum Merovingcarum（Hannover：Hahn, 1885）, 1.31.

[26] Gregory of Tours, *Histories* 7.29. 现参见 A. E. Jones, *Social Mobility in Late Antique Gaul：Strategies and Opportunities for the Non-Elite*（Cambridge：Cambridge University Press, 2009）, 226－49。

[27] *Liber Pontificalis* 51, Duchesne, 1：255n5 at p. 256.

[28] 对教宗西玛库斯的出色描述，参见 Chadwick, *Boethius*, 31－39；现参见 Sardella, *Società, chiesa e stato*, 41－111, 183－95。

[29] *Liber Pontificalis* 53, Davis, pp. 45－46.

[30] *Vitae patrum Emeritensium* 5.3.1－8, ed. J. N. Garvin, *The Vitas sanctorum patrum Emeritensium*（Washington, DC：Catholic University of America Press, 1946）, 192－95.

[31] *Vitae patrum Emeritensium* 5.3.11, Garvin, p. 196.

[32] 例如 Venantius Fortunatus, *Vita Germani*, PL：12（Paris：J.－P. Migne, 1846）; and Cyprianus of Toulon, *Vita Caesarii* 2.8。有关教会仓库及其储备充盈的奇迹，参见 Sternberg, *Orientalium more secutus*, 73－79。关于亚历山大里亚教会的一个类似的神秘事件，参见 V. Déroche, *Études sur Léontios de Néapolis*, Studia Byzantina Upsalensia 3（Uppsala：Alqmvist and Wiksell, 1995）, 238－49——提及圣徒传记作者所创作的"奇迹式的经济"。现参见 D. Caner, "Towards a Miraculous Economy：Christian

Gifts and Material 'Blessings' in Late Antiquity," *Journal of Early Christian Studies* 14（2006）：329 – 77。

［33］Sternberg, *Orientalium more secutus*, 126 – 35.

［34］M. Borgolte, "*Felix est homo ille qui amicos bonos relinquit*：Zur sozialen Gestaltungskraft letzwilliger Verfügungen am Beispiel Bischofs Bertrams von le Mans（616），" in *Festschrift für Berent Schwineköper*, ed. H. Maurer and H. Patze（Sigmaringen：J. Thorbecke, 1982），5 – 18 at p. 13.

［35］Sternberg, *Orientalium more secutus*, 150 针对与东部帝国的不同。

［36］Tours II（567），canon 5, *Concilia Galliae*, p. 178. 参见 Gregory of Tours, *Histories* 4. 47 – 48, 6. 41, 7. 2, 7. 28——关于战争的冲击。

［37］*Inscriptions chrétiennes de la Gaule antérieures au VIIIe siècle*, ed. E. Le Blant（Paris：Imprimerie impériale, 1856），no. 173, 1：234；和 *De virtutibus sancti Martini* 一起被很好地翻译了出来，trans. Van Dam, *Saints and Their Miracles*, 313。

［38］Gregory of Tours, *De virtutibus sancti Martini* 2. 22, cf. 2. 23.

［39］Gregory of Tours, *De virtutibus sancti Martini* 2. 24.

［40］Gregory of Tours, *De virtutibus sancti Martini* 2. 12.

［41］M. A. Handley, *Death, Society and Culture：Inscriptions and Epitaphs in Gaul and Spain*, AD 300 – 750, BAR International Series 1135（Oxford：British Archaeological Reports, 2003），161 – 63. 参见 L. Tolstoy, *War and Peace*, book 6, chapter 17, trans. L. and A. Maude（London：Macmillan, 1954），527 – 28。关于公教式的"虔敬"，参见 P. Brown, "Relics and Social Status in the Age of Gregory of Tours," in *Society and the Holy in Late Antiquity*（Berkeley：University of California Press, 1982），222 – 50 at pp. 230 – 35。

［42］Gregory of Tours, *Histories* 10. 25.

［43］Gregory of Tours, *Histories* 7. 44.

［44］Markus, *The End of Ancient Christianity*, 213 – 28, 特别见 p. 225。

［45］*Pap. Ital.* 4 – 5. B VII. 10 – 11, Tjäder, 1：216. 特别参见 J.

Barbier, "Testaments et pratique testamentaire dans le royaume franc (VIe – VIIIe siècles) , " in *Sauver son ame et se perpétuer : Transmission du patrimoine et mémoire au haut Moyen Âge*, ed. F. Bougard, C. La Rocca, and R. Le Jan, Collection de l'École française de Rome 351 (Rome : école française de Rome, 2005), 7 – 79。现参见 A. Angenendt, "*Donationes pro anima :* Gift and Countergift in the Early Medieval Liturgy, " in *The Long Morning of Medieval Europe : New Directions in Early Medieval Studies*, ed. J. R. Davis and M. McCormick (Aldershot : Ashgate, 2008), 131 – 54。另参见 Magnani, "Almsgiving, *donatio pro anima* and Eucharistic Offering"。

[46] Brown, "The Decline of the Empire of God. "

[47] W. Levison, "Das Testament des Diakons Adalgisel Grimo vom Jahre 634, " *Trierer Zeitschrift* 7 (1932): 69 – 85, 现收录于 *Aus rheinischer und fränkischer Frühzeit* (Dusseldorf : L. Schwann, 1948), 118 – 38 at p. 125。

[48] Gregory of Tours, *De virtutibus sancti Martini* 2. 60.

[49] M. Weidemann, *Das Testament des Bischofs Bertram von Le Mans vom 27. März 616 : Untersuchungen zu Besitz und Geschichte einer fränkischen Familie im 6. und 7. Jahrhundert*, Röisch-germanisches Zentralmuseum, Monographien 9 (Mainz : R. Habelt, 1986), 11.

[50] T. Head, "The Early Medieval Transformation of Piety, " in *The Long Morning of Medieval Europe*, 155 – 60 at p. 160.

[51] M. Rubin, *Charity and Community in Medieval Cambridge* (Cambridge : Cambridge University Press, 1987), 299.

[52] A. Diem, *Das monastische Experiment : Die Rolle der Keuschheit bei der Entstehung des westlichen Klosterwesens*, Vita Regularis : Abhandlungen 24 (Münster : Lit, 2005), 178.

[53] Gregory of Tours, *Histories* 3. 5. 罗马城外可能存留的这样的一个例子，参见 E. Fentress et al. , *Walls and Memory : The Abbey of San Sebastiano at Alatri (Lazio) from Late Roman Monastery to Renaissance Villa and Beyond*, Disciplina Monastica 2 (Turnhout :

Brepols，2005），34 – 70。

[54] Brown，*The Rise of Western Christendom*，252 – 55.

[55] *Regula cuiusdam ad virgines* III，PL 88：1056B（Paris：J. – P. Migne，1850）.

[56] Brown，"Alms and the Afterlife."

[57] 特别参见 B. Jussen，*Name der Witwe：Erkundungen zur Semantik der mittelalterlichen Busskultur*（Göttingen：Vandenhoeck and Ruprecht，2000），47 – 53，176 – 98。参见，e. g.，Narbonne（589），canon 1，*Concilios visigóticos e hispano-romanos*，146，其中禁止司铎们穿紫袍，因为这是一种表现"世俗地位"的装扮。

[58] H. Lutterbach，*Monachus factus est：Die Mönchwerdung im frühen Mittelalter*，Beiträge zur Geschichte des alten Mönchtums und des Benediktinertums（Münster：Aschendorff，1995），120 – 22. 有关修士削发之后的影响，参见 E. James，"Bede and the Tonsure Question,"*Peritia* 3（1984）：85 – 98。

[59] *Canones in Causa Apiarii*，canon 25，*Concilia Africae*，108 – 9. 参见 J. – A. Sabw Kanyang，*Episcopus et plebs：L'évêque et la communauté ecclésiale dans les conciles africains（345 – 525）*，European University Studies 701（Bern：Peter Lang，2000），144 – 45。

[60] Augustine，*Confessions* 6. 3. 3.

[61] 总体性的论述参见 Brown，*Body and Society*，356 – 59。

[62] Gregory of Tours，*Histories* 2. 22.

[63] Gregory of Tours，*De gloria confessorum* 75.

[64] Innocent I，*Letter* 38，PL 20：605B（Paris：J. – P. Migne，1845）.

[65] R. Godding，*Prêtres en Gaule mérovingienne*，Subsidia Hagiographica 82（Brussels：Société des Bollandistes，2001），125，143.

[66] T. Sardella，"Continenza e uxorato del clero nell'Africa di Agostino,"in *L'adorabile vescovo d'Ippona*，ed. F. E. Consolino（Soveria Manelli：Rubettino，2001），183 – 226.

[67] Tours II（567），canon 20，*Concilia Galliae*，p. 183 and canons

13 – 17, pp. 180 – 82.

[68] Tours II (567), canon 20, *Concilia Galliae*, p. 183.

[69] Veranus, *Sententia de castitate sacerdotum*, PL 72: 701 – 2 (Paris: J. – P. Migne, 1849); 参见 Godding, *Prêtres en Gaule*, 130。

[70] L. Duchesne, "Lovocat et Catihern, prêtres bretons du temps de saint Mélaine," *Revue de Bretagne et de Vendée* 57 (1885): 5 – 21; Godding, *Prêtres en Gaule*, 147 – 49.

[71] B. Tanguy, "De l'origine des évêchés bretons," in *Les débuts de l'organisation religieuse en la Bretagne Armoricaine*, Brittania Monastica 3 (Landevennec: Brittania Monastica, 1994), 6 – 33 at pp. 13 – 14. 总体性的概述参见 W. Davies, *Small Worlds: The Village Community in Early Medieval Brittany* (London: Duckworth, 1988)。

[72] Bowes, *Private Worship, Public Values, and Religious Change*, 115 – 88; S. J. B. Barnish, "Religio in stagno: Nature, Divinity and the Christianization of the Countryside in Late Antique Italy," *Journal of Early Christian Studies* 9 (2001): 387 – 402.

[73] C. Pietri, "Chiesa e comunità locali nell'Occidente cristiano (iv – vi d. C.): L'esempio della Gallia," in *Società romana e impero tardoantico*, vol. 3, *Le merci, gli insediamenti*, ed. A. Giardina (Bari: Laterza, 1986), 761 – 97, in *Christiana respublica*, 1: 475 – 521. R. Lizzi Testa, "L'Église, les *domini*, les païens *rustici*: Quelques strategies pour la christianisation de l'Occident (IVe – VIe s.)," in *Le problème de la christianisation*, 77 – 113.

[74] Chavarría Arnau, *El final de las villae en* Hispania, 43 – 62. J. Sanchez Velasco, A. M. Rosa, and G. G. Muñoz, "Aproximación al estudio de la ciudad de Cabra y su obispado al final de la Antigüedad," *Antiquitas* 21 (Priego de Corboba: Museo Histórico Municipal, 1009), 135 – 80 显示，很可惜，对这些少量残存的遗迹能够做的工作很少。

[75] Godding, *Prêtres en Gaule*, 331 – 58; Wood, *The Proprietary Church*, 10 – 11.

[76] G. Cantino Wataghin, V. Fiocchi Nicolai, and G. Volpe, "Aspetti

della cristianizzazione degli agglomerati secondari," in *La cristianizzazione in Italia*, 1：83 – 134.

[77] *Inscripciones latinas de la España romana y visigóda*, ed. J. Vives (Barcelona： Consejo Superior de Investigaciones Científicas, 1969), no. 303, p. 101.

[78] Vieillard-Troïekouroff, *Les monuments religieux de la Gaule*, 397 – 98.

[79] *Council of Toledo* III (589), c. 15, *Concilios visigóticos e hispano-romanos*, p. 129.

[80] Bowes, *Private Worship, Public Values, and Religious Change*, 130 – 57.

[81] Krause, "Überlegungen zur Sozialgeschichte des Klerus," 426.

[82] Goffart, *Barbarian Tides*, 136.

[83] Y. Thébert, "L'évolution urbaine dans les provinces orientales de l'Afrique romaine tardive," *Opus* 2 (1982)： 99 – 131 at p. 120.

[84] I. N. Wood, " Review Article： Landscapes Compared," *Early Medieval Europe* 15 (2007)： 223 – 37 at p. 236.

[85] Gernet, *Buddhism in Chinese Society*, 166.

[86] Foucault, *Security, Territory, Population*, 129.

[87] J. M. Pardessus, ed., *Diplomata, cartae, epistolae, leges aliaque instrumenta ad res Gallo-Francicas spectantia* (Aalen： Scientia Verlag, 1969), no. 273, 2： 37.

[88] 同上，no. 241, I： 227。

[89] Sternberg, *Orientalium more secutus*, 128, 137.

[90] Macon II (585), canon 4, *Concilia Galliae*, pp. 240 – 41.

[91] Venantius Fortunatus, *Carmina* 4. 23. 15, Reydellet, 1： 121.

[92] Weidemann, *Das Testament des Bischofs Bertram*, 11.

[93] P. Fouracre, "Eternal Light and Earthly Needs： Practical Aspects of the Development of Frankish Immunities," in *Property and Power*, 53 – 81；参见 Xinru Liu, *Silk and Religion： An Exploration of Material Life and the Thought of People*, AD 600 – 1200 (Delhi： Oxford University Press, 1996)。

[94] Vuolanto, "Male and Female Euergetism" 对此做了充分的研究。

[95] 关于克拉默苏斯和他的同胞，参见 Kaster, *Guardians of Language*, 254 – 55。

[96] Vuolanto, "Male and Female Euergetism," 262.

[97] P. Chevalier, "Les graffitis de l'abside de l'Eufrasiana de Poreč: Un obituaire monumental du haut Moyen Âge," *Mélanges Jean Pierre Sodini : Travaux et mémoires* 15 (2005): 359 – 70.

结　论

发生在 500～650 年的变化被证明是决定性的。在那个时期，有关教会财富的使用、基督教社群的性质以及基督徒灵魂的命运的观点聚合成了一种新理念。在随后的世纪中，这些特殊理念的聚合将教会的财富、对穷人的关心以及灵魂的命运联系在一起，并在西方大公教基督徒民众的思想中固定了下来。

到 1000 年，西欧人已经无论走到哪里（甚至到世界的边缘）都会带着这种聚合性的理念了。红发埃里克是格陵兰岛上第一位成为基督徒的欧洲定居者。1020 年，埃里克的儿子托尔斯泰恩奄奄一息，即将离世。他躺在吕瑟峡湾边［今格陵兰岛的阿梅拉利克（Ameralik）］，叫来了妻子贡德丽德。但是，就像北欧预言故事讲述的那样，他忽然坐了起来，似乎死而复生了。他给了她建议："他告诫她要谨慎地嫁给一位格陵兰人。他力劝她将财产捐给教会或者穷人，然后才最后一次躺下了。"[1]

几个世纪后，他的故事在《萨迦史诗》中被详细地记述下来。这个故事明显地体现出所有大公教基督徒在处理财富问题上的共有观念。像托尔斯泰恩一样，这是任何一位信徒在临终的时候需要去做的，即使他住在北极的边缘。

实际上，直到 350 年，这种趋向在教会中还毫无征兆。在312 年君士坦丁皈依基督教之后，教会开始享有特权，可教会并没有因此而富裕起来。因为在西罗马帝国，大部分上层人士仍然受久远传统的影响，向他们的城市和公民同胞——而不是向教会，也很少向穷人——显示他们的慷慨。只是从 375 年开始，富人和有才能的人才开始大量涌入教会，他们往往会成为主教之类的领袖人物或基督教作家。也正是这种财富与才能的聚集，而并非之前 312 年君士坦丁的皈依标志着欧洲基督教化的真正开始。此后，基督徒们才开始成为结合了财富与权力的宗教的成员，想象不敢想象之事——展望一个完全基督教化的世界。

这种新的财富也有其自身的问题。4 世纪的社会结构确保财富被一些互相竞争的群体所持有，而这些群体都急于通过供奉新的宗教来彰显自己。但是，那个在 4 世纪的最后四分之一时间里受到这些新财富青睐的教会，在许多方面已经是一个陈旧的组织了，有其固有的轨辙。实际上，基督教在宗教捐赠上的偏好由来已久，可以追溯到几个世纪以前基督教和犹太教所共有的传统中。在希腊罗马世界的城市中，占主导地位的是由富人来捐赠的公益捐助模式，也是这种模式促成了之后基督教和犹太教的捐赠和受赠习惯。

因此，基督教捐赠模式的变化打破了古代城市所维持的传统边界。将财富捐赠给城市获得的只能是此世的声誉，而捐给教会则可以将此世和此世以外的无穷世界连接在一起。同时，捐赠不仅来自富人，基督教也鼓励所有阶层的信徒用捐赠来关心穷人，供养教会以及神职人员，因为给穷人与给身份明确的核心公民同胞的施舍是大不相同的，获得捐助的穷人群体被想象为如天堂本身一样广大而深沉。

实际上，在君士坦丁皈依前，这些观念就已经在基督教群体中创造出一种独特的、归于宗教的捐赠形式。在 3 世纪 50 年代，居普良主教的书信就展现出这样的场景：主要由中等富裕的市民结成的基督教社团，通过定期施舍和临时募集而大都拥有了雄厚的财力。

到了 4 世纪末期，富人和这样的基督教群体接触了。这次接触并没有让教会稳步走上富裕之路。相反，教会踏入了与此有关的一池浑水中。在 370 ~ 430 年，以财富为主题的作品大量出现，作者包括安布罗斯、哲罗姆、奥古斯丁、诺拉的保利努斯以及伯拉纠的支持者。这些作品的大量出现有充足的理由：在当时的基督教会中，独特的施舍传统以及对此的态度源自君士坦丁皈依以前的时代。这些传统往往与一种领导权联系在一起，为的是获得普通信众的支持，因此较为低调。而这种低调的施舍和领导方式开始与当时的富人和少数重要人物的期望发生冲突，因为这些人希望教会拥有一个显耀的未来。

因此，那些此时发生在基督教会中的关于财富的著名争论，比如在 4 世纪 80 年代与百基拉有关的争论、在 4 世纪 80 年代和 90 年代与哲罗姆有关的争论，以及在 5 世纪头十年与伯拉纠学说相关的争论，并不只是言辞上的交火，还是流淌在基督教群体深处的潜流所造成的旋涡，即新的财富和新的财富观与平信徒和普通神职人员既往习惯之间的冲突。这些普通人的观念虽然不常常表现出来，实际上却顽固不化。

然而，在之后的 5 世纪，4 世纪创造出的许多财富在严酷环境中或者消失了，或者改变了它的结构，也就随之出现了一个富有讽刺性的情形：基督教会刚刚从一个中等富裕的时期进入一个富庶的时期，却发现马上要处于一个较为贫穷的时代中了。

529

因此，当时的基督教社群中出现了一种双重变化。在 5 世纪的历史进程中，罗马世界的中央机构失去了它的神秘性。那种在自信满满的时代中被掩盖的圣俗之间的对立，开始清晰地显现出来。在此期间，延续 4 世纪政治结构的罗马帝国政府并不打算屈服。即使面对收益的大幅下降以及西部统治权的大范围衰减，帝国政府仍要战斗到死，甚至是作为一个纯粹的世俗机构战斗到死。统治阶层表示：他们不会将任何罗马国家的特权让给基督教主教。从教会角度也可以感受到这种尖锐的对立情绪。5 世纪 20 年代后期，非洲主教在与拉文纳宫廷接触后宣称，不再对世俗政权抱有幻想。同一世纪 30 年代，马赛的萨尔维安对于罗马政权在高卢和西班牙滥用职权也表现出异常的愤怒。

危机中，教会在人员安排上开始遇到挑战。普罗旺斯的作家们激烈地争论的，不仅仅是关于恩典、自由意志和预定论这样的神学问题，也涉及动荡时期基督教会领导权问题的巨大争议。这一巨大争议已经在 5 世纪 30 年代冒头，新的贵族化的领导理念和传统的更加平民化的领导理念开始发生冲突，前者是与蓬勃发展的修道运动联系在一起的，而后者的理念则曾经获得高卢南部城市和意大利城市的支持。

与此同时，5 世纪的危机巩固了地方层面，也因此不再有对财富的激烈批判。当时的作者们不再谴责财富的罪恶源头，也不再主张完全放弃财富，反而开始强调如何利用财富来巩固基督教社群。在如罗马这样的大城市中，那些曾经只对极贫的穷人进行的照顾得到了缓慢而稳定的调整，开始覆盖困难时期的普通公民。

最后但并非最不重要的是，5 世纪出现的最令人惊讶的变化是教会领导者想法的改变。他们意识到：正是他们，而不是那些曾经使教会相形见绌的世俗大地主，才是真正的最终富有者。传统贵族阶层已经瓦解了，这让教会拥有了独一无二的地位。在 5 世纪晚期和 6 世纪，很多主教和神职人员运用管理和意识形态的力量来最大限度地利用这一新环境，这异常引人瞩目。无论是那些著名人物——例如罗马城的教宗以及图尔的格雷戈里，还是地位日益突出的神职人员，他们即使身处偏远的梅里达、帕维亚或梅斯，也位列其中。这是一个管理型主教及神职人员的时代。直到今天，作为管理者和建造者，他们在意大利和其他地方著名的圣陵中表现出的技艺仍然令人赞叹不已。但他们成功的秘诀并不新奇，是源于之前提到的更为久远的 3 世纪至 4 世纪，源于那时更为低调的教会，因为那时的教会为照顾穷人秉承了"集体财富才是神圣的"这一观念。

　　但是，在 600 年前后，正是这种新的集体财富，结合了一群新的世俗捐赠者，对西欧教会施加了具体而持久的压力。这些捐赠者来自社会的各个阶层，但最主要的还是后帝国时代出现在欧洲西部的新贵族阶层。这种压力加速了教会向彼岸世界的巨大转变，标志着古代世界的终结和中世纪的开端。神职人员与普通人的文化和生活方式差异愈加显著。在他们的带领下，平信徒们找到了安置他们身后财富的新方式，这样可以让他们的灵魂得救。就像前文提到的托尔斯泰恩·埃里克在临终时的表现一样，为教会和穷人捐赠的财富已经变成为死者而进行的捐赠。

　　此书试图将读者们带回 350 ~ 550 年，也就是要进入一个非常古老的世界，并面对一种非常古老的基督教。那些被中世纪的人认为理所当然的观念，正是在这个世界中有了雏形。这些观念的出现过程是缓慢的、曲折的，其中还充满了冲突。这些观念与后来在拉丁西方得势的大公教以及其他晚近基督教派中流行的观念都大不相同。如果此书已经引领读者进行了一次旅行，回到了我们这个世界之前的那个世界，也就是当今关于财富和贫穷的诸多观念起源于其中的世界，吾愿足矣。

注　释

[1] *Eric the Red's Saga* 4, in *The Norse Atlantic Saga*, trans. G. Jones, 2nd ed. (Oxford: Oxford University Press, 1986), 220.

缩略语

CCSL Corpus Christianorum, Series Latina

基督教作家集成·拉丁系列

CSEL Corpus Scriptorum Ecclesiasticorum Latinorum

拉丁教会作家集成

MGH Monumenta Germaniae Historica

德意志文献集成

PL Patrologia cursus completus, series Latina

教父集成·拉丁系列

SC Sources Chrétiennes

基督教原始文献集

参考书目

原始文献

读者应当知晓，这并非本书中所引全部文献的完整书目。我只针对下述几种情况提供了校勘本和译本：一是我在单个章节中集中使用的作家和文献；二是我在所有章节中反复使用的作家和文献；最后，在某些情况下，还针对那些作者知名度较低、读者可能需要被告知在哪里可以找到校勘本和译本的文献。对很多知名的古典作家和基督教作家，我仅仅以传统的书名和缩写加以引用，因为我知道，在现代的查询条件下，读者应该自有办法在需要时找到这些作品合适的校勘本和译本。

Acta et symbola conciliorum quae saeculo quarto habita sunt. Edited by E. J. Jonkers. Leiden: Brill, 1954.

Ad Deum post conversionem. Edited by Adalbert Hamman, in PL Supplementum 3. Paris: Garnier, 1963.

Agnellus of Ravenna. *Liber pontificalis ecclesiae Ravennatensis*.
Edited and translated by Claudia Nauerth, *Agnellus von Ravenna: Liber pontificalis/Bischofsbuch*. Freiburg: Herder, 1996.
Translated by Deborah Mauskopf Deliyannis, in *The Book of Pontiffs of the Church of Ravenna*. Washington, DC: Catholic University of America Press, 2004.

Ambrose of Milan. *De Nabuthae*.
Edited by Karl Schenkl, in *Sancti Ambrosii Opera*, part 2. CSEL 62. Vienna: Tempsky, 1897.
Translated by Boniface Ramsey, in *Ambrose*. New York: Routledge, 1997.
———. *De officiis*. Edited and translated by Ivor J. Davidson, in *Ambrose: De officiis*. 2 vols. Oxford: Oxford University Press, 2001.

Ambrose of Milan. *Letters*.
Edited by Otto Faller and Michaela Zelzer, in *Sancti Ambrosii Opera*, part 10. CSEL 82. Vols. 1–3. Vienna: Tempsky, 1968–90.
Selected letters translated by J.W.H.G. Liebeschuetz with the assistance of Carole Hill, in *Ambrose of Milan: Political Letters and Speeches*. Liverpool: Liverpool University Press, 2006.

Ambrosiaster. *Commentarius in Epistulas Paulinas*.
Edited by Henry Joseph Vogels, in *Ambrosiastri qui dicitur Commentarius in Epistulas Paulinas*. 3 vols. CSEL 81. Vienna: Tempsky, 1966–69.
Translated by Gerald L. Bray, in *Ambrosiaster: Commentaries on Romans and*

1–2 Corinthians. Downers Grove, IL: InterVarsity Press, 2009.

———. *Quaestiones Veteris et Novi Testamenti.*

Edited by Alexander Souter, in *Pseudo-Augustini Quaestiones Veteris et Novi Testamenti CXXVII.* CSEL 50. Vienna: Tempsky, 1908.

Ammianus Marcellinus. *Res gestae.*

Edited and translated by John C. Rolfe, in *Ammianus Marcellinus.* Loeb Classical Library. 3 vols. Cambridge, MA: Harvard University Press, 1952.

Translated by Walter Hamilton, in *The Later Roman Empire, A.D. 354–378.* Harmondsworth: Penguin, 1986.

Anonymus de rebus bellicis.

Edited and translated by Andrea Giardina, in *Anonimo: Le cose della guerra.* [Milan]: Mondadori, 1989.

Edited and translated by E. A. Thompson, in *A Roman Reformer and Inventor.* Oxford: Clarendon Press, 1952.

Arnobius Iunior. *Commentaria in Psalmos.* PL 53. Paris: J.-P. Migne, 1847.

Artemidorus. *Oneirocritica.* Translated by Robert J. White, in *The Interpretation of Dreams.* Park Ridge, NJ: Noyes Press, 1975.

Augustine of Hippo. *Confessions.*

Edited with commentary by James J. O'Donnell, in *Augustine: Confessions.* 3 vols. Oxford: Clarendon Press, 1992.

Translated by Henry Chadwick, in *Saint Augustine: Confessions.* Oxford: Oxford University Press, 1991.

Translated by Gary Wills, in *Saint Augustine: Confessions.* London: Penguin, 2006.

———. *Contra academicos libri tres.*

Edited by Pius Knöll, in *Sancti Aureli Augustini Opera* 1:3. CSEL 63. Vienna: Tempsky, 1922.

Translated by John J. O'Meara, in *St. Augustine: Against the Academics.* Ancient Christian Writers 12. Westminster, MD: Newman Press, 1951.

Translated in *The Writings of Saint Augustine.* Vol. 1. New York: CIMA Publishing, 1948.

———. *De beata vita.*

Edited by Pius Knöll, in *Sancti Aureli Augustini Opera* 1:3. CSEL 63. Vienna: Tempsky, 1922.

Translated by Ruth Allison Brown, in *S. Aureli Augustini de beata vita.* Washington, DC: Catholic University of America Press, 1944.

Translated in *The Writings of Saint Augustine.* Vol. 1. New York: CIMA Publishing, 1948.

———. *De civitate Dei.*

Edited by Bernard Dombart and Alfons Kalb. CCSL 47–48. Turnhout: Brepols, 1954–55.

Translated by Henry Bettenson, in *Augustine: Concerning the City of God against the Pagans*. Harmondsworth: Penguin, 1972.

———. *De ordine.*

Edited by Pius Knöll, in *Sancti Aureli Augustini Opera* 1:3. CSEL 63. Vienna: Tempsky, 1922.

Translated by Silvano Borruso, in *On Order*. South Bend, IN: St. Augustine's Press, 2007.

Translated in *The Writings of Saint Augustine*. Vol. 1. New York: CIMA Publishing, 1948.

———. *Dolbeau Sermons.*

Nos. 2–27, edited by François Dolbeau, in *Vingt-six sermons au peuple d'Afrique*. Paris: Institut d'Études Augustiniennes, 1996.

No. 30, edited by François Dolbeau, in "Le sermon 384A de saint Augustin contre Pélage: Édition du texte integral." *Recherches augustiniennes* 28 (1995): 37–63.

Translated by Edmund Hill, in *Sermons (Newly Discovered) III/11*. The Works of Saint Augustine: A Translation for the 21st Century. Hyde Park, NY: New City Press, 1997.

———. *Enarrationes in Psalmos*. Edited by Clemens Weidmann (1–50), Hildegund Müller (51–100), and Franco Gori (101–150). CSEL 93, 94, 95. Vienna: Österreichische Akademie der Wissenschaften, 2001–04.

———. *Erfurt Sermons.*

Nos. 1, 5, and 6, edited by Isabella Schiller, Dorothea Weber, and Clemens Weidmann, in "Sechs neue Augustinuspredigten: Teil 1 mit Edition dreier Sermones." *Wiener Studien* 121 (2008): 227–84.

Nos. 2–4, edited by Isabella Schiller, Dorothea Weber, and Clemens Weidmann, in "Sechs neue Augustinuspredigten: Teil 2 mit Edition dreier Sermones zum Thema Almosen." *Wiener Studien* 122 (2009): 171–214.

———. *Letters 1*–29* [New Letters].*

Edited by Johannes Divjak, in *Sancti Aurelii Augustini Opera* 2:6. CSEL 88. Vienna: Tempsky, 1981.

Edited and translated, in *Lettres 1*–29**. Bibliothèque Augustinienne 46B. Paris: Desclée de Brouwer, 1987.

Translated by Robert B. Eno, in *St. Augustine: Letters: Volume VI (1*–29*)*. Fathers of the Church 81. Washington, DC: Catholic University of America Press, 1989.

———. *Praeceptum*. Edited and translated by George Lawless, in *Augustine of Hippo and His Monastic Rule*. Oxford: Clarendon Press, 1987.

Augustine of Hippo. *Sermons.*

Reprint of 1683 Maurist edition, in PL 38–39. Paris: J.-P. Migne, 1845–46.

Additional sermons collected by Adalbert Hamman, in PL Supplementum 2.

Paris: Garnier, 1960. Includes *Sermones Lambot* 1–29, discovered and edited by Cyrille Lambot and published in *Revue bénédictine* between 1933 and 1958. (See "Secondary Sources" below for specific references.)

> Nos. 1–50, edited by Cyrille Lambot, in *Sancti Aurelii Augustini Sermones de Vetere Testamento*. CCSL 41. Turnhout: Brepols, 1961.

> Translated by Edmund Hill, in *The Works of Saint Augustine: Sermons*. 11 vols. Hyde Park, NY: New City Press, 1997.

———. *Soliloquia.*

> Translated by Kim Paffenroth, in *Saint Augustine: Soliloquies.* Hyde Park, NY: New City Press, 2000.

> Translated in *The Writings of Saint Augustine*. Vol. 1. New York: CIMA Publishing, 1948.

Ausonius of Bordeaux. Works: *Ephemeris*; *Gratiarum actio*; *De herediolo*; *Letters*; *Parentalia*; *Professors*; *Proptrepticus ad nepotem.*

> Edited by R.P.H. Green, in *The Works of Ausonius.* Oxford: Clarendon Press, 1991.

> Edited and translated by H. G. Evelyn-White, in *Ausonius*. 2 vols. Loeb Classical Library. Cambridge, MA: Harvard University Press, 1951.

The Babylonian Talmud. Edited by Isidore Epstein. Translated by Maurice Simon. London: Soncino, 1935.

Calendar of 354. Edited by Theodor Mommsen, in vol. 1 of *Chronica Minora, saec. IV. V. VI. VII*. MGH: Auctores Antiquissimi, vol. 9. Berlin: Weidmann, 1892.

Cassian, John. *Collationes.*

> Edited and translated by E. Pichéry, in *Jean Cassien: Conférences*. 3 vols. SC 42, 54, 64. Paris: Le Cerf, 1955–59.

> Selections translated by Colm Luibheid, in *Conferences*. New York: Paulist Press, 1985.

> Translated by Boniface Ramsey, in *The Conferences*. New York: Paulist Press, 1997.

———. *De institutis coenobiorum.*

> Edited and translated by Jean-Claude Guy, in *Jean Cassien: Institutions Cénobitiques*. SC 109. Paris: Le Cerf, 1965.

> Translated by Boniface Ramsey, in *The Institutes*. Ancient Christian Writers. New York: Newman Press, 2000.

Cassiodorus. *Variae.*

> Edited by Theodor Mommsen. MGH: Auctores Antiquissimi 12. Berlin: Weidmann, 1894.

> Translated by S.J.B. Barnish, in *Cassiodorus: Variae*. Translated Texts for Historians 12. Liverpool: Liverpool University Press, 1992.

Celestine I of Rome. *Letters*. PL 50. Paris: J.-P. Migne, 1846.

Chronicle of 452.

> Edited by Theodor Mommsen, in vol. 1 of *Chronica Minora, saec. IV. V. VI. VII.* MGH: Auctores Antiquissimi 9. Berlin: Weidmann, 1892.

Translated by Alexander Callander Murray, in *From Roman to Merovingian Gaul: A Reader*. Peterborough, Ontario: Broadview Press, 2000.

Cicero. *De officiis*. Edited and translated by Walter Miller. Loeb Classical Library. Cambridge, MA: Harvard University Press, 1913.

Codex Iustinianus. Edited by Paul Krueger, in *Corpus Iuris Civilis: Institutiones*. Vol. 2. 11th ed. Berlin: Weidmann, 1954.

Codex Theodosianus.

Edited by Theodor Mommsen and Paul M. Meyer, in *Theodosiani libri XVI cum Constitutionibus Sirmondianis et Leges novellae ad Theodosianum pertinentes*. Berlin: Weidmann, 1905.

Translated by Clyde Pharr, in collaboration with Theresa Sherrer Davidson and Mary Brown Pharr, in *The Theodosian Code and Novels, and the Sirmondian Constitutions*. Princeton: Princeton University Press, 1952.

Introduced with notes by Roland Delmaire and translated by Jean Rougé, in *Les lois religieuses des empereurs romains de Constantin à Théodose II (312–438)*. Vol. 1, *Le code Théodosien: Livre XVI*. SC 497. Paris: Le Cerf, 2005.

Collatio Carthaginensis. Edited and translated by Serge Lancel, in *Actes de la Conférence de Carthage en 411*. 4 vols. SC 194–95, 224, 373. Paris: Le Cerf, 1972–91.

Collectio Avellana. Edited by Otto Günther, in *Epistulae imperatorum pontificum aliorum inde ab a. CCCLXVII usque ad a. DLIII datae: Avellana quae dicitur collectio*. 2 vols. CSEL 35. Vienna: Tempsky, 1895–98.

Collectio Quesnelliana. PL 56. Paris: J.-P. Migne, 1846.

Concilia Africae, a. 345–a. 525. Edited by Charles Munier. CCSL 149. Turnhout: Brepols, 1974.

Concilia Galliae.

Vol. 1, *a. 314–a. 506*. Edited by Charles Munier. CCSL 148. Turnhout: Brepols, 1963.

Vol. 2, *a. 511–a. 695*. Edited by Charles de Clerq. CCSL 148A. Turnhout: Brepols, 1963.

Concilios visigóticos e hispano-romanos. Edited by José Vives, with the collaboration of Tomás Marín Martínez and Gonzalo Martínez Díez. Madrid: Consejo Superior de Investigaciones Científicas, 1963.

Coptic Documentary Texts from Kellis. Vol. 1, edited by Iain Gardner, Anthony Alcock, and Wolf-Peter Funk. Oxford: Oxbow, 1999. Selectively translated by Iain Gardner and Samuel N. C. Lieu, in *Manichaean Texts from the Roman Empire*. Cambridge: Cambridge University Press, 2004.

Corpus Inscriptionum Latinarum.

Vol. 6, *Inscriptiones Urbis Romae Latinae*. Part 8:3, *Titulos et imagines: Titulos magistratuum populi romani ordinum senatorii equestrisque thesauro schedarum imaginumque ampliato*. Edited by Géza Alföldy. Berlin: De Gruyter, 2000.

Vol. 8, *Inscriptiones Africae Latinae*. Edited by Gustav Wilmanns and Theodor Mommsen. Berlin: G. Reimer, 1881.

Vol. 10. *Inscriptiones Bruttiorum, Lucaniae, Campaniae, Siciliae, Sardiniae Latinae*. Edited by Theodor Mommsen. Berlin: G. Reimer, 1883.

Cyprian of Carthage. *Letters*.

    Edited by G. F. Diercks, in *Sancti Cypriani episcopi opera* 3. CCSL 3B, 3C.
        Turnhout: Brepols, 1994–96.

    Translated by G. W. Clarke, in *The Letters of St. Cyprian of Carthage*. 4 vols. Ancient
        Christian Writers 43–44, 46–47. New York: Newman Press, 1984–88.

De divina lege.

    PL 30. Paris: J.-P. Migne, 1846.

    Translated by B. R. Rees, in *The Letters of Pelagius and His Followers*. Woodbridge,
        UK: Boydell, 1998.

De divitiis.

    Edited by C. P. Caspari, in *Briefe, Abhandlungen und Predigten aus der zwei letzten
        Jahrhunderten des kirchlichen Altertums und dem Anfang des Mittelalters*.
        Christiania/Oslo: Malling, 1890; reprint, Brussels: Culture et Civilisation,
        1964.

    Edited and translated by Andreas Kessler, in *Reichtumskritik und Pelagianismus:
        Die pelagianische Diatribe* De divitiis. *Situierung, Lesetext, Übertsetzung,
        Kommentar*. Paradosis 43. Freiburg, Switzerland: Universitätsverlag, 1999.

    Translated by B. R. Rees, in *The Letters of Pelagius and His Followers*. Woodbridge,
        UK: Boydell, 1998.

Edictum Diocletiani et collegarum de pretiis rerum venalium. Edited by Marta Gi-
    acchero. 2 vols. Genoa: Università di Genova, 1974.

Epigrafia anfiteatrale dell'occidente romano. Vol. 6, *Roma*. Edited by Silvia Orlandi.
    Vetera 15. Rome: Quasar, 2004.

Epistulae Austrasiacae. Edited by Wilhelm Gundlach, in *Liber scintillarum, quem
    recensuit Henricus M. Rochais*. CCSL 117. Turnhout: Brepols, 1957.

Eric the Red's Saga. Translated by Gwyn Jones, in *The Norse Atlantic Saga*. 2nd ed.
    Oxford: Oxford University Press, 1986.

Eucherius of Lyon. *De contemptu mundi*. Edited and translated by Salvatore Pricoco, in
    Eucherio di Lione: Il rifiuto del mondo. Florence: Nardini, 1990.

————. *De laude eremi*. Edited by Karl Wotke, in *Sancti Eucherii Lugdunensis Formulae
    spiritalis intelligentiae, Instructionum libri duo, Passio agaunensium martyrum,
    Epistula de laude heremi*. CSEL 31. Vienna: Tempsky, 1894.

Eusebius of Caesarea. *Ecclesiastical History*.

    Edited and translated by Kirsopp Lake. 2 vols. Loeb Classical Library 153, 265.
        London: Heinemann, 1926–32.

    Translated by Hugh Jackson Lawlor and John Ernest Leonard Oulton, in *Eusebius:
        The Ecclesiastical History and the Martyrs of Palestine*. London: SPCK,
        1927–28.

Expositio totius mundi et gentium. Edited and translated by Jean Rougé. SC 124. Paris:
    Le Cerf, 1966.

Faustus of Riez. *De gratia*. Edited by August Engelbrecht, in *Fausti Reiensis praeter
    sermones pseudo-eusebianos opera*. CSEL 21. Vienna: Tempsky, 1891.

————. *Letters*. Edited by August Engelbrecht, in *Fausti Reiensis praeter sermones
    pseudo-eusebianos opera*. CSEL 21. Vienna: Tempsky, 1891.

Firmicus Maternus, Julius. *Mathesis.*
Edited by W. Kroll and F. Skutsch, in *Matheseos libri VII.* 2 vols. Stuttgart:
Teubner, 1968. Reprint of 1897–1913 edition.
Edited and translated by Pierre Monat, in *Firmicus Maternus: Mathesis.* 3 vols.
Paris: Belles Lettres, 1992, 1994, 1997.
Translated by Jean Rhys Bram, in *Ancient Astrology: Theory and Practice.* Park
Ridge, NJ: Noyes Press, 1975.
Fortunatus, Venantius. *Carmina.* Edited and translated by Marc Reydellet, in *Venance
Fortunat: Poèmes.* 3 vols. Paris: Belles Lettres, 1994–2004.
———. *Vita Germani.* PL 88. Paris: J.-P. Migne, 1846.
Fredegar. *Chronicae.* Edited by Bruno Krusch, in MGH: Scriptores rerum Merovingi-
carum. Vol. 2. Hannover: Hahn, 1888.
Gaudentius of Brescia. *Tractatus.* Edited by Ambrosius Glück, in *S. Gaudentii episcopi
brixiensis tractatus.* CSEL 68. Leipzig: Teubner, 1936.
Gelasius I of Rome. *Epistulae.* Edited by Andreas Thiel, in *Epistolae Romanorum
pontificum genuinae.* Vol. 1. Braunsberg: E. Peter, 1867; Hildesheim: G. Olms, 1974.
Gennadius. *De viris illustribus.* Edited by Ernest Cushing Richardson, in *Hieronymus,
Liber de viris inlustribus; Gennadius, Liber de viris inlustribus.* Leipzig: Hinrichs,
1896.
Gerontius. *The Life of Melania.*
Vita Graeca [*VG*], edited and translated by Denys Gorce, in *Vie de sainte Mélanie.*
SC 90. Paris: Le Cerf, 1962.
VG, translated by Elizabeth A. Clark, in *The Life of Melania the Younger.* New
York: Edwin Mellen, 1984.
Vita Latina [*VL*] edited and translated by Patrick Laurence, in *Gérontius: La vie
latine de sainte Mélanie.* Jerusalem: Franciscan Printing Press, 2002.
Gregory I of Rome. *Dialogues.*
Edited and translated by Adalbert de Vogüé, in *Grégoire le Grand: Dialogues.*
3 vols. SC 251, 260, 265. Paris: Le Cerf, 1978–80.
Translated by Odo John Zimmerman, in *St. Gregory the Great: Dialogues.* New
York: Fathers of the Church, 1959.
———. *Letters.*
Edited by Dag Norberg, in *S. Gregorii Magni Registrum epistularum.* 2 vols. CCSL
140, 140A. Turnhout: Brepols, 1982.
Translated by John R. C. Martyn, in *The Letters of Gregory the Great.* 3 vols.
Toronto: Pontifical Institute of Medieval Studies, 2004.
Gregory of Tours. *De gloria confessorum.*
Edited by Bruno Krusch, in MGH: Scriptores rerum Merovingicarum. Vol. 1.
Hannover: Hahn, 1885.
Translated by Raymond Van Dam, in *Gregory of Tours: Glory of the Confessors.*
Liverpool: Liverpool University Press, 1988.
———. *De gloria martyrum.*
Edited by Bruno Krusch, in MGH: Scriptores rerum Merovingicarum. Vol. 1.
Hannover: Hahn, 1885.

Gregory of Tours. *De gloria martyrum.*
    Translated by Raymond Van Dam, in *Gregory of Tours: Glory of the Martyrs.*
        Liverpool: Liverpool University Press, 1988.
——. *Histories.*
    Edited by Bruno Krusch and Wilhelm Levison, in *Libri historiarum X.* MGH:
        Scriptores rerum Merovingicarum. Vol. 1. 2nd ed. Hannover: Hahn,
        1951.
    Translated by Lewis Thorpe, in *Gregory of Tours: The History of the Franks.*
        Harmondsworth: Penguin, 1974.
——. *De virtutibus sancti Martini.*
    Edited by Bruno Krusch, in MGH: Scriptores rerum Merovingicarum. Vol. 1.
        Hannover: Hahn, 1885.
    Translated by Raymond Van Dam, in *Saints and Their Miracles in Late Antique*
        Gaul. Princeton: Princeton University Press, 1993.
——. *De vita patrum.*
    Edited by Bruno Krusch, in MGH: Scriptores rerum Merovingicarum. Vol. 1.
        Hannover: Hahn, 1885.
    Translated by Edward James, in *Gregory of Tours: Life of the Fathers.* Liverpool:
        Liverpool University Press, 1985.
Hilary of Arles. *Vita Honorati.* Edited by Samuel Cavallin, in *Vitae Sanctorum Honorati*
    et Hilarii episcoporum Arelatensium. Lund: Gleerup, 1952.
Honoratus of Marseille. *Vita Hilarii.* Edited by Samuel Cavallin. Translated by
    Paul-André Jacob, in *La vie d'Hilaire d'Arles.* SC 404. Paris: Le Cerf, 1995.
Hydatius of Chaves. *Chronicle.* Edited and translated by R. W. Burgess, in *The Chronicle*
    of Hydatius and the Consularia Constantinopolitana. Oxford: Clarendon Press,
    1993.
Innocent I of Rome. *Letters.* PL 20. Paris: J.-P. Migne, 1845.
Inscripciones latinas de la España romana y visigóda. Edited by José Vives. 2 vols.
    Barcelona: Consejo Superior de Investigaciones Científicas, 1969.
Inscriptiones Christianae Italiae. Vol. 1, *Volsinii: Regio VII.* Edited by Carlo Carletti.
    Bari: Edipuglia, 1985.
Inscriptiones Latinae Christianae Veteres. Edited by Ernst Diehl. 3 vols. Zurich:
    Weidmann, 1970.
Inscriptiones Christianae Urbis Romae Septimo Saeculo Antiquiores.
    Vol. 2, part 1. Edited by Giovanni Battista de Rossi. Rome: P. Cuggiani, 1888.
    New series, vol. 2, *Coemeteria in viis Cornelia Aurelia, Portuensi et Ostiensi.*
        Edited by Angelo Silvagni. Rome: Pontificio Istituto di Archeologia
        Cristiana, 1935.
    New series, vol. 4, *Coemeteria inter vias Appiam et Ardeatinam.* Edited by Antonio
        Ferrua. Vatican: Pontificio Istituto di Archeologia Cristiana, 1964.
    New series, vol. 5, *Coemeteria reliqua viae Appiae.* Edited by Antonio Ferrua.
        Vatican: Pontificio Istituto di Archeologia Cristiana, 1971.
    New series, vol. 6, *Coemeteria in viis Latina, Labicana et Praenestina.* Edited by
        Antonio Ferrua. Vatican: Pontificio Istituto di Archeologia Cristiana, 1975.

Inscriptiones Judaicae Orientis. Edited by Walter Ameling. 3 vols.
    Vol. 1, *Eastern Europe.* Edited by David Noy, Alexander Panayotov, and Hanswulf
      Bloedhorn. Texts and Studies in Ancient Judaism 101. Tübingen: Siebeck
      Mohr, 2002.
    Vol. 2, *Kleinasien.* Edited by Walter Ameling. Texts and Studies in Ancient
      Judaism 99. Tübingen: Siebeck Mohr, 2004.
    Vol. 3, *Syria and Cyprus.* Edited by David Noy and Hanswulf Bloedhorn. Texts
      and Studies in Ancient Judaism 102. Tübingen: Siebeck Mohr, 2004.
Inscriptiones Latinae Selectae. Edited by Hermann Dessau. 3 vols. Berlin: Weidmann,
    1892–1916.
Inscriptions chrétiennes de la Gaule antérieures au VIIIe siècle. Edited by Edmond Le
    Blant. 2 vols. Paris: Imprimerie impériale, 1856–65.
The Inscriptions of Roman Tripolitania. Edited by J. M. Reynolds and J. B. Ward Perkins.
    London: British School at Rome, 1952.
Jerome. *Contra Vigilantium.* Edited by Jean-Louis Feiertag, in *S. Hieronymi presbyteri
    opera.* CCSL 79C. Turnhout: Brepols, 2005.
———. *Letters.* Edited by Isidore Hilberg, in *Sancti Eusebii Hieronymi Epistulae.*
    4 vols. CSEL 54–56. Vienna: Österreichische Akademie der Wissenschaften,
    1996.
———. *Opera.* PL 23–26. Paris: J.-P. Migne, 1844–45.
Pseudo-Jerome. *De septem ordinibus ecclesiae.* PL 30. Paris: J.-P. Migne, 1846.
John the Deacon. *Life of Gregory.* PL 75. Paris: J.-P. Migne, 1849.
John of Ephesus. *Ecclesiastical History.* Translated by R. Payne Smith, in *The Third Part
    of the Ecclesiastical History of John, Bishop of Ephesus.* Oxford: Oxford University
    Press, 1860.
———. *Lives of the Eastern Saints.* Edited and translated by E. W. Brooks. 3 vols.
    Patrologia Orientalis 17–19. Paris: Firmin-Didot, 1923–25.
John Rufus. *The Life of Peter the Iberian.* Edited and translated by Cornelia B. Horn
    and Robert R. Phenix, in *John Rufus: The Lives of Peter the Iberian, Theodosius of
    Jerusalem and the Monk Romanus.* Atlanta, GA: Society for Biblical Literature,
    2008.
Julian of Eclanum. *Expositio libri Iob*; *Tractatus prophetarum Osee, Iohel et Amos*; *operum
    deperditorum fragmenta.* Edited by Lucas de Coninck. CCSL 88. Turnhout:
    Brepols, 1977.
Julianus Pomerius. *De vita contemplativa.* PL 59. Paris: J.-P. Migne, 1847.
Lactantius. *Divine Institutes.* Translated by Anthony Bowen and Peter Garnsey.
    Liverpool: Liverpool University Press, 2003.
Leo I of Rome. *Sermons.* Edited and translated by René Dolle, in *Léon le Grand:
    Sermons.* 4 vols. SC 22, 49, 74, 200. Paris: Le Cerf, 1947–73.
Liber Pontificalis.
    Biographies from A.D. 311 to 535, edited by Herman Geertman, in *Atti del
      colloquio internazionale* Il Liber Pontificalis e la storia materiale. Medelingen
      van het Nederlands Instituut te Rome: Antiquity 60–61. Assen: Van
      Gorcum, 2003.

Liber Pontificalis.

    Edited by Louis Duchesne, in *Le Liber Pontificalis: Texte, Introduction et Commentaire.* Bibliothèque de l'École française de Rome. 3 vols. Paris: Boccard, 1955–57.

    Translated by Raymond Davis, in *The Book of Pontiffs (Liber Pontificalis): The Ancient Biographies of the First Ninety Roman Bishops to AD 715.* Liverpool: Liverpool University Press, 1989.

Pseudo-Martyrius of Antioch. *Vita Iohannis Chrysostomi.* Edited by Martin Wallraff and Cristina Ricci, in *Oratio funebris in laudem sancti Iohannis Chrysostomi: Epitaffio attribuito a Martirio di Antiochia.* Spoleto: Centro Italiano di Studi sull'Alto Medioevo, 2007.

Naucellius. *Poems.* Edited by Franco Munari, in *Epigrammata Bobiensia.* Rome: Edizioni di storia e letteratura, 1955.

New Documents Illustrating Early Christianity. Edited by G.H.R. Horsley. Vol. 2. Sydney, NSW: Ancient History Documentary Research Centre, 1982.

Novellae. [See *Codex Theodosianus.*]

Olympiodorus. *History.* In *The Fragmentary Classicising Historians of the Later Roman Empire: Eunapius, Olympiodorus, Priscus and Malchus.* Vol. 2. Edited and translated by Roger C. Blockley. Liverpool: Francis Cairns, 1983.

Optatus of Milevis. *De schismate donatistarum.*

    Edited by Karl Ziwsa, in *S. Optati Milevitani libri VII.* CSEL 26. Vienna: Tempsky, 1893.

    Translated by Mark Edwards, in *Optatus: Against the Donatists.* Liverpool: Liverpool University Press, 1997.

Pacianus of Barcelona. *Sermo de Paenitentibus.* In *Pacien de Barcélone: Écrits.* Edited and translated by Carmelo Grandao. SC 410. Paris: Le Cerf, 1995.

Palladius of Ratiaria. *Apologia.* Edited and translated by Roger Gryson, in *Scholies ariennes sur le concile d'Aquilée.* SC 267. Paris: Le Cerf, 1980.

Pap. Ital. Die nichtliterarischen Papyri Italiens aus der Zeit 445–700. Edited and translated by Jan Olof Tjäder. 3 vols. Skrifter utgivna av Svenska Institutet i Rom 4.19. Lund: Gleerup, 1954–82.

Pardessus, Jean Marie, ed. *Diplomata, cartae, epistolae, leges aliaque instrumenta ad res Gallo-Francicas spectantia.* 2 vols. Reprint, Aalen: Scientia Verlag, 1969.

Passio Marculi. Edited and translated by Jean-Louis Maier, in *Le dossier du donatisme.* Vol. 1, *Des origines à la mort de Constance II (303–361).* Texte und Untersuchungen 79. Berlin: Akademie Verlag, 1987.

    Translated by Maureen A. Tilley, in *Donatist Martyr Stories: The Church in Conflict in Roman North Africa.* Liverpool: Liverpool University Press, 1996.

Patricius. *Letter to Coroticus.* Edited and translated by A.B.E. Hood, in *St. Patrick: His Writings and Muirchu's Life.* Chichester: Phillimore, 1978.

Paulinus of Milan. *Vita Ambrosii.*

    Edited and translated by Michele Pellegrino, in *Vita di S. Ambrogio.* Verba Seniorum n.s. 1. Rome: Studium, 1961.

    Translated by F. R. Hoare, in *The Western Fathers.* New York: Harper and Row, 1954.

Paulinus of Nola. *Letters.*
  Edited by Wilhelm von Hartel, in *Sancti Pontii Meropii Paulini Nolani Epistulae.*
    CSEL 29. Vienna: Tempsky, 1894.
  Edited and translated by Mattias Skeb, in *Paulinus von Nola: Briefe/Epistulae.*
    3 vols. Fontes Christianae 25/1–3. Freiburg: Herder, 1998.
  Translated by P. G. Walsh, in *Letters of St. Paulinus of Nola.* 2 vols. Ancient
    Christian Writers 35–36. New York: Newman Press, 1966–67.
———. *Poems.*
  Edited by Wilhelm von Hartel, in *Sancti Pontii Meropii Paulini Nolani Carmina.*
    CSEL 30. Vienna: Tempsky, 1894.
  Translated by P. G. Walsh, in *The Poems of St. Paulinus of Nola.* Ancient Christian
    Writers 40. New York: Newman Press, 1975.
Paulinus of Pella. *Eucharisticos.*
  Edited and translated by Hugh G. Evelyn White, in *Ausonius.* Vol. 2. Loeb
    Classical Library. Cambridge, MA: Harvard University Press, 1949.
  Edited and translated by Claude Moussy, in *Paulin de Pella: Poème d'action de
    grâces et Prière.* SC 209. Paris: Le Cerf, 1974.
Pelagius. *Commentaries on the Epistles of Saint Paul.*
  Edited by Hermann Josef Frede, in *Ein neuer Paulustext und Kommentar.* 2 vols.
    Freiburg: Herder, 1973–74.
  Commentary on Romans, translated by Theodore de Bruyn, in *Pelagius' Commen-
    tary on St. Paul's Epistle to the Romans.* Oxford: Clarendon, 1993.
———. *Letter to Demetrias.*
  PL 30. Paris: J.-P. Migne, 1846.
  Translated by B. R. Rees, in *The Letters of Pelagius and His Followers.* Woodbridge,
    UK: Boydell, 1991.
Pelagius I of Rome. *Letters.* Edited by P. M. Gassó and C. M. Batlle, in *Pelagii I
  papae: Epistulae quae supersunt (556–561).* Montserrat: Abbey of Montserrat,
  1956.
Petrus Chrysologus. *Sermons.* Edited by Alexandre Oliver, in *Sancti Petri Chrysologi
  Collectio sermonum.* 2 vols. CCSL 24, 24B. Turnhout: Brepols, 1975–82.
Plotinus. *Enneads.* Edited and translated by A. H. Armstrong, in *Plotinus.* 7 vols. Loeb
  Classical Library. Cambridge, MA: Harvard University Press, 1966–88.
  Translated by Stephen MacKenna, in *Plotinus: The Enneads.* Burdett, NY: Larson,
    1992.
Porphyry. *Life of Plotinus.*
  Edited and translated by A. H. Armstrong, in *Plotinus.* 7 vols. Loeb Classical
    Library. Cambridge, MA: Cambridge University Press, 1966–68.
  Translated by Stephen McKenna, in *Plotinus: The Enneads.* Burdett, NY: Larson,
    1992.
Possidius. *Vita Augustini.*
  PL 32. Paris: J.-P. Migne, 1845.
  Translated by F. R. Hoare, in *The Western Fathers.* New York: Harper and Row,
    1954.

Proba, Faltonia Betitia. *Cento*. Edited and translated by Elizabeth A. Clark and Diane F. Hatch, in *The Golden Bough, the Oaken Cross: The Vergilian Cento of Faltonia Betitia Proba*. American Academy of Religion: Texts and Translations 5. Chico, CA: Scholars Press, 1981.

Prosper of Aquitaine. *Chronicle*.

    Edited by Theodor Mommsen, in vol. 1 of *Chronica Minora, saec. IV. V. VI. VII.* MGH: Auctores Antiquissimi, vol. 9. Berlin: Weidmann, 1892.

    Excerpts translated by Alexander Callander Murray, in *From Roman to Merovingian Gaul: A Reader*. Peterborough, Ontario: Broadview Press, 2000.

——. *Contra Collatorem*.

    Printed in PL 51. Paris: J.-P. Migne, 1846.

    Translated by J. Reginald O'Donnell, in *Prosper of Aquitaine: Grace and Free Will*. Fathers of the Church 7. New York: Fathers of the Church, 1949.

——. *Pro Augustino responsiones ad capitula Gallorum*. PL 51. Paris: J.-P. Migne, 1846.

——. *Pro Augustino responsiones ad excerpta Genuensium*. PL 51. Paris: J.-P. Migne, 1846.

——. *Psalmorum C ad CL Expositio*. PL 51. Paris: J.-P. Migne, 1846.

——. *De vera humilitate*. Edited and translated by M. Kathryn Clare Krabbe, in *Epistula ad Demetriadem de vera humilitate*. Catholic University of America Publications 97. Washington DC: Catholic University of America Press, 1956.

——. *De vocatione omnium gentium*. PL 51. Paris: J.-P. Migne, 1846.

Querolus (Aulularia). Comédie latine anonyme: Le Grincheux.

    Edited and translated by Catherine Jacquemard-Le Saos. Paris: Belles Lettres, 2003.

Recueil des inscriptions chrétiennes de la Gaule. Published under the direction of Henri Irénée Marrou.

    Vol. 8, *Aquitanie première*. Edited by Françoise Prévot. Paris: CNRS, 1991.

    Vol. 15, *Viennoise du Nord*. Edited by Françoise Descombes. Paris: CNRS, 1975.

Regula cuiusdam ad virgines. PL 88. Paris: J.-P. Migne, 1850.

Regula Macarii.

    Edited and translated by Salvatore Pricoco, in *La Regola di San Benedetto e le Regole dei Padri*. Verona: Mondadori, 1995.

    Edited and translated by Adalbert de Vogüé, in *Les règles des saints pères*. Vol. 1. SC 297. Paris: Le Cerf, 1982.

Regula quattuor patrum.

    Edited and translated by Salvatore Pricoco, in *La Regola di San Benedetto e le Regole dei Padri*. Verona: Mondadori, 1995.

    Edited and translated by Adalbert de Vogüé, in *Les règles des saints pères*. Vol. 1. SC 297. Paris: Le Cerf, 1982.

Repertorium der christlich-antiken Sarkophage. Edited by Friedrich Wilhelm Deichmann. Vol. 3, *Frankreich, Algerien, Tunesien*. Edited by Brigitte Christern-Briesenick. Mainz: P. Zabern, 2003.

Rufinus of Aquileia. *Apologia contra Hieronymum*. Edited by Manlio Simonetti, in *Opera*. CCSL 20. Turnhout: Brepols, 1961.

————. *Prologus in Omelias Origenis in Numeros.* Edited by Manlio Simonetti, in *Opera.* CCSL 20. Turnhout: Brepols, 1961.

Rutilius Namatianus, Claudius. *De reditu suo.* Edited by Charles Haines Keene and translated by George F. Savage-Armstrong, in *Rutilii Claudii Namatiani De reditu suo libri duo/ The Home-Coming of Rutilius Claudius Namatianus from Rome to Gaul in the Year 416 A.D.* London: George Bell and Sons, 1907.

Salvian of Marseilles. *Ad Ecclesiam.*
Edited and translated by Georges Lagarrigue, in *Salvien de Marseille: Oeuvres.* Vol. 1, *Les lettres, les livres de Timothée à l'Église.* SC 176. Paris: Le Cerf, 1971.
Translated by Jeremiah F. O'Sullivan, in *The Writings of Salvian, the Presbyter.* Fathers of the Church 3. New York: CIMA, 1947.

————. *De gubernatione Dei.*
Edited and translated by Georges Lagarrigue, in *Salvien de Marseille: Oeuvres.* Vol. 2, *Du gouvernement de Dieu.* SC 220. Paris: Le Cerf, 1975.
Translated by Eva M. Sanford, in *On the Government of God.* Columbia Records of Civilization. New York: Columbia University Press, 1930.
Translated by Jeremiah F. O'Sullivan, in *The Writings of Salvian, the Presbyter.* Fathers of the Church 3. New York: CIMA, 1947.

————. *Letters.*
Edited and translated by Georges Lagarrigue, in *Salvien de Marseille: Oeuvres.* Vol. 1, *Les lettres, les livres de Timothée à l'Église.* SC 176. Paris: Le Cerf, 1971.
Translated by Jeremiah F. O'Sullivan, in *The Writings of Salvian, the Presbyter.* Fathers of the Church 3. New York: CIMA, 1947.

Severus, Sulpicius. *Chronica.* Edited and translated by Ghislaine de Senneville-Grave, in *Sulpice Sévère: Chroniques.* SC 441. Paris: Le Cerf, 1999.

————. *Dialogues.* Edited and translated by Jacques Fontaine, in *Gallus: Dialogues sur les "vertus" de saint Martin.* SC 510. Paris: Le Cerf, 2006.

————. *Life of Martin.*
Edited and translated by Jacques Fontaine, in *Sulpice Sévère: Vie de Saint Martin. Introduction, texte et traduction.* 3 vols. SC 133–35. Paris: Le Cerf, 1967–69.
Translated by F. R. Hoare, in *The Western Fathers.* New York: Harper and Row, 1954.

Sidonius Apollinaris. *Letters.* Edited and translated by W. B. Anderson, in *Sidonius: Poems and Letters.* 2 vols. Loeb Classical Library. Cambridge, MA: Harvard University Press, 1965.

————. *Poems.* Edited and translated by W. B. Anderson, in *Sidonius: Poems and Letters.* 2 vols. Loeb Classical Library. Cambridge, MA: Harvard University Press, 1965.

Simplicius of Rome. *Epistulae.* Edited by Andreas Thiel, in *Epistolae Romanorum pontificum genuinae.* Vol. 1. Braunsberg: E. Peter, 1867; Hildesheim: G. Olms, 1974.

Siricius of Rome. *Letters.* PL 13. Paris: J.-P. Migne, 1845.

The Story of Apollonius King of Tyre. Translated by Gerald N. Sandy. In *Collected Ancient Greek Novels.* Edited by B. P. Reardon. Berkeley: University of California Press, 1989.

Symmachus. *Letters*. Edited and translated by Jean Pierre Callu, in *Symmaque: Lettres*. 4 vols. Paris: Belles Lettres, 1972–2002.

———. *The Letters of Symmachus*. Book 1. Edited and translated by Michale Renee Salzmann and Michael Roberts. *Writings from the Greco-Roman World* 30. Atlanta, Ga.: Society of Biblical Literature, 2011.

———. *Orationes*. Edited and translated by Jean-Pierre Callu, in *Symmaque: Discours, rapports*. Paris: Belles Lettres, 2009.

———. *Relationes*.

Edited and translated by Jean-Pierre Callu, in *Symmaque: Discours, rapports*. Paris: Belles Lettres, 2009.

Edited and translated by R. H. Barrow, in *Prefect and Emperor: The* Relationes *of Symmachus, A.D. 384*. Oxford: Clarendon Press, 1973.

Symmachus, Pope. *Epistulae*. Edited by Andreas Thiel, in *Epistolae Romanorum pontificum genuinae*. Vol. 1. Braunsberg: E. Peter, 1867; Hildesheim: G. Olms, 1974.

Le Talmud de Jérusalem. Translated by Moïse Schwab. Paris: Maisonneuve, 1932–33.

Uranius. *De obitu Paulini*.

PL 53. Paris: J.-P. Migne, 1847.

Translated by Dennis Trout, in *Paulinus of Nola: Life, Letters, and Poems*. Berkeley: University of California Press, 1999.

Valerianus of Cimiez. *Homilies*. PL 52. Paris: J.-P. Migne, 1845.

Veranus. *Sententia de castitate sacerdotum*. PL 72. Paris: J.-P. Migne, 1849.

Vindicianus. *Letter to the Emperor Valentinian*. Edited by Max Niedermann, in *De medicamentis/Über Heilmittel*. Vol. 1. Corpus Medicorum Latinorum 5. Berlin: Akademie, 1968.

De vita christiana.

PL 50. Paris: J.-P. Migne, 1846.

Translated by B. R. Rees, in *The Letters of Pelagius and His Followers*. Woodbridge, UK: Boydell, 1998.

Vitae patrum Emeritensium. Edited by Joseph N. Garvin, in *The Vitas sanctorum patrum Emeritensium*. Washington, DC: Catholic University of America Press, 1946.

Zosimus. *Historia nova*.

Edited by Ludwig Mendelssohn, in *Zosimi comitis et exadvocati fisci Historia nova*. Leipzig: Teubner, 1887.

Translated by Ronald T. Ridley, in *Zosimus: New History*. Canberra: American Association of Byzantine Studies, 1982.

二手文献

Aarjava, Antti. *Women and Law in Late Antiquity*. Oxford: Clarendon, 1996.

Adkin, Neil. *Jerome on Virginity: A Commentary on the* Libellus de virginitate servanda *(Letter 22)*. ARCA 42. Liverpool: Francis Cairns, 2003.

Age of Spirituality: Late Antique and Early Christian Art, Third to Seventh Century. Catalogue of the exhibition at the Metropolitan Museum of Art, November 19,

1977, through February 12, 1978. Edited by Kurt Weitzmann. New York: Metropolitian Museum of Art, New York 1988.

Albana, Mela. "Archiatri ... honeste obsequi tenuioribus malint quam turpiter servire divitibus (CTH 13,3,8)." In *Poveri ammalati e ammalati poveri: Dinamiche socio-economiche, trasformazioni culturali e misure assistenziali nell'Occidente romano in età tardoantica*, 253–79. Edited by Rosalia Marino, Concetta Molè, and Antonino Pinzone, with the collaboration of Margherita Cassia. Catania: Edizioni del Prisma, 2006.

Alciati, Roberto. *Monaci, vescovi e scuola nella Gallia tardoantica*. Temi e Testi 72. Rome: Edizioni di Storia e Letteratura, 2009.

Alciati, Roberto, and Maria Chiara Giorda. "Possessions and Asceticism: Melania the Younger and Her Slow Way to Jerusalem." *Zeitschrift für Antikes Christentum* 14 (2010): 425–44.

Alföldy, Géza. *The Social History of Rome*. London: Croom Helm, 1985.

Algazi, Gadi. "Introduction: Doing Things with Gifts." In *Negotiating the Gift: Pre-Modern Figurations of Exchange*, 9–27. Edited by Gadi Algazi, Valentin Groebner, and Bernhard Jussen. Göttingen: Vandenhoeck and Ruprecht, 2003.

Almeida, Maria José de, and António Carvalho. "Villa romana da Quinta das Longas (Elvas, Portugal): A lixeira baixo-imperial." *Revista Portuguesa de Arqueologia* 8 (2005): 299–368.

Alvar, Jaime. *Romanising Oriental Gods: Myth, Salvation and Ethics in the Cults of Cybele, Isis and Mithras*. Translated and edited by Richard Gordon. Religions of the Greco-Roman World 165. Leiden: Brill, 2008.

Amory, Patrick. "The Textual Transmission of the Donatio Ansemundi." *Francia* 20 (1993): 163–83.

Anchora vitae: Atti del II Convegno Paoliniano nel XVI Centenario del Ritiro di Paolino a Nola. Edited by Gennaro Luongo. Naples: Redenzione, 1998.

Anderson, Gary A. "Redeem Your Soul by the Giving of Alms: Sin, Debt and the 'Treasury of Merit' in Early Jewish and Christian Tradition." *Letter and Spirit* 3 (2007): 36–69.

———. Sin: A History. New Haven, CT: Yale University Press, 2009.

Ando, Clifford. *Imperial Ideology and Provincial Loyalty in the Roman Empire*. Berkeley: University of California Press, 2000.

———. *The Matter of the Gods: Religion and the Roman Empire*. Berkeley: University of California Press, 2008.

Angenendt, Arnold. "*Donationes pro anima*: Gift and Countergift in the Early Medieval Liturgy." In *The Long Morning of Medieval Europe: New Directions in Early Medieval Studies*, 131–54. Edited by Jennifer R. Davis and Michael McCormick. Aldershot: Ashgate, 2008.

L'Année épigraphique.

    1928. Edited by René Cagnat and Maurice Besnier. Paris: CNRS.

    1990. Edited by André Chastagnol, André Laronde, Marcel Le Glay, and Patrick Le Roux. Paris: CNRS.

Arce, Javier. *Bárbaros y romanos en Hispania (400–507 A.D.)*. Madrid: Marcial Pons, 2005.

Arce, Javier, Alexandra Chavarría, and Gisela Ripoll. "The Urban Domus in Late Antique Hispania: Examples from Emerita, Barcino and Complutum." In *Housing in Late Antiquity: From Palaces to Shops*, 305–36. Edited by Luke Lavan, Lale Özgenel, and Alexander Sarantis. Late Antique Archaeology 3.2. Leiden: Brill, 2007.

Archeologia urbana a Ravenna: La Domus dei tapetti di pietro, il complesso archeologico di via D'Azeglio. Edited by Giovanna Montevecchi. Ravenna: Longo, 2004.

Arena, Gaetano. "Il 'potere di guarire': L'attività medica fra politica e cultura nella tarda antichità." In *Poveri ammalati e ammalati poveri: Dinamiche socio-economiche, trasformazioni culturali e misure assistenziali nell'Occidente romano in età tardoantica*, 387–424. Edited by Rosalia Marino, Concetta Molè, and Antonino Pinzone, with the collaboration of Margherita Cassia. Catania: Edizioni del Prisma, 2006.

Armitage, Mark J. *A Twofold Solidarity: Leo the Great's Theology of Redemption*. Strathfield, NSW: St. Paul's Publications, 2005.

Arnaud, José Marais, and Carla Verela Fernandes. *Construindo a memória: As colecções do Museu Arqueológico do Carmo*. Lisbon: Museu Arqueológico do Carmo, 2005.

Arthur, Paul. "From Vicus to Village: Italian Landscapes, AD 400–1000." In *Landscapes of Change: Rural Evolutions in Late Antiquity and the Early Middle Ages*, 103–33. Edited by Neil Christie. Aldershot: Ashgate, 2004.

———. *Romans in Northern Campania: Settlement and Land-Use around the Massico and the Garigliano Basin*. Archaeological Monographs of the British School at Rome 1. London: British School at Rome, 1991.

Atti del colloquio internazionale. Il Liber Pontificalis e la storia materiale. Edited by Herman Geertman. Medelingen van het Nederlands Instituut te Rome: Antiquity 60–61. Assen: Van Gorcum, 2003.

Augustine through the Ages: An Encyclopedia. Edited by Allan D. Fitzgerald. Grand Rapids, MI: Eerdmans, 1999.

Augustinus-Lexikon. Edited by Cornelius Mayer. Basel: Schwabe, 1986.

Aurea Roma: Dalla città pagana alla città cristiana. Edited by Serena Ensoli and Eugenio La Rocca. Rome: Bretschneider, 2000.

Ausone et Paulin de Nole: Correspondance. Edited by David Amherdt. Sapheneia 9. Bern: Peter Lang, 2004.

Bachrach, Bernard S. "The Fortification of Gaul and the Economy of the Third and Fourth Centuries." *Journal of Late Antiquity* 3 (2010): 38–64.

Badel, Christophe. *La noblesse de l'empire romain: Les masques et la vertu*. Seyssel: Champ Vallon, 2005.

Badewien, Jan. *Geschichtstheologie und Sozialkritik im Werk Salvians von Marseille*. Forschungen zur Kirchen- und Dogmengeschichte 32. Göttingen: Vandenhouck and Ruprecht, 1980.

Bailey, Lisa Kaaren. "Building Urban Christian Communities: Sermons on Local Saints in the Eusebius Gallicanus Collection." *Early Medieval Europe* 12 (2003): 1–24.

———. *Christianity's Quiet Success: The Eusebius Gallicanus Sermon Collection and the Power of the Church in Late Antique Gaul*. Notre Dame, IN: University of Notre Dame Press, 2010.

Bakhtin, Mikhail M. *Rabelais and His World*. Translated by Helene Iswolsky. Cambridge, MA: MIT Press, 1968.

Baldini Lippolis, Isabella. *La domus tardoantica: Forme e rappresentazioni dello spazio domestico nelle città del Mediterraneo*. Imola: University Press of Bologna, 2001.

Balmelle, Catherine. *Les demeures aristocratiques d'Aquitaine: Société et culture de l'Antiquité tardive dans le Sud-Ouest de la Gaule*. Bordeaux and Paris: Ausonius and Aquitania, 2001.

———. "Le répertoire végétal des mosaïstes du Sud-Ouest de la Gaule et des sculpteurs des sarcophages dits d'Aquitaine." *Antiquité tardive* 1 (1993): 101–7.

Balmelle, Catherine, A. Ben Abed-Ben Khader, A. Bourgeois, Cl. Brenot, H. Broise, J.-P. Darmon, M. Ennaïfer, and M.-P. Raynaud. "Vitalité de l'architecture domestique à Carthage au Ve siècle: L'exemple de la maison dite de la Rotonde, sur la colline de l'Odéon." *Antiquité tardive* 11 (2003): 151–66.

Banaji, Jairus. *Agrarian Change in Late Antiquity: Gold, Labour, and Aristocratic Dominance*. 2001. Reprint, Oxford: Oxford University Press, 2007.

———. "Aristocracies, Peasantries and the Framing of the Early Middle Ages." *Journal of Agrarian Change* 9 (2009): 59–91.

———. "Lavoratori liberi e residenza coatta: Il colonato romano in prospettiva storica." In *Terre, proprietari e contadini dell'impero romano: Dall'affitto agrario al colonato tardoantico*, 253–80. Edited by Elio Lo Cascio. Rome: Nuova Italia Scientifica, 1997.

Barbier, Josianne. "Testaments et pratique testamentaire dans le royaume franc (VIe–VIIIe siècles)." In *Sauver son âme et se perpétuer: Transmission du patrimoine et mémoire au haut Moyen Âge*, 7–79. Edited by François Bougard, Cristina La Rocca, and Régine Le Jan. Collection de l'École française de Rome 351. Rome: École française de Rome, 2005.

Barcellona, Rossana. *Fausto di Riez, interprete del suo tempo: Un vescovo tardoantico dentro la crisi dell'impero*. Soveria Manelli: Rubettino, 2006.

Barceló, Pedro. *Constantius II. und seine Zeit: Die Anfänge des Staatskirchentums*. Stuttgart: Klett-Cotta, 2004.

Barnes, Timothy D. *Ammianus Marcellinus and the Representation of Historical Reality*. Ithaca, NY: Cornell University Press, 1998.

———. *Athanasius and Constantius: Theology and Politics in the Constantinian Empire*. Cambridge, MA: Harvard University Press, 1993.

———. *Constantine: Dynasty, Religion and Power in the Later Roman Empire*. Oxford: Wiley-Blackwell, 2011.

———. *Constantine and Eusebius*. Cambridge, MA: Harvard University Press, 1981.

———. "Statistics and the Conversion of the Roman Aristocracy." *Journal of Roman Studies* 85 (1995): 135–47.

———. "Was There a Constantinian Revolution?" *Journal of Late Antiquity* 2 (2009): 374–84.

Barnish, S.J.B. "Pigs, Plebeians and *Potentes*: Rome's Economic Hinterland, c. 350–600 A.D." *Papers of the British School at Rome* 55 (1987): 157–85.

———. "*Religio in stagno*: Nature, Divinity and the Christianization of the Countryside in Late Antique Italy." *Journal of Early Christian Studies* 9 (2001): 387–402.

Barnish, S.J.B. "Transformation and Survival in the Western Senatorial Aristocracy, c. A.D. 400–700." *Papers of the British School at Rome* 66 (1988): 120–55.

———. "The Wealth of Julianus Argentarius: Late Antique Banking and the Mediterranean Economy." *Byzantion* 55 (1985): 5–38.

Baslez, Marie-Françoise. *Comment notre monde est devenu chrétien*. Tours: Éditions CLD, 2008.

Baumann, Peter. *Spätantike Stifter im Heiligen Land: Darstellungen und Inschriften auf Bodenmosaik in Kirchen, Synagogen und Privathäusern*. Wiesbaden: Reichert, 1999.

Baumgart, Susanne. *Die Bischofsherrschaft im Gallien des 5. Jahrhunderts: Eine Untersuchung zu den Gründen und Anfängen weltlicher Herrschaft der Kirche*. Münchener Arbeiten zur Alten Geschichte 8. Munich: Editio Maris, 1995.

Baus, Karl. *Das Gebet zu Christus beim hl. Ambrosius*. Edited by Ernst Dassmann. Berlin: Philo, 2000.

Bavel, Tarsicius J. van. "'Ante omnia' et 'in Deum' dans la 'Regula Sancti Augustini.'" *Vigiliae Christianae* 12 (1958): 157–65.

Baynes, Norman Hepburn. *Constantine the Great and the Christian Church*. 2nd ed. Preface by Henry Chadwick. London: Oxford University Press for the British Academy, 1972.

Beaucamp, Joëlle. "Le testament de Grégoire de Nazianze." In *Fontes Minores* 10. Edited by Ludwig Burgmann. Forschungen zur byzantinischen Rechtsgeschichte. Frankfurt: Löwenklau, 1998.

Beaujard, Brigitte. "La topographie chrétienne des cités de la Gaule: Bilan et perspectives." In *Le problème de la christianisation du monde antique*, 203–18. Edited by Hervé Inglebert, Sylvain Destephen, and Bruno Dumézil. Paris: Picard, 2010.

BeDuhn, Jason David. "Augustine Accused: Megalius, Manichaeism and the Inception of the *Confessions*." *Journal of Early Christian Studies* 17 (2009): 85–124.

———. *Augustine's Manichaean Dilemma*. Vol. 1, *Conversion and Apostasy, 373–388 C.E.* Philadelphia: University of Pennsylvania Press, 2010.

———. *The Manichaean Body: In Discipline and Ritual*. Baltimore: Johns Hopkins University Press, 2000.

Behlmer, Heike. *Schenute von Atripe: De Iudicio (Torino, Museo Egizio: Catalogo 63000 Cod. IV)*. Turin: Museo Egizio, 1996.

Bek, Lise. "*Quaestiones conviviales*: The Idea of the Triclinium and the Staging of Convivial Ceremony from Rome to Byzantium." *Analecta Romana Instituti Danici* 12 (1983): 81–107.

Belayche, Nicole. "Des lieux pour le 'profane' dans l'empire tardo-antique? Les fêtes entre *koinônia* sociale et espaces de rivalités religieuses." *Antiquité tardive* 15 (2007): 35–46.

Bellomo, Barbara. "Abusi nell'economia di carità." In *Poveri ammalati e ammalati poveri: Dinamiche socio-economiche, trasformazioni culturali e misure assistenziali nell'Occidente romano in età tardoantica*, 449–63. Edited by Rosalia Marino, Concetta Molè, and Antonino Pinzone, with the collaboration of Margherita Cassia. Catania: Edizioni del Prisma, 2006.

Benoit, Fernand. "La crypte en triconque de Théopolis." *Rivista di archeologia cristiana* 27 (1951): 69–89.

Bergmann, Marianne. *Chiragan, Aphrodisias, Konstantinopel: Zur mythologischen Skulptur der Spätantike*. Deutsches Archäologisches Institut, Rom: Palilia 7. Wiesbaden: Reichert, 1999.

Bernardini, Paolo. *Un solo battesimo, una sola chiesa: Il concilio di Cartagine del settembre 256*. Bologna: Mulino, 2009.

Berrouard, Marie-François. "Un tournant dans la vie de l'église d'Afrique: Les deux missions d'Alypius en Italie à la lumière des *Lettres* 10*, 15*, 16*, 22* et 23A." *Revue des études augustiniennes* 31 (1985): 46–70.

Berthier, André. *La Numidie: Rome et le Maghreb*. Paris: Picard, 1981.

———. *Les vestiges du christianisme antique dans la Numidie centrale*. Algiers: Maison-Carrée, 1942.

Bertolino, Alessandro. "'In area Callisti': Contributo alla topografia di Roma tardoantica." *Rivista di archeoloigia cristiana* 70 (1994): 181–90.

Bickerman, Elias. *Four Strange Books of the Bible*. New York: Schocken, 1967.

Blackhurst, Andy. "The House of Nubel: Rebels or Players?" In *Vandals, Romans and Berbers: New Perspectives on Late Antique Africa*, 59–76. Edited by Andrew H. Merrills. Aldershot: Ashgate, 2004.

Blair-Dixon, Kate. "Memory and Authority in Sixth-Century Rome: *The Liber Pontificalis* and the *Collectio Avellana*." In *Religion, Dynasty and Patronage in Early Christian Rome, 300–900*, 59–76. Edited by Kate Cooper and Julia Hillner. Cambridge: Cambridge University Press, 2007.

Bland, Roger, and Catherine Johns. *The Hoxne Treasure: An Illustrated Introduction*. London: British Museum Press, 1993.

Blázquez, José María. *Mosaicos romanos de Córdoba, Jaén y Málaga*. Corpus de mosaicos de España 3. Madrid: CSIC, 1981.

Bloch, Maurice, and Jonathan Parry. Introduction to *Money and the Morality of Exchange*, 1–32. Edited by Jonathan Parry and Maurice Bloch. Cambridge: Cambridge University Press, 1989.

Bodel, John. "From *Columbaria* to Catacombs: Collective Burial in Pagan and Christian Rome." In *Commemorating the Dead: Texts and Artifacts in Context. Studies of Roman, Jewish, and Christian Burials*, 177–242. Edited by Laurie Brink and Deborah Green. Berlin: de Gruyter, 2008.

———. "Monumental Villas and Villa Monuments." *Journal of Roman Archaeology* 10 (1997): 3–35.

Bonamente, Giorgio. "Chiesa e impero nel IV secolo: Constanzo II fra il 357 e il 361." In *La comunità cristiana di Roma: La sua vita e la sua cultura dalle origini all'alto medioevo*, 113–38. Edited by Letizia Pani Ermini and Paolo Siniscalco. Vatican City: Pontificio Istituto di Archeologia Cristiana, 2000.

Bonneau, Danielle. *La crue du Nil, divinité égyptienne, à travers mille ans d'histoire (322 av.–641 ap. J.-C.)*. Paris: Klincksieck, 1964.

Borg, Barbara, and Christian Witschel. "Veränderungen im Repräsentationsverhalten der römischen Eliten während des 3. Jhrdts n. Chr." In *Inschriftliche Denkmäler als*

Medien der Selbstdarstellung in der römischen Welt, 47–120. Edited by Geza Alföldy and Silvio Panciera. Stuttgart: F. Steiner, 2001.

Borgolte, Michael. *"Felix est homo ille qui amicos bonos relinquit*: Zur sozialen Gestaltungskraft letzwilliger Verfügungen am Beispiel Bischofs Bertrams von le Mans (616)." In *Festschrift für Berent Schwineköper*, 5–18. Edited by Helmut Maurer and Hans Patze. Sigmaringen: J. Thorbecke, 1982.

Bori, Pier Cesare. *Chiesa primitiva: L'imaggine della communità delle origini—Atti 2, 42–47; 4, 32–37—nella storia della chiesa antica*. Brescia: Paideia, 1974.

Borodin, O. R. "Ekonomicheskie protivorechiia v srede ravennskovo dukhenstva v VI–VIII vv." *Vizantiskĭ vremennik* 56 (81) (1995): 32–44.

Boudartchouk, Jean-Luc. "Production et diffusion des sarcophages romains tardifs et mérovingiens dans la région de Lourdes (Hautes Pyrénées)." *Gallia* 59 (2002): 53–60.

Bourgeois, Luc. "Les résidences des élites et les fortifications du Haut Moyen-Âge en France et en Belgique dans leur cadre européen: Aperçu historiographique (1955–2005)." *Cahiers de civilisation médiévale* 49 (2006): 113–42.

Bowersock, Glen W. "From Emperor to Bishop: The Self-Conscious Transformation of Political Power in the Fourth Century A.D." *Classical Philology* 81 (1986): 298–307. Reprinted in *Selected Papers on Late Antiquity*.

———. "Peter and Constantine." In *St. Peter's in the Vatican*, 5–15. Edited by William Tronzo. Cambridge: Cambridge University Press, 2005.

———. *Selected Papers on Late Antiquity*. Bari: Edipuglia, 2000.

———. "Symmachus and Ausonius." In *Colloque genèvois sur Symmaque*, 1–15. Edited by François Paschoud. Paris: Belles Lettres, 1986. Reprinted in *Selected Papers on Late Antiquity*.

Bowes, Kimberly. "Building Sacred Landscapes: Villas and Cult." In *Villas Tardoantiguas en el Mediterráneo Occidental*, 73–95. Edited by Alexandra Chavarria, Javier Arce, and Gian Pietro Brogiolo. Anejos de Archivo Español de Arqueología 39. Madrid: Consejo Superior de Investigaciones Científicas, 2006.

———. "'Une coterie espagnole pieuse': Christian Archaeology and Christian Communities in Theodosian Hispania." In *Hispania in Late Antiquity: Current Perspectives*, 189–258. Edited by Kim Bowes and Michael Kulikowski. Leiden: Brill, 2005.

———. *Houses and Society in the Later Roman Empire*. London: Duckworth, 2010.

———. *Private Worship, Public Values, and Religious Change in Late Antiquity*. Cambridge: Cambridge University Press, 2008.

Bowes, Kimberly, and Adam Gutteridge. "Rethinking the Later Roman Landscape." *Journal of Roman Archaeology* 18 (2005): 405–13.

Brandenburg, Hugo. "Das Baptisterium und der Brunnen des Atriums von Alt-St.Peter in Rom." *Boreas* 26 (2003): 55–71.

———. "Bellerophon christianus? Zur Deutung des Mosaiks von Hinton St. Mary und zum Problem der Mythendarstellungen in der kaiserzeitlichen dekorativen Kunst." *Römische Quartalschrift* 63 (1968): 49–86.

———. "Christussymbole in frühchristlichen Bodenmosaiken." *Römische Quartalschrift* 64 (1969): 74–138.

———. "Osservazioni sulla fine della produzione e dell'uso dei sarcophagi a rilievo nella tarda antichità nonché sulla loro decorazione." In *Sarcofagi tardoantichi, paleocristiani ed altomedievali,* 1–14. Edited by Fabrizio Bisconti and Hugo Brandenburg. Vatican: Pontificio Istituto di Archeologia Cristiana, 2004.

Bransbourg, Gilles. "Fiscalité impériale et finances municipales au IVe siècle." *Antiquité tardive* 16 (2008): 255–96.

Braudel, Fernand. *The Mediterranean and the Mediterranean World in the Age of Philip II.* Translated by Siân Reynolds. 2 vols. London: Collins, 1972–73.

"Bread and Circuses": Euergetism and Municipal Patronage in Roman Italy. Edited by Kathryn Lomas and Tim Cornell. London: Routledge, 2003.

Brenk, Beat. "L'anno 410 e il suo effetto sull'arte chiesastica a Roma." In vol. 2 of *Ecclesiae urbis,* 1001–18. Edited by Federico Guidobaldi and Alessandra Guiglia Guidobaldi. Studi di Antichità Cristiana 59. 3 vols. Rome: Pontificio Istituto di Antichità Cristiana, 2002.

———. *Die Christianisierung der spätrömischen Welt: Stadt, Land, Haus, Kirche und Kloster in frühchristlicher Zeit.* Wiesbaden: Reichert, 2003.

———. "La cristianizzazione della *Domus* dei Valerii sul Celio." In *The Transformations of Vrbs Roma in Late Antiquity,* 69–84. Edited by W. V. Harris. Journal of Roman Archaeology: Supplementary Series 33. Portsmouth, RI: Journal of Roman Archaeology, 1999.

Brennecke, Hans Christof. *Hilarius von Poitiers und die Bischofsopposition gegen Konstantius II: Untersuchungen zur dritten Phase des Arianischen Streites (337–361).* Patristische Texte und Studien 26. Berlin: de Gruyter, 1984.

Breukelaar, Adriaan H. B. *Historiography and Episcopal Authority: The Histories of Gregory of Tours Interpreted in Their Historical Context.* Forschungen zur Kirchen und Dogmengeschichte 57. Göttingen: Vandenhoek and Ruprecht, 1994.

Briand-Ponsart, Claude, and Christophe Hugoniot. *L'Afrique romaine de l'Atlantique à la Tripolitaine, 146 av. J.-C.–533 ap. J.-C.* Paris: Armand Colin, 2005.

Brock, Sebastian P. "Saints in Syriac: A Little-Tapped Resource." *Journal of Early Christian Studies* 16 (2008): 181–96.

———. *The Syriac Fathers on Prayer and the Spiritual Life.* Cistercian Studies 101. Kalamazoo, MI: Cistercian Studies, 1987.

Broise, Henri, Martine Dewailly, and Vincent Jolivet. "Scoperta di un palazzo tardoantico nella piazzale di Villa Medici." *Rendiconti: Pontificia Accademia Romana di Archeologia* 72 (1999–2000): 1–17.

Brown, Peter. "Alms and the Afterlife: A Manichaean View of an Early Christian Practice." In *East and West: Papers in Ancient History Presented to Glen W. Bowersock,* 145–58. Edited by T. Corey Brennan and Harriet I. Flower. Cambridge, MA: Department of Classics, Harvard University, 2008.

———. "Aspects of the Christianization of the Roman Aristocracy." *Journal of Roman Studies* 51 (1961): 1–11. Reprinted in *Religion and Society.*

———. *Augustine of Hippo: New Edition with an Epilogue.* Berkeley: University of California Press, 2000.

Brown, Peter. *Authority and the Sacred: Aspects of the Christianisation of the Roman World.* Cambridge: Cambridge University Press, 1995.

——. *The Body and Society: Men, Women and Sexual Renunciation in Early Christianity.* Reprint with new introduction. New York: Columbia University Press, 2008.

——. *The Cult of the Saints: Its Rise and Function in Latin Christianity.* Chicago: University of Chicago Press, 1981.

——. "Dalla 'plebs romana' alla 'plebs Dei': Aspetti della cristianizzazione di Roma." In *Governanti e intellettuali: Popolo di Roma e popolo di Dio, I–VI secolo,* 123–45. Passatopresente 2. Turin: Giapichelli, 1982.

——. "The Decline of the Empire of God: Amnesty, Penance and the Afterlife from Late Antiquity to the Middle Ages." In *Last Things: Death and the Apocalypse in the Middle Ages,* 41–59. Edited by Caroline Walker Bynum and Paul Freedman. Philadephia: University of Pennsylvania Press, 2000.

——. "The Diffusion of Manichaeism in the Roman Empire." *Journal of Roman Studies* 59 (1969): 92–103. Reprinted in *Religion and Society.*

——. Introduction to *The World of Gregory of Tours,* 1–28. Edited by Kathleen Mitchell and Ian Wood. Leiden: Brill, 2002.

——. "The Patrons of Pelagius: The Roman Aristocracy between East and West." *Journal of Theological Studies,* n.s., 21 (1970): 56–72. Reprinted in *Religion and Society.*

——. "Pelagius and His Supporters: Aims and Environment." *Journal of Theological Studies,* n.s., 19 (1968): 93–114. Reprinted in *Religion and Society.*

——. *Poverty and Leadership in the Later Roman Empire.* Menahem Stern Jerusalem Lectures. Hanover, NH: University Press of New England, 2002.

——. *Power and Persuasion in Late Antiquity: Towards a Christian Empire.* Madison: University of Wisconsin Press, 1992.

——. "Relics and Social Status in the Age of Gregory of Tours." In *Society and the Holy in Late Antiquity,* 222–50. Berkeley: University of California Press, 1982.

——. *Religion and Society in the Age of Saint Augustine.* London: Faber, 1972; Eugene, OR: Wipf and Stock, 2007.

——. "Religious Coercion in the Later Roman Empire: The Case of North Africa." *History* 48 (1963): 283–305. Reprinted in *Religion and Society.*

——. Review article on Richard Sorabji, *Emotion and Peace of Mind: From Stoic Agitation to Christian Temptation. Philosophical Books* 43 (2002): 185–208.

——. *The Rise of Western Christendom: Triumph and Diversity, A.D. 200–1000.* 2nd ed. Oxford: Blackwell, 2003.

——. "Sexuality and Society in the Fifth Century A.D.: Augustine and Julian of Eclanum." In *Tria corda: Scritti in onore di Arnaldo Momigliano,* 49–70. Edited by Emilio Gabba. Biblioteca di Athenaeum 1. Como: New Press, 1983.

——. "The World of Late Antiquity Revisited." *Symbolae Osloenses* 72 (1997): 5–90.

Bruck, Eberhard Friedrich. *Kirchenväter und soziales Erbrecht: Wanderungen religiöser Ideen durch die Rechte der östlichen und westlichen Welt.* Berlin: Springer, 1956.

Brunert, Maria-Elisabeth. *Das Ideal der Wüstenaskese und seine Rezeption in Gallien bis zum Ende des 6. Jahrhunderts.* Beiträge zur Geschichte des alten Mönchtums und des Benediktinerordens 42. Münster: Aschendorff, 1994.

Brunner, Otto. *Land and Lordship: Structures of Governance in Medieval Austria.* Translated by Howard Kaminsky and James van Horn Melton. Philadelphia: University of Pennsylvania Press, 1992.

Buenacasa Pérez, Carles. "La creación del patrimonio ecclesiastico de las iglesias norteafricanas en época romana (siglos II–V): Renovación de la visión tradicional." In *Sacralidad y Arqueología: Homenaje al Prof. Thilo Ulbert*, 493–509. Antigüedad y Cristianismo 21. Murcia: Universidad de Murcia, 2004.

Bührer-Thierry, Geneviève. "Lumière et pouvoir dans le haut moyen-âge occidental: Célébration de pouvoir et métaphores lumineuses." *Mélanges de l'École française de Rome: Moyen-âge* 116 (2004): 521–58.

Burns, J. Patout. *Cyprian the Bishop.* London: Routledge, 2002.

Burrus, Virginia. *The Making of a Heretic: Gender, Authority and the Priscillianist Controversy.* Berkeley: University of California Press, 1995.

Bury, J. B. *History of the Later Roman Empire from the Death of Theodosius I to the Death of Justinian (A.D. 395–A.D. 565).* 2 vols. London: MacMillan, 1923.

Caillet, Jean-Pierre. *L'évergétisme monumental chrétien en Italie et à ses marges d'après les pavements de mosaïque (IVe–VIIe s.).* Collection de l'École française de Rome 175. Rome: Palais Farnèse, 1993.

———. "La réalité de l'implantation monumentale chrétienne au temps d'Augustin: L'exemple de quelques cités de Numidie." In *Saint Augustin, la Numidie et la société de son temps*, 55–66. Edited by Serge Lancel. Bordeaux: Ausonia; Paris: Boccard, 2005.

Cain, Andrew. *The Letters of Jerome: Asceticism, Biblical Exegesis, and the Construction of Christian Authority in Late Antiquity.* Oxford: Oxford University Press, 2009.

Caliri, Elena. "Povertà e assistenza nella Sicilia protobizantina." In *Poveri ammalati e ammalati poveri: Dinamiche socio-economiche, trasformazioni culturali e misure assistenziali nell'Occidente romano in età tardoantica*, 145–66. Edited by Rosalia Marino, Concetta Molè, and Antonino Pinzone, with the collaboration of Margherita Cassia. Catania: Edizioni del Prisma, 2006.

Callataÿ, François de. "The Graeco-Roman Economy in the Super Long-Run: Lead, Copper and Shipwrecks." *Journal of Roman Archaeology* 18 (2005): 361–72.

Callu, Jean-Pierre. "Le 'centenarium' et l'enrichissement monétaire au Bas-Empire." *Ktèma* 3 (1978): 301–16.

The Cambridge Ancient History. Vol. 13, *The Late Empire, A.D. 337–425.* Edited by Averil Cameron and Peter Garnsey. Cambridge: Cambridge University Press, 1998.

The Cambridge Companion to the Age of Constantine. Edited by Noel Lenski. Cambridge: Cambridge University Press, 2006.

The Cambridge Economic History of the Greco-Roman World. Edited by Walter Scheidel, Ian Morris, and Richard Saller. Cambridge: Cambridge University Press, 2007.

The Cambridge History of Christianity. Vol. 2, *Constantine to c. 600.* Edited by Augustine Casiday and Frederick W. Norris. Cambridge: Cambridge University Press, 2007.

Cameron, Alan. "The Antiquity of the Symmachi." *Historia* 48 (1999): 477–505.

———. "Filocalus and Melania." *Classical Quarterly* 87 (1992): 140–44.

———. *Greek Mythography in the Roman World.* Oxford: Oxford University Press, 2004.

———. *The Last Pagans of Rome.* Oxford: Oxford University Press, 2011.

———. "The Probus Diptych and Christian Apologetic." In *From Rome to Constantinople: Studies in Honour of Averil Cameron,* 191–202. Edited by Hagit Amirav and Bas ter Haar Romeny. Louvain: Peeters, 2007.

Cameron, Averil. *Christianity and the Rhetoric of Empire: The Development of Christian Discourse.* Berkeley: University of California Press, 1991.

Caner, Daniel. "Towards a Miraculous Economy: Christian Gifts and Material 'Blessings' in Late Antiquity." *Journal of Early Christian Studies* 14 (2006): 329–77.

———. *Wandering, Begging Monks: Spiritual Authority and the Promotion of Monasticism in Late Antiquity.* Berkeley: University of California Press, 2002.

Cantino Wataghin, Gisella, Vincenzo Fiocchi Nicolai, and Giuliano Volpe. "Aspetti della cristianizzazione degli agglomerati secondari." In vol. 1 of *La cristianizzazione in Italia tra Tardoantico e Altomedioevo,* 83–134. Edited by Rosa Maria Bonacasa Carra and Emma Vitale. Palermo: Carlo Saladino, 2007.

Carlà, Filippo. *L'oro nella tarda antichità: Aspetti economici e sociali.* Turin: Silvio Zamorani, 2009.

Carmassi, Patrizia. "La prima redazione del *Liber Pontificalis* nel quadro delle fonti contemporanee: Osservazioni in margine alla vita di Simmaco." In *Atti del colloquio internazionale, Il Liber Pontificalis e la storia materiale,* 235–66. Edited by Herman Geertman. Medelingen van het Nederlands Instituut te Rome: Antiquity 60–61. Assen: Van Gorcum, 2003.

Carrié, Jean-Michel. "Les associations professionnelles à l'époque tardive: Entre munus et convivialité." In *Humana sapit: Études d'Antiquité Tardive offeres à Lellia Cracco Ruggini,* 309–32. Edited by Carrié and Rita Lizzi Testa. Bibliothèque d'Antiquité Tardive 3. Turnhout: Brepols, 2002.

———. "Le 'colonat du Bas-Empire': Un mythe historiographique?" *Opus* 1 (1982): 351–70.

———. "Dioclétien et la fiscalité." *Antiquité tardive* 2 (1994): 33–64.

———. "Les distributions alimentaires dans les cités de l'empire romain tardif." *Mélanges de l'École française de Rome: Antiquité* 87 (1975): 995–1101.

———. "*Nihil habens praeter quod ipso die vestiebatur*: Comment définir le seuil de la pauvreté à Rome?" In *Consuetudinis amor: Fragments d'histoire romaine (IIe–VIe siècles) offerts à Jean-Pierre Callu,* 71–102. Edited by François Chausson and Étienne Wolff. Rome: Bretschneider, 2003.

———. "Pratique et idéologie chrétiennes de l'économique (IVe–VIe siècle)." *Antiquité tardive* 14 (2006): 17–26.

Carrié, Jean-Michel, and Aline Rousselle. *L'empire romain en mutation: Des Sévères à Constantin, 192–337*. Paris: Du Seuil, 1999.

Caseau, Béatrice. "A Case Study for the Transformation of Law in Late Antiquity: The Legal Protection of Churches." In *Confrontation in Late Antiquity: Imperial Presentation and Regional Adaptation*, 61–77. Edited by Linda Jones Hall. Cambridge: Orchard Academic, 2003.

———. "Objects in Churches: The Testimony of Inventories." In *Objects in Context, Objects in Use: Material Spatiality in Late Antiquity*, 551–79. Edited by Luke Lavan, Ellen Swift, and Toon Putzeys. Late Antique Archaeology 5. Leiden: Brill, 2007.

Casiday, Augustine M. C. "Rehabilitating John Cassian: An Evaluation of Prosper of Aquitaine's Polemic against the 'Semipelagians.'" *Scottish Journal of Theology* 58 (2005): 270–84.

———. *Tradition and Theology in St. John Cassian*. Oxford: Oxford University Press, 2007.

Cavadini, John. "Feeling Right: Augustine on the Passions and Sexual Desire." *Augustinian Studies* 36 (2005): 195–217.

Cecconi, Giovanni Alberto. "Crisi e trasformazioni del governo municipale in Occidente fra IV e VI secolo." In *Die Stadt in der Spätantike—Niedergang oder Wandel?* 285–318. Edited by Jens-Uwe Krause and Christian Witschel. Historia Einzelschriften 190. Stuttgart: F. Steiner, 2006.

———. "Elemosina e propaganda: Un'analisi della 'Macariana persecutio.'" *Revue des études augustiniennes* 31 (1990): 42–66.

———. *Governo imperiale e élites dirigenti nell'Italia tardoantica: Problemi di storia politico-amministrativa (270–476 d.C.)*. Biblioteca di Athenaeum 24. Como: New Press, 1994.

———. "Vescovi e maggiorenti cristiani nell'Italia centrale fra IV e V secolo." In *Vescovi e pastori in epoca Teodosiana*, 205–24. Studia Ephemeridis Augustinianum 58. Rome: Institutum Pontificium Augustinianum, 1997.

Chadwick, Henry. *Boethius: The Consolations of Music, Logic, Theology and Philosophy*. Oxford: Clarendon, 1981.

———. *The Church in Ancient Society: From Galilee to Gregory the Great*. Oxford: Oxford University Press, 2001.

———. *Priscillian of Avila: The Occult and the Charismatic in the Early Church*. Oxford: Clarendon, 1976.

Chadwick, Nora K. *Poetry and Letters in Early Christian Gaul*. London: Bowes and Bowes, 1955.

Chadwick, Owen. *A History of the Popes, 1830–1914*. Oxford: Clarendon, 1998.

———. *John Cassian*. Cambridge: Cambridge University Press, 1968.

Chalon, Michel, Georges Devallet, Paul Force, Michel Griffe, Jean-Marie Lassere, and Jean-Noël Michaud. "*Memorabile factum*: Une célébration de l'évergétisme des rois vandales dans l'Anthologie Latine." *Antiquités africaines* 21 (1985): 207–62.

Champlin, Edward. *Final Judgments: Duty and Emotion in Roman Wills, 200 B.C.– A.D. 250*. Berkeley: University of California Press, 1991.

Champlin, Edward. "The *Suburbium* of Rome." *American Journal of Ancient History* 7 (1982): 97–117.

Charity and Giving in Monotheistic Religions. Edited by Miriam Frenkel and Yaacov Lev. Studien zur Geschichte und Kultur des islamischen Orients, n. F. 22. Berlin: de Gruyter, 2009.

Charles-Picard, Gilbert. "*Civitas mactaritana.*" *Karthago* 8 (1957): 1–156.

Chastagnol, André. "Observations sur le consulat suffect et la préture au Bas-Empire." *Revue historique* 219 (1958): 221–53.

——. "Un scandale du vin à Rome sous le Bas-Empire: L'affaire du Préfet Orfitus." *Annales* 5 (1950): 166–83.

——. "Le Sénat dans l'oeuvre de Symmaque." In *Colloque genèvois sur Symmaque,* 73–92. Edited by François Paschoud. Paris: Belles Lettres, 1986.

Chavarría Arnau, Alexandra. *El final de las "villae" en "Hispania" (siglos IV–VIII).* Turnhout: Brepols, 2007.

Chevalier, Pascale. "Les graffitis de l'abside de l'Eufrasiana de Poreč: Un obituaire monumental du haut Moyen Âge." *Mélanges Jean Pierre Sodini: Travaux et mémoires* 15 (2005): 359–70.

Cheyette, Fredric L. "The Disappearance of the Ancient Landscape and the Climatic Anomaly of the Early Middle Ages: A Question to Be Pursued." *Early Medieval Europe* 16 (2008): 127–65.

Christe, Yves. "À propos du décor figuré des sarcophages d'Aquitaine." *Antiquité tardive* 1 (1993): 75–80.

Christern, Jürgen. "Basilika und Memorie der heiligen Salsa in Tipasa: Ein Beitrag zum Verhältnis von Märtyrergrab und Zömeterialbasilika." *Bulletin d'archéologie algérienne* 3 (1968): 193–250.

——. *Das frühchristliche Pilgerheiligtum von Tebessa: Architektur und Ornamentik einer spätantiken Bauhütte in Nordafrika.* Wiesbaden: F. Steiner, 1976.

Christie, Neil. *From Constantine to Charlemagne: An Archaeology of Italy, AD 300–800.* Aldershot: Ashgate, 2006.

Cipriani, Nello. "Le fonti cristiane della dottrina trinitaria nei primi Dialoghi di S. Agostino." *Augustinianum* 34 (1994): 253–313.

——. "La morale pelagiana e la retorica." *Augustinianum* 31 (1991): 309–27.

——. "La polemica antiafricana di Giuliano di Eclano: Artificio letterario o scontro di tradizioni teologiche?" In *Cristianesimo e specificità regionali nel Mediterraneo latino (sec. IV–VI),* 147–60. Studia Ephemeridis Augustinianum 46. Rome: Institutum Pontificium Augustinianum, 1994.

Les cités de l'Italie tardo-antique (IVe–VIe siècle): Institutions, économie, société, culture et religion. Edited by Massimiliano Ghilardi, Christophe J. Goddard, and Pierfrancesco Porena. Collection de l'École française de Rome 369. Rome: École française de Rome, 2006.

Clackson, James. "A Greek Papyrus in Armenian Script." *Zeitschrift für Papyrologie und Epigraphik* 129 (2000): 223–58.

Clark, Elizabeth A. *Jerome, Chrysostom and Friends: Essays and Translations.* Lewiston, NY: Edwin Mellen Press, 1979.

——. *The Origenist Controversy: The Cultural Construction of an Early Christian Debate*. Princeton: Princeton University Press, 1992.

——. "Vitiated Seeds and Holy Vessels: Augustine's Manichaean Past." In *Ascetic Piety and Women's Faith: Essays on Late Ancient Christianity*, 291–349. Lewiston, NY: Edwin Mellen Press, 1986.

Clarke, W. K. Lowther. *Saint Basil the Great: A Study in Monasticism*. Cambridge: Cambridge University Press, 1913.

Claude, Dietrich. "Die Bestellung der Bischöfe im merowingischen Reiche." *Zeitschrift der Savigny Stiftung für Rechtsgeschichte: Kanonistische Abteilung* 49 (1963): 1–77.

——. "Freedmen in the Visigothic Kingdom." In *Visigothic Spain: New Approaches*, 139–88. Edited by Edward James. Oxford: Oxford University Press, 1980.

Cleary, Simon Esmonde. *The Ending of Roman Britain*. London: Batsford, 1989.

Cleland, Gary. "Unearthed after 1,600 Years, Dinner Set Hidden by Fleeing Romans." *Daily Telegraph*, December 7, 2007.

Le Code Théodosien: Diversité des approches et nouvelles perspectives. Edited by Sylvie Crogiel-Pétrequin and Pierre Jaillette. Collection de l'École française de Rome 412. Rome: École française de Rome, 2009.

Colish, Marcia L. *Ambrose's Patriarchs: Ethics for the Common Man*. Notre Dame, IN: University of Notre Dame Press, 2005.

Colloque genèvois sur Symmaque. Edited by François Paschoud. Paris: Belles Lettres, 1986.

Commento storico al libro … dell'epistolario di Q. Aurelio Simmaco. Pisa: Giardini, 1981–2002.

Vol. 2, *Commento storico al libro II*. By Giovanni Alberto Cecconi. 2002.

Vol. 3, *Commento storico al libro III*. By Andrea Pellizzari. 1998.

Vol. 4, *Commento storico al libro IV*. By Arnaldo Marcone. 1987.

Vol. 5, *Commento storico al libro V*. By Paola Rivolta Tiberga. 1992.

Vol. 6, *Commento storico al libro VI*. By Arnaldo Marcone. 1983.

Vol. 9, *Commento storico al libro IX*. By Sergio Roda. 1981.

The Conflict between Paganism and Christianity in the Fourth Century. Edited by Arnaldo Momigliano. Oxford: Clarendon Press, 1963.

Connolly, Serena. "Fortifying the City of God: Dardanus' Inscription Revisited." *Classical Journal* 102 (2007): 145–54.

Consolino, Franca Ela. "Tradizionalismo e trasgressione nell'élite senatoria romana: Ritratti di signore fra la fine del IV e l'inizio del V secolo." In *Le trasformazioni delle "élites" in età tardoantica*, 65–139. Edited by Rita Lizzi Testa. Rome: Bretschneider, 2006.

Conti, Marco. *Priscillian of Avila: The Complete Works*. Oxford: Oxford University Press, 2010.

Conybeare, Catherine. *The Irrational Augustine*. Oxford: Oxford University Press, 2006.

——. *Paulinus Noster: Self and Symbol in the Letters of Paulinus of Nola*. New York: Oxford University Press, 2000.

Cooper, Kate. *The Fall of the Roman Household*. Cambridge: Cambridge University Press, 2007.

Cooper, Kate. "Poverty, Obligation, and Inheritance: Roman Heiresses and the Varieties of Senatorial Christianity in Fifth-Century Rome." In *Religion, Dynasty and Patronage in Early Christian Rome, 300–900*, 165–89. Edited by Kate Cooper and Julia Hillner. Cambridge: Cambridge University Press, 2007.

———. *The Virgin and the Bride: Idealized Womanhood in Late Antiquity*. Cambridge, MA: Harvard University Press, 1996.

Corbo, Chiara. *Paupertas: La legislazione tardoantica*. Naples: Satura, 2006.

Corcoran, Simon. *The Empire of the Tetrarchs: Imperial Pronouncements and Government, AD 284–324*. Oxford: Clarendon Press, 1996.

Corrente, Marisa, Roberto Giuliano, and Danilo Leone. "Il complesso religioso di Piano di San Giovanni e il problema del primo polo episcopale canosino." In vol. 2 of *La cristianizzazione in Italia tra Tardoantico e Altomedioevo*, 1167–1200. Edited by Rosa Maria Bonacasa Carra and Emma Vitale. Palermo: Carlo Saladino, 2007.

Coşkun, Altay. "The *Eucharisticos* of Paulinus Pellaeus: Towards a Reappraisal of the Worldly Convert's Life and Autobiography." *Vigiliae Christianae* 60 (2006): 285–315.

———. *Die gens Ausoniana an der Macht: Untersuchungen zu Decimius Magnus Ausonius und seiner Familie*. Prosopographica et Genealogica 8. Oxford: Linacre College, 2002.

Courcelle, Pierre. *Histoire littéraire des grandes invasions germaniques*. 3rd ed. Paris: Études Augustiniennes, 1964.

Coveney, P. J. *Introduction to France in Crisis, 1620–1675*. Edited by P. J. Coveney. Totowa, NJ: Rowman and Littlefield, 1977.

Coyle, J. Kevin. "What Did Augustine Know about Manichaeism When He Wrote His Two Treatises *De moribus*?" In *Augustine and Manichaeism in the Latin West*, 43–56. Edited by Johannes van Oort, Otto Wermelinger, and Gregor Wurst. Nag Hammadi and Manichaean Studies 49. Leiden: Brill, 2001.

Cracco Ruggini, Lellia. *Economia e società nell' "Italia annonaria": Rapporti fra agricoltura e commercio dal IV al VI secolo d.C.* Milan: Giuffrè, 1961. 2nd ed. Bari: Edipuglia, 1995.

Crane, David. *Scott of the Antarctic: A Life of Courage and Tragedy in the Extreme South*. New York: Harper Percival, 2006.

La cristianizzazione in Italia tra Tardoantico e Altomedioevo. Edited by Rosa Maria Bonacasa Carra and Emma Vitale. 2 vols. Palermo: Carlo Saladino, 2007.

Crow, James. "Fortifications and Urbanism in Late Antiquity." In *Recent Research in Late Antique Urbanism*, 89–105. Edited by Luke Lavan. Journal of Roman Archaeology, Supplement 42. Portsmouth, RI: Journal of Roman Archaeology, 1996.

Ćurčić, Slobodan. *Architecture in the Balkans from Diocletian to Süleyman the Magnificent*. New Haven, CT: Yale University Press, 2010.

Curran, John R. "Jerome and the Sham Christians of Rome." *Journal of Ecclesiastical History* 48 (1997): 213–29.

———. *Pagan City and Christian Capital: Rome in the Fourth Century*. Oxford: Oxford University Press, 2000.

D'un monde à l'autre: Naissance d'une Chrétienté en Provence, IVe–VIe siècle. Edited by Jean Guyon and Marc Heijmans. Arles: Musée de l'Arles antique, 2002.

Dark, K. R. *Civitas to Kingdom: British Political Continuity, 300–800.* Leicester: Leicester University Press, 1994.

———. "The Late Antique Landscape of Britain, AD 300–700." In *Landscapes of Change: Rural Evolutions in Late Antiquity and the Early Middle Ages*, 279–99. Edited by Neil Christie. Aldershot: Ashgate, 2004.

Dassmann, Ernst. *Die Frömmigkeit des Kirchenvaters Ambrosius von Mailand.* Münster-in-Westfalen: Aschendorff, 1965.

Davies, Wendy. *Small Worlds: The Village Community in Early Medieval Brittany.* London: Duckworth, 1988.

De Bruyn, Theodore. *Pelagius' Commentary on St. Paul's Epistle to the Romans.* Oxford: Clarendon, 1993.

Deckers, Johannes G. "Vom Denker zum Diener: Bemerkungen zu den Folgen der konstantinischen Wende im Spiegel der Sarkophagplastik." In *Innovation in der Spätantike*, 137–72. Edited by Beat Brenk. Wiesbaden: Reichert, 1996.

Decret, François. *L'Afrique manichéenne, IVe–Ve siècles: Étude historique et doctrinale.* Paris: Études Augustiniennes, 1978.

De Fino, Mariagrazia. "Proprietà imperiali e diocesi rurali paleocristiane dell'Italia tardoantica." In *Paesaggi e insediamenti rurali in Italia meridionale fra tardoantico e altomedioevo*, 691–702. Edited by Guiliano Volpe and Maria Turchiano. Bari: Edipuglia, 2005.

De Francesco, Daniela. "Aspetti della presenza germanica in Italia: Le donazioni di Valila nel Tiburtino." *Rivista di Archeologia Cristiana* 74 (1998): 415–53.

———. *La proprietà fondiaria nel Lazio, secoli IV–VIII: Storia e topografia.* Rome: Quasar, 2004.

Deichmann, Friedrich Wilhelm. *Ravenna: Hauptstadt des spätantiken Abendlandes.* 3 vols. Stuttgart: F. Steiner, 1969–89.

Delage, Pascal-Grégoire. "Le canon 13 de Sardique ou Les inquietudes d'évêques d'origine modeste." In *Les Pères de l'Église et la voix des pauvres*, 55–74. Edited by Pascal-Grégoire Delage. La Rochelle: Histoire et Culture, 2006.

Deleto paene imperio Romano: Transformazionsprozesse des römischen Reiches im 3. Jahrhundert und ihre Rezeption in der Neuzeit. Edited by Klaus-Peter Johne, Thomas Gerdhardt, and Udo Hartmann. Stuttgart: F. Steiner, 2006.

Deliyannis, Deborah Mauskopf. *Ravenna in Late Antiquity.* Cambridge: Cambridge University Press, 2010.

Delmaire, Roland, and Claude Lepelley. "Du nouveau sur Carthage: Le témoignage des Lettres de Saint Augustin découvertes par Johannes Divjak." *Opus* 2 (1983): 473–87.

Demandt, Alexander, and Guntram Brummer. "Der Prozess gegen Serena im Jahre 408 n. Chr." *Historia* 26 (1977): 479–502.

Denzey, Nicola. *The Bone Gatherers: The Lost Worlds of Early Christian Women.* Boston: Beacon Press, 2007.

Déroche, Vincent. *Études sur Léontios de Néapolis.* Studia Byzantina Upsalensia 3. Uppsala: Alqmvist and Wiksell, 1995.

Desmulliez, Janine. "Paulin de Nole et la *paupertas*." In *Les Pères de l'Église et la voix des pauvres*, 245–63. Edited by Pascal-Grégoire Delage. La Rochelle: Histoire et Culture, 2006.

Devos, Paul. "Quand Pierre l'Ibère vint-il à Jérusalem?" *Analaecta Bollandiana* 86 (1968): 337–50.

Dey, Hendrik. "Art, Ceremony and City Walls: The Aesthetics of Imperial Resurgence in the Late Roman West." *Journal of Late Antiquity* 3 (2010): 3–37.

———. "Building Worlds Apart: Walls and the Construction of Communal Monasticism from Augustine through Benedict." *Antiquité tardive* 12 (2004): 357–71.

Diefenbach, Steffen. *Römische Erinnerungsräume: Heiligenmemoria und kollektive Identitäten im Rom des 3. bis 5. Jahrhunderts n. Chr.* Millennium-Studien 11. Berlin: de Gruyter, 2007.

Diem, Albrecht. "Monastic Poverty and Institution Forming: Evidence from Early Medieval Historiography and from Monastic Rules." Paper presented at the Cornell Conference on Medieval Poverty, March 2008.

———. *Das monastische Experiment: Die Rolle der Keuschheit bei der Entstehung des westlichen Klosterwesens.* Vita Regularis: Abhandlungen 24. Münster: Lit, 2005.

Digeser, Elizabeth DePalma. *The Making of a Christian Empire: Lactantius and Rome.* Ithaca, NY: Cornell University Press, 2000.

Dill, Samuel. *Roman Society in the Last Century of the Western Empire.* 1919. Reprint, New York: Meridian, 1958.

Dionisotti, A. C. "From Ausonius' Schooldays? A Schoolbook and Its Relatives." *Journal of Roman Studies* 72 (1982): 83–125.

El disco de Teodosio. Edited by Martín Almagro-Gorbea. Estudios del Gabinete de Antigüedades 5. Madrid: Real Academia de la Historia, 2000.

Disselkamp, Gabriele. *"Christiani Senatus Lumina": Zum Anteil römischer Frauen der Oberschicht im 4. und 5. Jahrhundert an der Christianisierung der römischen Senatsaristokratie.* Theophaneia 34. Bodenheim: Philo, 1997.

Djurić, Srdjan. "Mosaic of Philosophers in an Early Byzantine Villa at Nerodimlje." In *VI Coloquio internacional sobre mosaico antiguo*, 123–34. Palencia/Mérida: Associación Español del Mosaico, 1994.

Dodds, E. R. *Pagan and Christian in an Age of Anxiety: Some Aspects of Religious Experience from Marcus Aurelius to Constantine.* Cambridge: Cambridge University Press, 1965.

Doignon, Jean. "L'enseignement de l'*Hortensius* de Cicéron sur les richesses devant la conscience d'Augustin jusqu'aux *Confessions*." *Antiquité classique* 51 (1982): 193–206.

Dolan, Jay P. *The Immigrant Church: New York's Irish and German Catholics, 1815–1865.* Baltimore: Johns Hopkins University Press, 1975.

Dolbeau, François. "Nouveaux sermons de Saint Augustin pour la conversion des païens et des donatistes (IV)." *Revue des études augustiniennes* 38 (1992): 69–141.

———. "'Seminator verborum': Réfléxions d'un éditeur des sermons d'Augustin." In *Augustin prédicateur (395–411)*, 95–111. Edited by Goulven Madec. Paris: Institut d'Études Augustiniennes, 1998.

Dossey, Leslie. *Peasant and Empire in Christian North Africa*. Berkeley: University of California Press, 2010.

Dresken-Weiland, Jutta. *Sarkophagbestattungen des 4.–6. Jahrhunderts im Westen des römischen Reiches*. Römische Quartalschrift Supplementband 55. Rome: Herder, 2003.

Drinkwater, John F. "The Bacaudae of Fifth-Century Gaul." In *Fifth-Century Gaul: A Crisis of Identity?* 208–17. Edited by John Drinkwater and Hugh Elton. Cambridge: Cambridge University Press, 1992.

Du latifundium au latifondo: Un héritage de Rome, une création médiévale ou moderne? Publications du Centre Pierre Paris 25. Paris: Boccard, 1995.

Duchesne, L. *Le Liber Pontificalis: Texte, Introduction et Commentaire*. Bibliothèque de l'École française de Rome. 3 vols. Paris: Boccard, 1955–57.

———. "Lovocat et Catihern, prêtres bretons du temps de saint Mélaine." *Revue de Bretagne et de Vendée* 57 (1885): 5–21.

———. "La succession du pape Félix IV." *Mélanges d'archéologie et d'histoire* 3 (1883): 239–66.

Dulaey, Martine. "La bibliothèque du monastère de Lérins dans les premières décennies du Ve siècle." *Augustinianum* 46 (2006): 187–230.

———. "La scène dite de l'arrestation de Pierre: Nouvelle proposition de lecture." *Rivista di Archeologia Cristiana* 84 (2008): 299–346.

Dunbabin, Katherine M. D. "Convivial Spaces: Dining and Entertainment in the Roman Villa." *Journal of Roman Archaeology* 9 (1996): 66–80.

———. *Mosaics of the Greek and Roman World*. Cambridge: Cambridge University Press, 1999.

———. *The Mosaics of Roman North Africa: Studies in Iconography and Patronage*. Oxford: Clarendon, 1978.

———. *The Roman Banquet: Images of Conviviality*. Cambridge: Cambridge University Press, 2003.

Duncan-Jones, Richard P. "The Finances of the Younger Pliny." *Papers of the British School at Rome* 33 (1965): 177–88.

———. "The Impact of the Antonine Plague." *Journal of Roman Archaeology* 9 (1996): 108–36.

Dunn, Geoffrey G. "The Care of the Poor in Rome and Alaric's Sieges." In *Prayer and Spirituality in the Early Church*. Vol. 5, *Poverty and Riches*, 319–33. Edited by Geoffrey Dunn, David Luckensmeyer, and Lawrence Cross. Sydney: St. Paul's, 2009.

———. "The Christian Networks of the *Aniciae*: The Example of the Letter of Innocent I to Anicia Iuliana." *Revue des études augustiniennes et patristiques* 55 (2009): 53–72.

Dunphy, Walter. "Rufinus the Syrian: Myth and Reality." *Augustiniana* 59 (2009): 79–157.

Durliat, Jean. *De la ville antique à la ville byzantine: Le problème des subsistences*. Collection de l'École française de Rome 136. Rome: Palais Farnèse, 1990.

Duval, Noël. "Deux mythes iconographiques de l'antiquité tardive: La villa fortifiée et le 'chasseur vandale.'" In *Humana sapit: Études d'Antiquité Tardive offeres à Lellia*

Cracco Ruggini, 333–40. Edited by Jean-Michel Carrié and Rita Lizzi Testa. Bibliothèque d'Antiquité Tardive 3. Turnhout: Brepols, 2002.

———. "La notion de 'sarcophage' et son rôle dans l'antiquité tardive." *Antiquité tardive* 1 (1993): 29–35.

Duval, Yves-Marie. "Sur trois lettres méconnues de Jérôme concernant son séjour à Rome." In *Jerome of Stridon: His Life, Writings and Legacy*. Edited by Andrew Cain and Josef Lössl. Farnham, UK: Ashgate, 2009.

Duval, Yvette. *Les chrétientés d'Occident et leur évêque au IIIe siècle: Plebs in ecclesia constituta*. Paris: Institut d'Études Augustiniennes, 2005.

———. *Loca sanctorum Africae: Le culte des martyrs en Afrique du IVe au VIIe siècle*. 2 vols. Collection de l'École française de Rome 58. Rome: Palais Farnèse, 1982.

Duval, Yvette, and Luce Pietri. "Évergétisme et épigraphie dans l'Occident chrétien (IVe–VIe s.)." In *Actes du Xe Congrès international d'épigraphie grecque et chrétienne*, 371–96. Edited by Michel Christol and Olivier Masson. Paris: Publications de la Sorbonne, 1997.

Dworkin, Andrea. *Intercourse*. New York: The Free Press, 1987.

Dyson, R. W. *The Pilgrim City: Social and Political Ideas in the Writings of St. Augustine of Hippo*. Woodbridge: Boydell, 2001.

Ebanista, Carlo. *Et manet in mediis quasi gemma intersita tectis: La basilica di S. Felice a Cimitile. Storia degli scavi, fasi edilizie, reperti*. Memorie dell'Accademia di archeologia, lettere e belle arti in Napoli 15. Naples: Arte Tipografica, 2003.

Ebbeler, Jennifer V., and Cristiana Sogno. "Religious Identity and the Politics of Patronage: Symmachus and Augustine." *Historia* 56 (2007): 230–42.

Eburnea Diptycha: I dittici d'avorio tra Antichità e Medioevo. Edited by Massimiliano David. Bari: Edipuglia, 2007.

Edwards, Mark. "The Beginnings of Christianization." In *The Cambridge Companion to the Age of Constantine*, 137–56. Edited by Noel Lenski. Cambridge: Cambridge University Press, 2006.

Ellis, Simon. "Power, Architecture and Décor: How the Late Roman Aristocrat Appeared to His Guests." In *Roman Art in the Private Sphere: New Perspectives on the Architecture and Decor of the Domus, Villa, and Insula*, 117–34. Edited by Elaine K. Gazda, assisted by Anne E. Haeckl. Ann Arbor: University of Michigan Press, 1991.

———. "Shedding Light on Late Roman Housing." In *Housing in Late Antiquity: From Palaces to Shops*, 283–302. Edited by Luke Lavan, Lale Özgenel, and Alexander Sarantis. Late Antique Archaeology 3.2. Leiden: Brill, 2007.

Elsner, Jás. *Imperial Rome and Christian Triumph: The Art of the Roman Empire, AD 100–450*. Oxford: Oxford University Press, 1998.

Elton, Hugh. "Defence in Fifth-Century Gaul." In *Fifth-Century Gaul: A Crisis of Identity?* 167–76. Edited by John Drinkwater and Hugh Elton. Cambridge: Cambridge University Press, 1992.

Elvin, Mark. *The Retreat of the Elephants: An Environmental History of China*. New Haven, CT: Yale University Press, 2004.

Enceintes romaines d'Aquitaine: Bordeaux, Dax, Périgueux, Bazas. Edited by Pierre Garmy and Louis Maurin. Paris: Editions de la Maison des Sciences de l'Homme, 1996.

Enjuto Sánchez, Begoña. "I 'Neratii': Legami tra Roma e le città di Sannio nel IV secolo d.C." In *Les cités de l'Italie tardo-antique (IVe–VIe siècle): Institutions, économie, société, culture et religion*, 113–21. Edited by Massimiliano Ghilardi, Christophe J. Goddard, and Pierfrancesco Porena. Collection de l'École française de Rome 369. Rome: École française de Rome, 2006.

Ennabli, Abdelmagid. "Les thermes du Thiase Marin de Sidi Ghrib (Tunisie)." *Monuments et mémoires publiés par l'Académie des Inscriptions et Belles Lettres* 68 (1986): 1–59.

Ennabli, Liliane. *Carthage: Une métropole chrétienne du IVe à la fin du VIIe siècle*. Paris: Centre National de Recherche Scientifique, 1997.

Erdkamp, Paul. *The Grain Market in the Roman Empire: A Social, Political and Economic Study*. Cambridge: Cambridge University Press, 2005.

Errington, R. Malcom. *Roman Imperial Policy from Julian to Theodosius*. Chapel Hill: University of North Carolina Press, 2006.

Escribano, Victoria. "Heresy and Orthodoxy in Fourth Century Hispania: Arianism and Priscillianism." In *Hispania in Late Antiquity: Current Perspectives*, 121–49. Edited by Kim Bowes and Michael Kulikowski. Leiden: Brill, 2005.

Esders, Stefan. *Die Formierung der Zensualität: Zur kirchlichen Transformation des spätrömischen Patronatswesens im früheren Mittelalter*. Ostfildern: Jan Thorbecke, 2010.

———. "Grenzen und Grenzüberschreitungen: Religion, Ethnizität und politische Integration am Rande des oströmischen Imperiums (4.–7. Jh.)." In *Gestiftete Zukunft im mittelalterlichen Europa: Festschrift für Michael Borgolte*, 3–28. Edited by Wolfgang Huschner and Frank Rexroth. Berlin: Akademie Verlag, 2008.

———. *Römische Rechtstradition und merowingisches Königtum: Zum Rechtscharakter politischer Herrschaft in Burgund im 6. und 7. Jahrhundert*. Göttingen: Vandenhoeck and Ruprecht, 1997.

Étienne, Robert. "Ausone, propriétaire terrien et le problème du latifundium au IVe siècle ap. J. C." In *Institutions, société et vie politique de l'empire romain au IVe siècle ap. J. C.*, 305–11. Edited by Michel Christol et al. Collection de l'École française de Rome 159. Rome: Palais Farnèse, 1992.

L'évêque dans la cité du IVe au Ve siècle: Image et autorité. Edited by Éric Rebillard and Claire Sotinel. Collection de l'École française de Rome 248. Rome: École française de Rome, 1998.

Ewald, Björn Christian. *Der Philosoph als Leitbild: Ikonographische Untersuchungen in römischen Sarkophagreliefs*. Mainz: Zabern, 1999.

F. Bang, Peter. "Trade and Empire—In Search of Organizing Concepts for the Roman Empire." *Past and Present* 195 (2007): 3–54.

Favro, Diane. *The Urban Image of Augustan Rome*. Cambridge: Cambridge University Press, 1996.

Fentress, Elizabeth, Caroline J. Goodson, Margaret L. Laird, and Stephanie C. Leone. *Walls and Memory: The Abbey of San Sebastiano at Alatri (Lazio) from Late Roman Monastery to Renaissance Villa and Beyond*. Disciplina Monastica 2. Turnhout: Brepols, 2005.

Fernández Ochoa, Carmen, and Angel Morillo Cerdán. "Walls in the Urban Landscape of Late Roman Spain: Defense and Imperial Strategy." In *Hispania in Late Antiquity: Current Perspectives*, 299–340. Edited by Kim Bowes and Michael Kulikowski. Leiden: Brill, 2005.

Ferrua, Antonio. "Cancelli di Cimitile con scritte bibliche." *Römische Quartalschrift* 68 (1973): 50–68.

———. "Graffiti di pellegrini alla tomba di San Felice." *Palladio*, n.s., 13 (1963): 17–19.

Festugière, A. J. *La révélation d'Hermès Trismégiste*. Vol. 2, *Le Dieu cosmique*. Paris: Belles Lettres, 1981.

Février, Paul-Albert. *Approches du Maghreb romain: Pouvoirs, différences et conflits*. 2 vols. Aix-en-Provence and La Calade: Édisud, 1989–90.

———. "Discours d'Église et réalité historique dans les nouvelles Lettres d'Augustin." In *Les Lettres de Saint Augustin découvertes par Johannes Divjak*, 101–15. Paris: Études Augustiniennes, 1983.

Fifth-Century Gaul: A Crisis of Identity? Edited by John Drinkwater and Hugh Elton. Cambridge: Cambridge University Press, 1992.

Finn, Richard. *Almsgiving in the Later Roman Empire: Christian Promotion and Practice, 313–450*. Oxford: Oxford University Press, 2006.

———. "Portraying the Poor: Descriptions of Poverty in Christian Texts from the Late Roman Empire." In *Poverty in the Roman World*, 130–44. Edited by Margaret Atkins and Robin Osborne. Cambridge: Cambridge University Press, 2007.

Fiocchi Nicolai, Vincenzo. "Evergetismo ecclesiastico e laico nelle iscrizioni paleocristiane del Lazio." In *Historiam pictura refert: Miscellanea in onore di Padre Alejandro Recio Veganzones O.F.M.*, 237–52. Studi di Antichità Cristiana 51. Vatican: Pontificio Istituto di Archeologia Cristiana, 1994.

Firey, Abigail. "'For I was hungry and you fed me': Social Justice and Economic Thought in the Late Patristic and Medieval Christian Traditions." In *Ancient and Medieval Economic Ideas and Concepts of Social Justice*, 333–70. Edited by S. Todd Lowry and Barry Gordon. Leiden: Brill, 1998.

Fischer, Josef. *Die Völkerwanderung im Urteil der zeitgenössischen kirchlichen Schriftsteller Galliens unter Einbeziehung des heiligen Augustinus*. Heidelberg: Kemper, 1948.

Folliet, Georges. *"Deificari in otio*: Augustin, Epistula X,2." *Recherches augustiniennes* 2 (1962): 225–36.

Fontaine, Jacques. "Damase, poète théodosien: L'imaginaire poétique des *Epigrammata*." In *Saecularia Damasiana*, 115–45. Studi di Antichità Cristiana 39. Vatican: Pontificio Istituto di Archeologia Cristiana, 1986.

———. "Un sobriquet perfide de Damase: *Matronarum auriscalpius*." In *Hommages à Henri le Bonnec: Res sacrae*, 177–92. Edited by D. Porte and J.-P. Néraudau. Collection Latomus 201. Brussels: Latomus, 1988.

———. *Sulpice Sévère: Vie de Saint Martin. Introduction, texte et traduction.* 3 vols. SC 133–35. Paris: Le Cerf, 1967–69.

———. "Valeurs antiques et valeurs chrétiennes dans la spiritualité des grands propriétaires terriens à la fin du IVe siècle Occidental." In *Epektasis: Mélanges patristiques offerts au cardinal Jean Daniélou,* 571–95. Edited by Jacques Fontaine and Charles Kannengiesser. Paris: Beauchesne, 1972. Reprinted in Fontaine, *Études sur la poésie latine tardive d'Ausone à Prudence.* Paris: Belles Lettres, 1980.

Foucault, Michel. *Security, Territory, Population: Lectures at the Collège de France, 1977–78.* Edited by Michel Senellart. Translated by Graham Burchell. Basingstoke: Palgrave MacMillan, 2007.

Fouracre, Paul. "Eternal Light and Earthly Needs: Practical Aspects of the Development of Frankish Immunities." In *Property and Power in the Early Middle Ages,* 53–81. Edited by Wendy Davies and Paul Fouracre. Cambridge: Cambridge University Press, 1995.

Fournet, Jean-Luc. "Entre document et littérature: La pétition dans l'antiquité tardive." In *La Pétition à Byzance,* 61–74. Edited by Denis Feissel and Jean Gascou. Centre de Recherche d'Histoire et Civilisation Byzantine: Monographies 14. Paris: Amis du Centre, 2004.

Francis, James A. *Subversive Virtue: Asceticism and Authority in the Second-Century Pagan World.* University Park: Pennsylvania University Press, 1995.

Franzmann, Majella. *Jesus in the Manichaean Writings.* London: T. and T. Clark, 2003.

Frede, Hermann Josef. *Ein neuer Paulustext und Kommentar.* 2 vols. Freiburg: Herder, 1973–74.

Frederiksen, Paula. *Augustine and the Jews: A Christian Defense of Jews and Judaism.* New York: Doubleday, 2008.

Frend, W.H.C. *The Donatist Church: A Movement of Protest in Roman North Africa.* Oxford: Clarendon Press, 1952.

———. "The Gnostic-Manichaean Tradition in Roman North Africa." *Journal of Ecclesiastical History* 4 (1953): 13–36.

Freu, Christel. *Les figures du pauvre dans les sources italiennes de l'antiquité tardive.* Paris: Boccard, 2007.

From Rome to Constantinople: Studies in Honour of Averil Cameron. Edited by Hagit Amirav and Bas ter Haar Romeny. Louvain: Peeters, 2007.

From the Tetrarchs to the Theodosians: Later Roman History and Culture, 284–450 CE. For John Matthews on the Occasion of His 70th Birthday. Edited by Scott McGill, Cristiana Sogno, and Edward Watts. Yale Classical Studies 34. Cambridge: Cambridge University Press, 2010.

Les frontières du profane dans l'antiquité tardive. Edited by Éric Rebillard and Claire Sotinel. Collection de l'École française de Rome 428. Rome: École française de Rome, 2010.

Fulford, M. G. "Economic Hotspots and Provincial Backwaters: Modelling the Late Roman Economy." In *Coin Finds and Coin Use in the Roman World,* 153–77. Edited by Cathy E. King and David G. Wigg. Studien zu Fundmünzen der Antike 10. Berlin: Mann, 1996.

Gabba, Emilio. *Del buon uso della ricchezza: Saggi di storia economica e sociale del mondo antico.* Milan: Guerini, 1988.

Gabillon, Aimé. "Pour une datation de la lettre 243 d'Augustin à Laetus." *Revue des études augustiniennes* 40 (1994): 127–42.

———. "Romanianus alias Cornelius: Du nouveau sur le bienfaiteur et l'ami de saint Augustin." *Revue des études augustiniennes* 24 (1978): 58–70.

Galvão-Sobrinho, Carlos R. "Funerary Epigraphy and the Spread of Christianity in the West." *Athenaeum,* n.s., 83 (1995): 421–66.

Ganz, David. "The Ideology of Sharing: Apostolic Community and Ecclesiastical Property in the Early Middle Ages." In *Property and Power in the Early Middle Ages,* 17–30. Edited by Wendy Davies and Paul Fouracre. Cambridge: Cambridge University Press, 1995.

García Mac Gaw, Carlos. *Le problème du baptême dans le schisme donatiste.* Scripta Antiqua 21. Bordeaux: Ausonius, 2008.

Gardner, Iain M. F., and Samuel N. C. Lieu. "From Narmouthis (Medinat Madi) to Kellis (Ismant el-Kharab): Manichaean Documents from Roman Egypt." *Journal of Roman Studies* 86 (1996): 146–69.

Garnsey, Peter. *Cities, Peasants and Food in Classical Antiquity: Essays in Social and Economic History.* Cambridge: Cambridge University Press, 1998.

———. *Famine and Food Supply in the Graeco-Roman World: Responses to Risk and Crisis.* Cambridge: Cambridge University Press, 1988.

———. "The Originality and Origins of Anonymous, *De divitiis.*" In *From Rome to Constantinople: Studies in Honour of Averil Cameron,* 29–45. Edited by Hagit Amirav and Bas ter Haar Romeny. Louvain: Peeters, 2007.

———. "Roman Patronage." In *From the Tetrarchs to the Theodosians: Later Roman History and Culture, 284–450 CE. For John Matthews on the Occasion of His 70th Birthday,* 33–54. Edited by Scott McGill, Cristiana Sogno, and Edward Watts. Yale Classical Studies 34. Cambridge: Cambridge University Press, 2010.

———. *Social Status and Legal Privilege in the Roman Empire.* Oxford: Clarendon, 1970.

———. *Thinking about Property: From Antiquity to the Age of Revolution.* Cambridge: Cambridge University Press, 2007.

Gatz, Bodo. *Weltalter, goldene Zeit und sinnverwandte Vorstellungen.* Spudasmata 16. Hildesheim: G. Olms, 1967.

Geertz, Clifford. "Common Sense as a Cultural System." In *Local Knowledge: Further Essays in Interpretive Anthropology,* 73–93. New York: Basic Books, 1983.

Gennaro, Francesco di, and Francesca Dell'Era. "Dati archeologici di età tardoantica del territorio dell' *insula inter duo flumina.*" In *Suburbium: Il suburbio di Roma dalla crisi del sistema delle ville a Gregorio Magno,* 97–121. Edited by Phillippe Pergola, Riccardo Santangeli Valenzani, and Rita Volpe. Collection de l'École française de Rome 311. Rome: École française de Rome, 2003.

Gernet, Jacques. *Buddhism in Chinese Society: An Economic History from the Fifth to the Tenth Centuries.* New York: Columbia University Press, 1995.

Gernet, Louis. *Le génie grec dans la religion.* Paris: Renaissance du Livre, 1932.

Ghedini, Francesca, and Silvia Bullo. "Late Antique Domus of Africa Proconsularis: Structural and Decorative Aspects." In *Housing in Late Antiquity: From Palaces to Shops*, 337–66. Edited by Luke Lavan, Lale Özgenel, and Alexander Sarantis. Late Antique Archaeology 3.2. Leiden: Brill, 2007.

Giardina, Andrea. "*Amor civicus*: Formule e immagini dell'evergetismo romano nella tradizione epigrafica." In *La terza età dell'epigrafia*, 67–87. Edited by Angela Donati. Faenza: Fratelli Lega, 1988.

———. "Carità eversiva: Le donazioni di Melania la Giovane e gli equilbrii della società tardoromana." *Studi storici* 29 (1988): 127–42.

———. "Esplosione di tardoantico." *Studi Storici* 40 (1999): 157–80.

———. "The Transition to Late Antiquity." In *The Cambridge Economic History of the Greco-Roman World*, 743–68. Edited by Walter Scheidel, Ian Morris, and Richard Saller. Cambridge: Cambridge University Press, 2007.

Gibbon's Journey from Geneva to Rome: His Journal from 20 April to 2 October 1764. Edited by George A. Bonnad. London: Nelson, 1961.

Giglio, Stefano. "Il 'munus' della pretura a Roma e a Costantinopoli nel tardo impero romano." *Antiquité tardive* 15 (2007): 65–88.

Gillett, Andrew. "The Date and Circumstances of Olympiodorus of Thebes." *Traditio* 48 (1993): 1–29.

———. *Envoys and Political Communication in the Late Antique West, 411–533.* Cambridge: Cambridge University Press, 2003.

———. "Rome, Ravenna and the Last Western Emperors." *Papers of the British School at Rome* 69 (2001): 131–67.

Gilliard, Frank D. "Senatorial Bishops in the Fourth Century." *Harvard Theological Review* 77 (1984): 153–75.

Ginzberg, Louis. *The Legends of the Jews.* Translated by Henrietta Szold. 7 vols. Philadelphia: Jewish Publication Society of America, 1909–38.

Goddard, Christophe J. "Au coeur du dialogue entre païens et chrétiens: L'"adventus' des sénateurs dans les cités de l'Antiquité tardive." In *Pagans and Christians in the Roman Empire (IVth–VIth Century A.D.): The Breaking of a Dialogue*, 371–400. Proceedings of the International Conference at the Monastery of Bosé, October 2008. Edited by Peter Brown and Rita Lizzi Testa. Münster: Lit, 2011.

———. "The Evolution of Pagan Sanctuaries in Late Antique Italy (Fourth–Sixth Centuries A.D.): A New Administrative and Legal Framework: A Paradox." In *Les cités de l'Italie tardo-antique (IVe–VIe siècle): Institutions, économie, société, culture et religion*, 281–308. Edited by Massimiliano Ghilardi, Christophe J. Goddard, and Pierfrancesco Porena. Collection de l'École française de Rome 369. Rome: École française de Rome, 2006.

———. "Les formes festives de l'allégeance au Prince en Italie centrale, sous le règne de Constantin: Un suicide religieux?" *Mélanges de l'École française de Rome: Antiquité* 114 (2002): 1025–88.

Godding, Robert. *Prêtres en Gaule mérovingienne.* Subsidia Hagiographica 82. Brussels: Société des Bollandistes, 2001.

Goffart, Walter. *Barbarian Tides: The Migration Age and the Later Roman Empire.* Philadelphia: University of Pennsylvania Press, 2006.

———. *Barbarians and Romans, A.D. 418–584: The Techniques of Accommodation.* Princeton: Princeton University Press, 1980.

———. "Salvian of Marseille, *De gubernatione Dei* 3.38–45 and the 'Colonate' Problem." *Antiquité tardive* 17 (2009): 269–88.

———. "The Technique of Barbarian Settlement in the Fifth Century: A Personal, Streamlined Account with Ten Additional Comments." *Journal of Late Antiquity* 3 (2010): 65–98.

Goldschmidt, R. C. *Paulinus' Churches at Nola: Translation and Commentary.* Amsterdam: North Holland, 1940.

Goodrich, Richard. *Contextualizing Cassian: Aristocrats, Asceticism, and Reformation in Fifth-Century Gaul.* Oxford: Oxford University Press, 2007.

Goody, Jack. *The Development of the Family and Marriage in Europe.* Cambridge: Cambridge University Press, 1983.

Gorman, Michael M. "The Oldest Annotations on Augustine's *De civitate Dei.*" *Augustinianum* 46 (2006): 457–79.

Grafton, Anthony, and Megan Williams. *Christianity and the Transformation of the Book: Origen, Eusebius, and the Library of Caesarea.* Cambridge, MA: Harvard University Press, 2006.

Granger Taylor, Hero. "The Two Dalmatics of Saint Ambrose." *Bulletin de Liaison, Centre International d'Études des Textiles Anciens* 57–58 (1983): 127–73.

Grant, Robert M. *Early Christianity and Society: Seven Studies.* New York: Harper and Row, 1977.

Green, R.P.H. "Still Waters Run Deep: A New Study of the *Professores* of Bordeaux." *Classical Quarterly,* n.s., 35 (1985): 491–506.

Grey, Cam. "Contextualizing *Colonatus*: The *Origo* of the Late Roman Empire." *Journal of Roman Studies* 97 (2007): 155–75.

———. "Salvian, the Ideal Christian Community and the Fate of the Poor in Fifth-Century Gaul." In *Poverty in the Roman World,* 168–82. Edited by Margaret Atkins and Robin Osborne. Cambridge: Cambridge University Press, 2007.

Griffe, Élie. "La pratique religieuse en Gaule au Ve siècle: *Saeculares* et *sancti.*" *Bulletin de littérature ecclésiastique* 63 (1962): 241–67.

Griffin, Miriam T. *Seneca: A Philosopher in Politics.* Oxford: Clarendon, 1976.

Grig, Lucy. "Throwing Parties for the Poor: Poverty and Splendour in the Late Antique Church." In *Poverty in the Roman World,* 145–61. Edited by Margaret Atkins and Robin Osborne. Cambridge: Cambridge University Press, 2007.

Gros, Pierre. "La ville comme symbole: Le modèle central et ses limites." In Hervé Inglebert, *Histoire de la civilisation romaine,* 155–232. Paris: Presses Universitaires de France, 2005.

Gross, Jan T. *Revolution from Abroad: The Soviet Conquest of Poland's Western Ukraine and Western Belorussia.* Expanded edition with a new preface. Princeton: Princeton University Press, 2002.

Gsell, Stéphane. *Atlas archéologique de l'Algérie*. Algiers: A. Jourdain, 1911.

Guest, Peter. "Roman Gold and Hun Kings: The Use and Hoarding of Solidi in the Late Fourth and Fifth Centuries." In *Roman Coins outside the Empire: Ways and Phases, Contexts and Functions*, 295–307. Edited by Aleksander Bursche, Renata Ciołek, and Reinhard Wolters. Collection Moneta 82. Wetteren: Moneta, 2008.

Gui, Isabelle, Noël Duval, and Jean-Pierre Caillet. *Basiliques chrétiennes d'Afrique du Nord: Inventaire d'Algérie*. 2 vols. Paris: Institut d'Études Augustiniennes, 1992.

Guidobaldi, Federico. "Le *domus* tardoantiche di Roma come 'sensori' delle trasformazioni culturali e sociali." In *The Transformations of Vrbs Roma in Late Antiquity*, 53–68. Edited by W. V. Harris. Journal of Roman Archaeology: Supplementary Series 33. Portsmouth, RI: Journal of Roman Archaeology, 1999.

————. "La fondazione delle basiliche titolari di Roma nel IV e V secolo: Assenze e presenze nel *Liber Pontificalis*." In *Atti del colloquio internazionale* Il Liber Pontificalis e la storia materiale, 5–12. Edited by Herman Geertman. Medelingen van het Nederlands Instituut te Rome: Antiquity 60–61. Assen: Van Gorcum, 2003.

Gutilla, Joseph A. "Dalla Capua di Ausonio (Roma altera quondam) alla Nola di Paolino (post urbem titulos sortitus secundos)." *Journal of Early Christian Studies* 12 (2004): 523–36.

Gutsfeld, Andreas. "Kirche und *civitas* in der Spätantike: Augustin und die Einheit von Stadt und Land in Hippo Regius." In *Die spätantike Stadt und ihre Christianisierung*, 135–44. Edited by Gunnar Brands and Hans-Georg Severin. Wiesbaden: Reichert, 2003.

Gutton, Jean Pierre. *La société et les pauvres: L'exemple de la généralité de Lyon, 1534–1789*. Paris: Belles Lettres, 1971.

Guyon, Jean. *Le cimetière "Aux deux lauriers": Recherches sur les catacombes romaines*. Bibliothèque des Écoles françaises d'Athènes et de Rome 264. Rome: École française de Rome, 1987.

————. "Damase et l'illustration des martyrs: Les accents de la dévotion et l'enjeu d'une pastorale." In *Martyrium in Multidisciplinary Perspective: Memorial Louis Reekmans*, 157–77. Edited by Mathijs Lamberigts and Peter van Deun. Louvain: Peeters, 1995.

————. "L'oeuvre de Damase dans le cimetière 'Aux deux lauriers' sur la Via Labicana." In *Saecularia Damasiana*, 227–58. Studi di Antichità Cristiana 39. Vatican: Pontificio Istituto di Archeologia Cristiana, 1986.

————. "La topographie chrétienne des villes de la Gaule." In *Die Stadt in der Spätantike—Niedergang oder Wandel?* 105–28. Edited by Jens-Uwe Krause and Christian Witschel. Historia Einzelschriften 190. Stuttgart: F. Steiner, 2006.

Haas, Jochen. *Die Umweltkrise des 3. Jahrhunderts n. Chr. im Nordwesten des Imperium Romanum*. Geographica Historica 22. Stuttgart: Steiner, 2006.

Habicht, Christian. "Spätantikes Epigram aus Demetrias." In *Demetrias*, 199–203. Edited by V. Milojčić and D. Theocharis. Bonn: R. Habelt, 1976.

Haensch, Rudolf. "Le financement de la construction des églises pendant l'Antiquité tardive et l'évergétisme antique." *Antiquité tardive* 14 (2006): 47–58.

Hagemann, Hans Rudolf. *Die Stellung der Piae Causae nach justinianischem Rechte.* Basler Studien zur Rechtsgeschichte 37. Basel: Helbing and Lichtenhahn, 1953.

Hagendahl, Harald. *Augustine and the Latin Classics.* 2 vols. Studia Graeca et Latina Gothoburgensia 20. Stockholm: Almqvist and Wiksell, 1967.

Haldon, John. "*Comes horreorum—Komès tès Lamias.*" *Byzantine and Modern Greek Studies* 10 (1986): 203–9.

Halperin, Charles J. *Russia and the Golden Horde: The Mongol Impact on Medieval Russian History.* London: Tauris, 1985.

Halsall, Guy. *Barbarian Migrations and the Roman West, 376–568.* Cambridge: Cambridge University Press, 2007.

———. "The Technique of Barbarian Settlement in the Fifth Century: A Reply to Walter Goffart." *Journal of Late Antiquity* 3 (2010): 99–112.

Hammond, Caroline P. "The Last Ten Years of Rufinus's Life and the Date of His Move South from Aquileia." *Journal of Theological Studies,* n.s., 28 (1977): 372–429.

Handley, Mark A. *Death, Society and Culture: Inscriptions and Epitaphs in Gaul and Spain, AD 300–750.* BAR International Series 1135. Oxford: British Archaeological Reports, 2003.

———. "Two Hundred and Sixty-Four Addenda and Corrigenda to *PLRE* from the Latin-Speaking Balkans." *Journal of Late Antiquity* 3 (2010): 113–57.

Hanfmann, George M. A. *The Season Sarcophagus in Dumbarton Oaks.* 2 vols. Cambridge, MA: Harvard University Press, 1951.

Hannestad, Niels. *Tradition in Late Antique Sculpture: Conservation, Modernization, Production.* Acta Jutlandica 69:2. Aarhus, Denmark: Aarhus University Press, 1994.

Hanoune, Roger. "Le paganisme philosophique de l'aristocratie municipale." In *L'Afrique dans l'Occident romain (Ier siècle av. J.-C.–IVe siècle ap. J.-C.),* 63–75. Collection de l'École française de Rome 134. Rome: Palais Farnèse, 1990.

Hardt, Matthias. *Gold und Herrschaft: Die Schätze europäischer Könige und Fürsten im ersten Jahrtausend.* Berlin: Akademie Verlag, 2004.

Harlow, Mary. "Clothes Maketh the Man: Power Dressing and Elite Masculinity in the Later Roman World." In *Gender in the Early Medieval World: East and West, 300–900,* 44–69. Edited by Leslie Brubaker and Julia M. H. Smith. Cambridge: Cambridge University Press, 2004.

Harper, Kyle. "The Greek Census Inscriptions of Late Antiquity." *Journal of Roman Studies* 98 (2008): 83–119.

Harries, Jill. "Christianity and the City in Late Roman Gaul." In *The City in Late Antiquity,* 77–98. Edited by John Rich. London: Routledge, 1992.

———. "*Favor populi*: Pagans, Christians and Public Entertainment in Late Antique Italy." In *"Bread and Circuses": Euergetism and Municipal Patronage in Roman Italy,* 125–41. Edited by Kathryn Lomas and Tim Cornell. London: Routledge, 2003.

———. *Law and Empire in Late Antiquity.* Cambridge: Cambridge University Press, 1999.

———. *Sidonius Apollinaris and the Fall of Rome, AD 407–485.* Oxford: Clarendon, 1994.

———. "'Treasure in Heaven': Property and Inheritance among Senators of Late Rome."
In *Marriage and Property*, 54–70. Edited by Elizabeth M. Craik. Aberdeen:
University of Aberdeen Press, 1984.

Harris, W. V. Introduction to *The Transformations of Vrbs Roma in Late Antiquity*,
9–14. Edited by W. V. Harris. Journal of Roman Archaeology: Supplementary
Series 33. Portsmouth, RI: Journal of Roman Archaeology, 1999.

Hartmann, Götz. *Selbststigmatisierung und Charisma christlicher Heiliger der Spätan-
tike*. Studien und Texte zu Antike und Christentum 38. Tübingen: Mohr Siebeck,
2006.

Hays, Gregory. "*Romuleis Libicisque litteris*: Fulgentius and the 'Vandal Renaissance.'"
In *Vandals, Romans and Berbers: New Perspectives on Late Antique North Africa*,
101–32. Edited by A. H. Merrills. Aldershot: Ashgate, 2004.

Head, Thomas. "The Early Medieval Transformation of Piety." In *The Long Morning of
Medieval Europe: New Directions in Early Medieval Studies*, 155–60. Edited by
Jennifer R. Davis and Michael McCormick. Aldershot: Ashgate, 2008.

Heather, Peter. "Elite Militarisation and the Post-Roman West." In *Istituzioni, carismi
ed esercizio del potere (IV–VI secolo d.C.)*, 145–65. Edited by Giorgio Bonamente
and Rita Lizzi Testa. Bari: Edipuglia 2010.

———. *The Fall of the Roman Empire: A New History of Rome and the Barbarians*.
Oxford: Oxford University Press, 2006.

———. "New Men for New Constantines? Creating an Imperial Elite in the Eastern
Mediterranean." In *New Constantines: The Rhythm of Imperial Renewal in
Byzantium, 4th–13th Centuries*, 11–34. Edited by Paul Magdalino. Aldershot:
Variorum, 1994.

———. "Senators and Senates." In *The Cambridge Ancient History*. Vol. 13, *The Late
Empire, A.D. 337–425*, 184–210. Edited by Averil Cameron and Peter Garnsey.
Cambridge: Cambridge University Press, 1998.

———. "Why Did the Barbarians Cross the Rhine?" *Journal of Late Antiquity* 2 (2009):
3–29.

Hedrick, Charles. *History and Silence: Purge and Rehabilitation of Memory in Late
Antiquity*. Austin: University of Texas Press, 2000.

Heijmans, Marc. *Arles durant l'Antiquité tardive: De la duplex Arelas à l'urbs Genesii*.
Collection de l'École française de Rome 324. Rome: École française de Rome,
2004.

Heinen, Heinz. "Reichstreue *nobiles* im zerstörten Trier." *Zeitschrift für Papyrologie und
Epigraphik* 131 (2000): 271–78.

———. *Trier und das Trevererland in römischer Zeit*. Trier: Spee, 1985.

Heinzelmann, Martin. "The 'Affair' of Hilary of Arles (445) and Gallo-Roman Identity
in the Fifth Century." In *Fifth-Century Gaul: A Crisis of Identity?* 239–51. Edited
by John Drinkwater and Hugh Elton. Cambridge: Cambridge University Press,
1992.

———. *Bischofsherrschaften in Gallien: Zur Kontinuität römischer Führungsschichten
vom 4. bis 7. Jahrhundert*. Beihefte der Francia 5. Munich: Artemis Verlag,
1976.

Heinzelmann, Martin. "Gallische Prosopographie, 260–527." *Francia* 10 (1982): 531–718.

———. *Gregory of Tours: History and Society in the Sixth Century.* Translated by Christopher Carroll. Cambridge: Cambridge University Press, 2001. Originally published as *Gregor von Tours (538–594): "Zehn Bücher Geschichte." Historiographie und Gesellschaftskonzept im 6. Jahrhundert.* Darmstadt: Wissenschaftliche Buchgesellschaft, 1994.

Hen, Yitzhak. *Roman Barbarians: The Royal Court and Culture in the Early Medieval West.* Basingstoke, UK: Palgrave MacMillan, 2007.

Henig, Martin, and Grahame Soffe. "The Thruxton Roman Villa and Its Mosaic Pavement." *Journal of the British Archaeological Association* 146 (1993): 1–28.

Herbert de la Portbarré-Viard, Gaëlle. *Descriptions monumentales et discours sur l'édification chez Paulin de Nole: Le regard et la lumière (epist. 32 et carm. 27 et 28).* Supplements to Vigiliae Christianae 79. Leiden: Brill, 2006.

Herrschaft und Kirche: Beiträge zur Entstehung und Wirkungskreise episkopaler und monastischer Organisationsformen. Edited by Friedrich Prinz. Stuttgart: Hiersemann, 1988.

Hess, Hamilton. *The Early Development of Canon Law and the Council of Serdica.* Oxford: Oxford University Press, 2002.

Hillner, Julia. "Clerics, Property and Patronage: The Case of the Roman Titular Churches." *Antiquité tardive* 14 (2006): 59–68.

———. "*Domus*, Family, and Inheritance: The Senatorial Family House in Late Antique Rome." *Journal of Roman Studies* 93 (2003): 129–145.

———. "Families, Patronage and the Titular Churches of Rome, c. 300–c. 600." In *Religion, Dynasty and Patronage in Early Christian Rome, 300–900,* 225–261. Edited by Kate Cooper and Julia Hillner. Cambridge: Cambridge University Press, 2007.

Himmelfarb, Gertrude. "The Culture of Poverty." In vol. 2 of *The Victorian City: Images and Realities,* 707–36. Edited by H. J. Dyos and Michael Wolff. London: Routledge; Boston: Kegan Paul, 1973.

Hippone. Edited by Xavier Delestre. Aix-en-Provence: Édisud, 2005.

Hispania in Late Antiquity: Current Perspectives. Edited by Kim Bowes and Michael Kulikowski. Leiden: Brill, 2005.

Hitchner, Robert Bruce. "The Kasserine Archaeological Survey, 1982–1985." *Africa* 11–12 (1992–93): 158–259.

———. "The Kasserine Archaeological Survey, 1982–1986." *Antiquités africaines* 24 (1988): 7–41.

———. "The Kasserine Archaeological Survey, 1987." *Antiquités africaines* 26 (1990): 231–59.

Hodges, Richard, and David Whitehouse. *Mohammed, Charlemagne and the Origins of Europe: Archaeology and the Pirenne Thesis.* Ithaca, NY: Cornell University Press, 1983.

Hoek, Annewies van den. "Peter, Paul and a Consul: Recent Discoveries in African Red Slip Ware." *Zeitschrift für Antikes Christentum* 9 (2005): 197–246.

Hoek, Annewies van den, and John J. Herrmann. "Paulinus of Nola, Courtyards, and Canthari." *Harvard Theological Review* 93 (2000): 173–219.

Holloway, R. Ross. *Constantine and Rome.* New Haven, CT: Yale University Press, 2004.

Hombert, Pierre-Marie. *Nouvelles recherches de chronologie augustinienne.* Paris: Institut d'Études Augustiniennes, 2000.

Hopkins, Keith M. "Christian Number and Its Implications." *Journal of Early Christian Studies* 6 (1998): 185–226.

———. *Death and Renewal.* Cambridge: Cambridge University Press, 1983.

Horden, Peregrine, and Nicholas Purcell. *The Corrupting Sea: A Study of Mediterranean History.* Oxford: Blackwell, 2000.

Horn, Cornelia B. *Asceticism and Christological Controversy in Fifth-Century Palestine: The Career of Peter the Iberian.* Oxford: Oxford University Press, 2006.

Housing in Late Antiquity: From Palaces to Shops. Edited by Luke Lavan, Lale Özgenel, and Alexander Sarantis. Late Antique Archaeology 3.2. Leiden: Brill, 2007.

Hübner, Sabine. *Der Klerus in der Gesellschaft des spätantiken Kleinasiens.* Stuttgart: F. Steiner, 2006.

Hudák, Krisztina, and Levente Nagy. *A Fine and Private Place: Discovering the Early Christian Cemetery of Sopiane/Pécs.* Heritage Booklets 6. Pécs: Örökség Ház, 2009.

Hugoniot, Christophe. "Les acclamations dans la vie municipale tardive et la critique augustinienne des violences lors des spectacles africains." In *Idéologies et valeurs civiques dans le monde romain: Hommage à Claude Lepelley,* 179–87. Edited by Hervé Inglebert. Nanterre: Picard, 2002.

———. *Les spectacles de l'Afrique romaine: Une culture officielle municipale sous l'empire romain.* 3 vols. Lille: Atelier National de Réproduction de Thèses, 2003.

Humana sapit: Études d'Antiquité Tardive offeres à Lellia Cracco Ruggini. Edited by Jean-Michel Carrié and Rita Lizzi Testa. Bibliothèque d'Antiquité Tardive 3. Turnhout: Brepols, 2002.

Humphreys, John H. *Roman Circuses: Arenas for Chariot Racing.* Berkeley: University of California Press, 1986.

Humphries, Mark. *Communities of the Blessed: Social Environment and Religious Change in Northern Italy, AD 200–400.* Oxford: Oxford University Press, 1999.

Hunt, E. D. "Imperial Building at Rome: The Role of Constantine." In *"Bread and Circuses": Euergetism and Municipal Patronage in Roman Italy,* 57–76. Edited by Kathryn Lomas and Tim Cornell. London: Routledge, 2003.

Hunter, David G. *Marriage, Celibacy, and Heresy in Ancient Christianity: The Jovianist Controversy.* Oxford: Oxford University Press, 2007.

———. "Rereading the Jovinianist Controversy: Asceticism and Clerical Authority in Late Ancient Christianity." In *The Cultural Turn in Late Ancient Studies: Gender, Asceticism, and Historiography,* 119–35. Edited by Dale B. Martin and Patricia C. Miller. Durham, NC: Duke University Press, 2005.

———. "Resistance to the Virginal Ideal in Late-Fourth-Century Rome: The Case of Jovinian." *Theological Studies* 48 (1987): 45–64.

———. "The Significance of Ambrosiaster." *Journal of Early Christian Studies* 17 (2009): 1–26.

Hunter, David G. "Vigilantius of Calagurris and Victricius of Rouen: Ascetics, Relics, and Clerics in Late Roman Gaul." *Journal of Early Christian Studies* 7 (1999): 401–30.

Hwang, Alexander Y. *Intrepid Lover of Perfect Grace: The Life and Thought of Prosper of Aquitaine*. Washington, DC: Catholic University of America Press, 2009.

Iannacone, Laurence R. "Skewness Explained: A Rational Choice Model of Religious Giving." *Journal for the Scientific Study of Religion* 36 (1997): 141–57.

Idéologies et valeurs civiques dans le monde romain: Hommage à Claude Lepelley. Edited by Hervé Inglebert. Nanterre: Picard, 2002.

Inglebert, Hervé. *Histoire de la civilisation romaine*. In collaboration with Pierre Gros and Gilles Sauron. Paris: Presses Universitaires de France, 2005.

———. *Les romains chrétiens face à l'histoire de Rome: Histoire, christianisme et romanités en Occident dans l'Antiquité tardive (IIIe–Ve siècles)*. Paris: Institut d'Études Augustiniennes, 1996.

Istituzioni, carismi ed esercizio del potere (IV–VI secolo d.C.). Edited by Giorgio Bonamente and Rita Lizzi Testa. Bari: Edipuglia, 2010.

Jacob, Paul-André. *La vie d'Hilaire d'Arles*. SC 404. Paris: Le Cerf, 1995.

Jacobs, Martin. *Die Institution des jüdischen Patriarchen*. Texte und Studien zum Antiken Judentum 52. Tübingen: Mohr Siebeck, 1995.

Jacques, François. "Le défenseur de cité d'après la Lettre 22* de saint Augustin." *Revue des études augustiniennes* 32 (1986): 5–73.

———. "L'ordine senatorio attraverso la crisi del III secolo." In *Società romana e impero tardoantico*. Edited by Andrea Giardina. Vol. 1, *Istituzioni, ceti, economie*, 81–225. Bari: Laterza, 1986.

———. *Le privilège de liberté: Politique impériale et autonomie municipale dans les cités de l'Occident romain (161–244)*. Collection de l'école française de Rome 76. Rome: Palais Farnèse, 1984.

Jaïdi, Houcine. "Remarques sur la constitution des biens des églises africaines à l'époque romaine tardive." In *Splendidissima civitas: Études d'histoire romaine en hommage à François Jacques*, 169–91. Edited by André Chastagnol, Ségolène Demougin, and Claude Lepelley. Paris: Publications de la Sorbonne, 1996.

James, Edward. "Bede and the Tonsure Question." *Peritia* 3 (1984): 85–98.

James, N. W. "Leo the Great and Prosper of Aquitaine: A Fifth-Century Pope and His Adviser." *Journal of Theological Studies* 44 (1993): 554–84.

Janes, Dominic. *God and Gold in Late Antiquity*. Cambridge: Cambridge University Press, 1998.

Jasper, Detlev, and Horst Fuhrmann. *Papal Letters in the Early Middle Ages*. Washington, DC: Catholic University of America Press, 2001.

Jenal, Georg. *Italia ascetica atque monastica: Das Asketen-und Mönchtum in Italien von den Anfängen bis zur Zeit der Langobarden (ca. 150/250–604)*. 2 vols. Stuttgart: A. Hiersemann, 1995.

Jerome of Stridon: His Life, Writings and Legacy. Edited by Andrew Cain and Josef Lössl. Farnham, UK: Ashgate, 2009.

Johnson, Mark J. *The Roman Imperial Mausoleum in Late Antiquity*. Cambridge: Cambridge University Press, 2009.

Johnson, Stephen. *Later Roman Britain*. London: Paladin, 1982.

Jones, A.H.M. *The Later Roman Empire: A Social, Economic and Administrative Survey, 284–602*. 2 vols. Oxford: Blackwell, 1964.

———. "The Social Background of the Struggle between Paganism and Christianity." In *The Conflict between Paganism and Christianity in the Fourth Century*, 17–37. Edited by Arnaldo Momigliano. Oxford: Clarendon, 1963.

Jones, Allen E. *Social mobility in Late Antique Gaul: Strategies and Opportunities for the Non-Elite*. Cambridge: Cambridge University Press, 2009.

Jones, Christopher P. *New Heroes in Antiquity: From Achilles to Antinoos*. Cambridge, MA: Harvard University Press, 2010.

Jullian, Camille. *Histoire de la Gaule*. 2 vols. Paris: Hachette, 1993.

Jussen, Bernhard. *Name der Witwe: Erkundungen zur Semantik der mittelalterlichen Busskultur*. Göttingen: Vandenhoeck and Ruprecht, 2000.

Just, Patricia. *Imperator et Episcopus: Zum Verhältnis vom Staatsgewalt und christlicher Kirche zwischen dem 1. Konzil von Nicaea (325) und dem 1. Konzil von Konstantinopel*. Potsdamer Altertumswissenschaftliche Beiträge 8. Stuttgart: F. Steiner, 2003.

Kabiersch, Jürgen. *Untersuchungen zum Begriff der Philanthropia bei dem Kaiser Julian*. Klassisch-Philosophische Studien 21. Wiesbaden: Harassowitz, 1960.

Kahlos, Maijastina. "Vettius Agorius Praetextatus and the Rivalry between the Bishops in Rome in 366–367." *Arctos* 31 (1997): 41–54.

Kasper, Clemens M. *Theologie und Askese: Die Spiritualität des Inselmönchtums von Lérins im 5. Jahrhundert*. Beiträge zur Geschichte des Alten Mönchtums und des Benediktinertums 40. Münster: Aschendorff, 1991.

Kaster, Robert A. *Emotion, Restraint, and Community in Ancient Rome*. London: Oxford University Press, 2005.

———. *Guardians of Language: The Grammarian and Society in Late Antiquity*. Berkeley: University of California Press, 1988.

Die Katakombe "Commodilla": Repertorium der Malereien. Edited by Johannes Georg Deckers, Gabriele Mietke, and Albrecht Weiland. 3 vols. Roma Sotterranea Cristiana 10. Vatican: Pontificio Istituto di Archeologia Cristiana, 1994.

Kelly, Christopher. Review of *God and Gold in Late Antiquity* by Dominic Janes. *Journal of Roman Studies* 89 (1999): 253–54.

———. *Ruling the Later Roman Empire*. Cambridge, MA: Harvard University Press, 2004.

Kessler, Andreas. *Reichtumskritik und Pelagianismus: Die pelagianische Diatribe De divitiis. Situierung, Lesetext, Übersetzung, Kommentar*. Paradosis 43. Freiburg, Switzerland: Universitätsverlag, 1999.

Kettering, Sharon. *Patrons, Brokers, and Clients in Seventeenth-Century France*. Oxford: Oxford University Press, 1986.

Khoury, Dina Rizk. *State and Provincial Society in the Ottoman Empire: Mosul, 1540–1834*. Cambridge: Cambridge University Press, 1997.

Kiely, Maria M. "The Interior Courtyard: The Heart of Cimitile/Nola." *Journal of Early Christian Studies* 12 (2004): 443–97.

Kieschnick, John. *The Impact of Buddhism on Chinese Material Culture.* Princeton: Princeton University Press, 2003.

Kinney, Dale. "First-Generation Diptychs in the Discourse of Visual Culture." In *Spätantike und byzantinische Elfenbeinbildwerke im Diskurs,* 149–66. Edited by Gudrun Bühl, Anthony Cutler, and Arbe Effenberger. Wiesbaden: Reichert, 2008.

Klingshirn, William. *Caesarius of Arles: The Making of a Christian Community in Late Antique Gaul.* Cambridge: Cambridge University Press, 1994.

———. "Charity and Power: Caesarius of Arles and the Ransoming of Captives in Sub-Roman Gaul." *Journal of Roman Studies* 75 (1985): 183–203.

Knoch, Stefan. *Sklavenfürsorge im Römischen Reich: Formen und Motive.* Sklaverei—Knechtschaft—Zwangsarbeit 2. Hildesheim: G. Olms, 2005.

Kotula, Tadeusz. "Le fond africain de la révolte d'Héraclien en 413." *Antiquités africaines* 11 (1977): 257–66.

Kranz, Peter. *Jahreszeiten-Sarkophage: Entwicklung und Ikonographie des Motivs der vier Jahreszeiten auf kaiserzeitlichen Sarkophagen und Sarkophagdeckeln.* Deutsches Archäologisches Institut: Die antiken Sarkophagreliefs. Vol. 5. Part 4. Berlin: Mann, 1984.

Krause, Jens-Uwe. *Spätantike Patronatsformen im Westen des römischen Reiches.* Vestigia 38. Munich: C. H. Beck, 1987.

———. "Überlegungen zur Sozialgeschichte des Klerus im 5./6. Jh. n. Chr." In *Die Stadt in der Spätantike—Niedergang oder Wandel?* 413–39. Edited by Jens-Uwe Krause and Christian Witschel. Historia Einzelschriften 190. Stuttgart: F. Steiner, 2006.

Krautheimer, Richard. "The Architecture of Sixtus III: A Fifth-Century Renaissance?" In *De artibus opuscula XL: Essays in Honor of Erwin Panofsky,* 291–302. Edited by Millard Meiss. New York: Columbia University Press, 1961.

———. *Rome: Profile of a City, 312–1408.* Princeton: Princeton University Press, 1980.

———. *Three Christian Capitals: Topography and Politics.* Berkeley: University of California Press, 1983.

Kreuzsaler, Claudia. "*Ho hierótatos Nilos* auf einer christlichen Nilstandsmarkierung." *Journal of Juristic Papyrology* 34 (2004): 81–86.

Kriegbaum, Bernhard. *Kirche der Traditoren oder Kirche der Märtyrer? Die Vorgeschichte des Donatismus.* Innsbruck: Tyrolia, 1986.

Krueger, Derek. *Symeon the Holy Fool: Leontius' Life and the Late Antique City.* Berkeley: University of California Press, 1996.

Kulikowski, Michael. "Barbarians in Gaul, Usurpers in Britain." *Britannia* 31 (2000): 325–45.

———. *Late Roman Spain and Its Cities.* Baltimore: Johns Hopkins University Press, 2004.

———. "The Visigothic Settlement in Aquitania: The Imperial Perspective." In *Society and Culture in Late Antique Gaul: Revisiting the Sources,* 26–38. Edited by Ralph Mathisen and Danuta Shanzer. Aldershot: Ashgate, 2001.

Kurdock, Anne. "*Demetrias ancilla Dei*: Anicia Demetrias and the Problem of the Missing Patron." In *Religion, Dynasty and Patronage in Early Christian Rome, 300–900*, 190–224. Edited by Kate Cooper and Julia Hillner. Cambridge: Cambridge University Press, 2007.

La Bonnardière, Anne-Marie. "Les commentaires simultanés de Mat. 6,12 et de 1 Jo. 1,18 dans l'oeuvre de saint Augustin." *Revue des études augustiniennes* 1 (1955): 129–47.

———. "Les 'Enarrationes in Psalmos' prêchées par Saint Augustin à Carthage en décembre 409." *Recherches augustiniennes* 11 (1976): 52–90.

———. "Pénitence et réconciliation de pénitents d'après saint Augustin." *Revue des études augustiniennes* 13 (1967): 31–53.

Lambert, David. "The Uses of Decay: History in Salvian's *De gubernatione dei*." *Augustinian Studies* 30 (1999): 115–30.

Lambot, Cyrille. "Lettre inédite de S. Augustin relative au 'De civitate Dei.'" *Revue bénédictine* 51 (1939): 109–21.

———. "Nouveaux sermons de saint Augustin." *Revue bénédictine* 49 (1937): 233–78.

Lancel, Serge. *Actes de la Conférence de Carthage en 411*. 4 vols. SC 194–95, 224, 373. Paris: Le Cerf, 1972–91.

———. *Saint Augustin*. Paris: Fayard, 1999. Translated by Antonia Nevill, as *Saint Augustine*. London: SCM Press, 2002.

Landscapes of Change: Rural Evolutions in Late Antiquity and the Early Middle Ages. Edited by Neil Christie. Aldershot: Ashgate, 2004.

Lane Fox, Robin. "Movers and Shakers." In *The Philosopher and Society in Late Antiquity: Essays in Honor of Peter Brown*, 19–50. Edited by Andrew Smith. Swansea: Classical Press of Wales, 2005.

———. *Pagans and Christians*. New York: A. Knopf, 1987.

Laniado, Avshalom. "Le christianisme et l'évolution des institutions municipales du Bas-Empire: L'exemple du *defensor civitatis*." In *Die Stadt in der Spätantike— Niedergang oder Wandel?* 319–34. Edited by Jens-Uwe Krause and Christian Witschel. Historia Einzelschriften 190. Stuttgart: F. Steiner, 2006.

———. "The Early Byzantine State and the Christian Ideal of Voluntary Poverty." In *Charity and Giving in Monotheistic Religions*, 15–43. Edited by Miriam Frenkel and Yaacov Lev. Studien zur Geschichte und Kultur des islamischen Orients, n. F. 22. Berlin: de Gruyter, 2009.

Late Antiquity: A Guide to the Postclassical World. Edited by G. W. Bowersock, Peter Brown, and Oleg Grabar. Cambridge, MA: Harvard University Press, 1999.

Laurence, Patrick. *Jérôme et le nouveau modèle feminine: La conversion à la "vie parfaite."* Paris: Institut d'Études Augustiniennes, 1997.

———. "Proba, Juliana et Démétrias: Le christianisme des femmes de la *gens Anicia* dans la première moitié du Ve siècle." *Revue des études augustiniennes* 48 (2002): 131–63.

Lawless, George. *Augustine of Hippo and His Monastic Rule*. Oxford: Clarendon, 1987.

Laycock, Stuart. *Britannia the Failed State: Tribal Conflicts and the End of Roman Britain*. Stroud: The History Press, 2008.

Le Roux, Patrick. "L'*amor patriae* dans les cités sous l'empire romain." In *Idéologies et valeurs civiques dans le monde romain: Hommage à Claude Lepelley*, 143–61. Edited by Hervé Inglebert. Nanterre: Picard, 2002.

Leader-Newby, Ruth E. *Silver and Society in Late Antiquity: Functions and Meanings of Silver Plate in the Fourth to Seventh Centuries*. Aldershot: Ashgate, 2003.

Lee, A. D. *War in Late Antiquity: A Social History*. Oxford: Blackwell, 2007.

Lehmann, Tomas. "Martinus und Paulinus in Primuliacum (Gallien): Zu den frühesten nachweisbaren Mönchsbildnissen (um 400) in einem Kirchenkomplex." In *Vom Kloster zum Klosterverband: Das Werkzeug der Schriftlichkeit*, 56–67. Edited by Hagen Keller and Franz Neiske. Munich: W. Fink, 1997.

———. *Paulinus Nolanus und die Basilica Nova in Cimitile/Nola: Studien zu einem zentralen Denkmal der spätantik-frühchristlichen Architektur*. Wiesbaden: P. Reichert, 2004.

———. "Zu Alarichs Beutezug in Campanien: Ein neu entdecktes Gedicht des Paulinus Nolanus." *Römische Quartalschrift* 93 (1998): 181–99.

Lendon, John. *Empire of Honour: The Art of Government in the Roman World*. Oxford: Oxford University Press, 1997.

Lenski, Noel. "Captivity, Slavery, and Cultural Exchange between Rome and the Germans from the First to the Seventh Century C.E." In *Invisible Citizens: Captives and Their Consequences*, 80–109. Edited by Catherine M. Cameron. Salt Lake City: University of Utah Press, 2008.

———. "Valens and the Monks: Cudgeling and Conscription as a Means of Social Control." *Dumbarton Oaks Papers* 58 (2004): 93–117.

Leone, Anna. *Changing Townscapes in North Africa from Late Antiquity to the Arab Conquest*. Munera 28. Bari: Edipuglia, 2007.

———. "Clero, proprietà, cristianizzazione delle campagne nel Nord Africa tardoantica: *Status quaestionis*." *Antiquité tardive* 14 (2006): 95–104.

Leone, Anna, and David Mattingly. "Vandal, Byzantine and Arab Rural Landscapes in North Africa." In *Landscapes of Change: Rural Evolutions in Late Antiquity and the Early Middle Ages*, 135–62. Edited by Neil Christie. Aldershot: Ashgate, 2004.

Lepelley, Claude. *Les cités de l'Afrique romaine au Bas-Empire*. 2 vols. Paris: Études Augustiniennes, 1979–81.

———. "De la réaction païenne à la sécularization." *Cristianesimo e storia* 30 (2009): 423–39.

———. "Facing Wealth and Poverty: Defining Augustine's Social Doctrine." *Augustinian Studies* 38 (2007): 1–18.

———. "Le lieu des valeurs communes: La cité terrain neutre entre païens et chrétiens dans l'Afrique de l'Antiquité tardive." In *Idéologies et valeurs civiques dans le monde romain: Hommage à Claude Lepelley*, 271–85. Edited by Hervé Inglebert. Nanterre: Picard, 2002.

———. "*Spes saeculi*: Le milieu social d'Augustin et ses ambitions séculières avant sa conversion." In vol. 1 of *Congresso internazionale su S. Agostino nel XVI centenario della conversione*, 99–117. Studia Ephemeridis Augustinianum 24. Rome: Institutum Pontificium Augustinianum, 1987. Reprinted in Lepelley,

Aspects de l'Afrique romaine: Les cités, la vie rurale, le christianisme, 329–344. Bari: Edipuglia, 2001.

Lesne, Émile. *Histoire de la propriété ecclésiastique en France*. Vol. 1, *Époques romaine et mérovingienne*. Lille: Giard, 1910.

Leveau, Philippe. *Caesarea de Maurétanie: Une ville romaine et ses campagnes*. Collection de l'École française de Rome 70. Rome: Palais Farnèse, 1984.

Leveau, Phillippe, Pierre Sillières, and Jean-Pierre Valat. *Campagnes de la Méditerranée romaine: Occident*. Paris: Hachette, 1993.

Levison, Wilhelm. "Das Testament des Diakons Adalgisel Grimo vom Jahre 634." *Trierer Zeitschrift* 7 (1932): 69–85. Reprinted in Levison, *Aus rheinischer und fränkischer Frühzeit*. Dusseldorf: L. Schwann, 1948.

Lewis, Mark Edward. "Gift Circulation and Charity in the Han and Roman Empires." In *Rome and China: Comparative Perspectives on Ancient World Empires*, 121–36. Edited by Walter Scheidel. Oxford: Oxford University Press, 2009.

Lewit, Tamara. "Pigs, Presses and Pastoralism: Farming in the Fifth to Sixth Centuries." *Early Medieval Europe* 17 (2009): 77–91.

———. "'Vanishing Villas': What Happened to Élite Rural Habitation in the West in the 5th–6th C.?" *Journal of Roman Archaeology* 16 (2003): 260–74.

Leyser, Conrad. *Authority and Asceticism from Augustine to Gregory the Great*. Oxford: Clarendon, 2000.

———. "Semi-Pelagianism." In *Augustine through the Ages: An Encyclopedia*, 761–66. Edited by Allan D. Fitzgerald. Grand Rapids, MI: Eerdmans, 1999.

———. "'This Sainted Isle': Panegyric, Nostalgia and the Invention of Lerinian Monasticism." In *The Limits of Ancient Christianity: Essays on Late Antique Thought and Culture in Honor of R. A. Markus*, 188–206. Edited by William E. Klingshirn and Mark Vessey. Ann Arbor: University of Michigan Press, 1999.

Liebeschuetz, J.W.H.G. *Barbarians and Bishops: Army, Church, and State in the Age of Arcadius and Chrysostom*. Oxford: Clarendon, 1990.

———. *The Decline and Fall of the Roman City*. Oxford: Oxford University Press, 2001.

———. *Ambrose and John Chrysostom: Clerics between Desert and Empire*. Oxford: Oxford University Press, 2011.

———, with the assistance of Carole Hill. *Ambrose of Milan: Political Letters and Speeches*. Liverpool: Liverpool University Press, 2006.

Liebs, Detlef. *Römische Jurisprudenz in Gallien (2. bis 8. Jahrhundert)*. Berlin: Duncker and Humblot, 2002.

Lieu, Samuel N. C. *Manichaeism in the Later Roman Empire and Medieval China*. 2nd ed. Tübingen: Mohr, 1992.

Lim, Richard. *Public Disputation, Power, and Social Order in Late Antiquity*. The Transformation of the Classical Heritage 23. Berkeley: University of California Press, 1995.

———. "The Roman Pantomime Riot of A.D. 509." In *Humana sapit: Études d'Antiquité Tardive offeres à Lellia Cracco Ruggini*, 35–42. Edited by Jean-Michel Carrié and Rita Lizzi Testa. Bibliothèque d'Antiquité Tardive 3. Turnhout: Brepols, 2002.

Lim, Richard. "Unity and Diversity among the Western Manichaeans: A Reconsideration of Mani's *sancta ecclesia*." *Revue des études augustiniennes* 35 (1989): 231–50.

Linder, Amnon, ed. and trans. *The Jews in Roman Imperial Legislation*. Detroit: Wayne State University Press; Jerusalem: Israel Academy of Sciences and Humanities, 1987.

Liu, Xinru. *Silk and Religion: An Exploration of Material Life and the Thought of People, AD 600–1200*. Delhi: Oxford University Press, 1996.

Liverani, Paolo. "Saint Peter's, Leo the Great and the Leprosy of Constantine." *Papers of the British School at Rome* 76 (2008): 155–72.

Lizzi, Rita. "Ambrose's Contemporaries and the Christianization of Northern Italy." *Journal of Roman Studies* 80 (1990): 156–73.

———. "Una società esortata all'ascetismo: Misure legislative e motivazioni economiche nel IV–V secolo d.C." *Studi Storici* 30 (1989): 129–53.

———. *Vescovi e strutture ecclesiastiche nella città tardoantica (L'Italia annonaria nel IV–V secolo d.C)*. Biblioteca di Athenaeum 9. Como: New Press, 1989.

Lizzi Testa, Rita. "Alle origini della tradizione pagana su Costantino e il senato romano." In *Transformations of Late Antiquity: Essays for Peter Brown*, 85–127. Edited by Philip Rousseau and Manolis Papoutsakis. Farnham, UK: Ashgate, 2009.

———. "Christian Emperor, Vestal Virgins and Priestly Colleges: Reconsidering the End of Roman Paganism." *Antiquité tardive* 15 (2007): 251–62.

———. "L'Église, les *domini*, les païens *rustici*: Quelques stratégies pour la christianisation del'Occident (IVe–VIe s.)." In *Le problème de la christianisation du monde antique*, 77–113. Edited by Hervé Inglebert, Sylvain Destephen, and Bruno Dumézil. Paris: Picard, 2010.

———. "*Insula ipsa Libanus Almae Veneris nuncupatur*: Culti, celebrazioni, sacerdoti pagani a Roma, tra IV e VI secolo." In *Istituzioni, carismi ed esercizio del potere (IV–VI secolo d.C.)*, 273–303. Edited by Giorgio Bonamente and Rita Lizzi Testa. Bari: Edipuglia 2010.

———. "Privilegi economici e definizione di *status*: Il caso del vescovo cristiano." *Rendiconti dell'Accademia Nazionale dei Lincei: Classe di scienze morali, storiche e filologiche*, ser. 9, no. 11 (2000): 55–103.

———. *Senatori, popolo, papi: Il governo di Roma al tempo dei Valentiniani*. Bari: Edipuglia, 2004.

———. "Vergini di Dio—Vergini di Vesta: Il sesso negato e la sacralità." In *L'Eros difficile: Amore e sessualità nell'antico cristianesimo*, 89–132. Edited by Salvatore Pricoco. Catanzaro: Rubettino, 1998.

Llewellyn, P.A.B. "The Roman Church during the Laurentian Schism: Priests and Senators." *Church History* 45 (1976): 417–27.

Lo Cascio, Elio. "*Canon frumentarius, suarius, vinarius*: Stato e privati nell'approvvigionamento dell'*Vrbs*." In *The Transformations of Vrbs Roma in Late Antiquity*, 163–82. Edited by W. V. Harris. Journal of Roman Archaeology: Supplementary Series 33. Portsmouth, RI: Journal of Roman Archaeology, 1999.

Loening, Edgar. *Geschichte des deutschen Kirchenrechts.* Vol. 1, *Das Kirchenrecht in Gallien von Constantin bis Chlodovech.* Strassburg: Trübner, 1878.

The Long Morning of Medieval Europe: New Directions in Early Medieval Studies. Edited by Jennifer R. Davis and Michael McCormick. Aldershot: Ashgate, 2008.

Lorenz, Rudolf. "Der Augustinismus Prospers von Aquitanien." *Zeitschrift für Kirchengeschichte* 73 (1962): 217–52.

Loseby, Simon T. "Arles in Late Antiquity: *Gallula Roma Arelas* and *Urbs Genesii.*" In *Towns in Transition: Urban Evolution in Late Antiquity and the Early Middle Ages,* 45–70. Edited by Neil Christie and Simon T. Loseby. Aldershot: Scolar, 1996.

———. "Bishops and Cathedrals: Order and Diversity in the Fifth-Century Urban Landscape in Gaul." In *Fifth-Century Gaul: A Crisis of Identity?* 144–55. Edited by John Drinkwater and Hugh Elton. Cambridge: Cambridge University Press, 1992.

———. "Decline and Change in the Cities of Late Antique Gaul." In *Die Stadt in der Spätantike—Niedergang oder Wandel?* 67–104. Edited by Jens-Uwe Krause and Christian Witschel. Historia Einzelschriften 190. Stuttgart: F. Steiner, 2006.

———. "Marseille: A Late Antique Success Story?" *Journal of Roman Studies* 82 (1992): 165–85.

Lössl, Josef. "Julian of Aeclanum on Pain." *Journal of Early Christian Studies* 10 (2002): 203–43.

———. *Julian von Aeclanum: Studien zu seinem Leben, seinem Werk, seiner Lehre und ihrer Überlieferung.* Supplements to Vigiliae Christianae 60. Leiden: Brill, 2001.

Lot, Ferdinand. *The End of the Ancient World and the Beginnings of the Middle Ages.* New York: Knopf, 1931.

Lovejoy, Arthur O., and George Boas. *Primitivism and Related Ideas in Antiquity.* Vol. 1 of *A Documentary History of Primitivism and Related Ideas.* Edited by Arthur Lovejoy and George Boas. Baltimore: Johns Hopkins University Press, 1935.

Lowden, John. "The Beginnings of Biblical Illustration." In *Imaging the Early Medieval Bible,* 9–55. Edited by John Williams. University Park: Pennsylvania State University Press, 1999.

Löx, Markus. "Die Kirche San Lorenzo in Mailand: Eine Stiftung des Stilicho?" *Mitteilungen des deutschen archäologischen Instituts: Römische Abteilung* 114 (2008): 407–38.

Lugaresi, Leonardo. "*Regio aliena*: L'atteggiamento della chiesa verso i luoghi di spettacolo nelle città tardoantiche." *Antiquité tardive* 15 (2007): 21–34.

Lunn-Rockliffe, Sophie. *Ambrosiaster's Political Theology.* Oxford: Oxford University Press, 2007.

———. "A Pragmatic Approach to Poverty and Riches: Ambrosiaster's *Quaestio* 124." In *Poverty in the Roman World,* 115–29. Edited by Margaret Atkins and Robin Osborne. Cambridge: Cambridge University Press, 2007.

Luongo, Gennaro. *Lo specchio dell'agiografo: San Felice nei carmi XV e XVI di Paolino di Nola.* Naples: Tempi Moderni, 1992.

Lüthi, Max. *The European Folktale: Form and Nature.* Translated by John D. Niles. Bloomington: University of Indiana Press, 1982.

Lutterbach, Hubertus. *Monachus factus est: Die Mönchwerdung im frühen Mittelalter.* Beiträge zur Geschichte des alten Mönchtums und des Benediktinertums. Münster: Aschendorff, 1995.

Maas, Michael. "Ethnicity, Orthodoxy and Community in Salvian of Marseilles." In *Fifth-Century Gaul: A Crisis of Identity?* 275–84. Edited by John Drinkwater and Hugh Elton. Cambridge: Cambridge University Press, 1992.

MacCormack, Sabine. "Sin, Citizenship and the Salvation of Souls: The Impact of Christian Priorities on Late Roman and Post-Roman Society." *Comparative Studies in Society and History* 39 (1997): 644–73.

MacGeorge, Penny. *Late Roman Warlords.* Oxford: Oxford University Press, 2002.

Machado, Carlos. "Building the Past: Monuments and Memory in the Forum Romanum." In *Social and Political Life in Late Antiquity,* 157–92. Late Antique Archaeology 3:1. Edited by Will Bowden, Adam Gutteridge, and Carlos Machado. Leiden: Brill, 2006.

———. "The City as Stage: Aristocratic Commemoration in Late Antique Rome." In *Les frontières du profane dans l'antiquité tardive,* 287–317. Edited by Éric Rebillard and Claire Sotinel. Collection de l'École française de Rome 428. Rome: École française de Rome, 2010.

———. "Roman Aristocrats and the Christianization of Rome." In *Pagans and Christians in the Roman Empire (IVth–VIth Century A.D.): The Breaking of a Dialogue,* 493–513. Proceedings of the International Conference at the Monastery of Bosé, October 2008. Edited by Peter Brown and Rita Lizzi Testa. Münster: Lit, 2011.

MacMullen, Ramsay. *Changes in the Roman Empire: Essays in the Ordinary.* Princeton: Princeton University Press, 1990.

———. "The Preacher's Audience (AD 350–400)." *Journal of Theological Studies* 40 (1989): 503–11.

———. *Roman Social Relations, 50 B.C. to A.D. 284.* New Haven, CT: Yale University Press, 1974.

———. "Some Pictures in Ammianus Marcellinus." *Art Bulletin* 46 (1964): 435–55. Reprinted in *Changes in the Roman Empire: Essays in the Ordinary.*

———. "What Difference Did Christianity Make?" *Historia* 35 (1986): 322–43. Reprinted in *Changes in the Roman Empire: Essays in the Ordinary.*

Madec, Goulven. "Le communisme spirituel." In *Homo Spiritalis: Festgabe für Luc Verheijen,* 225–39. Edited by Cornelius Mayer. Würzburg: Augustinus, 1987. Reprinted in Madec, *Petites Études Augustiniennes,* 215–31. Paris: Institut d'Études Augustiniennes, 1994.

Magalhães de Oliveira, Júlio César. "Le 'pouvoir du peuple': Une émeute à Hippone au début du Ve siècle connue par le sermon 302 de Saint Augustin pour la fête de Saint Laurent." *Antiquité tardive* 12 (2004): 309–24.

———. "*Vt maiores pagani non sint!* Pouvoir, iconoclasme et action populaire à Carthage au début du Ve siècle." *Antiquité tardive* 14 (2006): 245–62.

Magnani, Eliana. "Almsgiving, *donatio pro anima* and Eucharistic Offering in the Early Middle Ages of Western Europe (4th–9th Century)." In *Charity and Giving in Monotheistic Religions*, 111–21. Edited by Miriam Frenkel and Yaacov Lev. Studien zur Geschichte und Kultur des islamischen Orients, n. F. 22. Berlin: de Gruyter, 2009.

———. "Du don aux églises au don pour le salut de l'âme en Occident (IVe–XIe siècle): Le paradigme eucharistique." In *Pratiques de l'eucharistie dans les Églises d'Orient et Occident (Antiquité et Moyen Âge)*, 1021–42. Edited by Nicole Bériou, Béatrice Caseau, and Dominique Rigaux. Paris: Institut d'Études Augustiniennes, 2009.

Magness, Jodi. "The Date of the Sardis Synagogue in the Light of the Numismatic Evidence." *American Journal of Archaeology* 109 (2005): 443–75.

Maguire, Henry. "The Good Life." In *Late Antiquity: A Guide to the Postclassical World*, 238–57. Edited by G. W. Bowersock, Peter Brown, and Oleg Grabar. Cambridge, MA: Harvard University Press, 1999.

Maioli, Maria Grazia. "Il complesso archeologico di Via d'Azeglio a Ravenna: Gli edifici di epoca tardoimperiale e bizantina." *Corso di cultura sull'arte ravennate e bizantina* 41 (1994): 45–61.

Malineau, Violaine. "Le théâtre dans les cités de l'Italie tardo-antique." In *Les cités de l'Italie tardo-antique (IVe–VIe siècle): Institutions, économie, société, culture et religion*, 187–203. Edited by Massimiliano Ghilardi, Christophe J. Goddard, and Pierfrancesco Porena. Collection de l'École française de Rome 369. Rome: École française de Rome, 2006.

Mancassola, Nicola, and Fabio Saggioro. "La fine delle ville romane: Il territorio tra Adda e Adige." *Archeologia medievale* 27 (2000): 315–31.

Mandouze, André. *Saint Augustin: L'aventure de la raison et de la grâce*. Paris: Études Augustiniennes, 1968.

Mann, J. C. Review of *Roman Government's Response to Crisis, A.D. 235–337*, by Ramsay MacMullen. *Journal of Roman Studies* 69 (1979): 191.

Marazzi, Federico. *I "Patrimonia Sanctae Romanae Ecclesiae" nel Lazio (secoli IV–X): Struttura amministrativa e prassi gestionali*. Istituto storico italiano per il Medioevo: Nuovi Studi Storici 31. Rome: Palazzo Borromini, 1998.

———. "Rome in Transition: Economic and Political Change in the Fourth and Fifth Centuries." In *Early Medieval Rome and the Christian West: Essays in Honour of Donald A. Bullough*, 21–41. Edited by Julia M. H. Smith. Leiden: Brill, 2000.

Marcone, Arnaldo. "L'allestimento dei giochi annuali a Roma nel IV secolo d.C.: Aspetti economici e ideologici." *Annali della Scuola Normale Superiore di Pisa, Classe di lettere e filosofia*, ser. 3, no. 11 (1981): 105–22. Reprinted in *La parte migliore del genere umano: Aristocrazie, potere e ideologia nell'Occidente tardoantico*, 293–311. Edited by Sergio Roda. Turin: Scriptorium, 1994.

———. "Il mondo di Paolino di Pella." In *Di tarda antichità: Scritti scelti*, 87–96. Milan: Mondadori, 2008.

Markus, Robert A. "*De civitate Dei*: Pride and the Common Good." In *Augustine: "Second Founder of the Faith*," 245–59. Edited by Joseph C. Schnaubelt and

Frederick Van Fleteren. Collectanea Augustiniana. New York: Peter Lang, 1990. Reprinted in Markus, *Sacred and Secular*. Aldershot: Variorum, 1994.

————. *The End of Ancient Christianity*. Cambridge: Cambridge University Press, 1990.

————. "The Legacy of Pelagius: Orthodoxy, Heresy and Conciliation." In *The Making of Orthodoxy: Essays in Honour of Henry Chadwick*, 214–34. Edited by Rowan Williams. Cambridge: Cambridge University Press, 1989.

Marrou, Henri-Irénée. "Le dossier épigraphique de l'évêque Rusticus de Narbonne." *Rivista di archeologia cristiana* 3–4 (1970): 331–49.

————. Introduction to *Clément d'Alexandrie: Le pedagogue*. Vol. 1. SC 70. Paris: Le Cerf, 1960.

————. "Un lieu dit 'Cité de Dieu.'" In vol. 1 of *Augustinus magister*, 101–10. Paris: Études Augustiniennes, 1955.

————. *Saint Augustin et la fin de la culture antique: Retractatio*. Bibliothèque de l'École française d'Athènes et de Rome 145. Paris: Boccard, 1949.

Martin, Jochen. *Der Weg zur Ewigkeit führt über Rom: Die Frühgeschichte des Papsttums und die Darstellung der neutestamentlichen Heilsgeschichte im Triumphbogenmosaik von Santa Maria Maggiore in Rom*. Stuttgart: Steiner, 2010.

Marzano, Annalisa. *Roman Villas in Central Italy: A Social and Economic History*. Columbia Studies in the Classical Tradition 30. Leiden: Brill, 2007.

Mastrocinque, Attilio. "Magia agraria nell'impero cristiano." *Mediterraneo antico* 7 (2004): 795–836.

Mathisen, Ralph W. "The Christianization of the Late Roman Senatorial Order: Circumstances and Scholarship." *International Journal of the Classical Tradition* 9 (2002): 257–78.

————. "The Christianization of the Late Roman Senatorial Order *bis*: A Response to Michele Salzman's 'Rejoinder' to Ralph Mathisen's Review Article." *International Journal of the Classical Tradition* 14 (2007): 233–47.

————. *Ecclesiastical Factionalism and Religious Controversy in Fifth-Century Gaul*. Washington, DC: Catholic University of America Press, 1989.

————. "Episcopal Hierarchy and Tenure of Office in Late Roman Gaul: A Method for Establishing Dates of Ordination." *Francia* 17 (1990): 125–39.

————. "Nature or Nurture? Some Perspectives on the Gallic Famine of circa A.D. 470." *Ancient World* 24 (1993): 91–105.

————. "A New Fragment of Augustine's *De nuptiis et concupiscentia* from the *Codex Sangallensis* 190." *Zeitschrift für Antikes Christentum* 3 (1999): 165–83.

————. *Roman Aristocrats in Barbarian Gaul: Strategies for Survival in an Age of Transition*. Austin: University of Texas Press, 1993.

Matthews, John F. "Four Funerals and a Wedding: This World and the Next in Fourth-Century Rome." In *Transformations of Late Antiquity: Essays for Peter Brown*, 129–46. Edited by Philip Rousseau and Manolis Papoutsakis. Farnham, UK: Ashgate, 2009.

————. "The Letters of Symmachus." In *Latin Literature of the Fourth Century*, 58–99. Edited by J. W. Binns. London: Routledge, 1974.

———. *Western Aristocracies and Imperial Court, A.D. 364–425*. Oxford: Clarendon, 1975.

Mattingly, David. "Being Roman: Expressing Identity in a Provincial Setting." *Journal of Roman Archaeology* 17 (2004): 5–25.

Mauné, Stéphane. *Les campagnes de la cité de Béziers dans l'Antiquité: Partie nord-orientale (IIe s. av. J.-C.–VIe s. ap. J.-C.)*. Montagnac: Mergoil, 1998.

Mazza, Roberta. "Tra Oriente e Occidente: La gestione del *patrimonium Petri* in Italia meridionale." In *Paesaggi e insediamenti rurali in Italia meridionale fra tardoantico e altomedioevo*, 703–15. Edited by Guiliano Volpe and Maria Turchiano. Bari: Edipuglia, 2005.

Mazzarino, Santo. *Aspetti sociali del quarto secolo*. Rome: Bretschneider, 1951.

———. "La propaganda senatoriale nel tardo imperio." Review of Andreas Alföldi, *Die Kontorniaten: Ein verkanntes Propagandamittel der Stadt-römischen heidnischen Aristokratie in ihrem Kampfe gegen das christliche Kaisertum*. *Doxa* 4 (1951): 121–48.

———. *Storia sociale del Vescovo Ambrogio*. Rome: Bretschneider, 1989.

Mazzoleni, Danilo. "Il lavoro nell'epigrafia Cristiana." In *Epigrafi del mondo cristiano antico*, 38–49. Rome: Lateran University Press, 2002.

McCormick, Michael. "Bateaux de vie, bateaux de mort: Maladie, commerce et le passage économique du bas-empire au moyen-âge." In *Morfologie sociali e culturali in Europa fra Tarda Antichità e Alto Medioevo*, 35–118. Settimane i Studi del Centro Italiano di Studi sull'Alto Medioevo 45. Spoleto: Centro di Studi sull'Alto Medioevo, 1998.

———. *Origins of the European Economy: Communications and Commerce, A.D. 300–900*. Cambridge: Cambridge University Press, 2001.

McKinley, Allan Scott. "The First Two Centuries of Saint Martin of Tours." *Early Medieval Europe* 14 (2006): 173–200.

McLynn, Neil B. "Administrator: Augustine in His Diocese." In *Companion to Augustine*. Edited by Mark Vessey. Oxford: Wiley-Blackwell, forthcoming.

———. *Ambrose of Milan: Church and Court in a Christian Capital*. Berkeley: University of California Press, 1994.

———. "Augustine's Black Sheep: The Case of Antoninus of Fussala." In *Istituzioni, carismi ed esercizio del potere (IV–VI secolo d.C.)*, 305–21. Edited by Giorgio Bonamente and Rita Lizzi Testa. Bari: Edipuglia 2010.

———. "Augustine's Roman Empire." *Augustinian Studies* 30 (1999): 29–44.

———. "Crying Wolf: The Pope and the Lupercalia." *Journal of Roman Studies* 98 (2008): 161–75.

———. "Paulinus the Impenitent: A Study of the *Eucharisticos*." *Journal of Early Christian Studies* 2 (1995): 461–86.

———. "Poetic Creativity and Political Crisis in Early Fifth-Century Gaul." *Journal of Late Antiquity* 2 (2009): 60–74.

———. "Seeing and Believing: Aspects of Conversion from Antoninus Pius to Louis the Pious." In *Conversion in Late Antiquity and the Early Middle Ages: Seeing and Believing*, 224–70. Edited by Kenneth Mills and Anthony Grafton. Rochester, NY: University of Rochester Press, 2003.

McLynn, Neil B. "The Transformation of Imperial Churchgoing in the Fourth Century." In *Approaching Late Antiquity: The Transformation from Early to Late Empire*, 235–70. Edited by Simon Swain and Mark Edwards. Oxford: Oxford University Press, 2004.

Meneghini, Roberto, and Riccardo Santangeli Valenzani. *Roma nell'altomedioevo: Topografia e urbanistica della città dal V al X secolo*. Rome: Libreria dello Stato, 2004.

Merrills, Andy, and Richard Miles. *The Vandals*. Chichester, UK: Wiley-Blackwell, 2010.

Meslin, Michel. *La fête des kalendes de janvier dans l'empire romain: Étude d'un rituel de Nouvel An*. Brussels: Latomus, 1970.

Meyer, Ulrich. *Soziales Handeln im Zeichen des "Hauses": Zur Ökonomik in der Spätantike und im frühen Mittelalter*. Göttingen: Vandenhouck and Ruprecht, 1998.

Michel, Anne. "Aspects du culte dans les églises de Numidie au temps d'Augustin: Un état de question." In *Saint Augustin, la Numidie et la société de son temps*, 67–108. Edited by Serge Lancel. Bordeaux: Ausonia; Paris: Boccard, 2005.

Milano: Capitale dell'impero romano, 286–402 d.C. Milan: Silvana Editoriale, 1991.

Miles, Richard. "The *Anthologia Latina* and the Creation of Secular Space in Vandal Carthage." *Antiquité tardive* 13 (2005): 305–20.

Mittag, Peter Franz. *Alte Köpfe in neuen Händen: Urheber und Funktion der Kontorniaten*. Antiquitas 3:38. Bonn: Habelt, 1999.

Modéran, Yves. "L'établissment térritorial des Vandales en Afrique." *Antiquité tardive* 10 (2002): 87–122.

———. "Une guerre de religion: Les deux Églises d'Afrique à l'époque vandale." *Antiquité tardive* 11 (2003): 21–44.

Momigliano, Arnaldo D. "Introduction: Christianity and the Decline of the Roman Empire." In *The Conflict between Paganism and Christianity in the Fourth Century*, 1–16. Edited by Arnaldo Momigliano. Oxford: Clarendon, 1963.

Monat, Pierre. "Astrologie et pouvoir: Les subtilités de Firmicus Maternus." In *Pouvoir, divination, et prédestination dans le monde antique*, 133–39. Edited by Élisabeth Smajda and Evelyne Geny. Besançon: Presses Universitaires Franc-Comtoises, 1999.

Moorhead, John. *Ambrose: Church and Society in the Late Roman World*. London: Longman, 1999.

Morelli, Federico. "Tessuti e indumenti nel contesto economico tardoantico: I prezzi." *Antiquité tardive* 12 (2004): 55–78.

Morris, John. "Pelagian Literature." *Journal of Theological Studies*, n.s., 16 (1965): 26–60.

I mosaici della basilica di Aquileia. Edited by Graziano Marini. Aquileia: CISCRA Edizioni, 2003.

Mratschek, Sigrid. *Der Briefwechsel des Paulinus von Nola: Kommunikation und soziale Kontakte zwischen christlichen Intellektuellen*. Hypomnemata 134. Göttingen: Vandenhoek and Ruprecht, 2002.

————. *Divites et praepotentes: Reichtum und soziale Stellung in der Literatur der Prinzipatszeit*. Historia Einzelschriften 70. Stuttgart: F. Steiner, 1993.

————. "*Multis enim notissima est sanctitas loci*: Paulinus and the Gradual Rise of Nola as a Center of Christian Hospitality." *Journal of Early Christian Studies* 9 (2001): 511–53.

Mrozek, Slawomir. "Les phénomènes économiques dans les métaphores de l'Antiquité tardive." *Eos* 72 (1984): 393–407.

Muhlberger, Steven. *The Fifth-Century Chroniclers: Prosper, Hydatius, and the Gallic Chronicler of 452*. Liverpool: F. Cairns, 1990.

————. "Looking Back from Mid-Century: The Gallic Chronicler of 452 and the Crisis of Honorius' Reign." In *Fifth-Century Gaul: A Crisis of Identity?* 28–37. Edited by John Drinkwater and Hugh Elton. Cambridge: Cambridge University Press, 1992.

La musica ritrovata: Iconografia e cultura musicale a Ravenna e in Romagna dal I al VI secolo. Edited by Daniela Castaldo, Maria Grazia Maioli, and Donatella Restani. Ravenna: Longo, 1997.

Muth, Susanne. "Bildkomposition und Raumstruktur der 'Grossen Jagd' von Piazza Armerina in seinem raumfunktionalen Kontext." *Mitteilungen des deutschen archäologischen Instituts: Römische Abteilung* 106 (1999): 189–212.

————. *Erleben von Raum—Leben im Raum: Zur Funktion mythologischer Mosaikbilder in der römisch-kaiserzeitlichen Wohnarchitektur*. Archäologie und Geschichte 10. Heidelberg: Archäologie und Geschichte, 1998.

Näf, Beat. *Senatorisches Standesbewusstsein in spätrömischer Zeit*. Paradosis 40. Freiburg, Switzerland: Universitätsverlag, 1995.

Namier, L. B. *The Structure of Politics at the Accession of George III*. 2nd ed. London: Macmillan, 1957.

Nauroy, Gérard. "L'écriture dans la pastorale d'Ambroise de Milan." In *Le monde latin antique et la Bible*. Edited by Jacques Fontaine and Charles Pietri. Vol. 2, *Bible de tous les temps*, 371–408. Paris: Beauchesne, 1985.

————. *Exégèse et création littéraire chez Ambroise de Milan: L'exemple du De Ioseph Patriarcha*. Paris: Institut d'Études Augustiniennes, 2007.

Nautin, Pierre. "L'excommunication de saint Jérôme." *Annuaire de l'École Pratique des Hautes Études, Ve section: Sciences religieuses* 80–81 (1972–73): 7–37.

Neri, Valerio. *I marginali nell'Occidente tardoantico: Poveri, "infames" e criminali nella nascente società cristiana*. Bari: Edipuglia, 1998.

Newhauser, Richard. *The Early History of Greed: The Sin of Avarice in Early Medieval Thought and Literature*. Cambridge: Cambridge University Press, 2000.

Newlands, Carole E. *Statius' Silvae and the Poetics of Empire*. New York: Cambridge University Press, 2002.

Niehoff-Panagiotidis, Johannes. "Byzantinische Lebenswelt und rabbinische Hermeneutik: Die griechischen Juden in der Kairoer Genizah." *Byzantion* 74 (2004): 51–109.

Niewöhner, Philipp. "Vom Sinnbild zum Abbild: Der justinianische Realismus und die Genese der byzantinischen Heiligentypologie." *Millennium* 5 (2008): 163–89.

Niquet, Heike. *Monumenta virtutum titulique: Senatorische Selbstdarstellung im spätantiken Rom im Spiegel der epigraphischen Denkmäler*. Stuttgart: F. Steiner, 2000.

Noble, Thomas F. X. "Secular Sanctity: Forging an Ethos for the Carolingian Nobility." In *Lay Intellectuals in the Carolingian World*, 8–36. Edited by Patrick Wormald and Janet L. Nelson. Cambridge: Cambridge University Press, 2007.

Nock, Arthur Darby. "*A diis electa*: A Chapter in the Religious History of the Third Century." *Harvard Theological Review* 23 (1930): 251–74. Reprinted in *Essays on Religion and the Ancient World*.

———. "The Emperor's Divine *Comes*." *Journal of Roman Studies* 37 (1947): 102–16. Reprinted in *Essays on Religion and the Ancient World*.

———. *Essays on Religion and the Ancient World*. Edited by Zeph Stewart. 2 vols. Cambridge, MA: Harvard University Press, 1972.

Noethlichs, Karl Leo. "Zur Einflussnahme des Staates auf die Entwicklung eines christlichen Klerikerstandes." *Jahrbuch für Antike und Christentum* 15 (1972): 136–154.

Norton, Peter. *Episcopal Elections, 250–600: Hierarchy and Popular Will in Late Antiquity*. Oxford: Oxford University Press, 2007.

Nouhailhat, René. *Saints et patrons: Les premiers moines de Lérins*. Université de Besançon: Centre de Recherches d'Histoire Ancienne 84. Paris: Belles Lettres, 1988.

Nourrir la plèbe: Actes du colloque tenu à Genève les 28. et 29. IX. 1989 en hommage à Denis Van Berchem. Edited by Adalberto Giovannini. Schweizerische Beiträge zur Altertumswissenschaft 22. Basel: F. Reinhardt 1991.

O'Donnell, James J. *Augustine: A New Biography*. New York: Harper Collins, 2005.

———. *The Ruin of the Roman Empire: A New History*. New York: Harper Collins, 2008.

Omar, Irfan. "Khidr in the Islamic Traditions." *The Muslim World* 83 (1993): 279–94.

Oort, Johannes van. "The Young Augustine's Knowledge of Manichaeism: An Analysis of the *Confessiones* and Some Other Related Texts." *Vigiliae Christianae* 62 (2008): 441–66.

Orlandi, Silvia. *Epigrafia anfiteatrale dell'occidente romano*. Vol. 6, *Roma*. Vetera 15. Rome: Quasar, 2004.

Osborne, Robin. "Introduction: Roman Poverty in Context." In *Poverty in the Roman World*, 1–20. Edited by Margaret Atkins and Robin Osborne. Cambridge: Cambridge University Press, 2007.

O'Sullivan, Jeremiah F. *The Writings of Salvian, the Presbyter*. Fathers of the Church 3. New York: CIMA, 1947.

Otranto, Giorgio. "Paolino di Nola e il Cristianesimo dell'Italia Meridionale." In *Anchora vitae: Atti del II Convegno Paoliniano nel XVI Centenario del Ritiro di Paolino a Nola*, 35–58. Edited by Gennaro Luongo. Naples: Redenzione, 1998.

Padovese, Luigi. "Considerazioni sulla dottrina cristologica e soteriologica di Paolino di Nola." In *Anchora vitae: Atti del II Convegno Paoliniano nel XVI Centenario del*

Ritiro di Paolino a Nola, 209–24. Edited by Gennaro Luongo. Naples: Redenzione, 1998.

Paesaggi e insediamenti rurali in Italia meridionale fra tardoantico e altomedioevo. Edited by Guiliano Volpe and Maria Turchiano. Bari: Edipuglia, 2005.

Pagans and Christians in the Roman Empire (IVth–VIth Century A.D.): The Breaking of a Dialogue. Proceedings of the International Conference at the Monastery of Bosé, October 2008. Edited by Peter Brown and Rita Lizzi Testa. Münster: Lit, 2011.

Panciera, Silvio. "Ancora sulla famiglia senatoria 'africana' degli Aradii." *Africa Romana* 2 (1986): 547–72.

Parkin, Anneliese. "'You do him no service': An Exploration of Pagan Almsgiving." In *Poverty in the Roman World*, 60–82. Edited by Margaret Atkins and Robin Osborne. Cambridge: Cambridge University Press, 2007.

Parry, Jonathan. "*The Gift*, the Indian Gift and the 'Indian Gift.'" *Man*, n.s., 21 (1986): 453–73.

Patterson, Helen. "The Tiber Valley Project: Archaeology, Comparative Survey and History." In *General Issues in the Study of Medieval Logistics: Sources, Problems and Methodologies*, 93–117. Edited by John F. Haldon. Leiden: Brill, 2006.

Patzold, Steffen. "Zur Sozialstruktur des Episkopats und zur Ausbildung bischöflicher Herrschaft in Gallien zwischen Spätantike und Frühmittelalter." In *Völker, Reiche und Namen im frühen Mittelalter*, 121–40. Edited by Matthias Becher and Stefanie Dick. Munich: W. Fink, 2010.

Peacock, D.P.S., Féthi Bejaoui, and Nejib Ben Lazreg. "Roman Pottery Production in Central Tunisia." *Journal of Roman Archaeology* 3 (1990): 59–84.

Peña, J. Theodore. "The Mobilization of State Olive Oil in Roman Africa: The Evidence of the Late Fourth-Century *Ostraca* from Carthage." In *Carthage Papers*, 117–238. Edited by Peña et al. Journal of Roman Archaeology Supplement 28. Portsmouth, RI: Journal of Roman Archaeology, 1998.

Pensabene, Patrizio. "Marmi e reimpiego nel santuario di S. Felice a Cimitile." In *Cimitile e Paolino di Nola. La tomba di S. Felice e il centro di pellegrinaggio: Trent'anni di ricerche*, 129–207. Edited by Hugo Brandenburg and Letizia Ermini Pani. Città del Vaticano: Pontificio Istituto di Archeologia Cristiana, 2003.

Percival, John. "Desperately Seeking Sidonius: The Realities of Life in Fifth-Century Gaul." *Latomus* 56 (1997): 279–92.

Les Pères de l'Église et la voix des pauvres. Edited by Pascal-Grégoire Delage. La Rochelle: Histoire et Culture, 2006.

Pergola, Philippe. "*Mensores frumentarii Christiani* et annone à la fin de l'Antiquité (Relecture d'un cycle de peintures)." *Rivista di archeologia cristiana* 66 (1990): 167–84.

Perler, Othmar. *Les voyages de Saint Augustin.* Paris: Études Augustiniennes, 1969.

Perrin, Michel-Yves. "*Ad implendum caritatis officium*: La place des courriers dans la correspondance de Paulin de Nole." *Mélanges de l'École française de Rome: Antiquité* 104 (1992): 1025–68.

Persic, Alessio. "La Chiesa di Siria e i 'gradi' della vita Cristiana." In *Per foramen acus: Il cristianesimo antico di fronte alla pericope evangelica del "giovane ricco,"* 208–63. Milan: Vita e Pensiero, 1986.

Peyras, Jean. "Le fundus Aufidianus: Étude d'un grand domaine romain de la région de Mateur (Tunisie du Nord)." *Antiquités Africaines* 9 (1975): 181–222.

Picotti, G. B. "Sulle relazioni fra re Odoacre e il Senato e la chiesa di Roma." *Rivista Storica Italiana,* ser. 5, no. 4 (1939): 363–86.

Picturing the Bible: The Earliest Christian Art. Edited by Jeffery Spier. New Haven, CT: Yale University Press; in association with Forth Worth, TX: Kimbell Art Museum, 2007.

Pietri, Charles. "Chiesa e comunità locali nell'Occidente cristiano (IV–VI d.C.): L'esempio della Gallia." In *Società romana e impero tardoantico.* Vol. 3, *Le merci, gli insediamenti,* 761–97. Edited by Andrea Giardina. Bari: Laterza, 1986. Reprinted in vol. I of *Christiana respublica.*

———. *Christiana respublica: Éléments d'une enquête sur le christianisme antique.* 3 vols. Collection de l'École française de Rome 234. Rome: École française de Rome, 1997.

———. "Damase, évêque de Rome." In *Saecularia Damasiana,* 31–58. Studi di Antichità Cristiana 39. Vatican: Pontificio Istituto di Archeologia Cristiana, 1986. Reprinted in vol. 1 of *Christiana respublica.*

———. "Donateurs et pieux établissements d'après le légendier romain (Ve–VIIe s.)." In *Hagiographie, cultures et sociétés, IVe–XIIe siècles,* 434–53. Paris: Études Augustiniennes, 1981. Reprinted in vol. 1 of *Christiana respublica.*

———. "Évergétisme et richesses ecclésiastiques dans l'Italie du IVe à la fin du Ve siècle: L'exemple romain." *Ktèma* 3 (1978): 317–37. Reprinted in vol. 2 of *Christiana respublica.*

———. "Recherches sur les *domus ecclesiae.*" *Revue des études augustiniennes* 24 (1978): 3–21. Reprinted in vol. 1 of *Christiana respublica.*

———. *Roma Christiana: Recherches sur l'Église de Rome, son organisation, sa politique, son idéologie de Miltiade à Sixte III (311–440).* Bibliothèque des Écoles françaises d'Athènes et de Rome 224. Rome: Palais Farnèse, 1976.

———. "Le Sénat, le peuple chrétien et les partis du cirque sous le pape Symmaque." *Mélanges d'archéologie et d'histoire* 78 (1966): 123–39. Reprinted in vol. 2 of *Christiana respublica.*

———. "Le serment du soldat chrétien: Les épisodes de la *militia Christi* sur les sarcophages." *Mélanges d'Archéologie et d'Histoire* 74 (1962): 649–64. Reprinted in vol. 2 of *Christiana respublica.*

Pietri, Luce. "Évergétisme chrétien et fondations privées dans l'Italie de l'Antiquité tardive." In *Humana sapit: Études d'Antiquité Tardive offeres à Lellia Cracco Ruggini,* 253–63. Edited by Jean-Michel Carrié and Rita Lizzi Testa. Bibliothèque d'Antiquité Tardive 3. Turnhout: Brepols, 2002.

———. "Riches et pauvres dans l'*Ad Ecclesiam* de Salvien de Marseille." In *Les Pères de l'Église et la voix des pauvres,* 149–61. Edited by Pascal Grégoire Delage. La Rochelle: Histoire et Culture, 2006.

Piganiol, André. *L'empire chrétien (325-395)*. Histoire romaine 4:2. Paris: Presses Universitaires de France, 1947.

Plassmann, Otto. *Die Almosen bei Johannes Chrysostomus*. Münster: Aschendorff, 1961.

Plinval, Georges de. *Pélage: Ses écrits, sa vie et sa réforme: Étude d'histoire littéraire et religieuse*. Lausanne: Payot, 1943.

Plumer, Eric. *Augustine's Commentary on Galatians*. Oxford: Oxford University Press, 2003.

Poglio, Federico Alberto. *Gruppi di potere nella Roma tardoantica (350-395 d.C.)*. Turin: Celid, 2007.

Pohl, Walter. "Rome and the Barbarians in the Fifth Century." *Antiquité tardive* 16 (2008): 93-101.

Polci, Barbara. "Some Aspects of the Transformation of the Roman *Domus* between Late Antiquity and the Early Middle Ages." In *Theory and Practice in Late Antique Archaeology*, 79-109. Edited by Luke Lavan and William Bowden. Late Antique Archaeology 1. Leiden: Brill, 2003.

Porena, Pierfranceso. "Trasformazioni istituzionali e assetti sociali: I prefetti del Pretorio tra III e IV secolo." In *Le trasformazioni delle "élites" in età tardoantica*, 325-56. Edited by Rita Lizzi Testa. Rome: Bretschneider, 2006.

Potter, David S. *The Roman Empire at Bay, AD 180-395*. London: Routledge, 2004.

Pottier, Bruno. "Entre les villes et les campagnes: Le banditisme en Italie du IVe au VIe siècle." In *Les cités de l'Italie tardo-antique (IVe–VIe siècle): Institutions, économie, société, culture et religion*, 251-66. Edited by Massimiliano Ghilardi, Christophe J. Goddard, and Pierfrancesco Porena. Collection de l'École française de Rome 369. Rome: École française de Rome, 2006.

Poveri ammalati e ammalati poveri: Dinamiche socio-economiche, trasformazioni culturali e misure assistenziali nell'Occidente romano in età tardoantica. Edited by Rosalia Marino, Concetta Molè, and Antonino Pinzone, with the collaboration of Margherita Cassia. Catania: Edizioni del Prisma, 2006.

Poverty in the Roman World. Edited by Margaret Atkins and Robin Osborne. Cambridge: Cambridge University Press, 2007.

Pricoco, Salvatore. *L'isola dei santi: Il cenobio di Lerino e le origini del monachesimo gallico*. Rome: Edizioni dell'Ateneo e Bizzarri, 1978.

———. "Paolino di Nola e il monachesimo del suo tempo." In *Anchora vitae: Atti del II Convegno Paoliniano nel XVI Centenario del Ritiro di Paolino a Nola*, 59-92. Edited by Gennaro Luongo. Naples: Redenzione, 1998.

Prinz, Friedrich. *Frühes Mönchtum im Frankenreich: Kultur und Gesellschaft in Gallien, den Rheinlanden und Bayern am Beispiel der monastischen Entwicklung (4. bis 8. Jahrhundert)*. Vienna: Oldenbourg, 1965.

Le problème de la christianisation du monde antique. Edited by Hervé Inglebert, Sylvain Destephen, and Bruno Dumézil. Paris: Picard, 2010.

Property and Power in the Early Middle Ages. Edited by Wendy Davies and Paul Fouracre. Cambridge: Cambridge University Press, 1995.

Prosopographie chrétienne du Bas-Empire.

Vol. 1, *L'Afrique chrétienne (305-533).* Edited by André Mandouze. Paris: CNRS, 1982.

Vol. 2, *L'Italie chrétienne (313-604).* Edited by Charles Pietri and Luce Pietri. 2 vols. Paris: École française de Rome, 2000.

Vol. 3, *Diocèse d'Asie (325-641).* Edited by Sylvain Destephen. Paris: CNRS, 2008.

The Prosopography of the Later Roman Empire. Edited by A.H.M. Jones, John Robert Martindale, and John Morris. 3 vols. Cambridge: Cambridge University Press, 1971-92.

Purcell, Nicholas. "The Populace of Rome in Late Antiquity: Problems of Classification and Historical Description." In *The Transformations of Vrbs Roma in Late Antiquity,* 135-61. Edited by W. V. Harris. Journal of Roman Archaeology: Supplementary Series 33. Portsmouth, RI: Journal of Roman Archaeology, 1999.

———. "Tomb and Suburb." In *Römische Gräberstrasse: Selbstdarstellung, Status, Standard,* 25-41. Edited by Henner von Hesberg and Paul Zanker. Bayerische Akademie der Wissenschaften: Philologisch-historische Klasse/Abhandlungen, NF 96. Munich: Bayerische Akademie der Wissenschaften, 1987.

Raeck, Wulf. *Modernisierte Mythen: Zum Umgang der Spätantike mit klassischen Bildthemen.* Stuttgart: F. Steiner, 1992.

———. "*Publica non despiciens*: Ergänzungen zur Interpretation des Dominus-Julius-Mosaiks aus Karthago." *Mitteilungen des deutschen Archäologischen Instituts: Römische Abteilung* 94 (1987): 295-308.

Raimondi, Milena. "Elezione *iudicio Dei* e *turpe convicium*: Damaso e Ursino tra storia ecclesiastica e amministrazione romana." *Aevum* 83 (2009): 169-208.

Rajak, Tessa. "The Gifts of God at Sardis." In *Jews in a Graeco-Roman World,* 229-39. Edited by Martin Goodman. New York: Oxford University Press, 1998.

Rapp, Claudia. "Charity and Piety as Episcopal and Imperial Virtues in Late Antiquity." In *Charity and Giving in Monotheistic Religions,* 75-88. Edited by Miriam Frenkel and Yaacov Lev. Studien zur Geschichte und Kultur des islamischen Orients, n. F. 22. Berlin: de Gruyter, 2009.

———. *Holy Bishops in Late Antiquity: The Nature of Christian Leadership in an Age of Transition.* Berkeley: University of California Press, 2005.

Rebenich, Stefan. *Hieronymus und sein Kreis: Prosopographische und sozialgeschichtliche Untersuchungen.* Historia Einzelschriften 72. Stuttgart: F. Steiner, 1992.

Rebillard, Éric. "Augustin et le rituel épistolaire de l'élite sociale et culturelle de son temps: Éléments pour une analyse processuelle des relations de l'évêque et de la cité dans l'Antiquité tardive." In *L'évêque dans la cité du IVe au Ve siècle: Image et autorité,* 127-52. Edited by Éric Rebillard and Claire Sotinel. Collection de l'École française de Rome 248. Rome: École française de Rome, 1998.

———. *In hora mortis: Évolution de la pastorale chrétienne de la mort aux IVe et Ve siècles dans l'Occident latin.* Bibliothèque des Écoles françaises d'Athènes et de Rome 283. Rome: Palais Farnèse, 1994.

———. "*Quasi funambuli*: Cassien et la controverse pélagienne sur la perfection." *Revue des Études Augustiniennes* 40 (1994): 197-210.

————. *Religion et sépulture: L'Église, les vivants et les morts dans l'Antiquité tardive.* Paris: Éditions de l'École des Hautes Études en Sciences Sociales, 2003. Translated by Elizabeth Trapnell Rawlings and Jeanine Routier-Pucci, as *The Care of the Dead in Late Antiquity.* Ithaca, NY: Cornell University Press, 2009.

————. "Sociologie de la déviance et orthodoxie: Le cas de la controverse pélagienne sur la grace." In *Orthodoxie, christianisme, histoire,* 221–40. Edited by Susanna Elm, Éric Rebillard, and Antonella Romano. Collection de l'École française de Rome 270. Rome: École française de Rome, 2000.

Rebuffat, René. "Enceintes urbaines et insécurité en Maurétanie tingitaine." *Mélanges de l'École française de Rome: Antiquité* 86 (1974): 501–22.

Rees, B. R. *Pelagius: A Reluctant Heretic.* Woodbridge, UK: Boydell, 1998.

Reinert, François, ed. *Moselgold: Der römische Schatz von Machtum.* Luxembourg: Musée national d'histoire et d'art, 2008.

Religion, Dynasty and Patronage in Early Christian Rome, 300–900. Edited by Kate Cooper and Julia Hillner. Cambridge: Cambridge University Press, 2007.

Reutter, Ursula. *Damasus, Bischof von Rom (366–384).* Studien und Texte zu Antike und Christentum 55. Tübingen: Mohr Siebeck, 2009.

Reynolds, Paul. *Hispania and the Roman Mediterranean, A.D. 100–700: Ceramics and Trade.* London: Duckworth, 2010.

Rilinger, Rolf. *Humiliores-Honestiores: Zu einer sozialen Dichotomie im Strafrecht der römischen Kaiserzeit.* Munich: Oldbourg, 1988.

Rio, Alice. "High and Low: Ties of Dependence in the Frankish Kingdoms." *Transactions of the Royal Historical Society,* 6th ser., 12 (2008): 43–68.

Rivière, Yann. "'Une cruauté digne des féroces barbares?' À propos du *De emerdatione servorum* (C.Th.IX.12)." In *Le Code Théodosien: Diversité des approches et nouvelles perspectives,* 171–208. Edited by Sylvie Crogiel-Pétrequin and Pierre Jaillette. Collection de l'École française de Rome 412. Rome: École française de Rome, 2009.

Robert, Louis, and Jeanne Robert. "Bulletin épigraphique." *Revue des études grecques* 97 (1984): 419–522.

Roberts, Michael. "Barbarians in Gaul: The Response of the Poets." In *Fifth-Century Gaul: A Crisis of Identity?* 97–106. Edited by John Drinkwater and Hugh Elton. Cambridge: Cambridge University Press, 1992.

————. *The Humblest Sparrow: The Poetry of Venantius Fortunatus.* Ann Arbor: University of Michigan Press, 2009.

Robins, William. "Romance and Renunciation at the Turn of the Fifth Century." *Journal of Early Christian Studies* 8 (2000): 531–57.

Rodá, Isabel. "Iconografía y epigrafía en dos mosaicos hispanas: Las villas de Tossa y de Dueñas." In *VI Coloquio internacional sobre mosaico antiguo,* 35–42. Palencia/ Mérida: Associación Español del Mosaico, 1994.

Roda, Sergio. "Fuga nel privato e nostalgia del potere nel IV secolo d.C.: Nuovi accenti di un'antica ideologia." In vol. 1 of *Le trasformazioni della cultura nella tarda antichità,* 95–108. Rome: Bretschneider, 1985.

Roda, Sergio. "Polifunzionalità della lettera commendaticia: Teoria e prassi nell'epistolario simmachiano." In *Colloque genèvois sur Symmaque*, 177–207. Edited by François Paschoud. Paris: Belles Lettres, 1986.

Rome and China: Comparative Perspectives on Ancient World Empires. Edited by Walter Scheidel. Oxford: Oxford University Press, 2009.

Rossiter, Jeremy J. "Domus and Villa: Late Antique Housing in Carthage and Its Territory." In *Housing in Late Antiquity: From Palaces to Shops*, 367–92. Edited by Luke Lavan, Lale Özgenel, and Alexander Sarantis. Late Antique Archaeology 3.2. Leiden: Brill, 2007.

Rostovtzeff, M. *The Social and Economic History of the Hellenistic World*. 3 vols. Oxford: Clarendon, 1941.

——. *The Social and Economic History of the Roman Empire*. Oxford: Clarendon, 1926.

Roueché, Charlotte. "Acclamations in the Late Roman Empire: New Evidence from Aphrodisias." *Journal of Roman Studies* 74 (1984): 181–99.

——. "The Image of Victory: New Evidence from Ephesus." *Travaux et mémoires* 14: *Mélanges Gilbert Dagron*, 527–46. Edited by V. Déroche. Paris: Boccard, 2002.

Rousseau, Philip. *Ascetics, Authority, and the Church in the Age of Jerome and Cassian*. Oxford: Oxford University Press, 1978.

——. "Cassian: Monastery and World." In *The Certainty of Doubt: Tributes to Peter Munz*, 68–89. Edited by Miles Fairburn and W. H. Oliver. Wellington, New Zealand: Victoria University Press, 1995.

——. "The Preacher's Audience: A More Optimistic View." In vol. 2 of *Ancient History in a Modern University*, 371–408. Edited by T. W. Hillard et al. Grand Rapids, MI: Eerdmans, 1998.

Rousselle, Aline. *Porneia: De la maîtrise du corps à la privation sensorielle, IIe–IVe siècles de l'ère chrétienne*. Paris: Presses Universitaires de France, 1983.

Rowland, Robert J. "The 'Very Poor' and the Grain Dole at Rome and Oxyrhynchus." *Zeitschrift für Papyrologie und Epigraphik* 21 (1976): 69–73.

Rubin, Miri. *Charity and Community in Medieval Cambridge*. Cambridge: Cambridge University Press, 1987.

Rummel, Philipp von. *Habitus barbarus: Kleidung und Repräsentation spätantiker Eliten im 4. und 5. Jahrhundert*. Reallexikon der germanischen Altertumskunde, Ergänzungsband 55. Berlin: de Gruyter, 2007.

——. "*Habitus Vandalorum?* Zur Frage nach einer gruppen-spezifischen Kleidung der Vandalen in Afrika." *Antiquité tardive* 10 (2002): 131–41.

Ruokanen, Mikka. *Theology of Social Life in Augustine's De civitate Dei*. Forschungen zur Kirchen-und Dogmengeschichte 53. Göttingen: Vandenhoeck and Ruprecht, 1993.

Rutgers, L. V., M. van Strydonck, M. Boudin, and C. van der Linde. "Stable Isotope Data from the Early Christian Catacombs of Ancient Rome: New Insights into the Dietary Habits of Rome's Early Christians." *Journal of Archaeological Science* 36 (2009): 1127–34.

Sabw Kanyang, Jean-Anatole. *Episcopus et plebs: L'évêque et la communauté ecclésiale dans les conciles africains (345–525)*. European University Studies 701. Bern: Peter Lang, 2000.

Saecularia Damasiana. Studi di Antichità Cristiana 39. Vatican: Pontificio Istituto di Archeologia Cristiana, 1986.

Sage, Michael M. *Cyprian*. Patristic Monographs Series 1. Cambridge, MA: Philadelphia Patristic Foundation, 1975.

Saint Augustin, la Numidie et la société de son temps. Edited by Serge Lancel. Bordeaux: Ausonia; Paris: Boccard, 2005.

Salamito, Jean-Marie. "Aspects aristocratiques et aspects populaires de l'être chrétien aux IIIe et IVe siècles." *Antiquité tardive* 9 (2001): 165–78.

———. *Les virtuoses et la multitude: Aspects sociaux de la controverse entre Augustin et les pélagiens*. Grenoble: Éditions Jérôme Millon, 2005.

Salomonson, J. W. "Late Roman Earthenware with Relief Decoration Found in Northern-Africa and Egypt." *Oudheidkundige Mededelingen* 43 (1962): 53–95.

———. *La mosaïque aux chevaux dans l'antiquarium de Carthage*. The Hague: Imprimerie Nationale, 1965.

Salona: Recherches archéologiques franco-croates à Salone. Vol. 3, *Manastirine: Établissement préromain, nécropole et basilique paléochrétienne*. Edited by Noel Duval, Emilio Marin, and Catherine Metzger. Collection de l'École française de Rome 194:3. Rome: École française de Rome; Split: Musée archéologique de Split, 2000.

Salzman, Michele Renée. "*The Making of a Christian Aristocracy*: A Response to Ralph Mathisen's Review Article." *International Journal of the Classical Tradition* 12 (2005): 123–37.

———. *The Making of a Christian Aristocracy: Social and Religious Change in the Western Roman Empire*. Cambridge, MA: Harvard University Press, 2002.

———. *On Roman Time: The Codex-Calendar of 354 and the Rhythms of Urban Life in Late Antiquity*. Berkeley: University of California Press, 1990.

———. "Symmachus and the 'Barbarian' Generals." *Historia* 55 (2006): 352–67.

———. "Symmachus and His Father: Patriarchy and Patrimony in the Late Roman Senatorial Elite." In *Le trasformazioni dell' "élites" in età tardoantica*, 357–75. Edited by Rita Lizzi Testa. Rome: Bretschneider, 2006.

———. "Symmachus' Ideal of Secular Friendship." In *Les frontières du profane dans l'antiquité tardive*, 247–72. Edited by Éric Rebillard and Claire Sotinel. Collection de l'École française de Rome 428. Rome: École française de Rome, 2010.

———. "Travel and Communication in *The Letters of Symmachus*." In *Travel, Communication and Geography in Late Antiquity: Sacred and Profane*, 81–94. Edited by Linda Ellis and Frank L. Kidner. Aldershot: Variorum, 2004.

Samson, R. "Slavery, the Roman Legacy." In *Fifth-Century Gaul: A Crisis of Identity?* 218–27. Edited by John Drinkwater and Hugh Elton. Cambridge: Cambridge University Press, 1992.

Sánchez León, Juan Carlos. *Les sources de l'histoire des Bagaudes*. Paris: Belles Lettres, 1996.

Sanchez Velasco, Jerónimo, Antonio Moreno Rosa, and Guadalupe Gómez Muñoz. "Aproximación al estudio de la ciudad de Cabra y su obispado al final de la Antigüedad." *Antiquitas* 21, 135–80. Priego de Corboba: Museo Histórico Municipal, 2009.

Santilli, Roberto, Jens Ormö, Angelo P. Rossi, and Goro Komatsu. "A Catastrophe Remembered: A Meteorite Impact of the Fifth Century AD in the Abruzzo, Central Italy." *Antiquity* 77 (2003): 313–20.

Sardella, Teresa. "Continenza e uxorato del clero nell'Africa di Agostino." In *L'adorabile vescovo d'Ippona*, 183–226. Edited by Franca Ela Consolino. Soveria Manelli: Rubettino, 2001.

———. *Società, chiesa e stato nell'età di Teodorico: Papa Simmaco e lo scismo laurenziano.* Soveria Manelli: Rubettino, 1996.

Sarris, Peter. *Economy and Society in the Age of Justinian.* Cambridge: Cambridge University Press, 2006.

Savino, Eliodoro. *Campania Tardoantica (284–604 d.C.).* Bari: Edipuglia, 2005.

Savon, Hervé. *Saint Ambroise devant l'exégèse de Philon le Juif.* 2 vols. Paris: Études Augustiniennes, 1977.

Scheidel, Walter C. "Finances, Figures and Fiction." *Classical Quarterly* 46 (1996): 222–238.

———. "Germs for Rome." In *Rome the Cosmopolis*, 159–76. Edited by Catharine Edwards and Greg Woolf. Cambridge: Cambridge University Press, 2003.

———. "Stratification, Deprivation and Quality of Life." In *Poverty in the Roman World*, 40–59. Edited by Margaret Atkins and Robin Osborne. Cambridge: Cambridge University Press, 2006.

Scheidel, Walter C., and Steven J. Friesen. "The Size of the Economy and the Distribution of Income in the Roman Empire." *Journal of Roman Studies* 99 (2009): 61–91.

Schmidt, Manfred. "Ambrosi carmen de obitu Probi: Ein Gedicht des Mailänder Bischofs in epigraphischer Überlieferung." *Hermes* 127 (1999): 99–116.

Schmidt-Hofner, Sebastian. *Reagieren und Gestalten: Die Regierungsstil des spätrömischen Kaisers am Beispiel der Gesetzgebung Valentinians I.* Vestigia 58. Munich: C. H. Beck, 2008.

Schneider, Lambert. *Die Domäne als Weltbild: Wirkungsstrukturen der spätantiken Bildersprache.* Wiesbaden: F. Steiner, 1983.

Schofield, Malcolm. "Cicero's Definition of *res publica*." In *Cicero the Philosopher*, 63–83. Edited by J.G.F. Powell. Oxford: Clarendon, 1995.

Schöllgen, Georg. *Ecclesia Sordida? Zur Frage der sozialen Schichtung frühchristlicher Gemeinden am Beispiel Karthagos zur Zeit Tertullians.* Jahrbuch für Antike und Christentum: Ergänzungsband 12. Münster: Aschendorff, 1984.

Schrüfer-Kolb, Irene. *Roman Iron Production in Britain: Technological and Socioeconomic Landscape Development along the Jurassic Ridge.* British Archaeological Reports 380. Oxford: Archaeopress, 2004.

Schrunk, Ivančica, and Vlasta Begović. "Roman Estates on the Island of Brioni, Istria." *Journal of Roman Archaeology* 13 (2000): 252–76.

Schwartz, Seth. *Imperialism and Jewish Society, 200 B.C.E. to 640 C.E.* Princeton: Princeton University Press, 2001.

———. *Were the Jews a Mediterranean Society? Reciprocity and Solidarity in Ancient Judaism.* Princeton: Princeton University Press, 2010.

Scogin, Hugh. "Poor Relief in Northern Sung China." *Oriens Extremus* 25 (1978): 30–45.

Scott, Sarah. *Art and Society in Fourth Century Britain: Villa Mosaics in Context.* Oxford School of Archaeology Monographs 53. Oxford: Oxbow, 2000.

Serfass, Adam. "Slavery and Pope Gregory the Great." *Journal of Early Christian Studies* 14 (2006): 77–103.

Settipani, Christian. "Ruricius Ier évêque de Limoges et ses relations familiales." Prosopographica X. *Francia* 18 (1991): 195–222.

Settis, Salvatore. "Per l'interpretazione di Piazza Armerina." *Mélanges de l'école française de Rome: Antiquité* 87 (1975): 873–994.

Shanzer, Danuta. "Arcanum Varronis iter: Licentius' Verse Epistle to Augustine." *Revue des études augustiniennes* 37 (1991): 110–43.

———. "*Avulsa a latere meo*: Augustine's Spare Rib—*Confessions* 6.15.25." *Journal of Roman Studies* 92 (2002): 157–76.

———. "Jerome, Tobit, Alms, and the Vita Aeterna." In *Jerome of Stridon: His Life, Writings and Legacy*, 87–103. Edited by Andrew Cain and Josef Lössl. Farnham, UK: Ashgate, 2009.

Shaw, Brent D. "African Christianity: Disputes, Definitions and 'Donatists.'" In *Orthodoxy and Heresy in Religious Movements: Discipline and Dissent*, 5–34. Edited by Malcolm R. Greenshields and Thomas Robinson. Lampeter: Edwin Mellen Press, 1992. Reprinted in *Rulers, Nomads and Christians*.

———. "After Rome: Transformations of the Early Mediterranean World." *New Left Review* 51 (2008): 89–114.

———. "Bad Boys: Circumcellions and Fictive Violence." In *Violence in Late Antiquity: Perceptions and Practices*, 179–96. Edited by H. A. Drake. Aldershot: Ashgate, 2006.

———. *Bringing in the Sheaves: Economy and Metaphor in the Roman World.* Toronto, forthcoming.

———. "The Family in Late Antiquity: The Experience of Augustine." *Past and Present* 115 (1987): 3–51.

———. *Rulers, Nomads and Christians in Roman North Africa.* Aldershot: Variorum, 1995.

———. "Rural Markets in North Africa and the Political Economy of the Roman Empire." *Antiquités africaines* 17 (1981): 37–83. Reprinted in *Rulers, Nomads and Christians*.

———. *Sacred Violence: African Christians and Sectarian Hatred in the Age of Augustine.* Cambridge: Cambridge University Press, 2011.

———. "War and Violence." In *Late Antiquity: A Guide to the Postclassical World*, 130–69. Edited by G. W. Bowersock, Peter Brown, and Oleg Grabar. Cambridge, MA: Harvard University Press, 1999.

Shaw, Brent D. "Who Were the Circumcellions?" In *Vandals, Romans and Berbers: New Perspectives on Late Antique North Africa*, 227–58. Edited by A. H. Merrills. Aldershot: Ashgate, 2004.

———. "'A Wolf by the Ears': M. I. Finley's *Ancient Slavery and Modern Ideology in Historical Context*." Introduction to Moses I. Finley, *Ancient Slavery and Modern Ideology*, 3–74. Princeton, NJ: M. Wiener, 1998.

Shaw, Brent, and Richard P. Saller. "Close-Kin Marriage in Roman Society?" *Man*, n.s., 19 (1984): 432–44.

Shaw, Teresa M. *The Burden of the Flesh: Fasting and Sexuality in Early Christianity*. Minneapolis: Fortress Press, 1998.

Shelton, Kathleen J. *The Esquiline Treasure*. London: British Museum, 1981.

Shtaerman, E. M., and M. K. Trofimova. *La schiavitú nell'Italia imperiale: I–III secolo*. Rome: Riuniti, 1975.

Sillières, Pierre. "Approche d'un espace rural antique: L'exemple de Vila de Frades en Lusitanie méridionale." In *Du latifundium au latifondo: Un héritage de Rome, une création médiévale ou moderne?* 21–29. Publications du Centre Pierre Paris 25. Paris: Boccard, 1995.

Simões, Margarida Barahona. *Prisciliano e as tensões religiosas do século IV*. Lisbon: Universidade Lusíada, 2002.

Simonnot, Philippe. *Les papes, l'église et l'argent: Histoire économique du christianisme des origines à nos jours*. Paris: Bayard, 2005.

Sivan, Hagith. *Ausonius of Bordeaux: Genesis of a Gallic Aristocracy*. London: Routledge, 1993.

———. "The Death of Paulinus' Brother." *Rheinisches Museum für Philologie* 139 (1996): 170–79.

———. "On Hymens and Holiness in Late Antiquity: Opposition to Aristocratic Female Asceticism in Rome." *Jahrbuch für Antike und Christentum* 36 (1993): 81–93.

———. "The Last Gallic Prose Panegyric: Paulinus of Nola on Theodosius I." In *Studies in Latin Literature and Roman History*, 577–94. Edited by Carl Deroux. Vol. 7. Collection Latomus 227. Brussels: Latomus, 1994.

VI Coloquio internacional sobre mosaico antiguo. Palencia/Mérida: Associación Español del Mosaico, 1994.

Skeb, Matthias. *Christo vivere: Studien zum literarischen Christusbild des Paulinus von Nola*. Hereditas 11. Bonn: Borengässer, 1997.

Slootjes, Daniëlle. *The Governor and His Subjects in the Later Roman Empire*. Mnemosyne Supplements 275. Leiden: Brill, 2006.

Smith, J. T. *Roman Villas: A Study in Social Structure*. London: Routledge, 1997.

Smith, Rowland B. E. "'Restored Utility, Eternal City': Patronal Imagery at Rome in the Fourth Century AD." In *"Bread and Circuses": Euergetism and Municipal Patronage in Roman Italy*, 142–66. Edited by Kathryn Lomas and Tim Cornell. London: Routledge, 2003.

Snyder, Christopher A. *An Age of Tyrants: Britain and the Britons, A.D. 400–600*. University Park: Pennsylvania State University Press, 1998.

Social and Political Life in Late Antiquity. Late Antique Archaeology 3:1. Edited by Will Bowden, Adam Gutteridge, and Carlos Machado. Leiden: Brill, 2006.

Società romana e impero tardoantico. Edited by Andrea Giardina. 4 vols. Rome: Laterza, 1986.

Sogno, Cristiana. *Q. Aurelius Symmachus: A Political Biography*. Ann Arbor: University of Michigan Press, 2006.

———. "Roman Matchmaking." In *From the Tetrarchs to the Theodosians: Later Roman History and Culture, 284–450 CE. For John Matthews on the Occasion of His 70th Birthday*, 51–71. Edited by Scott McGill, Cristiana Sogno, and Edward Watts. Yale Classical Studies 34. Cambridge: Cambridge University Press, 2010.

Sotinel, Claire. "Les ambitions d'historien d'Ennode de Pavie: *La Vita Epiphanii*." In *La narrativa cristiana antica: Codici narrative, strutture formali, schemi retorici*, 585–605. Studia Ephemeridis Augustinianum 50. Rome: Istituto Patristicum Augustinianum, 1995.

———. *Church and Society in Late Antique Italy and beyond*. Farnham, UK: Ashgate/ Variorum, 2010.

———. "Le don chrétien et ses retombées sur l'économie dans l'Antiquité tardive." *Antiquité tardive* 14 (2006): 105–16. Translated by Sotinel as "The Christian Gift and Its Economic Impact in Late Antiquity." In *Church and Society*, article IX.

———. "Les évêques italiens dans la société de l'Antiquité tardive: L'émergence d'une nouvelle élite?" In *Le trasformazioni delle "élites" in età tardoantica*, 377–404. Edited by Rita Lizzi Testa. Rome: Bretschneider, 2006. Translated by Sotinel as "The Bishops of Italy in Late Antique Society: A New Elite?" In *Church and Society*, article VIII.

———. *Identité civique et christianisme: Aquilée du IIIe au VIe siècle*. Bibliothèque des Écoles françaises d'Athènes et de Rome 324. Rome: École française de Rome, 2006.

———. "Le personnel épiscopal: Enquête sur la puissance de l'évêque dans la cite." In *L'évêque dans la cité du IVe au Ve siècle: Image et autorité*, 105–26. Edited by Éric Rebillard and Claire Sotinel. Collection de l'École française de Rome 248. Rome: École française de Rome, 1998. Translated by Sotinel as "The Bishop's Men: Episcopal Power in the City." In *Church and Society*, VII.

———. "Le recrutement des évêques en Italie aux IVe et Ve siècles." In *Vescovi e pastori in epoca Teodosiana*, 193–204. Studia Ephemeridis Augustinianum 58. Rome: Institutum Pontificium Augustinianum, 1997. Reprinted in *Church and Society*, VI.

———. "La sphère profane dans l'espace urbain." In *Les frontières du profane dans l'antiquité tardive*, 319–349. Edited by Éric Rebillard and Claire Sotinel. Collection de l'École française de Rome 428. Rome: École française de Rome, 2010.

Spera, Lucrezia. "Un cubicolo monumentale nella catacomba di Pretestato." *Rivista di archeologia cristiana* 68 (1992): 279–307.

———. *Il paesaggio suburbano di Roma dall'antichità al medioevo: Il comprensorio tra le vie Latina e Ardeatina dalle Mura Aureliane al III miglio*. Rome: Bretschneider, 1999.

Spier, Jeffery. "A Lost Consular Diptych of Anicius Auchenius Bassus (A.D. 408) in the Mould for an ARS Plaque." *Journal of Roman Archaeology* 16 (2003): 251–254.

Squatriti, Paolo. "The Floods of 589 and Climate Change at the Beginning of the Middle Ages: An Italian Microhistory." *Speculum* 85 (2010): 799–826.

Die Stadt in der Spätantike—Niedergang oder Wandel? Edited by Jens-Uwe Krause and Christian Witschel. Historia Einzelschriften 190. Stuttgart: F. Steiner, 2006.

Stancliffe, Clare. *St. Martin and His Hagiographer: History and Miracle in Sulpicius Severus.* Oxford: Clarendon, 1983.

Stanley, David J. "Santa Costanza: History, Archaeology, Function, Patronage and Dating." *Arte medievale*, n.s., 3 (2004): 119–40.

Statuen in der Spätantike. Edited by Franz Alto Bauer and Christian Witschel. Wiesbaden: Reichert, 2007.

Sternberg, Thomas. *Orientalium more secutus: Räume und Institutionen der Caritas des 5. bis 7. Jahrhunderts in Gallien.* Jahrbuch für Antike und Christentum, Ergänzungsband 16. Münster in Wesfalen: Aschendorff, 1991.

Stewart, Columba. *Cassian the Monk.* Oxford: Oxford University Press, 1998.

Stickler, Timo. *Aëtius: Gestaltungsspielräume eines Heermeisters im ausgehenden Weströmischen Reich.* Vestigia 54. Munich: C. H. Beck, 2002.

Stirling, Lea M. *The Learned Collector: Mythological Statuettes and Classical Taste in Late Antique Gaul.* Ann Arbor: University of Michigan Press, 2005.

Strobel, Karl. *Das Imperium Romanum im "3. Jahrhundert": Modell einer historischen Krise? Zur Frage mentaler Strukturen breiterer Bevölkerungsschichten in der Zeit von Marc Aurel bis zum Ausgang des 3. Jh.n.Chr.* Historia Einzelschrift 75. Stuttgart: F. Steiner, 1993.

Stroheker, Karl. *Der senatorische Adel im spätantiken Gallien.* Tübingen: Alma Mater, 1948.

Strothmann, Jürgen. "Königsherrchaft oder nachantike Staatlichkeit? Merowingische Monetarmünzen als Quelle für die politische Ordnung des Frankenreichs." *Millennium* 5 (2008): 353–81.

Suburbium: Il suburbio di Roma dalla crisi del sistema delle ville a Gregorio Magno. Edited by Phillippe Pergola, Riccardo Santangeli Valenzani, and Rita Volpe. Collection de l'École française de Rome 311. Rome: École française de Rome, 2003.

Syme, Ronald. *Ammianus and the Historia Augusta.* Oxford: Clarendon, 1968.

———. *The Roman Revolution.* Oxford: Clarendon, 1939.

Tanguy, Bernard. "De l'origine des évêchés bretons." In *Les débuts de l'organisation religieuse en la Bretagne Armoricaine*, 6–33. Brittania Monastica 3. Landevennec: Brittania Monastica, 1994.

Tauer, Johann. "Neue Orientierungen zur Paulusexegese des Pelagius." *Augustinianum* 34 (1994): 313–58.

Tedeschi, Carlo. *Congeries lapidum: Iscrizioni Britanniche dei secoli V–VII.* 2 vols. Scuola Normale Superiore di Pisa: Centro di Cultura Medievale. Pisa: Scuola Normale Superiore, 2005.

Terry, Ann, and Henry Maguire. *Dynamic Splendor: The Wall Mosaics in the Cathedral of Eufrasius at Poreč.* University Park: Pennsylvania State University Press, 2007.

Testard, Maurice. *Saint Augustin et Cicéron*. 2 vols. Paris: Études Augustiniennes, 1958.

Thébert, Yvon. "L'évolution urbaine dans les provinces orientales de l'Afrique romaine tardive." *Opus* 2 (1982): 99–131.

———. "Private Life and Domestic Architecture in Roman Africa." In *A History of Private Life*. Edited by Philippe Ariès and Georges Duby. Vol. 1, *From Pagan Rome to Byzantium*, 313–409. Edited by Paul Veyne. Translated by Arthur Goldhammer. Cambridge, MA: Harvard University Press, 1987.

———. *Thermes romains d'Afrique du Nord et leur contexte méditerranéen: Études d'histoire et d'archéologie*. Bibliothèque de l'École française d'Athènes et de Rome 315. Rome: École française de Rome, 2003.

Theologisches Wörterbuch zum Alten Testament. Edited by G. Johannes Botterweck and Helmer Ringgren. Stuttgart: Kohlhammer, 1973. Translated by John T. Willis as *Theological Dictionary of the Old Testament*. Grand Rapids, MI: Eerdmans, 1974.

Thier, Sebastian. *Kirche bei Pelagius*. Patristische Texte und Studien 50. Berlin: de Gruyter, 1999.

Thomas, Yan. "La construction de l'unité civique: Choses publiques, choses communes et choses n'appartenant à personne et representation." *Mélanges de l'école française de Rome: Moyen Age* 114 (2002): 7–39.

Thompson, E. A. "Peasant Revolts in Late Roman Gaul and Spain." *Past and Present* 2 (1952): 11–23.

———. *The Visigoths in the Time of Ulfila*. Oxford: Clarendon, 1966.

Tiersch, Claudia. *Johannes Chrysostomus in Konstantinopel (398–404): Weltsicht und Wirken eines Bischofs in der Hauptstadt des Oströmischen Reiches*. Studien und Texte zu Antike und Christentum 6. Tübingen: Mohr Siebeck, 2000.

Tomlin, R.S.O. "The Curse Tablets." In *The Temple of Sulis Minerva at Bath*. Vol. 2, *The Finds from the Sacred Spring*, 323–24. Edited by Barry Cunliffe. Oxford: Oxford University Press, 1988.

Toneatto, Valentina. "I linguaggi della ricchezza nella testualità omiletica e monastica dal II al IV secolo." In *Economica monastica: Dalla disciplina del desiderio all'amministrazione razionale*, 1–88. Edited by Valentina Toneatto, Peter Černic, and Susi Paulitti. Spoleto: Centro di Studi sull'Alto Medioevo, 2004.

Topographie chrétienne des cités de la Gaule, des origines au milieu du VIIIe siècle. Edited by Nancy Gauthier and Jean-Charles Picard.

Vol. 4, *Province ecclésiastique de Lyon (Lugdunensis Prima)*. Edited by Brigitte Beaujard. Paris: Boccard, 1989.

Vol. 5, *Province ecclésiastique de Tours (Lugdunensis Tertia)*. Edited by Luce Pietri. Paris: Boccard, 1987.

Vol. 6, *Province ecclésiastique de Bourges (Aquitania Prima)*. Edited by Françoise Prévot. Paris: Boccard, 1989.

Vol. 7, *Province ecclésiastique de Narbonne (Narbonensis Prima)*. Edited by Paul-Albert Février. Paris: Boccard, 1989.

Vol. 8, *Province ecclésiastique de Sens (Lugdunensis Senonia)*. Edited by Jean-Charles Picard. Paris: Boccard, 1992.

Topographie chrétienne des cités de la Gaule, des origines au milieu du VIIIe siècle.
    Vol. 10, *Province ecclésiastique de Bordeaux (Aquitania Secunda).* Edited by Louis
    Maurin. Paris: Boccard, 1998.
Toscano, Santo. *Tolle divitem: Etica, società e potere nel De divitiis.* Testi e Studi di Storia
    Antica 19. Catania: Edizioni del Prisma, 2006.
The Transformations of Vrbs Roma in Late Antiquity. Edited by W. V. Harris. Journal
    of Roman Archaeology: Supplementary Series 33. Portsmouth, RI: Journal of
    Roman Archaeology, 1999.
Le trasformazioni delle "élites" in età tardoantica. Edited by Rita Lizzi Testa. Rome:
    Bretschneider, 2006.
Trelenberg, Jörg. *Augustins Schrift de Ordine.* Beiträge zur historischen Theologie 144.
    Tübingen: Mohr Siebeck, 2009.
Troncarelli, Fabio. *Il ricordo della sofferenza: Le Confessioni di sant'Agostino e la
    psicoanalisi.* Naples: Edizioni scientifiche italiane, 1993.
Trout, Dennis E. "Augustine at Cassiciacum: *Otium Honestum* and the Social Dimen-
    sions of Conversion." *Vigiliae Christianae* 42 (1988): 132–46.
———. "Christianizing the Nolan Countryside: Animal Sacrifice at the Tomb of St.
    Felix." *Journal of Early Christian Studies* 3 (1995): 281–98.
———. "*Lex and iussio*: The *Feriale Campanum* and Christianity in the Theodosian
    Age." In *Law, Society, and Authority in Late Antiquity*, 162–78. Edited by
    Ralph W. Mathisen. Oxford: Oxford University Press, 2001.
———. *Paulinus of Nola: Life, Letters, and Poems.* Berkeley: University of California
    Press, 1999.
Ullmann, Walter. *Gelasius I (492–496): Das Papsttum an der Wende der Spätantike zum
    Mittelalter.* Päpste und Papsttum 18. Stuttgart: Hiersemann, 1981.
Van Dam, Raymond. "Bishops and Society." In *The Cambridge History of Christianity.*
    Vol. 2, *Constantine to c. 600*, 343–66. Edited by Augustine Casiday and Frederick W.
    Norris. Cambridge: Cambridge University Press, 2007.
———. *Kingdom of Snow: Roman Rule and Greek Culture in Cappadocia.* Philadelphia:
    University of Pennsylvania Press, 2002.
———. *Leadership and Community in Late Antique Gaul.* Berkeley: University of
    California Press, 1985.
———. *The Roman Revolution of Constantine.* New York: Cambridge University Press,
    2007.
———. *Saints and Their Miracles in Late Antique Gaul.* Princeton: Princeton Univer-
    sity Press, 1993.
———. "Self-Representation in the Will of Gregory Nazianzus." *Journal of Theological
    Studies* 46 (1995): 118–48.
Van Ossel, Paul. "Rural Impoverishment in Northern Gaul at the End of Antiquity:
    The Contribution of Archaeology." In *Social and Political Life in Late Antiquity*,
    533–65. Edited by Will Bowden, Adam Gutteridge, and Carlos Machado. Late
    Antique Archaeology 3:1. Leiden: Brill, 2006.
Vandals, Romans and Berbers: New Perspectives on Late Antique Africa. Edited by
    Andrew H. Merrills. Aldershot: Ashgate, 2004.

Vaquerizo Gil, Desiderio, and José Ramón Carillo Díaz-Pinés. "The Roman Villa of El Ruedo (Almedinilla, Córdoba)." *Journal of Roman Archaeology* 8 (1995): 121–54.

Vasey, Vincent R. *The Social Ideas in the Works of St. Ambrose: A Study on De Nabuthe.* Studia Ephemeridis Augustinianum 17. Rome: Institutum Patristicum Augustinianum, 1982.

Vera, Domenico. "L'altra faccia della luna: La società contadina nella Sicilia di Gregorio Magno." *Studi Storici* 47 (2006): 437–61.

———. *Commento storico alle "Relationes" di Quinto Aurelio Simmaco.* Pisa: Giardini, 1981.

———. "Enfiteusi, colonato e trasformazioni agrarie nell'Africa romana proconsulare del tardo impero." *Africa Romana* 4 (1987): 267–93.

———. "Forme e funzioni della rendita fondiaria nella tarda antichità." In *Società romana e impero tardoantico*, 367–447. Edited by Andrea Giardina. Vol. 1, *Istituzioni, ceti, economie.* Bari: Laterza, 1986.

———. "Giustiniano, Procopio e l'approvvigionamento di Costantantinopoli." In *Politica, retorica e simbolismo del primato: Roma e Costantinopoli (secoli IV–VII)*, 9–44. Edited by Febronia Elia. Catania: Spazio Libri, 2004.

———. "Massa fundorum." *Mélanges de l'École française de Rome: Antiquité* 111 (1999): 991–1025.

———. "I paesaggi rurali del Meridione tardoantico: Bilancio consuntivo e preventivo." In *Paesaggi e insediamenti rurali in Italia meridionale fra tardoantico e altomedioevo*, 23–38. Edited by Guiliano Volpe and Maria Turchiano. Bari: Edipuglia, 2005.

———. "Presentazione." In *Eburnea Diptycha: I dittici d'avorio tra Antichità e Medioevo*, 7–9. Edited by Massimiliano David. Bari: Edipuglia, 2007.

———. "Simmaco e le sue proprietà: Struttura e funzionamento di un patrimonio aristocratico del IV secolo d.C." In *Colloque genèvois sur Symmaque*, 231–76. Edited by François Paschoud. Paris: Belles Lettres, 1986.

———. "Terra e lavoro nell'Africa romana." *Studi Storici* 4 (1988): 967–92.

Verheijen, Luc. *Nouvelle approche de la Règle de Saint Augustin.* Vol. 1. Vie Monastique 8. Bégrolle-en-Mauge: Abbaye de la Bellefontaine, 1980.

Vescovi e pastori in epoca Teodosiana. In occasione del XVI centenario della consacrazione episcopale di S. Agostino, 396–1996. XXV Incontro di studiosi dell'antichità cristiana, Roma, 8–11 maggio 1996. Studia Ephemeridis Augustinianum 58. Rome: Institutum Pontificium Augustinianum, 1997.

Vessey, Mark. "Peregrinus against the Heretics: Classicism, Provinciality and the Place of the Alien Writer in Late Roman Gaul." *Studia Ephemeridis Augustinianum* 46 (1994): 529–65. Reprinted in Vessey, *Latin Christian Writers in Late Antiquity and Their Texts.* Ashgate: Variorum, 2005.

Veyne, Paul. "Les cadeaux des colons à leur propriétaire: La neuvième *Bucolique* et le mausolée d'Igel." *Revue archéologique* (1981): 245–52.

———. *L'empire gréco-romain.* Paris: Seuil, 2005.

———. *Le pain et le cirque: Sociologie historique d'un pluralisme politique.* Paris: Le Seuil, 1976. Translated by Brian Pierce as *Bread and Circuses: Historical Sociology and*

Political Pluralism. With an introduction by Oswyn Murray. London: Allen Lane Penguin, 1990.

———. *Quand notre monde est devenu chrétien (312–394)*. Paris: Albin Michel, 2007. Translated by Janet Lloyd as *When Our World Became Christian, 312–394*. Cambridge: Polity Press, 2010.

Vieillard-Troïekouroff, May. *Les monuments religieux de la Gaule d'après les oeuvres de Grégoire de Tours*. Paris: Champion, 1976.

Vigil-Escalero Guirado, Alfonso. "Granjas y aldeas altomedievales al Norte de Toledo (450–800 D.C.)." *Archivo Español de Arqueología* 80 (2007): 239–84.

Les villas romaines de São Cucufate (Portugal). Edited by Jorge de Alarcão, Robert Étienne, and Françoise Mayet. Paris: Boccard, 1990.

Villas Tardoantiguas en el Mediterráneo Occidental. Edited by Alexandra Chavarría, Javier Arce, and Gian Pietro Brogiolo. Anejos de Archivo Español de Arqueología 39. Madrid: Consejo Superior de Investigaciones Científicas, 2006.

Virlouvet, Catherine. *La plèbe frumentaire dans les témoignages épigraphiques: Essai d'histoire sociale et administrative du peuple de Rome antique*. Collection de l'École française de Rome 414. Rome: École française de Rome, 2009.

———. *Tessera frumentaria: Les procédés de la distribution du blé public à Rome à la fin de la République et au début de l'Empire*. Bibliothèque des Écoles françaises d'Athènes et de Rome 296. Rome: Palais Farnèse, 1995.

Vogüé, Adalbert de. *Histoire littéraire du mouvement monastique dans l'antiquité*. 12 vols. Paris: Le Cerf, 1991–2008.

Volk, Katharina. "Heavenly Steps: Manilius 4.119–121 and Its Background." In *Heavenly Realms and Earthly Realities in Late Antique Religions*, 34–46. Edited by Ra'anan S. Boustan and Annette Yoshiko Reed. Cambridge: Cambridge University Press, 2004.

Völker, Reiche und Namen im frühen Mittelalter. Edited by Matthias Becher and Stefanie Dick. Munich: W. Fink 2010.

Volpe, Giuliano. "Architecture and Church Power in Late Antiquity: Canosa and San Giusto (*Apulia*)." In *Housing in Late Antiquity: From Palaces to Shops*, 131–68. Edited by Luke Lavan, Lale Özgenel, and Alexander Sarantis. Late Antique Archaeology 3.2. Leiden: Brill, 2007.

———. *Contadini, pastori e mercanti nell'Apulia tardoantica*. Bari: Edipuglia, 1996.

Volpe, Giuliano, Giuliano De Felice, and Maria Turchiano. "Faragola (Ascoli Satriano): Una residenza aristocratica tardoantica e un 'villaggio' altomedievale nella Valle del Carapelle: i primi dati." In *Paesaggi e insediamenti rurali in Italia meridionale fra tardoantico e altomedioevo*, 265–97. Edited by Guiliano Volpe and Maria Turchiano. Bari: Edipuglia, 2005.

———. "La villa tardoantica di Faragola (Ascoli Satriano) in Apulia." In *Villas Tardoantiguas en el Mediterráneo Occidental*, 221–51. Edited by Alexandra Chavarría, Javier Arce, and Gian Pietro Brogiolo. Anejos de Archivo Español de Arqueología 39. Madrid: Consejo Superior de Investigaciones Científicas, 2006.

Volpe, Giuliano, Pasquale Favia, Roberta Giuliani, and Donatella Nuzzi. "Il complesso sabiniano di San Pietro a Canosa." In vol. 2 of *La cristianizzazione in Italia tra Tardoantico e Altomedioevo*, 1113–65. Edited by Rosa Maria Bonacasa Carra and Emma Vitale. Palermo: Carlo Saladino, 2007.

Vuolanto, Ville. "Male and Female Euergetism in Late Antiquity: A Study on Italian and Adriatic Church Floor Mosaics." In *Women, Wealth and Power in the Roman Empire*, 245–302. Edited by Päivi Setälä et al. Acta Instituti Romani Finlandiae 25. Rome: Finnish Institute, 2002.

Wacher, John. *Roman Britain*. 2nd ed. Stroud, UK: Sutton, 1998.

Waddell, Helen. *The Wandering Scholars*. London: Constable, 1929.

Wallace-Hadrill, Andrew. *Rome's Cultural Revolution*. Cambridge: Cambridge University Press, 2008.

Wallraff, Martin, and Cristina Ricci. *Oratio funebris in laudem sancti Iohannis Chrysostomi: Epitaffio attribuito a Martirio di Antiochia* 40. Spoleto: Centro Italiano di Studi sull'Alto Medioevo, 2007.

Ward-Perkins, Bryan. "407 and All That: Retrospective." *Journal of Late Antiquity* 2 (2009): 75–78.

———. *The Fall of Rome and the End of Civilization*. Oxford: Oxford University Press, 2005.

———. *From Classical Antiquity to the Middle Ages: Urban Public Building in Northern and Central Italy, 300–850*. Oxford: Oxford University Press, 1984.

Weaver, Rebecca Harden. *Divine Grace and Human Agency: A Study of the Semi-Pelagian Controversy*. Patristic Monographs Series 15. Macon, GA: Mercer University Press, 1996.

Weidemann, Margarete. *Das Testament des Bischofs Bertram von Le Mans vom 27. März 616: Untersuchungen zu Besitz und Geschichte einer fränkischen Familie im 6. und 7. Jahrhundert*. Römisch-germanisches Zentralmuseum, Monographien 9. Mainz: R. Habelt, 1986.

Weinfeld, Moshe. *Social Justice in Ancient Israel and in the Ancient Near East*. Minneapolis: Fortress; Jerusalem: Magnes, 1995.

Weisweiler, John. *State Aristocracy: Resident Senators and Absent Emperors in Late Antique Rome, c. 320–400*. D. Phil. diss., University of Cambridge, 2011.

Wermelinger, Otto. *Rom und Pelagius: Die theologische Position der römischen Bischöfe im pelagianischen Streit in den Jahren 411–432*. Päpste und Papsttum 7. Stuttgart: A. Hiersemann, 1975.

Wessel, Susan. *Leo the Great and the Spiritual Rebuilding of a Universal Rome*. Supplements to Vigiliae Christianae 93. Leiden: Brill, 2008.

Whittaker, C. R. "Circe's Pigs: From Slavery to Serfdom in the Later Roman World." *Slavery and Abolition* 8 (1987): 88–122.

Wickham, Chris. *Early Medieval Italy: Central Power and Local Society, 400–1000*. London: MacMillan, 1981.

———. *Framing the Early Middle Ages: Europe and the Mediterranean, 400–800*. Oxford: Oxford University Press, 2005.

Wickham, Chris. *The Inheritance of Rome: A History of Europe from 400 to 1000*. London: Allen Lane, 2009.

———. "Marx, Sherlock Holmes and Late Roman Commerce." *Journal of Roman Studies* 78 (1988): 183–93.

Wiesen, David S. *St. Jerome as a Satirist: A Study in Christian Latin Thought and Letters*. Ithaca, NY: Cornell University Press, 1964.

Wightman, Edith Mary. *Roman Trier and the Treveri*. London: Hart-Davis, 1970.

Wilkinson, Kevin W. "Palladas and the Age of Constantine." *Journal of Roman Studies* 99 (2009): 36–60.

———. "Palladas and the Foundation of Constantinople." *Journal of Roman Studies* 100 (2010): 179–94.

Williams, Daniel H. *Ambrose of Milan and the End of the Arian-Nicene Conflicts*. Oxford: Oxford University Press, 1995.

Williams, Megan Hale. *The Monk and the Book: Jerome and the Making of Christian Scholarship*. Chicago: University of Chicago Press, 2006.

Wilson, Andrew. "Urban Production in the Roman World: The View from North Africa." *Papers of the British School at Rome* 70 (2002): 231–73.

Wipszycka, Ewa. "Les aspects économiques de la vie de la communauté des Kellia." In *Études sur le christianisme dans l'Égypte de l'antiquité tardive*, 337–62. Studia Ephemeridis Augustinianum 52. Rome: Institutum Patristicum Augustinianum, 1996.

———. "Les formes institutionnelles et les formes d'activité économique du mona-chisme égyptien." In *Foundations of Power and Conflicts of Authority in Late Antique Monasticism*, 109–54. Edited by A. Camplani and S. Filoramo. Orientalia Lovaniensia Analecta 157. Louvain: Peeters, 2007.

———. "Le monachisme égyptien et les villes." *Travaux et mémoires* 12 (1994): 1–44.

Witschel, Christian. *Krise-Rezession-Stagnation? Der Westen des römischen Reiches im 3. Jahrhundert n. Chr.* Frankfurt: M. Clauss, 1999.

———. "Re-Evaluating the Roman West in the 3rd Century A.D." *Journal of Roman Archaeology* 17 (2004): 251–81.

———. "Statuen auf spätantike Platzanlagen in Italien und Afrika." In *Statuen in der Spätantike*, 113–69. Edited by Franz Alto Bauer and Christian Witschel. Wiesbaden: Reichert, 2007.

Witschel, Christian, and Barbara Borg. "Veränderungen im Repräsentationsverhalten der römischen Eliten während des 3. Jhrdts n. Chr." In *Inschriftliche Denkmäler als Medien der Selbstdarstellung in der römischen Welt*, 47–120. Edited by Geza Alföldy and Silvio Panciera. Stuttgart: F. Steiner, 2001.

Wood, Ian N. "The Exchange of Gifts among the Late Antique Aristocracy." In *El disco de Teodosio*, 301–14. Edited by Martín Almagro-Gorbea. Estudios del Gabinete de Antigüedades 5. Madrid: Real Academia de la Historia, 2000.

———. "Review Article: Landscapes Compared." *Early Medieval Europe* 15 (2007): 223–37.

Wood, Susan. *The Proprietary Church in the Medieval West*. Oxford: Oxford University Press, 2006.

Woolf, Greg. "Food, Poverty and Patronage: The Significance of the Epigraphy of the Roman Alimentary Schemes in Early Imperial Italy." *Papers of the British School at Rome* 58 (1990): 197–228.

———. "Writing Poverty in Rome." In *Poverty in the Roman World*, 83–99. Edited by Margaret Atkins and Robin Osborne. Cambridge: Cambridge University Press, 2007.

Wrede, Hennig. *Senatorische Sarkophage Roms: Der Beitrag des Senatorenstandes zur römischen Kunst der höhen und späten Kaiserzeit.* Monumenta Artis Romanae 29. Mainz: P. Zabern, 2001.

———. *Die spätantike Hermengalerie von Welschbillig.* Römische-germanische Forschungen 32. Berlin: de Gruyter, 1972.

Yü, Ying-shih. *Trade and Expansion in Han China: A Study in the Structure of Sino-Barbarian Economic Relations.* Berkeley: University of California Press, 1967.

Zangara, Vincenza. "Una predicazione alla presenza dei principi: La chiesa di Ravenna nella prima metà del sec. V." *Antiquité tardive* 8 (2000): 265–304.

Zanker, Paul, and Björn Christian Ewald. *Mit Mythen leben: Die Bildwerk der römischen Sarkophage.* Munich: Hirmer, 2004.

Zettler, Alfons. *Offerenteninschriften auf den frühchristlichen Mosaikfußböden Venetiens und Istriens.* Berlin: de Gruyter, 2001.

Ziche, Hartmut G. "Administrer la propriété de l'église: L'évêque comme clerc et comme entrepreneur." *Antiquité tardive* 14 (2006): 69–78.

Zuiderhoek, Arjan. "The Icing on the Cake: Benefactors, Economics and Public Building in Roman Asia Minor." In *Patterns in the Economy of Roman Asia Minor,* 167–86. Edited by Stephen Mitchell and Constantina Kaksari. Swansea: Classical Press of Wales, 2005.

索　引

译后记

  《穿过针眼》的翻译是一项团队合作的成果。共有 8 名古代晚期和欧洲中世纪史专业的学人参与到了这项工作之中。具体的翻译分工如下：前言部分与第 1～4 章由当时就读于美国圣母大学历史系的博士研究生刘寅（现供职于浙江大学）负责翻译；第 5、6、28、29 章与结论部分由上海师范大学历史系的康凯负责翻译；第 7、8、25 章由当时就读于北京大学历史学系的硕士研究生黄明浩（现为博士生）负责翻译；第 9～11、20～22 章由复旦大学历史系的夏洞奇负责翻译；第 12～17 章由当时就读于北京大学历史学系的博士研究生包倩怡（现供职于北京外国语大学）负责翻译；第 18、19 章由北京大学历史学系的李隆国负责翻译；第 23、24、26 章由当时就读于北京大学历史学系的硕士研究生赵象察（现已参加工作）负责翻译；第 27 章由当时就读于北京大学历史学系的本科生孙沐乔（现已参加工作）负责翻译。李隆国承担了翻译的组织与统筹工作。索引中各个条目的译法是在翻译工作展开之初由各位译者共同商议并确定的。导读由刘寅执笔撰写。

  各位译者对这项翻译工程做出了同等重要和不可或缺的贡献。我们始终在一种融洽、亲密的氛围中互相分享译稿，积极为彼此的译文提意见，共同解析翻译中遇到的疑难。因此，这部译著也是这段令人怀念的学术友谊的见证。

  彼得·布朗的书是值得翻译的。李隆国最初接触到布朗，是在 20 世纪 90 年代末。那个时候北大历史学系就决定推动中国史学的国际化，乃聘请一位研究中国先秦史的澳大利亚教授来系里讲授英文文章之法。他上课所用的读物之中，就有布朗的《古代晚期世界》（*The World of Late Antiquity*）。在美国求学的刘寅最先了解到我们要翻译的这部《穿过针眼》，并买来作为礼物赠送给李隆国。不久李隆国就收到了董风云兄的邮件，邀请他翻译布朗的这部新作。后来，我们才得知，这出自青年学子、当时负笈利物浦大学的李腾兄的推荐。

接到风云兄的邀请函之后，李隆国立即推荐他和出版社去邀请夏洞奇组织翻译，因为他坚信，这是最佳选择！但夏洞奇当时另有要务，分身乏术。几度鸿雁传书，李隆国、夏洞奇、包倩怡、康凯和刘寅组成了最初的翻译班子。鉴于这部书对于年轻学子非常重要，李隆国随后邀请了赵象察、黄明浩和孙沐乔一起组织读书班，每个周末一次，进行翻译。

在翻译的过程中，我们深刻地体会到，不仅抛弃财富像"骆驼穿过针眼"一样难，而且用中文传神地传递布朗的奇思妙想，也同样难。译者大多是严谨的学者，就像西塞罗所批评的罗马史家那样，不谙修辞之术，只能把"准确"当成写作和翻译的第一要务了。

翻译完成之后，董风云兄通过出版社、李隆国通过师友联系布朗，为中译本作序。其间，布朗的校友、普林斯顿大学的赫尔穆特·海米茨兄不辞繁难，牵线搭桥。2016 年年底，刚从希腊疗养后回到普林斯顿的布朗发来了热情洋溢的邮件，表示愿意作序。但是，成也萧何败也萧何！不久海米茨兄来函，提出建议，说到英文版已有布朗的长篇序言，尚油墨未干；且布朗身体违和，可否请他仅仅写作一个表示感谢的中译本序。

在李隆国表示同意之后，布朗的中译本序言就不了了之了。然而，一方面，布朗又在写作古代晚期有关"普世性"认识的大作，或许我们与布朗还有缘待续！另一方面，由刘寅撰写的长篇译者序，也将布朗及其作品深深地嵌入国际学术大潮之中，不仅颇有补于读者的阅读，而且向我们展示了东西方学术互动的美妙前景。

在翻译的过程中，我们还得到诸多师友的热情支持，包括马克垚、王晴佳、刘群艺、范雪。所有译文由李隆国、吴彤、刘寅等进行了校对。翻译错讹之处，主要应由我们两人负责。先后负责过本书的几位编辑，特别是张冬锐老师，为本书的出版付出了辛勤的努力，在此表示感谢。由于我们倾向于尊重每位译者的选择，所以，在统一行文风格方面，措意甚少，为此导致行文风格"远近高低各不同"。热切期盼读者诸君提出修订意见，以便改进提高！

李隆国　刘　寅

图书在版编目（CIP）数据

穿过针眼：财富、西罗马帝国的衰亡和基督教会的形成，350~550年：全二册／（美）彼得·布朗（Peter Brown）著；刘寅等译. -- 北京：社会科学文献出版社，2021.6（2023.7重印）

书名原文：Through the Eye of a Needle：Wealth，the Fall of Rome，and the Making of Christianity in the West，350-550 AD

ISBN 978-7-5097-9358-9

Ⅰ.①穿… Ⅱ.①彼… ②刘… Ⅲ.①基督教-教会-研究-古罗马-350-550 Ⅳ.①B979.546

中国版本图书馆 CIP 数据核字（2016）第 144052 号

地图审图号：GS（2021）921 号（书中地图系原文插附地图）

穿过针眼：财富、西罗马帝国的衰亡和基督教会的形成，350~550年（全二册）

著　者／〔美〕彼得·布朗（Peter Brown）
译　者／刘　寅　包倩怡　等
校　者／李隆国　吴　彤

出　版　人／王利民
组稿编辑／董风云
责任编辑／张金勇　张冬锐
责任印制／王京美

出　　版／社会科学文献出版社·甲骨文工作室（分社）（010）59366527
　　　　　　地址：北京市北三环中路甲 29 号院华龙大厦　邮编：100029
　　　　　　网址：www.ssap.com.cn
发　　行／社会科学文献出版社（010）59367028
印　　装／天津千鹤文化传播有限公司

规　　格／开本：889mm×1194mm　1/32
　　　　　　印　张：36.625　插　页：0.5　字　数：841 千字
版　　次／2021 年 6 月第 1 版　2023 年 7 月第 3 次印刷
书　　号／ISBN 978-7-5097-9358-9
著作权合同
登　记　号／图字01-2013-6082号
定　　价／198.00 元（全二册）

读者服务电话：4008918866